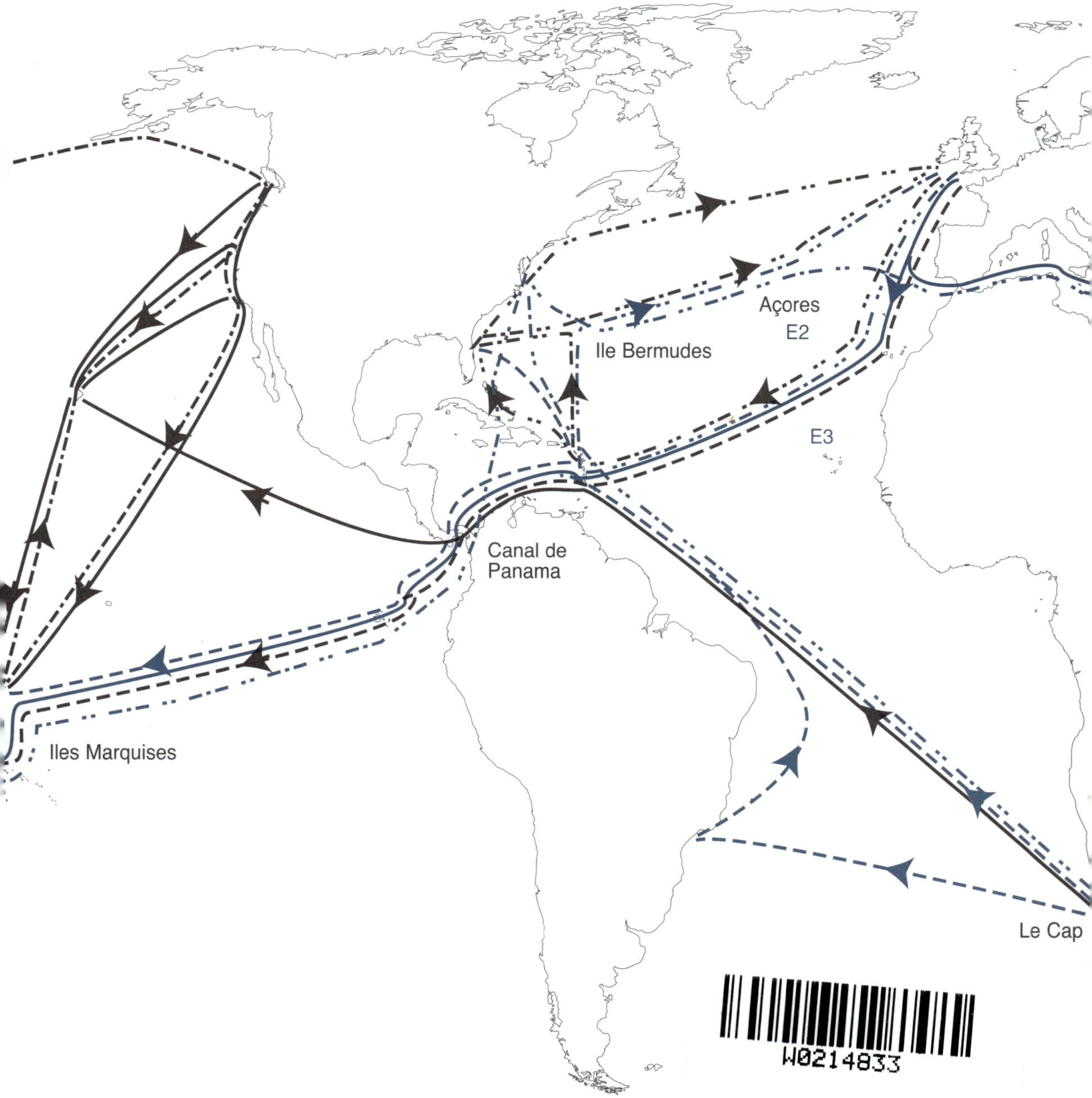
Açores
E2
Ile Bermudes
E3
Canal de
Panama
Iles Marquises
Le Cap

ROUTES

de

GRANDE CROISIÈRE

Autres ouvrages de Jimmy Cornell

WORLD CRUISING HANDBOOK
Adlard Coles Nautical.
Royaume Uni
Traduit sous le titre
ESCALES DE GRANDE CROISIÈRE aux Editions du Plaisancier

WORLD CRUISING SURVEY
Adlard Coles Nautical.
Royaume Uni
Traduit sous le titre
OBJECTIF GRANDE CROISIÈRE aux Editions Loisirs Nautiques

AROUND THE WORLD RALLY
Adlard Coles Nautical.
Royaume Uni

AZORES CRUISING GUIDE
World Cruising Publications
Royaume Uni

CANARY ISLANDS CRUISING GUIDE
World Cruising Publications
Royaume Uni

MADEIRA CRUISING GUIDE
World Cruising Publications
Royaume Uni

WORLD CRUISING GUIDE
World Cruising Publications
Royaume Uni

NOTE DE L'EDITEUR

Si lors de vos navigations, vous trouvez des inexactitudes dans cet ouvrage ou si vous souhaitez y apporter des informations complémentaires, n'hésitez pas à les envoyer à

Les Éditions du Plaisancier • 43, porte du Grand Lyon • NEYRON • 01707 Miribel Cedex
Tél 04 72 01 58 68 • *Fax* 04 72 01 58 69 • E-mail : info@codes-vagnon.fr • www.vagnon.fr
Photo de couverture : Jimmy Cornell (en haut)

JIMMY CORNELL

ROUTES

de

GRANDE CROISIÈRE

L'encyclopédie pratique des traversées en navigation hauturière

3e édition

ISBN 2-85725-524-1
Édition française 2006
Publiée par
les éditions Vagnon

Ce livre est dédicacé à mon ami Marc Labaume, avec ma profonde gratitude pour ses efforts en vue de faire connaître mon livre aux navigateurs français.

SOMMAIRE

Océan Pacifique

Océan Indien

PRÉFACE

Mon *OVNI 43* a été ma maison pendant la majeure partie du temps qui s'est écoulée depuis la précédente édition de cet ouvrage. *Aventura III* a quitté St Raphaël en juillet 2001, et fin 2005, alors que j'arrivais aux Canaries depuis l'Afrique du Sud, je refermai la boucle, terminant sans encombres mon troisième tour du monde. Après deux circumnavigations (1975-1981 et 1989-1992) en suivant la route traditionnelle via Panama et le Canal de Suez, cette fois j'avais choisi une route qui visitait des endroits que j'avais manqués jusque-là : les îles de l'Océan Indien Sud et de l'Atlantique Sud, ainsi que le passage du Cap de Bonne Espérance. J'en ai profité pour ajouter des observations récentes à plusieurs routes décrites dans cet ouvrage.
Le monde de la croisière a beaucoup changé au cours des trente dernières années. Parmi les principaux changements que j'ai notés, l'un des plus évidents est probablement que la météo est moins prévisible qu'avant, surtout sous les tropiques. Cela m'a particulièrement frappé lors de mon second voyage en Antarctique, au cours duquel j'ai remarqué des changements évidents provoqués par le réchauffement de la planète, et je suis aujourd'hui convaincu que les avertissements à ce propos ne sont pas exagérés. L'un des domaines où cette tendance a déjà des effets manifestes est le comportement des cyclones : certains des plus violents ouragans ont été enregistrés ces dernières années, et les saisons et zones affectées sont aujourd'hui déterminées bien moins précisément qu'auparavant. Par exemple, une dépression tropicale qui devint par la suite le cyclone *Phœbe*, fit route sur les îles Cocos Keeling dans l'océan Indien Sud en août 2004, moins de deux semaines après que nous ayons quitté ces îles. On était en plein milieu de ce qui était jusque-là considéré comme la "saison sûre". De même pour le cyclone *Gina* qui dévasta le Vanuatu en juin 2003. Enfin, le cyclone *Catarina*, qui se forma au large des côtes brésiliennes en mars 2004 et le cyclone *Delta* qui s'est formé à l'ouest des Canaries fin novembre 2005, et qui tous deux ont frappé des régions où l'on n'avait jusqu'ici encore jamais observé de cyclone, sont peut-être parmi les signes les plus évidents d'un changement climatique planétaire majeur.
Sur une note plus positive, la grande croisière est aujourd'hui beaucoup plus facile grâce au GPS et aux autres améliorations récentes, et je le dis après avoir effectué un voyage autour du monde sans grosse avarie ni situation critique. Cela montre probablement combien la grande croisière est devenue sûre… mais aussi qu'une bonne préparation est la clé d'un voyage sans stress ! Il est assez étonnant de constater qu'en quatre ans ma plus grosse avarie a été une panne de démarreur. Cela se produisit alors que nous naviguions le long de la côte d'Afrique du Sud et nous avons dû nous arrêter à East London. Sans moteur, nous avons dû tirer des bords dans ce port étroit, avec un fort courant contraire, mais nous avons réussi à remonter le fleuve sans assistance. C'est le plus gros incident de tout le voyage, et c'est bien le signe qu'avec un bon bateau, un bon équipage, une bonne préparation, et, surtout, l'état d'esprit adéquat… le monde vous appartient !

Jimmy Cornell
Aventura III
Pasito Blanco, Gran Canaria, Septembre 2005

PRÉFACE DU TRADUCTEUR

Partir faire le tour du monde à la voile ! Qui n'a rêvé d'un tel périple... Pour ceux qui envisagent de passer à l'acte, car au contraire de James Bond, on ne vit qu'une fois, la variété des problèmes à résoudre simultanément fait que la préparation de l'itinéraire du voyage est souvent négligée. On part pour les Antilles, on verra bien après... Combien avons-nous rencontré de skippers désenchantés qui nous ont avoué avoir été bloqués dans des endroits pas toujours paradisiaques - tant s'en faut - par une méconnaissance des conditions météorologiques de base - par exemple, renverse de mousson, début de la saison des cyclones... Nous avons été plus d'une fois surpris de rencontrer lors de notre périple des navigateurs fort démunis d'informations nautiques concernant leurs futures escales et le choix des routes à prendre. L'un d'eux nous a même déclaré qu'il allait où le vent le poussait... Cette approche des choses est très poétique de prime abord, mais conduit vite à subir des désagréments certains...

Préparer son voyage, c'est déjà être un peu parti et rêver de cocotiers bercés par les alizés et de lagons accueillants... Si le côté "programmation" peut en rebuter certains, pour avoir la liberté de changer de programme, encore faut-il en avoir un au départ ! Surtout, ce livre permet de se trouver au bon endroit à la bonne saison, ce qui est loin d'être évident et demande une préparation certaine. Se fixer un objectif à atteindre n'est nullement s'aliéner la possibilité de changer d'avis en cours de route et permet de réfléchir aux divers avantages et inconvénients de telle ou telle option.

Même si vous êtes familier avec la Zone de Convergence Intertropicale, les régimes d'alizés et de moussons dans le monde, la répartition des cyclones sur la planète, les vents et les courants des diverses mers et océans du globe et bien d'autres choses encore, cet ouvrage, véritable encyclopédie des routes de grande croisière, vous indique pour l'ensemble de la planète près de 1 000 routes maritimes en détaillant la saison optimale, celles à éviter, les cartes nautiques et les guides. La navigation par satellite s'étant généralisée avec le GPS, plus de 6 000 waypoints essentiels sont indiqués, de l'Antarctique au Spitzberg. Enfin, un commentaire circonstancié des conditions et particularités météo que vous serez susceptible de rencontrer, basé non seulement sur l'expérience nautique impressionnante de Jimmy Cornell, mais réalisant la synthèse de l'expérience de nombreux autres navigateurs, accompagne chaque route étudiée.

Que demander de plus ?

Marc Labaume

NOTE EXPLICATIVE

Les waypoints inclus dans ce livre l'ont été afin de faciliter la préparation d'un parcours donné, le but de cet ouvrage ayant toujours été d'être une aide à la planification de routes de croisière. Mais je tiens à préciser que le fait d'avoir inclus des waypoints ne transforme pas pour autant ce livre en Instructions Nautiques pour le monde entier.

Afin d'organiser les routes et les waypoints de façon logique, j'ai divisé le globe en trois régions principales : l'Atlantique (A), le Pacifique (P), et l'Indien (I). Chacun de ces trois océans étant ensuite partagé suivant les deux hémisphères, les routes de croisière sont donc regroupées suivant six régions principales : l'Atlantique Nord (AN), l'Atlantique Sud (AS), le Pacifique Nord (PN), le Pacifique Sud (PS), l'Indien Nord (IN), l'Indien Sud (IS). Chaque route d'une région est identifiée par ces deux lettres et son propre numéro, ainsi, AN46 = Madère à Gibraltar. Parce qu'elles ont des caractéristiques communes, les routes transéquatoriales dans chaque océan ont été classées à part et sont identifiées par la lettre « T » précédée de la lettre d'identification de l'océan en question, par exemple PT22 Tahiti à Hawaii. La mer Rouge et la Méditerranée ont été classées comme régions à part. Les routes de la mer Rouge peuvent être parcourues vers le Nord (RN) ou le Sud (RS). Comme dans les autres parties du monde, les routes de la Méditerranée sont traitées en groupes distincts et sont identifiées par un « M ».

Les six régions principales ont été à nouveau divisées en groupes individuels afin de regrouper les routes ayant certaines caractéristiques en commun. La numérotation d'un groupe correspond à une région en particulier, par exemple, le groupe PS60 concerne toutes les routes au départ de la Nouvelle-Zélande. Dans ce groupe en particulier, il y a huit routes, chacune ayant un numéro d'identification individuel, par exemple : PS64 Nouvelle-Zélande aux Fidji. Ce système de numérotation est valable pour la numérotation des waypoints. Les nombreux waypoints de cette route seront donc affectés des numéros PS641, PS642, PS643, etc.

A cause de l'ajout des waypoints, les tables précédant chaque route ont dû être revues. Le but de ces tables est d'apporter en un coup d'œil les informations essentielles concernant chaque route individuelle : la meilleure saison pour y naviguer, la saison des cyclones, les cartes ou Instructions Nautiques dont on aura besoin et les guides de croisière qui s'y rapportent. Dans la mesure où le système de numérotation des cartes électroniques n'est pas uniformisé, on n'indique ici que le numéro des cartes papier correspondantes. Des cartes électroniques de grande qualité couvrent aujourd'hui le monde entier mais si l'on opte pour ce système il est quand même conseillé d'avoir toujours aussi des cartes papier pour couvrir les zones critiques en cas de panne du système électronique.

Les waypoints en eux-mêmes sont répertoriés en trois colonnes séparées : départ, intermédiaires et atterrissage. Les coordonnées de certains ports d'arrivée sont aussi indiquées ; en général ce sont aussi des ports d'entrée officiels. Les waypoints de départ sont normalement situés bien en dehors du port de départ pour être dégagés de la côte et du trafic. De même, les waypoints d'atterrissage sont situés aussi près de la côte que possible, ensuite une navigation côtière s'impose. Les coordonnées des ports de destination sont données en italique, par exemple, Whangarei *35°44'S, 174°20'E*. L'italique attire l'attention sur le fait que ce port ne peut être atteint directement à partir du waypoint d'atterrissage et donc que ces coordonnées ***ne doivent en aucun cas être utilisées pour la navigation***, et qu'en particulier il ne faut pas les entrer telles quelles dans un pilote automatique. De fait, il est rarement possible de faire une route directe à partir du waypoint d'atterrissage jusqu'au port le plus proche. Par exemple, le port de Whangarei est situé plusieurs milles en amont, dans une rivière sinueuse.

Il est donc à espérer que personne n'essaiera de naviguer directement du waypoint d'atterrissage indiqué pour l'approche de Whangarei, situé au large de Bream Head : PS535 Bream (35°50'S, 174°38'E), jusqu'au port de Whangarei lui-même...

Occasionnellement, les coordonnées des waypoints intermédiaires sont données en italique quand un certain détour ou un arrêt intermédiaire sont suggérés. Par exemple un arrêt à l'atoll de Suvarov est proposé aux bateaux allant de Bora Bora vers Pago Pago. De même pour une route où les waypoints intermédiaires directs ne peuvent être indiqués compte tenu des conditions météorologiques dominantes, telle la route PS44 des Samoa aux îles de la Société, les coordonnées des ports de départ et de destination sont données en italique pour attirer l'attention sur le fait qu'ils sont donnés à titre informatif et que l'on ne peut pas faire une route directe à la voile entre ces deux points.

Tout comme le numéro d'une route est attribué en fonction de l'océan et de l'hémisphère dans lesquels elle se trouve, le numéro des waypoints est relatif au numéro de cette route. Les waypoints proches de la côte ont eux aussi des noms, par exemple, PS535 Bream. Les waypoints intermédiaires, spécialement ceux qui sont au milieu d'un océan, sont seulement identifiés par leur numéro. Ces waypoints ne sont souvent donnés qu'à titre indicatif, comme ceux pour la route PS26 de Tahiti au cap Horn, où la route réellement suivie dépendra en premier lieu des conditions météorologiques. Dans de telles situations, il apparaît clairement dans le texte que les waypoints intermédiaires sont théoriques et ne sont donnés qu'à titre indicatif.

Dans certaines régions le même waypoint est utilisé pour plusieurs routes mais, pour plus de clarté, le waypoint comporte toujours le numéro de la route à laquelle il est attribué, mais son nom restera le même. Ainsi, le même waypoint au large du cap Finisterre apparaîtra comme AN161 Finisterre pour la route AN16 de l'Europe du Nord à la Méditerranée et deviendra AN171 Finisterre pour la route AN17 de l'Europe du Nord à Madère. Occasionnellement, le même nom a dû être utilisé pour différents waypoints, ils seront alors identifiés par une lettre des points cardinaux ainsi, Vincent N, Vincent SW, ou Vincent S.

Pour beaucoup de routes, il existe différents ports de départ et d'arrivée possibles. Par exemple, les bateaux qui font la traversée de Gibraltar vers les Açores, peuvent effectuer leurs formalités d'arrivée soit à Ponta Delgada, soit à Horta. De même, les bateaux traversant des Tonga vers les Fidji peuvent partir soit de Tongapatu soit du Vava'u. Pour une même route, il y a plusieurs itinéraires possibles suivant les saisons ou autres. Les différents choix sont alors décrits séparément, avec leur propre lettre, par exemple route PS14A, route PS14B, etc. Les waypoints sont donnés pour chacune des routes.

Les ports d'entrée officiels sont mentionnés à la fin de toutes les routes principales. Des suggestions sont également faites sur les ports les plus faciles à atteindre ou les plus pratiques pour les formalités d'entrée. Sont aussi mentionnés les ports où il faut contacter les autorités par radio au préalable, ainsi que les procédures d'arrivée recommandées.

Chaque groupe de routes est accompagné d'une carte de la partie du monde concernée, avec les routes qui la parcourent. Chaque route est identifiée par son numéro. Les distances entre le port de départ et la destination finale sont indiquées sur les cartes et sur les tableaux accompagnant chaque route.

Note de l'auteur

Les schémas accompagnant le texte ne sont que de simples diagrammes destinés à visualiser le tracé approximatif des routes. Les coordonnées des waypoints listés dans ce livre ne sont données que dans le but de planifier la route et ne doivent en aucun cas servir à la navigation. Il est impératif pour les navigateurs utilisant ce livre de toujours se reporter aux cartes et aux Instructions Nautiques de leur zone de navigation actuelle ou prévue. Ils devraient également chercher à se procurer les dernières corrections apportées aux cartes et aux instructions nautiques. Il faut aussi garder à l'esprit qu'il existe parfois de sérieuses différences entre la position mentionnée sur certaines cartes de récifs, rochers ou même d'îles entières, et leurs coordonnées GPS exactes.

Bien que tous les efforts aient été faits pour s'assurer de l'exactitude des informations fournies dans ce livre, ni l'éditeur, ni l'auteur ne peuvent être tenus pour responsables des possibles erreurs que peuvent contenir les pages de ce présent ouvrage.

INTRODUCTION

Ce livre a été écrit dans le but de combler un vide, qui existait lorsque j'ai effectué mon premier tour du monde, en apportant des informations essentielles concernant les vents, les courants, les climats régionaux et saisonniers ainsi que le détail de près de 1 000 routes de croisière. A l'aide des informations contenues dans ce livre, j'espère avoir rendu plus facile la préparation pour quiconque désire entreprendre un voyage sur les océans tout en étant encore confortablement installé chez lui. Après le départ, ce livre continuera d'être utile par ses suggestions sur les alternatives et options possibles par rapport à l'itinéraire principal.

L'ouvrage « *Routes de grande croisière* » est un guide pour les routes de croisière, certainement pas des Instructions Nautiques couvrant le monde entier, il est impératif pour ses utilisateurs de consulter les Instructions Nautiques, les pilot charts et les publications concernant leur zone de navigation avant d'entreprendre un passage quel qu'il soit. Parce que ce livre couvre des étendues très vastes, seules s'y trouvent les données de base utiles à la planification d'une grande croisière. Il aurait été physiquement impossible de réunir en un seul volume toutes les informations détaillées relatives à toutes les routes. J'ai dû me limiter à ne donner que les instructions générales pour aller d'un point à un autre. Ces informations mentionnent les bonnes saisons et les mauvaises, les vents dominants, le type de temps auquel il faut s'attendre et tous les autres facteurs qui doivent être connus par le skipper d'un bateau de croisière. Lorsqu'un aspect particulier était discutable ou variable, tel que le début ou la fin de la saison des cyclones, la force d'un courant ou la fréquence des coups de vent dans une région spécifique, j'ai préféré prendre une marge de sécurité. Pour la même raison, j'ai davantage développé les passages concernant la bonne saison, délaissant un peu les informations sur les conditions météorologiques concernant la mauvaise saison. Je pense que la croisière doit être un plaisir, et parce que beaucoup de désagréments peuvent être évités avec un tant soit peu de préparation, cet aspect revient très souvent tout au long de ce livre. Par conséquent il se focalise plus sur les régions tropicales, là où la plupart des marins naviguent ou rêvent de naviguer un jour, et moins sur « comment affronter les coups de vent en plein hiver dans l'Atlantique Nord ».

Le but premier de ce livre est de permettre au lecteur de préparer son voyage du début à la fin et les informations utiles sont de quatre ordres : les conditions météorologiques générales au grand large, une description des routes actuelles, les dangers à éviter, et de brèves informations concernant les atterrissages, comprenant des recommandations sur les ports d'entrée. Les régions qui sont rarement fréquentées par les voiliers ont été omises ou très brièvement décrites. Les informations concernant le temps sont alors données seulement à titre indicatif, afin de permettre à ceux qui prévoient d'y naviguer de savoir à quoi s'attendre.

Chaque route mentionne la meilleure période pour y naviguer et l'époque à laquelle la zone peut être affectée par des risques de tempêtes tropicales ou de cyclones. La durée de la saison des cyclones est donnée pour la totalité de la route, même si le point de départ ou d'arrivée n'est pas en lui-même concerné par le risque de cyclone. Sont également données les distances orthodromiques entre deux ports principaux, mais, comme ces distances ne sont pas destinées à être utilisées pour la navigation, elles sont approximatives, spécialement quand la route n'est pas directe. Sont aussi mentionnées au début de chaque route les cartes et les Instructions Nautiques se rattachant à cette partie du monde. Bien que les Instructions Nautiques concernent principalement la navigation à proximité des côtes, et que leur utilisation lors d'une traversée soit assez limitée, il est conseillé d'avoir à bord celles des régions adjacentes à celles que l'on va traverser, en cas d'arrêt forcé où, par conséquent, on n'aurait pas les cartes de cette région. Les cartes américaines, britanniques et françaises sont indiquées, car dans certaines parties du monde les unes couvrent mieux la région que les autres et vice versa. En règle générale, les cartes britanniques sont meilleures quand elles couvrent une région du monde faisant partie de l'ex-empire britannique, tandis que les cartes américaines ont tendance à être plus précises là où les intérêts américains prédominent, comme dans le Pacifique Nord. De même, pour la Polynésie française, la meilleure couverture est donnée par les cartes françaises. Bien que les références des cartes et des ouvrages mentionnés aient été exactes au moment de la publication de ce livre, il ne faut pas oublier, avant de passer commande des cartes suggérées au début de chaque route, que certains numéros sont changés périodiquement.

Pour des raisons de place, mais aussi parce que les régions les plus fréquentées sont déjà plus que suffisamment couvertes, j'ai conservé un minimum d'informations sur l'Atlantique Nord, l'Europe du Nord et la Méditerranée. Les quelques routes qui sont mentionnées sont simplement là pour permettre de préparer une navigation dans ces pays, et ne sauraient remplacer un guide de croisière. De même, ce livre donne les routes pour aller dans certaine région, par exemple les Bahamas, mais une fois sur place, ce n'est pas un guide de croisière pour naviguer entre les îles.

J'espère pouvoir être pardonné si j'ai oublié des routes. A plusieurs reprises, j'ai délibérément omis quelques routes très peu fréquentées, où il passe rarement plus d'un bateau par an, par exemple la traversée directe de Tuvalu aux îles Salomon. Dans ces cas-là, j'ai considéré qu'il y avait suffisamment d'informations à tirer des routes adjacentes, où les conditions sont similaires.

Il y a sûrement quelques personnes qui espèrent qu'un tel livre apportera des solutions précises à tous leurs problèmes. Il est bien évident que cela est impossible, surtout quand il faut prendre en compte des facteurs aussi inconstants que la météorologie et le vent. Même des routes a priori sûres peuvent être affectées par des perturbations météorologiques inhabituelles. Il y a une infinité de circonstances variables qui rendent impossible de fixer une règle générale pour la marche à suivre et ce, quelles que soient les périodes. Dès lors, même s'il est indiqué que telle route ou période est la meilleure, alors que, dans les faits, cela ne semble pas l'être, il est toujours préférable de suivre son instinct, même si cela a pour conséquence un détour ou un retard.

Bien qu'ayant bénéficié d'une grande variété de sources, la plupart des informations contenues dans ce livre sont basées sur mes propres expériences. J'ai aussi reçu beaucoup d'aide de la part de mes amis navigateurs, particulièrement ceux qui se sont aventurés là où je n'ai pas été. Pour ces régions-là, la faculté, que j'ai apprise tout jeune, de pouvoir me transposer dans des lieux que je ne connais pas, m'a beaucoup servi. Je suis toujours du doigt des routes sur les cartes, mais cette fois-ci avec l'aide de quelques amis…

1
PLANIFICATION DES ROUTES

Certains voyages débutent comme un rêve mais finissent comme un cauchemar. C'est en général dû à un manque de planification et à une mauvaise préparation. En effet, lorsqu'on projette une traversée, le plus important est d'utiliser au mieux les vents favorables et les conditions météo en choisissant la route qui réduira au minimum les chances de rencontrer du mauvais temps. En d'autres termes, le premier objectif de la planification des routes est d'être ***au bon endroit au bon moment.*** Pareillement, on doit s'efforcer à tout prix d'éviter d'être ***au mauvais endroit au mauvais moment.*** Presque tous les voiliers modernes sont capables d'aller d'un point A à un point B dans la plupart des conditions, si la durée ne compte pas. Maintenant, que cela en vaille vraiment la peine, c'est tout à fait discutable. Le capitaine Bligh a pratiquement eu une mutinerie à son bord lorsqu'il s'est entêté à essayer de franchir le cap Horn d'est en ouest au beau milieu de l'hiver. Finalement il abandonna, fit demi-tour et affronta un défi encore plus grand : les vahinés tahitiennes. Evidemment, même le meilleur des plannings ne peut prévoir ce type de péril.

Heureusement, les éléments à prendre en compte lors de la planification d'une grande croisière sont plus prévisibles, et la plupart des dangers qui peuvent en compromettre le bon déroulement sont bien connus. Le navigateur averti, planifiant une croisière hauturière, essayera de tirer parti des vents et courants favorables, évitant les conditions extrêmes. Un bateau destiné à la croisière hauturière doit être suffisamment bien construit pour pouvoir affronter un banal coup de vent, et heureusement, tout au long des routes décrites dans ce livre, la fréquence des violentes tempêtes est très peu élevée pendant la saison dite « sûre ». Le principal danger dont on doive se méfier concerne les tempêtes tropicales en rotation, appelées ouragans, cyclones, typhons ou encore willy-willies, mais comme elles affectent des régions précises à des périodes précises de l'année, elles peuvent tout à fait être évitées. C'est ici qu'une planification préalable prend toute son importance, car il est parfaitement possible de préparer sa navigation future dans les principaux bassins de croisière, en supprimant pratiquement tout risque de rencontrer des ouragans, des cyclones, ou des typhons.

Lors de la planification du voyage, il faut prendre en compte également les rares régions du monde considérées comme dangereuses à cause de pirates, de trafic de drogue ou de grande criminalité. De par leur nature humaine, ces dangers sont plus difficiles à prévoir que des phénomènes naturels, bien que les régions à éviter soient connues et les bateaux de voyage se transmettent les mises en garde sur les zones à éviter, que ce soit entre certaines îles de l'Indonésie et des Philippines, dans certains pays dans l'Afrique de l'Est ou de l'Ouest, ou dans certaines parties de la mer Rouge. C'est là où une BLU ou une radio amateur peuvent se révéler très utiles, car cela permet d'obtenir des informations de bateaux qui sont déjà sur place.

De nos jours, en dépit de toutes les informations disponibles et des grands progrès qui ont été faits en matière de prévisions météo dans le monde entier, des bateaux de plaisance continuent de subir de graves avaries parce que leurs skippers ignorent tous ces avertissements, et décident de passer la saison des cyclones dans des zones à risques. Moins traumatisant, mais néanmoins très inconfortable, est le constat fait chaque année par les plaisanciers de la côte ouest des Etats-Unis qui se retrouvent dans une île quelconque du Pacifique Sud, au terme d'une agréable croisière faite avec des vents portants, mais sans la moindre idée de la marche à suivre pour rentrer à la maison… Finalement, il y en a qui choisissent la solution logique en continuant vers l'ouest, rallongeant ainsi leur route de milliers de milles, et finissant par faire un tour du monde complet. Avoir préparé un minimum son voyage aurait pu rendre la vie plus facile. C'est à cause de ce manque de préparation qu'il y a toujours autant de bateaux à vendre aux Antilles, leurs propriétaires européens désenchantés ne voulant pas faire le voyage de retour en traversant l'Atlantique.

Quand on commence à préparer un voyage, ce dont on a besoin dès le début c'est d'une carte avec une projection gnomonique pour les longues traversées que l'on a l'intention d'effectuer. Bien que le GPS ait rendu moins essentiel le fait d'avoir de telles cartes à bord, il est quand même préférable d'en avoir et de savoir les utiliser. Une carte gnomonique est nécessaire parce que les cartes de navigation ordinaires, basées sur la projection de Mercator, ne peuvent pas être utilisées pour planifier une traversée de plus de quelques centaines de milles. Sur les cartes de Mercator, les méridiens sont représentés par des lignes parallèles qui ne convergent pas aux pôles, comme ils le font en réalité. Cela signifie que toute ligne droite dessinée entre deux points, sur une carte basée sur la projection de Mercator, n'est pas forcément la distance la plus courte entre ces deux points, et même si un voilier naviguant sur une de ces routes atteindra toujours sa destination, cela ne sera pas la route la plus courte. Pour pouvoir naviguer plus efficacement, il est nécessaire de suivre l'arc de grand cercle (ou route orthodromique) qui est la plus courte distance entre deux points à la surface de la terre.

Les principes de cette navigation orthodromique sont connus depuis longtemps et on pense que de grands navigateurs tels que Christophe Colomb ou Magellan en connaissaient déjà le principe. Les avantages de naviguer le long d'un arc de grand cercle ont été mentionnés pour la première fois dans l'ouvrage d'un astronome portugais, Pedro Nuñez, en 1537. Les navigateurs anglais en prirent connaissance par le livre l'*Art de la Navigation*, traduit en anglais par Richard Eden en 1561. D'autres ouvrages en parlent, mais le terme en lui-même semble avoir été inventé par John Davis, dans un livre publié en 1594 sous le titre « *Les Secrets du Navigateur* », dans lequel il décrivait trois types de navigation, l'Horizontale, la Paradoxale et celle suivant un « grand cercle ».

C'est à peu près à cette époque que le mathématicien Hollandais Gerhard Mercator publia un planisphère en utilisant une projection qui maintenant porte son nom. Une route représentée par une ligne droite sur une carte Mercator est appelée une loxodromie (*rhumb - line* en anglais) et pour un court trajet le long de cette ligne entre le port de départ et le port d'arrivée cela ne fait pas une grande différence. Afin de trouver la route la plus courte lors d'une longue traversée, la même ligne droite devra être tracée sur une carte gnomonique, qui utilise une projection différente où les méridiens convergent aux pôles et où les parallèles sont représentés par des lignes courbes. Toute ligne droite sur une carte gnomonique fait partie d'un grand cercle et représente vraiment la distance plus courte entre les deux points reliés par cette ligne. Parce qu'une carte gnomonique ne peut pas être utilisée pour la navigation, la trajectoire suivant un arc de grand cercle tracée sur une telle carte doit être reportée sur une carte Mercator. Pour cela, il faut noter la latitude où la route orthodromique coupe les méridiens successifs qui ont été sélectionnés à des intervalles pratiques, habituellement 5°. Ces positions sont ensuite reportées sur la carte de Mercator correspondante, et reliées par des lignes droites. Cette succession de « lignes de rhumb » donne une très bonne approximation de la trajectoire du grand cercle pour cette route.

Cette méthode plutôt lourde pour trouver la trajectoire le long d'un grand cercle pour n'importe quelle route peut être évitée si on résout le problème non pas graphiquement mais mathématiquement. Tout ceci est maintenant automatique avec le GPS, qui donne la route le long d'un grand cercle et la distance jusqu'à la prochaine destination, avec l'avantage que ces données sont constamment actualisées. Quoi qu'il en soit, le GPS ne fonctionne ainsi qu'une fois sur la route. Donc, pour les besoins de votre planification, vous devrez avoir soit une carte gnomonique, soit un programme pour votre ordinateur.

L'achat des cartes gnomoniques n'est donc plus nécessaire pour ceux qui désirent calculer leur route le long d'un grand cercle par d'autres moyens, mais l'acquisition des pilot charts des océans qu'ils vont traverser reste primordiale. Ces cartes sont publiées par un service américain (US Department of Defense Hydrographic Center) et peuvent être obtenues auprès des dépositaires habituels. Les pilot charts couvrent tous les océans du monde et donnent tous les mois ou tous les trois mois, les moyennes de la direction et de la force du vent, des courants, des pourcentages de calmes et de coups de vent, les limites des zones de glace, les trajectoires des cyclones et toutes sortes d'informations. Les données contenues dans ces cartes sont basées sur des observations faites par des bateaux qui sont passés dans ces zones et bien que cela donne une vision globale assez précise des conditions climatiques pour une période donnée, ce ne sont que des moyennes et elles doivent être considérées comme telles.

Avec l'aide des pilot charts qui se rapportent à la zone considérée et les informations de ce livre, la planification d'un voyage peut commencer sérieusement. Pour rendre plus simple la préparation d'une grande croisière, quelques voyages types sont décrits dans le chapitre suivant. Ces exemples sont simplement là pour montrer ce que l'on peut faire dans un certain laps de temps. Il restera toujours de la responsabilité du skipper d'arbitrer les options découlant d'une planification à long terme ou à court terme en fonction de son équipage, de lui-même et de son bateau.

L'exemple suivant montrera toute l'importance d'une planification préalable à long terme : en supposant qu'une croisière de quelques mois soit prévue dans les Petites Antilles, l'ordre dans lequel les îles vont être visitées doit être prévu à l'avance. La plupart des gens quittent les Canaries uniquement préoccupés par le fait de traverser l'Atlantique par la route la plus rapide et la plus directe possible, leur atterrissage aux Antilles étant déterminé par beaucoup de facteurs, mais rarement par des considérations à plus long terme. Si on pense continuer vers l'Europe ou les USA à la fin de la bonne saison aux Antilles, la route logique est de remonter du Sud vers le Nord, ainsi la même zone ne sera pas parcourue deux fois. Par contre, si on continue vers le Pacifique, en passant Panama, il serait plus avisé de prévoir d'atterrir dans une des îles les plus au nord comme Antigua ou la Guadeloupe et de descendre ensuite l'arc des Antilles vers Grenade ou le Venezuela. Une telle route dans les Petites Antilles assurera des vents plus favorables et un passage plus court vers Panama au moment voulu. Le passage dans la mer des Caraïbes peut être très chahuté à la fin de l'hiver et partir d'une des îles ABC situées au large du Venezuela (Aruba, Bonaire ou Curaçao) peut rendre ce passage plus court et plus agréable. Un autre avantage de cette route tient dans la partie la plus au sud des Antilles qui est rarement affectée par des cyclones, donc si votre croisière est retardée pour une raison ou pour une autre, le bateau sera dans un endroit relativement sûr.

Il est également important lors de la planification de prendre en compte certains facteurs subjectifs qui peuvent influencer le choix d'un itinéraire. Une hiérarchisation des priorités doit être faite et c'est alors qu'il faut tenir compte de ses propres limites. Trop de gens ont honte d'avouer aux autres et même à eux-mêmes qu'ils sont effrayés par un passage particulier. Un bon exemple est le passage du cap de Bonne Espérance, mieux nommé cap des Tempêtes, qui est réellement une région très dangereuse, spécialement si on ne pense pas que son bateau puisse se coucher ou se retourner, ce qui est une éventualité à envisager fortement si on veut passer par cette route. Il n'y a absolument rien d'humiliant à vouloir éviter un tel passage et on peut très bien à la place, choisir de passer par la mer Rouge. Quoi qu'il en soit, cette décision doit être prise longtemps à l'avance, de préférence avant le passage du détroit de Torrès et non la veille du départ de l'île Maurice.

La confiance dans les moteurs auxiliaires fait maintenant partie de la navigation moderne et c'est pour cette raison que pour certains itinéraires, il est conseillé d'avoir de bonnes réserves de gazole, ce qui peut avoir une grande influence sur le temps que l'on mettra. Il est pratique de pouvoir traverser au moteur le pot au noir et de ne pas y rester encalminé pendant des jours voire des semaines. Il en va de même lorsque l'on veut rentrer dans un lagon malgré un fort courant sortant, c'est alors la seule solution pour y pénétrer. Faire le plein de gazole avant de traverser une zone sans vent fait partie d'une bonne préparation préalable, de même que choisir un port où vous trouverez un bon approvisionnement, la possibilité de faire du gazole et d'effectuer des réparations, est judicieux avant de longues traversées.

Un élément important dans la préparation est d'être au courant des exigences officielles des pays que l'on va aborder, et de savoir si des visas, des vaccinations ou un permis de croisière sont nécessaires. La plupart de ces informations se trouvent dans le volume complémentaire de celuici, *Escales de Grande Croisière*.

Bien que les voiliers visitent maintenant plus de pays que par le passé, dans beaucoup d'endroits les formalités n'ont toujours pas été simplifiées. Le skipper doit être au courant des exigences spécifiques et des ports d'entrée officiels ; le fait de ne pas connaître la réglementation locale ne tiendra pas lieu d'excuse. On doit donc prévoir à l'avance une escale dans un pays doté d'un consulat pouvant délivrer le visa. Choisir un endroit proche d'un aéroport international peut se révéler judicieux lorsque l'on récupère ou que l'on débarque des membres de l'équipage. Tout aussi importante pour les navigateurs au long cours, est la planification de révisions complètes dans des endroits bien équipés pour cela. J'ai écrit *Escales de Grande Croisière* avec cet objectif toujours présent à l'esprit. Une partie de cette information est disponible sur mon site Internet : www.noonsite.com, qui est devenu une importante source d'informations pratiques pour la grande croisière et est à utiliser en même temps que *Escales de Grande Croisière*.

Voilà quelques-uns des facteurs qui peuvent influencer le déroulement d'une croisière, courte ou longue. Quoiqu'il arrive, ce dont on a besoin tout le temps, et spécialement quand la croisière a débuté, c'est d'une bonne dose de sens pratique, ce qui aidera à résoudre la plupart des problèmes. Ceci n'a jamais été aussi vrai que dans le domaine de la navigation, particulièrement avec la confiance que l'on a dans la navigation par GPS. Par exemple, si l'on n'est pas trop sûr de sa position par rapport à un récif, une île ou tout autre danger, il est généralement plus sûr de supposer que la latitude indiquée est plus précise que la longitude. Les coordonnées de la plupart de ces dangers ont été établies par des navigateurs qui ne bénéficiaient pas des instruments actuels, et beaucoup de cartes de régions lointaines n'ont pas encore été corrigées. C'est pourquoi il est encore parfaitement possible de faire comme les capitaines des grands voiliers, qui essayaient toujours de faire route en suivant la latitude d'un endroit, afin d'augmenter leurs chances de le retrouver. De même, si l'on désire éviter un danger, la principale chose à éviter est sa latitude. Comme les principales traversées d'océans se font d'est en ouest, cela signifie qu'il n'est pas difficile de choisir une latitude sûre et d'y rester à l'approche d'un danger connu.

L'influence du bon sens pour un bon comportement est illustrée par divers exemples dans mes précédents livres. Et, après avoir parlé à un grand nombre de navigateurs expérimentés, j'en ai tiré la conclusion que l'une des principales qualités pour naviguer est la patience. Un peu d'humilité et de respect face aux forces de la nature sont sans doute aussi importants et c'est certainement pour cela que les marins superstitieux préfèrent dire qu'ils sont « en route » pour leur destination. Beaucoup de choses peuvent arriver à un bateau et l'empêcher d'atteindre sa destination et une préparation sérieuse joue un grand rôle dans le fait de le ramener sain et sauf à son port d'attache.

2

LES PRINCIPALES ROUTES DE CROISIÈRE DU MONDE

Préparer une grande croisière n'est pas chose facile car beaucoup de facteurs sont à prendre en compte pour la sécurité du bateau et de son équipage. Il est donc crucial de s'assurer que la route que l'on va prendre est à l'écart de toutes les zones de dangers connus et de naviguer pendant la bonne saison. Une grande partie des routes décrites dans ce livre se situe sous les tropiques, c'est là que les navigateurs passent la majorité de leur temps, mais la plupart des régions tropicales ne sont sûres que six ou sept mois de l'année, les autres mois étant sujets à des cyclones. Dans les pages qui suivent, j'ai essayé de donner des exemples types de croisière autour du monde avec un minimum de risques. Ces divers tours du monde partent tous vers l'est, pour tirer profit au maximum des vents dominants et naviguer autant que possible avec les alizés. Parce que la majorité du temps se passera sous les tropiques, le calendrier proposé évitera ces régions durant la saison des cyclones. La majorité des bateaux de voyage suivent la route des alizés et le nombre de bateaux effectuant un tour du monde en remontant les alizés est si faible que ce cas ne mérite pas d'être traité dans un exemple à part. De même, les exemples suivants passent tous par le Pacifique Sud qui continue d'être « la plus grosse attraction » pour celui qui effectue un tour du monde. Les routes de A à G des pages suivantes sont reportées sur les pages intérieures de couverture.

Voyage A : Tour du monde en deux ans depuis l'Europe.

La durée la plus courte pour effectuer un tour du monde sur un voilier de petite taille est probablement deux ans. Avec un calendrier précis et un choix judicieux des saisons favorables, les participants des divers rallyes autour du monde que j'ai organisés dans les années 90 ont accompli leur tour du monde en un peu moins de deux ans. Certains jugeront cela trop rapide et ils ont probablement raison. Mais c'était dans le cadre d'une course et les marins qui y participaient étaient prêts à aller relativement vite. Néanmoins, si l'on n'a pas beaucoup de temps, le programme suivant est parfaitement possible car il tient compte des bonnes saisons en essayant toujours d'être au bon endroit au bon moment.

Si le point de départ est la Scandinavie, l'Angleterre ou l'Europe du Nord, la meilleure période pour partir serait en début d'été car c'est là que l'on a les meilleures conditions pour passer la mer du Nord, la Manche et le golfe de Gascogne. Les départs depuis des ports de Méditerranée et de Gibraltar peuvent se faire jusqu'à fin octobre. C'est aussi à ce moment-là que les bateaux doivent être en route vers les Canaries, que ce soit directement ou en passant par Madère.

Le début de la période pour traverser l'Atlantique suivant les alizés de NE se situe vers mi-novembre, assurant ainsi une arrivée sur l'une des îles des Antilles avant Noël, au début de la bonne saison. Les chances de rencontrer des vents favorables sont plus grandes en hiver, les traversées les plus rapides ont été faites entre janvier et mars. Christophe Colomb lui-même a quitté les Canaries en septembre et a eu des alizés établis pratiquement tout au long de sa traversée. Cette première traversée de l'Atlantique sous les alizés eut lieu en plein pendant la saison des cyclones, à une période de l'année où une telle traversée ne doit même pas être envisagée.

Après un ou deux mois dans l'est des Caraïbes, il faudra franchir le canal de Panama en février ou début mars. Cela permet de ne pas arriver aux Marquises avant fin mars quand les îles de la Polynésie française sont encore sujettes aux risques de cyclones. A cause du peu de temps disponible, il faudra quitter Tahiti début juin pour arriver aux Fidji courant juillet. Comme c'est pendant ces mois-là que les alizés de SE sont les plus réguliers, cette traversée peut habituellement être faite avec une bonne vitesse. Les traversées depuis les Fidji doivent être calculées de façon à passer le détroit de Torrès avant fin août ou début septembre si on prend la route du cap de Bonne Espérance.

Le passage de la partie sud de l'océan Indien devra être fait au même rythme, avec de longues périodes passées en mer et de courtes escales. Le début de la saison des cyclones en décembre implique de quitter l'île Maurice pour l'Afrique du Sud au plus tard fin octobre. Le meilleur créneau pour rallier Le Cap se situe en janvier ou février, quand les conditions pour passer le cap de Bonne Espérance sont les meilleures.

Ceux qui pensent revenir en Méditerranée via la mer Rouge ont le choix soit de faire escale à Bali et de continuer ensuite sur Singapour, soit de partir sur Sri Lanka via les îles Christmas. Pour ceux qui veulent passer par l'Indonésie, ils doivent se procurer un « cruising permit », ce qui probablement influe sur le choix de la route. L'avantage de passer par le nord de l'océan Indien est que ce passage peut s'effectuer en janvier ou en février, ce qui permet de passer plus de temps dans le Pacifique et de passer le détroit de Torrès seulement en septembre ou même début octobre. A la fin de l'année, le bateau se trouvera quelque part en Asie du Sud-Est, se préparant pour une traversée du nord de l'océan Indien en hiver, quand la mousson de nord-est apporte normalement d'excellentes conditions de navigation dans les premiers mois de l'année. Ensuite, le passage de la mer Rouge et le transit par le canal de Suez en avril ou mai permettront d'avoir effectué un tour du monde en à peu près deux ans après avoir quitté l'Europe.

Ceux qui reviennent par le cap de Bonne Espérance peuvent naviguer jusqu'aux Açores, soit directement, soit via le Brésil, cette dernière solution rallongeant pas mal le chemin du retour. Une arrivée aux Açores vers avril ou mai permet un retour au point de départ exactement deux ans après.

Mais il y a tant de tentations sur le chemin que des voyages aussi rapides finissent souvent par se transformer en tour du monde de trois à quatre ans. Mon premier tour du monde sur *Aventura* m'a pris six années complètes, cela peut donc paraître assez ironique que le premier rally autour du monde que j'ai organisé en 1991 ait prévu environ quatre fois moins de temps. En fait, j'ai moi-même pris part à ce rally et malgré le rythme soutenu, je dois admettre que pouvoir accomplir une circumnavigation en si peu de temps présente des avantages certains pour ceux qui n'ont pas assez de temps ou ne souhaitent pas être partis trop longtemps de chez eux. On voit dans le voyage décrit ci-dessus que l'on peut préparer un tour du monde en deux ans et être toujours au bon endroit au bon moment.

En résumé

Option 1
Tour du monde par le Pacifique Sud, le détroit de Torres et de cap de Bonne Espérance
Route : Canaries – Antilles (décembre-janvier) – Panama (février) – Galapagos (mars) – Marquises (avril) – Tuamotus – Tahiti (mai) – Tonga – Fidji (juillet) – Vanuatu – nord de l'Australie (détroit de Torres) – Indonésie (septembre) – Ile Maurice (octobre) – Afrique du Sud (novembre-janvier) – [Brésil] – Antilles (mars-mai) – Açores (juin)
Départ : novembre année I
Retour : juin-juillet année III
Saisons des cyclones : juin à novembre (Atlantique Nord), mi-novembre à avril (Indien Sud/Pacifique Sud)
Nombre de milles : 28 000/31 000
Durée : 19-21 mois

Option 2
Tour du monde par le Pacifique Sud, Asie du Sud Est, mer Rouge et Méditerranée
Route : Canaries – Antilles (décembre-janvier) – Panama (février) – Galapagos (mars) – Marquises – Tuamotus – Tahiti (mai) – Tonga – Fidji (juillet) – Vanuatu – nord de l'Australie (détroit de Torres) (septembre) – Indonésie (octobre) – Singapour – Thaïlande (décembre) – Sri Lanka (janvier-février) – mer Rouge (mars-avril) - Méditerranée (mai)
Départ : novembre année I
Retour : mai-juin année III
Saisons des cyclones : juin à novembre (Atlantique Nord), mi-novembre à avril (Pacifique Sud), mai-juin (Indien Nord), octobre-novembre (Indien Nord)
Nombre de milles : 22 000/26 000
Durée : 18-22 mois

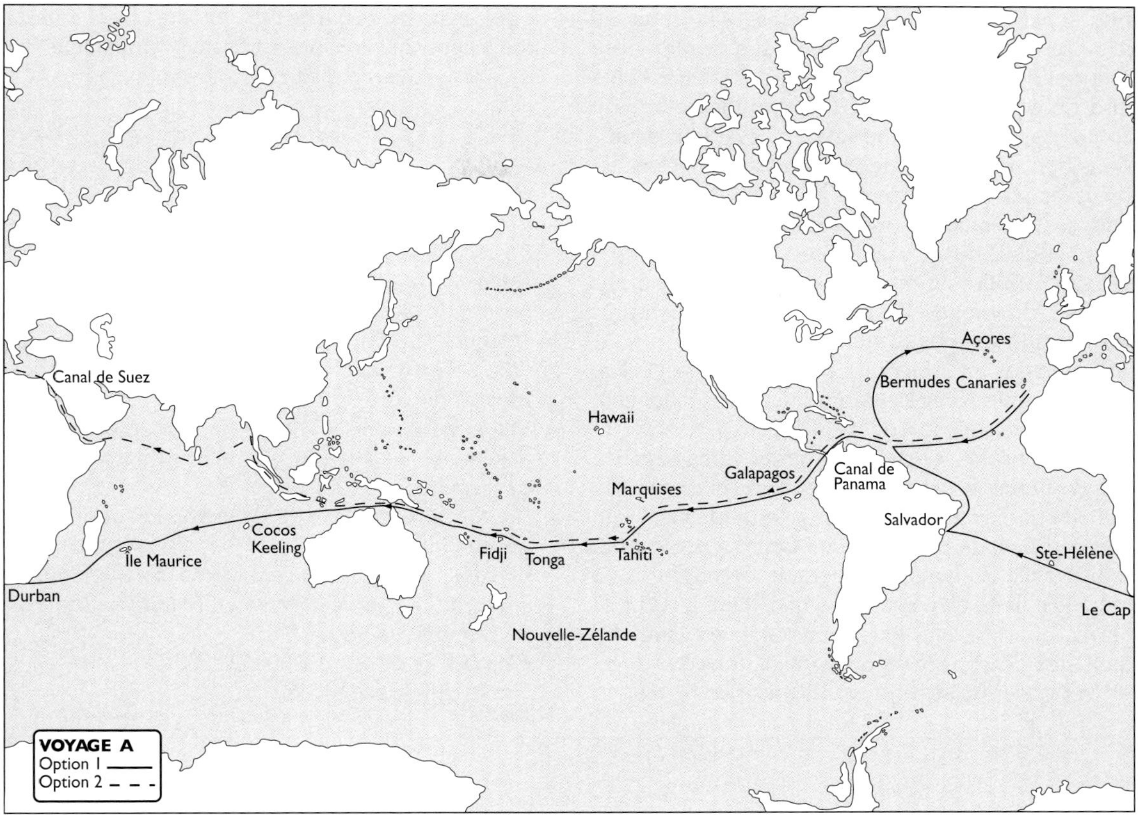

Voyage B : Tour du monde en deux ans à partir de la côte est de l'Amérique du Nord.

Pour les bateaux qui partent pour un tour du monde de deux ans depuis la côte est de l'Amérique du Nord et pensent démarrer leur voyage au début de l'hiver, la date du départ est cruciale. Si l'on envisage de passer du temps dans les Petites Antilles, il faudra essayer de partir avant la première semaine de novembre, en direction des Iles Vierges, ou vers l'une des îles des Antilles. Si le départ se fait vers la fin du printemps ou au début de l'été, le planning sera moins contraignant. Dans ce cas-là, la majorité des bateaux mettent le cap vers l'est des Caraïbes via les Bermudes en mai ou juin et se dirigent ensuite vers le sud, vers des régions où les risques de cyclones sont moins élevés, comme le Venezuela, la Colombie ou le Panama. Cependant, ceci signifie ajouter au moins un an au voyage, qui durera finalement presque trois ans.

Pour ceux qui partent plus tard dans l'année et pensent aller directement sur Panama, il y a deux solutions : soit passer par les Bahamas et le « Windward Passage » (« Passage du vent », entre Cuba et Haïti), soit emprunter les canaux de l'*Intracoastal Waterway* et de là rallier Panama. Les bateaux partant de Floride peuvent partir plus tard dans l'hiver et rejoindre Panama en passant à l'est ou à l'ouest de Cuba, les deux sont possibles. Ceux qui partent en novembre et empruntent la route la plus longue par l'est des Caraïbes arriveront au début de l'hiver, ce qui leur laisse deux mois à passer dans les Petites Antilles avant de partir sur Panama. Quelle que soit la route choisie pour rallier Panama, le passage du canal devra se faire en février ou début mars. Cela évite d'arriver aux Marquises avant la fin de la saison des cyclones (qui va de décembre à fin mars). A partir de Tahiti, le calendrier reste le même que dans l'exemple précédent. On devra quitter les îles de la Société pas plus tard qu'en juin, pour arriver aux Fidji en juillet. Des Fidji, on devra prévoir de passer le détroit de Torrès avant fin août ou au tout début du mois de septembre.

Le sud de l'océan Indien devra être traversé au même rythme, avec de longues périodes passées en mer, et peu de temps passé aux escales. Le début de la saison des cyclones en décembre implique de quitter l'île Maurice pour l'Afrique du Sud au plus tard fin octobre. La pointe de l'Afrique devra être contournée en janvier ou février, quand les conditions dans cette zone de tempêtes sont habituellement les plus favorables. A partir de l'Afrique du Sud, les bateaux remontent généralement vers le Brésil et de là, jusqu'aux Petites Antilles. Une arrivée aux Antilles au printemps permet d'accomplir un tour du monde en moins de deux ans après avoir quitté son port d'attache.

Un retour en Amérique par le nord de l'océan Indien, la mer Rouge et la Méditerranée rallongera considérablement le voyage. Beaucoup de navigateurs américains, qui veulent éviter le passage du cap de Bonne Espérance, choisissent cette solution. Cette option a l'avantage de permettre de visiter un peu de l'Asie du Sud-Est avant de traverser l'océan Indien avec la mousson hivernale de nord-est. La remontée de la mer Rouge devra se faire à la fin de l'hiver, afin d'arriver en Méditerranée en mars. En quittant la Méditerranée, on peut soit traverser directement via les Açores et éventuellement les Bermudes, de préférence au début de l'été, soit prendre la route la plus longue, qui consiste à traverser l'Atlantique via les Canaries, mais pas avant mi-novembre.

En résumé

Option 1
Tour du monde par le Pacifique Sud, le détroit de Torres et le cap de Bonne Espérance
Route : Chesapeake – Bahamas – [Amérique centrale] – Panama (février) – Galapagos – Marquises (avril) – Tuamotus – Tahiti (mai) – Tonga (juin) – Fidji – Vanuatu (août) – nord de l'Australie (détroit de Torres) – Indonésie (septembre) – Ile Maurice (octobre) – Afrique du Sud (novembre-décembre) – [Brésil] – Antilles (mars-mai) – Chesapeake
Départ : fin octobre - début novembre année I
Retour : juin année III
Saisons des cyclones : juin à novembre (Atlantique Nord), mi-novembre à mars (Indien Sud/Pacifique Sud)
Nombre de milles : 27 000/29 000
Durée : 18-20 mois

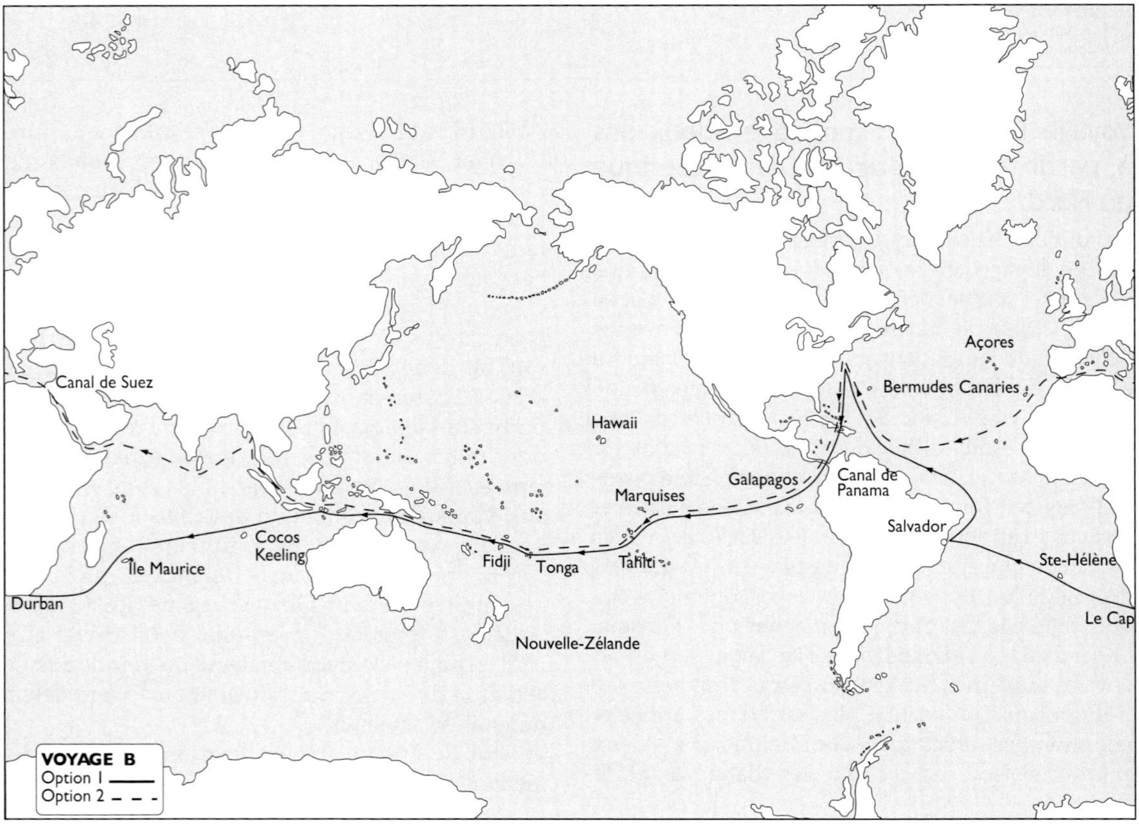

Option 2
Tour du monde par le Pacifique Sud, la mer Rouge et la Méditerranée
Route : Chesapeake – Bahamas – [Amérique centrale] – Panama – Galapagos – Marquises (avril) – Tuamotus – Tahiti – Tonga – Fidji (juillet) – Vanuatu – nord de l'Australie (détroit de Torres) (septembre) – Indonésie (octobre) – Singapour – Thaïlande (décembre) – Sri Lanka (janvier-février) – mer Rouge (mars-avril) – Méditerranée (mai-septembre) – Canaries (novembre) – Antilles (décembre-avril) – Chesapeake
Départ : novembre année I
Retour : mai-juin année III
Saisons des cyclones : juin à novembre (Atlantique Nord), mi-novembre à mars (Pacifique Sud), mai-juin (Indien Nord), octobre-novembre (Indien Nord)
Nombre de milles : 29 000/31 000
Durée : 18-20 mois

Voyage C : Tour du monde en trois ans depuis l'Europe.

Les tours du monde en deux ans décrits plus haut peuvent être faits dans de bien meilleures conditions si on dispose d'un peu plus de temps. Lors d'un tour du monde de trois ans, le nombre de milles parcourus en plus est seulement de 4 000. L'année supplémentaire permet de passer plus de temps aux escales et on profite bien plus du voyage.

La première partie du voyage, que l'on parte d'Europe ou d'Amérique du Nord, sera la même que dans les exemples précédents. On pourra passer un peu plus de temps aux Caraïbes, mais le canal de Panama devra toujours être passé en mars pour arriver aux Marquises avant fin avril. Les trois mois suivants pourront être passés en Polynésie française, permettant d'assister aux festivités uniques du 14 juillet. En partant des îles de la Société fin juillet, on peut passer quelque temps dans les archipels qui sont sur la route des Fidji. La saison des cyclones approchant (de fin novembre à mars), une décision doit être prise, soit on la passe aux Tonga (Vava'u), soit aux Samoa (Pago Pago), en

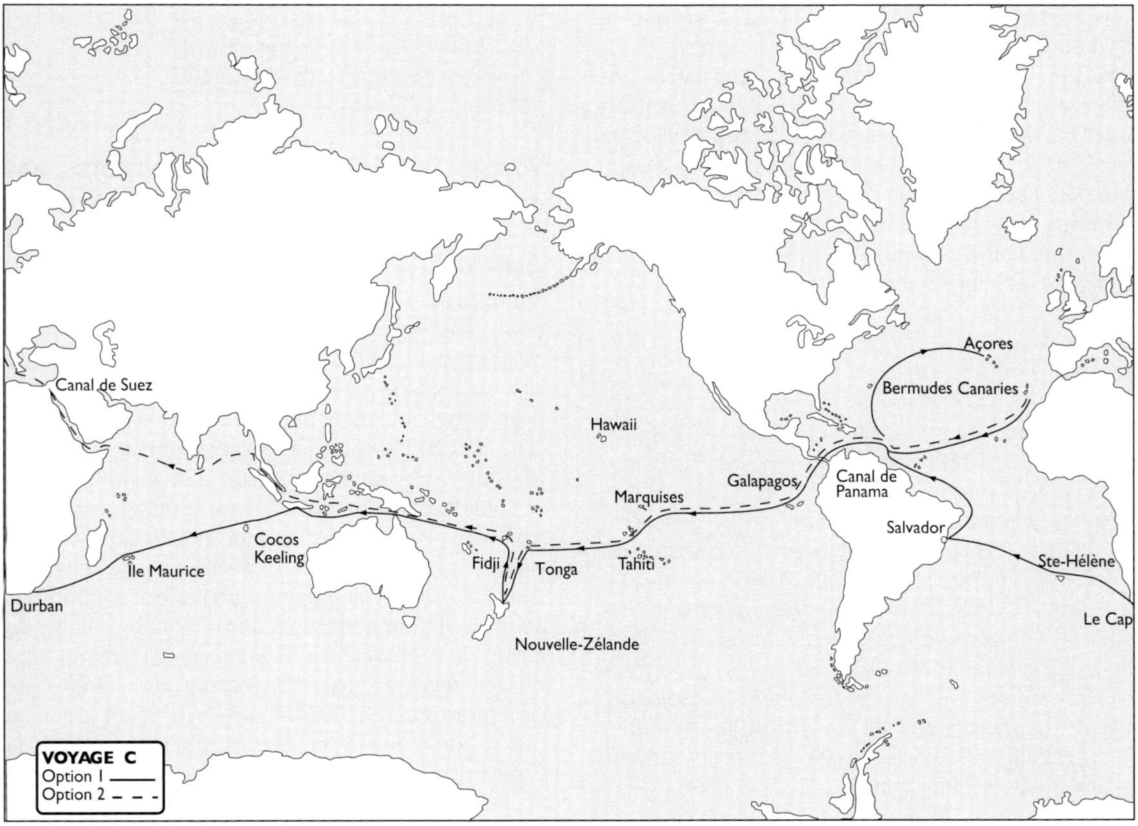

Nouvelle-Zélande, ou en Australie non tropicale. Bien qu'il y ait des bateaux qui restent dans les deux premières régions, il faut savoir que ces mouillages sont encore dans la zone des cyclones. Une grande majorité de bateaux choisit donc de descendre en Nouvelle-Zélande, qui est en dehors de la zone des cyclones. Rester aux Fidji n'est pas recommandé, parce que le nombre de mouillages bien protégés est réduit et qu'ils sont très vite saturés en cas de danger.

La traversée des Fidji vers la Nouvelle-Zélande se fait généralement en novembre. La plupart des bateaux passent toute la saison des cyclones en Nouvelle-Zélande et partent ensuite pour le détroit de Torrès ou l'océan Indien début avril. Partir à cette époque-là permet de passer dans quelques îles de la mer de Corail avant d'atteindre l'océan Indien. Une autre alternative consiste à traverser la mer de Tasman de Nouvelle-Zélande vers l'Australie en février ou mars et à remonter la côte australienne jusqu'au détroit de Torrès. Arriver plus tôt dans l'océan Indien permet de passer plus de temps à Darwin ou en Indonésie, si l'on a obtenu un permis de croisière pour cette dernière. La dernière partie du voyage est la même que celles décrites dans les voyages A et B.

Ceux qui choisissent la route par l'Afrique du Sud et qui veulent rejoindre la Méditerranée le plus vite possible peuvent étudier une alternative plus directe qui évite le grand détour par les Antilles, ainsi que le détour par les Açores. La route passe par Ste Hélène et l'Ascension pour aller aux îles du Cap Vert puis aux Canaries. Pendant la dernière partie, au nord de l'équateur, le vent sera en grande partie contraire, mais le nombre de milles à parcourir sera moindre que dans les autres cas.

En résumé

Option 1
Tour du monde par le Pacifique Sud, la Nouvelle-Zélande, le détroit de Torres et le cap de Bonne Espérance
Route : Canaries – Antilles (décembre-février) – Panama (février) – Galapagos – Marquises (avril) – Tuamotus – Tahiti (juin) – Tonga – [Fidji] – Nouvelle-Zélande (décembre-avril) – [Fidji] – [Nouvelle-Calédonie] – Vanuatu – nord de l'Australie (détroit de Torres) – Indonésie (septembre) – Ile Maurice (octobre) – Afrique du Sud (novembre-janvier) – [Brésil] – Antilles (mars-mai) – Açores (juin) [Canaries (mars-avril)] – [Gibraltar (mai)]
Départ : novembre année I
Retour : juin-juillet année IV
Saisons des cyclones : juin à novembre (Atlantique Nord), mi-novembre à avril (Indien Sud/Pacifique Sud)
Nombre de milles : 32 000/36 000
Durée : 30 mois

Option 2
Tour du monde par le Pacifique Sud, la Nouvelle-Zélande, l'Asie du Sud-Est, la mer Rouge et la Méditerranée
Route : Canaries – Antilles (décembre-janvier) – Panama (février) – Galapagos (mars) – Marquises – Tuamotus – Tahiti (juin) – Tonga – [Fidji] – Nouvelle-Zélande (décembre-avril) – [Fidji] – [Nouvelle-Calédonie] – Vanuatu – nord de l'Australie (détroit de Torres) – Indonésie (octobre) – Singapour – Thaïlande (décembre) – Sri Lanka (janvier-février) – mer Rouge (mars-avril) – Méditerranée (mai)
Départ : novembre année I
Retour : mai-juin année III
Saisons des cyclones : juin à novembre (Atlantique Nord), mi-novembre à mars (Pacifique Sud), mai-juin (Indien Nord), octobre-novembre (Indien Nord)
Nombre de milles : 25 000/29 000
Durée : 30-32 mois

Voyage D : Tour du monde en trois ans depuis la côte ouest de l'Amérique du Nord.

Si l'on pense commencer son tour du monde à partir de la côte ouest de l'Amérique du Nord, alors il faudra au moins trois ans. La première destination pour ceux qui entreprennent ce voyage est Tahiti, que l'on peut atteindre soit en passant par Hawaii, soit via les Marquises. Pour ceux qui choisissent de passer par Hawaii, la date du départ est moins cruciale, tandis que pour ceux qui se dirigent vers les Marquises, il vaut mieux partir fin mars début avril.

Ceux partis plus tôt arrivent en Polynésie française fin avril début mai et pourront suivre le même calendrier que celui décrit dans les voyages A et B. Ceux partis plus tard arriveront à Tahiti pas avant juillet ou août, ils n'auront pas beaucoup de temps à y passer, car il leur faudra gagner une région sûre pour passer la saison des cyclones (de décembre à mars). Un bon moyen d'éviter la saison des cyclones en Polynésie française est de quitter la Californie en novembre et de passer l'hiver soit à

Hawaii, soit au Mexique, ou encore en Amérique centrale. La traversée sur les Marquises peut se faire au mois de mars suivant, ce qui permet d'arriver là-bas pendant la bonne saison, le reste de la croisière dans le Pacifique Sud ayant le même calendrier que dans les exemples A et B.

Pour ceux qui seraient pressés de rentrer le plus vite possible, je leur suggère de traverser la partie sud de l'océan Indien de façon à arriver au Cap pour Noël. Cela permet d'arriver aux Petites Antilles en février et à Panama en mars ou avril. Une fois le canal de Panama passé, on a le choix soit de remonter rapidement le long de l'Amérique centrale et du Mexique, si l'on possède un moteur puissant, soit de faire un détour par Hawaii, en espérant des vents favorables pour le voyage de retour. La date de passage à Panama est cruciale si l'on compte remonter le long de la côte jusqu'en Californie, parce que le cap San Lucas doit être passé avant le début de la saison des ouragans en juin.

En planifiant soigneusement sa route et en passant la saison des cyclones en Nouvelle-Zélande, on peut accomplir un tour du monde par le cap de Bonne Espérance en moins de deux ans, mais cela attirera sans doute peu de monde ! La route par l'Afrique du Sud peut s'accomplir en moins de temps parce qu'elle est un peu plus courte, et parce qu'on peut compter sur des conditions de navigation plus favorables, alors que si l'on choisit la route par la mer Rouge et la Méditerranée il faut accepter de faire du moteur si nécessaire. Pour ceux qui choisissent le détour via l'Europe, décrit dans l'option 2, la traversée du nord de l'océan Indien pourra se faire fin février ou même en mars, ce qui permet de disposer de plus de temps avant. Mais le principal avantage de cette route, est de pouvoir visiter un peu la Méditerranée. Après avoir passé le canal de Suez en avril, on dispose d'à peu près six mois d'été pour rejoindre Gibraltar et visiter des endroits intéressants en chemin. On peut traverser de Gibraltar vers les Canaries en octobre, et ensuite effectuer la traversée de l'Atlantique à la bonne époque. En arrivant dans les Antilles avant Noël, on pourra mieux profiter du trajet jusqu'à Panama et au-delà que si l'on arrivait directement d'Afrique du Sud. En ayant plus de temps à sa disposition, même le trajet de retour le long de la côte Pacifique de l'Amérique centrale pourra être envisagé plus sereinement.

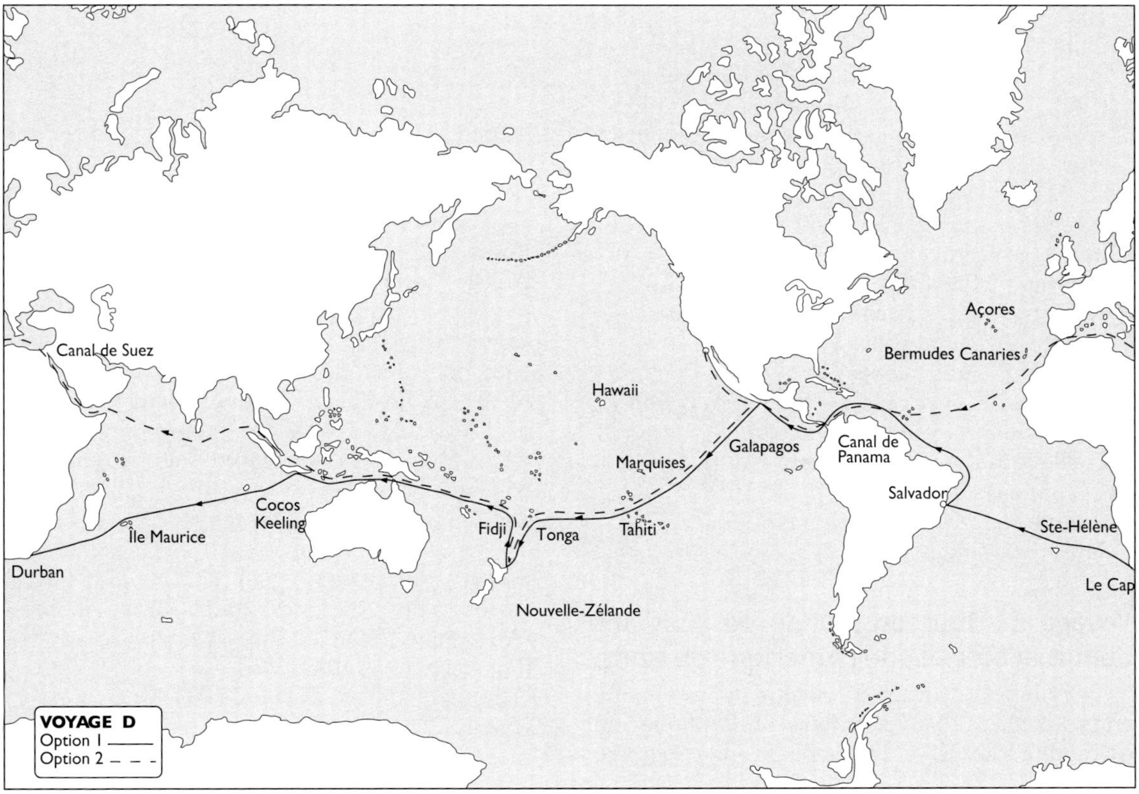

En résumé

Option 1
Tour du monde par le Pacifique Sud, la Nouvelle-Zélande, le détroit de Torres et le cap de Bonne Espérance
Route : Californie – [Mexique] – Marquises (avril) – Tuamotus – Tahiti (juin) – Tonga (septembre) – [Fidji] – Nouvelle-Zélande (décembre-avril) – Fidji (mai) – [Nouvelle-Calédonie] – Vanuatu – nord de l'Australie (détroit de Torres) – Indonésie (septembre) – Ile Maurice (octobre) – Afrique du Sud (novembre-janvier) – [Brésil (février)] – Antilles (mars) – Panama (avril) – Californie
Départ : janvier-mars année I
Retour : juin-juillet année IV
Saisons des cyclones : juin à novembre (Atlantique Nord), mi-novembre à avril (Pacifique Sud/Indien Sud)
Nombre de milles : 30 000/33 000
Durée : 30-36 mois

Option 2
Tour du monde par le Pacifique Sud, la Nouvelle-Zélande, le détroit de Torres, l'Asie du Sud-Est, la mer Rouge et la Méditerranée
Route : Californie – [Mexique] – Marquises (avril) – Tuamotus – Tahiti – Tonga (septembre) – [Fidji] – Nouvelle-Zélande (décembre-avril) – Fidji (mai) – [Nouvelle-Calédonie] – Vanuatu – nord de l'Australie (détroit de Torres) – Indonésie (octobre) – Singapour – Thaïlande (décembre) – Sri Lanka (janvier-février) – mer Rouge (mars-avril) – Méditerranée (mai-octobre) – Canaries (novembre) – Antilles (décembre-mars) – Panama (avril) – Californie
Départ : novembre année I
Retour : juin-juillet année IV
Saisons des cyclones : juin à novembre (Atlantique Nord), mi-novembre à avril (Pacifique Sud), mai-juin (Indien Nord), octobre-novembre (Indien Nord)
Nombre de milles : 33 000/36 000
Durée : 30-36 mois

Voyage E : Tour du monde de trois ans depuis la côte est de l'Amérique du Nord.

Le rythme du voyage B peut être moins soutenu en passant la saison des cyclones du Pacifique Sud (décembre à mars) en Nouvelle-Zélande. On peut alors passer plus de temps en Polynésie française, aux îles Cook et aux Tonga, avant de quitter les Tropiques pour aller en Nouvelle-Zélande début novembre. Les Fidji peuvent être visitées avant ou après la Nouvelle-Zélande. Si on les visite d'abord, en quittant la Nouvelle-Zélande on peut faire un détour par la Nouvelle-Galles-du-Sud en Australie, ou passer par la Nouvelle-Calédonie en allant au Vanuatu, au Queensland et au nord de l'Australie. Si l'on passe plus tôt dans l'océan Indien Sud, on pourra faire un détour par l'île Maurice et Madagascar avant le début de la nouvelle saison des cyclones. Alternativement, une route plus nord à travers l'océan Indien Sud permettra une escale aux Chagos et probablement aux Seychelles.

Les options 2 et 3 décrivent un tour du monde par la mer Rouge et la Méditerranée. Pour le réaliser en moins de trois ans (option 2), il faudra traverser l'Atlantique en été, et donc passer peu de temps en Méditerranée. Un autre inconvénient de ce programme est d'arriver dans l'ouest de l'Atlantique en pleine saison des cyclones. La meilleure alternative est l'option 3, qui permet de passer toute la saison en Méditerranée et de traverser l'Atlantique en hiver. Mais on ajoutera alors une année au voyage.

En résumé

Option 1
Tour du monde par le Pacifique Sud, la Nouvelle-Zélande, le détroit de Torres et le cap de Bonne Espérance
Route : Chesapeake – Bahamas [Petites Antilles] – [Amérique centrale] – Panama (février) – Galapagos – Marquises (avril) – Tuamotus – Tahiti – Tonga (septembre) – [Fidji] – Nouvelle Zélande (décembre-avril) – Fidji (mai) – [Nouvelle Calédonie] – Vanuatu – nord de l'Australie (détroit de Torres) – Indonésie (septembre) – Ile Maurice (octobre) – Afrique du Sud (novembre-janvier) – [Brésil (février)] – Antilles (mars-mai) – Chesapeake
Départ : novembre année I
Retour : juin année IV
Saisons des cyclones : juin à novembre (Atlantique Nord), mi-novembre à avril (Pacifique Sud/Indien Sud)
Nombre de milles : 24 000/26 000
Durée : 30 mois

Option 2
Tour du monde par le Pacifique Sud, la Nouvelle-Zélande, le détroit de Torres, l'Asie du Sud-Est, la mer Rouge et la Méditerranée
Route : Chesapeake - Bahamas - [Petites Antilles] - Amérique centrale - Panama (février) - Galapagos - Marquises (avril) - Tuamotus - Tahiti - Tonga - [Fidji] - Nouvelle Zélande (décembre-avril) - Fidji (mai) - [Nouvelle Calédonie] - Vanuatu - nord de l'Australie (détroit de Torres) - Indonésie (octobre) - Singapour - Thaïlande (décembre) - Sri Lanka (janvier-février) - mer Rouge (mars-avril) - Méditerranée (mai-juin) - Açores (juillet) - [Bermudes] - Chesapeake
Départ : novembre année I
Retour : août-septembre année IV
Saisons des cyclones : juin à novembre (Atlantique Nord), mi-novembre à avril (Pacifique Sud), mai-juin (Indien Nord), octobre-novembre (Indien Nord)
Nombre de milles : 30 000/32 000
Durée : 32-34 mois

Option 3
Tour du monde par le Pacifique Sud, la Nouvelle-Zélande, le détroit de Torres, l'Asie du Sud-Est, la mer Rouge et la Méditerranée
Route : Chesapeake - Bahamas - [Petites Antilles] - Amérique centrale - Panama (février) - Galapagos - Marquises (avril) - Tuamotus - Tahiti - Tonga - [Fidji] - Nouvelle Zélande (décembre-avril) - Fidji (mai) - [Nouvelle Calédonie] - Vanuatu - nord de l'Australie (détroit de Torres) - Indonésie (octobre) - Singapour - Thaïlande (décembre) - Sri Lanka (janvier-février) - mer Rouge (mars-avril) - Méditerranée (mai-octobre) - Canaries (novembre) - Antilles (décembre-avril) - Chesapeake
Départ : novembre année I
Retour : mai-juin année V
Saisons des cyclones : juin à novembre (Atlantique Nord), mi-novembre à avril (Pacifique Sud), mai-juin (Indien Nord), octobre-novembre (Indien Nord)
Nombre de milles : 31 000/34 000
Durée : 40-42 mois

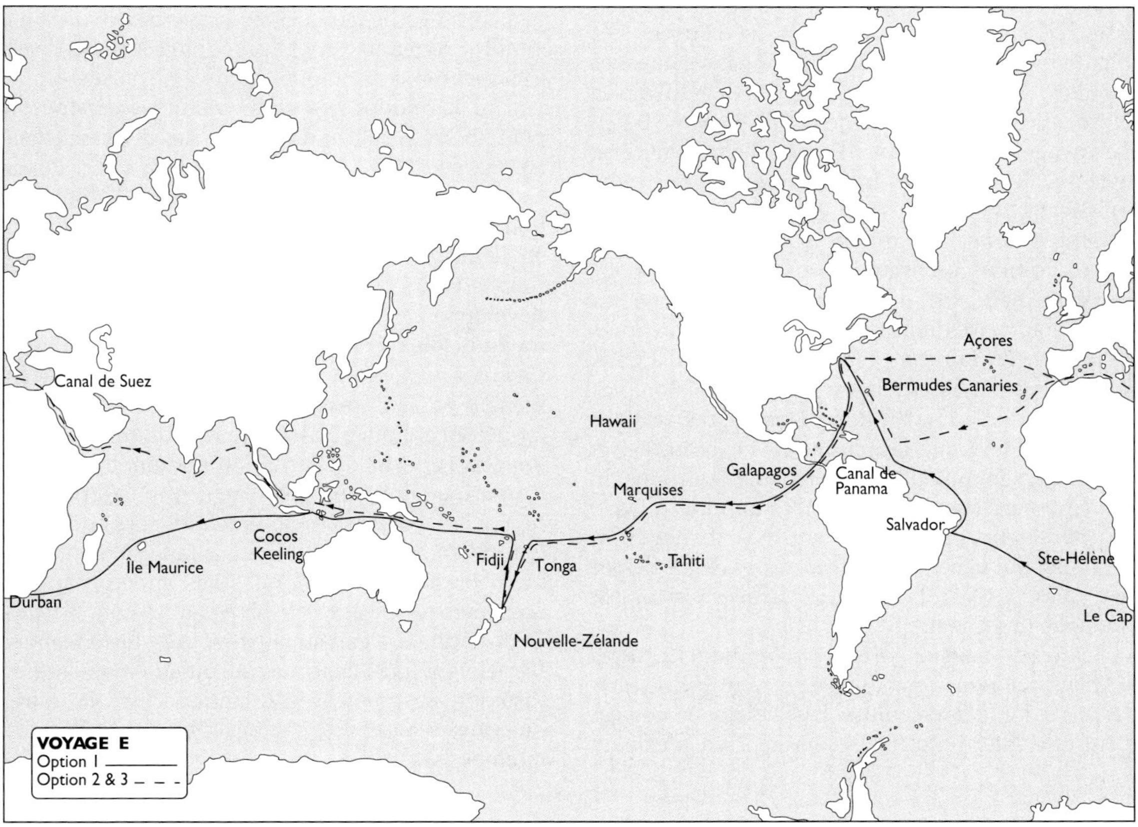

Voyage F : boucle dans l'Atlantique au départ de l'Europe.

Par rapport à l'océan Pacifique, il est bien plus facile d'effectuer une boucle dans l'Atlantique Nord, c'est d'ailleurs ce que fait chaque année un grand nombre de navigateurs européens qui profitent d'une année sabbatique, ou qui le font en plusieurs fois, en rentrant chez eux entre-temps. Christophe Colomb fut le premier à accomplir une telle boucle dans l'Atlantique et l'itinéraire suivant est en grande partie basé sur son propre voyage en 1492-93. Le seul changement notable est le calendrier. Lors de sa première traversée de l'Atlantique, Colomb avait navigué vers l'ouest en été, pendant la saison des cyclones, et était rentré trop tôt en hiver.

Un départ à la fin du printemps ou en été est plutôt recommandé pour ceux qui partent d'Europe du Nord ou de l'Ouest, pour pouvoir traverser le golfe de Gascogne avant la mi-août. Ce calendrier permet de naviguer le long de la péninsule ibérique avant de partir sur les Canaries, soit directement, soit en passant par Madère. La traversée de l'Atlantique pourra se faire en novembre ou début décembre, par la route des alizés, arrivant ainsi aux Antilles avant la fin de l'année. Les quatre mois suivants pourront être passés dans les Antilles, en allant préférentiellement du Sud vers le Nord, afin de ne pas faire deux fois le même trajet. Le voyage de retour vers l'Europe devra se faire en avril ou début mai, en incluant généralement une escale aux Bermudes, bien que quelques bateaux fassent la traversée directe sur les Açores. Les Açores offrent un tremplin à mi-parcours pour rejoindre son port d'attache soit en Europe du Nord, soit en Méditerranée à peu près un an après le départ. En fait, on peut faire une boucle dans l'Atlantique en huit mois, en particulier si l'on part d'un port du Sud de l'Europe. Dans ce cas, on peut partir pour les Canaries plus tard, vers octobre, traverser l'Atlantique dans la deuxième quinzaine de novembre et revenir des Caraïbes au mois d'avril. De nombreux bateaux suivent avec bonheur ce planning qui leur permet entre autres de participer à « l'ARC » (Atlantic Rally for Cruisers = transat annuelle des Canaries à Ste Lucie).

L'attrait majeur d'une telle boucle dans l'Atlantique pour ceux qui ne peuvent pas se libérer assez longtemps en une fois, est que le voyage peut être interrompu et se dérouler en plusieurs étapes. La première étape consiste à descendre le bateau dans un port du Sud au début de l'été. Le bateau peut être laissé dans une marina tandis que l'équipage rentre par avion. Pendant cette étape, on peut descendre jusqu'aux Canaries, l'idéal serait d'y arriver en août ou début septembre. Il y a d'excellentes marinas aux Canaries où le bateau peut être laissé en toute sécurité et il y a également des vols réguliers desservant toute l'Europe. Si le bateau est laissé dans le Sud de l'Europe, à Gibraltar ou à Lagos, la descente vers les Canaries ne devra pas se faire trop tard, chaque année des bateaux ratent le départ de l'ARC à cause du mauvais temps subi dans la descente vers les Canaries fin octobre ou début novembre. De plus, il n'y a pas vraiment de raison particulière d'effectuer cette partie du voyage trop tard en saison.

Une fois que le bateau est arrivé aux Antilles pour les vacances de Noël, ceux qui doivent rentrer temporairement peuvent laisser le bateau en sécurité dans une marina comme celle de Rodney Bay à Ste Lucie, qui est aussi le point d'arrivée de l'ARC. Il y a des vols réguliers vers l'Europe depuis Ste Lucie, la Martinique, la Guadeloupe, Antigua ou La Barbade. Toutes ces îles conviennent pour des changements d'équipage. A la fin de la croisière dans les Antilles, le retour vers l'Europe doit être envisagé. Cela peut être fait d'une traite vers les Açores, ou via les Bermudes. Si cela s'avérait nécessaire, on peut laisser le bateau dans l'une des deux excellentes marinas des Açores, soit à Horta, soit à Ponta Delgada, les deux ayant des vols directs à destination de Lisbonne. Depuis les Açores, le retour peut être effectué n'importe quand durant l'été.

Une croisière plus longue dans l'Atlantique se développe ces dernières années avec un nombre toujours plus grand de bateaux qui partent des Canaries vers le Brésil, soit directement, soit en passant par le Cap-Vert et l'Afrique de l'Ouest. Un tel détour rallonge habituellement d'une année le voyage. A partir du Brésil, on remonte la côte de l'Amérique du Sud jusqu'aux Antilles, où l'on rejoint l'une des routes déjà mentionnées ci-dessus.

Une route de retour tout à fait différente est aussi pratiquée depuis quelques années par des navigateurs qui après avoir visité la côte est des USA continuent cap au nord-est vers Terre-Neuve. Ils peuvent ainsi continuer jusqu'au Groenland et l'Islande et traverser l'Atlantique par la route qu'empruntaient les Vikings plus de 1 000 ans auparavant.

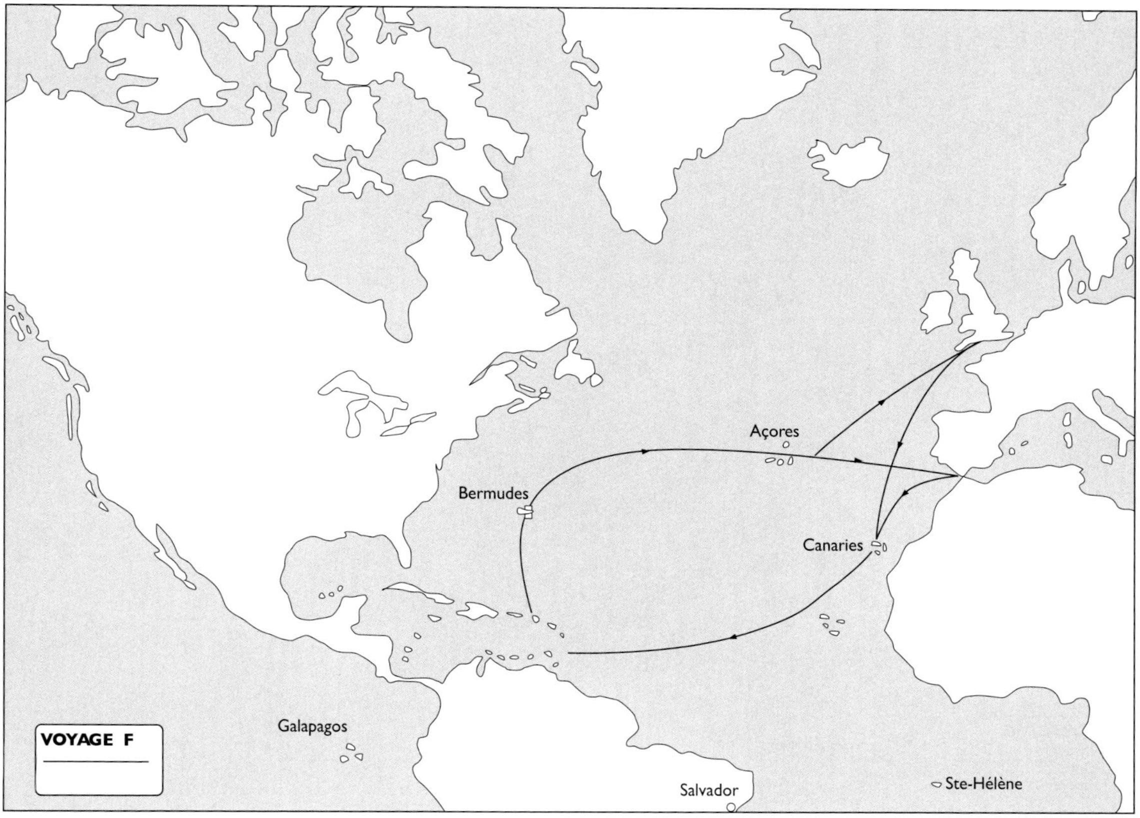

En résumé

Route : Canaries – Antilles (décembre-avril) – Bermudes (mai) – Açores (juin)
Départ : novembre année I
Retour : juin-juillet année II
Saison des cyclones : juin à novembre (Atlantique Nord)
Nombre de milles : 6 000/8 000
Durée : 8-10 mois

Voyage G : boucle dans l'Atlantique depuis l'Amérique du Nord.

La même boucle dans l'Atlantique Nord peut être faite depuis la côte est, à partir soit du Canada, soit des USA. La meilleure période pour partir est également à la fin du printemps ou au début de l'été, quand on peut traverser sur l'Europe directement ou via les Açores. Ce calendrier ne permet pas de passer beaucoup de temps dans le nord de l'Europe car on doit gagner le Sud avant le début des coups de vent d'automne. Mais on peut passer du temps au Portugal, en Espagne, à Gibraltar ou à Madère avant de rejoindre les autres bateaux qui se préparent à traverser vers les Antilles depuis les Canaries. Comme il a été mentionné dans les exemples précédents, cette boucle dans l'Atlantique peut se faire en plusieurs parties si l'on a besoin de rentrer, pour quelque durée que ce soit. Pour cela, les Açores sont un bon endroit, avec deux marinas où le bateau peut être laissé en toute sécurité, et durant l'été, il y a des vols directs sur Boston depuis l'île de Terceira. De même, le bateau peut être laissé aux Canaries et aux Antilles, comme mentionné ci-dessus.

Pour ceux qui rentrent vers des ports de la côte est de l'Amérique du Nord à partir des Antilles, il y a plus de choix que pour ceux qui rentrent sur l'Europe. Le chemin le plus court est de partir directement vers la côte est à la fin de l'hiver (avril), soit depuis les Iles Vierges, soit depuis l'une des îles des Petites Antilles, et de faire son atterrissage dans l'un des ports au sud du cap Hatteras. Une autre option consiste à naviguer vers les

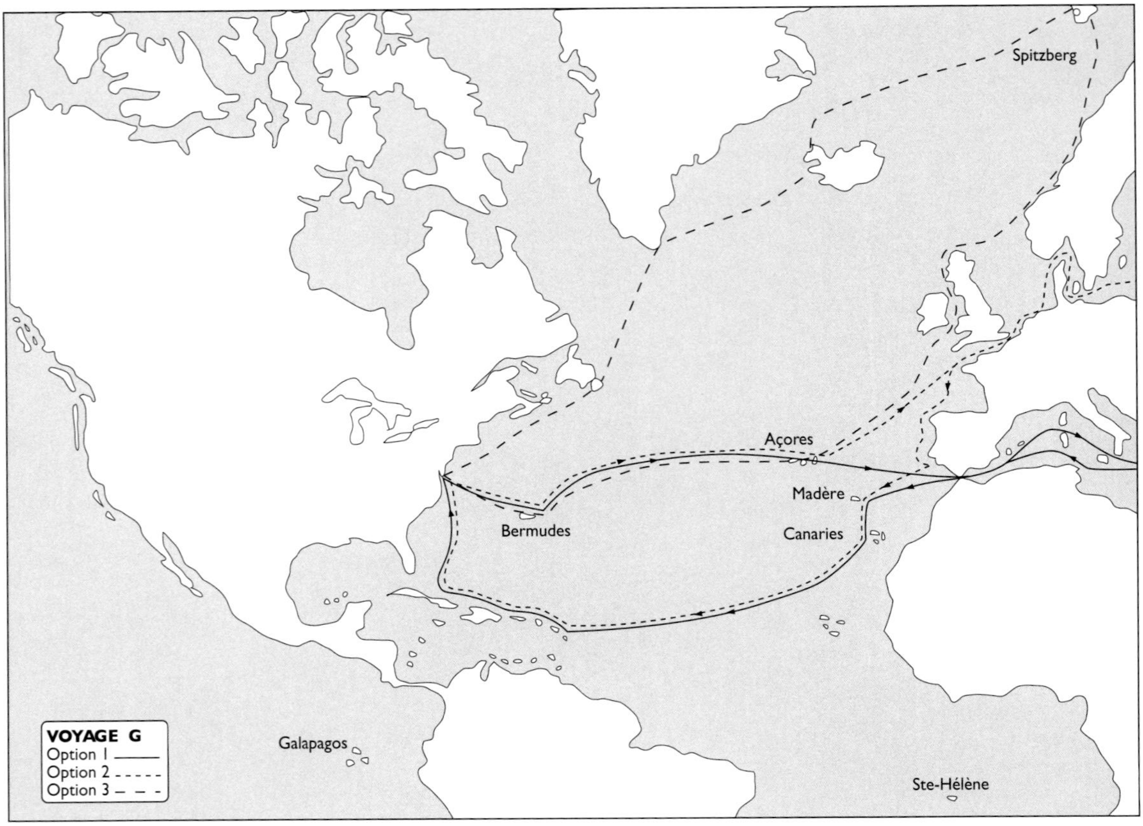

Bermudes. De là, il est plus facile d'atteindre les ports situés plus au nord. Il y a encore une autre possibilité qui est d'aller jusqu'en Floride via les Bahamas, puis de remonter en passant par l'Intracoastal Waterway.

On peut aussi rejoindre l'Europe en prenant une route plus au nord, en se dirigeant cap au nord-est, vers Terre-Neuve. L'inconvénient de cette route est que l'on ne peut pas la prendre trop tôt en été, mais par contre, on peut passer par le Groenland et par l'Islande avant de traverser l'Atlantique pour rentrer en Europe du Nord.

En résumé

Option 1
Route : Chesapeake – Bermudes – Açores – Gibraltar – Méditerranée – Gibraltar – Madère – Canaries – Petites Antilles – Bahamas - Chesapeake
Départ : avril-mai année I
Retour : avril-juin année II
Saison des cyclones : juin à novembre
Nombre de milles : 11 000/13 000
Durée : 12-26 mois

Option 2
Route : Chesapeake – Bermudes – Açores – Irlande/Royaume Uni – [Scandinavie-Baltique] – France – nord de l'Espagne – Portugal – [Gibraltar – Méditerranée – Gibraltar] – Madère – Canaries – Petites Antilles – Bahamas – Chesapeake
Départ : avril-juin année I
Retour : avril-juin année II ou III
Saison des cyclones : juin à novembre
Nombre de milles : 11 000/16 000
Durée : 12-26 mois

Option 3
Route : Chesapeake – Bermudes – Açores – Irlande/Royaume Uni – [Scandinavie] – [Spitzberg - Groenland] – Islande – Terre Neuve – Chesapeake
Départ : avril-mai
Retour : septembre-octobre
Saison des cyclones : juin à novembre
Nombre de milles : 8 000/10 000
Durée : 5-6 mois

Voyage H : boucle dans le Pacifique.

L'un des plus grands inconvénients de l'océan Pacifique, du point de vue de la croisière, est probablement qu'il ne se prête pas tellement à une circumnavigation, ce qui a été remarqué dès le XVIe siècle par les navigateurs espagnols. Aujourd'hui encore, les navigateurs font face au même dilemme, bien que les capacités à remonter au vent des bateaux actuels soient bien meilleures et rendent les choses un peu plus faciles.

Le point de départ que je suggère pour une boucle dans le Pacifique peut être soit la côte ouest de l'Amérique du Nord, comme dans le voyage D, soit Panama, comme dans le voyage A. Parce que la myriade d'îles du Pacifique Sud continue d'être l'attraction principale d'une croisière dans le Pacifique, le voyage de retour vers la côte ouest de l'Amérique du Nord se fera d'un point du Pacifique Ouest, la Nouvelle-Zélande étant l'endroit le plus indiqué. L'itinéraire de retour le plus logique serait de passer par Tahiti grâce aux vents d'ouest que l'on rencontre en-dessous de la latitude 35°S. Il est préférable d'effectuer ce retour vers Tahiti à la fin de la saison des cyclones, en avril ou mai, avant le début de l'hiver austral. Si l'on part suffisamment tôt de Nouvelle-Zélande, on aura tout à fait le temps d'atteindre la côte ouest de l'Amérique du Nord, bien avant le début de l'hiver dans l'hémisphère Nord. Ce voyage de retour par Tahiti permet à ceux qui sont passés par là rapidement dans la première partie de leur voyage de profiter des îles de la Polynésie française. L'autre option est de partir de Nouvelle-Zélande vers Hawaii en passant par les îles Cook, tout en suivant le même calendrier. D'Hawaii, on peut continuer au nord vers l'Alaska, bien que ce détour ajoute plusieurs milliers de milles à un programme déjà serré.

La boucle dans le Pacifique par Tahiti et la Nouvelle-Zélande, résumée dans l'option 1, a été réalisée par de nombreux bateaux ces dernières années. Ceux qui sont attirés par l'idée d'une boucle dans le Pacifique Nord à partir de la côte occidentale des USA peuvent l'accomplir en moins d'un an. Leur première destination sera Hawaii, d'où l'itinéraire continue à l'ouest vers la Micronésie et de là vers le Japon, avec un détour possible par les Philippines et Hong Kong. On peut ensuite conti-

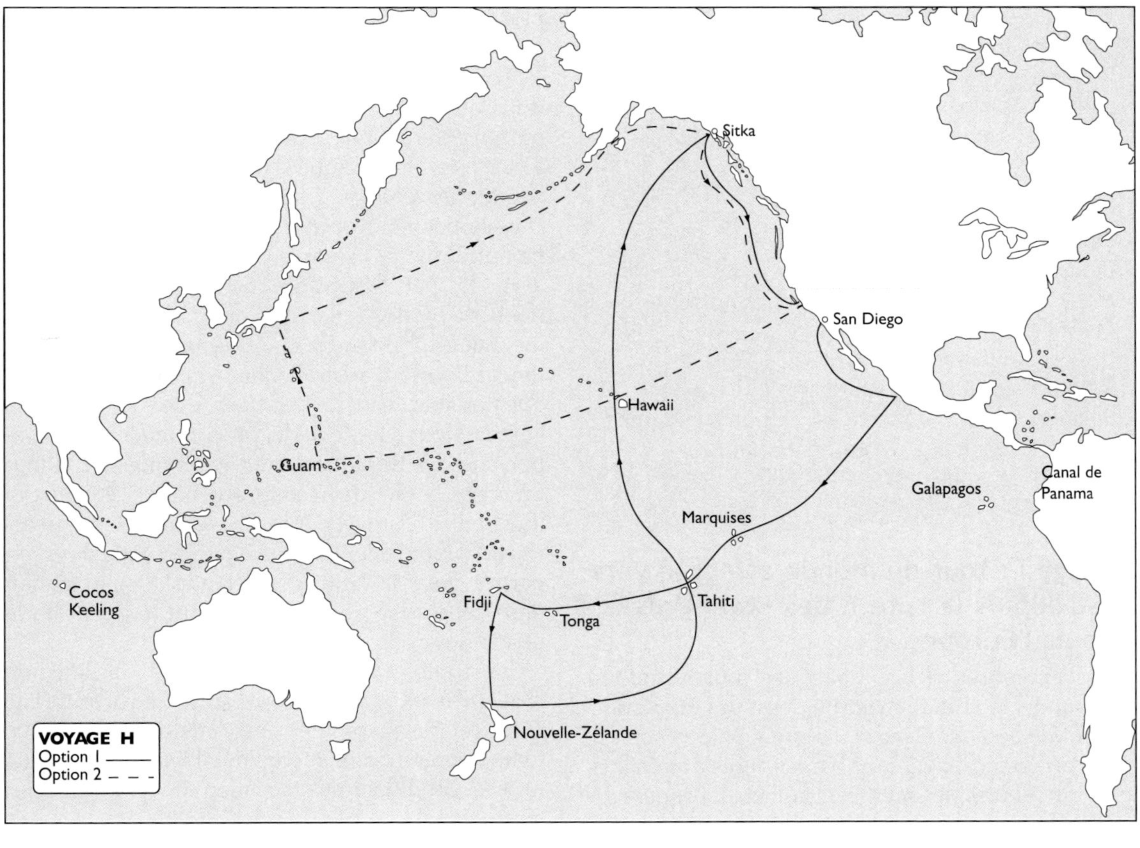

nuer par les îles Aléoutiennes, l'Alaska, la Colombie Britannique et au-delà. Le principal inconvénient de ce voyage est qu'il est pratiquement impossible de le mener à bien pendant les saisons sûres, et il faut prendre en compte le risque de cyclones, même faible, en Micronésie et surtout au Japon.

D'autres itinéraires de retour vers la côte Ouest ont été essayés, mais avec bien moins de succès, parce qu'une grande partie du trajet jusqu'à Hawaii se fait vent dans le nez, en particulier pour ceux qui partent de Micronésie. Nombre de ces tentatives ont dû être abandonnées et ceux qui les ont menées à bien jurèrent leurs grands dieux qu'on ne les y reprendrait pas. On voit ici toute l'importance d'avoir correctement planifié son retour vers la côte Ouest et les différentes options mises en évidence doivent être étudiées avant de quitter son port d'attache.

En résumé

Option 1
Route : Californie – [Mexique] – Marquises (avril) – Tahiti (juin) – Tonga – Fidji – Nouvelle Zélande (décembre-avril) – Iles Australes – Tahiti (mai) – Iles de la Ligne – Hawaii (juillet) – [Alaska (juillet-août) – Colombie Britannique] – Californie
Départ : janvier-mars année I
Retour : août-octobre année II
Saisons des cyclones : juin à octobre (Pacifique Nord), mi-novembre à avril (Pacifique Sud)
Nombre de milles : 13 000/16 000
Durée : 16-20 mois

Option 2
Route : Californie – Hawaii – Micronésie (janvier-mars) – Japon (avril-mai) – Alaska (juillet-août) – Colombie Britannique – Californie
Départ : juillet-octobre année I
Retour : septembre-octobre année II
Saisons des cyclones : toute l'année (Micronésie), mai à décembre (Japon)
Nombre de milles : 12 000/14 000
Durée : 12-14 mois

Voyage I : tour du monde effectué vers l'est depuis la côte E des Etats-Unis ou depuis l'Europe.

A l'exception de la plupart des courses autour du monde, la grande majorité des tours du monde se font de l'est vers l'ouest. La principale raison est que l'on est ainsi avantagé par les vents dominants d'E qui soufflent dans les faibles latitudes de chaque côté de l'équateur. Faire le tour du monde contre les vents dominants est certainement plus difficile, mais cela reste possible et l'hypothèse de voyage décrite ici inclut certaines des alternatives les plus intéressantes.

Que l'on parte d'un port de la côte E des Etats-Unis ou d'Europe, la première partie de la boucle se passe en Méditerranée. En raison des étés torrides de la mer Rouge, il vaut mieux la traverser vers le sud pendant l'hiver. L'une des grandes options consiste à décider si l'on aborde la Corne de l'Afrique au début ou à la fin de la mousson de NE. La dernière option est probablement la meilleure, et l'on doit essayer de rejoindre le golfe d'Aden début avril. A ce moment-là la mousson de NE a déjà en grande partie perdu de sa force, mais le courant le long de la côte ouest africaine est encore favorable. Si l'on opte pour ce planning, on peut visiter l'Afrique de l'Ouest, Mayotte et Madagascar à la meilleure saison (juin-août) avant de faire route vers l'est en direction des Seychelles et des Chagos. Dans l'océan Indien Sud, les forts alizés de SE d'hiver commencent à faiblir en octobre, mais si l'on choisit d'aborder cette zone plus tôt, il vaut mieux naviguer dans les latitudes les plus faibles possibles pour bénéficier des effets de la mousson de SW qui souffle dans l'océan Indien Nord.

Dans cette partie du trajet, il faut tenir compte du risque de cyclones dans l'océan Indien Sud (de mi-novembre à mars) même si en général ils n'affectent pas les îles situées dans les faibles latitudes, comme les Chagos, Christmas ou Bali. En revanche, ils peuvent toucher l'Australie du Nord, et il ne faut donc pas se trouver dans cette zone avant avril. La partie suivante, contre les vents dominants de SE de la mer de Corail, est pratiquement inévitable, et il faudra choisir entre deux options : longer la côte E australienne vers le sud aussi loin que possible avant de traverser la mer de Tasmanie vers la Nouvelle-Zélande, ou continuer la navigation sous les tropiques. Dans le premier cas, il faut traverser la mer de Tasmanie pendant l'été austral (novembre à janvier). Dans le second cas, on passera par la Nouvelle-Calédonie puis les Fidji d'où l'on partira pour la Nouvelle-Zélande. La navigation dans cette zone doit se faire avant le début de la saison des cyclones du Pacifique Sud.

La route alternative qui passe au sud de l'Australie entraîne un détour au sud à partir de l'île Maurice afin de profiter des vents dominants d'W. Cette option raccourcit considérablement le voyage, mais les conditions de navigation sont plus difficiles.

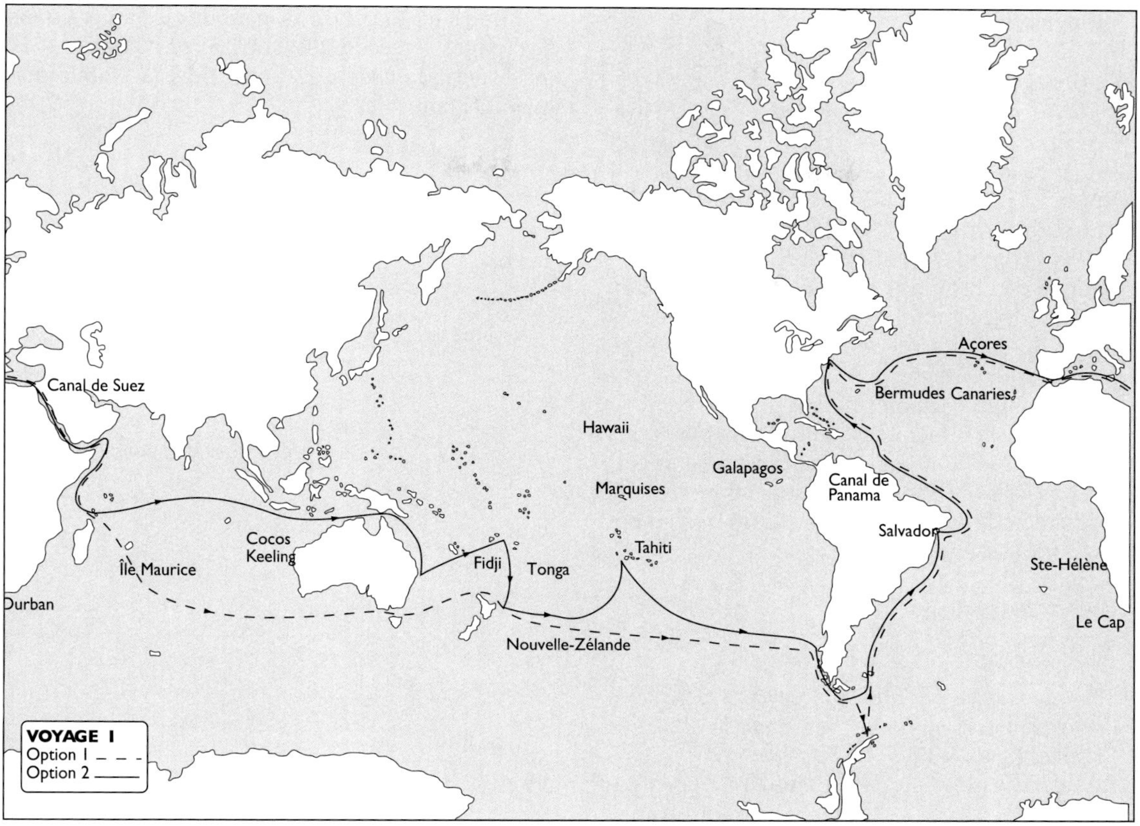

Il faut effectuer ce trajet en octobre ou novembre pour atteindre la Nouvelle-Zélande fin décembre. La durée du séjour en Nouvelle-Zélande dépend entièrement de la destination suivante. Ceux qui veulent aller à Tahiti et passer un moment dans les îles de la Société ne devront pas quitter la Nouvelle-Zélande avant avril, tandis que ceux qui ont l'intention de faire route directement vers le Chili et le cap Horn doivent prévoir leur arrivée là-bas pendant les mois d'été (décembre à mars) et devront donc quitter la Nouvelle-Zélande rapidement.

La croisière dans l'archipel chilien peut être poursuivie par un détour vers la Péninsule Antarctique, qu'il vaut mieux visiter pendant les premiers mois de l'année. Sinon, on peut rejoindre l'Atlantique soit par le Détroit de Magellan soit par le Canal de Beagle. On passe ensuite par les Malouines avant de faire route vers le N en direction de l'Amérique du Sud et des Antilles, que l'on peut atteindre en juin. La boucle continue ensuite vers la côte E des Etats-Unis ou la traversée de l'Atlantique vers les Açores et l'Europe.

En résumé

Option 1
Tour du monde en deux ans par la mer Rouge, l'océan Indien Sud, la Nouvelle-Zélande, le Chili et l'Atlantique Sud.
Route : [Côte Est des Etats-Unis (avril) - Bermudes (mai) – Açores] – Méditerranée (juillet-octobre) – mer Rouge (décembre-mars) – Afrique de l'Est (juin) – Madagascar (août) – Ile Maurice (septembre) – Tasmanie (novembre) – Nouvelle-Zélande (décembre) – Chili (janvier) – [Antarctique (février)] – Malouines (mars) – Antilles (juin) – [Açores (juillet)]
Départ : avril (Etats-Unis), juin (Europe) année I
Retour : juillet (Etats-Unis), août (Europe) année III
Saisons des cyclones : mi-novembre à avril (Indien Sud/Pacifique Sud), juin à novembre (Atlantique Nord)
Nombre de milles : 24 000/26 000
Durée : 26-28 mois.

Option 2
Tour du monde en trois ans par la mer Rouge, l'océan Indien Sud, la mer de Corail, la Nouvelle-Zélande, Tahiti, le Chili, l'Atlantique Sud.
Route : [Côte Est des Etats-Unis (avril) - Bermudes (mai) – Açores] – Méditerranée (juillet-octobre) – mer Rouge (décembre-mars) – Afrique de l'Est (juin) – Madagascar (août) – Chagos (octobre) – Bali (décembre) – Détroit de Torres (avril) – Nouvelles-Galles-du-Sud (septembre) – Nouvelle-Zélande (décembre-avril) – Tahiti (mai-septembre) – Chili (octobre-décembre) – [Antarctique (janvier-février)] – Malouines (mars) – Antilles (juin) – [côte Est des Etats-Unis] – Açores (juillet)

Option 2a
Détroit de Torres (avril) – Nouvelle-Calédonie (juillet) – Fidji (août-octobre) – Nouvelle-Zélande (novembre-avril)
Départ : avril (Etats-Unis), juin (Europe) année I
Retour : juillet (Etats-Unis), août (Europe) année IV
Saisons des cyclones : mi-novembre à avril (Indien Sud/Pacifique Sud), juin à novembre (Atlantique Nord)
Nombre de milles : 28 000/30 000
Durée : 38-40 mois.

Toutes les distances et périodes indiquées dans les pages précédentes sont approximatives, et ne sont indiquées que pour aider à établir une planification.

3

VENTS ET COURANTS DANS LE MONDE

Depuis que l'homme s'est aventuré pour la première fois sur une embarcation propulsée par le vent, il a essayé d'établir les règles qui régissent le comportement de celui-ci. Ce genre d'observations a permis aux premiers pêcheurs d'utiliser la brise de terre matinale pour amener leurs canoës vers leurs lieux de pêche favoris, et de rentrer en fin de journée avec la brise de mer. Ce modèle est toujours en vigueur dans certaines parties du monde où les pêcheurs continuent d'utiliser des embarcations à voile comme l'ont fait leurs ancêtres depuis la nuit des temps. Découvrir la même régularité pour des traversées hauturières fut plus difficile et certaines parties du monde seraient restées inhabitées encore longtemps si les premiers voyageurs avaient découvert des vents favorables pour rentrer chez eux. Le fait que les vents suivent certains régimes était déjà connu dans les temps anciens et les routes de navigation saisonnières étaient chose habituelle dans l'ancien monde. Les Chinois avaient établi des routes en Extrême-Orient, les Grecs dans la mer Egée, les Polynésiens s'en sont servis pour coloniser les îles lointaines du Pacifique, les Papous utilisent encore la route traditionnelle de Kula grâce aux vents saisonniers, tandis que les commerçants Arabes se sont servis de la mousson de l'océan Indien pour établir une liaison régulière entre l'Inde et l'Afrique de l'Est.

Le fait de n'utiliser que ces vents favorables pour effectuer la plupart des grands voyages a duré jusqu'au siècle dernier, quand la capacité de remonter au vent des voiliers s'est améliorée et a permis à leurs capitaines de s'affranchir des contraintes imposées par le vent. Quoi qu'il en soit, même si l'on peut mieux remonter au vent aujourd'hui, les skippers des voiliers modernes n'aiment pas plus que les capitaines des anciens clippers affronter des vents contraires et la majorité préfère faire un détour pour rejoindre des vents favorables. Même avec un bon bateau, il est souvent plus judicieux de couvrir une distance plus longue avec des vents favorables, que de s'entêter à essayer de suivre la route directe entre deux points. C'est pourquoi il est important de comprendre le régime des vents dominants à travers le monde, car ce sont eux qui dictent les routes de croisière décrites dans les pages qui suivent.

L'importance de déterminer les vents dominants dans certaines régions du monde avait déjà été reconnue par les navigateurs portugais et espagnols des XVe et XVIe siècles, et ces découvertes ont été gardées soigneusement secrètes pendant longtemps. La première traversée de l'Atlantique par Christophe Colomb a montré à ses successeurs que faire un détour par le sud était la meilleure route pour atteindre les Antilles, tandis qu'il était préférable de remonter un peu plus au nord pour rentrer en Europe. Il en va de même pour le Pacifique, où Magellan et les autres précurseurs ont montré qu'il était relativement facile de traverser le Pacifique Sud d'est en ouest si l'on restait dans les alizés de Sud-Est. Un retour contre ces mêmes alizés s'avéra impossible jusqu'à ce que le navigateur espagnol Urganeta ait découvert les vents d'ouest dans des latitudes plus hautes, qu'on appela par la suite les contre-alizés. Ce régime de vents qui s'étend au monde entier est donc connu depuis longtemps, et d'innombrables navigateurs en profitent depuis des siècles. Dans la treizième édition de ses « *Mémoires de l'océan Atlantique Nord* », publiée en 1873, Alexander George Findlay décrit succinctement ce régime de vents en ces mots :

« Il a été observé que les systèmes de vents de notre globe imposent aux voiliers qui traversent les océans les routes qu'ils doivent prendre, les alizés les emmenant d'est en ouest entre les tropiques, tandis que les contre-alizés les ramèneront vers l'est au-delà des tropiques.

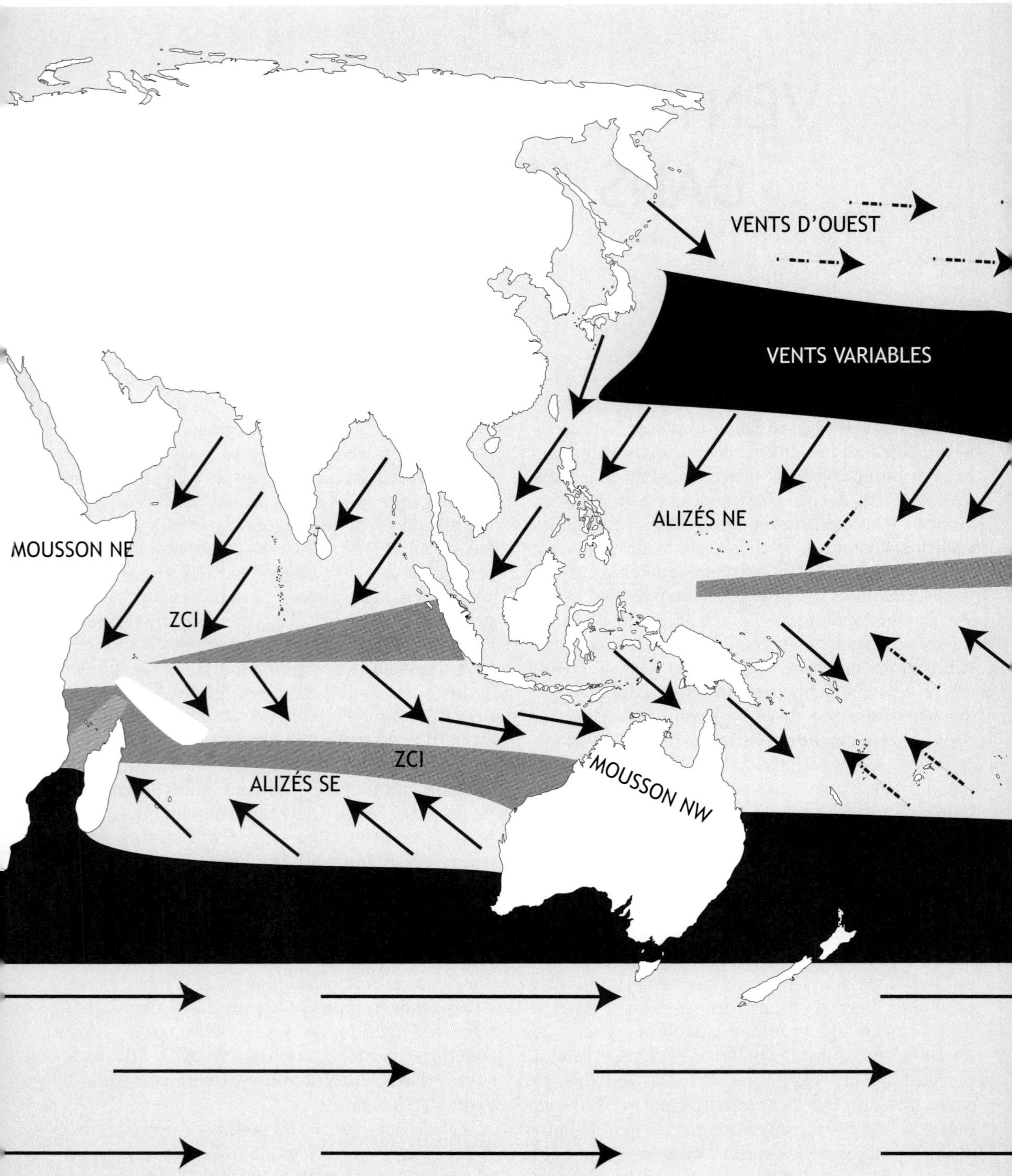

Systèmes de vents dominants de janvier à mars

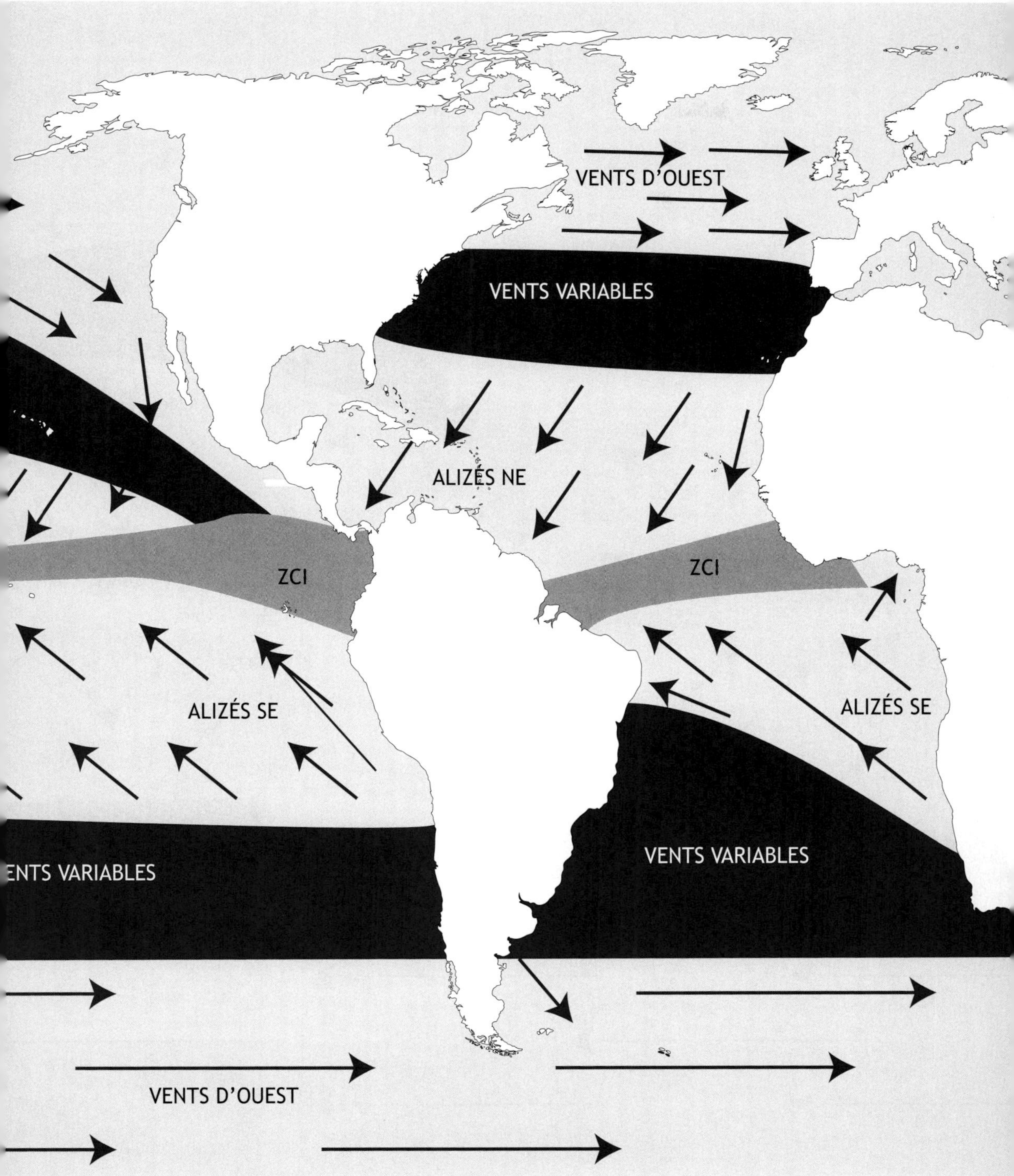
VENTS D'OUEST
VENTS VARIABLES
ALIZÉS NE
ZCI
ZCI
ALIZÉS SE
ALIZÉS SE
VENTS VARIABLES
ENTS VARIABLES
VENTS D'OUEST

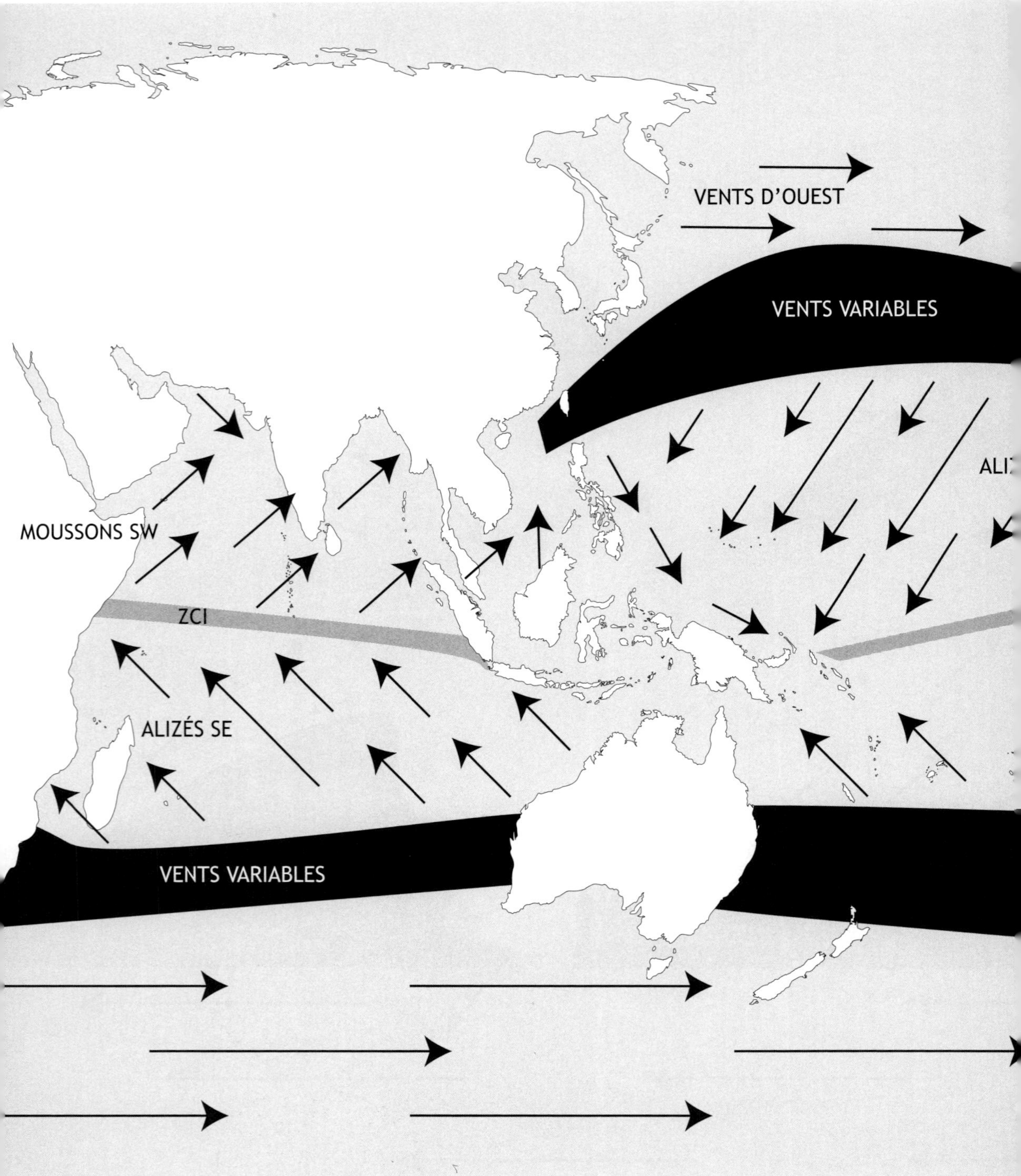

Systèmes de vents dominants d'avril à juin

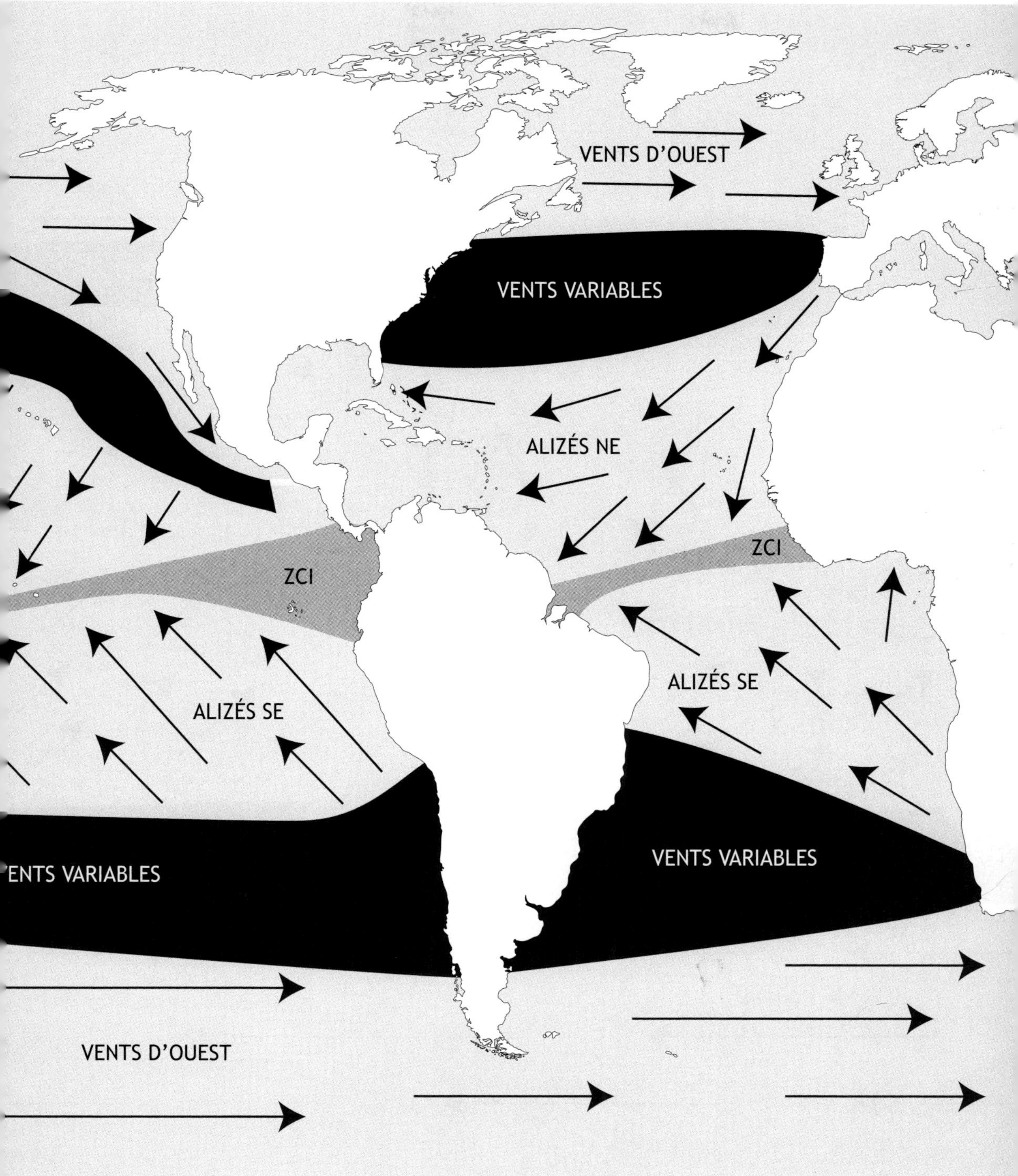
VENTS D'OUEST
VENTS VARIABLES
ALIZÉS NE
ZCI
ZCI
ALIZÉS SE
ALIZÉS SE
VENTS VARIABLES
ENTS VARIABLES
VENTS D'OUEST

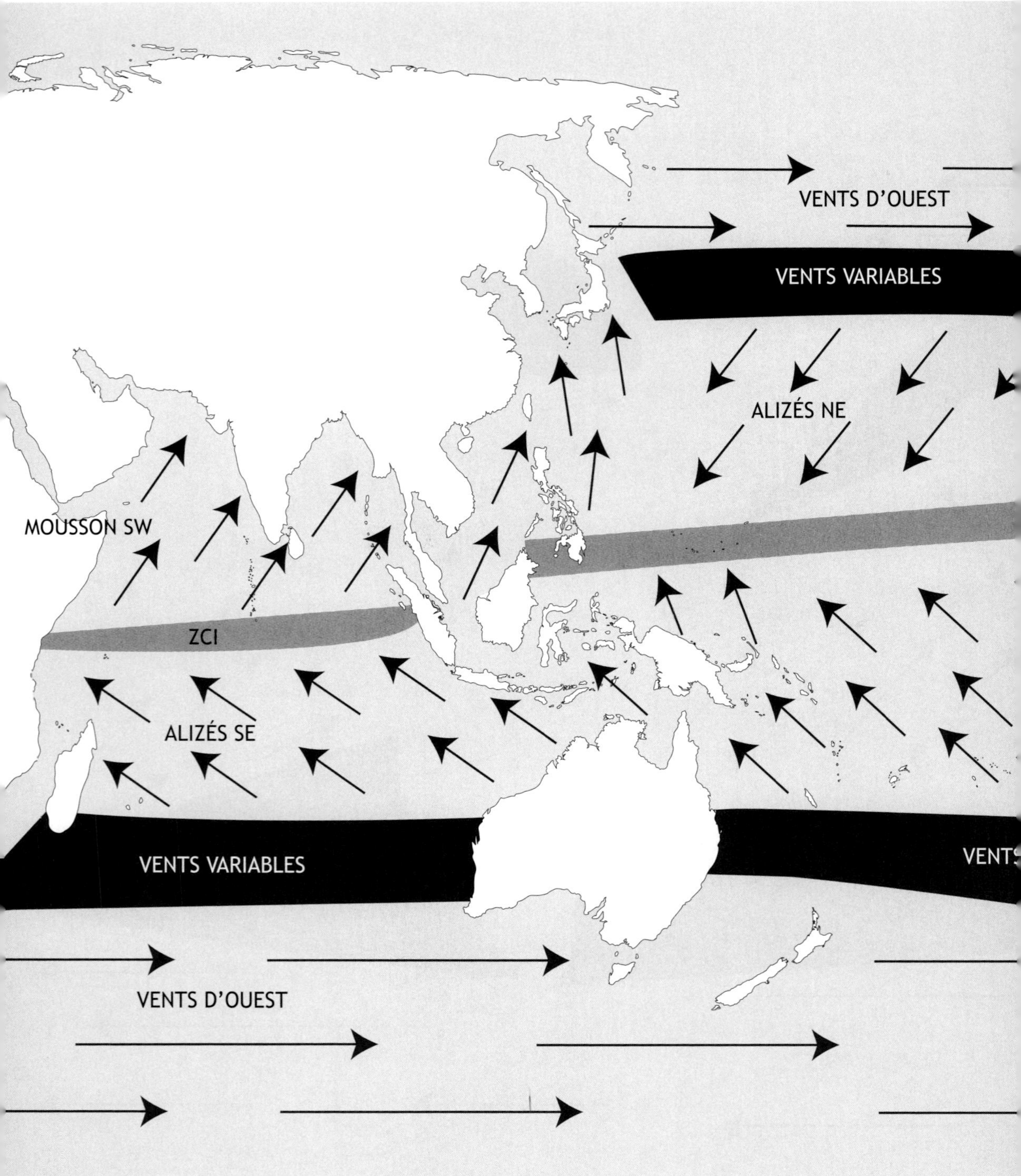

Systèmes de vents dominants de juillet à septembre

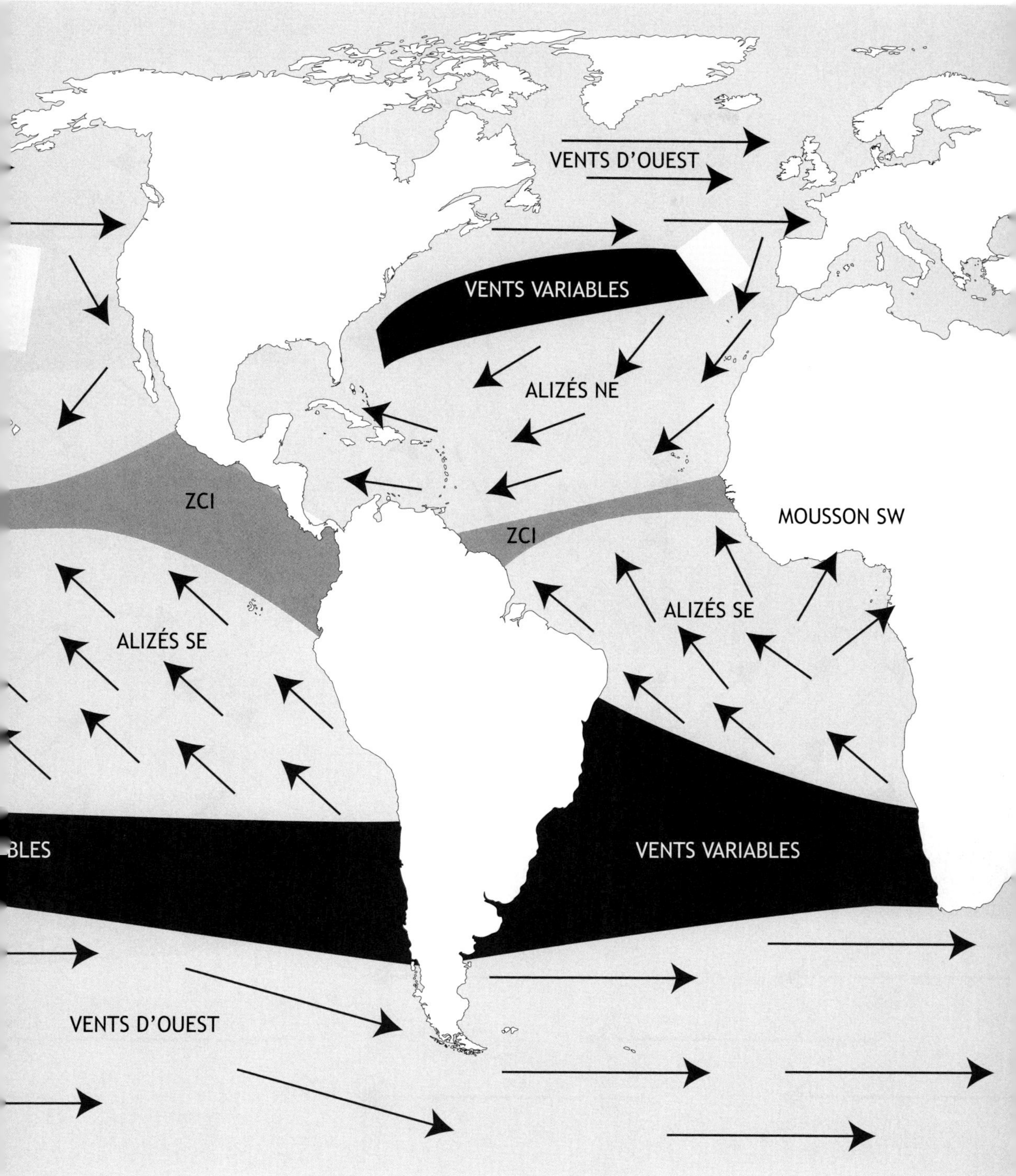
VENTS D'OUEST
VENTS VARIABLES
ALIZÉS NE
ZCI
ZCI
MOUSSON SW
ALIZÉS SE
ALIZÉS SE
BLES
VENTS VARIABLES
VENTS D'OUEST

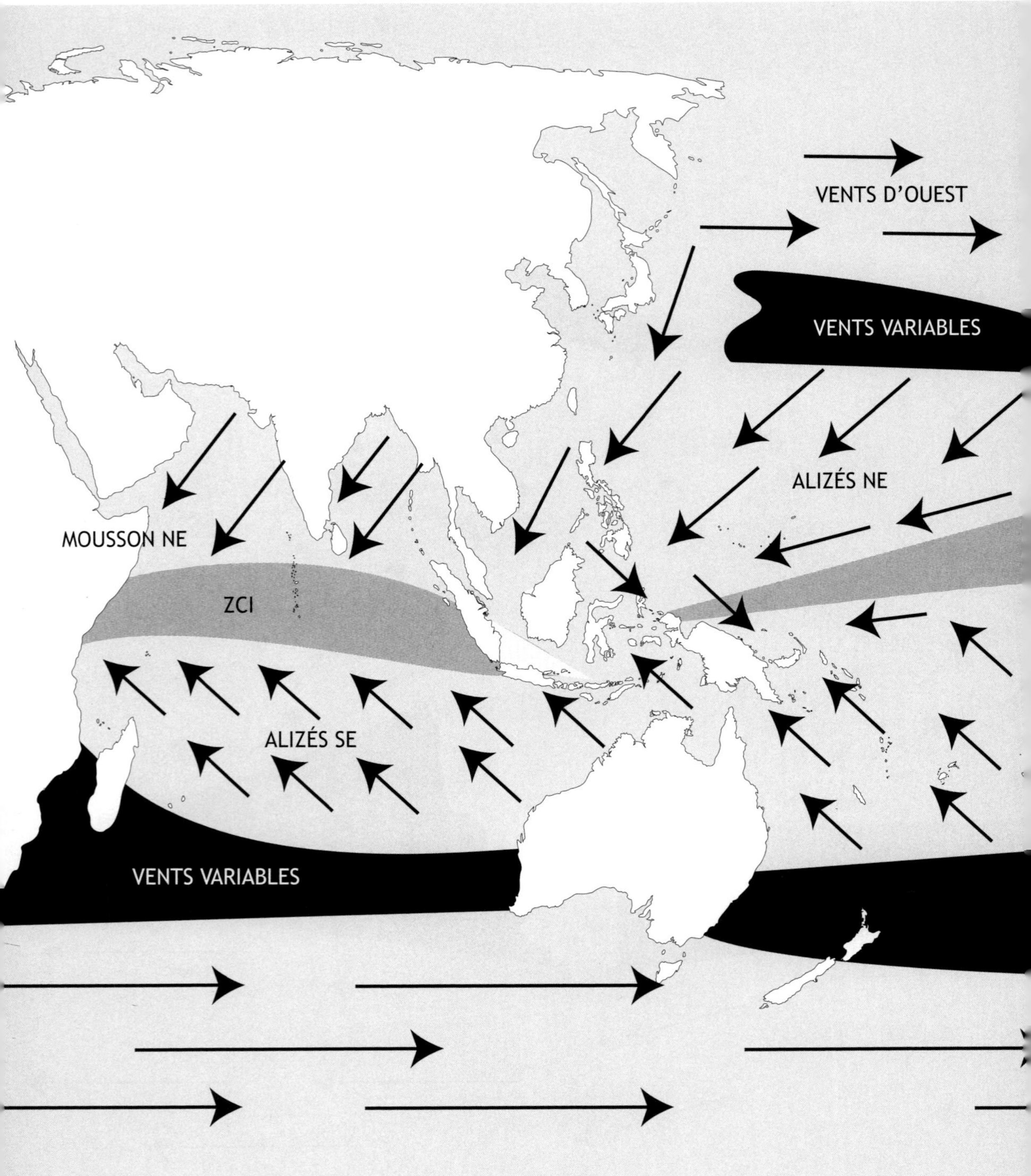

Systèmes de vents dominants d'octobre à decembre

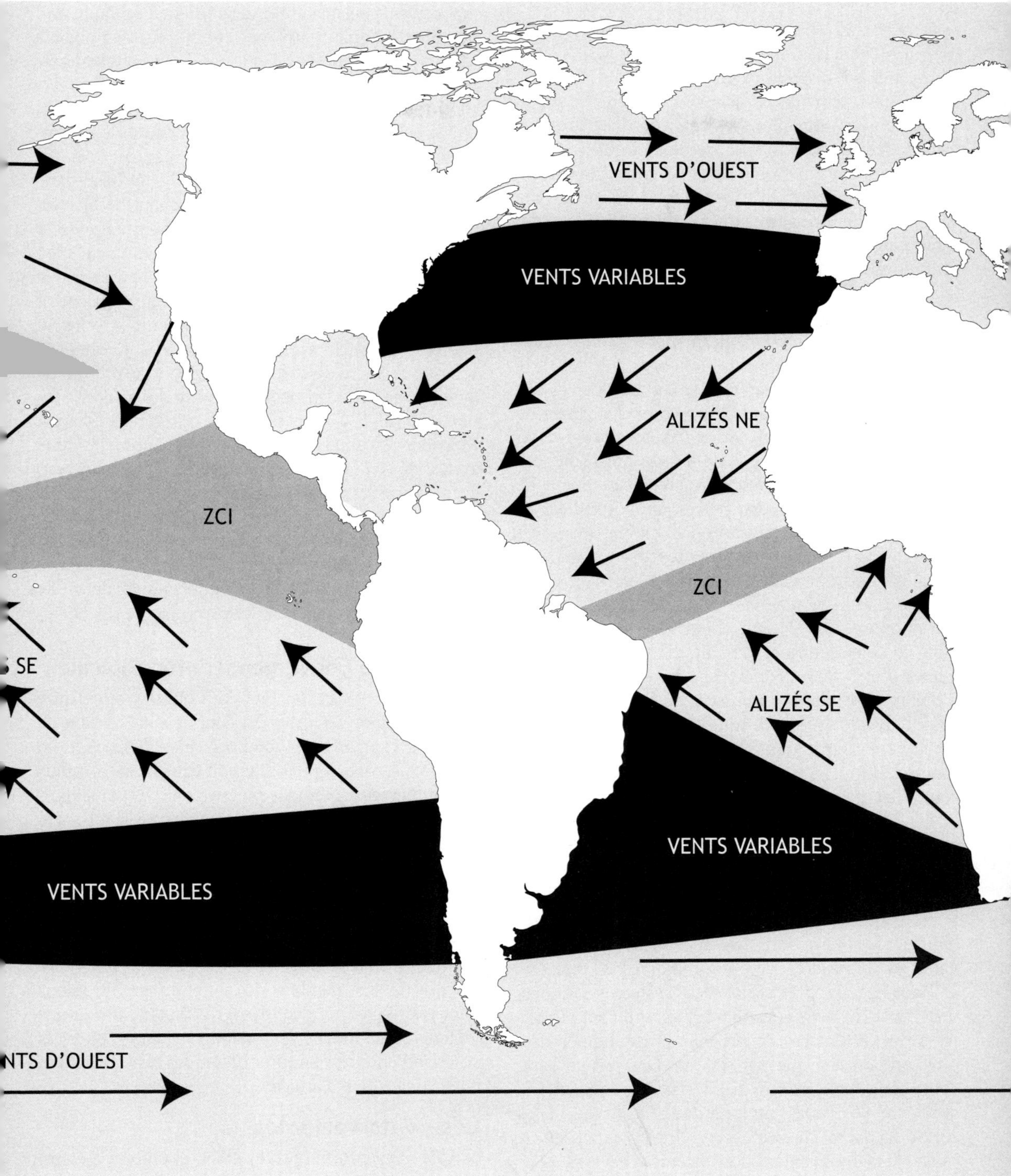
VENTS D'OUEST
VENTS VARIABLES
ALIZÉS NE
ZCI
ZCI
SE
ALIZÉS SE
VENTS VARIABLES
VENTS VARIABLES
NTS D'OUEST

S'il n'y avait pas la ceinture des calmes plats, les routes pour les voiliers passant d'un hémisphère à l'autre seraient des plus simples ; mais les célèbres calmes équatoriaux - le pot au noir - rendent la tâche plus difficile et font intervenir maintes considérations dans le tracé des routes. »

Les trois principaux facteurs qui influent sur la formation et la direction des vents sont : la pression atmosphérique, la température de l'air et la rotation de la Terre. L'origine première du vent est une différence de température. Celle-ci à son tour induit une différence de pression atmosphérique, principalement parce que l'air chaud a tendance à s'élever et à être remplacé par de l'air froid venu d'ailleurs. L'air a aussi tendance à circuler d'une zone de hautes pressions vers une zone de basses pressions. Les zones de hautes pressions permanentes sont situées approximativement entre les latitudes 20° et 40° de part et d'autre de l'équateur. Sur les côtés de ces cellules de hautes pressions se trouvent des zones de basses pressions. S'il n'y avait pas la rotation de la Terre, le vent aurait une direction soit nord soit sud, allant d'une zone de hautes pressions vers une zone de basses pressions mais, parce que la Terre est en révolution autour de son axe en allant vers l'est, l'air qui est attiré vers un centre dépressionnaire, est dévié sur la droite dans l'hémisphère Nord, et sur la gauche dans l'hémisphère Sud. Il résulte de cette déviation que dans l'hémisphère Nord le vent tourne dans le sens contraire des aiguilles d'une montre autour d'une dépression, et dans le sens des aiguilles d'une montre autour d'une zone de hautes pressions. C'est l'inverse qui se produit dans l'hémisphère Sud, où le vent tourne dans le sens des aiguilles d'une montre autour d'une dépression, et dans le sens contraire autour d'une zone de hautes pressions.

Les croquis 2 à 5 montrent comment les vents du côté équatorial de la zone des hautes pressions soufflent vers l'équateur suivant une direction NE dans l'hémisphère Nord, et suivant une direction SE dans l'hémisphère Sud. Au nord et au sud de ces zones de hautes pressions, dans les deux hémisphères, les vents soufflent de façon prédominante de l'ouest.

Dans beaucoup de régions, ces systèmes sont perturbés par les masses continentales, qui sont soumises à des différences de pression et de température plus prononcées que les océans. Les systèmes de vents sont aussi affectés par les saisons, puisque le mouvement du soleil au long de l'année déplace les zones de hautes pressions vers les pôles en été. A cause de ce mouvement, les systèmes de vents associés à ces zones, en particulier les alizés, tendent à se déplacer de quelques degrés vers le sud ou vers le nord.

Les Alizés

Ces vents permanents qui soufflent de chaque côté des calmes équatoriaux, ont été nommés en anglais *trade winds* à cause de l'aide qu'ils apportaient aux navires de commerce, « trade » signifiant le commerce, le négoce. Les premiers navigateurs espagnols les ont appelés « *alisios* », ce qui est un peu plus romantique. Ces vents réguliers sont généralement de nord-est dans l'hémisphère Nord, et de sud-est dans l'hémisphère Sud. Ils atteignent rarement la force du coup de vent et soufflent en moyenne entre force 4 et 5. Les alizés sont souvent accompagnés d'un ciel bleu parsemé de petits cumulus. La pression barométrique dans la zone des alizés est stable, affectée seulement par la marée barométrique, qui occasionne une légère hausse et baisse du baromètre toutes les douze heures. Si ce mouvement du baromètre cesse, ou se produit de façon prononcée, on peut s'attendre à une perturbation tropicale. La zone des alizés, qui comprend aussi les zones de calmes plats qui se situent entre les deux systèmes, se déplace vers le nord et vers le sud pendant l'année. Ce déplacement est influencé par le mouvement du soleil, bien qu'il puisse y avoir un décalage allant jusqu'à deux mois entre le mouvement du soleil et le déplacement de la zone des calmes plats. Les alizés sont moins réguliers au voisinage de la Zone de Convergence Intertropicale.

La Zone de Convergence Intertropicale

Cette zone de basses pressions qui se trouve entre les deux régions d'alizés est connue sous le nom de Zone de Convergence Intertropicale (ZCI, ITCZ en anglais), la zone dépressionnaire équatoriale, ou plus communément comme le pot au noir. Les vents dans cette zone sont souvent très légers ou inexistants, et le temps est lourd et chaud. Les seules interruptions occasionnelles sont des grains ou des orages, où la pluie peut être très intense. L'étendue de ces calmes plats varie beaucoup d'année en année et de saison en saison. Bien que ces régions aient acquis leur mauvaise réputation à cause des calmes qui peuvent immobiliser des navires pendant des jours entiers, le temps peut y être parfaitement désagréable avec des grains violents et des orages dévastateurs. Le temps dans ces zones a tendance à empirer quand les alizés soufflent à leur intensité maximale.

Les vents variables

Une zone de vents variables et faibles s'étend entre les pôles et les alizés, correspondant plus ou moins aux zones de hautes pressions des deux hémisphères, à peu près entre les latitudes 25° et 35°. Les marins anglais ont appelé ces zones de calmes les « Horse Latitudes », parce que l'équipage des navires qui y étaient encalminés était parfois obligé de sacrifier les animaux (souvent des chevaux) qu'ils avaient à bord, à cause de la pénurie d'eau douce.

Les vents d'ouest

C'est dans les hautes latitudes des deux hémisphères que l'on trouve en majorité les vents d'ouest, qui sont les vents dominants au sud et au nord de 35° de latitude. Les vents d'ouest sont plus forts et plus prédominants dans les océans de l'hémisphère Sud, où ils soufflent en coup de vent dans la même direction pendant plusieurs jours. A cause de la masse plus importante des continents dans l'hémisphère Nord, les vents d'ouest y sont plus légers et moins conséquents.

Les moussons

Des vents saisonniers apparaissent dans certaines régions du monde, le nom de mousson vient du mot arabe signifiant « saison ». Ces vents soufflent de façon constante dans une direction pour une saison donnée, et après une courte interruption, ils soufflent avec la même uniformité dans l'autre sens. Les principales régions où ces phénomènes de moussons se manifestent sont l'océan Indien et l'Est de l'océan Pacifique.

Les dépressions

Les dépressions sont des zones de basses pressions barométriques, qui sont souvent responsables des périodes de temps instable, toutes les dépressions n'étant pas toujours accompagnées de vents forts. Les dépressions apparaissent plus fréquemment dans les moyennes et les hautes latitudes, bien que les tempêtes les plus fortes que l'on puisse rencontrer en mer soient celles qui prennent naissance dans les basses latitudes et qui tournent sur elles-mêmes, sujet abordé page 36.

Comme il a été dit plus haut, les vents dans l'hémisphère Nord tournent autour d'une zone de basses pressions dans le sens contraire des aiguilles d'une montre, tandis que dans l'hémisphère Sud, ils tournent dans le sens des aiguilles d'une montre. La plupart des dépressions se déplacent vers l'est, quelques-unes se déplacent parfois dans d'autres directions. Elles ont une vitesse de déplacement qui peut varier de quelques nœuds à 40, voire même plus. Généralement, la durée d'une dépression n'excède pas quatre à cinq jours et son déplacement se ralentit graduellement lorsqu'elle se comble et que la pression remonte.

La force du vent généré par une dépression correspond au resserrement des isobares, que l'on peut visualiser sur une carte synoptique comme étant des lignes reliant des zones où la pression est identique. Plus les isobares sont resserrés, plus le vent sera fort. L'approche d'une dépression est annoncée par une chute du baromètre, et souvent par le changement d'aspect du ciel et de la forme des nuages. Cela peut valoir la peine d'étudier cet aspect de la météo, pour pouvoir savoir à quel type de vent et de temps on doit s'attendre, que l'on soit en mer ou au port.

Les grains tropicaux

C'est un phénomène courant que l'on rencontre sous les tropiques, en particulier en-dessous de 20° de latitude. Ces perturbations linéaires (souvent appelées « ondes tropicales ») se déplacent d'est en ouest à 20-25 nœuds et ont une direction souvent perpendiculaire à celle du vent prédominant. Elles sont accompagnées par des coups de tonnerre et des bourrasques. Le premier signe annonçant une ligne de grains est la présence de nombreux cumulo-nimbus à l'est. Le vent est très léger ou inexistant et l'atmosphère oppressante. Au fur et à mesure que les nuages se rapprochent, ils deviennent de plus en plus noirs et menaçants, avec parfois des coups de tonnerre et des éclairs. La base des nuages paraît rectiligne, mais se transforme souvent en une arche quand on passe en-dessous. Soudain, il y a une rafale de vent d'est qui atteint en moyenne les 25-30 nœuds, mais occasionnellement, les rafales peuvent être beaucoup plus fortes. Peu de temps après les rafales, il commence à pleuvoir intensément. De tels grains durent en moyenne une demi-heure, mais peuvent parfois durer plus longtemps. Le baromètre n'annonce pas leur arrivée, ils ne peuvent donc qu'être détectés visuellement, cependant le radar les repère aussi. Comme certains de ces grains peuvent être assez vicieux, il est plus prudent de réduire la voilure lors des navigations de nuit dans ces zones, quand leur approche est plus difficilement détectable. Dans l'Atlantique Nord, les lignes de grains se rencontrent plutôt au début et à la fin de la saison des pluies (de mai à octobre), et sont particulièrement violents près de la côte africaine. Dans le Pacifique Sud, les grains peuvent survenir à tous moments, bien qu'ils soient en règle générale moins violents que ceux de l'Atlantique Nord. Pendant la mousson de NE dans le nord de l'océan Indien, les grains ne sont pas trop violents, contrairement à ceux de la mousson de SW.

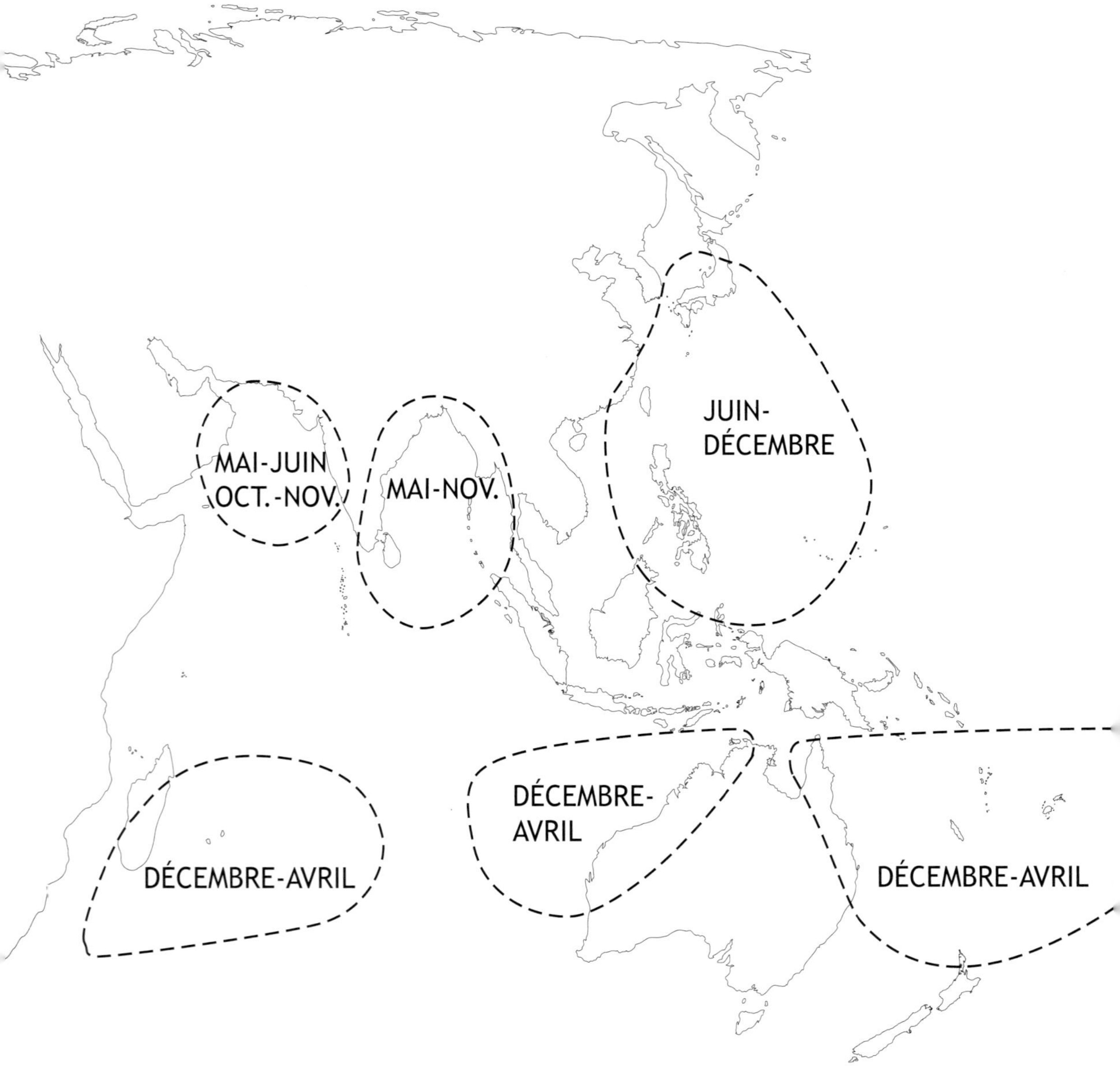

Zones de cyclones dans le monde

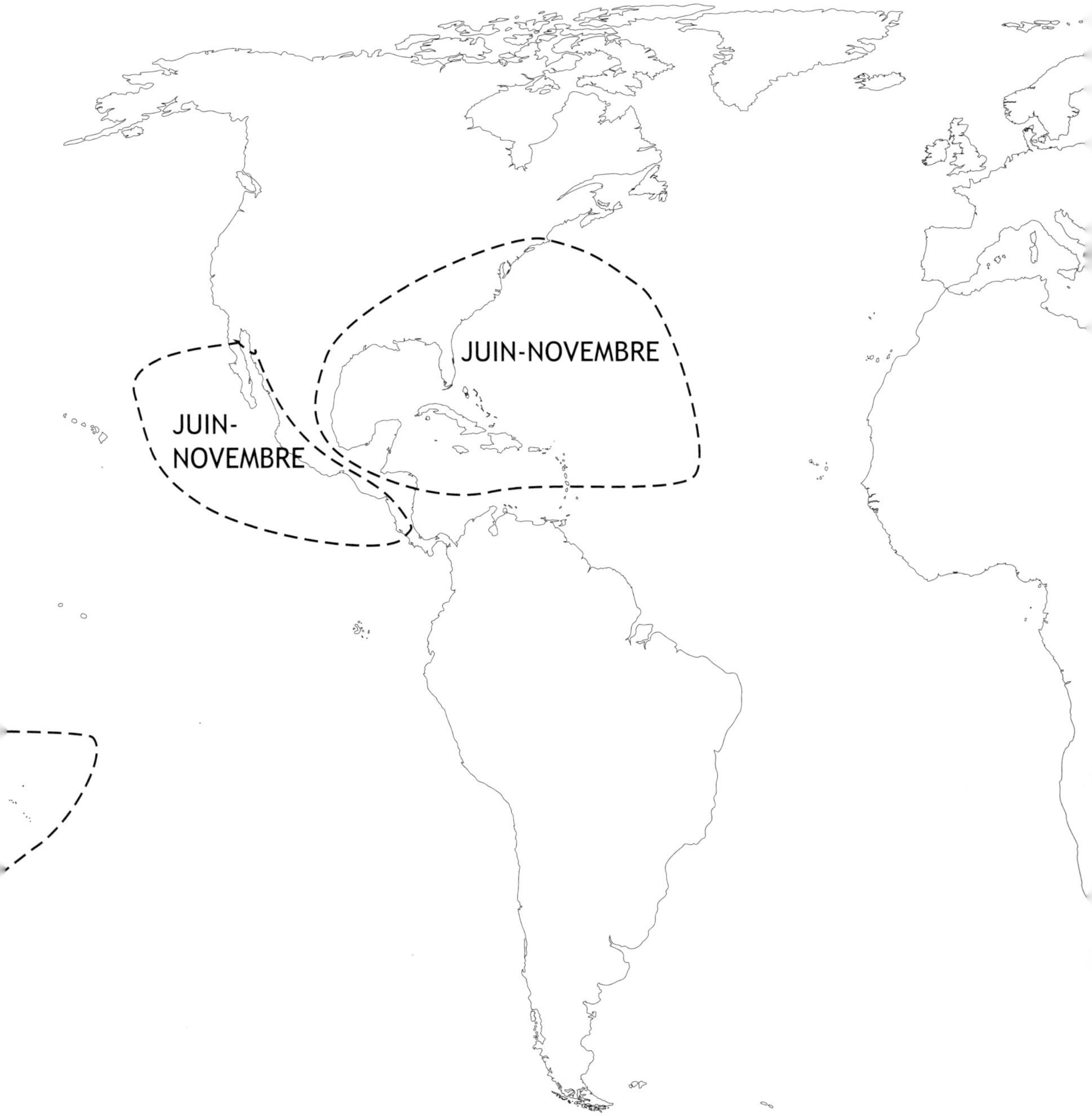
JUIN-NOVEMBRE
JUIN-
NOVEMBRE

Les tornades et trombes

Les tornades ainsi que les trombes se rencontrent aux mêmes endroits et à la même saison que les cyclones. Elles se déplacent habituellement dans la même direction que les vents dominants et on peut normalement détecter leur approche, en particulier parce qu'elles se forment rarement durant la nuit. Le vent généré par une tornade peut être extrêmement violent, mais comme la zone affectée par ce phénomène est très restreinte, la probabilité d'être touché par une trombe est assez infime. Les trombes se forment parfois au cours d'orages l'après-midi, à proximité des côtes, le côté océan de la baie de Chesapeake est particulièrement exposé pendant les mois d'été.

Les raz de marée ou tsunamis

Ce sont d'énormes vagues, générées par des tremblements de terre qui peuvent avoir eu lieu à des milliers de milles de l'endroit où se produisent ces vagues destructrices. Les tsunamis ont lieu en majorité dans l'océan Pacifique, et les ports des continents comme des îles ont été touchés par des tsunamis au cours du vingtième siècle. Il y a eu six tsunamis destructeurs à Hawaii ces cinquante dernières années, le plus récent, en 1960, causant de grands dégâts sur Hilo où plus de 60 personnes ont perdu la vie. Le tsunami le plus dévastateur a eu lieu en décembre 2004, ravageant une grande zone de l'océan Indien, de la Thaïlande à la Somalie. La plupart des 200 000 morts sont des habitants de Sumatra, de Sri Lanka, des Iles Nicobar et Andaman, les pays les plus proches de l'épicentre du tremblement de terre. Les marinas en Malaisie et en Thaïlande ont été durement touchées, mais les bateaux mouillés par des profondeurs assez importantes en sont pour la plupart sortis intacts.

Les tempêtes tropicales

Les tempêtes tropicales sont les formes les plus violentes de tempêtes que l'on puisse rencontrer en mer, et il est plus prudent et plus sage d'essayer d'éviter les régions où elles sévissent. Les vents extrêmement forts générés par ces tempêtes et les mers énormes qui en résultent peuvent aisément submerger un bateau de petite taille. Suivant la région du monde où elles apparaissent, ces tempêtes portent les noms d'ouragan, de cyclone, de typhon ou de willy-willy. Elles soufflent autour d'une zone de basse pression, tournant dans le sens contraire des aiguilles d'une montre dans l'hémisphère nord, et dans le sens des aiguilles d'une montre dans l'hémisphère Sud. Le vent ne se déplace pas en cercles concentriques mais, suivant une spirale, il est aspiré au centre de la tempête.

Habituellement, ces tempêtes se trouvent dans la partie ouest des océans, bien qu'il y en ait aussi dans d'autres parties du monde. Elles se forment d'habitude entre les latitudes 7°et 15°de part et d'autre de l'équateur, mais il y a eu beaucoup de cas où des cyclones s'étaient formés plus près de l'équateur. La zone de formation des cyclones est la Zone de Convergence Intertropicale, où les alizés de sens opposé convergent. Sous certaines conditions de pression, de température et d'humidité, le tourbillon résultant de ces vents qui tournoient dans cette zone de convergence peut se transformer en une forte tempête tropicale. Les zones les plus dangereuses affectées par ces cyclones, sont la partie ouest de l'Atlantique Nord de Grenade au cap Hatteras, la partie ouest du Pacifique Nord de Guam au Japon, le Pacifique Sud des Tonga à la mer de Corail, le nord et le nord-est des côtes australiennes, le sud-ouest de l'océan Indien, et le golfe du Bengale. Dans certaines de ces régions, il arrive qu'il y ait plusieurs cyclones la même année, tandis que d'autres régions ne sont touchées qu'une fois tous les dix ans. En raison des récents changements climatiques, il peut y avoir dans certaines régions du globe des cyclones en dehors des saisons à risque connues, qui coïncident en général avec les mois d'été. Dans le Pacifique Sud, la saison des cyclones est aujourd'hui plus longue que par le passé, tandis que dans le Pacifique Nord c'est la force des cyclones qui semble augmenter : des rafales ont approché les 200 nœuds lors de quelques super-cyclones. Dans la mesure où l'on ne peut pas définir de manière très précise la saison des cyclones, la période indiquée au début de chaque route n'est qu'approximative. J'insiste donc sur le fait que dans la plupart des océans, **il peut y avoir des cyclones en dehors des mois indiqués, et que ceux qui prévoient des traversées au début ou à proximité des saisons des cyclones généralement admises doivent bien garder cela à l'esprit.**

En plus de leur mouvement circulaire, les cyclones se déplacent. Dans l'hémisphère Nord, leur direction initiale est d'abord ouest-nord-ouest, puis ils virent peu à peu nord puis nord-est quand ils atteignent des latitudes plus élevées. Dans l'hémisphère Sud, ils se déplacent initialement ouest-sud-ouest, puis virent sud-est au niveau de la latitude 20°S. Parfois, il arrive qu'au lieu de virer un cyclone continue en suivant une direction ouest-nord-ouest dans l'hémisphère Nord et ouest-sud-ouest dans l'hémisphère Sud, jusqu'à ce qu'il rencontre le continent, où il perd alors graduellement de sa puissance, après avoir causé beaucoup de dégâts. Occasionnellement, un cyclone peut se déplacer d'une manière erratique, sa trajectoire est alors pratiquement impossible à prévoir avec certitude. Un cyclone se déplace en général à une vitesse d'environ dix nœuds au début, puis il accélère après avoir changé de direction.

Tout bateau se trouvant sur la trajectoire d'un cyclone, et en particulier de son centre, va se trouver en grand danger. Le vent conserve la même direction jusqu'au passage de l'œil, puis, après une brève accalmie, le vent reprend dans la direction opposée, parfois plus violemment encore, créant ainsi une mer confuse ou menaçant de jeter à la côte les bateaux à l'ancre. Tous les cyclones ont deux parties, appelées demi-cercles, l'un étant connu comme le demi-cercle maniable et l'autre comme le demi-cercle dangereux. Dans l'hémisphère Nord, le demi-cercle dangereux est la zone du cyclone qui se trouve du côté droit en suivant la trajectoire du cyclone. Dans l'hémisphère Sud, il se trouve sur la gauche.

Le repérage et la prévision des trajectoires des cyclones se sont grandement améliorés depuis l'apparition des satellites météos. Les stations de WWV à Fort Collins dans le Colorado, et WWVH à Kauaï (Hawaii) diffusent toutes les heures la situation des divers cyclones, leurs coordonnées, leur vitesse de déplacement et la force du vent. Les alertes cycloniques pour l'océan Atlantique sont diffusées 8 minutes après chaque heure ronde par WWV sur les 2.5, 5, 10, 15 et 20 MHz. Les alertes concernant le Pacifique sont diffusées toutes les 48 minutes après chaque heure ronde par le WWVH sur les 2.5, 5, 10 et 15 MHz. A partir des informations obtenues de ces stations, il est possible de suivre la trajectoire d'un cyclone qui approche, et de pouvoir ainsi l'éviter au mieux. La trajectoire du cyclone confrontée à la dernière position du bateau permettra d'évaluer le risque. Si l'on se trouve en mer, il convient de procéder de la manière qui suit.

Dans l'hémisphère Nord

Pour un observateur faisant face au vent, le centre du cyclone se situera entre 90° et 135° sur sa droite. Si le vent adonne, c'est-à-dire vire sur la droite, cela signifie que le bateau se trouve dans le demi-cercle droit, qui se trouve être le demi-cercle dangereux. Si le vent refuse, cela signifie que l'on se trouve dans le demi-cercle maniable. Si la direction du vent est constante, que sa force augmente tandis que le baromètre chute, le bateau se situe exactement sur la trajectoire de la tempête. Si le vent ne change pas de direction, mais si son intensité diminue et que le baromètre remonte doucement, alors c'est que le bateau se trouve directement derrière le centre de la tempête.

La tactique recommandée pour les bateaux qui se trouvent sur la trajectoire d'un de ces cyclones, est de s'éloigner tribord amure, en gardant toujours le vent ainsi. La même tactique devra être adoptée si le bateau se trouve dans le demi-cercle maniable et l'on devra essayer de suivre une route à angle droit par rapport à la trajectoire supposée du cyclone. En fonction du comportement de son bateau par mer de l'arrière, on devra soit fuir à sec de toile, soit sous tourmentin. Si le bateau se trouve dans le demi-cercle dangereux, on devra se mettre à la cape tribord amure ou, si cela est possible, naviguer au plus près du vent sur la même amure, avec comme objectif de s'éloigner du centre de la tempête.

Dans l'hémisphère Sud

Au sud de l'équateur, le centre d'une tempête tropicale se situe entre 90° et 135° sur la gauche de l'observateur. Si le vent refuse, le bateau se trouve dans le demi-cercle dangereux, s'il adonne, le bateau est dans le demi-cercle maniable. Le bateau se trouve sur la trajectoire directe du cyclone si le vent garde une direction constante. Si le vent augmente et que le baromètre chute, cela signifie que le bateau se trouve en avant du cyclone, tandis que si le vent décroît et que le baromètre remonte, alors le bateau se trouve à l'arrière du centre du cyclone.

La meilleure tactique lorsque l'on se trouve juste à l'avant du centre, est de faire route bâbord amure. La même tactique devra être adoptée si l'on se trouve dans le demi-cercle maniable, en essayant de s'éloigner du cyclone en formant un angle droit avec sa trajectoire, avec également le vent bâbord amure. Si l'on se trouve dans le demi-cercle dangereux, on devra essayer de faire route au plus près du vent, également bâbord amure, pour s'éloigner du centre de la tempête. Si cela n'est pas possible, alors il faut prendre la cape bâbord amure.

Bien que ces règles générales soient applicables dans la plupart des cas, il y a des circonstances où il est préférable de se poser quelques questions. La stratégie à appliquer en cas de cyclone dépend de nombreux facteurs, tels qu'un manque d'eau à courir, la capacité du bateau à tenir la cape par vent fort, ou la capacité de prendre la fuite avec une mer arrière formée. Tous ces facteurs influenceront la conduite à adopter face à ce genre de situation et malheureusement, il n'y a pas de règle unique qui pourrait être valable dans tous les cas. Il ne fait

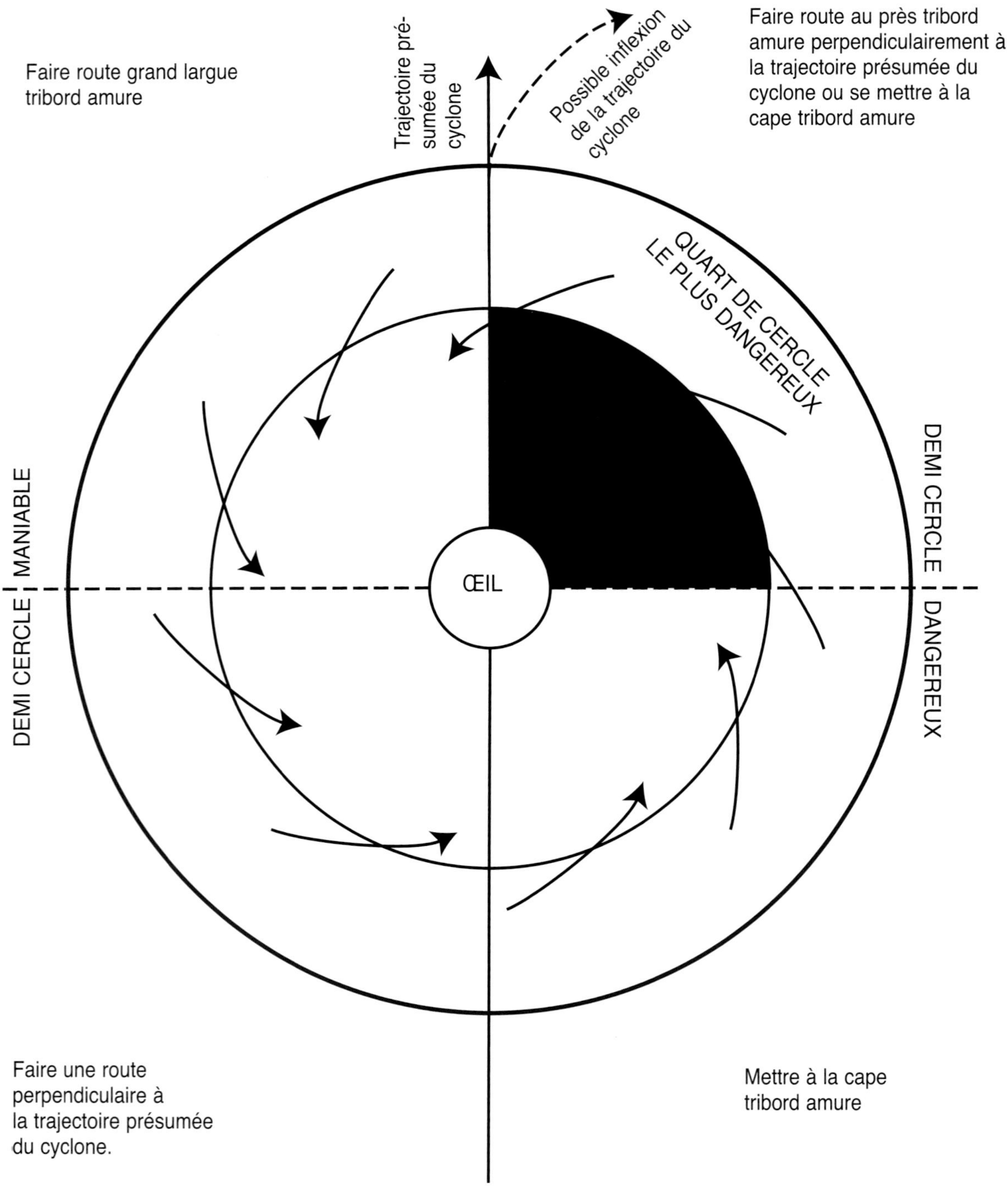

Stratégie dans un cyclone dans l'hémisphère Nord

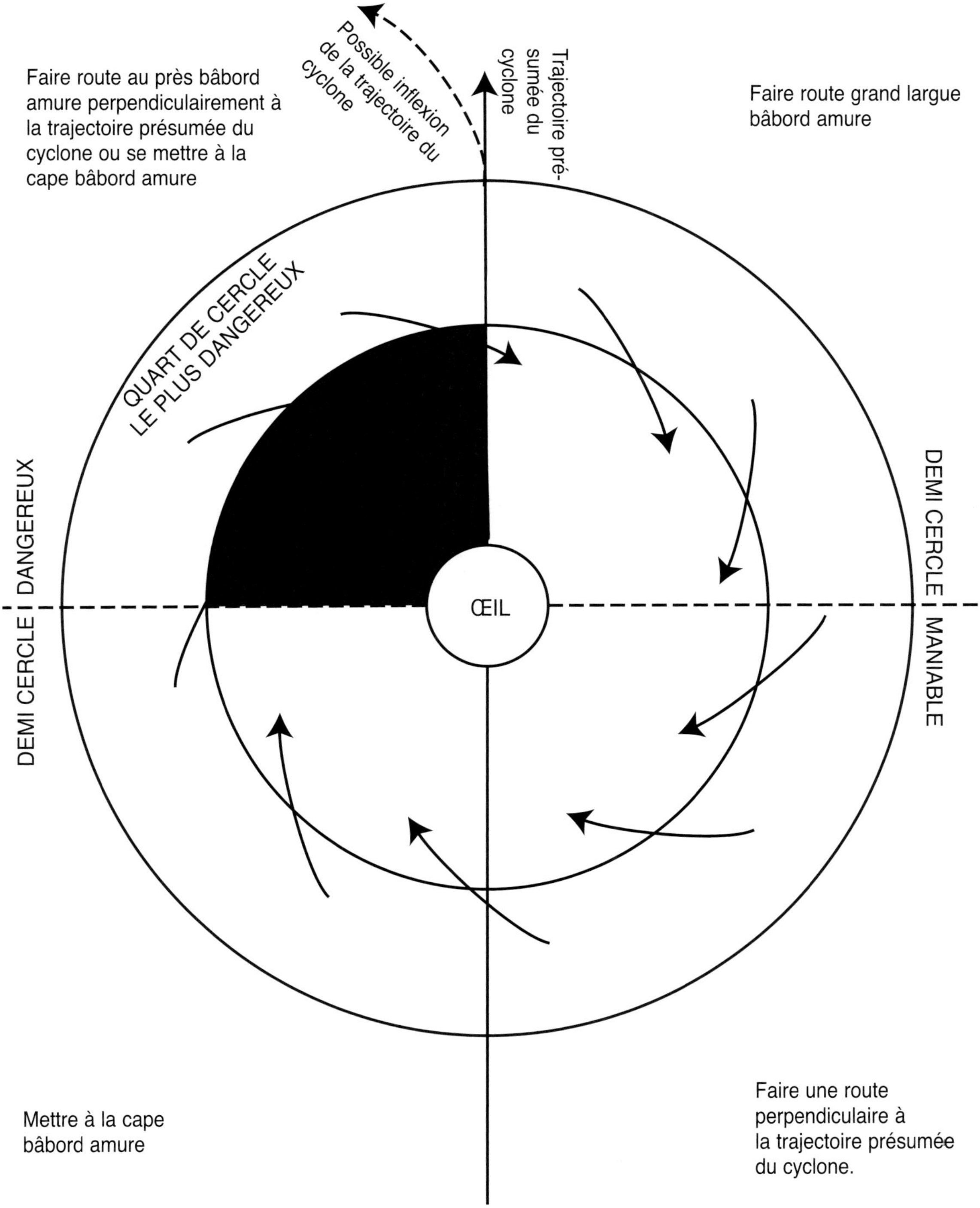

Stratégie dans un cyclone dans l'hémisphère Sud

aucun doute que l'attitude la plus sûre à adopter est d'éviter toutes les régions où des cyclones sont susceptibles d'être rencontrés. A partir de là, ce que l'on doit étudier en priorité lorsque l'on prépare son trajet, c'est de s'assurer que l'on ne naviguera pas dans une zone dangereuse pendant la saison des cyclones. Si l'on envisage de traverser l'une des régions où le risque de cyclone est quasi permanent, il faut s'efforcer d'y passer pendant les mois de plus basse activité. Cette stratégie n'est pas trop compliquée à suivre, et beaucoup de bateaux ont passé plusieurs années sous les tropiques sans jamais se retrouver au mauvais endroit au mauvais moment, en quittant simplement la zone incriminée au début de la saison des cyclones, pour y revenir ensuite une fois celle-ci terminée. Les informations données pour les nombreuses routes mentionnent les mois pendant lesquels il y a des cyclones, pour que vous puissiez les éviter quand vous prévoyez de les suivre.

Les tempêtes tropicales sont plus fréquentes à la fin de l'été et au début de l'automne dans les deux hémisphères. Dans l'hémisphère Nord, la bonne saison commence de mi-novembre jusqu'à mi-juin, et pour l'hémisphère Sud elle s'étend de juin jusqu'à mi-novembre. La seule zone tropicale qui n'était pas affectée jusqu'ici par les cyclones était l'Atlantique Sud, mais le cyclone Catarina qui s'est formé au large des côtes du Brésil en mars 2004 annonce peut-être un changement climatique. Dans l'ouest du Pacifique Nord, il n'y a aucun mois qui puisse être considéré comme étant entièrement sûr, bien que les typhons soient extrêmement rares en hiver. Dans la mer de Corail, une prolongation de la saison des cyclones n'est pas rare et on en a déjà observé fin juin, et même en juillet. Dans la mer d'Arabie, les cyclones ne se produisent pas en été, mais lors des changements de mousson, soit en mai-juin, soit en octobre-novembre. La carte N° 6 montre la répartition des cyclones dans le monde, et les mois pendant lesquels ils sont le plus susceptibles de se manifester. Il n'est pas rare qu'un cyclone se forme en dehors de la saison officielle, le début de la bonne saison devra donc être considéré comme potentiellement dangereux. Les saisons des cyclones dans le monde figurent dans le tableau ci-dessous.

Les vents dominants

Les conditions climatiques dominantes seront développées plus en détail dans les descriptions des routes par zones, mais il n'est pas inutile de résumer ici les régimes des vents des six principales régions du monde (cartes 2 à 5).

Atlantique Nord : Les alizés de NE soufflent approximativement entre les latitudes 2°N et 20/25°N en hiver, entre 10°N et 30°N en été. Dans la partie nord de l'océan, les vents sont principalement ouest devenant sud-ouest près de la côte nord-américaine. Entre les alizés et la zone des vents d'ouest se trouve une zone de vents variables.

Atlantique Sud : Les alizés de SE couvrent une large bande depuis l'équateur jusqu'à la latitude 30°S pendant l'été austral. Ils se déplacent vers le nord durant l'hiver (juillet), où on les retrouve entre 3 à 5°N et 25°S. Il n'y a pratiquement pas de calmes plats au sud de l'équateur. Les vents d'ouest constants se situent dans les hautes latitudes, mais ils ont tendance à devenir NW et même N du côté de l'Amérique du Sud, spécialement durant l'été.

Pacifique Nord : Pendant les mois d'été, les alizés de NE soufflent entre les latitudes 12°N et 30°N, mais peuvent descendre jusqu'à une zone comprise entre les latitudes 4°N ou 5°N et 25°N en hiver. Entre les latitudes 35°N et 55°N, les vents sont ouest ou nord-ouest. Les calmes plats sont moins bien localisés.

Pacifique Sud : Les alizés SE sont moins constants et on peut moins compter dessus que dans les autres océans. En plein hiver (de juin à août), ils soufflent dans une bande entre 5°N et 25°S. Pendant l'été austral, les alizés sont encore moins constants et soufflent au sud de l'équateur jusqu'à la latitude 30°S. Les vents d'ouest soufflent de manière régulière au sud du 30°S en hiver et du 40°S en été.

Zone	*Saison*	*Fréquence maxima*
Antilles	juin à novembre	septembre
Pacifique Nord Est	mai à novembre	juillet à septembre
Pacifique Nord Ouest	toute l'année	juillet à octobre
golfe du Bengale	mai à décembre	octobre à novembre
mer d'Arabie	avril à décembre	avril-mai et octobre-novembre
Indien Sud	novembre à mai	décembre à mars
Pacifique Sud	novembre à avril	janvier à mars

Océan Indien Nord : Les vents dominants sont ceux des deux moussons, NE en hiver (de décembre à mars) et SW en été (de mai à septembre). La mousson de NE commence à être bien établie à partir du mois de janvier et dure ainsi jusqu'à début mars. Les vents sont plus forts pendant la mousson de SW, avec une intensité maxima qui se situe en juillet et août, où ils soufflent souvent à plus de 30 nœuds.

Océan Indien Sud : Les alizés de SE s'étendent de l'équateur jusqu'à la latitude 25°S en hiver (juillet). Pendant l'été austral (janvier), les alizés de SE se situent à peu près entre 10°S et 30°S, la mousson de NE peut aussi se faire ressentir au sud de l'équateur jusqu'à 10°S, mais elle est déviée par la rotation de la Terre et devient la mousson de NW. Au sud de la zone des alizés de SE on trouve une zone de vents variables. Les hautes latitudes sont connues pour leurs forts vents d'ouest.

Les courants dans le monde

Il y a des courants à toutes les profondeurs des océans, mais seuls les courants de surface présentent un intérêt pour les petits bateaux de voyage. Parce que la cause principale des courants de surface est la direction du vent, il existe une relation étroite entre la direction du courant et celle des vents dominants. Les vents réguliers comme les alizés créent les courants les plus constants, bien que ceux-ci n'aient pas forcément exactement la même direction que les vents qui les ont générés. Comme pour le vent, la rotation de la Terre a une influence sur les courants et donc, dans l'hémisphère Nord, les courants tendent à dévier vers la droite par rapport à la direction du vent, et dans l'hémisphère Sud, vers la gauche. C'est pourquoi dans l'hémisphère Nord les courants se déplacent dans le sens des aiguilles d'une montre, tandis que dans l'hémisphère Sud, ils ont plutôt tendance à se déplacer dans le sens contraire des aiguilles d'une montre. Les courants seront traités plus en détail pour chaque route.

El Niño

Ce courant qui apparaît certaines années le long de la côte ouest de l'Amérique du Sud a gagné une telle notoriété internationale depuis quelques années, qu'il doit maintenant être considéré comme un phénomène global. Son nom espagnol vient du fait que certaines années, aux alentours de Noël, le courant froid de Humboldt (ou Courant du Pérou) qui se dirige vers le nord s'inverse et est remplacé par un courant chaud et, parce que cela se produit à cette époque de l'année, il fut nommé l'enfant Jésus, El Niño pour les Péruviens. Les changements climatiques entraînent des ravages dans la région, mais il fallut les dévastations causées par le Niño en 1982-83 puis en 1997-1998 pour que les implications planétaires de ce phénomène naturel soient reconnues avec certitude. Sur la base de ces résultats il est maintenant possible de prévoir la survenue d'un nouveau Niño, sans cependant pouvoir encore en prédire la durée, car le Niño peut être actif pendant une année ou deux, comme c'est déjà arrivé plusieurs fois. Quoi qu'il en soit, les mécanismes de cette perturbation climatique ne sont plus un mystère et le Niño révèle ses secrets peu à peu.

Dans des conditions normales, les alizés qui soufflent d'est en ouest déplacent les eaux chaudes des zones équatoriales vers le Pacifique Ouest, provoquant ainsi la remontée d'eaux froides venues de l'océan Antarctique le long des côtes du Pérou et de l'Equateur. Au même moment, la région où il y a habituellement de fortes précipitations est centrée sur la partie centrale et ouest du Pacifique. Le Niño entraîne un affaiblissement des alizés, et des vents d'ouest peuvent s'établir au niveau de la zone équatoriale. Ces vents d'ouest apportent des eaux chaudes vers l'Amérique du Sud, et déplacent la zone de fortes précipitations vers la côte ouest de l'Amérique du Sud. Ainsi, en 1997, dans une région particulièrement aride du Chili, il est tombé plus de pluie en 24 heures que pendant les 24 années précédentes.

Plus spectaculaire encore en matière d'anomalies climatiques est l'élévation de température de l'eau dans le Pacifique Sud, qui, dans certaines régions, peut atteindre 5 °C. La conséquence directe de cette élévation est une augmentation de l'activité cyclonique dans le Pacifique en général, et plus particulièrement dans la moitié est. Le phénomène qui alimente une telle recrudescence de cyclones est l'inversion de la différence de pression entre les parties est et ouest du Pacifique associée à une température de l'eau beaucoup plus élevée que d'habitude. Le scientifique britannique Sir Gilbert Walker fut le premier à remarquer la corrélation qui existe entre les relevés barométriques de Tahiti et de Darwin. En temps normal, les hautes pressions situées à l'est et les basses pressions situées à l'ouest génèrent les alizés d'est. L'index « SOI » (Southern Oscillation Index) mesure cette différence de pression atmosphérique et permet de prévoir l'arrivée du Niño. Au début de l'année 1997, le SOI monta à -26, mais redescendit à -18 au mois de juin. Un SOI inférieur à -10 correspond à une période de Niño. Le SOI mesure soit un environnement de basses pressions, ce qui est alors propice à la formation de cyclones, soit un environnement de hautes pressions inhabituelles, ce qui empêche alors la formation de cyclones.

Les scientifiques ont étudié en détail les anomalies de la température à la surface de la mer (TSM) au cours de ces dernières années. Ils ont noté qu'une diminution régulière de la TSM dans le Pacifique équatorial a entraîné une augmentation de la force des vents d'est sur le Pacifique équatorial central et occidental. Le SOI a également augmenté significativement. En outre, les anomalies dans les précipitations tropicales, plus fortes que la normale en Indonésie, et plus faibles sur le Pacifique central équatorial, ont également augmenté. Pour conclure, la fréquence des anomalies de la température de surface de l'océan est beaucoup plus forte. Tout ceci correspond à une période froide, couramment désignée sous le nom de La Niña.

Depuis 1997, l'évolution de nombreux indicateurs atmosphériques et océaniques est remarquablement semblable à celle observée durant la période 1982-1986, où le fort Niño a été suivi de trois ans de températures plus faibles que la normale dans le Pacifique tropical. De nombreux indicateurs montrent des cycles annuels caractéristiques pendant ces périodes froides, avec des minima des indicateurs de TSM, et des maxima du SOI.

Le dernier épisode El Niño se termina début 2003 : on peut donc espérer quelques années de conditions relativement normales.

Il est maintenant acquis que les effets du Niño sur le temps se propagent bien plus loin que le Pacifique Sud, et en fait, la faible activité cyclonique aux Antilles en 1997, est aujourd'hui considérée comme une conséquence directe du Niño actif qui a généré cyclones et typhons dans le Pacifique. Tout porte maintenant à croire que l'inversion des courants dans le Pacifique Sud pourrait avoir provoqué une remontée d'eaux froides dans l'Atlantique Sud, ce qui aurait entraîné le refroidissement de l'eau dans la partie tropicale de l'Atlantique. De fait, la température de l'eau en 1997 y fut moins élevée, par rapport aux années normales, ce qui a contribué à diminuer l'activité cyclonique.

Bien qu'il soit encore impossible de prévoir quand un nouveau Niño arrivera, le vingtième siècle a connu 29 périodes de Niño, on peut donc s'attendre à un Niño tous les trois ou quatre ans. Le dernier a eu lieu en 97-98 et fut le pire du siècle, mais on en sait assez pour savoir à quels changements climatiques il faut s'attendre en période de Niño, et ainsi prendre les précautions nécessaires. Pour commencer, pendant une période de Niño, il faut éviter de naviguer dans une zone sujette à cyclones à l'approche et pendant la mauvaise saison, et si cela est possible, il vaudrait mieux essayer de passer cette période critique en dehors des zones tropicales de l'océan Pacifique.

Le réchauffement de la planète

On a beaucoup écrit sur ce phénomène apparemment récent et peu de marins contesteraient que les conditions atmosphériques de la planète semblent subir un changement radical. Il s'est produit de toute évidence un changement significatif des conditions climatiques pendant la dernière décennie. Violents cyclones pendant la saison considérée comme « sûre », fortes précipitations et inondations, absence d'alizés réguliers même sur des routes aussi fiables jusqu'ici que celle entre l'Afrique du Sud et Ste-Hélène, diminution évidente de la couche de glace en Antarctique, ont marqué cette période. J'ai pu moi-même me rendre compte de ce phénomène alarmant en observant des zones de roche nue plus nombreuses entre mes deux voyages en Antarctique qui n'étaient séparés que de trois ans (1996 et 1999). Aussi, même si quelques politiciens refusent de suivre les plus grands météorologues, il est clair que les conditions climatiques changent et qu'il n'y a plus aucune raison de ne pas prendre au sérieux le réchauffement de la planète. Ceci nous affecte peut-être plus que d'autres, nous qui naviguons sur de petits bateaux, et il nous faut observer ces avertissements et être bien plus prudents que par le passé.

4

VENTS ET COURANTS DE L'ATLANTIQUE NORD

Les alizés de nord-est

Les alizés de NE s'étendent en une large ceinture au nord de l'équateur, de la côte ouest de l'Afrique jusqu'à la mer des Caraïbes. Ils soufflent pendant une grande partie de l'année au sud de l'anticyclone qui se situe par 30°N, connu sous le nom d'anticyclone des Açores. La limite nord des alizés est aux alentours de 25°N en hiver et de 30°N en été, mais on ne peut pas compter sur leur régularité près de cette limite nord. Donc, lors d'une traversée de l'Atlantique, il est préférable d'être certain d'avoir touché les alizés avant d'infléchir sa route vers l'ouest.

Les alizés sont particulièrement bien établis pendant les mois d'hiver, ils deviennent également plus forts. Bien qu'ils soufflent en moyenne entre force 3 et 4, il n'est pas rare qu'ils atteignent force 6, voire 7 durant les mois de janvier à mars. Ils deviennent moins forts et plus irréguliers en été, qui est aussi la saison des cyclones. Ils ont une composante plutôt nord dans la partie est de l'océan et deviennent de plus en plus est à l'approche des Antilles.

La ponctualité et la régularité des alizés les rendent très intéressants pour ceux qui ont l'intention de traverser l'Atlantique par la route classique qui part des Canaries. Bien que les mois d'hiver soient réputés pour avoir les vents les plus forts, il y a des années où l'on ne trouve ces vents que dans des latitudes plus basses et il n'est pas rare que des bateaux se trouvent presque à mi-parcours avant de toucher des vents établis.

Egalement considérés comme des alizés, les alizés portugais soufflent d'un secteur NE à NW au large de la côte ouest de la péninsule ibérique, d'avril à septembre ou octobre. Une autre variante régionale des alizés de NE est l'harmattan. C'est un vent chaud et sec, créé par les alizés de NE qui soufflent sur les déserts d'Afrique et qui atteint la mer chargé de poussière. Aux alentours de la latitude 20°N, on le rencontre seulement à proximité de la côte africaine, mais si l'on descend plus au sud, on peut encore le trouver plus au large, qui couvre les bateaux d'une fine couche de poussière rouge, et réduit la visibilité. Ce vent d'est apparaît normalement entre novembre et février.

Un autre phénomène affecte la zone normalement soumise aux alizés de NE : les « northers ». Ce sont de forts vents du nord. Pendant les mois d'hiver, de vastes anticyclones se développent au-dessus du continent nord-américain, atteignant parfois le golfe du Mexique. Un fort flux d'air froid se développe à l'avant de cette région de hautes pressions, provoquant un violent vent de nord, qui se fait parfois sentir jusqu'aux Antilles. La progression de ce vent du nord est généralement arrêtée par les hautes îles de Saint-Domingue et de Cuba, mais au nord de ces îles, il peut être particulièrement dangereux, principalement à cause de la mer hachée que provoque un fort *norther* quand il rencontre le courant du Gulf Stream, qui, lui, se dirige vers le nord. Un *norther* est souvent annoncé par une barre de nuages au N ou NW sur l'horizon.

La zone de convergence intertropicale

La position de la zone des alizés tout au long de l'année est influencée par la position de la Zone de Convergence Intertropicale (ZCI), caractérisée par des calmes plats. La ZCI reste située au nord de l'équateur tout au long de l'année, bien que sa situation soit influencée significativement par la position du soleil suivant les saisons, et aussi par ses variations diurnes. La largeur de la zone des calmes plats ou pot au noir varie également, elle s'étend sur environ 200 à 300 milles et est plus large près des côtes africaines et plus étroite près des côtes brésiliennes. Là où le pot au noir est le plus étendu, le temps est aussi plus perturbé, avec des grains fréquents et des orages.

La mousson de sud-ouest

La chaleur que génère la masse continentale de l'Afrique pendant l'été provoque une baisse de la pression au-dessus de cette région et la ZCI se retrouve ainsi déviée vers le nord. Les alizés de SE de l'Atlantique Sud sont donc attirés par-delà l'équateur et deviennent la mousson de SW au large de la côte africaine. Cela dure de juin à octobre entre l'équateur et la latitude 15°N, mais dans le golfe de Guinée, un léger vent de sud-ouest domine tout au long de l'année.

Les vents variables

Une zone de vents variables s'étend sur toute la largeur de l'Atlantique au nord des alizés de NE. Cette région de hautes pressions atmosphériques qui se trouve à cheval sur le 30e parallèle se décale légèrement vers le nord en été et vers le sud en hiver. Les vents dans la moitié est de cette région sont souvent nord et peuvent être considérés comme étant une prolongation des alizés. Dans la partie ouest de l'océan, les vents sont souvent très faibles et l'on peut s'attendre à de longues périodes de calmes plats. C'est la région des « Horse Latitudes », et de la tant redoutée mer des Sargasses où les bateaux restaient couramment encalminés pendant des semaines entières.

Les vents d'ouest

Les vents d'ouest sont prédominants dans la partie nord de l'océan Atlantique, où le temps est souvent instable, principalement à cause du passage pratiquement continu de dépressions qui traversent l'océan en se dirigeant vers l'est. A ces latitudes plus élevées, les vents sont moins constants en direction que ceux des quarantièmes rugissants des latitudes Sud, bien que la direction dominante reste d'ouest.

Cyclones

Une large zone de la partie ouest de l'Atlantique Nord est affectée par des cyclones qui peuvent théoriquement survenir à tout moment, car ces derniers siècles des cyclones ont eu lieu à n'importe quel mois de l'année, bien qu'étant très rares à certaines périodes. La saison habituelle des cyclones commence fin mai et se termine début décembre, avec une fréquence maxima entre août et octobre, le reste de la saison étant plus calme. Le pic se trouve au mois de septembre, avec une moyenne de deux cyclones par mois sur une période de cent ans, quoique le nombre de cyclones ait été nettement plus élevé certaines années. En fait, l'intensité et la fréquence des cyclones varient beaucoup d'une année sur l'autre, certaines années ont été particulièrement mauvaises avec jusqu'à 15 cyclones, tandis que d'autres années il n'y en eut pratiquement aucun. Un dicton antillais décrit la saison ainsi :

Juin c'est trop tôt,
Juillet attends,
Août fais bien attention,
Septembre n'oublie pas,
Octobre c'est bientôt la fin !

La plupart des cyclones naissent dans une zone de calmes plats, à l'ouest des îles du Cap-Vert. Généralement ils se dirigent ouest vers les Caraïbes, leur trajectoire contournant les zones de hautes pressions dans le sens des aiguilles d'une montre. Le bassin des Caraïbes est la zone la plus touchée par les cyclones, et particulièrement la partie nord des Petites Antilles, les Iles Vierges, les Bahamas, les Bermudes, le golfe du Mexique et la Floride. Au début et à la fin de la saison des cyclones, des tempêtes prennent parfois naissance dans l'ouest des Caraïbes, et se dirigent ensuite vers le nord en affectant les états du sud des USA. Les derniers mois de la saison sont particulièrement dangereux pour ceux qui veulent naviguer dans les Caraïbes, car pendant les mois de septembre et octobre, les cyclones se développent souvent localement et les alertes sont données peu de temps à l'avance. Donc, si vous avez l'intention de naviguer aux Caraïbes pendant la saison des cyclones, il vaut mieux vous y trouver au début de celle-ci (de mai à juin) plutôt qu'à la fin (d'octobre à début novembre). Les mois de plus forte activité, août et plus particulièrement septembre, devront donc être évités. Un bon tuyau concernant les cyclones dans la zone des Caraïbes, est que si pendant les mois de mai, juin et juillet, le vent souffle plus fort que la normale, que les précipitations sont en-dessous de la moyenne, ainsi que le taux d'humidité, alors on peut s'attendre à ce que moins de deux cyclones touchent la partie est des Caraïbes pendant les mois d'août et septembre.

Parmi les signes les plus évidents d'un changement climatique planétaire, il faut mentionner le cyclone *Delta* qui a frappé l'ouest des Canaries le

28 novembre 2005 avec des vents dépassant 100 nœuds. C'est le premier cyclone de toute l'histoire connue à sévir dans cette zone. Il s'est formé au SW des Canaries et s'est ensuite dirigé vers le NE, passant entre les Canaries et Madère. Il ne fait aucun doute qu'un cyclone si tardif affectant une zone jusque-là épargnée annonce un changement climatique majeur. A moins que *Delta* ne se révèle être un accident isolé causé par une combinaison inhabituelle de conditions météorologiques dans l'Atlantique Nord, les navigateurs prévoyant une traversée de l'Atlantique par une route sud au début de l'hiver doivent avoir ceci présent à l'esprit.

Les courants

Les courants de l'Atlantique Nord font partie d'un vaste système occupant tout l'océan au sud de la latitude 40°N, ils se déplacent dans le sens des aiguilles d'une montre. Les alizés de NE créent le courant Nord-Equatorial, qui commence à l'ouest des îles du Cap-Vert et va jusqu'aux Antilles, pendant qu'une autre branche part des Petites Antilles en remontant vers le nord, et est connue sous le nom de courant des Antilles.

Le moteur principal de cette circulation dans l'Atlantique Nord est le Gulf Stream qui, malgré son nom, n'est pas originaire du golfe du Mexique, mais est la prolongation du courant Nord-Equatorial. Une large bande d'eau chaude longe donc la côte est-américaine jusqu'à ce qu'elle rencontre le courant froid du Labrador, qui l'infléchit vers l'est. A partir de 45° de longitude ouest, le Gulf Stream perd de la vigueur, et se prolonge vers l'est, en devenant le courant Nord-Atlantique. Dans la partie Est de l'océan, les courants sont moins bien définis, le courant Nord-Atlantique se divise en deux branches, qui forment le courant des Açores au sud, et, plus à l'est, le courant du Portugal. Ce courant circule le long de la péninsule ibérique, une partie étant déviée vers la Méditerranée par le

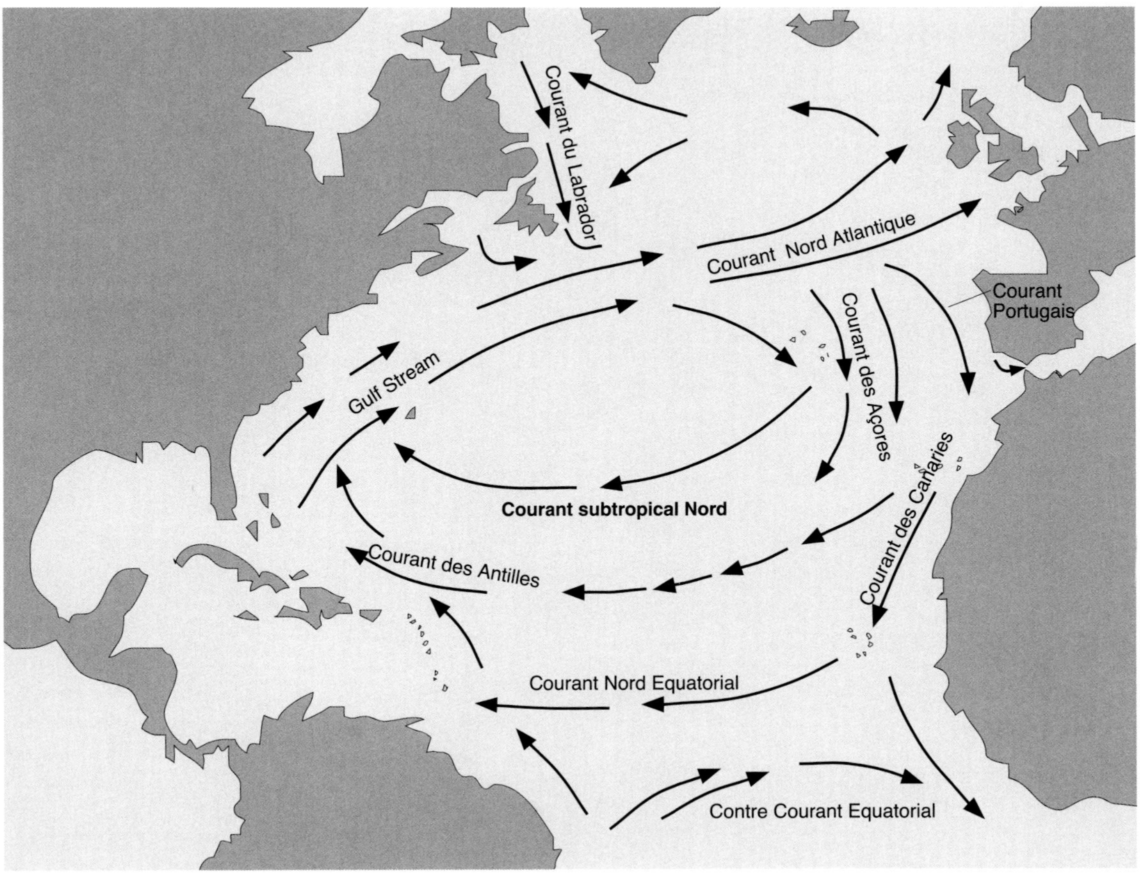

Les courants de l'Atlantique Nord

détroit de Gibraltar, tandis que l'autre continue vers le sud-ouest le long de la côte africaine, devenant ainsi le courant des Canaries.

Pour finir, ce courant s'incurve vers l'ouest et rejoint le courant Nord-Equatorial, bouclant ainsi ce système des courants de l'Atlantique Nord qui tournent dans le sens des aiguilles d'une montre.

Au sud de la latitude 10°N, le comportement des courants devient plus complexe. Entre les deux courants équatoriaux qui circulent vers l'ouest, se trouve le Contre-courant Equatorial. C'est en hiver, le long de la latitude 6°N et à l'est de la longitude 45°W, que ce contre-courant qui circule vers l'est se fait le plus ressentir, alors que sa force diminue à l'approche du continent sud-américain, où il disparaît complètement. Dans cette région, le courant Sud-Equatorial s'associe au courant Nord-Equatorial pour former un fort courant allant vers l'ouest, qui est ensuite dévié vers le nord le long de la côte d'Amérique du Sud en direction des Petites Antilles.

5

ROUTES DANS L'ATLANTIQUE NORD

L'Atlantique est parcouru en tous sens par un grand nombre de routes maritimes, bien plus que n'importe quel autre océan et les bateaux de croisière sont allés partout, dans ses moindres recoins, des jungles étouffantes de l'Orénoque jusqu'aux fjords glacés du Groenland. Mais la plus grande concentration de bateaux de croisière se trouve en Europe du Nord et en Amérique du Nord, et c'est de là que partent la plupart des routes hauturières. On doit leur ajouter les routes qui partent en éventail depuis la sortie de la Méditerranée, autre région où les bateaux de croisière sont nombreux. Bien qu'il y ait une certaine proportion de traversées qui soient effectuées par des voiliers, dans les deux sens, juste pendant la période des vacances d'été, un nombre de plus en plus important de gens part pour des voyages de plusieurs mois. Beaucoup d'entre eux font une boucle complète dans l'Atlantique Nord et tirent ainsi avantage des conditions météo les plus favorables tout au long de leur croisière.

Christophe Colomb fut le premier navigateur à prendre conscience qu'il existait un certain type de temps dans l'Atlantique Nord, et durant ses quatre traversées de l'Atlantique, il utilisa au mieux les conditions climatiques dominantes. Depuis son premier tour de l'Atlantique en 1493, on ne compte plus les marins qui ont suivi ses traces. Le parcours est devenu très populaire auprès des navigateurs européens qui partent vers l'ouest avec les alizés de NE, jusqu'aux Caraïbes via les Canaries, et retournent vers l'est avec les vents d'ouest des latitudes plus élevées, en faisant en général escale aux Bermudes et aux Açores. Ces dernières années, d'autres navigateurs venant de la côte est de l'Amérique du Nord ont emprunté également ce parcours, ils atteignent les Caraïbes par le chemin des écoliers après avoir parcouru une grande boucle. Pour ceux qui veulent passer une saison dans l'est des Caraïbes, la pratique courante est d'appareiller vers les Petites Antilles à la fin de la saison des cyclones, fin octobre ou début novembre. Pourtant, une traversée à partir de la côte est des Etats-Unis à cette époque de l'année étant rarement une partie de plaisir, il existe un autre parcours, qui bien que plus long, se trouve être bien plus agréable. Cette route offre l'avantage de naviguer pendant les bonnes saisons tout au long de l'année. En quittant les USA en mai, on peut traverser l'Atlantique en passant par les Bermudes et les Açores, passer l'été en Europe, retraverser l'Atlantique en novembre, passer l'hiver aux Caraïbes, et être de retour au mois de mai suivant. Ce calendrier est un parfait exemple du fait d'être toujours au bon endroit au bon moment, on évite ainsi la saison des cyclones dans l'Atlantique Ouest, les deux traversées de l'Atlantique se font au meilleur moment, on visite les Caraïbes à la meilleure saison, et le retour se fait avant le début de la saison cyclonique.

La route traditionnelle qui va d'Amérique en Europe suit des latitudes plus élevées, pour tirer parti des vents dominants d'ouest. Elle est empruntée en grande majorité par les navigateurs américains et canadiens, qui traversent vers l'Irlande, la Grande-Bretagne, ou une autre destination du nord de l'Europe. Les bateaux qui se dirigent vers des ports plus au sud de l'Europe ou la Méditerranée, prennent généralement la route plus clémente qui passe par les Açores.

La plupart des routes hauturières au départ de l'Europe du Nord se dirigent vers le sud et il y a une très bonne raison à cela. Le rêve de tous ceux qui naviguent dans des eaux froides est de se retrouver dans des eaux plus chaudes. Quand leur rêve prend corps, ils mettent invariablement cap au sud, au moins jusqu'en Méditerranée, mais plus souvent vers les Canaries ou les Caraïbes. Ceux qui empruntent les routes ouest dans les hautes latitudes font maintenant de plus en plus partie des exceptions, car la plupart des navigateurs préfèrent atteindre l'autre côté de l'Atlantique par une route moins directe mais plus confortable. Même la route qui mène aux Açores attire beaucoup moins de bateaux que par le passé, lorsqu'une croisière estivale vers les Açores était encore considérée comme un exploit. Pour beaucoup de navigateurs européens, les Açores ne sont désormais plus qu'une escale pratique sur leur route de retour des Caraïbes.

L'ouverture des ex-pays communistes bordant la mer Noire et la Baltique attire des bateaux des deux côtés de l'Atlantique vers ces régions. La saison de croisière étant assez courte en mer Baltique, la route la plus courte pour atteindre cette mer intérieure est de passer par le canal de Kiel.

Les plus ambitieux ont même été tentés de

AN10 ROUTES DEPUIS L'EUROPE

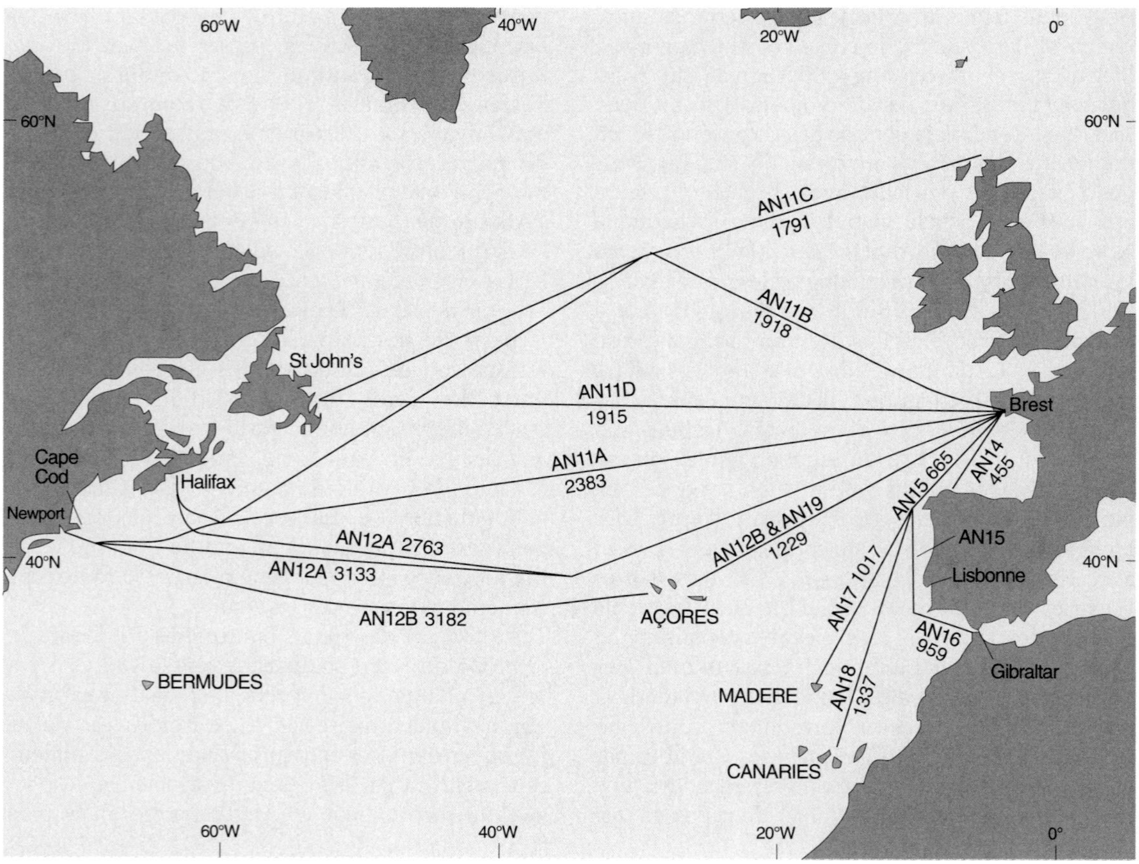

AN10 Routes depuis l'Europe

visiter quelques ports de Russie situés en mer Blanche, et les bateaux qui croisent au-delà du cercle Arctique ne sont plus une curiosité. Deux sections supplémentaires ont été ajoutées (AN160 et AN170), pour aider ceux qui comptent partir des pays nordiques vers des eaux plus chaudes, et ceux qui veulent faire l'inverse. Ce livre traite aussi des hautes latitudes dans l'Atlantique Nord, où naviguent maintenant régulièrement des bateaux qui partent vers l'Islande, le Groenland, le nord de la Norvège, et même jusqu'au Spitzberg.

La bonne époque pour naviguer en Europe du nord se limitant à quelques mois, la plupart des traversées se font entre mai et août. Plus tôt en saison le temps est encore froid et instable, quoique pour les traversées vers le nord, le début de la saison ait des chances d'être plus favorable, car si les vents sont forts, ils viennent du SW. Avec le début de l'été, il y a plus de chances d'avoir des vents de NE. Après la fin août, le temps redeviendra plus instable, avec au moins une violente tempête avant et après l'équinoxe d'automne.

Quiconque vient du nord devra franchir deux principaux obstacles avant d'atteindre la zone plus tranquille du sud de l'Atlantique Nord. En naviguant de la mer du Nord vers la Manche, on devra affronter le plus grand trafic de cargos au monde, et si la visibilité est mauvaise et le vent contraire, il est préférable d'attendre une amélioration dans un port. L'obstacle suivant est le golfe de Gascogne, où même lors d'un coup de vent modéré, la mer peut devenir très dure. Quoi qu'il en soit, la traversée de cet endroit mal pavé ne représente que 300 milles, et avec une bonne prévision météo, il est tout à fait possible de traverser sans essuyer un coup de chien.

Un même point de départ, Brest, a été choisi pour tous les itinéraires partant des côtes françaises de l'Atlantique. C'est en effet l'un des meilleurs ports pour préparer un tel voyage, il offre de bons équipements de réparation et de services à la plaisance et est aussi un point de départ historique de traversées océaniques. De nombreux autres ports peuvent être choisis pour partir, mais quel que soit le point de départ, il ne faut pas prendre à la légère les difficultés de la traversée du golfe de Gascogne, en particulier en dehors de la période conseillée.

AN11 *De l'Europe vers l'Amérique du Nord* (routes nord)

MEILLEURE PÉRIODE	juin à août	
SAISON DES CYCLONES	juin à novembre	
CARTES ROUTIÈRES	BA : 4011	SHOM : 6561, 6620, 6989
	US : 121	
INSTRUCTIONS NAUTIQUES	BA : 27, 40, 59, 67, 68, 69	SHOM : C22, C23
	US : 140, 142, 145, 191	
GUIDES DE CROISIÈRE	*The Atlantic Crossing Guide, Cruising Guide to Newfoundland, Cruising Guide to the Nova Scotia Coast, Yachting Guide to the South Shore of Nova Scotia, Coastal Cruising Guide to the Atlantic Coast, Cruising Guide to the New England Coast.*	

WAYPOINTS

Départ	*Intermédiaire*	*Atterrissage*	*Destination*	*Distance (M)*
Route AN11A				
AN111 Brest	AN115 Sable	AN118 Nova	Halifax	2383
48°23'N 4°29'W	43°30'N, 60°00'W	44°25'N, 63°25'W	*44°38'N, 63°34'W*	
	AN116 Nantucket	AN119 Brenton	Newport	2780
	40°30'N, 69°30'W	41°24'N, 71°16'W	*41°29'N, 71°20'W*	
Route AN11B				
AN111 Brest	AN113 Atlantique N	AN117 Terra NE	St John's	1918
48°23'N, 4°29'W	55°00'N, 30°00'W	47°40'N, 52°30'W	*47°34'N, 52°42'W*	
	AN115 Sable	AN118 Nova	Halifax	2387
	AN116 Nantucket	AN119 Brenton	Newport	2180

Depart	*Intermédiaire*	*Atterrissage*	*Destination*	*Distance (M)*
Route AN11C				
AN112 Wrath	AN113 Atlantique N	AN117 Terra NE	St John's	1791
58°40'N, 5°10'W	AN115 Sable	AN118 Nova	Halifax	2246
	AN116 Nantucket	AN119 Brenton	Newport	2621
Route AN11D				
AN111 Brest	AN114 Mi-Atlantique 51°26'N, 23°24'W	AN117 Terra NE	St John's	1915

Depuis l'époque des Vikings jusqu'aux participants des courses en solitaire, la route transatlantique vers l'ouest par les hautes latitudes a été empruntée pendant des siècles. La route orthodromique depuis la Manche (AN11A) est certainement la plus difficile parce qu'on est souvent confronté à des vents contraires tout au long de la route. Les alternatives possibles consistent à faire un détour par le nord, dans l'espoir de trouver des vents plus favorables (AN11B), ou suivre une trajectoire plus proche de l'orthodromie au départ de l'Ecosse (AN11C), ou encore à faire un détour par le sud à la recherche d'un temps plus chaud, comme cela est décrit dans la route AN12. Toutes les routes nord peuvent être affectées par du brouillard et la présence de glaces, le respect de la bonne saison dans ces régions-là est alors crucial. En juillet, la limite maximum des icebergs s'étend au SE de Terre-Neuve jusqu'au point 39°N, 50°W, en août, la glace recule jusqu'à la latitude 41°N, ce qui limite les traversées à une latitude proche de celle-ci à quelques mois d'été. L'Atlantique Ouest pouvant être affecté par des tempêtes tropicales, ce risque doit rester bien présent à l'esprit, spécialement si la traversée se fait à la fin de l'été.

Les vents dominants sur la route AN11A sont plutôt d'ouest, avec l'inconvénient supplémentaire de naviguer contre le courant du Gulf Stream. Cela n'est pas très astucieux d'essayer d'éviter ce courant contraire en descendant plus au sud, car ainsi on risque de se retrouver encalminé dans l'anticyclone des Açores. Pour éviter complètement les effets du Gulf Stream, il est préférable de descendre nettement plus au sud, en suivant une des routes décrites dans AN12, ou alors, de suivre une trajectoire plus au nord. Le respect de la bonne saison pour ces routes est crucial et il faudra étudier les prévisions météo à une semaine avant de se décider sur la meilleure tactique à adopter.

L'objectif principal des routes les plus au nord (AN11B et AN11C), est de rester au nord des dépressions qui traversent l'Atlantique d'ouest en est. Bien que les chances d'avoir des vents entièrement favorables ne soient que très peu améliorées par rapport à la route directe (AN11A), les bateaux qui remontent bien au vent ont fait des traversées très rapides, puisqu'entre les dépressions, les vents sont plutôt NW ou SW. Ces routes nord convergent toutes au waypoint AN113, d'où l'on choisira une nouvelle route vers son port de destination. Comme ces routes passent par une région où la probabilité de rencontrer du brouillard et des glaces est élevée, il vaut mieux ne les emprunter qu'en plein été. Mais il y a une route encore plus au nord qui peut être prise à la fin de l'été. Elle part d'Europe du Nord, fait escale en Islande avant de repartir vers Terre-Neuve, avec la possibilité de passer par le Groenland (voir aussi AN178 et AN179).

L'une des routes les plus courtes pour traverser l'Atlantique est la route orthodromique, qui va de la Manche jusqu'à St John's, sur Terre-Neuve (AN11D). Comme la route passe une latitude très nord au waypoint AN114, certaines années on peut se retrouver dangereusement proche de la limite des glaces. Tôt en saison ou pendant une année où il y a plus de glaces que d'habitude, il peut être judicieux de prendre la route AN12A qui reste au sud de la limite des glaces. Cette limite fluctue d'une année sur l'autre et d'un mois sur l'autre. Les limites moyennes des icebergs pour juillet et août ont été mentionnées ci-dessus, mais une route plus au nord peut être tentée si l'on peut obtenir par radio des rapports récents sur la position des glaces.

Les bateaux se dirigeant vers des ports américains devront utiliser les waypoints AN115 et AN116 pour éviter respectivement les hauts-fonds au large de l'île du Sable et de Nantucket. Seuls quelques waypoints intermédiaires sont suggérés, car il ne faudra pas hésiter à infléchir sa route si nécessaire. On peut aussi se référer aux routes AN178 et AN179.

AN12 *De l'Europe vers l'Amérique du Nord* (routes sud)

MEILLEURE PÉRIODE	juin à août	
SAISON DES CYCLONES	juin à novembre	
CARTES ROUTIÈRES	BA : 4011 US : 126	SHOM : 6561, 6623, 6620, 6989
INSTRUCTIONS NAUTIQUES	BA : 27, 40, 59, 67, 68, 69 US : 140, 142, 145, 191	SHOM : C22, C23
GUIDES DE CROISIÈRE	*Iles de l'atlantique, The Atlantic Crossing Guide, Yachting Guide to Bermuda, Cruising Guide to Newfoundland, Cruising Guide to the Nova Scotia Coast, Yachting Guide to the South Shore of Nova Scotia, Coastal Cruising Guide to the Atlantic Coast, Cruising Guide to the New England Coast.*	

WAYPOINTS

Départ	*Intermédiaire*	*Atterrissage*	*Destination*	*Distance (M)*
Route AN12A				
AN120 Brest 48°23'N, 4°29'W	AN121 Ice 39°00'N, 35°00'W			
	AN122 Sable 43°30'N, 60°00'W	AN127 Nova 44°25'N, 63°25'W	Halifax *44°38'N, 63°34'W*	2763
	AN123 Nantucket 40°30'N, 69°30'W	AN128 Brenton 41°24'N, 71°16'W	Newport *41°29'N, 71°20'W*	3133
Route AN12B				
AN120 Brest	AN124 Graciosa 39°12'N, 27°50'W			
	AN125 São Jorge 38°46'N, 28°20'W			
	AN126 Faial 38°32'5N, 28°35'5W	AN127 Nova	Halifax	2801
	AN123 Nantucket	AN128 Brenton	Newport	3182

Pour éviter le vent dans le nez et les eaux froides des routes transatlantiques les plus directes décrites dans AN11, on peut choisir une route plus au sud, qui peut être soit directe (AN12A), soit passant par les Açores (AN12B).

Les vents dominants sur la route AN12A sont d'ouest, avec, comme inconvénient supplémentaire, de naviguer contre le courant du Gulf Stream. Cela n'est pas très astucieux d'essayer d'éviter ce courant contraire en infléchissant la route vers le sud, car on risque ainsi de se retrouver encalminé dans l'anticyclone des Açores. On doit donc soit faire avec le courant, soit descendre suffisamment au sud pour l'éviter. Des traversées rapides ont été faites sur cette route, mais cela a été dû essentiellement aux performances propres aux bateaux et à la possibilité d'avoir accès aux prévisions météo. Les prévisions météo à une semaine devront être prises, pour pouvoir prendre la meilleure décision. Si l'on traverse au début de l'été, on devra utiliser le WP AN121 pour éviter la limite sud des glaces. A l'ouest des Açores les waypoints AN122 et AN123 sont donnés pour éviter respectivement les hauts-fonds de l'île du Sable et de Nantucket.

La route AN12B est une alternative qui jouit d'un temps agréable, et qui est aussi la prolongation de la route AN19 qui passe par les Açores (page 58). Bien que plus longue que les autres routes, elle a l'avantage de bénéficier d'un climat chaud et d'une escale à mi-parcours, qui permet de se reposer et de réapprovisionner. La route vers l'ouest au départ des Açores dépendra de deux choses, du port d'arrivée et du temps que l'on aura en chemin. Si les vents le permettent, on ne devra pas dévier sa route plus au nord que la latitude 37°N, pour éviter la limite sud du Gulf Stream et l'anticyclone des Açores par la même occasion. Les vents d'ouest et de sud-ouest prédominent tout au long de cette route en été.

Cette route est susceptible d'être touchée par des tempêtes tropicales après mi-juin, le risque de cyclones augmentant au fur et à mesure que l'on s'avance dans l'été. Pour la même raison, une escale aux Bermudes est conseillée uniquement en cas d'urgence, car cela implique de faire un détour et donc de rester plus longtemps dans cette région sujette aux cyclones. La route AN137 devra être étudiée en détail si on envisage de faire escale aux Bermudes.

AN13 *Routes sud depuis l'Europe*

MEILLEURE PÉRIODE	mai à mi-août			
SAISON DES CYCLONES	aucune			
CARTES ROUTIÈRES	BA : 4140, 4103 US : 126	SHOM : 6608, 6618, 6623, 6989, 7211		
INSTRUCTIONS NAUTIQUES	BA : 1, 22, 27, 28, 54, 55, 67 US : 143, 191, 192		SHOM : C21, C22, C23, C3	
GUIDES DE CROISIÈRE	*Espagne et Portugal, Cruising Association Handbook, La Manche, North Sea Passage Pilot.*			
WAYPOINTS				

Départ	*Intermédiaire*	*Atterrissage*	*Destination*	*Distance (M)*
AN130 Brunsbüttel *53°53'N, 9°08'E*	AN131 Weser 53°55'N, 8°10'E			
	AN132 Borkum 53°54'N, 6°15'E			
	AN133 Tersh 53°30'N, 4°40'E			
	AN134, Détroit 51°10'N, 1°46'E		Douvres *51°07'N, 1°19'E*	357
AN135 Crosshaven *51°48.5'N, 8°17'W*	AN136 Cork 51°45'N, 8°16'W			
	AN137 Bretagne 47°30'N, 8°50'W			
	AN138 Villano 43°10'N, 9°40'W	AN139 Vigo NW 42°16'N, 8°54'W	Bayona *42°07'N, 8°50'W*	595

Compte tenu de sa position pratique, le canal de Kiel constitue la première étape de la plupart des bateaux qui mettent le cap au sud. Après avoir franchi le canal, il est alors possible de partir directement depuis Brunsbüttel, au débouché du canal dans la mer du Nord. Le waypoint AN131, au large de la bouée d'atterrissage Alte Weser, est un bon point de départ. De là, il est possible de rester à l'intérieur de la zone de séparation du trafic, proche de la côte, ou de prendre une route plus au large. La route côtière a l'avantage d'être plus près d'un certain nombre d'îles où l'on peut s'abriter si le temps vient à se détériorer. Pour prendre la route du large, on devra couper la zone de séparation de trafic, il faudra alors partir du waypoint AN 132 et mettre le cap sur AN133. Depuis ce dernier waypoint, on pourra faire route vers le détroit du Pas de Calais et le waypoint AN134, mais comme cette route traversera, ou passera tout près de champs pétrolifères, l'on devra aborder cette zone avec beaucoup de précautions. Si les conditions météo sont bonnes, il faudra essayer de résister à la tentation de s'arrêter dans l'un des premiers ports anglais, et essayer d'aller au moins jusqu'à la côte sud de l'Angleterre, où il y a plusieurs bonnes marinas. Voir également AN14 et AN161.

Pour des bateaux qui se dirigent vers le sud et qui ont pris leur départ plus à l'ouest, par exemple d'Irlande, Crosshaven est probablement le meilleur endroit pour partir vers le sud car on y trouve les meilleurs services de la côte sud d'Irlande. Les bateaux qui prévoient de traverser l'Atlantique vers les Caraïbes devront essayer de naviguer d'une seule traite jusqu'à Madère, ou même jusqu'aux Canaries (voir AN17 et AN18). Ceux qui veulent faire escale sur la côte ouest de la péninsule ibérique devront prendre une route qui passe à l'ouest de la bouée météo située au large de la Bretagne et faire leur atterrissage près du cap Finisterre. Le waypoint AN138 est donné comme waypoint d'atterrissage pour ceux qui désirent s'arrêter dans l'un des ports au NW de la péninsule, autrement, il est préférable de rester au large et de ne se rapprocher de la côte qu'à proximité du port d'arrivée.

Bayona et Vigo, dans l'estuaire bien protégé de Vigo, sont les ports espagnols les plus proches après le cap Finisterre. Un waypoint situé au NW de l'embouchure permet aux bateaux de passer par le chenal Nord, qui offre rapidement une protection grâce aux îles de Bayona. Plus au sud on trouvera le port très actif de Leixos, à l'embouchure de la rivière Douro, sur les berges de laquelle se trouve la ville attrayante de Porto. Comme la place dans les bassins du port de Porto est comptée, il est conseillé aux bateaux de passage de s'arrêter d'abord à Leixos avant de remonter plus haut.

AN14 *Routes à travers le golfe de Gascogne*

MEILLEURE PÉRIODE	mai à mi-août	
SAISON DES CYCLONES	aucune	
CARTES ROUTIÈRES	BA : 4103 US : 126	SHOM : 7211
INSTRUCTIONS NAUTIQUES	BA : 22, 27, 28, 37 US : 143, 191	SHOM : C23
GUIDES DE CROISIÈRE	*Espagne et Portugal, South Biscay Pilot*	
WAYPOINTS		

Départ	*Intermédiaire*	*Atterrissage*	*Destination*	*Distance (M)*
AN140 Brest 48°23'N, 4°29'W		AN141 Villano 43°10'N, 9°40'W AN142 Prior 43°35'N, 8°24'W	La Corogne *43°21'5N, 8°23'W*	455
AN140 Brest		AN141 Villano AN143 Vigo NW 42°16'N, 8°54'W	Bayona *42°07'N, 8°50'W*	454
AN144 Bayona *42°07'N 8°50'W*		AN143 Vigo NW AN141 Villano AN145 Cork	AN146 Crosshaven *51°48'5N 8°17'5W*	595

Lorsqu'on prévoit de traverser le golfe de Gascogne, vers le nord ou le sud, il faut avoir à l'esprit que les conditions météo sont primordiales, car des vents de plus de 30 nœuds peuvent créer une mer dangereuse pour de petits bateaux, surtout au niveau du plateau continental, lorsque les fonds remontent brutalement. La traversée du Golfe de Gascogne vers le sud est souvent plus difficile parce que ce sont les coups de vent de SW qui créent les conditions les plus mauvaises. Il est essentiel de ne partir qu'avec une bonne prévision météo, et surtout pas avec des prévisions de vents de SW, car ils sont générés par une dépression en Atlantique Nord. En été, les dépressions passent normalement au nord de la zone. Dès que la dépression est passée on peut s'attendre à des vents de NW, et avec une bonne couverture météo on a généralement le temps d'atteindre le cap Finisterre avant un autre changement de temps. Quelles que soient les prévisions météo et la direction réelle du vent, il est sage d'essayer de faire un peu d'ouest et de s'écarter un peu de la route directe pendant la traversée du golfe de Gascogne. Si les conditions météo sont normales, ont peut faire une route directe vers le WP AN141, situé 20 milles à l'ouest du cap Villano et à environ 25 milles au NW du cap Finisterre, au début de la zone de séparation de trafic qui contourne ce dernier. Une autre destination, également dans le SW de l'Espagne, mais légèrement plus au sud du cap Finisterre, est le port de Bayona, situé dans l'estuaire de Vigo qui est bien protégé. Le WP AN143, au NW de l'entrée, permet aux bateaux de prendre le chenal Nord où l'on est rapidement abrité par les îles de Bayona. Pour les routes qui continuent vers le sud, voir AN15 et AN16.

En règle générale, si, pendant que l'on traverse le golfe de Gascogne, le vent vient du SW et que l'on se trouve tribord amure, on doit éviter d'être trop déporté vers le SSE ou le SE, pour ne pas être poussé au fond du golfe par un coup de vent de SW, qui est la direction habituelle des pires coups de vent. A cause de la brusque remontée des fonds dans le golfe de Gascogne, la mer devient très vite extrêmement forte, même lors d'une tempête modérée. Cette situation est souvent amplifiée par une forte houle générée par un cyclone soufflant à des milliers de milles de là.

La meilleure période pour effectuer ce passage se trouve entre mai et juillet, quand le temps est en général bien établi et les vents favorables, souvent de NE. Vers la fin de l'été, les coups de vent deviennent de plus en plus fréquents et on doit prêter plus d'attention aux prévisions météo de mi-août jusqu'à fin septembre car c'est pendant cette période qu'on enregistre les tempêtes les plus violentes. Bien que connues sous le nom de coups de vent d'équinoxe, ces violentes tempêtes peuvent survenir avant ou après l'équinoxe d'automne et la mer qu'elles génèrent peut être extrêmement forte.

Avec une bonne prévision météo, spécialement au début de l'été, on peut être tenté de faire une première escale dans un port espagnol, tel que La Corogne. Le reste du voyage peut se faire en plusieurs étapes faciles le long des côtes d'Espagne et du Portugal. Ceux qui prévoient de s'arrêter dans le nord de l'Espagne, peuvent prendre une route directe à partir du WP AN140 jusqu'au WP AN142, trois miles à l'WNW du cap Prior, à l'approche de La Corogne.

Les mêmes considérations sont à prendre en compte pour une traversée du golfe de Gascogne vers le nord (voir aussi AN25). Ceux qui souhaitent éviter de passer par la Manche pour aller en Europe du Nord pourront préférer passer par l'Irlande. En raison des vents dominants d'ouest et du risque d'être repoussé trop à l'est dans le Golfe de Gascogne par un possible coup de vent de SW, il est recommandé de rester toujours à l'ouest de la route loxodromique. L'un des meilleurs ports d'arrivée sur la côte sud de l'Irlande est Crosshaven, sur la côte ouest de l'estuaire bien abrité de Cork. On y trouve le Royal Cork Yacht Club, qui a sa propre marina et qui accueille les visiteurs.

AN15 *De la Bretagne au Portugal*

MEILLEURE PÉRIODE	mai à mi-août			
SAISON DES CYCLONES	aucune			
CARTES ROUTIÈRES	BA : 4103	SHOM : 7211, 7212		
	US : 126			
INSTRUCTIONS NAUTIQUES	BA : 22, 27, 28, 37, 67	SHOM : C21, C22, C23, C3		
	US : 143, 191			
GUIDES DE CROISIÈRE	*Espagne et Portugal, South Biscay Pilot.*			
WAYPOINTS				

Départ	*Intermédiaire*	*Atterrissage*	*Destination*	*Distance (M)*
AN150 Brest 48°23'N, 4°29'W	AN151 Villano 43°10'N, 9°40'W	AN152 Lima 41°42'N, 8°55'W	Viana *41°41'N, 8°55'W*	475
	AN153 Berlenga 39°30'N, 9°40'W			
	AN154 Raso 38°42'N, 9°33'W	AN155 Chenal N 38°40'N, 9°20'W	Lisbonne *38°41'5N, 9°12'W*	665

Les bateaux qui n'ont pas l'intention de s'arrêter dans un des ports de la côte nord de l'Espagne feraient mieux de contourner le golfe de Gascogne et faire route sur le WP AN151, à environ 25 milles au NW du cap Finisterre. Cela permet d'éviter le golfe de Gascogne lui-même, et le trafic intense qui passe près du cap Finisterre. La meilleure période pour faire ce passage est entre mai et juillet, quand le temps est bien établi et que les vents sont favorables. Vers la fin de l'été, les coups de vent deviennent de plus en plus fréquents et on doit prêter plus d'attention aux prévisions météo à partir de mi-août jusqu'à fin septembre car c'est pendant cette période qu'on enregistre les tempêtes les plus violentes.

Après avoir doublé le cap Finisterre, l'atterrissage peut se faire au WP AN152, au large du Rio Lima, une rivière sujette aux marées, où sur la rive nord se trouve la jolie petite ville de Viana do Castelo, avec une petite marina, c'est un endroit pratique pour faire les formalités d'entrée au Portugal. Son principal inconvénient est la barre qui se trouve à l'entrée de la rivière, où la mer déferle lorsque le vent souffle de la mer. Dans ce cas-là, il vaut mieux chercher une autre solution.

Si l'on est un peu juste en temps, on peut naviguer sans escale jusqu'à Lisbonne. Du WP AN 151, au large du cap Finisterre, on met le cap vers le WP AN153, situé à l'ouest des îles Berlengas. De là, le cap est modifié vers le WP AN154 au large du cap Raso, à l'approche de Lisbonne. Le chenal nord (Canal Norte) conduit jusqu'au Tage, où se trouve la capitale portugaise, à 8 miles en amont sur la rive nord. Les facilités portuaires pour les bateaux de passage se sont considérablement améliorées récemment grâce à la construction de plusieurs marinas. Celle de Cascais, commodément située sur bâbord à l'entrée de l'estuaire du Tage, est probablement le meilleur endroit d'où explorer Lisbonne et les alentours. L'autre solution consiste à continuer et à passer sous le grand pont suspendu vers la darse Alcantara, que l'on atteint en passant un pont amovible. Plus en amont, il y a une nouvelle marina qui a été construite sur le site de l'Exposition de 1998 et où quelques places sont réservées aux bateaux de passage.

AN16 *De la Bretagne à la Méditerranée*

Meilleure période	mai à mi-août			
Saison des cyclones	aucune			
Cartes routières	BA : 4103 US : 126	SHOM : 7211, 7212		
Instructions Nautiques	BA : 22, 27, 67 US : 143, 191, 192	SHOM : C21, C22, C23, C3		
Guides de croisière	*Espagne et Portugal.*			
Waypoints				
Départ	*Intermédiaire*	*Atterrissage*	*Destination*	*Distance (M)*
AN160 Brest 48°23'N, 4°29'W	AN161 Finisterre W 43°10'N, 10°00'W AN162 Berlenga 39°30'N, 9°40'W AN163 Vincent NW 37°00'N, 9°08'W AN164 Hoyo 36°04'N, 6°20'W AN165 Tarifa 35°59'N, 5°36'W AN166 Carnero 36°03'N, 5°25'W	AN167 Gibraltar 36°08'N, 5°22'W	Marina Bay *36°09'N, 5°21'W*	959
		AN168 Europa Point 36°04'N, 5°20'5W		958

Les instructions pour le passage du golfe de Gascogne sont les mêmes que celles décrites en AN15. Les bateaux qui veulent naviguer vers la Méditerranée sans escale doivent rester bien au large et passer le cap Finisterre à une distance suffisante en suivant une route vers le WP AN161. Pendant l'été, les vents le long de la côte sont habituellement des vents de secteur nord favorables, qui assureront une traversée rapide tout au long du chemin jusqu'au cap St-Vincent. Depuis le cap Finisterre la route suit le 10° méridien ouest et passe près de l'ouest des îles Berlengas jusqu'au WP AN162. De là, le cap est modifié vers le WP AN163, à 7 milles au large du cap St Vincent.

Du cap St-Vincent, le cap est mis vers le détroit de Gibraltar jusqu'au WP AN164, au large du banc d'Hoyo, à l'extrémité SW des hauts-fonds qui s'étendent depuis le cap Trafalgar. Le waypoint suivant est le WP AN165, à 2 milles au sud de l'île de Tarifa, à l'intérieur de la ligne de trafic qui va vers l'ouest. Une route parallèle à la côte espagnole vous mènera jusqu'à la baie de Gibraltar au WP AN166 situé au large de Punta Carnero, et de là, au WP AN167, au large du môle nord et de l'entrée de Marina Bay. Les bateaux qui continuent vers la Méditerranée sans s'arrêter à Gibraltar, devront se diriger vers le WP AN168, qui se trouve à 3 milles au sud de Europa Point. La nuit, les bateaux qui transitent par le détroit sans s'arrêter, pourront trouver plus facile de traverser plus tôt vers la côte africaine et de rester sur la ligne de trafic qui va vers l'est.

Après avoir franchi le cap St Vincent, on perd

normalement les alizés portugais et les vents ont un caractère plus local. Dans la journée, en été, il y a une brise de mer de SW à l'approche de la baie de Cadix. Ce vent se lève aux alentours de midi et souffle jusqu'à minuit. Si un fort *levanter* est annoncé dans le détroit de Gibraltar, il est conseillé d'attendre dans l'un des ports le long de la côte algarve (Lagos ou Vilamoura) ou de la baie de Cadix (Puerto Sherry). Un autre port pratique est le port de Barbate, qui n'est pas loin à l'ouest de Tarifa, et est le plus proche du détroit. On peut aussi se mettre à l'abri sous le vent de l'île de Tarifa. Les prévisions météo, ainsi que les autres informations concernant la navigation, peuvent être obtenues par Tarifa Radio, qui émet 24h/24 en espagnol et en anglais.

Le détroit de Gibraltar qui sépare l'Europe de l'Afrique a, en son point le plus resserré, seulement 7,5 milles de large. Il y a une zone de séparation du trafic qui est effective sur les 35 milles de long du détroit, le trafic allant vers l'ouest utilise le rail au nord et le trafic allant à l'est, le rail sud. Les petites embarcations peuvent emprunter des routes plus proches de la terre, et pour les bateaux allant vers Gibraltar, il est conseillé de rester proche de la côte espagnole. Mais on doit faire particulièrement attention, surtout la nuit, aux filets de pêche qui sont posés sans que les pêcheurs pensent un seul instant aux bateaux qui passent par là. Ces filets peuvent se trouver jusqu'à plusieurs milles au large et on en trouve même dans la zone de séparation du trafic, entre les deux rails, à l'approche du détroit par l'ouest. Ces filets sont normalement balisés avec de petites lumières mais elles sont difficiles à voir de loin.

Il faut aussi faire attention aux forts courants de marée et aux zones de remous où la mer peut briser, les plus violents se trouvant sur la rive nord, dans le prolongement SW du cap Trafalgar. Le vent soufflant contre le courant de marée peut créer une mer très dure à l'ouest de Tarifa s'il souffle d'est, et à l'est de Tarifa s'il souffle d'ouest. Le problème majeur est que les courants de marée sont forts et imprévisibles. Il y a un courant permanent vers l'est, d'à peu près 2 nœuds à travers le détroit, il est plus fort au milieu, et s'affaiblit sur les côtés. Ce courant est plus faible au-dessus des hauts-fonds, où il peut même s'inverser par vent contraire.

Négocier le détroit d'Ouest en Est souvent plus facile à cause du courant dominant qui va toujours de l'Atlantique vers la Méditerranée. En entrant dans le détroit au bon moment, un bateau venant de l'Atlantique peut compter sur jusqu'à neuf heures de courant favorable. Mais les conditions peuvent devenir très mauvaises si un fort *levanter* souffle contre le courant. Quoiqu'on ne puisse se fier vraiment aux horaires des marées, il a été établi que, au milieu du détroit, le courant portant vers l'est s'établit aux alentours de la pleine mer à Gibraltar, et le courant portant à l'ouest environ six heures plus tard. On peut aussi dire que le flux de marée entre la marée haute et la marée basse porte vers l'est, tandis qu'entre la marée basse et la marée haute il porte à l'ouest. L'heure de la pleine mer à Gibraltar peut être demandée par VHF à Tarifa Radio.

AN17 *De la Bretagne à Madère*

MEILLEURE PÉRIODE	mai à mi-août	
SAISON DES CYCLONES	aucune	
CARTES ROUTIÈRES	BA : 4014 US : 120	SHOM : 7211, 7212,6624
INSTRUCTIONS NAUTIQUES	BA : 1, 22, 27, 67 US : 143, 191	SHOM : C21, C22, C23, C3, C4
GUIDES DE CROISIÈRE	*Iles de l'Atlantique.*	
WAYPOINTS		

Départ	*Intermédiaire*	*Atterrissage*	*Destination*	*Distance (M)*
AN170 Brest 48°23'N, 4°29'W	AN171 Finisterre NW 44°00'N, 10°00'W AN172 sur Madère 33°00'N, 16°32'W AN173 Fora 32°43.5'N, 16°38'W	AN174 Garajau 32°38'N, 16°50'W	Funchal *32°37'5N, 16°54'5W*	1017
AN170 Brest	AN171 Finisterre NW AN175 Nord Santo 33°10'N, 16°15'W	AN176 Cima SE 33°02'N, 16°16'W	Porto Santo *33°03'N, 16°19'W*	1072

Comme la route orthodromique depuis la Manche vers Madère passe à une distance suffisante à l'ouest du cap Finisterre, on suivra les recommandations de la route AN15 pour la traversée du golfe de Gascogne. Comme l'on n'a pas l'intention de s'arrêter dans le nord de l'Espagne, ni au Portugal, on devra faire un peu d'ouest au départ, pour avoir assez d'eau à courir, en cas de coup de vent de sud-ouest pendant la traversée du golfe de Gascogne. En quittant Brest, on devra faire route vers le WP AN171, à 60 milles au NW du cap Finisterre. Cette route évite les routes des cargos, qui convergent toutes vers le cap Finisterre. Ayant dépassé ce dernier, les bateaux allant sur Funchal, devront prendre une route vers le WP AN172, à l'ouest de l'île de Porto Santo. Il vaut mieux approcher l'île de Madère par le NE, en contournant le petit îlot de Ilheu de Fora, sur lequel se trouve un phare puissant. Depuis le WP AN173, à un mille à l'est de l'îlot, la route passe au sud de Ponta de Garajau (WP AN174) et de là va vers Funchal.

On peut aussi s'arrêter avant, à la nouvelle marina Quinta do Lorde près de Caniçal. Ceux qui souhaitent d'abord visiter Porto Santo devront faire route du WP AN171 vers le WP AN175, et approcher le port de Porto Santo par le NE et l'Est. Il y a beaucoup de dangers le long de la côte de Porto Santo qui peuvent être évités en restant bien à l'écart de la côte et en faisant route sur le WP AN176. De là on peut faire route sur le port après avoir passé l'îlot Ilheu de Cima, qui se trouve à l'extrémité SE de l'île, et doit être laissé sur tribord.

Pendant l'été, les vents sur cette route sont en grande partie favorables, avec les alizés portugais qui soufflent au large de la péninsule ibérique et de la côte africaine. Le courant du Portugal portant vers le sud sud-ouest est aussi favorable.

En théorie, on peut effectuer ce passage d'avril à octobre, mais on doit faire très attention à la météo. Si l'on part tard en saison pour une traversée de l'Atlantique, on devra faire très attention aux prévisions météo de septembre à octobre, quand les cyclones des Caraïbes peuvent influencer le temps, même du côté est de l'Atlantique. Parmi les pires conditions météorologiques rencontrées sur cette route, certaines se sont produites en septembre et début octobre, avec un coup de vent de sud-ouest généré par le passage d'un front.

AN18 *De la Bretagne aux Canaries*

Meilleure période	mai à mi-août		
Saison des cyclones	aucune		
Cartes routières	BA : 4014	SHOM : 7211, 7212,6624	
	US : 120		
Instructions nautiques	BA : 1, 22, 27, 28, 55, 6		SHOM : C21, C22, C23, C3, C4
	US : 143, 191		
Guides de croisière	*Iles de l'Atlantique.*		
Waypoints			

Départ	*Intermédiaire*	*Atterrissage*	*Destination*	*Distance (M)*
AN180 Brest 48°23'N, 4°29'W	AN181 Finisterre NW 44°00'N, 10°00'W	AN182 Isleta 28°09'N, 15°23'W	Las Palmas *28°07'5N, 15°25'5W*	1337
		AN183 Alegranza 29°25'N, 13°28'W	Arrecife *28°57'N, 13°32.5'W*	1263
		AN184 Graciosa 29°13'N, 13°34'W	La Sociedad *29°13'8N, 13°30'W*	1255

La route directe depuis la Manche suit pratiquement la route pour Madère et donc les mêmes instructions que celles des routes AN15 et AN17 peuvent s'appliquer, jusqu'au WP AN18, au large du cap Finisterre. Souvent, les bateaux qui descendent tard en saison et qui sont pressés de rejoindre la route des alizés vers les Caraïbes, font une traversée directe du nord de l'Europe jusqu'aux Canaries. Le temps peut être moins bon, et il y a plus de chances qu'en été de subir des coups de vent. Comme il a déjà été suggéré à propos des routes pour la traversée du golfe de Gascogne, on ne doit s'y engager que si l'on a une bonne prévision météo pour au moins 72 heures. Cette route sans escale vers les Canaries est recommandée uniquement pour ceux qui veulent s'y réapprovisionner avant de traverser sur les Caraïbes. Si l'on pense descendre vers Le Cap, le Brésil, ou une autre destination de l'Atlantique Sud, il vaut mieux rester à l'ouest des Canaries, pour passer l'équateur là où la zone du pot au noir est plus étroite qu'à proximité de la côte africaine. Les routes transéquatoriales sont traitées dans le chapitre 6.

Au sud du golfe de Gascogne, le mauvais temps est souvent associé à des dépressions qui traversent l'Atlantique vers le nord de Madère, et qui génèrent de forts vents de SW. En prévision de la possibilité de rencontrer ce type de temps, il vaut mieux rester bien au large de la côte portugaise afin de pouvoir poursuivre sa route tribord amure si un vent de SW survenait. Une fois le front passé, le vent passera rapidement au NW. On peut alors suivre une route vers le WP AN182, situé au nord du phare de La Isleta, à l'approche de Las Palmas. La forme remarquable de La Isleta fait d'elle un amer d'atterrissage parfait. A 2,5 milles plus au sud se trouve l'entrée du port de Las Palmas.

On se rendra dans le port de plaisance (Muelle Deportivo) situé dans la partie SW du grand port de commerce. Un nouveau brise-lames protège la marina du nord. Les visiteurs sont normalement placés le long du quai du brise-lames E ou sur l'un des pontons proches du brise-lames N. En arrivant, aller au ponton de carburant Texaco ou, en cas d'urgence, contacter le *Port Control* sur le canal 12.

Si le passage se fait plus tôt en saison, avec l'intention de passer quelque temps aux Canaries, il vaut mieux atterrir à Lanzarote, qui se situe au vent des autres îles de l'archipel. Du WP AN18, on mettra le cap vers le WP AN183, au large de Alegranza. On peut aussi faire un premier arrêt à Graciosa, une petite île au nord de Lanzarote, qui possède un petit port bien abrité à La Sociedad, le village principal qui se trouve sur la rive nord du chenal étroit séparant Graciosa de Lanzarote. Dans ce cas, on fera son arrivée sur le WP AN184, à l'ouest de Graciosa, et de là on suivra la côte sud de l'île jusqu'à La Sociedad. Les formalités d'entrée peuvent être effectuées ultérieurement à Lanzarote.

On trouve les meilleurs équipements à Puerto Calero, une marina aux services complets située au milieu de la côte E de Lanzarote (28°55'N 13°42'W).

AN19 *De la Bretagne aux Açores*

MEILLEURE PÉRIODE	mai à août	
SAISON DES CYCLONES	aucune	
CARTES ROUTIÈRES	BA : 4103	SHOM : 6618,6623
	US : 126	
INSTRUCTIONS NAUTIQUES	BA : 22, 27, 28, 55, 67	SHOM : C21, C22, C23, C3, C4
	US : 140, 143	
GUIDES DE CROISIÈRE	*Iles de l'Atlantique.*	
WAYPOINTS		

Départ	*Intermédiaire*	*Atterrissage*	*Destination*	*Distance (M)*
AN190 Brest 48°23'N, 4°29'W		AN191 Arnel 37°50'N, 25°06'W	Ponta Delgada *37°44'N, 25°39'5W*	1158
	AN192 Graciosa 39°12'N, 27°50'W			
	AN193 Jorge 38°46'N, 28°20'W	AN194 Espalamaca 38°32'5N, 28°35'5W	Horta *38°32'N, 28°37'5W*	1229

La meilleure période pour effectuer cette traversée se situe en juin ou juillet, quand on peut escompter, en général, des conditions favorables. Bien qu'on ait de grandes chances d'avoir des vents d'ouest ou de sud-ouest au départ, plus on descend vers le sud, plus on rencontrera des vents de nord. Cela vaut la peine d'attendre avant de quitter la Manche d'avoir un vent de nord annoncé, car cela permet de faire une traversée directe. En venant d'Europe du Nord, le port d'entrée le plus pratique est celui de la capitale Ponta Delgada, qui a une marina. En arrivant du NE ou de l'est, on peut faire son atterrissage à l'extrémité est de l'île de São Miguel au WP AN19, deux milles à l'est de Ponta do Arnel.

Ceux qui désirent aller directement sur Horta ou Faial, devront choisir la route qui les fera arriver au WP AN192, et faire leur atterrissage au NE de Graciosa, l'île la plus au nord de tout l'archipel. De là, le cap est modifié pour passer à l'ouest de l'île de São Jorge (WP AN193), elle se dirige ensuite vers le WP AN194, au large de Ponta Espalamaca, à l'approche de Horta. Par forts vents de SW, il peut y avoir de violentes rafales à l'approche de Horta dans le chenal qui sépare Pico de Faial. Il faut également tenir compte du courant qui porte au nord si on a l'intention d'entrer à Horta dans de telles conditions.

Si l'on a de forts vents de SW en chemin et qu'une route directe sur les Açores ne semble pas être possible, il vaut peut-être mieux modifier ses plans et passer par l'Espagne et le Portugal. Cette route est décrite au AN15. La traversée depuis l'un des ports de la péninsule ibérique bénéficiera des alizés portugais, encore que ce détour rajoute environ 300 milles à la distance totale. Cependant la probabilité de rencontrer des vents d'ouest sur l'étape suivante vers les Açores doit être prise en compte, un tel détour ne pourra donc être envisagé que si l'on peut avoir accès à des prévisions météo fiables.

AN20 ROUTES DEPUIS LE PORTUGAL

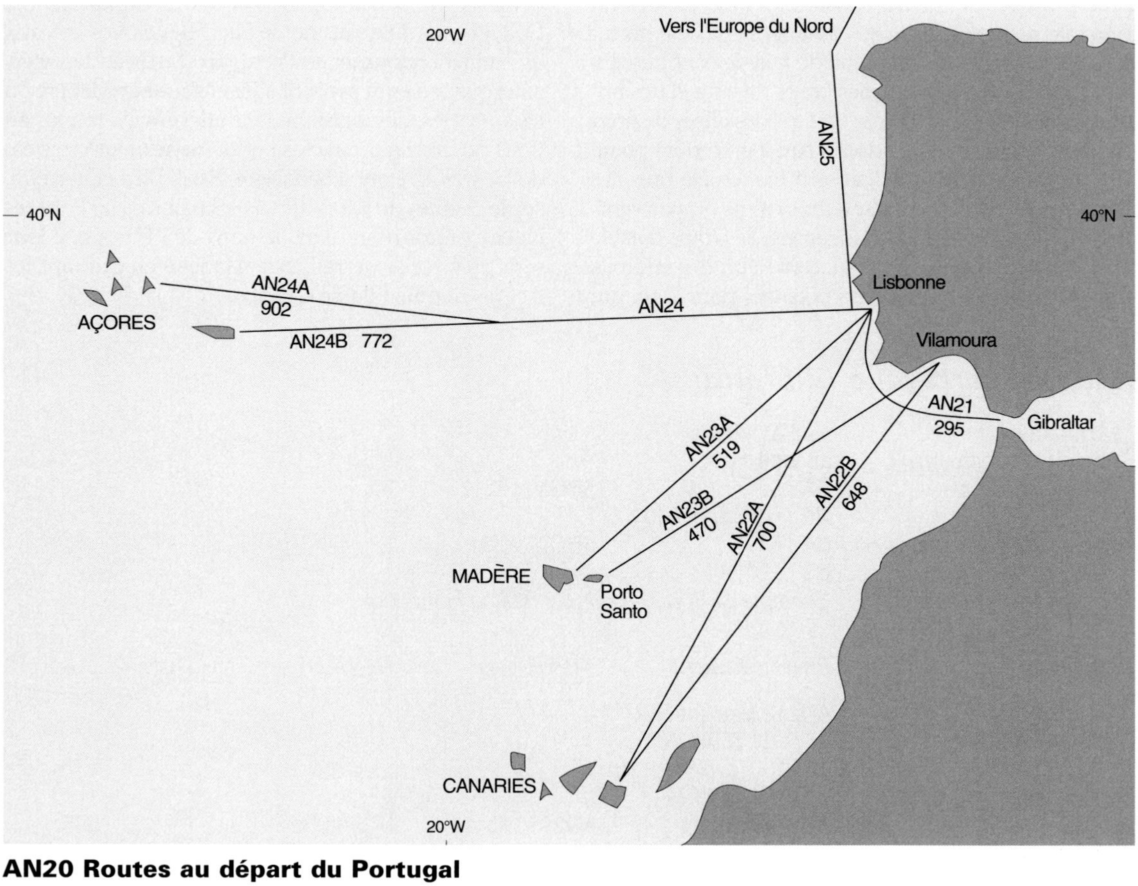

AN20 Routes au départ du Portugal

Il y a peu de temps encore, la plupart des navigateurs associaient le Portugal avec la côte algarve et la marina de Vilamoura où beaucoup de navigateurs du nord de l'Europe laissent leur bateau avant de s'aventurer plus à l'est en Méditerranée ou de traverser l'Atlantique. Ce n'est que très récemment que la côte ouest portugaise a commencé à attirer les bateaux de croisière en nombre significatif, mais les choses sont en train de changer rapidement car les navigateurs découvrent l'intérêt de ce petit pays dont l'histoire a toujours été liée à la mer. La capitale Lisbonne est une ville pleine de charme à explorer, même si l'on peut déplorer que les installations pour la plaisance restent toujours inadéquates.

La principale caractéristique de cette région est la présence des alizés portugais, qui soufflent de manière régulière en descendant la côte pendant les mois d'été. Les vents dominants en été sont de nord. Ils sont courants d'avril à septembre et peuvent se faire sentir jusqu'à Madère de juin à juillet. Les rivages NW de la péninsule ibérique sont sous l'influence de vents plus variables, bien qu'il y ait aussi une composante nord en été. A cause des vents dominants, il est essentiel pour une croisière estivale de pouvoir commencer le plus au nord possible. De même, pendant les mois d'été, il est normalement plus facile de naviguer de la côte portugaise vers les îles au large que de faire le contraire. En été, par beau temps, il y a des brises de terre et des brises de mer le long de la côte quoique les alizés de nord modifient ce régime de brises jusqu'à un certain point. Il y a aussi plus de brouillards en mer en été près des côtes, qui se produisent par temps calme ou par vents faibles. Il y a souvent un changement de temps notable après avoir passé le cap St Vincent. L'un des endroits qui peut poser un problème potentiel pour ceux qui vont vers l'est, est le détroit de Gibraltar et les tactiques pour le négocier sont expliquées dans la route AN16. Naviguer depuis le continent vers Madère n'est généralement pas un problème avec les alizés portugais, qui assurent un passage rapide. Mais, occasionnellement, avec le passage d'une dépression, les vents peuvent venir du sud-ouest, il est alors préférable d'attendre un changement de temps. La même stratégie s'applique pour la traversée vers les Canaries, où l'on bénéficie de vents favorables quasiment tout le temps. Le passage vers les Açores est souvent un mélange entre des vents favorables pour la première moitié, et des vents variables à l'approche de l'archipel.

Parce que le Portugal est souvent le point de départ pour une croisière vers les Açores, quelques tuyaux pratiques sont donnés dans la route AN24. Une croisière aux Açores ne se prête pas à une suite logique et donc votre point de départ doit être fonction de votre destination. Pour ceux qui choisissent de continuer vers l'ouest et de traverser l'Atlantique, et qui ont le temps de passer au moins deux semaines aux Açores, un atterrissage logique, point de départ d'une croisière dans les Açores, pourra se faire soit sur la petite île de Santa Maria, soit sur la capitale Ponta Delgada, sur l'île voisine de São Miguel. Les bateaux qui veulent retourner au Portugal ou en Méditerranée, ainsi que ceux qui pensent aller ensuite sur Madère ou les Canaries, devront faire leur atterrissage le plus au nord possible sur Graciosa et démarrer leur croisière de là, en s'arrêtant à São Jorge, Faial, Pico et Terceira, sur le chemin de São Miguel et Santa Maria. Pour les bateaux retournant dans le nord de l'Europe, il leur sera plus facile de rallier la Manche en quittant les Açores depuis l'île de Graciosa.

AN21 *Du Portugal à Gilbraltar*

MEILLEURE PÉRIODE	avril à octobre	
SAISON DES CYCLONES	aucune	
CARTES ROUTIÈRES	BA : 87	SHOM : 7212
	US : 51150, 51160	
INSTRUCTIONS NAUTIQUES	BA : 67	SHOM : C3
	US : 131, 143	
GUIDES DE CROISIÈRE	*Espagne et Portugal, Straits Sailing Handbook.*	
WAYPOINTS		

Départ	*Intermédiaire*	*Atterrissage*	*Destination*	*Distance (M)*
AN211 Tage 38°37'N, 9°20'W	AN212 Vincent NW 37°00'N, 9°08' W			
	AN213 Hoyo 36°04'N, 6°20' W			
	AN214 Tarifa 35°59'N, 5°36'W	AN215 Gibraltar 36°08'N, 5°22'W	Marina Bay *36°09'N, 5°21'W*	295

Le long de la côte ouest du Portugal, on peut s'attendre à avoir des vents de nord, en particulier en été quand les alizés portugais sont les vents dominants. En partant de Lisbonne vers n'importe quel autre port de la côte, le cap Espichel doit être bien débordé et le cap est mis sur le WP AN212, situé à 7 milles au large du cap St Vincent. On se dirigera ensuite vers le WP AN213 au large du banc de Hoyo, à l'extrémité SW des hauts-fonds qui se trouvent au large du cap Trafalgar. On doit garder présent à l'esprit que le long de cette route, les filets de pêche au thon représentent un danger, ils s'étendent sur plusieurs milles au large des côtes espagnoles et peuvent se trouver en travers de cette route. Le waypoint suivant à prendre en compte est le WP AN214, deux milles au sud de l'île de Tarifa, qui se trouve entre la côte et le rail sortant du détroit. Une route parallèle à la côte espagnole va jusque dans la baie de Gibraltar. Le quai des douanes où l'on doit se rendre et les deux marinas sont plus faciles à trouver en allant vers le WP AN215, situé au large du môle Nord.

Après avoir passé le cap St Vincent, les vents deviennent variables, et l'on perd en général les vents de nord. Plus près du détroit de Gibraltar, les vents changent à nouveau, soufflant depuis le détroit, ou vers celui-ci. Le courant est favorable sur cette route, à cause du flux constant qui passe de l'Atlantique vers la Méditerranée. Le *levanter*, vent d'est, génère une mer abrupte quand il souffle contre le courant, et rend les conditions très pénibles pour un petit bateau quand le vent est fort. D'autres recommandations pour le passage du détroit sont données dans la route AN16.

AN22 *Du Portugal aux Canaries*

Meilleure période	mai à octobre			
Saison des cyclones	aucune			
Cartes routières	BA : 4104	SHOM : 6624		
	US : 104			
Instructions Nautiques	BA : 1, 67	SHOM : C3, C4		
	US : 143			
Guides de croisière	*Iles de l'Atlantique.*			
Waypoints				
Départ	*Intermédiaire*	*Atterrissage*	*Destination*	*Distance (M)*
Route AN22A				
AN221 Tage		AN223 Isleta	Las Palmas	700
38°37'N, 9°20'W		28°09'N, 15°23'W	*28°07'5N, 15°25'5W*	
Route AN22B				
AN222 Moura SW		AN223 Isleta	Las Palmas	648
37°03'N, 8°08'W				

C'est souvent une traversée agréable, en particulier en été quand les alizés portugais soufflent de façon constante et que plus au sud l'on bénéficie d'un courant portant. Les bateaux partant de Lisbonne (AN22A) peuvent partir sur la Grande Canarie dès qu'ils sont sortis de l'estuaire du Tage par le chenal sud. Du WP AN221 on met le cap sur le WP AN223 au nord du phare de La Isleta, aux approches de Las Palmas. Si l'on part de Vilamoura (AN22B), on doit rester bien au large de la côte africaine, car c'est là que l'on trouvera des vents plus réguliers. Depuis le WP AN222, un mille au SW de l'entrée de la marina, on pourra partir pour le même WP AN223, au nord de La Isleta. Cela permet de parer tous les dangers, y compris le rocher El Roque au large de Punta El Nido. La forme remarquable de La Isleta en fait un amer d'atterrissage parfait. L'entrée du port de Las Palmas se trouve 2,5 milles plus au sud. On se rendra dans le port de plaisance (Muelle Deportivo) situé dans la partie SW du grand port de commerce. Un nouveau brise-lames protège la marina du nord. Les visiteurs sont normalement placés le long du quai du brise-lames E ou sur l'un des pontons proches du brise-lames N. En arrivant, aller au ponton de carburant Texaco ou, en cas d'urgence, contacter le *Port Control* sur le canal 12.

De juin à septembre, les alizés portugais apportent d'excellentes conditions de navigation tout le long de la route. En mai et octobre, les vents sont moins constants, quoique leur direction continue d'être de façon prédominante de nord. En novembre, c'est là qu'il y a le plus de vents de directions différentes, bien que les vents de secteur nord soient encore majoritaires. La traversée sur les Canaries ne doit pas être faite trop tard en saison, car sinon, on risque d'avoir une mer dure créée par de forts vents de SW que l'on rencontre souvent fin octobre. Ceux qui veulent bien profiter des Canaries, doivent prévoir de s'arrêter en premier à Lanzarote, qui est le départ logique d'une croisière dans les Canaries. Voir la route AN18 pour plus de détails.

AN23 *Du Portugal à Madère*

MEILLEURE PÉRIODE	mai à octobre			
SAISON DES CYCLONES	aucune			
CARTES ROUTIÈRES	BA : 4104	SHOM : 6624		
	US : 12			
INSTRUCTIONS NAUTIQUES	BA : 1, 67	SHOM : C3, C4		
	US : 143			
GUIDES DE CROISIÈRE	*Iles de l'Atlantique.*			
WAYPOINTS				
Départ	*Intermédiaire*	*Atterrissage*	*Destination*	*Distance (M)*
Route AN23A				
AN231 Tage	AN233 Santo S			
38°37'N, 9°20'W	32°50'N, 16°15'W			
	AN234 Garajau		Funchal	519
	32°38'N, 16°50'W		*32°37'5N, 16°54'5W*	
AN232 Moura SW	AN233 Santo S			
37°03'N, 8°08'W	AN234 Garajau		Funchal	507
Route AN23B				
AN231 Tage	AN235 Santo N			
	33°10'N, 16°15'W			
	AN236 Cima NE		Porto Santo	478
	33°04'N, 16°15'W		*33°03'N, 16°19'W*	
AN232 Moura SW	AN235 Santo N			
	AN236 Cima NE		Porto Santo	470

Tout au long de l'année, les vents dominants sont du secteur nord, mais l'on a les meilleures conditions de navigation entre juin et août quand les vents de NE sont dominants. Bien que les alizés portugais aillent normalement jusqu'à Madère, la probabilité d'avoir des vents contraires augmente avec l'approche de l'hiver. Pendant l'été, les vents le long de cette route sont en général favorables, quand les alizés portugais soufflent au large de la péninsule ibérique et de la côte africaine. Le courant du Portugal est aussi favorable puisqu'il porte au sud sud-ouest. Le temps à proximité de Madère est influencé par l'anticyclone des Açores, des vents faibles ou des zones de calmes apparaissent quand cet anticyclone se décale au sud de sa position habituelle.

En partant soit de Lisbonne (WP AN231), soit de Vilamoura (WP AN232), les bateaux qui vont sur Funchal peuvent prendre une route directe (la route AN23A) jusqu'au WP AN233, au sud de l'île de Porto Santo. De là, le cap est modifié vers le WP AN234, au sud de Ponta do Garajau, sur la côte sud de Madère, et de là, sur Funchal.

Comme Porto Santo se trouve sur la route directe vers Madère, et que la marina de Funchal, la capitale de Madère, est souvent bondée, il vaut mieux s'arrêter à Porto Santo. Si l'on a l'intention de s'arrêter à Porto Santo, on devra suivre la route AN23B jusqu'au WP AN235, au NE de Porto Santo. De là on peut se diriger vers le WP AN236, à un mille au NE de IIheu de Cima. Il y a pas mal de dangers le long de la côte est de Porto Santo et on doit donc rester bien à l'écart en ne modifiant la route pour le port qu'après avoir dépassé IIheu de Cima, le petit îlot à l'extrémité SE de l'île et qui doit être laissé sur tribord.

AN24 *Du Portugal aux Açores*

MEILLEURE PÉRIODE	juin à août			
SAISON DES CYCLONES	aucune			
CARTES ROUTIÈRES	BA : 4103	US : 103	SHOM : 6623	
INSTRUCTIONS NAUTIQUES	BA : 67	US : 143	SHOM : C3, C4	
GUIDES DE CROISIÈRE	*Iles de l'Atlantique.*			
WAYPOINTS				
Départ	*Intermédiaire*	*Atterrissage*	*Destination*	*Distance (M)*
Route AN24A				
AN241 Tage	AN243 Terceira		Horta	902
38°37'N, 9°20'W	38°33'N, 27°00'W		*38°32'N, 28°37'5W*	
AN242 Moura SW	AN245 Sagres			
37°03'N, 8°08'W	36°56'N, 8°57'W			
	AN243 Terceira		Horta	972
Route AN24B				
AN241 Tage		AN244 Garça	Ponta Delgada	772
		37°40'N, 25°23'W	*37°44'N, 25°39'5W*	
AN242 Moura SW	AN245 Sagres	AN244 Garça	Ponta Delgada	836

Cette route entre le Portugal et son archipel au large bénéficie des alizés portugais durant les mois d'été, quand les vents de nord sont dominants. Si la traversée se fait en mai, les premiers jours, il se peut que l'on ait de forts vents de nord, qui sont ensuite remplacés par des vents légers ou des calmes si l'on traverse une dorsale anticyclonique qui s'étend depuis l'anticyclone des Açores. Le vent de l'autre côté de cette dorsale sera SW. Au début et à la fin de l'été, la fréquence des coups de vent augmente en même temps que le vent devient SW.

En quittant le continent avec un bon vent portant de nord, les bateaux qui s'arrêtent aux Açores pour couper la traversée de l'Atlantique, et qui ont l'intention de s'arrêter à Horta (AN24A) plutôt qu'à Ponta Delgada (AN24B), devront prendre une route qui passe au nord de São Miguel. Une telle route est recommandée compte tenu de la difficulté de quitter Ponta Delgada si le vent vire ensuite au SW.

Du WP AN241, au large du chenal sud de l'entrée de Lisbonne, on peut faire route directe sur le WP AN243, au SE de l'île de Terceira. En fonction des conditions météo, de ce point, on peut rejoindre Horta, en passant soit à l'est, soit à l'ouest de l'île de Pico. Par fort vent de SW, il vaut mieux rester au nord de Pico, et si le temps se dégrade, on pourra chercher à s'abriter à Velas (38°40.5'N, 28°12'W), le port principal de São Jorge. Terceira possède pour sa part un bon port à Angra do Heroismo (38°39'N, 27°13'W), bien qu'il soit ouvert au sud et doive être évité par fort vent de cette direction. Par fort vent de SW, il peut y avoir de violentes rafales dans le chenal qui sépare Pico de Faial. Il faut également tenir compte du courant qui porte au nord si on a l'intention d'entrer à Horta dans de telles conditions.

La route directe pour Ponta Delgada (AN24B) va jusqu'au WP AN244, 3 milles au sud de Ponta da Garça, sur la côte sud de l'île de São Miguel. Il y a une marina récente à Ponta Delgada, la capitale des Açores, où l'on trouve les meilleurs services de tout l'archipel. Un autre bon point de départ pour une croisière parmi les îles, est l'île de Santa Maria, à l'extrémité sud-ouest de l'archipel, d'où l'on peut ensuite rejoindre les autres îles d'une manière logique. L'autre solution est de commencer sa croisière depuis l'une des îles plus éloignées telle que Graciosa, et après, de visiter les îles du groupe central, avant de quitter les Açores depuis Santa Maria. Les deux îles les plus à l'ouest, Florès et Corvo sont en général visitées par les bateaux qui arrivent de l'ouest, et les inclure dans un programme de navigation qui a commencé par l'est n'est pas très facile.

Certains bateaux quittent le Portugal pour les Açores depuis Vilamoura sur la côte algarve. Du WP AN242, un mille au SW de l'entrée de la marina, on peut faire route sur le WP AN245, 5 milles au sud du cap Sagres. De là, le cap est modifié vers l'un des points d'atterrissage mentionnés ci-dessus.

AN25 *Du Portugal vers l'Europe du Nord*

MEILLEURE PÉRIODE	avril à mai			
SAISON DES CYCLONES	aucune			
CARTES ROUTIÈRES	BA : 4103 US : 103	SHOM : 7212,7211		
INSTRUCTIONS NAUTIQUES	BA : 22, 27, 28, 55, 67 US : 143, 191	SHOM : C3, C23, C22, C21		
GUIDES DE CROISIÈRE	*Espagne et Portugal, La Manche, Côte Atlantique.*			
WAYPOINTS				
Départ	*Intermédiaire*	*Atterrissage*	*Destination*	*Distance (M)*
Lisbonne *38°41.5'N, 9°12'W*	AN251 Chenal N 38°40'N, 9°20'W AN252 Raso 38°42'N, 9°33'W AN253 Berlenga 39°30'N, 9°40'W AN254 Villano 43°10'N, 9°40'W	AN256 St Mathieu 48°18'N, 4°54'W	Brest *48°23'N, 4°29'W*	680
Viana *41°41'N, 8°55'W*	AN255 Lima 41°42'N, 8°55'W AN254 Villano	AN256 St Mathieu	Brest	490

Pendant l'été, les vents dominants de nord qui assurent d'excellentes conditions de navigation vers le sud, rendent les destinations nord bien plus difficiles à atteindre. La solution la plus simple est de remonter le long de la côte, par étapes, en se servant des brises plus favorables qui peuvent souffler près de la côte. Une fois que l'on a atteint le nord du Portugal, on attendra d'avoir des conditions favorables pour traverser le golfe de Gascogne.

L'autre solution consiste à suivre une route plus au large et à essayer de remonter le plus possible au nord jusqu'à ce que l'on trouve des vents favorables. Au nord de 45°de latitude N, les vents d'ouest deviennent de plus en plus prédominants, mais la fréquence des coups de vent de SW augmentant vers la fin de l'été, il est préférable de prévoir cette traversée avant le milieu de l'été. La période à éviter autant que possible, est la période aux alentours de l'équinoxe d'automne, car il s'y produit pas mal de coups de vent, et les conditions dans le golfe de Gascogne peuvent alors devenir dangereuses.

Les bateaux partant de Lisbonne devront prendre le chenal nord pour atteindre la pleine mer au WP AN252, au large du cap Raso. La route passe ensuite à l'ouest des îles Berlengas, par le WP AN253 et continue vers le WP AN254, à environ 25 milles au NW du cap Finisterre. De ce point, on peut faire route directe vers le point WP AN256, au large de la Pointe St Mathieu, aux abords de Brest, un bon port pour faire son entrée en France.

Les vents contraires, spécialement durant l'été, pourront en obliger certains à faire ce passage en plusieurs étapes. Dans ce cas-là, le petit port de Viana do Castelo, au nord du Portugal, est un bon point de départ. Pour en sortir, on devra attendre des conditions favorables pour franchir la barre d'entrée. Ayant atteint la pleine mer, du WP AN255, on peut partir vers le WP AN254, et si les conditions continuent à être bonnes, on peut continuer la route, traverser le golfe de Gascogne et aller jusqu'à son port de destination.

AN30 ROUTES DEPUIS GIBRALTAR

Gibraltar est considéré comme la porte d'entrée pour la Méditerranée, ce qui est aussi valable pour la direction opposée, pour les bateaux qui vont vers l'ouest, le détroit est la porte de sortie sur l'Atlantique. L'un des ports de transit pour yachts les plus fréquentés au monde, le port de Gibraltar est particulièrement actif en été, quand les bateaux rentrent en Méditerranée, et en automne, à la fin de la saison, quand les bateaux en sortent. Gibraltar est aussi un port très pratique, d'où l'on peut aller visiter les autres ports de la côte africaine qui est toute proche, comme le port très coloré de Tanger au Maroc, ou encore, les deux colonies espagnoles, Melilla et Ceuta.

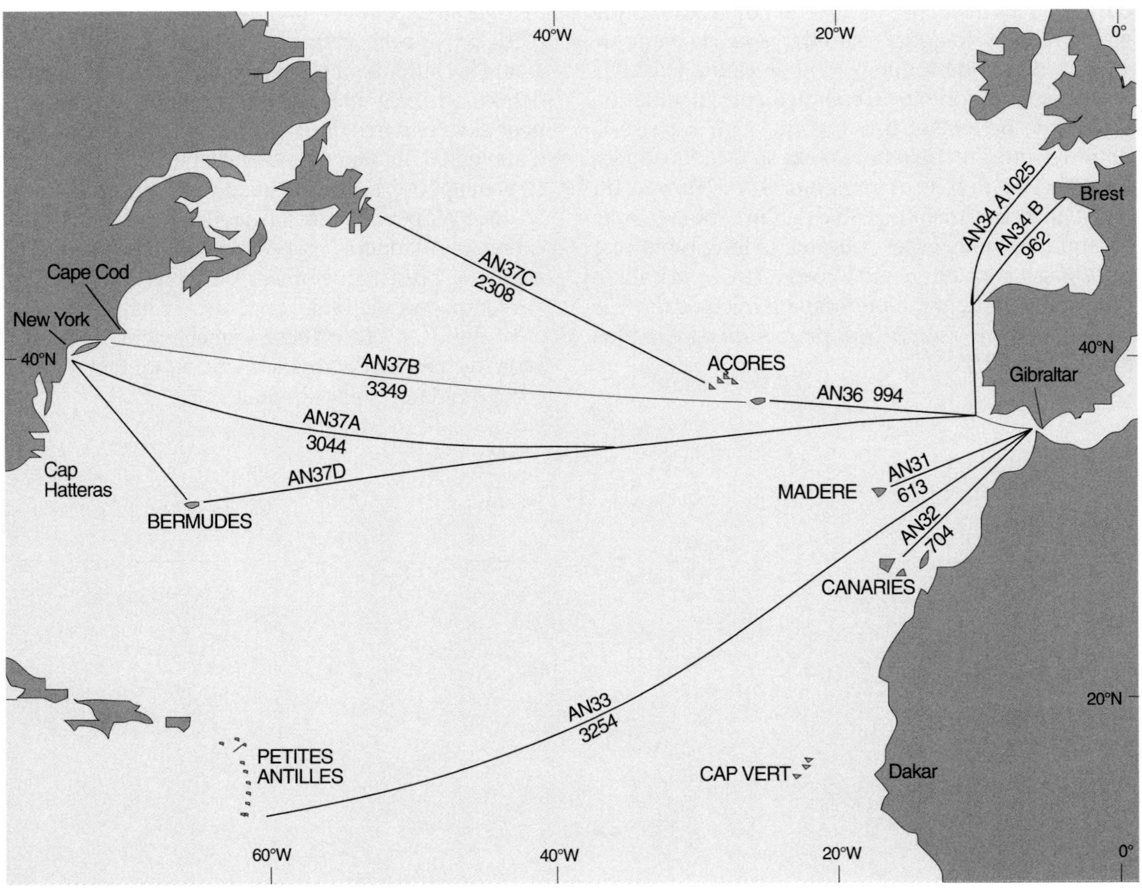

AN30 Routes au départ de Gibraltar

Comme Gibraltar se trouve à la sortie est du détroit, les bateaux qui se dirigent vers l'est sont moins dépendants des conditions météo que ceux qui veulent traverser le détroit pour aller vers l'Atlantique. Une bonne prévision météo est alors nécessaire pour pouvoir quitter Gibraltar, car le détroit peut s'avérer être un obstacle insurmontable si les conditions ne sont pas bonnes. Le mieux pour les bateaux allant vers l'ouest, serait d'attendre que le *levanter* se lève, ou pour le moins un léger vent d'ouest, avant de partir de Gibraltar.

Tout aussi importantes sont les marées, dont on doit s'efforcer de tirer parti. Si l'on part à peu près trois heures après la pleine mer de Gibraltar, la marée sera contraire pendant seulement la première heure. Après que le jusant ait diminué, en restant du côté espagnol du détroit, quand le courant de marée se renverse, on aura normalement un bon courant au moins jusqu'à Tarifa. A cause des forts courants de marée, il vaut mieux éviter de naviguer trop près des côtes espagnoles. En cas de forts vents d'ouest, s'il s'avère impossible de faire route contre eux, on peut toujours mouiller sous le vent de Tarifa, en attendant que le vent se calme et que la marée soit favorable. Généralement la situation s'améliore nettement une fois que l'on a passé le détroit et que l'on peut faire route sur Madère ou les Canaries. Si l'on veut remonter sur l'Europe du Nord, il est rarement possible de faire route directe puisque les vents et les courants le long de la côte portugaise sont en général contraires. Si les alizés portugais soufflent toujours, il vaut mieux gagner le large et prendre l'amure qui permet de faire le plus de nord possible.

Aller vers l'est au départ de Gibraltar est souvent plus facile, bien que cela vaille quand même la peine d'attendre des vents d'ouest. Il est moins important de prévoir son départ en fonction des marées, parce que les courants portant à l'ouest le long de la pointe Europa ne sont jamais assez forts pour poser problème. Si l'on n'a pas l'intention de s'arrêter dans l'un des ports de la Costa del Sol, il vaut mieux rester au large, où les vents sont généralement plus réguliers. Les routes méditerranéennes depuis Gibraltar sont décrites au chapitre 22.

Le temps, à proximité immédiate de Gibraltar, peut être très différent du temps de la zone générale. Dans la partie sud de la péninsule ibérique, du cap St Vincent à Gibraltar, les vents sont très variables tout au long de l'année. Les alizés portugais se font moins sentir dans cette zone, et en leur absence, il y a des brises de mer de SW ou d'ouest. Les conditions de navigation à proximité du détroit de Gibraltar dépendent de la géographie même du détroit. Le vent souffle soit vers l'intérieur, soit vers l'extérieur du détroit, et peut être parfois assez fort. Le fort vent d'est est appelé *levanter* et quand il souffle fort, contre le courant qui porte à l'est et qui rentre dans le détroit, cela crée une mer très courte et abrupte, et il peut alors être très difficile, voire parfois impossible, d'atteindre Gibraltar quand on arrive de l'Atlantique. Le vent opposé, le Ponant, qui est un fort vent d'ouest ou de SW, peut rendre la navigation dans le sens Gibraltar-Atlantique, encore plus difficile. Le *levanter* souffle le plus fréquemment de juillet à octobre, et s'accompagne de pluie et d'une visibilité réduite. C'est aussi en été qu'occasionnellement, il peut y avoir de petites dépressions qui remontent vers le nord, du Maroc vers Gibraltar.

AN31 *De Gibraltar à Madère*

MEILLEURE PÉRIODE	mai à août	
SAISON DES CYCLONES	aucune	
CARTES ROUTIÈRES	BA : 4104	SHOM : 6624
	US : 104	
INSTRUCTIONS NAUTIQUES	BA : 1, 67	SHOM : C4
	US : 131, 143	
GUIDES DE CROISIÈRE	*Iles de l'Atlantique, Atlantic Crossing Guide.*	
WAYPOINTS		

Départ	*Intermédiaire*	*Atterrissage*	*Destination*	*Distance (M)*
AN310 Gibraltar 36°08'N, 5°22'W	AN311 Carnera 36°03'N, 5°25'W			
	AN312 Tarifa 35°59'N, 5°36'W			
	AN313 Paloma 35°59'N, 5°45'W			
	AN314 Espartel 35°50'N, 5°57'W	AN315 Fora 32°44'N, 16°39'W	Funchal *32°37'5N, 16°54'5W*	613
		AN316 Cima E 33°03'N, 16°17'W	Porto Santo *33°03'N, 16°19'W*	576

On ne doit pas quitter Gibraltar par fort vent d'ouest car, avec le courant permanent qui rentre dans le détroit vers la Méditerranée, il serait impossible de faire route et de sortir du détroit dans ces conditions. De même, un fort vent d'est ne facilitera pas beaucoup plus les choses, car en soufflant contre le courant, il créera une mer courte et abrupte. Les conditions idéales pour quitter Gibraltar seraient par vent faible ou d'est, mais si cela n'est pas possible, alors il vaut mieux rester sur les bords du détroit, là où le courant est le plus faible. Les tactiques pour quitter Gibraltar sont mentionnées en détail au début de cette section. De jour et par bonne visibilité, on peut décider de tirer un bord vers la côte africaine où le courant est moins fort. Mais il faut faire attention à tous les cargos lorsque l'on coupe les rails de trafic, ainsi qu'aux ferries rapides qui vont d'Algéciras à Tanger.

Si la marée et le vent sont favorables, on suivra une route qui longe la côte espagnole. En partant du WP AN310, on mettra le cap vers le WP AN311, au large de Punta Carnera. Après avoir quitté la baie de Gibraltar, on fera route sur le WP AN312 au sud du phare de Tarifa. La route reste ainsi à l'écart du rail de trafic qui va à l'ouest. Une route au 270° passera par le point WP AN313, qui pare les hauts-fonds qui se trouvent au large de Punta Paloma. De là, on peut faire route directe sur Madère. Comme les rails des cargos convergeant sur le détroit de Gibraltar doivent bien être traversés à un moment, cela ne devra être fait qu'après avoir passé le cap Spartel sur ce bord. Ce cap, au point le plus NW de l'Afrique, ne doit pas être approché de trop près, à cause des violents remous où la mer peut briser. Une route directe amène jusqu'au WP AN315, à l'est de Ilheu de Fora, un îlot rocheux avec un puissant phare, au large de l'extrémité est de Madère. De là, la route longe la côte sud de l'île jusqu'à la capitale Funchal. L'autre solution est de s'arrêter d'abord à Porto Santo, de faire route ensuite vers le WP AN316, à l'est de Ilheu de Cima. L'approche de Porto Santo doit se faire avec prudence, surtout la nuit, car il y a pas mal de dangers au large de la côte est.

Pendant les mois d'été, la régularité des alizés portugais assure en général de bonnes conditions de navigation tout au long de la route vers Madère. Au début et à la fin de l'été, les conditions de navigation peuvent être moins agréables, car il peut y avoir des zones de calmes, ou des vents de SW. Cela s'applique donc en particulier aux traversées effectuées en mai et en novembre, mais entre juin et début octobre, les vents de nord dominants assureront une traversée rapide. Par fort vent de SW, on peut être forcé d'abandonner l'idée première de faire escale à Madère et de continuer en direct sur les Canaries. Cela arrive chaque année à des bateaux partis trop tard d'Europe du Nord ou de Méditerranée. Comme la petite marina de Funchal est très vite saturée entre octobre et novembre par les bateaux qui descendent sur les Canaries, si l'on ne dispose pas de beaucoup de temps, il vaut mieux faire l'impasse sur Madère.

AN32 *De Gibraltar aux Canaries*

MEILLEURE PÉRIODE	mai à août			
SAISON DES CYCLONES	aucune			
CARTES ROUTIÈRES	BA : 4104 US : 104	SHOM : 6624		
INSTRUCTIONS NAUTIQUES	BA : 1, 67 US : 131, 143	SHOM : C4		
GUIDES DE CROISIÈRE	*Iles de l'Atlantique, Atlantic Crossing Guide.*			
WAYPOINTS				
Départ	*Intermédiaire*	*Atterrissage*	*Destination*	*Distance (M)*
AN320 Gibraltar 36°08'N, 5°22'W	AN321 Carnera 36°03'N, 5°25'W			
	AN322 Tarifa 35°59'N, 5°36'W			
	AN323 Paloma 35°59'N, 5°45'W			
	AN324 Espartel 35°50'N, 5°57'W			
	AN325 Maroc A 34°00'N, 8°30'W			
	AN326 Maroc B 32°40'N, 10°00'W		La Sociedad *29°13.8'N, 13°30'W*	585
		AN327 Alegranza 29°25'N, 13°28'W	Puerto Calero *28°55'N, 13°42'W*	608
		AN328 Isleta 28°09'N, 15°23'W	Las Palmas *28°07'5N, 15°25'5W*	704

Si l'on part de Gibraltar avec une marée favorable, on n'a pas besoin de trop serrer la côte espagnole. En mettant le cap vers le WP AN321, au sud de Punta Carnera, on évite ainsi tous les dangers. Quand on quitte la baie de Gibraltar, il faut faire attention aux ferries rapides qui font la navette entre Algéciras et Tanger. Jusqu'à Tarifa, il vaut mieux rester près de la côte et aller jusqu'au WP AN322, qui se trouve approximativement à 1 mille au sud du phare de Tarifa. Cela permet de rester en dehors du rail de trafic allant à l'ouest. De là on fait cap au 270° jusqu'au WP AN323 pour éviter les hauts-fonds au large de Punta Paloma. Comme on doit couper le rail des cargos, et si le vent est d'ouest, on devra ne virer de bord qu'en étant sûr de pouvoir déborder suffisamment le cap Spartel sur la nouvelle amure. Il ne faut pas se rapprocher trop près du cap, car il y a de violents remous où la mer peut briser dans cette zone. En se dirigeant vers le WP AN324 on évite cette zone située au large du cap Spartel, où la mer est assez désordonnée. On trouve habituellement de meilleures conditions plus au large de la côte africaine, on doit donc rester au-delà de la ligne des 100 brasses, ce qui peut se faire en suivant une route qui passe par deux waypoints intermédiaires, AN325 et AN326.

Pour les bateaux qui comptent aborder les Canaries par Lanzarote, ils doivent suivre la route vers le WP AN327, au large de la petite île d'Alegranza. La capitale, et port principal, de Lanzarote est Arrecife, mais on trouve de meilleures installations à Puerto Calero, cinq milles plus au sud sur la côte. Si l'on n'est pas pressé, on peut faire un premier arrêt à Graciosa, petite île au nord de Lanzarote dotée d'un petit port bien protégé à La Sociedad, sur la rive nord de l'étroit chenal séparant Graciosa de Lanzarote.

Pour les bateaux qui vont directement sur Las Palmas, et qui donc, approchent la Grande Canarie par le nord, la bosse remarquable de La Isleta en fait un amer d'atterrissage parfait. Le WP AN328 évite tous les dangers, y compris le rocher El Roque, au large de Punta El Nido. 2,5 milles plus au sud, se trouve l'entrée du port de Las Palmas. On se rendra dans le port de plaisance (Muelle Deportivo) situé dans la partie SW du grand port de commerce. Un nouveau brise-lames protège la marina du nord. Les visiteurs sont normalement placés le long du quai du brise-lames E ou sur l'un des pontons proches du brise-lames N. En arrivant, aller au ponton de carburant Texaco ou, en cas d'urgence, contacter le *Port Control* sur le canal 12.

Les conditions de navigation vers les Canaries sont normalement meilleures que celles que l'on peut rencontrer vers Madère. De juin à septembre, les vents de nord dominants et le courant favorable, donnent d'excellentes conditions pour la navigation le long de cette route. En mai et octobre, les vents sont moins réguliers, bien que leur direction continue d'être principalement nord. En novembre, le vent peut prendre toutes les autres directions, mais les vents de secteur nord restent quand même prédominants. On ne doit pas partir pour les Canaries trop tard en saison, sinon on pourrait avoir de forts vents de SW, avec une mer forte, et cela dès la fin du mois d'octobre. Ceux qui veulent bien profiter des Canaries, doivent prévoir de s'arrêter en premier à Lanzarote, qui est le départ logique d'une croisière dans les Canaries.

On trouve les meilleurs équipements à Puerto Calero, une marina aux services complets située au milieu de la côte E de Lanzarote (28°55'N, 13°42'W).

AN33 *De Gibraltar aux Petites Antilles*

Meilleure période mai à juin
Saison des cyclones juin à novembre
Cartes routières BA : 4012 SHOM : 6561
US : 12
Instructions Nautiques BA : 1, 67, 71 SHOM : C4, H5
US : 131, 140, 143, 147
Guides de croisière *Guide des Antilles (J. Patuelli), Pilote côtier Antilles (A. Rondeau), Sailor's Guide to the Windward Islands, Cruising Guide to the Leeward Islands.*
Waypoints

Départ	*Intermédiaire*	*Atterrissage*	*Destination*	*Distance (M)*
AN330 Gibraltar	AN331 Carnera			
36°08'N, 5°22'W	36°03'N, 5°25'W			
	AN332 Tarifa			
	35°59'N, 5°36'W			
	AN333 Paloma			
	35°59'N, 5°45'W			
	AN334 Espartel	AN335 Ste Lucie	Rodney Bay	3254
	35°50'N, 5°57'W	14°03'N, 60°50'W	*14°04'5N, 60°58'5W*	
		AN336 Antigua SE	English Harbour	3196
		16°57'N, 61°45'W	*17°00'N, 61°46'W*	
		AN337 Martinique	Fort de France	3258

Cette longue traversée qui ne s'arrête ni à Madère, ni aux Canaries est effectuée uniquement par ceux qui sont spécialement pressés, car les deux groupes d'îles sont assez proches de la route recommandée pour justifier un court arrêt. Les instructions jusqu'au cap Spartel sont données dans la route AN31.

La meilleure période pour effectuer cette traversée est pendant l'été, mais c'est aussi la saison des cyclones, il n'est donc pas recommandé de traverser à cette époque. On trouve également de bonnes conditions pour une traversée sans escale à la fin du printemps, et en début été (mai ou début juin), quand les chances d'avoir un cyclone sur la route sont très faibles. La route à cette période de l'année doit être proche de l'orthodromie, car c'est là que l'on trouvera des vents favorables pratiquement tout au long de la route. Cela sera aussi le cas en été, mais cela est bien trop risqué, surtout à la fin de l'été. Si la traversée se fait durant les mois d'été, il y a des stations qui diffusent assez en avance, les alertes aux dépressions tropicales, on doit les écouter régulièrement. Comme les alizés remontent plus au nord pendant les mois d'été, on peut faire une traversée plus directe que pendant les mois d'hiver.

Entre les mois de mai et de juillet la fréquence des cyclones est assez faible, mais elle augmente en août pour atteindre son maximum en septembre.

Pendant les mois d'hiver, on devra descendre plus bas en latitude pour trouver des vents de NE établis, et plus probablement au sud de 25°N. Cette route à cette époque de l'année passe entre Madère et les Canaries, et suivant les conditions météo, la stratégie à appliquer sera la même que celle suggérée pour la route AN51.

AN34 *De Gibraltar à l'Europe du Nord*

MEILLEURE PÉRIODE	mai à août			
SAISON DES CYCLONES	aucune			
CARTES ROUTIÈRES	BA : 4103	SHOM : 6623,6618		
	US : 126			
INSTRUCTIONS NAUTIQUES	BA : 1, 22, 27, 28, 55, 67SHOM : C3, C23, C22, C21			
	US : 143, 191			
GUIDES DE CROISIÈRE	*Espagne et Portugal, La Manche.*			
WAYPOINTS				

Départ	*Intermédiaire*	*Atterrissage*	*Destination*	*Distance (M)*
AN340 Gibraltar 36°08'N, 5°22'W	AN341 Carnera 36°03'N, 5°25'W			
	AN342 Tarifa 35°59'N, 5°36'W			
	AN343 Paloma 35°59'N, 5°45'W			
	AN344 Vincent NW 37°00'N 9°08'W			
	AN345 Berlenga 39°30'N 9°40'W			
	AN346 Finisterre W 43°10'N 10°00'W	AN347 Lizard 49°55'N 5°10'W	Falmouth 50°09'5N 5°04'W	1025
		AN348 S'Mathieu 48°18'N 4°45'W	Brest 48°23'N 4°29'W	962

Les instructions pour passer le détroit de Gibraltar sont données dans les routes AN31 et AN32. Par fort vent d'ouest à la sortie du détroit, il vaut mieux rester bâbord amure, et si les conditions se détériorent, on pourra trouver refuge dans l'un des ports ou marinas le long de la rive nord. Les marinas de Lagos et Vilamoura, sur la côte algarve, sont des endroits pratiques où l'on peut attendre un changement de temps. Voir aussi la route AN35.

Après avoir passé le détroit et les hauts-fonds au large du cap Trafalgar, on pourra prendre une route vers le WP AN344, 5 milles à l'ouest-sud-ouest du cap St Vincent. De là, la route est quasiment parallèle à la côte portugaise. Pendant les mois d'été, les vents dominants qui longent la côte ouest de la péninsule ibérique, ne sont autres que les alizés portugais, qui rendent la navigation vers le nord très difficile. Pour ceux qui sont pressés, il vaut mieux partir immédiatement vers le large en naviguant sur le bord qui permet de remonter le plus au nord. Sinon, il est peut-être plus facile de remonter le long de la côte en faisant de petites étapes jusqu'à ce que l'on ait des vents favorables, ou que l'on ait passé le cap Finisterre. On ne trouvera pas de vent d'ouest avant d'avoir atteint la latitude 45°N. Occasionnellement, à la fin de l'été, les vents de SW peuvent atteindre la force du coup de vent dans le golfe de Gascogne et les conditions peuvent devenir assez difficiles, il est donc préférable de remonter avant mi-août.

Falmouth, à l'extrémité SW de l'Angeterre, est un port d'arrivée pratique pour les bateaux se dirigeant vers la Manche car on peut y entrer pratiquement par tous les temps. Ceux préférant faire leur arrivée en France doivent se diriger sur Brest, qui possède les meilleurs services de toute la région. Il ne faut pas tenter d'y rentrer par coup de vent d'ouest.

AN35 *De Gibraltar au Portugal*

MEILLEURE PÉRIODE	avril à mai, septembre			
SAISON DES CYCLONES	aucune			
CARTES ROUTIÈRES	BA : 87 US : 51150, 51160	SHOM : 7212		
INSTRUCTIONS NAUTIQUES	BA : 67 US : 143	SHOM : C3		
GUIDES DE CROISIÈRE	*Espagne et Portugal.*			
WAYPOINTS				
Départ	*Intermédiaire*	*Atterrissage*	*Destination*	*Distance (M)*
AN350 Gibraltar 36°08'N, 5°22'W	AN351 Carnera 36°03'N, 5°25'W AN352 Tarifa 35°59'N, 5°36'W AN353 Paloma 35°59'N, 5°45'W AN354 Hoyo 36°03'N, 6°20'W			
	AN355 Huelva 37°05'5N, 6°49'5W	AN356 Moura E 37°03'N, 8°06'W	Vilamoura *37°04'5N, 8°07'W*	155
		AN357 Vincent W 37°00'N, 9°05'W		
		AN358 Chenal S 38°35'N, 9°20'W	Lisbonne *38°41'5N, 9°12'W*	300

Les instructions pour passer le détroit de Gibraltar sont données dans les routes AN31 et AN32. Du WP AN353, qui pare les hauts-fonds au large de Ponta Paloma, on suivra une route jusqu'au WP AN354, évitant ainsi les hauts-fonds qui sont au large du cap Trafalgar. De ce point, la route prend une direction NNW, et traverse la baie de Cadix en passant par des zones peu profondes, n'excédant pas 20 mètres. Tout au long de cette route, il faut veiller aux filets de pêche, qui sont supposés être balisés par des bouées ou des bateaux de pêche, mais qui bien souvent ne le sont pas. Pour cette raison, il n'est pas prudent de naviguer trop près de la côte, surtout de nuit. On peut s'arrêter à Mazagon, à l'embouchure du fleuve vers Huelva, d'où Christophe Colomb commença son voyage historique vers le nouveau monde en 1492. Une nouvelle marina est maintenant ouverte à l'entrée de la rivière où il est possible de visiter plusieurs sites concernant Colomb, à Palos et dans les environs. L'entrée de la rivière est bien signalée par une tourelle lumineuse, et la rivière est bien balisée.

Le WP AN355 est la bouée d'atterrissage, un mille au SE de l'entrée de la rivière. Si un fort *levanter* souffle dans le détroit de Gibraltar, des vents d'est souffleront alors dans la baie de Cadix, bien qu'avec moins de vigueur. Autrement, pendant la journée en été, il y aura une alternance de brises, la brise de mer de SW se lève vers midi, suivie ensuite par une brise de terre de NW plus légère.

La côte algarve a connu un fort développement ces dernières années, et les amers peuvent ne plus être très identifiables. L'entrée de la marina de Vilamoura n'est pas très facile à localiser pour ceux qui ne connaissent pas la région, mais le WP AN356, situé à environ un mille au sud de l'entrée devrait faciliter les choses. Les bateaux qui se dirigent vers la côte ouest du Portugal, prendront une route vers le WP AN357, 5 milles à l'ouest-sud-ouest du cap St Vincent. A partir de ce point, on peut s'attendre à avoir de forts vents de nord pendant les mois d'été, mais il y a une quantité de bons ports tout le long de la côte portugaise, et cette remontée peut donc se faire par petites étapes.

AN36 *De Gibraltar aux Açores*

MEILLEURE PÉRIODE	mai à août	
SAISON DES CYCLONES	aucune	
CARTES ROUTIÈRES	BA : 4012 US : 12	SHOM : 6623
INSTRUCTIONS NAUTIQUES	BA : 67 US : 140, 143	SHOM : C4
GUIDES DE CROISIÈRE	*Iles de l'Atlantique.*	

WAYPOINTS

Départ	*Intermédiaire*	*Atterrissage*	*Destination*	*Distance (M)*
AN360 Gibraltar 36°08'N, 5°22'W	AN361 Carnera 36°03'N, 5°25'W AN362 Tarifa 35°59'N, 5°36'W AN363 Paloma 35°59'N, 5°45'W			
	AN364 Espartel 35°50'N, 5°57'W	AN365 Miguel 38°02'N, 25°10'W	Horta *38°32'N, 28°37'5W*	1135
		AN366 Garça 37°40'N, 25°23'W	Ponta Delgada *37°44'N, 25°40'5W*	994

Pour cette traversée, on bénéficie de vents favorables sur au moins la moitié du trajet, puisqu'en été, les vents dominants de nord se font sentir jusqu'à 300 milles au large du continent européen et souvent même au-delà. On peut rencontrer une zone de vents faibles ou des calmes, après laquelle le vent viendra sûrement d'ouest ou de SW. Cela dépend entièrement de la position de l'anticyclone des Açores. Plus il se trouve au NW de sa position normale, plus on aura de chances d'avoir des vents favorables de NE, sur une partie, ou la totalité du parcours.

Les instructions pour le passage du détroit de Gibraltar sont données dans les routes AN31 et AN32. Par fort vent d'ouest, il vaut mieux faire escale dans un port tel que Vilamoura (37°04'N, 8°07'W), et attendre un changement de temps. Les instructions sont ensuite les mêmes que celles de la route AN35. Si l'on a de forts vents après le passage du cap St Vincent, la zone de Gettysburg et des bancs de Gorringe (36°30'N, 12°00'W et 36°45'N, 11°10'W) devra être évitée à cause de la mer confuse ou déferlante que l'on peut alors y rencontrer. Les bateaux qui ont l'intention de naviguer sans escale jusqu'à Horta devront prendre la route vers le WP AN365, 10 milles au nord de São Miguel. De là, la route passe au nord de l'île de Pico. Si dans les îles on a un fort vent d'ouest, on pourra trouver refuge dans un port de la côte nord de Pico, ou bien faire voile sur Terceira, où l'on peut attendre un changement de temps à Angra do Heroismo, sur la côte sud de cette île.

La route directe vers Ponta Delgada passe par le WP AN366, 3 milles au sud de Ponta da Garça, sur la côte sud de l'île de São Miguel. Les bateaux arrivant des ports situés au sud de Lisbonne, préféreront faire leur atterrissage là plutôt que plus à l'ouest. Il y a une bonne marina à Ponta Delgada, la capitale des Açores, qui offre les meilleurs services de tout l'archipel. Un autre bon point de départ pour une croisière dans les îles, est l'île de Santa Maria, à l'extrémité sud-est de l'archipel, d'où l'on peut visiter les îles dans un ordre logique.

AN37 *De Gibraltar à l'Amérique du Nord*

MEILLEURE PÉRIODE mai à juin
SAISON DES CYCLONES juin à novembre
CARTES ROUTIÈRES BA : 4011 SHOM : 6561,6620
US : 120
INSTRUCTIONS NAUTIQUES BA : 67, 69 SHOM : C4, C4
US : 140, 143
GUIDES DE CROISIÈRE *Iles de l'Atlantique, Yachting Guide to Bermuda, Atlantic Crossing Guide, Cruising Guide to Newfoundland, Cruising Guide to the Nova Scotia Coast, Yachting Guide to the South Shore of Nova Scotia, Coastal Cruising Guide to the Atlantic Coast, Cruising Guide to the New England Coast.*

WAYPOINTS

Départ	*Intermédiaire*	*Atterrissage*	*Destination*	*Distance (M)*
Route AN37A				
AN370 Gibraltar	AN371 Hoyo	AN376 Chesapeake		3323
36°08'N, 5°22'W	36°00'N, 6°20'W	36°45'N, 75°45'W		
		AN377 Brenton	Newport	3044
		41°24'N, 71°16'W	*41°29'N, 71°20'W*	
		AN378 Nova	Halifax	2672
		44°25'N, 63°25'W	*44°38'N, 63°34'W*	
	AN372 Race	AN379 Terra SE	St John's	2290
	46°25'N, 53°10'W	47°30'N, 52°39'W	*47°34'N, 52°42'W*	
Route AN37B				
AN370 Gibraltar	AN371 Hoyo			
	AN373 Garça			
	37°40'N, 25°23'W			
	Ponta Delgada	AN376 Chesapeake		3349
	37°44'N, 28°40'W	AN377 Brenton	Newport	3110
		AN378 Nova	Halifax	2747
		AN379 Terra SE	St John's	2331
Route AN37C				
AN370 Gibraltar	AN371 Hoyo			
	AN374 Terceira			
	38°28'N, 27°00'W			
	Horta	AN376 Chesapeake		
	38°32'N, 28°37'5W	AN377 Brenton	Newport	3097
		AN378 Nova	Halifax	2730
		AN379 Terra SE	St John's	2308
Route AN37D				
AN370 Gibraltar	AN375 Bermudes E	AN376 Chesapeake		
	32°22'N, 64°38'W	AN377 Brenton	Newport	3544
	St George's	AN378 Nova	Halifax	3648
	32°22'N, 64°40'W	AN379 Terra SE	St John's	3973

La plupart des bateaux quittant la Méditerranée pour l'Amérique du Nord, préfèrent prendre la route classique par les Canaries, qui, bien que rallongeant considérablement le trajet, bénéficie d'une plus grande proportion de vents favorables. La route directe (AN37A) a certains avantages, premièrement, parce qu'on peut la prendre au début de l'été, et deuxièmement, parce qu'elle peut être beaucoup plus rapide. La meilleure période pour effectuer cette traversée est le début de l'été, mais si on la fait après le mois de juillet, il faudra être attentif au risque de cyclones. Cela s'applique particulièrement à ceux qui vont vers les ports des régions des USA qui peuvent être touchées par des cyclones. D'un autre côté, les bateaux qui se dirigent vers des ports canadiens, tel que St John's de Terre-Neuve, devront éviter de faire cette traversée trop tôt en saison à cause du risque de glaces. Les instructions et les waypoints jusqu'à la sortie ouest du détroit de Gibraltar, sont les mêmes que pour la route AN36. Une fois en pleine mer, la route directe à travers l'Atlantique dépendra complètement des conditions météo, qui détermineront si on laisse les Açores sur tribord ou bâbord. Une route qui passe au sud des Açores, en direction des Bermudes (AN37D), a l'avantage de prendre le vent sous un meilleur angle une fois atteinte la région des vents dominants de S ou SW, qui se trouve proche des Bermudes. Les bateaux qui se dirigent vers Terre-Neuve ou même la Nouvelle-Ecosse se détourneront de cette route probablement plus tôt, mais ceux qui vont vers des ports situés au sud de New York, seront vraisemblablement tentés de faire escale aux Bermudes.

Comme la route directe passe près des Açores, la plupart des bateaux y font au moins une brève escale, après les 1 000 premiers milles en mer. Que l'on ait prévu ou non de s'arrêter aux Açores, les instructions concernant la route entre Gibraltar et cette région, sont données dans les routes AN24 et AN36. Si l'on envisage un arrêt aux Açores, la route directe vers Ponta Delgada (AN37B), part du WP AN371 à la sortie ouest du détroit de Gibraltar, pour le WP AN373, 3 milles au sud de Ponta da Garça, sur la côte sud de l'île de São Miguel. Bien que Ponta Delgada soit plus près de la route, et qu'il y ait une bonne marina, le port d'escale traditionnel reste Horta, sur l'île de Faial. Ce dernier est probablement un meilleur point de départ pour reprendre la traversée de l'Atlantique.
Si l'on a l'intention de naviguer sans escale jusqu'à Horta (route AN37C), on partira du WP AN371, et l'on prendra une route vers le WP AN374, au SE de l'île de Terceira. En fonction des conditions météo, de ce point, on pourra rejoindre Horta en passant soit au nord, soit au sud de l'île de Pico. Par fort vent de SW, il est préférable de rester au nord de Pico, et si le temps se détériore, on pourra trouver refuge à São Roque, sur la côte nord de l'île de Pico, ou à Velas, le port principal de l'île de São Jorge. L'île de Terceira a un bon port à Angra do Heroismo, bien qu'il soit ouvert au sud et doive donc être évité par forts vents de secteur sud. Par fort vent de SW, il peut y avoir de violentes rafales dans le chenal qui sépare Pico de Faial, à l'approche de Horta. Cela et le courant qui porte au nord doivent être pris en compte si on a l'intention de rentrer dans Horta dans de telles conditions. Le dernier port des Açores, où l'on peut trouver abri en attend une amélioration du temps, est le port de Lajes, à la pointe SE de Florès, où une nouvelle digue a bien amélioré la protection du port. Après les Açores, la traversée peut se poursuivre sans arrêt jusqu'à la destination finale de chacun.

Ceux qui se sont arrêtés aux Açores devront être prêts à attendre là qu'une bonne prévision météo à long terme leur assure une traversée sûre et rapide pour le reste de leur voyage. Les instructions pour les routes des Açores vers les USA et le Canada sont données dans les routes AN138 et AN139. Les bateaux qui pensent s'arrêter aux Bermudes, devraient pouvoir faire route directe des Açores jusqu'au WP AN375, à l'est de l'entrée du port de St George. Cette route directe des Açores aux Bermudes a toutes les chances d'avoir des vents favorables. Elle est traitée en détail dans la route AN137. Les vents que l'on rencontrera le plus probablement à l'approche des Bermudes, sont des vents de SW, mais si les conditions continuent à être favorables, il vaut mieux ne pas s'arrêter aux Bermudes et naviguer directement jusqu'à la destination finale.

AN38 *De Gibraltar au Maroc Atlantique*

Meilleure période	mai à Septembre	
Saison des cyclones	aucune	
Cartes routières	BA : 4104	SHOM : 7212
	US : 104	
Instructions Nautiques	BA : 1, 67	SHOM : C4
	US : 143	
Guides de croisière	*North Africa Pilot.*	
Waypoints		

Départ	*Intermédiaire*	*Atterrissage*	*Destination*	*Distance (M)*
AN380 Gibraltar 36°08'N, 5°22'W	AN381 Carnera 36°03'N, 5°25'W		Tanger *35°17'N, 5°48'W*	55
	AN382 Tarifa 35°59'N, 5°36'W			
	AN383 Paloma 35°59'N, 5°45'W			
	AN384 Espartel 35°50'N, 5°57'W		Casablanca *33°37'N, 7°36'W*	191
			Agadir *30°25'N, 9°38'W*	409

A l'exception de Tanger, qui est un port bien situé sur le côté sud du détroit de Gibraltar, la plupart des bateaux évitent les ports marocains, bien que ceux situés sur la côte atlantique soient de bons ports d'escale pour les bateaux qui traversent vers les Canaries ou la côte ouest de l'Afrique. Il y a plusieurs raisons à cela, la principale étant que les formalités y sont compliquées, les grands ports sont très pollués et les bateaux de passage se font fréquemment voler. De plus, il n'y a pas beaucoup de services pour les voiliers, bien que les rares yacht clubs soient en général accueillants.

Tanger, qui est plus fréquenté par les bateaux de passage a de ce fait des formalités plus simples, mais est souvent surpeuplé. Au sud du cap Spartel les caractéristiques prédominantes sont la grande houle de l'Atlantique et le manque de ports naturels, à l'exception notable de Mogador. Une zone de restriction se trouve entre Rabat et Mohamedia, et tout bateau se trouvant à moins de 12 milles des côtes sera refoulé par un des navires de la marine marocaine. Casablanca est le plus grand port de cette côte et à ce jour, c'est là que l'on trouve les meilleures possibilités de réparations. Un port qui s'est rapidement développé, avec de bons services, est le port d'Agadir, qui sert de base à un grand nombre de bateaux de pêche étrangers. Une marina y est en construction, et quand elle sera finie, cela sera un bon endroit pour pouvoir laisser le bateau et aller visiter l'intérieur très intéressant de ce pays.

AN40 ROUTES DEPUIS MADÈRE

Jusqu'à une époque assez récente, les seuls bateaux à passer par Madère, étaient des bateaux de croisière qui allaient ensuite vers les Canaries ou les Antilles, et à l'occasion, quelques rares bateaux de course venant du Portugal. La situation a changé maintenant car nombre de bateaux passent l'hiver aux Canaries et voient en Madère une bonne escale sur leur chemin de retour vers la Méditerranée. Quoi qu'il en soit, la route

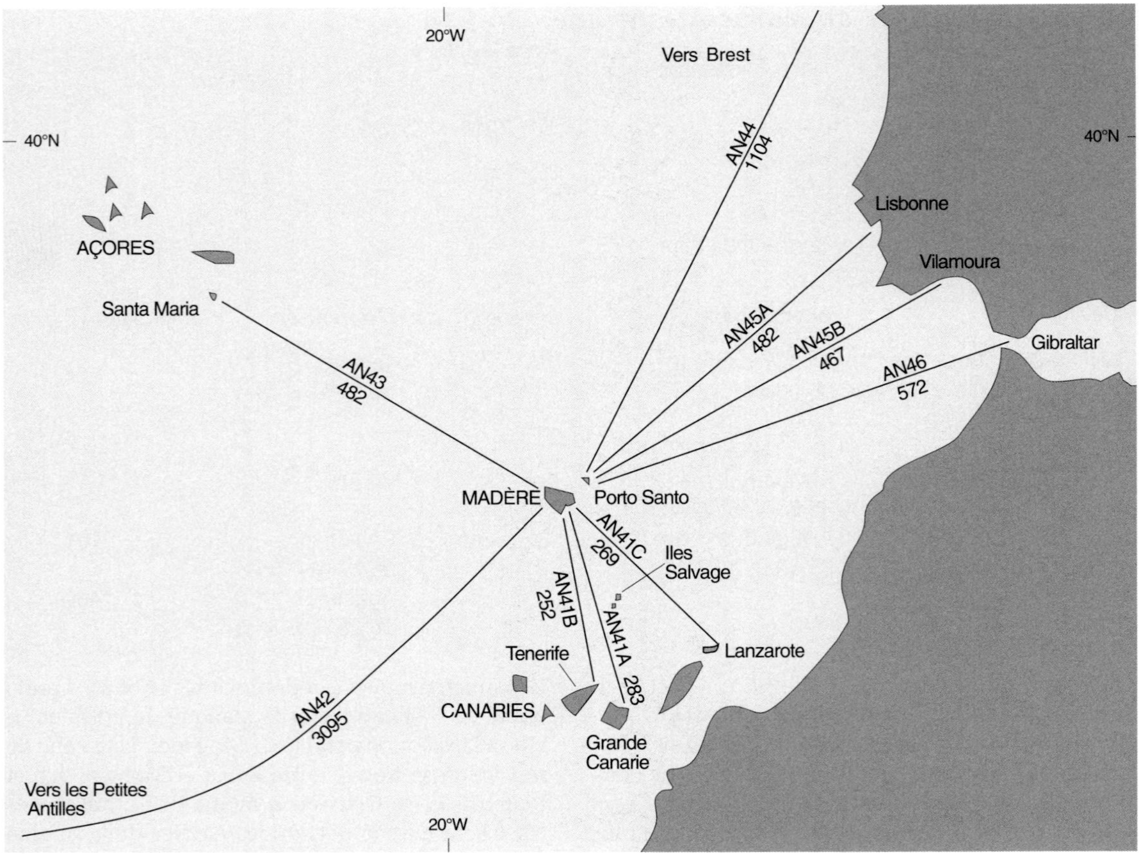

AN40 Routes depuis Madère

la plus fréquentée reste celle des Canaries, qui est la plus utilisée en octobre, quand des centaines de bateaux effectuent leur migration annuelle vers les Caraïbes. A cette époque, il y a beaucoup de monde à Madère, et la marina de Funchal a du mal à faire face à cet afflux de visiteurs. Il vaut mieux éviter Funchal dans ces moments-là, et l'on peut envisager de s'arrêter à la nouvelle marina Quinta do Lorde, à l'est de Funchal, ou dans l'île voisine de Porto Santo.

En été, les vents dominants sont de nord-est, mais à cause de la hauteur de Madère il est canalisé autour de l'île, et il peut souffler SW sur la côte sud, alors qu'il sera de NE au large. L'île plus petite de Porto Santo est aussi élevée, mais elle n'arrête pas le vent qui s'accélère en dévalant la montagne et souffle en rafales sous son vent. En hiver, les vents sont plus variables et viennent de toutes les directions. Les fronts de l'Atlantique Nord, qui se déplacent à travers l'océan d'ouest en est, prennent occasionnellement une trajectoire plus sud et peuvent donc toucher l'île, mais leur influence est moins forte qu'aux Açores. Des vents de sable qui réduisent la visibilité peuvent survenir quand le vent souffle d'est, en provenance du continent africain.

Quelques bateaux choisissent de partir pour la traversée de l'Atlantique depuis Madère, plutôt que de prendre la route traditionnelle vers les Canaries. Cette décision prend tout son sens en hiver ou au printemps, quand les alizés de NE remontent plus au nord et que la route logique de Madère vers les Caraïbes ne passe pas par les Canaries. Madère est aussi un bon point de départ vers les îles les plus au nord des Antilles telles que Antigua ou les Iles Vierges. La route transatlantique dépend beaucoup d'un bon accès aux prévisions météo, pour savoir combien de temps on doit conserver une route SW avant de virer vers l'ouest.

Les traversées vers le nord depuis Madère sont rarement faciles à cause des vents dominants de nord. La plupart des bateaux qui regagnent un port dans le NW de l'Europe, préféreront faire un détour par les Açores et s'arrêter dans une des îles les plus à l'est, telles que Santa Marina ou São Miguel. Si l'on va vers le Portugal, il y a peu de choix possibles, et si les vents sont de NE, comme ils le sont principalement en été, il faut s'attendre à avoir le vent dans le nez sur tout le trajet. Cela s'applique aussi aux bateaux qui veulent rentrer sur Gibraltar et la Méditerranée, avec la complication supplémentaire que les vents qui soufflent NE au large, tournent souvent est à l'approche du détroit de Gibraltar. Si on a le temps, il vaut mieux attendre à Madère une période de vent de SW, ce qui arrive normalement lorsqu'une dépression passe au nord de l'île. Ces conditions assureront une traversée rapide vers la Méditerranée.

AN41 *De Madère aux Canaries*

MEILLEURE PÉRIODE	mai à octobre			
SAISON DES CYCLONES	aucune			
CARTES ROUTIÈRES	BA : 3133	SHOM : 7270		
	US : 104			
INSTRUCTIONS NAUTIQUES	BA : 1	SHOM : C4		
	US : 143			
GUIDES DE CROISIÈRE	*Iles de l'Atlantique.*			
WAYPOINTS				

Départ	*Intermédiaire*	*Atterrissage*	*Destination*	*Distance (M)*
Route AN41A				
AN410 Funchal	AN411 Salv. Grande	AN412 Isleta	Las Palmas	283
32°36'N, 16°54'W	30°10'N, 15°45'W	28°09'N, 15°23'W	*28°07'5N, 15°25'5W*	
Route AN41B				
AN410 Funchal	AN413 Salv. Pequena	AN414 Anaga	Santa Cruz de Tenerife	252
	30°00'N, 16°15'W	28°36'N, 16°07'W	*28°29'5N, 16°12'5W*	
Route AN41C				
AN410 Funchal		AN415 Graciosa	La Sociedad	269
		29°25'N, 13°35'W	*29°13'8N, 13°30'W*	

C'est normalement un passage rapide vent arrière, en particulier pendant l'été. Après début octobre, bien que les vents de nord soient encore très courants, il y a de plus en plus de vents venant d'autres directions. A partir de novembre, on peut rencontrer de forts vents de SW, la mer devient alors forte entre les deux groupes d'îles. On bénéficie normalement d'un demi-nœud de courant favorable sur cette route.

La route directe passe très près des îles Salvages, un groupe d'îles inhabitées, qui se situe à mi-chemin sur la route des Canaries, à cheval sur le 30e parallèle. La route vers la Grande Canarie (AN41A) passe entre les deux îles, et à moins de naviguer avec une bonne visibilité et de bonnes conditions météo, il vaut mieux modifier sa route pour passer à bonne distance dans l'est de la Grande Salvage, tel que le WP AN411, parce qu'il y a des rochers près des îles. De là, la route continue jusqu'au WP AN412, à l'approche de Las Palmas. Voir aussi AN18.

La route directe pour Tenerife (AN41B) passe par le WP AN413 à environ 10 milles à l'ouest de la Petite Salvage. L'atterrissage se fait au WP AN414, au large de Punta de Anaga, la pointe NE de Tenerife. De là, la route est parallèle à la côte jusqu'à la nouvelle marina qui se trouve à l'intérieur du port de pêche, à environ 3 milles au nord de la capitale Santa Cruz.

La route pour Lanzarote (AN41C) passe à bonne distance des îles Salvages. La petite île d'Alegranza, au nord de Lanzarote, peut être laissée soit à bâbord soit à tribord par les bateaux qui vont directement sur Arrecife. Pour ceux qui préfèrent s'arrêter d'abord à Graciosa, l'atterrissage peut être fait à l'ouest de cette dernière en faisant route sur le WP AN415, qui se trouve à environ 5 milles au NW de Graciosa, avant d'entrer dans l'Estrecho del Rio, le chenal séparant Graciosa de Lanzarote. Bien que cela ne soit pas un port d'entrée, les bateaux peuvent s'arrêter pour quelque temps dans le port de La Sociedad, le port et le village principal de Graciosa, avant d'aller sur Arrecife, la capitale de Lanzarote y faire leur entrée. Voir aussi AN18.

Ceux qui veulent s'arrêter dans l'une des îles des Salvages, doivent obtenir un permis spécial, qui est délivré à Funchal par le Ministère de la Pêche et le Gouvernement Autonome de Madère. Par mauvais temps, les bateaux sont autorisés à mouiller à Enseada das Cagarras (38°08.3'N, 15°52.2'W), sur la rive SW de la Grande Salvage, mais seuls ceux qui ont un permis peuvent débarquer. Il y a des gardiens sur les deux îles et on peut les contacter par VHF sur le canal 16.

AN42 *De Madère aux Petites Antilles*

MEILLEURE PÉRIODE	janvier à mai			
SAISON DES CYCLONES	juin à novembre			
CARTES ROUTIÈRES	BA : 4012 US : 120	SHOM : 6561		
INSTRUCTIONS NAUTIQUES	BA : 1, 71 US : 140, 143, 147	SHOM : C4, H5		
GUIDES DE CROISIÈRE	*Guide des Antilles (J. Patuelli), Pilote côtier Antilles (A. Rondeau), Sailor's Guide to the Windward Islands, Cruising Guide to the Leeward Islands.*			
WAYPOINTS				

Départ	*Intermédiaire*	*Atterrissage*	*Destination*	*Distance (M)*
AN420 Funchal 32°36'N, 16°54'W	AN421 27°25'N, 15°30'W			
	AN422 20°00'N, 30°00'W			
	AN423 15°00'N, 40°00'W	AN424 Ste Lucie 14°03'N, 60°50'W	Rodney Bay *14°04'N, 60°58'W*	3095
		AN425 Antigua SE 16°57'N, 61°45'W	English Harbour *17°00'N, 61°45'5W*	3139
		AN336 Martinique 14°22'N 60°51'W	Fort de France *14°36'N 61°05'W*	3099

Compte tenu de la position stratégique des Canaries sur la route des Antilles, il n'y a que peu de bateaux qui choisissent de traverser directement depuis Madère. Néanmoins, Madère peut être un bon point de départ pour une traversée de l'Atlantique si on peut avoir accès aux informations météo concernant l'Atlantique Nord qui montrent la limite nord de l'extension des alizés de NE. Si ceux-ci s'étendent jusqu'au 25°N il est possible de prendre une route SW depuis Madère, en passant à l'ouest des Canaries.

Les waypoints proposés ci-dessus sont basés sur la route classique, qui au départ oblique vers le SW pour rejoindre des latitudes plus basses où l'on a toujours plus de chances d'avoir des vents favorables. Au début de l'hiver, cependant, les alizés remontent rarement au-delà de 20°N, et même dans ce cas, on pourra s'arrêter aux Canaries, puisque la route passe de toute façon quasiment par l'archipel. Si l'on envisage de faire seulement une courte escale aux Canaries, il vaut mieux s'arrêter dans l'un des ports les plus à l'ouest, tel que Santa Cruz de la Palma, qui est un meilleur point de départ pour une traversée de l'Atlantique. Des recommandations détaillées sont données dans la route AN51.

AN43 *De Madère aux Açores*

MEILLEURE PÉRIODE	mai à août	
SAISON DES CYCLONES	aucune	
CARTES ROUTIÈRES	BA : 4104 US : 12	SHOM : 6561
INSTRUCTIONS NAUTIQUES	BA : 1, 67 US : 143	SHOM : C4
GUIDES DE CROISIÈRE	*Iles de l'Atlantique.*	
WAYPOINTS		

Départ	*Intermédiaire*	*Atterrissage*	*Destination*	*Distance (M)*
AN430 Funchal *32°37'N, 16°54'W*	AN432 Pargo 32°48'N, 17°20'W	AN433 Sta Maria 36°55'N, 25°07'W	Vila do Porto *36°56'N, 25°08'5W*	482
AN431 Santo 32°58'N, 16°25'W		AN433 Sta Maria	Vila do Porto	490

Pendant l'été, quand les alizés portugais soufflent jusqu'à Madère, la traversée se fera au près serré, quoique l'on puisse normalement arriver aux Açores sur un seul bord. Si l'on part de Funchal, la hauteur de l'île de Madère casse en principe le vent du nord, on aura donc une légère brise d'ouest jusqu'à ce qu'on atteigne l'extrémité de l'île. Depuis Funchal, la route suivra la côte jusqu'à Ponta do Pargo, l'extrémité ouest de l'île. Du WP AN432, au large de Ponta do Pargo, on pourra faire route directe sur le WP AN433, à l'approche SE de Vila do Porto, le port principal de Santa Maria, l'île la plus au sud-est des Açores. Son port offre une bonne protection de toutes les directions, sauf du sud.

Si l'on a le temps, il vaut mieux aller à Porto Santo, cela fera un meilleur point de départ. Dans ce cas, depuis le WP AN431, au large de la pointe SW de Porto Santo, la route passe dans la partie au vent de la grande Madère. Elle doit être passée à bonne distance, car par fort vent de nord, la côte nord au vent est dangereuse. On peut faire son atterrissage au WP AN433, à l'approche de Vila do Porto.

AN44 *De Madère à l'Europe du Nord*

MEILLEURE PÉRIODE :	mars à mai	
SAISON DES CYCLONES	aucune	
CARTES ROUTIÈRES	BA : 4011 US : 120	SHOM : 6561, 7211
INSTRUCTIONS NAUTIQUES	BA : 1, 22, 27, 67 US : 140, 143, 191	SHOM : C4, C3, C23, C22, C21
GUIDES DE CROISIÈRE	*Iles de l'Atlantique, La Manche.*	
WAYPOINTS		

Départ	*Intermédiaire*	*Atterrissage*	*Destination*	*Distance (M)*
AN440 Funchal *32°37'N, 16°54'W*	AN441 Garajau 32°38'N, 16°50'W AN442 Fora 32°45'N, 16°38'W	AN443 Lizard 49°55'N, 5°10'W	Falmouth *50°09'5N, 5°04'W*	1180
AN440 Funchal	AN441 Garajau AN442 Fora AN444 Finisterre 43°20'N 10°00'W	AN345 St Mathieu 48°18'N 4°45'W	Brest *48°23'N 4°29'W*	1104

Il est difficile de faire une traversée sans escale vers la Manche, surtout pendant les mois d'été quand les alizés portugais obligent à effectuer d'emblée un long bord tribord amure. On se dirige alors pratiquement vers les Açores, c'est la raison pour laquelle nombre de bateaux les incluent dans leur itinéraire. Dans ce cas, les mêmes recommandations que pour la route AN43 s'appliquent ici.

Pendant le printemps, et aussi occasionnellement en été une courte période de vent de SW peut permettre de faire route directe vers l'Europe du Nord. Ayant passé l'extrémité est de l'île de Madère, une route orthodromique du WP AN442 au large de Ilheu de Flora, jusqu'au WP AN443 au large du cap Lizard, à l'approche de la Manche, passera à peu près à 60 milles dans l'ouest du cap Finisterre. Les bateaux qui se dirigent vers la côte atlantique française suivront un itinéraire semblable. Du WP AN444, à environ 30 milles au NW du cap Finisterre, on change de cap pour entrer dans le golfe de Gascogne et si l'on se dirige vers Brest, on fera route vers le WP AN445 situé à l'approche du port.

AN45 *De Madère au Portugal*

MEILLEURE PÉRIODE	avril à mai			
SAISON DES CYCLONES	aucune			
CARTES ROUTIÈRES	BA : 4104	SHOM : 6624		
	US : 104			
INSTRUCTIONS NAUTIQUES	BA : 1, 67	SHOM : C4, C3		
	US : 143			
GUIDES DE CROISIÈRE	*Espagne et Portugal.*			
WAYPOINTS				
Départ	*Intermédiaire*	*Atterrissage*	*Destination*	*Distance (M)*
Route AN45A				
AN450 Porto Santo	AN451 Cima E	AN452 chenal S	Lisbonne	482
33°03'N 16°19'W	33°03'N 16°17'W	38°35'N 9°20'W	*38°41'5N 9°12'W*	
Route AN45B				
AN450 Porto Santo	AN451 Cima E	AN453 Moura SW	Vilamoura	467
		37°03'N 8°08'W	37°04'5N 8°07'W	

Le Portugal se trouvant au vent de Madère pendant pratiquement toute l'année, il vaudra mieux effectuer ce passage avant que les vents de NE de l'été ne s'établissent. Au début de l'été, avant de s'établir complètement, le vent souffle par périodes de plusieurs journées consécutives, cela vaut donc la peine d'attendre une accalmie avant de partir. Une recrudescence de forts vents de NE est souvent suivie par un ou deux jours de calmes, où il est alors possible de gagner des milles en faisant route au moteur. Un front occasionnel pourra générer des vents de SW qui seront mis à profit.

Que l'on aille vers Lisbonne (AN45A) ou Vilamoura sur la côte algarve (AN45B), Porto Santo est un meilleur point de départ que Funchal. Du WP AN451, à l'est de Porto Santo, la route directe passe par une zone de hauts-fonds qui se trouvent près de la dorsale sous-marine de Gettysburg, cette zone doit être évitée par fort vent car la mer peut y déferler. Les bateaux qui vont sur Lisbonne devront prendre une route vers le WP AN452, proche de l'entrée du chenal sud qui traverse la zone de hauts-fonds à l'embouchure du Tage. La capitale portugaise se trouve à environ 8 milles en amont du fleuve, sur la rive nord.

La route directe pour Vilamoura part aussi du WP AN451, au large de la côte est de Porto Santo, et va jusqu'au WP AN453, un mille au SW de l'entrée de la marina.

AN46 *De Madère à Gibraltar*

MEILLEURE PÉRIODE	avril à mai			
SAISON DES CYCLONES	aucune			
CARTES ROUTIÈRES	BA : 4104	SHOM : 6624		
	US : 104			
INSTRUCTIONS NAUTIQUES	BA : 1, 67	SHOM : C4		
	US : 143			
GUIDES DE CROISIÈRE	*Straits Sailing Handbook.*			
WAYPOINTS				
Départ	*Intermédiaire*	*Atterrissage*	*Destination*	*Distance (M)*
AN460 Funchal	AN461 Garajau			
32°37'N 16°54'W	32°38'N 16°50'W			
	AN461 Fora			
	32°45'N 16°38'W			
	AN463 Espartel			
	35°52'N, 6°00'W			
	AN464 Paloma			
	35°59'N, 5°45'W			
	AN465 Tarifa			
	35°59' N, 5°36'W			
	AN466 Carnera	AN467 Gibraltar	Marina Bay	598
	36°03'N, 5°25'W	36°08'N, 5°22'W	*36°09'N, 5°21'W*	
AN462 Porto Santo	AN463 Espartel			
33°03'N, 16°19'W	AN464 Paloma			
	AN465 Tarifa			
	AN466 Carnera			
		AN467 Gibraltar	Marina Bay	572

Les instructions pour cette route sont les mêmes que celles de AN45, avec en plus la complication que les vents de NE, que l'on a déjà pu avoir au large, vireront à l'est à l'approche du détroit de Gibraltar. Dans l'idéal, cette traversée devrait se faire au printemps quand les chances d'avoir des vents de SW sont plus grandes que pendant les mois d'été Occasionnellement, en été, quand de forts vents de NE soufflent au large, une fois que la longitude du cap St Vincent est passée, les conditions météo locales deviennent prédominantes. On peut s'attendre à avoir une brise de SW durant la journée, qui se lève généralement aux alentours de midi et peut mener jusqu'au détroit de Gibraltar.

Du WP AN461 à l'est de Madère, ou du WP AN462 à l'est de Porto Santo, une route directe mène jusqu'au WP AN463 situé à peu près à 5 milles au NW du cap Spartel à l'approche du détroit de Gibraltar. Les instructions pour passer le détroit de Gibraltar sont données dans les routes AN16 et AN21.

AN50 ROUTES DEPUIS LES CANARIES

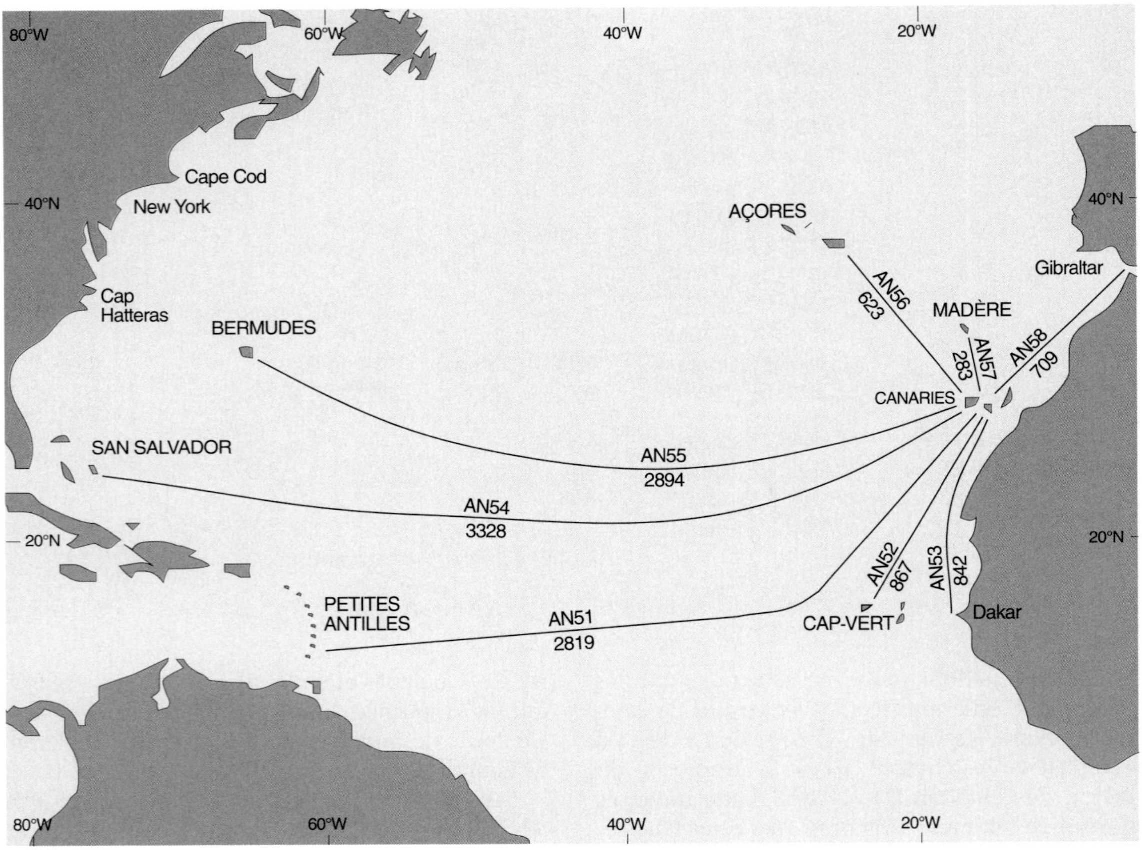

AN50 Routes depuis les Canaries

Naviguer jusqu'aux Canaries n'a jamais été considéré comme étant difficile, grâce aux vents de nord qui permettent d'effectuer une traversée rapide depuis l'Europe ou la Méditerranée, pendant la majorité de l'année. C'est la raison principale qui a fait des Canaries, dans le passé, une escale très fréquentée par les navires sur la route des alizés vers l'Afrique, l'Orient, et les Amériques. Le type de navire a changé avec le temps, mais les raisons restent valables pour le millier de bateaux de croisière qui font escale aux Canaries chaque année. Ils arrivent pratiquement tous sans exception du nord, les traversées vers le sud se faisant généralement vers la fin de l'été ou pendant l'automne, la plupart des navigateurs d'aujourd'hui considérant les Canaries comme un simple relais sur la route des Caraïbes, et plus rarement vers l'Afrique de l'Ouest ou l'Amérique du Sud. Quoi qu'il en soit, la situation change graduellement puisque davantage de bateaux passent plus de temps à visiter les Canaries, tandis que d'autres en font leur base permanente ou y font du charter. Chaque année, on voit plus de bateaux naviguant dans les îles dont les services s'améliorent constamment.

La plupart des bateaux qui quittent les Canaries s'en vont sur les Caraïbes. Le moment où l'on part des Canaries est crucial, pour les conditions que l'on aura en mer, et pour celles qu'on trouvera à l'arrivée. La saison des cyclones aux Caraïbes dure théoriquement six mois, bien que la période vraiment dangereuse se trouve entre août et octobre, septembre étant le mois de pointe pour les cyclones. La plupart des navigateurs prévoient de naviguer aux Antilles entre décembre et avril, qui non seulement est la période la plus sûre, mais c'est aussi pendant cette période que le temps est le plus agréable, avec peu de pluie, des températures agréables, et les alizés qui soufflent de manière régulière tout au long de l'hiver. Ainsi, un départ des Canaries vers fin novembre ou début décembre correspond aux plans de la majorité des navigateurs, et c'est donc à cette époque que la plupart quittent les Canaries et traversent l'Atlantique vers les Antilles. Partir plus tôt n'est pas recommandé à cause du risque d'un cyclone tardif, mais aussi parce que les alizés sont rarement établis avant mi-novembre. Cependant, parmi les signes les plus évidents d'un changement climatique planétaire, il faut mentionner le cyclone *Delta* qui a frappé l'ouest des Canaries le 28 novembre 2005 avec des vents dépassant 100 nœuds. C'est le premier cyclone de toute l'histoire connue à sévir dans cette zone. Il s'est formé au SW des Canaries et s'est ensuite dirigé vers le NE, passant entre les Canaries et Madère. Il ne fait aucun doute qu'un cyclone si tardif affectant une zone jusque-là épargnée annonce un changement climatique majeur. A moins que *Delta* ne se révèle être un accident isolé causé par une combinaison inhabituelle de conditions météorologiques dans l'Atlantique Nord, les navigateurs prévoyant une traversée de l'Atlantique par une route sud au début de l'hiver doivent avoir ceci présent à l'esprit.

A partir de fin novembre jusqu'à avril, les alizés de NE soufflent en général au sud du 20°N, leur force moyenne augmentant graduellement de février à mars. Bien que les vents continuent d'être favorables, il n'est pas très recommandé de traverser en été pour des raisons de sécurité, le risque de cyclones est trop important. Comme la plupart des traversées se font entre fin novembre et début décembre, la pratique courante est d'atteindre les latitudes plus basses aussi vite que possible afin de maximiser les chances de trouver les alizés. Une autre bonne raison pour laquelle il vaut mieux descendre sud en quittant les Canaries, est qu'ainsi on sort de la zone d'influence des dépressions atlantiques. Les systèmes de basses pressions qui traversent l'Atlantique en hiver sont occasionnellement déviés de leur habituelle trajectoire NE, et s'en vont vers l'est jusqu'à la latitude 40°N, et parfois même plus bas. Par conséquent, des vents de SW ou d'ouest peuvent sévir jusqu'à la latitude 28°N, et occasionnellement encore plus au sud. Pour ceux qui ne peuvent suivre les prévisions météo sur les systèmes de perturbations de l'Atlantique Nord, la meilleure tactique est alors d'effectuer la plus grande partie de leur traversée à la même latitude que leur destination aux Antilles, ou légèrement plus au nord pour ceux qui vont sur Antigua ou les Iles Vierges.

Bien que la majorité des bateaux quittent les Canaries pour les Antilles, le plus souvent directement et parfois via les îles du Cap-Vert, il y en a qui passent d'abord un peu de temps à naviguer en Afrique de l'Ouest avant de partir sur les Antilles. La meilleure époque pour partir sur le Cap-Vert ou l'Afrique de l'Ouest est en hiver, quand on pourra trouver des vents favorables sur toute la descente vers le Sénégal. Les Canaries sont aussi un bon tremplin pour ceux qui vont sur le Brésil, ou d'autres destinations en Amérique du Sud. Quitter les Canaries pour la Méditerranée ou l'Europe du Nord, est un exercice plus difficile à cause des vents dominants de nord, qui rendent les traversées dans l'autre sens si faciles. La meilleure route pour le voyage de retour vers l'Europe du Nord, est de passer par Madère et peut-être par les Açores. Un détour par Madère devra être envisagé par ceux qui veulent rejoindre Gibraltar ou des ports sur la côte sud de la péninsule ibérique. Bien que les vents dominants soient de NE, il n'est pas rare d'avoir des vents de SW à la fin du printemps ou au début de l'été, saison pendant laquelle la plupart des bateaux qui doivent regagner la Méditerranée traversent effectivement. Le fait de s'arrêter à Madère ou à Porto Santo, permet d'attendre un changement de temps favorable.

Les vents dominants aux Canaries sont de NE, tout au long de l'année, les plus forts sont en juillet et en août, et les plus faibles en octobre et novembre. A cause de la hauteur des îles volcaniques, il y a quelques variations locales dans la direction et la force du vent. En règle générale, sous le vent des îles, le vent diffère de celui des côtes exposées aux alizés. Quand les alizés de NE soufflent avec force, il y a en général un vent qui souffle dans la direction opposée sur l'autre côté de l'île, dont la force varie en fonction de la force des alizés. Il y a aussi un effet venturi le long des côtes de certaines îles montagneuses, et la force des alizés peut être augmentée de plus de 15 nœuds par endroits.

Les dépressions de l'Atlantique descendent rarement aussi sud que les Canaries, bien que de petites dépressions puissent se développer à proximité des îles elles-mêmes et se déplacer nord-est vers Gibraltar ou est vers l'Afrique. Les coups de vent sont rares, bien que ces dépressions puissent occasionner de forts vents de S ou de SW. Pendant les mois d'été, il peut souffler un fort vent d'est chaud, en provenance d'Afrique, l'air est alors chargé de poussière, ce qui réduit considérablement la visibilité.

AN51 *Des Canaries aux Petites Antilles*

Meilleur période	mi-novembre à mai			
Saison des cyclones	juin à novembre			
Cartes routières	BA : 4012	SHOM : 6561		
	US : 120			
Instructions Nautiques	BA : 1, 71	SHOM : C4, H5		
	US : 140, 143, 147			
Guides de croisière	*Sailor's Guide to the Windward Islands, Cruising Guide to the Leeward Islands*			
Waypoints	*Guide des Antilles (J. Patuelli), Pilote côtier Antilles (A. Rondeau).*			

Départ	*Intermédiaire*	*Atterrissage*	*Destination*	*Distance (M)*
AN510 Las Palmas 28°07'N, 15°24'W	AN511 Canaries S 27°25'N, 15°30'W			
	AN514 20°00'N, 30°00'W			
	AN515 15°00'N, 40°00'W	AN516 Ste Lucie 14°03'N, 60°50'W	Rodney Bay *14°04'5N, 60°58'5W*	2819
		AN517 Martinique 14°22'N, 60°51'W	Fort de France *14°36'N, 61°05'W*	2830
		AN518 La Barbade 13°02'N, 59°23'W	Bridgetown *13°06'N, 59°38'W*	2749
		AN519 Antigua SE 16°57'N, 61°45'W	English Harbour *17°00'N, 61°46'W*	2862
AN512 San Sebastian *28°05'N 17°06'W*	AN513 Gomero 28°00'N 17°10'W			
	AN514			
	AN515	AN516 Ste Lucie	Rodney Bay	2722
		AN517 Martinique	Fort de France	2732
		AN518 La Barbade	Bridgetown	2652
		AN519 Antigua SE	English Harbour	2765

Cette route classique des alizés a été parcourue par toutes sortes de bateaux ces 500 dernières années, depuis que Christophe Colomb a appareillé en personne des Canaries pour repousser les limites du monde connu. Bien que l'on ait beaucoup appris sur les vents dominants et les prévisions météo pendant toutes les années qui se sont écoulées depuis, les suggestions de routes à suivre faites par Colomb après ses quatre voyages aux Antilles restent toujours valables et peuvent difficilement être améliorées. Ses deux traversées les plus rapides lui ont pris 21 jours, ce qui reste un temps excellent même avec nos critères actuels, en suivant une route pratiquement optimale pour la période considérée. Pour ces deux voyages, la flotte a d'abord pris une direction SW, jusqu'à ce qu'elle touche des alizés établis à proximité de la latitude 20°N, et ce n'est qu'à ce moment-là qu'elle a pris une direction ouest. Cette règle essentielle, de ne pas faire route vers la destination finale avant d'avoir atteint la zone des alizés, a été suivie depuis avec succès par tous les navigateurs.

En quittant Las Palmas, il est préférable de prendre une route d'abord sud, puis de la modifier en se dirigeant vers le SW. Le seul moment où cela vaut la peine de faire le tour par le nord de la Grande Canarie, c'est par vent de SW, et seulement si l'on peut passer l'extrémité SE de Tenerife sur un seul bord. L'autre solution est de rester bâbord amure, de passer au nord de Tenerife et ensuite au sud de la Palma. Quoi qu'il en soit, ce sont des conditions inhabituelles puisqu'à 90 % du temps, les vents sont du secteur nord, et donc une route vers le sud est recommandée. Ayant quitté Las Palmas au WP AN510, un mille au SSE du port, il ne faut pas être tenté de prendre une route SW trop tôt, car le déventement dû à l'île peut s'étendre jusqu'à 20 milles au large. Il est judicieux de faire route vers le WP AN511. En fonction des conditions météo, de ce point, on peut faire route jusqu'au WP AN514. C'était le point de départ traditionnel, d'où partaient ensuite les bateaux vers l'île de leur destination finale. Les navigateurs d'aujourd'hui qui disposent de meilleures informations météo, ne doivent utiliser ce waypoint que comme référence et ne s'y diriger uniquement que si les conditions météo les y obligent.

Les bateaux qui partent d'autres ports des Canaries ont le choix de passer soit au nord soit au sud de Hierro. Ceux qui souhaitent suivre les traces de Christophe de Colomb en partant de San Sebastian de la Gomera, WP AN512, peuvent faire route sur le WP AN513, et de là vers le WP AN514. Un autre point de départ très prisé est le port de Santa Cruz sur l'île de La Palma. En partant de ce port, on peut suivre une route sud, vers la pointe sud de l'île, d'où l'on peut ensuite faire route vers le point WP AN514.

Tous les livres qui ont été écrits sur les traversées transatlantiques ont quelque chose à dire sur la meilleure route par les alizés, bien que l'on ne puisse pas rajouter grand-chose à ce qu'avait déjà trouvé Christophe Colomb lui-même. La première chose à faire est de quitter aussi vite que possible la zone de calmes plats et de vents variables qui entoure les Canaries. Avec un peu de chance, un vent de nord peut se lever, autrement, il faut s'attendre à devoir patienter ou faire du moteur. Le vieux conseil qui consiste à faire route sur le point 25°N 25°W, nécessite quelque aménagement, car les alizés sont rarement établis jusqu'à 25° N, cette recommandation ne pourra donc être suivie que pendant l'été. Une autre recommandation plus pertinente et souvent réitérée, est de naviguer SSW les 1 000 premiers milles après le départ, de façon à passer à 200 ou 300 milles au nord-ouest des îles du Cap-Vert, avant de prendre une route vers l'ouest. Passer près des îles du Cap-Vert est utile parce que l'on trouve généralement à cette latitude des vents de secteur ENE. Néanmoins, le nombre de milles supplémentaires représentés par ce détour doit aussi être pris en compte. En prenant une route plus directe qui coupe la latitude 20°N à peu près par 30°W (WP AN514), et la latitude 15°N à environ 40°W (WP AN515), on trouvera probablement les alizés un peu plus tard, mais cela a l'avantage d'être plus court. Malheureusement, il n'y a pas vraiment de règle établie, le temps peut varier d'une année à l'autre, et certaines années des bateaux ont fait des traversées très rapides en prenant la route la plus courte.

La direction des alizés de NE devient plus Est plus l'on va vers l'ouest et en général, ils prennent une composante sud à l'approche de l'été. Leur force n'est pas constante et la moyenne de force 4 mentionnée dans certaines publications n'est qu'une moyenne et rien d'autre. Bien qu'il y ait rarement de vent de la force d'un coup de vent en hiver, sauf pendant les grains, entre décembre et mars les alizés peuvent souffler à force 6 pendant des jours entiers, accompagnés par une forte houle. La houle elle-même, n'est régulière et stable en direction que si le vent a soufflé du même secteur pendant une longue période ; autrement, une houle croisée n'est pas rare sur cette route, avec la houle générée par le vent qui se superpose à une autre houle créée par une quelconque tempête à plusieurs milliers de milles de là. Certaines années, les navigateurs se sont plus plaints de la houle inconfortable que de la force ou du manque de vent. Il semble que pratiquement aucun voyage ne puisse éviter au moins une période de calmes, allant de quelques heures à plusieurs jours. Ces périodes sont en général suivies par un retour en force des alizés, précédé par une succession de grains. Cette route bénéficie du courant des Canaries et du courant Nord-Equatorial qui portent vers le SW et l'ouest à une moyenne d'un demi-nœud. Leur constance n'est pas vraiment fiable, mais leur direction, elle, l'est.

Les recommandations ci-dessus s'appliquent avec quelques petits ajustements pour toutes les destinations des Petites Antilles, depuis Trinidad au sud, à Antigua au nord. Une fois que l'on a touché les alizés, on peut prendre la meilleure route vers n'importe quelle île, et pour les cent derniers milles, on naviguera à la latitude de l'île d'arrivée. La route vers les Iles Vierges passe tellement près d'Antigua qu'il est conseillé d'y faire son atterrissage avant de continuer. La même recommandation s'applique pour toutes les îles qui se situent sous le vent d'Antigua.

Les points d'atterrissage les plus fréquentés dans les Antilles de l'Est sont :

– AN516 St Lucie, 4 milles à l'est du cap Marquis, sur la côte NE de St Lucie. Après avoir longé la côte nord de St Lucie, on trouvera la marina de Rodney Bay, qui constitue un excellent point d'atterrissage, où l'on peut faire les formalités d'entrée.

– AN517 Martinique, 3 milles au SSE de la Martinique. L'endroit le plus proche pour accomplir les formalités est le Cul de Sac du Marin, un petit port à la pointe SE de l'île. C'est plus pratique que la capitale Fort de France, qui se trouve 25 milles plus au nord sur la côte.

– AN518 La Barbade, 9 milles à l'est de South Point, l'extrémité sud de La Barbade. Il faut éviter par gros temps les hauts-fonds qui se trouvent au SE de la pointe, car la mer brise dessus. On peut faire les formalités au port commercial de Bridgetown, au nord de Carlisle Bay, le mouillage recommandé.

– AN519 au sud-est d'Antigua, à 2 milles au SSE de English Harbour, sur la côte SE d'Antigua. On peut faire les formalités dans le port historique tout proche d'English Harbour.

AN52 *Des Canaries aux îles du Cap-Vert*

MEILLEURE PÉRIODE	octobre à mai			
SAISON DES CYCLONES	aucune			
CARTES ROUTIÈRES	BA : 4104	SHOM : 6561		
	US : 120			
INSTRUCTIONS NAUTIQUES	BA : 1	SHOM : C4		
	US : 143			
GUIDES DE CROISIÈRE	*Iles de l'Atlantique*			
WAYPOINTS				
Départ	*Intermédiaire*	*Atterrissage*	*Destination*	*Distance (M)*
AN520 Las Palmas 28°07'N, 15°24'W	AN521 Canaries S 27°25'N, 15°30'W	AN522 São Vicente 17°00'N, 25°00'W	Mindelo *16°53'N, 25°00'W*	867

Cette route est empruntée par les bateaux qui font étape aux îles du Cap-Vert dans leur traversée transatlantique ou qui descendent sur l'Afrique de l'Ouest. Comme l'une des routes recommandées pour aller des Canaries aux Petites Antilles passe au NW de ces îles, on peut faire un détour facilement. Bien que l'on ne puisse faire qu'un approvisionnement assez restreint à Mindelo, sur São Vicente, l'île principale du groupe, les îles du Cap-Vert sont un bon point de départ pour une traversée de l'Atlantique, parce qu'elles se trouvent dans la zone des alizés, et que l'on fait des traversées assez rapides à ces latitudes. La plupart des bateaux qui s'arrêtent là avant de traverser l'Atlantique, y refont le plein de gazole. A moins que l'on n'ait vraiment plus beaucoup de gazole, ou que l'on veuille visiter les îles, cela ne sert pas à grand-chose de s'arrêter aux îles du Cap-Vert, car l'on utilisera bien moins de gazole pour atteindre les Antilles que ce qu'on a utilisé pour rejoindre le Cap-Vert depuis les Canaries. Plutôt que de consommer du gazole pour les atteindre, il vaut mieux réduire sa consommation plus tôt et prendre la route la plus économe en gazole depuis les Canaries.

Ceux qui veulent s'arrêter dans une des îles du Cap-Vert, doivent prendre une route directe du WP AN521, au sud de la Grande Canarie, vers le WP AN552, au nord de São Vicente. Pendant les mois d'hiver, de mi-décembre ou début janvier, jusqu'à avril, les alizés de NE soufflent fort entre les Canaries et le Cap-Vert. Le courant des Canaries qui porte au SW, et qui rejoint le courant Nord-Equatorial à proximité des îles, assure des traversées rapides. La visibilité près des îles est souvent assez mauvaise, à cause de la brume ou de l'harmattan, qui est chargé de poussière et qui souffle en hiver. En octobre et novembre, les vents entre ces deux groupes d'îles ont une direction moins constante, bien que les alizés de NE s'établissent graduellement à l'approche des îles du Cap-Vert. La zone au sud du Cap-Vert est sujette à la mousson de SW de juin à octobre, bien que la fréquence des vents de sud soit très faible au nord de 15°N, même au pic de la mousson de SW. Les vents de nord les plus forts et les mieux établis entre les deux groupes d'îles ont été enregistrés en été, entre juillet et septembre, quand 90 % des vents soufflent du nord.

Il y a trois ports d'entrée officiels : Mindelo (16°53'N, 25°00'W), Praia (14°54'N, 23°31'W), et Sal (16°45'N, 23°00'W). Les deux premiers ports ont de meilleurs services et possibilités d'approvisionnement, tandis que Sal a un aéroport international, qui est intéressant pour ceux qui veulent effectuer un changement d'équipage ou rentrer chez eux en cas d'urgence. Pour visiter n'importe quel endroit du Cap-Vert en dehors des ports mentionnés ci-dessus, on a besoin d'une autorisation spéciale écrite de l'immigration, que l'on peut obtenir lorsque l'on fait les formalités dans l'un de ces ports.

AN53 *Des Canaries à l'Afrique de l'Ouest*

MEILLEURE PÉRIODE	octobre à mai			
SAISON DES CYCLONES	aucune			
CARTES ROUTIÈRES	BA : 4104 US : 120	SHOM : 6624		
INSTRUCTIONS NAUTIQUES	BA : 1 US : 143	SHOM : C4		
GUIDES DE CROISIÈRE	*Cruising Guide to West Africa.*			
WAYPOINTS				

Départ	*Intermédiaire*	*Atterrissage*	*Destination*	*Distance (M)*
AN530 Las Palmas 28°07'N, 15°24'W	AN531 Canaries S 27°25'N, 15°30'W AN532 Blanc 20°50'N, 18°15'W		Nouadhibou *20°54'N, 17°03'W*	533
AN530 Las Palmas	AN531 Canaries S AN532 Blanc AN533 Cap-Vert 14°45'N, 17°35'W		Dakar *14°42'7N, 17°25'5W*	842
AN530 Las Palmas	AN531 Canaries S AN532 Blanc AN534 Bald 13°35'N, 16°55'W		Banjul *13°26'5N, 16°34'5W*	929

Il y a de plus en plus de bateaux qui vont vers l'Afrique de l'Ouest, certains sont sur leur route vers le Brésil, d'autres font simplement le détour avant de traverser l'Atlantique vers les Caraïbes. Les conditions pour les bateaux de croisière s'améliorent graduellement dans cette région qui présente beaucoup d'intérêt, les officiels et les locaux s'habituant à cet afflux de voiliers.

Le meilleur moment pour traverser vers le sud est l'hiver, quand on pourra trouver des vents favorables le long de la côte de Mauritanie et du Sénégal. Les alizés de NE sont bien établis jusqu'à la latitude de Dakar, mais au sud de 13°N, ils deviennent de plus en plus légers, et en dessous de 10°N ils peuvent devenir variables. Au sud de la latitude de Dakar les vents sont influencés par la mousson de SW d'été, quand les vents de SW et d'ouest sont prédominants. Le courant le long de la côte jusqu'à Dakar porte toujours au sud. Plus au sud, on peut rencontrer un courant contraire pendant la mousson de SW.

Les bateaux qui partent de Las Palmas doivent faire route vers le WP AN531 au sud de la Grande Canarie, d'où l'on peut ensuite prendre une route pour le WP AN532, à 60 milles au large du cap Blanc. Si l'on n'a pas l'intention de s'arrêter en Mauritanie, il vaut mieux rester bien au large pour éviter non seulement les hauts-fonds et un grand nombre de bateaux de pêche, mais aussi pour éviter le risque d'être arraisonné par des navires de la marine mauritanienne, qui patrouillent dans la zone contestée de l'ex-Sahara espagnol. Ceux qui veulent faire escale à Nouadhibou, le port principal de Mauritanie, devront faire attention en approchant des côtes et devront essayer de faire leur atterrissage au NW du cap Blanc à l'aube, de façon à atteindre le port de jour. Si l'on continue sur le Sénégal, St Louis, à l'extrémité nord du pays, à la frontière avec la Mauritanie, a longtemps servi de port d'entrée, mais il y a une barre dangereuse à l'entrée, et il est donc difficile pour un voilier d'y entrer.

Les bateaux allant sur Dakar devront suivre la même route jusqu'au WP AN532, d'où le waypoint suivant AN533 est à environ 10 milles au large du Cap-Vert, au nord de Dakar. On fera attention à l'approche de cette zone à cause de l'important trafic maritime. Le Cap-Vert, un traditionnel cimetière à bateaux, devra être bien arrondi. Les bateaux entrant à Dakar devront passer au sud et à l'est de l'île de Gorée. La position du mouillage recommandée pour les yachts est : 14°42'7N, 17°25'5W.

Si l'on part de Dakar vers Banjul, l'heure d'arrivée à l'entrée de la rivière Gambie doit être prévue pour coïncider avec la marée montante. Les bateaux qui ne s'arrêtent pas à Dakar et qui vont sur Banjul devront rester bien au large du Cap-Vert, et après l'avoir passé, prendre une route vers le WP AN534, au NW, au large du cap Bald à l'approche de Banjul, la capitale et l'unique port de Gambie. Comme l'entrée de la rivière est encombrée par des hauts-fonds, il n'est pas conseillé d'y entrer de nuit. La position du mouillage que fréquentent les bateaux de passage est : 13°26,5'N, 16°34,5'W, mais comme il y a eu pas mal de témoignages de vols effectués sur des bateaux, il faut prendre des mesures de sécurité ou trouver un autre mouillage. Le permis pour remonter la rivière Gambie, qui est navigable sur 200 milles, peut être obtenu auprès du capitaine du port de Banjul.

Toutes les rivières de cette zone sont navigables et même des quillards peuvent les remonter assez loin. Une rivière appréciée par les bateaux de passage est la Casamance qui appartient au Sénégal et se trouve au sud de l'enclave Gambienne. La ville principale sur la Casamance est Ziguinchor (12°35'N, 16°16,5'W), à peu près à 50 milles en amont. Les bateaux doivent d'abord faire leur entrée à Dakar, car on ne peut toujours pas faire son entrée au Sénégal à Ziguinchor. Il y a parfois des officiels qui contrôlent les papiers à Elinkine, à environ 30 milles en aval de Ziguinchor, qui se trouve être le principal centre touristique (12°30'N, 16°40'W). La rivière Saloum est aussi navigable avec pas mal de centres d'intérêt dans sa partie basse. Les cartes françaises pour l'Afrique de l'Ouest sont connues pour être meilleures que les cartes britanniques ou américaines.

AN54 *Des Canaries aux Bahamas*

MEILLEURE PÉRIODE	mars à mai	
SAISON DES CYCLONES	juin à novembre	
CARTES ROUTIÈRES	BA : 4012	SHOM : 6561
	US : 120	
INSTRUCTIONS NAUTIQUES	BA : 1, 70	SHOM : C4
	US : 140, 143, 147	
GUIDES DE CROISIÈRE	*Yachtsman's Guide to the Bahamas, Bahamas Cruising Guide.*	
WAYPOINTS		

Départ	*Intermédiaire*	*Atterrissage*	*Destination*	*Distance (M)*
AN540 Las Palmas 28°07'N, 15°24'W	AN541 20°00'N, 60°00'W	AN542 Salvador 23°54'N, 74°32'W	Cockburn Town *24°03'N, 74°31'5W*	3328

A l'exception de Christophe Colomb qui prit cette route en 1492, établissant ainsi un lien permanent entre l'ancien et le nouveau monde, peu de bateaux tentent aujourd'hui de traverser sans escale vers les Bahamas. En 1992, à l'occasion du 500e anniversaire de ce voyage historique, cette route traditionnelle fut suivie par de nombreux bateaux, leurs équipages commémorant ainsi l'exploit de l'un des plus grands navigateurs de l'histoire. Cette route peut être utile pour des bateaux qui veulent aller vers le sud des USA directement depuis les Canaries.

N'étant pas au courant des saisons des cyclones quand il partit découvrir de nouvelles terres, Colomb a effectué sa traversée depuis les Canaries en septembre, a eu beaucoup de chance d'avoir du beau temps tout au long de sa route, sinon, l'histoire du monde aurait pu être très différente. Armé de toutes les connaissances modernes sur le comportement des cyclones aux Antilles, on ne doit pas tenter de traverser avant fin novembre. Pour la section transatlantique du voyage, les instructions sont les mêmes que celles données dans la route AN51. Quoi qu'il en soit, en fonction des conditions météo, il n'est pas forcément nécessaire de partir aussi au sud que les bateaux qui vont dans le sud des Antilles. Si les alizés vont jusqu'au 20°N, ou même plus loin, il est possible de prendre une route plutôt directe.

Quelle que soit la route choisie pour traverser l'Atlantique, à l'approche des Antilles, on doit essayer de naviguer au-dessus du WP AN541, pour rester au large des îles telles que Anguilla et Sombrero où de nombreux bateaux se sont échoués par le passé. De là, on peut prendre une route qui reste à bonne distance des groupes d'îles Turks et Caicos avant de se rapprocher de San Salvador qui est balisée par un phare puissant. Après avoir fait son atterrissage au WP AN542, 5 milles au SE de Sandy Point, l'extrémité SW de San Salvador, on devra passer à bonne distance de la partie ouest de l'île avant de s'approcher du village principal de Cockburn Town. Les formalités d'entrée peuvent y être faites, ou alors un mille plus au nord à la marina de Riding Rock, qui n'a pas une entrée très facile, avec une profondeur maximale de 2,10 m à marée haute.

AN55 *Des Canaries aux Bermudes*

MEILLEURE PÉRIODE	avril à mai			
SAISON DES CYCLONES	juin à novembre			
CARTES ROUTIÈRES	BA : 4012 US : 120	SHOM : 6561		
INSTRUCTIONS NAUTIQUES	BA : 1, 70, 71 US : 140, 143, 147	SHOM : C4		
GUIDES DE CROISIÈRE	*Bermuda Yachting Guide.*			
WAYPOINTS				
Départ	*Intermédiaire*	*Atterrissage*	*Destination*	*Distance (M)*
AN550 Las Palmas 28°07'N, 15°24'W	AN551 25°00'N, 60°00'W	AN552 Bermudes E 32°22'N, 64°38'W	St George's *32°22'N, 64°40'W*	2894

Le nombre de bateaux qui traversent sans escale des Canaries aux Bermudes est assez peu élevé, probablement parce que les bonnes conditions de navigations sur cette route coïncident avec le début de la saison des cyclones dans l'Atlantique Ouest. La plus grande fréquence de cyclones aux Bermudes a été enregistrée de mi-août à mi-octobre, juin et juillet étant considérés comme étant des mois relativement sûrs.

Pour tous ceux qui sont pressés de rentrer aux USA, cette route est la plus conseillée, car c'est là qu'ont eu lieu les traversées les plus rapides. Si l'on effectue la traversée pendant la bonne saison, de novembre à avril, il faut prendre une route sud qui passe tellement près des Petites Antilles que l'on peut facilement s'y arrêter. Comme le soleil change de déclinaison et commence à se déplacer vers le nord, la zone des alizés fait de même et au printemps ou en début d'été, une traversée vers les Bermudes peut être effectuée entre les latitudes 20° et 25°N. On trouve des vents de NE constants et plus tard d'Est sous ces latitudes pendant la plus grande partie de cette traversée transatlantique. On devra résister à la tentation de modifier trop tôt la route pour les Bermudes, sinon on risque de se retrouver dans une zone de vents variables. On doit donc aller vers le WP AN551, de façon à approcher les Bermudes par le SSE. Pour la partie restante, les vents devraient être de SW, la direction des vents dominants aux Bermudes durant l'été. On pourra faire un atterrissage au WP AN522, à l'est de St David's Head, à l'approche du Town Cut qui mène au port de St George, où l'on peut faire les formalités d'entrée.

AN56 *Des Canaries aux Açores*

MEILLEURE PÉRIODE	mai à août			
SAISON DES CYCLONES	aucune			
CARTES ROUTIÈRES	BA : 4104 US : 12	SHOM : 6561		
INSTRUCTIONS NAUTIQUES	BA : 1, 67 US : 143	SHOM : C4		
GUIDES DE CROISIÈRE	*Iles de l'Atlantique.*			
WAYPOINTS				
Départ	*Intermédiaire*	*Atterrissage*	*Destination*	*Distance (M)*
AN560 Santa Cruz 28°40.5'N, 17°45.5'W	AN561 La Palma 28°52'N, 17°45'W	AN562 Santa Maria 36°54'N, 25°09'W	Vila do Porto *36°56'N, 25°08'5W*	623
AN560 Santa Cruz	AN561 La Palma	AN563 Faial 38°30'N, 28°36'W	Horta *38°32'N, 28°37'5W*	811

Les vents que l'on a le plus de chances d'avoir pendant l'été sont des vents de NE, ce qui oblige à naviguer au près, spécialement pour ceux qui partent d'une des îles les plus à l'ouest telles que La Palma. On peut avoir un courant contraire qui peut aller jusqu'à un demi-nœud. Bien que les Açores soient considérées comme étant hors de la région des cyclones, quelques très rares cyclones ont atteint l'archipel. Dans ces cas-là, leur arrivée est bien prévue de sorte que l'on peut prendre les précautions adéquates.

En prenant comme point de départ le WP AN561, au NE de La Palma, la route directe vers Ponta Delgada, la capitale des Açores, passe si près de l'île de Santa Maria que l'on peut décider de s'arrêter dans son port principal, Vila do Porto. Dans ce cas, on devra prendre la route qui va jusqu'au WP AN562, 2 milles au sud de ce port. Il y a une autre destination, Horta, sur l'île de Faial. Dans ce cas, il faudra faire l'atterrissage au WP AN563, 3 milles au SE du port de Horta.

En quittant les Canaries d'une des îles à l'est de Tenerife, on peut faire escale à Madère, et de là, les instructions sont les mêmes que celles de la route AN43.

AN57 *Des Canaries à Madère*

MEILLEURE PÉRIODE	avril à juin, Octobre	
SAISON DES CYCLONES	aucune	
CARTES ROUTIÈRES	BA : 4104	SHOM : 6624
	US : 104	
INSTRUCTIONS NAUTIQUES	BA : 1	SHOM : C4
	US : 143	
GUIDES DE CROISIÈRE	*Iles de l'Atlantique.*	
WAYPOINTS		

Départ	*Intermédiaire*	*Atterrissage*	*Destination*	*Distance (M)*
AN571 Graciosa 29°13'N, 13°33'W		AN572 Madère 32°38'N, 16°54'W	Funchal *32°37'5N, 16°54'5W*	269
AN573 Las Palmas 28°08'N, 15°24'W	AN574 Isleta 28°09'N, 15°23'W			
	AN575 Salvagem 30°10'N, 15°45'W	AN572	Funchal	283

Comme les vents dominants pendant l'été sont de secteur nord, il faut mieux effectuer cette traversée soit au printemps, soit en automne. Idéalement, il faudrait attendre une période de vent de sud pour partir des Canaries. A n'importe quel moment, mais tout spécialement pendant l'été, il peut être plus facile de rejoindre d'abord Lanzarote, d'où l'on aura le vent sous un meilleur angle pour rejoindre ensuite Madère. Dans ce cas, le meilleur point de départ des Canaries est la petite île de Graciosa, au nord de Lanzarote.

La route directe à partir de Tenerife ou de la Grande Canarie passe près des îles Salvages, qui se trouvent approximativement à mi-chemin entre les deux groupes d'îles. Comme on n'a pas le droit de descendre à terre sur ces îles sans permis et que la zone est pleine de dangers, il vaut mieux les passer à bonne distance. En cas d'urgence, on peut trouver refuge dans le mouillage de la baie de Cagarras (30°08'3N, 15°52'2W), dans la partie SW de la Grande Salvage, où est basé le gardien. A partir de la Grande Salvage, la route doit éviter les dangers qui se trouvent au nord de l'île, avant de pouvoir faire route directe vers Funchal ou la marina Quinta do Lorde, près de Caniçal.

AN58 *Des Canaries à Gibraltar*

Meilleure période	avril à mai	
Saison des cyclones	aucune	
Cartes routières	BA : 4104	SHOM : 6624
	US : 104	
Instructions Nautiques	BA : 1, 67	SHOM : C4
	US : 143	
Guides de croisière	*Straits Sailing Handbook.*	
Waypoints		

Départ	*Intermédiaire*	*Atterrissage*	*Destination*	*Distance (M)*
AN580 Las Palmas 28°08'N, 15°24'W	AN581 Isleta 28°09'N, 15°23'W			
	AN582 33°00'N, 11°00'W			
	AN583 Espartel 35°52'N, 6°00'W			
	AN584 Hoyo 36°04'N, 6°20'W			
	AN585 Tarifa 35°59'N, 5°36'W			
	AN586 Carnera 36°03'N, 5°25'W	AN587 Gibraltar 36°08'N, 5°22'W	Marina Bay *36°09'N, 5°21'W*	709

La période recommandée pour effectuer cette traversée est la fin du printemps, avant que les vents de NE d'été ne s'établissent. Si l'on rencontre des vents de nord bien établis après avoir quitté les Canaries, il peut s'avérer nécessaire de couper la traversée en deux et de faire escale à Madère, en s'arrêtant à Funchal ou Porto Santo, pour attendre un changement de temps. On peut aussi attendre ce changement de temps au mouillage de la Grande Salvage (voir la route AN57).

Si les conditions météo permettent de faire une route relativement directe depuis Las Palmas, on pourra faire route vers le waypoint intermédiaire WP AN582. De là, on fera route vers le WP AN583, à quelque 5 milles au NW du cap Spartel, à l'approche du détroit de Gibraltar. Les instructions pour passer le détroit sont données dans les routes AN16 et AN21.

AN60 ROUTES DEPUIS LE CAP-VERT ET L'AFRIQUE DE L'OUEST

L'ancienne colonie des îles du Cap-Vert est un petit groupe d'îles à 200 milles au large de la côte ouest de l'Afrique, qui furent très utilisées par les navires à vapeur pour se réapprovisionner en charbon. Elles furent ensuite redécouvertes comme escale pratique pour ceux qui désirent raccourcir leur traversée de l'Atlantique en direction des Caraïbes ou qui descendent vers le Brésil. Comme le Cap-Vert se trouve dans la zone des alizés de NE, les vents dominants sont de NE pratiquement tout au long de l'année, en étant plus forts de février à juin, avec des vents de 25 nœuds ou plus la plupart du temps.

Comme la zone de convergence se déplace vers sa position la plus septentrionale en été, on a alors plus de vents variables, avec en août et septembre un vent frais de sud, à l'époque de la mousson de SW.

A proximité de la côte de l'Afrique de l'Ouest, les forts alizés de NE soufflant à travers le continent africain de décembre à février peuvent créer l'harmattan. Cela génère souvent une brume de poussière qui recouvre les bateaux et les voiles d'une couche rougeâtre. Caractérisée par un ciel jaune et un horizon estompé, cette brume réduit la visibilité à quelques centaines de mètres, mais même si l'on a une visibilité de plusieurs milles, elle rend l'estimation des distances en mer très difficile, jusqu'à ce que l'on voie la terre ou un objet. On doit donc redoubler d'attention en approchant du Cap-Vert dans ces conditions.

Si l'on veut avoir un aperçu de l'Afrique, quelques-unes des plus belles croisières de ce continent peuvent se faire au Sénégal et en Gambie avec la possibilité de remonter les plus grandes rivières de cette région. Bien qu'une croisière en Afrique de l'Ouest soit souvent incluse dans le programme d'un plus long voyage par ceux qui veulent traverser l'Atlantique plus au sud vers le Brésil, le nombre de bateaux de croisière y augmente régulièrement. Comme dans d'autres parties du monde, ceux qui ont découvert ces nouvelles zones de croisière étaient français, aidés en partie par le fait que certains de ces pays étaient d'ex-colonies françaises, où le français est couramment parlé. La meilleure période pour visiter cette région est pendant les mois d'hiver, de décembre à avril, quand les températures sont agréables et qu'il ne pleut pas trop. Les mois d'été sont chauds, humides et pluvieux.

Commencer la traversée de l'Atlantique en partant de la côte ouest de l'Afrique ou du Cap-Vert ne présente pas de difficulté particulière, puisque les vents sont souvent favorables. Cela peut devenir plus difficile si on veut faire le chemin inverse, c'est-à-dire retourner en Europe, des bateaux ont dû remonter contre les vents de NE dominants et la plupart ont fait escale aux Açores.

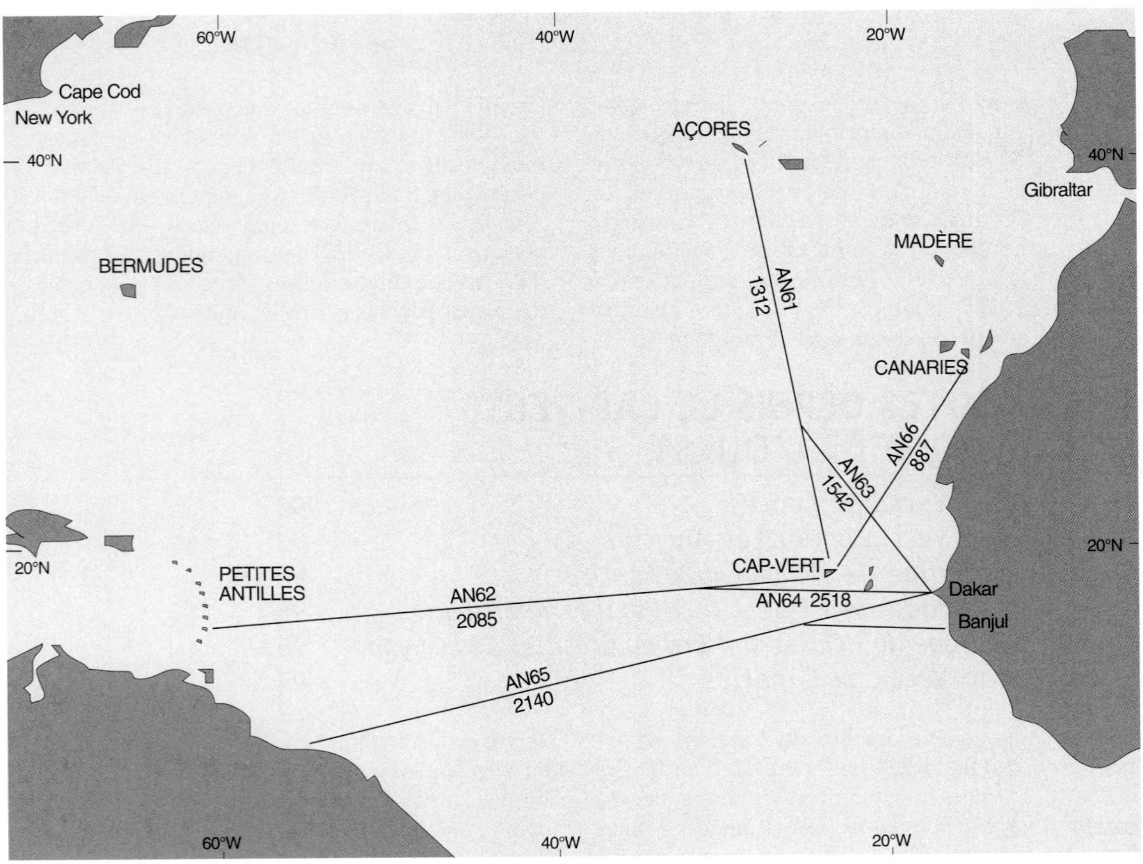

AN60 Routes depuis le Cap-Vert et l'Afrique de l'Ouest

AN61 *Du Cap-Vert aux Açores*

Meilleure période	juin à août	
Saison des cyclones	aucune	
Cartes routières	BA : 4012 US : 12	SHOM : 6561
Instructions Nautiques	BA : 1, 71 US : 140, 143	SHOM : C4
Guides de croisière	*Iles de l'Atlantique.*	
Waypoints		

Départ	*Intermédiaire*	*Atterrissage*	*Destination*	*Distance (M)*
AN610 São Vicente 16°54'N, 25°01'W			Vila do Porto *36°56'N, 25°09'W*	1202
			Ponta Delgada *37°44'N, 25°40'W*	1251
			Horta *38°32'N, 28°37'5W*	1312
			Lajes *39°23'N, 31°10'W*	1387

Les vents de nord soufflent en moyenne 80 % du temps sur la route entre ces deux groupes d'îles. La période optimale se trouve donc à la fin du printemps ou au début de l'été, quand la proportion de vents de NE est la plus forte de l'année. En fonction du type de bateau que l'on a, on devrait pouvoir gagner les Açores sur un seul bord. Un avantage supplémentaire peut être apporté par une dépression qui couperait votre trajectoire plus haut en latitude, et bien que les vents de SW qui en résultent puissent rendre les conditions inconfortables, au moins les vents souffleront d'une direction favorable. Les vents de SW sont assez rares à la latitude du Cap-Vert, bien qu'ils apparaissent par moment en été, cela peut donc valoir la peine d'attendre d'avoir un vent de SW avant de partir du Cap-Vert. Les vents vers la fin de la traversée sont grandement influencés par la position de l'anticyclone des Açores. Pouvoir avoir accès à des prévisions météo récentes, peut faciliter grandement le choix de la route la plus favorable.

Il y a plusieurs destinations possibles aux Açores, par exemple Ponta Delgada, la capitale de l'archipel. La route passe si près de l'île de Santa Maria, que l'on peut décider de s'y arrêter d'abord, dans le port de Vila do Porto. A cause des vents de NE que l'on a en route, il vaut mieux faire son atterrissage plus à l'ouest, à Horta par exemple, sur l'île de Faial, ou même à Lajes, sur l'île la plus à l'ouest, Florès.

AN62 *Du Cap-Vert aux Petites Antilles*

Meilleure période	décembre à avril	
Saison des cyclones	juin à novembre	
Cartes routières	BA : 4012 US : 12	SHOM : 6561
Instructions Nautiques	BA : 1, 71 US : 140, 143, 147	SHOM : C4, H5
Guides de croisière	*Sailor's Guide to the Windward Islands, Cruising Guide to the Leeward Islands, Guide des Antilles (J.Patuelli), Pilote côtier Antilles (A.Rondeau).*	

WAYPOINTS

Départ	*Intermédiaire*	*Atterrissage*	*Destination*	*Distance (M)*
AN620 São Vicente 16°53'N, 25°00'W		AN621 Ste Lucie 14°03'N, 60°50'W	Rodney Bay *14°04'5N, 60°58'5W*	2085
		AN622 Martinique 14°22'N, 60°51'W	Fort de France *14°36'N, 61°05'W*	2094
		AN623 La Barbade 13°02'N, 59°23'W	Bridgetown *13°06'N, 59°38'W*	2019
		AN624 Antigua SE 16°57'N, 61°45'W	English Harbour *17°00'N, 61°46'W*	2110

Christophe Colomb fut le premier à voir dans ces îles un meilleur tremplin pour une traversée de l'Atlantique par les alizés que les Canaries, et c'est de là qu'il commença son troisième voyage vers les Antilles. L'avantage de cette route ne se trouve pas seulement dans le fait que de là, la traversée est plus courte, mais aussi, parce que le Cap-Vert se trouve la plupart de l'année au cœur des alizés de NE. Les traversées les plus rapides sont généralement réalisées par des bateaux qui partent du Cap-Vert, sans descendre trop au sud dans la zone où les alizés deviennent moins constants. La route orthodromique est souvent la meilleure pour effectuer la traversée.

AN63 *De l'Afrique de l'Ouest aux Açores*

MEILLEURE PÉRIODE	avril à août	
SAISON DES CYCLONES	aucune	
CARTES ROUTIÈRES	BA : 4012 US : 12	SHOM : 6561
INSTRUCTIONS NAUTIQUES	BA : 1, 67 US : 140, 143	SHOM : C4
GUIDES DE CROISIÈRE	*Iles de l'Atlantique.*	

WAYPOINTS

Départ	*Intermédiaire*	*Atterrissage*	*Destination*	*Distance (M)*
AN631 Vert 14°45'N, 17°35'W			Vila do Porto *36°56'N, 25°09'W*	1391
			Ponta Delgada *37°44'N, 25°40'W*	1444
			Horta *38°32'N, 28°37'5W*	1542

Comme précédemment expliqué dans la route AN61, les vents de NE sont prédominants dans la zone au sud des Açores, et les traversées doivent donc être effectuées dans une période où la proportion de ces vents est la plus faible. En partant de l'un des ports de l'ouest africain et non du Cap-Vert, on a l'avantage d'avoir un meilleur angle par rapport au vent dominant, donc, à moins d'avoir une bonne raison de s'arrêter au Cap-Vert, il faut conserver une position est, plus favorable.

Si l'on part de Dakar, la route recommandée passe à l'est du Cap-Vert, et au cas où, l'île de Sal (16°45'N, 23°00'W) est le point d'atterrissage le plus pratique. On peut considérer que l'on perdra les alizés aux alentours de la latitude 25°N, d'où il doit être facile de faire route vers le nord. Au nord de 30°N, le temps et les vents dépendent entièrement de la position de l'anticyclone des Açores. S'il se trouve au sud de sa position saisonnière, on peut s'attendre à des vents légers à proximité des Açores. Il y a plusieurs destinations possibles aux Açores, par exemple Ponta Delgada, la capitale de l'archipel. La route passe si près de l'île de Santa Maria, que l'on peut décider de s'y arrêter d'abord, dans le port de Vila do Porto. A cause des vents de NE que l'on a en route, l'atterrissage se fera probablement plus à l'ouest, à Horta par exemple, sur l'île de Faial, ou même à Lajes, sur l'île la plus à l'ouest, Florès.

La date à laquelle on effectuera cette traversée peut dépendre aussi de la destination que l'on prendra après les Açores. Il n'est pas conseillé d'effectuer cette traversée avant avril, pour avoir une chance de voir les forts vents de NE d'hiver diminuer en force. Au sud de 15°N, ils sont remplacés en été par la mousson de SW, qui souffle entre le Sénégal et le Cap-Vert de juin à octobre. Le début de la mousson de SW est donc la meilleure période pour quitter l'Afrique de l'Ouest vers les Açores, où l'on bénéficiera de bons vents pendant au moins la première partie de la traversée.

AN64 *De l'Afrique de l'Ouest aux Petites Antilles*

Meilleure période	décembre à mai	
Saison des cyclones	juin à novembre	
Cartes routières	BA : 4012 US : 12	SHOM : 6561
Instructions Nautiques :	BA : 1, 71 US : 140, 143, 147	SHOM : C4, H5
Guides de croisière	*Sailor's Guide to the Windward Islands, Cruising Guide to the Leeward I slands.*	
Waypoints	*Guide des Antilles (J.Patuelli), Pilote côtier Antilles (A.Rondeau).*	

Départ	*Intermédiaire*	*Atterrissage*	*Destination*	*Distance (M)*
AN641 Vert 14°45'N, 17°35'W		AN643 Ste Lucie 14°03'N, 60°50'W	Rodney Bay *14°04'5N, 60°58'5W*	2518
		AN644 Martinique 14°22'N, 60°51'W	Fort de France *14°36'N, 61°05'W*	2528
		AN645 La Barbade 13°02'N, 59°23'W	Bridgetown *13°06'N, 59°38'W*	2449
		AN646 Antigua SE 16°57'N, 61°45'W	English Harbour *17°00'N, 61°46'W*	2551
AN642 Banjul 13°35'N, 16°55'W		AN643 Ste Lucie	Rodney Bay	2564
		AN644 Martinique	Fort de France	2574
		AN645 La Barbade	Bridgetown	2492
		AN646 Antigua SE	English Harbour	2601

Que l'on quitte un port du Sénégal ou de Gambie, on aura des vents favorables établis sur cette route tout au long des mois d'hiver. Si les vents sont d'ouest en quittant le continent africain, ce qui n'est pas rare pendant les mois d'été, il est recommandé de rester tribord amure. En s'éloignant vers le large, le vent virera et l'on pourra passer le Cap-Vert sans changer de bord. A partir du Cap-Vert, cette route est similaire à la route AN62. Le Cap-Vert est si proche de la route directe, que l'on peut y faire escale avant de continuer vers l'ouest. Si l'on part directement du continent africain et en particulier de ports plus au sud, on devra faire attention aux courants à proximité des côtes et durant la traversée de l'Atlantique. Il faut éviter de naviguer trop près de la limite sud des alizés de NE, car on risque d'être dépalé par une veine du courant Nord-Equatorial vers la zone des calmes plats et des vents plus instables. Plus de détails concernant le passage de l'Atlantique sont donnés dans la route AN51.

AN65 *De l'Afrique de l'Ouest au Nord du Brésil et à la Guyane*

Meilleure période	novembre à mai	
Saison des cyclones	aucune	
Cartes routières	BA : 4012	SHOM : 6815,6814
	US : 106, 107	
Instructions Nautiques	BA : 1, 7A	SHOM : C4
	US : 124, 143	

Waypoints

Départ	*Intermédiaire*	*Atterrissage*	*Destination*	*Distance (M)*
AN651 Cap-Vert 14°45'N, 17°35'W	AN653 10°00'N, 40°00'W		Degrad des Cannes *4°51'N, 52°16'W*	2140
			Paramaribo *5°50'N, 55°10'W*	2284
			Georgetown *6°49'N, 58°11'W*	2447
AN652 Banjul 13°35'N, 16°55'W	AN653		Degrad des Cannes	2169
			Paramaribo	2313
			Georgetown	2475

La meilleure période pour effectuer cette traversée est l'hiver, quand les alizés de NE descendent plus au sud. Si l'on part de l'un des ports situés au sud du fleuve Gambie, on devra suivre d'abord une route NW pour éviter une zone de vents faibles et variables près de l'équateur. Si l'on part du Sénégal, la route recommandée passe au sud du Cap-Vert. Dans les deux cas, on pourra établir une route vers le WP AN653. Ce waypoint intermédiaire est suggéré pour éviter les effets d'un courant contraire qui a été observé au sud de la latitude 10°N. Si le port d'arrivée se trouve au sud de cette latitude, on pourra faire route vers celui-ci après avoir passé le waypoint intermédiaire. Le courant Nord-Equatorial accélérera le passage tout au long de la route. Un fort courant portant au nord longe la côte de l'Amérique du Sud et ce courant doit être pris en compte lors de l'atterrissage. De dangereuses zones de hauts-fonds s'étendent au large de la côte, spécialement près des embouchures de rivières. Si l'on pénètre dans n'importe laquelle de ces rivières, il faut faire attention aux fortes marées.

Ce sont souvent les bateaux qui vont vers Belem et l'Amazone qui prennent cette route. Bien qu'une telle route s'inscrive dans une route transéquatoriale, la traversée de la Zone Intertropicale de Convergence (ZIC) devra se faire au nord de l'équateur, de façon à s'assurer les meilleures conditions. Connaître la position de la ZIC, grâce aux images satellites que l'on reçoit avec un fax météo, se révèle nécessaire dans ce cas pour minimiser le temps où l'on restera sous son influence. Des traversées très lentes, avec des grains violents et du courant contraire ont été enregistrées en été. La principale raison de traverser à cette époque est d'arriver en Amazonie au début de la saison sèche (juillet).

Les trois ex-Guyanes, la Française (Cayenne), la Hollandaise (Suriname), et la Guyana (britannique), attirent un petit nombre de bateaux de croisière. Les formalités d'entrée en Guyane française se font à Degrad des Cannes. Le port d'entée du Suriname est Paramaribo, il faut remonter à peu près 13 milles dans la rivière Suriname, où les bateaux font maintenant leur entrée au nouveau port de Nieu Haffen. La moins visitée des trois est la Guyana dont le seul port d'entrée officiel est Georgetown, sa capitale.

AN66 *Du Cap-Vert aux Canaries*

MEILLEURE PÉRIODE	février à mars			
SAISON DES CYCLONES	aucune			
CARTES ROUTIÈRES	BA : 4104	SHOM : 6815		
	US : 120			
INSTRUCTIONS NAUTIQUES	BA : 1	SHOM : C4		
	US : 143			
GUIDES DE CROISIÈRE	*Iles de l'Atlantique.*			
WAYPOINTS				
Départ	*Intermédiaire*	*Atterrissage*	*Destination*	*Distance (M)*
AN660 Praia *14°54'N, 23°30'W*				
		AN661 Hierro SE 27°43'N, 17°55'W	Estaca *27°47'N, 17°54'W*	850
		AN662 Gomera SE 28°00'N, 17°08'W	San Sebastian *28°05'N, 17°06'50W*	887

Cette traversée se fait contre le vent la plus grande partie de l'année, mais l'on peut parfois bénéficier d'une période de vents de SE souvent associée à une zone de basse pression au-dessus de l'Afrique de l'Ouest. En général, cela se produit en février et parfois en mars : cela peut valoir la peine d'attendre un créneau météo favorable avant de partir. En hiver, il peut occasionnellement y avoir des périodes de vents de NW dans la zone au sud des Canaries lorsqu'un front passe au nord de l'archipel. Les vents étant rarement constants entre les deux groupes d'îles, il est conseillé de tirer des petits bords et de ne pas trop s'éloigner de la route orthodromique. Pour les bateaux qui arrivent du sud, c'est à la capitale du Cap-Vert, Praia, que l'on trouve les meilleurs équipements et services. C'est aussi un bon point de départ pour la traversée vers le nord. On peut également choisir Mindelo, sur Sao Vicente, ou Sal. En quittant Praia, il vaut mieux contourner l'île par l'ouest avant de passer à l'est de l'île de Sao Nicolau. Les meilleurs points d'atterrissage aux Canaries sont les deux îles à l'ouest, Hierro et La Gomera.

AN70 ROUTES DEPUIS LES PETITES ANTILLES

Les îles Au vent et les îles Sous le vent restent les destinations de croisière les plus populaires de l'Atlantique Nord et, bien que couramment appelées les Caraïbes, leur nom correct est les Petites Antilles. La majorité des navigateurs, qu'ils viennent d'Europe ou d'Amérique du Nord, y passe souvent une saison de croisière avant de reprendre le chemin de la maison. Le plus grand exode a lieu entre mi-avril et fin mai, quand la plupart des bateaux partent soit pour les Bermudes soit directement sur les Açores. La route pour les Bermudes est prise par les bateaux qui naviguent vers la côte est de l'Amérique du Nord et par les Européens qui rentrent chez eux. La route directe sur les Açores, sans s'arrêter aux Bermudes, a gagné en popularité ces dernières années, parce qu'elle est

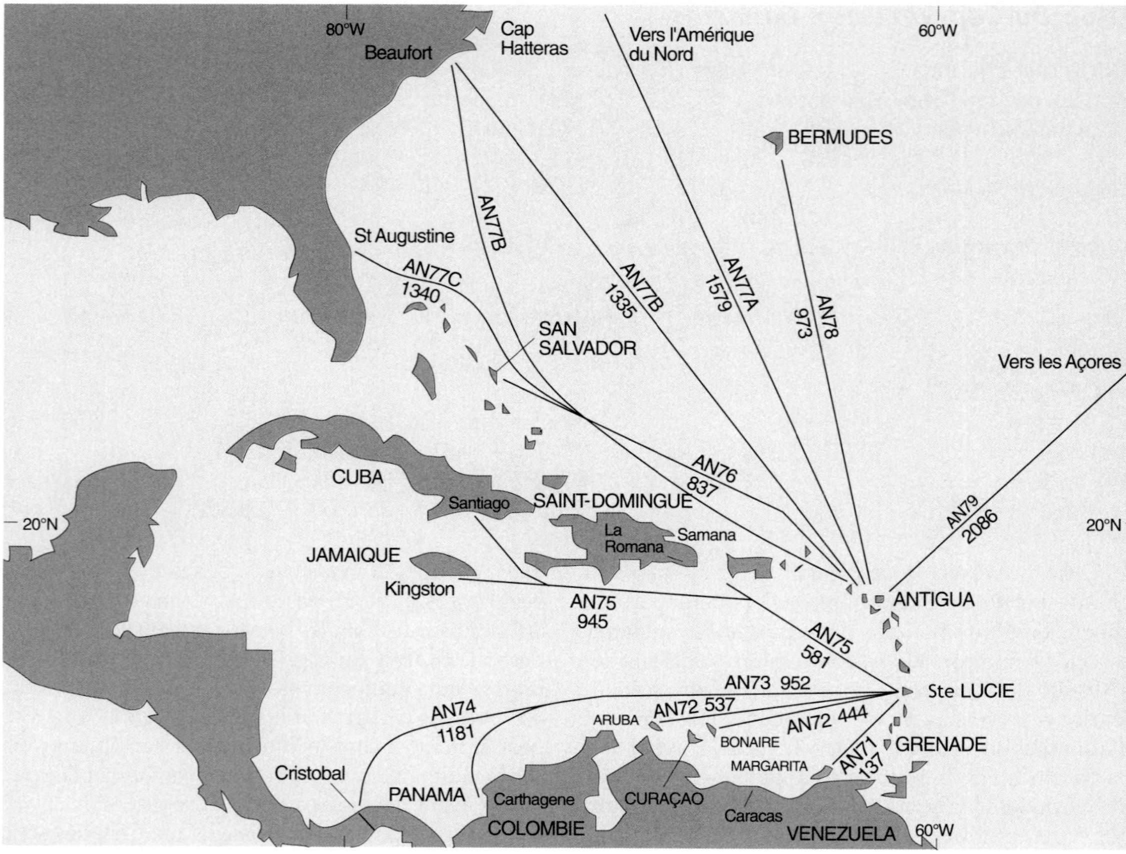

AN70 Routes depuis les Petites Antilles

plus courte de plusieurs centaines de milles, même si les vents favorables sont plutôt une exception qu'une règle générale sur cette route directe qui passe par les calmes des *Horse Latitude* et par l'ignominieuse mer des Sargasses.

Ceux qui traversent la mer des Caraïbes elle-même, la plupart vers le canal de Panama, auront beaucoup plus de vent. Si ce passage se fait en hiver, quand les alizés sont au plus fort, on peut s'attendre à une mer très formée sur la route vers Panama. La situation s'améliore à l'approche de l'été et les passages effectués en avril ou en mai sont plus confortables. Plutôt que d'aller directement sur Panama, beaucoup de bateaux traversent maintenant la mer des Caraïbes en plusieurs étapes, en s'arrêtant sur les îles au large du Venezuela, les îles néerlandaises de Aruba, Bonaire et Curaçao, et également en Colombie. Au Panama, les îles des San Blas continuent d'être l'une des destinations les plus fascinantes de la région. Le principal avantage de naviguer le long de la côte nord de l'Amérique du Sud, par petites étapes, est que cette zone est rarement affectée par des cyclones. Cependant, il arrive qu'occasionnellement, un cyclone atteigne les côtes du Venezuela ou la partie SW des Caraïbes, donc si cela est possible, même cette région doit être évitée pendant l'été, de fin juillet à fin octobre.

Bien que la plupart des navigateurs partant pour la côte est des USA quittent les Caraïbes de l'Est de l'une des îles les plus nord, telles que Antigua, St Martin ou l'une des Iles Vierges, une route moins fréquentée pour rejoindre les USA est celle qui traverse la mer des Caraïbes. Une route sud comme celle-ci est avantageuse pour ceux qui vont sur la Floride ou les états du sud. En partant de l'une des îles du sud des Caraïbes de l'Est telle que Ste Lucie, la route reste au sud de Puerto Rico jusqu'au passage de Mona, passant ensuite au nord de Saint-Domingue vers les Bahamas. L'autre option, probablement plus intéressante, est de prendre la route du large, qui passe au sud de toutes les Grandes Antilles, en pouvant s'arrêter à la Jamaïque, Grand Cayman, ou Cuba. Cette route est décrite en détail dans la route AN83, et bien qu'elle parte des Iles Vierges, les conditions seront les mêmes si l'on part d'une des îles plus au sud.

Ce qui est le plus apprécié aux Petites Antilles, c'est le temps. Pendant les mois d'hiver, les alizés de NE soufflent régulièrement, et de jour comme de nuit, les températures restent agréables. La température reste aux alentours de 26-28 °C tout au long de l'année. A la fin de l'été et en automne, quand les alizés faiblissent, les risques de cyclones viennent gâcher cette perfection. Le nombre de bateaux qui continuent à naviguer en cette saison est assez peu élevé à cause de la peur d'être pris dans un cyclone. Bien que cela ne soit pas recommandé, il est possible de naviguer à cette saison, en respectant des précautions élémentaires.

De la mi-décembre jusqu'à la fin du mois d'avril, les alizés soufflent entre le NE et l'ENE, de façon régulière à peu près à 15-20 nœuds. Occasionnellement, cela peut monter à 25-30 nœuds pendant quelques jours et il peut y avoir de fortes rafales, en particulier fin janvier ou début février. A l'approche de l'été, le vent tend à virer SE et même S, puis revient graduellement à l'Est et au NE vers la fin de l'année. Pendant les mois d'été, les vents sont plus faibles, de 12 à 15 nœuds de juin à septembre. C'est la saison des pluies, en particulier d'août à novembre.

Occasionnellement, le temps peut être perturbé par une onde tropicale d'est, front dépressionnaire qui se déplace vers l'ouest et qui peut se transformer en cyclone. Quand le vent vire au nord pendant les mois d'été, on peut s'attendre à un coup de torchon. Les cyclones affectant les Antilles se forment en général à 800 milles à l'est de La Barbade et ont une trajectoire nord et ouest. Les cyclones sont plus fréquents dans les Iles Sous le Vent les plus au nord que dans les Iles Au Vent situées plus au sud, et ils atteignent rarement les îles les plus au sud telles que Grenade. La probabilité d'avoir un cyclone diminue plus on se trouve au sud et à l'est pendant la période de fréquence maxima. Les cyclones passent généralement à la latitude de la Guadeloupe ou plus au nord, et se déplacent ensuite le long des Iles Sous le Vent avant de remonter vers le nord. La saison des cyclones s'étend de juin à novembre, la période de pointe se trouvant en septembre. Il y a très rarement des cyclones en mai ou en décembre.

AN71 *Des Petites Antilles au Venezuela*

MEILLEURE PÉRIODE	décembre à mai			
SAISON DES CYCLONES	juin à novembre			
CARTES ROUTIÈRES	BA : 4402	SHOM : 6898		
	US : 400			
INSTRUCTIONS NAUTIQUES	BA : 7A, 71	SHOM : H5		
	US : 147, 148			
GUIDES DE CROISIÈRE	*Cruising Guide to Trinidad and Tobago, Venezuela and Bonaire,*			
WAYPOINTS	*Guide des Antilles (J.Patuelli), Pilote côtier Antilles (A.Rondeau).*			

Départ	*Intermédiaire*	*Atterrissage*	*Destination*	*Distance (M)*
AN710 Grenade 12°02.5'N, 61°46'W	AN711 Testigos 11°30'N, 63°00'W	AN712 Margarita 10°56'5N, 63°49'W	Porlamar *10°57'N, 63°51'W*	140

Cette courte traversée bénéficie de vents favorables tout au long de l'année. Parfois, en hiver, entre janvier et mars, quand les alizés soufflent fort, les conditions peuvent être difficiles. On a de meilleures conditions aux changements de saison, quand les vents sont toujours favorables, mais sont moins forts qu'en hiver. Toutes les traversées vers l'ouest bénéficieront du courant Equatorial qui porte à l'ouest et qui peut atteindre jusqu'à 2 nœuds.

Les bateaux qui partent de Grenade vont normalement directement sur Porlamar, sur la côte SE de l'île de Margarita, qui est le port d'entrée le plus proche. La route passe dangereusement près des Testigos, un groupe d'îles relativement basses, entourées de hauts-fonds et de récifs. Il faut donc les passer à bonne distance, à moins que l'on ait prévu de s'y arrêter. Il y a d'autres dangers sur la route de Margarita, telle que l'île basse de La Sola. Donc, durant cette traversée, bien qu'elle soit courte, il faudra rester vigilant.

AN72 *Des Petites Antilles aux Iles ABC*

MEILLEURE PÉRIODE	décembre à mai	
SAISON DES CYCLONES	juin à novembre	
CARTES ROUTIÈRES	BA : 4402	SHOM : 6898
	US : 400	
INSTRUCTIONS NAUTIQUES	BA : 7A, 71	SHOM : H5
	US : 147, 148	
GUIDES DE CROISIÈRE	*Cruising Guide to Trinidad and Tobago, Venezuela and Bonaire, Yachting Guide to the ABC Islands.*	

WAYPOINTS

Départ	*Intermédiaire*	*Atterrissage*	*Destination*	*Distance (M)*
AN721 Grenade 12°02.5'N, 61°46'W	AN722 Roques 12°10'N, 66°40'W		Kralendijk *12°09'N, 68°17'W*	382
			Willemstad *12°07'N, 68°56'W*	421
			Oranjestad *12°30'N, 70°02'W*	487

On peut facilement atteindre ces îles, qui font partie des anciennes colonies hollandaises, à partir de n'importe laquelle des Petites Antilles car le vent et le courant sont favorables tout au long de l'année. Si l'on arrive de Grenade, du WP AN721 à l'extérieur de St George, on pourra faire route vers le WP AN722 pour rester à une bonne distance au nord des îles Los Roques, qui sont au large du Venezuela. On peut rencontrer un fort courant lorsque l'on navigue parmi les îles ABC, il faut donc surveiller sa route en permanence.

En approchant Bonaire par le nord, on peut passer soit d'un côté soit de l'autre de l'île. Bien que passer par le côté ouest économise quelques milles, le fort courant contraire annulera ensuite cet avantage. Les bateaux venant de l'est devront rester au sud de l'île et aller directement sur Kralendijk pour faire les formalités. Le quai des douanes est le quai le plus au nord dans le port de commerce. Il est aussi possible de faire son entrée à la marina de Bonaire. Bonaire a un consulat vénézuélien où il est possible d'obtenir des visas pour des équipiers désirant visiter ce pays.

Les formalités à Curaçao peuvent se faire à la capitale Willemstad. En arrivant, il faut contacter les autorités par VHF sur le canal 12 ou 14 pour savoir où se mettre à quai. Les yachts peuvent aussi faire leur entrée à la marina de Spanish Water (12°09'N, 68°17'W). Comme le port de Willemstad est très actif et sale, il est plutôt conseillé d'aller faire son entrée à Spanish Water.

Aruba Port Control peut être contacté à la VHF sur le canal 16 quand on arrive, et l'on aura les instructions pour se mettre à quai et faire son entrée.

AN73 *Des Petites Antilles à la Colombie*

MEILLEURE PÉRIODE	décembre à mai	
SAISON DES CYCLONES	juin à novembre	
CARTES ROUTIÈRES	BA : 4402	SHOM : 6898
	US : 400	
INSTRUCTIONS NAUTIQUES	BA : 7A, 71	SHOM : H5
	US : 147, 148	
GUIDES DE CROISIÈRE	*Cruising Guide to the Caribbean.*	

WAYPOINTS

Départ	*Intermédiaire*	*Atterrissage*	*Destination*	*Distance (M)*
AN730 Ste Lucie W 14°04'N, 61°00'W	AN732 Gallinas 12°55'N, 71°38'W AN733 12°23'N, 73°12'W AN734 11°10'N, 75°25'W	AN735 Boca 10°25'N, 75°38'W	Carthagène *10°25'N, 75°32'W*	952
AN731 Antigua S 16°58'N, 61°47'W	AN732 Gallinas AN733 AN734	AN735 Boca	Carthagène	906

Une campagne anti-drogue, au début des années 90 a permis à la Colombie de pouvoir à nouveau être incluse dans un programme de croisière et beaucoup de bateaux s'y arrêtent, en particulier dans la ville très intéressante de Carthagène. Les instructions pour aller en Colombie sont les mêmes que celles pour les routes AN71 et AN74. Du WP AN732, à 28 milles au large de Punta Gallinas dans la péninsule de Guajira, la route recommandée va vers les WP AN733 et AN734. Ces deux points se trouvent à l'extérieur de la ligne des 1 000 mètres, là où la mer est un peu moins agitée, bien que de forts vents et une mer bien formée soient la règle générale pour toutes les routes des Caraïbes, en particulier pendant les mois d'hiver. Depuis AN734, on peut faire route vers le WP AN735, à l'approche du port de Carthagène. Il faut faire attention à l'approche de cette zone, à cause de tous les dangers situés aux abords de Carthagène. En ce qui concerne Boca Grande, les colonisateurs espagnols en ont barré l'accès par une digue immergée pour rendre plus difficile et plus long l'accès à la ville et leur donner le temps de se mettre en position de défense. Cette digue a été ouverte sur plusieurs mètres pour permettre le passage de bateaux à faible tirant d'eau. La position GPS de cette entrée serait de 10°23'44N, 75°34'77W. Une perche avec un voyant cylindrique peint en vert signale ce passage praticable de jour avec un tirant d'eau inférieur à 2,4 m. En l'absence de toute houle, des tirants d'eau supérieurs - jusqu'à 3 m – peuvent passer. Le chenal de Boca Grande n'est pas balisé à l'intérieur de la baie mais il y a suffisamment de fond pour rejoindre la zone de mouillage d'attente des cargos. L'accès par Boca Chica est également possible. On peut faire les formalités à l'un des deux yachts-clubs, à contacter sur le canal 16 pour se renseigner sur les formalités et les places à quai.

AN74 *Des Petites Antilles à Panama*

MEILLEURE PÉRIODE	avril à mai, novembre à décembre	
SAISON DES CYCLONES	juin à novembre	
CARTES ROUTIÈRES	BA : 4402	SHOM : 6898
	US : 400	
INSTRUCTIONS NAUTIQUES	BA : 7A, 71	SHOM : H5
	US : 147, 148	
GUIDES DE CROISIÈRE	*Cruising Guide to the isthmus ofPanama, Cruising Guide to Panama.*	

WAYPOINTS

Départ	*Intermédiaire*	*Atterrissage*	*Destination*	*Distance (M)*
AN740 Ste Lucie W 14°04'N, 61°00'W	AN742 Gallinas 12°55'N, 71°38'W AN743 Manzanillo 9°47'N, 79°32'W	AN744 Panama 9°26'25N, 79°55'W	Cristobal *9°21'N, 79°55'W*	1181
AN741 Antigua S 16°58'N, 61°45'W	AN742 Gallinas AN743 Manzanillo	AN744 Panama	Cristobal	1162

Cela peut être une traversée très éprouvante, confirmé par le fait que beaucoup de navigateurs chevronnés décrivent leur traversée de la mer des Caraïbes comme étant peut-être la partie la plus dure de tout leur voyage autour du monde. C'est en général le cas au plus fort de la saison des alizés, quand les vents constants d'Est « accumulent » la mer dans la partie ouest des Caraïbes, créant ainsi des conditions de mer dangereuses. Beaucoup de bateaux ont été couchés ou ont eu leur cockpit submergé par une mer abrupte de l'arrière, tandis que d'autres ont été drossés sur les côtes colombiennes après avoir été dépalés par le fort courant.

Bien qu'en allant vers Panama on traverse une région qui soit rarement affectée par les cyclones, cette traversée ne doit pas se faire entre juillet et octobre, quand le risque de tempêtes tropicales est le plus important. Les meilleures périodes sont, soit en novembre-décembre, quand les alizés ne soufflent pas encore avec toute leur force, soit en avril-mai, quand la force des alizés commence à diminuer. Les mois de janvier et mars, bien qu'il n'y ait pas de risque de cyclone, sont aussi la période pendant laquelle les alizés sont au plus fort ; les conditions dans la partie ouest de la mer des Caraïbes deviennent inconfortables, et occasionnellement dangereuses pour les petits bateaux. On trouve donc les meilleures conditions soit au début, soit à la fin de l'hiver.

Les bateaux traversant sur Panama sans escale devront rester à bonne distance des côtes colombiennes, pour éviter la mer agitée associée avec les hauts-fonds. Que l'on s'arrête à Aruba, comme beaucoup de bateaux, ou que l'on traverse sans escale vers Panama, le WP AN742, à 28 milles au nord de Punta Gallinas, sur la péninsule Guajira, permet de rester juste à l'extérieur de la ligne des 1 000 mètres, où l'on peut s'attendre à une mer relativement moins chahutée. De là, on pourra faire route vers le WP AN743, à environ 10 milles au nord de Punta Manzanillo, à 30 milles de l'entrée du canal de Panama. On atteint ce dernier en suivant une route vers le WP AN744, qui est la bouée d'atterrissage, approximativement 3 milles au nord de l'entrée du port de Cristobal. On peut contacter le *Traffic Control* par VHF sur le canal 12, bien que les petits bateaux puissent entrer directement en faisant attention. Des feux contrôlent l'entrée entre les brise-lames et il est conseillé aux petits bateaux de rester aussi près que possible des bords. Voir le chapitre 23 pour les instructions détaillées concernant les procédures d'entrée et de transit.

Quand on étudie cette traversée à travers la mer des Caraïbes, cela vaut la peine de prévoir de s'arrêter sur l'une des îles du Venezuela ou des ABC, qui sont pour la plupart en dehors de la zone des cyclones. L'avantage d'une telle escale est de pouvoir reprendre la traversée sur Panama à n'importe quel moment de l'année et, avec des précautions suffisantes, même pendant la saison des cyclones, puisque la route qui va d'Aruba à Panama se trouve au sud de la région affectée par les tempêtes tropicales. Un autre arrêt que je conseille, sont les îles des San Blas, qui appartiennent à Panama. Le port d'entrée est Porvenir (9°34'N, 78°57'W). Comme il a été signalé dans la route AN73, on peut aussi s'arrêter à Carthagène, en Colombie.

AN75 *Des Petites Antilles aux Grandes Antilles*

MEILLEURE PÉRIODE	décembre à mai	
SAISON DES CYCLONES	juin à novembre	
CARTES ROUTIÈRES	BA : 4402	SHOM : 6898
	US : 400	
INSTRUCTIONS NAUTIQUES	BA : 70, 71	SHOM : H5
	US : 148	
GUIDES DE CROISIÈRE	*Cuba, Cruising Guide to the Caribbean, Yachtsman's Guide to Jamaica.*	

WAYPOINTS

Départ	*Intermédiaire*	*Atterrissage*	*Destination*	*Distance (M)*
Route AN75A				
AN750 Ste Lucie W	AN751 Rojo			
14°04'N, 61°00'W	17°45'N, 67°12'W			
	AN752 Engano		Samana	581
	18°38'N, 67°51'W		*19°12'N, 69°26'W*	

Départ	*Intermédiaire*	*Atterrissage*	*Destination*	*Distance (M)*
Route AN75B				
AN750 Ste Lucie W	AN753 Saona 18°00'N, 68°45'W		La Romana *18°25'N, 68°57'W*	533
			Santo Domingo *18°28'N, 69°53'W*	586
Route AN75C				
AN750 Ste Lucie W	AN754 Alta Vela 17°20'N, 71°40'W			
	AN755 Plumb 17°50'N, 76°40'W		Kingston *17°58'N, 76°48'W*	945
	AN756 Northeast 18°15'N, 76°15'W		Port Antonio *18°11'N, 76°27'W*	926
			Montego Bay *18°28'N, 77°56'W*	1010
Route AN75D				
AN750 Ste Lucie W	AN754 Alta Vela			
	AN757 Tiburon 18°10'N, 74°40'W		Santiago de Cuba *19°59'N, 75°53'W*	954

N'étant pas une destination de croisière aussi populaire que les Petites Antilles, les grandes îles de Cuba, Saint Domingue, Puerto Rico et la Jamaïque sont principalement visitées par des bateaux qui sont en route vers d'autres endroits. Depuis les îles au sud d'Antigua, des routes directes partent à travers la mer des Caraïbes, vers les côtes sud de toutes les Grandes Antilles. Les ports au nord de ces îles peuvent être atteints par petites étapes si l'on part des Iles Vierges. Il faut mieux passer par le passage de Mona pour atteindre la côte nord de Saint Domingue, les îles Turks et Caicos, ainsi qu'une partie des Bahamas.

Soumises à l'influence du temps classique des Caraïbes, avec la prédominance de l'alizé de NE, et des épisodes de fort vent du nord, les *northers*, ainsi que la menace de cyclones en été, ces grandes îles modifient considérablement le climat local par leur hauteur et leur position. Normalement, le vent faiblit le long de la côte pendant la nuit, car un air refroidi descend des collines vers la mer. Cette brise de terre peut être assez forte la nuit au large des îles, jusqu'à contrecarrer complètement les alizés et donc créer des calmes plats. En hiver, les alizés de NE peuvent devenir plus Est le long des côtes nord. Durant cette période, les îles peuvent subir des *northers*, qui se caractérisent par de forts vents de nord ou plus souvent de NW, accompagnés de basses températures sur les côtes nord et ouest des îles. Ces vents arrivent sans avertissement et souvent par un ciel dégagé, bien que le vent virant graduellement au S et au SW puisse servir d'indication. En été, les alizés ont une composante plus sud et les vents tendent à faiblir, les brises de terre et de mer devenant prédominantes. Des grains orageux sont courants dans toute la région, en particulier en fin d'après-midi, lorsque l'on se trouve proche de la terre. Les grains les plus violents des Caraïbes, de courte durée mais brutaux avec des éclairs et de fortes pluies, se rencontrent au large de la côte sud de Cuba. A cause de leur hauteur, les îles bloquent le passage des vents de nord et l'on trouve pas mal de lignes de grains sur les côtes nord de St Domingue et de Cuba. La Jamaïque est plus abritée que les autres îles et est moins affectée par les changements saisonniers, les vents y étant généralement plus faibles et plus variables. Les Grandes Antilles se trouvent au milieu de la zone des cyclones et ceux-ci, qui accélèrent à travers les Caraïbes, frappent les côtes de ces îles tandis que leur trajectoire s'incurve vers le nord. Les côtes Est sont souvent plus touchées que les côtes ouest.

En venant de n'importe quelle île des Caraïbes de l'est, on peut établir une route vers le WP AN751, 10 milles au sud de Cabo Rojo, l'extrémité SW de Puerto Rico. Pour passer par le passage de Mona (route AN75A), il faut modifier sa route vers le WP AN752, pour rester au large des hauts-fonds et de la mer chahutée qui leur est associée, à l'est du cap Engano sur St Domingue. Les bateaux qui veulent s'arrêter sur la côte ouest de Puerto Rico sont prévenus que le port d'entrée officiel est Mayaguez (18°12'N, 67°07'W) et non Boqueron. Tous les bateaux, y compris ceux battant pavillon américain doivent donc s'y arrêter et y faire leur entrée. Un port assez pratique pour faire son entrée en République Dominicaine est le port de Samana, sur la côte nord de St Domingue. Il y a un autre port d'entrée sur la côte nord qui est Luperon (Puerto Blanco), 19°55'N, 70°56'W.

On a des conditions favorables sur les routes qui vont vers l'ouest, et qui restent au sud des îles, durant pratiquement toute l'année. Les bateaux qui prennent la route AN75B, devront prendre une route qui va sur le WP AN753, au large de l'île de Saona, à la pointe SE de St Domingue, et de là, on pourra modifier sa route soit vers La Romana, soit vers Saint Domingue.

Les bateaux qui vont sur la Jamaïque et au-delà (AN75C) devront faire route vers le WP AN754, au large de la petite île de Alta Vela, au sud de St Domingue, où ceux qui veulent faire escale dans la capitale jamaïcaine Kingston devront modifier leur route vers le WP AN755. Les bateaux qui vont sur des ports au nord de la Jamaïque devront aller sur le WP AN756 au large de la pointe Northeast, et ensuite se diriger vers leur port de destination. Enfin, ceux qui vont sur Cuba (AN75D) devront modifier leur route du WP AN754 vers le WP AN757, au large du cap Tiburon et de là, ils pourront aller sur Santiago de Cuba, qui est le port d'entrée le plus proche sur cette route.

Tous les bateaux étrangers doivent faire les formalités d'entrée et de sortie de Cuba dans une marina internationale agréée. Les ports suivants sont enregistrés comme marinas internationales. Les coordonnées de leur position ne sont qu'approximatives. Marina Hemingway : 23°05'3N, 82°30'5W ; Marina Varadero : 23°08'N, 81°19'W ; Marina Cayo Guillermo 22°25'N, 78°28'W ; Marina Vita : 21°05'80N, 75°57'10W ; Marina Santiago de Cuba : 19°52'N, 75°56'W ; Marina Puertosol Cienfuegos 22°18'N, 80°28'W ; Marina Cayo Largo del Sur 21°37'N, 81°34'W ; Marina Maria la Gorda 21°49'N, 84°29'8W.

AN76 *Des Petites Antilles aux Bahamas*

MEILLEURE PÉRIODE	décembre à mai			
SAISON DES CYCLONES	juin à novembre			
CARTES ROUTIÈRES	BA : 4400 US : 400	SHOM : 6898,6761		
INSTRUCTIONS NAUTIQUES	BA : 70, 71 US : 147	SHOM : H5		
GUIDES DE CROISIÈRE	*Yachtsman's Guide to the Bahamas, Bahamas Cruising Guide.*			
WAYPOINTS				

Départ	*Intermédiaire*	*Atterrissage*	*Destination*	*Distance (M)*
AN761 Antigua W 17°00'N, 61°56'W	AN762 17°45'N, 63°00'W AN763 18°55'N, 64°08'W AN764 Caicos 22°20'N, 72°10'W AN765 Samana 23°10'N, 73°20'W	AN766 Salvador 23°54'N, 74°32'W	Cockburn Town *24°03'N, 74°31'5W*	837

En hiver, cette route bénéficie de vents et de courants favorables. Cette traversée peut être effectuée à n'importe quelle époque en dehors de la saison des cyclones. Entre décembre et avril, au plus fort des alizés d'hiver, on peut s'attendre à des vents favorables, bien que forts, et à bénéficier du courant des Antilles. On peut s'attendre à des vents faibles et des périodes de calmes occasionnelles aux changements de saison, en particulier en mai. La route peut subir le passage de dépressions qui passent au nord, créant ainsi des vents de NW. Comme les Iles Vierges et Puerto Rico se trouvent proches de la route directe qui part des Petites Antilles, la plupart des bateaux s'y arrêtent avant de continuer leur traversée. Si l'on s'arrête aux Iles Vierges, les instructions pour le reste de la traversée sont les mêmes que celles pour la route AN85.

Pour les bateaux qui partent d'Antigua avec l'intention de faire une traversée sans escale vers les Bahamas, du WP AN761 au large du SW d'Antigua, la route initiale passe au NE de Nevis, de St Kitts, et de St Eustache vers le WP AN762 à mi-chemin entre St Barts et Saba. De là, on prendra une nouvelle route vers le WP AN763, pour rester à distance d'Anegada et des nombreux dangers qui l'entourent. On peut atteindre le sud des Bahamas en passant par plusieurs zones de grands fonds, où il y a de forts courants, ainsi que dans tout le reste des Bahamas. La route suit une direction NW vers le WP AN764, au large du passage Caicos. L'île la plus proche pour faire son entée aux Bahamas est Mayaguana, dont l'on doit bien contourner la pointe est pour éviter les récifs qui l'entourent. Bien que Abrams Bay, le village principal sur la côte sud, ne soit pas un port d'entrée officiel, les bateaux ont le droit de s'y arrêter à condition de faire leurs formalités d'entrée dans le premier port officiel. Le plus proche est le port de Cockburn Town, sur l'île de San Salvador. Si l'on continue sur la route au large, on ne doit pas faire route vers ce port avant d'avoir bien débordé Samana Cay, une île basse non éclairée qui se trouve entre Mayaguana et San Salvador. Du WP AN764, on pourra faire route sur le WP AN765 à l'est de Samana, et, de là, vers le WP AN766.

Après avoir fait l'atterrissage au WP AN766, à 5 milles au SE de Sandy Point, l'extrémité SW de San Salvador, l'ouest de l'île devra être bien débordé avant d'approcher le village principal de Cockburn Town. On peut y faire les formalités d'entrée, il est aussi possible de les faire un mille plus au nord à Riding Rock Marina, dont l'entrée est assez difficile, avec une profondeur maximale de 2,10 mètres à marée haute. La latitude GPS du chenal d'entrée de la petite marina est 24°03,4'N. La direction de la marina vous répondra sur le canal 6.

AN77 *Des Petites Antilles à l'Amérique du Nord*

MEILLEURE PÉRIODE	fin avril à juin
SAISON DES CYCLONES	juin à novembre
CARTES ROUTIÈRES	BA : 4403 US : 108 SHOM : 6619,6898
INSTRUCTIONS NAUTIQUES	BA : 59, 68, 69, 70, 71 US : 140, 145, 147 SHOM : H5, G4
GUIDES DE CROISIÈRE	*Embassy Guide to the Atlantic Coast.*
WAYPOINTS	

Départ	*Intermédiaire*	*Atterrissage*	*Destination*	*Distance (M)*
Route AN77A				
AN770 Antigua S 16°58'N, 61°45'W	AN771 Antigua W 17°00'N, 61°56'W AN772 17°08'N, 62°00'W AN773 18°25'N, 62°20'W AN774 David 32°21'N, 64°38'W		Chesapeake *36°45'N, 75°45'W*	1553
		AN 775 Brenton 41°24'N, 71°16'W	Newport *41°29'N, 71°20'W*	1579
			Halifax *44°38'N, 63°34'W*	1683
Route AN77B				
AN770 Antigua S	AN773		Beaufort *34°43'N, 76°40'W*	1335
Route AN77C				
AN770 Antigua S	AN773 AN774 Abaco 26°50'N, 76°30'W AN775 Bahama 27°30'N, 78°00'W		St Augustine *29°55'N, 81°16'W*	1340

La période recommandée pour effectuer cette traversée est la fin de la saison d'hiver de croisière aux Caraïbes. A cette époque, les vents ont souvent une composante sud. Si l'on traverse directement vers des ports situés au sud du Cap Hatteras, on peut s'attendre à avoir des vents favorables jusqu'à la limite nord des alizés. Occasionnellement, les vents de sud durent jusqu'à la zone de calmes plats qui s'étend de la latitude 25°N à 30°N. Au nord de cette zone, les vents sont variables, avec une prédominance de S et de SW. Le risque de subir un violent *norther* comme en hiver est minime après mi-avril. On doit résister à la tentation de naviguer avec le Gulf Stream si cette traversée est effectuée tôt en saison, pour éviter de s'y trouver avec un coup tardif de *norther*. Il n'est pas recommandé de prendre cette route après fin juin à cause du risque de cyclone qui augmente. Il faut éviter de traverser en été car la trajectoire des cyclones coïncide pratiquement avec la route directe qui va vers le nord.

Pour les destinations au nord du cap Hatteras, jusqu'à Nova Scotia (AN77A), s'arrêter aux Bermudes présente des avantages certains. En fait, très peu de bateaux traversent des Antilles vers les ports à l'est de New York sans s'arrêter aux Bermudes. Les détails pour cette route sont donnés dans les routes AN78 et AN121. Les bateaux qui partent de English Harbour peuvent laisser Antigua soit sur bâbord, soit sur tribord. La deuxième solution est plus confortable pour le début de la traversée et l'on peut prendre une route ouest, parallèle à la côte sud d'Antigua vers le WP AN771, avant de modifier la route vers le WP AN772. On peut alors faire route sur le WP AN773, pour passer à l'ouest de Barbuda et rester à bonne distance d'Anguilla et de ses dangers. De là, on pourra faire route directe sur le WP AN774, un mille à l'est de la pointe de St David à l'approche du Town Cut qui mène jusqu'au port de St George. C'est le seul port d'entrée aux Bermudes. De nuit, l'entrée y est assez difficile, et ceux qui ne sont pas familiers des lieux devront éviter d'y arriver de nuit.

Pour les bateaux qui vont vers des ports situés au sud du cap Hatteras, un détour par les Bermudes ne présente pas beaucoup d'intérêt. On peut prendre deux routes pour atteindre n'importe lequel de ces ports, soit en prenant la route directe qui passe au large (AN77B), soit en prenant une route indirecte qui passe près des Bahamas (AN77C). Bien que la route directe (AN77B) semble être plus courte, elle n'est pas forcément plus rapide, car elle coupe en diagonale la zone des calmes plats, qui se trouvent au nord de la latitude 25°N. On pourra tenter cette route directe uniquement si l'on a des perspectives de conditions météo favorables. Dans ce cas, du WP AN773, on pourra prendre une route vers son port de destination. L'autre solution consiste à suivre une route NW, qui passe au vent des îles Turks et Caicos et des Bahamas. A partir de Great Abaco, la route part au nord et rejoint le courant du Gulf Stream. Les vents et les courants sont favorables sur la plus grande partie de cette route. Les bateaux qui vont sur des ports de la Floride du Nord, devront continuer vers le WP AN775, et, de là, ils pourront se diriger vers leur port de destination.

On ne doit pas essayer de prendre l'une quelconque des routes ci-dessus pendant les mois d'hiver, pendant lesquels il vaut mieux traverser les Bahamas vers la Floride et de cette façon on atteindra les côtes US d'une manière plus agréable. Pour les bateaux qui vont sur le sud de la Floride, il y a trois possibilités. Entre avril et juin, la route la plus à l'écart passe en dehors des îles Turks et Caicos, ainsi que des Bahamas du sud, jusqu'au Great Abaco. De là, la route passe par les chenaux Providence NE et NW et traverse le Gulf Stream vers la Floride. Les deux autres possibilités peuvent être choisies à n'importe quel moment entre novembre et juin bien qu'elles ne puissent pas être considérées comme de la navigation hauturière, car elles consistent toutes deux en des sauts de puce d'île en île, soit en passant directement par les îles Turks et Caicos et les Bahamas, soit le long des côtes nord de Puerto Rico, de St Domingue, et de Cuba. On doit prendre en compte le fort risque de cyclones quand on navigue sur ces routes en été.

AN78 *Des Petites Antilles aux Bermudes*

Meilleure période	mi-avril à juin			
Saison des cyclones	juin à novembre			
Cartes routières	BA : 4400	SHOM : 6619,6898		
	US : 108			
Instructions Nautiques	BA : 70, 71	SHOM : H5		
	US : 140, 147			
Guides de croisière	*Bermuda Yachting Guide.*			
Waypoints				

Départ	*Intermédiaire*	*Atterrissage*	*Destination*	*Distance (M)*
AN780 Antigua S 16°58'N, 61°45'W	AN781 Antigua W 17°00'N, 61°56'W			
	AN782 17°08'N, 62°00'W			
	AN783 18°25'N, 62°20'W	AN784 David 32°21'N, 64°38'W	St George's *32°22'N, 64°40'W*	973

Le point de départ le plus pratiqué pour ces routes, est le port de English Harbour à Antigua, d'où les bateaux quittent les Petites Antilles et se dirigent vers le nord en direction des Bermudes, pour rentrer vers l'Europe, ou vers l'Amérique du Nord. Ce retour s'effectue normalement à la fin de la saison d'hiver, quand la plupart des bateaux qui ont navigué dans les Antilles, se rassemblent à ou aux alentours d'English Harbour, pour l'annuelle *Antigua Sailing Week.*

Partir d'Antigua pour les Bermudes, permet d'avoir un point de départ plus au vent que lorsque l'on part des Iles Vierges ou de Puerto Rico comme il est décrit dans la route AN88. Cette meilleure incidence permet d'être au petit largue jusqu'à la limite nord des alizés, qui, à la période optimale pour effectuer ce passage, se situe vers 26°N, ou même 28°N. De fin avril à mi-juin, les vents sont principalement E à SE, pour la première partie de la traversée, devenant plus faibles plus au nord. Quelques légers vents de sud arrivent parfois jusqu'aux *Horse Latitudes*, mais les calmes plats sont quand même la règle générale dans la région de la mer des Sargasses. Si des vents constants de SE arrivent jusque-là, le temps reste dégagé, autrement, il est nuageux et couvert.

Les bateaux partant de English Harbour peuvent laisser Antigua soit à tribord, soit à bâbord. La seconde solution rend le début du voyage plus confortable, et on peut faire route à l'ouest, parallèlement à la côte sud d'Antigua vers le WP AN781, avant de modifier la route vers le WP AN782. On peut alors établir une route vers le WP AN783 pour passer à l'ouest de Barbuda, et pour rester à bonne distance d'Anguilla et de ses dangers. De là, on pourra faire route directe vers le WP AN784, un mille à l'est de la pointe de St David à l'approche du Town Cut qui mène au port de St George. C'est le seul port d'entrée aux Bermudes. La nuit, l'entrée est difficile à négocier, et ceux qui ne sont pas familiers des lieux devront éviter d'y arriver de nuit.

Pour ceux qui sont déterminés à arriver rapidement aux Bermudes, il n'y a pas d'autre solution que de faire du moteur à travers les calmes plats qu'ils pourront rencontrer, et cela est absolument conseillé tard en saison à cause des risques de cyclones. Il faut absolument abandonner l'idée d'emprunter cette route après fin juin à cause de la probabilité accrue de cyclones. Après juillet, cette traversée est à proscrire car les trajectoires des cyclones coïncident pratiquement avec la route directe vers les Bermudes, passant au nord des Iles Vierges, puis filant entre les côtes US et les Bermudes. Les dépressions tropicales deviennent plus fréquentes début juillet et même si elles ne génèrent pas de forts vents, à proximité le temps est très instable avec de fortes pluies. Si une telle dépression se forme à l'extrémité nord des Petites Antilles, on peut s'attendre à des vents contraires sur la route des Bermudes.

On peut aussi effectuer ce passage vers la fin de la saison des cyclones, quand la fréquence des vents de S et de SW sur la route des Bermudes est plus grande, mais il subsiste toujours le risque d'un cyclone tardif. Heureusement, la meilleure période pour cette route, est aussi la plus agréable, car cela coïncide avec la fin de la bonne saison de croisière aux Caraïbes, la semaine d'Antigua, et le temps est optimum pour traverser soit sur l'Europe, soit sur l'Amérique du Nord.

AN79 *Des Petites Antilles aux Açores*

MEILLEURE PÉRIODE	mai à juin	
SAISON DES CYCLONES	juin à novembre	
CARTES ROUTIÈRES	BA : 4011	SHOM : 6561,6623
	US : 120	
INSTRUCTIONS NAUTIQUES	BA : 67, 71	SHOM : H5, C4
	US : 140, 143, 147	
GUIDES DE CROISIÈRE	*Iles de l'Atlantique.*	
WAYPOINTS		

Départ	*Intermédiaire*	*Atterrissage*	*Destination*	*Distance (M)*
AN790 Antigua S 16°58'N, 61°45'W	AN791 Antigua E 17°00'N, 61°40'W	AN792 Faial 38°30'N, 28°47'W	Horta *38°32'N, 28°37'5W*	2167
		AN793 Florès 39°20'N, 31°18'W	Lajes *39°23'N, 31°10'W*	2086

Pendant des années, les skippers n'étaient pas préparés à défier ce que la sagesse conseillait comme étant le seul retour possible des Caraïbes vers l'Europe, c'est-à-dire la route classique passant par les Bermudes et les Açores. Ce qui ne fut au début qu'une route empruntée « à la grâce de Dieu » par des convoyeurs ou skippers de bateaux charters pressés de rentrer en Méditerranée à la fin de la saison de croisière aux Caraïbes, attire maintenant les bateaux de croisière. Comme la route via les Bermudes est au moins plus longue de 500 milles que la route orthodromique entre Antigua et Horta, et que l'on n'est même pas certain d'avoir de bons vents sur la moitié de la traversée via les Bermudes, beaucoup préfèrent rester dans des climats chauds et espérer que tout se passera pour le mieux.

En partant d'Antigua, ou de n'importe quelle île des Petites Antilles, on suit d'abord une route au NE, que l'on devrait pouvoir tenir, puisque les alizés sont principalement plutôt sud-est quand on effectue habituellement cette traversée, en mai ou en juin. Les chances d'avoir du vent de SE augmentent au fur et à mesure que l'on va vers le nord, jusqu'à la zone des calmes plats et des vents faibles qui sépare les alizés des vents d'ouest des latitudes plus élevées. C'est à ce moment-là qu'un moteur puissant et une bonne réserve de gazole peuvent compenser le manque de vent, et c'est la tactique appliquée par ceux qui prennent cette route. Avec de la chance, les vents de l'autre côté des *Horse Latitudes* peuvent être favorables. Dans ce cas, certains sont tentés de ne pas s'arrêter aux Açores et de continuer directement sur Gibraltar s'ils vont en Méditerranée.

La période optimum pour effectuer ce passage se trouve entre mai et juillet, bien que la plupart des bateaux prennent cette route en mai. avril est encore un peu tôt, la fréquence des coups de vent en Atlantique étant encore trop importante. Après juillet, la fréquence des cyclones augmente, et traverser depuis ou vers les Antilles devient dangereux. Si l'on envisage une traversée en été, on doit quitter les Antilles avec une prévision météo à long terme favorable. S'il n'y a pas de dépression tropicale en formation, il y a de bonnes chances pour ne pas être pris dans une tempête qui en résulterait. En prenant comme point de départ le WP AN791, 5 milles à l'est de English Harbour sur Antigua, on rejoint immédiatement la route orthodromique, à moins que l'on ait de bonnes raisons de croire qu'en suivant une autre route, on aura plus de chances d'avoir des vents favorables. Si les vents de NE rendent la navigation sur la route orthodromique impossible, alors, on doit favoriser l'amure qui fait faire le plus de nord. Il faut éviter la zone 35°22'25N, 51°29'29W où un haut-fond suspect a été signalé par un yacht en traversée vers les Açores pendant l'été 2003. L'épave d'un voilier y était clairement visible sur le fond, et jusqu'à ce que l'on ait de plus amples informations, il vaut mieux éviter cette zone, en particulier lorsque les conditions météo sont mauvaises.

Le point d'atterrissage le plus populaire aux Açores continu d'être Horta, sur l'île de Faial, où il y a une bonne marina, et où l'on peut faire les formalités d'entrée. Pour atteindre Horta, il faut atterrir au WP AN792, 3 milles au SW de Faial, et, de là, naviguer le long de la côte sud de l'île avant de virer au nord vers le Mont Guia, qui se remarque bien.

Les récentes améliorations du port de Lajes dans la partie la plus ouest de l'île, offrent la possibilité d'y faire son entrée aux Açores, à un endroit à partir duquel il est facile de visiter les autres îles. Ayant fait l'atterrissage au WP AN793, 3 milles au SW de Florès, on suivra ensuite la côte sud de l'île jusqu'à Lajes.

AN80 ROUTES DEPUIS LES ILES VIERGES

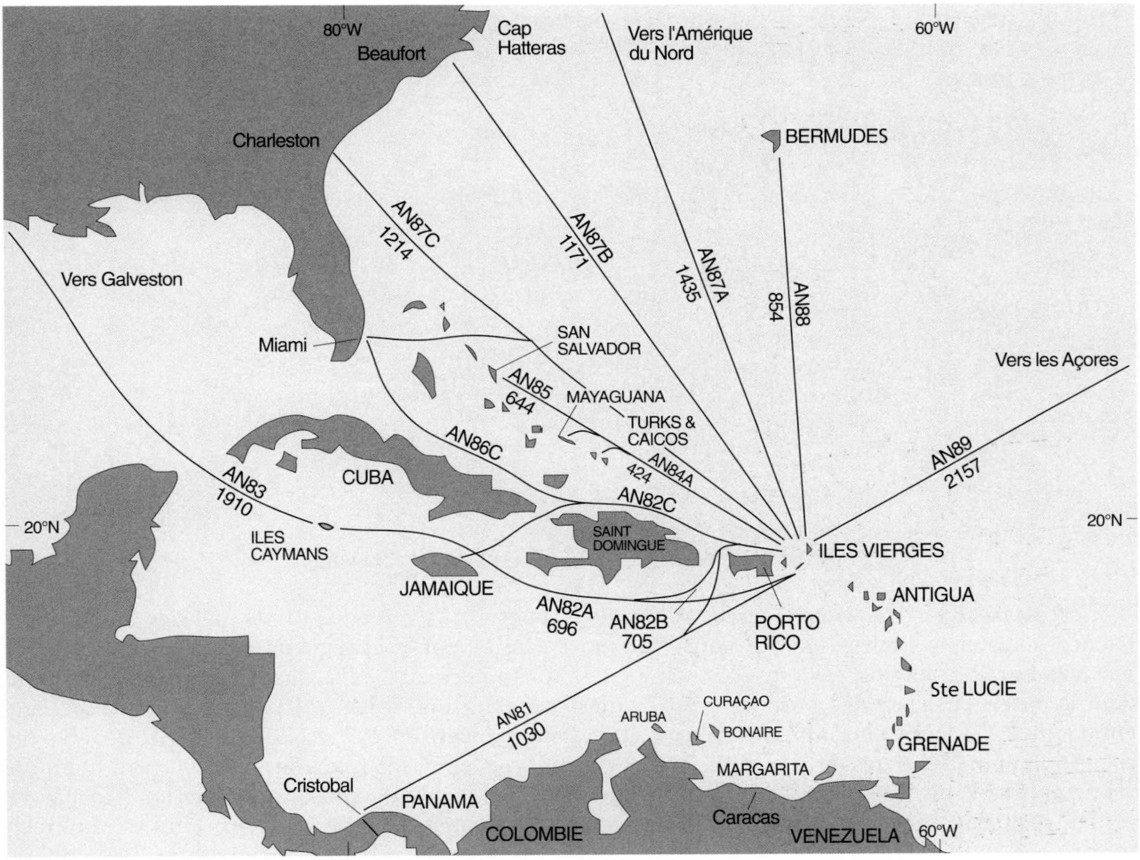

AN80 Routes depuis les Iles Vierges

Il y a différentes routes qui partent en éventail des Iles Vierges, en particulier depuis St Thomas, qui offre d'excellents services pour tous ceux qui prévoient une longue traversée transocéanique. Le principal exode est à la fin de la saison d'hiver, quand les bateaux remontent vers le nord, habituellement vers les Bermudes, sur leur chemin de retour vers l'Europe ou l'Amérique du Nord. A cause de leur emplacement stratégique, où les Grandes Antilles laissent place à leurs petites sœurs, les Iles Vierges sont aussi un point de départ très apprécié pour une croisière dans la région. La plupart des bateaux américains qui vont sur les Antilles font leur atterrissage d'abord sur les Iles Vierges, d'où ils commencent leur descente à travers la chaîne des Antilles. Certains reviennent pour leur passage de retour, mais la plupart font un circuit dans le sens des aiguilles d'une montre dans les Caraïbes. Au contraire, la plupart des bateaux européens arrivent aux Iles Vierges à la fin de leur croisière dans les Caraïbes, et utilisent les Iles Vierges comme un tremplin pratique pour la suite de leur voyage, la plupart du temps vers les Bermudes et le chemin du retour, et occasionnellement, vers les Bahamas et la Floride.

Ces petites îles à l'est de Puerto Rico sont un bassin de croisière extrêmement populaire, qui bénéficie de conditions météo similaires aux Petites Antilles. Les vents dominants ont tendance à venir de l'est, les alizés étant plutôt nord-est en hiver, et sud-est en été. Les alizés sont plus forts pendant les mois d'hiver, aux alentours de 20 nœuds, avec des renforcements occasionnels à plus de 30 nœuds. Les *northers*, forts vents de nord, peuvent aussi affecter les Iles Vierges l'hiver, quoique moins fréquemment et moins fort que dans d'autres régions, comme les Bahamas. Les Iles Vierges se trouvent dans la zone des cyclones et peuvent subir une tempête tropicale tous les ans.

AN81 *Des Iles Vierges à Panama*

MEILLEURE PÉRIODE	avril à mai, novembre à décembre			
SAISON DES CYCLONES	juin à novembre			
CARTES ROUTIÈRES	BA : 4402	SHOM : 6898		
	US : 400			
INSTRUCTIONS NAUTIQUES	BA : 7A, 71	SHOM : H5		
	US : 147, 148			
GUIDES DE CROISIÈRE	*Cruising Guide to the Isthmus of Panama, Cruising Guide to Panama.*			
WAYPOINTS				
Départ	*Intermédiaire*	*Atterrissage*	*Destination*	*Distance (M)*
AN810 St Thomas	AN811 Vieques			
18°20'N, 64°56'W	18°00'N, 65°13'W			
	AN814 Manzanillo	AN815 Panama	Cristobal	1030
	9°47'N, 79°32'W	9°26'25N, 79°55'W	*9°21'N, 79°55'W*	
AN810 St Thomas	AN812 Borinquen			
	18°35'N, 67°10'W			
	AN813 Mona			
	18°00'N, 67°40'W			
	AN814 Manzanillo	AN815 Panama	Cristobal	1058

C'est un passage vent arrière à toute époque de l'année, mais cette traversée en diagonale de la mer des Caraïbes ne doit pas être effectuée pendant le pic de la saison des cyclones, c'est-à-dire entre juillet et octobre. Une autre période à éviter, est au summum des alizés d'hiver, entre janvier et mi-mars quand de forts vents et une mer forte sont de règle dans la mer des Caraïbes. On peut se référer à la route AN74 puisque les instructions sont les mêmes, sauf que pour ceux qui partent des Iles Vierges le conseil de s'arrêter aux îles ABC ou au Venezuela n'est pas valable, à moins que l'on veuille rester quelque temps pour naviguer dans la région.

Les bateaux qui partent de St Thomas en route directe sur Panama, laissent l'île de Vieques sur tribord, et quittent les Iles Vierges depuis le WP AN811 à 10 milles au SE de Vieques. Ceux qui préfèrent faire escale d'abord à San Juan, sur Puerto Rico, peuvent prendre la route le long de la côte nord de Puerto Rico, jusqu'à l'extrémité ouest de l'île et atteindre la mer des Caraïbes en passant par le passage de Mona. Du WP AN812, à 5 milles au NNW du cap Borinquen on peut prendre une route qui passe par le passage de Mona vers le WP AN813, à l'ESE de l'île de Mona. A moins que l'on s'arrête à San Juan, on devra éviter de contourner Puerto Rico par le nord, car, à la fin de l'hiver on peut se retrouver sans vent, quand l'île bloque celui-ci.

Quelle que soit la route que l'on a choisi, qu'elle passe au nord ou au sud de Puerto Rico, à partir des WP AN811 ou AN813 une route sûre passe droit à travers la mer des Caraïbes vers le WP AN814 à peu près à 10 milles au N de Punta Manzanillo, et à 30 milles de l'entrée du canal de Panama. On atteint ce dernier en modifiant la route vers le WP AN815, qui est la bouée d'atterrissage à 3 milles au N de l'entrée du port de Cristobal. On peut contacter le Traffic Control par VHF sur le canal 12, bien que les petits bateaux puissent entrer directement en faisant attention. Des feux contrôlent l'entrée qui se fait entre les brise-lames, et il est conseillé aux petits bateaux de rester aussi près que possible des bords. Voir chapitre 23 pour des instructions plus détaillées sur les procédures d'entrée et de transit.

La plupart des bateaux quittent les Iles Vierges pour Panama en hiver et tous ceux qui ont fait ce passage en février, se sont plaint des conditions difficiles qu'ils ont eues dans la mer des Caraïbes. Partir un peu plus tard, quand les alizés d'hiver ont un peu perdu de leur force, est sûrement préférable, bien que cela puisse être un peu tard pour ceux qui continuent leur voyage le long de la côte Pacifique de l'Amérique Centrale et du Mexique. Pour ceux qui vont vers les îles du Pacifique Sud, il n'est pas nécessaire de partir tôt des Iles Vierges, car les saisons sont à l'opposé de ce qu'elles sont aux Caraïbes, et l'on peut encore passer Panama en avril ou début mai.

AN82 *Des Iles Vierges à la Jamaïque*

Meilleure période	avril à mai, novembre	
Saison des cyclones	juin à novembre	
Cartes routières	BA : 4402	SHOM : 6898
	US : 400	
Instructions Nautiques	BA : 70, 71	SHOM : H5
	US : 147	
Guides de croisière	*Yachtsman's Guide to Jamaica.*	
Waypoints		

Départ	*Intermédiaire*	*Atterrissage*	*Destination*	*Distance (M)*
Route AN82A				
AN820 St Thomas *18°20'N, 64°56'W*	AN821 Vieques 18°00'N, 65°13'W AN822 Investigator 17°45'N, 66°15'W AN825 Alta Vela 17°20'N, 71°40'W AN826 Plumb 17°50'N, 76°40'W		Kingston *17°58'N, 76°48'W*	696
AN820 St Thomas	AN821 Vieques AN822 Investigator AN825 Alta Vela AN827 Northeast 18°15'N, 76°15'W		Port Antonio *18°11'N, 76°27'W* Montego Bay *18°28'N, 77°56'W*	677 761
Route AN82B				
AN820 St Thomas	AN823 Borinquen 18°35'N, 67°10'W AN824 Mona 18°00'N, 67°40'W AN825 Alta Vela AN826 Plumb		Kingston	705
AN820 St Thomas	AN823 Borinquen AN824 Mona AN825 Alta Vela AN827 Northeast		Port Antonio Montego Bay	686 770

La route directe depuis St Thomas (AN82A) laisse l'île de Vieques sur tribord, et l'on peut partir du WP AN821, 10 milles au SE de l'île de Vieques. On peut ensuite suivre une route vers le WP AN822, pour rester à bonne distance de Puerto Rico. Ceux qui préfèrent faire escale à San Juan, peuvent atteindre le passage de Mona en naviguant le long de la côte nord de Puerto Rico jusqu'à son extrémité ouest (AN82B). Du WP AN823 à 5 milles au NNW du cap Borinquen, on peut prendre une route qui passe par le passage de Mona vers le WP AN824 à l'ESE de l'île de Mona. Les deux routes convergent ensuite sur le WP AN825 à 10 milles au sud de l'île de Alta Vela, à la pointe sud de St Domingue. Du WP AN825, ceux qui veulent faire escale à Kingston, la capitale de la Jamaïque, devront modifier leur route vers le WP AN826 au large de Plumb Point, à l'approche de Kingston. Les bateaux allant vers les ports de la côte nord de la Jamaïque devront faire route sur le WP AN827 au large de Northeast Point, et de là, ils se dirigeront vers leur port de destination. S'ils poursuivent vers le golfe du Mexique, il est préférable d'aller sur l'un des ports de la côte nord de la Jamaïque. Du WP AN827, on peut prendre une route soit vers Port Antonio soit vers Ocho Rios, les deux étant des ports d'entrée officiels. A l'extrémité ouest de la Jamaïque, la baie de Montego (18°28'N, 77°56'W), qui est aussi un port d'entrée officiel, est un bon point de départ pour les bateaux qui vont ensuite vers l'ouest.

Une autre route (AN82C) reste au nord de Puerto Rico et de St Domingue et passe par le Windward Passage pour regagner la mer des Caraïbes. Il n'y a pas de waypoints listés pour cette route, car c'est principalement de la croisière côtière. L'avantage des routes directes mentionnées plus haut, est qu'elles bénéficient de meilleurs vents, tandis que lorsqu'on reste au nord de ces grandes îles, les alizés sont bloqués et on ne devra compter que sur les brises côtières. Cela est surtout vrai à la fin du printemps et au début de l'été, quand les alizés ont une composante sud et qu'on n'a donc plus de chances d'avoir des vents favorables lors des traversées dans les Caraïbes.

Comme pour la plupart des traversées transcaribéennes, la meilleure époque est pendant les mois de transition d'avril-mai, avant le début de la saison des cyclones, ou en novembre, au début de la bonne saison. En général, on peut s'attendre à avoir des vents et des courants favorables sur les routes au large mentionnées ci-dessus.

AN83 *Des Iles Vierges au golfe du Mexique*

MEILLEURE PÉRIODE	avril à mai, novembre		
SAISON DES CYCLONES	juin à novembre		
CARTES ROUTIÈRES	BA : 4400	US : 400	SHOM : 6898,6761
INSTRUCTIONS NAUTIQUES	BA : 69A, 70, 71	US : 147	SHOM : H5
GUIDES DE CROISIÈRE	*Cruising Guide to the Caribbean, Cruising Guide to Belize and Mexico's Caribbean Coast, Cruising Guide to the Northwest Caribbean.*		

WAYPOINTS

Départ	*Intermédiaire*	*Atterrissage*	*Destination*	*Distance (M)*
Route AN83A				
AN830 St Thomas 18°20'N, 64°56'W	AN831 Vieques 18°00'N, 65°13'W			
	AN832 Investigator 17°45'N, 66°15'W			
	AN835 Alta Vela 17°20'N, 71°40'W			
	AN836 Northeast 18°15'N, 76°15'W			
	AN837 Galina 18°40'N, 77°00'W			
	AN838 Cayman 19°30'N, 81°20'W		Georgetown *19°18'N, 81°23'W*	978
	AN839 Yucatan 21°45'N, 85°15'W		Galveston *29°18'N, 94°48'W*	1902

Départ	*Intermédiaire*	*Atterrissage*	*Destination*	*Distance (M)*
Route AN83B				
AN830 St Thomas	AN833 Borinquen 18°35'N, 67°10'W			
	AN834 Mona 18°00'N, 67°40'W			
	AN835 Alta Vela			
	AN836 Northeast			
	AN837 Galina			
	AN838 Cayman		Georgetown	974
	AN839 Yucatan		Galveston	1910

C'est une route pratique pour ceux qui se dirigent vers les états du sud qui bordent le golfe du Mexique, car c'est une route plus directe et moins difficile que celle qui va sur les Bahamas. La route qui va des Iles Vierges à la Jamaïque, est similaire à la route AN82 et est parallèle aux côtes sud de Puerto Rico et de St Domingue, avant de passer ensuite au nord de la Jamaïque. Si l'on n'a pas l'intention de s'arrêter en Jamaïque, du WP AN836 au large de la pointe nord-est de la Jamaïque, on pourra faire route vers le WP AN837 au N de la pointe Galina. La route suit ensuite un cap au NW, et passe entre Little et Grand Cayman pour aller vers le WP AN838.

La route passe si près de Grand Cayman, que l'on peut s'arrêter à Georgetown si l'on veut. Si l'on s'y arrête, il faut contacter le *Port Security* qui veille en permanence sur VHF sur le canal 16. De Grand Cayman, la route continue vers le chenal du Yucatán et le WP AN839 au large du cap San Antonio sur Cuba. Dans la route AN83B, sont listés les waypoints pour ceux qui préfèrent naviguer le long de la côte nord de Puerto Rico et passer par le passage de Mona, et rejoindre la route au large au WP835 au sud de St Domingue.

Les bateaux qui vont vers des ports du côté nord du golfe du Mexique, tels que la Nouvelle Orléans, préféreront sans doute la route qui reste au nord des Grandes Antilles. Le principal inconvénient de cette route est que l'on a le courant du Gulf Stream contre soi jusqu'au nord de Cuba. Au point de vue de la navigation, la route qui traverse la mer des Caraïbes au sud, comme ci-dessus, est plus facile et bénéficie également de vents et courants favorables sur pratiquement tout le trajet.

La meilleure époque pour effectuer un passage sur ces routes, est soit la période de transition en avril-mai, avant la saison des cyclones, soit en novembre, avant que les vents de nord ne s'établissent. Ils peuvent se faire sentir jusque sur les côtes ouest de la Jamaïque et peuvent perturber sérieusement le temps dans le golfe du Mexique. Parfois, les bateaux qui vont vers le nord attendent des conditions favorables pour traverser le golfe du Mexique aux îles Mujeres (21°15'N, 86°45'5W).

AN84 *Des Iles Vierges aux îles Turks & Caicos*

MEILLEURE PÉRIODE	avril à mai, novembre	
SAISON DES CYCLONES	juin à novembre	
CARTES ROUTIÈRES	BA : 4402	SHOM : 6898
	US : 400	
INSTRUCTIONS NAUTIQUES	BA : 70, 71	SHOM : H5
	US : 147	
GUIDES DE CROISIÈRE	*Yachtsman's Guide to the Bahamas, Turks and Caicos Charts*	

WAYPOINTS

Départ	*Intermédiaire*	*Atterrissage*	*Destination*	*Distance (M)*
Route AN84A				
AN840 St Thomas	AN841 Culebrita	AN842 Turk	Cockburn Town	404
18°20'N, 64°56'W	18°22'N, 65°08'W	21°35'N, 71°00'W	*21°28'N, 71°06'W*	
			Cockburn Harbour	424
			21°30'N, 71°31'W	
Route AN84B				
AN840 St Thomas	AN841 Culebrita			
	AN843 Borinquen			
	18°35'N, 67°10'W			
	AN844 Mouchoir			
	20°35'N, 71°00'W		Cockburn Town	429
			Cockburn Harbour	438

On a le choix entre deux routes pour ce passage. La route AN84A passe au large, laissant tous les bancs (Navidad, Silver et Mouchoir) sur bâbord et reste bien à l'écart de tous les dangers. La route AN84B reste au sud des bancs et se trouve plus proche de Puerto Rico. La route qui passe au large permet une navigation plus facile et bénéfice plus d'un courant favorable. La meilleure époque pour traverser sur ces deux routes est aux changements de saison, mais même au pic des alizés d'hiver, le seul inconvénient sera des vents forts occasionnels.

En partant de St Thomas, et ayant passé l'île de Savana au large de son extrémité ouest, on peut faire route sur le WP AN841. A partir de ce waypoint, juste au nord du phare de l'île de Culebrita, la route AN84A part vers le WP AN842, 12 milles au NE de Grand Turk. Là, la route est infléchie pour pouvoir prendre le Turks Passage et aller sur Cockburn Town, l'agglomération principale et le port d'entrée de Grand Turk. On peut aussi traverser vers Cockburn Port, sur Caicos Sud.

La route plus sud (AN84B) démarre aussi du WP AN841, d'où l'on prend une route qui va vers le WP AN843, au large du cap Borinquen. La route se dirige ensuite vers le NW en passant au sud des bancs de Navidad et de Silver vers le WP AN844, au SW du banc de Mouchoir. De là, la route passe à distance au SW de Sandy Cay, à l'entrée sud de Turks Passage.

AN85 *Des Iles Vierges aux Bahamas*

MEILLEURE PÉRIODE	décembre à mai	
SAISON DES CYCLONES	juin à novembre	
CARTES ROUTIÈRES	BA : 4400	SHOM : 6898,6761
	US : 403	
INSTRUCTIONS NAUTIQUES	BA : 70, 71	SHOM : H5
	US : 147	
GUIDES DE CROISIÈRE	*Yachtsman's Guide to the Bahamas, The Bahamas Cruising Guide.*	

Waypoints

Départ	*Intermédiaire*	*Atterrissage*	*Destination*	*Distance (M)*
Route AN85A				
AN850 St Thomas 18°20'N, 64°56'W	AN851 Culebrita 18°22'N, 65°08'W			
	AN852 Silver 21°10'N, 70°00'W			
	AN853 Caicos 22°20'N, 72°10'W			
	AN854 Samana 23°10'N, 73°20'W	AN855 Salvador 23°54'N, 74°32'W	Cockburn Town *24°03'N, 74°31'5W*	644

Pour atteindre les Bahamas en partant des Iles Vierges, on peut soit prendre une route côtière qui passe le long des côtes nord de Puerto Rico et de St Domingue (AN85B), ou une route hauturière qui reste à l'extérieur de toutes les îles (AN85A). Comme la route côtière consiste principalement en étapes le long de la côte, on ne donnera pas de waypoint. La route hauturière AN85A est plus courte et plus rapide, spécialement si la destination se trouve dans le nord des Bahamas. Elle suit une direction NW, parallèle à la chaîne des îles, jusqu'au chenal Providence du NE. Que l'on gagne la haute mer directement en quittant St Thomas, ou que l'on s'arrête d'abord à San Juan sur Puerto Rico, la route devra passer à bonne distance des bancs de Navidad, Silver et Mouchoir. La route hauturière peut être prise à n'importe quelle époque en dehors de la saison des cyclones. Entre décembre et avril, au plus fort des alizés d'hiver, on peut s'attendre à avoir des vents favorables, même s'ils sont forts, ainsi qu'à bénéficier du courant favorable des Antilles portant vers le NW. On peut s'attendre à avoir des vents faibles ou des zones de calmes aux changements de saison, spécialement en mai. La route peut être affectée par des dépressions qui passent au nord, avec pour conséquence des vents de NW.

En partant de St Thomas, et en ayant passé l'île de Savana au large de son extrémité ouest, depuis le Savana Passage et le WP AN851 on fait route vers le WP AN852 au nord du banc Silver. La route continue en direction du NW vers le WP AN853 au large de Caicos Passage. On peut atteindre le sud des Bahamas en passant par plusieurs passes en eau profonde, qui sont sujettes à de forts courants, comme l'est en fait toute la zone des Bahamas. L'île la plus proche pour faire son entrée aux Bahamas est Mayaguana, dont la pointe Est doit être bien débordée pour éviter les récifs qui l'entourent. Bien que Abrams Bay, l'agglomération principale, ne soit pas un port d'entrée, les bateaux sont autorisés à s'y arrêter brièvement à condition de faire leurs formalités dans le premier port d'entrée officiel. Le plus proche est Cockburn Town, sur l'île de San Salvador. Si l'on continue sur la route au large, on ne doit pas modifier sa route avant d'avoir dépassé Samana Cay, une île basse non éclairée qui se trouve entre Mayaguana et San Salvador. Du WP AN853 on modifiera la route vers le WP AN854 à l'est de Samana. De là, on peut faire route vers le WP AN855.

Après avoir atterri au WP AN855, 5 milles au SE de Sandy Point, l'extrémité SW de San Salvador, il faut rester à bonne distance de l'ouest de l'île avant de s'approcher de l'agglomération principale de Cockburn Town. On peut y faire les formalités d'entrée, ou à l'aéroport, où sont basés les officiels. Il y a un mouillage devant la ville ou une petite marina à un mille plus au nord. L'entrée de la marina de Riding Rock est difficile avec une profondeur maximale de 2,10 m à marée haute. La latitude GPS d u chenal d'entrée dans la marina est 24°03'4N. On peut contacter la marina par VHF sur le canal 6.

AN86 *Des Iles Vierges à la Floride*

MEILLEURE PÉRIODE	novembre à mai			
SAISON DES CYCLONES	juin à novembre			
CARTES ROUTIÈRES	BA : 4400	SHOM : 6898,6761		
	US : 403			
INSTRUCTIONS NAUTIQUES	BA : 69, 70, 71	SHOM : H5		
	US : 140,147			
GUIDES DE CROISIÈRE	*Cruising Guide to the Northern Gulf Coast.*			

Départ	*Intermédiaire*	*Atterrissage*	*Destination*	*Distance (M)*
Route AN86A				
AN860 St Thomas	AN861 Culebrita			
18°20'N, 64°56'W	18°22'N, 65°08'W			
	AN863 Abaco			
	26°50'N, 76°30'W			
	AN864 Bahama		St Augustine	1134
	27°30'N, 78°00'W		*29°55'N, 81°16'W*	
Route AN86B				
AN860 St Thomas	AN861 Culebrita			
	AN862 Providence		Fort Lauderdale	974
	25°40'N, 76°50'W		*26°05'5N, 80°06'W*	

Les bateaux qui vont sur la Floride ont le choix entre plusieurs routes. Entre avril et juin, la route la plus directe suit une direction NW parallèle aux îles Turks et Caicos ainsi qu'aux Bahamas, jusqu'à Great Abaco (AN86A). Cette route hauturière bénéficie de vents forts tout au long des mois d'hiver, et également du courant des Antilles. On peut avoir des conditions plus calmes au changement de saison, en avril et mai. Les instructions pour cette route sont similaires à celles des routes AN85 et AN87C, auxquelles on pourra se référer. Les bateaux allant sur des ports du sud de la Floride peuvent suivre la route AN86A jusqu'à l'île de Great Abaco, puis la route AN86B qui poursuit à travers les chenaux NE et NW de Providence et traverse le Gulf Stream vers la Floride.

Les autres solutions consistent à faire des sauts de puce d'île en île, soit directement par les îles Turks et Caicos et les Bahamas, soit le long des rivages nord de Puerto Rico, de St Domingue et de Cuba (AN86C). Dans le dernier cas, on atteint la Floride en passant par le chenal Old Bahama au sud du banc de Great Bahama. Ces deux routes peuvent être prises à n'importe quel moment de novembre à juin, mais comme elles ne sont pas considérées comme des routes hauturières, elles ne sont pas décrites en détail, et aucun waypoint n'est donné.

AN87 *Des Iles Vierges à l'Amérique du Nord*

MEILLEURE PÉRIODE	fin avril à juin (au large)	
	décembre à mai (via les Bahamas)	
SAISON DES CYCLONES	juin à novembre	
CARTES ROUTIÈRES	BA : 4403	SHOM : 6619
	US : 403	
INSTRUCTIONS NAUTIQUES	BA : 69, 70, 71	SHOM : H5
	US : 140, 147	
GUIDES DE CROISIÈRE	*Embassy Guide to the Atlantic Coast.*	

WAYPOINTS

Départ	*Intermédiaire*	*Atterrissage*	*Destination*	*Distance (M)*
Route AN87A				
AN870 St Thomas 18°20'N, 64°56'W	AN871 Culebrita 18°22'N, 65°08'W	AN872 Brenton 41°24'N, 71°16'W	Newport *41°29'N, 71°20'W*	1435
		AN873 Chesapeake 36°45'N, 75°45'W		1249
Route AN87B				
AN870 St Thomas	AN871 Culebrita	AN874 Carolina 34°38'N, 76°35'W	Beaufort *34°43'N, 76°40'W*	1171
Route AN87C				
AN870 St Thomas	AN871 Culebrita AN875 Abaco 26°50'N, 76°30'W		Charleston *32°44'N, 79°50'W*	1214

La fin de la saison de croisière d'hiver dans les Antilles est l'époque où la plupart des bateaux prennent cette route, qui est aussi l'époque où l'on peut s'attendre à avoir les meilleures conditions de navigation sur une grande partie du trajet. Sur la route directe (AN87A), qui ne s'arrête pas aux Bermudes, on peut s'attendre à avoir des vents favorables jusqu'à la limite nord des alizés. Les vents de sud durent parfois jusqu'à la zone de calmes plats qui s'étend entre 25° et 30°N. On doit résister à la tentation de profiter du courant du Gulf Stream si l'on effectue ce passage tôt en saison pour éviter d'être pris dans un coup de *norther* tardif (fort vent du nord). Pour les bateaux qui vont sur des ports au nord du cap Hatteras les instructions sont les mêmes que celles de la route AN88, et en fait, beaucoup de gens préfèrent s'arrêter aux Bermudes et rejoindre ensuite les ports les plus éloignés de la côte est des USA ou même du Canada.

Pour les bateaux allant sur des ports au sud du cap Hatteras, un détour via les Bermudes n'est pas justifié. Ils ont le choix soit de prendre une route quelque peu indirecte (AN87C), soit une route directe AN87B, qui suit l'orthodromie entre les Iles Vierges et la côte est des USA. Bien que cette route soit indubitablement la plus courte, puisque c'est la plus directe, elle peut ne pas être pour autant la plus rapide car elle coupe en diagonale la zone des calmes plats, qui se trouve au nord de la latitude 25°N.

Les bateaux qui prennent la route AN87C, suivront une direction NW, parallèle aux îles Turks et Caicos et aux Bahamas, jusqu'aux Abacos avant d'atteindre leur destination. En partant de St Thomas et après avoir passé l'île de Savana au large de son extrémité ouest, du WP AN871 on peut prendre une route directe qui pare bien tous les dangers et va sur le WP AN875 au nord de Great Abaco. De là, la route vire au nord et pénètre dans le courant du Gulf Stream. Les vents et le courant sont favorables tout au long de cette route.

Quelle que soit la route choisie, la période optimum pour quitter les Iles Vierges coïncide avec la fin de la bonne saison de croisière dans les Antilles. On ne doit pas essayer d'effectuer un passage direct sur n'importe laquelle de ces routes pendant les mois d'hiver, quand il vaut mieux faire une croisière des Bahamas vers la Floride, et que l'on peut ainsi atteindre les ports des USA de façon plus agréable.

AN88 *Des Iles Vierges et Puerto Rico aux Bermudes*

MEILLEURE PÉRIODE	fin avril à juin			
SAISON DES CYCLONES	juin à novembre			
CARTES ROUTIÈRES	BA : 4403	SHOM : 6619		
	US : 108			
INSTRUCTIONS NAUTIQUES	BA : 70, 71	SHOM : H5		
	US : 140, 147			
GUIDES DE CROISIÈRE	*Bermuda Yachting Guide.*			
WAYPOINTS				
Départ	*Intermédiaire*	*Atterrissage*	*Destination*	*Distance (M)*
AN880 St Thomas	AN881 Culebrita	AN883 David	St George's	854
18°20'N, 64°56'W	18°22'N, 65°08'W	32°21'N, 64°38'W	*32°22'N, 64°40'W*	
AN882 Puerto Rico		AN883 David	St George's	865
18°29'N, 66°07'W				

Les Bermudes constituent une escale intéressante pour les bateaux partant des Iles Vierges ou de Puerto Rico pour aller soit en Europe, soit sur la côte est des USA. On trouve les meilleures conditions sur cette route, qui passe par les calmes plats des *Horse Latitudes*, à la fin du printemps ou au début de l'été. A cette époque de l'année, les alizés ont une direction plus E ou SE qu'en hiver. Même si le vent souffle du NE, cela ne fait rien si l'on est un peu déporté à l'ouest de sa route initiale, car plus on va vers le nord, plus on a de chance de voir le vent SE ou même S. Si l'on ne trouve pas de vents favorables, les milles que l'on a perdus vers l'ouest peuvent être regagnés en faisant du moteur à travers les calmes plats. Au nord de la zone de calmes, les vents deviennent variables avec une prédominance de vents de S ou de SW, et très rarement du N. Le risque d'avoir un coup de vent de nord est minimal après mi-avril, qui est la période où la plupart des gens effectuent ce passage. En général, on rencontre les meilleures conditions en mai. Mais il n'est pas recommandé de prendre cette route après fin juin car la fréquence des cyclones augmente. Ceux qui sont déterminés à faire une traversée rapide vers les Bermudes doivent être préparés à faire du moteur s'ils rencontrent des zones de calmes. On devra suivre ce conseil spécialement si l'on est tard en saison, quand il y a un risque accru d'être frappé par un cyclone, on ne doit donc pas traîner trop longtemps dans cette région. Il faut définitivement abandonner l'idée d'effectuer ce passage en été car la trajectoire des cyclones coïncide pratiquement avec la route directe qui va vers les Bermudes. Les dépressions tropicales deviennent plus fréquentes après le mois de juillet, et même si elles ne génèrent pas des vents forts, le temps à leur proximité est très instable, avec de fortes pluies. Si une dépression se forme près des Iles Vierges, on peut s'attendre à avoir des vents contraires sur la route de Bermudes.

Les bateaux partant de St Thomas gagnent en général la haute mer par le Savana Passage, à l'ouest de l'île. Du WP AN881, on prend une route directe et l'on peut faire son atterrissage au WP AN883. Si l'on part de Puerto Rico, du WP AN882, on pourra suivre une route vers le même WP AN883 un mille à l'est de la pointe St David, à l'approche du Town Cut. De là, on arrive dans le port de St George, qui est le seul port d'entrée aux Bermudes. L'entrée de Town Cut est difficile de nuit, ceux qui ne sont pas familiers avec les lieux devront donc éviter d'y arriver de nuit.

AN89 *Des Iles Vierges aux Açores*

Meilleure période	mai à juin			
Saison des cyclones	juin à novembre			
Cartes routières	BA : 4012	SHOM : 6561		
	US : 120			
Instructions Nautiques	BA : 67, 71	SHOM : H5, C4		
	US : 140, 143, 147			
Guides de croisière	*Iles de l'Atlantique.*			
Waypoints				
Départ	*Intermédiaire*	*Atterrissage*	*Destination*	*Distance (M)*
AN890 St Thomas		AN891 Faial	Horta	2245
18°20'N, 64°56'W		38°30'N, 28°50'W	*38°32'N, 28°37'5W*	
		AN892 Florès	Lajes	2157
		39°20'N, 31°18'W	*39°23'N, 31°10'W*	

A cause de la grande zone de vents variables qui se trouve sur la route directe vers les Açores, il est plutôt recommandé de faire d'abord du NE vers une zone de vents d'ouest prédominants. Comme cette route passe près des Bermudes, en général la plupart des bateaux s'y arrêtent avant de reprendre leur traversée sur les Açores. Les instructions pour ces routes sont détaillées avec les routes AN88 et AN125.

Bien que considérablement plus courte, la route orthodromique peut rarement être effectuée à la voile dans sa totalité, il faut donc avoir fait un bon approvisionnement en gazole pour pouvoir faire du moteur dans les zones de calmes qui sont pratiquement inévitables. Au printemps et au début de l'été, les vents seront plutôt sud-est jusqu'à la latitude 26°N ou 28°N. Plus au nord, ils deviennent plus faibles et plus variables, avec une forte probabilité de calmes plats prolongés. La période optimale pour effectuer cette traversée se trouve entre mai et juillet. En avril, c'est probablement trop tôt puisque la fréquence des coups de vent dans l'Atlantique est encore élevée. Après le mois de juillet, la fréquence des cyclones augmente, et si l'on a l'intention de traverser en été, on ne devra quitter les Antilles que si l'on a une bonne prévision à long terme. Si aucune dépression tropicale ne semble être en train de se former dans la région, on a de bonnes chances de ne pas être pris dans une tempête qui en résulterait.

On ne peut pas donner de waypoint sur cette route, car elle dépend entièrement des vents que l'on rencontre. Il faut éviter la zone 35°22'25N, 51°29'29W où un haut-fond suspect a été signalé par un yacht en traversée vers les Açores pendant l'été 2003. L'épave d'un voilier y était clairement visible sur le fond, et jusqu'à ce que l'on ait de plus amples informations, il vaut mieux éviter cette zone, en particulier lorsque les conditions météo sont mauvaises. Le point d'atterrissage le plus populaire reste Horta sur l'île de Faial, où il y a une bonne marina, et où l'on peut faire les formalités d'entrée. Pour atteindre Horta, l'atterrissage se fait au WP AN891, 3 milles au SW de Faial. On suit les côtes sud de l'île avant de virer au nord à la hauteur du Mont Guia qui est remarquable.

Le port de Lajes sur l'île la plus à l'ouest, Florès, et qui a été récemment amélioré, permet d'effectuer son entrée dans les Açores plus tôt. Ayant atterri au WP AN 892, 3 milles au SW de Florès, on suivra la côte sud de l'île jusqu'à Lajes.

AN90 ROUTES DE LA MER DES CARAÏBES DEPUIS PANAMA

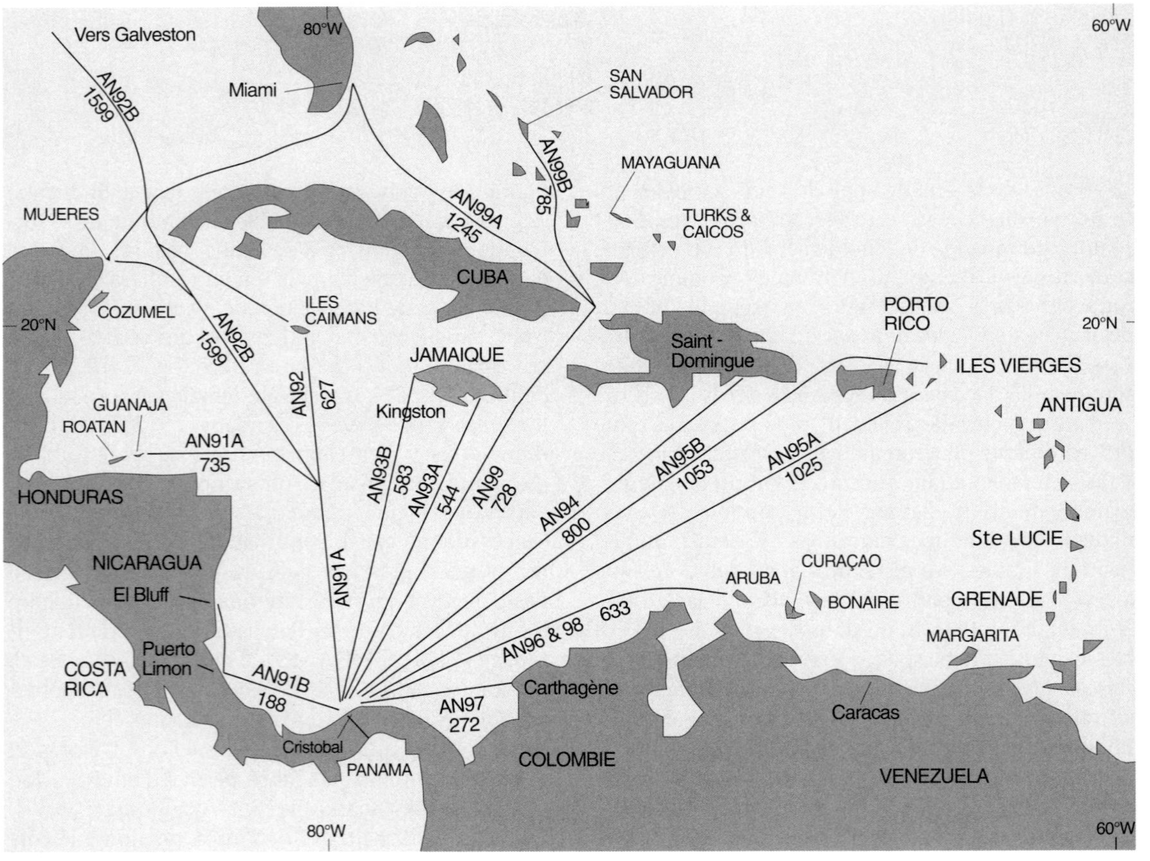

AN90 Routes de la mer des Caraïbes depuis Panama

La plupart des routes dans la mer des Caraïbes soit partent, soit arrivent à Panama, et parce qu'elles ont beaucoup de caractéristiques communes, cela vaut la peine de les considérer ensemble. A cause de la multitude de destinations possibles, les routes sont difficiles à définir, bien qu'il faille prendre en compte certaines considérations quelle que soit la route que l'on envisage. La plupart de ces considérations sont étroitement liées au temps et il ne faut pas envisager une traversée de la mer des Caraïbes pendant la saison des cyclones, spécialement pendant les mois où la fréquence est la plus élevée, c'est-à-dire d'août à octobre. Les cyclones tardifs se forment en fait dans la mer des Caraïbes et les alertes sont donc données moins longtemps à l'avance que quand les dépressions ont d'abord été suivies pendant leur traversée l'Atlantique. On peut aussi avoir des conditions météo difficiles dans l'ouest de la mer des Caraïbes au plus fort des alizés en hiver, tandis que dans le golfe du Mexique, l'hiver est associé à de fortes tempêtes de nord. Il y a aussi des courants qui sévissent dans le golfe du Mexique, et dont les directions diffèrent souvent de celles qu'indiquent les cartes.

En hiver, la zone entière est sujette aux coups de vent de nord, les *northers*, bien que l'intensité de ces tempêtes d'hiver diminue graduellement plus on va vers le sud, et qu'elles ne soient plus si fortes que cela au sud du Honduras. Quoi qu'il en soit, de ces coups de vent de nord associés à de forts alizés de NE, il peut résulter des vents très forts connus sous le nom d'*intensified trades* (alizés renforcés), dans pratiquement toute la partie sud de la mer des Caraïbes. De novembre à mars, les vents au large de la côte de l'Amérique centrale tendent à être un peu plus nord que nord-est, direction dominante le reste de l'année. Cette côte est tout particulièrement affectée par des brises de terre et de mer. La brise de mer commence à souffler du NE vers le milieu de la matinée, augmente graduellement et vire à l'est entre le milieu de l'après-midi et le coucher du soleil. La brise continue de changer de direction, virant dans le sens des aiguilles d'une montre jusqu'à souffler modérément de SE dans la nuit. Dans les zones côtières les plus au sud, cette brise de terre vient de l'ouest et du sud-ouest. En été, la saison des pluies se caractérise par des grains, tout particulièrement en fin d'après-midi. C'est rarement calme, et un système similaire de brises de terre et de mer prédomine comme en hiver.

Les routes vers l'est au départ de Panama peuvent être très difficiles à pratiquement n'importe quelle époque de l'année, à cause de la direction des vents dominants et du courant. Beaucoup de gens sont tentés d'effectuer ce passage vers la fin de l'année, de façon à arriver aux Petites Antilles en dehors de la saison des cyclones. Dans ce cas, on devra effectuer cette traversée vers l'est avant que les forts alizés d'hiver ne se soient établis. Les plus confortables et les meilleures traversées ont été faites à la fin du printemps ou au début de l'été, bien que cela présente l'inconvénient d'arriver aux Petites Antilles au début de la saison des cyclones. Pour effectuer ce passage au meilleur moment, et aussi pour éviter la saison des cyclones, il existe deux options. Si l'on ne peut passer le canal de Panama avant l'hiver, alors il vaut mieux attendre jusqu'à avril ou mai et ensuite partir sur le Venezuela et les îles qui se trouvent au nord. Comme cette région se trouve en grande partie en dehors de la zone des cyclones, on peut y naviguer en sécurité jusqu'à novembre, et, de là, remonter sur les Petites Antilles. Si l'on passe le canal fin octobre ou début novembre, et que les alizés sont déjà trop forts pour pouvoir traverser directement, cela vaut la peine d'arriver sur les Petites Antilles par le nord en allant d'abord sur les Iles Vierges via Puerto Rico. Cette dernière solution dépendra beaucoup des performances au près de son bateau, puisque la majorité de la traversée se fera au près serré. Une option plus facile consiste à atteindre les Antilles par petites étapes, soit en suivant la côte nord de l'Amérique du Sud, via les îles des San Blas, la Colombie, les îles ABC et le Venezuela, soit en suivant un arc de cercle vers le nord en passant par la République Dominicaine et Puerto Rico. Quelle que soit la route choisie, la route au départ de Panama doit être soigneusement planifiée, pour éviter d'être coincé à Panama en attendant que les alizés faiblissent.

AN91 *De Panama à l'Amérique centrale*

Meilleure période	novembre, mi-avril à juin	
Saison des cyclones	juin à novembre	
Cartes routières	BA : 4402	SHOM : 6898
	US : 402	
Instructions Nautiques	BA : 7A, 69A	SHOM : H5
	US : 148	
Guides de croisière	*Cruising Guide to the Northwest Caribbean, Cruising Guide to Belize and Mexico's Caribbean Coast, Cruising Guide to the Caribbean, Cruising Guide to the Rio Dulce.*	

WAYPOINTS

Départ	*Intermédiaire*	*Atterrissage*	*Destination*	*Distance (M)*
Route AN91A				
AN910 Panama 9°26'N, 79°55'W	AN911 Roncador 13°30'N, 79°40'W AN912 Serrana 14°25'N, 79°47'W AN913 15°35'N, 81°30'W AN914 Gorda 16°00'N, 82°05'W AN915 Hobbies 16°10'N, 83°10'W			
			Guanaja *16°28'N, 85°54'W*	735
			Coxen Hole *16°18'N, 86°35'W*	773
			Livingston *15°50.5'N, 88°43'5W*	898
			Belize City *17°30'N, 88°10'W*	875
Route AN91B				
AN910 Panama			Puerto Limon *10°00'N, 83°03'W*	188
			El Bluff *12°01'N, 83°44'W*	273

En quittant le canal de Panama, il y a deux solutions possibles, soit une route hauturière directe vers le nord du Honduras (AN91A), soit une route indirecte pour ceux qui veulent passer un peu de temps à remonter le long du Honduras, du Belize, ou d'autres endroits de l'Amérique centrale (AN91B).

La route hauturière directe requiert une navigation attentive, en particulier au début, à cause des nombreux bancs de sable et des récifs qui se trouvent au large des côtes de l'Amérique centrale. Du WP AN910 au large de l'entrée du Canal de Panama, la route suit un cap nord vers le WP AN911 20 milles à l'est des bancs de Roncador. On maintiendra une route vers le nord vers le prochain WP AN912, pour passer à bonne distance à l'est des bancs de Serrana. De là, on prend une route au NW vers le WP AN913, qui suit un chenal relativement profond.

Les bateaux allant sur Bay Islands au Honduras ou plus loin, depuis le WP AN913 établiront une route pour le WP AN914 20 milles à l'ENE de Gorda Cay. Comme cette route passe par plusieurs hauts-fonds, on ne devra la prendre que si les conditions météo ne sont pas trop difficiles, autrement la mer brise dessus et cela peut être dangereux. La route à partir de Gorda Cay passe au nord des Hobbies Cays, par le WP AN915, et de là, la route mène en toute sécurité aux îles de Guanaja ou Roatan (Coxen Hale), les deux ayant des ports où l'on peut faire les formalités d'entrée. Les meilleurs équipements sont maintenant concentrés autour de La Ceiba, avec plusieurs marinas et une toute une gamme de services pour le nautisme.

Les bateaux allant sur le Rio Dulce au Guatemala, peuvent faire leur entrée dans le pays à Livingston. Depuis Bay Islands, la route continue dans le golfe du Honduras. On doit négocier une barre peu profonde pour entrer dans la rivière et atteindre Livingston, et cela doit être fait à marée haute. La position de la bouée d'entrée est : 15°50'5N, 88°43'5W.

On atteint facilement le grand bassin de croisière du Belize depuis Bay Islands. Habituellement, les bateaux font leur entrée au Belize à Belize City, mais il est également possible de la faire à San Pedro (Ambergris Key), qui a maintenant un bureau de douanes permanent.
La route intérieure (AN91B) suit la côte des Moustiques (Mosquito Coast) du Nicaragua et du Honduras. En partant du canal de Panama, on peut faire un premier arrêt au Costa Rica, à Puerto Limon. Si l'on continue le long de la côte du Nicaragua, le port d'entrée officiel est El Bluff.

Ceux qui prennent la route hauturière en partant de Panama, peuvent s'arrêter soit sur San Andres, soit sur

Providencia, deux îles juste au nord de Panama, qui appartiennent à la Colombie. Les coordonnées GPS de la bouée d'atterrissage au large de Puerto Isabel sur Providencia sont : 13°24'N, 81°23'6W. Cependant, si les conditions sont défavorables, ou la visibilité mauvaise, il est fortement recommandé de prendre la route hauturière décrite plus haut, qui reste bien à l'écart de tous les dangers.

On peut explorer le bassin de croisière que constituent le Honduras, le Guatemala et le Belize avant de rejoindre la route hauturière qui continue vers le golfe du Mexique, comme décrit dans la route AN92.

AN92 *De Panama au golfe du Mexique et à la Floride*

MEILLEURE PÉRIODE	novembre, mi-avril à juin	
SAISON DES CYCLONES	juin à novembre	
CARTES ROUTIÈRES	BA : 4400 US : 400, 401	SHOM : 6898,6761
INSTRUCTIONS NAUTIQUES	BA : 7A, 69A, 70 US : 147, 148	SHOM : H5
GUIDES DE CROISIÈRE	*Cruising Guide to the Northwest Caribbean, Cruising Guide to Belize and Mexico's Caribbean Coast, Cruising Guide to the Florida Keys.*	

WAYPOINTS

Départ	*Intermédiaire*	*Atterrissage*	*Destination*	*Distance (M)*
Route AN92A				
AN920 Panama 9°26'N, 79°55'W	AN921 Roncador 13°30'N, 79°40'W			
	AN922 Serrana 14°25'N, 79°47'W			
	AN923 Cayman 19°23'N, 81°27'W		Georgetown *19°18'N, 81°23'W*	627
Route AN92B				
AN920 Panama	AN924 Sueno 14°20'N, 80°45'W			
	AN923 Cayman 19°23'N, 81°27'W		Georgetown	610
AN920 Panama	AN924 Sueno	AN925 Swan 17°25'N, 85°50'W		
		AN926 Sur 21°10'N, 86°42'W	Isla Mujeres *21°15'N, 86°45'5W*	881
		AN927 Yucatan 21°50'N, 85°10'W	Galveston *29°18'N, 94°48'W*	1599

Comme la route directe de Panama vers le golfe du Mexique passe près de nombreuses zones de croisière intéressantes, on peut s'arrêter dans n'importe laquelle de ces destinations en Amérique centrale, comme décrit dans la route AN91. Les passages vers le nord vers le chenal du Yucatán peuvent soit se faire sans escale, quoiqu'à travers une zone pleine de dangers, soit en s'arrêtant sur Grand Cayman, ou bien sur l'île de Swan.

Comme c'est le cas pour toutes les traversées dans la mer des Caraïbes, le respect du bon créneau pour cette route est crucial. Indépendamment du risque d'être pris dans un cyclone, spécialement entre juillet et octobre, beaucoup de bateaux se sont retrouvés en difficulté quand ils ont été pris dans un fort coup de vent de nord (*norther*) dans le golfe du Mexique. La région entière est sujette à ces *northers* de novembre jusqu'à début avril et ils peuvent être ressentis jusqu'à Panama bien qu'ils aient beaucoup perdu de leur force quand ils arrivent dans ces latitudes. Les violentes conditions qui résultent d'un coup de nord soufflant contre le fort courant dans le golfe du Mexique, ont déjà fait chavirer et même couler des bateaux. La meilleure époque pour effectuer cette traversée est de mi-avril à fin juin, quand il y a une chance raisonnable d'avoir des vents ayant une composante sud. Les traversées vers le nord peuvent aussi être entreprises de fin octobre à début décembre, mais il faut faire plus attention aux prévisions météo. Les deux périodes évitent le pire des coups de vent d'hiver et tombent en dehors des mois où la fréquence des cyclones est la plus élevée. Si l'on effectue ce passage en hiver, il est conseillé de partir juste après un coup de nord, quand on peut s'attendre à avoir des conditions plus calmes pendant quelques jours.

En été, les vents dominants sont SE et le temps est pluvieux avec des grains forts et des périodes de calmes. D'avril à juillet les brises de terre et de mer alternent le long de la côte sud des USA. Le golfe du Mexique est l'une des régions les plus touchées par les cyclones entre juin et novembre, étant sous la menace des tempêtes tropicales qui se forment dans le golfe lui-même et de celles qui viennent d'autres régions des Caraïbes. De septembre à novembre, les cyclones qui ont pris naissance dans l'ouest des Caraïbes ont plus de chance de passer par le chenal du Yucatán et ensuite de s'incurver vers le nord et l'est, vers Cuba et la Floride. Tornades, trombes et grains en forme d'arche sont aussi caractéristiques de la saison des cyclones.

Les vents dominants dans l'ouest des Caraïbes sont NE et E avec une composante sud qui se fait sentir au nord du Yucatán. Les courants le long de cette route portent au NW, atteignant leur intensité maximale dans le chenal du Yucatán. Les directions de ces courants dans le golfe du Mexique sont complexes et difficiles à prévoir, en particulier dans la région de Dry Tortugas, où il faut faire extrêmement attention.

Les bateaux qui vont vers le nord ont le choix entre deux routes, l'une reste bien au large de tous les dangers et présente plus d'intérêt pour ceux qui veulent s'arrêter à Grand Cayman (AN92A), l'autre, légèrement plus courte va directement sur le chenal du Yucatán (AN92A). Du WP AN920 au nord de l'entrée du canal de Panama, la route AN92A va au nord vers le WP AN921, à 20 milles à l'est du banc de Roncador. On maintiendra une route nord jusqu'au waypoint suivant AN922, à l'est du banc de Serrana. De là, on peut faire route sur le WP AN923 au large de Grand Cayman. En arrivant sur le port de Georgetown, contactez le *Port Security* qui veille en permanence sur le canal 16.

Les bateaux qui prennent la route AN92B, depuis le WP AN920 devront faire route sur le WP AN924 à mi-chemin entre les bancs de Sueno et de Serrana, qui ont tous les deux des phares. De là, ceux qui ont décidé de s'arrêter à Grand Cayman devront modifier leur route vers le nord, en passant sur un haut-fond vers le WP AN923 au large de l'extrémité NW de Grand Cayman. De là, la route vire à l'est pour atteindre la capitale Georgetown. Plutôt que de s'arrêter sur Grand Cayman, il y a un autre arrêt pratique sur le chemin du chenal du Yucatán, il s'agit de l'île de Swan. Si l'on envisage de s'y arrêter, du WP AN924, il faut modifier la route pour passer par le banc de Gorda, vers le WP AN925 au large de la pointe est de l'île de Swan. En partant vers le nord depuis l'île de Swan, on peut soit aller directement sur le chenal du Yucatán, ou bien faire une autre escale sur l'île Mujeres qui est un endroit réputé pour attendre des conditions favorables avant de traverser le golfe du Mexique. Pour faire escale à l'île Mujeres il faut prendre une route vers le WP AN926 au SE de Punta Sur, à l'extrémité SE de l'île. L'île Mujeres est un port d'entrée officiel du Mexique. Si l'on n'envisage pas de s'arrêter en route, du WP AN924 on peut faire route sur le WP AN927 au large du cap San Antonio sur Cuba, qui marque le côté est du chenal du Yucatán.

Que l'on décide de naviguer sans escale ou de s'arrêter en chemin, cette route présente beaucoup d'intérêt pour les bateaux qui vont sur des ports US du golfe du Mexique ou sur les deux côtes de Floride. D'autres routes, comme AN 93, doivent être envisagées pour des destinations situées plus au nord sur la côte Est des USA.

AN93 *De Panama à la Jamaïque*

MEILLEURE PÉRIODE	avril à juin, novembre	
SAISON DES CYCLONES	juin à novembre	
CARTES ROUTIÈRES	BA : 4012	SHOM : 6898
	US : 124	
INSTRUCTIONS NAUTIQUES	BA : 7A, 70	SHOM : H5
	US : 140, 147, 148	
GUIDES DE CROISIÈRE	*Yachtsman's Guide to Jamaica.*	

Waypoints

Départ	*Intermédiaire*	*Atterrissage*	*Destination*	*Distance (M)*
Route AN93A				
AN930 Panama 9°26'N, 79°55'W	AN931 Plumb 17°45'N, 76°50'W		Kingston *17°58'N, 76°48'W*	544
Route AN93B				
AN930 Panama	AN932 Serranilla 15°50'N, 79°17'W			
	AN933 Pedro 17°20'N, 79°05'W	AN934 Negril NW 18°25'N, 78°30'W	Montego Bay *18°28'N, 77°56'W*	583

La navigation dans la partie centrale de la mer des Caraïbes est rendue difficile par la présence de nombreux bancs de sable, de récifs et de hauts-fonds, tout ceci aggravé par le fort courant qui porte à l'ouest. A cause de ce courant, une route directe pour la Jamaïque passe dangereusement près des bancs de New Bank et Pedro Bank et une marge suffisante doit être prise quand on prend une route qui passe à leur vent. Ces deux bancs peuvent être très dangereux par gros temps et il faut donc éviter de se trouver à proximité. Depuis Panama et le WP AN930, la route directe (AN93A) passe à l'est des nombreux bancs vers le WP AN931 au sud de Plumb Point, à l'approche de la capitale jamaïcaine, Kingston.

Les bateaux allant sur la côte NW de la Jamaïque, telle que la baie Montego, devront prendre une route plus ouest, pour rester à l'est des bancs Roncador, Serrana, et Serranilla (AN93B), avant de modifier la route pour passer à l'ouest du grand haut-fond de Pedro Bank, pour faire l'atterrissage à Negril Point, l'extrémité ouest de la Jamaïque.

La baie de Montego a les meilleurs services et la communauté nautique la plus active de la Jamaïque. Le yacht club local accueille de nombreuses régates internationales, et les bateaux de passage y sont toujours les bienvenus.

AN94 *De Panama à St-Domingue*

Meilleure période	mai à juin, novembre	
Saison des cyclones	juin à novembre	
Cartes routières	BA : 4402	SHOM : 6898
	US : 402	
Instructions Nautiques	BA : 7A, 70	SHOM : H5
	US : 147, 148	
Guides de croisière	*Cruising Guide to the Caribbean.*	

Waypoints

Départ	*Intermédiaire*	*Atterrissage*	*Destination*	*Distance (M)*
AN940 Panama 9°26'N, 79°55'W	AN941 Palenque 18°05'N, 70°00'W	AN942 Domingo 18°23'N, 69°54'W	Santo Domingo *18°28'N, 69°53'W*	800

Parce que les vents dominants dans la mer des Caraïbes sont NE ou E, toutes les destinations sur cette route sont au vent de Panama pendant la plus grande partie de l'année. A moins qu'il n'y ait un changement de vent au sud, il vaut mieux suivre les instructions pour la route AN93B, et ensuite faire de l'est le long de la côte sud de St-Domingue, grâce aux brises de terre. Près du rivage, il y a parfois un courant qui porte à l'est. Les bateaux qui vont sur les côtes nord d'Haïti et de la République Dominicaine devront suivre les mêmes instructions que pour la route AN93B jusqu'au Windward Passage.

Du WP AN940 à l'extérieur de l'entrée du canal de Panama, on peut prendre une route directe à travers la mer des Caraïbes vers le WP AN941, à 10 milles au SSE de Punta Palenque. La route doit être modifiée ensuite vers le WP AN942 à l'approche de Santo Domingo, la capitale Dominicaine.

AN95 *De Panama aux Iles Vierges*

MEILLEURE PÉRIODE	mai à juin, novembre			
SAISON DES CYCLONES	juin à novembre			
CARTES ROUTIÈRES	BA : 4402 US : 402	SHOM : 6898		
INSTRUCTIONS NAUTIQUES	BA : 7A, 70 US : 147, 148	SHOM : H5		
GUIDES DE CROISIÈRE	*Cruising Guide to the Virgin Islands, Yachtsman's Guide to the Virgin Islands.*			
WAYPOINTS	*Guide des Antilles (J. Patuelli), Pilote côtier Antilles (A. Rondeau).*			

Départ	*Intermédiaire*	*Atterrissage*	*Destination*	*Distance (M)*
Route AN95A				
AN950 Panama 9°26'N, 79°55'W	AN951 Manzanillo 9°47'N, 79°32'W	AN952 Vieques 18°00'N, 65°13'W	Charlotte Amalie *18°20'N, 64°56'W*	1025
Route AN95B				
AN950 Panama	AN951 Manzanillo AN953 Mona 18°00'N, 67°40'W AN954 Borinquen 18°35'N, 67°10'W		Charlotte Amalie	1053

C'est une route difficile tout au long de l'année à cause des vents dominants et du courant qui porte à l'ouest. La route directe offre deux alternatives, soit une route qui passe au sud de Puerto Rico (AN95A), soit via le Mona Passage et le nord de Puerto Rico (AN95B). Au départ de ces deux routes, il faut déborder la pointe Manzanillo au WP AN951, avant de prendre une route bien à l'écart de tout, qui traverse en diagonale la mer des Caraïbes. Les bateaux allant directement sur St Thomas feront leur atterrissage au WP AN952 au large de l'île de Vieques, à l'est de Puerto Rico. Ceux qui préfèrent passer par la côte nord de Puerto Rico feront leur atterrissage au WP AN953 à l'entrée du Mona Passage. La route passe ensuite autour de la pointe NW de Puerto Rico au WP AN954, de là elle est parallèle à la côte nord jusqu'à St Thomas.

Les deux routes directes ont la chance de bénéficier de conditions favorables au début de l'été, quand les vents de SE ne sont pas rares. On peut avoir des vents plus faibles au changement de saison, c'est aussi le bon moment pour effectuer ce passage. Aux autres périodes de l'année, deux autres routes radicalement différentes offrent des options intéressantes. En fonction du moment de l'année, il vaut peut-être mieux prendre la route AN93 qui passe par le Windward Passage et qui vire ensuite à l'est pour longer les côtes nord de St-Domingue et de Puerto Rico. Il y a une autre possibilité qui consiste à serrer le vent le plus possible vers la côte sud de St-Domingue et à continuer ensuite sur les Iles Vierges, soit en restant au sud de Puerto Rico, soit au nord de l'île en passant par le Mona Passage. Voir également la route AN94.

Comme on ne peut prendre aucune de ces routes durant la saison des cyclones, on peut envisager une tout autre solution, qui consiste à faire un grand détour par le sud des Caraïbes. Cette route a l'avantage de pouvoir être prise à n'importe quel moment de l'année. Cela implique un détour par le Venezuela et les îles de la côte vénézuélienne, offrant ainsi la possibilité de passer l'été dans cette région qui est à l'abri des cyclones, avant de repartir vers le nord à la fin de la saison cyclonique. Les routes AN97 et AN98 donnent plus de détails.

AN96 *De Panama aux Petites Antilles*

MEILLEURE PÉRIODE	avril à mai, novembre	
SAISON DES CYCLONES	juin à novembre	
CARTES ROUTIÈRES	BA : 4402	SHOM : 6898
	US : 402	
INSTRUCTIONS NAUTIQUES	BA : 7A, 70	SHOM : H5
	US : 147, 148	
GUIDES DE CROISIÈRE	*Cruising Guide to the Caribbean, Sailor's Guide to the Windward Islands, Cruising Guide to the Leeward Islands, Guide des Antilles (J. Patuelli), Pilote côtier Antilles (A. Rondeau).*	

Cela peut être une traversée très difficile, puisqu'en faisant route directe, on est au près tout au long du chemin. C'est le défi que doivent affronter tous ceux qui désirent aller vers l'est après avoir franchi le canal de Panama. A cause de la difficulté certaine de rejoindre les Antilles sans escale, la plupart des bateaux font la remontée en petites étapes. Certains s'arrêtent d'abord aux îles San Blas, pour lesquelles il faut avoir obtenu un permis de croisière avant de quitter Cristobal. On devra obtenir un permis supplémentaire à l'arrivée à Porvenir, qui est une escale obligatoire pour tous ceux qui veulent naviguer dans les San Blas. Que l'on ait fait ou non escale aux San Blas, on peut faire aussi escale en Colombie. On pourra ensuite s'arrêter à Aruba, à moins que l'on ne soit prêt à faire une traversée directe sur les Petites Antilles, ce qui n'est pas facile, à cause du vent et du courant contraires le long de la côte vénézuélienne.

La meilleure période pour effectuer ce passage sur une route sud, est entre juin et août, quand les alizés sont moins établis en force et en direction qu'en hiver. Octobre et novembre, les deux autres mois où l'on peut s'attendre à des vents plus faibles, se trouvent encore dans la saison des cyclones, et bien que le Venezuela et les îles au large soient en grande partie en dehors de la zone des cyclones, les conditions dans l'ouest des Caraïbes peuvent devenir extrêmement inconfortables si un cyclone passe plus au nord ou plus à l'est. La plus mauvaise période pour effectuer ce passage est au plus fort des alizés d'hiver, c'est-à-dire de janvier à début avril.

Le passage vers l'est dans les eaux vénézuéliennes devra se faire le plus près possible de la côte pour pouvoir bénéficier des brises de terre et de mer et du courant favorable qui se trouve près de la côte. En général, la nuit les alizés tombent, c'est donc le moment de naviguer près de la côte, en profitant de la brise de terre. Un bateau qui remonte bien au vent peut tirer un bord vers le large dans la journée et revenir vers la côte avant la tombée de la nuit. De cette façon, on peut atteindre Grenade en faisant des sauts de puce, et, de là, on atteint n'importe laquelle des autres îles de l'est des Caraïbes. La première étape d'une remontée vers l'est est décrite en détail dans la route AN97. Une autre solution qui consiste à atteindre les îles dans le NE des Caraïbes est décrite dans la route AN95.

AN97 *De Panama à la Colombie*

MEILLEURE PÉRIODE	avril à juin, novembre	
SAISON DES CYCLONES	juin à novembre	
CARTES ROUTIÈRES	BA : 4402	SHOM : 6898
	US : 402	
INSTRUCTIONS NAUTIQUES	BA : 7A	SHOM : H5
	US : 148	
GUIDES DE CROISIÈRE	*Cruising Guide to the Caribbean.*	
WAYPOINTS		

Départ	*Intermédiaire*	*Atterrissage*	*Destination*	*Distance (M)*
AN970 Panama 9°26'N, 79°55'W	AN971 Manzanillo W 9°48'N, 79°35'W	AN972 sur Carthagène 10°20'N, 75°45'W	Carthagène *10°25'N, 75°32'W*	272

Atteindre la côte atlantique de la Colombie à partir de Panama n'est pas chose facile, et cela à n'importe quelle période de l'année, à cause du vent et du courant contraires. Les îles San Blas, qui appartiennent à Panama, sont une bonne escale sur la route. La route traverse ensuite le golfe de Darien vers Carthagène, ville historique très intéressante qui est devenue le port d'escale le plus populaire parmi les bateaux de croisière qui visitent la Colombie. Du WP AN970, à l'entrée du canal de Panama, on pourra d'abord faire route sur le WP AN971 à 10 milles au nord de Punta Manzanillo. La route va ensuite sur le WP AN972 à l'approche du port de Carthagène. On devra approcher cette zone avec précaution, à cause de tous les dangers qui se trouvent à l'entrée de Carthagène. En ce qui concerne Boca Grande, les colonisateurs espagnols en ont barré l'accès par une digue immergée pour rendre plus difficile et plus long l'accès à la ville et leur donner le temps de se mettre en position de défense. Cette digue a été ouverte sur plusieurs mètres pour permettre le passage de bateaux à faible tirant d'eau. La position GPS de cette entrée serait de 10°23'44N, 75°34'77W. Une perche avec un voyant cylindrique peint en vert signale ce passage praticable de jour avec un tirant d'eau inférieur à 2,4 m. En l'absence de toute houle, des tirants d'eau supérieurs - jusqu'à 3 m – peuvent passer. Le chenal de Boca Grande n'est pas balisé à l'intérieur de la baie mais il y a suffisamment de fond pour rejoindre la zone de mouillage d'attente des cargos. L'accès par Boca Chica est également possible. On peut faire les formalités à l'un des deux yachts-clubs, à contacter sur le canal 16 pour se renseigner sur les formalités et les places à quai.

AN98 *De Panama au Venezuela et aux îles ABC*

MEILLEURE PÉRIODE	avril à juin, novembre	
SAISON DES CYCLONES	juin à novembre	
CARTES ROUTIÈRES	BA : 4402	SHOM : 6898
	US : 402	
INSTRUCTIONS NAUTIQUES	BA : 7A, 71	SHOM : H5
	US : 148	
GUIDES DE CROISIÈRE	*Yachting Guide to the ABC Islands, Cruising Guide to Venezuela and Bonaire, Cruising Guide to the Caribbean.*	

WAYPOINTS

Départ	*Intermédiaire*	*Atterrissage*	*Destination*	*Distance (M)*
AN980 Panama 9°26'N, 79°55'W	AN981 Gallinas 13°00'N, 71°40'W	AN982 Aruba 12°35'N, 70°05'W	Oranjestad *12°30'N, 70°02'W*	633

Ceux qui ne veulent pas s'arrêter en Colombie, sont forcés de tirer un grand bord au large vers le WP AN981, 30 milles au nord de Punta Gallinas. Ayant atteint ce point, on peut faire escale à Aruba, où l'on peut contacter le *Port Control* par VHF sur le canal 16, pour les instructions concernant les formalités et avoir une place, avant d'entrer dans Oranjestad.

La route ci-dessus est difficile, voire impossible durant l'hiver, où il est difficile d'aller contre les vents dominants de NE ou d'Est, il vaut donc mieux effectuer ce passage au changement de saison. Il y a parfois des vents faibles ou même des calmes en novembre, et si l'on est prêt à faire du moteur, on peut progresser assez rapidement tant que les conditions sont favorables. On peut trouver de meilleures conditions au début de l'été, quand les alizés ont une composante sud, ce qui aidera quelque peu à tirer des bords.

A toute autre époque de l'année, il n'y a malheureusement pas d'autre choix qu'une pénible remontée au près et cette difficulté incontestable doit être sérieusement prise en compte avant d'inclure cette route dans son programme de croisière. Une route directe sans escale vers l'est depuis Panama est extrêmement difficile, à cause du vent et du courant contraires, ce dernier portant à l'ouest parfois jusqu'à 2 nœuds. Au plus fort de la saison des alizés, les vents eux-mêmes soufflent souvent entre force 7 et même 8, et ceci, combiné avec le courant, rend toute progression pratiquement impossible. La solution logique est de remonter par petites étapes, en allant d'abord sur les îles San Blas, ensuite à Carthagène en Colombie (voir la route AN97), d'où l'on peut attendre un changement de temps favorable. Occasionnellement, les vents dominants d'est virent suffisamment vers le nord pour permettre de tirer de courts bords le long de la côte colombienne. Ces bords devront être très courts pour rester en dehors de l'influence du courant principal qui porte à l'ouest, et aussi pour éviter la houle du large. On aura besoin de cartes côtières détaillées ainsi que d'un bateau qui remonte bien au vent, et d'un équipage endurant.

Une autre façon d'atteindre le Venezuela et les îles ABC, est de les réserver pour la fin de la croisière aux Caraïbes. Dans ce cas, il est plus facile et plus confortable de partir vers le nord en quittant Panama en suivant les instructions de l'une des routes qui va au nord, puis d'aller au Venezuela depuis le nord des Petites Antilles. Pour plus de détails, il faut se référer aux routes AN94 et AN95.

AN99 *De Panama aux Bahamas et aux USA*

MEILLEURE PÉRIODE	avril à juin, novembre	
SAISON DES CYCLONES	juin à novembre	
CARTES ROUTIÈRES	BA : 4012	SHOM : 6898,6761
	US : 124	
INSTRUCTIONS NAUTIQUES	BA : 7A, 70	SHOM : H5
	US : 140, 147, 148	
GUIDES DE CROISIÈRE	*Yachtsman's Guide to Jamaica.*	
WAYPOINTS		

Départ	*Intermédiaire*	*Atterrissage*	*Destination*	*Distance (M)*
Route AN99A				
AN990 Panama	AN991 Morant			
9°26'N, 79°55'W	17°15'N, 75°32'W			
	AN992 Navassa W			
	18°25'N, 75°16'W			
	AN993 Maisi			
	20°12'N, 73°55'W			
	AN994 Diamond			
	22°07'N, 77°18'W			
	AN995 Santaren SE	AN996 Coral	Miami	1245
	22°58'N, 78°48'W	25°44'N, 80°02'W	*25°47'N, 80°10'W*	
Route AN99B				
AN990 Panama	AN991 Morant			
	AN992 Navassa			
	AN993 Maisi		Matthew Town	785
			20°57'N, 73°41'W	
			Cockburn Town	980
			24°03'N, 74°31'5W	
Route AN99C				
AN997 Matthew	AN998 Mira			
	22°08'N, 74°25'W			
	AN999 Salvador			
	24°10'N, 74°35'W			
	AN9991 Abaco			
	26°50'N, 76°30'W			
	AN9992 Bahama		Beaufort	924
	27°30'N, 78°00'W		*34°43'N, 76°40'W*	
			Charlestown	814
			32°44'N, 79°50'W	

Cette route qui se dirige vers le nord et qui passe par le Windward Passage est appréciée par ceux qui veulent rejoindre des ports sur la côte est des USA, bien que les bonnes périodes pour prendre cette route soient relativement courtes. Les meilleures périodes sont soit entre avril et juin, quand les alizés ont perdu la force qu'ils ont en hiver et que les vents ont une composante sud, soit en novembre, avant que les alizés d'hiver ne s'établissent. Quand on prend cette route tard dans l'année, il y a aussi le danger d'être pris dans un *norther* (coup de vent de nord). On devra éviter de traverser durant la saison des cyclones, en particulier pendant les mois où la fréquence est la plus élevée (d'août à octobre). Pendant tous les autres mois d'été, il faut suivre avec attention l'évolution du temps.

A cause de la séparation de la zone de trafic, au large du cap Maisi, à l'extrémité est de Cuba, il est conseillé de rester dans le rail nord jusqu'au niveau de Punta Maisi. A partir de ce point, on peut changer de cap pour couper le rail sud et naviguer parallèle à la côte nord de Cuba vers le Old Bahama Channel. Il y a là aussi une zone de séparation du trafic, mais en restant proche du rivage on peut rester en dehors du rail montant vers le NW jusqu'au WP AN994. De là, on peut faire route de façon à passer par le Santaren Channel, vers le détroit de Floride. On peut faire une route directe pour atterrir au large du phare de Fowey Rocks, au SE de l'entrée du port de Miami. Au fur et à mesure que l'on approche des côtes de Floride, le courant du Gulf Stream se fait de plus en plus sentir et il faut garder cela présent à l'esprit s'il y a une menace de *W*. Dans ce cas, il vaut mieux rester près du Great Bahama Bank, où le courant du Gulf Stream est plus faible et où l'on pourra trouver refuge dans l'un des mouillages à l'intérieur du banc si nécessaire. En arrivant sur Miami, le *Government Cut* mène à la ville elle-même, mais les marinas les plus proches sont à Miami Beach, près de la sortie sur l'océan.

Si l'on n'a pas l'intention de s'arrêter en Jamaïque, en partant de Panama du WP AN990 on peut faire route sur le WP AN991 à environ 20 milles au SE de Morant Cays, au SE de la Jamaïque. Cette route hauturière (AN99B) pare tous les dangers. Du WP AN991, la route passe soit à l'ouest de l'île de Navassa, soit entre cette île et le cap Tiburon, l'extrémité SW de St-Domingue. En cas de vents forts, il est plus sûr de prendre la route ouest vers le WP AN992 à 10 milles à l'ouest de l'île de Navassa, pour éviter la mer qui déferle sur les hauts-fonds qui se trouvent proches de la côte de Haïti. La route passe ensuite par le Windward Passage vers le WP AN993 au SE du cap Maisi, à l'extrémité est de Cuba. Une zone se séparation de trafic est en vigueur au large de ce cap.

Ayant atteint le Windward Passage, les bateaux qui vont sur le sud de la Floride devront prendre une route qui longe le nord de Cuba, par le Old Bahama Channel et par le Santaren Channel (AN99A). La route pour les ports au nord de la côte est des USA (AN99C) coupe en leur milieu les Outer Bahamas. Au départ, la route passe à l'ouest de Gran Iguana, et ceux qui veulent s'arrêter aux Bahamas peuvent faire leur entrée à Matthew Town, le village principal de l'île. La route continue vers le nord en passant par le passage Mira-Por-Vos, à l'ouest des îles Ackling et Crooked ainsi que de l'île San Salvador, avant de gagner la haute mer. Depuis San Salvador, on peut faire route directe sur les ports situés au nord du cap Hatteras, tandis que pour les ports situés au sud du cap Hatteras, la route vire au NW et est parallèle à la chaîne des îles. Il faut faire attention au courant qui déporte fortement vers le NW le long des Bahamas du Nord, qui est la prolongation du courant des Antilles. Du WP AN9991 au nord de Great Abaco, la route vire au nord et rejoint le courant du Gulf Stream. Pour les ports qui se trouvent dans le nord de la Floride ou en Caroline du Sud, il peut être nécessaire de continuer jusqu'au WP AN9992 au nord de Grand Bahama, avant de faire route vers le port de destination. Pour profiter au maximum du courant du Gulf Stream, en particulier si la destination est le nord de la Floride ou la Caroline du Sud, cette route initiale doit être poursuivie vers le NW de façon à atteindre la zone où le courant est le plus fort, c'est-à-dire près de la côte de Floride.

Il n'y a pas de dangers dans le Windward Passage, mais ceux qui continuent leur voyage vers le nord par le Caicos Passage doivent faire attention entre l'île de Mayaguana et le banc de Caicos. De forts courants ont été enregistrés dans le Caicos Passage, qui ont par ailleurs causé la perte de nombreux navires et yachts sur les récifs qui entourent l'île de Mayaguana. Les courants semblent être plus forts qu'il n'est indiqué et ils sont difficiles à détecter, en particulier si on traverse cette zone de nuit.

AN100 ROUTES DANS LA MER DES CARAÏBES

Le fait que le Venezuela et ses îles se trouvent au sud de la zone des cyclones, tout en étant encore dans la zone des alizés, est le principal intérêt de cette région pour ceux qui veulent continuer à naviguer pendant l'été, quand le risque de cyclones menace tout le reste des Caraïbes. Bien que pratiquement toute la région se trouve en dehors de la zone des cyclones, très rarement une tempête vicieuse peut descendre jusque-là, et l'on peut avoir une très forte houle quand un cyclone passe plus au nord. Les îles au large du Venezuela et les ex-colonies hollandaises telles que Aruba, Bonaire et Curaçao, sont sous l'influence des alizés de NE la plus grande partie de l'année, et elles bénéficient des mêmes conditions que les îles les plus au sud des Petites Antilles. On peut avoir un fort courant lorsque l'on navigue parmi les îles ABC, il faut donc surveiller sa route en permanence.

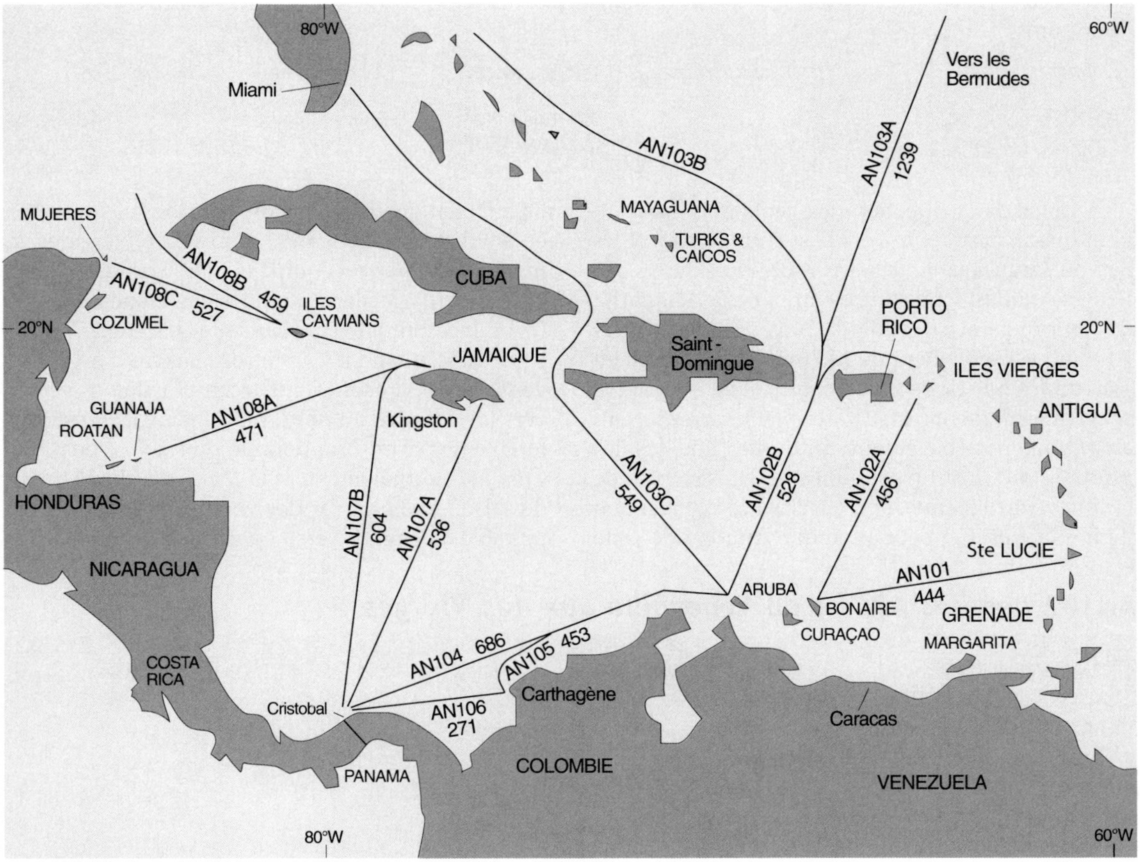

AN100 Routes dans la mer des Caraïbes

Le temps le long des côtes vénézuéliennes est influencé par la masse continentale de l'Amérique du Sud. Les alizés de NE ont une assez forte composante est le long de la côte, en particulier de mars à juin. La saison où les vents sont les plus forts est de décembre à avril quand les alizés soufflent du NE à l'E. De juin à septembre, quand la plupart des gens choisissent de naviguer dans cette région, les vents sont plus faibles et plus variables. La masse continentale crée des brises d'est qui soufflent habituellement durant le jour et tombent la nuit, cela devient souvent tout à fait calme à l'aube.

La brise de jour se lève le matin et peut souffler assez fort en milieu d'après-midi. De mai à novembre, il y a de forts grains de sud qui perdent de leur intensité quand ils gagnent le large. Aux alentours de Maracaibo, des grains locaux survenant l'après-midi appelés *chubascos* peuvent souffler jusqu'à 50 nœuds. Dans la même région, des vents forts se forment en hiver, le désert surchauffé créant des vents allant de la mer vers la terre. En automne, de brefs et chauds coups de vent appelés *calderatas* soufflent occasionnellement en descendant des montagnes.

AN101 *Des îles ABC et du Venezuela aux Petites Antilles*

MEILLEURE PÉRIODE	avril à mai, novembre	
SAISON DES CYCLONES	juin à novembre	
CARTES ROUTIÈRES	BA : 4402	SHOM : 6898
	US : 402	
INSTRUCTIONS NAUTIQUES	BA : 7A, 71	SHOM : H5
	US : 147, 148	
GUIDES DE CROISIÈRE	*Guide des Antilles (J. Patuelli), Pilote côtier Antilles (A. Rondeau), Sailor's Guide to the Windward Islands, Cruising Guide to the Leeward Islands.*	

WAYPOINTS

Départ	*Intermédiaire*	*Atterrissage*	*Destination*	*Distance (M)*
AN1010 Curaçao 12°09'N, 68°17'W		Ste Lucie W 14°04'N, 61°00'N	Rodney Bay *14°04'5N, 60°50'5W*	450

A cause de la direction des vents dominants, il vaut mieux faire route vers l'est entre la côte et les îles au large avant de faire route vers l'une des Petites Antilles. La distance entre l'île de Margarita au Venezuela et Grenade, la plus sud des Petites Antilles, est seulement de 140 milles. Quoi qu'il en soit, plutôt que de se battre contre le vent fort et le courant également fort, il vaut mieux serrer le vent autant que possible et faire route sur l'une des îles plus au nord. L'autre solution est de rester près de la côte vénézuélienne, et d'effectuer la traversée en petites étapes. On peut atteindre Trinidad de cette façon, bien que la route soit plus longue en temps et en distance, cela sera moins pénible pour le matériel et pour l'équipage. De Trinidad il est ensuite plus facile d'attendre un créneau météo favorable pour aller sur Grenade et au-delà. Vers le printemps, quand il y a plus de chances d'avoir des vents de SE, il est facile d'accomplir une traversée vers les îles plus au nord, mais même là, il est préférable de partir d'un point le plus à l'est possible. Cela est normalement plus facile au changement de saison quand, avec des vents plus faibles, il est possible de gagner vers l'est à l'aide du moteur.

AN102 *Des îles ABC et du Venezuela aux Iles Vierges*

MEILLEURE PÉRIODE	mi-avril à mai, novembre	
SAISON DES CYCLONES	juin à novembre	
CARTES ROUTIERES	BA : 4402	SHOM : 6898
	US : 402	
INSTRUCTIONS NAUTIQUES	BA : 7A, 71	SHOM : H5
	US : 147, 148	
GUIDES DE CROISIÈRE	*Cruising Guide to the Virgin Islands, Yachtsman's Guide to the Virgin Islands Guide des Antilles (J. Patuelli), Pilote côtier Antilles (A. Rondeau).*	

Waypoints

Départ	*Intermédiaire*	*Atterrissage*	*Destination*	*Distance (M)*
Route AN102A				
AN1020 Aruba 12°35'N, 70°05'W		AN1021 Vieques 18°00'N, 65°10'W	Charlotte Amalie *18°20'N, 64°56'W*	456
Route AN102B				
AN1020 Aruba	AN1022 Mona 18°00'N, 67°40'W			
	AN1023 Borinquen 18°35'N, 67°10'W		Charlotte Amalie	528

C'est un passage difficile pendant les mois d'hiver, quand les alizés ont une composante nord trop importante. De décembre à avril, il est habituellement plus facile d'atteindre les Iles Vierges en suivant les suggestions de la route AN101, et de remonter ensuite vers le nord par sauts de puces, le long de la chaîne des Petites Antilles. Pour une traversée directe, (AN102A), il vaut mieux attendre la deuxième quinzaine d'avril, quand on a plus de chances d'avoir des vents favorables. En partant du WP AN1020 au large de la pointe NO d'Aruba, la route hauturière directe va sur le WP AN1021 au SE de l'île de Vieques, qui se trouve au large de la côte est de Puerto Rico. Si cette route directe vers les Iles Vierges est trop difficile à tenir, il est préférable d'emprunter le Mona Passage en prenant une route vers le WP AN1022, pour atteindre les Iles Vierges en naviguant le long de la côte nord de Puerto Rico (AN 102B). Malgré cela, s'il s'avère même impossible de faire route par le Mona Passage à cause de vents contraires, on peut faire un atterrissage plus à l'ouest sur la côte de St-Domingue, d'où il devrait être possible de faire route vers l'est, aidé par un bon courant côtier et par des brises de terre. De même, on peut naviguer le long de la côte sud de Puerto Rico, si le détour via le Mona Passage n'est pas jugé intéressant.

AN103 *Routes vers le nord depuis le Venezuela et les îles ABC*

Meilleure période	avril à mai, novembre	
Saison des cyclones	juin à novembre	
Cartes routières	BA : 4402 US : 400	SHOM : 6898, 6619
Instructions nautiques	BA : 7A, 70, 71 US : 147, 148	SHOM : H5

Waypoints

Départ	*Intermédiaire*	*Atterrissage*	*Destination*	*Distance (M)*
Route AN103A				
AN1030 Aruba 12°35'N, 70°05'W	AN1031 Mona 18°00'N, 67°40'W			
	AN1023 Borinquen 18°35'N, 67°10'W	AN1033 David 32°21'N, 64°38'W	St George's *32°22'N, 64°40'W*	1239
Route AN103B				
AN1030 Aruba	AN1031 Mona AN1032 Borinquen	AN1036 sur Beaufort 34°30'N, 76°40'W	Beaufort *34°43'N, 76°40'W*	1493
		AN1037 Abaco 26°50'N, 76°30'W	Charleston *32°44'N, 79°50'W*	1509

Départ	*Intermédiaire*	*Atterrissage*	*Destination*	*Distance (M)*
Route AN103C				
AN1030 Aruba	AN1034 Navassa			
	18°20'N, 74°45' W			
	AN1038 Maisi			
	20°12'N, 73°55'W			
	AN1039 Diamond			
	22°07'N, 77°18'W			
	AN10311 Santaren SE	AN10312 Coral	Miami	
	22°58'N, 78°48'W	25°44'N, 80°02'W	*25°47'N, 80°10'W*	1067

Pour ceux qui ont navigué dans cette zone et qui ne veulent pas continuer leur voyage vers Panama et l'océan Pacifique, mais qui veulent soit naviguer vers les USA, soit vers l'Europe, la meilleure saison pour les passages vers le nord est le printemps, quand les alizés commencent à passer au SE. Il vaut mieux démarrer le plus à l'est possible, Bonaire et Curaçao sont deux bons points de départ. Si l'on va vers le Mona Passage, il faut tenir compte du courant qui porte à l'ouest, lorsque l'on traverse la mer des Caraïbes. Au cas où l'on n'arriverait pas à faire route vers le Mona Passage, parce que l'on aurait été trop dépalé vers l'ouest, il est possible de s'arrêter sur la côte sud de St-Domingue, et, de là, faire une route est, aidé par le courant côtier qui porte à l'est. Comme il y a une bonne part de nord dans les alizés pendant la première partie de l'hiver, on ne doit pas effectuer cette traversée trop tôt en saison. La meilleure époque pour tenter la route directe (AN103A) à travers la mer des Caraïbes est en avril ou mai, quand il y a moins de chances d'avoir des vents qui passent au nord. Si l'on a l'intention d'aller jusqu'en Europe, à partir du Mona Passage on peut faire route directe sur les Bermudes. Les bateaux qui vont sur des ports à l'est de New York peuvent aussi s'arrêter aux Bermudes. Pour les routes qui vont au nord après le Mona Passage, voir les routes AN87, AN88, et AN102.

Pour ceux qui vont sur des ports de la côte est des USA, et qui ne souhaitent pas faire escale aux Bermudes, l'option en quittant le Mona Passage consiste à prendre une route NW, parallèle aux Bahamas, et atteindre les ports au sud du cap Haterras, en restant au large (AN103B). Autrement, il est possible de prendre une route qui rejoint la Floride via les Bahamas, et qui passe par l'*Intracoastal Waterway* pour atteindre les ports les plus au nord (AN103C). Si l'on envisage cette dernière solution, cela ne vaut pas la peine de se battre contre les éléments pour atteindre le Mona Passage, alors que la route qui passe par le Windward Passage sera beaucoup plus facile. Dans ce cas, à partir du WP AN1030 on peut faire route sur le WP AN1034 à l'est de l'île de Navassa, au large de l'extrémité SW de St-Domingue. De là, la route vire au nord vers le Windward Passage et passe soit en plein milieu des Bahamas, soit vire au NW en passant par le Old Bahama Channel. Les bateaux qui prennent cette route pour aller sur des ports de la Floride du Sud devront rester dans le rail montant vers le nord dans la zone de séparation du trafic qui est opérationnelle au large du cap Maisi, à l'extrémité est de Cuba. Quand on arrive au niveau de Punta Maisi, la route doit être modifiée de façon à traverser le rail sud, en naviguant parallèle à la côte nord de Cuba, vers le Old Bahama Channel. Une zone de séparation du trafic est là aussi opérationnelle, donc, en restant près du banc lui-même, on reste en dehors du rail qui va au NW jusqu'au WP AN10311. De là, la route doit être modifiée pour passer par le Santaren Channel, dans le détroit de Floride. On peut faire route directe dans le détroit de façon à atterrir au large du phare de Fowey Rock, au SE de l'entrée du port de Miami. A l'approche des côtes de la Floride, les effets du Gulf Stream deviennent de plus en plus prononcés, et il faut garder cela bien présent à l'esprit si un coup de nord est prévu. Dans ce cas, il vaut mieux rester proche du Great Bahama Bank, là où le courant du Gulf Stream est plus faible, et, si nécessaire, on peut trouver refuge dans les mouillages qui se trouvent dans le banc. En arrivant sur Miami, le Government Cut mène droit à la ville elle-même, mais les marinas les plus proches sont à Miami Beach, près de l'entrée. Les bateaux qui vont sur des ports plus au nord devront se référer à la route AN93, qui décrit la suite de cette route par les Outer Bahamas et au-delà.

Une autre façon d'atteindre la Floride du Sud, est de traverser toute la mer des Caraïbes et d'atteindre le golfe du Mexique par le chenal du Yucatán. Les instructions pour ce passage sont données dans la route AN83.

AN104 *Des îles ABC et du Venezuela à Panama*

MEILLEURE PÉRIODE	avril à mai, novembre à décembre			
SAISON DES CYCLONES	juin à novembre			
CARTES ROUTIÈRES	BA : 4402	SHOM : 6898		
	US : 402			
INSTRUCTIONS NAUTIQUES	BA : 7A	SHOM : H5		
	US : 148			
GUIDES DE CROISIÈRE	*Cruising Guide to the Isthmus of Panama, Cruising Guide to the Caribbean.*			
WAYPOINTS				
Départ	*Intermédiaire*	*Atterrissage*	*Destination*	*Distance (M)*
AN1040 Aruba 12°35'N, 70°05'W	AN1041 Gallinas 12°55'N, 71°38'W			
	AN1042 Manzanillo 9°47'N, 79°32'W	AN1043 Panama 9°26'25N, 79°55'W	Cristobal *9°21'N, 79°55'W*	630

Un grand nombre de bateaux allant vers l'ouest s'arrêtent au Venezuela ou dans les îles au large avant de continuer leur voyage vers Panama. Bien que cette route soit juste en dehors de la région affectée par les cyclones, il vaut mieux prévoir ce passage pendant les saisons de transition, quand on peut s'attendre à rencontrer des conditions plus agréables.

Le meilleur point de départ vers Panama est Aruba, d'où l'on devra gagner rapidement des eaux profondes. En quittant Aruba, il faudra éviter les hauts-fonds qui se trouvent à l'ouest, car le courant du large qui porte à l'ouest, combiné au courant côtier qui porte à l'est, peut créer une mer très dure et confuse. La route recommandée passe à l'extérieur de la ligne des 1 000 brasses, ce qui évite d'avoir la mer difficile qui sévit dans les eaux peu profondes plus près des côtes.

Du WP AN1040 à l'extérieur de Oranjestad, on peut faire route sur le WP AN1041 à 28 milles au nord de Punta Gallinas, sur la péninsule de Guajira, juste à l'extérieur de la ligne des 1 000 brasses. De là, la route directe va sur le WP AN1042 à 10 milles au nord de Punta Manzanillo et à 30 milles de l'entrée du canal de Panama. Ensuite, la route sera modifiée pour aller sur le WP AN1043, où se trouve la bouée d'atterrissage au large de l'entrée du port de Cristobal. On devra contacter le Traffic Control par VHF, sur le canal 12. Des feux contrôlent l'entrée entre les brise-lames, et il est conseillé aux petits bateaux de rester aussi près des bords que possible. Voir chapitre 23 pour des instructions détaillées concernant les procédures d'entrée et de transit pour le canal de Panama.

De nombreux bateaux arrivant par l'est s'arrêtent au préalable aux San Blas, où les formalités d'entrée peuvent être effectuées à Porvenir.

AN105 *Des îles ABC et du Venezuela à la Colombie*

MEILLEURE PÉRIODE	avril à mai, novembre à décembre			
SAISON DES CYCLONES	juin à novembre			
CARTES ROUTIÈRES	BA : 4402	SHOM : 6898		
	US : 402			
INSTRUCTIONS NAUTIQUES	BA : 7A	SHOM : H5		
	US : 148			
GUIDES DE CROISIÈRE	*Cruising Guide to the Caribbean.*			
WAYPOINTS				
Départ	*Intermédiaire*	*Atterrissage*	*Destination*	*Distance (M)*
AN1050 Aruba 12°35'N, 70°05'W	AN1051 Gallinas 12°55'N, 71°38'W			
	AN1052 12°23'N, 73°12'W			
	AN1053 11°10'N, 75°25'W	AN1054 sur Carthagène 10°25'N, 75°38'W	Carthagène *10°25'N, 75°32'W*	392

Après avoir été évitée par beaucoup de bateaux pendant de longues années, la Colombie se retrouve à nouveau incluse dans des programmes de croisière, et beaucoup de bateaux s'y arrêtent, en particulier dans la ville historique de Carthagène. Les instructions pour naviguer jusqu'en Colombie sont les mêmes que pour les routes AN73 et AN74. Les bateaux partant d'Aruba devront au début faire route sur le WP AN1051 à 28 milles au nord de Punta Gallinas, sur la péninsule de Guajira. De là, la route recommandée va jusqu'aux WP AN1052 et AN1053. Ces deux points sont juste en dehors de la ligne des 1 000 brasses. Malgré cela, on peut s'attendre à des vents forts et à une mer grosse, en particulier pendant les mois d'hiver. Du WP AN1053, on peut modifier la route vers le WP AN1054 à l'approche du port de Carthagène. Il faut approcher la zone avec précaution, à cause des dangers qui s'y trouvent. Un chenal de 8 milles mène vers le nord, à travers les hauts-fonds de la baie de Carthagène, au port commercial et aux deux marinas. En ce qui concerne Boca Grande, les colonisateurs espagnols en ont barré l'accès par une digue immergée pour rendre plus difficile et plus long l'accès à la ville et leur donner le temps de se mettre en position de défense. Cette digue a été ouverte sur plusieurs mètres pour permettre le passage de bateaux à faible tirant d'eau. La position GPS de cette entrée serait de 10°23'44N, 75°34'77W. Une perche avec un voyant cylindrique peint en vert signale ce passage praticable de jour avec un tirant d'eau inférieur à 2,4 m. En l'absence de toute houle, des tirants d'eau supérieurs - jusqu'à 3 m – peuvent passer. Le chenal de Boca Grande n'est pas balisé à l'intérieur de la baie mais il y a suffisamment de fond pour rejoindre la zone de mouillage d'attente des cargos. L'accès par Boca Chica est également possible. On peut faire les formalités à l'un des deux yachts-clubs, à contacter sur le canal 16 pour se renseigner sur les formalités et les places à quai.

Comme sur les routes de la mer des Caraïbes, on a les meilleures conditions soit en avril-mai, soit en novembre. Parce que la route traverse une zone connue pour sa mer dure, on ne doit pas quitter Aruba si le vent souffle à plus de 30 nœuds, ou s'il y a une prévision de vents forts. Le courant sera favorable sur pratiquement tout le chemin jusqu'à Carthagène, allant de 1,5 à 2 nœuds, bien qu'un contre-courant se fasse sentir dans les 20 à 30 derniers milles vers Carthagène. La zone autour de Carthagène est sujette à un violent vent de sud appelé *chocosono*, qui peut monter jusqu'à 50 nœuds et même 60.

AN 106 *De la Colombie à Panama*

MEILLEURE PÉRIODE	avril à mai, novembre à décembre	
SAISON DES CYCLONES	juin à novembre	
CARTES ROUTIÈRES	BA : 4402	SHOM : 6898
	US : 402	
INSTRUCTIONS NAUTIQUES	BA : 7A	SHOM : H5
	US : 148	
GUIDES DE CROISIÈRE	*Cruising Guide to the Isthmus of Panama, Cruising Guide to Panama.*	
WAYPOINTS		

Départ	*Intermédiaire*	*Atterrissage*	*Destination*	*Distance (M)*
AN1060 Boca 10°25'N, 75°38'W	AN1061 Manzanillo W 9°48'N, 79°35'W	AN1062 Panama 9°26'25N, 79°55'W	Cristobal *9°21'N, 79°55'W*	271

La plupart des bateaux prennent leur départ de Carthagène en Colombie et font une route directe à travers le golfe de Darien, vers l'entrée du canal de Panama. A l'extérieur de Carthagène, depuis le WP AN1060, on peut faire route sur le WP AN1061 à 10 milles au nord de Punta Manzanillo. La route sera ensuite modifiée vers le WP AN1062, où se trouve la bouée d'atterrissage à l'entrée du canal de Panama. La route ci-dessus passe en dehors des îles des San Blas et reste dans des eaux profondes pour éviter la mer agitée que l'on rencontre près des côtes. On peut s'arrêter aux îles San Blas, qui appartiennent à Panama, où l'on peut faire les formalités et obtenir le permis de croisière obligatoire à Porvenir (9°34'N, 78°57'W).

La région traversée n'est pas affectée par des

tempêtes tropicales, bien que l'on puisse sentir les effets d'un cyclone passé plus au nord. Durant les mois d'hiver, sur cette route, il y aura une grosse houle, créée par les forts alizés qui « accumulent » la mer dans ce coin des Caraïbes, créant ainsi des conditions de mer dangereuses.

AN107 *De la Jamaïque à Panama*

MEILLEURE PÉRIODE	avril à mai, novembre à décembre			
SAISON DES CYCLONES	juin à novembre			
CARTES ROUTIÈRES	BA : 4402	SHOM : 6898		
	US : 402			
INSTRUCTIONS NAUTIQUES	BA : 7A, 70	SHOM : H5		
	US : 147, 148			
GUIDES DE CROISIÈRE	*Cruising Guide to the Isthmus of Panama, Cruising Guide to Panama.*			
WAYPOINTS				
Départ	*Intermédiaire*	*Atterrissage*	*Destination*	*Distance (M)*
Route AN107A				
AN1071 Plumb	AN1072 Pedro	AN1073 Panama	Cristobal	536
17°45'N, 76°50'W	16°20'N, 77°10'W	9°26'25N, 79°55'W	*9°21'N, 79°55'W*	
Route AN107B				
AN1074 Negril	AN1075 Rosalind			
18°18'N, 78°30'W	16°00'N, 80°10'W			
	AN1076 Sueno			
	14°20'N, 80°45'W			
	AN1077 Roncador	AN1073 Panama	Cristobal	604
	13°30'N, 79°40'W			

Une route directe (AN107A) va vers Panama depuis les ports de la partie est de la Jamaïque. Les vents seront légers tant que l'on sera sous le vent des îles, mais à partir du moment où la masse de la Jamaïque ne les arrête plus, ils deviennent rapidement forts avec une mer formée. Les vents forts et la grosse mer sur cette route tout au long de l'année, associés au fort courant qui porte à l'ouest, demandent une navigation précise car la route passe dangereusement près des nombreux bancs de sable qui se trouvent au large. Comme la route directe vers Panama passe près de New Bank et de Pedro Bank, il faut faire attention à la dérive quand on passe à leur vent. On devra de toute façon éviter cette zone à cause de la mer qui brise sur les hauts-fonds. Ces deux bancs peuvent être très dangereux par gros temps, et leur voisinage doit être évité. Les bateaux de pêche constituent un autre danger, car certains ne sont pas éclairés, tout comme les filets qui sont sur les bancs.

Du WP AN1071 au sud de Plumb Point, à l'approche de Kingston, on pourra établir une route vers le WP AN1072, pour passer bien à l'est des nombreux bancs. Si vous partez de l'un des points de la côte NE de la Jamaïque, il vous faudra contourner l'est de l'île et vous pourrez ensuite faire route vers le même WP AN1072. De là, une route sûre mène vers le WP AN1073 qui est la bouée d'atterrissage de l'entrée du canal de Panama.

Pour les bateaux partant des ports situés à l'ouest de la Jamaïque, la route doit éviter toute une série de dangers, et comme quelques-unes de leurs positions indiquées sur les cartes ne sont pas très précises, il faut approcher cette zone avec beaucoup de précautions. Ayant passé Negril Point, à l'extrémité ouest de la Jamaïque, du WP AN1074 on peut faire route sur le WP AN1075, de façon à passer entre les Bancs de Rosalind et Serranilla. La route va ensuite vers le WP AN1076, qui se trouve à mi-chemin entre les bancs de Sueno et Serrana, tous deux possédants des phares. Le waypoint suivant, AN1077, est à 20 milles à l'est du banc de Roncador, d'où l'on fera route sur le WP AN1073 à l'entrée du port de Cristobal. Les bateaux approchant les brise-lames de l'entrée vers le canal de Panama devront contacter le *Traffic Control* par VHF, sur le canal 12. Des feux contrôlent le passage entre les brise-lames, mais les petits bateaux peuvent passer s'ils restent près des bords en passant les brise-lames et aux abords des chenaux.

Les bateaux allant directement sur les îles San Blas doivent être avertis que la visibilité est mauvaise à leur proximité, car des nuages bas masquent souvent le continent, et il se peut que la terre ne soit visible qu'à quelques milles de distance. Le port d'entrée officiel est Porvenir (9°34'N, 78°57'W).

AN108 *De la Jamaïque à l'Amérique centrale et au Mexique*

MEILLEURE PÉRIODE	avril à mai, novembre à décembre			
SAISON DES CYCLONES	juin à novembre			
CARTES ROUTIÈRES	BA : 4400 US : 400	SHOM : 6898, 6761		
INSTRUCTIONS NAUTIQUES	BA : 69A, 70 US : 147, 148			
GUIDES DE CROISIÈRE	*Cruising Guide to the Northwest Caribbean, Cruising Guide to Belize and Mexico's Caribbean Coast.*			
WAYPOINTS				
Départ	*Intermédiaire*	*Atterrissage*	*Destination*	*Distance (M)*
Route AN108A				
Montego Bay *18°28'N, 77°56'W*	AN1081 Swan 16°55'N, 84°00'W		Guanaja *16°28'N, 85°54'W*	471
			Belize City *17°30'N, 88°10'W*	600
Route AN108B				
Montego Bay	AN1082 Grand Cayman 19°25'N, 81°05'W		AN1083 Yucatan SE *21°50'N, 85°10'W*	459
Route AN108C Montego Bay	AN1084 Sur 21°10'N, 86°42'W		Mujeres *21°15'N, 86°45'5W*	527

Les routes allant vers l'ouest à partir de la Jamaïque bénéficient de vents et de courants favorables pendant pratiquement toute l'année. La meilleure période pour effectuer ces passages se situe pendant les mois de transition, soit en avril-mai, avant la saison des cyclones, soit en novembre, avant le début des coups de vent de nord qui peuvent se faire sentir à l'ouest de la Jamaïque et sérieusement affecter le temps dans le golfe du Mexique, et dans une moindre mesure, plus au sud.

Les bateaux partant de ports situés sur l'une des côtes de la Jamaïque et allant sur la Baie des Iles au Honduras (AN108A) devront faire route sur le WP AN1081 au sud de l'île de Swan. Guanaja est un bon endroit pour faire son entrée au Honduras. La route pour le Belize passe aussi par l'île de Swan. Pour atteindre Belize City, il faut utiliser l'une des diverses passes dans les récifs, le Eastern Channel étant le principal chenal de navigation.

La route pour le golfe du Mexique passe près de l'île Cayman, où l'on peut s'arrêter dans la capitale qui est Georgetown, sur Grand Cayman. De là, la route continue vers le chenal du Yucatán et le WP AN1083 au large du cap San Antonio, sur Cuba. Les bateaux allant sur des ports du golfe du Mexique peuvent attendre à Isla Mujeres des conditions météo favorables pour traverser le golfe, cette dernière étant un port d'entrée officiel au Mexique. Dans ce cas, on pourra faire route vers le WP AN1084 au large de Punta Sur qui est la pointe sud de cette île.

AN110 ROUTES DEPUIS LES BAHAMAS ET LA FLORIDE

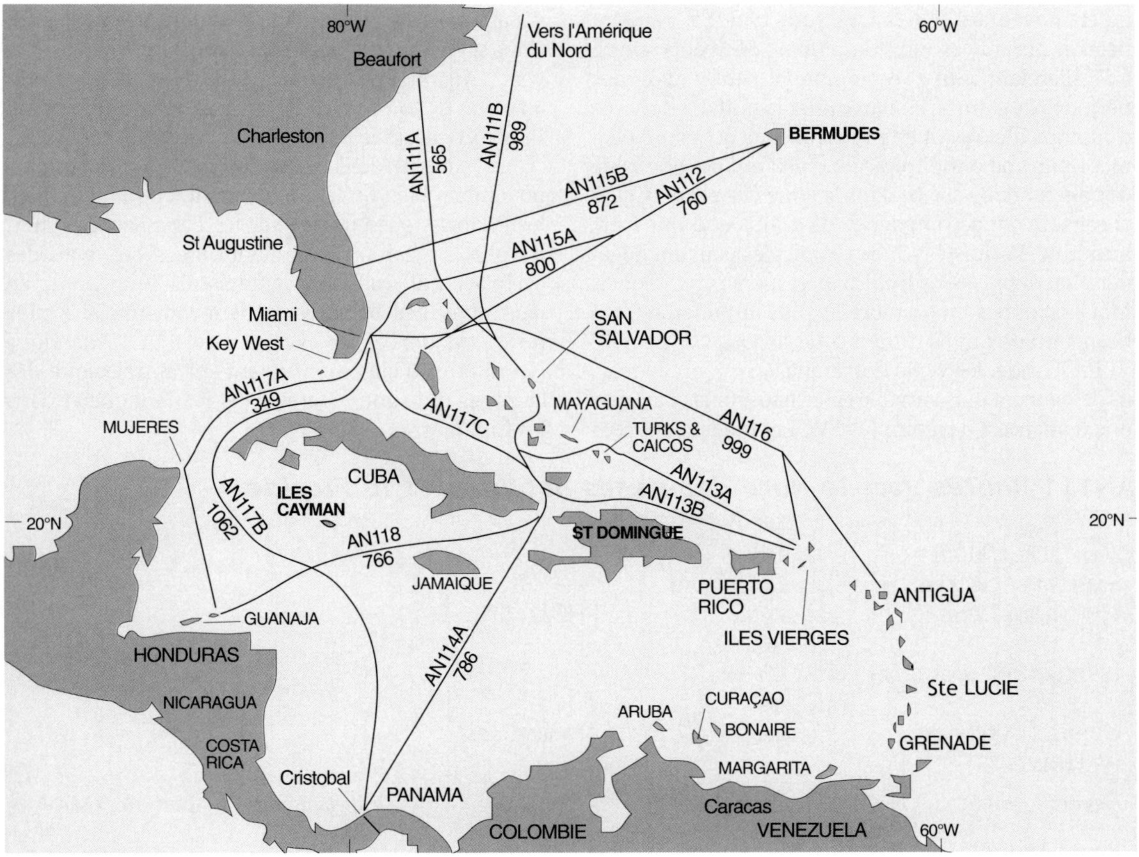

AN110 Routes depuis les Bahamas et la Floride

Les îles basses des Bahamas, avec leurs bancs de sable et leurs récifs, offrent un grand choix de mouillages, spécialement pour les bateaux à faible tirant d'eau. Bien que beaucoup de bateaux y naviguent, il n'y en a que très peu qui atterrissent aux Bahamas après une longue traversée, car la plupart des bateaux y arrivent en faisant des sauts de puce, principalement depuis la Floride.

Les vents dominants sont NE à SE, les îles les plus au nord se trouvent sur le bord de la zone des alizés. Comme les îles sont basses, il n'y a pas de brise de terre régulière. Les coups de vent de nord (*northers*) perturbent régulièrement les alizés pendant l'hiver, ils démarrent par un vent qui vire au S puis SW. Quand le front froid arrive, le vent vire soudainement au NW puis au N, et habituellement passe au

NE avant de retomber. Après un moment, les vents normaux reprennent le dessus avec plus ou moins leur direction habituelle. Au milieu de l'hiver, le cycle peut prendre plusieurs jours, au printemps, seulement 24 heures. La plupart des coups de vent de nord ne sont pas accompagnés de pluie, bien qu'ils puissent l'être occasionnellement, avec des grains orageux. Quoi qu'il en soit, ils amènent rarement des vents au-dessus de 30 nœuds et c'est principalement le nord des Bahamas qui est affecté par ces *northers*.

C'est en mai que commence le temps d'été, après que le dernier *norther* ait soufflé, et il se prolonge jusqu'en novembre. Les alizés sont plus SE pendant l'été, et durant ces mois, la plupart des vents sont E à SE. Pendant août et septembre, il peut y avoir des périodes de calmes, en particulier la nuit. La douceur du temps d'été peut être interrompue occasionnellement par une onde tropicale d'est, qui est une zone dépressionnaire située dans la zone des alizés. Celle-ci est souvent accompagnée de grains et d'une forte humidité. Parfois, les ondes tropicales peuvent dégénérer en dépressions tropicales et même en cyclones. Mai à octobre sont les mois les plus humides et il y a beaucoup de grains durant cette saison.

En Floride, les vents dominants sont E et SE, mais ils deviennent plus variables plus haut sur la côte, avec une tendance à devenir plus SW. Les orages sont plus fréquents en été, bien qu'il y ait peu de coups de vent. Quoi qu'il en soit, en cette saison, les cyclones peuvent affecter les rivages de la région entière, ceux qui naissent en Atlantique approchent souvent par l'Est et le SE. Les tempêtes tropicales générées dans la mer des Caraïbes arrivent par le sud et sont plus fréquentes pendant les mois de septembre et octobre. La région entière est affectée par les conditions météo de la masse continentale de l'Amérique du Nord et par l'anticyclone quasi permanent qui y stationne. Lorsque les pressions augmentent, cela génère un coup de vent de nord (*norther*), un flux d'air froid de N ou de NW souffle fort pendant plusieurs jours. Pendant l'hiver, il y a aussi des coups de vent provoqués par les dépressions se déplaçant vers l'est à travers les états du sud, vers l'Atlantique. Au nord de la Floride, ces fronts amènent de forts coups de vent de SW, le vent virant W ou NW après le passage de la dépression.

La saison des cyclones s'étend de juin à novembre, bien qu'habituellement, en juin et juillet, les cyclones passent au sud des Bahamas. Les mois les plus dangereux vont d'août à octobre, mais des cyclones ont aussi été enregistrés en mai et en décembre. Les Bahamas détiennent l'une des plus fortes fréquences de cyclones de tout l'Atlantique Nord, puisqu'elles se trouvent sur la trajectoire des cyclones qui sont générés dans l'Atlantique et dans les Caraïbes.

AN111 *Routes vers le Nord depuis les Bahamas et la Floride*

MEILLEURE PÉRIODE	mai à juin	
SAISON DES CYCLONES	juin à novembre	
CARTES ROUTIÈRES	BA : 4403	SHOM : 6761, 6619
	US : 403	
INSTRUCTIONS NAUTIQUES	BA : 68, 69, 70	
	US : 140, 147	
GUIDES DE CROISIÈRE	*Embassy Guide to the Atlantic Coast.*	
WAYPOINTS		

Départ	*Intermédiaire*	*Atterrissage*	*Destination*	*Distance (M)*
Route AN111A				
AN1111 Providence 25°50'N, 76°50'W	AN1112 Abaco NE 27°00'N, 76°50'W	AN1113 Carolina 34°38'N, 76°35'W	Beaufort *34°43'N, 76°40'W*	533
		AN1114 Chesapeake 36°45'N, 75°45'W		658
		AN1115 Brenton 41°24'N, 71°16'W	Newport *41°29'N, 71°20'W*	982
Route AN111B				
AN1111 Providence	AN1112 Abaco NE	AN1116 Charles 32°42'N, 79°45'W	Charleston *32°47'N, 79°56'W*	450

Bien qu'il y ait un mouvement de bateaux bien établi entre les Bahamas et la Floride tout au long de l'année, les traversées hauturières vers les états les plus au nord ne se font qu'au printemps et au début de l'été. C'est l'époque où les bateaux qui ont passé l'hiver sous les tropiques retournent chez eux. Quoi qu'il en soit, même pendant les meilleures périodes, la plupart des gens préfèrent renoncer aux avantages que représente une traversée hauturière rapide, et choisissent plutôt de prendre l'*Intracoastal Waterway*.

La meilleure période pour effectuer une traversée hauturière, en particulier vers les ports de la baie de Chesapeake, est le printemps ou le début de l'été, quand on a le plus de chances d'avoir des vents favorables, et quand il y a peu ou pas du tout de risque d'avoir un coup de nord tardif ou un cyclone précoce. Le risque de ce dernier danger augmente avec l'approche de l'été, mais même les traversées hauturières sont envisageables si l'on part avec une bonne couverture météo à long terme. Une escale aux Bermudes n'est pas vraiment recommandée, excepté pour les bateaux qui vont sur des ports canadiens.

Parce que le courant du Gulf Stream porte dans le bon sens, il faudra en tirer parti au maximum. Quoi qu'il en soit, s'il y a un risque d'avoir un fort coup de nord et si l'on part de l'un des ports de Floride du Sud il vaut mieux renoncer et attendre de meilleures conditions. Si l'on part des Bahamas ou de la Floride du Nord, on pourra éventuellement partir à condition de prendre une route plus au large.

Pour les destinations au sud du cap Hatteras, les bateaux qui partent de Floride n'ont pas vraiment d'autre choix que de naviguer pratiquement parallèle à la côte. Les bateaux quittant les Bahamas par une route hauturière, depuis le WP AN1111 au NE de Providence Channel, pourront faire route tout d'abord sur le WP AN1112 au NE de l'île de Great Abaco. De là, les bateaux qui vont vers des destinations plus au nord peuvent prendre une route hauturière directe (AN111A). Ceux qui vont sur des ports plus au sud pourront continuer avec une route au NW avant de modifier leur route vers la destination de leur choix (AN111B). Pour tirer au maximum parti du courant du Gulf Stream, en particulier si la destination est la Floride du Nord ou la Caroline du Sud, la route initiale devra être poursuivie vers le NW, jusqu'à ce que l'on ait atteint la zone où le courant est le plus fort, c'est-à-dire près des côtes de Floride. Les dernières informations concernant la position et la force du courant du Gulf Stream peuvent être obtenues au NOAA Miami, qui sort régulièrement des cartes du flux du Gulf Stream, et peut être contacté par téléphone au (305) 665 4707.

AN112 *Des Bahamas aux Bermudes*

Meilleure période	mai à juin			
Saison des cyclones	juin à novembre			
Cartes routières	BA : 4403	SHOM : 6619		
	US : 403			
Instructions nautiques	BA : 70			
	US : 140, 147			
Guides de croisière	*Bermuda Yachting Guide.*			
Waypoints				

Départ	*Intermédiaire*	*Atterrissage*	*Destination*	*Distance (M)*
AN1121 Providence 25°50'N, 76°50'W	AN1122 Bermudes SW 32°12'N, 64°50'W	AN1123 David 32°21'N, 64°38'W	St George's *32°22'N, 64°40'W*	760

Les instructions sont les mêmes que pour la route AN115 utilisée par les bateaux qui vont de la Floride aux Bermudes. L'époque conseillée pour une traversée depuis les Bahamas est la fin du printemps ou le début de l'été quand les conditions sur cette route sont meilleures qu'à n'importe quelle autre période. Si l'on part du nord des Bahamas, on pourra suivre facilement une route NNE, grâce aux vents dominants et au courant du Gulf Stream qui porte au nord. Durant les mois d'été, les vents au nord des Bahamas sont habituellement de SE, il est donc parfois possible de faire route directe des Bahamas aux Bermudes en traversant les Horse Latitudes. Il y a parfois des vents légers sur cette route et il y a rarement des coups de vent pendant cette période recommandée de l'année. Bien qu'officiellement, la saison des cyclones aux Bermudes commence le 1er juin, les cyclones passent rarement par là avant fin juillet, et même dans ce cas, leur trajectoire passe à l'ouest des Bermudes, près du continent américain.

Si l'on quitte les Bahamas par le NE Providence Channel, du WP AN1121 on peut faire route directe sur le WP AN1122 au sud de Gibbs Hill, à la pointe SW des Bermudes. De là, la route est parallèle à l'île jusqu'au WP AN1123 au large de David's Head. Le Town Cut mène au port de St George, le port d'entrée officiel des Bermudes. L'étroit chenal, bien que balisé et éclairé, ne doit pas être emprunté de nuit par ceux qui ne le connaissent pas.

AN113 *Des Bahamas à l'est des Caraïbes*

Meilleure période	mi-avril à juin, novembre à mi-décembre	
Saison des cyclones	juin à novembre	
Cartes routières	BA : 4400	SHOM : 6761, 6898
	US : 400	
Instructions nautiques	BA : 70, 71	SHOM : H5
	US : 147	
Guides de croisière	*Gentleman's Guide to Passages South, Yachtsman's Guide to the Bahamas, Cruising Guide to the Leeward Islands.*	

Ayant atteint les Bahamas du Sud soit par une des routes hauturières, soit à travers les îles, la traversée suivante vers les Iles Vierges se fera au près pendant pratiquement tout le chemin, et ce, pratiquement toute l'année. La route a été appelée le *thorny path* (la route épineuse), et ceci pour une très bonne raison. La meilleure période pour emprunter cette route est au changement de saison, quand les alizés sont moins forts et que le risque de cyclones n'est pas trop important. Un autre sujet de préoccupation concernant cette route, outre les vents contraires, est constitué par les forts courants qui se trouvent dans la région. Ceci, combiné avec les nombreux récifs, les îles basses et les rares phares, requiert une navigation précise en permanence.

Ceux qui sont déterminés à prendre la route hauturière vers les Iles Vierges ou les Petites Antilles, et qui sont confiants dans les capacités de leur bateau, devront gagner la pleine mer aussi vite que possible et prendre une route vers l'est dès qu'ils le pourront. Cela permet d'éviter le fort courant portant au NW, qui est parallèle aux Bahamas. Si le vent le permet, il faudra maintenir une route vers l'est jusqu'à ce que l'on ait atteint la longitude de son port de destination, et ensuite, modifier la route vers le sud.

Pour traverser depuis les Bahamas du Sud vers les Iles Vierges, soit directement (AN113A), soit via Puerto Rico, on peut gagner la haute mer en empruntant les chenaux de l'île Crooked, de Mayaguana, de Caicos, ou encore de Turks. Il faut d'abord suivre une route qui pare tous les dangers, y compris les bancs à l'est de Grand Turk. Une variante de cette route hauturière est décrite dans la route AN116. A cause des vents et des courants contraires, une telle traversée sera très difficile, à moins que les vents ne soient de nord ou faibles, une autre option (AN113B) peut alors être envisagée. Elle consiste à rester au sud des îles Caicos et à naviguer le long des côtes nord de St-Domingue et de Puerto Rico. Même quand les alizés sont forts, les hautes îles abritent du vent et génèrent de légères brises côtières.

Les instructions pour les bateaux allant vers l'une des îles du nord des Petites Antilles sont très similaires. Quoi qu'il en soit, ceux dont les destinations se trouvent plus au sud devront envisager de prendre une route hauturière à partir du Mona Passage. Après avoir longé la côte nord de St-Domingue à partir du Mona Passage jusqu'à Samana, la route entre dans la mer des Caraïbes. Au début de l'hiver, avec les alizés de NE, il est possible d'atteindre l'une des îles les plus au sud, telles que Grenade ou Trinidad, sur le même bord. Cette route n'est pas recommandée à partir du printemps, quand les vents deviennent SE.

Une autre option choisie chaque année par un grand nombre de navigateurs, est de naviguer par petites étapes. La meilleure tactique à appliquer est décrite dans le *Gentleman's Guide to Passages South*, qui est consacré exclusivement à cette route. Le conseil donné dans ce livre, et aussi par d'autres qui ont expérimenté cette route difficile, est de prendre son temps et surveiller le temps très attentivement. Même en hiver, quand les forts vents d'est sont la norme, les fronts fréquents apportent un répit avec des calmes et des vents légers. La tactique recommandée est de partir avant l'un de ces fronts, puis de se mettre à l'abri à son approche. Le temps est généralement désagréable 12 heures avant le passage du front, et environ 24 heures après son passage.

On peut s'arrêter aux îles de Turks & Caicos, les formalités d'entrée dans ces îles peuvent être faites dans les ports suivants : Sapodilla Bay (Providenciales, 21°44'N, 72°17'W), Cockburn Harbour (South Caicos, 21°30'N, 71°31'W), et à Cockburn Town (Grand Turk, 21°28'N, 71°06'W). Les ports d'entrée pratiques sur la côte nord de la République Dominicaine sont : Puerto Plata (19°49'N, 70°42'W), Manzanillo Bay (19°43'N, 71°45'W), Samana (19°12'N, 69°26'W) et Luperon (19°55'N 70°56'W). Le port d'entrée officiel sur la côte ouest de Puerto Rico est Mayaguez (18°12'N, 67°07'W) et non Boqueron. Bien que Puerto Rico soit un territoire US, les bateaux américains doivent faire leur entrée à Mayaguez comme tout le monde. Une recommandation supplémentaire pour ceux qui naviguent de nuit le long de la côte sud de Puerto Rico, est d'éviter les nombreux casiers.

AN114 *Des Bahamas à Panama*

Meilleure période	avril à mai, novembre à décembre			
Saison des cyclones	juin à novembre			
Cartes routières	BA : 4400 US : 400	SHOM : 6761, 6898		
Instructions nautiques	BA : 7A, 70 US : 147, 148	SHOM : H5		
Guides de croisière	*Cruising Guide to the Isthmus of Panama, Cruising Guide to Panama.*			
Waypoints				
Départ	*Intermédiaire*	*Atterrissage*	*Destination*	*Distance (M)*
Route AN114				
AN1140 Matthew Town *20°56'N, 73°42'W*	AN1141 Maisi N 20°23'N, 74°05'W AN1142 Navassa 18°25'N, 75°16'W AN1143 Morant 17°15'N, 75°32'W	AN1144 Panama 9°26'25N, 79°55'W	Cristobal 9°21'N, 79°55'W	786

Quel que soit le port de départ des Bahamas, toutes les options de cette route convergent au Windward Passage. Matthew Town, la ville principale de l'île de Great Inagua, est un bon endroit pour s'arrêter avant de négocier le Windward Passage, et est utilisée comme point de départ pour cette traversée. La route vers le WP AN1141 à 8 milles au NE du cap Maisi sur Cuba, mène au rail descendant vers le sud, dans la zone de séparation de trafic qui se trouve au large de ce cap. Après avoir négocié le Windward Passage, la route vers Panama passe soit d'un côté soit de l'autre de l'île de Navassa, mais par vent fort il vaut mieux passer par son côté ouest, car la mer brise sur les hauts-fonds au large de l'extrémité SW de St-Domingue. On fera alors route vers le WP AN1142, à 10 milles à l'ouest de l'île de Navassa. Si l'on n'a pas l'intention de s'arrêter en Jamaïque, on suivra la route vers le WP AN1143, à environ 20 milles au SE de Morant Cays. De là, on fera route vers le WP AN1144, où se trouve la bouée d'atterrissage au large de l'entrée du canal de Panama. La route recommandée à travers la mer des Caraïbes pare bien les nombreux bancs et hauts-fonds. Il faut faire attention à la dérive si l'on passe près des bancs de New et de Pedro, car le courant porte sur eux.

Les vents sont favorables tout au long de la route, et cela tout au long de l'année, bien qu'il faille éviter la saison des cyclones et la période des forts alizés d'hiver. Dans ce dernier cas, on aura à coup sûr des conditions de navigation tumultueuses de janvier à mars quand les alizés sont à leur plus fort. L'extension de la saison des cyclones est moins bien définie et les mois où il n'y a réellement pas de danger sont les mêmes mois d'hiver, c'est-à-dire de janvier à avril. Les mois intermédiaires ont une fréquence de cyclones bien plus faible, mais il y a eu des cyclones enregistrés aussi tard qu'au mois de décembre, rendant une traversée de la mer des Caraïbes plus dangereuse en fin de saison cyclonique qu'au début. C'est la raison pour laquelle une traversée vers le sud doit être prévue à la fin de l'hiver, ou au début du printemps.

AN115 *De la Floride aux Bermudes*

MEILLEURE PÉRIODE	mai à juin			
SAISON DES CYCLONES	juin à novembre			
CARTES ROUTIÈRES	BA : 4400	SHOM : 6619		
	US : 400			
INSTRUCTIONS NAUTIQUES	BA : 71			
	US : 140, 147			
GUIDES DE CROISIÈRE	*Bermuda Yachtsman's Guide.*			
WAYPOINTS				

Départ	*Intermédiaire*	*Atterrissage*	*Destination*	*Distance (M)*
AN1150 Lauderdale	AN1151 Bahama			
26°05.5'N, 80°06'W	27°40'N, 79°00'W			
	AN1152 Bermuda SW	AN1153 David	St George's	800
	32°12'N, 64°50'W	32°21'N, 64°38'W	*32°22'N, 64°40'W*	
AN1154 St Augustine	AN1155 Comachee			
29°55'N, 81°16'W	29°53'N, 81°12'W			
	AN1152 Bermudes SW	AN1153 David	St George's	872

Cette traversée est principalement effectuée en mai et en juin, quand les chances d'avoir des conditions favorables sont plus grandes qu'à n'importe quelle autre période de l'année. Le calendrier convient à une grande partie des programmes de croisière, puisque la plupart des bateaux qui prennent cette route ont passé l'hiver en Floride, utilisant les Bermudes comme escale pratique avant de continuer sur les Açores, l'Europe du Nord ou la Méditerranée. Les vents dominants au début de l'été sont SW, ce qui, additionné au courant du Gulf Stream, permet un début de traversée rapide. Le bureau NOAA de Miami sort régulièrement des cartes du flux du Gulf Stream et les dernières informations peuvent être obtenues par téléphone au (305) 665 4707. S'il n'y a pas un coup de nord tardif prévu, on peut continuer à naviguer avec le Gulf Stream pendant un moment mais pas trop longtemps, la route directe vers les Bermudes doit redevenir la priorité. En partant des ports du sud de la Floride, on devra passer à bonne distance de l'île de Grand Bahama et des récifs et îlots qui sont à son nord avant de faire route sur les Bermudes. Ayant atteint le WP AN1151 au large de Grand Bahama, on prendra une route directe vers le WP AN1152 au sud de Gibbs Hill, à la pointe SW des Bermudes. De là, on prendra une route parallèle à l'île vers le WP AN1153 au large de St-David's Head. Le Town Cut mène au port de St-George, le port d'entrée officiel des Bermudes. Le chenal étroit, bien que balisé et éclairé, ne doit pas être pris de nuit par ceux qui ne connaissent pas l'endroit.

Le plus vieil établissement espagnol d'Amérique du Nord, situé juste en-dessous de Jacksonville, est un excellent port de départ en Floride du Nord, et est en fait le point de départ d'au moins une course annuelle vers les Bermudes. C'est une ville pittoresque avec une communauté nautique dynamique, et, comme elle est également le siège des chantiers Hunter, les possibilités de réparation y sont très bonnes. Comme la ville est située sur la rive ouest de l'*Intracoastal Waterway*, il faut passer au moins un pont ouvrant avant de gagner la mer par un chenal bien balisé. De ce point, juste à l'est du chenal, on peut prendre une route directe vers la côte sud des Bermudes. Sur cette route, on coupera le courant du Gulf Stream à angle droit. L'avantage considérable qu'il y a à partir pour les Bermudes à partir d'un port bien au nord, est qu'en cas de mauvais temps, tel qu'un coup de nord, on a beaucoup d'eau à courir.

Les vents de SW que l'on a au début de cette traversée peuvent devenir SE plus au large et parfois, ceux-ci peuvent persister jusqu'aux Bermudes. Les prévisions météo doivent être écoutées régulièrement pendant ce passage, car les conditions météo peuvent évoluer très rapidement dans les zones traversées par cette route. Si l'on effectue ce passage tôt en saison, il y a une possibilité réelle d'avoir de forts vents de nord, et dans ce cas, il faudra se dégager aussi rapidement que possible du courant du Gulf Stream. Plus tard en saison, il y a le risque des tempêtes tropicales, et même si elles ne se transforment pas en véritables cyclones, les dépressions qui se forment au-dessus des Bahamas, apportent souvent un temps à grains et une mer difficile.

AN116 *De la Floride à l'est des Caraïbes*

MEILLEURE PÉRIODE	mai, novembre	
SAISON DES CYCLONES	juin à novembre	
CARTES ROUTIÈRES	BA : 4400	SHOM : 6761, 6898
	US : 400	
INSTRUCTIONS NAUTIQUES	BA : 71	SHOM : H5
	US : 140, 147	
GUIDES DE CROISIÈRE	*Guide des Antilles (J. Patuelli), Pilote côtier Antilles (A. Rondeau), Cruising Guide to the Leeward Islands, Sailor's Guide to the Windward Islands.*	

WAYPOINTS

Départ	*Intermédiaire*	*Atterrissage*	*Destination*	*Distance (M)*
AN1161 Providence 25°50'N, 76°50'W	AN1162 Optimist 25°00'N, 65°00'W	AN1164 Culebrita 18°26'N, 65°10'W	Charlotte Amalie *18°23'N, 64°56'W*	999
AN1161 Providence	AN1163 Ideal 25°00'N, 61°30'W			
	AN1165 Barbuda 17°30'N, 61°30'W	AN1166 Antigua E 17°00'N, 61°38'W	English Harbour *17°00'N, 61°45'W*	1320

Respecter la bonne période pour une traversée directe depuis la Floride est très important, puisque faire la traversée en été implique le risque de cyclones, tandis qu'en hiver les vents d'est seront contraires sans compter le risque de tempêtes de nord. La meilleure période semble donc être en novembre, quand le risque de cyclones est faible, et que les coups de vent d'hiver sont encore rares.

La route hauturière a l'avantage de pouvoir être prise aussi en hiver, bien qu'elle présente l'inconvénient de rencontrer de forts vents contraires une fois que l'on a touché les alizés. La route hauturière est plus intéressante pour les bateaux qui démarrent de Floride du Nord, car ils peuvent prendre une route directe qui pare bien les Bahamas. Les bateaux partant de ports situés en Floride du Sud peuvent rejoindre cette route en prenant les chenaux Providence du NW et du NE. Dans les deux cas, il est recommandé de faire de l'est en suivant la latitude 25°N, et de ne se diriger vers le sud qu'une fois franchi le 65°méridien W. En novembre et en décembre, les alizés sont modérés et de NE mais ils deviennent est et forts passé janvier, donc même cette route hauturière ne doit pas être empruntée trop tard en hiver. Ayant atteint la pleine mer par le chenal Providence du NE, du WP AN1161, on choisira l'amure qui permet de gagner le plus possible vers l'est, en direction du WP AN1162 si l'on va sur les îles Vierges, ou AN1163 si l'on va sur l'un des ports des Petites Antilles. Depuis le WP AN1162, la route sera infléchie vers le WP AN1164, de façon à atterrir près de l'île de Culebrita, et approcher St Thomas par le nord et l'ouest. Une autre option consistant à approcher les îles Vierges par le NE est décrite dans la route AN127. Les bateaux qui vont sur Antigua devront suivre une route du WP AN1163 vers le WP AN1165, pour approcher l'île par son côté au vent. L'atterrissage se fera au WP AN1166, à l'est de English Harbour.

Une autre solution pour atteindre les Antilles consiste à naviguer entre les îles, en suivant une route qui se faufile à travers les Bahamas, les îles Turks & Caicos, Puerto Rico et au-delà, route compliquée et lente, et qui de toute façon n'évite pas le fort vent dans le nez qui vous attend. Cette option est traitée en détail dans la route AN113.

AN117 *Routes vers le Sud depuis la Floride*

MEILLEURE PÉRIODE	décembre à mai	
SAISON DES CYCLONES	juin à novembre	
CARTES ROUTIÈRES	BA : 4400 US : 400	SHOM : 6761, 6898
INSTRUCTIONS NAUTIQUES	BA : 71 US : 140, 147, 148	
GUIDES DE CROISIÈRE	*Cuba, Cruising Guide to the Caribbean.*	
WAYPOINTS		

Départ	*Intermédiaire*	*Atterrissage*	*Destination*	*Distance (M)*
Route AN117A				
AN1170 Key West 24°33'N, 81°48'W	AN1171 Tortuga 24°25'N, 83°00'W	AN1172 Yucatan NW 21°18'N, 86°46'W	Mujeres *21°15'N, 86°45'5W*	349
			Belize City *17°30'N, 88°10'W*	588
			Livingston *15°50'5N, 88°43'5W*	696
			Guanaja *16°28'N, 85°54'W*	640
Route AN117B				
AN1170 Key West	AN1173 Antonio 21°50'N, 85°05'W			
	AN1174 Serrana 14°20'N, 80°40'W	AN1175 Panama 9°26'25N, 79°55'W	Cristobal *9°21'N, 79°55'W*	1062
Route AN117C				
AN1176 Augustine 29°55'N, 81°16'W	AN1177 25°00'N, 74°40'W			
		AN1178 Mira 22°05'N, 74°24'W		
		AN1179 Maisi N 20°23'N, 74°05'W		739

Beaucoup de navigateurs américains utilisent la Floride comme tremplin pour atteindre des destinations plus au sud, cela peut s'avérer intéressant pour certains, pas pour d'autres. En particulier pour ceux qui, partant depuis des états du nord, vont vers l'Amérique centrale, passer par les Bahamas et le Windward Passage est plus sensé que se retrouver à batailler au près dans le golfe du Mexique après avoir passé la Floride.

En été, les vents dominants en Floride sont SE et le temps est pluvieux avec de gros grains et des périodes de calmes. Le golfe du Mexique est l'une des zones les plus touchées par les cyclones, entre juin et novembre, non seulement par ceux qui se forment dans le golfe lui-même, mais aussi par ceux qui se déplacent depuis d'autres régions de la mer des Caraïbes. De septembre à novembre, les cyclones qui naissent dans l'ouest des Caraïbes ont une forte propension à passer par le chenal du Yucatán, puis à incurver leur course vers le nord et vers l'est, en direction de Cuba et de la Floride. Les tornades, les trombes ainsi que les grains sont aussi caractéristiques de la saison des cyclones.

Le grand dilemme auquel est confronté quiconque veut partir de Floride vers n'importe lequel des pays qui bordent la mer des Caraïbes, est de laisser Cuba soit à l'est, soit à l'ouest. La situation changera sans aucun doute une fois que les ports de ce pays seront ouverts sans restriction aux bateaux de croisière, et que l'on pourra alors en apprécier tous les intérêts. En attendant, les bateaux partant de la Floride du Nord ont certainement intérêt à passer par les Bahamas et le Windward Passage pour rejoindre l'Amérique centrale. La solution n'est pas aussi évidente pour ceux qui partent de Floride du Sud, et ont le choix entre deux options qui présentent chacune un intérêt certain. Bien que le Mexique lui-même soit plus facilement atteint par une route directe passant par le chenal du Yucatán, un voyage vers le Belize, le Guatemala, ou le Honduras par cette même route sera plus court, mais plus dur à cause du courant contraire. Au contraire, la route en boucle via les Bahamas et le Windward Passage est considérablement plus longue, mais bénéficie de vents et de courants en grande partie favorables, tout en offrant aussi l'opportunité de plusieurs escales intéressantes en chemin.

La période de l'année à laquelle est effectué ce passage aura une grande conséquence sur le choix de la route à prendre. En hiver, quand on peut s'attendre à avoir de forts vents d'Est et de NE, on devra préférer la route directe qui passe par le chenal du Yucatán, pas seulement pour aller sur le Belize, le Guatemala et le Honduras, mais aussi jusqu'à Panama. Quoi qu'il en soit, il faudra de toute façon attendre des conditions météo favorables. En hiver, il est recommandé de partir immédiatement après un coup de nord. La meilleure période pour les passages vers le sud, au moins jusqu'à la péninsule du Yucatán, va de mi-avril à fin juin. A cette époque, les vents peuvent être faibles, et il faut être prêt à faire du moteur. Pour éviter le plus fort du courant, qui peut atteindre jusqu'à 2,5 nœuds, il est recommandé de prendre soit la route qui reste proche des Dry Tortugas, soit de traverser vers Cuba et de suivre sa côte NW, mais il faut veiller à ne pas pénétrer dans les eaux territoriales cubaines. Key West est un bon point de départ depuis les côtes US. La route nord (AN117A) reste en dehors de la ligne des 100 brasses jusqu'au WP AN1171 à 14 milles au sud des Dry Tortugas. De là, on peut prendre une route directe qui passe par le chenal du Yucatán vers le WP AN1172 à deux milles au nord de l'île Mujeres, un endroit pratique pour faire ses formalités d'entrée au Mexique. Puerto Aventuras (20°29'5N 87°13'5W) est une marina pratique au sud du Mexique. Contacter le *dockmaster* sur le canal 16 pour obtenir des instructions car l'entrée est plutôt difficile. De là, il est facile d'atteindre les plus belles zones de croisière d'Amérique Centrale, que ce soit au Belize, au Guatemala ou au Honduras.

Si l'on n'a pas l'intention de s'arrêter au Mexique, ou de continuer sa route vers le Belize et le Guatemala, il vaut mieux traverser depuis Key West vers la côte cubaine (AN117B) et naviguer le long de la côte vers le WP AN1173 à 8 milles au large du cap San Antonio. On pourra avoir un faible contre-courant favorable le long de la côte nord de Cuba. Ayant passé le chenal du Yucatán, la route directe mène vers le WP AN1174, entre les bancs de Sueno et Serrana, qui possèdent tous deux des phares. De là, on fait route sur le WP AN1175, où se trouve la bouée d'atterrissage qui marque l'entrée du canal de Panama.

De plus en plus de bateaux s'arrêtent à Cuba et l'endroit le plus pratique pour faire son entrée dans ce pays est la marina Hemingway, à l'ouest de La Havane. Quelquefois, la marina est dénommée Barlovento, ce qui peut induire en erreur, la façon la plus simple de trouver l'entrée à travers le récif est d'identifier la balise extérieure dont la position GPS est 23°05'3N, 82°29'3W. On ne doit pas essayer d'entrer si un fort vent du large souffle car de gros rouleaux brisent tout autour de la passe étroite sur les récifs. Il faut contacter la *Guarda Frontera* (les garde-côtes) par VHF sur le canal 16, quand on entre dans les eaux territoriales cubaines. La marina Hemingway veille sur le canal 72. On doit contacter la marina sur le canal 16 quand on est à 12 milles au large et la tour de contrôle accusera réception. La marina veille sur les canaux 16 et 72 et en BLU sur le 7 462 kHz. Il faut se présenter bien dans l'axe du chenal, qui est flanqué de récifs des deux côtés. Tous les bateaux étrangers doivent faire les formalités d'entrée et de sortie de Cuba dans une marina internationale agréée (voir aussi AN75).

Au changement de saisons, ou au début de l'été, prendre une route via le Windward Passage (AN117C) peut présenter plus d'avantages qu'une route qui passe par le chenal du Yucatán, comme décrit plus haut. A partir d'un port de Floride du Nord, tel que St Augustine (AN1176), on atteint le Windward Passage le plus facilement en prenant une route SE, qui évite les Abacos, vers le WP AN1177. Là, la route se dirige vers le sud pour passer à l'ouest de San Salvador, des îles Crooked et Acklins, vers le WP AN1178 dans le passage de Mira-Por-Vos. Il faudra modifier quelque peu la route pour atteindre le WP AN1179, 8 milles au NE du cap Maisi sur Cuba. De là, la route au sud du Windward Passage est décrite dans la route AN114. La route vers le sud qui traverse la mer des Caraïbes est rejointe à la hauteur du Windward Passage par les bateaux qui viennent de ports situés en Floride du Sud, soit via les Bahamas, soit par le Old Bahama Channel.

AN118 *Des Bahamas du Sud à l'ouest des Caraïbes*

MEILLEURE PÉRIODE	décembre à mai	
SAISON DES CYCLONES	juin à novembre	
CARTES ROUTIÈRES	BA : 1220, 2579	SHOM : 6761
	US : 400	
INSTRUCTIONS NAUTIQUES	BA : 69A, 70	
	US : 147, 148	
GUIDES DE CROISIÈRE	*Cuba, Yachtsman's Guide to the Bahamas, Cruising Guide to the Northwest Caribbean, Cruising Guide to Belize and Mexico's Caribbean Coast, Cruising Guide to the Rio Dulce.*	

WAYPOINTS

Départ	*Intermédiaire*	*Atterrissage*	*Destination*	*Distance (M)*
Route 118 A Matthew	AN1181 Caleta			
20°56'N, 73°42'W	19°50'N, 74°20'W			
	AN1182 Guantanamo			
	19°45'N, 75°00'W			
	AN1183 Swan		Guanaja	766
	16°55'N, 84°00'W		*16°28'N, 85°54'W*	
			Livingston	986
			15°50'5N, 88°43'5W	
Route 118 B Matthew	AN1181 Caleta			
	AN1182 Guantanamo	AN1184 Mauger	Belize City	921
		17°40'N, 87°43'W	*17°30'N, 88°10'W*	
Route AN118C				
AN180 Matthew	AN1181 Caleta			
	AN1182 Guantanamo	AN1185 Amber	San Pedro	951
	17°56'N 87°54'W	*17°56'N 87°57'W*		

Il est préférable de rejoindre les destinations de l'est de la mer des Caraïbes par le Windward Passage et ensuite de continuer par le sud de Cuba. Matthew Town sur Great Inagua, est la plus grande agglomération du sud des Bahamas et, bien que les services soient assez rudimentaires, il y a une liaison aérienne régulière avec Nassau, si bien qu'une pièce essentielle pourra y être rapidement acheminée. Au départ, la route se dirige au sud pour franchir le cap Maisi, puis vire à l'ouest pour passer au sud de Guantanamo. En cas d'urgence, on peut s'y arrêter, après avoir préalablement obtenu la permission par radio avant d'approcher le port, autrement, le port le plus proche à Cuba est Santiago de Cuba (19°59'N, 75°53'W) où des bateaux de croisière se sont arrêtés sans aucun problème.

Pour les bateaux qui vont sur le Honduras, la route se dirige vers un point au large de l'île de Swan, puis vers le port de destination, Guanaja étant un des ports d'entrée officiels. On peut aussi aller à La Ceiba, sur le continent, qui offre certains des meilleurs équipements de la région. Pour Livingston, les coordonnées données sont celles de la bouée qui balise l'entrée de la rivière. La route directe pour le Belize passe au sud de Grand Cayman, et l'atterrissage se fait près de Mauger Cay, qui possède un phare, et qui doit être passée à bonne distance vers le nord. Les approches de Belize City sont truffées de récifs, l'approche doit être faite uniquement de jour, et de préférence avant midi, de façon à avoir le soleil dans le dos. Le Eastern Channel est la passe principale pour accéder à Belize City. Une meilleure solution serait de faire l'entrée au Belize à San Pedro (Ambergris Key), qui a maintenant un bureau de douanes et d'immigration permanent.

Les vents, spécialement en hiver, sont normalement favorables sur cette route et l'on devrait bénéficier également d'un faible courant favorable en naviguant le long de la côte sud de Cuba. Sur la route du Belize, il faudra passer un certain nombre de hauts-fonds à la hauteur du 84° méridien, où la mer peut être assez difficile, surtout en période d'alizé soutenu. Si cela est le cas, il faudra modifier la route de façon à éviter cette zone.

AN120 ROUTES DEPUIS LES BERMUDES

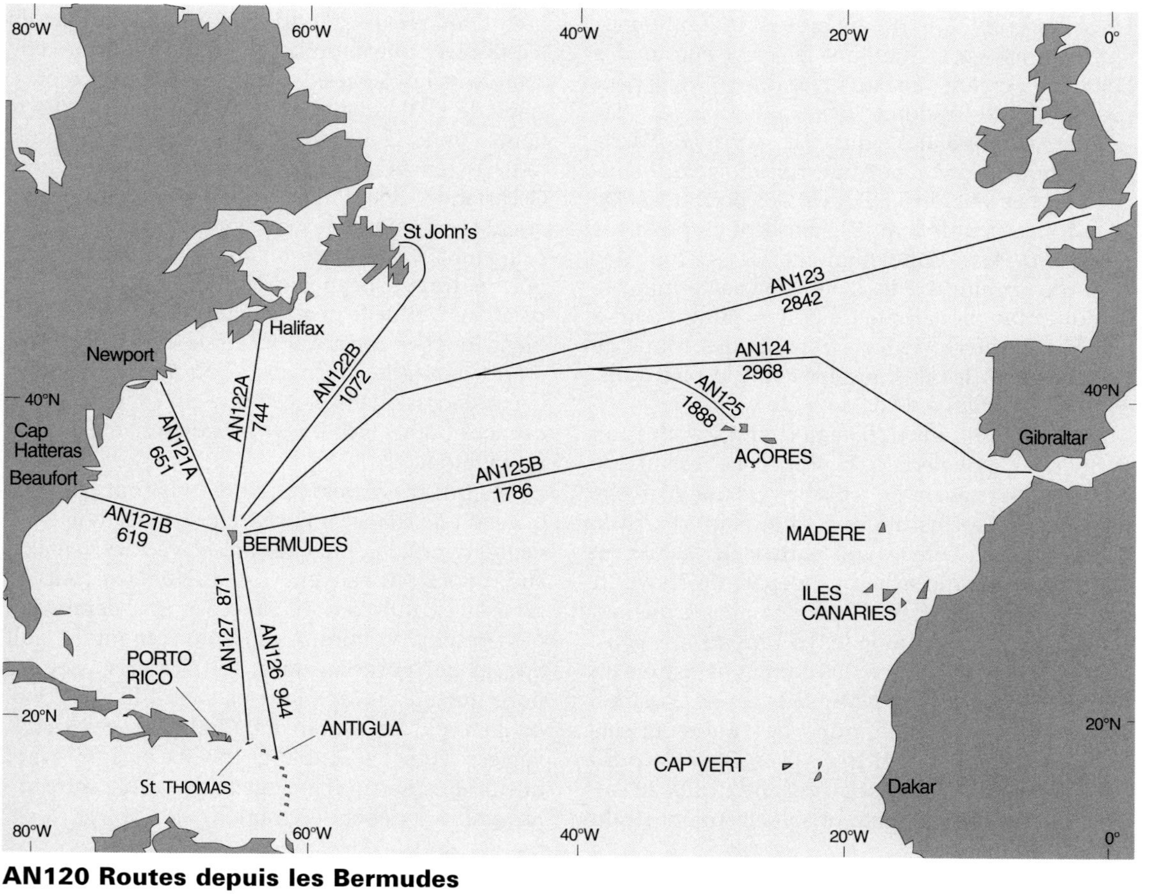

AN120 Routes depuis les Bermudes

Les Bermudes occupent une telle position stratégique dans l'ouest de l'Atlantique que même ceux qui ne prévoient pas de s'y arrêter trouvent qu'il est difficile de faire l'impasse sur ces îles attrayantes. Bien que ses ports bien protégés assurent un bon abri, les approches des Bermudes sont dangereuses, et un bref coup d'œil à la carte explique pourquoi ce groupe d'îles entouré de récifs fut d'abord colonisé par des naufragés anglais en route vers l'Amérique. Plus récemment, une zone d'exclusion du trafic maritime a été mise en place autour des côtes des Bermudes, et les navires sont avertis qu'il faut passer à bonne distance, à moins qu'ils ne veuillent y faire escale. Quoi qu'il en soit, avec des phares sur lesquels on peut compter, et des chenaux bien balisés, l'approche n'est pas trop dure, à moins que l'on essaye d'y arriver de nuit ou lorsqu'un coup de vent de sud-ouest sévit, ce qui est déconseillé dans les deux cas.

Les Bermudes sont situées dans les Horse Latitudes, la région de vents variables au nord des alizés et au sud de la zone des vents d'ouest. Il n'y a pas de vent dominant, et le temps des îles est sous l'influence de deux systèmes principaux, la position de l'anticyclone des Açores et le flux des systèmes météo situés sur la côte est des Etats Unis et se déplaçant vers l'Atlantique. En été, l'anticyclone des Açores est le système dominant et il génère un vent de SW d'environ 15 nœuds. Le courant du Gulf Stream a aussi une influence sur le climat en réchauffant les eaux autour des Bermudes, créant ainsi un hiver doux. On ne peut pas ignorer les cyclones, bien que la plupart des tempêtes tropicales qui se forment dans l'Atlantique Nord aient une trajectoire qui s'incurve et passent ainsi à l'ouest des Bermudes. De ce fait, très peu de tempêtes passent en plein sur les Bermudes. Officiellement, la saison des cyclones commence le 1er juin et se termine le 30 novembre, la période de pointe étant d'août à octobre. En hiver, de forts vents et des coups de vent balayent les îles, février étant le pire mois, avec une moyenne de 8 coups de vent.

A peu près 1 000 bateaux font escale aux Bermudes chaque année, la plupart ne restant que quelques jours avant de repartir vers une nouvelle destination. Les Bermudes sont le point d'arrivée de nombreuses courses qui partent de la côte est des USA, celle qui a lieu au départ de Newport deux fois par an étant l'une des plus anciennes courses au large du monde. La plupart des gens, quoi qu'il en soit, utilisent les Bermudes comme un tremplin pratique pour partir soit vers les Caraïbes, soit vers les Açores et l'Europe. Les routes qui partent des Bermudes sont très saisonnières, le printemps, d'avril à juin, est la saison la plus active, avec les bateaux qui rentrent soit en Amérique du Nord, soit en Europe. A cette époque, les bateaux européens sont en majorité et ils sont rejoints aux Bermudes par des bateaux américains ou canadiens qui vont aussi en Europe. En été, il y a un trafic dans les deux sens avec les USA, car les gens évitent les Caraïbes pendant la saison des cyclones, tandis qu'en automne, il y a un nouveau flux de bateaux nord-américains qui sont sur leur route vers le sud.

Ceux qui commencent leur traversée de l'Atlantique à partir des Bermudes sont confrontés au fait qu'il y a peu de routes décrites dans ce livre pour lesquelles l'accès à des informations météo en temps réel a une importance aussi grande que cette route vers les Açores. La position des hautes pressions de l'Atlantique Nord, plus connues sous le nom d'anticyclone des Açores, doit être connue tout le temps et la route choisie en fonction. Occasionnellement, des vents d'est peu fréquents ralentissent les bateaux qui vont vers les Açores au printemps. Ceci est dû à l'anticyclone des Açores qui se trouve beaucoup plus au nord que sa position habituelle pendant une période anormalement longue, permettant ainsi à des vents d'est d'être ressentis jusqu'au 40°N. Dans de telles circonstances, même la tactique qui consiste à faire du nord pour toucher les vents dominants d'ouest sera inutile.

Les traversées vers les Etats-Unis sont plus une question de chance qu'autre chose, puisqu'ils peuvent être rapides et confortables avec des vents de sud, alors qu'ils peuvent être très durs par vents de nord-ouest qui sont générés par une dépression passant plus au nord. A cause du courant du Gulf Stream qui porte au nord, les passages vers des ports au sud du cap Hatteras sont difficiles. Quoi qu'il en soit, le Gulf Stream n'influence pas les traversées vers les Antilles, traversées qu'il vaut mieux effectuer au changement de saison, entre mi-novembre et début décembre.

AN121 *Des Bermudes aux USA*

MEILLEURE PÉRIODE	mai à juin			
SAISON DES CYCLONES	juin à novembre			
CARTES ROUTIÈRES	BA : 4403 US : 403	SHOM : 6619		
INSTRUCTIONS NAUTIQUES	BA : 69, 70 US : 140, 147			
GUIDES DE CROISIÈRE	*Embassy Guide to the Atlantic Coast, Cruising Guide to the New England Coast.*			
WAYPOINTS				

Départ	*Intermédiaire*	*Atterrissage*	*Destination*	*Distance (M)*
Route AN121A				
AN1210 St George's *32°22'N, 64°40'W*	AN1211 Bermudes W 32°12'N, 64°50'W	AN1213 Brenton 41°24'N, 71°16'W	Newport *41°29'N, 71°20'W*	651
		AN1214 Chesapeake 36°45'N, 75°45'W		615
Route AN121B				
AN1210 St George's	AN1212 North Rock 32°30'N, 64°50'W	AN1213 Brenton	Newport	634
		AN1214 Chesapeake		607

Normalement les traversées vers la plupart des ports de la côte est des USA qui se font durant l'été bénéficient d'un temps agréable, et la seule chose qui puisse gâcher cela est le risque de tempêtes tropicales dont les trajectoires passeraient trop près des Bermudes. De telles tempêtes quoi qu'il en soit font l'objet d'une observation très suivie, dès l'instant où elles se forment, si bien que les alertes peuvent être données longtemps à l'avance, bien avant qu'elles n'affectent la zone. Néanmoins, il faut éviter d'effectuer une traversée durant les mois où la fréquence est maximale, d'août à fin octobre. On peut effectuer en toute sécurité des traversées dans les deux sens à la fin du printemps ou au début de l'été. La forte proportion de vents de SW en été devrait en bonne logique assurer de bonnes conditions de navigation pour ceux qui se rendent vers des ports au nord du cap Hatteras, mais cela est rarement le cas. Même en mai ou en juin, les conditions météo peuvent fréquemment devenir assez difficiles et les pires conditions ont été observées dans la zone du Gulf Stream. Le passage de fronts froids venant du continent américain crée un temps instable souvent accompagné de grains violents. Ceci peut être particulièrement dangereux dans le Gulf Stream, quand des vents violents soufflent contre le courant qui est lui aussi fort. On devra donc toujours couper le courant du Gulf Stream à angle droit pour minimiser le temps que l'on passe dedans. On ne doit naviguer avec le Gulf Stream que si le temps est bien établi.

En fonction des conditions météo, en partant des Bermudes, on peut soit laisser l'île à tribord, soit à bâbord, avant de faire route vers son port de destination. Si l'on peut prendre une route SW en quittant l'île, alors le point de départ sera le WP AN1211 au SW de l'île et qui pare bien tous les dangers. Les bateaux contournant le nord de l'île et laissant l'île sur bâbord prendront leur départ du WP AN1212, au large de North Rock. A cause des nombreuses destinations et des multiples routes qui en résultent, il n'y a que les waypoints d'arrivée des principales destinations qui ont été donnés, AN1213 situé au SE de Brenton Reef pour les bateaux qui vont sur Newport, ou AN1214 à l'entrée du chenal sud menant à la baie de Chesapeake. Pour ceux qui ne sont pas des habitués des USA, qui naviguent là au début de la saison d'été, un bon tuyau est de commencer leur croisière le plus au nord et à l'est que possible, pour bénéficier le plus possible du temps agréable et du faible risque de cyclone, et ensuite de gagner peu à peu le sud.

AN122 *Des Bermudes au Canada*

Meilleure période	mi-juin à juillet	
Saison des cyclones	juin à novembre	
Cartes routières	BA : 4011	SHOM : 6619,6620
	US : 121	
Instructions nautiques	BA : 59, 65, 70	
	US : 140, 145, 146, 147	
Guides de croisière	*Cruising Guide to the Nova Scotia Coast, Cruising Guide to Newfoundland.*	
Waypoints		

Départ	*Intermédiaire*	*Atterrissage*	*Destination*	*Distance (M)*
Route AN122A				
AN1220 St George's	AN1221 North Rock	AN1222 Nova	Halifax	744
32°22'N, 64°40'W	32°30'N, 64°50'W	44°25'N, 63°25'W	*44°38'N, 63°34'W*	
Route AN122B				
AN1220 St George's	AN1221 North Rock			
	AN1223 Race	AN1224 Spear	St John's	1077
	46°25'N, 53°10'W	47°30'N, 52°39'W	*47°34'N, 52°42'W*	

Les conditions météo sur cette route sont les mêmes que sur la route AN121, bien que la période optimale se situe un peu plus tard. Il y a une complication supplémentaire, c'est qu'au début de l'été, les ports de Terre-Neuve peuvent encore être affectés par les glaces. Le brouillard est encore un facteur à prendre en compte et cela restreint la période favorable pour ces traversées vers le nord au plus fort de l'été. On peut s'attendre à des conditions favorables à cette époque, à cause de la forte proportion de vents de SW. En effectuant un passage plus tôt, à la fin du mois de mai ou en juin, on peut également bénéficier de vents favorables, mais il faut garder un œil sur l'évolution du temps, car si un coup de vent est prévu on doit modifier la route de façon à éviter d'être pris sur l'un des bancs où les vents forts génèrent une mer très dure. On devra agir de même s'il y a une menace de coup de vent de nord alors que l'on suit le courant du Gulf Stream. Il y a un risque d'icebergs même en plein été, en particulier au nord de St John's où on peut en trouver jusqu'en août. Cela conduit à une saison de navigation très courte car les premiers coups de vent d'hiver peuvent survenir dès septembre. Cependant il est possible de naviguer dans ces eaux en prenant des précautions, avec de bonnes prévisions météo de jour comme de nuit. Certains des plus petits icebergs peuvent ne pas apparaître sur le radar, il faut s'en souvenir lorsqu'on navigue par mauvaise visibilité. Dans ce cas, contactez le "Traffic" sur le canal 13, 14 ou 21 en donnant vos position, cap et vitesse, et vous recevrez la position des bateaux qui se trouvent dans vos parages.

En prenant le WP AN1221 au nord des Bermudes comme point de départ, on peut suivre une route directe (AN122A) qui mène au WP AN1222 à l'approche d'Halifax, en Nouvelle Écosse. En partant du même waypoint AN1221, on peut faire route sur St John's de Terre-Neuve (AN122B), on utilisera le WP AN1223 au SE du cap Race comme waypoint intermédiaire avant de modifier la route vers le WP AN1224 au large du cap Spear, à l'approche de St John's.

AN123 *Des Bermudes à l'Europe du Nord*

Meilleure période	mai à juillet	
Saison des cyclones	juin à novembre	
Cartes routières	BA : 4011	SHOM : 6561, 6618
	US : 120, 121	
Instructions nautiques	BA : 27, 40, 67, 70	SHOM : C4, C3, C23, C22, C21
	US : 140, 147, 191	
Guides de croisière	*La Manche.*	

Waypoints

Départ	*Intermédiaire*	*Atterrissage*	*Destination*	*Distance (M)*
AN123A Bermudes 32°22'N, 64°38'W	AN1231 39°00'N, 55°00'W			
	AN1232 39°00'N, 50°00'W	AN1233 Lizard 49°55'N, 5°10'W		2842
Route AN123B AN1230 Bermudes	AN1231			
	AN1232 48°18'N 4°45'W	AN1234 St Mathieu Brest *48°23'N 4°29'W*		2868

La route sans escale vers l'Europe du Nord est beaucoup moins populaire que la route AN125, car la plupart des navigateurs préfèrent s'arrêter aux Açores, placées de façon commode à mi-chemin entre les Bermudes et l'Europe. Toutefois, la route directe présente l'avantage par rapport à la route AN125 qu'une fois que l'on a touché les vents d'ouest, on les a habituellement pour toute la traversée. En partant des Bermudes, du WP AN1230, il est conseillé de prendre une route NNE, vers le WP AN1231, avant de modifier la route pour aller sur le WP AN1232. Ayant atteint ce point, on peut rejoindre la route orthodromique vers la Manche. Il faut souligner que ces deux points sont des points théoriques, et que le but de la manœuvre est de gagner le plus rapidement possible la région des vents d'ouest dominants. Pour éviter la limite sud des glaces, au début de l'été, il est recommandé de ne pas franchir la latitude du WP AN1232. Si l'on dispose d'informations sur le temps ou sur les glaces, et que l'on sait à quoi s'attendre à court terme, ou si l'on touche des vents de SW favorables dès le départ, alors, on peut rejoindre directement la route orthodromique. Occasionnellement, il peut être nécessaire d'aller jusqu'au 40°N, ou même plus loin pour atteindre la zone des vents d'ouest dominants. La même stratégie s'applique pour les traversées vers les ports de la côte atlantique française. Une fois trouvés, les vents d'ouest vous accompagneront jusqu'au Golfe de Gascogne, mais il faudra suivre attentivement la situation météo sur les 500 derniers milles pour éviter d'être rattrapé par une dépression près de l'arrivée.

Tandis que la fréquence des coups de vent est plus faible au sud de la route conseillée, il faut résister à la tentation de virer à l'est trop tôt, car l'on risque alors de perdre les vents d'ouest en entrant dans l'anticyclone des Açores, qui s'étend plus au nord en été. Le Gulf Stream suit cette route, et l'on peut s'attendre à avoir au moins 1/2 nœud de courant favorable. Les bateaux qui ont essayé de suivre la route orthodromique dès les Bermudes jusqu'en Manche, ont subi de longues périodes de calmes, car la route traverse une zone de hautes pressions, d'où les deux waypoints recommandés. En l'absence de prévisions météo sûres, il est conseillé de traverser dans les hautes latitudes plutôt que dans les basses. Les cyclones affectent rarement cette route, sauf pour le voisinage immédiat des Bermudes, néanmoins il vaut mieux ne pas effectuer cette traversée à la fin de l'été, à cause des violentes tempêtes qu'il peut y avoir dans l'est de l'Atlantique après la mi-août.

AN124 *Des Bermudes à Gibraltar*

Meilleure période	mai à juillet	
Saison des cyclones	juin à novembre	
Cartes routières	BA : 4011 US : 120	SHOM : 6561, 6623
Instructions nautiques	BA : 67, 70 US : 140, 143, 147	SHOM : C4, C3
Guides de croisière	*Straits Sailing Handbook.*	

WAYPOINTS

Départ	*Intermédiaire*	*Atterrissage*	*Destination*	*Distance (M)*
AN1240 Bermudes 32°22'N, 64°38'W	AN1241 39°00'N, 55°00'W AN1242 40°00'N, 20°00'W AN1243 Vincent NW 37°00'N, 9°08'W AN1244 Hoyo 36°04'N, 6°20'W AN1245 Tarifa 35°59'N, 5°36'W AN1246 Carnero 36°03'N, 5°25'W	AN1247 Gibraltar 36°08'N, 5°22'W	Marina Bay *36°09'N, 5°21'W*	2968

Les bateaux qui vont vers la Méditerranée ont le choix entre faire la traversée sans escale, ou prendre la route plus populaire qui fait escale aux Açores. La route directe suit les mêmes instructions que pour la route AN123, pour profiter des vents d'ouest et du courant. En prenant comme point de départ le WP AN1240, au NE des Bermudes, on peut faire route sur le WP AN1241. En fonction des conditions météo, on devra traverser aussi près que possible du 40°N, ou même plus haut si les conditions le permettent. Du WP AN1242, on modifiera la route vers le WP AN1243 à 7 milles à l'ouest du cap St-Vincent. Il est peu probable que les vents durent au-delà du WP AN1242, car les vents dominants en été à proximité des côtes portugaises sont de nord. Les instructions pour la section entre le cap St-Vincent et Gibraltar sont les mêmes que celles décrites en détail dans la route AN16.

Une escale aux Açores sera un intermède intéressant, mais rallongera considérablement la route. Il faut aussi tenir compte d'une traversée qui sera moins rapide entre les Açores et le continent européen. Pour plus de détails, voir les routes AN125 et AN134.

AN125 *Des Bermudes aux Açores*

MEILLEURE PÉRIODE	mai à juin	
SAISON DES CYCLONES	juin à novembre	
CARTES ROUTIÈRES	BA : 4011 US : 120	SHOM : 6561, 6623
INSTRUCTIONS NAUTIQUES	BA : 67, 70 US : 140, 143, 147	SHOM : C4
GUIDES DE CROISIÈRE	*Iles de l'atlantique.*	

WAYPOINTS

Départ	*Intermédiaire*	*Atterrissage*	*Destination*	*Distance (M)*
Route AN125A				
AN1250 Bermudes 32°22'N, 64°38'W	AN1251 40°00'N, 55°00'W AN1252 40°00'N, 50°00'W AN1253 Açores 40°00'N, 32°30'W	AN1254 Flores 39°20'N, 31°18'W	Lajes *39°23'N, 31°10'W*	1761
		AN1255 Faial 38°30'N, 28°50'W	Horta *38°32'N, 28°37'5W*	1888
Route AN125B				
AN1250 Bermudes		AN1254 Flores	Lajes	1670
		AN1255 Faial	Horta	1786

Les Açores occupent une position si pratique au milieu de l'Atlantique, que peu de bateaux choisissent de faire une traversée sans escale entre les Bermudes et l'Europe. Parce que les Bermudes se trouvent au sud de la zone des vents d'ouest dominants, la stratégie conseillée est de faire le plus possible de nord en quittant les Bermudes, dans l'espoir de toucher des vents favorables dans les environs du 40°N. L'avantage de cette route quelque peu indirecte (AN125A), qui va au-delà du 40°N, est qu'il y a de plus grandes chances de trouver des vents d'ouest ou de SW et un courant favorable. Les inconvénients sont une fréquence plus élevée de coups de vent et un temps plus froid et plus humide que sur une route plus sud n'allant pas au-delà de la latitude 38°N. Les avis sont partagés sur la meilleure route à suivre, et en fait, certains préfèrent renoncer à la possibilité d'avoir des vents favorables et, dans leur tentative de trouver une meilleure solution, ils suivent la route orthodromique vers les Açores (AN125B). Cette route bénéficie d'un temps certes plus chaud, mais elle est souvent perturbée par des zones de calmes et des vents contraires. Si l'on prend la route nord à la fin du printemps ou au début de l'été, il est conseillé de ne pas aller au-delà du 40°N avant d'avoir atteint le WP AN1252, à cause des risques de glaces qu'il y a en début d'été.

Mai et juin sont les meilleurs mois pour effectuer cette traversée, mais il est préférable de partir un peu plus tard si l'on a choisi de prendre la route nord. Si l'on a pris cette décision, il est préférable de s'engager complètement sur cette route et de naviguer NNE en quittant les Bermudes de façon à entrer le plus vite possible dans la zone des vents d'ouest. Après début juillet, le risque de cyclones devient très important dans la région autour des Bermudes et on ne devra traverser à cette époque qu'en cas de nécessité absolue. Le risque de cyclones diminue au fur et à mesure que l'on va vers l'est en traversant l'Atlantique, bien que les effets d'un cyclone puissent se faire sentir aussi loin à l'est que dans le golfe de Gascogne.

En regardant les statistiques des traversées faites sur plusieurs années, il apparaît vite comme évident que les traversées les moins rapides ont été faites par ceux qui n'étaient pas prêts à aller assez loin au nord pour toucher les vents d'ouest. La plupart des bateaux qui sont restés au sud de la latitude 38°N, ont eu des calmes plats alors qu'ils rentraient dans la crête de hautes pressions qui s'étend entre les Bermudes et les Açores plus tôt que s'ils étaient restés plus au nord. Tôt au tard, tous les bateaux seront ralentis par l'anticyclone des Açores, mais en approchant les Açores par le NW, plutôt que par l'ouest, on coupera la crête de hautes pressions à angle droit et cela durera moins longtemps. Dans ces cas-là, il est conseillé d'utiliser son moteur, en particulier, si on prend la route sud, il faudra avoir une bonne réserve de gazole à bord avant de quitter les Bermudes.

En prenant le WP AN1250 comme point de départ, il est conseillé aux bateaux naviguant sur la route AN125A de faire route sur le WP AN1251, et de rester à cette latitude jusqu'au WP AN1252. A la fin du printemps, la route ne doit pas aller au-dessus de la latitude 39°N à cause du risque de glaces. Si les conditions météo sont favorables, on peut maintenir la même latitude jusqu'au WP AN1253 à 60 milles au NW de Corvo et Flores, les îles les plus à l'ouest des Açores. De là, on peut faire route sur son port de destination. Il faut éviter la zone 35°22'25N, 51°29'29W où un haut-fond suspect a été signalé par un yacht en traversée vers les Açores pendant l'été 2003. L'épave d'un voilier y était clairement visible sur le fond, et jusqu'à ce que l'on ait de plus amples informations, il vaut mieux éviter cette zone, en particulier lorsque les conditions météo sont mauvaises.

Les bateaux allant sur Lajes, sur la côte SE de Flores, devront faire leur atterrissage au WP AN1254 au large de Punta do Ilheus, l'extrémité SW de Flores, et ensuite suivre la côte sud de l'île jusqu'à Lajes. Les récentes améliorations de Lajes en font maintenant un port intéressant pour une première escale aux Açores. Si l'on va directement sur Horta, qui continue d'être la destination favorite aux Açores, du WP AN1253 on mettra le cap vers le WP AN 1255 à cinq milles au SW de Ponta do Castello Branco, et, de là, on naviguera le long de la côte sud de Faial, ce qui est la route recommandée pour approcher Horta. Par forts vents de SW, si l'on approche Horta par le nord, il faudra tenir compte du fort courant contraire qui sévit dans le chenal entre Faial et Pico.

Les bateaux qui suivent la route orthodromique depuis les Bermudes (AN125B), peuvent prendre une route directe depuis le WP AN1250 vers le WP AN1254, s'ils vont sur Lajes das Flores, ou vers le WP AN1255, s'ils vont sur Horta.

AN126 *Des Bermudes aux Petites Antilles*

MEILLEURE PÉRIODE	novembre à mi-décembre			
SAISON DES CYCLONES	juin à novembre			
CARTES ROUTIÈRES	BA : 4400 US : 400	SHOM : 6619, 6898		
INSTRUCTIONS NAUTIQUES	BA : 70, 71 US : 140, 147	SHOM : H5		
GUIDES DE CROISIÈRE	*Guide des Antilles (J. Patuelli), Pilote côtier Antilles (A. Rondeau), Cruising Guide to the Leeward Islands,*			
WAYPOINTS				
Départ	*Intermédiaire*	*Atterrissage*	*Destination*	*Distance (M)*
AN1260 Bermudes 32°22'N, 64°38'W	AN1261 Barbuda 17°30'N, 61°30'W	AN1262 Antigua E 17°00'N, 61°40'W	English Harbour *17°00'N, 61°45'W*	944
AN1260 Bermudes	AN1263 Sombrero 18°40'N, 63°30'W			
	AN1264 Martin 17°55'N, 63°22'W	AN1265 Antigua NW 17°10'N, 61°55'W	St Johns *17°07'N, 61°52'W*	968

Il est difficile de déterminer la meilleure période pour effectuer cette traversée, puisqu'en été, il y a le risque des tempêtes tropicales, et en hiver des coups de vent de nord. La meilleure période est au changement de saison, quand le risque de cyclone a diminué, et que la fréquence des tempêtes hivernales est encore assez faible. Une grande partie des bateaux effectue en fait ce passage à la meilleure période qui heureusement coïncide avec la plupart des plannings de croisière. Les bateaux nord-américains qui passent par les Bermudes en novembre font route vers les Antilles pour le début de la saison de croisière d'hiver.

En novembre ou en début décembre, les vents au départ des Bermudes peuvent être de toutes les directions, et s'ils sont faibles, il est conseillé de faire du moteur pour aller suffisamment au sud. Ayant franchi la zone de vents variables, on devrait trouver les alizés de NE entre les latitudes 22°N et 25°N. Les approches nord des Petites Antilles étant assez dangereuses à cause des nombreux récifs non éclairés, il faut faire le plus d'est possible au début de la traversée pour pouvoir passer bien au vent de tous ces dangers, et pouvoir approcher Antigua par le NE. Si cela s'avère trop difficile, il vaut mieux choisir un point d'atterrissage plus facile et continuer sur Antigua, ou n'importe quelle autre île, par petites étapes.

En prenant comme point de départ le WP AN1260 juste à l'extérieur du Town Cut, on peut faire route directe sur le WP AN1261 à 15 milles à l'est de Barbuda. On modifie ensuite la route vers le WP AN1262, au large de la côte SE d'Antigua. On peut faire les formalités d'entrée à English Harbour. Comme il a été suggéré plus haut, s'il est impossible de faire suffisamment d'est pour approcher les Antilles du côté au vent, on doit faire route sur le WP AN1263 à 5 milles au nord du phare de Sombrero, à l'entrée de l'Anegada Passage. De là, on peut modifier la route vers le WP AN1264 au NW de St Martin, et enfin vers le WP AN1265 au large de la côte ouest d'Antigua. De là, on suit la côte sud jusqu'à English Harbour, à moins que l'on ne préfère faire les formalités à St Johns, la capitale, dans ce cas il faudra changer la route vers cette dernière plus tôt.

Bien qu'une traversée sur cette route pendant la saison des cyclones ne puisse être recommandée, on peut avoir un temps agréable au début de l'été, quand le risque de cyclones n'est pas trop élevé. Si l'on a un vent de sud en quittant les Bermudes, ce qui est assez probable, il doit être utilisé pour faire de l'est avant de toucher les alizés près de la latitude 25°N. Occasionnellement, les alizés d'été n'ont pas de composante sud et il est donc possible de faire route directe vers les Iles Sous le Vent, Antigua étant l'une des plus faciles à atteindre. Autrement, il peut être nécessaire d'atterrir aux Iles Vierges, comme mentionné ci-dessus.

AN127 *Des Bermudes aux Iles Vierges*

Meilleure période	novembre à mi-décembre			
Saison des cyclones	juin à novembre			
Cartes routières	BA : 4400 US : 400	SHOM : 6619		
Instructions nautiques	BA : 70, 71 US : 140, 147	SHOM : H5		
Guides de croisière Waypoints	*Cruising Guide to the Virgin Islands, Yachtsman's Guide to the Virgin Islands. Guide des Antilles (J. Patuelli), Pilote côtier Antilles (A. Rondeau).*			
Départ	*Intermédiaire*	*Atterrissage*	*Destination*	*Distance (M)*
AN1270 Bermudes 32°22'N, 64°38'W	AN1271 Culebrita 18°26'N, 65°10'W		Charlotte Amalie *18°23'N, 64°56'W*	850
AN1270 Bermudes	AN1272 Anegada 18°45'N, 63°35'W		Virgin Gorda *18°27'N, 64°26'W*	871

Les mêmes instructions que pour la route AN126 s'appliquent ici, jusqu'à ce que l'on atteigne la zone des alizés. En prenant comme point de départ le WP AN1270 juste à l'extérieur du Town Cut, une route directe mène au WP AN1271 à 8 milles au NE du phare de l'île de Culebrita. En restant à bonne distance pour éviter tous les dangers au large de la pointe ouest de St-Thomas, on suit la côte sud de cette île jusqu'à son port principal qui est Charlotte Amalie.

Approcher les Iles Vierges par le nord, comme suggéré plus haut, peut présenter quelques difficultés car la plupart des dangers ne sont pas éclairés. Il est donc peut-être plus judicieux d'atterrir sur l'île de Sombrero, qui possède un phare puissant, et ensuite d'approcher les Iles Vierges par le côté au vent plutôt que d'essayer d'arriver directement à St Thomas. Dans ce cas, on peut faire route sur le WP AN1272 à 15 milles au NW du phare de Sombrero, à l'entrée de l'Anegada Passage. Cette dernière route est dans tous les cas recommandée pour les destinations dans les Iles Vierges Britanniques. En arrivant par le NE, le port d'entrée le plus proche est à Virgin Gorda. Quoi qu'il en soit, il faut faire extrêmement attention aux nombreux dangers qui entourent les Iles Vierges.

AN130 ROUTES DEPUIS LES AÇORES

Approximativement 1 000 bateaux passent aux Açores chaque année, la majorité arrivant des Caraïbes, soit en route directe soit via les Bermudes. Durant le mois de juillet, quelques bateaux arrivent d'Amérique du Nord et d'Europe du Nord, mais le trafic se limite principalement aux mois de mai et juin, quand la plupart des bateaux sont en route vers l'Europe du Nord ou la Méditerranée. Ce sont les deux routes principales que prennent les bateaux en quittant les Açores. Les bateaux allant vers la Manche et au-delà ont souvent un passage plus dur, car les vents dominants, au moment où se font la plupart des traversées, sont de NE. Ce sont ces mêmes vents qui rendent bien plus facile la traversée vers la Méditerranée.

Le temps aux Açores elles-mêmes est très variable, et c'est probablement la raison principale pour laquelle la plupart des gens ne naviguent pas entre les îles, mais se limitent plutôt à une seule escale, qui est habituellement la marina d'Horta. L'ouverture d'une seconde marina à Ponta Delgada et les améliorations des différents ports, notamment celui de Lajes sur l'île de Flores, vont certainement changer les choses.

Les Açores sont fières de leur climat atlantique, dont la caractéristique principale est la zone de hautes pressions du même nom. La position de l'anticyclone des Açores varie suivant les saisons, il est plus au nord en octobre et plus au sud en février. Il se situe habituellement au S ou au SW des îles et en été, quand il est souvent stationnaire, on peut s'attendre à de longues périodes de calmes. A d'autres époques, les vents peuvent être très variables en force et en direction, bien que ceux de secteur ouest soient un peu plus fréquents. Près de la terre, le vent est dévié, en particulier quand le profil de la côte est abrupt et la direction du vent varie d'île en île, et de place en place. Le temps dans les Açores est aussi affecté par les dépressions qui traversent l'Atlantique d'ouest en est. Elles passent en général au nord, sauf en hiver, où elles peuvent passer en plein sur les îles. Au passage de l'un de ces fronts, le vent change rapidement, virant du SW au NW, et apportant de la pluie. Il y a de la pluie tous les mois, bien qu'il en tombe plus en hiver, spécialement quand elle est associée à une dépression atlantique. Bien qu'elles ne soient pas situées dans la zone des cyclones, très rarement, un cyclone vicieux s'égare sur une trajectoire anormale, et passe près des îles, mais il a déjà perdu beaucoup de sa force lorsqu'il arrive si loin. Les coups de vent affectent les Açores avec une fréquence modérée, ils sont concentrés pendant les mois d'hiver.

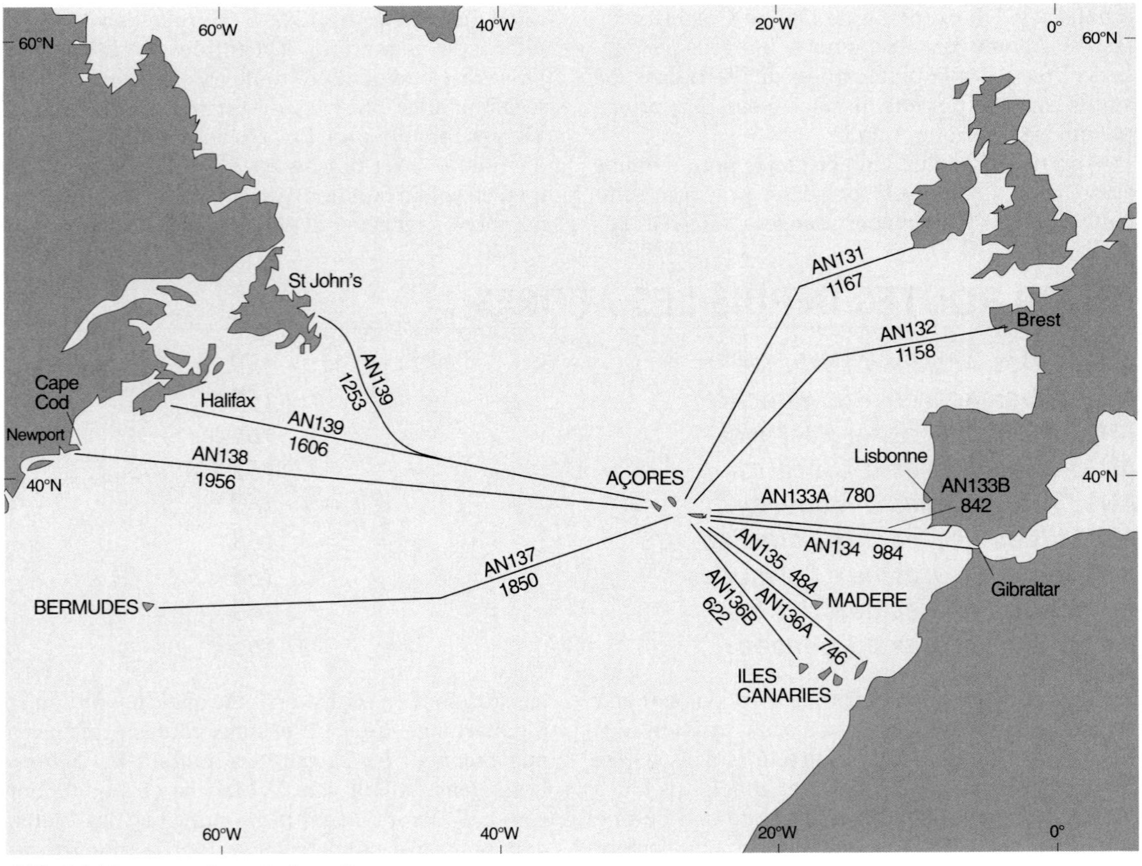

AN130 Routes depuis les Açores

AN131 *Des Açores à l'Irlande*

Meilleure période	juin à juillet	
Saison des cyclones	aucune	
Cartes routières	BA : 4011 US : 126	SHOM : 6623, 6618
Instructions nautiques	BA : 22, 27, 40, 67 US : 140, 142, 143	SHOM : C4, C3, C23, C22
Guides de croisière	*Cruising Association Handbook, South and West Coast of Ireland.*	
Waypoints		

Départ	*Intermédiaire*	*Atterrissage*	*Destination*	*Distance (M)*
AN1310 Horta *38°32'N, 28°37'W*	AN1311 Graciosa 39°00'N, 27°55'W	AN1315 Cork 51°45'N, 8°17'W	Crosshaven *51°48'5N, 8°17'5W*	1167
AN1312 Delgada *37°44'N, 25°40'W*	AN1313 Arnel 37°50'N, 25°05'W	AN1315 Cork	Crosshaven	1126
AN1312 Delgada	AN1314 Ferraria 37°52'N, 25°52'W	AN1315 Cork	Crosshaven	1130

Ce sont les mêmes instructions générales qui s'appliquent que pour la route AN132, mais puisque les destinations en Irlande sont plus ouest que celles en Manche, la suggestion de faire route plein nord en quittant les Açores ne doit pas être suivie d'une manière aussi aveugle, car il n'est pas trop gênant de dériver un peu vers l'ouest. Cela peut être rectifié plus tard avec l'aide des vents d'ouest qui sont normalement dominants dans les latitudes plus élevées. On peut parfois avoir des zones de calmes près des Açores, en particulier en juillet et août, quand l'anticyclone des Açores atteint sa pression maximale. On peut également avoir des calmes et des vents variables en route, il faut donc quitter les Açores avec une bonne réserve de gazole. A l'exception de quelques rares journées ensoleillées au début, le temps sur cette route est invariablement gris, humide et froid.

Les bateaux partant d'Horta devront passer près de l'extrémité ouest de São Jorge, et ensuite établir une route vers le WP AN1311 à un mille au SE de Ilheu de Baixo, un petit îlot à l'extrémité SE de Graciosa. On pourra ensuite prendre une route nord pour passer à l'est de Graciosa. Par forts vents de SW, on pourra trouver refuge dans le port bien protégé de Praia (39°03'N, 27°58'W), sur la côte est de Graciosa, bien que l'on devrait tirer parti de ces vents.

Si l'on part de Ponta Delgada, sur São Miguel, on suivra la côte sud jusqu'à Ponta do Arnel, la pointe est de l'île, jusqu'au WP AN1313. De là, on peut prendre la route vers la destination de son choix. Par forts vents de NE, il vaut mieux faire de l'ouest en quittant Ponta Delgada, et partir des Açores du WP AN1314 au large de Ponta da Ferraria à l'extrémité nord-ouest de São Miguel. L'atterrissage se fait au WP AN1315 à l'approche du port de Cork, l'un des ports les mieux protégés de la côte sud d'Irlande. On peut faire les formalités d'entrée à Crosshaven.

AN132 *Des Açores à la Manche*

Meilleure période	juin à juillet	
Saison des cyclones	aucune	
Cartes routières	BA : 4103 US : 126	SHOM : 6623, 6618
Instructions nautiques	BA : 22, 27, 67 US : 140, 143, 191	SHOM : C4, C3, C23, C22
Guides de croisière	*Cruising Association Handbook, La Manche.*	

WAYPOINTS

Départ	*Intermédiaire*	*Atterrissage*	*Destination*	*Distance (M)*
AN1320 Horta	AN1322 Graciosa			
38°32'N 28°37'W	39°00'N 27°55'W			
	AN1323			
	42°10'N 20°00'W			
	AN1324	AN1325 St Mathieu		Brest
1229				
	46°40'N 10°00'W	48°18'N 4°45'W	*48°23'N 4°29'W*	
An1321 Delgada	AN1326 Arnel			
37°44'N 25°40'W	37°50'N 25°05'W			
	AN1327			
	41°00'N 20°00'W			
	AN1328	AN1325 St Mathieu		Brest
1158				
	45°50'N 10°00'W			
AN1321 Delgada	AN1329 Ferraria			
	37°52'N 25°52'W			
	AN1327			
	41°00'N 20°00'W			
	AN1328	AN1325 St Mathieu Brest		1163

Les vents dominants en été sont de NE, donc les traversées des Açores vers l'Europe du Nord se font généralement au près serré. Il est rarement possible de faire route directe vers la Manche, et ce n'est pas non plus conseillé, car les vents d'ouest et le courant qui porte à l'est, qui sont des caractéristiques dominantes des hautes latitudes, déporteront les bateaux vers le golfe de Gascogne. La tactique habituelle pour cette route consiste à faire route plein nord jusqu'à ce que l'on rencontre des vents d'ouest bien établis, il ne faut pas rejoindre la route orthodromique vers la Manche avant d'avoir atteint la latitude 45°N.

Dans la zone immédiatement au nord des Açores, les périodes de calmes sont fréquentes, leur extension dépend de la position de l'anticyclone des Açores et de la crête de hautes pressions qui s'en étend normalement vers l'Europe en été. Si l'on rencontre des zones de calmes, il faut être prêt à faire du moteur pour les traverser et en profiter pour se diriger vers le nord. Même s'il n'y a pas de vent, le temps sera beau et ensoleillé, avant de céder la place aux vents d'ouest et à un ciel couvert et un temps généralement humide et froid. En été, le temps en Manche est difficile à prévoir et les vents peuvent venir de n'importe quelle direction, avec n'importe quelle force. La visibilité peut devenir mauvaise à l'approche de la Manche, et ceci, combiné à de forts courants de marée et à un trafic maritime intense, doit bien rester présent à l'esprit quand on atterrit sur la côte anglaise.

Les bateaux partant d'Horta, devront passer près de l'extrémité ouest de São Jorge, et ensuite établir une route vers le WP AN1322 à un mille au SE de Ilheu de Baixo, un petit îlot à l'extrémité SE de Graciosa. On pourra ensuite prendre une route nord pour atteindre la région des vents d'ouest et de là on pourra modifier la route vers le WP AN1325. Les waypoints ci-dessus sont purement hypothétiques car il est très peu probable qu'on puisse rester sur une route loxodromique entre les Açores et la côte atlantique française.

Si l'on part de Ponta Delgada, on suivra la côte sud de São Miguel jusqu'à Ponta do Arnel, la pointe est de l'île, jusqu'au WP AN1326. Par forts vents de NE, il vaut mieux faire de l'ouest en quittant Ponta Delgada, et partir des Açores du WP AN1329 au large de Ponta da Ferraria, à l'extrémité ouest de São Miguel. On prendra ensuite une route vers les WP AN1327 et AN1328, situés sur la route orthodromique. Si les conditions météo ne permettent pas de faire une route directe, on pourra suivre une route plus nord jusqu'à trouver les vents d'ouest et changer alors de cap pour le WP1325, au sud de la Pointe St Mathieu, dans les approches de Brest.

AN133 *Des Açores au Portugal*

MEILLEURE PÉRIODE	mai à septembre	
SAISON DES CYCLONES	aucune	
CARTES ROUTIÈRES	BA : 4103	SHOM : 6623
	US : 126	
INSTRUCTIONS NAUTIQUES	BA : 67	SHOM : C4, C3
	US : 140, 143	
GUIDES DE CROISIÈRE	*Espagne et Portugal.*	
WAYPOINTS		

Départ	*Intermédiaire*	*Atterrissage*	*Destination*	*Distance (M)*
Route AN133A				
AN1330 Delgada	AN1331 Garça	AN1333 Chenal S	Lisbonne	780
37°44'N, 25°40'W	37°42'N, 25°22'W	38°37'N, 9°20'W	*38°41'5N, 9°12'W*	
AN1332 Sta Maria		AN1333 Chenal S	Lisbonne	757
36°56'N, 25°00'W				
Route AN133B				
AN1330 Delgada	AN1331 Garça			
	AN1334 Vincent SW	AN1335 Moura SW	Vilamoura	842
	36°55'N, 9°00'W	37°03'N, 8°08'W	*37°04'5N, 8°07'W*	
AN1332 Sta Maria	AN1334 Vincent SW	AN1335 Moura SW	Vilamoura	812

On peut s'attendre à avoir des vents favorables sur pratiquement toute la route, si l'on effectue la traversée au début de l'été. Les vents à proximité des îles sont variables, avec une prédominance de SW. En mai et juin, on traverse généralement une zone de calmes plats quelque part entre les Açores et le continent, avant d'entrer dans la zone des vents dominants de nord. A cette époque, les zones de calmes peuvent être assez étendues, et il faut être prêt à faire du moteur. On trouvera des vents mieux établis vers le milieu de l'été. En juillet et août, les forts alizés Portugais soufflant constamment entre 15 et 20 nœuds assurent une traversée rapide et vivifiante. On touchera ces vents de nord à environ 300 milles des côtes portugaises. Occasionnel-lement, si l'anticyclone des Açores est positionné au nord des îles, on peut avoir des vents de NE tout le long de la traversée vers le Portugal. A cause des vents dominants, les ports portugais les plus nord se trouveront au vent si l'on suit une route orthodromique depuis les Açores. Cela doit être pris en compte, ainsi que le courant portugais qui porte au sud, de manière à se positionner un peu au vent du port de destination lors des ajustements de route effectués en fin de traversée.

Les bateaux qui ont navigué dans les Açores du NW au SE, trouveront plus pratique de partir soit de Ponta Delgada sur São Miguel, soit de Vila do Porto sur Santa Maria. Dans ce dernier cas, on pourra faire route directe sur le Portugal à partir du WP AN1331, au sud de Ponta da Garça, sur la côte sud de São Miguel. Si l'on part de Santa Maria, le point de départ est le WP AN1332, au large de Ponta do Castelo à l'extrémité SE de Santa Maria. Les bateaux allant sur Lisbonne (AN133A) devront faire leur atterrissage au WP AN1333, de là le chenal sud mène au Tage et la capitale portugaise se trouve sur sa rive nord.

La route vers Vilamoura, sur la côte algarve (AN133B), a une direction plein est vers le WP AN1334 à 6 milles au S du cap St Vincent. Pour éviter le trafic intense de cette zone, on modifiera la route vers le WP AN1335 à deux milles au SW de Vilamoura. La marina veille sur les canaux 16 et 20.

AN134 *Des Açores à Gibraltar*

MEILLEURE PÉRIODE	mai à septembre	
SAISON DES CYCLONES	aucune	
CARTES ROUTIÈRES	BA : 4103	SHOM : 6623
	US : 126	
INSTRUCTIONS NAUTIQUES	BA : 67	SHOM : C4
	US : 131, 140, 143	
GUIDES DE CROISIÈRE	*Straits Sailing Handbook.*	
WAYPOINTS		

Départ	*Intermédiaire*	*Atterrissage*	*Destination*	*Distance (M)*
AN1340 Delgada *37°44'N, 25°40'W*	AN1341 Garça 37°42'N, 25°22'W AN1343 Détroit 36°00'N, 6°00'W AN1344 Tarifa 35°59'N, 5°36'W	AN1345 Gibraltar 36°08'5N, 5°22'W	Marina Bay *36°09'N, 5°21'W*	984
AN1342 Sta Maria 36°56'N, 25°00'W	AN1343 Détroit AN1344 Tarifa	AN1345 Gibraltar	Marina Bay	952

Les instructions jusqu'au cap St Vincent sont les mêmes que celles de la route AN133, et on peut s'attendre à des conditions météo similaires jusqu'à ce que la route soit sous l'influence du climat continental. A l'est du cap St Vincent, on perd normalement les alizés portugais et le vent prend un caractère plus local. Pendant les journées d'été, une brise de mer de SW se fait sentir à l'approche de la baie de Cadix. Ce vent se lève vers midi et dure jusqu'à minuit. S'il y a un fort *levanter* prévu dans le détroit de Gibraltar, il est préférable d'attendre un changement de temps dans l'un des ports le long de la côte algarve (Vilamoura), sur la Costa de la Luz (Mazagon, près de Huelva) ou encore dans la baie de Cadix (Puerto Sherry). Un autre port pratique est Barbate, qui n'est pas loin à l'ouest de Tarifa, et est le plus proche du détroit. Autrement, on peut aussi trouver refuge sous le vent même de l'île de Tarifa. Les dernières informations météo, ainsi que toutes les autres informations concernant la navigation, sont diffusées par Tarifa Radio, qui a un service 24h/24, en espagnol et en anglais.

Les deux ports pratiques pour un départ des Açores sont Ponta Delgada sur São Miguel et Vila do Porto sur Santa Maria. Dans le premier cas, on peut établir une route directe vers le détroit de Gibraltar à partir du WP AN1341 au sud de Ponta da Garça, sur la côte sud de São Miguel. Si l'on part de Santa Maria, le point de départ est le WP AN1342 au large de Ponta do Castelo. On pourra établir une route directe vers le WP AN1343 à l'approche du détroit de Gibraltar. De là, on navigue plein est vers le WP AN1344 à 2 milles au sud de l'île de Tarifa, en restant entre la côte et le rail de trafic allant vers l'ouest. Une route parallèle à la côte espagnole amènera dans la baie de Gibraltar. On trouve facilement le quai pour la douane et les deux marinas en faisant route sur le WP AN1345 au large du môle Nord. Les instructions détaillées pour le passage du détroit de Gibraltar sont données dans la route AN16.

AN135 *Des Açores à Madère*

Meilleure période	mai à août	
Saison des cyclones	aucune	
Cartes routières	BA : 4104	SHOM : 6561
	US : 126	
Instructions nautiques	BA : 1, 67	SHOM : C4
	US : 143	
Guides de croisière	*Iles de l'Atlantique.*	
Waypoints		

Départ	*Intermédiaire*	*Atterrissage*	*Destination*	*Distance (M)*
AN1350 Vila 36°57'N, 25°07'W		AN1351 Pargo 32°38'N, 17°20'W	Funchal *32°37'5N, 16°54'5W*	484

Les vents entre ces deux territoires portugais sont d'habitude favorables, et la chance d'avoir un vent de NE augmente au fur et à mesure que l'on se rapproche de Madère. Un bon port de départ depuis les Açores est Vila do Porto, sur l'île de Santa Maria, qui se trouve être le plus proche de Madère. Depuis le WP AN 1350 au sud de Vila do Porto, on peut faire route directe vers le WP AN1351 au large de Ponta do Pargo, à la pointe ouest de Madère. De là, la route est parallèle à la côte SW de Madère jusqu'à Funchal, qui est la capitale et le port principal. La marina de Funchal veille sur le canal 16 pendant les heures de bureau.

AN136 *Des Açores aux Canaries*

Meilleure période	juin à août	
Saison des cyclones	aucune	
Cartes routières	BA : 4104	SHOM : 6561
	US : 126	
Instructions nautiques	BA : 1, 67	SHOM : C4
	US : 143	
Guides de croisière	*Iles de l'Atlantique.*	
Waypoints		

Départ	*Intermédiaire*	*Atterrissage*	*Destination*	*Distance (M)*
Route AN136A				
AN1360 Delgada *37°44'N, 25°40'W*		AN1363 Graciosa 29°25'N, 13°35'W	La Sociedad *29°13'8N, 13°30'W*	794
AN1362 Vila 36°57'N, 25°07'W		AN1363 Graciosa	La Sociedad	746
Route AN136B				
AN1360 Delgada		AN1364 Palma 28°52'N, 17°45'W	Santa Cruz *28°40'5N, 17°45'5W*	675
AN1362 Vila		AN1364 Palma	Santa Cruz	622

Les vents et le courant sont habituellement favorables pendant cette traversée. Si l'on a l'intention de naviguer dans les Canaries, il vaut mieux arriver sur l'une des îles les plus à l'est de l'archipel, telle que l'île de Lanzarote. Cela permettra d'avoir des vents favorables durant la croisière dans les îles, et de les visiter dans un ordre logique. La route directe depuis les Açores vers Lanzarote (AN136A) passe si près de Madère qu'une escale est pratiquement inévitable. Les instructions pour la route vers

Madère sont données dans la route AN135. La section suivante, de Madère aux Canaries, est décrite dans la route AN41. La route directe de Ponta Delgada ou de Santa Maria vers Lanzarote (AN136A) évite Madère et passe au NE des îles Salvage. L'atterrissage se fait au WP AN1363, à environ 5 milles au NW de Graciosa, avant d'entrer dans l'Estrecho del Rio, le chenal qui sépare Graciosa de Lanzarote. Bien que cela ne soit pas un port d'entrée, les bateaux peuvent s'arrêter quelque temps à La Sociedad, la ville et le port principal de Graciosa, avant d'aller sur Lanzarote pour faire les formalités d'entrée.

Si l'on n'utilise les Canaries que comme escale intermédiaire avant une traversée de l'Atlantique, il peut être pratique de ne faire escale que dans l'une des îles les plus à l'ouest, telle que La Palma (AN136B). On peut faire route sur le WP AN1364 au NE de Santa Cruz de la Palma, la capitale de l'île. C'est un excellent endroit pour refaire l'approvisionnement du bateau avant la prochaine traversée.

AN137 *Des Açores aux Bermudes*

MEILLEURE PÉRIODE	juin à juillet	
SAISON DES CYCLONES	juin à novembre	
CARTES ROUTIÈRES	BA : 4012	SHOM : 6561, 6623
	US : 120	
INSTRUCTIONS NAUTIQUES	BA : 67, 70	SHOM : C4
	US : 140, 143, 147	
GUIDES DE CROISIÈRE	*Bermuda Yachting Guide.*	
WAYPOINTS		

Départ	*Intermédiaire*	*Atterrissage*	*Destination*	*Distance (M)*
AN1371 Faial 38°30'N, 28°37'W	AN1373 35°00'N, 35°00'W	AN1374 Bermudes 32°22'N, 64°38'W	St George's *32°22'N, 64°40'W*	1850
AN1372 Flores 39°22'N, 31°10'W	AN1373	AN1374 Bermudes	St George's	1804

Pour la plupart des navigateurs qui envisagent ce passage, les Açores ne sont qu'une escale pratique sur une route plus longue, il en est de même des Bermudes. Horta était le point de départ traditionnel pour les traversées vers les Bermudes, mais les améliorations apportées au port de Lajes sur Flores, permettent de commencer une traversée à partir de l'extrémité ouest de l'archipel des Açores. Quoi qu'il en soit, la tactique recommandée consiste à atteindre le plus vite possible la latitude des Bermudes, et l'avantage de partir de Lajes est minime. D'où que l'on parte, il est essentiel d'avoir une couverture météo à long terme. Si des vents d'ouest sont prévus, il vaut mieux rester et attendre un changement plutôt que d'essayer de se battre pour faire de l'ouest. La période conseillée, juin ou juillet, n'est pas forcément celle qui a le plus de vents favorables, mais c'est celle où on a le plus de chances d'avoir beau temps.

En été, les vents dominants sur la route directe, et en particulier au nord de la latitude 35°N, sont SW et il y a aussi un courant contraire, il est donc conseillé de gagner aussi vite que possible la latitude des Bermudes. On peut même être amené à aller plus au sud, pour être sûr d'avoir des vents favorables. Si l'on touche des vents d'ouest au début de la traversée, on devra rester tribord amure, même si cela amène jusqu'à la latitude 30°N. En été, plus on va au sud, plus on touche des vents d'est. L'inconvénient de traverser vers la fin de l'été est que le risque de cyclones augmente à l'approche des Bermudes.

Si l'on part d'Horta, du WP AN1371, on fera route vers le WP AN1373. Les bateaux partant de Lajes, du WP AN1372, suivront la même direction vers le même waypoint intermédiaire. De ce point, la route devra rester proche de la latitude des Bermudes, comme il a été dit plus haut. L'arrivée se fait au WP AN1374 à deux milles du Town Cut, à l'entrée du port de St George.

Il faut éviter la zone 35°22'25N, 51°29'29W où un haut-fond suspect a été signalé par un yacht en traversée vers les Açores pendant l'été 2003. L'épave d'un voilier y était clairement visible sur le fond, et jusqu'à ce que l'on ait de plus amples informations, il vaut mieux éviter cette zone, en particulier lorsque les conditions météo sont mauvaises.

AN138 *Des Açores aux USA*

MEILLEURE PÉRIODE	juin à juillet			
SAISON DES CYCLONES	juin à novembre			
CARTES ROUTIÈRES	BA : 4011 US : 120	SHOM : 6561, 6619		
INSTRUCTIONS NAUTIQUES	BA : 67, 68, 69 US : 140, 143	SHOM : C4		
GUIDES DE CROISIÈRE	*Embassy Guide to the Atlantic Coast, Cruising Guide to the New England Coast.*			
WAYPOINTS				

Départ	*Intermédiaire*	*Atterrissage*	*Destination*	*Distance (M)*
AN1381 Faial 38°30'N, 28°37'W		AN1382 Brenton 41°24'N, 71°16'W	Newport *41°29'N, 71°20'W*	1956
		AN1383 Chesapeake 36°45'N, 75°45'W		2218

Une décision importante doit être prise en quittant les Açores, s'arrête-t-on ou non aux Bermudes ? Si oui, les mêmes instructions que pour la route AN137 s'appliquent ici. Autrement, il vaut mieux attendre et suivre l'évolution du temps, donc suivre une route qui ne s'éloigne pas trop de celle recommandée pour les Bermudes, de façon à pouvoir y faire escale si cela s'avère nécessaire. Les chances d'avoir des vents favorables au-dessus de la latitude 35°N sont assez faibles, ce qui renforce le conseil qui consiste à naviguer à proximité ou même en-dessous de la latitude des Bermudes. Une escale devient donc pratiquement inévitable, en particulier pour ceux qui vont sur des ports au sud de New York. Ceux qui vont sur des ports plus au NE, pourront peut-être modifier leur route à partir de la longitude 55°W, vers leur port de destination. A cause des nombreuses destinations et des routes qui en résultent, seuls sont donnés les waypoints d'arrivée des destinations principales, AN1382 au SE de Brenton Reef, à l'approche de Newport pour ceux qui vont vers ce port, ou AN1383 à l'entrée du chenal sud qui mène dans la baie de Chesapeake.

Si l'on effectue ce passage après la mi-juin, le risque d'une tempête tropicale précoce devra être présent à l'esprit, car les trajectoires de cyclones précédents passent dans la région entre les Bermudes et le continent américain.

AN139 *Des Açores au Canada*

MEILLEURE PÉRIODE	juillet à août			
SAISON DES CYCLONES	juin à novembre			
CARTES ROUTIÈRES	BA : 4011 US : 120	SHOM : 6561, 6620		
INSTRUCTIONS NAUTIQUES	BA : 67, 68, 69 US : 140, 143	SHOM : C4		
GUIDES DE CROISIÈRE	*Cruising Guide to the Nova Scotia Coast, Cruising Guide to Newfoundland.*			
WAYPOINTS				

Départ	*Intermédiaire*	*Atterrissage*	*Destination*	*Distance (M)*
AN1391 Faial 38°30'N, 28°37'W		AN1392 Nova 44°25'N, 63°25'W	Halifax *44°38'N, 63°34'W*	1606
AN1391 Faial	AN1393 Race 46°25'N, 53°10'W	AN1394 Spear 47°30'N, 52°39'W	St John's *47°34'N, 52°42'W*	1253

Les instructions sont les mêmes que celles pour la route AN138, et la tactique suggérée reste la même si l'on rencontre des vents d'ouest après avoir quitté les Açores. Si l'on part bâbord amure trop tôt, on risque de faire trop de nord, et d'entrer dans une zone de vents d'ouest bien établis, accompagnés d'un courant contraire. Une route sud, comme décrit plus haut, présente des avantages, en particulier pour les bateaux qui n'ont pas de bonnes performances au près. Plus à l'ouest, on peut trouver des vents de SW, qui prédominent en été à l'ouest du 50°méridien W, permettant alors de naviguer bâbord amure. Les bateaux partant pour une route plus sud doivent prendre leur départ depuis Horta, au WP AN1391. L'atterrissage pour Halifax, en Nouvelle Ecosse, se fait au WP AN1392. Les bateaux allant sur St John's, à Terre-Neuve, doivent faire leur atterrissage au WP AN1393 au SE du cap Race, avant de modifier leur route vers le WP AN1394 au large du cap Spear, à l'approche de St John's. Voir aussi AN122.

La période recommandée pour cette traversée coïncide avec le début de la saison des cyclones en Atlantique Ouest, il faudra donc suivre l'évolution du temps attentivement, en particulier quand on approche des Bermudes, ou si l'on a l'intention de s'y arrêter.

AN140 ROUTES ATLANTIQUES DEPUIS L'AMÉRIQUE DU NORD

Le nombre de bateaux traversant sans escale par les hautes latitudes a beaucoup décru durant ces dernières années, et la plupart des bateaux nord-américains rejoignent l'Europe via les Bermudes et les Açores. Pour quiconque prévoit une longue traversée depuis l'un des ports situés au nord de la baie de Chesapeake vers l'Europe ou les Caraïbes, la première escale se fera habituellement aux Bermudes. Ceux qui vont aux Iles Vierges ou aux Petites Antilles ont le choix entre une route hauturière soit via les Bermudes, soit directe. Si le port de départ se trouve au nord du cap Hatteras, une escale aux Bermudes ne rallongera pas trop la route, mais pour ceux partant de ports plus au sud, la route directe est plus appropriée. Beaufort, en Caroline du Nord, est le point de départ favori de tous ceux qui partent vers le sud, et le point d'arrivée le plus courant est St Thomas, dans les Iles Vierges américaines. Ceux qui partent de ports situés au sud des Carolines sont souvent tentés de faire route à travers les Bahamas, ce qui n'est pas forcement une solution au goût de tout le monde, en raison des forts vents d'est que l'on a de grandes chances d'avoir tout au long de la route. Toutes les traversées vers les Caraïbes doivent être faites après début novembre, quand la saison des cyclones touche à sa fin. Une autre option consiste à atteindre les Caraïbes par une route plus longue, mais plus attrayante, laquelle est décrite au début de ce chapitre, où sont traitées les routes dans l'Atlantique Nord. Les routes au départ de la Floride sont décrites dans la route AN110.

Les traversées vers l'est depuis l'Amérique du Nord s'effectuent principalement à la fin du printemps ou au début de l'été, de mai jusqu'à juillet, quand on peut s'attendre à avoir les meilleures conditions. Quelle que soit la destination, il faudra bien à un moment ou à un autre traverser le courant du Gulf Stream, et à cause des difficultés qui lui sont associées, il est conseillé de se procurer les dernières informations concernant sa force et sa direction. Les meilleurs renseignements sur le flux du Gulf Stream peuvent être obtenus auprès de la NOAA, qui sort régulièrement des cartes. Quiconque part pour une traversée directe vers les Caraïbes devra tenir compte de la force du courant, ainsi que de l'éventualité de forts vents de nord qui, soufflant contre le courant, peuvent transformer la traversée en une expérience extrêmement désagréable. Si des conditions défavorables persistent, il faut rejoindre le port le plus proche sur le continent et continuer vers le sud en passant par l'Intracoastal Waterway, solution que choisissent chaque année ceux qui sont partis vers les Caraïbes trop tard, ou qui n'ont pas eu les

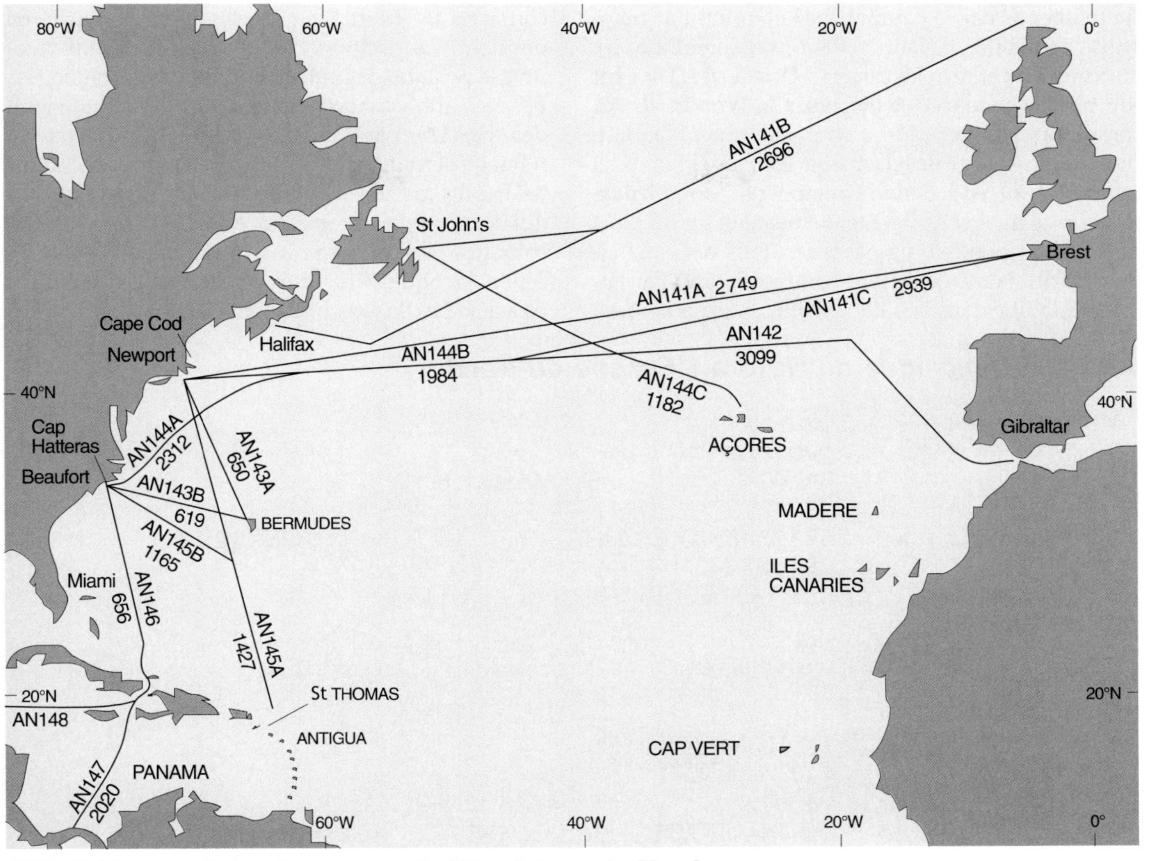

AN140 Routes Atlantiques depuis l'Amérique du Nord

bonnes conditions permettant de prendre une route au large. Le problème est compliqué par le fait que pour beaucoup de navigateurs il s'agit de leur première véritable traversée en haute mer. Naturellement, ils l'appréhendent un peu, et pour cette raison, ils ont tendance à attendre une fenêtre météo parfaite. Malheureusement, la période optimale pour descendre vers le sud est relativement courte, et on peut ne jamais avoir cette fenêtre météo parfaite, donc si l'on rate l'opportunité on peut avoir besoin de recourir à d'autres options. Quelques-unes de ces options sont décrites dans la section AN116, où sont traitées les routes au départ de la Floride.

La région du cap Hatteras au cap Cod est située dans la zone des vents variables qui est aussi fortement influencée par le temps sur la masse continentale, avec des coups de nord en hiver et des coups de vent générés par des fronts qui se déplacent d'ouest en est. Les cyclones peuvent atteindre le 40°N, qui est la latitude de New York, et affecter des régions encore plus au nord, en particulier à la fin de l'été et au début de l'automne. Dans la région entre le cap Hatteras et le cap Cod, le temps en été est déterminé en grande partie par l'anticyclone Nord Atlantique, et bien que les vents soient variables, il y a une grande proportion de vents de SW. A l'est du cap Cod, le temps près de la côte est plus influencé par la masse continentale que par l'océan, le système météo se déplace généralement d'ouest en est. Il y a des orages en juin, juillet et août, et souvent un brouillard côtier, en particulier le matin. Il y a beaucoup de microclimats dans la région, avec des brises de mer sur certaines parties de la côte, et de fréquents changements de vent.

Les vents dominants de cap Cod à Terre-Neuve sont SW ou S, virant NW au passage d'une dépression. En été, il y a peu de coups de vent, et le vent est plus faible près des côtes qu'en mer. La région du Maine jusqu'à Terre-Neuve, en incluant les Grands Bancs, est affectée par du brouillard, en particulier au printemps et en été. Ceci est causé par un vent de sud ou de sud-ouest qui apporte de l'air chaud et humide au-dessus de la mer, laquelle est refroidie en permanence par le courant du Labrador. Par mauvaise visibilité, il faut veiller avec attention les bateaux de pêche et les casiers à langoustes. Un vent de nord à tendance à disperser le brouillard. Au printemps et en été, jusqu'en juillet, quand la glace polaire se casse, des icebergs sont quelques fois emportés au sud dans la région de Terre-Neuve. Malgré ce danger qui existe même pendant les mois d'été, il est possible de naviguer dans ces eaux en surveillant la météo de jour comme de nuit. Par faible visibilité dans les eaux côtières canadiennes, contactez le "Traffic" sur les canaux 13, 14 ou 21 en donnant vos position, cap et vitesse, et vous recevrez la position des bateaux qui se trouvent dans les parages. Il n'y a normalement pas d'iceberg le long des côtes US et de Nouvelle Ecosse. On peut aussi se référer à la route AN170 qui traite des passages dans les hautes latitudes dans le NW de l'Atlantique, et qui contient des informations pouvant être utiles à ceux qui veulent emprunter une route proche du cercle Arctique vers l'Europe du Nord, ou tout du moins visiter le Groenland et l'Islande.

AN141 *D'Amérique du Nord à l'Europe du Nord*

MEILLEURE PÉRIODE	juin à août		
SAISON DES CYCLONES	juin à novembre		
CARTES ROUTIÈRES	BA : 4011	SHOM : 6561, 6618	
	US : 121		
INSTRUCTIONS NAUTIQUES	BA : 27, 40, 59, 67, 68, 69		SHOM : C23, C22, C21
	US : 140, 142, 145, 191		
GUIDES DE CROISIÈRE	*Cruising Association Handbook, La Manche.*		
WAYPOINTS			

Départ	*Intermédiaire*	*Atterrissage*	*Destination*	*Distance (M)*
Route AN141A				
AN1411 Brenton 41°24'N, 71°16'W	AN1412 Nantucket 40°30'N, 69°30'W (AN1413) (39°00'N, 50°00'W)	AN1417 St Mathieu 48°18'N, 4°45'W	Brest *48°23'N, 4°29'W*	2749
AN1414 Nova 44°25'N, 63°25'W	AN1415 Sable 43°30'N, 60°00'W AN1416 43°00'N, 50°00'W (AN1413)	AN1417 St Mathieu	Brest	2437
AN1418 Terra SE 47°30'N, 52°39'W		AN1417 St Mathieu	Brest	1852
Route AN141B				
AN1411 Brenton	AN1415 Sable	AN1419 Wrath 58°40'N, 5°10'W		2696
AN1414 Nova	AN1415 Sable	AN1419 Wrath		2340
AN1418 Terra SE		AN1419 Wrath		1821
Route AN141C				
AN1411 Brenton	AN1413	AN1417 St Mathieu	Brest	2939

C'est une route froide, humide, avec du brouillard aux meilleures périodes, qui a au moins l'avantage d'avoir des vents et un courant favorables. La route orthodromique paraît être le choix évident pour une traversée rapide vers l'Europe du Nord, mais pour des destinations au sud du golfe de Gascogne d'autres options doivent être envisagées, décrites dans les routes AN123, AN124, AN143 et AN144.

Ayant choisi la route orthodromique, il faut être au courant des problèmes concernant cette route très au nord. Il y en a deux principaux : le brouillard et la glace. Les deux sont liés au courant du Labrador, courant froid qui circule le long des côtes de Terre-Neuve et de Nouvelle Ecosse. Le brouillard est causé par de l'air chaud qui souffle au-dessus des eaux froides qui descendent de l'Arctique emmenées par le courant du Labrador, qui entraîne aussi des icebergs au sud pendant l'été. Comme l'Atlantique Nord se réchauffe au fur et à mesure de l'été, le brouillard devient moins fréquent et les icebergs commencent à fondre, bien que parfois certains dérivent aussi sud que la latitude 40°N. La dernière partie de l'été semble donc être plus sûre, et la période recommandée pour cette traversée est en août. Cela peut être trop tard pour ceux qui veulent naviguer un peu en Europe du Nord pendant ce même été, et la solution est soit de partir plus tôt et de courir le risque, soit de prendre une route plus sud (AN141C).

La route orthodromique qui part des ports situés sur la côte US passe au sud de la Nouvelle Ecosse et de Terre-Neuve, là elle se sépare en deux branches, l'une nord qui passe par le nord de l'Ecosse, vers la Scandinavie (AN141B), l'autre sud qui se dirige vers la Manche (AN141A). La partie la plus dure de la traversée est constituée par les quelque cent premiers milles avec une importante concentration de bateaux de pêche sur les Grands Bancs, ainsi que le fort risque d'icebergs et de brouillard près de Terre-Neuve. Pour toutes ces raisons, mais aussi parce que l'on trouve de meilleures conditions de navigation plus au sud, on ne devra pas rejoindre la route orthodromique avant d'avoir passé le 55°méridien W. Naturellement, si les conditions le permettent, on peut rejoindre cette route plus tôt, mais en l'absence d'informations météo fiables, il vaut mieux suivre le conseil ci-dessus. Dans ce cas, les bateaux partant de Newport utilisent comme point de départ le WP AN1411 au large de Brenton Reef, ils devront d'abord faire route sur le WP1412 au large de Nantucket Shoal pour bien parer les différents hauts-fonds. Ceci s'applique également à ceux qui partent de New York. A la fin du printemps, ou même au début de l'été, la route peut avoir à plonger vers le sud vers le WP AN1413 et rester sur cette latitude jusqu'à ce que l'on ait atteint la longitude 55°W, comme suggéré plus haut.

Pour les bateaux qui partent d'Halifax, en Nouvelle Ecosse, la route vers la Manche passe d'abord par le WP AN1415, au sud de l'île de Sable. Uniquement dans le cas où il n'y a pas de glace signalée sur cette latitude, la route peut être modifiée vers le WP AN1416. Autrement, il est conseillé de faire route sur le WP AN1413, comme mentionné plus haut. Les bateaux partant de St John's, à Terre-Neuve, et qui vont également en Manche se trouvent en plein dans la zone de glace, l'on ne doit pas alors tenter un passage tôt en saison, à moins d'avoir bien évalué les risques réels. Ceux qui vont vers l'est au départ de St John's peuvent rejoindre directement la route orthodromique.

Les vents à la fin du printemps et au début de l'été sont d'ouest et soufflent aux alentours de 15-20 nœuds, occasionnellement plus fort. La fréquence des coups de vent en août est peu élevée pour ces latitudes et les calmes sont rares. Comme la route passe bien au nord de l'anticyclone des Açores, le temps n'est pas sous son influence directe, mais peut l'être si l'anticyclone se décale vers le nord. Si l'anticyclone des Açores se situe à sa position habituelle, le temps a toutes les chances d'être affecté par l'une des dépressions qui traversent l'Atlantique d'ouest en est, d'Amérique du Nord vers l'Europe. Dans les hautes latitudes, de telles dépressions peuvent générer des vents de NE ou d'est ayant la force d'un coup de vent. Les effets favorables du Gulf Stream se font moins sentir à l'est de la longitude 40°W, où il prend le nom de courant de l'Atlantique Nord.

La route AN141B, qui est la route orthodromique passant au nord de l'Ecosse, utilise les mêmes waypoints jusqu'au WP AN1415 au sud de l'île de Sable. De là, s'il n'y a pas de glace signalée sur la route, on peut établir une route vers le WP AN1419 au large du cap Wrath en Ecosse. Les bateaux partant d'Halifax peuvent aussi utiliser le WP AN1415 avant de rejoindre la route orthodromique vers le WP AN1419, tandis que les bateaux partant de St John's peuvent rejoindre cette route directement.

Les bateaux de la côte est des USA qui prennent la route sud (AN141C) devront d'abord faire route vers le WP AN1413. L'objectif principal étant d'éviter la limite sud des glaces au début de l'été, il est recommandé de ne pas dépasser la latitude de ce waypoint. Occasionnellement, à condition qu'il n'y ait pas de risque de glace, il peut être nécessaire d'aller jusqu'au 40°N, ou même plus au nord pour toucher une zone de vents d'ouest dominants. La fréquence des coups de vent est plus faible au sud de la route recommandée, mais on ne doit pas être tenté de virer à l'est trop tôt à cause du risque de perdre les vents d'ouest en pénétrant dans l'anticyclone des Açores, qui s'étend plus au nord en été. Le courant du Gulf Stream est favorable tout au long de cette route avec au moins un demi nœud en moyenne. En l'absence d'informations météo fiables, il est recommandé de traverser plutôt dans les hautes latitudes que dans les basses. Les cyclones affectent rarement cette route à l'est des Bermudes, mais il ne faut néanmoins pas traverser à la fin de l'été, car il peut y avoir occasionnellement de violentes tempêtes dans l'est de l'Atlantique après la mi-août.

AN142 *D'Amérique du Nord à la Méditerranée*

MEILLEURE PÉRIODE	juin à juillet			
SAISON DES CYCLONES	juin à novembre			
CARTES ROUTIÈRES	BA : 4011 US : 121	SHOM : 6561, 6623		
INSTRUCTIONS NAUTIQUES	BA : 27, 40, 59, 67, 68, 69 US : 140, 142, 145, 131		SHOM : C4, C3	
GUIDES DE CROISIÈRE	*Straits Sailing Handbook.*			
WAYPOINTS				
Départ	*Intermédiaire*	*Atterrissage*	*Destination*	*Distance (M)*
AN1421 Brenton 41°24'N, 71°16'W	AN1422 Nantucket 40°30'N, 69°30'W AN1423 40°00'N, 55°00'W AN1424 40°00'N, 20°00'W AN1425 Vincent NW 37°00'N, 9°08'W AN1426 Hoyo 36°04'N, 6°20'W AN1427 Tarifa 35°59'N, 5°36'W AN1428 Carnero 36°03'N, 5°25'W	AN1429 Gibraltar 36°08'N, 5°22'W	Marina Bay *36°09'N, 5°21'W*	3099

La plupart des suggestions qui ont été faites pour la route AN141 sont également valables pour les traversées vers la Méditerranée. Quoi qu'il en soit, puisque l'on peut espérer de meilleures conditions météo aux alentours de la latitude 40°N, la route devra rester aussi proche que possible de cette latitude. Depuis un point de départ tel que le WP AN1421 au large de Brenton Reef, la route passera par les waypoints AN1422 et AN1423. A la fin du printemps et au début de l'été, au début, la route ne devra pas dépasser le 39°N. En fonction des conditions météo, la traversée devra être effectuée sur ou à proximité de cette latitude, vers le WP AN1424. Une fois ce point atteint, on peut modifier la route pour le WP AN1425 à 7 milles à l'WSW du cap St Vincent. Pour le reste de la traversée, les instructions détaillées sont données dans la route AN124 et AN16. Cette dernière devra être consultée pour connaître le détail des tactiques utiles pour négocier le détroit de Gibraltar. Les bateaux allant sur la Méditerranée pourront également consulter la route M11.

AN143 *D'Amérique du Nord aux Bermudes*

MEILLEURE PÉRIODE	mai à juin, novembre	
SAISON DES CYCLONES	juin à novembre	
CARTES ROUTIÈRES	BA : 4403 US : 124	SHOM : 6619
INSTRUCTIONS NAUTIQUES	BA : 68, 69, 70 US : 140, 147	
GUIDES DE CROISIÈRE	*Bermuda Yachting Guide.*	

WAYPOINTS

Départ	*Intermédiaire*	*Atterrissage*	*Destination*	*Distance (M)*
AN1431 Brenton 41°24'N, 71°16'W	AN1434 Gibbs 32°12'N, 64°55'W	AN1436 Bermudes 32°22'N, 64°38'W	St George's *32°22'N, 64°40'W*	650
AN1432 Chesapeake 36°45'N, 75°45'W		AN1436 Bermudes	St George's	610
AN1433 Carolina 34°38'N, 76°35'W		AN1436 Bermudes	St George's	619
AN1431 Brenton	AN1435 Bermudes N 32°35'N, 64°50'W		St George's	627

Les passages tôt en été depuis des ports de la côte est des USA ne devraient pas être trop difficiles, puisque les vents dominants de SW sont favorables, même si cela signifie une traversée au près pour les bateaux partant de ports au nord de New York. Avec une bonne prévision météo avant de partir, le passage du Gulf Stream ne devrait pas poser de problèmes.

Tôt en été, le temps est généralement agréable et même si les vents sont faibles, au moins le temps est chaud. Les dépressions occasionnelles qui se forment au-dessus des Bahamas et qui suivent ensuite une trajectoire NE peuvent générer des grains et une mer difficile, mais durant la période recommandée cela reste plutôt exceptionnel. Plus tard en été, il faut faire particulièrement attention au risque de cyclones qui se développent dans les Caraïbes, car leurs trajectoires passent souvent entre les Bermudes et le continent. A cause de ce risque, les traversées vers les Bermudes après fin juillet sont déconseillées. Septembre et octobre sont les mois où il y a le plus de cyclones. Bien que le risque de cyclones diminue après fin octobre, il y a de plus en plus de risque d'être pris dans un coup de vent de nord hivernal précoce qui, quand il souffle contre le courant du Gulf Stream, crée des conditions extrêmement difficiles. Les traversées en novembre doivent être parfaitement calculées, et l'évolution du temps au-dessus du continent américain suivie de très près.

Quel que soit le port de départ, il faut traverser le courant du Gulf Stream à angle droit, et une fois sorti de son influence, on peut faire route sur le WP AN1434 à cinq milles au SW de Gibbs Hill à la pointe SW des Bermudes. Puisque l'approche la plus facile de l'île se fait par le SW, la route est parallèle à l'île jusqu'au WP AN1436, pour atteindre le Town Cut qui mène au port de St George. Les bateaux qui approchent les Bermudes par le NW trouveront qu'il est plus simple de faire un atterrissage au WP AN1435. Approcher l'île par le nord est plus difficile car de nombreux dangers doivent être laissés sur tribord pour atteindre le même WP AN1436, près du Town Cut. Le chenal étroit, bien que bien balisé et éclairé, ne doit pas être pris de nuit par ceux qui ne le connaissent pas. On doit contacter *Bermuda Harbour Radio* sur le canal 16 pour les informations sur le pilotage.

AN144 *D'Amérique du Nord aux Açores*

MEILLEURE PÉRIODE	mai à juillet	
SAISON DES CYCLONES	juin à novembre	
CARTES ROUTIÈRES	BA : 4011	SHOM : 6561, 6619
	US : 120	
INSTRUCTIONS NAUTIQUES	BA : 59, 67, 68, 69	SHOM : C4
	US : 140, 143	
GUIDES DE CROISIÈRE	*Iles de l'Atlantique.*	

Waypoints

Départ	*Intermédiaire*	*Atterrissage*	*Destination*	*Distance (M)*
Route AN144A				
AN1440 Carolina	AN1441 Açores	AN1448 Flores	Lajes	2183
34°38'N, 76°35'W	40°00'N, 32°30'W	39°20'N, 31°18'W	*39°23'N, 31°10'W*	
		AN1449 Faial	Horta	2312
		38°30'N, 28°50'W	*38°32'N, 28°37'5W*	
Route AN144B				
AN1442 Brenton	AN1443 Nantucket			
41°24'N, 71°16'W	40°30'N, 69°30'W			
	AN1444			
	40°00'N, 50°00'W			
	AN1441 Açores	AN1448 Flores	Lajes	1857
		AN1449 Faial	Horta	1984
		AN1448 Flores	Lajes	1857
		AN1449 Faial	Horta	1984
Route AN144C				
AN1445 Nova	AN1446 Sable	AN1448 Flores	Lajes	1472
44°25'N, 63°25'W	43°30'N, 60°00'W	AN1449 Faial	Horta	1602
Route AN144D				
AN1447 Terra SE		AN1448 Flores	Lajes	1054
47°30'N, 52°39'W		AN1449 Faial	Horta	1182

L'avantage de cette route directe vers les Açores par rapport à la route AN125 qui part des Bermudes, est que l'on peut atteindre la latitude des vents dominants d'ouest plus tôt. Les instructions pour la première partie de la route sont les mêmes que celles des routes AN141 et AN142. Après avoir atteint le WP AN1444, les mêmes instructions que pour la route AN125 au départ des Bermudes s'appliquent pour la suite de la traversée. Les bateaux partant de ports au sud du cap Hatteras (route AN144A) suivent le courant du Gulf Stream jusqu'à la latitude 40°N, avant de virer à l'est une fois qu'ils auront touché des vents d'ouest bien établis. Bien que la latitude 38°N ait été mentionnée comme étant le point où l'on devait virer, durant l'été quand l'anticyclone des Açores s'étend plus au nord on ne trouvera des vents d'ouest bien établis que dans des latitudes plus élevées, il faut donc être prêt à aller jusqu'à la latitude 40°N. Pour les bateaux partant de ports à l'est de New York (AN144B), la région des vents dominants pourra être atteinte plus rapidement, bien que l'on doive rester à distance des hauts-fonds de Nantucket, comme il est suggéré dans la route AN141, en utilisant le WP AN1443 comme point intermédiaire de référence. Si les conditions météo sont favorables, on pourra rester sur cette même latitude jusqu'au WP AN1441 à 60 milles au NW de Corvo et Flores, les îles les plus à l'ouest des Açores. De ce point, on peut faire route vers son port de destination. Il faut éviter la zone 35°22'25N, 51°29'29W où un haut-fond suspect a été signalé par un yacht en traversée vers les Açores pendant l'été 2003. L'épave d'un voilier y était clairement visible sur le fond, et jusqu'à ce que l'on ait de plus amples informations, il vaut mieux éviter cette zone, en particulier lorsque les conditions météo sont mauvaises.

Les bateaux allant sur Lajes, sur la côte SE de Flores, peuvent faire leur atterrissage au WP AN1448 au large de Ponta do Ilheus, à l'extrémité SW de Flores, et ensuite suivre la côte sud de l'île jusqu'à Lajes. Les récentes améliorations de Lajes en ont fait un port attractif pour une première escale aux Açores. Si l'on va directement sur Horta, qui continue d'être la destination favorite aux Açores, du WP AN1441, on doit faire route sur le WP AN1449 à 5 milles au SW de Ponta do Castello Branco, et ensuite suivre la côte sud de Faial, ce qui est la meilleure façon d'approcher Horta. Par forts vents de SW, si l'on approche Horta par le nord, il faut tenir compte du fort courant dans le chenal entre Faial et Pico.

De mai à juillet, on peut s'attendre à avoir principalement des vents de SW pendant la première partie de la traversée. Le risque de cyclones précoces doit rester présent à l'esprit, en particulier si l'on part de ports au sud, mais jusqu'à mi-juillet, le risque reste raisonnablement faible. Une route orthodromique par le sud est recommandée uniquement si l'on est prêt à faire du moteur pour traverser les zones de calmes et de vents variables que l'on peut rencontrer dans ces latitudes. Les instructions pour cette route sont les mêmes que celles de la route qui va des Petites Antilles aux Açores (route AN79). Pour les bateaux partant de ports canadiens, soit depuis la Nouvelle Ecosse (AN144C), soit depuis Terre-Neuve (AN144D), partir vers la fin du printemps ou au début de l'été ne présente pas beaucoup d'intérêt, et c'est pour cette raison que la plupart des bateaux partent vers les Açores et l'Europe en juillet ou même en août. La seule chose à laquelle il faille faire attention est le risque de cyclones, parce que même si l'on peut éviter la trajectoire directe d'une telle tempête, on peut être touché par des vents forts et une grosse houle. Il faut donc éviter de partir s'il y a le moindre risque de cyclone en formation durant la première semaine, ou les dix premiers jours. Cela devrait être possible en consultant des cartes météo couvrant tout l'Atlantique Nord, puisque les dépressions qui se développent en tempêtes tropicales mettent en général du temps avant d'arriver à « maturité » et elles sont en général bien suivies. Si jamais l'on était pris dans un cyclone, il vaudrait mieux rester au large pour pouvoir fuir avec le vent et la houle.

AN145 *D'Amérique du Nord à l'est des Caraïbes*

Meilleure période	novembre (au large) novembre à mai (via les Bahamas)	
Saison des cyclones	mai à novembre	
Cartes routières	BA : 4403, 4402 US : 124	SHOM : 6619, 6898
Instructions nautiques	BA : 68, 69, 70, 71 US : 140, 147	SHOM : H5
Guides de croisière	*Cruising Guide to the Virgin Islands, Cruising Guide to the Leeward Islands, Sailor's Guide to the Windward Islands, Guide des Antilles (J. Patuelli), Pilote côtier Antilles (A. Rondeau).*	

Waypoints

Départ	*Intermédiaire*	*Atterrissage*	*Destination*	*Distance (M)*
Route AN145A				
AN1450 Brenton	AN1453 Culebrita		Charlotte Amalie	1427
41°24'N, 71°16'W	18°26'N, 65°10'W		*18°23'N, 64°56'W*	
AN1451 Chesapeake	AN1453 Culebrita		Charlotte Amalie	1246
36°45'N, 75°45'W				
AN1452 Carolina	AN1453 Culebrita		Charlotte Amalie	1165
34°38'N, 76°35'W				
Route AN145B				
AN1450 Brenton	AN1454 Anegada		Virgin Gorda	1467
	18°45'N, 63°35'W		*18°27'N, 64°26'W*	
AN1451 Chesapeake	AN1454 Anegada		Virgin Gorda	1308
AN1452 off Beaufort	AN1454 Anegada		Virgin Gorda	1234
Route AN145C				
AN1450 Brenton	AN1455 Barbuda	AN1456 Antigua E	English Harbour	1556
	17°30'N, 61°30'W	17°00'N, 61°40'W	*17°00'N, 61°45'W*	
AN1451 Chesapeake	AN1455 Barbuda	AN1456 Antigua E	English Harbour	1416
AN1452 Carolina	AN1455 Barbuda	AN1456 Antigua E	English Harbour	1348

Départ	*Intermédiaire*	*Atterrissage*	*Destination*	*Distance (M)*
Route AN145D				
AN1450 Brenton	AN1457 Sombrero			
	18°40'N, 63°30'W			
	AN1458 St Martin	AN1459 Antigua NW	St John	1565
	17°55'N, 63°22'W	17°10'N, 61°55'W	*17°07'N, 61°52'W*	
AN1451 Chesapeake	AN1457 Sombrero			
	AN1458 St Martin	AN1459 Antigua NW	St John	1407
AN1452 Carolina	AN1457 Sombrero			
	AN1458 St Martin	AN1459 Antigua NW	St John	1334

Il existe différentes options pour atteindre soit les Iles Vierges, soit les Petites Antilles depuis les ports de la côte est des Etats-Unis et du Canada, et le choix final dépend principalement du type de bateau et de l'expérience de l'équipage. La route la plus directe passe bien au large et on ne doit la prendre qu'avec un bateau et un équipage bien éprouvés. Si l'on part de n'importe quel port à l'est de New York, on peut envisager de faire escale aux Bermudes, car cela ne rallonge pas trop la route. Pourtant, comme la fréquence des coups de vent en novembre dans les environs des Bermudes est assez élevée, un tel détour n'est pas forcément si judicieux que cela. Une solution consiste à traverser vers les Bermudes plus tôt dans l'été, à passer un peu de temps là-bas, et ensuite repartir sur les Iles Vierges ou les Petites Antilles plus tard en saison, bien qu'il faille souligner que le risque de cyclones aux Bermudes est bien réel en été. Les instructions pour les routes vers le sud au départ des Bermudes sont données dans les routes AN126 et AN127.

La bonne période pour une traversée directe vers les Iles Vierges (AN145A) est assez critique, puisque traverser en été comporte le risque de cyclones, et en hiver, celui de tempêtes de nord. La meilleure période semble donc être après la mi-octobre, quand le risque de cyclone décline et qu'il est encore trop tôt pour les coups de vent d'hiver. Quoi qu'il en soit, des vents de NW atteignant le coup de vent, pas forcément les redoutables coups de vent de nord d'hiver, peuvent souffler n'importe quand et rendre les conditions très difficiles quand ils se heurtent au courant du Gulf Stream. Récemment, durant une course annuelle vers les Iles Vierges, l'un de ces coups de vent imprévisibles fin octobre a causé beaucoup de dégâts parmi les bateaux de la course, et en a obligé certains à retourner à Chesapeake. Les vents faiblissent aux environs de la latitude 30°N, et sont normalement NW. Quand ils sont forts, il faut traverser le Gulf Stream aussi vite que possible. Si les vents sont de SW, il est préférable d'être tribord amure, puisque tout le terrain perdu à l'est pourra être facilement regagné quand on touchera les vents de NE quelque part entre les latitudes 22°N et 25°N. Si l'on traverse à la fin du printemps, on devra faire de l'est dans la première partie de la traversée, pour compenser l'incidence SE des alizés plus tard. Faire de l'est est moins important en novembre, quand la direction des alizés est principalement NE.

Une fois que l'on a passé la région des vents variables, les bateaux allant sur les Iles Vierges américaines peuvent modifier leur route vers le WP AN1453 à 8 milles au NE du phare de l'île de Culebrita. En restant à bonne distance pour éviter les dangers qui se trouvent au large de la pointe ouest de St Thomas, on suivra la côte sud de cette île jusqu'au port principal qui est Charlotte Amalie. Quoi qu'il en soit, atterrir aux Iles Vierges depuis le nord peut être difficile, car la plupart des dangers ne sont pas éclairés. L'autre option (AN145B) est d'atterrir sur l'île de Sombrero qui possède un phare puissant, et d'approcher alors les Iles Vierges par le NE, plutôt que d'essayer d'arriver directement sur St Thomas, comme il est suggéré plus haut. Dans ce cas, on pourra faire route sur le WP AN1454 à 15 milles au NW du phare de Sombrero, à l'entrée de l'Anegada Passage. En arrivant de cette direction, le port d'entrée le plus proche se trouve dans les Iles Vierges Britanniques, à Virgin Gorda. La plus grande vigilance devra être exercée dans cette zone à cause des nombreux dangers qui entourent les Iles Vierges.

Pour les bateaux allant vers Antigua par une route hauturière directe (AN145C), on peut faire route directe sur le WP AN1455 à 15 milles à l'est de Barbuda, de façon à approcher Antigua du côté au vent et à parer tous les dangers. On modifie ensuite la route vers le WP AN1456, au large de la côte SE d'Antigua. Les formalités d'entrée se font à English Harbour. Si, comme suggéré plus haut, il est impossible de faire assez d'est pour approcher Antigua par le côté au vent, on doit aller sur le WP AN1457 à 5 milles au N de l'île de Sombrero (AN145D). De là, la route va sur le WP AN1458 au SW de St Martin, et finalement vers le WP AN1459 au large de la côte SW d'Antigua. De là, on suit la côte sud jusqu'à English Harbour, à moins que l'on ne préfère faire les formalités à la capitale St John, et dans ce cas il faudra modifier la route plus tôt.

Plutôt que prendre l'une des routes hauturières mentionnées ci-dessus, certains préfèrent faire la traversée vers le sud par l'*Intracoastal Waterway*. Cela peut se faire pendant l'été, de façon à pouvoir partir au large dès que la saison des cyclones touche à sa fin. Ayant atteint un port situé au sud du cap Hatteras, tel que Beaufort, il est vivement recommandé de gagner la pleine mer immédiatement. En partant avec une prévision météo favorable d'un port tel que Beaufort (AN145B), il faudra prendre une route vers l'est pour traverser le Gulf Stream le plus vite possible, après quoi on peut établir une route vers les Iles Vierges. Pour éviter de remonter contre les alizés, il vaut mieux suivre une route qui coupe le méridien du port de destination aux alentours de la latitude 25°N. Cela permettra d'approcher les îles avec un meilleur angle par rapport au vent dominant.

Tandis qu'une route hauturière directe vers l'est des Caraïbes à partir de ports situés au nord, tel que Beaufort, est faisable, essayer de faire de même en partant de ports en Floride, obligera à faire beaucoup de route au près, car les vents deviennent plus est quand on descend en latitude. C'est la raison pour laquelle ceux qui veulent atteindre l'est des Caraïbes en prenant une route au large, sont fortement incités à ne pas entreprendre une telle traversée depuis des ports situés au sud de la Caroline du Nord. Les autres routes au départ de la Floride vers l'est des Caraïbes sont décrites dans la route AN116.

AN146 *D'Amérique du Nord aux Bahamas*

MEILLEURE PÉRIODE	novembre (direct) novembre à avril (depuis la Floride)	
SAISON DES CYCLONES	juin à novembre	
CARTES ROUTIÈRES	BA : 4403 US : 108, 124	SHOM : 6619
INSTRUCTIONS NAUTIQUES	BA : 68, 69, 70 US : 140,147	
GUIDES DE CROISIÈRE	*Yachtsman's Guide to the Bahamas, Bahamas Cruising Guide* *Abaco Cruising Guide, Cruising Guide to the Exuma Keys*	

WAYPOINTS

Départ	*Intermédiaire*	*Atterrissage*	*Destination*	*Distance (M)*
AN1461 Brenton 41°24'N, 71°16'W		AN1464 Salvador 24°10'N, 74°35'W	Cockburn Town *24°03'N, 74°51'5W*	1064
AN1462 Chesapeake 36°45'N, 75°45'W		AN1464 Salvador	Cockburn Town	774
AN1463 Carolina 34°38'N, 76°35'W		AN1464 Salvador	Cockburn Town	656

Une route directe depuis des ports situés au nord du cap Hatteras vers les Bahamas ne peut être envisagée que si l'on va dans les Bahamas du Sud, parce qu'il faut parcourir une bonne distance vers l'est pour éviter la force du courant du Gulf Stream. En grande partie pour cette raison, beaucoup de bateaux atteignent les Bahamas en empruntant en partie l'*Intracoastal Waterway*. La traversée en mer ne pourra être faite qu'en partant de ports situés au sud du cap Hatteras, tels que Beaufort, Morehead City, ou Charleston. Il y a une fenêtre météo plutôt étroite pour cette traversée, et la période recommandée est novembre. En partant plus tôt, on a encore le risque d'un cyclone, tandis qu'en partant plus tard, il y a le risque d'avoir un coup de vent de nord d'hiver, qui peut générer des conditions dangereuses si l'on se trouve dans le courant du Gulf Stream. La fréquence des cyclones après début novembre est raisonnablement faible, et une bonne prévision météo avant de partir devrait mettre à l'abri d'une dépression tropicale ou d'un coup de vent de nord imminent.

La route en partant de la côte devra suivre une direction ESE, de façon à traverser le Gulf Stream à angle droit. On devra faire au moins 100 milles dans cette direction avant de changer de route vers les Bahamas. Par vents faibles ou calmes plats, il est conseillé de faire du moteur pour se dégager rapidement de la côte et du Gulf Stream. L'atterrissage le plus facile aux Bahamas, est peut-être l'île de San Salvador, qui est bien à l'écart de tous les dangers, et qui possède un phare puissant à son extrémité NE, bien qu'il soit plus pratique d'atterrir au NW de cette île au WP AN1464. On peut faire les formalités d'entrée à Cockburn Town, l'agglomération principale sur la côte ouest de l'île, bien que l'on trouve généralement les officiels à l'aéroport. Il y a un mouillage en face de l'agglomération ou une petite marina à un mille plus nord. L'entrée dans la marina de Riding Rock est difficile, avec une profondeur maximale à l'entrée de 2,10 m à marée haute. La latitude GPS de l'entrée du chenal vers la petite marina est 24°03,4'N. On peut contacter la marina par VHF sur le canal 6.

Bien que les Bermudes ne soient pas vraiment sur la route directe, certains préfèrent faire un détour par ces îles, et ensuite rejoindre les Bahamas. Les routes vers le sud au départ des Bermudes sont décrites dans la route AN127.

AN147 *D'Amérique du Nord à Panama*

Meilleure période	mai à juin, novembre	
Saison des cyclones	juin à novembre	
Cartes routières	BA : 4012	SHOM : 6619, 6898
	US : 120	
Instructions nautiques	BA : 68, 69, 70, 7A	SHOM : H5
	US : 140, 147, 148	
Guides de croisière	*Cruising Guide to the Isthmus of Panama, Cruising Guide to Panama.*	
Waypoints		

Départ	*Intermédiaire*	*Atterrissage*	*Destination*	*Distance (M)*
Route AN147A				
AN1471 Brenton	AN1474 Salvador			
41°24'N, 71°16'W	24°10'N, 74°35'W			
	AN1475 Mira-Por-Vos			
	22°08'N, 74°25'W			
	AN1476 Maisi N			
	20°23'N, 74°05'W			
	AN1477 Navassa	AN1478 Panama	Cristobal	2020
	18°25'N, 75°16'W	9°26'25N, 79°55'W	*9°21'N, 79°55'W*	
Route AN147B				
AN1472 Chesapeake	AN1475 Mira-Por-Vos			
36°45'N, 75°45'W	AN1476 Maisi N			
	AN1477 Navassa	AN1478 Panama	Cristobal	1730
Route AN147C				
AN1473 Carolina	AN1475 Mira-Por-Vos			
34°38'N, 76°35'W	AN1476 Maisi N			
	AN1477 Navassa	AN1478 Panama	Cristobal	1612

Comme la route directe depuis des ports de l'Atlantique Nord vers Panama passe par les Bahamas, il n'y a que peu de bateaux qui ne s'y arrêtent pas. Les meilleures périodes sont aux changements de saisons et les routes conseillées sont décrites dans la route AN146. La partie difficile d'une traversée sans escale est de traverser les Bahamas, où les hauts-fonds, les récifs étendus et les courants imprévisibles requièrent une navigation très précise. Comme il est suggéré dans la route AN146, il vaut mieux aller directement sur les Bahamas du Sud (AN147A), et arriver sur l'île de San Salvador au WP

AN1474. De là, la route traverse les Bahamas du Sud par le Crooked Passage, en passant à l'ouest des îles Acklins et par le Mira-Por-Vos Passage et le WP AN1475. La route atteint le Windward Passage au WP AN1476 au large du cap Maisi, sur Cuba. Un autre point d'atterrissage aux Bahamas est Mayaguana, mais l'agglomération principale Abrams Town n'étant pas un port d'entrée, il vaut donc mieux aller sur San Salvador.

On perd généralement les alizés sous le vent de St Domingue, et les vents sont souvent faibles dans le Windward Passage, mais on les retrouve quand on va vers le sud. Les waypoints suivants balisent la route à travers la mer des Caraïbes, qui reste à l'est de la Jamaïque et des récifs qui sont au sud de cette île. L'arrivée à Panama se fait au WP AN1478 à l'entrée du canal de Panama. Les bateaux qui approchent des jetées à l'entrée vers Cristobal doivent appeler le *Traffic Control* par VHF sur le canal 12. Des feux régulent le trafic entre les jetées, mais les petits bateaux peuvent passer s'ils serrent les bords quand ils passent les jetées et les chenaux de trafic. Pour plus de détails sur le canal de Panama, voir le chapitre 23.

Les meilleurs mois pour un passage vers le sud sont mai-juin et novembre, quand on peut s'attendre à avoir des vents favorables pratiquement tout le long du chemin, et que les risques de cyclones et de coups de vent de nord d'hiver sont raisonnablement bas. La seconde partie de mai et la première partie du mois de novembre sont considérées comme étant les meilleurs moments pour faire une traversée sans escale vers Panama. Si l'on part d'un des ports de Caroline du Nord (AN147C), une bonne prévision météo est essentielle pour la première partie à travers le courant du Gulf Stream, après quoi les vents devraient être E ou SE pour la plus grande partie de la route vers les Bahamas. Pour une traversée à travers les Caraïbes, on aura aussi des vents favorables en hiver, de décembre à avril, bien que de forts alizés puissent rendre la traversée dans l'ouest des Caraïbes assez inconfortable. La route au sud des Bahamas est décrite en détail dans la route AN114.

AN148 *D'Amérique du Nord à l'ouest des Caraïbes*

Meilleure période	mi-octobre à mi-novembre, mai
Saison des cyclones	juin à novembre
Cartes routières	BA : 2710, 2579, 1220 SHOM : 6619, 6761 US : 108, 124, 401
Instructions nautiques	BA : 69, 70, 69A US : 140, 147, 148
Guides de croisière	*Yachtsman's Guide to the Bahamas, Cruising Guide to Belize and Mexico's Caribbean Coast, Cruising Guide to the Northwest Caribbean, Cruising Guide to the Rio Dulce.*

Waypoints

Départ	*Intermédiaire*	*Atterrissage*	*Destination*	*Distance (M)*
AN1480 Brenton 41°24'N, 71°16'W	AN1481 Salvador 24°10'N, 74°35'W			
	AN1482 Mira 22°08'N, 74°25'W			
	AN1483 Maisi N 20°23'N, 74°05'W			
	AN1483 Caleta 19°50'N, 74°20'W			
	AN1484 Guantanamo 19°45'N, 75°00'W			
	AN1485 Swan 16°55'N, 84°00'W		Guanaja *16°28'N, 85°54'W*	2002
			Livingston *15°50'5N, 88°43'5W*	2174

Départ	*Intermédiaire*	*Atterrissage*	*Destination*	*Distance (M)*
AN1480 Brenton	AN1481 Salvador AN1482 Mira AN1483 Caleta AN1484 Guantanamo	AN1486 Mauger 17°40'N, 87°43'W	Belize City *17°30'N, 88°10'W*	2115
AN1487 Chesapeake 36°45'N, 75°45'W	AN1481 Salvador AN1482 Mira AN1483 Caleta AN1484 Guantanamo AN1485 Swan		Guanaja Livingston	1713 1837
AN1488 Carolina 34°38'N, 76°35'W	AN1481 Salvador AN1482 Mira AN1483 Caleta AN1484 Guantanamo AN1485 Swan		Guanaja Livingston	1595 1794

Les bateaux partant de n'importe quel port en Floride trouveront probablement qu'il est plus facile d'atteindre des destinations dans l'ouest des Caraïbes, ou même en Jamaïque et dans les îles Cayman, en passant par le Windward Passage et en continuant ensuite au sud de Cuba. En effet, ceci constitue un détour par rapport à la route AN147, dont on pourra suivre les instructions jusqu'aux Bahamas du Sud. Matthew Town, sur Great Inagua, est la plus grande agglomération des Bahamas du Sud, c'est un bon port où l'on peut s'arrêter si nécessaire. Bien que les services soient limités, il y a des vols réguliers sur Nassau.

Une fois que l'on a passé le Windward Passage et le cap Maisi, la route vire à l'ouest et reste parallèle à la côte de Cuba, en passant près de Guantanamo. En cas d'urgence, on peut s'arrêter à Cuba à Santiago de Cuba (19°59'N, 75°53'W). Tous les bateaux étrangers doivent faire les formalités d'entrée et de sortie de Cuba dans une marina internationale agréée (voir aussi AN75).

Pour les bateaux allant vers le Honduras, la route va jusqu'à un point au large de l'île de Swan, et de là, vers le port de destination, Guanaja étant le port d'entrée officiel du Honduras. On peut aussi aller à La Ceiba, sur le continent, qui offre certains des meilleurs équipements de la région. Les bateaux allant vers le Rio Dulce au Guatemala devront se diriger vers l'entrée de la rivière, où les coordonnées de la bouée qui marque l'entrée du chenal sont données en-dessous de Livingston. La route directe vers le Belize passe au sud de Grand Cayman et l'atterrissage se fait près de Mauger Cay, qui possède un phare, et qu'il faut passer à bonne distance au nord. L'approche de Belize City, parsemée de récifs, ne doit être pratiquée que de jour et de préférence avant midi, de façon à avoir le soleil dans le dos. L'Eastern Channel est la passe principale vers Belize City. Une meilleure solution consiste à faire son entrée au Belize à San Pedro (Ambergris Key), qui a maintenant un bureau de douanes et d'immigration permanent.

Les vents, en particulier en hiver, sont normalement favorables sur cette route et l'on devrait avoir aussi un faible courant favorable lorsque l'on passe le long de la côte sud de Cuba. Sur la route du Belize, on devra passer par quelques hauts-fonds quand on coupe le 84° méridien, et l'on peut alors avoir une mer difficile, spécialement en période d'alizés soutenus.

AN150 ROUTES VERS LE NORD DEPUIS LES ÎLES BRITANNIQUES

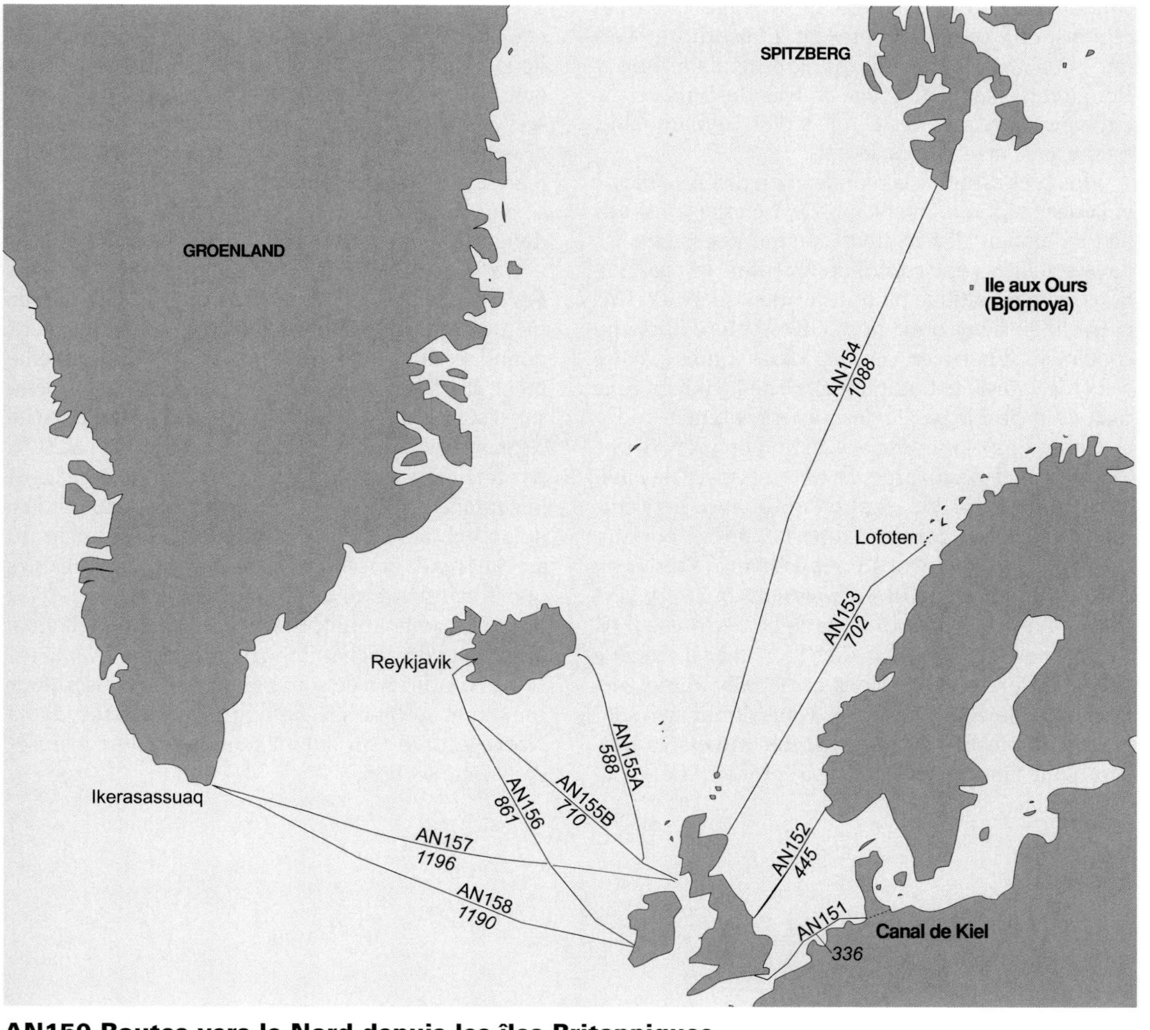

AN150 Routes vers le Nord depuis les îles Britanniques

Le froid, la glace et une courte saison de navigation ne découragent plus les bateaux d'atteindre les destinations les plus lointaines du nord de l'Atlantique. De meilleurs bateaux, de meilleures aides à la navigation, ainsi que de meilleurs vêtements font que de plus en plus de bateaux de croisière visitent l'Islande, le Groenland et même le Spitzberg, lequel reçoit maintenant un flot régulier de bateaux pendant la courte saison d'été qui va de juin à août. Ce sont les anciens lieux de navigation des Vikings, qui traversaient l'Atlantique Nord bien avant que ne naisse Christophe Colomb, et divers voyages incroyables furent réalisés avec des bateaux non pontés, tandis qu'ailleurs en Europe les bateaux s'éloignaient rarement hors de vue des côtes. Quand on envisage un voyage dans ces régions, on doit garder présent à l'esprit que cela fait 1 000 ans maintenant que le légendaire Eric le Rouge traversa de Norvège en Islande, puis vers le Groenland, ce qui reste un exploit remarquable, même avec nos critères actuels.

Plus près de nous, la réunification de l'Allemagne et la désintégration de l'Union Soviétique, ainsi que l'effondrement des régimes communistes dans les pays satellites, ont contribué à rendre les destinations en mer Baltique plus attrayantes qu'avant. Une nouvelle section a donc été ajoutée à cette édition qui contentera aussi bien ceux qui sont attirés par les eaux de croisière traditionnelles des Vikings, que ceux dont c'est le bassin de croisière habituel.

Comme aux jours anciens, quand on prépare une longue traversée au large, on devra essayer de naviguer le plus possible d'est en ouest avec les vents dominants d'est dans les hautes latitudes, et de suivre l'évolution de temps pour essayer de rester au nord de la trajectoire des dépressions qui vont vers l'est. A l'inverse, quand on navigue vers l'est, il ne devrait pas être trop dur de s'accrocher à l'arrière de l'une de ces dépressions et de faire route vers l'est avec elle. Plus au sud, les vents dominants sont d'ouest la plupart du temps et des traversées vers l'est sont donc plus faciles à prévoir. Le canal Calédonien est un raccourci commode entre l'Irlande et la mer du Nord. Il est long de 60 milles, a 29 écluses et 10 ponts ouvrants, et peut être facilement emprunté sans démâter.

Le seul danger majeur dans les hautes latitudes où passent ces routes est la glace, même au plus fort de l'été on peut en rencontrer plus au sud dans la zone près du Groenland que près de la Norvège. Quand on navigue dans la partie ouest de l'Atlantique Nord au début de l'été, il est essentiel de rester au sud de la latitude 58°30'N, jusqu'au méridien passant par le cap Farewell au Groenland. Du côté est, les glaces reculent beaucoup plus au nord en été et seule la région autour du Spitzberg est dangereuse. Des informations récentes sur les glaces peuvent être obtenues par VHF, HF ou par fax, auprès des nombreux centres météorologiques de la région. En général, les petits bateaux doivent éviter les zones de glaces. Les icebergs, plus grands, se voient très bien au radar et peuvent donc être aisément évités, mais les petits morceaux, appelés « growlers », qui s'en détachent en permanence, ne se voient pas au radar et peuvent être un réel danger par mauvaise visibilité ou par nuit noire.

La météo, pour un bateau bien préparé, ne devrait pas poser de problème pour la navigation, même dans les hautes latitudes, pendant l'été, quand il fait souvent chaud et qu'occasionnellement, il n'y a pas de vent. Tandis que les températures sont souvent indiquées par un seul chiffre en degrés Celsius, elles peuvent monter jusqu'à 20 °C par une belle journée d'été. Mais cela peut changer instantanément, avec des températures chutant jusqu'au gel, la neige et l'effet de refroidissement dû au vent rendant les choses encore plus désagréables que la température de l'air proprement dite. Avoir des vêtements appropriés est donc essentiel, ainsi qu'un moyen de chauffage dans le bateau.

Les conditions ne sont pas aussi mauvaises pour ceux qui restent en Baltique ou au sud de la Norvège, que l'on atteint par des routes incluses dans cette section.

La mer Baltique

Guide de Croisière : Baltic Sea, Cruising Association Handbook.

Parce qu'une grande partie de la navigation est côtière et que les traversées en pleine mer sont assez courtes, la mer Baltique ne correspond pas à l'objectif de ce livre. Mais comme de plus en plus de bateaux du monde entier vont en mer Baltique chaque année, les notes qui suivent ont été ajoutées pour aider à la préparation d'un voyage dans cette région.

La saison de croisière est relativement courte et ne s'étend que de juin à septembre. Les meilleurs mois sont juillet et août, quand les jours sont plus longs et que la mer a eu le temps de se réchauffer. Les vents en été ont tendance à être du sud à l'ouest, et sont plus modérés. Comme les conditions météo sont assez stables, les vents établis dans une direction restent stables quelques jours avant de changer.

La plupart des bateaux arrivant de l'extérieur de la Baltique la rejoignent par le biais du canal de Kiel, et seule une petite minorité passe par l'extrémité nord du Danemark et le Kattegat. Bien que certaines des meilleures zones de croisière soient précisément concentrées dans ce renfoncement SW, où l'on peut facilement passer l'été sans sortir en haute mer, pour ceux qui veulent voir un peu plus la variété de la Baltique et des neuf pays qui la bordent, une boucle dans cette mer est une tentation à laquelle il est difficile de résister. Cela peut être fait soit dans le sens des aiguilles d'une montre, soit dans le sens contraire, cette dernière solution semblant avoir la préférence. Cela signifie que l'on passe d'abord par les ex-pays communistes, où les services sont les pires de toute la région, et où quelques-unes des plus longues traversées se feront au début du voyage car les distances entre deux ports appropriés sur la côte est peuvent atteindre 100 milles. Les vents sont aussi plus favorables, avec l'avantage supplémentaire que, si vous manquez de temps à la fin de l'été, il y aura de meilleurs services à votre disposition si vous en avez besoin. Enfin, une boucle dans le sens contraire des aiguilles d'une montre permet de finir en beauté, en atteignant la mer du Nord par le canal de Gotha, système d'écluses, de rivières et de canaux qui passe en plein dans le sud de la Suède et qui est considéré comme l'un des points forts d'une croisière en mer Baltique.

AN151 *De la Manche à la mer Baltique*

MEILLEURE PÉRIODE	mai à août	
SAISON DES CYCLONES	aucune	
CARTES ROUTIÈRES	BA : 4140 US : 126	SHOM : 6608, 7602
INSTRUCTIONS NAUTIQUES	BA : 28, 55 US : 190, 191	SHOM : B4
GUIDES DE CROISIÈRE	*Cruising Association Handbook, Baltic Sea.*	
WAYPOINTS		

Départ	*Intermédiaire*	*Atterrissage*	*Destination*	*Distance (M)*
AN1510 Douvres *51°07'N, 1°19'E*	AN1511 Détroit 51°10'N, 1°46'E AN1512 Helder 52°55'N, 4°25'E AN1513 Vlieland N 53°26'N, 4°54'E	AN1514 Weser 53°55'N, 8°10'E	Cuxhaven *53°52'5N, 8°42'5E*	336
			Brunsbüttel *53°53'N, 9°08'E*	351

La plupart des bateaux se dirigeant au NE, vers le canal de Kiel et la Baltique, essayeront probablement de passer le Pas de Calais sans s'arrêter. C'est une bonne tactique et d'où que l'on vienne, soit de loin, soit d'un port d'Angleterre ou de France, il faut prévoir de passer dans ce détroit très fréquenté de jour, avec si possible un vent et une marée favorables. Douvres est un bon port de départ, bien que la sortie du bassin intérieur dépende des horaires des marées, ce qui restreint le choix de l'heure de départ. Ayant quitté Douvres, ou arrivant par le SW, le waypoint AN1511 constitue un bon point de départ vers la mer du Nord. C'est au skipper de décider s'il continue à suivre le rail de trafic montant vers le nord, ou s'il naviguera près des côtes belges pour éviter une partie de ce trafic intensif. En entrant dans les eaux territoriales hollandaises, une fois que l'on a traversé les lignes de trafic qui rentrent et sortent du port de Rotterdam, la situation empire, avec le grand nombre de puits de forages et de plates-formes pétrolières. Un waypoint intermédiaire est suggéré au large de Den Helder, ce port étant probablement le meilleur endroit pour s'arrêter pour ceux qui n'ont pas vraiment envie de faire toute la route jusqu'au canal de Kiel d'une seule traite. Den Helder est aussi un bon abri en cas de mauvais temps, ou pour attendre un changement de temps. Il faut approcher l'entrée du port avec précaution, car les amers sont difficiles à identifier le long de cette côte basse et frangée de dunes. On pourra contacter le Harbour Control sur le canal 14 si l'on a un doute sur la procédure d'entrée.

Que l'on s'arrête ou non à Den Helder, le waypoint suivant marque le tournant vers les côtes allemandes. L'atterrissage se fait au nord de la bouée d'atterrissage Alte Weser, où il faut prendre une décision, soit l'on continue directement sur Brunsbüttel, à l'entrée du canal de Kiel, soit l'on s'arrête à Cuxhaven. Ce port a d'excellents services pour les yachts, et c'est un endroit pratique pour s'arrêter, non seulement pour ceux qui veulent transiter par le canal de Kiel, mais aussi pour ceux qui veulent visiter cette partie de l'Allemagne. Pour ceux qui sont un peu justes en temps, il vaut probablement mieux aller directement sur Brunsbüttel, où il y a un petit port pour les yachts et où l'on peut passer la nuit si l'on arrive trop tard pour commencer la traversée du canal. L'Elbe est une rivière très active, avec un fort courant, ce qui doit rester présent à l'esprit si l'on traverse de Cuxhaven sur Brunsbüttel, ou si l'on veut atteindre Hambourg, ce qui en vaut la peine pour ceux qui ont suffisamment de temps.

Le canal de Kiel fut construit en 1895 et son nom exact, en allemand, est le Nord-Ostsee Kanal (canal mer du Nord - Baltique). Les petits bateaux ont uniquement le droit d'emprunter le canal de jour et par bonne visibilité, donc, dans l'idéal, il faut partir aux premières lueurs du jour, pour faire les 54 milles d'une seule traite. Quoi qu'il en soit, il y a des endroits où les voiliers peuvent passer la nuit, tel que Rendsburg, dans le canal de Gieselau, ou derrière les ducs d'Albe situés dans les différentes zones de croisement. Le « Canal Pilot » doit être contacté sur le canal 12. Les taxes de transit sont payables à Holtenau, à la fin de la mer Baltique.

Le trafic dans le canal est contrôlé par des feux : trois feux rouges verticaux interdisent toute circulation, un seul feu blanc autorise l'entrée des bateaux dans l'écluse, un feu jaune clignotant signifie que la police a un message pour le bateau signalé.

AN152 *D'Angleterre en Scandinavie*

MEILLEURE PÉRIODE	juin à août	
SAISON DES CYCLONES	aucune	
CARTES ROUTIÈRES	BA : 4140	SHOM : 6608
	US : 126	
INSTRUCTIONS NAUTIQUES	BA : 54, 55, 56	
	US : 192	
GUIDES DE CROISIÈRE	*Norwegian Cruising Guide, Cruising Association Handbook, Baltic Sea.*	

WAYPOINTS

Départ	*Intermédiaire*	*Atterrissage*	*Destination*	*Distance (M)*
AN1520 Douvres *51°07'N, 1°19'E*	AN1521 Détroit 51°10'N, 1°46'E AN1522 Helder 52°55'N, 4°25'E AN1523 Vlieland 53°26'N, 4°54'E	AN1524 Gradyb 55°25'5N, 8°14'E	Esbjerg *55°28'N, 8°26'E*	371
AN1520 Douvres	AN1521 Détroit AN1522 Helder AN1523 Vlieland	AN1524 58°00'N, 8°00'E	Kristiansand *58°08'5N, 8°00'E*	498
AN1525 Harwich 51°55.5'N, 1°23'E	AN1526 Davy 53°00'N, 3°00'E AN1527 Markham 54°00'N, 3°20'E	AN1524 Gradyb	Esbjerg	347
AN1525 Harwich	AN1526 Davy 54°00'N, 3°20'N AN1528 Dan 55°30'N, 5°30'E	AN1524	Kristiansand	446
AN1520 Harwich	AN1521 Davy AN1522 Markham	AN1529 58°54'N, 5°28'E	Tananger *58°56'N, 5°35'E*	445
AN1520 Harwich	AN1521 Davy AN1522 Markham AN15211 Odin 60°00'N, 2°30'E AN15212 Arctic S 62°00'N, 3°20'E	AN1528 Lofoten S 67°20'N, 11°50'E	Skomvaer *67°24'N, 11°52'E*	1023

Il est préférable de passer par le canal de Kiel pour atteindre les rivages de la Scandinavie baignés par la mer Baltique, comme mentionné dans la route AN151. Pour une route directe vers la Scandinavie, les options deviennent de plus en plus nombreuses au fur et à mesure que l'on remonte vers le nord, et la Norvège offre des destinations pratiquement illimitées, que l'on parte d'Angleterre ou d'Ecosse. Le port le plus proche en Scandinavie proprement dite est Esbjerg, sur la côte est du Danemark. Il a l'avantage d'être relié par ferry à Harwich, à l'est de l'Angleterre, ce qui permet d'effectuer facilement un changement d'équipage, et il y a un excellent réseau ferroviaire avec tout le reste du Danemark.

On peut également atteindre directement la côte ouest de la Suède, mais comme on visitera probablement soit le Danemark, soit le sud de la Norvège en chemin, Esbjerg et Kristiansand suffiront comme ports d'arrivée. Le choix de la destination en Norvège dépendra en grande partie du fait que l'on opte soit pour une traversée directe au large, quoique plus longue, soit pour la traversée la plus courte possible. Les points d'atterrissage possibles sont abondants et cela dépendra essentiellement de ce que l'on veut faire par la suite. Pour ceux qui passent par le Pas de Calais, un passage direct vers le sud de la Norvège, sans escale intermédiaire, est une option intéressante puisque partir de n'importe quel port de la côte est de l'Angleterre ne fera que compliquer les choses. On peut cependant raccourcir la durée de la traversée en s'arrêtant dans un port de Hollande, tel que Den Helder. Partir d'Ecosse (AN153) réduit la longueur de la traversée, ce qui peut être un facteur important pour ceux qui ne sont pas des fanatiques des longues traversées en haute mer, en particulier dans la mer du Nord, où il y a un trafic important. Pour ceux qui partent des côtes ouest d'Angleterre ou d'Ecosse, ou pour ceux qui viennent d'Irlande, la décision est plus facile à prendre, puisque la route logique consiste à rejoindre la mer du Nord par le canal Calédonien (voir route AN153).

Le plus mauvais temps que l'on puisse avoir est un coup de vent de NW, et on doit garder cela présent à l'esprit lors du choix de la route, cela doit être un facteur à prendre en compte si l'on envisage de faire escale dans un port en Hollande. Quoi qu'il en soit, les prévisions météo à long terme sont beaucoup plus fiables, et l'on devrait pouvoir obtenir une prévision relativement fiable pour les 72 heures à venir avant de partir pour effectuer cette traversée.

Les deux principaux dangers sur n'importe laquelle de ces routes sont la très forte densité du trafic et les nombreux puits de forages, plates-formes et autres installations annexes. Il faut donc veiller tout le temps et dans le cas des puits de forages, il faut s'en éloigner autant que possible. Souvent, la situation se détériore encore plus par mauvaise visibilité, le radar est donc grandement recommandé. Les zones de séparation du trafic qui sont instaurées dans certaines parties doivent être strictement respectées.

En été, les conditions de navigation sont généralement bonnes, et si l'on peut avoir des prévisions météo, cela ne devrait pas être trop dur de trouver une bonne fenêtre météo pour la traversée en attendant peut-être quelques jours un changement de temps. Les vents dominants au large sont en général W ou SW au sud de la latitude 60°N, et deviennent plus variables dans les latitudes plus au nord.

De nombreux points d'atterrissage différents en Norvège sont listés, puisque le choix dépend du programme de croisière que l'on a. Pour ceux qui prévoient de visiter d'abord la côte sud, Kristiansand est un bon port d'atterrissage. Pour ceux qui veulent visiter la côte ouest en premier, Tananger, près de la grande ville de Stavanger, constitue un bon point de départ. Pour ceux qui vont vers l'Arctique, mais qui ont besoin de s'arrêter en route, les très jolis ports des Lofoten constituent un choix logique. En allant vers le nord depuis Tananger, on peut prendre la route intérieure, abritée, qui couvre une grande partie de la distance, avec seulement quelques passages exposés à l'océan. La Norvège, qui a une importante flotte de plaisance, offre de bons services dans tous les ports principaux.

La route du Pas de Calais à Esbjerg suit les mêmes instructions que la route AN151 jusqu'à Vlieland, de là, on modifie la route vers le NE. On devra approcher Esbjerg par bonne visibilité, car la côte est basse et les bancs de sable requièrent une navigation attentive. On peut atterrir à la bouée de Gradyb Bar. Le chenal de Gradyb a une barre qui est draguée. Cependant, la mer brise par forts vents d'ouest ou de SW, et l'on devra éviter la zone si l'on a ce type de temps.

La route directe de Harwich à Kristiansand, passe à travers ou près de plusieurs champs de forage de pétrole ou de gaz, donc les waypoints donnés tracent une route théorique qui devrait éviter les principaux dangers. Quoi qu'il en soit, on devra approcher ces zones avec beaucoup de précautions, et si la visibilité est mauvaise on devra suivre une route plus prudente. L'atterrissage se fait au sud de l'entrée du port. Le port principal de Kristiansand est divisé en deux par un pont bas qui relie l'île de Odderoya à la ville, les yachts de passage devront aller dans la partie est du port, là où il y a plusieurs marinas.

Le début de la traversée sera le même si l'on va directement de Harwich sur Tananger, et ce sont les mêmes waypoints qui sont donnés, de façon à éviter le Broken Bank et ses alentours. Tananger est très certainement le meilleur point d'atterrissage sur la côte ouest, car il a un port bien protégé et se trouve proche de l'aéroport de Stavanger, ce qui en fait un endroit idéal pour procéder à des changements d'équipage.

Ceux qui vont plus au nord en Norvège ou même au Spitzberg peuvent vouloir rester en haute mer jusqu'aux îles Lofoten. Il y a deux waypoints intermédiaires de façon à éviter les puits de forage au large de la Norvège. De là, la route se trouve parallèle à la terre, mais à bonne distance. L'atterrissage se fait au phare de Skomvaer, à la pointe SW de la chaîne des îles Lofoten. La petite île de Skomvaer offre une protection limitée, mais il y a une quantité d'excellents ports dans les îles Lofoten qui forment une barrière entre l'Atlantique et le continent, le long du spectaculaire Vestfjorden.

AN153 *D'Ecosse en Norvège*

MEILLEURE PÉRIODE	juin à août	
SAISON DES CYCLONES	aucune	
CARTES ROUTIÈRES	BA : 2182b, 2128c	SHOM : 6608, 6729
	US : 14	
INSTRUCTIONS NAUTIQUES	BA : 52, 54, 57A	
	US : 141, 182, 193	
GUIDES DE CROISIÈRE	*Norwegian Cruising Guide, Cruising Association Handbook.*	
WAYPOINTS		

Départ	*Intermédiaire*	*Atterrissage*	*Destination*	*Distance (M)*
AN1530 Inverness *57°30'N, 4°13'W*	AN1531 Moray 57°44'N, 3°45'W	AN1532 Naze 58°00'N, 6°56'E	Korshamn *58°01'N, 7°00'E*	362
AN1533 Peterhead 57°29.8'N, 1°45.5'W		AN1534 58°54'N, 5°28'E	Tananger *58°56'N, 5°35'E*	248
AN1533 Peterhead	AN1535 Arctic S 62°00'N, 3°20'E	AN1536 Lofoten S 67°20'N, 11°50'E	Skomvaer *67°24'N, 11°52'E*	702
AN1537 Lerwick 60°09.3'N, 1°08.5'W	AN1538 Bressay 60°06'N, 1°00'W	AN1359 Fedje SW 60°42'N, 4°40'E	Fedje *60°46'5N, 4°44'E*	182
AN156 Lerwick	AN1538 Bressay AN15311 Tampen E 61°00'N, 3°00'E	AN1536 Lofoten S	Skomvaer	584

Partir d'Ecosse réduit considérablement la longueur de la traversée en pleine mer, ce qui peut être important pour ceux qui n'apprécient pas trop les traversées, en particulier dans cette région de très fort trafic qu'est la mer du Nord. Pour ceux qui partent des côtes ouest d'Angleterre ou d'Ecosse, ou pour ceux qui viennent d'Irlande, la décision est plus facile à prendre, puisque la route logique pour atteindre la mer du Nord passe par le canal Calédonien. Un point de départ dans l'estuaire de la Moray est donné pour ceux qui ont juste quitté le canal Calédonien à Inverness. Un autre bon point de départ en Ecosse est Peterhead.

Les vents dominants dans la mer du Nord sont SW ou W, et leur force moyenne augmente au fur et à mesure que l'on remonte vers le nord. Quoi qu'il en soit, dans les hautes latitudes, en été, les vents ont tendance à être variables. Les coups de vent d'été, quand il y en a, sont généralement de NW, et ne durent pas très longtemps.

Différents points d'atterrissage sont donnés, car le choix dépend de votre programme de croisière. Pour ceux qui prévoient de naviguer sur la côte sud de Norvège, le port de Korshamn, au NW de Naze, est un bon point d'atterrissage. Pour ceux qui veulent d'abord s'arrêter sur la côte ouest, Tananger, près de la ville de Stavanger, constitue un bon point de départ pour une croisière vers le nord ou vers le sud-est. Pour ceux qui vont vers l'Arctique, mais qui ont besoin de s'arrêter en route, les jolis ports des îles Lofoten constituent un choix logique. En partant de Tananger vers le nord, on peut prendre la route intérieure abritée sur une grande partie de la distance, avec seulement quelques passages exposés à l'océan. La Norvège, qui a une importante flotte de plaisance, offre de bons services dans tous les ports principaux.

Ceux qui vont plus au nord en Norvège ou même au Spitzberg peuvent vouloir rester en haute mer jusqu'aux îles Lofoten. Il y a deux waypoints intermédiaires de façon à éviter les puits de forage au large de la Norvège. De là, la route se trouve parallèle à la terre, mais à bonne distance. L'arrivée se fait au phare de Skomvaer, à la pointe SW de la chaîne des îles Lofoten. La petite île de Skomvaer n'offre qu'une protection limitée, mais il y a quantité d'excellents ports dans les îles Lofoten qui forment une barrière entre l'Atlantique et le continent, le long du spectaculaire Vestfjorden.

En partant d'Ecosse, on a un grand choix de

points de départ et de points d'arrivée. Peterhead à été retenu à cause de sa position pratique, ainsi que Tananger. La route recommandée évite tous les dangers connus, mais si l'on approche la côte norvégienne par forts vents d'ouest, il faudra le faire avec la plus grande précaution car la côte est complètement exposée, et il vaut mieux rester au large jusqu'à ce que le temps se calme, plutôt que d'aller chercher un abri sur la côte.

Lerwick, capitale des îles Shetland est le port de départ le plus proche de la plupart des régions en Norvège. Un bon point d'atterrissage à l'approche de Bergen est Fedje, une petite île au large qui offre une excellente protection dans l'un de ses deux ports. Lerwick est aussi un bon point de départ pour les îles Lofoten, non seulement parce que cela réduit considérablement la distance, mais aussi parce que la route au large évite les vents de NE qui prédominent le long de la côte ouest de Norvège au début de l'été.

AN154 *D'Ecosse au Spitzberg*

MEILLEURE PÉRIODE	juin à août	
SAISON DES CYCLONES	aucune	
CARTES ROUTIÈRES	BA : 4010	SHOM : 6727, 6728
	US : 10	
INSTRUCTIONS NAUTIQUES	BA : 11, 52	
	US : 141, 182	
GUIDES DE CROISIÈRE	*Norwegian Cruising Guide, Arctic Pilot for Svalbard & Jan Mayen.*	
WAYPOINTS		

Départ	*Intermédiaire*	*Atterrissage*	*Destination*	*Distance (M)*
AN1540 Peterhead 57°29.8'N, 1°45.5'W	AN1541 Arctic SE 62°00'N, 3°30'E	AN1542 Sorkapp S 76°26'N, 16°20'E	Hornsund 77°00'N, 15°34'E	1254
AN1543 Lerwick *60°09.3'N, 1°08.5'W*	AN1544 Bressay N 60°11'5N, 1°07'W			
	AN1545 Tampen W 62°00'N, 1°30'E	AN1542 Sorkapp S	Hornsund	1088

Un voyage au Spitzberg, ou, pour employer le nom norvégien correct, dans l'archipel de Svalbard, est une expérience unique. Les conditions de navigation en été sont relativement modérées, et la mauvaise visibilité peut être plus dangereuse que des vents forts. Au plus fort de l'été, dans une année normale, la glace ne doit pas poser de sérieux problèmes, et en général la côte ouest du Spitzberg n'est pas touchée par la glace de juin à novembre. Cependant les conditions météo se détériorent rapidement après la mi-août, il vaudra donc mieux y être au début de l'été. De profonds fjords creusent la côte du Spitzberg, offrant une bonne protection. De grands glaciers tombent dans la mer, formant de grandes falaises de glace. Les glaces ne posent généralement pas de problème dans la traversée depuis la Norvège au début de l'été, le courant du Gulf Stream assurant une traversée pratiquement sans glace, après la mi-juin.

A cause de la relative brièveté de l'été, on peut être tenté de faire d'une traite la traversée entre l'Ecosse et le Spitzberg, et cela en prenant une route hauturière, évitant ainsi de tomber dans les vents de NE qui prédominent le long de la côte norvégienne au début de l'été. Si l'on veut visiter la Norvège, il vaut mieux le faire sur la route du retour. Comme dans le cas d'un passage vers la côte norvégienne, les ports de Peterhead en Ecosse, ou Lerwick dans les îles Shetland, sont de bons points de départ.

Du WP AN1540, au large de Peterhead, la route reste d'abord à l'est d'une concentration de puits de forage, avant que l'on puisse prendre une route directe vers Sorkappoya, une petite île au sud du Spitzberg. Depuis Lerwick que l'on quitte par le chenal nord, on va d'abord vers le WP AN1545, pour bien parer le champ pétrolifère de Tampen. On peut ensuite prendre une route directe jusqu'au Spitzberg.

La plupart des bateaux qui ont l'intention de naviguer au Spitzberg restent le long des côtes norvégiennes jusqu'à Tromsö, avant de partir vers le large. Tromsö est le port de départ traditionnel des expéditions arctiques, avec d'excellentes possibilités de réparations, d'approvisionnement et d'informations météo. Un passage intérieur très aisé mène à Torsvag, un bon port à la pointe NW de Vannoya. C'est un bon endroit pour repartir vers le large, mais tout l'approvisionnement, ainsi que le gazole, doivent être faits à Tromsö, car l'approvisionnement local est limité et il n'y a pas de gazole.

Une autre solution est de quitter le continent au nord des îles Lofoten car la distance ne sera pas considérablement réduite en continuant ENE vers le cap Nord. Une route directe mène à Sorkapp, une petite île au large du Spitzberg. Dans la mesure où la saison navigable est courte au Spitzberg, il vaut mieux aller directement à Hornsund, par exemple depuis les îles Shetland. Si l'on traverse dans la seconde partie du mois de juin, le risque de glace est faible. Les vents sont souvent de NE. En arrivant fin juin, on profite des jours plus longs et on a plus de chance de voir des animaux. Au retour, on peut suivre le soleil vers le sud, en longeant la côte norvégienne.

L'île aux Ours (Bjornoya ou Bear Island) se trouve en gros à mi-chemin du Spitzberg, et l'on peut y trouver refuge si le temps vient à se détériorer. Bien que l'île n'ait pas un port abrité de toutes les directions, il y a des mouillages sur tous les côtés de l'île, donc, en fonction de la direction du vent, on devrait pouvoir y trouver refuge. Le meilleur mouillage est à Sorhamna (74°22'N, 19°10'E), 2 milles au NE de la pointe sud de l'île. Il offre une bonne protection des vents ayant une composante nord. Kvalrossbukta (74°23'N, 19°10'5E), près du NE de Sorhamna, offre une meilleure protection de la houle d'ouest.

Bien que les cartes météo montrent une forte proportion de vents de SW en été, les vents variables sont souvent la règle le long de cette route. Le brouillard est fréquent, en particulier près de l'île aux Ours et à l'approche du Spitzberg. Bien que des anomalies magnétiques aient été signalées dans la zone du Spitzberg, aucun problème sérieux n'a été rencontré avec les compas magnétiques, car le pôle magnétique (situé au nord du Groenland) est encore relativement loin. Dans la mer de Barents, des billes de bois flottant partiellement immergées et donc pratiquement impossibles à voir représentent un sérieux danger.

Sorkapp, à l'extrémité sud de Sorkappoya, est un bon point d'atterrissage, car il est visible de loin par bonne visibilité. Par mauvaise visibilité, on devra approcher la zone avec beaucoup de précaution, car la côte basse et des hauts-fonds s'étendent à 10 milles au sud des terres plus élevées. Il peut y avoir de la glace au début de l'été, au large et près de la côte. Les vents et la houle augmentent à proximité immédiate de Sorkapp. Par forts vents de d'est, on peut trouver refuge à Stormbukta, 14 milles au NNW de Sorkappoya. Quoi qu'il en soit, le mouillage abrité le plus proche est à Hornsund (77°00'N, 15°36'E), qui est le site d'une station polaire polonaise. Non loin de là, il y a un lagon bien protégé, créé par le glacier Hansbreen. Il faut entrer dans la zone avec précaution, car elle n'a pas été entièrement cartographiée. Le nom d'Antonio Pigafettahamna a été donné au port, en hommage à l'officier de Magellan Antonio Pigafetta, qui a fait le compte rendu du premier voyage autour du monde. Bien qu'un permis spécial ne soit pas nécessaire pour aller au Spitzberg, le bureau du District Governor, qui est chargé des services de sauvetage, doit être informé des déplacements de chacun. Les yachts de passage doivent avoir une assurance couvrant les frais de recherche et de sauvetage. Pour plus de détails, écrivez à l'avance à : Sysselmannen pa Svalbard, N-9170 Longyearbyen, Norvège. Longyearbyen situé dans Isfjorden, sur la côte ouest du Spitzberg, est le centre administratif et possède les meilleurs services, il y a aussi des vols réguliers sur Oslo et Tromsö.

De sévères restrictions s'appliquent aux réserves naturelles et, du 15 mai au 15 août, il est interdit de s'approcher à moins de 300 m d'un sanctuaire d'oiseaux. La plupart des animaux sont protégés, et, pour les ours polaires, ils ne peuvent être tués qu'en cas de légitime défense. Comme les ours sont un risque majeur dans toutes les régions, il est conseillé d'avoir une arme avec soi, pour pouvoir se défendre. On peut en louer sur place au Svalbard Arctic Sport, N-9070 Longyearbyen, Norvège, qui peut aussi se charger de faire le nécessaire pour une assurance couvrant les frais de recherche et de sauvetage, mais à un prix peu compétitif.

Fin juillet et août sont les seuls mois recommandés pour marcher à terre : il n'y a pas de neige fraîche et l'on peut donc bien voir les crevasses lorsqu'on marche sur les glaciers. C'est différent de l'Antarctique, où la neige peut recouvrir les crevasses même en été.

AN155 *D'Ecosse en Islande*

MEILLEURE PÉRIODE	juin à août			
SAISON DES CYCLONES	aucune			
CARTES ROUTIÈRES	BA : 4011	SHOM : 6771, 6621, 6729		
	US : 11			
INSTRUCTIONS NAUTIQUES	BA : 11, 52			
	US : 141, 181			
GUIDES DE CROISIÈRE	*Cruising Association Handbook ; Faeroe, Iceland and Greenland.*			
WAYPOINTS				

Départ	*Intermédiaire*	*Atterrissage*	*Destination*	*Distance (M)*
AN1550 Oban *56°25'N, 5°29'W*	AN1551 Barra S 56°45'N, 7°40'W	AN1552 Djupivogur 64°37'N, 14°12'W	Berufjordur *64°39'N, 14°18'W*	588
AN1550 Oban	AN1551 Barra S	AN1553 Reykjanes S 63°48'N, 22°48'W		
		AN1554 Reykjanes N 64°08'N, 22°50'W	Reykjavik *64°09'N, 21°56'W*	710

Il est pratiquement impossible de traverser depuis n'importe quel port anglais ou écossais vers l'Islande, sans faire auparavant de la navigation côtière pour atteindre la haute mer. Les bateaux partant de la côte est devront d'abord aller en Ecosse, et soit passer par l'extrémité nord, soit utiliser le canal Calédonien, pour atteindre Oban. Un point de départ indicatif, loin de tout danger, a été choisi, juste au sud du cap Barra. Il a aussi l'avantage d'être près de l'excellent port de Castlebay, tout au sud des îles Hébrides, où l'on trouve des services adéquats et un ferry qui relie Oban au continent. Par forts vents de SW, il vaut mieux gagner la pleine mer en passant par le chenal Minch, en laissant les Hébrides à bâbord.

En fonction de la situation météo générale sur l'Atlantique Nord en été, les dépressions peuvent passer au nord ou au sud de l'Islande. En général, les vents autour de l'Islande suivent toujours le même régime, ceux au nord ont une composante est, et à l'inverse, ceux au sud, une composante ouest. Cela signifie que pour les bateaux approchant l'Islande par l'Est ou le SE, il est plus logique de faire le tour de l'île dans le sens contraire des aiguilles d'une montre. Dans ce cas, on pourra atterrir sur la côte SE. Les bateaux arrivant par l'ouest pourront aller directement sur Reykjavik, qui offre les meilleurs services, et ensuite, naviguer dans le sens des aiguilles d'une montre. Si les prévisions météo prévoient de la glace sur la côte nord, la seule solution est d'aller sur la côte ouest, qui offre les meilleures possibilités de croisière. Selon les locaux, les meilleures conditions de navigations démarrent début mai jusqu'à septembre, et parfois, la première moitié du mois d'octobre aussi est agréable.

En gardant à l'esprit les différentes informations ci-dessus, les bateaux venant du SE, peuvent atterrir soit sur la côte SE de l'Islande, à Hornafjordur ou a Djupivogur, soit à la pointe SW de l'Islande, au large de Reykjanes. Hornafjordur (64°15'N, 15°12'W), est un port de pêche très actif, bien protégé, avec une entrée plutôt difficile. Son principal intérêt est qu'il se trouve à proximité des glaciers de Vatnajokull. Djupivogur est le fjord le plus sud de la côte est. C'est un port naturel bien protégé, avec une bonne variété de services, et c'est le meilleur point de départ pour une croisière autour de l'Islande.

Si l'on va d'abord sur la côte ouest, on fera son atterrissage au large de la côte sud de l'Islande, près de Surtsey, une île volcanique récemment formée. Près de Vestmannaeyjar, au large de la côte sud, il y a un archipel volcanique spectaculaire, où des éruptions récentes ont créé de nouvelles montagnes et de nouvelles îles. Il ne faut pas manquer de s'y arrêter. La route au large continue vers la péninsule de Reykjavik, à l'extrémité SW de l'Islande, puis vire au nord, parallèle à la côte, vers le WP AN1554, avant de tourner à l'est vers Reykjavik.

La capitale Reykjavik n'est pas forcément le meilleur endroit pour trouver une bonne place pour un bateau de voyage, et Hafnarfjordur (64°04'N, 21°58'W), à 5 milles au sud de Reykjavik, est le port favori des navigateurs. Le port est toujours très actif, mais les visiteurs sont toujours bien accueillis. Tous les services sont disponibles dans les environs de la ville, qui accueille également le très populaire Festival Viking qui se tient là tous les deux ans (le prochain est prévu en juillet 2007).

AN156 *D'Irlande en Islande*

MEILLEURE PÉRIODE	juin à août	
SAISON DES CYCLONES	aucune	
CARTES ROUTIÈRES	BA : 4011	SHOM : 6618, 6621, 6729
	US : 11	
INSTRUCTIONS NAUTIQUES	BA : 11, 40	
	US : 142, 181	
GUIDES DE CROISIÈRE	*Cruising Association Handbook ; Faeroe, Iceland and Greenland.*	

WAYPOINTS

Départ	*Intermédiaire*	*Atterrissage*	*Destination*	*Distance (M)*
AN1560 Valentia NW 51°6.5'N, 10°00'W	AN1561 Inish 52°02'N, 10°45'W	AN1562 Djupivogur 64°37'N, 14°12'W	Berufjordur *64°39'N, 14°18'W*	783
AN1560 Valentia NW	AN1561 Inish AN1563 Reykjanes S 63°48'N, 22°48'W	AN1564 Reykjanes N 64°08'N, 22°50'W	Reykjavik *64°09'N, 21°56'W*	861

Un port irlandais est certainement le meilleur point de départ pour des bateaux allant sur l'Islande depuis le sud-ouest de l'Europe ou l'Angleterre. Ayant contourné Land's End, les bateaux partants du sud de l'Angleterre ont le choix entre divers ports irlandais pour se réapprovisionner avant de prendre la route au large. Les yachts partant de la côte ouest anglaise ou de l'Irlande du Nord, pourront trouver qu'il est plus pratique de passer par le Canal du Nord, et de suivre ensuite les instructions de la route AN155.

Il y a plusieurs points de départ pratique depuis la côte ouest de l'Irlande, et le port de Valentia est le plus recommandé, car il est abrité de tous les vents. On peut entrer dans le port par le SW, par le chenal Portmagee, où il y a un pont mobile. Il est plus pratique de prendre le chenal NW en partant. Pour parer tous les dangers avant de faire route sur l'Islande, il faudra aller jusqu'au waypoint AN1561, établi au SW du phare de Inistrahull. De là, on peut faire route directe sur le SE de l'Islande, en passant à l'est de Rockall et en faisant son atterrissage à Djupivogur. C'est le fjord le plus sud de la côte est. C'est un port naturel bien protégé, avec une bonne diversité de services, et c'est le meilleur point de départ pour une croisière autour de l'Islande. Le temps et d'autres facteurs auront une influence sur le planning de croisière en Islande, tout ceci étant décrit en détail dans la route AN155.

Ceux qui préfèrent aller directement sur Reykjavik devront faire route sur le WP AN1563, au large de la pointe de Reykjanes, à l'extrémité SW de l'Islande. De là, la route remonte vers le nord en étant parallèle à la côte, vers le WP AN1564, avant de virer à l'est vers Reykjavik.

La capitale Reykjavik n'est pas forcément le meilleur endroit pour un bateau de voyage pour trouver une bonne place, et Hafnarfjordur (64°04'N, 21°58'W), à 5 milles au sud de Reykjavik, est le port favori des navigateurs. Le port est toujours très actif, mais les visiteurs sont toujours bien accueillis. Tous les services sont disponibles dans les environs de la ville, qui accueille également le très populaire Festival Viking qui se tient là tous les deux ans (le prochain est prévu en juillet 2007).

Vestmannaeyjar, au large de la côte sud, est un archipel volcanique spectaculaire, où des éruptions récentes ont créé de nouvelles montagnes et de nouvelles îles. Il ne faut pas manquer de s'y arrêter.

AN157 *D'Ecosse au Groenland*

MEILLEURE PÉRIODE	juin à août	
SAISON DES CYCLONES	aucune	
CARTES ROUTIÈRES	BA : 4011	SHOM : 6727
	US : 11	
INSTRUCTIONS NAUTIQUES	BA : 11, 66	
	US : 142, 181	
GUIDES DE CROISIÈRE	*Faeroe, Iceland and Greenland.*	
WAYPOINTS		

Départ	*Intermédiaire*	*Atterrissage*	*Destination*	*Distance (M)*
AN1570 Oban *56°25'N, 5°29'W*	AN1571 Barra S 56°45'N, 7°40'W	AN1572 Christian E 60°02'N, 43°00'W	Ikerasassuaq *60°03'N, 43°10'W*	1196

Ces routes nord furent empruntées par les Vikings il y a plus de mille ans maintenant, et si les navires ont changé au point d'être méconnaissables, le temps lui n'a pas changé, et les conditions au Groenland sont loin d'être favorables. La principale difficulté est posée par la glace, qui ne desserre son étreinte de cette énorme île que pendant une courte période, au plus fort de l'été. Le long de la côte est, il y a une étroite bande sans glace, mais la banquise au large rend la navigation dans cette zone impossible ou très dangereuse pour un voilier. Lors d'une bonne année, tout le détroit de Davis et la baie de Baffin sont libérés de la banquise, mais pas des icebergs, qui ne sont jamais absents. La côte ouest est montagneuse, avec des fjords profonds, ressemblant à ceux de la Norvège. Au SW, il y a une zone sans glace, qui comprend également quelques îles au large. En moyenne, les vents pendant l'été ont tendance à être variables, avec une composante nord. A terre, les températures en été varient entre 2 °C et 20 °C, mais la température de l'eau de mer s'élève rarement au-dessus de 4 °C. Cela signifie que le brouillard peut être assez fréquent en été, en particulier autour d'Ivgut. Dans la région de Nuuk, il n'y a en général pas de brouillard.

La navigation où que ce soit au Groenland implique que l'on ait un planning sérieux. Comme la côte ouest entre le 63°N et le 69°N est en général libre de toute glace à partir de début juin, grâce au courant chaud du Groenland Ouest, on peut donc entrer dans la zone par l'ouest, en passant à bonne distance du cap Farewell (ou Farvel). Cela peut représenter jusqu'à 120 milles, en fonction des conditions que l'on rencontre. Des jours longs, un temps raisonnable et des températures acceptables rendent possible la navigation, jusqu'à ce que les jours raccourcissent et que les conditions météo se détériorent, ce qui donne le signal du départ, après une saison de croisière trop courte. Le courant du Groenland Est, qui porte au sud et apporte de la glace depuis l'Arctique, rend la côte est inhospitalière tout au long de l'année, et bien qu'en août il soit possible d'arriver jusqu'à la côte, le risque de s'y retrouver piégé décourage la plupart des navigateurs de la visiter.

Compte tenu du fait qu'il est difficile d'atterrir sur la côte est, et surtout parce que la zone de croisière la plus intéressante se trouve sur la côte ouest, le meilleur point d'atterrissage pour ceux arrivant par l'Est est le goulet du Prince Christian, au NE du cap Farewell. En prenant un point de départ au sud du cap Barra, la route passe au sud du phare de Skeryvore et part ensuite vers le large, pour atterrir près de la pointe sud du Groenland. Ikerasassuaq (Prince Christian Sound) est un goulet spectaculaire, qui ouvre un passage étroit au nord du cap Farewell. Il y a toujours beaucoup de glace dans le goulet, mais en août, la majeure partie s'est retirée. De forts vents s'engouffrent dans l'étroit passage, et certaines années, l'entrée Est peut être bloquée par la glace, rendant ainsi tout accès impossible. On devra demander conseil à la *Ice Central* à Narssarssuaq, soit par VHF via une station côtière, soit si l'on est plus au large, par BLU, via Jualianehab Radio. Si l'entrée Est de Prince Christian Sound n'est pas libre, on peut entrer dans Torsukattak par l'ouest près de Frederiksdal (59°59'N, 44°40'W).

Il y a des vols internationaux au départ de la capitale Nuuk (Gothab), ainsi qu'un terrain d'aviation à Narssarssuaq. Les meilleures possibilités de réparation sont à Nuuk, où l'on peut également faire un bon approvisionnement.

AN158 *D'Irlande au Groenland*

MEILLEURE PÉRIODE	juin à août	
SAISON DES CYCLONES	aucune	
CARTES ROUTIÈRES	BA : 4011 US : 11	SHOM : 6727
INSTRUCTIONS NAUTIQUES	BA : 11, 40 US : 142, 181	
GUIDES DE CROISIÈRE	*Faeroe, Iceland and Greenland.*	
WAYPOINTS		

Départ	*Intermédiaire*	*Atterrissage*	*Destination*	*Distance (M)*
AN1580 Valentia NW 51°56.5'N, 10°20'W		AN1581 Christian E 60°02'N, 43°00'W	Ikerasassuaq *60°03'N, 43°10'W*	1190

Pour les bateaux venant du SW de l'Europe ou d'Angleterre et se dirigeant vers le Groenland, il est judicieux de prévoir une escale dans le SW de l'Irlande, ce qui permet d'attendre une bonne fenêtre météo avant de partir pour cette longue traversée. Ayant dépassé Land's End, les bateaux arrivant du sud de l'Angleterre ont le choix entre divers ports irlandais, où ils peuvent se réapprovisionner avant de continuer leur voyage. Les yachts partant de la côte ouest de l'Angleterre ou d'Irlande du Nord trouveront qu'il est plus pratique de passer par le Canal du Nord et suivre ensuite les instructions de la route AN157, bien que, comme les vents dominants sont W ou SW, il soit peut-être préférable de laisser l'Irlande sur tribord, pour avoir un meilleur angle par rapport au vent.

Le port de Valentia est recommandé, car il offre une protection contre tous les vents, c'est donc un bon port de départ. On peut entrer dans le port par le SW, par le chenal Portmagee, où il y a un pont mobile. Pour partir, le chenal NW est plus pratique.

Les conditions météo et de croisière au Groenland sont décrites en détail dans la route AN157, à laquelle on doit se référer. Compte tenu du fait qu'il est difficile d'atterrir sur la côte est, et surtout parce que la zone de croisière la plus intéressante se trouve sur la côte ouest, le meilleur point d'atterrissage pour ceux arrivant par l'Est est le goulet du Prince Christian, au NE du cap Farewell (ou Farvel). La route recommandée pare tous les dangers de la côte ouest de l'Irlande, jusqu'à la pointe sud du Groenland. L'atterrissage se fera près d'Ikerasassuaq, qui est un goulet spectaculaire, ouvrant un passage étroit au nord du cap Farewell. Il y a toujours beaucoup de glace dans le goulet, mais en août, la majeure partie s'est retirée. De forts vents s'engouffrent dans l'étroit passage, et certaines années, l'entrée Est peut être bloquée par la glace, rendant ainsi tout accès impossible. On devra demander conseil à la Ice Central à Narssarssuaq, soit par VHF, via une station côtière, soit si l'on est plus au large, par BLU, via Jualianehab Radio. Si l'entrée Est de Prince Christian Sound n'est pas ouverte, on peut entrer dans Torsukattak par l'ouest près de Frederiksdal (59°59'N, 44°40'W).

Il y a des vols internationaux au départ de la capitale Nuuk (Gothab), ainsi qu'un terrain d'aviation à Narssarssuaq. Les meilleures possibilités de réparation sont à Nuuk, où l'on peut également faire un bon approvisionnement.

AN160 ROUTES DEPUIS LA SCANDINAVIE

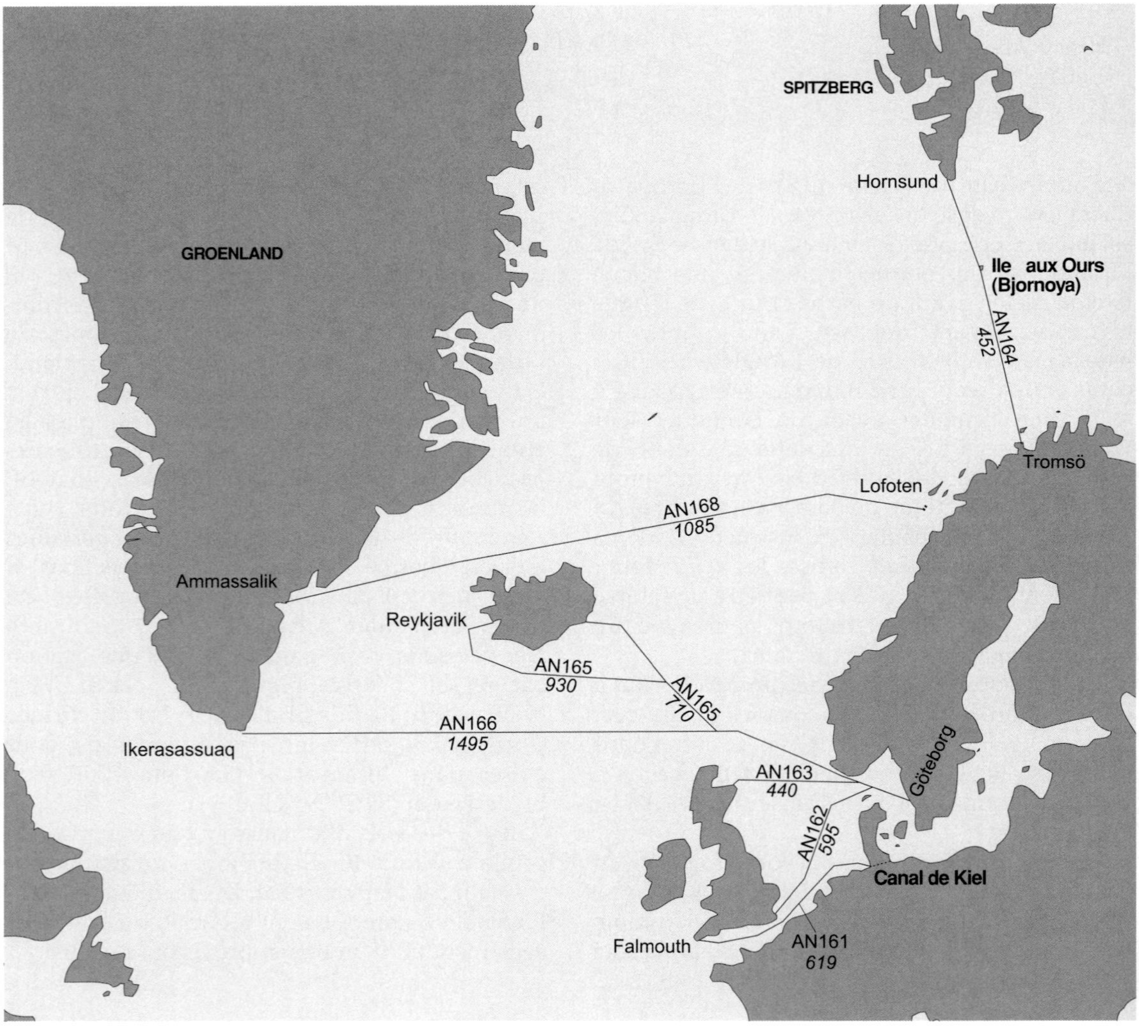

AN160 Routes depuis la Scandinavie

Les routes décrites dans cette section, qui couvre les eaux de la mer du Nord et de l'Atlantique, ont une dimension historique profonde car elles furent autrefois le fief indiscuté des Vikings. Ces navigateurs hors pair furent les premiers en Europe à comprendre, et à faire bon usage, des vents et courants océaniques dominants. Ce faisant, ils ont découvert de nouvelles terres et exploré de nouvelles routes océaniques au cours de voyages audacieux qui imposent encore du respect aux navigateurs actuels. C'est donc une grande et réelle satisfaction pour n'importe quel marin que de naviguer sur les traces de ces navigateurs hors du commun, et de ressentir la même excitation en approchant des côtes d'Islande, du Groenland, ou encore plus loin, du Spitzberg.

Les conditions météo, à notre connaissance, ont peu changé depuis l'époque, il y a maintenant plus de mille ans, où Eric le Rouge traversait d'Islande au Groenland, ni même les tactiques employées pour ces longues traversées en mer. Avec les vents d'ouest dominants, il est relativement facile de réaliser une traversée d'ouest en est, en revanche, s'il s'agit d'une traversée vers l'ouest, il faut la planifier soigneusement, et c'est là que l'on a un avantage certain sur nos ancêtres, car nous pouvons mieux connaître l'évolution du temps, et donc choisir en fonction de celui-ci la meilleure fenêtre météo, de façon à bénéficier des conditions les plus favorables.

Les conditions météo en été sont rarement assez mauvaises pour causer de sérieux problèmes à un bateau bien préparé, et le pourcentage de coups de vents reste faible durant la période recommandée, qui va de mi-juin à mi-août. La glace pose problème à n'importe quelle époque de l'année dans le voisinage du Groenland, il faut donc y faire très attention, tandis qu'à l'est, c'est seulement à proximité du Spitzberg que l'on peut rencontrer la banquise en été. Quoi qu'il en soit, les éventuels icebergs peuvent dériver dans des latitudes plus basses en toute saison, c'est un danger que les petits bateaux doivent prendre en compte pour éviter de partager le même destin que le Titanic. D'autres dangers à prendre également en compte sont les forts courants de marée existant entre les petits groupes d'îles, tels que les Shetland ou les Féroé, ce qui, combinés avec des rochers submergés, constitue une bonne raison de choisir une route qui évite ces zones lorsqu'on prépare une longue traversée en mer.

AN161 *Routes vers le Sud depuis la mer Baltique*

Meilleure période	juin à août	
Saison des cyclones	aucune	
Cartes routières	BA : 4140 US : 126	SHOM : 6618, 6608
Instructions nautiques	BA : 28, 55 US : 192	SHOM : B4, C21, C1
Guides de croisière	*Baltic Sea, Norwegian Cruising Guide, Cruising Association Handbook.*	
Waypoints		

Départ	*Intermédiaire*	*Atterrissage*	*Destination*	*Distance (M)*
AN1610 Brunsbüttel *53°53'N, 9°08'E*	AN1612 Weser 53°55'N, 8°10'E AN1613 Borkum 53°54'N, 6°15'E AN1614 Tersh 53°30'N, 4°40'E AN1615 Détroit 51°10'N, 1°46'E AN1616 Beachy 50°22'N, 0°10'W	AN1617 Lizard E 50°05'N, 5°00'W	Falmouth *50°09'N, 5°04'W*	619

A cause de sa position pratique, la plupart des bateaux qui se dirigent vers le sud avec la perspective d'une plus longue traversée empruntent le canal de Kiel au début de leur voyage. Après avoir franchi le canal, il est parfaitement possible de partir directement depuis Brunsbüttel, à son débouché dans la mer du Nord. L'autre option est de traverser l'Elbe vers Cuxhaven, où les facilités pour les yachts sont bien meilleures, et où l'on peut préparer un voyage dans de meilleures conditions. Dans les deux cas, on devra s'éloigner un peu pour gagner la pleine mer. Le waypoint AN1612, au large de la bouée d'atterrissage Alte Weser, constitue un bon point de départ. De là, il est possible de rester à l'intérieur de la zone de séparation du trafic, près de la terre, ou de prendre la route du large. La route près des côtes a l'avantage de passer près de nombreuses îles où il est possible de s'abriter si le temps se détériore.

Pour prendre la route du large, on devra traverser la zone de séparation du trafic, donc du WP AN1612, on ira d'abord vers le WP AN1613 puis vers le WP AN1614. De là, on peut faire route sur le Pas de Calais et le waypoint AN1615, cependant cette route passant à travers ou près de nombreux champs de pétrole ou de gaz, il faudra donc approcher cette zone avec beaucoup de précautions. La forte densité du trafic ne fera qu'aggraver les choses, donc si les conditions météo ne sont pas favorables, il faut mieux s'arrêter et attendre. Un endroit pratique pour cela est le port de Den Helder, où les services sont bons. Le *Den Helder Harbour Control* veille sur le canal 14.

Si les conditions météo sont bonnes, il faudra résister à la tentation de s'arrêter dans l'un des ports anglais les plus proches, et essayer d'aller au moins jusqu'à la côte sud de l'Angleterre, où il y a plusieurs bonnes marinas. Le dernier et le meilleur endroit pour attendre une bonne fenêtre météo avant la traversée du Golfe de Gascogne, est le port de Falmouth, à l'extrémité SW de l'Angleterre. L'autre solution consiste à naviguer aussi près que possible des côtes françaises et éventuellement, de s'arrêter dans les îles anglo-normandes. Quoi qu'il en soit, pour la traversée du golfe de Gascogne, Falmouth constitue un meilleur point de départ que les îles anglo-normandes, car cette dernière route passerait trop près d'Ouessant, tandis que depuis Falmouth, une route dégagée peut être prise pour traverser le golfe de Gascogne. A Falmouth, les bateaux de passage peuvent mouiller en face du quai du bureau des douanes, prendre un corps mort, ou se diriger vers la marina de Falmouth, en remontant la rivière Penryn sur environ 2 milles.

Les navigateurs nordiques ou allemands qui descendent vers le soleil peuvent être tentés de se joindre au rallye qui part chaque année de Wilhelmshaven, à environ 50 milles au SW du canal de Kiel. Le Nor'South Rally est ouvert aux bateaux de croisière qui vont vers le sud, soit vers la Méditerranée, ou plus probablement vers les Canaries et les Antilles.

AN162 *De Scandinavie en Angleterre*

MEILLEURE PÉRIODE	juin à août	
SAISON DES CYCLONES	aucune	
CARTES ROUTIÈRES	BA : 4140	SHOM : 6608
	US : 126	
INSTRUCTIONS NAUTIQUES	BA : 54, 55, 56	
	US : 192	
GUIDES DE CROISIÈRE	*Baltic Sea, Norwegian Cruising Guide, Cruising Association Handbook.*	

WAYPOINTS

Départ	*Intermédiaire*	*Atterrissage*	*Destination*	*Distance (M)*
AN1620 Göteborg	AN1621 Vinga			
57°40'N, 11°50'E	57°40'N, 11°33'E			
	AN1622 Skagen			
	57°50'N, 10°30'E			
	AN1623 Jammer			
	57°30'N, 8°54'E			
	AN1624 Dan			
	55°30'N, 5°30'E			
	AN1625 Markham			
	54°00'N, 3°20'E			
	AN1626 Davy	AN16293 Tamise	Londres	595
	53°00'N, 3°00'E	51°44'N, 1°20'E	*51°30'N, 0°04'W*	
	AN1627 Détroit			
	51°10'N, 1°46'E			
	AN1628 Beachy			650
	50°22'N, 0°10'W			
AN1629 Kristiansand	AN16291			
58°08.5'N, 8°00'E	58°00'N, 8°00'E			
	AN1624 Dan			
	AN1625 Markham			
	AN1626 Davy	AN16293 Tamise	Londres	510
	AN1627 Détroit			
	AN1628 Beachy			565
AN16292 Thyborön	AN1625 Markham			
56°43'N, 8°14'E	AN1626 Davy	AN16293 Tamise	Londres	447
	AN1627 Détroit			
	AN1628 Beachy			502

Les bateaux partant du sud de la Suède et du Danemark peuvent très bien utiliser le canal de Kiel, mais ceux partant d'un port plus au nord gagneront la pleine mer par le Skagerrak. Une autre solution consiste à passer par le chenal de Limfjord, qui coupe à travers le haut du Danemark, et rejoint la mer du Nord à Thyborön. Parmi la multitude de points de départ possibles, on a retenu les trois plus logiques : Kristiansand au sud de la Norvège, Gothenberg à l'ouest de la Suède, et Thyborön, sur la côte ouest du Jutland au Danemark. Les yachts qui utilisent le canal de Kiel, doivent se référer à la route AN161.

Le choix des destinations en Angleterre n'est pas évident, c'est pourquoi on a considéré que les navigateurs allant en Angleterre pouvaient vouloir s'arrêter à Londres, ou plus probablement, se diriger vers l'un des ports situés sur la côte sud. Londres est une escale intéressante, et remonter la Tamise avec la bonne marée peut être une expérience passionnante. Les bateaux de passage trouveront de bonnes places au St Katharine's Yacht Haven, juste à côté du Pont de Londres (Tower Bridge), ou au Limehouse Basin, où se trouve maintenant la Cruising Association. Le St Katharine's Yacht Haven se trouve près de la ville, tandis que Limehouse Basin est une option plus économique. Une fois l'atterrissage effectué au WP AN16293, dans l'estuaire de la Tamise, il faudra essayer d'arriver au large de Southend à marée basse, de façon à profiter du courant favorable à la renverse de marée. Le fleuve est très bien balisé et facile à négocier, et en maintenant une vitesse de 6 nœuds sans compter la marée favorable, on devrait pouvoir atteindre Londres en une seule marée.

Les bateaux qui vont vers l'un des ports de la côte sud devront utiliser les mêmes waypoints jusqu'au AN1626, et de là prendre une route vers le Pas de Calais au WP AN1627. Le dernier waypoint se trouve au SW de Beachy Head. Ceux qui prévoient de traverser le Golfe de Gascogne doivent aussi se référer aux routes AN13 et AN14.

AN163 *De Scandinavie en Ecosse*

Meilleure période	juin à août	
Saison des cyclones	aucune	
Cartes routières	BA : 2182c	SHOM : 6608
	US : 14	
Instructions nautiques	BA : 52, 54, 55, 57A	
	US : 141, 192, 193	
Guides de croisière	*Baltic Sea, Norwegian Cruising Guide, Cruising Association Handbook.*	
Waypoints		

Départ	*Intermédiaire*	*Atterrissage*	*Destination*	*Distance (M)*
AN1630 Thyborön *56°43'N, 8°14'E*		AN1631 Bass 56°07'N, 3°22'E	Granton *55°29.3'N, 3°13'E*	204
AN1632 Göteborg *57°40'N, 11°50'E*	AN1633 Vinga 57°40'N, 11°33'N			
	AN1634 Skagen 57°50N, 10°30'E	AN1635 Head 57°29'5N, 1°45'W	Peterhead *57°30'N, 1°46.5'W*	440
AN1636 Korshamn *58°01'N, 7°00'E*	AN1637 Naze 58°00'N, 6°56'E	AN1638 Moray 57°44'N, 3°45'W	Inverness *57°30'N, 4°13'W*	365
AN1636 Korshamn	AN1637 Naze	AN1639 Pentland 58°43'N, 2°50'W	Scapa Flow *58°54'N, 3°05'W*	327
AN16391 Tananger *58°56'N, 5°35'E*	AN16392 58°54'N, 5°28'E	AN163 Moray	Inverness	324
AN16391 Tananger	AN16392	AN1639 Pentland	Scapa Flow	276

Pour les marins scandinaves, l'Ecosse est bien plus facile à atteindre que n'importe quel autre endroit des îles Britanniques, et c'est démontré par le grand nombre de bateaux scandinaves qui traversent chaque année la mer du Nord vers l'Ecosse. Du nord du Danemark, le port de départ le plus pratique est Thyborön, à l'extrême ouest du Limfjorden. Une route sud traverse en plein la mer du Nord vers l'estuaire de la Forth (Firth of Forth) et Edinburg, en passant un peu trop près, du point de vue de la tranquillité, des champs de pétrole et de gaz d'Eldfisk. L'atterrissage se fait près de Bass Rock. Le port le plus proche d'Edindburg où l'on puisse trouver un poste à quai est Granton, bien que l'on trouve de meilleurs services plus à l'ouest à Port Edgar.

Les bateaux partant d'un port du sud de la Suède tel que Göteborg, peuvent vouloir s'arrêter à Peterhead, même s'ils vont plus loin en Ecosse. Ceux qui veulent atteindre la côte ouest, peuvent le faire soit en passant par le canal Calédonien, soit en contournant le haut de l'Ecosse. Cependant, à cause des dangers qu'il y a à passer par le Pentland Firth, il est conseillé, si l'on prend la route des îles Orcades, de passer par le détroit de Scapa Flow. Dans ce cas, on fera l'atterrissage au NE de Pentland Skerries. On entrera ensuite dans le détroit de Scapa Flow en passant au sud de South Ronaldsay. Les marées et les courants dans le détroit de Scapa Flow ne sont pas aussi violents que dans Pentland Firth, et l'on peut atteindre plus facilement la côte ouest par cette route. Dans les deux cas, le point de départ suggéré, se trouve juste à l'ouest de Naze, près du port de Korshamn. Un autre bon point de départ sur la côte ouest norvégienne, pour les bateaux allant sur Inverness et les îles Orcades, est Tananger, près de Stavanger.

AN164 *De Norvège au Spitzberg*

MEILLEURE PÉRIODE	juin à août	
SAISON DES CYCLONES	aucune	
CARTES ROUTIÈRES	BA : 4010	SHOM : 6727
	US : 10	
INSTRUCTIONS NAUTIQUES	BA : 11, 58A, 58B	
	US : 182	
GUIDES DE CROISIÈRE	*Norwegian Cruising Guide, Norwegian Arctic Pilot.*	
WAYPOINTS		

Départ	*Intermédiaire*	*Atterrissage*	*Destination*	*Distance (M)*
AN1640 Tromsö *69°39'N, 18°58'E*	AN1641 Torsvag *70°14'N, 19°30'E*			
	AN1642 Bear S 74°20'N, 19°10'E	AN1642 Sorkapp S 76°26'W, 16°20'E	Hornsund *77°00'N, 15°34'E*	452
AN1644 Lofoten N 69°10'N, 15°28'E		AN1645 Sorkapp S	Hornsund	472

Un voyage au Spitzberg, ou, pour employer le nom norvégien correct, dans l'archipel de Svalbard, est une expérience unique. Les conditions de navigation en été sont relativement modérées, et il faut plutôt craindre la mauvaise visibilité que les vents forts. Au milieu de l'été, dans une année normale, la glace ne doit pas poser de sérieux problèmes, et en général, la côte ouest du Spitzberg n'est pas touchée par la glace de juin à novembre. Quoi qu'il en soit, les conditions météo se détériorent rapidement après la mi-août, il vaudra donc mieux y être au début de l'été. La côte du Spitzberg est creusée de fjords profonds, offrant une bonne protection. De grands glaciers tombent dans la mer, formant de grandes falaises de glaces. Les glaces ne posent généralement pas de problème dans la traversée depuis la Norvège au début de l'été, quand le courant du Gulf Stream assure une traversée pratiquement sans glace, après la mi-juin.

La plupart des bateaux qui ont l'intention de naviguer au Spitzberg restent le long des côtes norvégiennes jusqu'à Tromsö, avant de partir vers le large. Tromsö est le port de départ traditionnel des expéditions arctiques, avec d'excellentes possibilités de réparations, d'approvisionnement et d'informations météo. Un passage intérieur très aisé mène à Torsvag, un bon port à la pointe NW de Vannoya. C'est un bon endroit pour repartir vers le large, mais tout l'approvisionnement, ainsi que le gazole, doivent être réalisés à Torsvag, car l'approvisionnement est limité et il n'y a pas de gazole. On peut aussi obtenir au bureau météo de Tromsö des cartes concernant la météo et la position des glaces.

Une autre solution est de quitter le continent au nord des îles Lofoten car la distance ne sera pas considérablement réduite en continuant ENE, vers le cap Nord. Une route directe mène à Sorkapp, une petite île au large du Spitzberg.

L'île aux Ours (Bjornoya ou Bear Island) se trouve en gros à mi-chemin vers le Spitzberg, et l'on peut y trouver refuge si le temps vient à se détériorer. Bien que l'île n'ait pas un port abrité de toutes les directions, il y a des mouillages sur tous les côtés de l'île, donc, en fonction de la direction du vent, on devrait pouvoir y trouver refuge. Le meilleur mouillage est à Sorhamna (74°22'N, 19°10'E), 2 milles au NE de la pointe sud de l'île. Il offre une bonne protection des vents ayant une composante nord. Kvalrossbukta (74°23'N, 19°10'5E), près du NE de Sorhamna, offre une meilleure protection de la houle d'ouest.

Bien que les cartes météo montrent une forte proportion de vents de SW en été, les vents variables sont souvent la règle générale le long de cette route. Le brouillard est fréquent, en particulier près de l'île aux Ours et à l'approche du Spitzberg. Bien que des anomalies magnétiques aient été signalées dans la zone du Spitzberg, aucun problème sérieux n'a été rencontré avec les compas magnétiques, car le pôle magnétique (situé au nord du Groenland) est encore relativement loin.

Dans la mer de Barents, des billes de bois flottant partiellement immergées et donc pratiquement impossibles à voir, représentent un sérieux danger.

Sorkapp, à l'extrémité sud de Sorkappoya, est un bon point d'atterrissage, car il est visible de loin par bonne visibilité. Par mauvaise visibilité, on devra approcher la zone avec beaucoup de précaution, car la côte basse et des hauts-fonds s'étendent à 10 milles au sud des terres plus élevées. Il peut y avoir de la glace au début de l'été, au large et près de la côte. Les vents et la houle augmentent à proximité immédiate de Sorkapp. Par forts vents de d'est, on peut trouver refuge à Stormbukta, 14 milles au NNW de Sorkappoya. Quoi qu'il en soit, le mouillage abrité le plus proche est à Hornsund (77°00'N, 15°36'E), qui est le site d'une station polaire polonaise. Occasionnellement, l'entrée peut être bloquée par la glace et l'on ne peut pas alors s'y arrêter. Pas loin de là, il y a un lagon bien protégé (Antonio Pigafettahamna), créé par le glacier Hansbreen. Il faut entrer dans la zone avec précaution, car elle n'a pas été entièrement cartographiée, et il y a plein de rochers immergés.

Lors d'une mauvaise année, Sorkapp peut être pris par les glaces, il faut alors aller bien à l'ouest, en faisant une quarantaine de milles avant de pouvoir s'approcher à nouveau de la côte du Spitzberg. Bien qu'un permis spécial ne soit pas nécessaire pour aller au Spitzberg, le bureau du District Governor, qui est chargé des services de sauvetage, doit être informé des déplacements de chacun. Les yachts de passage doivent avoir une assurance couvrant les frais de recherche et de sauvetage. Pour plus de détails, écrivez à l'avance à : Sysselmannen pa Svalbard, N-9170 Longyearbyen, Norvège. Longyearbyen situé dans Isfjorden, sur la côte ouest du Spitzberg, est le centre administratif et possède les meilleurs services, il y a aussi des vols réguliers sur Oslo et Tromsö.

De sévères restrictions s'appliquent aux réserves naturelles et, du 15 mai au 15 août, il est interdit de s'approcher à moins de 300 m d'un sanctuaire d'oiseaux. La plupart des animaux sont protégés, et, pour les ours polaires, ils ne peuvent être tués uniquement qu'en cas de légitime défense. Comme les ours sont un risque majeur dans toutes les régions, il est conseillé d'avoir une arme avec soi, pour pouvoir se défendre. On peut en louer sur place au Svalbard Arctic Sport, N-9070 Longyearbyen, Norvège, qui peut aussi faire le nécessaire pour procurer une assurance couvrant les frais de recherche et de sauvetage, mais à un prix peu compétitif. Fin juillet et août sont les seuls mois recommandés pour marcher à terre : il n'y a pas de neige fraîche et l'on peut donc bien voir les crevasses lorsqu'on marche sur les glaciers. C'est différent de l'Antarctique, où la neige peut recouvrir les crevasses même en été.

AN165 *De Norvège en Islande*

MEILLEURE PÉRIODE	juin à août			
SAISON DES CYCLONES	aucune			
CARTES ROUTIÈRES	BA : 4011	SHOM : 6729		
	US : 11			
INSTRUCTIONS NAUTIQUES	BA : 11, 52, 57A			
	US : 141, 181, 182			
GUIDES DE CROISIÈRE	*Cruising Association Handbook ; Faeroe, Iceland and Greenland.*			
WAYPOINTS				

Départ	*Intermédiaire*	*Atterrissage*	*Destination*	*Distance (M)*
AN1651 Eigeroy 58°27'N, 5°50'E	AN1652 Hole 59°42'N, 1°20'E			
	AN1653 Suduroy 61°16'N, 6°55'W	AN1654 Djupivogur 64°37'N, 14°12'W	Berufjordur *64°39'N, 14°18'W*	710
AN1651 Eigeroy	AN1655 Surtsey 63°10'N, 20°20'W			
	AN1656 Reykjanes S 63°48'N, 22°48'W	AN1657 Reykjanes N 64°08'N, 22°50'W	Reykjavik *64°09'N, 21°56'W*	930

C'est la route traditionnelle des Vikings qui fut empruntée régulièrement pendant le Moyen Age, après le légendaire voyage d'Eric le Rouge en Islande et au Groenland, à la fin du Xe siècle. Grâce aux connaissances acquises par ceux qui naviguaient sur cette route, les premiers Vikings arrivèrent au Vinland, ainsi que l'on appelait alors l'Amérique du Nord, plusieurs siècles avant que Christophe Colomb ne tombe par hasard sur ce continent, restant persuadé jusqu'à sa mort qu'il faisait bien partie du continent asiatique.

Les vents dominants d'est sont courants dans

les hautes latitudes et doivent apporter de bonnes conditions de navigation, en particulier si le point de départ se trouve suffisamment au nord pour éviter les effets des dépressions qui traversent l'Atlantique Nord vers l'est. Occasionnellement, on devra faire un détour vers le nord pour toucher ces vents d'est, il est donc essentiel de ne pas entreprendre cette traversée si une dépression approche par l'ouest à la latitude sur laquelle on se trouve. Si une telle dépression passe assez au sud, cela devrait générer les vents d'est espérés.

Un bon port de départ, parfaitement situé pour les bateaux arrivant du Danemark, de Suède ou du sud de la Norvège, est Egersund. C'est un port bien protégé, avec deux entrées, ce qui le rend accessible par pratiquement tous les temps. Il possède aussi les services nécessaires à la traversée à venir.

Du WP AN1651, au NW du phare d'Eigeroy, on peut prendre une route qui passe par le bien nommé Hole (Le Trou), qui sépare les Shetland des îles Fair (WP AN1652). La route la plus sûre passe bien au sud de Sumburgh Head, l'extrémité sud des Shetland. Il y a de violents courants dans la zone, il faudra donc passer à au moins 3 milles de Sumburgh Head. La route est ensuite modifiée pour passer au sud des îles Féroé. On prendra une route légèrement plus nord si l'on a l'intention d'atterrir dans le SE de l'Islande. Mais si l'on a l'intention de naviguer directement vers Reykjavik, sur la côte ouest, du WP AN1652, on fera route sur le WP AN1655, la route passe près du champ pétrolifère de Foinaven, il faut donc faire attention quand on approche cette zone. L'atterrissage se fait au large de la côte sud de l'Islande, près de Surtsey, une île volcanique récemment formée. Près de Vestmannaeyjar, au large de la côte sud de l'Islande, il y a un archipel d'îles volcaniques spectaculaires, où des éruptions récentes ont créé de nouvelles îles et montagnes. Il ne faut pas manquer de s'y arrêter. Les waypoints suivants mènent vers le port de Reykjavik, en contournant le SW de l'île.

Se trouvant pratiquement sur la route directe vers l'Islande, les Shetland et Féroé sont des points d'escale tentants. Dans le cas des Shetland, les fortes marées et tous les autres dangers concernant la navigation dans ces eaux difficiles peuvent être déterminants dans le fait d'y faire escale ou non.

Les fortes marées et la navigation difficile s'appliquent également aux Féroé. La capitale, et port principal, est Torhavn, sur l'île de Streymoy. Parce qu'il se trouve pratiquement au centre du petit archipel, et qu'il faut donc effectuer une navigation côtière compliquée, les instructions détaillées d'approche ne rentrent pas dans le cadre de ce livre. Ceux qui ont décidé de s'arrêter là devront atteindre la partie SW des Féroé, en passant entre les îles de Streymoy et d'Eysturoy, par le chenal Sundini. Le chenal est enjambé par un pont dont la hauteur est de 16 m, et comme le courant peut atteindre 12 nœuds, il faut mieux s'y présenter à l'étale de marée.

Plus de détails sur le temps et les commodités pour les yachts en Islande sont donnés dans la route AN155.

AN166 *De Norvège au Groenland*

MEILLEURE PÉRIODE	juin à août			
SAISON DES CYCLONES	aucune			
CARTES ROUTIÈRES	BA : 4010	SHOM : 6621, 6729		
	US : 10			
INSTRUCTIONS NAUTIQUES	BA : 11, 52, 57A			
	US : 141, 181, 182			
GUIDES DE CROISIÈRE	*Faeroe, Iceland and Greenland.*			
WAYPOINTS				
Départ	*Intermédiaire*	*Atterrissage*	*Destination*	*Distance (M)*
AN1661 Eigeroy 58°27'N, 5°50'E	AN1662 Hole 59°42'N, 1°20'W	AN1663 Christian E 60°02'N, 43°00'W	Ikerasassuaq *60°03'N, 43°10'W*	1495
AN1664 Lofoten S 62°00'N, 3°20'E		AN1665 Dan 65°36'N, 34°00'W	Ammassalik *65°37'N, 37°30'W*	1085

Empruntée pour la première fois il y a mille ans, la route sud est légèrement plus facile, tandis que les routes nord n'attirent que ceux qui recherchent l'aventure. Bien que ni l'une ni l'autre de ces routes ne présente de problèmes majeurs pour un bateau bien construit, les conditions au Groenland même sont loin d'être favorables. La principale difficulté est posée par la glace, qui ne desserre son étreinte de cette énorme île que pendant une courte période, au plus fort de l'été. Le long de la côte est, il y a une étroite bande de terre sans glace, mais la banquise au large rend la navigation dans cette zone impossible ou très dangereuse pour un voilier. Lors d'une bonne année, tout le détroit de David et la baie de Baffin sont libérés de la banquise, mais pas des icebergs, qui ne sont jamais absents. La côte ouest est montagneuse, avec des fjords profonds, ressemblant à ceux de la Norvège. Au SW, il y a une zone sans glace, qui comprend également quelques îles au large. Lors d'un été normal, les vents ont tendance à être variables, avec une composante nord. A terre, les températures en été varient entre 2 °C et 20 °C, mais la température de l'eau s'élève rarement au-dessus de 4 °C. Cela signifie que le brouillard peut être assez fréquent en été, en particulier autour d'Ivgut. Dans la région de Nuuk, il n'y a en général pas de brouillard.

La navigation où que ce soit au Groenland implique que l'on ait un planning sérieux. Comme la côte ouest entre le 63°N et le 69°N est en général libre de toute glace à partir de début juin, grâce au courant chaud du Groenland Ouest, on peut donc entrer dans la zone par l'ouest, en passant à bonne distance du cap Farewell (ou Farvel). Cela peut représenter jusqu'à 120 milles, en fonction des conditions que l'on rencontre. Des jours longs, un temps raisonnable et des températures acceptables rendent possible la navigation, jusqu'à ce que les jours raccourcissent et que les conditions météo se détériorent, ce qui donne le signal du départ, après une saison de croisière trop courte. Le courant du Groenland Est, qui porte au sud et apporte de la glace depuis l'Arctique, rend la côte est inhospitalière tout au long de l'année, et bien qu'en août il soit possible d'arriver jusqu'à la côte, le risque de s'y retrouver piégé décourage la plupart des navigateurs de la visiter.

Il y a deux options qui s'offrent aux bateaux arrivant de Norvège : une route sud, depuis le sud de la Norvège vers la côte ouest du Groenland, et une route nord qui passe au nord de l'Islande et atterrit à Ammassalik, sur la côte est du Groenland.

La route sud passe près des Shetland et des Féroé, ce qui permet d'y faire escale si nécessaire. Ceci est valable également pour l'Islande qui n'est très loin de la route directe, en fait, il est assez improbable que quiconque fasse la traversée sans escale. Pour ceux qui le feraient, les waypoints suggérés esquissent la route la plus simple. Le meilleur point d'atterrissage pour ceux arrivant ainsi est alors le goulet du Prince Christian, au NE du cap Farewell, près de l'extrémité sud du Groenland. Ikerasassuaq (Prince Christian Sound) est un goulet spectaculaire, qui ouvre un passage étroit au nord du cap Farewell. Il y a toujours beaucoup de glace dans le goulet, mais en août, la majeure partie s'est retirée. De forts vents s'engouffrent dans l'étroit passage, et certaines années, l'entrée Est peut être bloquée par la glace, rendant ainsi tout accès impossible. On devra demander conseil à la *Ice Central* à Narssarssuaq, soit par VHF via une station côtière, soit si l'on est plus au large, par BLU, via Jualianehab Radio. Si l'entrée Est de Prince Christian Sound n'est pas ouverte, on peut entrer dans Torsukattak par l'ouest près de Frederiksdal (59°59'N, 44°40'W). Il y a des vols internationaux au départ de la capitale Nuuk (Gothab), ainsi qu'un terrain d'aviation à Narssarssuaq. Les meilleures possibilités de réparation sont à Nuuk, où l'on peut également faire un bon approvisionnement.

Pour ceux qui prévoient d'emprunter une route plus au nord, le phare de Skomvaer, à l'extrémité sud des îles Lofoten constitue un bon point de départ. La route B, à travers la mer de Norvège, atterrit près du cap Dan, qui doit être approché avec précaution car il y a de dangereux rochers situés au sud-ouest de ce cap. On devra demander conseil à la *Ice Central* à Narssarssuaq, par BLU, via Jualianehab (Qaqortoq) Radio, alors que l'on se trouve encore bien au large. Ammassalik est une petite agglomération, la principale de toute la côte est du Groenland. Les services y sont adéquats et il y a des vols réguliers vers Reykjavik et Nuuk.

AN170 ROUTES DANS LES HAUTES LATITUDES DANS LE NW DE L'ATLANTIQUE

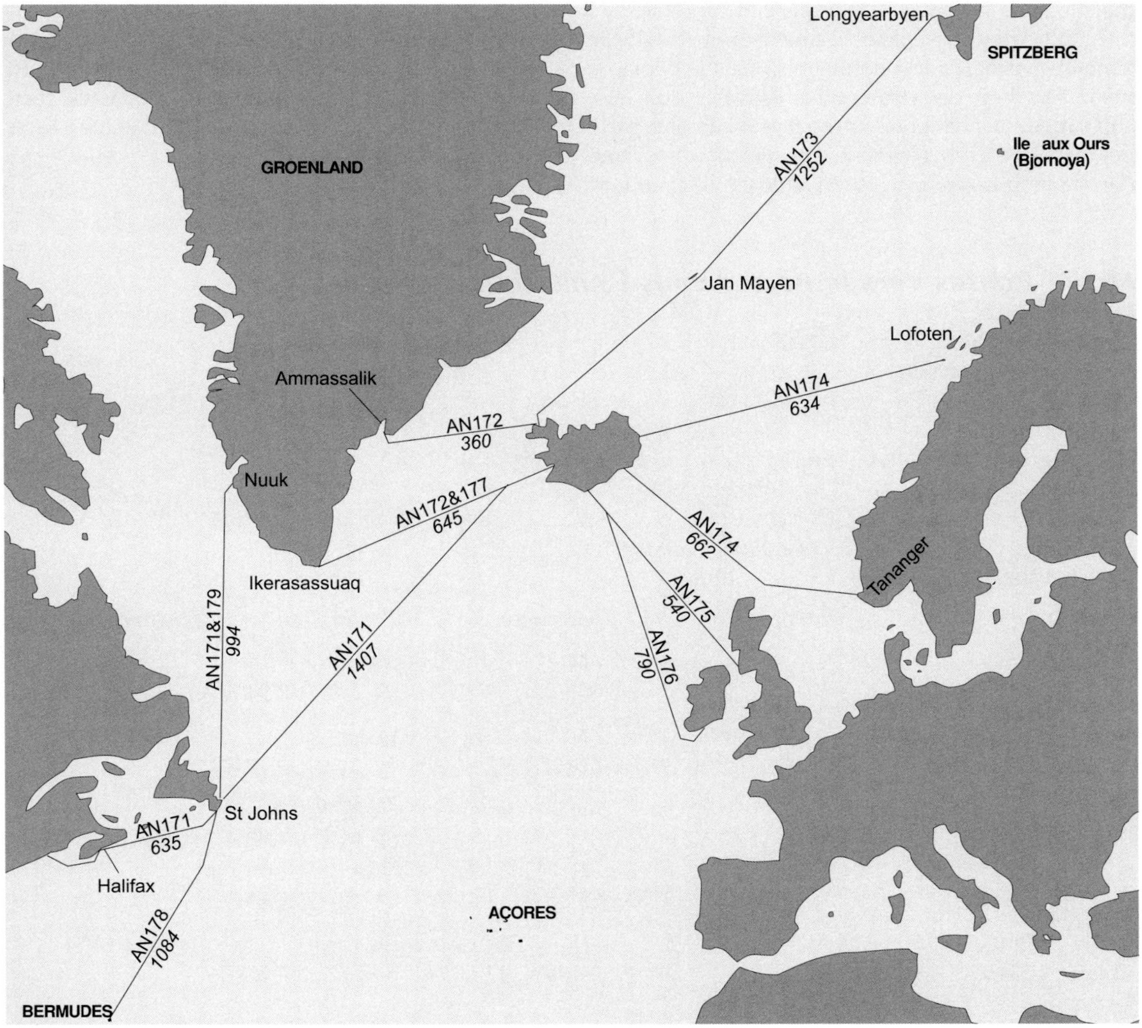

AN170 Routes dans les hautes latitudes dans le NW de l'Atlantique

Autrefois considérées uniquement comme un terrain d'expédition pour les plus téméraires, les routes du grand nord de l'Atlantique sont maintenant fréquentées par un nombre croissant de bateaux de croisière tout à fait ordinaires, leurs propriétaires n'étant aucunement découragés par les épreuves liées à une telle navigation dans les hautes latitudes. Leurs efforts sont plus que récompensés par quelques-uns des paysages les plus sensationnels qu'offre la planète, des glaciers grandioses du Groenland aux paysages volcaniques actifs d'Islande et aux spectaculaires fjords de Norvège. Les conditions de navigation sont loin d'être idéales, mais au moins - pendant l'été - elles sont rarement franchement dangereuses, et ne causeront pas de difficulté majeure à un bateau et un équipage bien préparés.

La plupart de ces routes se situent au-dessus de la zone des vents d'ouest dominants, mais le déplacement vers l'est des dépressions estivales doit être suivi attentivement pour être en mesure de tirer parti des vents qu'elles génèrent. Un facteur important dans le choix des routes est constitué par les courants existants, qui avaient déjà joué un rôle prépondérant dans les routes suivies par les premiers Vikings. Après tout, cela constituait leur terrain de jeu, et d'une manière stupéfiante, les sagas islandaises sont les meilleures sources d'information. Ecrites au XIIe siècle, ces sagas décrivent les routes parcourues par les premiers navigateurs Vikings depuis l'Islande et le Groenland vers le Vinland.

Les routes décrites dans ce chapitre, en liaison avec les chapitres AN 150 et AN 160, aideront à préparer une traversée vers l'une de ces destinations, voire même une traversée de l'Atlantique par les hautes latitudes, en suivant de près les routes défrichées par les intrépides navigateurs Vikings. Pour les vrais aventuriers, même les destinations situées au-dessus du cercle Arctique sont à leur portée et, avec une planification attentive, un voyage aller et retour depuis l'Amérique du Nord jusqu'au Spitzberg, avec escales au Groenland et en Islande, peut être effectué pendant la même saison estivale.

AN171 *Routes vers le nord depuis l'Amérique du Nord*

MEILLEURE PÉRIODE	juin à août	
SAISON DES CYCLONES	aucune	
CARTES ROUTIÈRES	BA: 4011	SHOM: 5417
	US: 121	
INSTRUCTIONS NAUTIQUES	BA: 11, 50, 65	
	US: 145, 146, 181	
GUIDES DE CROISIÈRE	*Cruising Guide to Nova Scotia, Cruising Guide to Newfoundland, Faeroe, Iceland and Greenland.*	

WAYPOINTS

Départ	*Intermédiaire*	*Atterrissage*	*Destination*	*Distance (M)*
AN1710 Maine 43°00'N, 65°00'W		AN1711 Sambro 44°20'N, 63°25'W	Halifax *44°38'N, 63°34'W*	130
AN1712 Scotia 44°30'N, 63°28'W	AN1713 Race 46°35'N, 53°00'W	AN1714 Terra SE 47°30'N, 52°35'W	St John's *47°34'N, 52°42'W*	635
AN1715 Terra N 47°40'N, 52°30'W		AN1716 Frederik 61°53'N, 49°55'W	Frederikshab *62°00'N, 49°40'W*	868
		AN1717 Green 63°55'N, 52°10'W	Nuuk *64°10'N, 51°44'W*	994
AN1718 Terra E 47°36'N, 52°30'W		AN1718 Reykjanes N 64°08'N, 22°50'W	Reykjavik *64°09'N, 21°56'W*	1407

Alors que les routes décrites dans AN141 sont destinées à ceux préparant une traversée sans escale vers le nord de l'Europe en utilisant au mieux les vents d'ouest dominants, les diverses routes détaillées ici sont destinées à ceux préparant des navigations vers le cercle Arctique et au-delà. Les routes décrites dans ce chapitre peuvent aussi être combinées entre elles pour constituer une traversée vers le nord de l'Europe par les hautes latitudes, route qu'empruntent principalement des bateaux européens retournant chez eux par cet itinéraire moins fréquenté. De fait, certains bateaux qui ont traversé l'Atlantique vers les Caraïbes en suivant la route des alizés, ayant ensuite poursuivi leur croisière vers la côte est des USA jusqu'au Canada, se retrouvent tellement au nord qu'il est plus logique pour eux de continuer dans cette direction. Le problème majeur que rencontrent alors ces bateaux est qu'une croisière le long de la côte est se déroule en général au milieu de l'été, époque à laquelle il est généralement trop tard pour entreprendre une traversée vers l'Europe par une telle route. Dans l'idéal, les traversées dans ces hautes latitudes devraient démarrer fin juin, ou même début juillet, ce qui, du moins pour les bateaux européens, nécessite d'avoir prévu de laisser le bateau dans un port de la Nouvelle-Angleterre l'hiver précédent, ou de démarrer la croisière le long des côtes américaines plus tôt en saison, de manière à pouvoir appareiller vers la Nouvelle-Ecosse et Terre-Neuve dès que les conditions météo sont correctes.

De fait, la Nouvelle-Ecosse et Terre-Neuve constituent d'excellentes escales, car elles se trouvent pratiquement situées sur la route directe et s'arrêter à Halifax ou St John's ne constitue pas réellement un détour. Compte tenu du nombre quasi infini de ports de départ possibles, un point théorique a été choisi au large du cap Sable, à l'extrémité sud de la Nouvelle-Ecosse.

Une fois au nord de Terre-Neuve, on a le choix entre faire route directement vers l'Islande, ou faire escale d'abord au Groenland. La route directe mènera selon toute vraisemblance vers Reykjavik, la capitale islandaise, qui constitue un bon point de départ pour entreprendre une croisière autour de cette île splendide. Un compromis consiste à interrompre la traversée en faisant escale sur la pointe sud du Groenland, mais ceci ne doit être tenté qu'en ayant des informations fiables sur le fait que la zone autour du cap Farewell (ou Farvel) - l'extrémité sud du Groenland - est réellement libre de glaces, ce qui, tôt en saison, est rarement le cas. S'il en est ainsi, il faudra s'éloigner de cette zone, d'au moins 120 milles. La meilleure zone de croisière du Groenland se situe sur la côte ouest, qui a non seulement l'avantage d'être libre de glaces plus tôt, mais aussi parce que la zone autour de la capitale Nuuk (Gothab) constitue le plus beau bassin de croisière. Là, le courant ouest du Groenland sera favorable. Lors d'une bonne année, tout le détroit de David et la baie de Baffin sont libérés de la banquise, mais pas des icebergs, qui ne sont jamais absents. La côte ouest est montagneuse, avec des fjords profonds, ressemblant à ceux de la Norvège. Au SW, il y a une zone sans glace, qui comprend également quelques îles au large. Lors d'un été normal, les vents ont tendance à être variables, avec une composante nord. A terre, les températures en été varient entre 2 °C et 20 °C, mais la température de l'eau s'élève rarement au-dessus de 4 °C. Cela signifie que le brouillard peut être assez fréquent en été, en particulier autour d'Ivgut. Dans la région de Nuuk, il n'y a en général pas de brouillard.

Faisant route au nord depuis Terre-Neuve, si la glace le permet, une bonne et première escale sur la côte ouest du Groenland est Frederikshab (Paamiut). Une route intérieure se dirige vers le nord depuis ce petit port bien abrité. Cependant, certains étés, la côte est bloquée par les glaces jusque-là, on doit alors continuer par la route du large jusqu'à Nuuk, dont les approches sont bien balisées; cependant une navigation très précise est toujours de rigueur à cause des nombreux rochers dangereux.

La navigation où que ce soit au Groenland implique que l'on ait un planning sérieux. Comme la côte ouest entre le 63°N et le 69°N est en général libre de toute glace à partir de début juin, grâce au courant chaud du Groenland Ouest, on peut donc entrer dans la zone par le sud-est, en passant à bonne distance du cap Farewell. Cela peut représenter jusqu'à 120 milles, en fonction des conditions que l'on rencontre. Des jours longs, un temps raisonnable et des températures acceptables rendent possible la navigation, jusqu'à ce que les jours raccourcissent et que les conditions météo se détériorent, ce qui donne le signal du départ, après une saison de croisière trop courte. Le courant du Groenland Est, qui porte au sud et apporte de la glace depuis l'Arctique, rend la côte est inhospitalière tout au long de l'année, et bien qu'en août il soit possible d'arriver jusqu'à la côte, le risque de s'y retrouver piégé décourage la plupart des navigateurs de la visiter.

Les bateaux quittant Terre-Neuve directement pour l'Islande devront traverser le courant contraire du Labrador, quoique plus près de l'Islande, le courant Irminger portant au nord compensera le terrain perdu auparavant.

En fonction des conditions météo générales régnant sur l'Atlantique Nord, les dépressions estivales peuvent passer au nord ou au sud de L'Islande. En général, les vents autour de l'Islande suivent toujours le même régime, ceux au nord ont une composante est, et à l'inverse, ceux au sud, une composante ouest. Cela signifie que les bateaux qui approchent l'Islande par le SW devront se diriger vers Reykjavik, qui offre les meilleurs services, et faire le tour de l'île dans le sens contraire des aiguilles d'une montre. Pour plus de détails, se référer à AN 155. Les autres routes décrites dans ce chapitre indiquent comment continuer le voyage vers le nord de l'Europe, voire le Spitzberg.

AN172 *Du Groenland à l'Islande*

MEILLEURE PÉRIODE	juin à août	
SAISON DES CYCLONES	aucune	
CARTES ROUTIÈRES	BA: 4112	SHOM: 6621
	US: 112	
INSTRUCTIONS NAUTIQUES	BA: 11	
	US: 181	
GUIDES DE CROISIÈRE	*Faeroe, Iceland and Greenland.*	
WAYPOINTS		

Départ	*Intermédiaire*	*Atterrissage*	*Destination*	*Distance (M)*
AN1720 Ikerasassuaq *60°03'N, 43°10'W*	AN1721 Christian N 60°03'N, 43°05'W	AN1722 Reykjanes N 64°08'N, 22°50'W	Reykjavik *64°09'N, 21°56'W*	645
AN1723 Ammassalik *65°37'N, 37°30'W*	AN1724 Dan 65°36'N, 34°00'W	AN1725 Vestfir 66°13'N, 23°30'W	Isafjördur *66°04'N, 23°07'W*	360

Les vents pour cette traversée doivent être favorables, et cela doit compenser le fait que le courant est du Groenland soit défavorable. Un sujet de préoccupation majeur est la présence d'icebergs, amenés vers le sud par ce même courant, une veille permanente devra être exercée, spécialement dans la zone proche du Groenland. Pour les bateaux quittant la côte ouest du Groenland, le détroit du Prince Christian constitue un bon point de départ, car c'est un bon abri si l'on doit attendre une amélioration du temps. D'un point situé à quelques milles au large du phare qui marque l'entrée du détroit, une route directe mène vers la péninsule de Reykjanes, à l'approche de Reykjavik. La capitale Reykjavik n'est pas forcément le meilleur endroit pour trouver une bonne place pour un bateau de voyage, et Hafnarfjordur (64°04'N, 21°58'W), à 5 milles au sud de Reykjavik, est le port favori des navigateurs. Le port est toujours très actif, mais les visiteurs sont toujours bien accueillis. Tous les services sont disponibles dans les environs de la ville, qui accueille également le très populaire Festival Viking qui se tient là tous les deux ans (le prochain est prévu en juillet 2007).

Les bateaux partant depuis Ammassalik, une fois parés les dangers proches du cap Dan, devront suivre une route qui les fera passer par le détroit du Danemark vers le WP AN1725. Les bateaux en provenance de la côte est du Groenland, ou de plus au nord, comme du Spitzberg, feront leur atterrissage à Isafjördur, qui est bien abrité dans un fjord sur le côté NW de Vestfirdir. C'est la grande péninsule qui forme le NW de l'Islande, une zone remarquable indentée par de nombreux fjords. A cause de sa proximité avec le courant est du Groenland, qui balaie le détroit du Danemark, cette péninsule constitue la partie la plus froide de l'Islande et la neige persiste jusqu'en été. Isafjördur est la principale agglomération sur la rive sud du fjord du même nom. Elle offre de bons services et des possibilités de communications, et constitue une excellente base pour explorer les alentours, que ce soit en bateau ou par la terre. Voir AN 155 pour d'autres détails concernant la croisière en Islande.

AN173 *De l'Islande au Spitzberg*

Meilleure période	juin à août			
Saison des cyclones	aucune			
Cartes routières	BA: 4010	SHOM: 6727		
	US: 10			
Instructions nautiques	BA: 11			
	US: 181, 182			
Guides de croisière	*Faeroe, Iceland and Greenland; Arctic Pilot for Svalbard & Jan Mayen.*			
Waypoints				
Départ	*Intermédiaire*	*Atterrissage*	*Destination*	*Distance (M)*
AN1730 Isafjördur *66°04'N, 23°07'W*	AN1731 Straumnes 66°30'N, 23°10'W			
	AN1732 Mayen S 70°47'N, 8°58'E			
	AN1733 Mayen N 71°11'N, 7°58'E	AN1734 Linné 78°02'N, 13°35'E	Longyearbyen *78°13'5N, 15°37'E*	1252

Avec un plus fort pourcentage de vents de SW pendant le court été, la traversée entre l'Islande et le Spitzberg (Svalbard) bénéficie en règle générale de meilleures conditions que dans l'autre sens. Commodément située à mi-chemin, l'île de Jan Mayen offre une escale intéressante, bien que dépourvue d'un mouillage protégé de tous les vents. Il convient de noter que, tandis que les Vikings exploraient des latitudes relativement plus basses au tournant du premier millénaire, le moine irlandais Brendan avait dès le VIIe siècle prit pied sur Jan Mayen, sa description d'une l'île « noire et roussie » constitue le premier témoignage écrit d'une exploration Arctique!

Bien que des anomalies magnétiques aient été signalées dans la zone du Spitzberg, aucun problème sérieux n'a été rencontré avec les compas magnétiques, car le pôle magnétique (situé au nord du Groenland) est encore relativement loin. Dans la mer de Barents, des billes de bois flottant partiellement immergées et donc pratiquement impossibles à voir représentent un sérieux danger. Le brouillard est fréquent en été, en particulier lors de l'approche du Spitzberg.

Les bateaux se dirigeant vers le NE depuis l'Islande partiront vraisemblablement depuis la côte ouest, qui offre les meilleurs services pour préparer cette traversée. Le petit port d'Isafjördur constitue un excellent point de départ, avec de bonnes facilités pour avitailler et des liaisons avec la capitale, Reykjavik. En quittant le fjord, un bon point de départ se situe au NW de Vestfirdir, d'où l'on peut suivre une route directe vers Sorkapp (70°49'6N, 8°59'1W), à l'extrémité sud de Jan Mayen. A cause des rochers immergés qui entourent toute l'île, il ne faut pas s'en approcher à moins d'un mille et demi. Le seul endroit habité est Olonkinbyen, ou il y a une station Loran et radio. Près de Batvika, une petite baie offre un bon abri contre les vents d'ouest, alors que Kvalrossbukta, de l'autre côté de l'île offre une bonne protection des vents d'est. Par vents de sud on trouvera un bon mouillage à Nordbukta, juste à l'ouest de Nordkapp (71°09'6N, 7°58'W), l'extrémité nord de l'île. C'est un bon point de départ pour le reste de la traversée.

Les bateaux approchant le Spitzberg par le SW doivent prévoir leur atterrissage sur l'agglomération principale, Longyearbyen, qui est aussi la capitale, située dans Isfjorden, sur la côte ouest du Spitzberg. L'atterrissage se fera au large du cap Linné, à l'entrée d'Isfjorden, avant de pénétrer dans le fjord profond.

Bien qu'un permis spécial ne soit pas nécessaire pour aller au Spitzberg, le bureau du District Governor, qui est chargé des services de sauvetage, doit être informé des déplacements de chacun. Les yachts de passage doivent avoir une assurance couvrant les frais de recherche et de sauvetage. Pour plus de détails, écrivez à l'avance à: Sysselmannen pa Svalbard, N-9170 Longyearbyen, Norvège. Longyearbyen situé dans Isfjorden, sur la côte ouest du Spitzberg, est le centre administratif et possède les meilleurs services, il y a aussi des vols réguliers sur Oslo et Tromsö. Pour plus de détails sur le Spitzberg, se référer à AN154 et AN164.

AN174 *De l'Islande à la Norvège*

MEILLEURE PÉRIODE	juin à août	
SAISON DES CYCLONES	aucune	
CARTES ROUTIÈRES	BA: 4011	SHOM: 6729
	US: 11	
INSTRUCTIONS NAUTIQUES	BA: 11, 52, 57A	
	US: 141, 181, 182	
GUIDES DE CROISIÈRE	*Cruising Association Handbook, Faeroe, Iceland and Greenland.*	

WAYPOINTS

Départ	*Intermédiaire*	*Atterrissage*	*Destination*	*Distance (M)*
AN1740 Berufjordur *64°39'N, 14°18'W*	AN1741 Djupivogur 64°37'N, 14°12'W	AN1742 58°52'N, 5°32'E	Tananger *58°56'N, 5°35'E*	662
AN1743 Surtsey 63°10'N, 20°20'W	AN1744 Hole 59°42'N, 1°20'E	AN1745 Eigeroy 58°27'N, 5°50'E	Egersund *58°27'N, 6°00'E*	823
AN1743 Surtsey	AN1744 Hole	AN1746 Jutland 56°44'N, 8°11'E	Thyborön *56°43'N, 8°14'E*	935
AN1747 Seydhisfjördur *65°16'N, 13°59'W*	AN1748 65°20'N, 13°36'W	AN1749 Lofoten S 67°20'N, 11°50'E	Skomvaer *67°24'N, 11°52'E*	634

Une route directe vers des ports situés au sud de la Norvège ou le Danemark doit bénéficier des vents d'ouest dominants dans les latitudes au sud de l'Islande. Situées sur la route, les îles Féroé et les Shetland constituent des escales commodes, bien que la navigation difficile à leur approche puisse être dissuasive. En général, il est logique de visiter d'abord le reste de l'Islande et de partir ensuite de la côte est. Un bon port de départ sur cette côte est Berufjordur. De là, la route passe près du nord des îles Féroé et des Shetland et atterrit au large de Tananger. Le petit port de Tananger, près de Stavanger, constitue un bon point de départ pour ceux qui veulent commencer une croisière en Norvège.

Une autre solution consiste à quitter l'Islande depuis les récentes îles volcaniques de Vestmannaeyjar. La route passe suffisamment au sud de la pointe Sumburgh aux Shetland pour éviter la mer dure qui se trouve dans ses environs. De là, une route se dirige vers Eigeroy, dans le sud de la Norvège, alors qu'une autre va vers le port danois de Thyborön. Ce dernier est situé à l'extrémité ouest du Limfjorden, une très belle zone de croisière constituée de lacs et de chenaux qui coupent à travers la péninsule du Jutland, offrant ainsi un accès superbe à la mer Baltique. Comme les vents dominants sont NE en été le long de la côte ouest de la Norvège, il est plus logique d'explorer cette côte du nord vers le sud, dans ce cas on choisira une route allant d'Islande vers l'un des ports au nord de la Norvège. Ce pourra aussi être la route choisie par ceux qui se dirigeant vers le Spitzberg souhaitent partir d'un port norvégien tel que Tromsö. Un bon point de départ pour une telle route est Seydhisfjördur, qui est aussi un terminal de ferries vers la Norvège, le Danemark et les Shetland. Il y a de bonnes possibilités pour d'éventuelles réparations et l'avitaillement. La route à travers la mer de Norvège conduit aux îles Lofoten, l'atterrissage se fait au phare de Skomvaer, à la pointe SW de la chaîne des îles Lofoten. On peut continuer vers le nord en naviguant dans les eaux abritées du Vestfjorden, les îles Lofoten formant une barrière entre l'Atlantique et le continent.

AN175 *De l'Islande à l'Ecosse*

MEILLEURE PÉRIODE	juin à août	
SAISON DES CYCLONES	aucune	
CARTES ROUTIÈRES	BA : 4011 US : 11	SHOM : 6771, 6621, 6729
INSTRUCTIONS NAUTIQUES	BA : 11, 52 US : 141, 181	
GUIDES DE CROISIÈRE	*Cruising Association Handbook, Faeroe, Iceland and Greenland.*	
WAYPOINTS		

Départ	*Intermédiaire*	*Atterrissage*	*Destination*	*Distance (M)*
AN1750 Berufjordur *64°39'N, 14°18'W*	AN1751 Djupivogur 64°37'N, 14°12'W	AN1752 Barra S 56°45'N, 7°40'W	Oban *56°25'N, 5°29'W*	588
AN1750 Berufjordur	AN1751 Djupivogur	AN1753 Lewis 58°35'N, 6°00'W		434
AN1754 Surtsey 63°10'N, 20°20'W		AN1752 Barra S		540
AN1754 Surtsey		AN1753 Lewis		500

Comme la plupart de ceux qui visitent l'Islande essaient d'en faire le tour, le point de départ dépendra en premier de l'endroit où la boucle sera achevée. Un bon port de départ sur la côte est se situe au large du fjord de Djupivogur, tandis que ceux arrivant de la côte ouest prendront leur départ au large de Surtsey, une île volcanique de formation récente. Non loin au nord se trouve Vestmannaeyjar, un archipel issu des éruptions qui ont secoué l'Islande dans les années 70. C'est un bon endroit pour achever une croisière estivale en Islande.

Depuis Surtsey, la route directe mène vers Barra Head, à l'approche du Canal du Nord. Si à cause du temps ou pour d'autres considérations, on choisit un autre point d'atterrissage, on devra passer au nord des Hébrides et utiliser l'abri procuré par le détroit de Minch pour rejoindre des destinations situées en Ecosse ou en Angleterre. Les ports sur la côte est peuvent être atteints en empruntant le canal Calédonien, mais si l'on choisit une route au large, il est plus prudent de passer au nord des îles Orcades ou par les eaux abritées du détroit de Scapa Flow.

Pour cette route, les vents pendant l'été doivent être en grande partie favorables, leur direction dominante étant ouest ou sud-ouest.

AN176 *De l'Islande à l'Irlande*

MEILLEURE PÉRIODE	juin à août	
SAISON DES CYCLONES	aucune	
CARTES ROUTIÈRES	BA : 4011 US : 11	SHOM : 6618, 6621, 6729
INSTRUCTIONS NAUTIQUES	BA : 11, 40 US : 142, 181	
GUIDES DE CROISIÈRE	*Cruising Association Handbook, Faeroe, Iceland and Greenland.*	
WAYPOINTS		

Départ	*Intermédiaire*	*Atterrissage*	*Destination*	*Distance (M)*
AN1761 Surtsey 63°10'N, 20°20'W		AN1762 Fair 55°25'N, 7°25'W	Coleraine *55°09'N, 6°41'W*	638
AN1761 Surtsey	AN1763 Inish 52°02'N, 10°45'W AN1764 Mizen 51°26'N, 9°56'W		Crosshaven *51°28'2N, 9°43'W*	790

Les conditions météo de cette traversée doivent être favorables car même les vents forts soufflent de la bonne direction. Les bateaux quittant la côte ouest de l'Islande prendront leur départ au large de Surtsey, une île volcanique de formation récente, à l'extrémité sud de Vestmannaeyjar, un archipel issu des éruptions qui ont secoué l'Islande dans les années 70.

Les côtes nord et ouest de l'Irlande offrent une telle variété de croisière que préconiser un point d'atterrissage particulier est presque impossible. Pour ceux qui désirent en voir le plus possible et souhaitent ensuite terminer leur croisière sur la côte SW plus abritée, il vaut mieux se diriger vers l'un des ports de la côte nord. Un waypoint théorique a été indiqué au large de Fair Head, mais l'on doit souligner que l'atterrissage ne doit s'effectuer que par beau temps car c'est clairement une région dangereuse. Si le temps se détériore, on doit alors se diriger vers la rivière de Bann (55°10'4N, 6°46'5W) où la marina Coleraine offre les meilleurs services de toute la zone. Le détroit d'Inistrahull ne doit pas être emprunté s'il y a une grande houle, et par mauvais temps, il faut passer à au moins 3 milles au nord des rochers Torr.

Lorsqu'on atterrit, la côte doit être approchée avec beaucoup de précaution car, par vent du large, l'entrée de nombreux ports est impraticable à cause de la houle qui déferle. Un autre danger à éviter est constitué par les filets à saumon et les casiers à langouste que l'on trouve tout au long de la côte.

Les bateaux se dirigeant vers la côte SW doivent faire leur atterrissage au large de Mizen Head, à l'extrémité SW de l'Irlande. L'abri le plus proche est Crookhaven, où les services sont très rudimentaires. Des services plus élaborés ne seront disponibles que bien plus à l'est, à Kinsale (51°42'N, 8°30'5W), ou encore plus loin à Crosshaven (51°48'2N, 8°17'7W) dans le port de Cork. C'est la meilleure marina de la côte sud d'Irlande et elle est proche de la ville de Cork.

AN177 *De l'Islande au Groenland*

MEILLEURE PÉRIODE	juin à août	
SAISON DES CYCLONES	aucune	
CARTES ROUTIÈRES	BA: 4112	SHOM: 6621
	US: 112	
INSTRUCTIONS NAUTIQUES	BA: 11	
	US: 181	
GUIDES DE CROISIÈRE	*Faeroe, Iceland and Greenland.*	
WAYPOINTS		

Départ	*Intermédiaire*	*Atterrissage*	*Destination*	*Distance (M)*
AN1770 Reykjavik *64°09'N, 21°56'W*	AN1771 Reykjanes N 64°08'N, 22°50'W	AN1772 Christian N 60°03'N, 43°05'W	Ikerasassuaq *60°03'N, 43°10'W*	645
AN1773 Isafjördur *66°04'N, 23°07'W*	AN1774 Vestfir 66°13'N, 23°30'W	AN1775 Dan 65°36'N, 34°00'W	Ammassalik *65°37'N, 37°30'W*	360

Il n'y a pas un grand choix de destinations quand on se dirige vers le Groenland et, certaines années, la totalité de la côte est peut encore être bloquée par les glaces au début de la saison.

Le port le plus proche au Groenland est Ammassalik, juste après le détroit du Danemark. Le port d'Isafjördur, situé sur le côté NW de la péninsule de Vestfirdir constitue un excellent point de départ. Une navigation très attentive est nécessaire le long de cette route nord à cause du risque d'icebergs entraînés au sud par le courant est du Groenland. En approchant de la terre, les rochers situés au SW du cap Dan devront être bien parés avant de se diriger vers le chenal d'accès au port d'Ammassalik. Celui-ci possède les meilleurs services de la côte est du Groenland ainsi que des liaisons aériennes régulières avec Nuuk et Reykjavik.

Une destination plus attrayante est Ikerasassuaq (Prince Christian Sound), un détroit spectaculaire qui offre un étroit passage au nord du cap Farewell (ou Farvel), qui est situé à l'extrémité sud du

Groenland sur l'île d'Eggers. Le WP d'atterrissage AN1772 est situé à quelques milles plein E du phare (60°03'6N, 43°09'7W) qui marque l'entrée du Prince Christian Sound. Il y a toujours beaucoup de glaces dans le détroit, mais en août la plus grande partie est dégagée. Des vents forts sont canalisés dans ce passage étroit et, certaines années, l'entrée E peut être bloquée par les glaces. On peut obtenir des informations sur la situation des glaces sur le canal 16, données par Prins Christian Sund Radio ou par *Ice Central* à Narssarssuaq, ou bien par VHF par l'intermédiaire d'une station côtière, ou, si l'on est plus au large, en FM par l'intermédiaire de la radio de Jualianehab. Si l'entrée E de Prince Christian Sound n'est pas ouverte, on pourra peut-être entrer par le côté W, près de Frederiksdal (59°59'N 44°40'W).

La côte occidentale du Groenland est libre de glaces plus tôt en saison, près de Nuuk Godthab. Si c'est la seule destination accessible, il se peut que les bateaux venant d'Islande aient à passer bien au sud du cap Farvel (jusqu'à plus de 120 milles) pour éviter les glaces, avant de faire du NW. Il y a des vols internationaux depuis la capitale Nuuk ainsi que de l'aérodrome de Narsaarsuaq. Les meilleurs équipements de réparation se trouvent à Nuuk, ainsi que les meilleures possibilités d'approvisionnement.

AN178 *De l'Islande au Canada et aux Bermudes*

Meilleure période	juin à août	
Saison des cyclones	juillet à octobre	
Cartes routières	BA : 4011	SHOM : 5417, 6561
	US : 121	
Instructions nautiques	BA : 11, 50, 59, 65, 70	
	US : 140, 145, 146, 181	
Guides de croisière	*Faeroe, Iceland and Greenland, Cruising Guide to Newfoundland.*	
Waypoints		

Départ	*Intermédiaire*	*Atterrissage*	*Destination*	*Distance (M)*
AN1780 Reykjavik *64°09'N, 21°56'W*	AN1781 Reykjanes 64°08'N, 22°50'W	AN1782 Terra E 47°36'N, 52°30'W	St John's *47°34'N, 52°42'W*	1416
AN1784 St John's *47°34'N, 52°42'W*	AN1785 Terra SE 47°30'N, 52°35'W			
	AN1786 Race 46°35'N, 53°00'W	AN1787 Scotia 44°30'N, 63°28'W	Halifax *44°38'N, 63°34'W*	532
AN1784 St John's	AN1785 Terra SE			
	AN1786 Race			
	AN1787 Bermudes N 32°35'N, 64°50'W	AN1788 Bermudes 32°22'N, 64°38'W	St George's *32°22'N, 64°40'W*	1084

Cette route directe est empruntée par ceux qui n'ont pas le temps de s'arrêter au Groenland, qui doit alors être évité en passant jusqu'à 200 milles au sud du cap Farewell pour réduire le risque de rencontrer des glaces apportées par le courant est du Groenland. Même ainsi, il faudra rester vigilant car les icebergs peuvent dériver beaucoup plus au sud que ce que l'on imagine. Par mauvaise visibilité, il faudra renforcer la veille. Pendant l'été, les vents prédominants le long de cette route sont de SW, et habituellement faibles, les vents forts restant l'exception. La probabilité de coups de vent augmente si l'on va vers le sud lorsque l'on rejoint la zone des vents d'ouest dominants.

Reykjavik, ou un port proche, où les meilleurs services pour la plaisance de toute l'Islande sont concentrés, est le meilleur point de départ pour cette traversée. L'influence des divers courants rencontrés doit être prise en considération - en premier le courant contraire Irminger, et ensuite le courant favorable est du Groenland et le courant du Labrador. Une escale à St John's est vivement conseillée avant de continuer vers un port situé dans le golfe du Maine ou du nord de la Nouvelle Angleterre. Cette zone étant sous l'influence des vents d'ouest dominants, les bateaux se dirigeant vers le sud auront intérêt à faire route directe vers les Bermudes. Il faut alors garder à l'esprit que les Bermudes sont affectées par les cyclones, qui peuvent toucher l'île à n'importe quel moment entre juin et novembre, quoique la période entre juillet et octobre soit la plus dangereuse, septembre étant le pire mois. Par conséquent, une traversée au début de l'été vers les Bermudes sera plus sûre que plus tard en saison, lorsque les conditions météo plus au sud doivent être suivies très attentivement.

Les bateaux approchant les Bermudes par le N doivent redoubler de vigilance car les pires dangers autour de l'île sont dans ce secteur. Deux waypoints ont été indiqués pour faciliter l'approche du port de St George depuis le N et le NE, qui est rejoint par le Town Cut. Voir AN143.

AN179 *Routes vers le sud depuis le Groenland*

MEILLEURE PÉRIODE	juin à août	
SAISON DES CYCLONES	aucune	
CARTES ROUTIÈRES	BA : 4011 US : 121	SHOM : 6663, 6620
INSTRUCTIONS NAUTIQUES	BA : 11, 50, 65, 70 US : 145, 146, 181	
GUIDES DE CROISIÈRE	*Faeroe, Iceland and Greenland, Cruising Guide Newfoundland.*	
WAYPOINTS		

Départ	*Intermédiaire*	*Atterrissage*	*Destination*	*Distance (M)*
AN1790 Nuuk *64°10'N, 51°44'W*	AN1791 Green 63°55'N, 52°10'W	AN1792 Terra N 47°40'N, 52°30'W	St John's *47°34'N, 52°42'W*	1004
AN1793 Frederiksdal *59°59'N, 44°40'W*	AN1794 Frederik 59°56'N, 44°40'W	AN1795 Terra N	St John's	800
AN1796 St John's *47°34'N, 52°42'W*	AN1797 Terra S 47°30'N, 52°35'W AN1798 Race 46°35'N, 53°00'W	AN1799 Scotia 44°30'N, 63°28'W	Halifax *44°38'N, 63°34'W*	541

Cette route ne doit être empruntée qu'à la fin de l'été, quand le courant ouest du Groenland a suffisamment dégagé la glace pour pouvoir traverser la mer du Labrador en direction de Terre-Neuve. La zone autour de Nuuk est habituellement libre de glaces bien plus tôt en saison que d'autres parties du Groenland, et l'on trouve également les meilleurs services à Nuuk, ce dernier constitue donc un bon port de départ. Si l'on envisage une route directe vers la côte est de Terre-Neuve, à cause de la concentration de glaces autour du cap Farwell (ou Farvel - situé à l'extrémité sud du Groenland sur l'île d'Eggers), il faudra faire une veille très attentive à cause du risque d'icebergs jusqu'à 200 milles au moins de ce cap. Certaines années, on peut trouver des glaces aussi sud que la Nouvelle-Écosse, il faut donc se renseigner soigneusement sur la situation en cours.

Ceux qui ont navigué sur la côte ouest du Groenland jusqu'au détroit du Prince Christian partiront de Frederiksdal. L'entrée du détroit est parsemée de rochers et petits îlots, qui requièrent une navigation très prudente jusqu'à ce que l'on ait atteint la haute mer. Il y a un risque d'icebergs même en plein été, en particulier au nord de St John's où on peut en trouver jusqu'en août. Cela conduit à une saison de navigation très courte car les premiers coups de vent d'hiver peuvent survenir dès septembre. Cependant il est possible de naviguer dans ces eaux en prenant des précautions, avec de bonnes prévisions météo de jour comme de nuit. Certains des plus petits icebergs peuvent ne pas apparaître sur le radar, il faut s'en souvenir lorsqu'on navigue par mauvaise visibilité. Dans ce cas, contactez le "Traffic" sur le canal 13, 14 ou 21 en donnant vos position, cap et vitesse, et vous recevrez la position des bateaux qui se trouvent dans vos parages.

Les services sont restreints à St John's mais il y a de bonnes connexions aériennes vers de nombreuses destinations, nationales et internationales. Pour la continuation du voyage vers le sud, voir AN178.

6

ROUTES TRANSÉQUATORIALES DANS L'ATLANTIQUE

Le meilleur moyen de naviguer d'un hémisphère à l'autre a toujours préoccupé les marins depuis que les premiers explorateurs ont découvert la zone de calmes qui séparait la ceinture des alizés des deux océans. « Les embarras bien connus des zones équatoriales », c'est ainsi que Alexander George Findlay évoquait les zones de calmes tropicaux, le pot au noir, dans son *« Memoir of the Northern Atlantic Ocean »* publié au siècle dernier, un livre très complet dans lequel il essayait de rassembler tout ce qui était connu à l'époque concernant les systèmes de vents dans l'Atlantique Nord. La meilleure stratégie pour aborder la zone des calmes équatoriaux y est débattue en détail car des traversées rapides à travers l'équateur étaient alors de la plus grande importance pour les armateurs de navires à voile reliant l'Europe et l'Amérique du nord avec le reste du monde avant l'ouverture des deux grands canaux et la prolifération des navires à moteur.

Le premier météorologue qui a essayé de traiter les observations concernant le vent et le temps d'une manière scientifique était un officier de la marine américaine, le capitaine Matthew Fontaine Maury, qui a commencé à collecter des informations météorologiques d'une manière systématique au début du XIXe siècle et fut à l'origine des « pilot charts ». Quoiqu'intéressé à l'origine par le temps dans l'Atlantique Nord et la recherche des meilleurs moyens pour accélérer les traversées entre les Etats-Unis et le nord de l'Europe, le capitaine Maury a étudié aussi les traversées de l'équateur. Le principal dilemme rencontré par les navires reliant les deux hémisphères était de savoir où traverser la zone des calmes équatoriaux. Il était connu depuis longtemps que la zone des calmes équatoriaux de l'Atlantique avait la forme d'un triangle avec une base située le long des côtes africaines, entre les îles du Cap-Vert et l'équateur, et se rétrécissant vers l'ouest. Ainsi en abordant cette zone de calmes bien à l'ouest, on peut la traverser sur une plus courte distance.

Le résultat du travail du capitaine Maury, basé sur des milliers d'observations obtenues de la part des marins qu'il avait persuadés de remplir des journaux de bords spéciaux fournis par lui, fut de suggérer de traverser l'équateur entre les méridiens 30°W et 31°W. Comme ces recommandations étaient à l'origine destinées aux navires naviguant de l'Amérique du nord vers le cap Horn ou le cap de Bonne Espérance, les instructions furent par la suite modifiées pour les voyages transéquatoriaux partant d'Europe de manière à tirer parti des changements saisonniers de temps qui affectent la zone des calmes équatoriaux. Des instructions spécifiques pour chaque mois sont nécessaires non seulement à cause du mouvement saisonnier de la zone de convergence intertropicale, mais aussi parce que la direction des alizés de sud-est tend à être plus sud quand le soleil est au nord de l'équateur que quand il se trouve dans son sud.

Un autre débat parmi les capitaines de navires se dirigeant vers le sud concernait la meilleure manière de passer les îles du Cap-Vert, devait-on passer dans leur ouest ou bien passer entre l'archipel et la côte africaine? Prenant en considération les arguments du capitaine Maury en faveur d'un passage à l'ouest de l'équateur quelle que soit la période de l'année, l'Institut Royal de Météorologie des Pays-Bas publia une étude comparative des routes suivies par un grand nombre de navires hollandais, étant passés à l'intérieur ou à l'extérieur des îles du Cap-Vert. Les temps de traversée de 455 navires hollandais furent alors comparés avec ceux de 144 navires américains, la plupart étant des clippers, qui avaient aussi choisi une route intérieure ou extérieure dans leur traversée de l'équateur. Les résultats de cette expérience portant sur 599 navires constituent une lecture fascinante, même si les conclusions ne sont pas aussi tranchées que l'on pourrait s'y attendre. La plupart des navires (340 Hollandais, 111 Américains) décidèrent de passer à l'ouest des îles (seulement 114 Hollandais et 34 Américains passèrent à l'est), mais la durée moyenne de la traversée ne fit apparaître qu'une journée en faveur de ceux passés à l'extérieur. On conclut de fait que la route ouest doit être préférée et que le seul moment où le passage intérieur est plus avantageux se situe entre décembre et février, mais l'avantage est si mince que la décision finale concernant la route à suivre doit être déterminée par d'autres considérations, qui seront discutées en relation avec les routes concernées.

Les controverses causées par les calmes équatoriaux continuent à ce jour et le dilemme n'est pas encore résolu. La stratégie optimale pour les routes transéquatoriales vers le sud reste un problème majeur pour les skippers et les navigateurs participant aux diverses courses autour du monde, qui continuent à se creuser les méninges pour savoir quelle route leur assurera le meilleur passage vers le cap de Bonne Espérance ou le cap Horn tout comme les capitaines des clippers d'autrefois le faisaient avant eux. Cependant, avec des observations par satellite en amélioration constante, les calmes équatoriaux pourraient finalement finir par livrer leurs secrets et les services de routages basés à terre peuvent maintenant conseiller les plus petits bateaux sur la meilleure route à prendre. La planification des routes y perdra certainement en plaisir et en intérêt, mais au moins ces « embarras équatoriaux » cesseront d'être un casse-tête.

AT10 ROUTES VERS LE SUD

La meilleure longitude pour traverser l'équateur dépend beaucoup de la position de la zone de convergence intertropicale (ZCI) à l'époque du passage. Heureusement les images satellites montrent sa position exacte, ce qui aide ceux ayant accès à ces informations à choisir la meilleure stratégie. La ZCI change de position mais aussi de forme, étant plus étroite dans une zone et plus large dans une autre. Pouvoir la traverser dans, ou près de, sa partie la plus étroite a représenté un grand avantage et les résultats de plusieurs courses récentes se sont joués sur l'équateur.

Les bateaux de course naviguant habituellement sur de longues distances, leurs exigences sont très différentes de celles des bateaux de croisière dont les traversées sont influencées par beaucoup de considérations, parmi lesquelles la vitesse n'est pas un nécessairement la plus importante. Les projets de croisière immédiats, la proximité de ports pratiques pour réapprovisionner, et une foule d'autres facteurs doivent être pris en considération avant de prendre une décision finale quant à la meilleure tactique à mettre en œuvre.

Comme la route orthodromique depuis l'Europe vers l'Amérique du Sud passe près des îles du Cap-Vert, entre janvier et avril on peut l'emprunter et passer près de l'ouest de ces îles en suivant le méridien 26°W. L'autre route à l'intérieur des îles du Cap-Vert sera évoquée plus tard. A cette période de l'année on rencontrera des vents de sud aux environs de la latitude 4°N et l'équateur devra être traversé entre les longitudes 26°W et 28°W. Entre mai et juillet les mêmes instructions s'appliquent, mais l'on doit essayer de faire de l'est après les îles du Cap-Vert de manière à traverser l'équateur vers 25°W ou 26°W.

Les routes transéquatoriales sont influencées à partir du milieu de juillet par la mousson de sud-

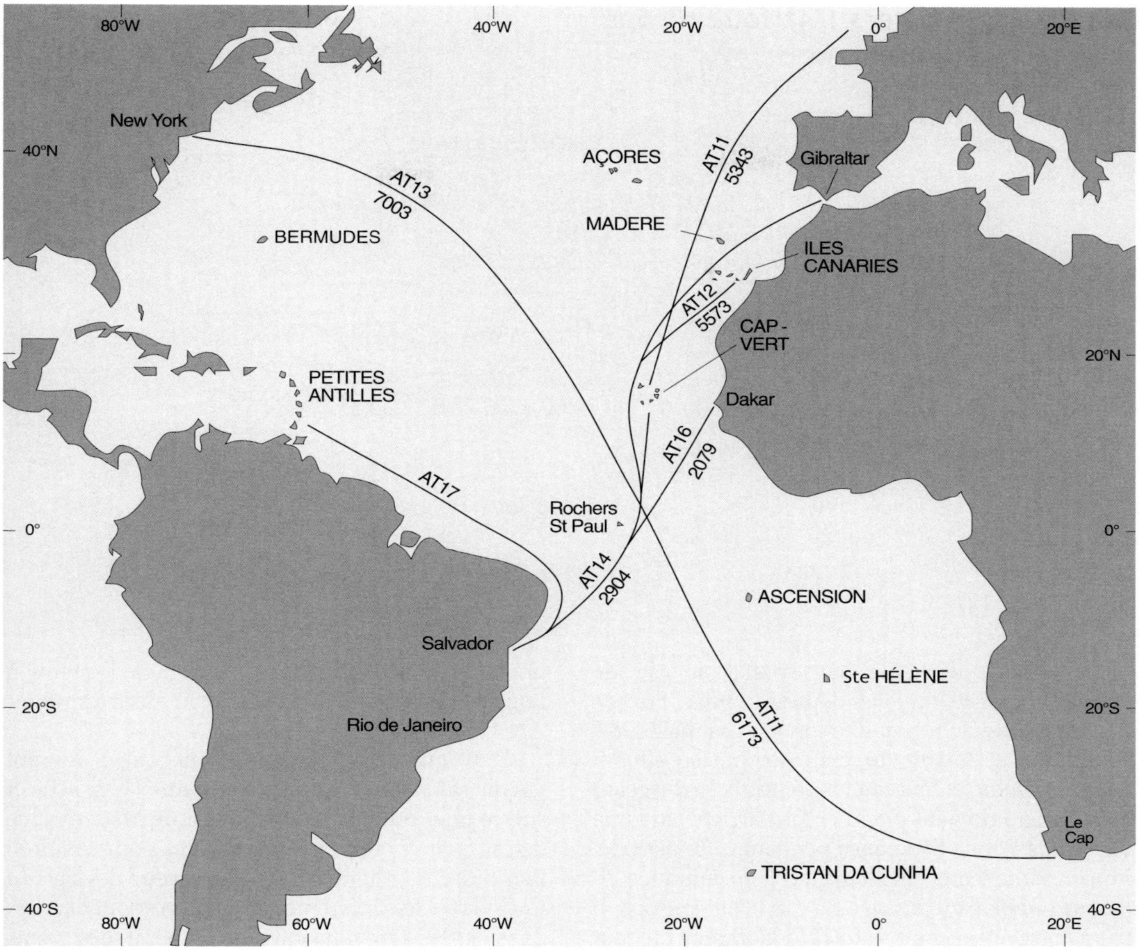

AT10 Routes vers le sud

ouest, qui souffle du côté africain de l'Atlantique entre l'équateur et les îles du Cap-Vert. Pendant ces mois on devra s'efforcer de gagner vers l'est avec l'aide des vents de sud-ouest au sud de la latitude 10°N et l'équateur peut être traversé le long du méridien 23°W. Après août, les points de traversée se déplacent graduellement vers l'ouest, se situant vers 25°W en septembre et 27°W ou 28°W en octobre. Pendant ces mois, on peut rencontrer des vents de sud entre 7°N et 8°N. En novembre et décembre, il est judicieux de gagner vers l'est au sud des îles du Cap-Vert de manière à traverser le méridien 25° W aux environs de 6° N, et depuis ce point l'amure permettant de faire le plus de sud devra être prise pour pouvoir traverser l'équateur pas plus loin vers l'ouest que 29° W.

Ces instructions ne sont données qu'à titre indicatif, car les conditions varient d'année en année et une stratégie différente devra être appliquée si les alizés de SE sont rencontrés plus au nord. Pour une traversée vers le sud à travers l'équateur l'endroit le plus pratique pour traverser la zone des calmes équatoriaux n'est pas la seule considération, car il est aussi important d'avoir fait suffisamment d'est pour pouvoir conserver les alizés de sud-est bâbord amure après le renflement de l'Amérique du Sud.

Comme sur certaines routes, on ne peut donner de waypoints intermédiaires, seuls les points de destination et de départ sont indiqués. Par conséquent les distances indiquées concernent les routes orthodromiques sauf indication contraire.

AT11 *D'Europe vers l'Afrique du Sud*

MEILLEURE PÉRIODE	octobre à janvier			
SAISON DES CYCLONES	aucune			
CARTES ROUTIÈRES	BA : 2127 US : 22, 120	SHOM : 6815,6808		
INSTRUCTIONS NAUTIQUES	BA : 1, 2, 5, 22, 27, 67 US : 121, 123, 140, 143, 191	SHOM : C22, C23, C3, C4, C5		
GUIDES DE CROISIÈRE	*South Africa Nautical Almanac.*			
WAYPOINTS				

Départ	*Intermédiaire*	*Atterrissage*	*Destination*	*Distance (M)*
AT110 Lizard 49°55'N, 5°10'W	AT111 Finisterre 44°00'N, 10°00'W	AT116 Table S 34°00'S, 18°20'E	Le Cap *33°55'S, 18°26'E*	6173
AT112 Gibraltar 36°08'N, 5°22'W	AT113 Espartel 35°50'N, 5°57'W			
	AT115 20°00'N, 26°00'W	AT116 Table S	Le Cap	5573
AT114 Vilamoura 37°01'N, 8°08'W	AT115	AT116 Table S	Le Cap	5503

La période optimale pour passer le cap de Bonne Espérance limite les départs depuis l'Europe à une période de un ou deux mois. Les meilleures conditions à l'extrémité de l'Afrique se situent entre décembre et février et les bateaux se dirigeant vers Le Cap doivent planifier leur arrivée au large du cap de Bonne Espérance pendant cette période. En conséquence la meilleure période indiquée ci-dessus se réfère au passage du cap lui-même et non pas à la traversée dans sa totalité. Comme l'on peut difficilement recommander un départ d'Europe du Nord en plein hiver, nous supposons que les bateaux entreprenant cette traversée auront pris des dispositions pour partir auparavant et faire escale quelque part sur leur route, ou partiront depuis un port de l'Europe du Sud, comme Gibraltar ou Vilamoura, d'où un départ en hiver posera moins de problèmes.

Les instructions pour les bateaux quittant la Manche sont similaires à celles décrites dans AN13. Après avoir franchi le golfe de Gascogne, les skippers des bateaux se dirigeant vers le sud sont confrontés au dilemme de choisir une route vers l'est ou vers l'ouest. C'est le choix de la route qui a désigné le gagnant de la première étape de la Whitbread (course autour du monde en équipage) en 1993 et par conséquent une stratégie doit être basée sur les dernières prévisions météo disponibles. Une route Est passera à l'est des Canaries et, en fonction de la période de l'année et des conditions de temps attendues, passera à l'est ou à l'ouest et des îles du Cap-Vert. Voir aussi les routes AN 118 et AN 152.

Ceux qui ont choisi une route ouest devront gagner vers l'ouest après avoir quitté la Manche et suivre une route passant à l'ouest de Madère. Une décision devra être prise à ce point pour savoir si l'on passe à l'intérieur ou à l'extérieur des îles du Cap-Vert et les différentes alternatives sont décrites dans AT10. On rencontre en général des vents mieux établis du côté ouest des îles du Cap-Vert, et si on prend cette option, on doit gagner vers l'est au sud des îles de manière à arriver dans les alizés de SE avec un meilleur angle.

Les bateaux quittant des ports d'Europe du Sud doivent suivre les mêmes instructions que pour la route AN32 jusqu'aux îles Canaries d'où les instructions pour la route AN12 s'appliqueront. Si une traversée sans escale est préférée, la route depuis Gibraltar passe entre Madère et les Canaries et rejoint la route depuis l'Europe du Nord à la longitude 20° ouest (WP AT115). Normalement on aura rejoint les alizés de sud-est à hauteur de l'équateur et en novembre – décembre ils s'étendent habituellement jusqu'à la latitude de 5° N. A cette période de l'année la longitude recommandée pour traverser l'équateur se situe entre 27°W et 29°W. Quoiqu'une telle traversée bénéficie normalement de meilleurs vents et de la traversée d'une zone de calmes équatoriaux plus étroite, certains préfèrent se diriger plus vers l'est au nord de l'équateur pour conserver cet avantage jusque dans les alizés de sud-est. Le risque d'une telle démarche est de se retrouver à devoir traverser une plus grande bande de calmes équatoriaux.

Au sud de l'équateur l'objectif est de faire le plus possible route à l'est alors que l'on est encore sous l'influence des alizés de sud-est, qui habituellement font sentir leur influence jusqu'à 23° S. Au-delà de la limite sud des alizés les vents sont variables. Entre 25° sud et Le Cap la direction dominante des vents pendant l'été est de nord de telle manière qu'il ne devrait pas être trop difficile de gagner vers l'est sous ces latitudes. Cependant, compte tenu de la forte proportion de vents d'est dans la partie est de l'Atlantique Sud, on ne doit pas faire route vers l'est prématurément. Une fois que l'on a perdu les alizés, la route décrit une boucle vers le cap de Bonne Espérance traversant les méridiens 20° W par 30° S, 10° W par 32°S, et 0° par 35°S. Le reste de la traversée se fera à la latitude du Cap. En approchant la côte de l'Afrique du Sud, il faut faire attention à ne pas être dépalé vers le nord par le fort courant. Dans l'idéal, Le Cap doit être approché par le sud-ouest.

Parfois les alizés de sud-est s'étendent plus au sud et il est alors difficile de gagner suffisamment à l'est au-dessus de la latitude 30° S. Dans un tel cas, on peut être obligé de plonger plus sud et on passera près de Tristan da Cunha. Une escale dans cette île reculée et balayée par le vent mérite bien un petit détour et l'accueil chaleureux de ses habitants solitaires compensera les inconvénients du mouillage houleux. Comme le mouillage principal est exposé, il doit être quitté si le temps se détériore. Voir aussi les routes AS21, AS22, et AS23.

AT12 *Des îles Canaries vers l'Afrique du Sud*

Meilleure période	octobre à Janvier			
Saison des cyclones	aucune			
Cartes routières	BA: 2127	SHOM: 6815,6808		
	US: 22, 120			
Instructions nautiques	BA: 1, 2, 5	SHOM: C4, C5		
	US: 121, 123, 140, 143			
Guides de croisière	*South Africa Nautical Almanac.*			
Waypoints				
Départ	*Intermédiaire*	*Atterrissage*	*Destination*	*Distance (M)*
AT120 Las Palmas 28°07'N, 15°24'W	AT121 Canaries S 27°25'N, 15°30'W			
	AT122 20°00'N, 26°00'W	AT123 Table S 34°00'S, 18°20'E	Le Cap *33°55'S, 18°26'E*	4889

Comme la route depuis l'Europe vers Le Cap passe près des Canaries, la plupart des bateaux qui ne sont pas en course s'arrêtent dans ces îles lors de leur progression vers le sud. Une telle escale permet de quitter l'Europe pendant l'automne et la traversée suivante vers l'Afrique du Sud peut être faite au bon moment. Pour ceux qui sont déjà en route, une escale dans les Canaries ou les îles du Cap-Vert n'est pas toujours justifiée, particulièrement en hiver quand il est préférable de traverser l'équateur plus à l'ouest. Se référer aux routes AN52 et à AN53 si l'on prévoit de s'arrêter aux îles du Cap-Vert ou en Afrique de l'ouest.

En quittant les Canaries la route directe se dirige au sud sud-ouest et passe près du nord-ouest des îles du Cap-Vert. Cette route à l'ouest des îles du Cap-Vert doit être préférée entre octobre et janvier, lorsqu'on rencontre des vents mieux établis à l'ouest de ces îles. Les instructions concernant les longitudes auxquelles l'équateur doit être traversé sont données dans AT10. Au sud de l'équateur les instructions de la route AT11 s'appliquent.

Quoique la route traverse une zone potentielle de formation de cyclones à l'ouest des îles du Cap-Vert, les tempêtes y atteignent rarement la force d'un cyclone car elles sont encore en phase de développement. Le passage peut être fait à toute époque de l'année.

AT13 *D'Amérique du Nord vers l'Afrique du Sud*

Meilleure période novembre
Saison des cyclones juin à novembre
Cartes routières BA : 2127 — SHOM : 6561,6813,6808 — US : 22, 120
Instructions nautiques BA : 1, 2, 5, 69, 70 — SHOM : C4, C5 — US : 121, 123, 124, 140
Guides de croisière *South Africa Nautical Almanac.*
Waypoints

Départ	*Intermédiaire*	*Atterrissage*	*Destination*	*Distance (M)*
AT131 Chesapeake 36°45'N, 75°45'W	AT132 35°00'N, 45°00'W AT133 5°00'N, 25°00'W AT134 30°00'S, 30°00'W	AT135 Table S 34°00'S, 18°20'E	Le Cap *33°55'S, 18°26'E*	7003
AT130 Brenton 41°24'N, 71°16'W	AT132 AT133 AT134	AT135 Table S	Le Cap	7980

Comme pour les bateaux qui partent d'Europe, le moment du départ depuis la côte est des Etats-Unis est déterminé par la meilleure période pour passer le cap de Bonne Espérance, qui se situe entre janvier et mars. Si le voyage doit se terminer au Cap, la période d'arrivée est moins cruciale et la traversée peut être faite pratiquement à n'importe quel moment, quoiqu'il soit préférable d'éviter les mois d'hiver, de mai à septembre, dans la région du Cap.

Un bon créneau pour partir d'un port quelconque sur la côte est des Etats-Unis est mi-novembre. Un départ à ce moment-là devrait pouvoir éviter à la fois le risque d'un coup de vent de nord et le risque d'un cyclone tardif. Comme la zone des alizés de nord-est devra être traversée dans sa plus grande largeur, il est préférable de gagner autant que possible vers l'est le long de la latitude 35°N, où les vents de nord-ouest sont prédominants en novembre. Après avoir traversé le méridien 45°W (WP AT132), la route s'incurve graduellement vers le sud-est pour passer près de l'ouest des îles du Cap-Vert. On doit gagner vers l'est une fois au sud des îles du Cap-Vert de manière à ce que la latitude 5° N soit traversée vers le 25°W (WP AT133). Les alizés de sud-est seront rencontrés aux environs de cette latitude et le fait d'avoir gagné vers l'est permet de traverser l'équateur en restant bâbord amure. L'endroit où l'équateur doit être traversé est dicté par la largeur et la position de la zone de convergence intertropicale et AT10 détaille les longitudes optimales où l'on trouvera la bande la plus étroite de calmes équatoriaux aux différentes époques de l'année. Pendant une traversée vers Le Cap, cependant, le skipper peut décider de continuer à faire route vers l'est à travers l'équateur, même si une zone de calmes équatoriaux plus large doit être traversée, en utilisant le moteur si nécessaire. Une arrivée dans l'Atlantique Sud plus à l'est assurera un meilleur angle avec les vents de sud-est. Sinon, pendant la meilleure période de l'année, l'équateur doit être traversé entre les longitudes 27° W et 29° W.

Les alizés de sud-est seront traversés avec le meilleur angle permis par les possibilités de remontée au vent du bateau. La limite sud de ces alizés s'étend normalement jusqu'à une ligne qui joint le cap de Bonne Espérance à l'île brésilienne de Trinidad. La route continue sud-est dans une zone de vents variables jusqu'au WP AT134. Pratiquement la même route doit être conservée jusqu'à ce que la latitude 35° S soit atteinte. Le reste du passage vers Le Cap doit suivre cette latitude. Se référer aussi aux routes AT11, AS22, et AS23.

AT14 *Des îles Canaries vers le Brésil*

MEILLEURE PÉRIODE	septembre à février	
SAISON DES CYCLONES	aucune	
CARTES ROUTIÈRES	BA: 4012, 4022 US: 22, 120	SHOM: 6561, 6813, 6807
INSTRUCTIONS NAUTIQUES	BA: 1, 5 US: 121, 124, 140, 143	SHOM: C4
GUIDES DE CROISIÈRE	*South Atlantic Circuit, Havens & Anchorages covering the East Coast of South America.*	

WAYPOINTS

Départ	*Intermédiaire*	*Atterrissage*	*Destination*	*Distance (M)*
AT140 Las Palmas 28°07'N, 15°24'W	AT141 Canaries S 27°25'N, 15°30'W AT142 20°00'N, 26°00'W AT143 Noronha N 3°40'S, 32°28'W		Fortaleza *3°43'S, 38°29'W*	2601
AT140 Las Palmas	AT141 Canaries S AT142 AT143 Noronha N	AN144 Bahia 12°55'S, 38°25'W	Salvador *12°58'S, 38°30'W*	2904
AT140 Las Palmas	AT141 Canaries S AT142 AT143 Noronha N	AN145 Rio 22°50'S, 43°05'W	Rio de Janeiro *22°55'S, 43°12'W*	3554

Le bon moment pour effectuer cette traversée dépend essentiellement de la date d'arrivée souhaitée au Brésil, plutôt que des conditions de navigations que l'on peut rencontrer en cours de route. La majorité de ceux qui entreprennent cette traversée essaie de se trouver au Brésil pour le carnaval, ce qui signifie une arrivée sur Salvador (Bahia) ou Rio de Janeiro avant le début de février.

Le passage à travers les calmes équatoriaux représente un dilemme majeur, les opinions étant divisées quant au meilleur endroit pour traverser l'équateur. La première décision à prendre, cependant, est de décider si l'on va passer à l'intérieur ou à l'extérieur des îles du Cap-Vert après avoir quitté les Canaries. Si un arrêt dans l'une des îles du Cap-Vert ou dans l'ouest de l'Afrique n'est pas au programme, il vaut mieux rester légèrement à l'ouest des îles du Cap-Vert (WP AT142). Suivant la période de l'année, les alizés de nord-est seront perdus quelque part entre 10°N (septembre) et 4°N (décembre). Comme la zone des calmes équatoriaux de l'Atlantique se rétrécit en direction de l'ouest, il est plus logique d'essayer de la traverser plus près de la côte brésilienne. Les bateaux traversant les calmes équatoriaux près de la côte africaine doivent habituellement aller beaucoup plus loin pour trouver les alizés de sud-ouest que ceux qui traversent plus à l'ouest. La largeur de la zone des calmes équatoriaux fluctue grandement suivant la saison et la longitude, se situant entre 100 et 400 milles. Les bateaux se dirigeant vers le sud rencontrent normalement les alizés de sud-est entre l'équateur (juillet) et la latitude de 3°S (janvier), quoique des vents avec une composante sud puissent être rencontrés n'importe où au sud de 10°N.

Une escale populaire pour les bateaux se dirigeant vers le Brésil est Fernando de Noronha, petite île au large de la côte du Brésil. Ceux qui ont l'intention d'y faire escale peuvent atterrir au nord-est de l'île au WP AT143, qui a été listé comme un waypoint intermédiaire. Bien que ce ne soit pas un port d'entrée officiel, les bateaux sont autorisés à y effectuer un court séjour en cas de réelle urgence, sinon les bateaux de croisière ne sont plus autorisés à s'y arrêter. Un port pratique d'entrée au Brésil, juste au sud de l'équateur, est Fortaleza. D'autres atterrissages et destinations possibles sont répertoriés comme Salvador et Rio de Janeiro. Il convient de préciser qu'entre octobre et février les vents de nord-est prédominent le long de la côte brésilienne entre le cap São Roque et le cap Frio, rendant les traversées vers le sud plus faciles, sans compter l'aide apportée par le courant portant au sud ouest. Il convient de rappeler aux navigateurs que la plupart des étrangers visitant le Brésil doivent arriver en possession d'un visa en cours de validité.

AT15 *Des îles du Cap-Vert au Brésil*

MEILLEURE PÉRIODE	octobre à février	
SAISON DES CYCLONES	aucune	
CARTES ROUTIÈRES	BA : 4215, 4202	SHOM : 6813, 6807
	US : 22, 106	
INSTRUCTIONS NAUTIQUES	BA : 1, 5	SHOM : C4
	US : 124, 143	
GUIDES DE CROISIÈRE	*South Atlantic Circuit, Havens & Anchorages covering the East Coast of South America.*	

WAYPOINTS

Départ	*Intermédiaire*	*Atterrissage*	*Destination*	*Distance (M)*
AT150 Vicente 16°53'N, 25°00'W	AT151 Noronha N 3°40'S, 32°28'W	AT152 sur Fortaleza 3°40'S, 38°27'W	Fortaleza *3°43'S, 38°29'W*	1672
AT150 Vicente	AT151 Noronha N	AT153 sur Recife 8°00'S, 34°49'W	Recife *8°04'S, 34°52'W*	1610
AT150 Vicente	AT151 Noronha N	AN154 Bahia 12°55'S, 38°25'W	Salvador *12°58'S, 38°30'W*	1973

Les instructions concernant les points de passage optimum pour traverser l'équateur sont données dans AT10. Si la destination au Brésil se situe entre le cap São Roque et le cap Frio, l'équateur peut être traversé plus à l'ouest que les points de passage recommandés pour les routes qui continuent vers l'Afrique du Sud. Cependant, l'équateur ne doit pas être traversé plus à l'ouest que 30° ouest car sinon on pourrait se retrouver à devoir batailler contre les alizés de sud-est au sud de l'équateur sauf si cette traversée est effectuée entre octobre et février, quand les vents de nord-est prédominent entre le cap São Roque et le cap Frio.

Pendant la bonne saison, les vents le long de la côte brésilienne sont nord-est et le courant porte au sud ouest, permettant de rejoindre facilement n'importe quel port situé le long de cette côte. Entre mars et septembre, les vents viennent du sud-est et le courant porte au nord-est. Il est alors nécessaire de gagner dans le sud bien avant la côte et d'essayer d'atterrir au vent de son port de destination. En arrivant du nord, il est judicieux de prévoir d'arriver dans les ports situés les plus au sud entre octobre et février, quand les vents sont nord-ouest, et de remonter la côte pendant le reste de l'année, quand les alizés du sud-est s'établissent.

Il ne faut approcher les rochers de St Pierre et St Paul qu'avec précaution car ils sont très peu visibles du large. En fonction du point où la côte brésilienne sera approchée, un premier arrêt est possible à Fernando de Noronha, petite île au large du cap São Roque. Ceux qui prévoient de s'y arrêter doivent prévoir leur atterrissage au nord-est de l'île au WP AT151. Bien que ce ne soit pas un port d'entrée officiel, les bateaux sont autorisés à y effectuer un court séjour. Un port pratique d'entrée au Brésil, juste au sud de l'équateur, est Fortaleza. D'autres atterrissages et destinations possibles sont répertoriés comme Recife et Salvador.

AT16 *De l'Afrique de l'Ouest au Brésil*

MEILLEURE PÉRIODE	octobre à février	
SAISON DES CYCLONES	aucune	
CARTES ROUTIÈRES	BA : 4215, 4202	SHOM : 6813,6807
	US : 22, 106	
INSTRUCTIONS NAUTIQUES	BA : 1, 5	SHOM : C4
	US : 124, 143	
GUIDES DE CROISIÈRE	*South Atlantic Circuit, Havens & Anchorages covering the East Coast of South America.*	

Waypoints

Départ	*Intermédiaire*	*Atterrissage*	*Destination*	*Distance (M)*
AT161 Cap-Vert 14°45'N, 17°35'W				
AT162 Banjul 13°35'N, 16°55'W	AT163 Noronha N 3°40'S, 32°28'W	AT164 sur Fortaleza 3°40'S, 38°27'W	Fortaleza *3°43'S, 38°29'W*	1778 1751
AT161 Cap-Vert AT162 Banjul	AT163 Noronha N	AT165 sur Recife 8°00'S, 34°49'W	Recife *8°04'S, 34°52'W*	1716 1689
AT161 Cap-Vert AT162 Banjul	AT163 Noronha N	AN166 Bahia 12°55'S, 38°25'W	Salvador *12°58'S, 38°30'W*	2079 2052

L'Afrique de l'ouest est en train de devenir une destination populaire et de nombreux bateaux qui y croisent continuent leur voyage vers le Brésil avant de naviguer vers les Caraïbes. Le passage de l'équateur requiert une planification précise car la zone des calmes équatoriaux à proximité de la côte africaine peut avoir une largeur de 400 à 500 milles. Même au moteur, le passage du pot au noir à cet endroit peut être très inconfortable à cause de la houle confuse générée par les différents systèmes d'alizés qui se rencontrent à ce point. Il est donc recommandé d'essayer de rester avec les alizés de nord-est au nord de l'équateur et de ne traverser celui-ci qu'à la longitude de 29°W ou 30°W. Une traversée plus à l'ouest n'est pas recommandée si l'on se dirige vers Salvador à cause du risque de vents contraires au sud de l'équateur. Salvador de Bahia qui abrite un grand nombre de manifestations nautiques internationales, possède maintenant les meilleurs services pour les yachts du nord du Brésil. Voir aussi AT10 et AT15.

AT17 *Des Petites Antilles au Brésil*

Meilleure période	novembre à février	
Saison des cyclones	aucune	
Cartes routières	BA: 4216, 4202 US: 22, 108	SHOM: 6898, 6814, 6807
Instructions nautiques	BA: 5, 7A, 71 US: 124, 147, 148	SHOM: H5
Guides de croisière	*South Atlantic Circuit, Havens & Anchorages covering the East Coast of South America.*	

Waypoints

Départ	*Intermédiaire*	*Atterrissage*	*Destination*	*Distance (M)*
AT170 Port of Spain *10°39'N 61°31'W*	AT171 Paria S 10°03'5N 61°58'W	AT172 Luis NE 2°33'S 44°17'W	São Luis Maranhao *2°30'S 44°20'W*	1369
AT170 Port of Spain	AT171 Paria S	AT172 Fortaleza N 3°40'S 38°26'W	Fortaleza *3°43'S 38°29'W*	1798
AT170 Port of Spain	AT171 Paria S	AT173 Natal E 5°47'S 35°03'W		
		AT174 Recife NE 8°00'S 34°46'W	Recife *8°04'S 34°52'W*	2067

Le fort courant de la Guyane qui porte au nord-ouest dissuade la plupart des gens d'entreprendre cette traversée directe, et ceux qui l'ont tenté dans le passé ont préféré prendre une route au large. Cependant, en restant près de la côte, il est possible d'éviter la majeure partie du courant. En restant dans des eaux relativement peu profondes (30 à 50 m), on évite la majeure partie ou même la totalité de ce fort courant de Guyane qui porte au nord-ouest. Si l'on navigue très près de la côte, le GPS peut être d'une grande utilité en permettant de vérifier la force et la direction du courant. Le plateau continental s'étend très loin au large, la ligne de sonde des 50 mètres pouvant être éloignée jusqu'à 40 ou 80 milles des côtes brésiliennes. La meilleure période pour naviguer vers le sud se situe entre octobre et mars quand les vents dominants sont d'est et les alizés de nord-est deviennent mieux établis.

Le meilleur endroit pour commencer ce voyage est Trinidad d'où l'on devra suivre la côte de l'Amérique du sud en restant à proximité ou même à l'intérieur de la ligne de sonde des 20 m. Compte tenu de la grande étendue du plateau continental, les eaux peu profondes s'étendent loin vers le large, rendant possible de tirer de relativement grands bords. Parfois on trouvera même un contre-courant favorable. Bien sûr, l'aide apportée par un moteur puissant sera bien utile ainsi que des cartes de détail de la côte. Lorsque l'on approche de l'embouchure de l'Amazone, il est judicieux de s'éloigner au large pour éviter de subir les effets des courants de rivière.

Une fois passé le cap São Roque, les conditions pendant la bonne saison s'améliorent d'une manière spectaculaire car les vents le long de la côte brésilienne entre octobre et février soufflent de nord est. Le courant devient aussi favorable car il porte au sud-ouest, rendant très facile de rejoindre n'importe quel port le long de cette côte. De mars à septembre, les vents dominants soufflent du sud-est et les courants portent au nord-est. Pour les bateaux se dirigeant vers le sud pendant cette période il devient alors nécessaire de naviguer bien au large de la côte où les chances de rencontrer des vents favorables sont plus grandes.

Le point de départ logique pour une traversée vers le sud est Trinidad. Quoiqu'étant sous l'influence des alizés de nord-est la plus grande partie de l'année, la position plus au sud de Trinidad et sa proximité du continent n'amoindrît pas leur influence pendant les mois d'été, entre juin et novembre, qui est aussi la saison des pluies. Un vent de sud-est balaye les plaines bordant le golfe de Paria, créant chaque après-midi une mer formée dans le golfe. La mer est généralement dure près de l'île, avec les vents qui rencontrent les forts courants sortant du golfe de Paria et contournant la côte nord de l'île. Le courant dans les Bouches du Dragon porte en général vers le nord et peut atteindre 5 nœuds, il s'établit rarement au sud. Etant située au sud de la zone des cyclones, Trinidad est rarement affectée par les tempêtes tropicales et, au cours du XXe siècle, un seul cyclone a touché l'île.

On longera les trois anciennes Guyanes, la Britannique (Guyana), la Hollandaise (Surinam) et la Française (Cayenne) sur le chemin vers le sud. Cette région du continent sud-américain est située dans la zone des alizés de nord-est, quoique les alizés de sud-est affectent effectivement cette zone pendant la période d'août à octobre quand la zone de convergence intertropicale se déplace vers le nord. La saison la plus humide se situe entre mai et juillet, septembre et octobre étant les mois les plus secs. Les alizés de nord-est sont à leur maximum de janvier à mars avec une composante plutôt nord en début de saison et plus est après. De mai jusqu'à juillet il y a plus de calmes et des grains fréquents alors que les vents passent graduellement de l'ENE à l'ESE. Lorsqu'ils sont établis, les alizés de sud-est ne sont pas très forts et le retour au nord-est se produit brusquement sans les grains qui caractérisent l'autre changement de saison. Près de la côte, le vent décroît la nuit et se relève de nouveau le matin, et habituellement plus tôt il se relève dans la journée plus le vent sera fort ce même jour. Des brises de terre de sud-ouest à nord-ouest peuvent apparaître près de la côte, spécialement dans la dernière partie de l'année, mais elles ne durent pas longtemps.

Le seul port d'entrée officiel dans l'ex-Guyane britannique est sa capitale Georgetown (6° 49'N, 58°11'W). Pour le Surinam, le port d'entrée est la capitale Paramaribo (5°50'N, 55°10'W), située à 13 milles en amont de la rivière Surinam. Les formalités d'entrée à Cayenne se font à Degrad des Cannes (4°51'N, 52° 16'W), quoique les bateaux se dirigeant vers le sud peuvent faire escale sans avoir effectué les formalités d'entrée aux îles du Salut (5°15'N, 52°35'W), juste à la hauteur de la frontière entre le Surinam et Cayenne lorsque l'on progresse vers le sud. Quelques cas de piraterie ont été rapportés en Guyane près de la frontière avec le Surinam, il est donc recommandé de rester à bonne distance des côtes de la Guyane et du Surinam. Le premier port officiel d'entrée au Brésil, situé juste au sud de l'équateur, est São Luis Maranhao (2°30'S, 44°20'W). En raison de la complexité de cette route, les waypoints ne sont donnés que pour aider à la planification.

AT20 ROUTES VERS LE NORD

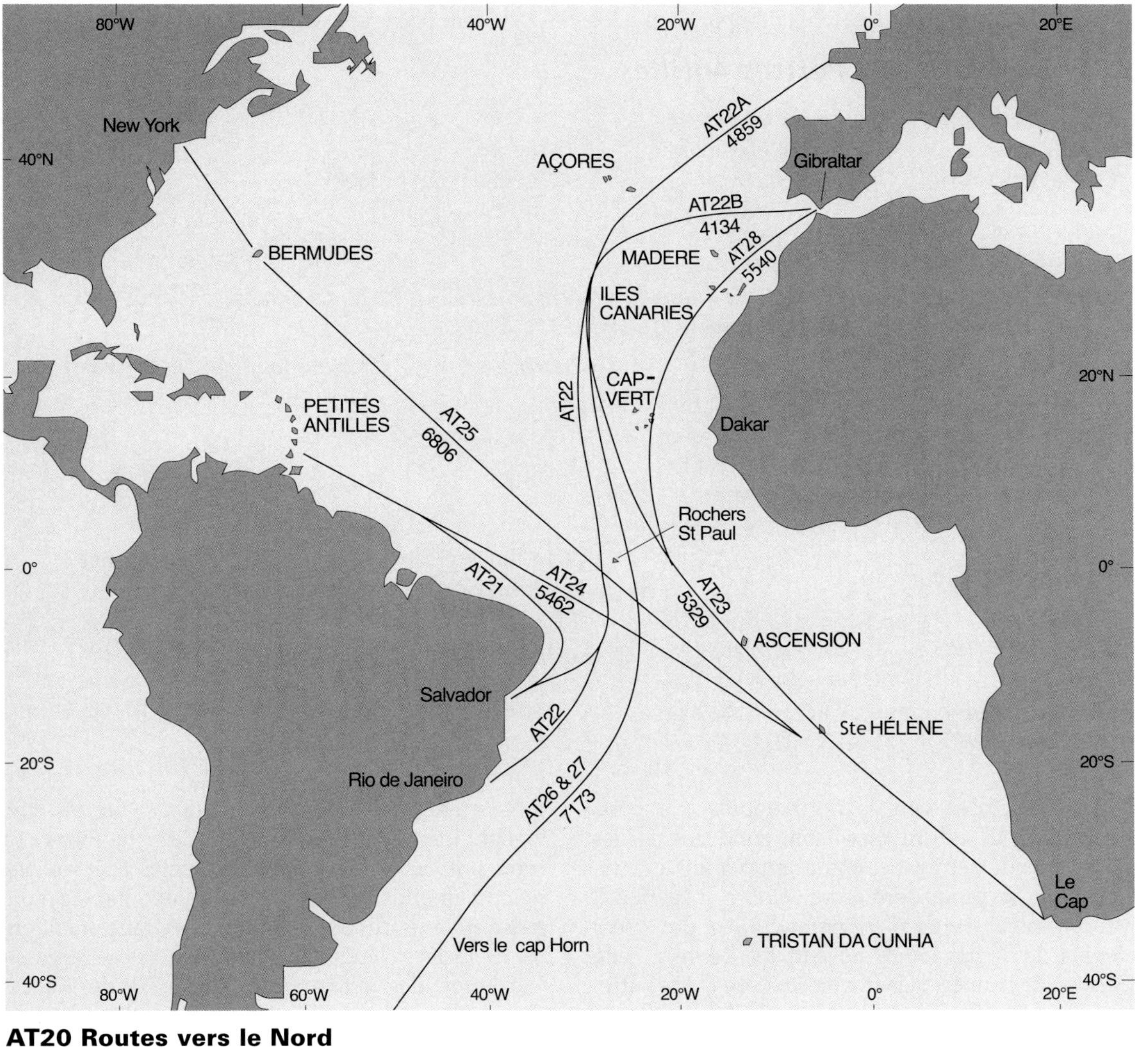

AT20 Routes vers le Nord

La stratégie pour des traversées transéquatoriales vers le nord est quelque peu moins intimidante que celle utilisée par les bateaux se dirigeant vers le sud et le point où l'équateur doit être traversé est dicté par l'emplacement des ports de départ et de destination. Comme la plupart des bateaux quittant Le Cap vers le nord font escale à Ste-Hélène, la meilleure route à suivre est de passer à l'ouest de l'île de l'Ascension de manière à traverser l'équateur entre les 25°W et 30°W. En juillet et août, l'équateur doit être traversé plus à l'est, entre les longitudes 20°W et 25°W, pour bénéficier de vents plus favorables au nord de l'équateur. La longitude de la traversée dépend en grande partie de la route qui sera poursuivie dans l'Atlantique Nord, car une traversée plus à l'est assurera un meilleur angle avec les alizés de nord-est pour le restant du trajet vers les Açores. Cependant, pour les bateaux se dirigeant vers les Caraïbes, les Bermudes, la côte est des Etats-Unis, une traversée plus à l'ouest de l'équateur est recommandée pour tirer parti du courant favorable.

D'après des rapports récents il apparaît que les bateaux se dirigeant vers les Caraïbes depuis l'Atlantique sud ont effectué des traversées plus rapides en traversant l'équateur plus à l'ouest, entre les longitudes 37°W et 39°W. L'existence d'un contre-courant a été signalée au nord de l'équateur approximativement par 6°N, 49°W et le courant favorable portant au nord-ouest a été trouvé aux environs de 8°N, 55°W. On peut bénéficier du courant favorable plus tôt en se rapprochant de la côte brésilienne, ceci implique une navigation dans des eaux peu profondes et requiert alors une navigation très attentive. Il peut donc être préférable de rester au large.

AT21 *Du Brésil aux Petites Antilles*

Meilleure période	mars à juin	
Saison des cyclones	juin à novembre	
Cartes routières	BA : 4216, 4202	SHOM : 6898, 6814, 6807
	US : 22, 108	
Instructions nautiques	BA : 5, 7A, 71	SHOM : H5
	US : 124, 147, 148	
Guides de croisière	*Guide des Antilles (J. Patuelli), Sailor's Guide to the Windward Islands, Cruising Guide to Trinidad and Tobago*	

Départ	*Intermédiaire*	*Atterrissage*	*Destination*	*Distance (M)*
AT210 Salvador *12°58'S 38°30'W*	AT211 Bahia 12°55'S 38°25'W AT212 Recife NE 8°00'S 34°46'W AT213 Natal E 5°47'S, 35°03'W	AT214 Tobago 11°08'N 60°40'W	Scarborough *11°11'N 60°44'W*	2487
AT21 Recife *8°04'S, 34°52'W*	AT212 Recife NE AT213 Natal E	AT214 Tobago	Scarborough	2087
AT21 Fortaleza *3°43'S 38°29'W*	AT215 Fortaleza N 3°40'S 38°26'W	AT214 Tobago	Scarborough	1818

Les traversées vers le nord depuis des ports situés dans le sud du Brésil sont entravées par les forts vents de nord-est et le courant portant au sud-ouest, qui se produisent entre octobre et février. Il vaudra mieux éviter d'entreprendre des traversées depuis des ports situés au sud de Recife à cette période de l'année. Si la traversée ne peut être entreprise à une meilleure époque, la seule solution est de rester suffisamment au large jusqu'à ce que l'on atteigne les alizés de sud-est et ensuite de se diriger vers le nord avec leur aide. Les bateaux provenant de ports au sud de Rio de Janeiro trouveront de meilleures conditions entre mars et septembre lorsque les vents dominants sont de sud-est. Si l'on préfère effectuer un passage côtier, il faudra être vigilant lors du passage entre les îles Abrolhos et le continent car les cartes sont inexactes et les récifs s'étendent plus au large que mentionné. Si l'on passe au large des îles, il faudra aussi faire attention car les récifs s'étendent jusqu'à 35 milles au large.

Depuis des ports situés au nord de Recife (Pernambouc), la traversée vers les Antilles peut être faite à n'importe quelle époque de l'année, quoique l'on doive éviter d'y arriver pendant la saison des cyclones. Les vents le long de la côte nord du Brésil sont toujours favorables et le courant porte fortement au nord-ouest. Le courant de la Guyane se situe entre 70 et 100 milles au large de la côte du

Brésil et permettra de gagner au moins 1 nœud pour les bateaux remontant depuis le delta de l'Amazone. Les vents sont est ou nord-est et deviennent de plus en plus réguliers à fur et à mesure qu'on remonte vers le nord. La nuit, les bateaux de pêche locaux sans feux de navigation constituent un danger à prendre en considération. Les eaux le long de cette côte du Brésil sont souvent très boueuses à partir de l'Amazone, et comme les profondeurs sont faibles il convient de rester à bonne distance des côtes car la couleur des eaux ne donne aucune indication sur la profondeur. L'étendue des calmes équatoriaux varie avec l'époque de l'année, étant plus large pendant l'été de l'hémisphère nord. Une zone de vents variables, de calmes, et de grains s'étend normalement depuis l'équateur à hauteur de la longitude 30°W jusqu'à la latitude 3°N - 5°N et la longitude 38°W. Les conditions météo le long des côtes de Guyane et de Trinidad sont décrites dans la route AT17. En raison de la complexité de cette route, les waypoints ne sont donnés que pour aider à la planification. Quelques cas de piraterie ont été rapportés en Guyane près de la frontière avec le Surinam, il est donc recommandé de rester à bonne distance des côtes de la Guyane et du Surinam.

Les bateaux se dirigeant vers le nord naviguent rarement sans escale jusqu'aux Caraïbes et il existe plusieurs endroits intéressants qui méritent d'être visités dans l'une des trois ex-guyanes, la Française (Cayenne), la Hollandaise (Surinam), et la Britannique (Guyana). Les formalités d'entrée à Cayenne se font à Degrad des Cannes (4°51'N, 52° 16'W). Les formalités peuvent aussi être effectuées à Kourou. Pour rentrer dans la rivière menant à Kourou, l'atterrissage doit se faire à la première bouée du chenal. Sa position GPS est 5°12. 9'N, 52°36.4'W. Un endroit intéressant à visiter à proximité est les îles du Salut et le vieux bagne. Le mouillage recommandé est situé par 5°17'N, 52°35'W.

Pour le Surinam, le port d'entrée est la capitale Paramaribo (5°50'N, 55°10'W), située approximativement 13 milles en amont de la rivière Surinam, où les bateaux effectuent maintenant leurs formalités au nouveau port, Nieue Haffen. Le moins visité des trois pays est l'ex-Guyane britannique, le seul port d'entrée officiel est sa capitale Georgetown (6°49'N, 58°11'W). On doit essayer d'arriver pendant les heures ouvrables (0700 - 1500) et il faut contacter le phare (*Lighthouse Service*) sur le canal 16. Les bateaux de passage peuvent s'amarrer au quai des douanes, près de la tour de l'horloge, pour effectuer leurs formalités. Les bateaux se dirigeant vers Trinidad devront emprunter les Bouches du Serpent, des chenaux étroits séparant l'île du continent, pour atteindre l'un des ports d'entrée, le plus pratique étant *Point Fortin* (10°11'N, 61°41'W). Les garde-côtes de Trinidad doivent être contactés par VHF sur le canal 16 dès que l'on pénètre à l'intérieur des eaux territoriales. Les bateaux ne désirant pas faire escale à Trinidad même se dirigeront vers le port d'entrée de Scarborough (11°11'N, 60°44'W), la capitale de Tobago.

AT22 *Du Brésil vers l'Europe*

MEILLEURE PÉRIODE	avril à septembre			
SAISON DES CYCLONES	aucune			
CARTES ROUTIÈRES	BA : 2059, 4202	SHOM : 6807, 6815		
	US : 22, 120			
INSTRUCTIONS NAUTIQUES	BA : 1, 5, 22, 27, 67	SHOM : C4, C3, C23, C22, C21		
	US : 124, 140, 143, 191			
GUIDES DE CROISIÈRE	*Iles de l'Atlantique, Espagne et Portugal, Cruising Association Handbook, La Manche, Straits Sailing Handbook.*			
WAYPOINTS				
Départ	*Intermédiaire*	*Atterrissage*	*Destination*	*Distance (M)*
Route AT22A				
AT220 Rio 22°50'S, 43°05'W	AT221 Horta *38°32'N, 28°37'W*			
	AT222 Pta Delgada *37°44'W, 25°40'W*	AT223 St Mathieu 48°18'N, 4°45'W	Brest 48°23'N, 4°29'W	4859
Route AT22B				
AT220 Rio			AT224 Gibraltar *36°08'N, 5°22'W*	4134

Les traversées vers le nord depuis des ports brésiliens au sud du cap Frio doivent éviter la période entre octobre et février, quand les vents de nord-est prédominent le long de la côte. Pendant cette période, la pratique habituelle consiste à tirer un long bord au large jusqu'à récupérer les alizés de sud-est. Cela permettra de se retrouver au vent du cap São Roque, l'extrémité est du Brésil et de le franchir. Après avoir gagné suffisamment dans l'est, la route peut être modifiée vers le nord de façon à traverser l'équateur entre les longitudes 28° W et 30° W.

De mi-avril à septembre les traversées vers le nord sont beaucoup plus faciles et l'équateur doit être traversé aussi à l'est que possible de manière à pénétrer dans les alizés de nord-est avec le meilleur angle. Au nord de l'équateur, la route passe à l'ouest des îles du Cap-Vert et continue vers les Açores, qui doivent toujours être laissées à l'est si la destination finale est l'Europe du Nord (route AT22A). En fonction des vents rencontrés au voisinage des Açores, la tactique recommandée est de conserver l'amure qui permet de gagner le plus au nord car l'on rencontrera des vents d'ouest dans les latitudes plus élevées et la route sera alors modifiée vers le nord-est. Pour le reste de la traversée vers le nord de l'Europe, voir la route AN132.

Pour les bateaux qui se dirigent vers la Méditerranée (route AT22B), la route au nord de l'équateur doit être aussi est que les alizés de nord-est le permettent. Si l'on est déporté trop à l'ouest et que l'on ne peut éviter les Açores, Horta ou Ponta Delgada sont de bonnes escales d'où la route AN134 donne les détails pour la continuation du voyage vers la Méditerranée.

AT23 *De l'Afrique du Sud aux Açores*

MEILLEURE PÉRIODE	Janvier à avril	
SAISON DES CYCLONES	aucune	
CARTES ROUTIÈRES	BA : 4022, 2127	SHOM : 6808, 6815
	US : 22, 120	
INSTRUCTIONS NAUTIQUES	BA : 1, 2, 67	SHOM : C5, C4
	US : 121, 123, 140, 143	
GUIDES DE CROISIÈRE	*Iles de l'Atlantique.*	
WAYPOINTS		

Départ	*Intermédiaire*	*Atterrissage*	*Destination*	*Distance (M)*
AT230 Table N 33°55'S, 18°23'E	AT231 Ste-Hélène *15°55'S, 5°43'W* AT232 Ascension *7°56'S, 14°25'W* AT233 Verde 16°30'N, 26°00'W		Horta *38°32'N, 28°38'W* Pta Delgada *37°44'N, 25°40'W*	5329 5284

La route orthodromique depuis Le Cap vers les Açores passe près des îles de Ste-Hélène (route AS11) et de l'Ascension (route AS12) et peu de bateaux passent ces îles sans s'y arrêter brièvement. Si l'on n'a pas l'intention d'y faire escale, la route orthodromique doit être suivie depuis Le Cap vers l'une des longitudes recommandées dans AT10 pour traverser l'équateur. Comme la plus grande partie de la traversée dans l'Atlantique Sud sera effectuée avec les alizés de sud-est, on peut s'attendre à rencontrer des vents bien établis pratiquement jusqu'à l'équateur. Depuis l'île de l'Ascension, la route continue en direction du nord-ouest vers l'équateur qui est traversé plus à l'ouest pendant l'hiver de l'hémisphère nord et plus à l'est en été. Les longitudes recommandées se situent entre 26°W et 28°W de décembre à février, 22°W et 25°W entre juin et septembre. Cette dernière période coïncidant avec la mousson de sud-ouest, il sera alors préférable de traverser l'équateur plus à l'est et de prendre une route passant entre les îles du Cap-Vert et la côte africaine pour tirer parti des vents de sud-ouest. Ceci permettra d'avoir un meilleur angle avec les alizés de nord-est au nord des îles du Cap-Vert. Cette route permet aussi d'inclure un détour vers l'ouest de l'Afrique.

La route à l'intérieur des îles du Cap-Vert n'est pas recommandée en hiver lorsqu'il est préférable de passer aussi près que possible à l'ouest de ces îles. Pour y parvenir, on doit gagner suffisamment dans l'est tant que l'on se trouve encore sous les alizés de sud-est. Sinon, il faudra gagner vers l'est avec l'aide du moteur avant de toucher les alizés de nord-est aux environs de 5°N. Il est essentiel de prendre une route qui passe près des îles du Cap-Vert, voire de s'y arrêter, car cela augmente les chances d'atteindre les Açores sur le même bord. Les ports officiels d'entrée dans les îles du Cap-Vert sont Mindelo (16°53'N, 25°00'W), Praia (14°54'N, 23°31'W) et Sal (16°45'N, 23°00'W). Les instructions pour la poursuite de la route vers les Açores sont données dans AN61. Voir aussi AT28.

AT24 *De l'Afrique du Sud vers les Petites Antilles*

Meilleure période	novembre à mars	
Saison des cyclones	juin à novembre	
Cartes routières	BA : 4022, 4400 US : 22, 124	SHOM : 6808
Instructions nautiques	BA : 2, 5, 71 US : 121, 123, 124, 147	SHOM : C5, H5
Guides de croisière	*Guide des Antilles (J. Patuelli), Sailor's Guide to the Windward Islands, Cruising Guide to Trinidad and Tobago.*	

Waypoints

Départ	*Intermédiaire*	*Atterrissage*	*Destination*	*Distance (M)*
AT240 Table N 33°55'S, 18°23'E	AT241 Ste-Hélène *15°55'S, 5°43'W* AT242 Ascension *7°56'S, 14°25'W* AT243 Equateur 0°00', 32°30'W	AT244 Tobago 11°08'N, 60°40'W	Scarborough *11°11'N, 60°44'W*	5384
		AT245 La Barbade 13°00'N, 59°37'W	Bridgetown *13°05'N, 59°38'W*	5369
		AT246 Ste Lucie 14°03'N, 60°50'W	Rodney Bay *14°04'5N, 60°58'5W*	5462
		AT247 Martinique 14°22'N, 60°51'W	Fort de France *14°36'N, 61°05'W*	5482
		AT248 Antigua SE 16°57'N, 61°45'W	English Harbour *17°00'N, 61°46'W*	5514

Cette variante de la route AT25, présente l'avantage de partir plus tôt d'Afrique du Sud de manière à arriver aux Caraïbes au début de la bonne saison de croisière. Comme la route passe près de Ste-Hélène, la plupart des bateaux y font une brève escale avant de continuer vers l'équateur. Une autre escale appréciée sur la route des Caraïbes est l'île de Fernando de Noronha, au large de la côte du Brésil. Les instructions pour les routes ci-dessus sont données dans AS11 et AS13.

La route directe de l'Afrique du Sud vers les Caraïbes traverse l'équateur aux environs de la longitude 32°30' (WP AT243), la zone des calmes équatoriaux étant très étroite à cette période de l'année (décembre à février). On perd normalement les alizés de sud-est très vite après avoir traversé l'équateur et les alizés de nord-est sont rencontrés environ 100 à 150 milles plus loin. La route continue parallèle à la côte du Brésil, où un très fort courant portant au nord-ouest à une vitesse de 1,5 à 2 nœuds procure une bonne accélération. La route AT21 décrit certaines escales possibles le long de la côte nord de l'Amérique du sud.

Comme l'on rencontrera normalement les alizés de nord-est aux environs de la latitude 5°N, et que leur direction initiale est parfois nord nord-est, les bateaux se dirigeant vers les îles sous le vent et les îles Vierges ne doivent pas traverser l'équateur trop à l'ouest pour conserver un meilleur angle avec les alizés. Dans ce cas, la longitude recommandée pour traverser l'équateur se situe entre 30°W et 32°W.

Pour les bateaux en provenance du sud, les meilleurs points d'atterrissage aux Caraïbes sont :

AT244, 5 milles au sud-est de Scarborough, la capitale de Tobago, où l'on peut faire les formalités d'entrée pour Trinidad et Tobago.

AT245, 5 milles au sud-est de South Point, l'extrémité sud de la Barbade. On peut faire les formalités dans le port commercial de Bridgetown, au nord de la baie de Carlisle, qui est le mouillage recommandé.

AT246, 4 milles à l'est du cap Marquis, sur la côte nord-est de Ste Lucie. Une fois passé la côte nord de Ste Lucie, la marina de Rodney Bay constitue un excellent point d'atterrissage où les formalités peuvent être effectuées. Ste Lucie peut aussi être approchée depuis le sud, dans ce cas le port d'entrée de Vieux Fort (13°44'N, 60°57'W) peut être utilisé.

AT247, 3 milles au sud sud-est de la Martinique. L'endroit le plus proche pour effectuer les formalités est le Cul de sac du Marin, un petit port situé à la pointe sud-est de l'île. Il est plus pratique que la capitale Fort de France, qui se situe 25 milles plus au nord.

AT248, 2 milles au sud sud-est d'English Harbour sur la côte sud-est d'Antigua. On peut faire les formalités dans ce port historique.

AT25 *De l'Afrique du Sud vers l'Amérique du Nord*

MEILLEURE PÉRIODE	Janvier à avril	
SAISON DES CYCLONES	juin à novembre	
CARTES ROUTIÈRES	BA : 2127 US : 22, 120	SHOM : 6808, 6813, 7043
INSTRUCTIONS NAUTIQUES	BA : 2, 5, 69, 70, 71 US : 121, 123, 140, 147	SHOM : C5, H5
GUIDES DE CROISIÈRE	*Embassy Guide to the Atlantic Coast.*	
WAYPOINTS		

Départ	*Intermédiaire*	*Atterrissage*	*Destination*	*Distance (M)*
AT250 Table N 33°55'S, 18°23'E	AT251 Ste-Hélène *15°55'S, 5°43'W* AT252 Ascension *7°56'S, 14°25'W* AT253 West 0°00', 28°00'W AT254 St George's *32°23'N, 64°40'W*		Newport *41°29'N, 71°20'W*	6806

Les mêmes instructions que pour la route AT23 restent valables jusqu'à l'équateur, quoiqu'une traversée plus à l'ouest de l'équateur soit préférable pour les bateaux se dirigeant vers les Etats-Unis. Une escale pratique au sud de l'équateur est la petite île brésilienne de Fernando de Noronha, dans ce cas l'équateur doit être traversé plus à l'ouest que le WP AT253. Comme la période optimale de départ depuis Le Cap (janvier à mars) fait que les bateaux pénètrent trop tôt dans l'Atlantique Nord, peu de gens parcourent cette route sans escale et habituellement ils font un détour vers les Caraïbes. C'est facile car la route passe relativement près des petites Antilles. La route AN77 décrit le reste du voyage depuis les îles vers les USA.

Une fois traversé l'équateur, la route directe se dirige vers le nord-ouest sous les alizés de nord-est en direction des Bermudes d'où la route AN121 donne les instructions détaillées pour la continuation du voyage vers les Etats-Unis. Si l'on prévoit d'effectuer une traversée sans escale depuis Le Cap, une arrivée aux Bermudes n'est pas recommandée avant la mi-avril. Dans ce cas, un départ depuis Le Cap fin février ou début mars n'est pas trop tardif et les conditions de navigation seront encore favorables dans l'Atlantique sud.

AT26 *Du cap Horn en Europe*

MEILLEURE PÉRIODE	décembre à mars			
SAISON DES CYCLONES	aucune			
CARTES ROUTIÈRES	BA : 2127	SHOM : 7044, 6815		
	US : 20, 120			
INSTRUCTIONS NAUTIQUES	BA : 1, 5, 6, 22, 27, 67	SHOM : C4, C3, C23, C22, C21		
	US : 121, 124, 140, 143, 191			
WAYPOINTS				

Départ	*Intermédiaire*	*Atterrissage*	*Destination*	*Distance (M)*
AT260 Cap Horn 56°02'S, 67°15'W	AT261 55°55'S, 66°53'W			
	AT262 Le Maire 55°00'S, 65°00'W			
		AT263 Falkland 53°00'S, 58°30'W		
		AT264 Pembroke 51°45'S, 57°35'W	Stanley *51°39'S, 57°43'W*	447
	AT265 45°00'S, 48°00'W			
	AT266 40°00'S, 42°00'W			
	AT267 30°00'S, 34°00'W			
	AT268 Equateur *00°00', 26°00'W*	Lizard 49°55'N, 5°10W	Falmouth *50°09'N, 5°04'W*	7173
		St Mathieu 48°45'N, 4°45'W	Brest *48°23'N, 4°29'W*	7102
		Espartel 35°50'N, 5°57'W	Gibraltar *36°08'N, 5°22'W*	6435

Cette route maritime, très active à l'apogée des clippers, est principalement utilisée de nos jours par les participants à des courses autour du monde et par de rares bateaux de croisière, qui choisissent cette voie rude pour rejoindre l'Europe par les antipodes. Après avoir franchi le cap Horn, depuis le WP AT260, 5 milles au sud du cap Horn, la route est modifiée pour le WP 261. De là, la route peut passer à l'est ou à l'ouest de l'île des Etats. Si l'on passe au large de l'île, il faudra donner un grand tour au cap St Jean, car une zone dangereuse de remous due à la marée s'étend au large sur environ 6 milles, rendant les conditions de navigation dangereuses lorsque le vent souffle contre la marée. Une autre solution consiste à emprunter le détroit de Le Maire, spécialement si l'on a l'intention de passer à l'ouest des îles Malouines (ou Falklands). Dans ce cas on doit faire route vers le WP AT262 situé à l'entrée du détroit de Le Maire. Lorsqu'on emprunte ce détroit vers le nord, il est essentiel d'attendre une bonne marée, et si cela est possible, un vent favorable. Il faudra alors choisir entre une route qui passe entre le continent et les îles Malouines et une route hauturière. Dans ce dernier cas une escale dans les îles Malouines devrait être envisagée. Le WP AT263 pare bien l'île de Beauchene et le rocher de Mintay, au sud des Malouines, la route est ensuite modifiée pour le WP AT264, au large du cap Pembroke à l'approche du port de Stanley.

Indépendamment du fait de savoir si l'on s'arrête aux îles Malouines ou non, il faut choisir entre une route côtière ou hauturière vers l'équateur. La route côtière le long de la côte argentine est la plus prudente car l'on bénéficie d'un courant favorable, la mer n'est pas aussi dure qu'au large, et le danger de rencontrer des icebergs est aussi grandement réduit. Ces derniers ne se rencontrent habituellement que bien au large et occasionnellement ils peuvent remonter aussi nord en latitude que le Rio de la Plata. Les vents de secteur sud sont les plus fréquents pour cette partie de la traversée durant l'été. Comme les effets du courant des Malouines disparaissent, on doit gagner le large pour ne pas se retrouver dans le courant défavorable du Brésil. Pour les traversées vers le nord depuis l'Argentine et le Brésil, voir AS29.

Si l'on prend la route hauturière depuis les Malouines, la route se dirige vers le nord-est à travers une zone de vents d'ouest dominants. Il est judicieux de gagner vers l'est dans ces latitudes avant d'atteindre les alizés de sud-est de manière à pouvoir faire route vers l'équateur avec un meilleur angle. Depuis les îles Malouines la route passe par les waypoints AT265, AT266 et AT267, de manière à trouver les alizés de sud-est le long du 30e méridien ouest. Les alizés de sud-est s'étendent normalement jusqu'à la latitude 25°S et près de leur limite sud leur direction devient plus est. Une fois les alizés rejoints, la route devient plus nord de façon à traverser l'équateur entre les longitudes 26° ouest et 30° ouest, suivant la période de l'année (voir AT20). Pendant l'été austral, De mai à septembre, il est en général possible de rester près de la côte brésilienne et de faire route entre le cap Frio et les îles du large. Après avoir traversé l'équateur, les alizés de nord-est seront rencontrés entre les latitudes 3° N et 5° N. Pour la suite de la traversée vers l'Europe, voir les routes AT22 et AT23.

AT27 *Du cap Horn vers l'Amérique du Nord*

MEILLEURE PÉRIODE	décembre à mars	
SAISON DES CYCLONES	juin à novembre	
CARTES ROUTIÈRES	BA : 2127	SHOM : 7044, 7043
	US : 20, 120	
INSTRUCTIONS NAUTIQUES	BA : 5, 6, 69, 70, 71	SHOM : H5
	US : 121, 124, 140, 147	

WAYPOINTS

Départ	*Intermédiaire*	*Atterrissage*	*Destination*	*Distance (M)*
AT270 Cap Horn 56°02'S, 67°15'W	AT271 55°55'S, 66°53'W AT272 Le Maire 55°00'S, 65°00'W			
		AT273 Falkland 53°00'S, 58°30'W		
		AT274 Pembroke 51°45'S, 57°35'W	Stanley *51°39'S, 57°43'W*	447
	AT275 45°00'S, 48°00'W AT276 40°00'S, 42°00'W AT277 30°00'S, 34°00'W			
	AT278 *00°00', 30°00'W*	David 32°22'N, 64°38'W	St George's *32°22'N, 64°40'W*	6903
		Brenton 41°24'N, 71°16'W	Newport *41°29'N, 71°20'W*	7472

Cette route suit le même tracé que la route AT26 jusqu'à ce que les alizés de sud-est soient rencontrés, de là une route plus à l'ouest peut être prise vers l'équateur qui passera près de l'île de Fernando de Noronha. Jusqu'à l'équateur, on peut utiliser les mêmes waypoints que pour la route AT26 avec la même possibilité de faire une escale intermédiaire dans les îles Malouines. L'équateur est traversé aux environs de la longitude 30°W (WP AT278) et la route orthodromique est prise depuis ce point vers les Bermudes ou directement vers le port de destination. Cette route n'est pas recommandée pendant la saison des cyclones dans l'Atlantique

Nord, mais comme le cap Horn aura été franchi probablement pendant les mois les plus favorables qui sont les mois de l'été austral de décembre à février, ce passage atteindra l'Atlantique Nord à la fin de l'hiver. Comme la période optimale pour franchir le cap Horn ne coïncide pas avec le meilleur moment pour arriver en Amérique du Nord, d'autres options peuvent être envisagées pour éviter une arrivée hivernale aux Etats-Unis. Cela peut être réalisé en s'arrêtant sur la route, que ce soit au Brésil, aux petites Antilles ou aux Bermudes. Voir aussi les routes AT21, AS28, AS29, AN77 et AN78. La route directe au nord de l'équateur passe à travers les alizés de nord-est qui normalement font sentir leur influence jusqu'à la latitude 25° N, avant de rejoindre la zone des *Horse Latitudes* qui doit être franchie à son tour.

AT28 *De l'Afrique du Sud à Gibraltar*

MEILLEURE PÉRIODE	juin à avril			
SAISON DES CYCLONES	aucune			
CARTES ROUTIÈRES	BA : 4012, 4104	SHOM : 6808, 6815		
	US : 22, 120			
INSTRUCTIONS NAUTIQUES	BA : 1, 2, 67	SHOM : C4, C5		
	US : 121, 123, 131, 143			
GUIDES DE CROISIÈRE	*Iles de l'Atlantique, Espagne et Portugal.*			
WAYPOINTS				
Départ	*Intermédiaire*	*Atterrissage*	*Destination*	*Distance (M)*
AT280 Table N 33°55'S, 18°23'E	AT281 Ste-Hélène 16°00'S, 5°47'W AT282 Ascension 7°56'S, 14°25'W AT283 Equateur 0°00', 14°25'W AT284 Praia 14°54'N, 23°30'W AT285 Canaries *28°05'N, 17°06'W*	AT286 Détroit 35°00'N, 7°00'W	Gibraltar *36°08'N, 5°22'W*	5540

Traditionnellement, la tactique pratiquée pour rejoindre l'Europe du Nord ou la Méditerranée depuis l'Afrique du Sud consistait à passer par les Antilles, ce qui représente un long détour. Une alternative plus courte, qui implique de tirer quelques bords contre le vent au nord de l'équateur, consiste à faire escale aux îles du Cap-Vert et aux Canaries. Les instructions sont identiques à celles données dans la route AT23 jusqu'à l'île d'Ascension. Une fois ce point atteint, il est essentiel de continuer à essayer de faire une route le plus possible à l'est, pour franchir l'équateur aux environs du WP AT283. On aura des vents favorables jusqu'à l'équateur, et en fonction de la position de la zone de convergence intertropicale, on devra traverser une zone de calmes de 60 à 150 milles de large, avant de pénétrer dans une zone de vent d'est dominants, quelque part à proximité de 5° N. A partir de là, on aura en général des vents plutôt faibles. Il ne faut pas oublier de faire le plein de gazole à Ste-Hélène ou Ascension. Praia, la capitale du Cap-Vert, constituera une bonne opportunité pour refaire le plein de vivres et de carburant. On trouvera le même genre de conditions entre le Cap-Vert et les Canaries où la marina de San Sebastian, sur La Gomera, est suggérée comme WP intermédiaire. Le reste du parcours peut s'effectuer sans escale, à moins de faire escale à la marina de Mohammedia, près de Casablanca.

7

VENTS ET COURANTS DE L'ATLANTIQUE SUD

Les alizés de sud-est

La zone de convergence intertropicale étant située au nord de l'équateur pendant toute l'année, on peut dire qu'il n'y a pas de zone de calmes équatoriaux dans l'Atlantique Sud. Les alizés du sud-est sont plus réguliers que leur contrepartie de l'Atlantique Nord, les alizés de nord-est. Ils constituent le côté équatorial de la circulation de l'air autour de l'anticyclone océanique, qui se situe entre les latitudes 22°S et 30°S et a une influence directe sur les vents et le temps de la totalité de la partie tropicale de l'Atlantique sud.

Les alizés de sud-est s'étendent jusqu'à l'équateur pendant l'hiver austral et leur limite nord recule vers le sud pendant l'été après décembre. Leur limite sud s'étend normalement jusqu'à une ligne rejoignant le cap de Bonne Espérance jusqu'à à l'île brésilienne de Trinidad. Leur direction varie entre le sud-est et le sud sud-est dans la partie est de l'océan pour devenir presque est dans la partie ouest. La force moyenne des alizés de sud-est et de 15 nœuds, mais elle diminue en se rapprochant de l'équateur.

Les vents variables

Une zone de vents variables et faibles s'étend au sud des alizés de sud-est avec une zone similaire à celle des *Horses Latitudes* de l'Atlantique Nord. Cette région de vents variables coïncide avec une zone de hautes pressions océaniques qui se situe approximativement entre les latitudes 25°S et 32°S. Leur position est influencée par le déplacement saisonnier du soleil, atteignant leur limite la plus au sud en janvier et leur limite la plus au nord en juillet. A l'est du méridien 0°, les vents tendent à être principalement de secteur sud et peuvent être considérés comme une extension des alizés. Les vents en été dans la partie ouest de cette région sont principalement de nord-est.

Les vents d'ouest

Les vents d'ouest dominent dans les hautes latitudes de l'Atlantique Sud. C'est la région des 40e rugissants (*Roaring Forties*) où le passage continuel des dépressions de l'ouest vers l'est génère des vents qui soufflent souvent avec la force du coup de vent. Les forts vents d'ouest sont une caractéristique normale des mers australes où ils soufflent sans entraves au sud des trois grands caps.

Les cyclones

L'Atlantique Sud n'était jusqu'alors pas affecté par les cyclones, mais le cyclone Catarina qui s'est formé au large des côtes du Brésil en mars 2004 annonce peut-être un changement climatique.

Les courants

Les courants de l'océan Atlantique Sud font partie d'une circulation bien définie et tournent dans le sens contraire des aiguilles d'une montre. Le courant sud équatorial s'écoule dans une large bande de l'est vers l'ouest avec un axe qui se situe approximativement le long de la latitude 6°S. La partie de ce courant situé entre l'équateur et la latitude 6°S est réputée pour être l'un des courants les plus constants du monde. Sa direction porte toujours vers l'ouest, habituellement entre l'ouest nord-ouest et l'ouest sud ouest, à une vitesse moyenne d'environ un noeud. Plus au sud, aux environs de la latitude 20°S, l'on trouve le courant subtropical sud qui est plus faible et se dirige aussi vers l'ouest. Le courant sud équatorial s'étend à travers l'équateur jusqu'à la latitude 4°N et une de ses branches se combine avec le courant nord équatorial pour former un fort courant se dirigeant vers les Antilles. L'autre branche est déviée vers le sud par le continent sud-américain et se combine avec le courant subtropical sud pour former le courant du Brésil. Ce puissant courant suit alors une direction parallèle à la côte jusqu'à atteindre la latitude 25°S, où une partie de celui-ci se dirige vers l'est. La partie restante continue jusque vers la latitude 35°S, où elle se dirige à son tour vers l'est pour rejoindre la grande masse d'eau qui se déplace vers l'est et qui est générée par le courant de l'océan Antarctique. Cette large bande d'eaux froide se dirige vers l'est dans l'hémisphère Sud en passant au sud de tous les continents. Après avoir passé le cap Horn, une branche de ce courant se dirige vers le nord-est dans l'Atlantique Sud et forme le courant des Malouines.

Du côté africain, la circulation principale de l'Atlantique Sud est complété par le courant de Benguela. Ce courant se dirige vers le nord le long de la côte de l'Afrique et est une continuation du courant des Aiguilles après que ce dernier ait passé le cap de Bonne Espérance. Le courant de Benguela est renforcé par une partie du courant de l'océan Antarctique. Au nord de la latitude 20°S le courant de Benguela s'écarte de la côte africaine et se disperse dans les courants subtropicaux et sud équatoriaux. Près de la côte africaine, cependant, la direction du courant est toujours nord et de février à avril il s'étend jusqu'à l'équateur.

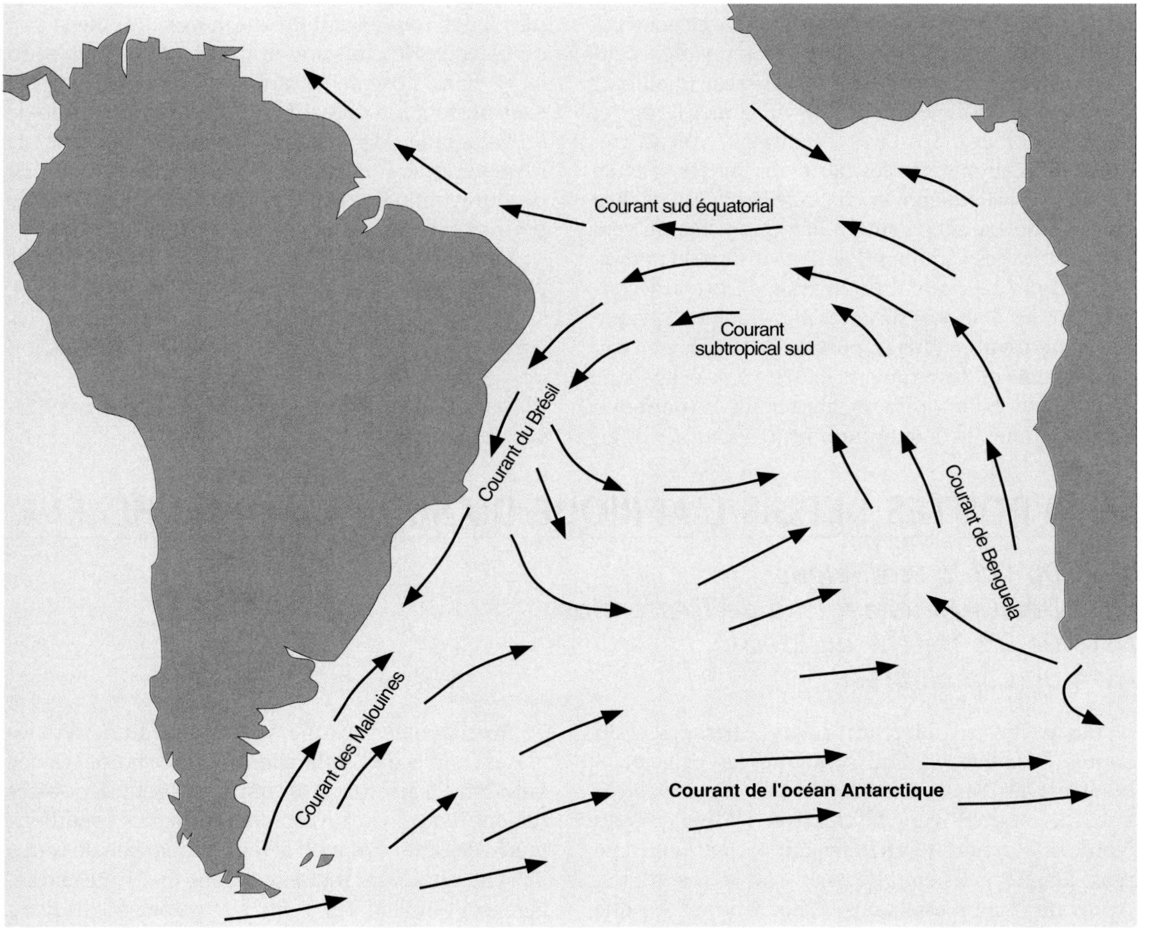

Courants de l'Atlantique Sud

8

ROUTES DANS L'ATLANTIQUE SUD

En comparaison de l'Atlantique Nord, l'Atlantique Sud n'est traversé que par une poignée de routes et le nombre de bateaux de croisière les empruntant est relativement peu élevé. La route classique depuis le cap de Bonne Espérance vers Ste-Hélène est utilisée de nos jours par un plus petit nombre de bateaux que dans le passé car la plupart des bateaux rejoignent l'Europe via la mer Rouge et le canal de Suez. Un pays, cependant, voit sa fréquentation augmenter ces dernières années, c'est le Brésil, et particulièrement la côte nord-est, visitée par les bateaux effectuant un détour en chemin vers l'Europe ou les Caraïbes. Par contre, la plus grande partie de l'Amérique du Sud reste encore à découvrir par les bateaux de croisière, quoique chaque année un nombre plus important de yachts affronte les éléments et descend vers le détroit de Magellan.

Un petit nombre de yachts rejoint l'Atlantique en naviguant du Pacifique Sud jusqu'au Chili en empruntant le détroit de Magellan vers l'est. La route traditionnelle des circumnavigations passant au large du cap de Bonne Espérance est principalement utilisée par des bateaux de course prenant part à des courses autour du monde. Même si peu de bateaux de croisière empruntent ces routes du large dans l'océan Antarctique, de plus en plus s'aventurent maintenant vers le sud en direction de la Patagonie, de la Terre de Feu ou même de l'Antarctique. Pour ceux que le froid et la glace ne découragent pas, une nouvelle section a été ajoutée pour couvrir les routes dans les mers australes.

Le temps dans l'Atlantique Sud est déterminé par le puissant anticyclone de l'Atlantique Sud et, sa position ayant une influence directe sur les vents rencontrés sur la plupart de ces routes, on doit essayer d'obtenir les coordonnées de sa position approximative avant d'entreprendre une traversée hauturière.

AS10 ROUTES DEPUIS L'AFRIQUE DU SUD ET SAINTE-HÉLÈNE

Les routes se dirigeant dans l'Atlantique Sud depuis l'Afrique du Sud sont utilisées principalement par les bateaux effectuant des circumnavigations et rentrant vers l'Europe et l'Amérique du Nord. Les yachts sud-africains qui partent pour une plus longue croisière rejoignent aussi ces routes. Après de nombreuses années d'isolation, l'Afrique du Sud fait de nouveau partie des destinations de croisière et le nombre de bateaux passant le cap de Bonne Espérance augmente chaque année.

Avec la masse chaude de l'Afrique au nord et les glaces froides de l'Antarctique au sud, la côte élevée fait obstacle aux flux d'air qui s'opposent depuis ces régions. La principale caractéristique des conditions météo de cette région est la forte proportion de coups de vent, qui lèvent rapidement une mer forte et dangereuse. Souvent les vents se renforcent jusqu'au coup de vent dans la journée et tombent la nuit, mais ce n'est pas une règle, il ne faut donc pas s'y fier.

Un autre phénomène local est la manière dont

les coups de vent de différentes directions, NE puis SE se succèdent au fil des jours. Les forts courants de la région expliquent en partie pourquoi la mer se lève si rapidement et aussi fortement, spécialement lorsque les coups de vent soufflent contre le courant. Une succession typique de conditions météo est un fort coup de vent de NE, suivi d'une accalmie, avec ensuite des vents de SW s'établissant et atteignant le coup de vent. En été les dépressions viennent du sud amenant un refroidissement prononcé similaire à ceux provoqués par les brusques coups de vent de sud (*southerly bursters*) qui ont lieu dans le SE de l'Australie.

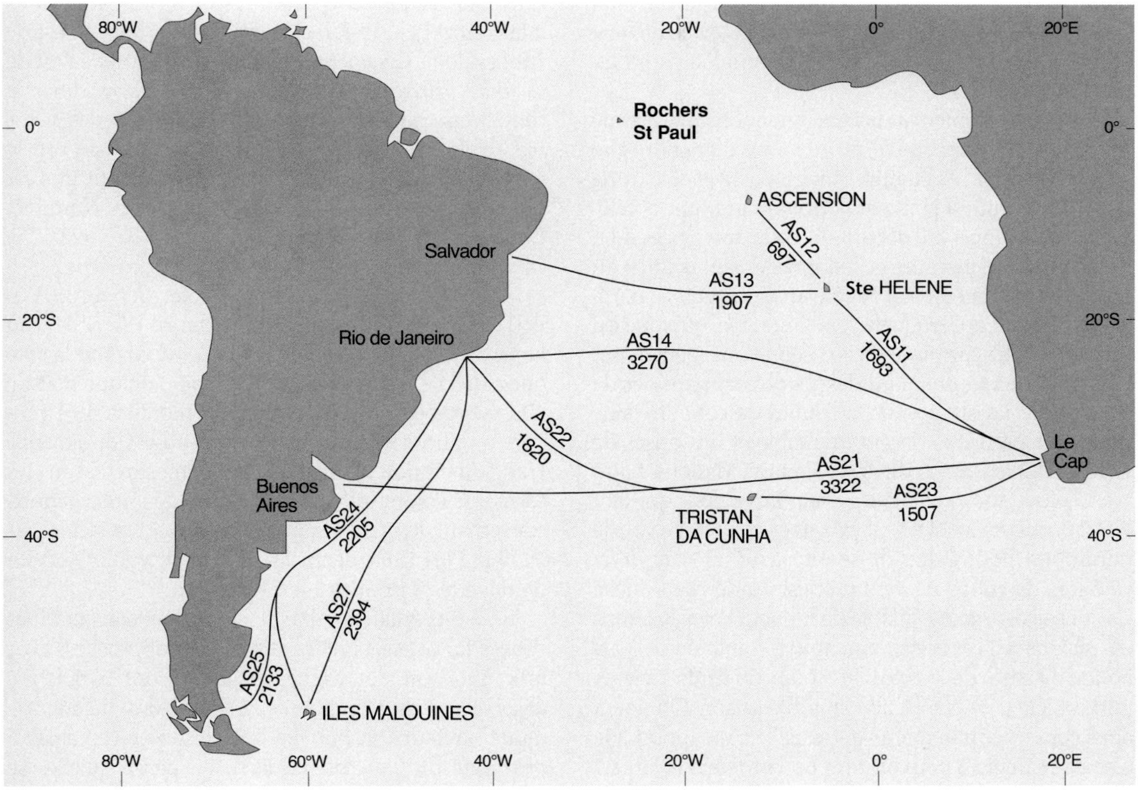

AS10 et AS20 Routes dans l'Atlantique Sud

AS11 *Du Cap à Ste-Hélène*

Meilleure période	novembre à mars			
Saison des cyclones	aucune			
Cartes routières	BA : 4022	SHOM : 6808		
	US : 22			
Instructions nautiques	BA : 2	SHOM : C5		
	US : 121, 123			
Waypoints				
Départ	*Intermédiaire*	*Atterrissage*	*Destination*	*Distance (M)*
AS110 Table N 33°55'S, 18°23'E	AS111 33°50'S, 18°20'E	AS112 16°00'S, 5°47'W	Jamestown *15°55'S, 5°43'W*	1693

Du fait de la permanence des alizés de sud-est et de l'absence de cyclones dans l'Atlantique Sud, cette traversée peut s'effectuer tout au long de l'année. Cependant, la plupart des navigateurs prévoient de quitter Le Cap avant le début des coups de vent d'hiver. La meilleure période pour cette traversée se situe pendant les mois d'été, de novembre à avril. Un tel calendrier s'ajuste bien à des plans ultérieurs de croisière, permettant d'arriver au Brésil pour le carnaval, aux Caraïbes pour la saison de croisière d'hiver, ou aux Etats-Unis et en Europe à la fin du printemps ou au début de l'été.

Il est généralement judicieux d'attendre au Cap une prévision météo favorable, ou au moins d'attendre que les dépressions existantes soient passées. De forts vents de sud-ouest peuvent parfois assurer une accélération bienvenue au départ de cette traversée, bien qu'ils puissent atteindre occasionnellement la force du coup de vent. Si l'on suit la côte africaine vers le nord, le fort courant de Benguela sera favorable, quoique du brouillard soit parfois associé à cette zone, généré par le vent chaud soufflant au-dessus des eaux froides de ce courant. La suggestion de suivre la côte africaine pour tirer parti du courant favorable et des brises de terre possibles contredit les recommandations faites par le passé aux capitaines des navires à voile quittant Le Cap, qui devaient à tout prix gagner au large vers le nord-ouest pour éviter de se retrouver au vent de la côte lors de coups de vent d'ouest ou de nord-ouest. Ce conseil est encore valable de nos jours et si le temps est incertain il est certainement préférable de rester à bonne distance de la côte. Des coups de vents violents portant à la côte ont eu lieu en toute saison. On devra ainsi conserver une marge de sécurité par rapport à la côte de manière à pouvoir tirer un bord vers le large.

Pendant l'été, la limite sud des alizés de sud-est s'étend jusqu'au Cap, mais compte tenu de la nature particulière du temps dans cette zone, les conditions réelles des alizés ne se rencontrent habituellement qu'au nord de la latitude 25°S. De violents coups de vent de courte durée se produisent même pendant janvier et février, qui sont les meilleurs mois pour cette traversée, bien que ce soit essentiellement au sud de 30°S. Comme la position de l'anticyclone de l'Atlantique Sud a une influence prépondérante sur les vents le long de la route, sa position doit être connue avant de quitter le Cap. Une tactique souvent utilisée par les participants à la course Le Cap-Rio consiste à rester bien à l'est de l'anticyclone. Cela peut impliquer de s'écarter à l'est de la route orthodromique, mais on pourra modifier la route vers Ste-Hélène, une fois rencontrés des vents bien établis. Les bateaux se dirigeant vers le nord le long de la côte sud-ouest d'Afrique, pourront trouver quelques services dans deux ports de Namibie, Luderitz (26°38'S, 15°09'E) et Walvis Bay (22°57'S, 14°30E), très fréquentés par les bateaux de pêche.

Ayant quitté la baie de la Table, depuis le WP AS111, la route orthodromique mène au WP AS112, au large de la pointe ouest de Ste-Hélène. On suit la côte ouest de l'île jusqu'au port principal. L'unique port de l'île est appelé the Anchorage (le mouillage), il procure un abri correct des alizés de sud-est dominants. L'agglomération principale est Jamestown, où les formalités sont effectuées. Pour des instructions concernant les corps-morts, on devra contacter par VHF le ***Port Control*** sur le canal 16. Il y a un service de navette pour aller à terre, payant.

Il y a un certain nombre de montagnes sous-marines situées sur ce trajet et elles devront être approchées avec précaution car des vagues erratiques ont parfois été observées à leur proximité. Des vagues déferlantes d'une hauteur inhabituelle ont été observées aussi à proximité du banc de Valdivia, on pense qu'elles se produisent lorsqu'un vent fort souffle dans la même direction que le courant de Benguela.

AS12 *De Ste-Hélène à l'île de l'Ascension*

MEILLEURE PÉRIODE	toute l'année			
SAISON DES CYCLONES	aucune			
CARTES ROUTIÈRES	BA : 4022	SHOM : 6808		
	US : 22			
INSTRUCTIONS NAUTIQUES	BA : 2	SHOM : C5		
	US : 123			
WAYPOINTS				

Départ	*Intermédiaire*	*Atterrissage*	*Destination*	*Distance (M)*
AS121 Ste-Hélène 15°50'S, 5°50'W		AS122 Ascension 7°52'S, 14°20'W	Clarence *7°56'S, 14°25'W*	697

Prolongement d'une traversée vers le nord depuis l'Afrique du Sud, cette étape entre Ste-Hélène et l'île de l'Ascension bénéficie de vents favorables tout au long de l'année. Le vent vient principalement du sud-est mais sa force varie et il peut être parfois faible, particulièrement pendant les mois d'été de janvier à mars. Du WP AS121, au NW de Ste-Hélène, une route devra être suivie vers le WP AS122, au SE de l'île de l'Ascension.

Base militaire active, cet avant poste au milieu de l'Atlantique constitue une escale bienvenue pour ceux qui entreprennent de longues traversées de l'Atlantique. Les alizés de sud-est ont le plus souvent perdu de leur force lorsqu'ils atteignent l'île de l'Ascension et ils peuvent ne souffler qu'à 5 nœuds. De fortes lames et une houle importante de nord-ouest peuvent se produire quand les alizés de nord-est sont à leur maximum dans l'Atlantique Nord, ce qui peut rendre l'atterrissage difficile. Les formalités sont effectuées à Georgetown et le mouillage se situe dans Clarence Bay. Le mouillage pour les yachts se situe dans la partie nord de Clarence Bay à Pierhead.

AS13 *De Ste-Hélène au Brésil*

MEILLEURE PÉRIODE	toute l'année	
SAISON DES CYCLONES	aucune	
CARTES ROUTIÈRES	BA : 4022 US : 22	SHOM : 6759, 6807
INSTRUCTIONS NAUTIQUES	BA : 2, 5 US : 123, 124	SHOM : C5
GUIDES DE CROISIÈRE	*South Atlantic Circuit, Havens & Anchorages covering the East Coast of South America.*	

WAYPOINTS

Départ	*Intermédiaire*	*Atterrissage*	*Destination*	*Distance (M)*
AS131 Ste-Hélène 15°50'S, 5°50'W		AS132 Bahia 13°05'S, 38°25'W	Salvador *12°58'S, 38°30'W*	1907
AS131 Ste-Hélène		AS133 sur Recife 8°00'S, 34°49'W	Recife *8°04'S, 34°52'W*	1768
AS131 Ste-Hélène	AS134 Noronha S 3°50'S, 32°28'W		Fortaleza *3°43'S, 38°29'W*	2088

Plutôt que d'emprunter la route directe depuis Ste-Hélène vers l'est des Caraïbes, beaucoup de bateaux effectuent un détour vers le Brésil avant de reprendre leur route vers le nord-ouest. L'une des principales attractions sur la côte nord-est du Brésil est Salvador, souvent appelée Bahia, dont le carnaval annuel rivalise avec celui plus célèbre de Rio. L'atterrissage s'effectue au WP AS132 au large du cap Santo Antonio, à l'approche du port naturel parfaitement abrité. Avec plusieurs yachts clubs et diverses manifestations nautiques internationales y faisant escale, Salvador offre maintenant les meilleurs services pour la plaisance de tout le nord du Brésil, avec une nouvelle marina. Plus au nord, un autre port d'entrée pratique est Recife. L'atterrissage peut être fait au WP AS133, 3 milles à l'extérieur du port.

Les bateaux n'ayant pas l'intention de s'arrêter sur le continent avant de faire route vers les Caraïbes font escale sur l'île de Fernando de Noronha, au large du cap São Roque. L'atterrissage peut se faire au sud-est de l'île au WP AS134. Comme ce n'est pas un port d'entrée officiel, les bateaux ne sont autorisés qu'à s'arrêter brièvement. Pour ceux qui souhaitent faire une escale sur le continent, un port pratique d'entrée au Brésil, juste au sud de l'équateur, est Fortaleza. Il convient de rappeler que les étrangers visitant le Brésil doivent arriver en possession d'un visa valide. La route AT21 donne des détails sur le reste de la traversée vers l'est des Caraïbes.

Le temps sur cette route est la plupart du temps agréable, avec des vents réguliers d'est et de sud-est qui atteignent très rarement la force du coup de vent. Entre mars et septembre, les vents le long de la côte brésilienne viennent principalement de sud-est et le courant porte au nord-est. Entre octobre et février les vents dominants sont nord-est et le courant porte au sud-ouest, une telle combinaison rend les traversées vers le nord très difficiles. Pendant cette période il est recommandé de rester très au large ou de planifier son arrivée pour la bonne saison.

AS14 *Du Cap au Brésil*

MEILLEURE PÉRIODE	décembre à mars	
SAISON DES CYCLONES	aucune	
CARTES ROUTIÈRES	BA : 4022 US : 22	SHOM : 6808, 6807
INSTRUCTIONS NAUTIQUES	BA : 2, 5 US : 123, 124	SHOM : C5
GUIDES DE CROISIÈRE	*South Atlantic Circuit, Havens & Anchorages covering the East Coast of South America.*	

WAYPOINTS

Départ	*Intermédiaire*	*Atterrissage*	*Destination*	*Distance (M)*
AS140 Table N 33°55'S, 18°23'E		AS141 Rio 23°05'S, 43°05'W	Rio de Janeiro *22°55'S, 43°12'W*	3270
AS140 Table N		AS142 Bahia 13°05'S, 38°25'W	Salvador *12°58'S, 38°30'W*	3328
AS140 Table N		AS143 sur Recife 8°00'S, 34°49'W	Recife *8°04'S, 34°52'W*	3320
AS140 Table N	AS144 Noronha S 3°50'S, 32°28'W	AS145 sur Fortaleza 3°43'S, 38°27'W	Fortaleza *3°43'S, 38°29'W*	3717

La route orthodromique vers Rio de Janeiro et les ports situés au sud du cap Frio restant bien en deçà de la limite sud des alizés de sud-est, il est judicieux de faire cette traversée entre les latitudes 20°S et 23°S où les chances de rencontrer des vents favorables sont bien plus grandes. Les alizés de sud-est ont leur limite sud le long d'une ligne diagonale qui relie l'île de Trinidad au cap de Bonne Espérance. La première partie de la traversée du Cap vers Rio de Janeiro fait route au nord-ouest pendant environ 1200 milles jusqu'à ce que l'on rencontre des alizés de sud-est bien établis. On se dirige alors vers l'ouest jusqu'à la longitude 30°W, d'où l'on se dirigera vers la côte. On doit utiliser une tactique similaire, exploitant au maximum les avantages des alizés de sud-est, si l'on se dirige vers des ports situés plus au sud sur la côte du Brésil.

On peut suivre une route plus directe depuis Le Cap si l'on se dirige vers des ports situés au nord du cap Frio. Comme les ports de la côte brésilienne entre le cap São Roque et le cap Frio sont sous l'influence de vents constants de nord-est entre octobre et février et que le courant le long de la côte porte également vers le sud-ouest, le passage depuis Rio de Janeiro vers le nord doit être planifié pour la saison des vents de sud-est, de mars à septembre.

On ne peut donner de waypoints intermédiaires car la route suivie lors de la traversée dépendra grandement des conditions de temps à l'époque où celle-ci sera entreprise, seuls les waypoints d'atterrissage sont indiqués pour faciliter la préparation de la traversée : WP AS141 à l'approche de Rio de Janeiro, WP AS142 au large du cap Santo Antonio à l'approche de Salvador (Bahia), WP AS143, 3 milles au large de Recife. L'île de Fernando de Noronha, au large du cap São Roque, n'est pas un port d'entrée officiel, et les bateaux ne sont autorisés à s'y arrêter qu'en cas d'urgence réelle. Un port pratique d'entrée au Brésil, juste au sud de l'équateur, est Fortaleza.

AS20 ROUTES DEPUIS L'AMÉRIQUE DU SUD

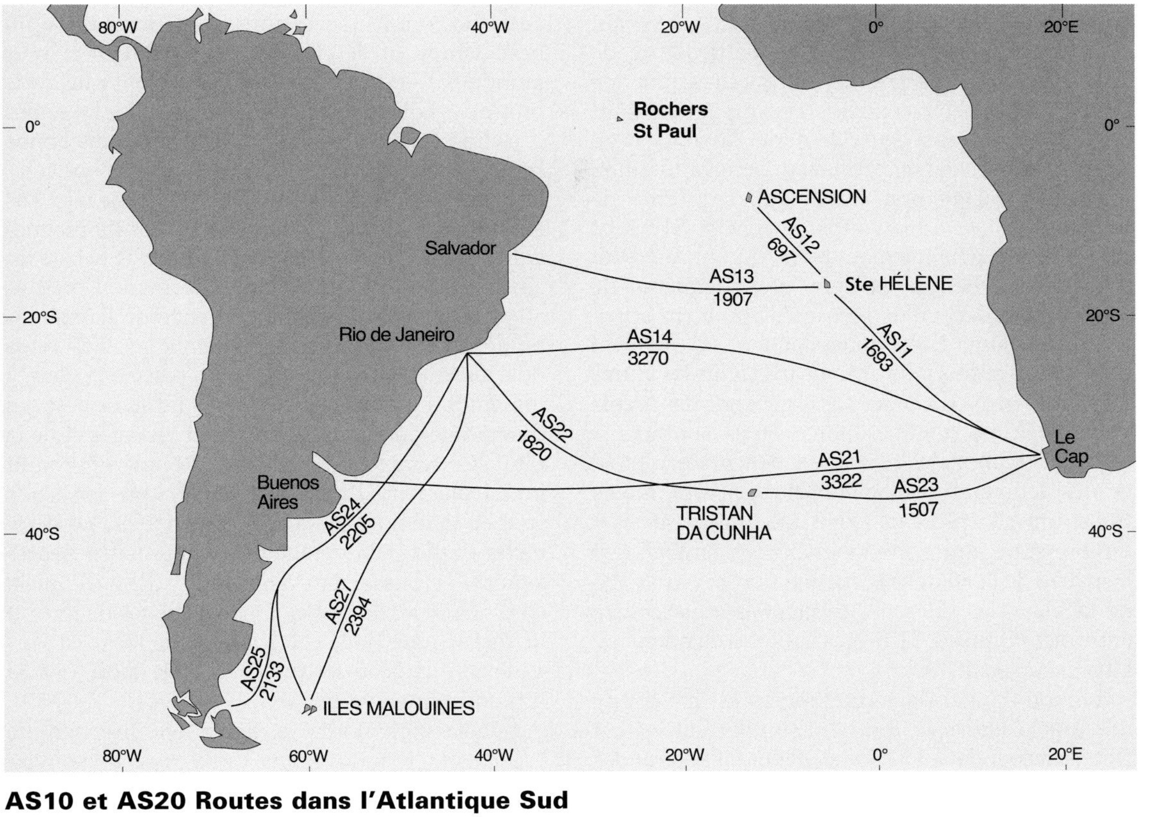

AS10 et AS20 Routes dans l'Atlantique Sud

Le faible nombre de routes dans l'Atlantique Sud n'est pas dû à la rareté des destinations possibles car il y a beaucoup d'endroits intéressants à visiter en Amérique du Sud. Les conditions météo ne constituent pas une entrave par elles-mêmes, particulièrement sous les tropiques, où elles peuvent être très agréables tout au long de l'année avec l'avantage supplémentaire que la zone est épargnée par les cyclones et les tempêtes tropicales. Dans le passé, la plupart des bateaux de croisière atteignaient l'Amérique du Sud après un long voyage, qui dans la plupart des cas, les avait amenés à travers l'océan Indien et l'Afrique du Sud ou, plus rarement, par le cap Horn. De nos jours, la plupart des circumnavigateurs préfèrent prendre la route de la mer Rouge et les bateaux qui atteignent l'Amérique du Sud, et en particulier le Brésil, arrivent de l'Atlantique Nord, soit directement des Canaries, soit via un détour en Afrique de l'Ouest. Peu de bateaux naviguent plus au sud que Rio de Janeiro avant de faire demi-tour et de se diriger vers les Caraïbes. La partie sud de l'Amérique du Sud reste encore à découvrir par les bateaux de croisière et, quoique chaque année des bateaux s'aventurent vers le détroit de Magellan, les Malouines, le cap Horn, et même l'Antarctique, ils restent encore l'exception. Alors que les traversées dans la partie nord de l'Amérique du Sud peuvent être entreprises à n'importe quelle époque de l'année, le temps dans la partie sud n'incite pas à la croisière pendant les mois d'hiver, d'avril à novembre.

Dans l'estuaire de Rio de la Plata pendant les mois d'été de septembre à mars, le vent dominant vient d'est. Le reste de l'année un vent d'ouest à sud-ouest prédomine à l'embouchure, devenant plus nord dans la rivière. Une particularité de l'estuaire de Rio de la Plata est que des vents de secteur nord bien établis, accompagnés d'air chaud, annoncent généralement l'arrivée d'un *pampero*, dont le signe précurseur sera l'apparition d'un long nuage noir horizontal, en forme de rouleau. Ces *pamperos*, coups de vent de SW, sont violents mais généralement brefs, durant rarement plus de dix heures, et sont plus fréquents de septembre à décembre, bien qu'ils puissent apparaître dès juin. Exceptionnellement, ils peuvent durer jusqu'à trois jours. Moins fréquents les autres mois, ils peuvent cependant générer des vents violents. Ainsi nommés parce qu'ils soufflent à travers la pampa, les *pamperos* amènent de la pluie et des températures basses qui peuvent même transformer la pluie en grêle. De plus, associés à des pressions atmosphériques élevées, ils abaissent le niveau de l'eau dans l'estuaire. Centrés sur le Rio de la Plata, les *pamperos* affectent la zone côtière entre les latitudes 31°S et 42°S, et s'étendent au large jusqu'au 48°W.

Le vrai danger dans cette région est le vent de SE, appelé *sudestada*, qui peut souffler entre 40 et 50 nœuds pendant 3 à 7 jours, générant de grandes marées et de forts courants sur toute la côte rocheuse de l'Uruguay. Les villages de la côte de la province de Rocha, dans la partie Est de l'Uruguay, comme Valizas, Punta del Diablo, Aguas Dulces, Polonio, etc. ont tous été fondés suite à des naufrages... Pour les visiter, mieux vaut laisser votre bateau en sécurité dans le port de La Paloma. La " Sudestada " est plus fréquente entre juin et octobre.

La côte sud du Brésil depuis Rio de Janeiro jusqu'au Rio de la Plata est caractérisée par des vents très variables avec des variations saisonnières. D'octobre à avril, les vents du secteur nord-est restent prédominants, lorsqu'ils sont forts ils sont souvent suivis par des calmes puis par un vent de sud-ouest. En avril des vents de nord-ouest et sud-ouest soufflent dans la même proportion que les vents de nord-est, qui après quelques coups de vent de secteur sud-est à sud-ouest laissent place en mai aux vents de sud-ouest. Ces vents de sud-ouest prédominent jusqu'en octobre. De juillet à septembre, les vents d'ouest n'amènent du mauvais temps qu'en de rares occasions. Des coups de vent de nord-ouest pouvant durer plusieurs heures se produisent alors près de Rio de Janeiro.

Au-dessus de Rio de Janeiro, la côte basse de l'est du Brésil bénéficie de vents de nord-est, d'un beau temps, et de ciels dégagés pendant la plus grande partie de l'année, les vents étant plus forts près de la côte de décembre à février. Au large des caps Frio et São Tomé la combinaison d'une bonne brise de nord-est avec de forts courants peut créer une mer difficile. Les vents de nord-est ne sont pas aussi forts à l'ouest du cap Frio car les montagnes entravent leur force. Plus haut le long de la côte les alizés du sud-est sont établis de mars à août et atteignent Salvador (Bahia), le reste de l'année ils ne dépassent pas Recife (Pernambouc). Les vents de sud-est et de nord-est laissent parfois la place à un temps à grains avec des vents de sud-ouest qui durent quelques jours amenant des nuages et de la pluie. Ce temps perturbé de sud-ouest se produit principalement d'avril à août, lorsque les vents sont en général plus faibles et variables. Le baromètre chute habituel-lement vingt-quatre heures avant l'établissement des vents de sud-ouest. Quoiqu'il y ait un phé-nomène de brises de terre et de mer le long de la côte, la brise de terre est normalement de courte durée et faible alors que la brise de mer est forte.

Sur la côte nord du Brésil en direction de l'Amazone, le mouvement de la zone de convergence intertropicale influence le temps, amenant les alizés de sud-est, caractérisés par du beau temps, entre août et octobre et les alizés de nord-est de novembre à mars. Cette dernière période constitue la saison des pluies le long de cette côte. Ces deux vents ont une composante plus est et tendent ainsi à être plutôt est sud-est et est nord-est. Entre avril et le début des alizés de sud-est en août, le vent soufflera d'abord d'est sud-est avant de laisser la place à un temps typique de la zone du pot au noir, avec des calmes, des grains et des vents variables.

AS21 *De l'Amérique du Sud à l'Afrique du Sud*

MEILLEURE PÉRIODE	novembre à mars			
SAISON DES CYCLONES	aucune			
CARTES ROUTIÈRES	BA : 4022 US : 22	SHOM : 6816, 6808		
INSTRUCTIONS NAUTIQUES	BA : 2, 5 US : 121, 123, 124	SHOM : C5		
GUIDES DE CROISIÈRE	*South Africa Nautical Almanac.*			
WAYPOINTS				
Départ	*Intermédiaire*	*Atterrissage*	*Destination*	*Distance (M)*
AS210 Rio 23°05'S, 43°05'W	AS211 30°00'S, 35°00'W AS212 34°30'S, 13°00'W AS213 36°00'S, 13°00'W AS214 36°00'S, 5°00'E	AS216 Table S 34°00'S, 18°20'E	Le Cap *33°55'S, 18°26'E*	3322
AS215 Plata 35°00'S, 57°00'W	AS213	AS216 Table S	Le Cap	3705

On ne peut pas prendre une route directe vers le cap de Bonne Espérance depuis n'importe quel port du nord de l'Amérique du Sud du fait des alizés de sud-est qui soufflent pratiquement toute l'année dans la zone tropicale de l'océan Atlantique Sud. La zone au sud du cap São Roque constitue une exception, sous le renflement de l'Amérique du Sud, où les vents de nord-est prédominent d'octobre à février. Pendant la même période, un courant favorable de sud-ouest s'établit parallèle à la côte. Les bateaux quittant l'un des ports situé dans le nord du Brésil doivent tirer parti des vents et du courant pour progresser suffisamment vers le sud avant de se diriger vers le large.

Si l'on part d'un port situé dans le sud du Brésil, on doit prendre l'amure la plus favorable permettant d'atteindre la zone des vents d'ouest, leur limite nord dépendant de la période de l'année. Une zone de vents variables devra être traversée entre les latitudes 25°S et 33°S, sa largeur variant suivant la saison. Au début de l'été, les vents d'ouest ou de nord pourront être trouvés aux environs de la latitude 33°S, mais au fur et à mesure que l'été progresse la limite nord de ces vents d'ouest recule, et il peut être nécessaire de descendre jusqu'à 37°S et même 38°S pour trouver des vents d'ouest bien établis.

En prenant le WP AS210 comme point de départ depuis Rio de Janeiro, on doit faire route légèrement plus sud que l'orthodromie pour atteindre la zone des vents favorables le plus tôt possible. Une fois le WP AS211 atteint, la route recommandée continue vers le WP AS212. Pour augmenter les chances de trouver des vents favorables, il peut être nécessaire de se diriger bien plus au sud de la route orthodromique vers le WP AS213, 60 milles au nord de Tristan da Cunha. L'on doit alors décider si l'on fait escale dans cette île (voir la route AS22). Une fois ce point atteint, il faut résister à la tentation de rejoindre la route la plus courte pour le reste de la traversée vers Le Cap car rester dans des latitudes plus élevées augmente la chance d'avoir de meilleurs vents à l'approche de l'extrémité de l'Afrique, spécialement si l'on rencontre alors de forts vents de secteur sud. Il ne faudra donc pas rejoindre la route orthodromique en direction du Cap avant d'avoir passé le WP AS214.

Les bateaux qui partent de ports situés en Uruguay ou en Argentine bénéficient de meilleurs vents et peuvent suivre la route orthodromique vers l'Afrique du Sud. En partant depuis le WP AS215, à l'embouchure du Rio de la Plata, une route loxodromique vers le WP AS213 a de meilleures chances de rencontrer des vents favorables qu'une route orthodromique. Comme il est décrit ci-dessus, une escale à Tristan da Cunha peut être envisagée car l'île se trouve alors très proche de la route recommandée vers Le Cap. Les instructions pour le reste de la traversée sont les mêmes que celles décrites ci-dessus. L'atterrissage se fera vers le WP AS216, à l'approche du Cap. Le Cap est le premier centre de yachting en Afrique du sud avec d'excellents chantiers pour d'éventuelles réparations.

AS22 *Du Brésil à Tristan da Cunha*

MEILLEURE PÉRIODE	novembre à mars	
SAISON DES CYCLONES	aucune	
CARTES ROUTIÈRES	BA : 4022	SHOM : 6807, 6816, 6808
	US : 22	
INSTRUCTIONS NAUTIQUES	BA : 2, 5	SHOM : C5
	US : 121, 123, 124	
WAYPOINTS		

Départ	*Intermédiaire*	*Atterrissage*	*Destination*	*Distance (M)*
AS220 Rio 23°0'S, 43°05'W	AS221 30°00'S, 35°00'W	AS222 36°55'S, 12°25'W	Edinburgh *37°03'S, 12°18'W*	1820

Comme la route orthodromique entre Rio de Janeiro et Le Cap passe par une zone de vents variables, il est recommandé aux navigateurs d'emprunter une route plus au sud-ouest en quittant Rio de manière à atteindre la zone des vents dominants de nord-ouest et d'ouest plus rapidement. Cette route passe près de Tristan da Cunha. Du WP AS220, au sud-est de Rio de Janeiro, on devra se diriger vers le WP AS221. De là, la route peut-être modifiée pour le WP AS222, à environ 8 milles au NW de Tristan da Cunha. Si cette traversée est effectuée au début de l'été, en octobre ou novembre, on trouvera normalement les vents d'ouest dans les latitudes 33°S ou 34°S, il ne sera peut-être pas nécessaire d'aller chercher des vents établis plus au sud. Au fur et à mesure que l'été progresse, la limite nord des vents d'ouest recule, et il peut être nécessaire de descendre jusqu'à 37°S et même 38°S pour trouver des vents d'ouest bien établis. Les vents dans ces latitudes soufflent habituellement entre 20 et 25 nœuds, atteignant parfois les 40 nœuds.

Le port d'entrée de l'île, Edimbourg, n'est accessible qu'aux petits bateaux locaux, cependant il est possible de mouiller sous le vent de l'île.

AS23 *De Tristan da Cunha au Cap*

MEILLEURE PÉRIODE	décembre à mars	
SAISON DES CYCLONES	aucune	
CARTES ROUTIÈRES	BA : 4022	SHOM : 6808
	US : 22	
INSTRUCTIONS NAUTIQUES	BA : 2	SHOM : C5
	US : 121, 123	
GUIDES DE CROISIÈRE	*South Africa Nautical Almanac.*	
WAYPOINTS		

Départ	*Intermédiaire*	*Atterrissage*	*Destination*	*Distance (M)*
AS230 Cunha 36°55'S, 12°10'W	AS231 36°00'S, 5°00'E	AS232 Table S 34°00'S, 18°20'E	Le Cap *33°55'S, 18°26'E*	1507

Les vents au sud de la latitude 35°S sont beaucoup plus favorables pour la traversée vers Le Cap que plus au nord, une route plus sud est donc recommandée. Près de Tristan da Cunha, les vents viennent principalement du N et du NW en été devenant plus ouest lorsqu'on se déplace vers l'est. Du WP AS230, la route recommandée se dirige plein est le long de la latitude de Tristan da Cunha. Du WP AS231, on peut suivre une route directe vers le WP AS232 à l'approche du Cap. Comme les vents dominants dans la zone du Cap viennent du sud-est et que les coups de vent de cette direction sont fréquents, la côte doit être approchée par le sud-ouest pour éviter de se retrouver dépalé sous son vent par le vent et le fort courant portant au nord. Le Cap est le premier centre de yachting en Afrique du sud avec d'excellents chantiers pour d'éventuelles réparations.

AS24 *De l'Amérique du Sud aux Malouines*

Meilleure période	décembre à février	
Saison des cyclones	aucune	
Cartes routières	BA : 4200, 4201	SHOM : 7044
	US : 20	
Instructions nautiques	BA : 5, 6	
	US : 121, 124	
Guides de croisière	*Falklands Islands Shores.*	
Waypoints		

Départ	*Intermédiaire*	*Atterrissage*	*Destination*	*Distance (M)*
AS240 Rio 23°05'S, 43°05'W	AS241 36°00'S, 54°30'W		Mar del Plata *37°57'S, 57°32'W*	1163
	AS242 43°00'S, 62°00'W		Puerto Madryn *42°46'S, 65°03'W*	1656
			Puerto Deseado *47°45'S, 65°54'W*	1850
	AS243 47°00'S, 65°00'W			
	AS244 51°25'S, 57°30'W	AS245 Pembroke N 51°37'S, 57°40'W	Port Stanley *51°39'S, 57°43'W*	2205

La route depuis Rio de Janeiro vers le sud passe près de la côte et, si l'on ne fait pas escale dans l'un des ports de l'estuaire du Rio de la Plata, la route directe est préférable, du moins jusqu'au sud de la latitude 35°S. Les vents entre Rio de Janeiro et cette latitude sont principalement nord-est en été. Au sud de la latitude 35°S, les vents deviennent de plus en plus ouest et il est judicieux de rester bien à l'ouest de la route directe vers les Malouines pour éviter d'être dépalé de sa route par un coup de vent d'ouest. Le temps est généralement meilleur près de la côte que plus au large. La route côtière permet aussi d'éviter le fort courant des Malouines qui porte au nord, et peut atteindre jusqu'à 2 nœuds au large. Pour ces raisons, la route au sud de l'estuaire du Rio de la Plata devra rester parallèle et très proche de la côte argentine.

Depuis Rio de Janeiro et le WP AS240, la route suit la côte de près pour tirer parti des vents et du courant favorables. La route est modifiée au WP AS 241, dans l'estuaire du Rio de la Plata, pour le WP AS242. La route préconisée reste parallèle à la côte argentine, entre 60 et 100 milles au large. Il y a plusieurs ports en Argentine où il est possible de faire escale en cas d'urgence, comme Mar del Plata, Puerto Madryn ou Puerto Deseado. Après avoir suivi la côte argentine, au WP 243 la route part vers le large en direction du WP AS 244, 7 milles au nord-est de Volunteer Point dans les Malouines de l'est. La route peut alors être modifiée pour le WP AS245, au large du cap Pembroke, à l'approche de Port Stanley.

Dans les Malouines les vents dominants viennent d'ouest et dans ces îles réellement ventées ils ont une vitesse moyenne de 17 nœuds tout au long de l'année avec une légère augmentation pendant les mois de décembre à mars. Les vents peuvent diminuer jusqu'au calme au coucher du soleil avec une tendance à augmenter jusqu'à 10 – 15 nœuds pendant la nuit, se calmant de nouveau à l'aube. Les vents augmentent à nouveau pendant la journée, pouvant atteindre la force du coup de vent dans l'après-midi.

Les coups de vent démarrent en général au nord-ouest et s'orientent rapidement au sud-ouest. Les pires sont ceux de nord ou de nord-est, difficiles à prévoir et qui peuvent survenir sans préavis. Ils sont provoqués par le passage de dépressions se déplaçant vers le nord entre les îles et la côte de Patagonie. Les vents de secteur nord, qui sont fréquents pendant les mois d'été entre décembre et avril, amènent souvent du brouillard le long de la côte nord. Lorsque soufflent de forts vents d'ouest, les îles sont sujettes aux willywaws, qui peuvent être très dangereux pour les petits bateaux. Ceux-ci se produisent généralement sous le vent des îles et dans quelques-uns des passages étroits entre les îles dans la partie ouest.

Ceux qui prévoient d'effectuer une croisière parmi ces îles doivent se procurer auprès du *Secretariat Building* à Port Stanley les cartes des mines (*mine maps*) qui sont fournies gratuitement et contiennent le détail des zones qui ont été minées pendant la guerre de 1982.

AS25 *De l'Amérique du Sud à la Terre de Feu*

MEILLEURE PÉRIODE	novembre à février	
SAISON DES CYCLONES	aucune	
CARTES ROUTIÈRES	BA : 4200 US : 20	SHOM : 7044
INSTRUCTIONS NAUTIQUES	BA : 5, 6 US : 121, 124	
GUIDES DE CROISIÈRE	*South Atlantic Circuit, Havens & Anchorages covering the East Coast of South America, Chile, Patagonia & Tierra del Fuego Nautical Guide.*	

WAYPOINTS

Départ	*Intermédiaire*	*Atterrissage*	*Destination*	*Distance (M)*
AS250 Rio 23°05'S, 43°05'W	AS251 36°00'S, 54°30'W AS252 43°00'S, 62°00'W		Punta Arenas *53°10'S, 70°54'W*	2245
	AS253 Deseado 48°00'S, 65°00'W	AS254 Virgins 52°20'S, 68°10'W		2133
AS250 Rio	AS251 AS252 AS253 Deseado AS255 Le Maire N 54°39'S, 64°51'W AS256 Le Maire S 54°55'S, 65°12'W	AS257 Pio 55°08'S, 66°32'W	Puerto Williams *54°56'S, 67°37'W*	2350
AS258 Mar del Plata *37°57'S, 57°32'W*	AS259 Corientes 38°00'S, 57°27'W AS252 AS253 Deseado	AS254 Virgins	Punta Arenas	1095
AS258 Mar del Plata	AS259 Corientes AS252 AS253 Deseado AS255 Le Maire N AS256 Le Maire S	AS257 Pio	Puerto Williams	1200

La route vers le sud depuis Rio de Janeiro reste parallèle à la côte, jusqu'à la latitude des îles Malouines et les instructions sont semblables à celles détaillées dans la route AS24. Mar del Plata offre de bons services pour préparer la traversée vers le sud, elle est également la base de bateaux d'observation de baleines qui se dirigent vers la péninsule de Valdez.

Il faut faire attention au risque de courants portant à terre lorsque l'on navigue près de la côte. A partir du Rio de la Plata, la route suit la côte de très près pour rester dans des eaux protégées et éviter aussi le fort courant des Malouines qui porte au nord. Les vents dominants dans cette région sont d'ouest si bien que le risque d'être porté à la côte est faible. Les coups de vent d'est sont très rares et lorsqu'ils ont lieu, il y a toujours un préavis suffisant.

De septembre à juin l'on peut avoir des coups de vent de sud-est accompagnés par de la pluie et d'une mer forte. Ces vents peuvent aussi amener du brouillard. Un brouillard très dense peut aussi se produire avec des vents de nord-ouest plus au sud entre les mois de février à octobre. En général, ces brouillards se dissipent quand les vents sont de secteur sud-ouest. Lorsqu'il fait plus chaud, des orages avec des éclairs peuvent se produire par vents de nord-ouest.

Les coups de vent de nord sont précédés par un ciel couvert, de la brume de chaleur, beaucoup de petits nuages très hauts dans le ciel, et quelques éclairs. Le vent augmente graduellement jusqu'à atteindre le coup de vent. Par contre les vents de secteur sud atteignent le coup de vent d'une manière très soudaine et sont plus violents. Un signe de mauvais temps imminent de secteur sud est l'amoncellement de gros nuages au sud de l'horizon. De même, si un baromètre très bas remonte, ce peut aussi être le signe d'une rotation du vent au sud.

Du WP AS253, au large de Puerto Deseado, la route sera modifiée pour le WP AS254, au NE du cap des Vierges, à l'entrée du détroit de Magellan. Le détroit doit être approché avec beaucoup de précautions car l'amplitude des marées est grande et les courants de marée sont forts et portent vers le banc Sarmiento et les autres dangers situés au large du cap des Vierges.

L'arrivée dans le détroit doit coïncider avec le début d'une marée favorable et il faut se rappeler que les heures de pleine et de basse mer sont retardées plus l'on se dirige vers l'ouest jusqu'à ce que Royal Road soit passée. Cela favorise beaucoup les traversées d'est en ouest et un bateau qui part avec le début du flot portant à l'ouest à la hauteur du premier goulet à de bonnes chances de profiter du courant favorable pendant 9 heures, probablement jusqu'à Punta Arenas. Le courant à travers le premier goulet varie entre 5 et 7 nœuds et entre 3 et 6 dans le second. Le marnage quant à lui varie de 13 m à l'extrémité est du détroit à seulement 1,5 m à son extrémité ouest.

La route classique depuis l'Atlantique emprunte les canaux suivant : Smyth, Sarmiento, Inocentes, Concepcion, Largo, Messier et ressort à travers le golfe de Penas dans l'océan Pacifique. Une route plus courte atteint le Pacifique par le canal Cockburn.

Les yachts se dirigeant vers le canal de Beagle ou le cap Horn doivent mettre le cap vers le sud depuis le WP AS253 vers le WP AS255, au nord du cap San Diego, à l'entrée du détroit de Le Maire. La tactique recommandée est de naviguer vers le sud à marée descendante, ce qui sous-entend de pouvoir arriver au WP AS255 environ deux heures avant la pleine mer. On obtiendra l'heure de la pleine mer en appelant la station argentine de la baie de Buen Succeso sur l'île de Tierra del Fuego sur la VHF canal 16. Il ne faut pas tenter ce passage vers le sud par vent fort de sud car le courant de marée de 2 ou 3 nœuds crée vite une mer très creuse. On cherchera alors un abri sur la côte nord d'Isla de Los Estados (l'île des Etats), par exemple dans la baie Hoppner, bien abritée. Plutôt que d'affronter les conditions décrites ci-dessus, il est préférable de passer le détroit de Le Maire par vent et marée contraires. Une fois au sud du détroit de Le Maire, la route pénètre dans le canal de Beagle et conduit à Puerto Williams, un petit port chilien sur la côte nord de l'île Navarin. C'est ici qu'il faut accomplir les formalités d'entrée pour ceux qui désirent croiser dans les eaux chiliennes, s'arrêter au cap Horn ou naviguer vers la péninsule antarctique. Les services à Puerto Williams sont très rudimentaires, pour toutes réparations ou approvisionnement conséquent il faut continuer le long du canal de Beagle vers Ushuaia, en Argentine. Ce port a les meilleurs services de toute la région et il y a des vols réguliers vers Buenos Aires.

AS26 *Routes vers le sud depuis le Brésil*

MEILLEURE PÉRIODE	décembre à avril	
SAISON DES CYCLONES	aucune	
CARTES ROUTIÈRES	BA : 4201	SHOM : 6816, 6807
	US : 200, 201	
INSTRUCTIONS NAUTIQUES	BA : 5	
	US : 124	
GUIDES DE CROISIÈRE	*South Atlantic Circuit, Havens & Anchorages covering the East Coast of South America.*	

WAYPOINTS

Départ	*Intermédiaire*	*Atterrissage*	*Destination*	*Distance (M)*
Salvador da Bahia *12°58'S, 38°30'W*	AS260 Bahia 13°03'S, 38°20'W			
	AS261 Portocel 20°00'S, 37°30'W			
	AS262 Frio 23°04'S, 41°55'W	AS263 Rio 23°05'S, 43°08'W	Rio de Janeiro *22°55'S, 43°12'W*	825

Départ	*Intermédiaire*	*Atterrissage*	*Destination*	*Distance (M)*
Rio de Janeiro *22°55'S, 43°12'W*	AS2363 Rio AS264 Marta 28°40'S, 48°40'W AS265 Tramandai 30°10'S, 49°40'W AS266 Plata 35°00'S, 54°00'W AS267 Lobos 35°10'S, 54°45'W		Buenos Aires *34°36'S, 58°22'W*	1150
Rio de Janeiro	AS263 Rio AS264 Marta AS265 Tramandai AS266 Plata	AS268 Mar 38°00'S, 57°30'W	Mar del Plata *37°57'S, 57°32'W*	1180

Les routes vers le sud bénéficient du courant du Brésil, qui porte vers le sud-ouest à une vitesse comprise entre 1 et 2 nœuds et, entre décembre et avril, des vents dominants de nord-est. Plus au sud, un contre-courant portant vers le nord le long de la côte doit être pris en considération, et lors de longues traversées, il est recommandé de gagner le large.

Comme la plupart des bateaux qui traversent l'équateur vers le sud s'arrêtent en premier à Salvador de Bahia, ce dernier constitue un bon point de départ pour des traversées vers le sud. La bonne période pour se trouver à Salvador est pendant le carnaval qui se termine habituellement début mars, ce qui constitue la période idéale pour se diriger vers le sud. La route côtière, jusqu'au cap São Tomé, offre une variété de destinations de croisière, mais pour les besoins de la planification seuls les waypoints du large sont indiqués. Un autre point de départ peut être Rio de Janeiro, quoique les bateaux partant vers le sud soient alors tentés d'explorer la côte brésilienne au sud de Rio avant de gagner le large. Les installations pour les yachts s'améliorent lorsque l'on descend vers le sud, les meilleures se trouvant dans la zone entre Rio de Janeiro et Santos, qui inclut San Sebastian, devenu maintenant un centre de voile animé, conséquence de son choix comme escale pour la course autour du monde en équipage Volvo Race.

AS27 *Routes vers le nord depuis les Malouines*

MEILLEURE PÉRIODE	décembre à mars	
SAISON DES CYCLONES	aucune	
CARTES ROUTIÈRES	BA : 4201, 4207 US : 20	SHOM : 7044
INSTRUCTIONS NAUTIQUES	BA : 5, 6 US : 124	
GUIDES DE CROISIÈRE	*South Atlantic Circuit, Havens & Anchorages covering the East Coast of South America.*	

WAYPOINTS

Départ	*Intermédiaire*	*Atterrissage*	*Destination*	*Distance (M)*
Port Stanley *51°51'S, 57°50'W*	AS271 Pembroke 51°40'S, 57°42'W	AS272 Corientes 38°00'S, 57°27'W	Mar del Plata *37°57'S, 57°32'W*	837
Port Stanley	AS271 Pembroke AS273 40°00'S, 54°00'W	AS274 Rio 23°05'S, 43°08'W	Rio de Janeiro *22°55'S, 43°12'W*	1902

La traversée vers le nord jusqu'au Rio de la Plata peut s'effectuer tout au long des mois d'été et la route directe bénéficie à la fois du fort courant des Malouines portant au nord et des vents dominants d'ouest. Au nord du Rio de la Plata, les vents dominants en été (octobre à mars) sont nord-est, en conséquence cette traversée ne devrait pas être entreprise avant avril. D'une manière idéale la traversée depuis les Malouines vers le Rio de la Plata devrait n'être effectuée qu'entre décembre et février, l'étape suivante vers Rio de Janeiro et au delà étant entreprise plus tard, entre mai et septembre, quand des vents favorables dominent sur toute la côte brésilienne.

Du WP AS271 au large de la pointe des Volontaires (Volunteer Point), la route vers l'estuaire du Rio de la Plata est pratiquement nord, et suit une route loxodromique, vers le WP AS272. Les bateaux se dirigent vers Rio de Janeiro doivent rejoindre la route orthodromique qui passe par les WP AS273 et AS 274 à l'approche de Rio.

Une traversée depuis les Malouines vers l'Europe ou la côte est des USA peut utiliser la solution ci-dessus ou prendre la route directe du cap Horn vers ces destinations ainsi que décrit dans les routes AT26 et AT27.

AS28 *Routes vers le nord depuis la Terre de Feu*

Meilleure période	décembre à mars	
Saison des cyclones	aucune	
Cartes routières	BA : 4200, 4201 US : 200, 201	SHOM : 6879
Instructions nautiques	BA : 5 US : 124	
Guides de croisière	*South Atlantic Circuit, Havens & Anchorages covering the East Coast of South America.*	

Waypoints

Départ	*Intermédiaire*	*Atterrissage*	*Destination*	*Distance (M)*
Punta Arenas *53°10'S, 70°54'W*	AS281 Magellan 52°25'S, 68°25'W			
	AS282 Virgins 52°20'S, 68°10'W	AS283 Corientes 38°00'S, 57°27'W	Mar del Plata *37°57'S, 57°32'W*	1086
Puerto Williams *54°56'S, 67°37'W*	AS284 Pio 55°08'S, 66°32'W			
	AS285 Le Maire S 54°55'S, 65°12'W			
	AS286 Le Maire NW 54°36'S, 64°56'W	AS283 Corientes	Mar del Plata	1155

En se dirigeant vers le nord depuis la Terre de Feu, la grande île qui constitue la majeure partie de l'Amérique du Sud, on peut utiliser le détroit de Magellan ou le canal de Beagle pour atteindre la haute mer. En particulier pour les bateaux provenant du sud et n'ayant pas l'intention de s'arrêter en Argentine, les Malouines constituent une bonne escale avant de continuer vers le nord dans l'Atlantique sud (voir AS35).

Ayant quitté le détroit de Magellan au cap des Vierges, la route reste parallèle à la côte argentine. Aucun des ports le long de cette portion de la côte n'offre d'intérêt particulier pour un bateau de croisière, une route directe au large est fortement recommandée. Si, pour une raison quelconque, on doit s'arrêter sur la côte de Patagonie, les ports de Comodoro Rivadavia et de Puerto Madryn offrent les services de base ainsi que du gazole. Cependant, les conditions de temps le long de la côte et le courant favorable des Malouines sont de forts arguments en faveur d'une route au large. L'atterrissage sera effectué près du cap Corientes où la route devra être modifiée vers le nord-ouest et Mar del Plata. Les mêmes instructions s'appliquent aux bateaux venant du cap Horn ou du canal de Beagle, qui auront passé le détroit de Le Maire avant d'infléchir leur route vers le nord. En raison des difficultés de navigation dans le détroit de Le Maire, où les forts courants de marée peuvent créer des conditions très rudes par vent contraire, la route directe ne doit être tentée qu'avec des conditions favorables. Si ce n'est pas le cas, il est préférable de prendre la route plus longue par le sud d'Isla del Estados décrite dans AS35. Elle mène aux Malouines, escale fortement recommandée pour tous les bateaux qui vont vers le nord car elles se trouvent pratiquement sur la route. Les conditions de temps qui prévalent le long de la côte est de l'Argentine sont décrites dans AS 25. Mar del Plata est la principale station balnéaire de l'Argentine et possède de bonnes installations pour les yachts.

AS29 *Routes vers le nord depuis l'Argentine et le Brésil*

MEILLEURE PÉRIODE	mai à juillet	
SAISON DES CYCLONES	aucune	
CARTES ROUTIÈRES	BA : 4201	SHOM : 6816, 6807
	US : 201	
INSTRUCTIONS NAUTIQUES	BA : 5	
	US : 124	
GUIDES DE CROISIÈRE	*South Atlantic Circuit, Havens & Anchorages covering the East Coast of South America.*	

WAYPOINTS

Départ	*Intermédiaire*	*Atterrissage*	*Destination*	*Distance (M)*
Mar del Plata *37°57'S, 57°32'W*	AS290 Mar 38°00'S, 57°30'W AS292 Plata N 35°00'S, 54°00'W AS283 Tramandai 30°10'S, 49°40'W AS294 Marta 28°40'S, 48°40'W	AS295 Rio 23°05'S, 43°08'W	Rio de Janeiro *22°55'S, 43°12'W*	1180
Punta del Este *34°58'S, 54°57'W*	AS291 Lobos 35°05'S, 54°45'W AS292 Plata N AS293 Tramandai AS294 Marta	AS295 Rio	Rio de Janeiro	1150
Rio de Janeiro *22°55'S, 43°12'W*	AS296 Frio 23°04'S, 41°55'W AS297 Portocel 20°00'S, 37°30'W	AS298 Bahia 13°03'S, 38°20'W	Salvador da Bahia *12°58'S, 38°30'W*	825

Naviguer vers le nord-est le long de la côte de l'Amérique du Sud n'est pas une tache facile car il faut prendre en compte un certain nombre d'éléments, comme le courant du Brésil, qui porte au sud-ouest à une vitesse d'environ 1 nœud et s'étend sur une bande de 200 à 400 milles au large de la côte. Entre mai et juillet, un contre-courant portant au nord près de la côte peut accélérer le passage des bateaux se dirigeant dans cette direction. Les alizés de nord-est prédominent tout le long du littoral d'octobre à avril, et sont à leur maximum entre décembre et février. Au-delà de cap Frio, les alizés de sud-est prédominent entre mars et août, qui est la bonne époque pour naviguer vers le nord le long de cette côte car autrement les vents de nord-est rendent ce passage difficile. Quelle que soit l'époque de l'année, on doit préférer les traversées au large, particulièrement dans la partie au sud du cap Frio qui, à de rares exceptions près, ne présente que peu d'intérêt pour les bateaux de croisière.

Les bateaux se dirigeant vers le nord depuis le Rio de la Plata, en venant de Buenos Aires, d'un port uruguayen ou de Mar del Plata, suivront une route parallèle à la côte brésilienne, conservant les effets du contre-courant mais restant à une distance raisonnable au large. Punta del Este, à l'embouchure même du Rio de la Plata, est un centre de voile actif et un bon port de départ. De même pour Mar del Plata, la capitale du yachting argentin pendant l'été. Plusieurs ports peuvent convenir pour une escale éventuelle le long de la côte brésilienne entre les caps Santa Marta Grande et Frio, mais seul Rio de Janeiro a été indiqué car le choix est bien trop grand. Si l'on s'arrête à Rio, on trouvera un meilleur accueil parmi les clubs de voiles de Niteroi, comme le Brazilian Navy Club, mais la marina Gloria près du centre ville est la plus pratique.

Ceux qui choisissent la route côtière doivent se méfier des caprices de la météo près de la terre car en certains endroits des rafales violentes et soudaines peuvent frapper sans aucun signe précurseur, avec un ciel dégagé. Il faut aussi prendre garde à la possibilité de forts courants portant à terre que l'on peut trouver tout le long de la côte et qui se renforcent à proximité des caps, spécialement en eau peu profonde. Le banc de São Tomé, près du cap du même nom, en est un exemple. L'autre danger des zones côtières réside dans les nombreux bateaux de pêche qui sortent la nuit, mouillant parfois en eaux profondes sans aucune lumière. La plupart sont en bois, et ne sont pas visibles au radar. Les considérations de saison deviennent plus importantes pour les bateaux naviguant vers le nord depuis Rio de Janeiro, sauf si l'on est préparé à gagner suffisamment au large pour éviter les influences côtières. La route côtière passe près des îles Abrolhos et se dirige ensuite vers Salvador de Bahia. Toutes deux sont des escales recommandées, la première pour son bassin de croisière et la seconde pour son animation trépidante. Salvador est maintenant le point d'arrivée d'un certain nombre de manifestations nautiques internationales, et possède désormais les meilleurs services pour la plaisance de toute la partie nord du Brésil. Les routes vers le nord sont décrites avec plus de détails dans AT21.

AS30 ROUTES DANS LES MERS AUSTRALES

Le cap Horn et les mers tempétueuses qui l'entourent ont une réputation si mauvaise dans la tradition maritime que récemment encore peu de bateaux de croisière n'osaient s'y aventurer. Quelques-uns passaient le cap Horn dans leur voyage de retour vers l'Europe, mais naviguer plus au sud était une chose qui ne se faisait pas. Ce n'est que depuis la dernière décade que des bateaux de croisière traversent le passage de Drake et explorent l'ouest de la péninsule antarctique pendant la courte saison d'été. Un ou deux y hivernent même. Brutalement la terreur qui entourait le sixième continent s'est dissipée et de plus en plus de marins affrontent les éléments et se dirigent vers les glaces du sud. Le nombre de bateaux de croisière qui naviguent se compte encore sur les doigts des deux mains et il se passera encore pas mal de temps avant que cela ne devienne réellement bondé, mais la tendance est sans aucun doute amorcée.

Cependant, naviguer dans les 50ᵉ et 60ᵉS ne doit pas être pris à la légère. Ces mers restent les plus tempétueuses de la planète et être pris par une tempête lorsqu'on traverse le passage de Drake, avec une énorme houle déboulant de l'ouest et qu'aucun continent n'arrête, avec le vent qui hurle dans le gréement et un albatros solitaire qui, tel un fantôme, plane dans le ciel dégagé, remplira de crainte même le marin le plus flegmatique. Ce sont des mers sauvages, il vaut mieux être préparé pour les affronter !

Les vents d'ouest prédominent sur la totalité de la zone et s'étendent du 40ᵉ sud au 55ᵉ sud la plus grande partie de l'année et jusqu'au 60ᵉ sud en été. Ce sont les célèbres « 40ᵉ rugissants », dont le nom décrit bien la constance et la force de ces vents. La direction du vent change à l'approche des fronts, elle peut varier du sud-ouest au nord-ouest, en particulier pendant le passage des dépressions. Plus au sud, entre 55°S et 65°S, dans une zone dominée par le

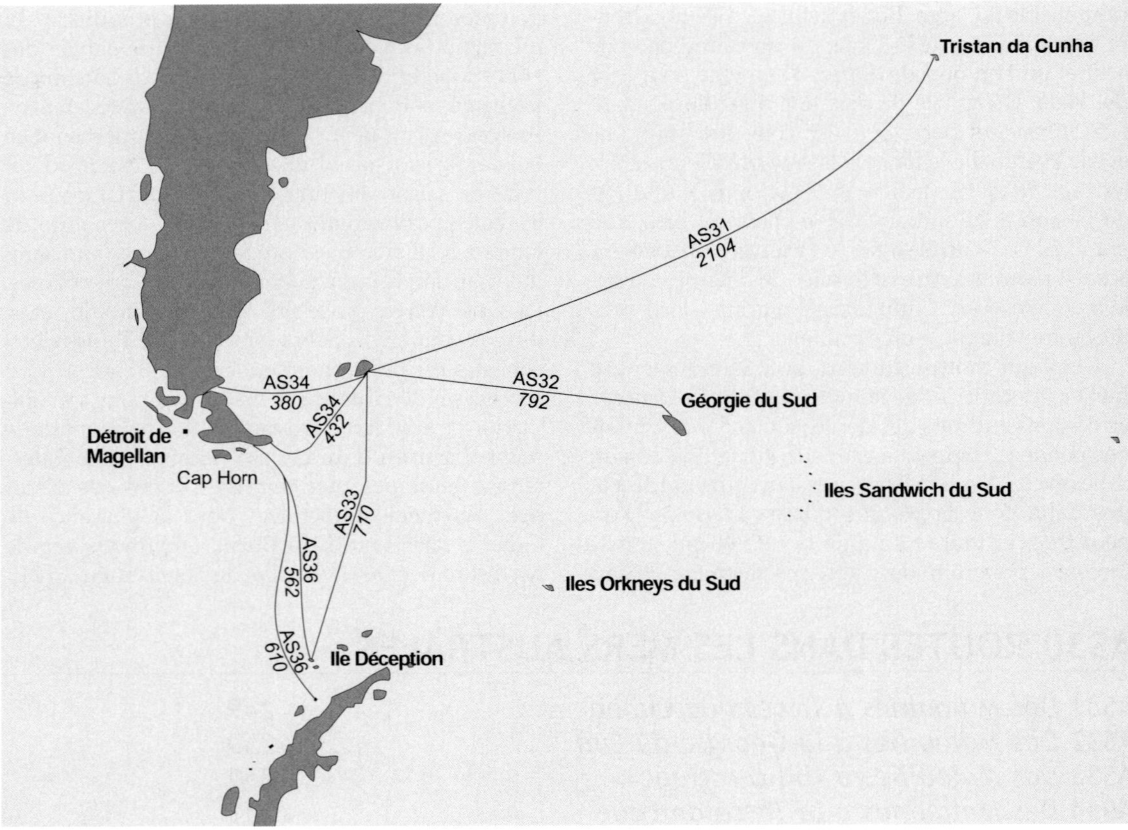

AS30 Routes dans les mers australes

mouvement des dépressions, il y a une répartition égale des vents d'ouest et d'est. La direction de ces vents est déterminée par la limite nord de la trajectoire de ces dépressions. Encore plus au sud, à l'approche de la côte Antarctique, les vents d'est prédominent toute l'année. La température moyenne en été, près de la terre, est d'environ 0 °C, mais il faut aussi prendre en compte le refroidissement dû au vent.

Bien que la banquise s'étende jusqu'à une distance considérable de la côte Antarctique en hiver, la plus grande partie de la glace fond en été – rendant ainsi certaines parties de la côte accessibles de décembre à mars. Lors d'un bon été la plus grande partie de la péninsule antarctique et la plus grande part de la mer de Bellinghausen sont libres de toute banquise. Les icebergs peuvent dériver au nord de 50°S dans une zone à l'est des Malouines jusqu'à 30°W. Dans le passage de Drake, la limite nord des icebergs coïncide avec la zone de convergence Antarctique, quoiqu'occasionnellement des icebergs aient été observés aussi nord en latitude que Rio de Janeiro.

Naviguer sur l'une des routes décrites dans cette section est un réel challenge et procure à l'équipage un sentiment de satisfaction bien mérité, mais rien ne remplacera la vive émotion et le sentiment d'accomplissement ressentis par ceux qui ont eu la chance d'aller et de revenir à la voile depuis l'Antarctique. Quoiqu'un ou deux yachts aient atteint l'Antarctique ces dernières années depuis l'Australie, la grande majorité des bateaux de croisière qui visitent l'Antarctique vient d'Amérique du Sud, non seulement parce que l'on y parcourt la plus courte distance mais aussi parce que la péninsule antarctique, aussi bien que les îles Shetland au nord procurent les sites de croisière les plus intéressants.

Lorsqu'on prépare un voyage vers ces destinations cela vaut la peine de lire les récits de ceux qui y ont navigué auparavant. En particulier le récit relatant les aventures de l'expédition de Shackleton en 1914 – 1916, pour les enseignements qu'il apporte sur le continent antarctique mais aussi, d'un point de vue de marin, pour l'exploit ahurissant réalisé par les survivants qui ont rejoint l'île de l'Eléphant puis la Géorgie du Sud sur une baleinière de moins de 7 m, appelée *James Caird*, après que l'*Endurance* ait été broyée par la glace dans la mer de Weddel.

Lorsqu'on lit le récit de cette odyssée dans un petit bateau non ponté, on envisage un voyage vers les mers australes sous un jour nouveau, même si on l'effectue sur un voilier moderne bien construit.

L'Antarctique et les îles au sud du 60°S sont régies par un traité international signé en 1961, renforcé par un protocole signé en 1991, dont l'objectif principal est de préserver cette fantastique région pour les générations futures. Une réglementation stricte s'applique à tout navire pénétrant dans cette zone et les navigateurs doivent se familiariser avec les dispositions du traité et du protocole sur l'Antarctique avant leur arrivée. Pour plus de détails consulter *Escales de Grande Croisière*.

AS31 *Des Malouines à Tristan da Cunha*

Meilleure période	janvier à avril			
Saison des cyclones	aucune			
Cartes routières	BA : 4206, 4213	SHOM : 7044		
	US : 211			
Instructions nautiques	BA : 2, 6	SHOM : C5		
	US : 123, 124			
Guides de croisiere	*Falkland Islands Shores.*			
Waypoints				

Départ	*Intermédiaire*	*Atterrissage*	*Destination*	*Distance (M)*
AS310 Stanley 51°41'S, 57°50'W	AS311 Pembroke 51°40'S, 57°40'W	AS312 Inaccess 37°15'S, 12°50'W	Edinburg *37°03'S, 12°18'W*	2104

La traversée entre ces deux colonies britanniques doit bénéficier des vents d'ouest dominants pendant la plus grande partie du trajet, quoiqu'en approchant de Tristan da Cunha les vents deviennent beaucoup plus variables. En fonction des conditions météo, la route orthodromique est probablement le meilleur chemin à suivre, mais si l'on désire être sûr de conserver les vents d'ouest le plus longtemps possible, il peut être payant de ne modifier la route pour Tristan qu'après avoir franchi le méridien 30°W. En été, la zone des vents permanents d'ouest se déplace plus au sud que la normale et se trouve sous la latitude de l'île, ce qu'il faut prendre en compte lors du choix de la route.

En approchant de Tristan par le sud-ouest, on passera d'abord les deux îles inhabitées Inaccessible et Nightingale (le Rossignol) avant d'infléchir la route vers la côte nord de Tristan. On ne peut s'arrêter à aucune de ces îles avant d'avoir effectué les formalités à Tristan. Le port d'entrée est Edimbourg et il faut contacter la capitainerie sur le canal 16 pour être conseillé sur le meilleur emplacement pour mouiller. A l'arrivée, le bateau sera inspecté par les douanes. Il y a des possibilités correctes pour des réparations éventuelles et le réapprovisionnement, en fonction des saisons, est bon mais les visiteurs paieront une surtaxe de 40 %. Mieux vaut se réapprovisionner à la première opportunité car l'on peut être contraint de quitter l'île rapidement si le temps vient à se détériorer.

AS32 *Des Malouines à la Géorgie du Sud*

MEILLEURE PÉRIODE	janvier à avril	
SAISON DES CYCLONES	aucune	
CARTES ROUTIÈRES	BA : 4213	SHOM : 7364
	US : 20	
INSTRUCTIONS NAUTIQUES	BA : 6, 9	
	US : 124	
GUIDES DE CROISIERE	*Falkland Islands Shores, Southern Ocean Cruising.*	
WAYPOINTS		

Départ	*Intermédiaire*	*Atterrissage*	*Destination*	*Distance (M)*
AS320 Stanley *51°41'S, 57°50'W*	AS321 Pembroke 51°40'S, 57°40'W			
	AS322 Shag 53°28'S, 42°00'W	AS323 North 53°55'S, 37°45'W	Grytviken *54°16'S, 36°30'W*	792

Les vents d'ouest dominants et le courant antarctique favorable doivent assurer une traversée rapide de la mer d'Ecosse. Il faut éviter les rochers Shag (Shag Rocks) qui se trouvent exactement sur la route directe. Le groupe principal (53°33'S, 42°02'W) a un rocher de 70 m de haut. Dix milles au sud-est se trouve le rocher Black Rock de 3 m de haut et à 1 mille à l'est de Black Rock il y a un rocher sans nom, sur lequel la mer brise fortement.

L'atterrissage se fera au large du cap Nord, d'où l'on suivra la côte vers l'est jusqu'à Grytviken, qui fut autrefois une colonie prospère mais est maintenant presque abandonné. Les meilleurs mouillages sont situés le long de cette côte est, creusée par divers fjords. Les oiseaux et la vie marine prolifèrent d'un bout à l'autre de cette île balayée par le vent.

L'officier de la marine doit être contacté en arrivant et il y a une taxe, payable par tous les navires visitant la Géorgie du Sud. La colonie principale se trouve à King Edward Point Station (54°17'S, 36°30'W), le quartier général de la mission britannique en Antarctique. Aucun réapprovisionnement n'est disponible, mais l'on peut envoyer du courrier par la mission britannique.

Faisant partie des dépendances britanniques de l'Atlantique Sud, la Géorgie du Sud ne peut être visitée qu'avec la permission du *Commissioner for South Georgia and the South Sandwich Islands*, qui doit être contacté à *Government House, Stanley, Falklands Islands* tél. 500 27433, Fax 500 27434. Toutes les îles devant être visitées doivent être mentionnées.

AS33 *Des Malouines à l'Antarctique*

MEILLEURE PÉRIODE	janvier à mars	
SAISON DES CYCLONES	aucune	
CARTES ROUTIÈRES	BA : 3200	SHOM : 7363
	US : 211	
INSTRUCTIONS NAUTIQUES	BA : 6, 9	
	US : 124, 200	
GUIDES DE CROISIERE	*Falkland Islands Shores, Southern Ocean Cruising.*	
WAYPOINTS		

Départ	*Intermédiaire*	*Atterrissage*	*Destination*	*Distance (M)*
AS330 Stanley *51°41'S, 57°50'W*	AS331 Pembroke 51°40'S, 57°40'W	AS332 Seal 60°55'S, 55°25'W	Minstrel Cove *61°04'S, 55°26'W*	575
AS330 Stanley	AS331 Pembroke AS332 Nelson 62°15'S, 59°15'W			
	AS333 Robert 62°30'S, 59°15'W	AS334 Neptune 63°00'S, 60°30'W	Deception Island *62°56'S, 60°37'W*	710

Les bateaux se dirigeant vers l'Antarctique peuvent interrompre leur traversée à l'île de l'Eléphant, où les survivants de l'expédition de l'Endurance conduite par Sir Ernest Shackleton passèrent plusieurs mois en 1916 avant d'être secourus. Pour la traversée depuis les Malouines, il est préférable d'attendre une courte période de vent de nord-est qui permettra de gagner vers l'ouest avant de se rapprocher de l'île de l'Eléphant. La zone de convergence Antarctique sera passée en chemin, c'est une région riche en vie marine, car d'innombrables oiseaux, poissons, dauphins et baleines y sont attirés par des remontées d'eaux froides très riches en phytoplancton. On rencontrera également là les premiers icebergs, qui resteront présents tout au long du séjour en Antarctique.

Les bateaux arrivant par le nord devront faire leur atterrissage à l'est des îles des Phoques (Seal Islands) et approcher ensuite la côte nord de l'île de l'Eléphant depuis cette direction. En fonction des conditions météo, un abri temporaire peut être trouvé sur cette côte et deux criques sont recommandées, Emma Cove sur la côte ouest et Minstrel Cove sur la côte nord, qui procurent un abri correct. Tous ces mouillages doivent être quittés si le vent vient du large. La côte sud-est est en grande partie occupée par le glacier de l'Endurance. Comme l'île n'offre pas de mouillage totalement protégé par tout temps, celui-ci doit être suivi attentivement.

Si les conditions météo ne permettent pas de faire escale à l'île de l'Eléphant, il est judicieux de faire route directement vers l'île Déception. Dans ce cas, l'atterrissage doit être fait au nord de l'île de Nelson de manière à approcher l'île Déception par le nord-est. Déception est un cône volcanique en partie effondré procurant un excellent abri, dans le passé une importante station baleinière y était implantée. On accède à Port Foster en passant par les « soufflets de Neptune » (Neptune's Bellows), une entrée étroite qui mérite bien son nom et conduit au mouillage fermé. La meilleure zone de croisière se situe le long de la côte ouest de la péninsule antarctique jusqu'à la baie Marguerite, quoique cette dernière ne puisse être atteinte que lors des étés où la banquise a reculé suffisamment vers le sud. Il y a plusieurs stations de recherche dans la zone, certaines d'entre elles accueillent volontiers les bateaux de passage.

AS34 *Des Malouines à la Terre de Feu*

MEILLEURE PÉRIODE	décembre à mars	
SAISON DES CYCLONES	aucune	
CARTES ROUTIÈRES	BA : 539	SHOM : 7363
	US : 200	
INSTRUCTIONS NAUTIQUES	BA : 6	
	US : 124	
GUIDES DE CROISIERE	*Falkland Islands Shores, Southern Ocean Cruising, Chile, Patagonia & Tierra del Fuego Nautical Guide.*	

WAYPOINTS

Départ	*Intermédiaire*	*Atterrissage*	*Destination*	*Distance (M)*
AS340 West 52°12'S, 60°53'W		AS341 Magellan 52°25'S, 68°25'W	Punta Arenas *53°10'S, 70°54'W*	380
AS342 Stanley *51°41'S, 57°50'W*	AS343 Pembroke 51°42'S, 57°40'W AS344 Le Maire N 54°39'S, 64°51'W AS345 Loyola 55°00'S, 65°20'W	AS346 Pio 55°08'S, 66°32'W	Puerto Williams *54°56'S, 67°37'W*	427

Les Malouines constituent un point de départ pratique pour des bateaux naviguant vers la Terre de Feu en venant de l'est, qu'ils se dirigent vers le détroit de Magellan, le canal de Beagle ou même le cap Horn. Le seul inconvénient est que la traversée se fera en majeure partie vent debout car les vents dominants entre les Malouines et le continent viennent d'ouest. Pour raccourcir la traversée, et aussi attendre une accalmie, il est préférable de quitter les Malouines le plus à l'ouest possible. Ceci s'applique en particulier à ceux qui vont vers le détroit de Magellan, pour lesquels un bon point de départ peut être l'un des mouillages situés sur la côte ouest de l'île est des Malouines. L'atterrissage se fera au sud de Dungeness Point à l'entrée du détroit de Magellan. Se référer à AS26 pour plus de détails. Le port chilien de Punta Arenas est la principale agglomération dans la zone, offrant une gamme complète de services dont notamment de nombreux vols vers Santiago du Chili et d'autres destinations. Cependant, les services spécifiques pour la plaisance y sont plutôt restreints et le port est assez mal protégé de la houle et du vent. Pour ceux qui désirent juste visiter l'intérieur de la Patagonie et ne souhaitent pas effectuer tout le trajet jusqu'à Punta Arenas, il est préférable de laisser le bateau à Puerto Natales et de se rendre éventuellement à Punta Arenas par voie terrestre, quoique son intérêt touristique soit en fait très limité.

Ces dernières années de plus en plus de bateaux ont emprunté la route sud, via le détroit de Le Maire, qui mène au Canal de Beagle et au cap Horn, mais cette route présente encore plus de difficultés que le détroit de Magellan. Passer au sud de l'île des Etats n'est pas un bon choix, compte tenu du fort courant portant à l'est qui balaye la côte sud de cette île. Cependant, les forts courants de marée du détroit de Le Maire font qu'il est impératif de planifier le moment de son passage dans ce célèbre détroit en fonction de la marée. L'idéal consiste à atteindre le WP AS344 2 heures avant la pleine mer, pour bénéficier du reflux qui porte vers le sud. On obtiendra l'heure de la pleine mer en appelant la station argentine de la baie de Buen Succeso sur l'île de Tierra del Fuego sur la VHF canal 16. Il ne faut pas tenter ce passage vers le sud par fort vent de sud et courant favorable (donc contraire au vent) car le courant de marée qui atteint 2 ou 3 nœuds crée vite une mer très creuse. On cherchera alors un abri sur la côte nord d'Isla de Los Estados (l'île des Etats), par exemple dans la baie Hoppner, bien abritée.

Plutôt que d'affronter ces conditions, il est préférable de suivre la pratique locale et de franchir le détroit de Le Maire par vent et marée contraires, plutôt qu'avec un courant favorable mais un vent contraire. Une fois au sud du détroit de Le Maire, on entrera dans le canal de Beagle en passant par le nord d'Isla Nueva pour rallier Puerto Williams. Ce petit port est situé sur l'île Navarin, où l'armée chilienne possède une petite base. Quoique les services y soient limités, et que l'on trouve de meilleurs services et possibilités de réapprovisionnement à Ushuaia, en Argentine, Puerto Williams est un endroit pratique pour explorer les alentours, ou entreprendre la traversée vers l'Antarctique.

AS35 *De la Terre de Feu aux Malouines*

MEILLEURE PÉRIODE	décembre à mars	
SAISON DES CYCLONES	aucune	
CARTES ROUTIÈRES	BA : 539	SHOM : 7363
	US : 200	
INSTRUCTIONS NAUTIQUES	BA : 6	
	US : 124	
GUIDES DE CROISIERE	*Falklands Islands Shores.*	
WAYPOINTS		

Départ	*Intermédiaire*	*Atterrissage*	*Destination*	*Distance (M)*
AS260 Magellan 52°25'S , 68°25'W	AS261 East 52°28'S , 59°30'W	AS262 Pembroke S 51°42'S , 57°40'W	Port Stanley *51°39'S , 57°43'W*	419

Départ	*Intermédiaire*	*Atterrissage*	*Destination*	*Distance (M)*
AS353 Puerto Williams *54°56'S, 67°37'W*	AS354 Pio 55°08'S, 66°32'W			
	AS355 Estados 54°52'S, 63°48'W			
	AS356 Lion 52°28'S, 58°48'W	AS357 Pembroke S 51°42'S, 57°40'W	Port Stanley	432

Il vaut mieux visiter les Malouines après avoir traversé d'ouest en est le détroit de Magellan car les vents dominants d'ouest rendent cette traversée relativement facile. Il faut faire attention lorsque l'on quitte le détroit, car de forts courants de marée portent souvent vers les rochers qui s'étendent au large depuis le cap des Vierges. De Dungeness Point et du WP AS260 à l'entrée du détroit de Magellan, la route se dirige ensuite pratiquement plein est vers le WP AS261, au sud-ouest des Malouines de l'est. La route suit les côtes sud et est de l'île, passant entre celle-ci et les îles Sea Lion (les îles des Otaries), et évite divers dangers, tels que Shag Rock. Après avoir contourné le cap Pembroke au WP AS262, on peut modifier sa route vers Port Stanley.

Une autre route, au sud de la Terre de Feu, emprunte le canal de Beagle pour atteindre la pleine mer. Un point de départ est indiqué au sud du cap San Pio, d'où la route hauturière se dirige vers l'est. Voir également AS34. En fonction des conditions météo, on pourra emprunter le détroit de Le Maire pour s'abriter des vents de sud-ouest en passant au nord de l'île des Etats, mais compte tenu de la difficulté de la navigation à travers ce détroit et des forts courants qui le balaient, il est probablement préférable de continuer et de passer au sud de l'île des Etats. D'un waypoint situé juste au sud-est de cette île, une route sera établie vers les îles Malouines. L'atterrissage se fera près des îles Sea Lion, qui doivent être laissées bien sur bâbord, ensuite la côte est sera suivie jusqu'à Pembroke Point et Port Stanley. Pour les détails sur les conditions météo dans les Malouines, voir AS24.

AS36 *De la Terre de Feu à l'Antarctique*

MEILLEURE PÉRIODE	janvier à février	
SAISON DES CYCLONES	aucune	
CARTES ROUTIÈRES	BA : 3200	SHOM : 7363
	US : 29002	
INSTRUCTIONS NAUTIQUES	BA : 6, 9	
	US : 124, 200	
GUIDES DE CROISIERE	*Southern Ocean Cruising.*	
WAYPOINTS		

Départ	*Intermédiaire*	*Atterrissage*	*Destination*	*Distance (M)*
AS360 Pto Williams *54°56'S, 67°37'W*	AS361 Barne 55°50'S, 66°22'W	AS312 Boyd 62°50'S, 62°00'W	Deception Island *62°56'S, 60°37'W*	562
AS360 Pto Williams	AS361 Barne	AS313 Anvers 64°10'S, 62°52'W	Melchior Harbour *64°19'S, 62°59'W*	610

Comme le Chili contrôle un coin de terre et de mer dans la partie la plus au sud du continent sud-américain, comprenant le canal de Beagle - bien que cela soit contesté -, ainsi que la péninsule antarctique, les navires qui transitent dans cette zone, et de toute façon ceux qui ont l'intention de s'arrêter dans la péninsule antarctique, doivent effectuer des formalités d'entrée à Puerto Williams. Située sur la rive nord de l'île Navarin, face au canal de Beagle, cette petite colonie colorée peut se prévaloir d'être la ville la plus australe du monde. La marine chilienne y possède une base, le réapprovisionnement est adéquat, il y a aussi un petit aéroport. De meilleurs services ainsi qu'un plus grand aéroport se trouvent à

Ushuaia, en Argentine, environ 30 milles plus à l'ouest le long du canal de Beagle. Ushuaia est en fait utilisé comme port de transit par tous les bateaux charters basés dans la région et possède les meilleurs services et des vols réguliers vers Buenos Aires.

On peut obtenir des prévisions météo de la base navale chilienne établie à Puerto Williams avant d'entreprendre la traversée du passage de Drake. Les 30 premiers milles sont parcourus dans les eaux abritées du canal de Beagle et la haute mer est atteinte par la passe Richmond, quoique par forts vents d'est il soit préférable de rester à l'ouest de l'île Lennox, en faisant bien attention d'éviter les rochers situés au milieu du canal. On pourra faire une route directe à travers le passage de Drake lorsque l'on est à la hauteur des îles Barnevelt. La zone de convergence Antarctique sera traversée en chemin, c'est une région riche en vie marine, d'innombrables oiseaux, poissons, dauphins et baleines y sont attirés par des remontées d'eaux froides très riches en phytoplancton. On y rencontrera également les premiers icebergs, qui resteront présents tout au long du séjour en Antarctique.

Il y a plusieurs points où l'on peut atterrir sur la péninsule antarctique, et la route à travers le passage de Drake sera établie en fonction. L'on doit aussi choisir le sens dans lequel effectuer la croisière dans la péninsule, et il est judicieux de terminer cette croisière le plus au sud et à l'ouest possible pour bénéficier d'un meilleur angle avec le vent pour le voyage de retour. L'inconvénient est que plus l'on effectue son départ d'un point sud, plus grande sera la distance à parcourir en haute mer. En général on s'accorde à trouver que la meilleure solution consiste à prévoir son atterrissage dans l'une des îles Shetland du Sud, puis faire la croisière vers le sud et repartir des îles Melchior.

Une première escale idéale est l'île Déception, cratère volcanique en partie effondré procurant un excellent abri, dans le passé une importante station baleinière y était implantée. Ceux qui décident de prendre cette route devront prévoir leur atterrissage au nord de l'île Smith de manière à approcher Déception par l'ouest via le chenal Boyd. On accède à Port Foster en passant par les « soufflets de Neptune » (Neptune's Bellows), entrée étroite qui mérite bien son nom et conduit au mouillage fermé.

Une autre solution consiste à continuer de faire route vers le sud et d'atterrir aux îles Melchior, en empruntant le splendide détroit Gerlache depuis l'ouest alors que ceux qui s'arrêtent à Déception feront de même depuis le nord. Dans tous les cas, la meilleure zone de croisière se situe de là jusqu'à la baie Marguerite, quoique cette dernière ne puisse être atteinte que pendant les étés où la banquise a suffisamment reculé vers le sud. Il y a plusieurs stations de recherche dans la zone, certaines d'entre elles accueillent volontiers les bateaux de passage.

AS37 *De l'Antarctique à la Terre de Feu*

Meilleure période	janvier à mars	
Saison des cyclones	aucune	
Cartes routières	BA : 3200	SHOM : 7363
	US : 29002	
Instructions nautiques	BA : 6, 9	
	US : 124, 200	
Guides de croisiere	*Southern Ocean Cruising, Chile, Patagonia & Tierra del Fuego Nautical Guide.*	
Waypoints		

Départ	*Intermédiaire*	*Atterrissage*	*Destination*	*Distance (M)*
AS370 Melchior *64°19'S, 62°59'W*	AS371 Anvers 64°10'S, 62°52'W	AS373 Cap Horn 56°02'S, 67°10'W	Puerto Williams *54°56'S, 67°37'W*	600
AS373 Deception *62°56'S, 60°37'W*	AS374 Boyd 62°50'S, 62°00'W	AS373 Cap Horn	Puerto Williams	560

Quand le temps est venu pour la traversée retour de l'Antarctique vers le continent sud-américain, le meilleur endroit pour attendre un bon créneau météo se trouve dans l'abri procuré par les îles Melchior. Melchior Harbour offre une protection totale très près de la haute mer. Une station scientifique argentine se trouve à proximité mais elle n'est ouverte et occupée qu'au cœur de l'été.

Comme la route à travers le passage de Drake comporte un peu d'ouest dans son nord et que quelques-uns des pires coups de vents viennent aussi du nord-ouest, il est intéressant de gagner vers l'ouest lorsqu'on se trouve encore dans des latitudes plus basses. Il faut aussi compter avec le courant de l'océan Antarctique Sud, qui porte vers l'est à environ 1 nœud. La combinaison de ces différents facteurs rend très difficile de revenir à son point de départ, près du cap Horn, tous les efforts devront être déployés pour ne pas se trouver fortement dépalé vers l'est. Il faut éviter l'arrivée sur le plateau continental au large du cap Horn par vent fort de NW car la mer y est beaucoup plus forte qu'au large. Si tout se passe bien, l'atterrissage se fera au large de l'île du cap Horn, que l'on peut visiter si le temps est bien établi. Il y a une plage sur le côté nord-est où l'on peut débarquer en annexe s'il n'y a pas trop de houle, juste en-dessous d'une petite construction hébergeant le gardien de phare chilien et sa famille.

L'île de Woolaston, au nord du cap Horn, possède divers mouillages bien abrités si l'on ne peut pas gagner immédiatement Puerto Williams. Il convient de souligner que le canal du côté ouest de l'île Navarin, qui constituerait un raccourci vers Ushuaia, est fermé par les militaires chiliens pour des raisons stratégiques et que les navires ne doivent en aucun cas utiliser ce canal. Ils doivent continuer à l'est de l'île Navarin et pénétrer dans le canal de Beagle par l'est. Juste avant Puerto Williams, le petit port de pêche de Puerto Toro (55°05'S, 67°05'W) procure un bon abri et l'opportunité d'acheter des fruits de mer lorsque les bateaux de pêche ramènent leurs prises. Aucun autre avitaillement n'est disponible.

En arrivant à Puerto Williams, les bateaux doivent s'amarrer le long d'un navire à moitié coulé, qui tient maintenant lieu de yacht club local, situé dans une crique sur le côté ouest de l'agglomération. En arrivant, les yachts doivent remplir les formalités d'entrée, même si en pratique ils n'ont pas quitté les eaux chiliennes.

AS38 *De l'Antarctique aux Malouines*

MEILLEURE PÉRIODE	janvier à mars			
SAISON DES CYCLONES	aucune			
CARTES ROUTIÈRES	BA : 3200	SHOM : 7363		
	US : 211			
INSTRUCTIONS NAUTIQUES	BA : 6, 9			
	US : 124, 200			
GUIDES DE CROISIERE	*Falkland Islands Shores, Southern Ocean Cruising.*			
WAYPOINTS				

Départ	*Intermédiaire*	*Atterrissage*	*Destination*	*Distance (M)*
AS383 Deception *62°56'S, 60°37'W*	AS384 Neptune 63°00'S, 60°30'W AS385 Robert 62°30'S, 59°15'W AS386 Nelson 62°15'S, 59°15'W	AS382 Pembroke S 51°42'S, 57°40'W	Port Stanley *51°41'S, 57°50'W*	710
AS387 George 61°55'S, 57°25'W		AS382 Pembroke S	Port Stanley	742
AS380 Melchior *64°19'S, 62°59'W*	AS381 Smith 62°50'S, 62°15'W	AS382 Pembroke S	Port Stanley	783

Les traversées depuis la péninsule antarctique vers le sud du continent américain sont toujours difficiles à cause de la possibilité de vents forts de NW et du courant portant vers l'est dans le passage de Drake. Une destination plus à l'est, comme les Malouines, peut être préférable. Compte tenu des difficultés liées au voyage de retour vers le cap Horn, il pourra être judicieux de prévoir la croisière de manière à visiter la Terre de Feu avant l'Antarctique, pour pouvoir faire route directement vers les Malouines à la fin de la croisière en Antarctique. Cette route est beaucoup plus facile et bénéficie aussi de la protection assurée par les îles Shetland du Sud avant de gagner la haute mer.

Il y a plusieurs points de départ possibles, comme l'île Déception ou l'île du Roi Georges, où il y a diverses stations scientifiques ainsi qu'un aéroport militaire. On trouvera là les meilleurs services de toute la région, avec même un petit hôpital. Pour cette dernière route, un point de départ sera choisi au nord-est de l'île du Roi Georges. L'atterrissage se fera au large du cap Pembroke, à l'approche de Port Stanley.

Ceux qui désirent partir d'un point plus à l'ouest peuvent le faire depuis les îles Melchior. Melchior Harbour offre une protection totale très près de la haute mer. Une station scientifique argentine se trouve à proximité mais elle n'est ouverte et occupée qu'au cœur de l'été. La route passe entre les îles Low et Smith avant de traverser le passage de Drake.

Quoique ni la péninsule Antarctique ni les îles Shetland du Sud ne soient plus sous la juridiction directe des autorités britanniques, ceux qui prévoient de terminer leur voyage aux Malouines seraient bien avisés d'écrire à l'avance en donnant le programme de leur croisière au *Commissioner for South Georgia and the South Sandwich Islands*, qui doit être contacté à *Government House, Stanley, Falklands Islands* tél. 500 27433, Fax 500 27434.

9

VENTS ET COURANTS DU PACIFIQUE NORD

Les alizés de nord-est

Ces vents soufflent sur le côté sud de la zone de hautes pressions, qui est normalement située aux environs de la latitude 30°N. Pendant les mois d'été cet anticyclone est habituellement situé plus au nord que pendant l'hiver et on peut rencontrer les alizés de nord-est aussi au nord que la latitude 32°N. Pendant l'été, les alizés prédominent à l'est du méridien 150°E, et font place à l'ouest de ce méridien à la mousson de sud-ouest de l'océan Pacifique Ouest.

Les alizés de nord-est de l'océan Pacifique Nord sont particulièrement réguliers à la fois en direction et en force sur de larges zones. Leur direction est plus nord et même nord-ouest près de la côte américaine, devenant de plus en plus est à mesure que l'on se dirige vers l'ouest. Leur force est de 10 – 15 nœuds, quoiqu'ils puissent parfois souffler plus fort et, au summum de la saison des alizés, des vents plus forts atteignant 30 nœuds ne sont pas rares. On rencontrera les vents les plus forts en hiver, entre novembre et mars, mais ils faiblissent lorsqu'on se dirige vers le sud en direction de l'équateur.

La totalité de la zone des alizés se déplace du nord au sud tout au long de l'année en suivant la déclinaison du soleil. Cependant, leurs limites nord et sud ne suivent pas une ligne droite de l'est vers l'ouest, mais une courbe qui atteint son point le plus élevé en été aux environs de la latitude 35°N à environ 200 milles de la côte américaine pour la limite nord, la limite sud correspondante se situant à 8°N. En hiver, la limite nord des alizés est 29°N aux environs de la longitude 150°W, la limite sud pour la même saison est située sur l'équateur.

La zone de convergence intertropicale

Les alizés de nord-est sont limités au sud par la Zone de Convergence Intertropicale (ZCI), qui reste au nord de l'équateur tout au long de l'année à l'est du méridien 160°W. A l'ouest de cette longitude, elle se déplace au sud de l'équateur pendant l'hiver de l'hémisphère Nord, entre décembre et avril ou début mai. Pendant l'été de l'hémisphère Nord, alors que les alizés de sud-est sont à leur maximum dans le Pacifique Sud, la ZCI disparaît entièrement à l'ouest du 150° W, où les deux systèmes d'alizés se jouxtent pratiquement et la zone des calmes équatoriaux est pratiquement inexistante. Dans la partie ouest du Pacifique Nord, la ZCI est seulement présente pendant la renverse des moussons, soit de mi-avril à mi-mai ou de mi-septembre à mi-novembre.

Le temps à l'intérieur de cette zone est typique des calmes équatoriaux, avec des calmes ou des vents très faibles alternant avec des grains, de fortes pluies et des orages. Cependant, lorsque l'on se dirige vers l'ouest, la fréquence des calmes et des vents variables diminue et les vents dominants, même à l'intérieur de cette zone, soufflent d'est. Il est intéressant de garder cela présent à l'esprit si l'on prévoit d'effectuer des traversées transéquatoriales, spécialement à l'ouest du méridien des Marquises.

La mousson de nord-est

Pendant les mois d'hiver, le froid intense régnant sur la masse continentale de l'Asie crée une zone de hautes pressions sur une partie de l'Extrême-Orient. Autour de cet anticyclone hivernal, la circulation des vents qui en découle produit un flux de nord-est qui prédomine pendant les mois d'hiver dans la mer de Chine et les mers adjacentes. La mousson de nord-est de l'ouest du

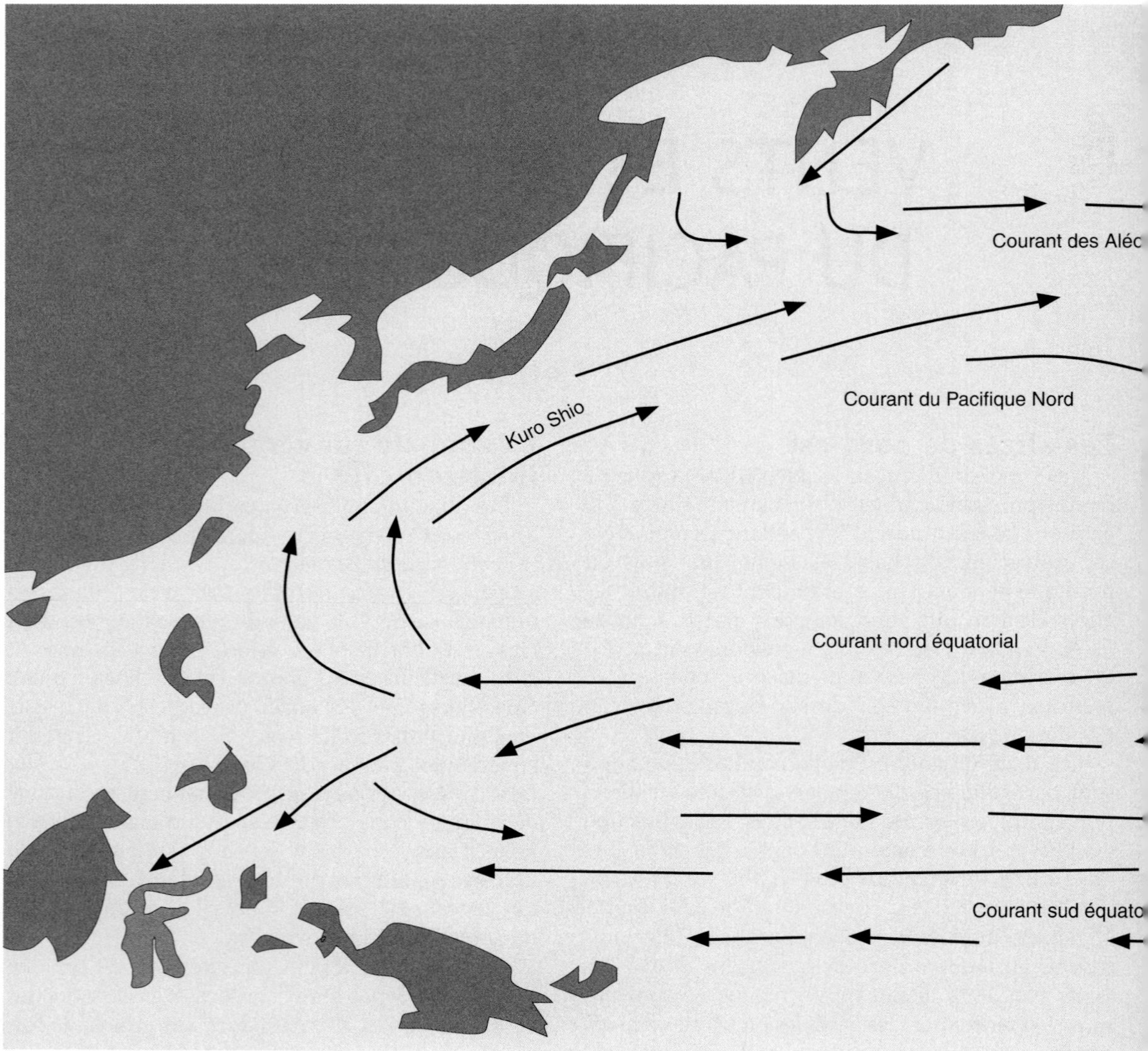

Courants du Pacifique Nord

Pacifique Nord se fait particulièrement sentir entre les latitudes 5°N et 30°N. Ses limites à l'est sont plus difficiles à définir car elles se confondent avec les alizés de nord-est de l'océan Pacifique Nord. Quoique les moussons de la mer de Chine puissent être considérées comme une extension du système des moussons de l'océan Indien, elles comportent certaines différences. Dans la mer de Chine, c'est pendant la mousson de nord-est d'hiver que l'on rencontre les vents les plus forts et les mieux établis, alors que dans l'océan Indien c'est pendant la mousson de sud-ouest en été que le vent est le plus fort et le mieux établi. A son maximum, la mousson de nord-est de la mer de Chine forme avec les alizés de nord-est du Pacifique Nord un système de vents continu de sorte qu'entre décembre et janvier, il y a une zone de forts vents de nord-est qui traverse l'océan de la Californie à la Chine.

L'arrivée de la mousson dépend de la latitude, elle démarre plus tôt dans le nord et plus tard plus au sud. Quoiqu'elle commence aux environs du mois de septembre dans sa limite nord, la mousson de nord-est n'est totalement établie que fin novembre et elle se poursuit jusqu'en mars. Pendant les périodes de renverse avec la mousson de sud-ouest, en avril-mai et août-septembre, il y a des calmes et des vents variables.

La force du vent est aussi influencée par la lati-

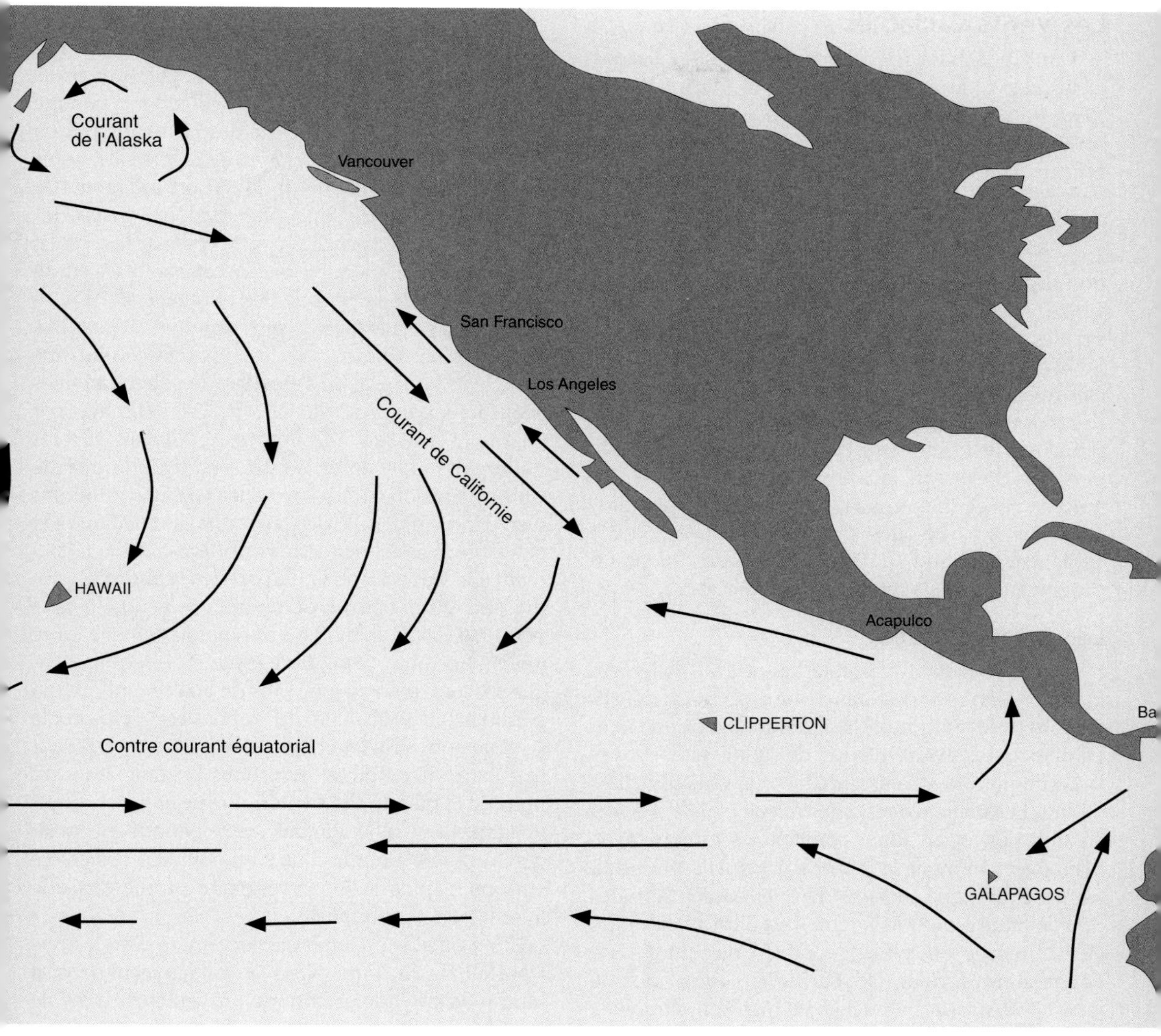

tude, la mousson étant plus forte au nord, soufflant en moyenne à 25 nœuds, faiblissant à 15 nœuds et moins dans les îles des Philippines et du nord de l'Indonésie. Cependant, au plus fort de l'hiver, en décembre et janvier, la mousson peut atteindre la force du coup de vent plusieurs jours d'affilée, particulièrement dans la zone située en haute mer entre les Philippines, Taiwan et le Japon.

La mousson de sud-ouest

La renverse de la mousson de nord-est se produit pendant l'été lorsque le réchauffement de l'Asie crée une grande zone de basses pressions sur la partie est du continent. En conséquence, les alizés de sud-est des océans Indien et Pacifique sont entraînés à travers l'équateur. Du fait de la rotation de la terre, les vents de sud-est sont infléchis vers la droite pour devenir la mousson de sud-ouest dans la partie ouest de l'océan Pacifique. Dans la mer de Chine, les vents prédominants sont sud et sud-ouest, alors que vers le Japon ils sont sud ou sud-est. Les zones affectées par la mousson de sud-ouest se situent à l'ouest du méridien 140°E et au sud de la latitude 40°N. On rencontre des vents réguliers de sud-ouest en mer de Chine pendant le mois de juillet, mais plus au nord la mousson se fait de moins en moins sentir et les vents variables deviennent la règle générale. Le temps pendant la mousson de sud-ouest est rarement bien établi, il y a de nombreux grains, pendant lesquels le vent atteint la force du coup de vent.

Les vents variables

Dans l'océan Pacifique Nord, les deux moussons et les alizés de nord-est laissent la place plus au nord à une zone de vents variables. Quoiqu'elle corresponde à la zone des *Horses Latitudes* de l'océan Atlantique, la zone de vents variables du Pacifique Nord est beaucoup plus étroite et dépasse rarement une largeur de 300 milles. La zone de vents variables subit l'influence de la position de la zone de hautes pressions qui se déplace vers le nord en été, et l'on pourra s'attendre à trouver des vents faibles et variables entre les latitudes 35°N et 40°N. L'anticyclone se déplace vers le sud en été, s'étendant entre 25°N et 30°N. Le mouvement de l'air autour de l'anticyclone du Pacifique Nord a une influence directe sur les vents de cette zone. Dans la partie est de l'océan, les vents tendent à provenir du nord en été et ils se fondent dans les alizés de nord-est. Dans la partie ouest de l'océan, la direction des vents est plus sud, de sorte qu'ils constituent un prolongement de la mousson de sud-ouest.

Les vents d'ouest

La zone des vents variables laisse graduellement la place à une zone de vents d'ouest qui prédominent au nord de la latitude 35°N. Ils ne sont pas aussi tempétueux que les vents d'ouest de l'hémisphère sud et la limite nord des vents variables est plus difficile à définir. Les vents d'ouest sont mieux établis à la fois en direction et en force pendant les mois d'hiver, mais c'est rarement la période à laquelle on aurait envie de faire une croisière dans les hautes latitudes du Pacifique Nord, où le temps est alors très dur. En été, le temps est plus favorable, avec moins de dépressions dévalant le Pacifique Nord entre le Japon et l'Alaska. Le meilleur temps sera en juillet, avec des vents d'ouest légers à modérés prédominants au nord de la latitude 40°N.

Les cyclones

Il y a deux zones du Pacifique Nord qui sont sujettes aux cyclones : l'Extrême-Orient avec les typhons et la partie est du Pacifique Nord avec les ouragans.

La région affectée par les ouragans se situe à proximité de la côte américaine, au sud de la latitude 30°N et jusqu'à la latitude 10°N et s'étend vers l'ouest jusqu'à la longitude 140°W. Cette zone inclut la côte pacifique du Mexique et de l'Amérique centrale et s'étend vers le large jusqu'à la longitude 140°W, ceci doit être gardé présent à l'esprit par ceux qui prévoient de traverser cette région pendant la saison dangereuse. En théorie, la saison des ouragans dure de mai à novembre, quoique la plupart des ouragans aient lieu entre juin et octobre, le mois de plus forte fréquence étant septembre. Seuls les mois de janvier à avril sont considérés comme étant complètement sûrs, car des ouragans ont eu lieu parfois en décembre. En règle générale, seuls les ouragans du début de la saison atteignent la limite ouest, tandis que plus tard en saison, les ouragans sont plus enclins à rester près de la côte. En conséquence, si une traversée de cette zone est entreprise à la fin de la période des ouragans, il est judicieux de gagner le large le plus rapidement possible.

La région affectée par les typhons couvre une zone bien plus grande s'étendant des îles Carolines jusqu'au Japon. A l'est, la zone est délimitée par Guam et les îles Mariannes, à l'ouest par les Philippines, Taiwan et la partie nord de la mer de Chine méridionale. La saison des typhons est moins bien définie que celle des ouragans du Pacifique Est et aucun mois ne peut être considéré comme totalement sûr. Cependant, la plupart des typhons se produisent entre mai et décembre, et pendant cette période plus de la moitié des typhons ont lieu entre juillet et octobre. Septembre est le mois le plus dangereux, avec en moyenne plus de quatre typhons. La période où la probabilité de typhons est la plus faible se situe entre janvier et avril. Aucun typhon n'ayant lieu entre décembre et avril dans la zone située au nord de la mer de Chine méridionale et le coté ouest de la mer de Chine orientale, cette période est considérée comme étant la plus sûre pour des traversées vers ou depuis le Japon, quoique qu'elle coïncide avec la période hivernale.

Il y a plus de cyclones qui se forment dans la zone tropicale du Pacifique Nord, et spécialement dans sa partie ouest, que n'importe où ailleurs dans le monde. En moyenne, plus de 25 cyclones se développent chaque année et environ 18 deviennent de violents typhons. Ce sont les plus forts du monde. Chaque année environ 5 typhons développent des vents maximum à plus de 130 nœuds. La zone critique fait en général plus de 600 milles de diamètre. La plupart des typhons se forment à l'est des Philippines et se déplacent à travers le Pacifique vers les Philippines, le Japon et la Chine. Quelques-uns se forment dans la mer de Chine Sud. La saison dure d'avril à décembre. Cependant, on rencontre plus de cyclones hors saison dans cette zone que n'importe où dans le monde. La période de pointe va de juillet à octobre, où se développent 70 % des typhons. On observe une modification des routes des typhons en fonction de la saison. De juillet à septembre, les typhons se déplacent au nord des Philippines avant de s'incurver. Au début et à la fin de la saison, les typhons se déplacent sur une route plus à l'ouest à travers les Philippines avant de s'incurver.

Les courants

La circulation des courants de surface dans l'océan Pacifique Nord ressemble à un immense manège dans lequel divers courants se déplacent dans le sens des aiguilles d'une montre autour d'une zone légèrement excentrée située dans l'hémisphère Nord. Le ressort principal de ce mouvement circulaire est le courant Nord-équatorial qui porte à l'ouest, axé sur le 12°N. Au sud de ce courant se trouve le contre-courant équatorial qui porte vers l'est, et dont la limite sud se situe entre les latitudes 2°N et 4°N, où il jouxte alors le courant Sud-équatorial.

Le courant Nord-équatorial est alimenté principalement par le courant de Californie et la branche remontant vers le nord du contre-courant équatorial. Plus à l'ouest, il est renforcé par le courant du Pacifique Nord et, encore plus loin, il se divise en deux, la branche sud changeant de direction pour devenir le contre-courant équatorial, alors que sa branche nord continue en direction de Taiwan et du Japon. Elle constitue alors l'alimentation principale du Kuro Shio, un courant chaud similaire au Gulf Stream de l'Atlantique Nord. La principale différence est que la direction du Kuro Shio varie suivant les saisons, portant au nord-est pendant la mousson de sud-ouest et changeant de direction en hiver, à l'apogée de la mousson de nord-est.

La direction principale du Kuro Shio est nord-est le long de la côte sud du Japon. Il diverge ensuite notablement aux environs de la latitude 35°N pour former le courant du Pacifique Nord. Ce courant, renforcé par le courant des Aléoutiennes, s'écoule dans une large bande à travers le Pacifique Nord vers l'Amérique. A l'est de la latitude 160°E, ce courant diverge à nouveau, une partie se dirigeant vers le sud alors que le corps principal continue vers l'est vers le continent nord-américain où il s'infléchit vers le sud-est. Il devient alors le courant de Californie qui se dirige au sud avant de rejoindre le courant Nord-équatorial complétant ainsi la circulation dans le sens des aiguilles d'une montre autour du bassin du Pacifique Nord.

Les courants de surface le long de la côte pacifique de l'Amérique centrale et du golfe de Panama sont plus erratiques, avec de grandes variations saisonnières qui rendent toute prévision impossible. Le contre-courant équatorial circule dans cette zone et est normalement dévié vers le nord-ouest le long de la côte de l'Amérique centrale pour rejoindre le courant de Californie et éventuellement le courant Nord-équatorial. Dans les premiers mois de l'année, une branche du contre-courant équatorial se dirige vers le sud et rejoint le Pacifique Sud. Dans le golfe de Panama, le mouvement de l'eau est plus compliqué, avec un afflux d'eau à ses deux extrémités et un reflux au centre qui rejoint le courant Sud-équatorial.

Tsunamis

Les tremblements de terre sous-marins peuvent provoquer d'énormes vagues qui affectent les terres basses et les îles à des milliers de milles de là. Le Pacifique Nord a été dévasté par de nombreux tsunamis par le passé. Il y a eu six tsunamis très destructeurs à Hawaii durant le siècle passé. Le plus récent a eu lieu en 1960 et a durement touché Hilo, faisant plus de 60 morts. Les bateaux ne sont en général pas touchés lorsqu'ils sont en mer ou mouillés par suffisamment de fond.

10

ROUTES DANS LE PACIFIQUE NORD

Malgré la grande concentration de bateaux sur la côte ouest de l'Amérique du Nord, particulièrement en Californie, le nombre de routes hauturières dans le Pacifique Nord est relativement faible. La destination de loin la plus populaire est Hawaii. Sinon, les bateaux de croisière des Etats-Unis et du Canada qui désirent entreprendre une traversée hauturière doivent naviguer vers le Pacifique Sud ou le long de la côte du Mexique vers la mer de Cortez, et au-delà vers l'Amérique centrale. Une destination de croisière qui devient de plus en plus populaire est l'Alaska, que les bateaux californiens atteignent en général via Hawaii. Malgré la plus grande distance, ce détour par Hawaii présente l'avantage d'avoir des vents plus favorables, car une route directe depuis la Californie ou la côte Pacifique Nord-Ouest se heurterait à des vents contraires sur la plus grande partie du chemin. Pour ceux qui ne sont pas attirés par le long détour vers Hawaii, et ne sont pas découragés par la perspective de devoir lutter contre le vent et de dépendre entièrement de leur moteur pour progresser, alors la route la plus directe le long de la côte du Mexique peut être une solution (voir PN21 et PN22). Par souci de simplicité, la côte ouest de l'Amérique du Nord a été divisée en deux groupes principaux, avec des routes partant de Californie et de la côte Pacifique Nord-Ouest, cette dernière incluant la Colombie Britannique.

Compte tenu de la rareté des destinations au large, la plupart des croisières sont côtières. Les traversées le long de la côte de Californie et au-delà sortent donc du cadre de ce livre. Cependant, compte tenu de la force des vents dominants, beaucoup de gens qui auraient préféré naviguer au large sont forcés d'adopter une tactique côtière. Le point principal à garder en mémoire pour ceux qui se dirigent vers le nord est de profiter des calmes pour progresser, car ils durent rarement longtemps. Il est aussi bon de se rappeler que le mois de novembre a les vents les plus faibles, spécialement le long de la côte de Basse Californie, alors qu'en mai, l'autre mois où de nombreux bateaux naviguent le long de cette côte, les vents sont plus forts. En conclusion, il vaut mieux se déplacer en novembre quelle que soit la direction, et éviter mai autant que possible pour des traversées vers le nord.

Les îles de Micronésie restent encore à l'écart des grandes zones de croisière et le petit nombre de bateaux qui les visitent ne soutient pas la comparaison avec la popularité continue du Pacifique Sud. Parmi ceux qui les explorent, quelques-uns traverseront l'équateur, en général en allant vers l'Extrême-Orient. Finalement, très peu de bateaux naviguent dans les pays de l'Extrême-Orient. Cette situation peut évoluer dans le futur, car le nombre de bateaux détenus localement est en augmentation constante.

PN10 ROUTES DEPUIS LA CÔTE OUEST DE L'AMÉRIQUE DU NORD

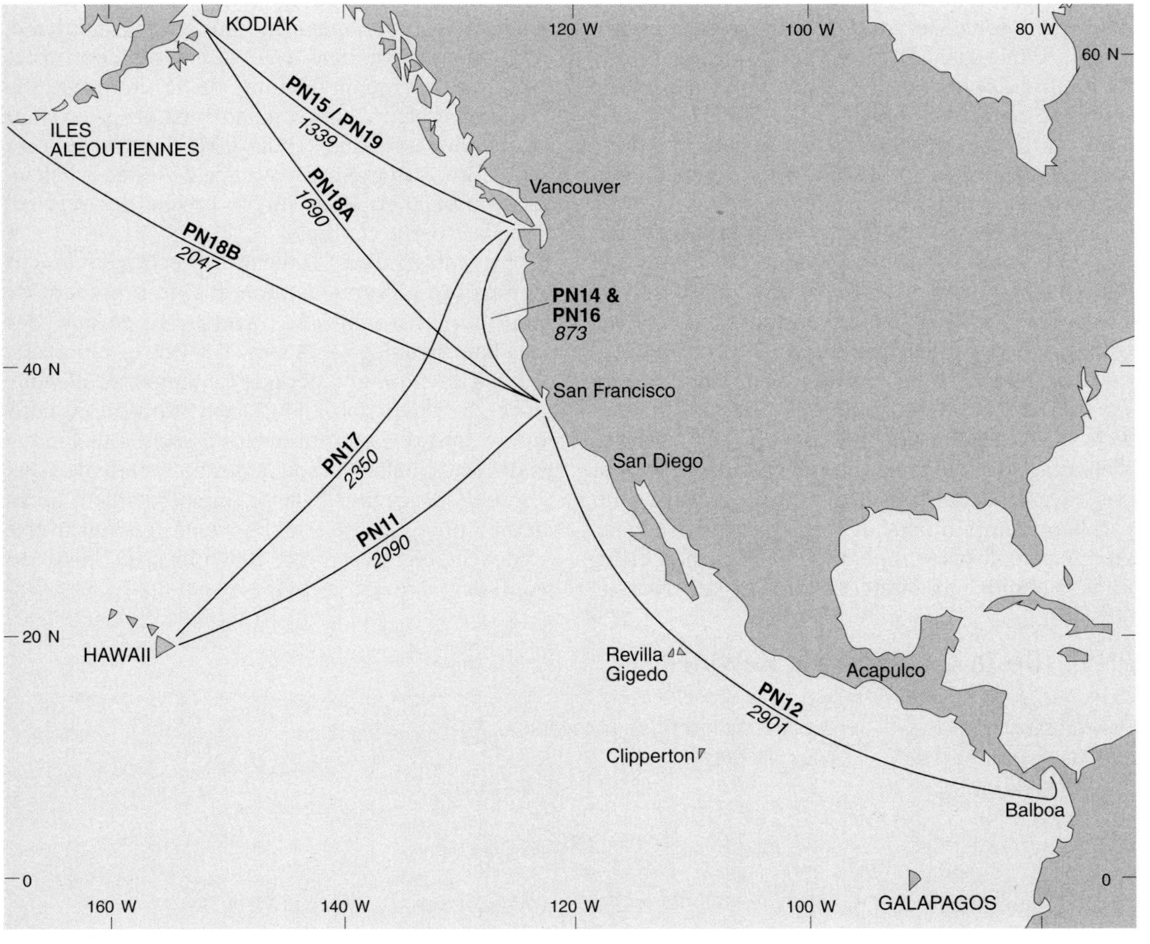

PN10 Routes depuis la côte ouest de l'Amérique du Nord

La côte Pacifique de l'Amérique du Nord est une zone plus hostile que sa contrepartie Atlantique, le temps est plus âpre, il y a moins de ports totalement abrités, et le courant froid de Californie est exactement l'opposé du chaud Gulf Stream. La côte, en particulier la partie Pacifique Nord-Ouest, constitue donc un réel challenge, non seulement pour les marins partant de cette zone, mais aussi pour ceux qui, nullement effrayés par sa réputation, ont décidé de visiter cette splendide région. Le Pacifique Nord-Ouest a, de fait, une réputation bien justifiée pour les coups de vent, la pluie, et la mauvaise visibilité. Les vents dominants viennent du nord-ouest et parfois du sud-est. En été, de mai à septembre, les vent de nord-ouest prédominent, quoique parfois des vents de nord-est puissent survenir. En hiver, les vents dominants sont encore nord-ouest, mais les vents de sud-est, atteignant souvent la force du coup de vent, sont plus fréquents. Plus au sud, la saison des ouragans se situe de juin à octobre, à cette période la zone tropicale doit être évitée. Le Mexique et la Basse Californie sont frappés en moyenne par 6 ouragans chaque année, cette partie du Mexique doit donc être évitée pendant l'été et le début de l'automne.

La première destination pour quiconque envisage une croisière hauturière depuis la Californie, la côte Pacifique Nord-Ouest ou la Colombie-Britannique, est sans aucun doute Hawaii. Pour ceux qui n'ont pas le temps d'effectuer une plus longue croisière dans le Pacifique Sud, Hawaii offre l'avantage d'être une destination de type polynésien, qui peut être atteinte pendant des vacances d'été un peu prolongées. Pour ceux qui ne veulent pas revenir dans la foulée, Hawaii constitue un excellent tremplin pour des traversées vers l'ouest, en direction de la Micronésie et de l'Extrême-Orient, ou vers le sud, vers Tahiti et le reste de la Polynésie.

Le principal phénomène météorologique qui affecte les traversées entre le continent et Hawaii est l'anticyclone du Pacifique Nord. En été il atteint sa position la plus nord-ouest aux environs de 38°N, 150°W, tandis qu'en hiver il se déplace vers le sud-est jusqu'à 30°N, 130°W. L'anticyclone est particulièrement stable entre juin et août, qui est la meilleure période pour des traversées retour vers le continent, en restant au nord des tropiques pour éviter un éventuel ouragan qui pourrait se former plus au sud.

Ceux qui se dirigent depuis la Californie vers des destinations lointaines comme Panama, les Galápagos, les Marquises ou Tahiti ont le choix entre deux solutions : soit gagner le large et prendre une route directe, soit longer la côte et naviguer par petites étapes. Chaque solution possède des avantages, mais comme ce livre traite uniquement des routes maritimes au large, la seconde solution ne sera pas traitée en détail. Certains ont combiné avec succès ces deux solutions en naviguant le long de la côte sur une certaine distance, appareillant ensuite pour leur destination lointaine depuis le Mexique ou le Costa Rica. Cela a au moins l'avantage de tester le bateau et l'équipage en étant encore proche des services procurés par le continent.

L'avantage d'une traversée directe vers le sud depuis la Californie est que le vent dominant de nord-ouest assurera une traversée au portant, dès que l'on aura dégagé la côte. Il est de ce fait préférable d'attendre une période de temps bien établie avec une prédiction à long terme de vent de nord ou de nord-ouest avant d'entreprendre une longue traversée. Quelle que soit la destination finale, il est conseillé de gagner le large immédiatement après avoir quitté la côte, car les vents tendent à être mieux établis à environ 100 milles au large du continent.

PN11 De la Californie à Hawaii

MEILLEURE PÉRIODE	avril à mai, octobre à novembre	
SAISON DES CYCLONES	juin à octobre	
CARTES ROUTIÈRES	BA : 4807	SHOM : 7023
	US : 51, 520	
INSTRUCTIONS NAUTIQUES	BA : 8, 62	SHOM : K11
	US : 152	
GUIDES DE CROISIERE	*Charlie's Charts of the Hawaiian Islands, Landfalls of Paradise.*	

Waypoints

Départ	*Intermédiaire*	*Atterrissage*	*Destination*	*Distance (M)*
PN111 Los Angeles 33°45'N, 118°20'W	PN112 30°00'N, 130°00'W PN113 26°00'N, 140°00'W PN114 22°00'N, 150°00'W	PN116 Hawaii NE 19°48'N, 155°00'W	Hilo *19°44'N, 155°04'W*	2133
PN115 San Francisco 37°40'N, 122°30'W	PN112 PN113 PN114	PN116 Hawaii NE	Hilo	2090

Cette route bénéficie de vents favorables tout au long de l'année, quoique peu de bateaux entreprennent cette traversée en hiver, à la fois à cause du froid et du pourcentage élevé de vents forts. D'un autre côté, les mois d'été comportent le risque de tempêtes tropicales, août et septembre étant considérés comme les mois les plus dangereux. Quoique peu de tempêtes tropicales s'étendent aussi à l'ouest qu'Hawaii, leurs trajectoires s'incurvent parfois vers le nord-ouest, croisant ainsi les routes maritimes qui partent du continent. Entre les deux extrêmes, la menace des coups de vent en hiver ou des ouragans en été, il y a plusieurs mois où les conditions de navigation le long de cette route seront parfaites, mai et novembre satisfaisant à la plupart de ces critères. On pourra aussi trouver un temps convenable en avril, mais cette traversée tôt en saison sera généralement associée avec des températures plus froides. Même si les vents sont favorables, le ciel est souvent couvert, rendant la vie difficile pour ceux qui désirent s'exercer à la navigation astronomique au cours de cette longue traversée.

Les vents sur les premières centaines de milles sont nord ou nord-ouest devenant nord-est et finalement est à l'approche d'Hawaii. Comme la route orthodromique se dirige trop vers le nord, il peut être préférable d'emprunter une route loxodromique. Cependant, cela dépendra de la position de l'anticyclone du Pacifique Nord et de l'étendue des alizés de nord-est, la limite nord de ceux-ci se déplaçant en relation avec l'anticyclone. Si l'on se rend compte que la route passera trop près de la position de l'anticyclone, il est préférable d'effectuer un léger détour vers le sud dans une zone de faibles pressions que vers le centre de l'anticyclone.

Les bateaux quittant Los Angeles prendront leur départ au WP PN111, d'où la route se dirigera au sud de l'orthodromie vers le WP PN112. De là, la route passe par les waypoints PN113 et PN114 avant d'être modifiée vers le port de destination. Les bateaux partant de San Francisco doivent suivre les mêmes instructions et prendre une route qui les amènera plus rapidement dans la zone des alizés de nord-est. Du WP PN115, au large du chenal principal, la route sera établie vers le WP AN112 et on suivra ensuite la même route que les bateaux quittant Los Angeles. Les waypoints intermédiaires ci-dessus ne sont donnés qu'à titre indicatif et la route suivie doit être fonction des conditions de temps régnant au moment du départ.

Lors de l'atterrissage, à cause de la force du vent qui augmente dans les chenaux séparant les îles hawaiiennes, il est en général préférable de rejoindre la côte sous le vent des îles plutôt que de les approcher du côté au vent. Les vents dans les chenaux entre les îles peuvent être violents, et il est souvent presque impossible de passer entre les îles en allant vers l'est. On a souvent de meilleures conditions la nuit. Le meilleur point d'atterrissage à Hawaii pour les bateaux arrivant du continent est Hilo, sa position au vent de tous les autres ports de l'archipel en fait un parfait point de départ pour une croisière dans les îles. Honolulu (21°18'N, 157°52'W), compte tenu de sa position, doit être réservé pour la fin d'une croisière à Hawaii.

PN12 *Route sud depuis la Californie*

MEILLEURE PÉRIODE	novembre à mai	
SAISON DES CYCLONES	juin à octobre	
CARTES ROUTIÈRES	BA : 4051	SHOM : 7023
	US : 51	
INSTRUCTIONS NAUTIQUES	BA : 7A, 8	
	US : 152, 153	
GUIDES DE CROISIERE	*Charlie's Charts of the US Pacific Coast, Charlie's Charts of the Western Coast of Mexico, Cruising Guide to the Sea of Cortez, Cruising Guide Acapulco to the Panama Canal, The Forgotten Middle.*	

WAYPOINTS

Départ	*Intermédiaire*	*Atterrissage*	*Destination*	*Distance (M)*
PN121 San Diego 32°40'N, 117°20'W	PN122 31°50'N, 117°10'W PN123 28°00'N, 116°20'W PN124 21°30'N, 111°25'W PN125 16°30'N, 102°00'W PN126 Coiba 7°10'N, 82°00'W PN127 Frailes 7°10'N, 80°00'W	PN128 Panama S 8°50'N, 79°30'W	Balboa *8°57'N, 79°34'W*	2901

On peut entreprendre la traversée de la Californie méridionale vers le Mexique n'importe quand en hiver, bien que la plupart des bateaux partent vers le sud en novembre, dès que la saison des cyclones se termine. Ceux qui continuent au-delà du Mexique trouveront des conditions favorables pendant les mois d'hiver, lorsque les vents dominants au large de la côte mexicaine sont de secteur nord. Il y a un courant favorable le long de la côte du Mexique, mais un contre-courant contraire plus au sud le long de la côte de l'Amérique centrale. Les bateaux naviguant sans escale le long de cette route doivent rester au moins à 100 milles au large pour éviter l'influence des brises de terre et les nombreux bateaux qui naviguent le long de la côte. La route reste parallèle à la côte de l'Amérique centrale et s'incurve graduellement pour pénétrer dans le golfe de Panama à la hauteur du cap Mala.

En partant des USA depuis le WP PN121, au sud de San Diego, la route reste parallèle à la côte de Basse Californie, passant par les waypoints PN122, PN123, et PN124. Au WP PN125, la route est modifiée vers le WP PN126, avant de pénétrer dans le golfe de Panama au WP PN127 au large du cap Mala, à l'approche du canal de Panama. Les bateaux ayant l'intention de franchir le canal doivent se diriger directement vers le Balboa Yacht Club. Voir le chapitre 23 pour les instructions détaillées.

L'autre solution, qui est préférée par la plupart des navigateurs, consiste à couvrir la distance totale par petites étapes en s'arrêtant en cours de route dans les différents ports. Si l'on choisit cette option, il faudra surveiller attentivement les conditions de temps locales, en particulier pendant les mois d'hiver de janvier à mars, quand des vents très forts peuvent souffler dans les golfes de Tehuantepec et de Papagayo. Ceux-ci sont décrits en détail dans la route PN20. La route côtière n'est pas recommandée durant l'été, lorsqu'il existe un risque d'ouragan dans la zone et que les vents sont inconstants, avec de longues périodes de calmes. Pour plus de détails sur les destinations en Amérique centrale, voir la route PN27.

PN13 *Routes nord depuis la Californie*

MEILLEURE PÉRIODE	juillet, août	
SAISON DES CYCLONES	aucune	
CARTES ROUTIÈRES	BA : 4050	SHOM : 6906
	US : 501, 520	
INSTRUCTIONS NAUTIQUES	BA : 8, 25, 26	
	US : 152	
GUIDES DE CROISIERE	*Charlie's Charts of the US Pacific Coast.*	

Les traversées vers le nord depuis la Californie sont difficiles à planifier parce qu'il est rare que l'on puisse être certain d'avoir des vents favorables. En conséquence, la plupart des gens planifient leur croisière de manière à inclure le plus possible d'escales sur la côte. De cette manière il est possible de tirer parti des brises matinales. Une suggestion pour un passage plus facile vers le nord est de partir en avril avec l'un des derniers coups de vent de sud. A cette période de l'année, ils sont habituellement plus bénins qu'en hiver. Quoique la tentation de chevaucher l'un de ces coups de vent soit grande, il faut prendre garde que lorsque l'on court ainsi le long de la côte, la plupart des ports se retrouvent dangereusement exposés au vent.

Les conditions les moins défavorables à une navigation vers le nord ont lieu à la fin de l'été, où les vents dominants, certes toujours de nord, sont habituellement moins forts. Il fait également plus chaud, mais cela signifie aussi une beaucoup plus forte probabilité de brouillard. Il faut avant tout décider si l'on veut naviguer au large, où les conditions météo sont plus stables mais où l'on pourra être trop loin pour chercher un abri si le temps se détériore, ou en navigation côtière, ce qui offre la possibilité d'écouter des prévisions météo locales et de s'abriter éventuellement dans un des nombreux bons ports. Sur l'une ou l'autre route, mais surtout dans l'option côtière, il faudra tenir compte du gros trafic commercial, qui peut être un problème sérieux par mauvaise visibilité. L'itinéraire côtier recommandé passe à environ 10 milles de la côte et des principaux caps. La côte nord de la Californie est pleine de beaux mouillages bien abrités des vents dominants de l'été. Parmi eux, il ne faut pas manquer Amales Bay et Mendocino.

PN14 *De la Californie à la Côte Pacifique Nord-Ouest et à la Colombie britannique*

MEILLEURE PÉRIODE	mai à juin	
SAISON DES CYCLONES	aucune	
CARTES ROUTIÈRES	BA : 4801	SHOM : 6906
	US : 501	
INSTRUCTIONS NAUTIQUES	BA : 8, 25, 26	
	US : 152, 154	
GUIDES DE CROISIERE	*Charlie's Charts North to Alaska, Exploring South British Columbia.*	
WAYPOINTS		

Départ	*Intermédiaire*	*Atterrissage*	*Destination*	*Distance (M)*
PN141 Reyes 37°55'N, 123°00'W	PN142 40°00'N, 128°30'W	PN143 Flattery 48°25'N, 124°50'W	Victoria *48°25'N, 123°24'W*	873

Que ce soit en hiver ou en été, les vents de nord-ouest prédominent le long de la côte nord américaine, ce qui rend les traversées hauturières directes très difficiles. Il y a plusieurs moyens de faire avec ces vents contraires et la suggestion la plus radicale est de quitter la côte immédiatement en se dirigeant vers le large pendant environ 200 milles avant de reprendre une route vers le nord. L'amure la plus favorable doit alors être prise jusqu'à atteindre la latitude du port de destination. On peut alors prendre une nouvelle route pour approcher la côte sur l'amure qui placera le bateau au vent de sa destination. Il n'est pas nécessaire de prendre une solution si radicale en plein été, où les vents sont habituellement plus faibles (voir aussi PN13). Il n'y aura pas de gros problèmes si l'on est prêt à marcher au moteur et en fait, si l'on n'a pas envie de passer au large pour avoir de meilleures conditions de navigation, suivre un itinéraire côtier présente certains avantages. Rester à environ 10 milles de la côte permet de suivre les prévisions météo locales et de trouver un abri dans un port si le temps se détériore. En suivant la côte de si près, il faudra surveiller attentivement non seulement le temps mais aussi tenir compte de la difficulté à franchir les barres à l'entrée des rivières ou pour pénétrer dans certains ports si les vents viennent du large. Si la route du large est choisie, depuis Reyes Point une route doit être suivie vers le large pendant environ 200 milles. La possibilité de suivre une telle route, relativement directe, dépendra entièrement de la capacité du bateau à remonter au vent. Le point d'atterrissage recommandé se situe au large du cap Flattery, à l'approche du détroit Juan de Fuca.

Il faudra faire très attention à l'approche du détroit Juan de Fuca à l'important trafic et aux courants forts. Des zones de séparation du trafic sont en place, le rail le plus sud est utilisé par les navires arrivant et le rail nord est réservé au trafic sortant. Les rails divergent à des points déterminés pour permettre aux navires de se diriger soit vers le nord en direction de Vancouver, soit vers le sud en direction de Seattle. Pour compliquer les choses, il y a souvent un grand nombre de bateaux de pêche aux environs du banc Swiftsure, à l'est de l'entrée du détroit. Le trafic dans la zone est contrôlé par Tofino Radio (canaux 16 et 74 sur VHF). Les navires arrivant doivent prendre contact lorsqu'ils se trouvent au sud de Amphitrite Point. La station gère une liste d'appel régulière, chaque navire indiquant sa position, sa vitesse, et son cap. Par mauvaise visibilité, la station avertira les navires se trouvant à proximité d'un petit bateau. La station assistera aussi les yachts en leur indiquant les relèvements à suivre et peut même assurer un suivi des bateaux par radar.

PN15 *De l'Alaska à la Colombie britannique*

MEILLEURE PÉRIODE	juin à août			
SAISON DES CYCLONES	aucune			
CARTES ROUTIÈRES	BA : 4050	SHOM : 6835		
	US : 531			
INSTRUCTIONS NAUTIQUES	BA : 4, 25, 26			
	US : 152, 154			
GUIDES DE CROISIERE	*Exploring North British Columbia, Charlie's Charts North to Alaska.*			
WAYPOINTS				

Départ	*Intermédiaire*	*Atterrissage*	*Destination*	*Distance (M)*
PN151 Kodiak E	PN152	PN153 Flattery	Victoria	1339
57°45'N, 152°00'W	53°00'N, 150°00'W	48°25'N,124°50'W	*48°25'N, 123°24'W*	
		PN154 Scott	Victoria	1075
		51°00'N,129°00'W		
PN155 Sedanka	PN156	PN153 Flattery	Victoria	1777
53°50'N, 165°55'W	51°00'N, 165°00'W	PN154 Scott	Victoria	1519

Les vents dans le golfe de l'Alaska sont variables en direction pendant les mois d'été, avec une légère prédominance de vents d'ouest. Plus tard en saison, les vents de sud-ouest ne sont pas rares, rendant les traversées du golfe vers l'est difficiles. Le courant des Aléoutiennes est contraire aussi, portant à l'ouest à travers le golfe. Le brouillard peut être un autre danger pendant la traversée, mais les coups de vent sont rares en été. Le port de Prince Rupert, où les formalités d'entrée au Canada peuvent être effectuées, est atteint par le détroit de Dixon, entre l'île du Prince de Galles et l'île Graham.

La saison de navigation en Alaska est tellement brève que la plupart des gens sont pressés lorsqu'arrive le moment de rejoindre le sud. Quoiqu'une traversée rapide puisse être effectuée en empruntant une route hauturière, peu de gens choisissent de manquer la beauté inégalée de la route intérieure qui se faufile à travers un dédale d'îlots et de criques le long de la côte très découpée de la Colombie britannique. Une autre solution préconisée est d'effectuer la croisière en sens inverse en naviguant de la Colombie britannique vers l'Alaska par petites étapes, de traverser le golfe de l'Alaska en été et de regagner la Colombie britannique à la fin de la saison estivale de croisière. La saison de navigation en été est très courte et dure de mai jusqu'à mi-septembre. En juillet, l'anticyclone du Pacifique Nord remonte jusque vers le détroit du Prince William, assurant ainsi des vents légers et un temps agréable.

Les bateaux empruntant la route hauturière depuis Dutch Harbour ou Kodiak devront faire route plein sud pendant 200 à 300 milles pour éviter la zone affectée par les dépressions traversant le Pacifique et rejoindre ensuite la route directe avec l'aide des vents d'ouest dominants. Les bateaux partant de Kodiak depuis le WP PN151, devront faire route vers le WP PN152. De là, la route sera modifiée pour atteindre Victoria en passant au sud de l'île de Vancouver à travers le détroit Juan de Fuca, l'atterrissage se faisant au large du cap Flattery au WP PN153. Une autre solution consiste à approcher l'île de Vancouver par le détroit de la Reine Charlotte en faisant son atterrissage au nord du cap Scott au WP PN154. Les mêmes instructions s'appliquent à ceux qui partent de Dutch Harbour sur l'île Unalaska. Du WP PN155 la route initiale mène au WP PN156 avant de changer de cap pour l'un des points d'atterrissage suggérés ci-dessus.

PN16 *De la Colombie britannique et de la côte Pacifique Nord-Ouest à la Californie*

MEILLEURE PÉRIODE	mai à octobre	
SAISON DES CYCLONES	aucune	
CARTES ROUTIÈRES	BA : 4801	SHOM : 6906
	US : 501, 530	
INSTRUCTIONS NAUTIQUES	BA : 8, 25	
	US : 152, 154	
GUIDES DE CROISIERE	*Charlie's Charts of the US Pacific Coast, Cruising Guide to Central and Southern California.*	

WAYPOINTS

Départ	*Intermédiaire*	*Atterrissage*	*Destination*	*Distance (M)*
PN161 Flattery	PN162			
48°25'N,124°50'W	46°30'N,126°30'W			
	PN163	PN164 Reyes	San Francisco	766
	40°00'N, 126°30'W	37°55'N, 123°00'W	*37°50'N, 122°15'W*	
PN161 Flattery	PN162			
	PN163	PN165 Conception	Los Angeles	1075
		34°20'N, 120°30'W	*33°45'N, 118°20'W*	

Les vents le long de cette route sont presque toujours favorables et le courant de Californie portant au sud constitue un atout supplémentaire. La route hauturière est préférée pour la plupart des traversées vers le sud en restant à au moins 100 milles de la côte. Compte tenu du gradient de pression entre l'anticyclone situé au large et les basses pressions continentales, les vents tendent à être plus forts et les mers plus formées à plus de 60 milles au large que plus près des côtes. Cependant, à cause des inconvénients de la route côtière, qui sont décrits ci-dessous, la route hauturière doit être préférée. Depuis le WP PN161, au large du cap Flattery, la route initiale va vers le WP PN162. De là, la route se dirige plein sud jusqu'à la latitude du cap Mendocino avant de s'infléchir au WP PN163 pour le port de destination. Si la destination est San Francisco, l'atterrissage doit se faire au WP PN164 au large du cap Reyes, d'où le chenal de Bonita conduit à la baie de San Francisco. Les instructions pour les bateaux se dirigeant dans la région de Los Angeles sont similaires jusqu'au cap Mendocino où la route est modifiée pour le WP PN165, au large du cap Conception. Parfois évoqué comme le cap Horn de l'Amérique du Nord, les vents forts qui y soufflent fréquemment lèvent une mer difficile, ceci doit être gardé présent à l'esprit si l'on s'en rapproche pendant un coup de vent de nord-ouest. De là, la route se dirige vers l'est et passe entre la côte et les îles Catalina. Il y a trop de marinas dans la région de Los Angeles pour les mentionner ici. Pour ceux qui continuent vers le sud (voir PN12),

San Diego est non seulement le meilleur point de départ mais également un excellent endroit pour préparer une traversée vers le Mexique et au-delà.

A cause des vents plus forts et de la plus grosse houle que l'on rencontre lorsqu'on se trouve au large, certains préfèrent la route côtière. Celle-ci constitue une solution intéressante lorsque l'on navigue dans l'autre direction, mais perd de son intérêt pour les bateaux se dirigeant vers le sud et décidés à couvrir la distance le plus rapidement possible. L'entrée dans la plupart des ports nécessite de franchir une barre, il est difficile voire dangereux d'y entrer par forte houle, il faut donc faire extrêmement attention en empruntant cette route côtière. Un autre danger le long de cette route est le brouillard, qui souvent réduit d'une manière drastique la visibilité et peut être extrêmement dangereux compte tenu du fort trafic maritime.

PN17 *De la côte Pacifique Nord-Ouest à Hawaii*

MEILLEURE PÉRIODE	mai à juin, octobre			
SAISON DES CYCLONES	juin à octobre			
CARTES ROUTIÈRES	BA : 4050	SHOM : 6835		
	US : 50, 520			
INSTRUCTIONS NAUTIQUES	BA : 25, 62	SHOM : K11		
	US : 152, 154			
GUIDES DE CROISIERE	*Landfalls of Paradise, Charlie's Charts of the Hawaiian Islands.*			
WAYPOINTS				

Départ	*Intermédiaire*	*Atterrissage*	*Destination*	*Distance (M)*
PN171 Flattery 48°25'N,124°50'W	PN172 40°00'N,130°00'W			
	PN173 30°00'N, 140°00'W	PN174 Hawaii NE 19°48'N, 155°00'W	Hilo *19°44'N, 155°04'W*	2350

De bonnes conditions météo prédominent pendant les mois d'été, mais pour éviter la saison des ouragans la traversée doit être prévue pour la fin du printemps ou le début de l'été. Quoique la route traverse une zone où des ouragans se sont produits dans le passé, le risque d'en rencontrer à cette période est plutôt faible. Cependant, on devra suivre attentivement les prévisions météo pendant l'été pour éviter une éventuelle tempête tropicale qui se dirigerait dans cette direction. Les meilleures conditions de navigation ont lieu pendant les mois d'été, mais c'est également la saison des cyclones, et il faudra tenir compte de ce risque en entreprenant la traversée à cette période. S'il y a une prévision de cyclone, il faudra suivre une route dans des latitudes plus élevées. Dans les autres saisons, pour éviter les vents d'ouest ou de se fourvoyer dans l'anticyclone du Pacifique Nord au début de la traversée, il n'est pas recommandé de prendre dès le départ une route directe vers Hawaii. On aura de meilleures conditions en adoptant une route plus sud, qui bénéficiera de vents de nord et du courant favorable. Il est généralement recommandé de ne pas mettre le cap sur Hawaii avant d'avoir atteint la latitude de San Francisco. Quoique la route orthodromique puisse être prise depuis le 40°N, il est en général préférable de rester légèrement au-dessous de cette latitude. Les alizés de nord-est seront touchés aux environs de la latitude 28°N ou 30°N, les vents devant alors rester favorables jusqu'à Hawaii.

En partant du WP PN17, la route passe par deux waypoints intermédiaires PN172 et PN173 avant de se diriger vers le port de destination dans les îles Hawaii. Les vents dans les chenaux entre les îles peuvent être violents, et il est souvent presque impossible de passer entre les îles en allant vers l'est. On a souvent de meilleures conditions la nuit. Pour les bateaux arrivant du nord-est, le port d'entrée le plus pratique est Hilo sur l'île d'Hawaii et l'atterrissage peut être réalisé au WP PN174 au nord-est d'Hawaii à environ 5 milles de Hilo.

PN18 *De la Californie à l'Alaska*

MEILLEURE PÉRIODE	juin à août			
SAISON DES CYCLONES	juin à octobre			
CARTES ROUTIÈRES	BA : 4050 US : 520	SHOM : 6835		
INSTRUCTIONS NAUTIQUES	BA : 4, 8, 25, 26 US : 152			
GUIDES DE CROISIERE	*Charlie's Charts of the US Pacific Coast, Charlie's Charts North to Alaska.*			
WAYPOINTS				

Départ	*Intermédiaire*	*Atterrissage*	*Destination*	*Distance (M)*
Route PN18A				
PN180 San Francisco 37°40'N, 122°30'W	PN181 Reyes W 37°55'N, 123°20'W	PN182 sur Kodiak 57°45'N, 152°15'W	Kodiak *57°47'N, 152°25'W*	1690
PN183 Los Angeles 33°45'N, 118°20'W	PN184 Conception 34°20'N, 120°30'W	PN182 sur Kodiak	Kodiak	2016
Route PN18B				
PN180 San Francisco	PN181 Reyes W	PN185 Sedanka 53°50'N, 165°55'W	Dutch Harbour *53°54'N, 166°32'W*	2047
PN183 Los Angeles	PN184 Conception	PN185 Sedanka	Dutch Harbour	2346

On a le choix entre trois options pour cette route et chacune présente des inconvénients majeurs. Essayer de naviguer le long de la côte, avec ou sans escale, ne va pas être facile à cause des vents contraires, du fort trafic maritime, des barres à l'entrée des rivières et autres difficultés. La tactique recommandée de passer par Hawaii rajoute un grand nombre de milles à ce qui est déjà une longue traversée. Ceci ne laisse qu'une seule autre option, une traversée directe sans escale par une route hauturière. A cause de l'anticyclone du Pacifique, qui détermine les conditions météo dans toute la région, la solution logique consiste à faire route avec le meilleur angle possible par rapport aux vents dominants de nord-ouest pour gagner suffisamment vers l'ouest, et lorsque que l'on trouve les vents de nord-est plus au large, de suivre une route qui contourne l'anticyclone par l'ouest. L'autre solution est de partir avec des réservoirs pleins et de faire route au moteur à travers l'anticyclone et les vents légers que l'on rencontrera avant de rejoindre les vents dominants d'ouest des plus hautes latitudes. Rester à l'est de l'anticyclone ne sera pas possible si l'on veut faire route à la voile, mais, en fonction des conditions météo du moment, peut être tenté avec un bateau qui progresse correctement au moteur. Une bonne réserve de gazole doit être embarquée car les vents faibles et les calmes, ainsi que le brouillard, sont caractéristiques de l'Alaska pendant l'été. Voir également PN13 et PN14.

Il y a deux destinations principales en Alaska qui sont également attrayantes. Kodiak est plus proche et possède les meilleurs services, tandis que Dutch Harbour constitue un meilleur point de départ pour une croisière estivale. Les bateaux se dirigeant vers Kodiak feront leur atterrissage au PN182 à l'est de l'île de Kodiak. La côte est sera alors suivie jusqu'à l'approche de Kodiak Harbour. Ce port bien protégé est atteint par le nord-est via un chenal dragué. La vieille ville est située sur la rive nord-ouest du port et de l'île du même nom.

Les bateaux se dirigeant vers Dutch Harbour atterriront au large de l'île Sedanka d'où ils emprunteront la passe Akutan pour gagner la baie Unalaska.

PN19 *De la côte Pacifique Nord-Ouest à l'Alaska*

MEILLEURE PÉRIODE	juin à août	
SAISON DES CYCLONES	juillet à octobre	
CARTES ROUTIÈRES	BA : 4050	SHOM : 6835
	US : 531	
INSTRUCTIONS NAUTIQUES	BA : 4, 25, 26	
	US : 152, 154	
GUIDES DE CROISIERE	*Charlie's Charts North to Alaska.*	
WAYPOINTS		

Départ	*Intermédiaire*	*Atterrissage*	*Destination*	*Distance (M)*
PN190 Flattery 48°25'N, 124°50'W	PN191 53°00'N, 150°00'W	PN192 sur Kodiak 57°45'N, 152°15'W	Kodiak *57°47'N, 152°25'W*	1298
PN190 Flattery		PN193 Sedanka 53°50'N, 165°55'W	Dutch Harbour *53°54'N, 166°32'W*	1563
PN194 Scott 51°00'N, 129°00'W		PN192 sur Kodiak	Kodiak	908
PN194 Scott		PN193 Sedanka	Dutch Harbour	1351

Quoique la plupart des bateaux choisissent d'emprunter la route intérieure, qui est une route spectaculaire à travers les zones protégées le long de la côte de la Colombie britannique, il y a divers avantages à prendre une route hauturière, le principal étant le gain de temps. Comme la route recommandée passe à travers une zone de vents d'ouest dominants, les bateaux qui remontent bien au près seront nettement avantagés. Pour bénéficier de la courte saison en Alaska, qui s'étend de début juin au milieu d'août, les traversées doivent être prévues pour cette période - quoique les chances de rencontrer des vents favorables de sud-est soient plus fortes plus tard en été. Les tempêtes tropicales affectent rarement cette zone, occasionnellement des typhons provenant du nord-ouest du Pacifique et ayant dévié vers le nord-est ont atteint l'Alaska, comme cela est arrivé en 1984 lorsque le typhon Holly a amené des vents de 100 nœuds jusqu'à Seward.

Les bateaux quittant Seattle ou des ports situés dans le sud de la Colombie britannique atteindront la haute mer par le détroit Juan de Fuca et rejoindront la route hauturière au WP PN190, au large du cap Flattery. L'autre solution est de rester dans les zones protégées à l'est de l'île de Vancouver et d'atteindre la haute mer au cap Scott. De ces deux endroits, on suivra ensuite une route directe vers un waypoint situé au large de l'île Kodiak, sauf si l'on se dirige vers Dutch Harbour. Bien que plus à l'ouest, si l'on a le temps, Dutch Harbour constitue un meilleur point de départ pour une croisière estivale en Alaska.

PN20 ROUTES DANS LE PACIFIQUE DEPUIS L'AMÉRIQUE CENTRALE ET LE MEXIQUE

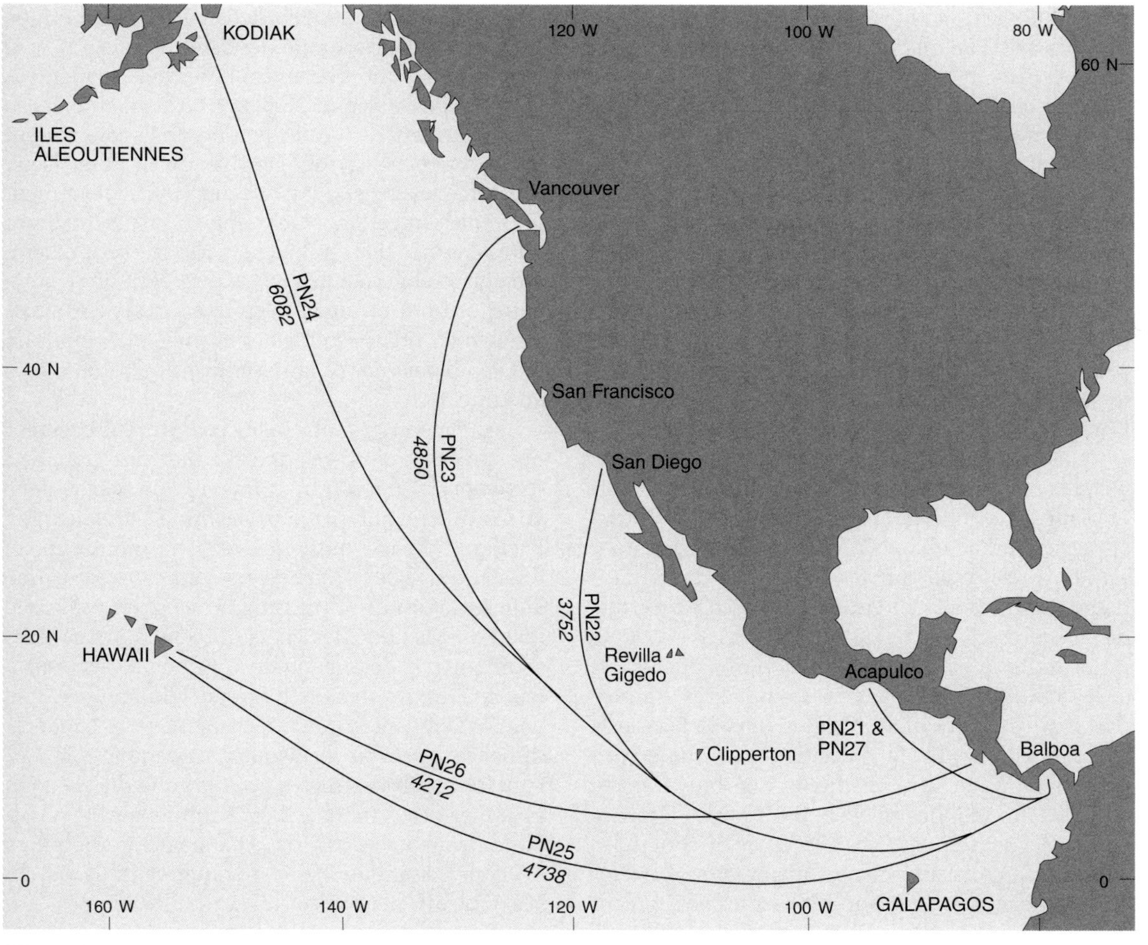

PN20 Routes dans le Pacifique depuis l'Amérique centrale et le Mexique

Pour les bateaux qui viennent de franchir le canal de Panama, il y a un choix plutôt limité de destinations vers le Pacifique. Il y a deux options de base : soit rester dans le Pacifique Nord, avec un choix restreint de destinations, soit se diriger vers le Pacifique Sud, où les choix deviennent de plus en plus nombreux à mesure que l'on progresse vers l'ouest. De fait, une très forte proportion des routes hauturières depuis l'Amérique centrale se dirigent vers le sud et traversent l'équateur. Ces routes transéquatoriales et les routes dans le Pacifique Sud sont décrites dans les chapitres 11 et 13.

Naviguer directement depuis Panama vers la côte ouest de l'Amérique du Nord est une tâche ardue. Une autre solution, considérée par la plupart comme étant le meilleur moyen de rejoindre la Californie, et plus particulièrement des ports situés plus au nord, est de faire route d'abord sur Hawaii. Panama est un bon point de départ pour se diriger vers des ports de la côte ouest de l'Amérique centrale et les distances en jeu étant relativement faibles, même si des conditions défavorables sont rencontrées, au moins elles ne durent pas trop longtemps. Comme la saison des ouragans affecte la plus grande partie de cette zone entre juin et octobre, il faudra éviter de naviguer vers le Mexique ou la Californie pendant ces mois. En conséquence, si l'on se dirige vers le nord depuis Panama, il est préférable de prévoir de passer le canal entre novembre et avril, pour éviter le danger d'être pris au large de la côte de l'Amérique centrale par un ouragan.

Avant de quitter le golfe de Panama, certains bateaux font escale dans l'archipel des Perlas, qui possède d'excellents mouillages. Cet archipel appartient à Panama et l'on n'est pas autorisé à s'y arrêter après avoir fait les formalités de sortie à Balboa, sans avoir obtenu au préalable un permis de croisière.

La route la plus populaire depuis Panama est celle vers les îles Galápagos (route PT12). La plupart des bateaux qui se dirigent vers le Pacifique Sud profitent de la situation adéquate des Galápagos pour faire au moins une brève escale dans ces îles rendues célèbres par Charles Darwin. Après de nombreuses années de restrictions, les bateaux de croisière peuvent maintenant s'arrêter aux Galápagos à condition d'observer strictement les règlements protégeant cette réserve naturelle exceptionnelle. Les îles constituent une escale commode sur la route de Panama vers le Pacifique Sud. Voir PT 12.

Ceux qui désirent visiter des ports de la côte ouest de l'Amérique du Sud seront confrontés à une traversée difficile contre le vent et le courant (PT11). Quelques bateaux effectuent ce voyage chaque année, démontrant que, malgré toutes les difficultés, il peut être fait. L'autre solution consiste à différer la visite de l'Amérique du Sud jusqu'à être suffisamment à l'ouest dans le Pacifique pour rejoindre le Chili avec l'aide des vents d'ouest favorables rencontrés dans les hautes latitudes. Cependant, ceci représente un voyage long et difficile qui peut être moins attirant que d'affronter le courant de Humboldt. L'intérêt principal d'un tel raid le long de la côte de l'Amérique du Sud est l'opportunité de visiter l'Equateur et le Pérou ainsi que certaines îles peu fréquentées comme l'île de Pâques, Pitcairn ou les Gambiers.

Les conditions locales le long de la côte varient beaucoup avec la topographie de la côte. Deux phénomènes locaux, qui affectent particulièrement les routes côtières, sont les vents très forts qui tirent leurs noms des golfes où il se produisent, Papagayo et Tehuantepec. La pire période se situe entre octobre et avril, avec une fréquence maximum entre fin novembre et fin janvier. Les effets de ces vents peuvent se faire sentir jusqu'à 150 milles au large.

Les *Papagayos* sont causés par un renforcement des alizés de nord-est dans la mer des Caraïbes. Ces vents, s'engouffrant à travers une brèche dans la Cordillère qui parcourt l'isthme, atteignent le Pacifique où ils soufflent avec une grande force. Plus au nord, les *Tehuantepecs* sont causés par une augmentation de la pression atmosphérique sur le golfe du Mexique, les vents qui sont alors générés soufflent par dessus l'arête continentale et sont à leur maximum dans le golfe de Tehuantepec. Ces vents atteignent la force 8 et même 9, et sont très difficiles à prévoir localement. Cependant, en suivant les prévisions météo pour le golfe du Mexique et la mer des Caraïbes, il est habituellement possible de prévoir quand des changements de temps du côté atlantique de l'Amérique centrale ou du Mexique affecteront les rivages du Pacifique.

PN21 *De Panama à l'Amérique centrale et au Mexique*

MEILLEURE PÉRIODE	avril à mai, novembre			
SAISON DES CYCLONES	juin à octobre			
CARTES ROUTIÈRES	BA : 4051 US : 51	SHOM : 7023		
INSTRUCTIONS NAUTIQUES	BA : 7, 8 US : 153			
GUIDES DE CROISIERE :	*Charlie's Charts of Costa Rica, Charlie's Charts of the Western Coast of Mexico, The Forgotten Middle.*			
WAYPOINTS				

Départ	*Intermédiaire*	*Atterrissage*	*Destination*	*Distance (M)*
PN210 Balboa *8°57'N, 79°34'W*	PN211 Panama S 8°50'N, 79°30'W			
	PN212 Frailes 7°10'N, 80°00'W			
	PN213 Coiba 7°10'N, 82°00'W			
	PN214 Ten 10°00'N, 95°00'W			
	PN215 Fifteen 15°00'N, 98°30'W	PN216 Diamante 16°45'N, 99°55'W	Acapulco *16°50'N, 99°58'W*	1535

Les traversées vers des ports de la côte Pacifique de l'Amérique centrale sont toujours difficiles à cause des vents contraires ou des périodes de calmes prolongés. Quoiqu'un courant favorable puisse faire sentir ses effets jusqu'au golfe de Fonseca, à partir de là le courant est en général contraire. On doit être préparé à tirer parti de chaque rotation de vent et à utiliser le moteur si besoin est pour remonter contre le courant. La zone est sujette aux orages avec de nombreux éclairs.

Alors qu'une route côtière peut être une bonne solution pour les bateaux se dirigeant vers les ports les plus au sud de l'Amérique centrale, une traversée hauturière est beaucoup plus intéressante pour ceux qui sont pressés d'atteindre le Mexique. La route hauturière préconisée comprend un certain nombre de waypoints, qui ont été placés suffisamment au large pour éviter l'influence de la terre et les conditions météo locales associées à certaines zones. Ceux que la perspective d'une longue traversée hauturière n'enthousiasme pas pourront préférer résoudre cette difficulté en suivant une route côtière jalonnée de nombreuses escales. Des escales pourront être faites dans tous les pays d'Amérique centrale, Costa Rica, Nicaragua, Honduras, Salvador, Guatemala, et il y a plusieurs zones de croisière intéressantes en chemin. L'accueil réservé aux bateaux de passage par les différents pays d'Amérique centrale dépend beaucoup de la situation politique du moment et parfois aussi de la nationalité des bateaux.

L'une des escales les plus intéressantes est Golfito, au Costa Rica (8°36'N, 83°12'W). Au Nicaragua, les ports de Corinto (12°28'N, 87°11'W) et San Juan del Sur (11°15'N, 85°53'W) ont une réputation controversée, alors que le port de San Lorenzo (13°25'N, 87°27'W) au Honduras a été recommandé comme escale en cas d'urgence. Au Salvador, la situation s'est considérablement améliorée avec la cessation des hostilités et un bon endroit pour faire escale est Acajutla (13°36'N, 89°50'W), qui est l'un des ports d'entrée officiels du Salvador, l'autre étant Cutuco (13°19'N, 87°49'W). En pénétrant dans le golfe de Fonseca, il faut prendre contact avec les garde-côtes du Salvador par VHF sur le canal 16. S'arrêter dans l'un des ports de la côte pacifique du Guatemala présente peu d'intérêt, mais ensuite s'étend la longue côte du Mexique, les endroits de croisière les plus intéressants étant situés dans sa partie nord – la Basse Californie et la mer de Cortez.

Des instructions détaillées pour cette route côtière, qui consiste principalement à effectuer de la croisière côtière, ne sont pas du ressort de ce livre. Cependant, il convient d'attirer l'attention sur deux zones où le temps peut sérieusement affecter cette route côtière. Ce sont les golfes de Tehuantepec et de Papagayo, où de forts vents locaux décrits dans l'introduction de ce chapitre peuvent se produire. Les traversées côtières vers le nord ou vers le sud doivent essayer de franchir le golfe de Tehuantepec au changement de saison, soit aux alentours de mi-mai ou début novembre. Janvier et février sont des mois à éviter à cause de la forte fréquence de ces vents violents. Comme ces vents forts dans le golfe de Tehuantepec sont causés par les alizés qui augmentent le gradient de pression de l'autre côté du Mexique, en suivant la pratique locale on doit suivre attentivement la pression dans le golfe de Campêche. Si la pression y est élevée, ou qu'un système de hautes pressions se rapproche, on peut s'attendre à des vents forts dans le golfe de Tehuantepec, et les mêmes règles sont valables pour celui de Papagayo. D'habitude les vents les plus forts se font ressentir à l'est de Salina Cruz, ils lèvent une mer forte au large. C'est pourquoi il est vivement recommandé de rester aussi près que possible de la côte, où la mer sera calme et où il est plus facile de n'avoir à affronter que la force du vent.

PN22 *De l'Amérique centrale et du Mexique à la Californie et à la côte Pacifique Nord-Ouest*

MEILLEURE PÉRIODE	avril à mai, octobre à mi-novembre (au large) février à mai, mi-octobre à mi-novembre (route côtière)	
SAISON DES CYCLONES	juin à octobre	
CARTES ROUTIÈRES	BA : 4051 US : 51	SHOM : 7023
INSTRUCTIONS NAUTIQUES	BA : 7, 8 US : 152, 153	
GUIDES DE CROISIERE	*Charlie's Charts of the US Pacific Coast, Cruising Guide to the Sea of Cortez, The Forgotten Middle.*	

WAYPOINTS

Départ	*Intermédiaire*	*Atterrissage*	*Destination*	*Distance (M)*
Route PN22A				
PN220 Panama S 8°50'N, 79°30'W	PN221 Mala 7°30'N, 79°30'W PN222 3°00'N, 105°00'W PN223 Clipperton W 10°00'N, 110°00'W PN224 20°00'N, 120°00'W		San Diego *32°42'5N, 117°14'W* Los Angeles *33°43'N, 118°16'W*	3752 3803
PN220 Panama S	PN221 Mala PN222 PN223 Clipperton W PN225 30°00'N, 125°00'W		San Francisco *37°50'N, 122°15'W*	4096
Route PN22B				
PN220 Panama S	PN221 Mala PN226 0°00', 105°00'W PN227 20°00'N, 125°00'W		San Diego Los Angeles San Francisco	4219 4248 4230

Route PN22C

PN220 Panama S	PN228 Frailes 7°10'N, 80°00'W PN229 Coiba 7°10'N, 82°00'W PN2210 Costa Rica N 0°00'N, 86°20'W PN2211 Clipperton N 0°30'N, 109°00'W		San Diego Los Angeles San Francisco	3278 3353 3659

Route PN22D

PN2212 Manzanillo 19°03'N 104°20'W	PN2213 23°00'N 120°W	PN225	San Francisco	2120

Route PN22E

PN 2212 Manzanillo	PN2213 PN 2214 30°N 130°W PN2215 43°00'N 140°W	PN2216 Flattery 48°25'N 124°50'W	Neah Bay *48°22'N 124°36'W*	2508

Pour les bateaux partant de Panama, ce peut être un voyage long et ardu. Pour cette raison il a été suggéré qu'il était plus facile de naviguer depuis Panama vers Hawaii et de là vers la côte ouest de l'Amérique du Nord, plutôt que faire une route directe vers la Californie, spécialement pour ceux qui apprécient les traversées hauturières et ne sont pas pressés par le temps. Si un détour par Hawaii est envisagé, les détails pour cette traversée sont donnés dans la route PN 25.

Une traversée sans escale de Panama vers la Californie doit être entreprise bien au large, où l'on peut s'attendre à avoir des vents meilleurs, même si l'on doit couvrir une distance plus longue. Après avoir quitté le golfe de Panama, on doit essayer de rejoindre les alizés de sud-est le plus vite possible pour tirer pleinement parti des vents de sud-est et du courant favorable. De juin à janvier, la route recommandée PN22A passe entre les îles Galápagos et la latitude 5°N aussi loin que le méridien 105°W. Au WP PN222 la route est modifiée pour passer à l'ouest de l'île de Clipperton au WP PN223. Pour les ports situés dans le sud de la Californie (Los Angeles, San Diego) l'amure la plus favorable devra être prise après avoir passé le WP PN224. Une fois accrochés les alizés de nord-est et si la destination finale est San Francisco, la route sera modifiée pour le WP PN225, la route suivie ensuite dépendra entièrement des vents rencontrés.

De février à mai, après avoir quitté le golfe de Panama, la route recommandée (PN22B) passe au sud des îles Galápagos. Elle se dirige ensuite vers l'ouest jusqu'au WP PN226 puis vers le WP PN227 avant de s'infléchir vers le nord-ouest pour rejoindre la zone des alizés de nord-est. Cependant, si les vents sont favorables après avoir passé le cap Mala, une route plus directe peut-être suivie vers la Californie. Le cap initial sur cette route (PN22C) reste parallèle à la côte de l'Amérique centrale jusqu'au Costa Rica, restant à seulement 20 milles au large de la côte. Depuis le nord du Costa Rica au WP PN2210, la route se dirige plein ouest pendant environ 1 000 milles jusqu'au WP PN2211, juste au nord de l'île de Clipperton. La route est alors parallèle à la côte suivant une direction nord-ouest qui s'incurve graduellement vers le port de destination en essayant de tirer au mieux parti des vents existants. Si l'on prend cette route, on doit être préparé à appuyer au moteur lorsque cela est nécessaire, spécialement pendant la première partie, en remontant de Panama. Cette route est souvent préférée par les skippers professionnels livrant des bateaux, qui la recommandent en particulier pendant les premiers mois de l'année.

Une autre solution consiste à rester relativement proche de la côte tout le long du chemin, l'avantage de cette tactique est que l'on peut s'abriter dans l'un des ports en cours de route comme Puerto Madero ou Salina Cruz. La première partie de cette route côtière est décrite dans PN21. Cependant, il convient d'attirer l'attention sur deux zones où le temps peut sérieusement affecter cette route côtière. Ce sont les golfes de Tehuantepec et de Papagayo, où de forts vents locaux peuvent se produire, particulièrement en hiver. La pire période se situe entre octobre et avril avec une fréquence maximum entre fin novembre et fin janvier. Les effets de ces vents peuvent se faire ressentir jusqu'à 150 milles au large. Le conseil donné par les capitaines des bateaux qui parcourent cette côte régulièrement est de rester aussi près des côtes que la sécurité le permet, il y a plusieurs ports en chemin où l'on peut s'abriter, mais en naviguant près de la côte on doit pouvoir affronter même les vents les plus forts.

Comme ces vents forts dans le golfe de Tehuantepec sont causés par les alizés qui augmentent le gradient de pression de l'autre côté du Mexique, en suivant la pratique locale on doit surveiller attentivement la pression dans le golfe de Campêche. Si la pression y est élevée, ou qu'un système de hautes pressions se rapproche, on peut s'attendre à des vents forts dans le golfe de Tehuantepec, et les mêmes règles sont valables pour celui de Papagayo. D'habitude les vents les plus forts se font ressentir à l'est de Salina Cruz, ils lèvent une mer forte au large. C'est pourquoi il est fortement recommandé de rester aussi près que possible de la côte, où la mer sera calme et où il est plus facile de n'avoir à affronter que la force du vent.

Lorsque l'on navigue au nord de Panama, on doit prévoir d'avoir franchi le cap San Lucas avant le 1er juin, d'autant plus que certaines compagnies d'assurance prévoient cette clause dans leur contrat pour tenir compte de la saison des ouragans en Amérique centrale. Cette considération, combinée avec les conditions de temps dans les Caraïbes, rend judicieux de prévoir de franchir le canal de Panama au début de l'année, de manière à avoir tout son temps pour atteindre la côte ouest avant le début de la saison des ouragans ou pour prendre d'autres dispositions.

De nombreux bateaux ont pris sans problème ces dernières années la route au large et bien que longue, elle est moins pénible que la route côtière. La tactique consiste à aller loin en mer chercher les alizés de NE. Ceux qui partent des ports les plus au nord du Mexique devront peut-être aller jusqu'au 120°W pour les trouver. Une fois qu'on les aura trouvés, et à moins de se rendre dans un port de Californie du Sud, on continuera dans une direction NNW presque jusqu'à la latitude du port de destination avant de virer de bord vers la côte. Ceux qui se rendent en Californie du Nord devront aller jusqu'au 130°W avant de virer, et ceux dont la destination est la côte Pacifique nord-ouest iront peut-être jusqu'au 140°W. L'endroit où virer dépend des conditions météo du moment, dictées par la position de l'anticyclone du Pacifique Nord. Son quadrant SE donne normalement des vents de NE, il ne faut donc pas l'approcher trop tôt et rester tribord amure jusqu'à ce qu'on soit sûr de pouvoir atteindre sa destination sur l'autre bord. Bien que la plupart des gens essayent d'être au nord du Cabo San Lucas début juin, plus la destination est située au nord, plus il faut partir tard du Mexique pour éviter de se trouver dans une tempête de printemps tardive. D'une façon générale, si l'on se rend en Californie du Sud, il vaut mieux partir dans la deuxième quinzaine de mai, alors qu'un départ en juin est plus approprié pour aller dans des ports situés plus au nord. La route PN22E donne quelques hypothèses de waypoints pour les bateaux allant dans l'état de Washington ou de Colombie Britannique, dans le détroit de Juan de Fuca. Voir PN14 pour plus de détails.

Les routes vers le nord depuis le Mexique ne sont jamais faciles, mais si l'on suit attentivement le temps, divers créneaux assureront des conditions favorables. Souvent en novembre, et parfois en décembre, l'approche d'un front froid dans le nord du Pacifique arrêtera momentanément les vents dominants de nord-ouest et amènera des calmes ou des vents faibles. A la fin du printemps, lorsqu'il y a de forts vents contraires au large, il est souvent possible de progresser correctement très près de la côte avec l'alternance des brises de terre et de mer. La tactique recommandée est de rester près de la côte pendant la nuit qui est calme et les premières heures de la matinée et de tirer un bord vers le large pendant l'après-midi. En étant près de la côte, il est possible de trouver un mouillage lorsque les conditions ne sont pas favorables. Les bateaux empruntant l'itinéraire côtier ont signalé le danger que constitue le grand nombre de casiers à langoustes le long de la côte de Basse Californie. Certains, placés sur le plateau continental, peuvent être jusqu'à 20 milles de la côte.

Les bateaux qui suivent une route hauturière depuis Panama ou le Costa Rica peuvent fractionner le voyage en faisant escale dans des îles au large, comme à l'île Cocos (5°30'N, 87°00'W), à 285 milles au large du Costa Rica. L'île est une réserve naturelle et quelques gardiens y résident, mais les bateaux sont autorisés à s'arrêter. Encore plus loin se trouve la possession française de l'île Clipperton (10°17'N, 109°15'W) qui est inhabitée, quoique occasionnellement visitée par des météorologues et d'autres scientifiques.

PN23 *De Panama à la Colombie britannique*

Meilleure période	avril à mai, novembre			
Saison des cyclones	juin à octobre			
cartes routières	BA : 4050, 4051 US : 51, 50	SHOM : 7023, 6835		
Instructions nautiques	BA : 7, 8, 25 US : 152, 153, 154			
Guides de croisiere	*Exploring South British Columbia.*			
Waypoints				
Départ	*Intermédiaire*	*Atterrissage*	*Destination*	*Distance (M)*
PN230 Panama S 8°50'N, 79°30'W	PN231 Frailes 7°10'N, 80°00'W PN232 Coiba 7°10'N, 82°00'W PN233 30°00'N, 130°00'W	PN234 Flattery 48°25'N, 124°50'W	Victoria *48°25'N, 123°24'W*	4896

Les instructions pour cette route sont similaires à celles données pour la route PN22 et, de fait, les skippers sont confrontés avec exactement le même dilemme, qu'ils aient l'intention de naviguer de Panama jusqu'en Californie ou de continuer jusqu'en Colombie britannique. Le choix se situe entre une route relativement directe le long de la côte de l'Amérique centrale, ou une route hauturière quelque peu indirecte ou enfin un grand détour via Hawaii. Si la perspective d'un tel détour via Hawaii n'est pas acceptable, le choix se limite aux deux autres routes, toutes deux ayant des avantages et aussi de sérieux inconvénients. Le choix de la route doit dépendre en premier de la capacité intrinsèque du bateau à remonter au vent, car la plus grande partie de la traversée se fera au près serré, et pour cette raison ceux qui ne sont pas préparés à une telle remontée sur plusieurs milliers de milles, ou dont le bateau n'est pas capable relever ce défi, devraient probablement revoir leurs plans.

La route hauturière offre de plus grandes chances de rencontrer des vents favorables pendant la première partie du voyage, mais ensuite commence un long louvoyage contre les vents dominants. La route qui reste parallèle à la côte est plus courte mais nécessitera de plus solliciter le moteur. Dans tous les cas, la dernière partie au nord de la latitude 30°N sera probablement la plus dure à cause de la forte proportion de vents de nord et de nord-ouest pendant les mois d'été. Aucun waypoint n'est indiqué pour la 2e route car le meilleur moyen de progresser doit être décidé en fonction des conditions météo du moment.

Si l'on emprunte la route hauturière entre avril et mai, depuis le WP PN132, au large de l'île Coiba, on suivra la route la plus courte vers le WP PN133. De là, la route continue plein nord suivant autant que possible le méridien 130°W avant de modifier le cap vers la côte. La position de l'anticyclone du Pacifique Nord sera déterminante, et l'on peut être obligé de continuer vers l'ouest pour l'éviter, ou de le traverser éventuellement au moteur. Dans le premier cas, en fonction de la saison, il pourra être nécessaire de remonter aussi loin vers le nord que la latitude 43°N avant de faire route vers la côte de la Colombie britannique (Voir aussi la route PN22 qui décrit la route au large plus en détail, de même que la route PN32). Si la traversée est entreprise en novembre, la date d'arrivée en Colombie britannique sera si tardive qu'il vaudrait mieux envisager de passer l'hiver à Hawaii. A cette période de l'année, on peut suivre une route orthodromique depuis Panama jusqu'à Hawaii et l'on peut compter sur des vents et des courants favorables pendant la quasi-totalité de la traversée.

PN24 *De Panama à l'Alaska*

MEILLEURE PÉRIODE	mai			
SAISON DES CYCLONES	juin à octobre			
CARTES ROUTIÈRES	BA : 4050, 4051 US : 51, 50	SHOM : 7023, 6835		
INSTRUCTIONS NAUTIQUES	BA : 4, 7, 8 US : 152, 153			
GUIDES DE CROISIERE	*Charlie's Charts North to Alaska.*			
WAYPOINTS				

Départ	*Intermédiaire*	*Atterrissage*	*Destination*	*Distance (M)*
PN240 Panama S 8°50'N, 79°30'W	PN241 Frailes 7°10'N, 80°00'W			
	PN242 Coiba 7°10'N, 82°00'W			
	PN243 22°00'N, 140°00'W			
	PN244 30°00'N, 150°00'W			
	PN245 Kodiak SE 57°23'N, 152°00'W	PN246 sur Kodiak 57°45'N, 152°15'W	Kodiak *57°47'N, 152°25'W*	6082

Un détour via Hawaii (voir route PN25) présente des avantages certains par rapport à une traversée sans escale vers l'Alaska, spécialement entre septembre et mars lorsqu'il peut être soit trop tôt soit trop tard pour se diriger vers l'Alaska. D'avril à août, c'est la route la plus directe qui doit être envisagée, le meilleur mois pour une traversée vers le nord étant probablement mai car cela permet d'arriver en Alaska au début de la saison d'été. Cela permet aussi de traverser pendant la bonne saison la zone affectée par les tempêtes tropicales.

Les instructions jusqu'à la latitude 30°N sont similaires à celles données pour la route PN23. Un premier waypoint intermédiaire recommandé est PN243, mais le fait de pouvoir prendre une route directe depuis ce point dépendra entièrement de la performance du bateau, car la plus grande partie de la traversée sera faite au près. Depuis PN243, une nouvelle route sera établie vers le WP PN244, d'où la route devra suivre un arc de cercle vers le nord en essayant de rester à l'ouest de l'anticyclone du Pacifique Nord. Au nord de la latitude 40°N, on peut s'attendre à avoir des vents favorables pour la plus grande partie du chemin, car au-dessus de 40°N, environ 70 % des vents proviennent du sud ou de l'ouest. Le temps devient de plus en plus froid lorsque l'on atteint des latitudes plus élevées et au nord de la latitude 40°N il y a aussi une forte proportion de brouillard.

Depuis le WP PN244, on prendra la meilleure route vers le WP PN245 au sud-est de l'île de Kodiak. Depuis ce point, la route suit la côte est de cette île jusqu'au WP PN246 où elle pénètre dans le port de Kodiak.

PN25 *De Panama à Hawaii*

MEILLEURE PÉRIODE	mars à mai, novembre	
SAISON DES CYCLONES	juin à octobre	
CARTES ROUTIÈRES	BA : 4051 US : 51	SHOM : 7023
INSTRUCTIONS NAUTIQUES	BA : 7, 62 US : 152, 153	SHOM : K11
GUIDES DE CROISIERE	*Charlie's Charts of the Hawaiian Islands, Pacific Crossing Guide.*	

Waypoints

Départ	*Intermédiaire*	*Atterrissage*	*Destination*	*Distance (M)*
Route PN25A				
PN250 Panama S 8°50'N, 79°30'W	PN251 Frailes 7°10'N, 80°00'W			
	PN252 3°00'N, 130°00'W	PN257 Hawaii SE 19°30'N,154°45'W	Hilo *19°44'N,155°04'W*	4880
Route PN25B				
PN250 Panama S	PN253 Mala 7°30'N, 79°30'W			
	PN254 2°00'S, 85°00'W			
	PN255 0°00', 130°00'W	PN257 Hawaii SE	Hilo	5331
Route PN25C				
PN250 Panama S	PN251 Frailes			
	PN256 Coiba 7°10'N, 82°00'W	PN257 Hawaii SE	Hilo	4530

Le pénible dilemme que doivent affronter ceux qui prévoient de naviguer de Panama vers Hawaii est de savoir s'ils doivent suivre la route traditionnelle et faire un détour de 800 milles, ou emprunter la route orthodromique en espérant que tout se passera bien. La route orthodromique longe une zone de calmes et de vents faibles située entre les longitudes 80°W et 110°W, qui peut être évitée en suivant les instructions autrefois données aux capitaines des navires à qui l'on conseillait de toujours tenter le coup et de gagner vers l'ouest avec l'aide des alizés de sud-est (route PN25A). La tactique consiste à gagner le plus possible vers l'ouest au sud de la Zone de Convergence Intertropicale, dont il est impératif de pouvoir connaître la position. Généralement on trouvera les vents de sud-est quelque part entre 2°N et 4°N, et par conséquent, une fois que l'on aura trouvé les vents favorables, la route ne devra pas être modifiée trop tôt vers Hawaii. Cela signifie en général pas avant 130°W, de ce point on pourra rejoindre la route orthodromique vers Hawaii.

De février à mai, après avoir quitté le golfe de Panama, la route recommandée (PN25B) se dirige vers le sud et passe au sud des îles Galápagos. On gagnera vers l'ouest près de l'équateur, pour tirer pleinement parti des vents dominants de sud-est et du courant favorable. Du WP PN255 on rejoindra la route orthodromique vers Hawaii.

Pendant le reste de l'année, entre novembre et février, la route directe depuis Panama (PN25C) doit être préférée car elle permet de rejoindre plus vite la zone des alizés de nord-est, qui s'étend plus au sud en hiver. Si la traversée est entreprise en novembre, on peut s'attendre à avoir des vents et un courant favorables pratiquement pendant toute la traversée. Après avoir quitté le golfe de Panama, du WP PN256 on suivra une route orthodromique vers le WP PN257, au large du cap Kumuhaki, à l'extrémité est de l'île d'Hawaii. Un port d'entrée pratique pour les bateaux arrivant de l'est, est Hilo.

Pour ceux qui préfèrent fractionner cette traversée en plusieurs étapes plus courtes, on peut rejoindre le Costa Rica, soit en une seule traversée hauturière, soit par de courtes étapes le long de la côte. De là, on suivra les mêmes instructions pour le reste du voyage vers Hawaii que pour la route PN26.

La recommandation ci-dessus a été mise en pratique en décembre 1996 lorsque que les bateaux participant à la course du Hong-Kong Challenge ont quitté Panama vers Hawaii. Alors que l'un des yachts prenait la route PN25A, traversant ainsi la Zone de Convergence Intertropicale par deux fois, tous les autres optèrent pour la route directe PN25C. Quoique le premier ait parcouru plus de 500 milles supplémentaires, il arriva premier, mais ne devançant le second que de moins d'une journée après 35 jours de mer ! Cependant, les conditions de navigation sur la route PN25C furent décrites comme étant en général meilleures, quoiqu'il fut noté que si les yachts qui avaient pris la route la plus courte avaient pu utiliser leur moteur pour traverser certaines zones de calmes, ce qu'ils ne pouvaient faire étant en course, ils auraient atteint les alizés de nord-est beaucoup plus tôt et la totalité de la traversée aurait été beaucoup plus courte.

PN26 *De l'Amérique centrale et du Mexique à Hawaii*

MEILLEURE PÉRIODE	mars à mai, novembre	
SAISON DES CYCLONES	juin à octobre	
CARTES ROUTIÈRES	BA : 4051	SHOM : 7023
	US : 51	
INSTRUCTIONS NAUTIQUES	BA : 8, 62	SHOM : K11
	US : 152, 153	
GUIDES DE CROISIERE	*Charlie's Charts of the Hawaiian Islands, Landfalls of Paradise.*	
WAYPOINTS		

Départ	*Intermédiaire*	*Atterrissage*	*Destination*	*Distance (M)*
PN261 Golfito *8°36'N, 83°12'W*		PN263 Hawaii SE 19°30'N,154°45'W	Hilo *19°44'N,155°04'W*	4212
PN262 Acapulco 16°50'N, 99°58'W		PN263 Hawaii SE	Hilo	3140

Les tempêtes tropicales affectent cette route pendant tout l'été, quoique les bateaux quittant le Mexique courent un plus grand risque que ceux partant du Costa Rica, d'où la route peut plus aisément rester au sud de la zone dangereuse. A cause principalement de la menace de ces tempêtes, la plupart des traversées sur cette route sont effectuées soit avant juin, soit après octobre. Quelle que soit la période, il est essentiel de gagner le large le plus vite possible pour échapper à l'influence du continent et trouver les alizés de nord-est. En avril et début mai, le temps à proximité de la côte est souvent instable, avec des orages et des vents variables. Les vents au large sont bien établis au début de l'été, spécialement à l'ouest de la longitude 120°W. En novembre et décembre, les alizés sont plus forts et il y a souvent une forte houle, qui résulte de coups de vent plus au nord.

Une route directe peut normalement être suivie pendant la période recommandée. L'atterrissage se fait au WP PN263, au large du cap Kumuhaki, à l'extrémité est de l'île d'Hawaii. Hilo est un port d'entrée pratique, sur la côte est de cette même île. Les vents dans les chenaux entre les îles peuvent être violents et il est souvent presque impossible de passer entre les îles en allant vers l'est. On a souvent de meilleures conditions de nuit.

PN27 *De l'Amérique centrale et du Mexique à Panama*

MEILLEURE PÉRIODE	novembre, mai	
SAISON DES CYCLONES	juin à octobre	
CARTES ROUTIÈRES	BA : 4051	SHOM : 7023
	US : 51	
INSTRUCTIONS NAUTIQUES	BA : 8, 62	
	US : 152, 153	
GUIDES DE CROISIERE	*The Forgotten Middle.*	
WAYPOINTS		

Départ	*Intermédiaire*	*Atterrissage*	*Destination*	*Distance (M)*
PN271 Acapulco 16°50'N, 99°58'W	PN272 15°00'N, 99°30'W PN273 10°00'N, 95°00'W PN274 Coiba 7°10'N, 82°00'W PN275 Frailes 7°10'N, 80°00'W	PN276 Panama S 8°50'N, 79°30'W	Balboa *8°57'N, 79°34'W*	1533

Compte tenu du manque de ports bien protégés au Guatemala et de la situation politique au Salvador et au Nicaragua, la plupart des bateaux préféraient il y a encore peu de temps naviguer sans escale du Mexique jusqu'au Costa Rica. Au printemps et en automne, les vents sont souvent faibles et les calmes fréquents. La situation est très différente en hiver, lorsque des vents atteignant la force du coup de vent transforment la traversée des golfes de Tehuantepec et de Papagayo en une expérience intrépide. Comme ces vents forts dans le golfe de Tehuantepec sont causés par les alizés qui augmentent le gradient de pression de l'autre côté du Mexique, en suivant la pratique locale on doit suivre attentivement la pression dans le golfe de Campêche. Si la pression y est élevée, ou qu'un système de hautes pressions se rapproche, on peut s'attendre à des vents forts dans le golfe de Tehuantepec, et les mêmes règles sont valables pour celui de Papagayo. D'habitude les vents les plus forts se font sentir à l'est de Salina Cruz, ils lèvent une mer forte au large. C'est pourquoi il est fortement recommandé de rester aussi près que possible de la côte, où la mer sera calme et où il est plus facile de n'avoir à affronter que la force du vent.

En naviguant relativement près de la côte, le fort courant portant au nord-ouest a induit en erreur des navigateurs, qui ont cru qu'ils étaient déjà dans les eaux territoriales du Costa Rica alors qu'ils se trouvaient encore au Nicaragua. La topographie de la côte sud du Nicaragua est très similaire à celle de la côte nord du Costa Rica, facilitant une telle erreur. Il est donc préférable de rester suffisamment au large et de ne se rapprocher de la côte que lorsqu'on est absolument sûr de sa position.

L'accueil réservé aux bateaux de passage par les différents pays d'Amérique centrale dépend beaucoup de la situation politique du moment et parfois aussi de la nationalité des bateaux. S'arrêter dans l'un des ports de la côte Pacifique du Guatemala présente peu d'intérêt, tandis qu'au Salvador la situation s'est considérablement améliorée avec la cessation des hostilités. Un bon endroit pour faire escale est Acajutla (13°36'N, 89°50'W), qui est l'un des ports d'entrée officiels du Salvador, l'autre étant Cutuco (13°19'N, 87°49'W). En pénétrant dans le golfe de Fonseca, il faut prendre contact avec les garde-côtes du Salvador par VHF sur le canal 16. Au Honduras, le port de San Lorenzo (13°25'N, 87°27'W) a été recommandé comme escale en cas d'urgence, tandis qu'au Nicaragua les ports de Corinto (12°28'N, 87°11'W) et San Juan del Sur (11°15'N, 85°53'W) ont une réputation controversée. Au Costa Rica, l'une des escales les plus intéressante est Golfito (8°36'N, 83°12'W).

L'alternative à la route côtière consiste à naviguer bien au large de la côte pour éviter les effets des forts vents locaux décrits ci-dessus. C'est en particulier logique si l'on part du nord du Mexique, de cette manière la totalité de la traversée sera faite bien au large de la côte et l'on passera le golfe de Tehuantepec à quelque 400 - 500 milles au large. La route s'incurve ensuite vers l'île Cocos (5°30N, 87°00'W), où une escale est recommandée, avant de pénétrer dans le golfe de Panama à la hauteur du cap Mala. Les instructions pour franchir le canal de Panama sont données au chapitre 23.

PN30 ROUTES DEPUIS HAWAII

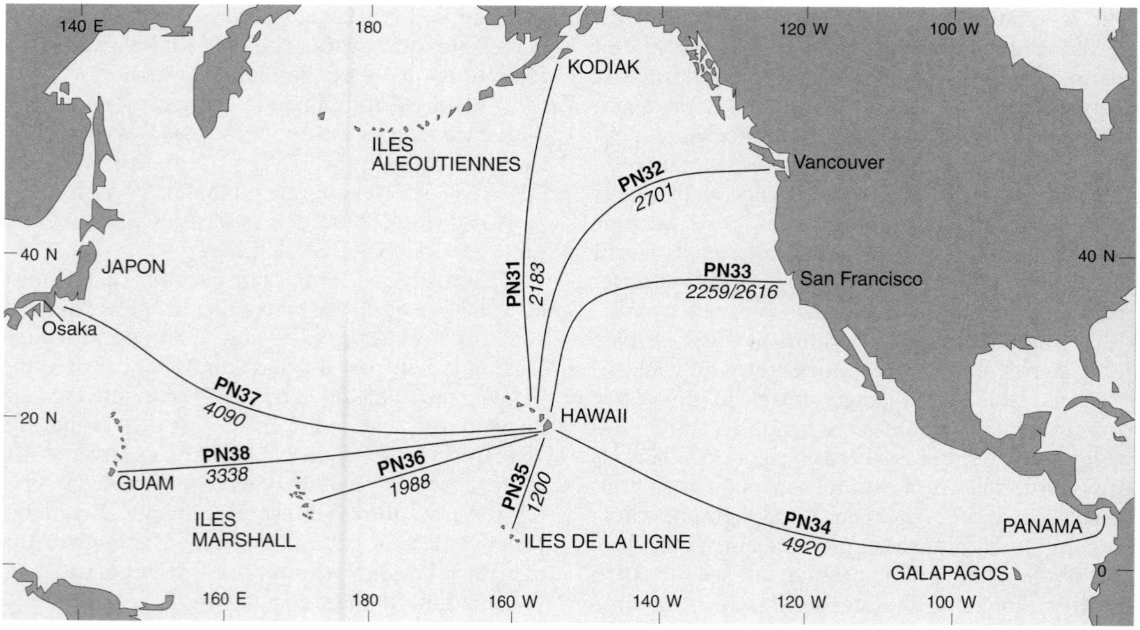

PN30 Routes depuis Hawaii

Le principal avantage de cet avant-poste de l'Amérique dans le Pacifique Nord est que les alizés de nord-est assurent des traversées rapides depuis les ports de la côte ouest des Etats-Unis, en particulier depuis la Californie. L'inconvénient principal d'Hawaii est constitué par ces mêmes vents alizés, qui feront du voyage de retour une entreprise plus difficile. La solution logique pour s'assurer des vents propices consiste à décrire une grande boucle vers le nord en espérant trouver dans des latitudes plus élevées les vents favorables nécessaires à une traversée retour. Les vents dominants de nord-est rendent tout aussi difficile de revenir vers Hawaii depuis les îles de la Micronésie à l'ouest, et une certaine planification doit être effectuée lorsque l'on entreprend un voyage depuis ou vers Hawaii. La plupart des routes au départ ou à l'arrivée d'Hawaii subissent l'influence directe de l'anticyclone du Pacifique Nord, qui génère les vents de nord-ouest prédominants le long de la côte pacifique du Canada et des USA, ainsi que les alizés de nord-est mentionnés ci-dessus. Les bateaux revenant vers le continent américain sont confrontés au difficile obstacle que représente cet anticyclone, qui doit être contourné pour éviter les calmes et les vents faibles qui lui sont associés. Quoique les îles hawaiiennes soient rarement affectées par des ouragans, certains s'y sont produits ces dernières années et cela doit être présent à l'esprit de ceux qui y séjournent en été.

Les alizés de nord-est prédominent autour d'Hawaii pendant la plus grande partie de l'année. Les vents ont tendance à être plus nord en mars, devenant plus est ensuite. Les alizés de nord-est sont plus forts près de ces îles qu'à n'importe quel autre endroit du Pacifique. Des vents plus faibles et des calmes peuvent survenir en octobre, tandis qu'en novembre et en décembre des vents de sud peuvent interrompre momentanément les alizés. Les pires mois sont janvier et février, lorsque se produisent des coups de vent de sud et de sud-ouest appelés *konas*, durant de quelques heures à 2-3 jours et amenant de la pluie. Bien que les îles hawaiiennes puissent être affectées par les cyclones, il y en a très peu qui frappent réellement les îles. Néanmoins, il faut l'avoir présent à l'esprit si l'on projette de naviguer dans cette zone en été. Le risque diminue en s'éloignant des îles vers l'ouest ou le sud-ouest.

Ces hautes îles volcaniques affectent localement les vents avec l'alternance de brises de terre et de mer modérées. En se heurtant à la côte, les alizés se divisent aussi, la longeant vers le nord et vers le sud, cela est notable en particulier pour Molokai et Maui. Compte tenu de la hauteur de la plupart de ces îles, il y a un cône de déventement considérable sous leur vent et les alizés sont alors parfois complètement bloqués. Par contre, dans les chenaux entre les îles, le vent est accéléré, et on aura des rafales particulièrement fortes ainsi qu'une mer dure dans le chenal Alenuihaha, séparant Maui de l'île principale d'Hawaii. Les vents ont tendance à être plus faibles le matin, avant le renforcement des alizés pendant la journée.

De toutes les routes qui partent d'Hawaii, seule la route à travers l'équateur vers Tahiti (PT25) offre une perspective de bonnes traversées dans les deux directions, quoique ce ne soit pas la raison principale de sa popularité. Depuis le début des années 30, où le Pacifique Sud est devenu une destination de croisière, Hawaii est utilisé comme relais pratique par les bateaux en route vers d'autres destinations polynésiennes. Les voiliers modernes ont restitué à Hawaii sa position importante au sommet du triangle reliant les îles les plus éloignées de la Polynésie, comme Aotearoa (Nouvelle-Zélande) à l'ouest et Rapa Nui (île de Pâques) à l'est. Pour une incursion dans les Mers du Sud, les îles hawaiiennes offrent un excellent point de départ. Pour ceux qui n'ont pas peur de naviguer un peu plus loin à la recherche de meilleurs vents, Hawaii occupe une position adéquate, que la destination soit le Japon, l'Alaska, ou la côte Pacifique Nord-Ouest.

La partie est du Pacifique Nord se prête d'elle-même à une route circulaire, qui peut être aisément accomplie en six mois seulement. En naviguant vers Hawaii à la fin de l'hiver ou au début du printemps, de préférence depuis un port de Californie, on bénéficiera des meilleures conditions de navigation pendant la traversée. Le début de l'été peut être utilisé à explorer les îles hawaiiennes avant d'entreprendre le voyage de retour, dans l'idéal pas plus tard que juillet. Cela laisse un temps suffisant pour une courte croisière en Colombie Britannique avant de regagner la Californie en automne.

PN31 *Depuis Hawaii vers l'Alaska*

MEILLEURE PÉRIODE	mi-juin à ooût		
SAISON DES CYCLONES	juin à octobre		
CARTES ROUTIÈRES	BA : 4050 US : 530		SHOM : 6835
INSTRUCTIONS NAUTIQUES	BA : 4, 62	US : 152	SHOM : K11
GUIDES DE CROISIERE	*Charlie's Charts North to Alaska.*		
WAYPOINTS			

Départ	*Intermédiaire*	*Atterrissage*	*Destination*	*Distance (M)*
Route PN31A				
PN311 Hanalei 22°15'N, 159°31'W	PN312 40°00'N, 160°00'W			
	PN313 57°23'N, 152°00'W	PN314 sur Kodiak 57°45'N, 152°15'W	Kodiak *57°47'N, 152°25'W*	2183
Route PN31B				
PN311 Hanalei	PN312	PN315 Sedanka 53°50'N, 165°55'W	Dutch Harbour *53°54'N,166°32'W*	1952

Départ	*Intermédiaire*	*Atterrissage*	*Destination*	*Distance (M)*
Route PN31C				
PN311 Hanalei	PN316 40°00'N, 155°00'W PN317 50°00'N, 150°00'W PN318 55°00'N, 140°00'W	PN319 Détroit 57°00'N, 135°31'W	Sitka 57°03'N, 135°21'W	2396

L'été est sans conteste la meilleure période pour entreprendre cette traversée et la plupart des bateaux qui empruntent cette route vers le nord quittent normalement Hawaii pendant la seconde quinzaine de juin. Ce départ assure des jours plus longs et plus chauds dans les latitudes plus élevées et permet au moins un mois de croisière en Alaska avant de commencer à regagner le sud.

La route depuis Hawaii est pratiquement plein nord et contourne la bordure ouest de l'anticyclone du Pacifique Nord. En été (juin à août), l'anticyclone est habituellement centré aux environs de 38°N, 150°W. Les vents de nord-est persistent normalement jusqu'à la latitude 30°N avant de laisser la place aux vents variables. Certaines années, la transition avec les vents d'ouest peut être relativement abrupte, d'autres années les vents d'ouest bien établis sont pratiquement inexistants et des vents faibles et des calmes persistent tout le long du chemin vers l'Alaska. Cependant, d'une manière générale, on peut s'attendre à des vents favorables sur la plus grande partie de la route, car au-dessus de 40°N, environ 70 % des vents proviennent du sud ou de l'ouest. Le temps devient de plus en plus froid en rejoignant des latitudes plus élevées et, au nord de la latitude 40°N, il y a aussi une forte proportion de brouillard. Cela peut être préoccupant à cause de l'important trafic maritime, cargos ou bateaux de pêche.

Un point de départ très utilisé depuis Hawaii est la baie Hanalei sur l'île de Kauai. Depuis le WP PN311, situé en dehors de la baie Hanalei, la route se dirige pratiquement plein nord le long du méridien 160°W, pour rester à l'ouest de l'anticyclone du Pacifique. Du WP PN312 la route est modifiée pour le WP PN313, à l'est de l'île de Kodiak. De ce point, on suivra la côte est jusqu'au WP PN314 à l'approche de Kodiak Harbour. Ce port bien protégé est atteint par le nord-est via un canal dragué, qui conduit au nord de Near Island vers Kodiak, vieille ville située sur la rive nord-ouest du port et de l'île du même nom.

Les bateaux qui vont à Dutch Harbour suivront les mêmes instructions et, depuis le WP PN312, mettront le cap vers le WP PN315 au large de l'île Sedanka. On changera alors de cap pour emprunter la passe Akutan et atteindre Dutch Harbour dans la baie Unalaska, sur la côte nord de l'île du même nom. Dutch Harbour constitue un meilleur point de départ que Kodiak pour une croisière sur la côte nord du golfe de l'Alaska. Cependant, Kodiak est un meilleur choix si l'on est un peu court en temps et que l'on désire malgré tout consacrer quelque temps à la croisière en regagnant le sud.

Compte tenu de la courte saison de navigation en Alaska (de mi-juin à fin août), inclure Dutch Harbour, ou même Kodiak, peut se révéler trop ambitieux pour une croisière estivale. Pour ceux qui manquent de temps, le sud-est de l'Alaska offre pratiquement tout ce que l'on est en droit d'espérer, dans ce cas un atterrissage à Sitka (route PN31C) est fortement recommandé. Quoique situé considérablement plus à l'est que les autres destinations, la position de l'anticyclone du Pacifique Nord va déterminer une fois de plus la route à suivre. Le waypoint PN316 est purement théorique car il dépend entièrement de la position de l'anticyclone. Plus au nord, on doit toujours privilégier une route vers le nord et aussi s'efforcer d'approcher Sitka par l'ouest, pas par le sud-ouest, à cause des coups de vent occasionnels de nord-ouest. En fait, les calmes, accompagnés d'un épais brouillard, sont plus à redouter que les vents forts, il faut donc garder du gazole pour cette étape finale à travers le golfe de l'Alaska. L'atterrissage se fera dans le détroit de Sitka et l'approche ne pose pas de problème. Il faut appeler le *Harbour Master* par VHF sur le canal 16, normalement les bateaux de passage se dirigent vers Thomsen Harbour que l'on atteint par le chenal de l'ouest. Sitka est le meilleur point de départ pour une croisière estivale dans le sud-est de l'Alaska, et est situé près de Glacier Bay, pour laquelle une permission doit être obtenue à l'avance.

PN32 *Depuis Hawaii vers la côte Pacifique Nord-Ouest*

Meilleure période	mai à ooût	
Saison des cyclones	juin à octobre	
cartes routières	BA : 4806, 4807	SHOM : 6835
	US : 530	
Instructions nautiques	BA : 25, 62	SHOM : K11
	US : 152, 154	
Guides de croisiere	*Charlie's Charts of the US Pacific Coast.Exploring South British Columbia*	
Waypoints		

Départ	*Intermédiaire*	*Atterrissage*	*Destination*	*Distance (M)*
PN321 Hanalei 22°15'N, 159°31'W	PN322 40°00'N, 160°00'W	PN323 Flattery 48°25'N, 124°50'W	Victoria *48°25'N,123°24'W*	2701
			Seattle *47°37'N,122°21'W*	2755

On doit préférer les mois d'été pour cette traversée, pas tellement parce qu'ils assurent de meilleurs vents, mais parce que le temps est plus chaud. De fait, des traversées plus rapides ont été effectuées en février, lorsqu'une forte proportion de vents de sud permet de naviguer pratiquement sur une route orthodromique jusqu'au détroit de Juan de Fuca. A toutes les autres époques, la recommandation est de naviguer plein nord en quittant Hawaii et de ne se diriger vers l'est que lorsque l'on aura touché des vents d'ouest bien établis. Ceci se produit normalement au-dessus de la latitude 40°N et le point où la route doit commencer à s'incurver vers l'est est plus au nord en août et plus au sud en décembre. En été, il peut être nécessaire d'aller jusqu'au 45°N avant de pouvoir faire route à l'est. Avec l'approche de l'automne, l'anticyclone du Pacifique Nord se déplace vers le sud, le détour vers le nord devient alors moins important mais les risques de coups de vent s'accroissent.

Cette route dépend beaucoup de la position de l'anticyclone du Pacifique Nord, qui en été est normalement centré aux environs de 38°N, 150°W. La route recommandée suit sa bordure ouest et s'incurve le long de ses limites nord en essayant d'éviter les calmes que l'on rencontrera si la zone de hautes pressions est traversée. Nullement découragés par cette perspective, certains, prêts à utiliser leur moteur, essayent de suivre la route la plus courte à travers l'anticyclone et sont parfois récompensés par une traversée plus rapide, quoique sans vent. Ces dernières années, la stratégie généralement adoptée consistait à naviguer vers le nord jusqu'à la limite des alizés de nord-est et utiliser alors le moteur pour atteindre la zone des vents d'ouest dominants. Pour ceux qui préfèrent naviguer à la voile sur toute la route ou sur sa plus grande partie, il n'y a guère le choix, et ils seront récompensés d'une route plus longue et plus froide effectuée dans des latitudes plus élevées par une traversée plus rapide au portant avec des vents d'ouest bien établis. Comme la route contourne la bordure de l'anticyclone, le ciel est souvent couvert et la navigation astronomique est pratiquement impossible.

Comme l'on doit faire du nord, les bateaux partent généralement depuis la baie Hanalei sur l'île de Kauai et quittent Hawaii au WP PN321. Des waypoints intermédiaires ne peuvent être indiqués pour les raisons décrites ci-dessus, mais en été, on doit se diriger vers le nord jusqu'au WP PN322 avant de faire route vers la côte continentale. L'atterrissage se fera au WP PN323, au nord-ouest du cap Flattery, à l'approche du détroit de Juan de Fuca.

En plus des conditions météo, il faut prendre garde à divers dangers sur cette route, comme les grands filets de pêche qui sont souvent laissés sans surveillance et même non éclairés. De tels filets ont été rencontrés partout entre 35°N et 45°N et aussi loin à l'ouest que 145°W. Un autre danger, spécialement au nord des 40°N est l'épais brouillard. Il faudra aussi faire très attention à l'approche du détroit Juan de Fuca compte tenu de l'important trafic et des forts courants. Des zones de séparation du trafic sont opérationnelles, le rail le plus sud est utilisé par les navires arrivants et le rail nord est réservé au trafic sortant. Les rails divergent à des points déterminés pour permettre aux navires de se diriger soit vers le nord en direction de Vancouver, soit vers le sud en direction de Seattle. Pour compliquer les choses, il y a souvent un grand nombre de bateaux de pêche aux environs du banc Swiftsure, à l'est de l'entrée du détroit. Le trafic dans la zone est contrôlé par Tofino Radio (canaux 16 et 74 sur VHF). Les navires arrivants doivent prendre contact lorsqu'ils se trouvent au sud de Amphitrite Point. La station gère une liste d'appel régulière, chaque navire indiquant sa position, sa vitesse, et son cap. Par mauvaise visibilité, la station avertira les navires se trouvant à proximité d'un petit bateau. La station assistera aussi les yachts en leur indiquant les relèvements à suivre et peut même assurer un suivi des bateaux par radar.

PN33 *Depuis Hawaii vers la Californie*

MEILLEURE PÉRIODE	mars à mai, septembre à octobre	
SAISON DES CYCLONES	juin à octobre	
CARTES ROUTIÈRES	BA : 4807 US : 530	SHOM : 7023
INSTRUCTIONS NAUTIQUES	BA : 8, 62 US : 152	SHOM : K11
GUIDES DE CROISIERE	*Charlie's Charts of the US Pacific Coast.*	
WAYPOINTS		

Départ	*Intermédiaire*	*Atterrissage*	*Destination*	*Distance (M)*
PN331 Hanalei 22°15'N, 159°31'W	PN332 (février) 30°00'N, 150°00'W	PN335 Reyes 37°55'N, 123°00'W	San Francisco *37°50'N, 122°15'W*	2147
PN331 Hanalei	PN333 (mai) 35°00'N, 150°00'W	PN335 Reyes	San Francisco	2259
PN331 Hanalei	PN334 (août) 40°00'N, 155°00'W	PN335 Reyes	San Francisco	2616

Les instructions pour cette route sont pratiquement les mêmes que pour la route PN32 car une route directe vers la Californie est rarement possible à cause des vents dominants de nord-est. La route recommandée depuis Hawaii se dirige pratiquement plein nord avant de se diriger vers l'est une fois atteinte la zone des vents d'ouest bien établis. Le point d'inflexion de la route varie en latitude tout au long de l'année, étant aussi nord que 40°N en été et 32°N en hiver. La route recommandée en été s'incurve rapidement une fois les vents d'ouest rencontrés, alors qu'à d'autres périodes la route suit une courbe qui se dirige graduellement vers le nord-est puis l'est vers le port de destination. Si la traversée est faite à la fin de l'hiver, en février ou mars, la route doit se diriger vers le nord-est aux environs de la latitude 30°N (WP PN332) d'où on fera la meilleure route vers le port de destination. Le point d'inflexion vers le nord-est en mai se situe aux environs du WP PN333, et en août au WP PN334. Depuis ces waypoints théoriques, la route s'incurve graduellement vers le nord-est puis l'est en direction du port de destination. Le point d'inflexion en août est situé le plus au nord, par 40° N, voire plus parfois. Compte tenu de la route recommandée en été, les destinations de la côte Pacifique Nord-Ouest sont plus proches que celles de la Californie, et en général les bateaux de Californie du Sud en profitent pour effectuer une croisière dans cette zone avant de retourner chez eux.

Les bateaux se dirigeant sans escale vers San Francisco doivent atterrir au WP PN335 au large du cap Reyes, à l'entrée de la zone de séparation de trafic. Par mauvaise visibilité, on doit contacter le *US Coastguard Vessel Traffic Service* (CVTS) sur le canal 16 pour obtenir des informations sur le trafic maritime.

Ainsi que décrit dans PN32, toutes ces routes sont fortement influencées par la position de l'anticyclone du Pacifique Nord, puisqu'elles essayent d'en suivre les contours. Les bateaux remontant bien au vent peuvent souvent prendre une route plus directe que celle qui est recommandée, de même pour ceux dont les skippers sont prêts à gagner vers l'est avec l'aide du moteur. Certaines traversées rapides ont été effectuées en mai par des bateaux empruntant la route orthodromique et appuyant au moteur lorsque le vent était faible. A d'autres époques, les bateaux se dirigeant vers la Californie du Sud ont essayé de progresser en restant au sud de l'anticyclone, ce qui est possible si l'on est capable de bien suivre les conditions météo.

Dans les autres cas il est préférable de suivre les vieilles pratiques et de remonter au nord lorsque l'on est encore sous l'influence des alizés de nord-est puis de naviguer vers l'est avec les vents d'ouest des latitudes plus élevées. Entre ces deux solutions on n'a guère d'autre choix que d'utiliser son moteur. Cependant, la position de l'anticyclone du Pacifique Nord revêtant une telle importance sur les routes se dirigeant vers le continent, il est essentiel d'obtenir une prévision météo à long terme avant de quitter Hawaii pour être en mesure de prendre la meilleure route possible en fonction du temps.

PN34 *Depuis Hawaii vers l'Amérique centrale et le Mexique*

MEILLEURE PÉRIODE	novembre			
SAISON DES CYCLONES	juin à octobre			
CARTES ROUTIÈRES	BA : 4051	SHOM : 7023		
	US : 51			
INSTRUCTIONS NAUTIQUES	BA : 8, 62	SHOM : K11		
	US : 152, 153			
GUIDES DE CROISIERE	*Charlie's Charts of Costa Rica, Charlie's Charts of the Western Coast of Mexico.*			
WAYPOINTS				

Départ	*Intermédiaire*	*Atterrissage*	*Destination*	*Distance (M)*
PN341 Hilo 19°45'N, 155°00'W	PN342 5°00'N, 140°00'W	PN343 Mala S 7°00'N, 80°40'W	Balboa *8°57'N, 79°34'W*	4920
PN341 Hilo	PN344 Cocos 5°34'N, 87°05'W	PN345 Dulce 8°36'N, 83°14'W	Golfito *8°38'N, 83°11'W*	4338

Compte tenu des vents dominants de nord-est, qui soufflent tout au long de l'année sur la route directe vers le continent américain, les instructions pour des traversées vers des ports situés au nord du Mexique sont similaires à celles décrites dans PN33. Atteindre le Mexique depuis Hawaii par un tel détour prendra tellement de temps qu'il faut réfléchir à deux fois avant d'envisager une telle traversée. L'autre solution n'est guère plus attrayante, car elle suppose un détour identique vers le sud. Les ports de l'Amérique centrale, en particulier Panama, peuvent être atteints par une route sud, qui sera de préférence empruntée fin octobre ou en novembre. Les waypoints recommandés sont indiqués uniquement pour cette route sud.

Un bon point de départ de Hawaii est Hilo. Du WP PN341, à l'extérieur d'Hilo, on utilisera au mieux les conditions de temps existantes pour atteindre le WP PN342. Une zone de vents dominants de sud-est et de sud s'étend à l'est de ce point, où l'on trouvera aussi le contre-courant équatorial portant à l'est. La route passe au nord des îles Galápagos avec les vents qui deviennent de plus en plus sud et sud-ouest de sorte qu'on peut alors infléchir la route vers le nord-est et le golfe de Panama, où l'atterrissage se fera au WP PN343 au large du cap Mala.

Les bateaux qui se dirigent vers le Costa Rica peuvent modifier leur route plus tôt au WP PN344 au nord de l'île Cocos. L'île appartient au Costa Rica et possède un bon mouillage dans la baie Chatham (5°33'N, 87°02'W). Le voyage peut être poursuivi en direction du Costa Rica vers le WP PN345 à l'entrée du Golfo Dulce et du port de Golfito.

Même pendant un mois où l'on peut s'attendre à avoir les meilleures conditions possible sur ces routes, comme en novembre, ces traversées resteront difficiles et ne devront être entreprises qu'*in extremis* qu'après avoir envisagé toutes les autres solutions. Il est aussi essentiel que le voyage soit effectué avec un bateau qui remonte bien au vent car la plus grande partie de la traversée se fera au près serré.

PN35 *Depuis Hawaii vers les îles de la Ligne*

MEILLEURE PÉRIODE	avril à ooût			
SAISON DES CYCLONES	juin à octobre (Hawaii)			
CARTES ROUTIÈRES	BA : 782	SHOM : 6846, 6847		
	US : 504			
INSTRUCTIONS NAUTIQUES	BA : 62	SHOM : K11		
	US : 126, 152			
GUIDES DE CROISIERE	*Landfalls of Paradise, Charlie's Charts of Polynesia.*			
WAYPOINTS				

Départ	*Intermédiaire*	*Atterrissage*	*Destination*	*Distance (M)*
PN351 Oahu S 21°16'N, 157°51'W	PN352 10°00'N, 155°00'W	PN353 2°05'N, 157°30'W	Christmas *1°59'N, 157°28'W*	1200
PN351 Oahu S	PN352	PN354 4°00'N, 159°25'W	Fanning *3°51'N, 159°22'W*	1152
PN351 Oahu S	PN352 5°54'N 162°08'W	PN355 Palmyra NW *5°53'N, 162°05'W*	Palmyra	1184

La route qui se dirige plein sud vers ces îles proches de l'équateur bénéficie des alizés de nord-est tout au long de l'année. Ces vents sont particulièrement forts et réguliers en hiver, mais ont tendance à être plus faibles lorsque l'on se rapproche des îles. On perdra les alizés de nord-est quelque part entre les latitudes 8°N et 2°N. La zone des calmes équatoriaux excède rarement 2 degrés de largeur à ces longitudes et le basculement avec les alizés de sud-est du Pacifique Sud peut être relativement soudain, spécialement entre mai et août. Au sud de la latitude 8°N, la proportion de vents de sud est toujours plus élevée. La zone est sous l'influence de 3 courants équatoriaux, leur direction, leur vitesse, et leur constance variant tout au long de l'année. Parfois en hiver un très fort courant portant à l'ouest se fait sentir entre les îles Christmas et Fanning, alors qu'en été le contre-courant qui porte à l'est peut être tout aussi fort. En général, on restera jusqu'à 10°N sous l'influence du courant Nord-équatorial qui porte à l'ouest. Le contre-courant nord-équatorial qui porte à l'est s'observe entre les latitudes 5°N et 8°N. Au sud de 3°N et jusqu'à l'équateur, un courant porte à nouveau à l'ouest. C'est le courant Sud-équatorial.

Du WP PN351, au large de Honolulu, la route se dirige vers le WP PN352. Comme les vents seront nord-est jusqu'à 5°N, et seront ensuite est et sud-est, il faut gagner à l'est dans la première partie de la traversée pour approcher les îles en étant positionné à leur vent. Si possible, on doit essayer de partir de l'un des ports les plus à l'est d'Hawaii, dans ce cas partir de Honolulu n'est pas une si bonne idée. Si l'on se dirige vers Christmas Island, du WP PN352 la route devra être modifiée pour le WP PN353, au nord-ouest de cette île. Le lagon n'est pas assez profond pour les quillards, qui doivent mouiller à l'extérieur juste au nord de Bridges Point, à l'ouest de l'agglomération principale de London (1°59'08N, 157°28'33W). Les bateaux approchant depuis le sud doivent être prévenus que la position GPS de South West Point, et par conséquent toute l'île, se situe 1,4 mille plus à l'ouest qu'indiqué sur les cartes.

Les bateaux se dirigeant vers Fanning, connue aussi sous le nom de Tabuaeran, devront établir une route vers le WP PN354, de manière à approcher ces îles par le nord. Cependant, l'on doit mentionner que compte tenu des vents dominants de sud-est, naviguer de Fanning vers Christmas n'est pas si facile, on devra donc choisir entre les deux îles. En fait, Fanning est une île beaucoup plus intéressante à visiter et par conséquent une escale y est fortement recommandée.

Les îles de la Ligne dépendent de Kiribati, et il n'y a de port d'entrée officiel que sur les îles de Christmas et Fanning (Tabuaeran). Le lagon de Fanning a une passe profonde sur sa côte ouest. Il ne faut y entrer qu'à l'étale sinon le courant y est fort. Il y a un bon mouillage au SW de la passe, près du village, où les formalités doivent être remplies, douane et police. Les îles de la Ligne peuvent porter des noms locaux, Christmas est connue sous le nom de Kirimati (prononcez Kirimas), Fanning s'appelle aussi Tabuaeran et Washington, Teraina. Autre difficulté, la date observée dans ces îles qui, bien qu'à l'est du 180°, gardent la même date que Tarawa, la capitale de Kiribati, qui se trouve à l'ouest de la ligne de changement de date, ce qui fait que les îles de la Ligne appartenant à Kiribati sont en avance d'un jour sur Hawaii.

Une des îles de la Ligne n'appartient pas à Kiribati et est sous la juridiction des USA, Palmyra. Son superbe lagon fut par le passé utilisé comme base militaire, mais l'île est maintenant privée et il se peut que les bateaux de croisière n'y soient plus accueillis car les nouveaux propriétaires souhaitent la transformer en réserve naturelle.

Palmyra se trouvant plus au nord que les deux autres îles mentionnées ci-dessus, la position de la Zone de Convergence Intertropicale a moins d'importance et on peut faire une route directe presque à n'importe quel moment de l'année. De temps en temps, la ZCI est proche de Palmyra ou même dessus et affecte donc les conditions météo à proximité immédiate de l'île. L'île doit être approchée avec de grandes précautions car récifs et hauts-fonds la débordent dans presque toutes les directions. Une passe draguée se trouve sur la côte ouest et mène dans le lagon parfaitement protégé. Un gardien réside maintenant sur l'île et, si vous le contactez sur le canal 16, il vous donnera des instructions pour prendre la passe. Si vous souhaitez visiter également d'autres îles de la Ligne avant de retourner à Hawaii, il vaut mieux essayer de vous y arrêter en premier lieu, car les vents au sud de Palmyra sont habituellement de SE, et les autre îles de la ligne se retrouvent au vent. Cette décision doit être évaluée par rapport à l'avantage que l'on acquiert si l'on démarre le voyage de retour vers Hawaii depuis un point situé plus à l'est si l'on visite la partie sud des îles de la Ligne en dernier.

PN36 *Depuis Hawaii vers les îles Marshall*

MEILLEURE PÉRIODE	toute l'année			
SAISON DES CYCLONES	juin à octobre (Hawaii), toute l'année (Micronésie)			
CARTES ROUTIÈRES	BA : 781, 782	SHOM : 7021		
	US : 521			
INSTRUCTIONS NAUTIQUES	BA : 61, 62	SHOM : K11		
	US : 126, 152			
GUIDES DE CROISIERE	*Landfalls of Paradise.*			
WAYPOINTS				

Départ	*Intermédiaire*	*Atterrissage*	*Destination*	*Distance (M)*
PN361 Oahu S 21°16'N, 157°51'W	PN362 Johnston S 16°30'N, 169°00'W	PN363 Majuro N 7°11'N, 171°09'E	Majuro *7°08'N, 171°22'E*	1988
			Ebeye *8°46'N, 167°44'E*	2197

C'est une route au portant tout le long du chemin, poussé par les alizés de nord-est, qui deviennent plus est à proximité des îles. Les vents sont moins constants dans les îles elles-mêmes et en été le temps peut être instable avec des grains, quoique la direction des vents reste principalement est. Le temps instable de l'été est la conséquence du déplacement vers le nord de la Zone de Convergence Intertropicale au-dessus des îles.

Le courant Nord-équatorial et le Contre-courant équatorial sont fortement établis à travers l'archipel, créant ainsi un système complexe. La direction dans les îles du nord est plutôt ouest alors que dans les îles du sud elle sera est. Compte tenu de la complexité des courants et comme les îles sont des atolls très bas sur l'eau, il est préférable de ne naviguer que pendant la journée et d'éviter les traversées de nuit.

Du WP PN361,au large de Honolulu, la route directe pour Majuro passe près du sud de l'atoll Johnston (16°50'N, 169°30'W). Comme la navigation à moins de 3 milles de cet atoll est interdite, on mettra le cap vers le WP PN362 pour le passer suffisamment au sud. La route continue ensuite au nord de l'atoll de Majuro vers le WP PN363. On entre dans le vaste lagon par la passe Calalin située sur son côté ouest (7°10'N, 171°10'E). La passe large de 2 milles est située entre les îles Eroj et Calalin, et une zone peu profonde la divise en deux chenaux.

Les autorités portuaires (*Port Authority*) doivent être contactées par VHF sur le canal 16 dès que l'on approche l'atoll. Les bateaux doivent aller au quai Uliga où les formalités seront effectuées. Les seuls ports d'entrée aux îles Marshall sont Majuro, la capitale, et Ebeye dans l'atoll de Kwajalein. On ne doit pas s'approcher de ce dernier sans avoir auparavant pris contact par radio avec *Kwajalein Atoll Control* car la zone est utilisée par l'armée américaine pour tester des missiles. Il est fortement recommandé aux bateaux arrivant de l'étranger d'effectuer leur première entrée à Majuro, car dans toutes les îles, naviguer n'est permis qu'avec une autorisation spéciale que l'on ne peut obtenir qu'à Majuro.

PN37 *Depuis Hawaii vers le Japon*

MEILLEURE PÉRIODE	avril à mai, novembre			
SAISON DES CYCLONES	mai à décembre			
CARTES ROUTIÈRES	BA : 4053 US : 53	SHOM : 7021		
INSTRUCTIONS NAUTIQUES	BA : 42A, 42B, 62 US : 152, 158, 159	SHOM : K11		
WAYPOINTS				

Départ	*Intermédiaire*	*Atterrissage*	*Destination*	*Distance (M)*
PN371 Oahu S 21°16'N, 157°51'W	PN372 18°00'N, 160°00'E PN373 26°00'N, 150°00'E PN374 30°00'N, 143°00'E	PN375 Shikoku 33°30'N, 135°00'E	Osaka *34°39'N, 135°24'E*	4090

Des vents favorables prédominent sur la plus grande partie de cette route pendant toute l'année, quoique la période d'arrivée doive tenir compte de la saison des typhons dans cette partie du monde. Une traversée en hiver, alors qu'il n'y a pas ou peu de risque de typhon, n'est pas recommandée car le temps peut être froid et tempétueux au Japon. Une meilleure période se situe à la fin du printemps lorsque se termine la mousson de nord-est et avant que ne commence la saison des typhons. Si l'on prévoit de naviguer au Japon, la meilleure période pour quitter Hawaii se situe fin mars de manière à arriver au Japon fin avril ou début mai. Une autre solution consiste à effectuer la traversée juste avant le début de l'hiver, fin octobre ou début novembre, ce qui est une bonne période avec des vents et un courant favorables.

En quittant Hawaii, la route se dirige plein ouest le long du Tropique du Cancer si la traversée est effectuée entre avril et septembre. Quoique les conditions pour une traversée vers l'ouest apparaissent optimales en été, le risque de rencontrer un typhon dans le Pacifique Ouest rend les traversées en été bien moins attrayantes. Plus tard dans l'année et durant l'hiver, les alizés de nord-est sont mieux établis plus au sud ce qui rend nécessaire de descendre aussi sud que 16°N pour être sûr d'avoir des vents favorables. La route recommandée en novembre se situe le long de la latitude 18°N, quoique de meilleurs vents puissent être trouvés éventuellement plus au sud. Le courant Nord-équatorial porte à l'ouest le long de cette route pendant toute l'année. Les routes recommandées aux différentes époques de l'année commencent à s'incurver vers le nord-ouest après avoir franchi le méridien 160°E. C'est à ce point que l'on devra décider si l'on passe à l'est ou à l'ouest de Ogasawara Gunto, la chaîne d'îles qui s'étend au sud du Japon. La route recommandée pour les bateaux qui se dirigent vers des ports situés à l'est de Akyo reste à l'est de ces îles. Pour les ports de la partie ouest du Japon, on trouvera de meilleures conditions si la route passe à l'ouest de ces îles. Une île intéressante et pratique parmi celles-ci, sur laquelle on peut faire escale en cas d'urgence, est Chichishima (27°05'N, 142°11'E). L'agglomération principale est Omura, située dans la baie de Futami Ko, bien protégée mais qui peut devenir intenable par fort vent de sud-ouest.

En partant d'Honolulu et du WP PN371, suivant la période de l'année la route passera au sud ou au nord de l'atoll Johnston. La route devra éviter un certain nombre de dangers à l'ouest de cet atoll avant de passer par le WP PN372. De là, la route se dirige au nord-ouest vers le WP PN373. Elle continue ensuite vers le WP PN374 d'où elle passe entre les îles de Hahashima et Chichishima pour atterrir au WP PN375, à l'approche d'Osaka. Les bateaux doivent effectuer les formalités d'entrée dans l'un des ports officiels d'entrée. L'un des plus pratique est Osaka, spécialement pour ceux qui désirent naviguer dans la mer intérieure.

PN38 *Depuis Hawaii vers Guam*

MEILLEURE PÉRIODE	janvier à mars			
SAISON DES CYCLONES	toute l'année			
CARTES ROUTIÈRES	BA : 4053	SHOM : 7021		
	US : 526			
INSTRUCTIONS NAUTIQUES	BA : 42A, 62	SHOM : K11		
	US : 152, 158			
GUIDES DE CROISIERE	*Landfalls of Paradise.*			
WAYPOINTS				
Départ	*Intermédiaire*	*Atterrissage*	*Destination*	*Distance (M)*
PN380 Honolulu *21°18'N, 157°52'W*	PN381 Oahu SW 21°15'N, 157°55'W			
	PN382 Rional 18°00'N, 177°20'E	PN383 Guam N 13°50'N, 144°55'E	Apra *13°27'N, 144°37'E*	3338

Les alizés de nord restant bien établis pendant l'hiver assurent une traversée rapide sur la totalité du parcours. Quoique des typhons puissent affecter Guam à n'importe quel moment de l'année, le risque maximum se situe de mai à décembre. Les ouragans du Pacifique Est atteignent rarement Hawaii avant août, on peut donc considérer la première partie de l'année comme sûre. Cependant, en approchant des îles Mariannes, on doit suivre attentivement la météo de manière à prendre des dispositions si un typhon se dirigeait dans cette direction. Compte tenu des services offerts, Honolulu est un bon port de départ. La route initiale passe au nord d'un groupe de récifs, parmi lesquels le récif Rional se situe le plus au nord. L'atterrissage se fait au nord-est de Guam, la route sera modifiée vers le sud-ouest à l'approche du port d'Apra. En arrivant, les bateaux doivent contacter *Apra Port Control* par VHF sur le canal 12,13 ou16. Habituellement, on demande aux bateaux de croisière d'aller au quai commercial pour les formalités d'entrée.

ROUTES EN EXTRÊME-ORIENT

Comparées à d'autres parties du monde, les routes de croisière en Extrême-Orient ne relèvent pas d'une logique évidente, car la zone se situe loin des sentiers battus et le temps y est imprévisible. La partie ouest du Pacifique Nord est éloignée des principales routes de croisière et les pays de l'Extrême-Orient ne peuvent être atteints qu'après un long détour. Cependant, beaucoup plus de bateaux de croisière pourraient s'aventurer dans ces contrées lointaines si le temps n'était par trop souvent effroyable.

Pratiquement toute la zone est sujette à de violents typhons, ce qui limite la saison de navigation à quelques mois par an. Comme la plupart des distances impliquées sont très longues, cela signifie en général que l'on doit être prêt à rester là entre deux saisons de navigation pour passer la saison des typhons dans un mouillage protégé ou à proximité, ce qui heureusement ne manque pas. Quoique des tempêtes tropicales aient eu lieu tous les mois de l'année, on considère la période de mai à décembre comme la saison des typhons.

Les trois principales destinations de croisière sont les Philippines, le Japon et la Micronésie. L'intérêt des Philippines est son climat agréable et le grand nombre d'îles, de criques et de baies à explorer. Quoique les typhons frappent l'archipel régulièrement, il y a de nombreux mouillages où trouver refuge. La mer intérieure du Japon et le grand nombre de petits ports de pêche font du Japon une destination attirante pour la croisière, malgré la saison de navigation très courte. Les îles éparpillées de la Micronésie ressemblent à celles du Pacifique Sud et constituent autant d'escales pratiques entre le Pacifique Sud et l'Extrême-Orient.

L'inconvénient majeur de l'Extrême-Orient reste cependant la difficulté d'y accéder. Malgré les alizés favorables de nord-est qui soufflent à travers le Pacifique Nord et assurent une traversée rapide et agréable depuis la côte ouest de l'Amérique, le nombre de bateaux nord-américains entreprenant cette traversée est très faible. L'attrait des mers du sud reste prédominant et la plupart des bateaux se dirigent donc vers le Pacifique Sud, quoique certains s'aventurent dans le nord-ouest du Pacifique ultérieurement, via la Papouasie-Nouvelle-Guinée et la Micronésie. Une autre route empruntée par les bateaux de croisière pour atteindre l'Extrême-Orient par les Philippines et Hong-Kong est celle qui part de Singapour. Les rapports concernant des actes de piraterie dans la mer de Chine méridionale au cours des années 80 ont dissuadé la plupart des navigateurs d'utiliser cette route. La situation s'est grandement améliorée avec la libéralisation progressive du Vietnam et la région environnante pourrait devenir une destination de croisière attirante. Pour le moment, la meilleure solution pour les bateaux qui partent de Singapour est de suivre la côte nord de Bornéo, où l'on peut faire escale dans les petits états de Sarawak, Brunei, ou Sabah. L'autre solution consiste à rejoindre l'Extrême-Orient via la Papouasie-Nouvelle-Guinée à la fin d'une croisière dans le Pacifique Sud. Enfin une dernière possibilité est de naviguer sans escale vers le Japon depuis la côte ouest de l'Amérique du Nord ou Hawaii et de continuer le voyage vers Singapour et l'océan Indien, ou même de naviguer vers l'Australie via la Papouasie-Nouvelle Guinée, de rejoindre la Nouvelle Zélande et de continuer la route sud vers Tahiti.

PN40 ROUTES DANS LE PACIFIQUE DEPUIS SINGAPOUR

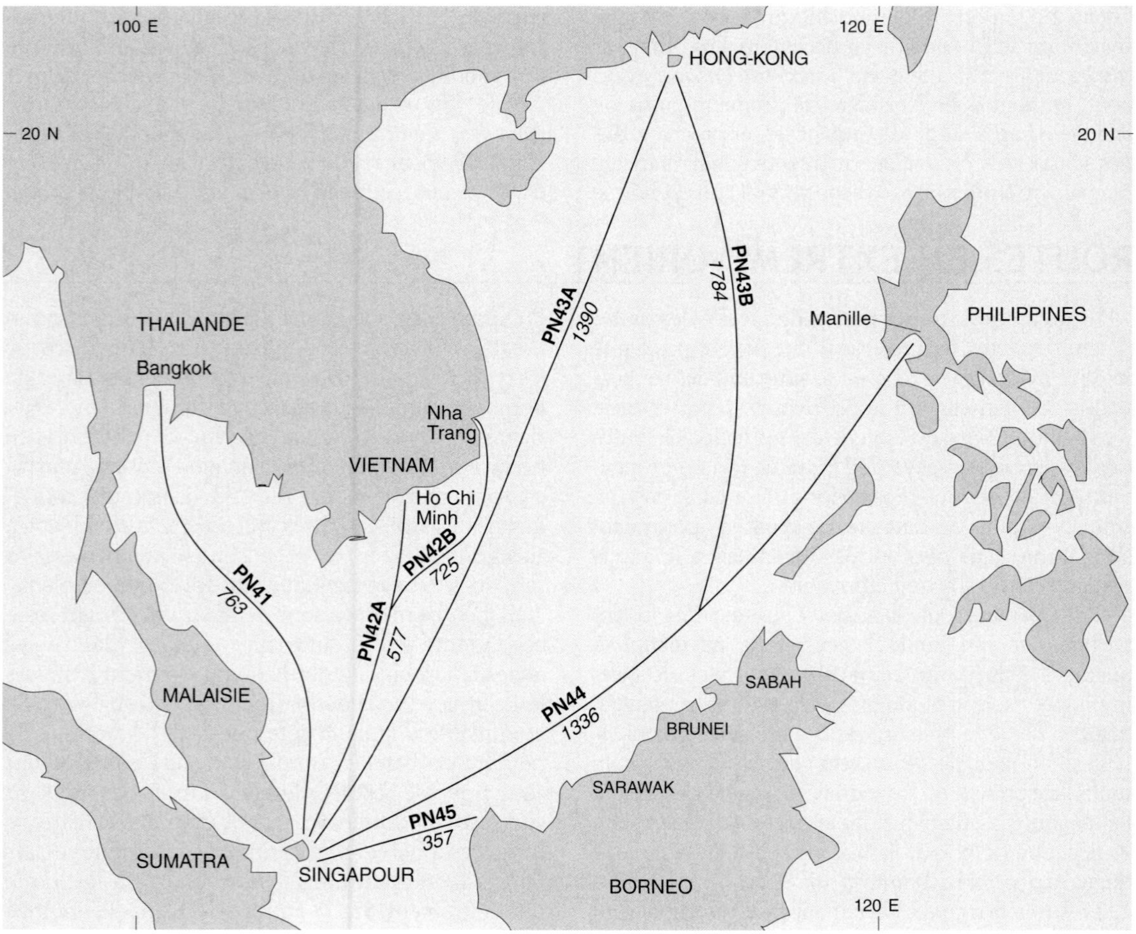

PN40 Routes dans le Pacifique depuis Singapour

La majorité des bateaux de croisière arrivent à Singapour par le sud, via l'Indonésie, ou par le nord-ouest à travers le détroit de Malacca, et la plupart s'en vont par les mêmes routes. Très peu s'aventurent à l'est de Singapour, quoiqu'il y ait un trafic en augmentation de bateaux locaux, certains faisant la navette entre les différentes courses régionales, comme la King's Cup Regatta qui se tient chaque année à Phuket ou la course Hong-Kong-Manille. L'ouverture progressive du Vietnam au tourisme attirera sans aucun doute beaucoup plus de bateaux de croisière dans cette zone. Un autre bassin de croisière intéressant est la côte nord de Bornéo. Les Philippines constituent aussi une destination qui pourrait être plus populaire. Le permis de croisière (*cruising permit*) obligatoire pour l'Indonésie décourage les courtes croisières entre Singapour et son proche voisin, mais un assouplissement de ces restrictions est en cours. Un permis de croisière est toujours nécessaire pour se rendre en Indonésie et la procédure est décrite dans *Escales de Grande Croisière*. L'ambassade indonésienne à Singapour délivre un permis de croisière spécial limité aux îles proches de Singapour, ou vous indiquera comment l'obtenir.

PN41 De Singapour au golfe du Siam

MEILLEURE PÉRIODE	Mai à Octobre			
SAISON DES CYCLONES	Mai à Décembre			
CARTES ROUTIÈRES	BA : 4508 US : 632	SHOM : 6837		
INSTRUCTIONS NAUTIQUES	BA : 30 US 160, 161			
GUIDES DE CROISIÈRES	*Cruising Guide to Southeast Asia (vol 1).*			
WAYPOINTS				

Départ	*Intermédiaire*	*Atterrissage*	*Destination*	*Distance (M)*
PN411 Chenal N 1°30'N, 104°20'E	PN412 2°45'N, 104°15'E			
	PN413 6°00'N, 104°00'E	PN414 13°00'N,100°35'E	Bangkok *13°23'N,100°36'E*	763

Le meilleur moment pour emprunter cette route, qui court parallèlement à la côte est de la Malaisie, se situe pendant la mousson de sud-ouest. En quittant le détroit de Singapour par le chenal du Nord, du WP PN411 on se dirigera vers le WP PN412.

La route passe à l'ouest de Pulau Pemanggil, l'une des plus petites des îles Tioman, un archipel attirant qui appartient à la Malaisie, où il faut envisager de faire escale. Du WP PN412, la route continue plein nord parallèle à la côte malaise, vers le WP PN413, proche du point où la route pénètre dans les eaux thaïlandaises. De là, la route peut être modifiée vers le WP PN414, près du phare de Ko Phai et de la station de pilotage de Bangkok, à l'approche de Bangkok (Krung Thep) à l'entrée du chenal balisé qui mène à travers la barre de Bangkok. Le port très actif s'étend sur les deux rives de la rivière Chao Phraya et peu difficilement être recommandé comme une destination de croisière en soi. Les bateaux doivent se diriger vers Pattaya, où est basé le Royal Varuna Yacht Club, et effectuer les formalités d'entrée avec l'aide du yacht club.

PN42 De Singapour au Vietnam

MEILLEURE PÉRIODE	avril – mai, novembre	
SAISON DES CYCLONES	mai à décembre	
CARTES ROUTIÈRES	BA : 4508 US : 632	SHOM : 6837
INSTRUCTIONS NAUTIQUES	BA : 30 US : 160, 161	
GUIDES DE CROISIERE	*Cruising Guide to Southeast Asia (vol 1).*	

WAYPOINTS

Départ	*Intermédiaire*	*Atterrissage*	*Destination*	*Distance (M)*
Route PN42A				
PN420 Sabana Cove	PN421 Chenal N	PN422 Mekong	Ho Chi Minh	590
1°25'N 104°10'E	1°30°N 104°20'E	10°35'N 106°30'E	*10°47'N 106°42'E*	
Route PN42B				
PN420 Sabana Cove	PN421 Chenal N			
	PN423 Chadwick			
	10°00'N 108°45'E			
	PN424 Dao	PN425 Mui	Nha Trang	738
	10°35'N 109°00'E	12°10'N 109°22'E	*12°16'N 109°12'E*	

Les instructions sont identiques à celles de la route PN41 jusqu'aux îles Tioman, si une escale y est prévue. La meilleure période pour naviguer vers le Vietnam est la même que celle pour le golfe de Siam car la navigation, où que ce soit dans cette zone, doit être programmée pour tirer pleinement parti des deux moussons : la mousson de nord-est en hiver (décembre à avril) et la mousson de sud-ouest en été (mai à octobre).

Un bon point de départ est Sabana Cove Marina, située sur la rivière Santi en Malaisie car c'est la marina la plus commodément située à l'est de Singapour. Après avoir quitté le détroit de Singapour par le chenal du nord, la route PN42A mène au WP PN422 à l'ouest de l'île Con Son, à l'approche du chenal traversant les eaux peu profondes du delta du Mékong. Ho Chi Minh Ville, l'ancienne Saigon, se trouve sur la rive ouest de la rivière Song Sai Gon. L'ancienne capitale du Sud Vietnam se trouve à 40 milles de la mer et est accessible par l'un des deux chenaux dragués. Le mouillage dans la rivière est interdit sauf assez loin de la ville.

Une destination plus pratique sur la côte est le port de Nha Trang, le port maritime de la province Dien Khan qui est maintenant le point d'arrivée d'une course régulière en provenance de Hong-Kong. La route recommandée PN 42B passe à l'ouest de l'île Mangkai et des champs pétrolifères de Udang, que l'on doit approcher avec précaution. La route se dirige vers le WP PN423 juste à l'ouest des îles Chadwick. De là, la route est modifiée pour passer à l'est de Dao Phu Qui – cette zone peu profonde est fréquentée par des bateaux de pêche vietnamiens, il faudra donc exercer une veille attentive lorsque l'on navigue dans ces eaux. L'atterrissage se fera près de Mui Rach Trang à l'entrée de la baie de Nha Trang, mais il faut faire attention aux dangereux rochers qui s'étendent vers la mer depuis l'extrémité est de l'île Hontre. Le port de Nha Trang, qui se situe sur la rive sud de la rivière Song Cai, peut être atteint en laissant l'île de Hontre à bâbord et en utilisant le chenal maritime principal qui mène à Nha Trang, ou à travers le splendide chenal entre la terre et les îlots au sud de Hontre. Les services à Nha Trang sont limités et les bateaux de croisière mouillent à environ 1 mille au large. Les formalités d'entrée sont longues et prennent beaucoup de temps.

Comme les bateaux de croisière étrangers sont encore l'objet de certaines restrictions, avant le début du voyage l'autorisation de visiter Nha Trang, ou un autre port vietnamien, doit être demandée auprès de l'une des missions diplomatiques vietnamiennes de la région. L'autorisation de visite doit être obtenue auprès de plusieurs ministères et le coût peut s'élever à plusieurs milliers de dollars. Les autres ports d'entrée officiels sont Pan Thiet (10°55'4N, 108°06'3E) et Qui Non (13°45'7N, 119°15'E).

PN43 *De Singapour à Hong-Kong*

MEILLEURE PÉRIODE	mai à juin	
SAISON DES CYCLONES	mai à décembre	
CARTES ROUTIÈRES	BA : 4508	SHOM : 6837
	US : 632	
INSTRUCTIONS NAUTIQUES	BA : 30, 31	
	US : 157, 160, 161, 162	
GUIDES DE CROISIERE	*Cruising Guide to Southeast Asia (vol 1).*	

Waypoints

Départ	*Intermédiaire*	*Atterrissage*	*Destination*	*Distance (M)*
Route PN43A				
PN430 Chenal N 1°30'N, 104°20'E	PN431 Chadwick 10°00'N, 109°43'E			
	PN432 Paracel W 17°05'N, 111°20'E	PN433 Hong-Kong SW 22°00'N, 114°04'E	Hong-Kong *22°18'N, 114°10'E*	1390
Route PN43B				
PN434 Chenal M 1°25'N, 104°25'E	PN435 Natuna 3°30'N, 108°25'E			
	PN436 Luconia 4°20'N, 112°30'E			
	PN437 Balabac 7°35'N, 117°00'E			
	PN438 Palawan 10°30'N, 118°00'E	PN439 Hong-Kong SE 22°10'N, 114°22'E	Hong-Kong	1784

Les traversées directes à travers la mer de Chine méridionale doivent éviter des récifs ou autres dangers au nord de Bornéo. Auparavant la route recommandée passait entre la côte nord de Bornéo et la zone de récifs pour pénétrer à nouveau dans la mer de Chine méridionale par le passage de Palawan. Ainsi que décrit dans la route PN42, les changements récents intervenus au Vietnam ont rendu possible de naviguer près des côtes de ce pays et cela réduit considérablement la distance pour rejoindre Hong-Kong si l'on préfère emprunter cette route plus courte (PN43A). Ceux qui veulent s'arrêter dans le nord de Bornéo ou aux Philippines continueront d'utiliser la route traditionnelle à travers le passage de Palawan (PN43B).

Les vents les plus favorables sur ces deux routes se produiront au début de la mousson de sud-ouest et quoique des vents plus consistants puissent être espérés en juillet et août, la probabilité accrue de typhons dans la zone autour de Hong-Kong rend les traversées à la fin de l'été trop risquées. Les traversées en hiver ne sont pas menacées par les typhons mais sont très difficiles à accomplir car c'est la période de la mousson de nord-est avec un vent fort de nord-est et également un fort courant portant au sud qui se manifeste au nord de Bornéo. Une traversée en hiver sera de préférence effectuée par petites étapes avec des arrêts le long de la côte nord de Bornéo, ainsi que décrit dans les routes PN44 et PN45.

Les bateaux empruntant la route PN43A vers Hong-Kong doivent quitter le détroit de Singapour par le chenal du nord. Du WP PN430, la route passe à l'ouest de l'île Mangkai vers le WP PN431, 30 milles à l'est des îles Chadwick, au large de la côte du Vietnam. La route continue vers le nord, parallèle à la côte vietnamienne, vers le WP PN432, 15 milles à l'ouest de North Reef, le récif le plus à l'ouest dans les îles Paracels. De là, on peut faire route pour le WP PN433, à l'approche sud-ouest de Hong-Kong.

La route PN43B quitte le détroit de Singapour par le chenal du Milieu. Du WP PN434 la route se dirige entre l'île South Natuna et les îles Subi Kechil vers le WP PN435. De là, une route est établie vers le WP PN436, au sud des hauts-fonds Luconia. Du WP PN436 on peut suivre une route directe pour le WP PN437, 12 milles au sud de l'île Melville, à l'entrée du détroit de Balabac. De là, la route vers Hong-Kong continue par le passage de Palawan. La partie la plus étroite de ce passage mesure 28 milles, elle est limitée à l'ouest par les hauts-fonds de Captain Royal et à l'est par l'île de Balabac. Les courants portant à l'est à travers le détroit de Balabac, on ne doit pas se rapprocher de l'île de Balabac par mauvais temps. Dans la zone entre Bornéo et Palawan, les courants se comportent souvent de manière erratique et plusieurs navires se sont échoués dans ce passage par mauvaise visibilité. Du WP PN438, à l'entrée nord du passage de Balabac, une route directe qui passe à l'est du banc Macclesfield peut être établie pour le WP PN439 à l'approche sud-est de Hong-Kong. Les bateaux de passage sont les bienvenus au Royal Hong-Kong Club, situé devant le port de Victoria, sur la rive nord de l'île de Hong-Kong. Les yachts arrivants doivent contacter *Port Operation Service* par VHF sur le canal 12 et se diriger vers le mouillage de quarantaine de l'ouest. Compte tenu du fort trafic maritime, il est essentiel de prévoir d'arriver pendant la journée.

PN44 *De Singapour aux Philippines*

MEILLEURE PÉRIODE	mai à juillet			
SAISON DES CYCLONES	mai à décembre			
CARTES ROUTIÈRES	BA : 4508	SHOM : 6837		
	US : 632			
INSTRUCTIONS NAUTIQUES	BA : 30, 31, 33			
	US : 160, 161, 163, 166			
GUIDES DE CROISIERE	*Cruising Guide to Southeast Asia (vol 1).*			
WAYPOINTS				

Départ	*Intermédiaire*	*Atterrissage*	*Destination*	*Distance (M)*
Route PN44A				
PN441 Chenal M	PN442 Natuna			
1°25'N, 104°25'E	3°30'N, 108°25'E			
	PN443 Luconia	PN445 Balabac		855
	4°20'N, 112°30'E	7°35'N, 117°00'E		
PN441 Chenal M	PN442 Natuna			
	PN443 Luconia			
	PN446 Saracen			
	6°10'N, 115°00'E			
	PN447 Palawan	PN448 Luzon	Manille	1336
	10°40'N, 118°00'E	14°25'N, 120°15'E	*14°35'N,120°58'E*	
Route PN44B				
PN441 Chenal M	PN444 Api			
	1°35'N, 108°35'E			
	PN443 Luconia	PN445 Balabac		872
	PN446 Saracen			
	PN447 Palawan	PN448 Luzon	Manille	1353

Peu de bateaux entreprennent cette traversée sans escale car il y a divers ports pratiques situés sur la côte nord de Bornéo. Une traversée pendant la mousson de sud-ouest offre la meilleure chance de vents favorables, mais cette traversée estivale court aussi le risque de typhons à l'approche des Philippines. Les typhons, cependant, sont moins fréquents dans la partie sud de cet archipel de sorte qu'il vaut mieux restreindre sa croisière à cette zone pendant la période critique. Il y aura moins de risque de typhons si la traversée se fait pendant la mousson de nord-est, mais les vents seront alors en grande partie contraires. Comme la route longe la côte de Bornéo, la traversée peut être interrompue dans l'un quelconque des trois états bordant la mer de Chine méridionale et il y a plusieurs ports à Sarawak, Brunei et Sabah où les yachts peuvent trouver un bon abri.

Il existe deux variantes à cette route. Ayant quitté le détroit de Singapour par le chenal du Milieu, depuis le WP PN441, la route la plus au nord (PN44A) passe entre l'île South Natuna et les îles Subi Kechil vers le WP PN442. De là, on fait route vers le WP PN443, au sud des hauts-fonds Luconia.

L'autre solution (PN44B) quitte aussi le détroit de Singapour par le chenal du Milieu, depuis le WP PN441 et se dirige d'abord vers le WP PN444 au sud d'un groupe de petites îles, la plus proche étant Pulau Kajuara. Du WP PN444, la route se dirige vers le nord-est et emprunte le passage Api, au nord-ouest de Bornéo, pour rejoindre l'autre route au WP PN443, au sud des hauts-fonds Luconia. Dans tous ces passages il faut faire attention aux courants, qui peuvent être parfois très forts. Un autre danger le long de la côte nord de Bornéo est la présence de plates-formes pétrolières, la plupart d'entre elles étant éclairées.

Du WP PN443 les bateaux se dirigeant vers le sud des Philippines peuvent prendre une route directe pour le WP PN445, 12 milles au sud de l'île Melville, à l'entrée du détroit de Balabac. Après le détroit de Balabac, la route pénètre dans la mer de Sulu, où les conditions peuvent être assez difficiles pendant la mousson de nord-est. C'est l'une des raisons pour laquelle la route intérieure à travers la mer de Sulu ne sera pas nécessairement la bonne option si l'on se dirige vers Luzon ou Manille. Les ports situés dans la partie nord des Philippines seront de préférence atteints par le passage de Palawan, ainsi que décrit ci-dessus.

Les bateaux se dirigeant vers des ports situés dans le nord des Philippines et ayant l'intention d'emprunter le passage de Palawan devront modifier leur route au WP PN443, au large des hauts-fonds Luconia, pour le WP PN446, à l'ouest du banc Saracen. De là, une route directe mène à travers le passage de Palawan vers le WP PN447. La route continue dans la même direction vers le WP PN448, au large de Luzon Point à l'approche de Manille.

Une alternative aux routes ci-dessus consiste à fractionner la traversée en petites étapes en faisant escale dans les ports situés dans les îles Natuna, puis à Sarawak et Brunei. Au nord-est de Bornéo, se trouve Kota Kinabalu, la capitale de Sabah, état appartenant à la fédération de Malaisie. Ces escales sont décrites en détail dans la route PN45.

PN45 *De Singapour au nord de Bornéo*

Meilleure période	mai à juillet	
Saison des cyclones	mai à décembre	
Cartes routières	BA : 4508	SHOM : 6837
	US : 632	
Instructions nautiques	BA : 31	
	US : 160, 161, 163	
Guides de croisiere	*Cruising Guide to Southeast Asia (vol 1).*	
Waypoints		

Départ	*Intermédiaire*	*Atterrissage*	*Destination*	*Distance (M)*
PN451 Chenal M 1°25'N, 104°25'E	PN454 Api 1°35'N, 108°35'E		Kuching *1°34'N, 110°21'E*	357
			Muara *5°02'N, 115°04'E*	692
			Kota Kinabalu *5°59'N, 116°03'E*	772

La plupart des bateaux se dirigeant vers les Philippines et au-delà tirent parti des divers ports situés sur la côte nord de Bornéo pour interrompre le voyage dans l'un des états appartenant à la fédération de Malaisie. Depuis le détroit de Singapour et le WP PN451, on se dirige d'abord vers le WP PN452, proche du passage Api, passant au sud d'un groupe de petites îles, la plus proche étant Pulau Kajuara. Une première escale peut-être faite à Natuna Besar, groupe d'îles appartenant à l'Indonésie. Le port principal est Genting, sur l'île de Sedanau (3°45'N, 108°00'E). Ces îles sont revendiquées par l'Indonésie et la Malaisie, seule une escale en cas d'urgence est autorisée.

Depuis le passage Api la route suit de près la côte de Sarawak, état de la fédération malaise. Sa capitale Kuching est située 22 milles en amont de la rivière Sarawak. Un pont bas sur la rivière empêche dorénavant l'accès à Kutching. Les yachts doivent maintenant mouiller en aval du pont. Il y a des bancs de sable en travers de l'entrée de la rivière, mais ils ne posent de problème qu'aux bateaux à fort tirant d'eau.

En continuant le long de la côte nord de Bornéo, on arrive à Brunei. Le port principal de ce riche état producteur de pétrole est Muara, à l'embouchure de la rivière sur laquelle se trouve aussi la capitale de Brunei, Bandar Seri Bagawan. Le Royal Brunei Yacht Club accueille les bateaux de passage et vous renseignera sur les formalités d'entrée et de sortie. Plus à l'est, se trouve l'état de Sabah appartenant à la fédération de Malaisie, dont la capitale est Kota Kinabalu. Comme à Brunei, on utilise les services du yacht club local.

La zone est rarement affectée par des typhons et l'effet des moussons se fait moins sentir que plus au nord. Spécialement au début de la mousson de sud-ouest, les vents sont souvent faibles, il y a des calmes fréquents, et si l'on navigue près de la côte, les brises de terre et de mer sont plus fiables que les vents saisonniers. Une bonne réserve de gazole devra être emportée car la plus grande partie de la distance devra être faite au moteur. La mousson de sud-ouest devient plus forte à la fin de l'été.

PN50 ROUTES DEPUIS LES PHILIPPINES

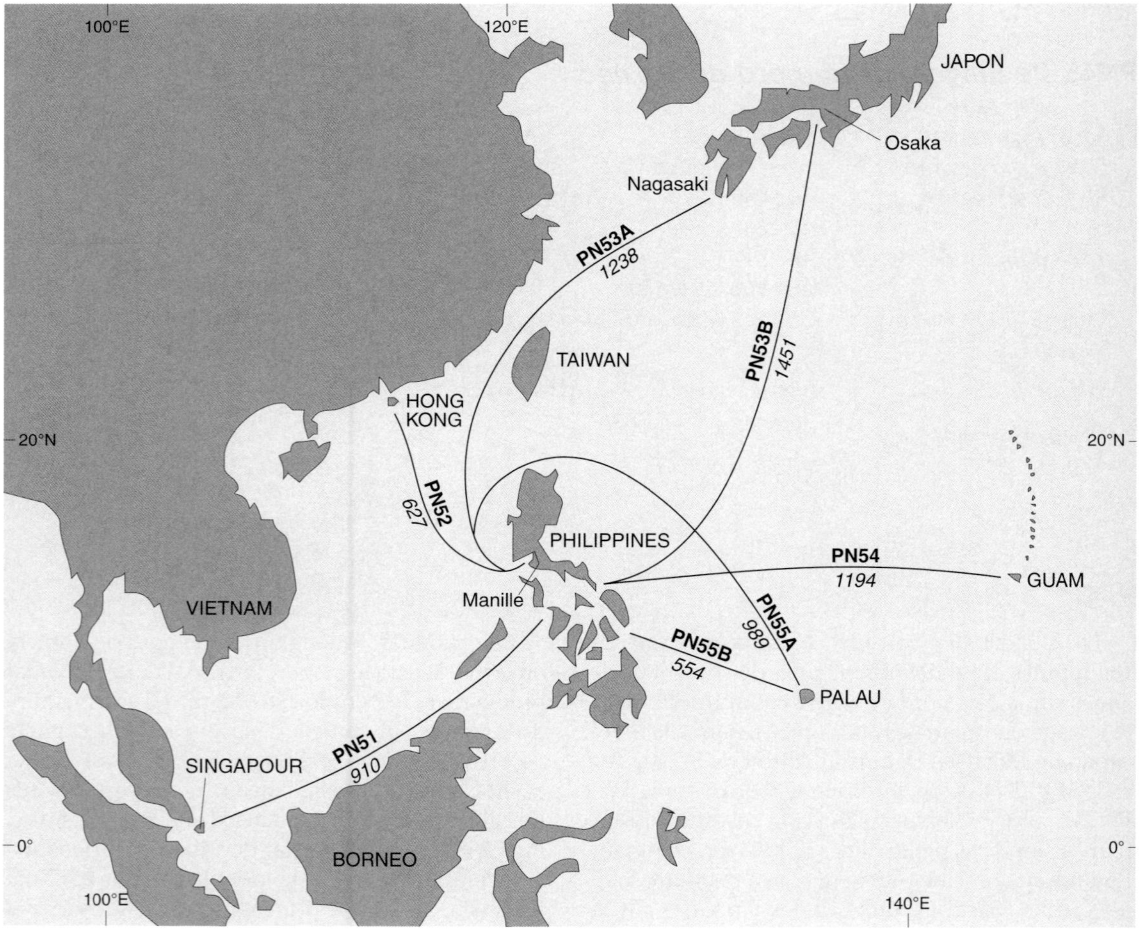

PN50 Routes depuis les Philippines

Les rumeurs de piraterie dans la mer de Sulu, les difficultés rencontrées avec les officiels et la menace des typhons, tout ceci s'est combiné pour faire que la plupart des bateaux évitent ce beau et intéressant pays. Comme dans d'autres parties du monde, certains de ces points ont peut-être été exagérés et les récits des bateaux de croisière qui ont visité récemment les Philippines dépeignent une réalité plus avenante.

Plus de 7000 îles constituent ce grand archipel et avec un tel nombre sur une si vaste étendue, il est évident que les conditions locales de temps varient d'une manière considérable. Les vents dominants qui soufflent sur les îles sont influencés principalement par les moussons de la mer de Chine, les Philippines formant une frontière entre cette mer et l'océan Pacifique. La mousson de nord-est souffle de mi-octobre jusqu'à mi-mai et ceci est considéré comme la bonne saison, avec un temps sec et clair. La mousson de sud-ouest s'établit réellement courant juillet et dure jusqu'en octobre. Pendant la dernière partie de cette période, le temps devient instable avec de violents coups de vent qui peuvent durer plusieurs jours. Ces coups de vent commencent à souffler du nord ou du nord-ouest pour virer ensuite sud-ouest ou sud, soufflant violemment avec de fortes pluies. Septembre à novembre sont les pires mois. C'est aussi la période pendant laquelle les typhons frappent ces zones. Ces tempêtes tropicales prennent naissance en général au sud-est des îles et se déplacent à travers elles vers la mer de Chine, certaines atteignent les côtes de Chine alors que d'autres s'incurvent vers le Japon. Les Philippines ont l'une des plus fortes fréquences de typhons et quoique la saison principale soit de juin à octobre, ils peuvent aussi se produire à n'importe quelle période entre mai et décembre.

PN51 *Des Philippines à Singapour*

Meilleure période	janvier à mars			
Saison des cyclones	mai à décembre			
Cartes routières	BA : 4508	SHOM : 6837		
	US : 524			
Instructions nautiques	BA : 30, 31, 33, 44			
	US : 157, 160, 161			
Guides de croisiere	*Cruising Guide to Southeast Asia (vol 1).*			
Waypoints				
Départ	*Intermédiaire*	*Atterrissage*	*Destination*	*Distance (M)*
Route PN51A				
PN511 Melville	PN512 Luconia			
7°35'N, 117°00'E	4°20'N, 112°30'E			
	PN513	PN514 Chenal M	Singapour	893
	3°30'N, 108°25'E	1°25'N, 104°25'E	*1°16'N, 103°50'E*	
Route PN51B				
PN511 Melville	PN512 Luconia			
	PN515 Api	PN514 Chenal M	Singapour	910
	1°35'N, 108°35'E			

Compte tenu du faible nombre de tempêtes tropicales dans les zones traversées par cette route, les traversées vers le sud peuvent être effectuées tout au long de l'année, quoique les conditions de navigation soient les plus favorables pendant les mois où la mousson de nord-est est bien établie. Pendant l'été et la mousson de sud-ouest, des typhons traversent occasionnellement les Philippines et de ce fait il vaut mieux éviter les traversées hauturières, particulièrement pendant les mois de fréquence maximale, en août et septembre. Comme ce sont aussi les mois où la mousson de sud-ouest souffle le plus fort, les traversées doivent réellement être effectuées à une autre période.

Après avoir quitté la mer de Sulu par le détroit de Balabac, du WP PN511, 12 milles au sud de l'île Melville, la route longe la côte nord de Bornéo vers le WP PN 512, au sud des hauts-fonds Luconia. De là, on peut atteindre Singapour par le passage Api, près de l'extrémité nord-ouest de Bornéo, ou par une route hauturière qui emprunte la passe entre les îles Subi Kechil et les îles Natuna. Pour prendre la route hauturière (PN51A), depuis le WP PN512 on se dirigera vers le WP PN513 avant de modifier le cap vers le WP PN514 pour rejoindre le détroit de Singapour par le chenal du Milieu.

La route la plus au sud (PN51B) diverge à partir du WP PN512 pour aller vers le sud-ouest et emprunte le passage Api au WP PN515. De là, on fait route vers le détroit de Singapour, passant au sud d'un groupe de petites îles dont la plus proche est Pulau Kajuara. Les bateaux arrivant à Singapour par l'est pourront trouver plus facile d'aller mouiller devant le Changi Yacht Club au nord-est de l'île de Singapour, et d'y effectuer les formalités d'entrée. L'autre solution est la toute nouvelle Raffles Marina (1°20'53N, 103°38'22E) sur la côte ouest de l'île de Singapour. Pour ceux qui n'ont pas envie de s'arrêter à Singapour même, une alternative attrayante est Sabana Cove Marina (1°25'N 104°10'E), située sur la rivière Santi en Malaisie. C'est la marina la plus commodément située à l'est de Singapour. On peut la contacter sur le canal 71.

Peu de bateaux empruntent cette route sans faire escale dans l'un des trois petits états du nord de Bornéo, tous dotés d'excellents ports, Kota Kinabalu (5°59'N, 116°03'E) à Sabah, Muara à Brunei (5°02'N, 115°04'E), et Kuching à Sarawak (1°34'N, 110°21'E). Un arrêt dans l'un de ces ports est particulièrement le bienvenu pendant la mousson de sud-ouest lorsque des vents et un courant contraires rendent ce passage lent et pénible. Tous ces ports sont décrits en détail dans la route PN45.

PN52 *Des Philippines à Hong-Kong*

MEILLEURE PÉRIODE	mi-décembre à mi-mars	
SAISON DES CYCLONES	mai à décembre	
CARTES ROUTIÈRES	BA : 4508	SHOM : 6837
	US : 524	
INSTRUCTIONS NAUTIQUES	BA : 30, 31, 33	
	US : 157, 162	
GUIDES DE CROISIERE	*Cruising Guide to Southeast Asia (vol 1).*	
WAYPOINTS		

Départ	*Intermédiaire*	*Atterrissage*	*Destination*	*Distance (M)*
Manille *14°35'N, 120°58'E*	PN521 Luzon 14°25'N, 120°22'E	PN523 Hong-Kong SE 22°00'N, 114°22'E	Hong-Kong *22°18'N, 114°10'E*	627
San Fernando *16°37'N, 120°19'E*	PN522 Lingayen 16°40'N, 120°15'E	PN523 Hong-Kong SE	Hong-Kong	488

Cette traversée est habituellement faite en direct depuis la baie de Manille ou depuis l'un des ports plus au nord sur la côte ouest de Luzon. Quelque soit le point de départ choisi, cette traversée ne présente aucune difficulté pendant la mousson de nord-est lorsque l'on peut s'attendre à des conditions favorables pour toute la traversée, quoique les vents puissent être forts. La meilleure période pour effectuer cette traversée se situe de mi-décembre à mi-mars. Pendant le reste de l'année, il faut faire particulièrement attention aux dépressions tropicales qui se forment dans la mer de Chine méridionale ou même plus loin, car elles peuvent se développer en véritables typhons avant qu'un abri sûr puisse être atteint.

Il faut donner un large tour au récif Pratas, et à moins que le temps ne soit clair et bien établi, on ne doit pas passer trop près de son côté au vent. Pendant la mousson de nord-est, lorsque des vents forts et un ciel couvert persistent pendant plusieurs jours, les bateaux approchant le récif Pratas par le sud ou le sud-est doivent vérifier leur position fréquemment, car de nombreux navires se sont perdus sur ce récif compte tenu de leur position douteuse.

Le port très actif de Manille attire moins de bateaux de croisière que dans le passé. Pour le quitter, les bateaux partiront du WP PN 521 au large de Luzon Point. Une route directe peut être établie pour Hong-Kong et le WP PN523. San Fernando, au nord de Manille, est un port plus populaire et un meilleur point de départ des Philippines. Pour partir, on peut établir une route directe pour Hong-Kong du WP PN522 vers le WP PN523, à l'approche de Hong-Kong. Les bateaux de passage sont les bienvenus au Royal Hong-Kong Club, situé dans le port de Victoria, sur la rive nord de l'île de Hong-Kong. Les yachts arrivants doivent contacter le *Port Operation Service* par VHF sur le canal 12 et se diriger vers le mouillage de quarantaine de l'ouest. Compte tenu du fort trafic maritime, il est essentiel de prévoir d'arriver pendant la journée.

PN53 *Des Philippines au Japon*

MEILLEURE PÉRIODE	mai			
SAISON DES CYCLONES	mai à décembre			
CARTES ROUTIÈRES	BA : 4509 US : 522	SHOM : 7021		
INSTRUCTIONS NAUTIQUES	BA : 33, 42A, 42B			
WAYPOINTS				
Départ	*Intermédiaire*	*Atterrissage*	*Destination*	*Distance (M)*
Route PN53A				
San Fernando *16°37'N, 120°19'E*	PN531 Lingayen 16°40'N, 120°15'E PN532 Taiwan N 23°00'N, 118°30'E PN533 Chine E 27°30'N, 123°00'E	PN534 Kyushu 32°45'N, 129°45'E	Nagasaki *32°43'N, 129°50'E*	1238
Route PN53B				
PN535 Bernardino 12°40'N, 124°20'E		PN536 Murato 33°10'N, 134°50'E	Osaka *34°39'N, 135°24'E*	1451
Route PN53C				
PN535 Bernardino		PN537 Okinawa 26°08'N, 127°37'E	Naha *26°13'N, 127°40'E*	835

La meilleure période pour effectuer cette traversée est en mai, au début de la mousson de sud-ouest, lorsque le risque d'être pris par un typhon précoce est minimal. Les vents sont généralement favorables sur la plus grande partie de la traversée, quoique l'on puisse rencontrer des calmes en approchant de la côte japonaise. La route hauturière suit le courant Kuro Shio, qui porte vers le nord-est à une vitesse considérable, spécialement pendant la mousson de sud-ouest. Occasionnellement le temps peut être assez dur lorsqu'on passe d'un système de vents à l'autre et il faudra surveiller le déplacement des différents fronts. On devra aussi maintenir une veille attentive compte tenu de l'importance du trafic maritime dans cette zone, à la fois de commerce et de pêche.

En fonction du port de destination, la route pourra passer à l'est ou à l'ouest de Nansei Shoto (Ryuku), la chaîne d'îles qui s'étend entre le Japon et Taiwan. La route à l'ouest (PN53A) pénètre dans la mer de Chine orientale par le détroit de Taiwan pour se diriger ensuite vers la côte sud-ouest de Kyushu, où l'on pourra faire les formalités d'entrée au Japon dans le port de Nagasaki. De San Fernando et du WP PN53, la route se dirige d'abord pratiquement plein nord vers le détroit de Taiwan et le WP PN532. La route traverse le banc peu profond de Taiwan, où l'on trouvera une mer difficile par vents forts avec aussi une forte concentration de bateaux de pêche. Une fois passé le détroit de Taiwan la route reste parallèle à la côte continentale à travers la mer de Chine orientale et l'atterrissage se fera au WP PN534.

Au changement de saison, ou peut être juste au début de la mousson de sud-ouest, une traversée hauturière directe (PN53B) peut être envisageable. Dans ce cas, le meilleur endroit pour quitter les Philippines est par le détroit de San Bernardino. Du WP PN535, la route hauturière mène au WP PN536 au large de Murato Saki à l'approche d'Osaka. Ce dernier est un port pratique pour effectuer les formalités d'entrée et constitue un bon point de départ pour ceux qui veulent naviguer dans la mer intérieure (Seto Naikai) depuis l'est.

Si l'on ne peut éviter de naviguer vers le Japon pendant la mousson de nord-est en hiver, on doit s'attendre à rencontrer de très forts vents de nord-ouest pendant la majeure partie de la traversée. Le principal avantage d'une traversée à cette saison est l'absence de typhons. Au début de l'année, en février ou mars, une autre solution pour éviter cette remontée au près serré contre le vent par la route hauturière sans escale consiste à se diriger vers Okinawa et à commencer de là une croisière dans les îles japonaises. En partant de l'extrémité sud-ouest de l'archipel japonais, il est plus facile de se diriger vers le nord-est le long de la chaîne des îles. Le port d'entrée sur Okinawa est Naha.

PN54 *Des Philippines à Guam*

Meilleure période	juillet à septembre	
Saison des cyclones	mai à décembre	
Cartes routières	BA : 781	SHOM : 7045
	US : 524	
Instructions nautiques	BA : 33, 60	
	US : 126, 162	
Guides de croisière	*Landfalls of Paradise.*	
Waypoints		

Départ	*Intermédiaire*	*Atterrissage*	*Destination*	*Distance (M)*
Route PN54A				
PN541 Bernardino	PN542	PN543 Guam	Apra	1194
12°40'N, 124°20'E	13°00'N, 140°00'E	13°27'N, 144°34'E	*13°27'N, 144°37'E*	
Route PN54B				
PN544 Babuyan		PN543 Guam	Apra	1322
18°45'N, 122°20'E				

La constance des alizés de nord-est et du courant portant à l'ouest pendant l'hiver, lorsque le risque de typhons est au plus bas, empêche de réaliser cette traversée pendant la saison sûre. La seule période où l'on peut avoir une proportion raisonnable de vents favorables se situe pendant la mousson de sud-ouest (PN54A). A cette période de l'année, la proportion de vents d'est est réellement beaucoup plus faible, mais le risque de typhon est très élevé. En quittant le détroit de San Bernardino au WP PN541 la route se dirige pratiquement plein est vers le WP PN542. De là, la route est modifiée pour atterrir au WP PN543, au large de Guam, où les formalités peuvent être effectuées au port d'Apra. En arrivant, les bateaux doivent contacter *Apra Port Control* par VHF sur le canal 12, 13 ou 16. Habituellement, les bateaux de croisière sont dirigés vers le quai commercial pour les formalités d'entrée.

Si cette traversée est envisagée pendant la mousson de nord-est (PN54B), on aura un meilleur angle par rapport au vent en passant au nord de Luzon à travers les îles Babuyan. Du WP PN544, on pourra faire route directe vers Guam et le WP PN543.

Compte tenu de la difficulté à gagner vers l'est quelle que soit la saison sur cette route, et aussi du risque élevé de typhons pendant la plupart des mois, une autre solution est de faire un détour via Palau (7°20'N, 134°27'E) et Yap (9°30'N, 138°08'E) ainsi que décrit dans la route PN55.

PN55 *Des Philippines à Palau*

Meilleure période	janvier à mars	
Saison des cyclones	mai à décembre	
Cartes routières	BA : 781	SHOM : 7045
	US : 524	
Instructions nautiques	BA : 33, 60	
	US : 126, 162	
Cruising guides	*Landfalls of Paradise.*	
Waypoints		

Départ	*Intermédiaire*	*Atterrissage*	*Destination*	*Distance (M)*
Route PN55A				
PN551 Babuyan		PN552 Palau W	Malakal	989
18°45'N, 122°20'E		7°32'N, 134°28'E	*7°20'N, 134°27'E*	

Départ	*Intermédiaire*	*Atterrissage*	*Destination*	*Distance (M)*
Route PN55B				
PN553 Surigao 10°30'N, 125°50'E		PN552 Palau W	Malakal	554

La plupart des bateaux empruntent cette route dans le cadre d'un voyage plus lointain vers le Pacifique Sud. La meilleure période pour entreprendre cette traversée se situe pendant les mois d'hiver lorsque il y a peu de danger d'être pris au large par un typhon. La première partie de la traversée subit l'influence de la mousson de nord-est, qui peut souffler assez fortement entre décembre et mars, quoique les vents de nord-est deviennent graduellement plus faibles aux environs de Palau. Le courant Nord-équatorial porte fortement à l'ouest dans cette région et ceci est à prendre en considération. Palau est juste à l'extérieur de la ceinture des typhons, qui en général commence au 10°N. Cependant, des conditions météo instables ne sont pas rares durant la saison des typhons. La zone est parfois sujette à de forts vents de SW (20 à 25 nœuds), causés par les perturbations tropicales qui se forment et passent au nord de Palau de l'E vers le NW.

Compte tenu de la forte proportion de vents de nord-est et d'est à la latitude du détroit de San Bernardino, on doit essayer de quitter les Philippines aussi nord que possible pour bénéficier d'un meilleur angle avec les vents dominants. Il vaut mieux passer le détroit de San Bernardino à l'étale, en raison des forts courants de marée et de la mer confuse au confluent de la Mer de Chine méridionale et de la mer des Philippines. Pendant la mousson de nord-est, on aura un meilleur angle pour naviguer en passant au nord de Luzon (PN55A) au WP PN551 et en établissant une route de là pour le WP PN552, au large de Palau. Les bateaux qui arrivent de l'ouest peuvent utiliser la passe Toagel Mlungui (7°32'N, 134°29'E) pour atteindre le lagon de Komebail, sur la côte ouest de l'île Babeltuap, avant d'entrer dans le port de Malakal. C'est le port d'entrée officiel pour Palau. Les yachts ne doivent en aucun cas s'arrêter avant Malakal et la *Port Authority* doit être informée à l'avance de l'heure estimée d'arrivée du bateau. Les yachts arrivant sans permis – celui-ci doit être obtenu à l'avance – n'auront droit qu'à une escale de trois jours au maximum.

Si la traversée est faite en dehors de la mousson de nord-est, l'argument en faveur d'un meilleur angle est moins important et on peut quitter les Philippines d'un point plus au sud. Pendant la période de transition ou au tout début de la mousson de sud-ouest, il est alors possible de quitter les Philippines par le détroit de Surigao (PN55B), à l'est de l'île Leyte, et d'établir une route directe pour Palau depuis le WP PN553. Cette route est plus courte que celle décrite précédemment, mais comme elle ne peut être empruntée pendant les mois d'hiver qui sont relativement sûrs, le risque d'être pris par un tempête tropicale doit être sérieusement considéré. Selon la période de l'année, il peut être préférable d'aller chercher le contre-courant équatorial favorable dans des latitudes plus basses. En arrivant à Palau par l'ouest, on emprunte la passe de Toagel Mlungui d'où un canal balisé mène à Malakal Harbour. Les bateaux arrivant sans permis de croisière obtenu à l'avance devront payer une surtaxe.

PN60 ROUTES DEPUIS HONG-KONG

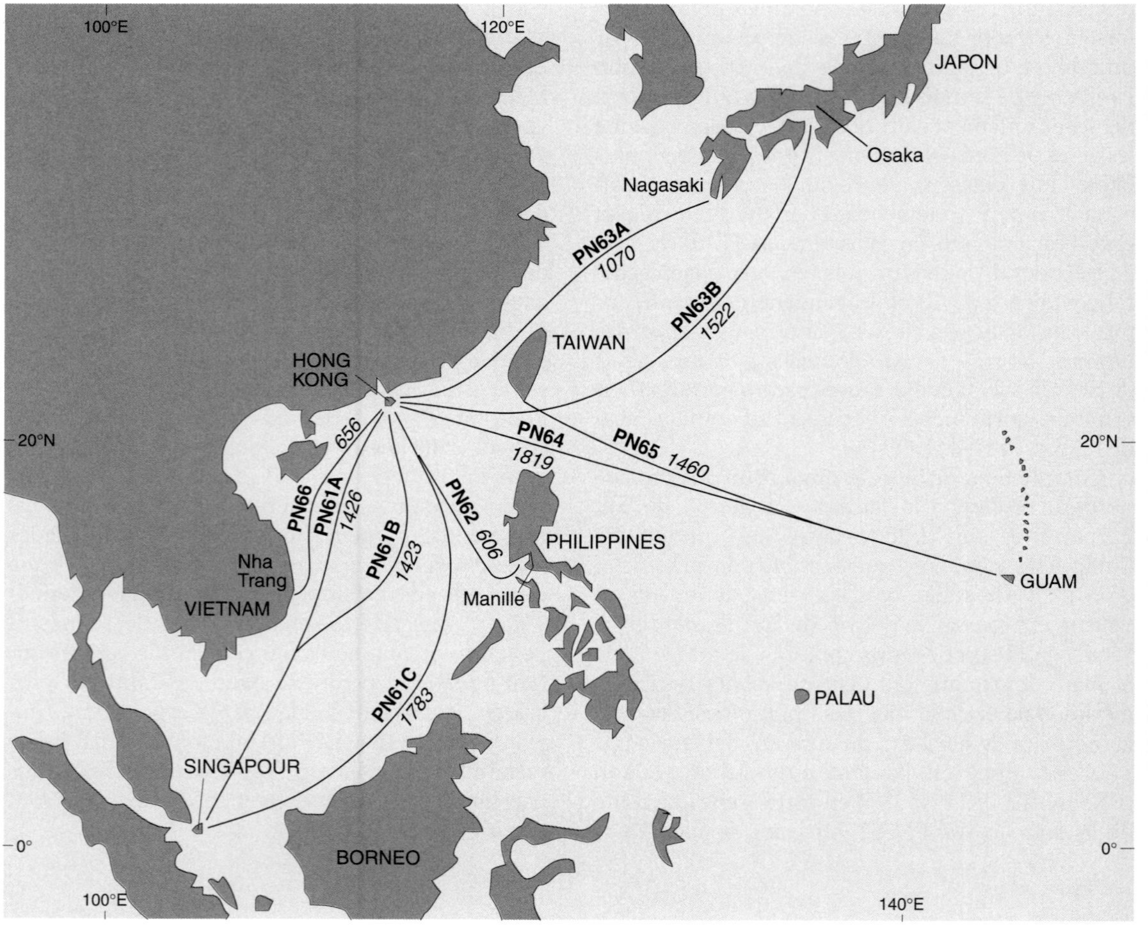

PN60 Routes depuis Hong-Kong

Malgré la présence d'une importante et active communauté de navigateurs, Hong-Kong n'est que rarement visité par les bateaux de croisière. Cela s'explique probablement par l'éloignement de Hong-Kong par rapport à la plupart des routes de croisière populaires mais aussi à cause de la durée très courte de la bonne saison de navigation. Quoique la navigation à proximité immédiate de Hong-Kong soit sûre tout au long de l'année compte tenu de nombreux abris contre les typhons, il y a peu de zones de croisière à proximité pour attirer les navigateurs étrangers. La situation peut évoluer maintenant que Hong-Kong est revenu à la Chine et l'on peut espérer que la Chine s'ouvrira aux bateaux de passage. Pour le moment, la navigation de croisière en Chine continentale est sévèrement restreinte et les bateaux étrangers ne peuvent s'arrêter que dans des ports désignés.

En bordure des tropiques, Hong-Kong possède un climat saisonnier avec des saisons bien marquées. L'hiver, de novembre à avril, est la période de la mousson de nord-est avec des températures plus fraîches et une humidité plus faible. L'été, de mai à octobre, est chaud et l'atmosphère est moite avec beaucoup de pluies. C'est la période de la mousson de sud-ouest. Pendant cette période, de mauvaises dépressions provenant du sud-est et du sud sud-est affectent Hong-Kong et peuvent se transformer en typhons. Ces tempêtes prennent naissance en général dans le Pacifique à l'est des Philippines et se déplacent alors vers le nord-ouest. Les typhons sont les plus fréquents entre mai et octobre, mais ils peuvent aussi se produire au début de la saison de nord-est.

PN61 *De Hong-Kong à Singapour*

Meilleure période	janvier à mars			
Saison des cyclones	mai à décembre			
Cartes routières	BA : 4508	US : 632	SHOM : 6837	
Instructions nautiques	BA : 30, 31	US : 157, 160, 161, 162, 163		
Guides de croisiere	*Cruising Guide to southeast Asia (vol 1).*			
Waypoints				

Départ	*Intermédiaire*	*Atterrissage*	*Destination*	*Distance (M)*
Route PN61A				
PN610 Hong-Kong SW	PN612 Paracel W			
22°00'N, 114°05'E	15°00'N, 110°00'E			
	PN613 Chadwick	PN619 Chenal M	Singapour	1426
	10°30'N, 110°00'E	1°25'N, 104°25'E	*1°16'N, 103°50'E*	
Route PN61B				
PN610 Hong-Kong SW	PN614 Paracel E			
	15°00'N, 113°00'E			
	PN613 Chadwick	PN619 Chenal M	Singapour	1423
Route PN61C				
PN611Hong-Kong SW	PN615 Palawan N			
22°00'N, 114°22'E	9°40'N, 117°30'E			
	PN616 Melville			
	7°35'N, 117°00'E			
	PN617 Luconia			
	4°20'N, 112°30'E			
	PN618	PN619 Chenal M	Singapour	1783
	3°30'N, 108°25'E			

On trouvera les meilleures conditions sur cette route au plus fort de la mousson de nord-est, lorsque des vents bien établis et un courant portant au sud assurent une traversée rapide. La route peut être parcourue pendant toute la durée de la mousson de nord-est, d'octobre à avril, quoique des vents moins constants et un temps perturbé avec des grains puissent avoir lieu pendant la période de transition. Pendant les mois d'hiver le risque de typhons à proximité de Hong-Kong est faible, tandis que dans la partie sud de la mer de Chine méridionale, le golfe du Siam, et le nord de l'Indonésie les tempêtes tropicales sont extrêmement rares quelle que soit la saison.

Comme la route la plus directe (PN61A) passe près du Vietnam, cette route ne doit être empruntée que si l'on peut rester en dehors des eaux territoriales de ce pays. L'ouverture progressive du Vietnam au tourisme a eu pour conséquence un assouplissement des restrictions imposées aux bateaux de croisière. Il faudra se renseigner avant d'entreprendre cette traversée car il peut être possible de s'arrêter à certains ports vietnamiens le long de cette route (voir PN66). L'autre solution consiste à emprunter une route plus à l'est, passant à travers le centre de la mer de Chine méridionale (PN61B). Enfin, une autre solution consiste à emprunter une route près des

Philippines et de Bornéo (PN61C).

En partant de Hong-Kong au WP PN610 la route PN61A traverse le golfe du Tonkin vers le WP PN612. La route passe 15 milles à l'ouest de North Reef, le récif le plus à l'ouest dans les îles Paracels. Du WP PN612, la route continue vers le sud, parallèle à la côte vietnamienne le long du méridien 110°E et passe à 30 milles à l'est du cap Varella au WP PN613, au nord-est des îles Chadwick. De là, la route passe au nord-ouest des îles Natuna et près de l'ouest de l'île Mangkai, l'île la plus à l'ouest du groupe Anambas. La route pénètre dans le détroit de Singapour par le chenal du Milieu au WP PN619.

L'autre route (PN61B), qui part aussi du WP PN610, évite la proximité du Vietnam et passe à l'est des îles Paracels vers le WP PN614. De là, le cap est modifié pour rejoindre la route PN61A au WP PN613. La route PN61C quitte Hong-Kong au WP PN611. Elle se dirige vers l'est du banc Macclesfield vers le WP PN615, à l'approche nord du passage de Palawan. Il faut faire très attention dans cette zone en naviguant au milieu des divers dangers qui sont difficiles à repérer par mauvaise visibilité, la situation étant aggravée par la complexité des courants. La partie la plus dangereuse se situe dans la partie sud du passage de Palawan, près du détroit de Balabac, où de forts courants rendent la navigation dangereuse. Une fois franchi le passage de Palawan, du WP PN616, 12 milles au sud de l'île Melville, la route longe la côte nord de Bornéo vers le WP PN 617, au sud des hauts-fonds Luconia. La route se dirige ensuite vers le WP PN618 puis le WP PN619 à l'entrée du chenal du Milieu dans le détroit de Singapour.

Ainsi que décrit dans les routes PN45 et PN51, la traversée le long de la côte nord de Bornéo peut être interrompue à Sabah, Brunei, ou Sarawak, qui sont tous dotés de bons ports. Les bateaux arrivant à Singapour de cette direction pourront trouver plus facile d'aller mouiller au large du Changi Yacht Club au nord-est de l'île de Singapour, et d'y effectuer les formalités d'entrée. L'autre solution est la Raffles Marina (1°20.53N, 103°38.22'E) sur la côte ouest de l'île de Singapour. Les bateaux de croisière ne sont normalement pas inspectés par les autorités et le capitaine doit rendre visite aux différents bureaux lui-même. Il y a deux autres solutions pour ceux qui arrivent par l'est. La première est Nongsa Point Marina (1°12'N 104°06'E), située à l'extrémité NE de l'île de Batam. Attention aux approches, car il y a quelques roches submergées juste au nord du chenal. La marina est située en Indonésie, un permis de croisière pour ce pays peut donc vous être demandé à l'arrivée. L'autre alternative est Sabana Cove Marina (1°25'N 104°10'E), située sur la rivière Santi en Malaisie. La marina veille sur le canal 71.

PN62 *De Hong-Kong aux Philippines*

MEILLEURE PÉRIODE	février à avril			
SAISON DES CYCLONES	mai à décembre			
CARTES ROUTIÈRES	BA : 4508	SHOM : 6837		
	US : 632			
INSTRUCTIONS NAUTIQUES	BA : 30, 31, 33			
	US : 157, 160, 162			
GUIDES DE CROISIERE	*Cruising Guide to Southeast Asia (vol 1).*			
WAYPOINTS				
Départ	*Intermédiaire*	*Atterrissage*	*Destination*	*Distance (M)*
PN621 Hong-Kong SE 22°00'N, 114°22'E		PN622 Luzon 14°25'N, 120°20'E	Manille *14°35'N, 120°58'E*	606
PN621 Hong-Kong SE		PN623 Lingayen 16°40'N, 120°15'E	San Fernando *16°37'N, 120°19'E*	467

Les meilleures traversées sur cette route sont effectuées au printemps à la fin de la mousson de nord-est, qui dure de début novembre jusqu'à avril ou parfois début mai. Des traversées plus tôt en saison avec la mousson de nord-est peuvent être désagréables, car dès le début décembre la mer de Chine méridionale peut être très dure, spécialement lorsqu'un front froid la traverse en venant du nord. Une bonne période pour quitter Hong-Kong se situe juste après le passage de l'un de ces fronts. On peut obtenir des prévisions météo de l'observatoire météorologique, qui mettra aussi en garde sur le déplacement d'une quelconque tempête tropicale à moins de 400 milles de Hong-Kong. Certaines années, l'arrivée de la mousson de nord-est s'accompagne de coups de vent dans la partie nord de la mer de Chine méridionale, rendant les traversées très difficiles, quelle que soit leur direction. Un facteur supplémentaire qui ajoute à l'inconfort est la basse température habituellement associée à ce type de temps.

Les traversées vers le sud pendant la saison des typhons, spécialement entre juin et octobre, peuvent être assez risquées, quoique des prévisions à long terme fiables puissent assurer la sécurité au départ de cette traversée. La période de la fréquence maximale des typhons coïncide avec la mousson de sud-ouest, quand on peut s'attendre à avoir des vents faibles et un temps bien établi. En partant depuis Hong-Kong au WP PN621, une route directe peut être établie vers le WP PN622 au large de Luzon Point à l'approche de Manille. Un port d'entrée plus populaire aux Philippines est San Fernando, qui est aussi la destination de la course de voiliers annuelle depuis Hong-Kong. On peut aussi prendre une route directe depuis Hong-Kong vers San Fernando et l'atterrissage se fera au WP PN623 au large du cap Lingayen.

PN63 *De Hong-Kong au Japon*

MEILLEURE PÉRIODE	mai	
SAISON DES CYCLONES	mai à décembre	
CARTES ROUTIÈRES	BA : 4508, 4509	SHOM : 6977
	US : 523	
INSTRUCTIONS NAUTIQUES	BA : 30, 32, 42A, 42B	
	US : 157, 158, 159, 160	

WAYPOINTS

Départ	*Intermédiaire*	*Atterrissage*	*Destination*	*Distance (M)*
Route PN63A				
PN631 Hong-Kong E	PN632 Détroit			
22°10'N, 114°20'E	23°00'N, 118°00'E			
	PN633 Chine E	PN634 Kyushu	Nagasaki	1070
	27°30'N, 123°00'E	32°45'N, 129°45'E	*32°43'N, 129°50'E*	
Route PN63B				
PN631 Hong-Kong E	PN635 Taiwan SE			
	21°30'N, 121°00'E			
	PN636	PN637 Murato	Osaka	1522
	26°20'N, 130°00'E	33°10'N, 134°50'E	*34°39'N, 135°24'E*	
Route PN63C				
PN631 Hong-Kong E	PN635 Taiwan SE	PN638 Okinawa	Naha	839
		26°08'N, 127°37'E	*26°13'N, 127°40'E*	

Si cette traversée est entreprise en mai, au début de la mousson de sud-ouest, il est possible à la fois d'avoir des vents favorables et d'éviter le pire de la saison des typhons. La route vers le Japon pourra passer à l'est ou à l'ouest de Nansei Shoto (les îles Ryuku). Si l'on désire se diriger vers Nagasaki et la côte nord-ouest du Japon (PN63A), il est préférable d'emprunter le détroit de Taiwan d'où une route parallèle à la côte de Chine traversera la mer de Chine orientale. Pour les bateaux se dirigeant vers l'ouest du Japon, Nagasaki est un port pratique d'entrée au Japon, sur la côte sud-ouest de Kyushu.

Emprunter la même route pendant la mousson de nord-est est beaucoup plus difficile, car le vent sera dans le nez et soufflera fortement, quoique la forte proportion de vents forts de nord-ouest puisse rendre une traversée hauturière plus attirante. Pendant la mousson de nord-est, en naviguant parallèlement à la côte chinoise, il doit être possible de profiter du fait que le vent est légèrement plus nord pendant la nuit et plus est pendant la journée. Avec l'aide du courant favorable il est possible de gagner vers le nord nord-est en restant à l'est des îles Ryuku. La côte sud du Japon peut ensuite être atteinte par l'un des chenaux au sud de Osumi Kaiko.

Une autre possibilité en quittant Hong-Kong (PN63B) consiste à se diriger vers l'est à travers le chenal Bashi, au sud de Taiwan, et à se diriger ensuite vers le nord-est, avec l'aide du courant Kuro Shio. Cette route peut seulement être empruntée pendant la mousson de sud-ouest, période où le danger d'être pris par un typhon ou même une dépression dans le chenal Bashi rend cette solution plutôt hasardeuse sauf si le temps est parfaitement établi. La meilleure période pour emprunter cette route hauturière se situe à la fin de la mousson de nord-est, lorsqu'il est possible du naviguer de Hong-Kong vers le chenal Bashi sans tirer de bords, car les alizés ont alors tendance à être plus sud-est qu'en hiver. De fait, si la traversée est effectuée à la fin du printemps et que les vents sont sud-est, il est peut-être préférable de rester à l'ouest de Taiwan et d'atteindre le Japon en traversant la mer de Chine orientale. Si la traversée est effectuée au changement de saison, et dans tous les cas pendant la mousson de sud-ouest, on ne doit pas quitter Hong-Kong s'il y a une quelconque probabilité d'une dépression tropicale se déplaçant vers le nord et pouvant se développer en typhon.

La route hauturière directe (PN63B) pour les bateaux se dirigeant vers le centre du Japon quitte Hong-Kong au WP PN631. De là, la route se dirige pratiquement plein est vers le WP PN635, au sud de Taiwan. Le cap peut alors être modifié vers le WP PN636, d'où la route continue parallèle aux îles Nansei Shoto vers le WP PN637 au large de Murato Saki, à l'approche d'Osaka. Ce dernier est un port pratique pour effectuer les formalités d'entrée et constitue un bon point de départ pour ceux qui veulent naviguer dans la mer intérieure (Seto Naikai) depuis l'est.

Si l'on ne peut éviter de naviguer vers le Japon pendant la mousson de nord-est, on pourra s'attendre à avoir des vents forts de nord ou de nord-ouest sur la plus grande partie de la traversée. Le principal avantage d'une traversée en hiver est l'absence de typhons. Au début de l'année, en février ou mars, une autre solution pour éviter cette remontée au près serré contre le vent consiste à se diriger vers Okinawa et à commencer de là sa croisière dans les îles japonaises (PN63C). En partant depuis l'extrémité sud-ouest de l'archipel japonais, il est alors plus facile de se diriger vers le nord-est le long de la chaîne des îles. Le port d'entrée sur Okinawa est Naha.

PN64 *De Hong-Kong à Guam*

MEILLEURE PÉRIODE	décembre à mars			
SAISON DES CYCLONES	mai à décembre			
CARTES ROUTIÈRES	BA : 781, 4508 US : 524	SHOM : 6762, 6763		
INSTRUCTIONS NAUTIQUES	BA : 30, 32, 60 US : 126, 160, 161			
GUIDES DE CROISIÈRE	*Landfalls of Paradise.*			
WAYPOINTS				
Départ	*Intermédiaire*	*Atterrissage*	*Destination*	*Distance (M)*
PN641 Hong-Kong E 22°10'N, 114°20'E	PN642 Babuyan 18°45'N, 122°20'E	PN643 Guam 13°27'N, 144°34'E	Apra *13°27'N, 144°37'E*	1819

Cette traversée sera effectuée de préférence en hiver, lorsque le risque de typhon est faible, le désavantage étant d'avoir de forts vents de nord-est. Comme les vents tendent à être plus est dans les latitudes plus basses, il est judicieux de gagner vers l'est alors que l'on se trouve encore dans des latitudes plus élevées, ce qui compensera aussi le courant portant à l'ouest.

La route directe passe à travers le détroit de Luzon vers la mer des Philippines. Du WP PN641, la route directe passe entre les îles Babuyan et la côte nord de Luzon vers le WP PN642. En fonction des conditions météo, une route directe peut être établie depuis le WP PN643, au large de Guam, où les formalités seront effectuées au port d'Apra. En arrivant, les bateaux doivent contacter *Apra Port Control* par VHF sur les canaux 12, 13 ou 16. Habituellement, les bateaux de croisière se rendent au quai commercial pour les formalités d'entrée.

Si la traversée est effectuée au début de la mousson de sud-ouest, ou pendant celle-ci, une route plus abritée peut-être empruntée à travers les Philippines par le chenal de San Bernardino, voire par le détroit de Surigao, ainsi que décrit dans les routes PN54 et PN62. Cette solution peut être plus attirante, quoique l'on doive être conscient que les typhons ne sont pas rares près de Guam en avril et qu'en conséquence une traversée en hiver est considérablement plus sûre.

PN65 *De Taiwan à Guam*

Meilleure période	décembre à mars			
Saison des cyclones	mai à décembre			
Cartes routières	BA : 781	SHOM : 6762, 6763		
	US : 524			
Instructions nautiques	BA : 32, 60			
	US : 126, 157, 162			
Guides de croisière	*Landfalls of Paradise.*			
Waypoints				
Départ	*Intermédiaire*	*Atterrissage*	*Destination*	*Distance (M)*
PN651 Taiwan S 21°50'N, 120°50'E	PN652 21°50'N, 125°00'E	PN653 Guam 13°27'N, 144°34'E	Apra *13°27'N, 144°37'E*	1460

Décembre à mars sont les mois les plus sûrs pour entreprendre cette traversée, car le danger d'être pris par un typhon est écarté. Le seul inconvénient sérieux est la force des alizés de nord-est, qui peuvent rendre pénible la totalité de la traversée au près. Comme la plupart des bateaux trouveront probablement difficile, voire impossible, d'atteindre Guam sur un seul bord, il est judicieux de gagner le plus possible à l'est après avoir quitté Taiwan avant d'établir une route directe pour Guam. En partant de Taiwan au WP PN 651, au sud-est de l'extrémité sud de cette île, la route se dirige plein est vers le WP PN652, d'où le cap sera mis vers Guam et le WP PN653. Les formalités seront effectuées au port d'Apra.

Quoique cette traversée puisse être aussi effectuée pendant les mois d'été, il n'est pas recommandé de traverser la mer des Philippines au milieu de la saison des typhons. Même s'il n'y a pas de typhon, le temps en juillet et en août est souvent orageux avec un ciel couvert et une mer difficile. Une autre route à travers les Philippines est décrite dans PN54.

PN66 *De Hong-Kong au Vietnam*

Meilleure période	janvier à mars			
Saison des cyclones	mai à décembre			
Cartes routières	BA : 4508	SHOM : 6837		
	US : 508			
Instructions nautiques	BA : 30, 32			
	US : 151, 161			
Guides de croisiere	*Cruising Guide to Southeast Asia (vol 1).*			
Waypoints				
Départ	*Intermédiaire*	*Atterrissage*	*Destination*	*Distance (M)*
PN660 Hong-Kong SW 22°00'N, 114°05'E	PN661 Paracel W 15°00'N, 110°00'E	PN662 Honcha 12°22'N, 109°24'E	Nha Trang *12°16'N, 109°12'E*	656
PN660 Hong-Kong SW	PN661 Paracel W 10°35'N, 106°30'E	PN663 Mekong *10°47'N, 106°42'E*	Ho Chi Minh	842

Cette route peut être empruntée à n'importe quel moment pendant la mousson de nord-ouest, quoique de meilleures conditions prédominent après que la mousson d'hiver se soit pleinement établie. La route recommandée traverse le golfe du Tonkin et passe à bonne distance de l'ouest du récif North Reef, le danger le plus à l'ouest dans les îles Paracels. On aura en moyenne des vents de nord-est de 20 nœuds pendant la mousson d'hiver, avec des grains occasionnels amenant des rafales à plus de 40 nœuds.

Avec l'ouverture progressive du Vietnam au tourisme, le nombre de bateaux de croisière augmente aussi et le fait que le Royal Hong-Kong Club organise maintenant des courses régulières vers le Vietnam, qui ont débuté avant même que Hong-Kong ne revienne à la Chine, est le meilleur signe que l'on peut désormais envisager d'inclure une croisière au Vietnam dans ses projets. Comme les bateaux de croisière étrangers sont encore l'objet de certaines restrictions, avant le début du voyage il convient de se renseigner sur la situation exacte auprès de l'une des missions diplomatiques vietnamiennes.

L'autorisation de visite doit être obtenue auprès de plusieurs ministères et le coût peut s'élever à plusieurs milliers de dollars.

Pour les bateaux se dirigeant vers le sud, le port de Nha Trang dans la baie du même nom est le port de destination le plus pratique, c'est aussi le point d'arrivée de la course annuelle en provenance de Hong-Kong. Nha Trang est le port maritime de la province de Dien Khanh, il se situe à 7 milles en amont de la rivière Song Cai sur la rive sud. Les bateaux arrivant du nord feront leur atterrissage au large du petit îlot Honcha, avant de se diriger vers le sud-ouest dans la grande baie de Nha Trang, en évitant les hauts-fonds du Grand Banc situés dans la partie nord de la baie. Les services à Nha Trang sont limités et les bateaux de croisière mouillent à environ 1 mille au large. Les formalités d'entrée sont longues et prennent beaucoup de temps.

Plus au sud, Saigon, l'ancienne capitale du Sud Vietnam (maintenant Ho Chi Minh ville), est toujours l'une des destinations les plus attirantes de l'Asie du Sud-Est. En ayant atterri au large de l'île Con Son, on atteint le port par le chenal qui traverse les eaux peu profondes du delta du Mékong. La route recommandée mène vers le WP PN663, à l'ouest de l'île Con, à l'approche du chenal d'accès. Le port est situé à 40 milles de la mer et se trouve sur la rive ouest de la rivière Song Sai Gon. On y accède par l'un des deux chenaux dragués. Le mouillage dans la rivière est interdit sauf assez loin de la ville.

PN70 ROUTES DEPUIS LE JAPON

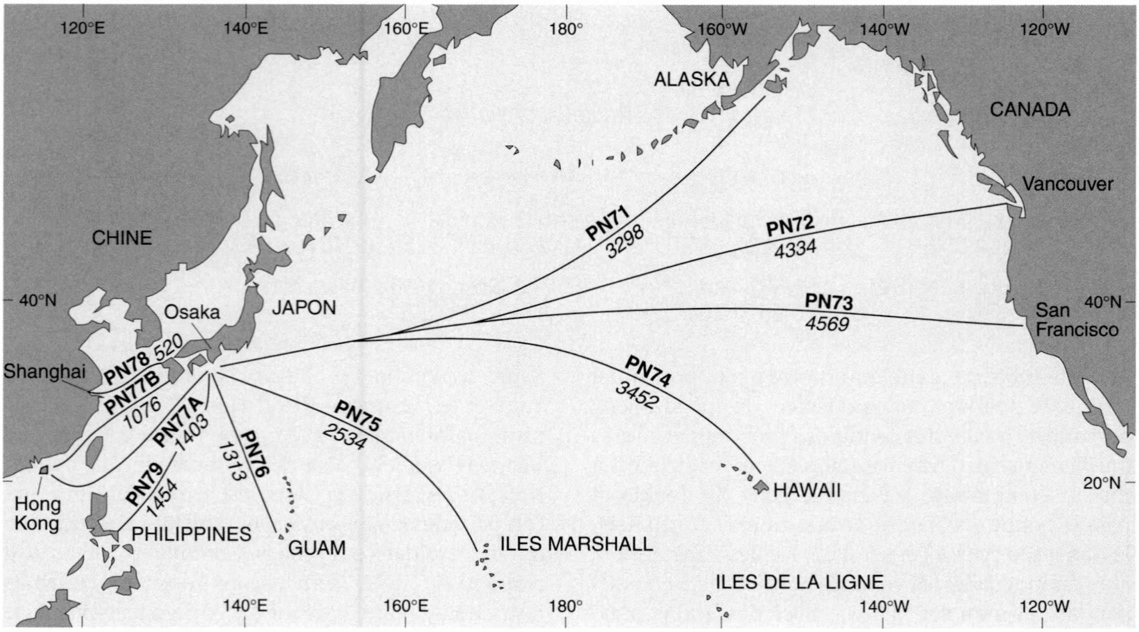

PN70 Routes depuis le Japon

Compte tenu de la brièveté de la bonne saison et des conditions de navigation rarement plaisantes, seul un petit nombre de bateaux de croisière s'aventure au Japon, quoique les difficultés pour s'y rendre soient plus que compensées par l'accueil chaleureux que l'on recevra partout. Le choix des routes en quittant le Japon englobe tout le Pacifique Nord, quoique la plupart des bateaux qui aient visité le Japon fassent route au sud en direction de la Micronésie et audelà, ou empruntent une route vers l'est, soit directe vers Hawaii, soit vers la côte Pacifique nord-ouest, éventuellement via l'Alaska. Tandis que les traversées vers l'Alaska ou la côte Pacifique nord-ouest doivent être planifiées pour le début de l'été, la période de départ pour Hawaii est plus flexible. Ceci s'applique aussi à la Micronésie, encore que le risque de typhons doive toujours être gardé présent à l'esprit, particulièrement pendant la période la plus dangereuse, entre août et octobre. Malheureusement, les traversées depuis le Japon vers Hong-Kong, les Philippines et Singapour comportent un risque encore plus fort de typhons et doivent être planifiées à la fin du printemps ou à la fin de l'automne - tout début de l'hiver.

Comme le Japon est situé dans la zone des vents variables, le vent peut souffler de n'importe quelle direction en été. Cette période d'été comporte aussi le risque de typhons de mai jusqu'à fin octobre, car ces tempêtes se déplacent vers le nord-ouest depuis leur lieu de naissance plus au sud. Un autre danger de la navigation dans les eaux japonaises est la forte proportion de jours avec du brouillard. Ceci est dû au courant froid qui provient du nord et qui rencontre le courant chaud du Kuro Shio, produisant ainsi un effet similaire à celui que l'on trouve sur les Grands Bancs et dans la région de Terre Neuve dans l'Atlantique.

PN71 *Du Japon à l'Alaska*

Meilleure période	juin à juillet	
Saison des cyclones	mai à décembre	
Cartes routières	BA : 4053	SHOM : 6977, 6905
	US : 523	
Instructions nautiques	BA : 4, 23, 41, 42A	
	US : 152, 158	
Guides de croisière	*Charlie's Charts North to Alaska.*	
Waypoints		

Départ	*Intermédiaire*	*Atterrissage*	*Destination*	*Distance (M)*
PN711 Japon E 34°45'N, 140°00'E	PN712 35°00'N, 160°00'E	PN713 Sedanka 53°50'N, 165°55'W	Dutch Harbour *53°54'N, 166°32'W*	2847
PN711 Japon E	PN714 35°00'N, 165°00'E			
	PN715 Kodiak S 57°23'N, 152°10'W	PN716 Kodiak E 57°45'N, 152°15'W	Kodiak *57°47'N, 152°25'W*	3469

Les rares bateaux qui empruntent cette route à travers le haut du Pacifique Nord interrompent parfois leur traversée dans les îles Aléoutiennes. La seule période raisonnable pour entreprendre cette traversée se situe en été, entre fin juin et début août, quand le temps est plus chaud et que les jours sont plus longs. Pendant les mois d'été, il y a parfois des périodes prolongées de calmes ou de vents faibles, il peut alors être nécessaire de faire du moteur. D'un autre côté, il y a autant de chances d'avoir du mauvais temps pendant toute la traversée. La route coïncide avec la trajectoire des dépressions qui se déplacent vers l'est, se formant soit dans la mer du Japon soit au large de la péninsule du Kamchatka. Elles se déplacent en général le long de la chaîne des Aléoutiennes et traversent ensuite le golfe de l'Alaska. Parfois les dépressions se bloquent dans le golfe de l'Alaska, provoquant des coups de vent d'est ou de sud-est et des mers très dures.

En quittant le Japon du WP PN711, l'orthodromie doit être suivie jusqu'au WP PN712 pour faire le plus d'est possible et tirer pleinement parti des vents et du courant favorables. Comme le temps près des îles Aléoutiennes est souvent perturbé, on doit gagner à l'est autant que possible lorsque l'on se trouve dans la zone des vents d'ouest dominants et l'on doit rester plus longtemps sur une latitude basse avant de modifier le cap pour le WP PN712. Si les conditions de temps le permettent, on doit gagner vers l'est le long de la latitude 35°N, voire même plus au sud que cette latitude. Pendant l'été, une zone de convergence se déplace d'est en ouest près du 35°N. Les systèmes dépressionnaires qui se forment au-dessus du continent asiatique, suivent une trajectoire au nord de cette ligne jusqu'au 155°E ou 160°E où ils s'incurvent vers le nord-est. Comme les vents générés par de telles dépressions seront sud ou sud-ouest au sud de cette zone de convergence, alors qu'au nord ils seront sud-est ou est, il est recommandé de naviguer autant que possible près du 35°N. Ce n'est qu'ayant atteint 160°E ou même 165°E que l'on pourra faire une route directe vers son port de destination. Le waypoint PN712 est un waypoint théorique d'où les bateaux se rendant vers Dutch Harbour dans l'île d'Unalaska doivent modifier leur cap vers le WP PN713 au large de l'île Sedanka. De là, la route est modifiée pour emprunter la passe Akutan pour Dutch Harbour dans la baie d'Unalaska, sur la côte nord-est de l'île Unalaska. Dutch Harbour est un bon port de départ pour une croisière le long de la côte nord du golfe de l'Alaska. Si l'on a l'intention de naviguer directement jusqu'à Kodiak, la route orthodromique initiale doit être poursuivie jusqu'au WP PN714, de manière à rester sous l'influence des vents d'ouest favorables le plus longtemps possible. Le cap pourra alors être modifié pour le WP715 à l'est de l'île de Kodiak. Depuis ce point, la route suit la côte est de l'île jusqu'au WP PN716, à l'approche de Kodiak Harbour. Ce port bien protégé est atteint par le nord-est via un chenal dragué, qui conduit au nord de Near Island vers Kodiak, une vieille ville située sur la rive nord-ouest du port et de l'île du même nom. Sur cette route, l'activité des systèmes de fronts qui peuvent affecter la totalité de cette route est encore plus importante que les vents d'ouest dominants, le développement de tels systèmes frontaux doit être suivi attentivement ainsi que la position de l'anticyclone du Pacifique Nord qui exerce aussi une influence capitale sur les conditions rencontrées. Les bateaux qui prévoient d'atterrir dans l'une des îles Aléoutiennes les plus proches, comme Attu, quitteront la zone des vents d'ouest dominants plus tôt et auront en général des conditions de temps variées avec parfois de forts vents contraires, ou bien des calmes et du brouillard. Quoiqu'on puisse s'arrêter pour s'abriter, en pratique on est supposé avoir fait son entrée dans un port officiel avant de débarquer où que ce soit.

La période à laquelle effectuer cette traversée sera aussi influencée par les projets ultérieurs car septembre est le dernier moment pour quitter l'Alaska vers le sud. Cependant, si l'on a l'intention de laisser le bateau en Alaska pendant l'hiver, prévoir une arrivée plus tôt en saison n'est plus aussi crucial. Compte tenu de la courte saison de navigation, à la fois en Alaska et en Colombie Britannique, cette solution est choisie par certains, ce qui leur permet de commencer à naviguer à nouveau dès que l'été revient l'année suivante.

PN72 *Du Japon à la côte Pacifique Nord-Ouest*

Meilleure période	juillet à août	
Saison des cyclones	mai à décembre	
Cartes routières	BA : 4050, 4053	SHOM : 6977, 6835
	US : 520, 523	
Instructions nautiques	BA : 25, 42A, 62	
	US : 152, 154, 158	
Guides de croisière	*Cruising Guide to British Columbia, Charlie's Charts of the US Pacific Coast, Exploring North British Columbia.*	

Waypoints

Départ	*Intermédiaire*	*Atterrissage*	*Destination*	*Distance (M)*
PN721 Japon E	PN722			
34°45'N, 140°00'E	35°00'N, 165°00'E			
	PN723	PN724 Flattery	Victoria	4434
	45°00'N, 160°00'W	48°25'N, 124°50'W	*48°25'N, 123°24'W*	
			Seattle	4488
			47°37'N, 122°21'W	

On peut s'attendre à avoir des vents favorables tout au long de cette longue traversée du Pacifique Nord, si l'on prévoit de l'effectuer au milieu de l'été. On trouvera en effet les conditions les plus favorables pendant les mois d'été, de la mi-juin à août, lorsque les vents sont principalement de secteur sud et ouest et que l'on peut aussi compter sur l'aide apportée par le courant favorable des Aléoutiennes. Le pourcentage de coups de vent pendant les mois d'été est faible, quoiqu'une dépression occasionnelle puisse passer par là, amenant un renforcement du vent. Le brouillard est assez fréquent pendant ces mois d'été et une veille attentive est nécessaire par mauvaise visibilité, parce que les bateaux de pêche travaillant dans ces zones sont parfois sous pilote automatique sans personne en veille. Le seul inconvénient sérieux consiste à quitter le Japon à une période où la fréquence des typhons est élevée.

La route recommandée pendant l'été, si l'on part de l'un des ports situés au centre du Japon, consiste à effectuer la plus grande partie de la traversée entre les latitudes 35°N et 42°N, où l'on a la meilleure chance de trouver des vents favorables. En quittant le Japon du WP PN721, on doit gagner vers l'est le long du 35°N, voire plus au sud encore, si les conditions de temps le permettent. Pendant l'été, une zone de convergence se déplace d'est en ouest près du 35°N. Les systèmes dépressionnaires qui se forment au-dessus du continent asiatique suivent une trajectoire au nord de cette ligne jusqu'au 155°E ou 160°E, où ils s'incurvent vers le nord-est. Comme les vents générés par de telles dépressions seront sud ou sud-ouest au sud de cette zone de convergence, alors qu'au nord ils seront sud-est ou est, il est recommandé de naviguer en direction de l'est jusqu'à atteindre 160°E ou même 165°E. Ce n'est qu'après que l'on pourra faire une route directe vers son port de destination, à condition qu'elle ne passe pas à travers l'anticyclone du Pacifique Nord. Pour éviter de se trouver encalminé dans cet anticyclone, la route doit contourner son extrémité nord. La ligne imaginaire le long du 35°N constitue aussi une frontière pour le brouillard, avec très peu de brouillard constaté au sud de cette ligne.

Les waypoints PN722 et PN723 sont totalement théoriques, leurs coordonnées dépendant entièrement de la position de l'anticyclone du Pacifique Nord. Depuis ce point, une route directe pourra être prise pour le détroit de Juan de Fuca, l'atterrissage se faisant au WP PN724, au nord-ouest du cap Flattery, à l'approche du détroit de Juan de Fuca.

Il faudra faire très attention à l'approche du détroit Juan de Fuca à cause du trafic important et des forts courants. Des zones de séparation du trafic sont opérationnelles, le rail le plus sud est utilisé par les navires arrivants et le rail nord est réservé au trafic sortant. Les rails divergent à des points déterminés pour permettre aux navires de se diriger soit vers le nord en direction de Vancouver, soit vers le sud en direction de Seattle. Pour compliquer les choses, il y a souvent un grand nombre de bateaux de pêche aux environs du banc Swiftsure, à l'est de l'entrée du détroit, cette zone doit donc être évitée autant que possible. Le trafic dans la zone est contrôlé par Tofino radio (canal 16 et 74 sur VHF). Les navires arrivants doivent prendre contact lorsqu'ils se trouvent au sud de Amphitrite Point. La station gère une liste d'appels régulière, chaque navire indiquant sa position, sa vitesse, et son cap. Par mauvaise visibilité la station avertira les navires se trouvant à proximité d'un petit bateau. La station assistera aussi les yachts en leur indiquant les relèvements à suivre et peut même assurer un suivi des bateaux par radar.

PN73 *Du Japon à la Californie*

Meilleure période	juillet à août			
Saison des cyclones	mai à décembre			
Cartes routières	BA : 4050, 4053	SHOM : 6977, 6835		
	US : 520, 523			
Instructions nautiques	BA : 8, 42A, 62			
	US : 152, 158			
Guides de croisière	*Charlie's Charts of the US Pacific Coast.*			
Waypoints				
Départ	*Intermédiaire*	*Atterrissage*	*Destination*	*Distance (M)*
PN731 Japon E 34°45'N, 140°00'E	PN732 42°00'N, 170°00'W			
	PN733 42°00'N, 160°00'W			
	PN734 40°00'N, 150°00'W	PN735 Reyes 37°55'N, 123°00'W	San Francisco *37°50'N, 122°15'W*	4569

Les instructions sont similaires à celles données pour la route PN72 mais une route directe pour la Californie ne doit être tracée qu'une fois franchi le méridien 150° W. Si cette traversée est effectuée plus tôt ou plus tard dans l'année que la période recommandée, la route doit suivre une trajectoire plus sud car il peut ne pas être nécessaire de remonter au-dessus du 40°N pour trouver des vents favorables. Dans la partie est du Pacifique Nord, la position de l'anticyclone du Pacifique Nord, qui en été est centré par 38°N, 150°W est déterminante pour cette route. Celle-ci doit alors suivre les contours de l'anticyclone en passant dans le nord de sa bordure de manière à éviter les calmes inévitables si on traversait cette zone de hautes pressions.

Comme la route recommandée passe très près de la Colombie Britannique, les bateaux se dirigeant vers la Californie en profitent souvent pour explorer cette région avant de poursuivre leur voyage vers le sud. Pour d'autres détails, se référer aussi aux routes PN33 et PN72.

PN74 *Du Japon à Hawaii*

MEILLEURE PÉRIODE	juin à septembre, février à mars	
SAISON DES CYCLONES	mai à décembre (Japon) juin à octobre (Hawaii)	
CARTES ROUTIÈRES	BA : 4053 US : 523	SHOM : 6977, 6846
INSTRUCTIONS NAUTIQUES	BA : 42A, 62 US : 152, 158	SHOM : K11
GUIDES DE CROISIÈRE	*Charlie's Charts of the Hawaiian Islands, Landfalls of Paradise.*	
WAYPOINTS		

Départ	*Intermédiaire*	*Atterrissage*	*Destination*	*Distance (M)*
Été				
PN741 Japon E 34°45'N, 140°00'E	PN742 35°00'N, 180°00'W PN743 35°00'N, 170°00'W PN744 33°00'N, 165°00'W	PN747 Kauaï 22°20'N, 159°20'W	Nawiliwili *21°57'5N, 159°21'W*	3452
Hiver				
PN741 Japon E	PN745 30°00'N, 150°00'E PN746 30°00'N, 165°00'W	PN747 Kauaï	Nawiliwili	3478

Le courant du Kuro Shio donne une accélération considérable au début de cette traversée qui devrait aussi bénéficier des vents de sud et de sud-ouest qui sont fréquents en été. Compte tenu de cette forte proportion de vents de secteur sud, en quittant le Japon il n'est pas vraiment nécessaire de remonter trop au nord pour rechercher des vents favorables, et si le temps le permet, on pourra faire route à l'est en suivant la latitude 35°N. La limite nord de cette route dépend des vents rencontrés jusqu'au point où le méridien 180°E est traversé. En quittant le Japon du WP PN741, le cap initial doit être mis vers le WP PN 742. Une route orthodromique peut être empruntée vers ce point théorique, qui, ainsi qu'expliqué ci-dessus, devra peut-être se situer plus au nord. Compte tenu de la forte proportion de vents d'est dans les latitudes plus basses à l'est du 180°E, il peut s'avérer nécessaire de continuer vers l'est dans des latitudes plus hautes en se dirigeant vers le WP PN743 avant de modifier le cap pour Hawaii. Cette décision dépendra entièrement des vents existants et de la situation de l'anticyclone du Pacifique Nord. Normalement, on devrait pouvoir faire route vers Hawaii une fois le WP PN744 passé.

Quoique le départ de cette traversée s'effectue pendant la saison des typhons, comme l'on s'écarte rapidement du Japon le risque d'être rattrapé par l'une de ces tempêtes diminue. Lorsque l'on approche Hawaii il y a un faible risque de rencontrer un ouragan, la période de fréquence maximale se situant entre août et octobre. Un départ en hiver depuis le Japon, quoique beaucoup plus froid, élimine ces deux risques, avec l'avantage supplémentaire d'avoir des vents favorables dans des latitudes plus basses. Si l'on quitte le Japon en février, la zone des vents dominants d'est sera beaucoup plus au sud qu'en été et l'on peut gagner vers l'est le long de la latitude 30°N, raccourcissant ainsi considérablement la traversée. Pour une traversée hivernale du Pacifique, en quittant le Japon le cap est mis vers le WP PN745. La route continue plein est vers le WP PN746 avant de modifier le cap vers le WP PN747, au nord-est de l'île de Kauai. Un port pratique pour les bateaux arrivant du nord-ouest est le port de Nawiliwili, qui est un port d'entrée officiel.

Une île intéressante pour une brève escale après avoir quitté le Japon par une route sud est Chichishima (27°05'N, 142°11'E), dans Ogasawara Gunto, un excellent port situé au nord de la chaîne des îles qui s'étend au sud depuis le Japon. L'agglomération principale est Omura, située dans la baie bien protégée de Futami Ko, mais qui peut devenir intenable en cas de houle générée par un fort vent de NW.

Pour les bateaux qui se dirigent vers le Pacifique Sud après Hawaii, un départ à la fin de l'hiver depuis le Japon a aussi l'avantage de permettre d'arriver dans le Pacifique Sud en avril, au début de la bonne saison de navigation au sud de l'équateur.

PN75 *Du Japon aux îles Marshall*

MEILLEURE PÉRIODE	janvier à mars			
SAISON DES CYCLONES	mai à décembre (Japon), toute l'année (Micronésie).			
CARTES ROUTIÈRES	BA : 781 US : 523	SHOM : 7021		
INSTRUCTIONS NAUTIQUES	BA : 42A, 61 US : 126, 127			
GUIDES DE CROISIÈRE	*Landfalls of Paradise.*			
WAYPOINTS				

Départ	*Intermédiaire*	*Atterrissage*	*Destination*	*Distance (M)*
PN751 Japon S 33°30'N, 135°00'E	PN752 27°10'N, 142°10'E			
	PN753 Ewenetak 12°30'N, 162°10'E	PN754 Kwajalein 9°10'N, 166°40'E	Ebeye *8°46'N, 167°44'E*	2296
			Majuro *7°08'N, 171°22'E*	2534

Se diriger vers l'est dans le Pacifique Nord contre les vents d'est dominants des latitudes plus basses n'est jamais chose facile. La meilleure période de l'année, compte tenu du risque de typhons, se situe à la fin de l'hiver. Un bateau qui remonte raisonnablement bien au près, devrait pouvoir parcourir la totalité de la route bâbord amure. Sur la plus grande partie du trajet, le courant Nord-équatorial portera à l'ouest avec une vitesse moyenne d'un demi-nœud.

En quittant le Japon depuis la baie d'Osaka, du WP PN751 le cap est mis vers le WP PN752. Comme cette route directe passe près du nord de Chichishima (27°05'N, 142°11'E), dans Ogasawara Gunto, une escale devrait y être envisagée avant de faire route vers le WP PN753, au nord de Ewenetak. De là, la route pénètre dans l'archipel des Marshall et si l'on désire s'arrêter à l'atoll de Kwajalein, on doit mettre le cap vers le WP PN754. Ebeye, dans l'atoll de Kwajalein, est l'un des deux seuls ports d'entrée aux îles Marshall. On ne doit pas s'approcher de ce dernier sans avoir auparavant pris contact par radio avec *Kwajalein Atoll Control* car la zone est utilisée par l'armée américaine pour tester des missiles.

L'autre port d'entrée aux îles Marshall est Majuro, la capitale, et il est fortement recommandé aux bateaux arrivant de l'étranger de ne s'arrêter à aucune des îles avant d'avoir effectué les formalités d'entrée à l'un de ces ports. Voir aussi la route PN36.

PN76 *Du Japon à Guam*

MEILLEURE PÉRIODE	novembre, février à avril	
SAISON DES CYCLONES	toute l'année	
CARTES ROUTIÈRES	BA : 781	SHOM : 6763
	US : 522	
INSTRUCTIONS NAUTIQUES	BA : 42A, 60	
	US : 126, 158	
GUIDES DE CROISIÈRE	*Landfalls of Paradise.*	
WAYPOINTS		

Départ	*Intermédiaire*	*Atterrissage*	*Destination*	*Distance (M)*
PN761 Japon E 34°45'N, 140°00'E		PN763 Guam W 13°30'N, 144°35'E	Apra *13°27'N, 144°37'E*	1303
PN762 Japon S 33°30'N, 135°00'E		PM763 Guam W	Apra	1313

Cette traversée sera de préférence effectuée fin novembre, lorsque le pire de la saison des typhons est passé, ou à la fin de l'hiver, avant le début de la nouvelle saison des typhons et après que les pires coups de vent d'hiver aient eu lieu. Si l'on part de l'un des ports à l'est du Japon, comme Tokyo (WP PN761), on devra gagner vers l'est pendant que l'on se trouve encore dans la zone des vents dominants d'ouest. La route passe ensuite à l'est des îles Mariannes et approche Guam par le nord-est. La route directe pour des bateaux partant de ports plus à l'ouest, comme Osaka (WP PN762), passera probablement à l'ouest des îles Mariannes et sera beaucoup plus pénible, car on sera au près serré une fois que l'on aura atteint la zone des alizés de nord-est. L'atterrissage se fera au WP PN763, au nord-ouest de l'entrée du port d'Apra.

Une variante très pratiquée consiste à fractionner le voyage en s'arrêtant à Chichishima (27°05'N, 142°11'E), dans Ogasawara Gunto, qui est aussi recommandé comme abri si un typhon menace pendant la traversée vers Guam. L'agglomération principale est Omura, située dans la baie bien protégée de Futami Ko. Le port d'entrée de Guam est Apra. En arrivant, les bateaux doivent contacter *Apra Port Control* par VHF sur le canal 12, 13 ou 16. Habituellement, les bateaux de croisière se rendent au quai commercial, situé dans le nord-est du port, pour les formalités d'entrée.

PN77 *Du Japon à Hong-Kong*

MEILLEURE PÉRIODE	février à mars, novembre	
SAISON DES CYCLONES	mai à décembre	
CARTES ROUTIÈRES	BA : 4508, 4509	SHOM : 6837, 6762
	US : 522	
INSTRUCTIONS NAUTIQUES	BA : 30, 32, 42A	
	US : 157, 158, 159, 160	
GUIDES DE CROISIÈRE	*Cruising Guide to Southeast Asia (vol 1).*	
WAYPOINTS		

Départ	*Intermédiaire*	*Atterrissage*	*Destination*	*Distance (M)*
Route PN77A				
PN771 Murato 33°10'N, 134°50'E	PN772 Taiwan SE 21°30'N, 121°00'E	PN773 Hong-Kong 22°10'N, 114°20'E	Hong-Kong *22°18'N, 114°10'E*	1403
Route PN77B				
PN774 Kyushu 32°45'N, 129°45'E	PN775 East China 27°30'N, 123°00'E			
	PN776 Détroit 23°00'N, 118°00'E	PN773 Hong-Kong	Hong-Kong	1076

La meilleure époque pour cette traversée se situe soit à la fin de la mousson de nord-est en février ou mars, soit à son commencement en novembre. Les traversées pendant la mousson de sud-ouest ne sont pas recommandées, d'abord à cause des vents contraires et ensuite à cause du risque de typhons. Il y a diverses routes qui peuvent être prises, en fonction de la période de l'année et du port de départ. Pour des ports situés sur la côte nord du Japon ou la côte ouest de Kyushu (PN77A), la route se dirige au sud-ouest parallèlement à la côte chinoise à travers le détroit de Taiwan. La route hauturière, qui part de la côte sud de Honshu se heurte au fort courant du Kuro Shio, quoique sa vitesse soit nettement plus faible pendant la mousson de nord-est. Les bateaux partant de ports situés sur la côte sud ont le choix entre deux solutions : soit rester près de la côte et passer dans la mer de Chine orientale par l'un des chenaux au sud de Kyushu, soit rester au large et atteindre Hong-Kong en empruntant le chenal Bashi au sud de Taiwan (PN77B). Les bateaux qui empruntent cette dernière route peuvent interrompre la traversée à Okinawa (26°13'N, 127°40'E).

Compte tenu des vents en général plus forts en hiver, la route hauturière n'est pas recommandée pour les traversées en hiver, alors que la route à travers la mer de Chine orientale sera plus attirante. En février, un courant favorable porte au sud le long de la côte du continent chinois et il est donc recommandé d'établir une route qui reste parallèle à cette côte à environ 60 milles au milieu du détroit de Taiwan. Depuis Nagasaki et le WP PN774, le cap sera mis vers le centre de la mer de Chine méridionale vers le WP PN775. De ce point, la route reste parallèle à la côte chinoise à travers le détroit de Taiwan jusqu'au WP PN776 et de là jusqu'au WP PN773, à l'entrée du chenal Lema. Les yachts arrivants doivent contacter *Port Operation Service* par VHF sur le canal 12 et se diriger vers le mouillage de quarantaine de l'ouest. Compte tenu du fort trafic maritime, il est essentiel de prévoir d'arriver pendant la journée.

PN78 *Du Japon à la Chine*

MEILLEURE PÉRIODE	avril à juin			
SAISON DES CYCLONES	mai à décembre			
CARTES ROUTIÈRES	BA : 3480	SHOM : 6762		
	US : 509			
INSTRUCTIONS NAUTIQUES	BA : 32, 42A			
	US : 157, 159			
WAYPOINTS				
Départ	*Intermédiaire*	*Atterrissage*	*Destination*	*Distance (M)*
PN780 Fukuoka *33°37'N, 130°23'E*	PN781 Hakata 33°42'N, 130°13'E			
	PN782 Iki 33°35'N, 129°40'E	PN783 Chang 31°05'N, 122°30'E	Shanghai *31°15'N, 121°30'E*	520

Quoique le nombre de bateaux de croisière visitant la Chine continentale soit encore très faible, chaque année un certain nombre de yachts japonais s'aventurent à travers la mer de Chine, en général en participant à une course ou à un événement organisé. Compte tenu des nombreuses restrictions imposées aux navires étrangers dans les eaux chinoises, la destination habituelle est Shanghai, où les autorités sont un peu plus accommodantes que dans les autres ports. Les services pour les navires de plaisance sont quasiment inexistants, quoique le fait que Shanghai soit maintenant visitée par un certain nombre de courses internationales signifie que les services ne peuvent que s'améliorer. Métropole au taux de croissance le plus fort de Chine, Shanghai est une ville dynamique avec des relations aériennes directes vers de nombreux pays asiatiques en dehors de la Chine elle-même. L'inconvénient majeur d'y achever une traversée est que le port est situé très loin en amont de la rivière Huangpu, qui est elle-même un affluent du fleuve Yangtze. Il y a trois profonds chenaux dans le Yangtze, mais seul le Nan Shuidao est navigable. Les autorités chinoises insistent sur le fait que tout navire, y compris les bateaux à voile, doit prendre un pilote à l'embouchure du fleuve Yangtze pour être guidé sur les 38 milles jusqu'à l'embouchure de la rivière Huangpu et de là jusqu'à Shanghai, ce qui peut s'avérer en fin de compte très coûteux.

Le meilleur port de départ du Japon est probablement Hakata, dans la partie ouest de Kyushu. Hakata est le port de Fukuoka, qui peut se prévaloir d'être la ville japonaise la plus proche de l'Asie continentale. Fukuoka possède une communauté nautique dynamique, de bons services et deux marinas. La plus récente d'entre elles, Marinoa, est un bon endroit pour préparer sa traversée.

Une fois quitté le port affairé de Hakata, la route initiale passe au sud de l'île Iki Shima d'où l'on peut faire route directe à travers le détroit de Corée pour atterrir à l'embouchure du fleuve Yangtze. L'atterrissage se fera au WP PN783, au nord d'une bouée cardinale balisant une épave. Les bateaux arrivants doivent se diriger à l'ouest vers la zone recommandée (31°03'5N, 122°12'E) où le bateau pilote est stationné. Tout navire étranger ayant l'intention d'aller à Shanghai doit donner une heure estimée d'arrivée (E.T.A) avant de quitter son port de départ. Cette heure estimée d'arrivée doit être réactualisée et transmise toutes les 48 heures ainsi que vingt-quatre heures avant l'arrivée.

Bien que l'on ait les conditions les plus agréables pendant les mois d'été, le risque élevé de typhons après le début de juillet rend une traversée au tout début de l'été plus attirante.

PN79 *Du Japon aux Philippines*

MEILLEURE PÉRIODE	janvier à avril			
SAISON DES CYCLONES	mai à décembre			
CARTES ROUTIÈRES	BA : 4509 US : 509	SHOM : 7021		
INSTRUCTIONS NAUTIQUES	BA : 33, 42A US : 159, 162			
GUIDES DE CROISIÈRE	*Cruising Guide to Southeast Asia (vol 1).*			
WAYPOINTS				
Départ	*Intermédiaire*	*Atterrissage*	*Destination*	*Distance (M)*
PN790 Osaka *34°39'N, 135°24'E*	PN791 Murato 33°10'N, 134°50'E	PN792 Cat 13°50'N, 124°30'E	PN793 Bernardino 12°40'N, 124°20'E	1454
PN794 Naha *26°13'N, 127°40'E*	PN795 Okinawa 26°08'N, 127°37'E	PN792 Cat	PN793 Bernardino	835

La mousson de nord-est d'hiver assure les meilleures conditions de navigation, et bien qu'il puisse faire assez froid au début du voyage, la température augmente d'une manière significative lorsque l'on se rapproche des Philippines. Pendant les trois premiers mois de l'année, les vents les plus forts souffleront du nord-ouest. Les bateaux quittant Osaka doivent emprunter la route hauturière, qui passe à l'ouest de Kita Daito Shima et atterrit au large de la côte est de l'île Catanduanes à l'approche du détroit de San Bernardino.

Une route plus courte part de Okinawa, dont la capitale Naha constitue un port de départ adéquat et un bon abri si la traversée est réalisée pendant la saison des typhons. Pour ces deux routes, le détroit de San Bernardino est recommandé comme point d'atterrissage de manière à pénétrer dans l'archipel des Philippines par l'est et naviguer ensuite confortablement dans des eaux protégées vers l'un des ports d'entrée. Une autre solution consiste à s'arrêter auparavant et à effectuer les formalités à Legaspi (13°09'N, 123°45'E) avant d'emprunter le détroit de San Bernardino.

PN80 ROUTES DANS L'OUEST DE LA MICRONÉSIE

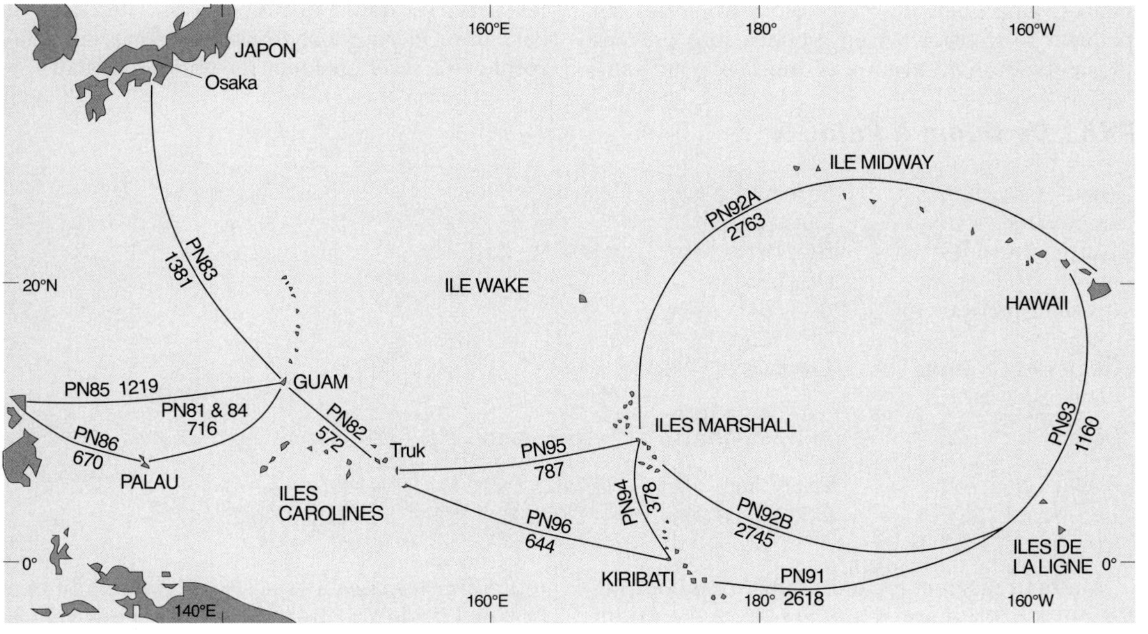

PN80 Routes dans l'ouest de la Micronésie

Les îles de la Micronésie couvrent une vaste zone tropicale du Pacifique Nord mais leur éloignement a gardé presque intact leur isolement. Seule une poignée de bateaux de croisière s'aventurent à l'ouest d'Hawaii, leur nombre étant augmenté des quelques bateaux qui passent par la Micronésie sur leur chemin de retour vers ou depuis le Pacifique Sud et l'Extrême-Orient. L'éloignement de ces îles n'est qu'une des raisons pour lesquelles les bateaux de croisière ne les visitent pas. Une autre raison est la difficulté de naviguer parmi les îles basses, sans feux, et la plupart du temps entourées de récifs. La navigation par satellite et la généralisation du radar amèneront probablement une augmentation du nombre de bateaux, mais il est douteux qu'ils n'atteignent jamais celui que l'on observe dans le Pacifique Sud.

Les alizés de nord-est sont souvent assez forts sur la zone entre octobre et mai. Certaines années, l'arrivée de l'alizé peut être retardée ou avancée d'un laps de temps atteignant un mois. A Ponape, dans la partie est de l'archipel, l'arrivée des alizés de nord-est peut parfois n'avoir lieu que fin janvier. Dans la première partie de la saison, les alizés sont forts, accompagnés de grains violents et de pluie. A partir de juin, les alizés laissent la place à des calmes et des vents variables pour le reste de l'année. En juin, juillet et août, la mousson de sud-ouest prend le relais, elle est interrompue parfois par des périodes de calmes et de brefs intervalles de vent d'est. Vers la fin de la mousson de sud-ouest, entre fin août et septembre, de forts coups de vent de sud-ouest peuvent survenir. Ils sont liés aux typhons qui prennent naissance dans cette région.

Quoiqu'ils se déplacent habituellement vers le nord en s'éloignant des îles, les typhons du Pacifique Nord atteignent leur pleine puissance très rapidement et les rares qui affectent les Carolines peuvent le faire avec une grande force, comme sur l'atoll de Ulithi en 1960 avec des vents de 125 nœuds.

Une série de typhons a récemment affecté les îles de Micronésie en dehors de la saison habituelle entre fin novembre et janvier. Ceux qui naviguent dans ces îles doivent écouter régulièrement les avis de typhons quelle que soit la période de l'année. La plupart des dépressions tropicales qui peuvent se transformer en typhons sont prévues plusieurs jours à l'avance, ce qui laisse suffisamment de temps pour trouver un mouillage sûr ou même faire route vers le sud dans une zone non affectée par de telles tempêtes.

Les îles de la Micronésie appliquent des règles strictes aux bateaux de croisière et certaines insistent sur l'obtention d'un permis de croisière préalable à l'arrivée. Comme la délivrance de tels permis peut souvent prendre plusieurs mois, la procédure nécessaire doit être mise en œuvre bien avant que l'on arrive dans la zone. A l'exception de Guam, qui est l'île la plus développée de la région, les services dans la plupart des îles restent basiques. On pourra se réapprovisionner correctement et effectuer quelques réparations à Palau.

PN81 *De Guam à Palau*

MEILLEURE PÉRIODE	décembre à mars			
SAISON DES CYCLONES	toute l'année			
CARTES ROUTIÈRES	BA : 781	SHOM : 7045		
	US : 525			
INSTRUCTIONS NAUTIQUES	BA : 60			
	US : 126			
GUIDES DE CROISIÈRE	*Landfalls of Paradise.*			
WAYPOINTS				
Départ	*Intermédiaire*	*Atterrissage*	*Destination*	*Distance (M)*
PN811 Guam SW 13°27'N, 144°35'E	PN812 Yap 9°30'N, 138°20'E	PN813 Palau E 7°20'N, 134°34'E	Malakal *7°20'N, 134°29'E*	716

Malheureusement, aucun mois n'est complètement à l'abri d'une tempête tropicale ou d'un typhon et, ces dernières années, un ou plusieurs de ces phénomènes ont affecté la zone traversée par cette route quel que soit le mois de l'année considéré. Cela ne signifie pas nécessairement que des typhons vont avoir lieu chaque mois, mais simplement qu'une telle possibilité ne peut et ne doit pas être écartée. Pendant la saison des alizés de nord-est, les vents d'est et de nord-est assurent une traversée au portant rapide. Palau est juste à l'extérieur de la ceinture des typhons, qui en général commence au 10°N. Cependant, des conditions météo instables ne sont pas rares durant la saison des typhons. La zone est parfois sujette à de forts vents de SW (20 à 25 nœuds), causés par les perturbations tropicales qui se forment et passent au nord de Palau de l'E vers le NW.

Du WP PN811 à l'extérieur du port d'Apra, la route directe passe à l'ouest de l'atoll Ulithi et à l'est de l'île de Yap. Le cap initial sera mis vers le WP PN812, à l'est de Yap. De là, la route se dirige vers le WP PN813, à l'est de Babeltuap, la plus grande île de Palau. Le port officiel d'entrée à Palau est Malakal sur l'île de Koror et les bateaux ne doivent pas faire escale avant Malakal. Les bateaux arrivant de l'est doivent emprunter le passage Malakal, mais uniquement à l'étale ; les courants de marée y sont en effet très fort.

En principe, les bateaux n'ont pas le droit de pénétrer dans la république de Palau sans un permis de croisière, qui doit être obtenu à l'avance, ainsi que des visas d'entrée pour tous les membres d'équipage, y compris le capitaine. Les permis de croisière peuvent cependant être obtenus à l'arrivée, mais à un prix plus élevé. L'heure estimée d'arrivée du bateau doit être communiquée aux autorités par radio.

PN82 *De Guam aux Carolines*

Meilleure période	janvier à avril	
Saison des cyclones	toute l'année	
Cartes routières	BA : 781	SHOM : 6836
	US : 525	
Instructions nautiques	BA : 60	
	US : 126	
Guides de croisière	*Landfalls of Paradise.*	
Waypoints		

Départ	*Intermédiaire*	*Atterrissage*	*Destination*	*Distance (M)*
PN821 Guam S 13°10'N, 144°40'E	PN822 Namonuito 9°30'W, 150°30'E	PN823 Truk 7°25'N, 151°24'E	Moen *7°27'N, 151°50'E*	572

On aura de meilleurs vents pour cette traversée vers les Carolines pendant les mois d'été, lorsqu'il y a une forte proportion de vents de sud-ouest, mais comme c'est aussi la saison des typhons, les traversées en hiver doivent être préférées. Les vents de secteur est prédominent dans les Carolines, cette traversée se fera donc contre le vent. Le courant Nord-équatorial porte à l'ouest et ses effets se font particulièrement sentir entre les latitudes 8°N et 12°N. Comme cette route est normalement empruntée dans le cadre d'un voyage vers le Pacifique Sud, il est plus pratique de prévoir d'effectuer les formalités d'entrée dans l'une des îles centrales, comme Moen dans le lagon de Truk (7°27'N, 151°50'E), ou Kolonia (6°59'N, 158°13') à Pohnpei. Les Carolines sont divisées en 4 états distincts, appartenant tous à la fédération des états de Micronésie. Les formalités d'entrée diffèrent entre chaque état, mais il est normalement toléré de s'arrêter en route une fois son entrée effectuée.

Une fois quitté le port d'Apra et longée la côte ouest de Guam, du WP PN821 les bateaux se dirigeant vers Truk doivent mettre le cap sur le WP PN822, au nord-est de l'atoll Namonuito. De là, la route se dirige au sud vers le WP PN823. On pénètre dans le lagon de Truk par la passe Piaanu, située sur le côté ouest de ce grand lagon. Les formalités peuvent être effectuées à Moen ou à l'île de Weno.

Un endroit intéressant pour faire escale, pour les bateaux qui se dirigent vers le Pacifique Sud, est Kapingamarangi (1°04'N, 154°45'E), une communauté isolée où les yachts de passage sont toujours les bienvenus. L'île appartient à l'état de Pohnpei. Le passage de Greenwich, situé dans le côté sud de l'atoll, mène dans le grand lagon. Il faudra faire très attention en approchant de cet atoll, car il se situerait 5 milles plus à l'est que sa position sur les cartes.

PN83 *De Guam au Japon*

Meilleure période	mars à avril	
Saison des cyclones	mai à décembre (Japon), toute l'année (Micronésie)	
Cartes routières	BA : 781	SHOM : 6763
	US : 522	
Instructions nautiques	BA : 42A, 60	
	US : 126, 158	
Waypoints		

Départ	*Intermédiaire*	*Atterrissage*	*Destination*	*Distance (M)*
PN831 Guam W 13°30'N, 144°35'E		PN832 Shikoku 33°30'N, 135°00'E	Osaka *34°39'N, 135°24'E*	1381

La meilleure période pour effectuer cette traversée se situe en mars ou avril, quand le temps commence à se réchauffer plus au nord et que la saison des typhons n'a pas encore réellement débuté. Cependant, dans le Pacifique Ouest, des typhons peuvent se former juste au nord de l'équateur quelle que soit la période de l'année, quoique, avec une bonne prévision fournie par le centre de la marine américaine

(US Navy's Typhoon Warning Center) basé à Apra, il soit possible de quitter Guam en ayant une bonne couverture météo, du moins pour les premiers jours.

Jusqu'à la latitude 25°N, les vents dominants sont les alizés de nord-est, qui peuvent être passablement rudes pendant les derniers mois d'hiver. Compte tenu de la forte proportion de forts vents de nord-ouest au nord du 30°N, on ne doit pas entreprendre la traversée avant mars. Si l'on s'aperçoit que les alizés ont une composante trop nord, on peut laisser porter un peu vers Okinawa (26°13'N, 127°40'E), d'où il sera plus facile de démarrer une croisière parmi les diverses îles de l'archipel du Japon.

Les bateaux se dirigeant vers le centre du Japon doivent essayer d'emprunter la route directe qui reste à l'ouest des îles Mariannes et des îles Ogasawara Gunto, où l'on peut faire escale à l'île de Chichishima (27°05'N, 142°11'E) avant le sprint final vers la côte japonaise. Du WP PN831 à l'extérieur du port d'Apra, une route directe mène au WP PN 832, à l'approche d'Osaka. Ce dernier est un port pratique pour effectuer les formalités d'entrée et, comme il offre une gamme complète de services, il constitue un bon point de départ pour ceux qui veulent naviguer dans la mer intérieure (Seto Naikai).

PN84 *De Palau à Guam*

MEILLEURE PÉRIODE	juillet à octobre	
SAISON DES CYCLONES	toute l'année	
CARTES ROUTIÈRES	BA : 781	SHOM : 7045
	US : 525	
INSTRUCTIONS NAUTIQUES	BA : 60	
	US : 126	
GUIDES DE CROISIÈRE	*Landfalls of Paradise.*	
WAYPOINTS		

Départ	*Intermédiaire*	*Atterrissage*	*Destination*	*Distance (M)*
PN841 Palau E 7°20'N, 134°34'E	WP842 Yap 9°30'N, 138°20'E	WP843 Guam SW 13°27'N, 144°35'E	Apra *13°27'N, 144°37'E*	700

Ainsi qu'indiqué dans les instructions pour la route inverse (PN 81), le risque de typhons ne peut pas être ignoré, quel que soit le mois de l'année, quoique les plus fortes fréquences se situent en août et septembre. Malheureusement, c'est aussi la période où l'on peut s'attendre à avoir des vents favorables sur cette route, qui pendant la plus grande partie de l'année reste sous l'influence des alizés de nord-est. Les vents de nord-est prédominants laissent la place durant l'été à la mousson de sud-ouest, quoique celle-ci ne soit jamais aussi régulière que sa contrepartie de nord-est et l'on ne pourra jamais être sûr de ne pas avoir de vent d'est sur cette route. Si des vents contraires persistent, on peut interrompre la traversée à Yap, qui se trouve sur la route directe vers Guam. Le port d'entrée de Yap est Kolonia (9°30'N, 138°08'E). Il est aussi possible de faire escale à l'atoll d'Ulithi (9°55'N, 139°30'E), mais uniquement si le bateau a obtenu un permis de croisière à l'avance, autrement on doit s'arrêter d'abord à Kolonia. Les bateaux qui arrivent sans permis ne peuvent rester que trois jours au maximum.

Le courant nord-équatorial porte à l'ouest sur cette route bien que sa direction puisse être infléchie vers le S par la mousson de SW. Si l'on rencontre des vents de NE en quittant Palau, il vaut mieux gagner vers l'E en restant proche de la latitude de Palau, où l'on pourra espérer pouvoir profiter du contre-courant équatorial qui porte à l'E.

Du WP PN841au sud-est de l'île Babeltuap, la route passe à l'est de Yap vers le WP PN842. La route continue vers le nord-est en passant l'atoll d'Ulithi et atteint Guam au WP PN843, à l'extérieur du port d'Apra. C'est le port officiel d'entrée pour Guam. En arrivant, les bateaux doivent contacter *Apra Port Control* par VHF sur le canal 16. Habituellement les bateaux de croisière se rendent au quai commercial pour les formalités d'entrée.

PN85 *De Guam aux Philippines*

Meilleure période	janvier à mars	
Saison des cyclones	toute l'année	
Cartes routières	BA : 4507	SHOM : 7045
	US : 507	
Instructions nautiques	BA : 33, 60	
	US : 126, 162	
Guides de croisière	*Cruising Guide to Southeast Asia (vol 1).*	
Waypoints		

Départ	*Intermédiaire*	*Atterrissage*	*Destination*	*Distance (M)*
PN850 Apra *13°27'N, 144°37'E*		PN851 Bernardino 13°05'N, 124°20'E	Legaspi *13°09'N, 123°45'E*	1219

On aura les meilleures conditions de temps pendant les mois d'hiver, parce que les alizés de nord-est prédominent sur toute la zone et que le courant Nord-équatorial assure une progression supplémentaire comprise entre 10 et 25 milles par jour. Comme il y a un risque de typhons dans la zone même pendant les premiers mois de l'année, cette traversée ne doit être entreprise que si l'on a une prévision météo à long terme qui permet de vérifier l'absence d'une quelconque dépression tropicale qui pourrait se transformer en typhon.

Guam étant pratiquement à la même latitude que le détroit de San Bernardino, la route la plus courte est recommandée. L'atterrissage se fera à l'approche du détroit de San Bernardino et l'on pourra s'arrêter et effectuer les formalités à Legaspi (13°09'N, 123°45'E), le plus proche port d'entrée pour les Philippines.

PN86 *De Palau aux Philippines*

Meilleure période	janvier à mars	
Saison des cyclones	toute l'année	
Cartes routières	BA : 4507	SHOM : 7045
	US : 507	
Instructions nautiques	BA : 33, 60	
	US : 126, 162	
Guides de croisière	*Cruising Guide to Southeast Asia (vol 1).*	
Waypoints		

Départ	*Intermédiaire*	*Atterrissage*	*Destination*	*Distance (M)*
PN860 Malakal *7°20'N, 134°27'E*	PN861 Palau W 7°32'N, 134°38'E	PN861 Surigao 0°30'N, 125°50'E	Cebu City *10°18'N, 123°54'E*	670
PN860 Malakal		PN851 Bernardino 3°05'N, 124°20'E	Legaspi *13°09'N, 123°45'E*	724

Les alizés de nord-est de l'hiver assurent une traversée rapide, facilitée par le courant Nord-équatorial qui porte à l'ouest.

Ayant atteint la haute mer par la passe Toagel Mlungui, la plus proche destination aux Philippines est la ville de Cebu, qui peut être atteinte par le détroit de Surigao. Les bateaux se dirigeant vers des ports au nord des Philippines doivent utiliser le détroit de San Bernardino, où Legaspi est le plus proche port d'entrée. Il vaut mieux passer le détroit de San Bernardino à l'étale, en raison des forts courants de marée et de la mer confuse au confluent de la Mer de Chine méridionale et de la mer des Philippines. Les traversées pendant les mois d'été doivent être évitées, à cause des vents contraires et du risque élevé de typhons.

PN87 *De la Micronésie vers l'Est*

MEILLEURE PÉRIODE	mai à juillet
SAISON DES CYCLONES	toute l'année (Micronésie), juin à octobre (Hawaii)
CARTES ROUTIÈRES	BA : 763, 4506, 4617, 4809 SHOM : 6835, 6846 US : 506, 525, 526, 541
INSTRUCTIONS NAUTIQUES	BA : 60, 61, 62 US : 126, 152, 162
GUIDES DE CROISIÈRE	*South Pacific Anchorages, Landfalls of Paradise, Charlie's Charts of the Hawaiian Islands*

WAYPOINTS

Départ	*Intermédiaire*	*Atterrissage*	*Destination*	*Distance (M)*
PN870 Palau 7°20'N 134°29'E	PN871 5°00'N 145°00'E PN872 Kosrae 5°20'N 163°03'E PN873 Majuro 7°08'N 171°22'E PN874 Christmas 1°59'N 157°28'W PN875 Fanning 3°51'N, 159°22'W	PN876 Oahu SW 21°15'N 157°55'W	Honolulu *21°17'N 157°52'W*	5347

Une traversée vers l'est contre les vents dominants et le courant n'a rien pour attirer, aussi la plupart des bateaux quittant la Micronésie se dirigent-ils vers le sud ou l'ouest. Cependant, ces dernières années, des marins qui devaient rejoindre Hawaii ou même la côte occidentale des USA, mais ne souhaitaient pas passer par le Japon ou le Pacifique Sud, ont accompli cette traversée sans grosses difficultés. La tactique est de gagner vers l'est en profitant pleinement du contre courant équatorial, ce qui signifie qu'une grande partie de la traversée se fera près du 5°N. Il est bon d'avoir un bateau qui remonte correctement au près et, de toute façon, il faut prendre une bonne réserve de carburant pour pouvoir avancer au moteur dans les zones de calmes. Les waypoints ci-dessus ne sont qu'indicatifs car l'itinéraire choisi devra tenir compte d'un certain nombre de facteurs liés non seulement aux vents, aux courants et à la météo, mais aussi aux escales intermédiaires. Il y a un certain nombre d'arrêts possibles pour l'approvisionnement et le carburant, tels que Yap, Chuuk, Pohnpei, Kosrae ou Majuro, la capitale des îles Marshall. De là, on fait route vers l'une des îles de la Ligne (Christmas ou Fanning), bénéficiant toujours du Contre Courant Equatorial. N'importe laquelle de ces îles, de même que Palmyra au NW, fournit un bon point de départ pour la dernière étape pour Hawaii, décrite dans la route PN93. Bien que la plus grande partie de la Micronésie soit considérée comme en zone de cyclones toute l'année, ils ne constituent pas une menace importante sur l'itinéraire proposé. C'est également vrai en général d'Hawaii, mais si on se rend dans les îles pendant la saison connue des cyclones, il faudra surveiller soigneusement la météo car les cyclones arrivent parfois aussi à l'ouest qu'à Hawaii. Voir aussi les routes PN91 et PN92.

PN90 ROUTES DEPUIS L'EST DE LA MICRONÉSIE

Le risque de tempêtes tropicales pour les îles situées à l'est de la Micronésie est bien plus faible que pour celles de l'ouest et ceci explique pourquoi elles sont visitées par plus de bateaux de croisière. L'autre raison est qu'elles sont plus proches à la fois d'Hawaii et des autres destinations populaires de croisière du Pacifique Sud. De plus, les conditions de temps sont généralement meilleures que dans l'ouest de la Micronésie et, bien que ces îles puissent être visitées pratiquement à n'importe quelle période de l'année, la meilleure saison de navigation se situe en hiver lorsque l'ensemble est sous l'influence des alizés de nord-est. De février à juin, les vents de nord-est soufflent sur la totalité de l'archipel et les vents de cette direction prédominent aussi pendant les mois d'été, mais ils sont plus faibles et moins réguliers. Les typhons affectent les îles Marshall mais très rarement Kiribati. Cependant, contrairement à une croyance bien établie, ce n'est pas pendant les mois d'hiver que les îles Marshall sont réellement sûres, mais plutôt pendant la période de fin mars à juillet où les typhons affectent normalement l'ouest de la Micronésie. Les îles Marshall seront plus sujettes à des typhons entre août et début avril, et aucun typhon n'a été signalé entre la mi-mai et la mi-juillet alors qu'il s'en est produit dans tous les autres mois. Les conditions de temps dans toute la Micronésie sont décrites dans PN80.

Tandis qu'à Kiribati les services dans les îles extérieures sont pratiquement inexistants et qu'il n'y a que dans la capitale Tarawa qu'ils peuvent se révéler adéquats, l'opposé est vrai de Majuro, la capitale des îles Marshall. Compte tenu de l'influence américaine, les possibilités de réparation et de réapprovisionnement sont bonnes, quoique ce ne soit pas toujours le cas dans toutes les îles extérieures. Ainsi que dans la partie ouest de la Micronésie, les bateaux de croisière sont sujets à diverses restrictions lorsqu'ils visitent les îles Marshall, spécialement celles qui ont conservé un style de vie traditionnel. La réglementation n'est pas aussi stricte à Kiribati, quoique, ici aussi, les bateaux doivent faire leur entrée à Tarawa avant de visiter l'une quelconque des îles extérieures.

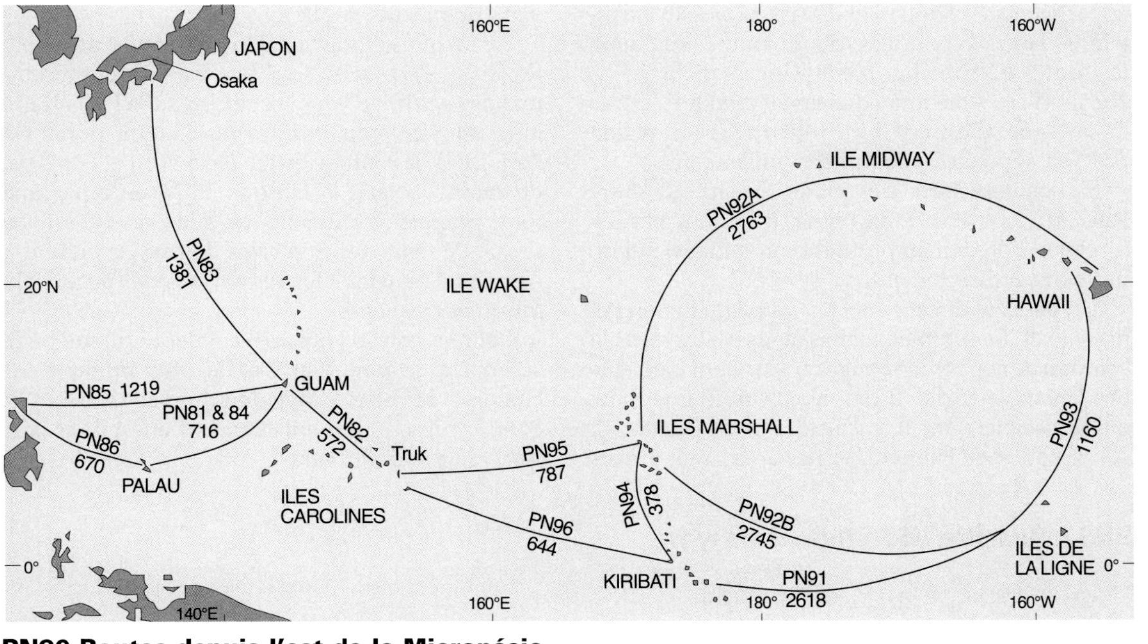

PN90 Routes depuis l'est de la Micronésie

PN91 *De Kiribati à Hawaii*

MEILLEURE PÉRIODE	octobre à avril	
SAISON DES CYCLONES	juin à octobre	
CARTES ROUTIÈRES	BA : 4052	SHOM : 7021
	US : 526	
INSTRUCTIONS NAUTIQUES	BA : 61, 62	SHOM : K11
	US : 126, 152	
GUIDES DE CROISIÈRE	*Charlie's Charts of the Hawaiian Islands, Landfalls of Paradise.*	
WAYPOINTS		

Départ	*Intermédiaire*	*Atterrissage*	*Destination*	*Distance (M)*
PN911 Tarawa S 1°18'N, 173°00'E	PN912 5°00'N, 160°00'W	PN913 Oahu S 21°15'N, 157°55'W	Honolulu *21°17'N, 157°53'W*	2618

Compte tenu des vents dominants de nord-est, il vaut mieux emprunter cette route en hiver, et quoiqu'une forte proportion de vents contraires ne puisse être évitée, le temps est mieux établi et plus agréable. La route se dirige vers l'est entre les latitudes 5°N et 8°N en essayant de tirer parti du contre-courant équatorial qui porte à l'est. On peut faire escale dans le nord des îles de la Ligne qui appartiennent à Kiribati et d'où il est possible d'atteindre Hawaii en restant tribord amure (voir aussi la route PN93). Le récif Kingsman (6°25'N, 162°20'W) se situe immédiatement au nord des îles de la Ligne. C'est une zone interdite et on ne doit pas s'en approcher à moins de 3 milles.

Si l'on rencontre des vents de sud-est entre Kiribati et les îles de la Ligne, il ne faut pas s'y arrêter et l'on doit en profiter pour tenter d'atteindre Hawaii directement.

Un passage direct vers Hawaii peut être long et difficile et il vaut mieux envisager sérieusement la solution de couper le voyage en s'arrêtant dans une des îles de la Ligne. Il faut alors suivre une route qui utilise pleinement le contre courant équatorial. A l'exception de Palmyra, les îles de la Ligne appartiennent à Kiribati et les formalités d'entrée se font normalement à l'île de Christmas, mais il est également possible de s'arrêter à Fanning. Pour les instructions sur l'atterrissage, voir PN35, pour la suite du passage vers Hawaii, voir PN93. Que vous vous arrêtiez ou non dans les îles de la Ligne, il est nécessaire de faire de l'est avant de se trouver dans la ZCI afin d'avoir un meilleur angle une fois dans les vents dominants de NE.

Ayant quitté Tarawa par la passe ouest du lagon, du WP PN911 au sud de Tarawa, la route recommandée se dirige vers l'est jusqu'au WP PN912 le long du 5°N pour profiter du courant portant à l'est. De là, la route se dirige plein nord et l'on sera, du moins jusqu'à la latitude 10°N, aidé par une forte proportion de vents de sud-est et d'est. Le risque de tempêtes tropicales doit rester présent à l'esprit si l'on rejoint les îles hawaïennes pendant la saison des cyclones.

Pour les bateaux qui arrivent depuis le sud ou le sud-ouest, le port d'arrivée le plus pratique est Honolulu et l'atterrissage doit donc se faire au WP PN913, qui se situe 2 milles au sud-ouest de ce port sur la côte sud de Oahu.

PN92 *Des îles Marshall à Hawaii*

MEILLEURE PÉRIODE	avril, octobre	
SAISON DES CYCLONES	juin à octobre	
CARTES ROUTIÈRES	BA : 4052	SHOM : 7021
	US : 526	
INSTRUCTIONS NAUTIQUES	BA : 61, 62	SHOM : K11
	US : 126, 152	
GUIDES DE CROISIÈRE	*Charlie's Charts of the Hawaiian Islands, Landfalls of Paradise.*	

Waypoints

Départ	*Intermédiaire*	*Atterrissage*	*Destination*	*Distance (M)*
Route PN92A				
PN920 Majuro N 7°28'N, 171°20'E	PN921 10°00'N, 170°30'E			
	PN922 20°00'N, 170°00'E			
	PN923 25°00'N, 180°00'			
	PN924 30°00'N, 170°00'W	Kauai 22°20'N, 159°15'W	Nawiliwili *21°57'5N, 159°21'W*	2763
Route PN92B				
PN925 Majuro W 7°10'N, 171°10'E	PN926 6°00'N, 172°00'E			
	PN927 5°00'N, 160°00'W	PN928 Oahu SW 21°15'N, 157°55'W	Honolulu *21°17'N, 157°52'W*	2745

Cette traversée est extrêmement difficile car la route directe se fait contre les vents dominants tout le long du chemin. Très peu de bateaux se rendent directement à Hawaii, à moins que le capitaine ne soit déterminé à faire route au moteur. Dans ce cas, on doit essayer de profiter de vents plus faibles au début et à la fin de l'été, mais, même alors, le voyage s'effectuera contre le vent sur la plus grande partie du trajet. La seule solution pour éviter de tirer sans arrêt des bords est d'effectuer un détour, soit vers le nord, peut être via Wake et les îles Midway, soit par le sud via Kiribati et éventuellement les îles de la Ligne.

Pendant l'été, lorsque les alizés ont une composante plus est et sud dans ces latitudes, la solution par le nord (PN92A) peut être préférable, quoiqu'il soit bon d'insister sur le fait qu'une telle traversée sans escale vers Hawaii n'est pas très attrayante, puisque Wake et Midway sont toutes deux des îles sévèrement réglementées car utilisées par l'armée américaine et seuls des arrêts en cas d'urgence y sont autorisés. Même ainsi, cela assure au moins une certaine tranquillité d'esprit de se dire qu'il y a un endroit où recevoir des secours en cas de réelle urgence. Une caractéristique de cette route par le nord au début de l'été est la possibilité de coups de vent de nord qui peuvent être assez violents.

Les bateaux qui prennent la route du nord depuis Majuro (PN92A) doivent mettre le cap sous le vent de l'atoll Maloelap jusqu'au WP PN921. De là, la route depuis les îles Marshall se dirige pratiquement plein nord vers la latitude 20°N d'où elle s'incurve vers le nord-est, en restant sur l'amure qui permet de gagner le plus à l'est, mais jamais en-dessous de la latitude d'Hawaii. En fait, il peut s'avérer nécessaire d'aller au-dessus de la latitude 25°N pour pouvoir gagner suffisamment à l'est. Cette route passe près de Laysan, l'île la plus au nord des îles hawaiiennes, qui est un sanctuaire d'oiseaux mais n'a pas de mouillage sûr. Le seul bon mouillage proche de cette route se trouve plus au sud, à French Frigate Shoals, mais la permission d'y faire escale doit être obtenue préalablement.

L'autre solution, par la route sud via Kiribati (PN92B), sera empruntée de préférence en hiver quand les alizés sont nord-est et est et que le temps est plus stable. De Majuro, la route passe près de l'ouest de l'atoll Mili et va vers le WP PN926. Une route est alors établie pour rester à l'est des îles nord de Kiribati et gagner autant que possible vers l'est le long de la latitude 5°N. Une fois atteint le WP PN927, le cap est modifié pour Hawaii. Voir aussi la route précédente de Kiribati à Hawaii, PN91.

PN93 *Des îles de la Ligne à Hawaii*

Meilleure période	juin à octobre	
Saison des cyclones	juin à octobre	
Cartes routières	BA : 4052 US : 541	SHOM : 6846, 6847
Instructions nautiques	BA : 62 US : 126, 152	SHOM : K11
Guides de croisière	*Charlie's Charts of the Hawaiian Islands, Landfalls of Paradise.*	

WAYPOINTS

Départ	*Intermédiaire*	*Atterrissage*	*Destination*	*Distance (M)*
Route PN93A				
PN931 Christmas 1°59'N, 157°30'W		PN932 Oahu SW 21°15'N, 157°55'W	Honolulu *21°17'N, 157°52'W*	1160
Route PN93B				
PN933 Fanning 3°47'N, 159°23'W	PN 934 10°00'N, 158°00W	PN932 Oahu SW 21°15'N, 157°55'W	Honolulu *21°17'N, 157°52'W*	1080
Route PN93C				
PN935 Palmyra NW 5°54'N, 162°08'W	PN934 10°00'N, 158°00W	PN932 Oahu SW 21°15'N, 157°55'W	Honolulu *21°17'N, 157°52'W*	1072

La zone séparant les deux groupes d'îles est toujours sous l'influence des alizés de nord-est, et, particulièrement en hiver lorsque les alizés soufflent fortement, la traversée vers le nord se fera contre le vent pendant tout le trajet. Les vents sont habituellement plus est en été et comme ils sont aussi plus faibles, il est préférable d'effectuer les traversées à cette époque. Dans le voisinage immédiat des îles de la Ligne, se trouve la zone des calmes équatoriaux qui s'étend jusqu'à la latitude 8°N. Le contre-courant équatorial porte habituellement fortement à l'est près des îles et l'on peut en tirer parti pour gagner vers l'est avant de se diriger vers les alizés de nord-est. Le risque de tempêtes tropicales doit rester présent à l'esprit si l'on rejoint les îles hawaïennes pendant la saison des cyclones. Le récif Kingsman (6°25'N, 162°20'W) se situe immédiatement au nord des îles de la Ligne. C'est une zone interdite et on ne doit pas s'en approcher à moins de 3 milles.

Du WP PN931, au nord-ouest de l'île Christmas, la route se dirige pratiquement plein nord vers le WP PN932, au sud de Oahu. Pour les bateaux qui arrivent depuis le sud, Honolulu est probablement le port d'entrée le plus pratique.

Christmas étant l'île la plus à l'est de l'archipel des îles de la Ligne, c'est le meilleur point de départ pour la traversée vers Hawaii car elle se trouve pratiquement sur le même méridien qu'Oahu. Il vaut donc mieux la visiter en dernier. Si ce n'est pas possible et que vous deviez partir d'une autre île, il vous faudra absolument faire de l'est avant de rencontrer la ZCI.

L'île de Fanning, qui appartient à Kiribati, constitue en fait une destination bien plus intéressante, car elle possède un lagon bien protégé et divers villages traditionnels. On perdra un peu de route vers l'est en s'arrêtant à Fanning, il faudra récupérer le terrain perdu avant de traverser la ZCI, car au nord de celle-ci les vents dominants de nord-est imposeront une navigation pénible au près serré tout le long du chemin jusqu'à Hawaii. Ceci est encore plus vrai de la route PN93C car Palmyra se situe encore plus dans l'ouest. Cette île privée est maintenant une réserve naturelle, mais jusqu'à présent, le gardien autorise les bateaux de voyage à passer quelques jours dans le lagon parfaitement protégé. En quittant Palmyra, il est impératif de gagner vers l'est alors qu'on se trouve encore sur sa latitude, ce qui doit être possible si la ZCI ne s'est pas déplacée vers le sud. Le même waypoint (PN934), probablement un peu optimiste, a été indiqué pour les bateaux partant de Fanning ou de Palmyra, et l'on doit faire tout son possible pour s'en rapprocher. Même ainsi, le reste de la traversée s'effectuera probablement au près serré et comme les alizés de nord-est ont tendance à souffler plus fort près d'Hawaii, tout le terrain gagné vers l'est doit l'être dans ces basses latitudes, de manière à pouvoir, dans l'idéal, approcher le point d'atterrissage choisi par le sud.

PN94 *Des îles Marshall à Kiribati*

Meilleure période	janvier à mars			
Saison des cyclones	toute l'année			
Cartes routières	BA : 4507	SHOM : 6836		
	US : 507			
Instructions nautiques	BA : 33, 60			
	US : 126, 162			
Guides de croisière	*Landfalls of Paradise, South Pacific Anchorages.*			
Waypoints				

Départ	*Intermédiaire*	*Atterrissage*	*Destination*	*Distance (M)*
PN940 Majuro *7°08'N, 171°22'E*	PN941 Catalin 7°10'N, 171°09'E	PN942 Tarawa N 1°23'N, 172°54'E	Betio *1°21'N, 172°55'E*	378

Quoique, en théorie, les îles Marshall puissent être affectées par des typhons quel que soit le mois de l'année, les tempêtes tropicales sont très rares entre mi-mai et mi-juillet. Le risque de tempêtes tropicales décroît lorsque l'on se dirige vers le sud, de sorte que la traversée vers les ex-îles Gilbert peut être entreprise à n'importe quel moment, mais on aura les meilleures conditions de navigation pendant les alizés de nord-est en hiver.

On quittera le grand lagon de Majuro par la passe Catalin, la route vers le sud passe alors à proximité de divers atolls. Ceux-ci peuvent être visités uniquement si l'on a obtenu une autorisation préalable avant de quitter la capitale. La première île des Kiribati que l'on rencontrera est Butaritari, mais y faire escale est interdit avant d'avoir effectué les formalités à Tarawa. Les bateaux arrivants devront se diriger vers Betio, dans la partie sud-ouest du lagon de Tarawa. La profondeur du chenal d'accès au port intérieur de Betio n'étant que de 1,80 m, les bateaux qui ont un tirant d'eau supérieur devront mouiller sur ancre ou s'amarrer au quai commercial. *Tarawa radio* doit être contacté sur le canal 16 avant d'entrer dans le lagon pour donner une heure estimée d'arrivée.

PN95 *Des îles Marshall aux îles Carolines*

Meilleure période	décembre à avril			
Saison des cyclones	toute l'année			
Cartes routières	BA : 4506	SHOM : 6836		
	US : 506			
Instructions nautiques	BA : 60, 61	SHOM : K11		
	US : 126			
Guides de croisière	*Landfalls of Paradise, South Pacific Anchorages.*			
Waypoints				

Départ	*Intermédiaire*	*Atterrissage*	*Destination*	*Distance (M)*
PN950 Majuro *7°08'N, 171°22'E*	PN951 Catalin 7°10'N, 171°09'E	PN952 Kosrae 5°20'N, 163°03'E	Lelu *5°20'N, 163°01'E*	511
PN90 Majuro	PN951 Catalin	PN953 Pohnpei N 7°05'N, 158°15'E	Takatik *6°59'5N, 158°14'E*	787

Comme la plus grande partie de la Micronésie peut être affectée par une tempête tropicale quel que soit le mois de l'année, on a le choix pour des traversées vers l'ouest depuis les îles Marshall entre profiter des meilleurs vents, comme c'est le cas en hiver, ou traverser lorsque les risques de typhons sont les plus faibles. Dans l'est de la Micronésie, comme à Kosrae, les tempêtes tropicales sont relativement rares mais leur fréquence augmente lorsque l'on se dirige vers l'ouest. En quittant le grand lagon de Majuro par la passe Catalin, on peut faire route directe pour Kosrae, l'île la plus à l'est des Carolines. Cette île montagneuse est entourée par une barrière de corail, qui laisse l'accès à deux ports : Lelu sur le côté est et Okat à l'ouest. Pour les bateaux qui arrivent de l'est, Lelu est plus pratique, c'est aussi la principale agglomération, quoique les services pour les bateaux s'améliorent à Okat compte tenu de la proximité de l'aéroport. Avant de pénétrer à Lelu, on doit appeler *Marine Resources* sur le canal 16 pour les formalités d'entrée. Les services à Lelu peuvent être qualifiés de corrects.

L'autre solution consiste à naviguer directement vers Pohnpei (Ponape) et à atterrir au nord de l'atoll au WP PN953. En approchant par le nord-ouest, deux passes franchissent le récif, et l'on pourra prendre soit la passe Pohnpei, soit la passe Sokehs pour rejoindre le port commercial proche de l'île Takatik. On peut s'amarrer au quai commercial pour effectuer les formalités. Une route construite sur une digue relie la petite île au centre administratif de Kolonia où les services sont quelque peu meilleurs qu'à Kosrae.

PN96 *De Kiribati aux îles Carolines*

MEILLEURE PÉRIODE	décembre à avril			
SAISON DES CYCLONES	toute l'année			
CARTES ROUTIÈRES	BA : 4506	SHOM : 6836		
	US : 506			
INSTRUCTIONS NAUTIQUES	BA : 60, 61	SHOM : K11		
	US : 126			
GUIDES DE CROISIÈRE	*Landfalls of Paradise, South Pacific Anchorages.*			
WAYPOINTS				
Départ	*Intermédiaire*	*Atterrissage*	*Destination*	*Distance (M)*
PN960 Betio *1°21'N, 172°55'E*	PN961 Tarawa 1°23'N, 172°54'E	PN962 Kosrae 5°20'N, 163°03'E	Lelu *5°20'N, 163°01'E*	644

La plus proche destination est Kosrae, une île montagneuse entourée par une barrière de corail qui laisse l'accès à deux ports : Lelu sur le côté est et Okat à l'ouest. Pour les bateaux qui arrivent de l'est, Lelu est plus pratique, c'est aussi la principale agglomération. Avant de pénétrer à Lelu, on doit appeler Marine Resources sur le canal 16 pour les formalités d'entrée. Les services à Lelu peuvent être qualifiés de corrects.

On aura les meilleures conditions de navigation pendant les mois d'hiver, lorsque les alizés de nord-est sont le mieux établis. Quoique le risque de tempêtes tropicales soit plus faible en hiver, ces dernières années les îles à l'est de la Micronésie ont été affectées par des typhons même pendant la période relativement sûre de janvier à mars, donc, lorsque l'on se déplace vers l'ouest, on doit suivre l'évolution du temps attentivement. Kosrae est l'endroit idéal pour débuter une croisière dans les Carolines qui sont encore peu fréquentées, la plupart des îles abritant des communautés continuant à avoir un style de vie traditionnel. Le seul inconvénient est la réglementation stricte qui s'applique aux bateaux de croisière dans tous les états insulaires de la Micronésie.

11

ROUTES TRANSÉQUATORIALES DANS LE PACIFIQUE

A la différence de l'Atlantique, où la plupart des routes de croisière restent dans l'hémisphère nord, une minorité seulement traversant l'équateur, la région équatoriale du Pacifique est parcourue par une multitude de routes. La zone la plus active se situe à l'est où les bateaux quittant Panama ou la côte ouest de l'Amérique du Nord doivent traverser l'équateur pour atteindre leur destination dans le Pacifique Sud. Quoique la zone de convergence intertropicale (ZCI) soit plus large à son extrémité est, la traversée est rarement un problème majeur et la zone concernée est habituellement franchie en un temps relativement court. Les calmes équatoriaux ne deviennent un problème que lorsque leur position et leur étendue n'ont pas été établies avec une précision suffisante et que la route reste dans cette zone de calmes trop longtemps. L'objectif principal consiste à traverser la zone de convergence intertropicale à angle droit et le cap doit toujours être modifié chaque fois qu'une route traverse cette zone de calmes équatoriaux.

A l'ouest de la longitude 150°W, qui est la longitude de Tahiti, la zone des calmes équatoriaux est très étroite et il est souvent possible de naviguer à la voile d'un système d'alizés à l'autre pratiquement sans interruption. Plus loin à l'ouest, les routes transéquatoriales réunissant les deux hémisphères rencontrent rarement une véritable zone de pot au noir, quoique le temps puisse être instable avec des grains à la jonction des deux systèmes d'alizés. Un temps typique du pot au noir se rencontre aussi au changement de moussons, spécialement en Papouasie-Nouvelle Guinée, où l'arrivée de la mousson de nord-ouest est toujours précédée de ce type de temps, particulièrement évident sur les routes vers la Micronésie.

Une autre caractéristique des régions équatoriales du Pacifique, est la complexité et le caractère imprévisible des trois principaux courants. Toutes les routes transéquatoriales sont affectées à un degré plus ou moins grand et même si leur comportement ne peut être prévu avec précision, connaître leur existence peut éviter des surprises désagréables.

PT10 ROUTES TRANSÉQUATORIALES DANS LE PACIFIQUE EST

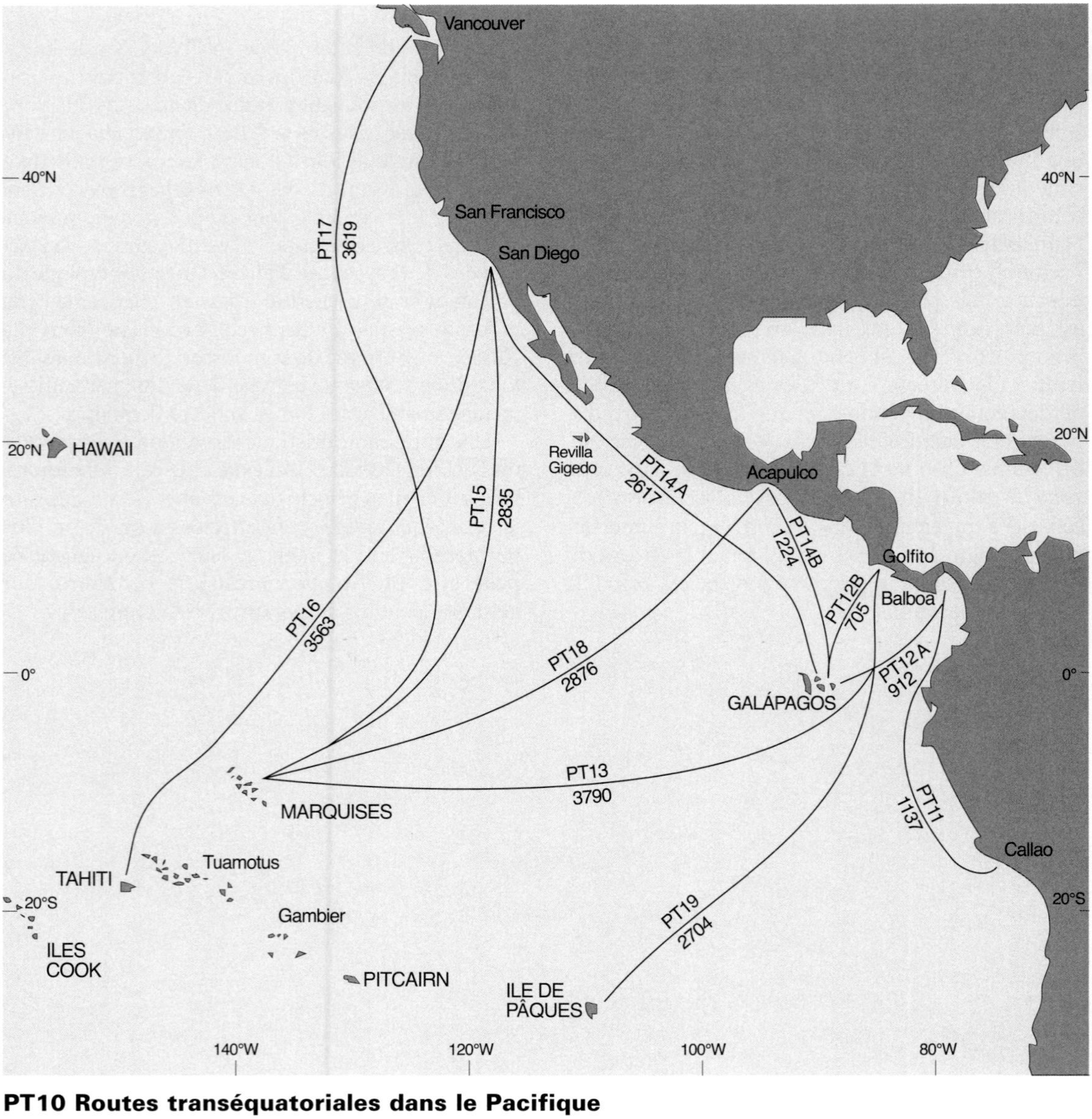

PT10 Routes transéquatoriales dans le Pacifique

PT11 *Routes vers le sud depuis Panama*

MEILLEURE PÉRIODE	novembre à mars			
SAISON DES CYCLONES	aucune			
CARTES ROUTIÈRES	BA : 4062	SHOM : 7023		
	US : 62			
INSTRUCTIONS NAUTIQUES	BA : 7			
	US : 125, 153			
WAYPOINTS				
Départ	*Intermédiaire*	*Atterrissage*	*Destination*	*Distance (M)*
PT111 Panama S	PT112 Mala			
8°50'N, 79°30'W	7°30'N, 79°30'W			
	PT113 Galera			
	1°00'N, 81°00'W			
	PT114 Lorenzo		Salinas	725
	2°15'S, 81°40'W		*2°13'S, 80°55'W*	
PT111 Panama S	PT112 Mala			
	PT113 Galera			
	PT114 Lorenzo			
	PT115 Parinas		Paita	859
	4°40'S, 81°25'W		*5°05'S, 81°07'W*	
			Callao	1137
			12°03'S, 77°09'W	

Toutes les traversées effectuées vers le sud depuis Panama, le long de la côte ouest de l'Amérique du Sud sont très difficiles à cause des vents persistants de sud et du courant contraire du Pérou, appelé aussi courant de Humboldt, qui porte au nord pendant toute l'année. On conseillait aux navires à voile d'autrefois qui n'avaient pas l'avantage d'avoir un moteur auxiliaire, d'essayer de remonter le long de la côte en louvoyant, mais ce uniquement jusqu'à des ports situés au nord de Callao, au Pérou. Pour les ports situés plus au sud, il était recommandé d'effectuer le trajet bien au large avec les alizés de sud-est et ensuite de rejoindre la côte avec l'aide des vents dominants d'ouest que l'on trouve au sud de la latitude 30°S. En ce qui concerne les ports du Chili, cette recommandation continue d'être valable pour les bateaux modernes (voir aussi PS18). Les ports situés au nord de Callao peuvent être atteints de Panama sans ce détour, à condition de tirer le meilleur parti de chaque changement de vent et d'utiliser le moteur lorsque cela s'avère nécessaire.

Du WP PT111 au sud de Panama City, le cap initial est établi pour passer à l'ouest de l'archipel des Perlas et ensuite on se dirige plein sud vers le WP PN112 pour parer le cap Mala. Du WP PT112, le cap est mis vers le WP PT113 de manière à passer à au moins 50 milles à l'ouest de Punta Galera, à l'extrémité sud du golfe de Panama. Pendant la période favorable recommandée, le contre-courant équatorial pénètre en principe jusque dans le golfe de Panama avant de s'incurver et de porter au sud à une vitesse d'au moins 1 nœud.

Au sud du golfe de Panama, les vents soufflent de sud à sud-ouest pendant la plus grande partie de l'année, il faut donc choisir l'amure qui permet de progresser le plus possible au sud. Jusqu'à la hauteur du golfe de Guayaquil, cela n'est pas préoccupant si la route se situe bien au large car on trouvera de meilleures conditions entre 50 et 100 milles de la côte. Pour tous les bateaux, y compris ceux se rendant en Equateur, la route suivie doit rester à au moins 60 milles au large pour éviter les nombreux bateaux de pêche locaux qui utilisent de longs filets flottants non signalés et qui représentent un risque certain plus près de la côte. Compte tenu de ceci, les bateaux se rendant à Salinas et à la marina de Puerto Lucia ne doivent rejoindre la côte qu'à partir du WP PT114 et exercer une veille attentive, en évitant de faire cette route de nuit. Au sud de Guayaquil, il est préférable de rester proche de la côte pour tirer parti de l'alternance des brises de terre et de mer. Pendant les périodes de calmes ou de vents faibles, il sera nécessaire de faire route au moteur pour contrecarrer le fort courant portant au nord.

Il n'est pas rare d'avoir des vents favorables en traversant le golfe de Panama, et pendant l'hiver de l'hémisphère nord, spécialement entre février et avril, l'influence des alizés de nord-est s'étend parfois aussi sud que l'équateur. De décembre à mars, la zone du pot au noir peut s'étendre à l'ouest de l'équateur jusqu'aux Galápagos. Plus au sud, le long de la côte péruvienne, les alizés de sud-est prédominent la plus grande partie de l'année, quoique près de la côte le vent ait une composante plus sud que est. Les coups de vent sont très rares dans les eaux péruviennes et les cyclones inconnus. A cause du courant froid de Humboldt, le brouillard, le crachin et la mauvaise visibilité sont fréquents près de la terre. Un autre danger pour les petits bateaux est la houle anormalement forte qui se produit parfois sans aucun signe précurseur le long de cette côte. Son origine est probablement due à une activité sismique sous-marine, ce phénomène est bien connu dans la région. Cette très forte houle peut causer des dégâts considérables à des bateaux amarrés à quai ou dans un bassin.

Il y a le long de la côte plusieurs ports pratiques où faire escale pour se réapprovisionner et refaire du gazole, l'un des meilleurs est le port équatorien de Salinas, qui a un excellent yacht club où les bateaux de passage sont toujours les bienvenus et qui est un bon endroit où laisser le bateau pour visiter l'intérieur du pays. On m'a signalé les coordonnées GPS de l'entrée de la marina du Puerto Lucia Yacht Club à Salinas : 02°13'742S, 80°55'390W. Au Pérou, le port de Paita est le port d'entrée le plus au nord, tandis que Callao est le port de Lima, la capitale, avec de bonnes possibilités de réparation et un yacht club accueillant. Voir aussi PS18.

PT12 *De l'Amérique centrale et du Mexique aux Galápagos*

MEILLEURE PÉRIODE	février à juin			
SAISON DES CYCLONES	juin à octobre			
CARTES ROUTIÈRES	BA : 4051	SHOM : 6910		
	US : 51			
INSTRUCTIONS NAUTIQUES	BA : 7			
	US : 125, 153			
GUIDES DE CROISIÈRE	*Landfalls of Paradise, South Pacific Anchorages, Pacific Crossing Guide*			
WAYPOINTS				

Départ	*Intermédiaire*	*Atterrissage*	*Destination*	*Distance (M)*
Route PT12A				
PT121 Panama S	PT122 Mala			
8°50'N, 79°30'W	7°30'N, 79°30'W			
	PT123 Malpelo	PT124 Cristobal	Baquerizo Moreno	912
	3°50'N, 81°00'W	0°45'S, 89°37'W	*0°53'7S, 89°37'W*	
		PT125 Cruz E	Puerto Ayora	940
		0°35'S, 90°00'W	*0°44'9S, 90°18'3W*	
Route PT12B				
PT120 Golfito		PT126 Fingers	Baquerizo Moreno	691
8°36'N 83°12'W		0°50'S 89°40'W		
Route PT12C				
PT120 Golfito		PT127 Plazas	Puerto Ayora	705
		0°35'S 90°06'W		

Après de nombreuses années de restrictions, les bateaux de croisière peuvent maintenant s'arrêter aux Galápagos à condition d'observer strictement les règlements protégeant cette réserve naturelle exceptionnelle. Les îles constituent une escale commode sur la route de Panama vers le Pacifique Sud.

Les conditions de temps sur cette route sont très variées, mais quelle que soit la période de l'année à laquelle la traversée est effectuée, on rencontrera probablement une zone de calmes sur le chemin. Il est donc recommandé de quitter Panama avec une bonne réserve de gazole pour faire face aux calmes ainsi qu'aux possibles vents contraires, car des vents de sud ou de sud-ouest ne sont pas rares entre le continent et les îles Galápagos. Comme la zone que l'on doit traverser est sous l'influence directe de la zone de convergence intertropicale (ZCI), il est intéressant de connaître la position de celle-ci avant de quitter Panama. Si on en a le temps, attendre que la ZCI se déplace vers le nord assurera de bonnes conditions de navigation vers les Galápagos.

Dans le golfe de Panama, les vents soufflent principalement du secteur nord entre octobre et avril. De mai à septembre, les vents sont soit de secteur ouest, soit variables. Si l'on rencontre des vents de sud-ouest après le cap Mala, il est préférable de rester tribord amure et de passer à l'est de l'île Malpelo. En se dirigeant vers le sud parallèlement à la côte du continent, éventuellement aussi sud que la latitude 3°S, on aura normalement plus de chances de trouver des vents favorables. En agissant ainsi, on passera moins de temps dans le pot au noir qu'en suivant la route loxodromique. Le courant portant au nord le long de la côte de l'Amérique du Sud peut être très fort lorsqu'il s'incurve progressivement vers le nord-ouest puis l'ouest. Les courants peuvent être très forts dans cette zone et cela doit être gardé présent à l'esprit à l'approche des Galápagos, car une mauvaise visibilité et des courants plus forts que prévu ont causé la perte de divers yachts. Ceux qui prévoient d'effectuer leur atterrissage sur Genovesa doivent faire très attention en approchant cette île basse, spécialement avec un temps à grains. Si le temps est particulièrement mauvais avec une visibilité médiocre à l'approche des Galápagos, on doit faire attention si l'on se met à la cape pendant la nuit à proximité des îles, à cause des forts courants et de l'absence de feux fiables.

Pour les bateaux partant de Panama et du WP PT121, la route passe à l'ouest des îles Perlas et continue plein sud pour parer le cap Mala au WP PT122. De là, on peut mettre le cap sur les Galápagos, quoiqu'il puisse s'avérer payant de rester à l'est de l'île Malpelo (WP PT123) pour profiter du courant portant au sud dans la baie de Panama. De là, le cap peut être modifié vers le port de destination. Si l'on se dirige d'abord vers le port de Baquerizo Moreno, capitale administrative de l'archipel, on doit se diriger vers le WP PT124 avant de modifier le cap pour Puerto Baquerizo Moreno. Il est préférable de laisser l'île de San Cristobal sur bâbord et d'approcher Puerto Baquerizo Moreno par le nord-est. Comme les feux à l'approche du port ne fonctionnent pas toujours, on ne doit pas y pénétrer de nuit.

Si la destination est Puerto Ayora, du WP PT123 on doit mettre le cap vers le WP PT125 entre les îles de Santa Fe et Santa Cruz, avant de modifier le cap pour Puerto Ayora, situé sur Santa Cruz.

Ceux qui partent de ports situés au nord de Panama devraient bénéficier de vents du nord sur la première partie de la traversée. La ZCI sera rencontrée quelque part au sud du 8°N et vers le 5°N les vents deviendront SW. Le courant équatorial portant vers l'ouest deviendra également appréciable et, comme il devient très fort près des îles, il faudra tenir compte de ces deux facteurs pour prévoir sa route et l'atterrissage. Les bateaux qui arrivent du Costa Rica entrent dans l'archipel par le NE et atterrissent à l'un des deux waypoints conseillés.

Il est interdit de s'arrêter ou de débarquer sur une île avant de s'être rendu dans l'un des deux ports d'entrée, Baquerizo Moreno ou Puerto Ayora. Après avoir accompli les formalités d'entrée, on peut s'arrêter dans deux autres ports : Puerto Villamil sur Isabela (0°57'S 90°58'5 W) et Puerto Velasco Ibarra sur Floreana (1°16'S 90°29'W).

Pendant l'escale autorisée, certaines des îles environnantes peuvent être visitées avec les bateaux locaux pour avoir au moins une impression fugitive de leur vie sauvage tout à fait unique. Voir aussi PS19.

PT13 *De Panama aux Marquises*

MEILLEURE PÉRIODE	février à juin	
SAISON DES CYCLONES	décembre à mars	
CARTES ROUTIÈRES	BA : 4051 US : 51	SHOM : 7023
INSTRUCTIONS NAUTIQUES	BA : 7, 62 US : 122, 125, 126, 153	SHOM : K11
GUIDES DE CROISIÈRE	*Landfalls of Paradise, Charlie's Charts of Polynesia, South Pacific Anchorages, Pacific Crossing Guide.*	

WAYPOINTS

Départ	*Intermédiaire*	*Atterrissage*	*Destination*	*Distance (M)*
Route PT13A (Sud)				
PT131 Panama S	PT132 Mala			
8°50'N, 79°30'W	7°30'N, 79°30'W			
	PT133			
	3°00'S, 85°00'W			
	PT134	PT136 Hiva Oa E	Atuona	4051
	3°00'S, 100°00'W	9°45'S, 138°45'W	*9°48'S, 139°02'W*	
		PT137 Nuku Hiva SE	Taiohae	4107
		8°55'S, 139°55'W	*8°56'S, 140°06'W*	
Route PT13B (Nord)				
PT131 Panama S	PT132 Mala			
	PT135			
	0°00', 100°00'W	PT136 Hiva Oa E	Atuona	3790
		PT137 Nuku Hiva SE	Taiohae	3842

Bien que les îles des Galapagos soient sur la route des Marquises, dans le passé certains ne s'y arrêtaient pas, rebutés par les formalités et l'absence d'équipements. Les choses ont bien changé, les bateaux de croisière ont maintenant l'autorisation de s'arrêter dans les îles et même s'il n'y a ni quai ni ponton, l'approvisionnement en produits frais et même en carburant est bien meilleur que par le passé. Si l'on souhaite cependant faire route directe vers les Marquises, en quittant le golfe de Panama on doit donc choisir de passer au nord ou au sud des Galápagos. Quel que soit le choix effectué, on doit rester suffisamment au large des Galápagos car la mauvaise visibilité et de très forts courants rendent la navigation dangereuse à leur approche.

De juin à janvier, il est conseillé de passer au nord des Galápagos, pour éviter de tirer des bords contre les vents de sud-ouest que l'on rencontrera après avoir quitté le golfe de Panama. Cette route (PT13B) bénéficie aussi du courant Nord-équatorial qui porte à l'ouest, ce qui peut représenter une aide considérable. En traversant l'équateur à la longitude 100°W, la route pare tout danger. Si on rencontre des vents défavorables après avoir franchi la longitude des Galápagos, il est préférable de continuer à faire route à l'ouest avec le vent et le courant et de ne traverser l'équateur que lorsque l'on aura un bon angle avec le vent.

De février à mai, il est préférable de passer au sud des Galápagos, et, une fois passé les îles, une route directe vers les Marquises peut être établie (PT13A). A l'ouest des Galápagos, on aura les meilleures conditions de navigation pendant la saison des alizés de sud-est, entre mai et août. On peut aussi avoir d'assez bonnes conditions plus tôt, dans la seconde quinzaine de mars et en avril, lorsque la plupart des traversées sont effectuées sur cette route, les bateaux prévoyant d'arriver en Polynésie française pour la première quinzaine d'avril, ce qui coïncide avec la fin de la saison des cyclones (décembre à mars).

Du WP PT131, au sud de Panama City, la route initiale passe à l'ouest des îles Perlas et se dirige ensuite plein sud pour passer bien à l'écart du cap Mala. Du WP PT132, la route reste à l'est de l'île Malpelo pour profiter du courant portant au sud dans le golfe de Panama. En fonction des conditions de temps rencontrées jusqu'à ce point, le cap sera mis vers le WP PT133 pour traverser l'équateur quelque part à l'est des Galápagos. Une fois ce nouveau cap établi, il convient d'éviter une zone qui se situe au sud des Galápagos et est délimitée par les longitudes 90°W et 95°W et les latitudes 3°S et 8°S, où plusieurs bateaux ont subi des conditions de temps déplaisantes. La zone semble être une extension du pot au noir avec peu ou pas de vent, des rafales d'orage, et une forte houle qui rend les conditions de navigation très inconfortables. La plus grande partie de cette zone peut être évitée si, du WP PT133, on modifie le cap pour passer au sud des Galápagos vers le WP PT134, mais en évitant de descendre sous la latitude 3°S avant d'avoir atteint le nouveau waypoint. De là, en fonction des conditions météo, une route orthodromique peut être empruntée jusqu'au WP PT136, 3 milles à l'est du cap Matafuena, l'extrémité est de Hiva Oa. La route suit la côte jusqu'à la baie de Taaoa, qui abrite dans sa partie nord-ouest le petit port d'Atuona. Le port est protégé par une courte digue, mais celle-ci n'offre pas beaucoup de protection contre la houle de sud. L'entrée dans le port n'est pas facile à identifier de nuit, il est donc fortement recommandé d'y arriver de jour.

Les bateaux se dirigeant directement vers Nuku Hiva doivent éviter le banc Clark (8°05'S, 139°35'W), où la mer déferle sur des fonds peu profonds, et se diriger vers le WP PT137, à 5 milles à l'est de Nuku Hiva. On suivra ensuite la côte en contournant le cap Tikapo vers Taiohae, le port principal et la capitale des Marquises.

PT14 *De la Californie et du Mexique aux Galápagos*

Meilleure période	mars à avril	
Saison des cyclones	juin à octobre	
Cartes routières	BA : 4051	SHOM : 6909, 6910
	US : 51	
Instructions nautiques	BA : 7, 8	
	US : 125, 153	
Guides de croisière	*Landfalls of Paradise, South Pacific Anchorages.*	
Waypoints		

Départ	*Intermédiaire*	*Atterrissage*	*Destination*	*Distance (M)*
Route PT14A				
PT141 San Diego 32°40'N, 117°20'W	PT142 20°00'N, 110°00'W			
	PT143 10°00'N, 95°00'W	PT144 Plaza 0°35'S, 90°06'W	Puerto Ayora *0°46'S, 90°18W*	2617
		PT145 Five Fingers 0°50'S, 89°40'W	Baquerizo Moreno *0°54'S, 89°37'W*	2631
Route PT14B				
PT146 Acapulco *16°50'N, 99°58'W*	PT147 Diamante 16°45'N, 99°55'W			
	PT148 Marchena 0°25'N, 90°20'W	PT144 Plaza	Puerto Ayora	1216
PT146 Acapulco	PT147 Diamante			
	PT148 Marchena	PT145 Five Fingers	Baquerizo Moreno	1230

La saison optimale pour avoir les meilleures conditions météo sur cette route n'est que l'une des nombreuses considérations qui décideront de l'époque à laquelle cette traversée doit être entreprise. Comme les îles Galápagos ne sont visitées que lorsqu'on est en route vers une autre destination, la première chose à prendre en compte est l'époque à laquelle on désire arriver à cette destination finale. Si celle-ci se situe dans le Pacifique Sud, où la plupart des îles sont affectées par des cyclones entre décembre et mars, on ne doit pas y arriver avant début avril. En conséquence, la période optimale de départ de Californie se situe fin février. Comme cette route traverse la zone des ouragans au large de la côte du Mexique, cette traversée ne doit pas être effectuée entre mai et octobre. En fait, on aura de meilleures conditions à la fin de l'hiver, avec la possibilité de forts vents au début de la traversée. Pour cette raison, les bateaux situés dans les ports du nord descendent souvent plus tôt vers les marinas du sud de la Californie, les traversées vers le sud pouvant être effectuées à n'importe quel moment d'un port comme San Diego.

En fonction de la période de l'année à laquelle cette traversée est effectuée, l'on devra naviguer avec les alizés de nord-est et en partie avec ceux de sud-est pour atteindre les Galápagos, ce qui nécessite de prévoir une marge de 30° vers l'est. Comme les vents à proximité des îles soufflent du secteur sud pendant la plus grande partie de l'année, il est judicieux d'essayer de gagner le plus à l'est possible lorsqu'on est plus au nord. Cela signifie en pratique de rester parallèle à la côte continentale. Les bateaux partant depuis des endroits plus au sud comme le Mexique, auront de meilleures conditions et pourront avoir des vents de secteur nord pratiquement jusqu'à l'équateur. En fonction de la période de l'année, la ZCI se situe quelque part entre 3°N et 8°N. Une fois cette zone traversée, les vents virent graduellement au sud.

En prenant comme point de départ le WP PT141, au sud de San Diego, la route longe d'abord la Basse Californie vers le WP PT142. Le cap peut alors être modifié pour le WP PT143 de façon à approcher les Galápagos pratiquement par le nord. Vers le 5°N, les vents deviendront SW et le courant Equatorial portant vers l'ouest deviendra également appréciable. Il devient très fort près des îles, et il faudra en tenir compte pour calculer son atterrissage. Du WP PT143, la route passe à l'est des îles Pinta et Marchena et l'atterrissage s'effectue au WP PT144, à l'est de l'île de Santa Cruz. De là, la route reste parallèle à la côte jusqu'à Academy Bay, où se situe Puerto Ayora.

Les bateaux désirant faire escale à Puerto Baquerizo Moreno doivent suivre une route passant à l'ouest de Genovesa, entre le WP PT143 et le WP PT145, au nord-ouest du rocher Five Fingers (les 5 doigts) à l'approche de Puerto Baquerizo Moreno, le centre administratif des Galápagos. Les bateaux partant d'Acapulco pourront atterrir près de Marchena, l'une des plus petites îles des Galápagos, juste au nord de l'équateur. De là, on a le choix entre les deux ports d'entrée de Baquerizo Moreno et d'Ayora.

De façon à rejoindre le plus vite possible une zone de vents bien établis, les bateaux quittant le Mexique doivent gagner immédiatement le large pour éviter l'influence de la masse continentale.

Bien qu'on permette maintenant aux bateaux de croisière de visiter les Galapagos, il est interdit de s'arrêter ou de débarquer sur une île avant de s'être rendu dans l'un des deux ports d'entrée, Baquerizo Moreno ou Puerto Ayrora. Après avoir accompli les formalités d'entrée, on peut s'arrêter dans deux autres ports : Puerto Villamil sur Isabela (0°57'S 90°58'5 W) et Puerto Velasco Ibarra sur Floreana (1°16'S 90°29'W).

PT15 *De la Californie aux Marquises*

MEILLEURE PÉRIODE	mars à mai	
SAISON DES CYCLONES	juin à octobre (Pacifique Nord) décembre à mars (Pacifique Sud)	
CARTES ROUTIÈRES	BA : 4051 US : 51	SHOM : 7023
INSTRUCTIONS NAUTIQUES	BA : 8, 62 US : 122, 126, 152	SHOM : K11
GUIDES DE CROISIÈRE	*Charlie's Charts of Polynesia, Pacific Crossing Guide, South Pacific Anchorages, Landfalls of Paradise.*	

WAYPOINTS

Départ	*Intermédiaire*	*Atterrissage*	*Destination*	*Distance (M)*
PT151 San Diego 32°40'N, 117°20'W	PT152 0°00', 130°00'W	PT153 Hiva Oa E 9°45'S, 138°45'W	Atuona *9°48'S, 139°02'W*	2890
		PT154 Nuku Hiva SE 8°55'S, 139°55'W	Taiohae *8°56'S, 140°06'W*	2888

La majorité des gens qui entreprennent cette traversée préfèrent faire escale dans des ports de Basse Californie ou même plus au sud avant de partir pour cette longue traversée, quoique cette stratégie n'assure pas nécessairement de meilleures conditions de navigation. Par conséquent, à moins de désirer explorer la côte mexicaine, il est préférable de faire une route directe vers les Marquises. La période d'arrivée aux Marquises doit être prise en compte avant de partir, car un départ en novembre signifie une arrivée aux Marquises au milieu de l'été, qui est la saison des cyclones. La meilleure période se situe entre mars et mai, ce qui assure une arrivée en hiver aux Marquises, à la période la plus agréable de l'année. En moyenne, les traversées les plus lentes sont celles effectuées au début de l'année, lorsque des vents faibles voire des calmes sont fréquents. Certaines années, les alizés ne sont réellement bien établis qu'en mai, bien que les courants restent favorables tout au long de l'année. Les vents sont plus forts et plus réguliers vers la fin de l'année, mais c'est alors la mauvaise période pour arriver en Polynésie.

La route orthodromique traverse le pot au noir

en diagonale, et si l'on suit une telle route, elle devra être modifiée dès que l'on atteint la zone des calmes équatoriaux, de façon à traverser celle-ci à angle droit. Si les alizés de nord-est sont bien établis alors que l'on navigue au nord de l'équateur, il est préférable de les conserver et de gagner le plus possible à l'ouest avant de traverser l'équateur. Cependant, traverser l'équateur plus à l'ouest que 130°W (WP PT152) ne procurera aucun avantage. Pendant l'hiver, les vents de nord-est font sentir leur influence jusqu'à proximité de la ZCI et la durée de cette traversée dépendra en grande partie de la rapidité à laquelle on aura traversé cette zone, c'est pourquoi il est essentiel de connaître sa position. Cela peut se faire avec des images satellites, ou en restant en contact avec d'autres bateaux situés en avant. On rencontrera la ZCI entre 3°N et 10°N, elle se caractérise par des vents faibles et des grains fréquents, certains pouvant être assez violents. Une fois cette zone franchie ainsi que l'équateur, on devrait rapidement trouver les vents de sud-est et lorsque ceci se produit il est important de ne pas se retrouver trop au près, d'où le conseil de ne pas traverser l'équateur plus à l'ouest que 128°W ou 130°W.

Un danger qui a été signalé sur ou à proximité de cette route est la présence de diverses bouées météo par 0°, 2°N et 5°N - toutes par 125° W. Ces bouées ne sont pas éclairées, mais sont assez grandes pour être bien visibles au radar.

En partant de San Diego et du WP PT151, en prenant l'hypothèse que l'équateur a été franchi au WP PT152, on mettra le cap vers le WP PT153, 3 milles à l'est du cap Matafuena, l'extrémité est de Hiva Oa. La route suit la côte vers la baie de Taaoa, qui abrite dans sa partie nord-ouest le petit port d'Atuona. Le port est protégé par une courte digue, mais celle-ci n'offre pas beaucoup de protection contre la houle de sud. L'entrée dans le port n'est pas facile à identifier de nuit, il est donc fortement recommandé d'y arriver de jour.

Les bateaux se dirigeant directement vers Nuku Hiva doivent éviter le banc Clark (8°05'S, 139°35'W), où la mer déferle sur des fonds peu profonds, et se diriger vers le WP PT154, à 5 milles à l'est de Nuku Hiva. On suivra ensuite la côte en contournant le cap Tikapo vers Taiohae, le port principal et la capitale des Marquises. Compte tenu des vents dominants et de la disposition des îles, il est préférable d'effectuer d'abord les formalités à Atuona et de visiter les îles voisines, en réservant Nuku Hiva pour la fin d'une croisière aux Marquises.

PT16 *De la Californie à Tahiti*

MEILLEURE PÉRIODE	novembre à mai	
SAISON DES CYCLONES	juin à octobre (Pacifique Nord) décembre à mars (Pacifique Sud)	
CARTES ROUTIÈRES	BA : 4051, 4061 US : 51	SHOM : 7023, 6607
INSTRUCTIONS NAUTIQUES	BA : 8, 62 US : 122, 126, 152	SHOM : K11
GUIDES DE CROISIÈRE	*Charlie's Charts of Polynesia, Pacific Crossing Guide, Landfalls of Paradise, South Pacific Anchorages.*	

WAYPOINTS

Départ	*Intermédiaire*	*Atterrissage*	*Destination*	*Distance (M)*
PT161 San Diego 32°40'N, 117°20'W	PT162 0°00', 140°00'W			
	PT163 Manihi 14°24'S, 145°29'W			
	PT164 Rangiroa E 15°13'S, 147°02'W	PT165 Tahiti 17°30'S, 149°34'W	Papeete *17°32'5S, 149°34'5W*	3563

Cette route peu fréquentée est empruntée par ceux qui ont hâte de rejoindre Tahiti et sont prêts à naviguer sans escale plutôt que de s'arrêter aux Marquises ou d'emprunter la route plus longue via Hawaii. La route recommandée traverse l'équateur au-dessus des Marquises par environ 140°W, la zone des calmes équatoriaux étant plus étroite là que plus à l'est. La largeur de cette zone varie selon les années et est même parfois inexistante, les alizés de nord-est laissant la place aux alizés de sud-est pratiquement sans interruption.

En partant de San Diego et du WP PT161, on peut suivre la route orthodromique vers le point de passage de l'équateur au WP PT162. De là, la route passe à l'ouest des Marquises et traverse l'ouest des Tuamotus entre les atolls de Takaroa et de Manihi. Il faut alors modifier le cap pour passer à l'est de Rangiroa au WP PT164. En approchant Tahiti par le nord-est, l'atterrissage se fera au nord nord-est de l'entrée de Papeete au WP PT165. La passe à travers le récif se situe par 17°32'18S, 149°35'1W.

PT17 *De la côte Pacifique nord-ouest aux Marquises*

MEILLEURE PÉRIODE	mai à juin
SAISON DES CYCLONES	juin à octobre (Pacifique Nord) décembre à mars (Pacifique Sud)
CARTES ROUTIÈRES	BA : 4051, 4801 SHOM : 7023, 6835 US : 520, 526
INSTRUCTIONS NAUTIQUES	BA : 8, 25, 62 SHOM : K11 US : 122, 126, 152, 154
GUIDES DE CROISIÈRE	*Charlie's Charts of Polynesia, Pacific Crossing Guide, South Pacific Anchorages, Landfalls of Paradise.*

WAYPOINTS

Départ	*Intermédiaire*	*Atterrissage*	*Destination*	*Distance (M)*
PT171 Flattery 48°20'N, 124°50'W	PT172 46°00'N, 128°00'W			
	PT173 0°00', 135°00'W	PT174 Hiva Oa E 9°45'S, 138°45'W	Atuona *9°48'S, 139°02'W*	3619
		PT175 Nuku Hiva SE 8°55'S, 139°55'W	Taiohae *8°56'S, 140°06'W*	3597

Pour ceux qui ont l'intention de commencer leur croisière dans le Pacifique Sud par les Marquises et les Tuamotus, une route directe depuis la côte Pacifique nord-ouest vers les Marquises est à la fois la plus logique et la plus pratique. Un détour via Hawaii ne peut être recommandé car cela impliquerait de remonter au vent pour atteindre les Marquises. La meilleure période pour partir se situe en mai ou début juin, quand les tempêtes d'hiver sont en général terminées au large des côtes des états de Washington et de l'Oregon et qu'il reste assez de temps pour se trouver au sud de 10°N avant le début de la saison des ouragans. Un départ plus tôt est aussi possible, si la couverture météo à long terme est bonne. Un départ plus tard est plus risqué car la plupart des ouragans qui se forment au large de la côte du Mexique suivent une trajectoire qui coupe cette route.

En quittant la côte, il est essentiel de s'éloigner du plateau continental le plus vite possible, car la mer est toujours plus dure à cet endroit. En partant du WP PT171 au large du cap Flattery, la route initiale se dirige au sud-ouest vers le WP PT172 pour s'écarter le plus vite possible du plateau continental et trouver des conditions de navigation plus régulières au large. De là, on pourra faire route directe vers les Marquises. Si l'on emprunte la route orthodromique, on doit rester à l'est du 135° W jusqu'au sud de l'équateur, pour éviter d'avoir à tirer des bords contre les alizés de sud-est. Pendant la première partie de la traversée, les vents seront probablement nord-ouest ou ouest et le courant est aussi favorable. En mai et juin, les alizés de nord-est s'étendent aussi nord en latitude que 25°N, quoique, certaines années, on ne les trouvera que quelques degrés plus au sud. La zone des calmes équatoriaux n'est pas trop large à cette époque de l'année, mais si l'on prévoit de la traverser au moteur, il est recommandé de mettre un peu d'est dans son sud, à la fois pour contrecarrer le courant sud-équatorial qui porte à l'ouest et aussi pour être en meilleure position lorsque l'on rencontrera les alizés de sud-est.

Ayant franchi l'équateur au WP PT173, on pourra alors se diriger vers le WP PT174, trois milles à l'est du cap Matafuena, l'extrémité est de Hiva Oa. La route suit la côte vers la baie de Taaoa, qui abrite dans sa partie nord-ouest le petit port d'Atuona, qui est un port d'entrée officiel en

Polynésie française. Les bateaux se dirigeant directement vers Nuku Hiva doivent éviter le banc Clark (8°05'S, 139°35'W), où la mer déferle sur des fonds peu profonds, et se diriger vers le WP PT175, à 5 milles à l'est de Nuku Hiva. On suivra ensuite la côte en contournant le cap Tikapo vers Taiohae, le port principal et la capitale des Marquises. Compte tenu des vents dominants et de la disposition des îles, il est préférable d'effectuer d'abord les formalités à Atuona et de visiter les îles voisines, en réservant Nuku Hiva pour la fin d'une croisière aux Marquises.

PT18 *Du Mexique et de l'Amérique centrale aux Marquises*

MEILLEURE PÉRIODE	mars à mai	
SAISON DES CYCLONES	juin à octobre (Pacifique Nord) décembre à mars (Pacifique Sud)	
CARTES ROUTIÈRES	BA : 4051 US : 51	SHOM : 7023
INSTRUCTIONS NAUTIQUES	BA : 8, 62 US : 122, 126, 153	SHOM : K11
GUIDES DE CROISIÈRE	*Charlie's Charts of Polynesia, Landfalls of Paradise, South Pacific Anchorages.*	

WAYPOINTS

Départ	*Intermédiaire*	*Atterrissage*	*Destination*	*Distance (M)*
PT181 Acapulco 16°50'N, 99°58'W	PT183 0°00', 128°00'W	PT184 Hiva Oa E 9°45'S, 138°45'W	Atuona *9°48'S, 139°02'W*	2826
		PT185 Nuku Hiva SE 8°55'S, 139°55'W	Taiohae *8°56'S, 140°06'W*	2842
PT182 Golfito 8°36'N, 83°12'W	PT183	PT184 Hiva Oa E	Atuona	3612
		PT185 Nuku Hiva SE	Taiohae	3628

La durée de cette traversée, qui peut prendre jusqu'à quatre semaines, dépend beaucoup de l'extension de la zone des calmes équatoriaux. Ainsi que mentionné dans la route PT15, il est judicieux d'essayer de rester avec les alizés de nord-est le plus longtemps possible. Cette tactique est particulièrement recommandée au début de l'année, avant que les alizés de sud-est soient pleinement établis au sud de l'équateur. Pendant les autres mois, une route orthodromique peut être suivie jusqu'à ce que l'on atteigne la zone du pot au noir. Normalement on aura des vents de nord-est jusqu'à proximité de la ZCI, que l'on rencontrera entre 3°N et 10°N. Si l'on réussit à traverser la ZCI et l'équateur assez rapidement, les alizés de sud-est assureront une traversée rapide sur le restant du voyage. Comme ces vents peuvent avoir une composante sud assez marquée, de façon à ne pas se retrouver au près serré, il est recommandé de ne pas traverser l'équateur plus à l'ouest que 128°W ou, au plus, 130°W. Si le départ s'effectue après début juin, il vaut mieux gagner le large le plus rapidement possible pour éviter les *chubascos*, des vents forts qui se produisent au large de la côte de l'Amérique centrale. Une traversée en été sera caractérisée par des orages et des vents faibles et variables au nord de l'équateur, et avec des alizés de sud-est bien établis au sud de celui-ci. Un départ en été du Mexique doit tenir compte du danger d'ouragans. De même, si le départ se fait en hiver, on doit s'éloigner très rapidement de la côte pour éviter les forts vents associés à certaines zones, voir PN20.

La route depuis le Mexique passe près de l'île Clipperton (10°17'N, 109°15'W) qui est une possession française inhabitée, quoiqu'occasionnellement visitée par des météorologues et d'autres scientifiques. Les yachts se dirigeant vers le Pacifique Sud y font quelquefois une escale imprévue.

Si cette traversée est faite à la période recommandée, qui correspond aussi à la meilleure saison pour arriver en Polynésie française, on peut rejoindre une route orthodromique dès que l'on s'est suffisamment écarté de la côte. On peut alors mettre le cap vers le WP PT183 qui est le point d'intersection recommandé avec l'équateur. Ce point ne constitue qu'une hypothèse et sa position dépendra de la période de l'année mais surtout des conditions de temps prédominant au sud de l'équateur. Du WP PT183, on modifiera le cap vers le WP PT184, 3 milles à l'est du cap Matafuena, l'extrémité est de Hiva Oa. La route suit la côte vers la baie de Taaoa, qui abrite dans sa partie nord-ouest le petit port d'Atuona, port d'entrée officiel en Polynésie française. Les bateaux se dirigeant directement vers Nuku Hiva doivent éviter le banc Clark (8°05'S, 139°35'W), où la mer déferle sur des fonds peu profonds, et se diriger vers le WP PT185, à 5 milles à l'est de Nuku Hiva. On suivra ensuite la côte en contournant le cap Tikapo vers Taiohae, le port principal et la capitale des Marquises. Compte tenu des vents dominants et de la disposition des îles, il est préférable d'effectuer d'abord les formalités à Atuona et de visiter les îles voisines, en réservant Nuku Hiva pour la fin d'une croisière aux Marquises.

PT19 *De l'Amérique centrale à l'île de Pâques*

Meilleure période	décembre à février	
Saison des cyclones	juin à octobre (Pacifique Nord)	
Cartes routières	BA : 4062 US : 62	SHOM : 6964
Instructions nautiques	BA : 8, 62 US : 122, 125, 153	SHOM : K11
Guides de croisière	*Landfalls of Paradise, South Pacific Anchorages.*	
Waypoints		

Départ	*Intermédiaire*	*Atterrissage*	*Destination*	*Distance (M)*
PT191 Golfito 8°36'N, 83°12'W	PT193 0°00', 85°00'W	PT195 Pâques N 27°00'S, 109°25'W	Hanga Roa *27°09'S, 109°26'W*	2683
PT192 Panama S 8°50'N, 79°30'W	PT194 Mala 7°30'N, 79°30'W PT193 0°00', 85°00'W	PT195 Pâques N	Hanga Roa	2793

Les bateaux partant depuis Panama ou le Costa Rica doivent essayer d'établir une route qui reste à l'est des Galápagos, on y rencontrera de meilleures conditions et l'équateur sera franchi près du WP PT195. Si l'on part depuis Panama, du WP PT192, la route se dirige d'abord à l'ouest des Perlas et ensuite plein sud pour parer le cap Mala. Du WP PT194, la route reste à l'est de l'île Malpelo pour tirer parti du courant portant au sud dans le golfe de Panama. En fonction des conditions de temps que l'on rencontrera jusqu'à ce point, l'équateur sera franchi aux environs de la longitude 85°W. Voir aussi la route PS12.

Une fois l'équateur franchi, on peut prendre un nouveau cap pour atterrir à l'île de Pâques au WP PT195 au nord du cap Nord de l'île. La côte nord-ouest doit être suivie jusqu'à l'agglomération principale de Hanga Roa, où quelques quillards peuvent trouver refuge dans le petit port de Hanga Piko. Les bateaux n'ont pas le droit d'entrer par eux-mêmes dans ce port, il faut donc contacter le *Port Captain* sur le canal 16 pour demander un pilote. Le tarif est d'environ 100 $. En raison des changements rapides de temps, le *Port Captain* n'autorise pas que l'on laisse le bateau sans surveillance au mouillage principal de Hanga Roa. Un pêcheur vous offrira d'emmener l'équipage à terre dans son propre bateau car le ressac peut rendre le débarquement dangereux. Si le temps n'est pas bien établi, on peut aller mouiller à Anakena, sur la côte nord.

Comme la route vers l'île de Pâques passe très près des Galápagos, une escale doit y être envisagée. Les bateaux sont maintenant autorisés à y passer quelques jours à condition de s'arrêter dans l'un des deux ports d'entrée. Les deux ports d'entrée officiels sont Puerto Baquerizo Moreno sur San Cristobal et Puerto Ayora sur Santa Cruz. Pour plus de détails voir PT12.

PT20 ROUTES TRANSÉQUATORIALES DANS LE PACIFIQUE CENTRAL

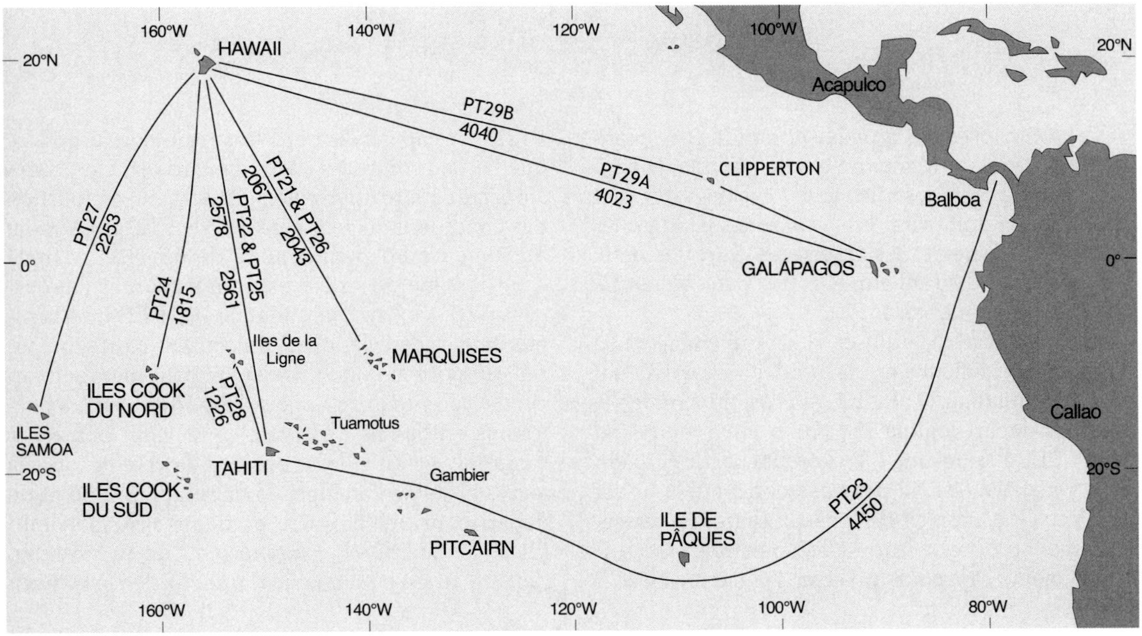

PT20 Routes transéquatoriales dans le Pacifique central

La plupart des routes transéquatoriales dans le Pacifique central partent ou arrivent à Hawaii. En comparaison de la partie est de la zone équatoriale, la zone des calmes équatoriaux qui affecte ces routes est beaucoup plus étroite et l'on peut passer d'un système d'alizés à l'autre pratiquement sans interruption.

PT21 *Des Marquises à Hawaii*

MEILLEURE PÉRIODE	avril à mai, novembre			
SAISON DES CYCLONES	décembre à mars (Pacifique Sud-Est) juin à octobre (Pacifique Nord)			
CARTES ROUTIÈRES	BA : 4051 US : 526	SHOM : 7023		
INSTRUCTIONS NAUTIQUES	BA : 62 US : 126, 152	SHOM : K11		
GUIDES DE CROISIÈRE	*Charlie's Charts of the Hawaiian Islands, Pacific Crossing Guide.*			
WAYPOINTS				

Départ	*Intermédiaire*	*Atterrissage*	*Destination*	*Distance (M)*
PT211 Nuku Hiva NW 8°55'S, 140°15'W	PT212 Motu One 7°54'S, 140°20'W			
	PT213 0°00', 140°20'W			
	PT214 10°00'N, 143°00'W	PT215 Hawaii E 19°30'N, 154°45'W	Hilo *19°44'N, 155°04'W*	2067

Cette traversée est agréable et rapide et ce pratiquement pendant n'importe quelle période de l'année. Compte tenu des saisons des cyclones qui sont opposées, on doit éviter les deux zones pendant les périodes critiques et les traversées entre les deux groupes d'îles devront être effectuées aux alentours du changement de saison.

En quittant les Marquises, il est préférable de se diriger franchement vers le nord pour arriver au nord de l'équateur le plus à l'est possible. Comme le point de départ logique est Nuku Hiva, depuis le WP PT211, à l'ouest de l'île, la route se dirige plein nord vers le WP PT212 pour passer à 5 milles à l'est du Motu One, un récif très bas qui se trouve dangereusement proche de la route recommandée. On suivra le même cap pour traverser l'équateur au WP PT213. Le cap vers le nord sera maintenu jusqu'à ce que l'on rencontre les alizés de nord-est. On pourra alors faire route directe vers Hawaii, ou, en fonction des conditions météo, vers le WP PT214. La route initiale au nord permet aussi de traverser à angle droit la zone où existe un contre-courant (en-dessous de 8°N). Une fois atteint le WP PT214, on commencera à sentir les effets du courant Nord-équatorial qui porte à l'ouest. De là, on peut mettre le cap vers le WP PT215 au large du cap Kumukahi, à l'extrémité est de l'île d'Hawaii. Le meilleur port d'entrée à Hawaii est Hilo, sa position au vent de tous les autres ports de l'archipel en fait un parfait point de départ pour une croisière parmi les îles. Honolulu (21°18'N, 157°52'W), compte tenu de sa position, doit être réservé pour la fin d'une croisière à Hawaii.

PT22 *De Tahiti à Hawaii*

MEILLEURE PÉRIODE	avril à juin, octobre à novembre	
SAISON DES CYCLONES	décembre à mars (partie Est du Pacifique Sud) juin à octobre (Pacifique Nord)	
CARTES ROUTIÈRES	BA : 782, 4061 US : 541	SHOM : 7023, 6880
INSTRUCTIONS NAUTIQUES	BA : 62 US : 126, 152	SHOM : K11
GUIDES DE CROISIÈRE	*Charlie's Charts of the Hawaiian Islands, Landfalls of Paradise.*	

Waypoints

Départ	*Intermédiaire*	*Atterrissage*	*Destination*	*Distance (M)*
PT221 Tahiti 17°32'S, 149°35'W	PT222 Tetiaroa 17°00'S, 149°22'W			
	PT223 15°00'S, 149°30'W			
	PT224 0°00', 145°00'W	PT225 Oahu S 21°15'N, 157°52'W	Honolulu *21°18'N, 157°52'W*	2578

Il faudra effectuer cette traversée de préférence pendant les mois d'hiver du Pacifique Sud, lorsqu'il n'y a aucun danger de cyclones dans les îles de la Société ou dans les Tuamotus. Pendant la plus grande partie de cette période, on aura des alizés bien établis au sud de l'équateur. Le meilleur moment pour quitter Tahiti, ou un autre port dans les îles de la Société, se situe entre avril et juillet, lorsque l'on peut espérer de bonnes conditions des deux côtés de l'équateur. Si l'on quitte Tahiti après la fin mai, il faudra faire attention aux bulletins météo lorsqu'on pénétrera dans la zone au nord des îles de la Ligne.

En quittant Tahiti, du WP PT221 à l'extérieur du port de Papeete, on mettra le cap vers le WP PT222, 10 milles à l'est de l'atoll de Tetiaora. L'on doit maintenir un cap plein nord pour passer à l'ouest de tous les atolls des Tuamotus. Au WP PT223, on modifiera le cap pour traverser l'équateur au WP PT224. Si l'on a la possibilité de gagner vers l'est à ce stade cela constituera un avantage plus tard.

De Tahiti jusqu'aux environs de la latitude 10°S les alizés de sud-est soufflent souvent d'est voire de nord-est, mais après avoir franchi la latitude 10°S les alizés sont sud-est, il devient donc possible de choisir le meilleur point pour franchir l'équateur. Dans ces longitudes, les alizés de sud-est s'étendent au-delà de l'équateur pendant la plus grande partie de l'année et la zone des calmes équatoriaux dépasse rarement 100 milles de large. Parfois la zone des calmes équatoriaux est pratiquement inexistante, le passage d'un système d'alizés à l'autre se faisant pratiquement d'un coup. On rencontrera habituellement les alizés de nord-est aux alentours de la latitude 10°N. Le cap doit continuer à être établi légèrement à l'est de la destination désirée, à la fois pour tenir compte du courant portant à l'ouest et pour arriver au vent de la destination choisie.

Aussi forte que soit la tentation d'interrompre le voyage dans une des îles de la Ligne, ainsi que cela est suggéré dans la route en sens inverse entre Hawaii et Tahiti, procéder ainsi en se dirigeant vers le nord serait une faute car l'on perdrait trop de terrain à l'est et on effectuerait probablement l'étape suivante vers Hawaii avec le vent pratiquement dans le nez. Un moyen de s'assurer une traversée plus facile au nord de l'équateur consiste à partir d'une île plus à l'est que Tahiti, comme Rangiroa, dans les Tuamotus, ou encore plus à l'est. Pour les bateaux en provenance du sud, le port d'arrivée le plus pratique est probablement Honolulu, l'atterrissage se fera donc au WP PT225, deux milles au sud de ce port sur la côte sud d'Oahu.

Malgré les difficultés décrites ci-dessus, très peu de bateaux en route vers Hawaii manqueront la chance de visiter les îles de la Ligne. Ils perdront alors pas mal d'est et il leur faudra s'efforcer de récupérer une partie du terrain perdu pendant qu'ils sont encore au sud de la ZCI, située en juin-juillet près de la latitude de Palmyra. Voir aussi PT28 et PN93.

PT23 *De Tahiti et des Marquises à Panama*

Meilleure période	mi-octobre à mi-décembre	
Saison des cyclones	décembre à mars	
Cartes routières	BA : 4051, 4061	SHOM : 7166, 6964
	US : 62, 621	
Instructions nautiques	BA : 7, 7A, 62	SHOM : K11
	US : 122, 125, 126, 153	
Guides de croisière	*Cruising Guide to Panama, Cruising Guide to the Isthmus of Panama.*	

Cette route rarement empruntée est utilisée par ceux qui ne veulent pas rejoindre l'Atlantique par le cap Horn ou par la route autour du monde vers l'ouest avec les alizés. En fonction de la période de l'année, ceux qui veulent atteindre Panama depuis Tahiti devront faire route vers l'est avec l'aide des vents d'ouest des latitudes plus élevées, où couper à travers les alizés de sud-est en empruntant une route plus directe mais aussi plus difficile.

Cette route indirecte avec l'aide des vents d'ouest dominants peut être empruntée pendant toute l'année. Depuis Tahiti, le cap est établi au sud sud-est à travers les îles australes jusqu'à atteindre la zone des vents d'ouest dominants. Pendant les mois d'hiver, lorsque la limite des alizés de sud-est se situe plus au nord, il faudra gagner vers l'est entre les latitudes 28°S et 32°S. Pendant les mois d'été, il peut être nécessaire de descendre aussi sud que la latitude 35°S pour trouver des vents d'ouest constants. En atteignant le méridien 100°W, on met le cap progressivement vers le nord-est jusqu'à trouver à nouveau les alizés de sud-est. La route reste alors parallèle à l'Amérique du Sud en profitant du courant de Humboldt qui porte au nord.

La route plus directe peut être empruntée lorsque les alizés de sud-est ne sont pas encore complètement établis, le meilleur moment est pendant l'été austral de mi-octobre à mi-mars. Comme c'est aussi la saison des cyclones à Tahiti, on doit surveiller attentivement la météo tant que l'on se trouve dans la zone dangereuse. Depuis Tahiti, on mettra le cap au sud-est pour passer au sud de l'archipel des Tuamotus. Une fois passées les îles Gambier, la route se dirige vers Pitcairn, d'où l'on peut prendre la route orthodromique vers Panama. Une fois que l'on s'est rapproché de la côte de l'Amérique du Sud, le vent et le courant deviennent favorables.

Une route alternative a été tentée par quelques bateaux durant ces dernières années, à partir des Marquises. On peut rejoindre les îles depuis Tahiti par une route directe ou en s'arrêtant aux Tuamotus. En partant des Marquises, la tactique consiste à faire une route NE vers l'équateur pour bénéficier des contre-courants équatoriaux qui vont vers l'est. On les trouve vers 5°N. Les conditions entre octobre et novembre ont été décrites comme assez favorables dans la mesure où la direction générale du vent est de S voire même de SW. Il est conseillé de prévoir une bonne provision de carburant car les vents peuvent parfois être très faibles.

PT24 *Des îles Cook à Hawaii*

Meilleure période	mai à juin, novembre	
Saison des cyclones	décembre à mars (Pacifique Sud) juin à octobre (Pacifique Nord)	
Cartes routières	BA : 780, 782 US : 541	SHOM : 7023, 6880
Instructions nautiques	BA : 62 US : 126, 152	SHOM : K11
Guides de croisière	*Charlie's Charts of Polynesia, Charlie's Charts of the Hawaiian Islands, Landfalls of Paradise.*	

Waypoints

Départ	*Intermédiaire*	*Atterrissage*	*Destination*	*Distance (M)*
PT241 Penrhyn 8°57'S, 157°55'W	PT242 Christmas 1°58'N, 157°32'W	PT244 Oahu S 21°15'N, 157°52'W	Honolulu *21°18'N, 157°52'W*	1816
	PT243 0°00', 157°45'W	PT244 Oahu S	Honolulu	1815

La majorité des bateaux qui empruntent cette route à travers les îles Cook du Nord (Pukapuka, Manihiki, Penrhyn, et Rakahanga) font escale sur une de ces îles avant de se diriger vers le nord en franchissant l'équateur. Comme les îles de la Ligne se trouvent aussi sur la route directe pour Hawaii, il peut être pratique d'y faire aussi escale, Fanning et Palmyra possèdent les meilleurs mouillages.

La traversée peut être effectuée à n'importe quel mois en dehors de la saison des cyclones, qui doit être évitée car les îles Cook du Nord ont été frappées par des cyclones dans le passé. Les conditions de temps rencontrées au nord des îles Cook sont caractéristiques du pot au noir, il y a de nombreux grains, avec des orages suivis de calmes. Des conditions de navigation particulièrement déplaisantes ont été rapportées au nord de l'équateur pendant la saison des ouragans dans le Pacifique Nord car la route passe à travers une zone où les dépressions tropicales prennent naissance. La dernière partie, entre les îles de la Ligne et Hawaii, s'effectue au près serré contre le vent, en particulier au nord de la latitude 10°N où l'on trouve en général les alizés de nord-est. Pour éviter ces vents contraires, on doit s'efforcer de gagner le plus possible à l'est au début de la traversée.

Un bon point de départ pour cette traversée est l'atoll de Penrhyn, dans les îles Cook du Nord. Du WP PT241, à l'extérieur de la passe du nord-est, la route directe passe si près de l'île Christmas qu'une escale y devient pratiquement inévitable. Dans ce cas, le cap sera mis vers le WP PT242, à l'ouest de Cook Island Passage, qui mène dans le lagon de cette île. Le lagon est trop peu profond pour les quillards et il est plus sûr de mouiller sous le vent de l'île principale, juste au nord de Bridges Point, à l'ouest du village principal de London (1°59'79N 157°28'33W). Attention, si vous arrivez par le sud, la position GPS de South West Point, et donc de l'île elle-même, est 1,4 mille plus à l'ouest que sur la carte.

L'île Christmas appartient à Kiribati et les formalités doivent être accomplies à l'agglomération principale qui s'appelle London. Si l'on ne désire pas y faire escale, du WP PT241 on se dirigera vers le WP PT243 pour traverser l'équateur. La route passe alors à l'ouest de l'île Christmas et se dirige vers le WP PT244 au sud d'Oahu. Les formalités d'entrée seront effectuées dans le port d'Honolulu.

PT25 *Depuis Hawaii vers Tahiti*

MEILLEURE PÉRIODE	avril à octobre	
SAISON DES CYCLONES	juin à octobre (Pacifique Nord) décembre à mars (partie Est du Pacifique Sud)	
CARTES ROUTIÈRES	BA : 782, 4061 US : 541	SHOM : 7023, 6880
INSTRUCTIONS NAUTIQUES	BA : 62 US : 122, 126, 152	SHOM : K11
GUIDES DE CROISIÈRE	*Charlie's Charts of Polynesia, Landfalls of Paradise.*	
WAYPOINTS		

Départ	*Intermédiaire*	*Atterrissage*	*Destination*	*Distance (M)*
Route PT25A				
PT251 Oahu S 21°15'N, 157°52'W	PT252 0°00', 145°00'W			
	PT253 Manihi 14°24'S, 145°29'W			
	PT254 Rangiroa E 15°13'S, 147°02'W	PT255 Tahiti 17°30'S, 149°34'W	Papeete *17°32'S, 149°35'W*	2561
Route PT25B				
PT251 Oahu S	PT256 Christmas 1°58'N, 157°32'W			
	PT257 I5°00'S, I49°30'W			
	PT258 Tetiaroa 17°00'S, 149°22'W	PT255 Tahiti	Papeete	2436

La première partie de cette traversée peut parfois être pénible, particulièrement en hiver lorsqu'on peut avoir de forts vents d'est et une mer formée. Le temps s'améliore lorsqu'on avance vers le sud et les vents deviennent plus faibles. La largeur du pot au noir dépend de la période de l'année, certains bateaux le franchissant en quelques heures, tandis que d'autres doivent batailler avec des vents faibles et des grains pendant plusieurs jours. Quoique la traversée puisse être effectuée à n'importe quelle période de l'année, il est judicieux de prévoir l'arrivée sur Tahiti en dehors de la saison des cyclones. Avril ou mai sont considérés comme étant les meilleurs mois pour la traversée vers le sud, car les alizés de sud-est ne sont pas encore complètement établis au sud de l'équateur et la bonne saison pour naviguer dans les îles de la Société et le reste du Pacifique Sud commence tout juste.

La route directe (PT25A) passe près des îles de la Ligne où il peut être pratique d'interrompre le voyage, mais cette escale aura un prix car le reste de la traversée se fera au près serré. Quoique les alizés de nord-est assurent des vents favorables jusqu'à la latitude 5°N, une fois que l'on a rencontré les alizés de sud-est, les vents contraires sont pratiquement une certitude. Ceci peut être évité en mettant le cap au sud-est après avoir quitté Hawaii de manière à franchir l'équateur au WP PT252. A ce moment, on se trouve tellement à l'est qu'une escale aux Marquises peut être envisagée (voir aussi PT26).

Du WP PT252, les bateaux se dirigeant vers Tahiti doivent emprunter une route qui traverse l'ouest des Tuamotus et passe entre les atolls de Takaroa et Manihi au WP253. De là, le cap est modifié pour passer à l'est de Rangiroa au WP PT254. En approchant Tahiti par le nord-est, l'atterrissage se fera au nord nord-est de l'entrée de Papeete au WP PT255. La passe à travers le récif se situe par 17°32'18S, 149°35'1W.

Les bateaux qui n'ont pas suffisamment gagné à l'est au nord de l'équateur, ou qui se sont arrêtés dans les îles de la Ligne (voir aussi PN35), du WP PT256 doivent mettre le cap vers le WP PT257. Depuis ce point le cap vers Tahiti est pratiquement plein sud et passe à l'ouest de tous les Tuamotus. Du WP PT257, la route se dirige vers le WP PT258, 10 milles à l'est de l'atoll de Tetiaora et finalement vers le WP PT255, à l'entrée du port de Papeete.

PT26 *Depuis Hawaii vers les Marquises*

MEILLEURE PÉRIODE	avril à septembre
SAISON DES CYCLONES	juin à octobre (Pacifique Nord) décembre à mars (partie Est du Pacifique Sud)
CARTES ROUTIÈRES	BA : 4051 SHOM : 7023 US : 526
INSTRUCTIONS NAUTIQUES	BA : 62 SHOM : K11 US : 122, 126, 152
GUIDES DE CROISIÈRE	*Charlie's Charts of Polynesia, Landfalls of Paradise.*
WAYPOINTS	

Départ	*Intermédiaire*	*Atterrissage*	*Destination*	*Distance (M)*
PT261 Hawaii S 19°50'N, 155°40'W	PT262 0°00', 140°00'W	PT263 Nuku Hiva 8°48'S, 139°59'W	Taiohae *8°56'S, 140°06'W*	2043

Les mêmes instructions que pour la route PT25 sont valables, quoiqu'une route encore plus au sud-est doive être empruntée en quittant Hawaii de manière à traverser l'équateur aux environs du méridien des Marquises (140°W). La route traverse les trois courants équatoriaux et leur action combinée résulte en une dérive vers l'ouest, ce qui peut rendre encore plus difficile de traverser l'équateur à la longitude 140°W. Il est donc essentiel de faire le plus possible d'est lorsque l'on se trouve encore dans les alizés de nord-est. Une façon de surmonter ces difficultés est d'utiliser le contre-courant équatorial pour gagner suffisamment à l'est et de ne se diriger au sud vers l'équateur qu'après avoir franchi le méridien de Nuku Hiva.

Comme le fait d'être positionné suffisamment à l'est est important pour cette route, on doit essayer de partir de l'un des ports situé le plus à l'est d'Hawaii, comme Kealakekua. Hilo serait probablement situé trop au vent. Du WP PT261, au large de Ka Lae, le point le plus au sud de l'île d'Hawaii, une route directe peut être établie pour le WP PT262. Une fois l'équateur franchi, une route peut être établie vers Nuku Hiva et le WP PT263, au large de la pointe nord-est de l'île. On suivra ensuite la côte sud vers la baie parfaitement protégée de Taiohae, port principal et capitale des Marquises. Il y a deux ports officiels d'entrée aux Marquises, Taiohae et Atuona (9°51'S, 139°02'W), sur l'île de Hiva Oa. Compte tenu des vents dominants et de la disposition des îles, il est préférable de s'arrêter d'abord à Atuona et de visiter les îles voisines du sud-est vers le nord-ouest, et de visiter Nuku Hiva à la fin de la croisière. Cependant, ceci implique de gagner encore plus à l'est lors de la traversée depuis Hawaii, mais cela doit être envisagé comme une épreuve dont on sera hautement récompensé ultérieurement.

PT27 *Depuis Hawaii vers les Samoa*

Meilleure période	mai à juin	
Saisons des cyclones	juin à octobre (Pacifique Nord), décembre à avril (Pacifique Sud)	
Cartes routières	BA : 4052	SHOM : 7023, 6817
	US : 526	
Instructions nautiques	BA : 61, 62	SHOM : K11
	US : 126, 152	
Guides de croisière	*Landfalls of Paradise, South Pacific Anchorages, Landfalls of Paradise.*	
Waypoints		

Départ	*Intermédiaire*	*Atterrissage*	*Destination*	*Distance (M)*
PT261 Oahu S 21°16'N 157°51'W	PT 262 Palmyra NW 5°54'N 162°08'W	PT263 Tutuila NE 14°14'S 170°38'W	Pago Pago *14°17'S 170°41'W*	2253
		PT264 Upolu N 13°46'S 171°44'W	Apia *13°48'S 171°46'W*	2249

Cet itinéraire offre la possibilité d'arriver dans le Pacifique SW par une route plus directe que celle plus populaire par Tahiti. Il bénéficie de vents favorables pendant la plupart des mois de l'année mais comme il faut essayer d'arriver aux Samoa en dehors de la saison des cyclones, il vaut sans doute mieux partir d'Hawaii à la fin du printemps ou au début de l'été. La route passe près de Palmyra, à l'extrémité NW des îles de la Ligne, dont plusieurs permettent un arrêt commode (voir aussi PN35). Selon la période de l'année, on rencontrera la ZCI près de ce groupe d'îles et les vents de SE s'établiront peu après. Ceux qui vont dans les Samoa américaines mettront le cap sur le WP PT263, au nord de l'île de Tutuila, dans les approches de Pago Pago. Ceux qui vont directement à Apia, la capitale des Samoa occidentales, feront davantage d'ouest et atterriront au nord de l'île d'Upolu. Il faut contacter *Apia Port Control* par radio avant d'entrer dans les eaux territoriales.

PT28 *De Tahiti aux îles de la Ligne*

Meilleure période	mai à septembre	
Saison des cyclones	décembre à mars (Pacifique Sud)	
Cartes routières	BA : 4653, 4809	SHOM : 7246, 6880, 6847
	US : 526	
Instructions nautiques	BA : 62	SHOM : K11
	US : 126	
Guides de croisière	*Landfalls of Paradise, South Pacific Anchorages*	
Waypoints		

Départ	*Intermédiaire*	*Atterrissage*	*Destination*	*Distance (M)*
PT281 Tahiti 17°32'S 149°35'W	PT282 Tetiaroa 17°S 149°22'W	PT283 SW Point 1°53'N 157°22'W	île Christmas *1°59'N 157°28'W*	1226

Les bonnes conditions de navigation se produisent pendant la saison des alizés de SE, où il y a de fortes chances d'avoir des vents favorables même lorsqu'on traverse l'équateur et jusqu'à la destination finale. La route directe passe près d'îles désertes (Flint, Malden). Toutes offrent des mouillages sur leur côte sous le vent, qui procurent une protection correcte des vents dominants de SE pour un court arrêt. Si l'on fait une route directe sur Christmas, il faut prévoir l'atterrissage au SW de l'île. Attention, pour ceux qui arrivent par le sud, la position GPS de South West Point, et donc de l'île elle-même, est 1,4 mille plus à l'ouest que sur la carte. Bien que Christmas possède un lagon, il est trop peu profond pour les quillards et il est plus sûr de mouiller sous le vent de l'île principale, juste au nord de Bridges Point

(1°59'79N 157°28'33'W). Les formalités d'entrée se font dans le village principal appelé London.

Ancienne base militaire, Christmas n'est pas aussi belle que sa voisine au nord, Fanning. Cette dernière possède également un lagon avec une passe profonde sur la côte ouest. Il faut la prendre à l'étale car sinon il y a un fort courant. Il y a un bon mouillage au SE de la passe, près du village, où l'on doit faire les formalités de douane et de police même si l'on vient de Christmas. Les îles de la Ligne peuvent porter des noms locaux, Christmas est connue sous le nom de Kirimati (prononcez Kirimas), Fanning s'appelle aussi Tabuaeran et Washington, Teraina. Autre difficulté, la date observée dans ces îles qui, bien qu'à l'est du 180°, gardent la même date que Tarawa, la capitale de Kiribati, qui se trouve à l'ouest de la ligne de changement de date, ce qui fait que les îles de la Ligne appartenant à Kiribati sont en avance d'un jour sur Hawaii.

Une des îles de la Ligne n'appartient pas à Kiribati et est sous la juridiction des USA, Palmyra. Son superbe lagon fut par le passé utilisé comme base militaire, mais l'île est maintenant privée et il se peut que les bateaux de croisière n'y soient plus accueillis car les nouveaux propriétaires souhaitent la transformer en réserve naturelle. L'île doit être approchée avec grandes précautions car récifs et hauts-fonds la débordent dans presque toutes les directions. Une passe draguée se trouve sur la côte ouest et mène dans le lagon parfaitement protégé. Un gardien réside maintenant sur l'île et, si vous le contactez sur le canal 16, il vous donnera des instructions pour prendre la passe.

PT29 *Des Galápagos à Hawaii*

Meilleure période	novembre à janvier	
Saison des cyclones	juin à octobre (Pacifique Nord)	
Cartes routières	BA : 4051 US : 51	SHOM : 7023, 6846
Instructions nautiques	BA : 7,62 US : 125, 152, 153	SHOM : K11
Guides de croisière	*Charlie's Charts of the Hawaiian Islands*	
Waypoints		

Départ	*Intermédiaire*	*Atterrissage*	*Destination*	*Distance (M)*
Route PT29A				
PT290 Puerto Ayora *0°44'9S, 90°18'3W*	PT291 Baltra E 0°26'S, 90°09'W	PT292 Hawaii SE 19°30'N, 154°45'W	Hilo *19°44'N, 155°04'W*	4023
Route PT29B				
PT290 Puerto Ayora	PT291 Baltra E PT293 Clipperton SW 10°15'N, 109°13'W	PT292 Hawaii SE	Hilo	4040

Davantage de bateaux naviguent aujourd'hui directement des Galápagos à Hawaii en empruntant une route qui atteint aussitôt que possible la zone des alizés dominants de NE plutôt que l'une des routes mentionnées dans PN25 qui décrit les différentes options de Panama à Hawaii. Il faut se référer aux tactiques décrites pour cette dernière route, car tout le monde n'est pas forcément préparé à emprunter la route la plus courte vers Hawaii, décrite ici. Suivre une route orthodromique est une bonne option, en particulier pendant les mois d'hiver, à condition d'être prêt à marcher au moteur pour traverser les zones de calmes pratiquement inévitables que l'on rencontre près de la ZCI. Les bateaux qui choisissent une route directe peuvent suivre une route orthodromique dès le départ et rencontreront probablement les vents de NE quelque part entre 8° et 10° N.

Le meilleur point de départ est Puerto Ayora, car c'est là qu'on trouve les meilleurs équipements et services de l'archipel. De là, on suit la côte de l'île de Santa Cruz jusqu'au WP PT291, à l'est de l'île Baltra. On modifie le cap à partir de là pour passer près des îles Marchena et Pinta avant de gagner la pleine mer.

On peut couper cette longue traversée en faisant escale à Clipperton (10°17'N, 109°13'W), un territoire français peu fréquenté, où l'on peut trouver un mouillage relativement bien protégé à l'ouest de l'atoll. Le WP PT293 est situé plein sud de ce petit atoll inhabité qui entoure un lagon peu profond et dont la surface totale est de 18 km^2. Ce petit détour ne rajoute que quelques milles à la distance totale jusqu'à Hawaii et offre une pause bienvenue dans cette longue traversée. A Hawaii, le port d'entrée le plus pratique est Hilo. Choisir Hilo comme point d'atterrissage permet ensuite de naviguer plus facilement dans les autres îles avec un vent favorable car les alizés d'hiver peuvent être très violents dans les eaux hawaiiennes.

PT30 ROUTES TRANSÉQUATORIALES DANS LE PACIFIQUE OUEST

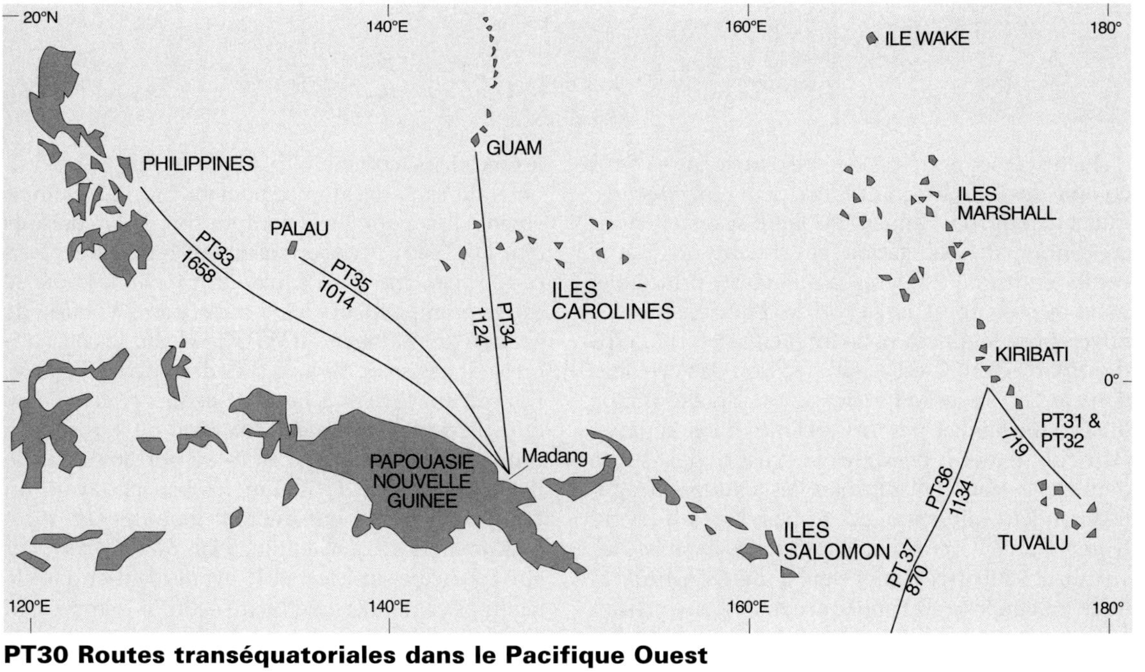

PT30 Routes transéquatoriales dans le Pacifique Ouest

Les rares routes traversant l'équateur dans le Pacifique Ouest sont fortement influencées par les saisons des cyclones qui sont inversées et en fait la plupart de ceux qui traversent l'équateur dans l'une ou l'autre direction le font pour éviter la menace des cyclones ou des typhons dans leur propre hémisphère. Tandis qu'au sud de l'équateur la limite nord des cyclones est relativement fiable, et que ceux-ci se produisent très rarement au nord de 10°S, au nord de l'équateur des typhons se sont formés sur et aux environs des Carolines à pratiquement n'importe quelle période de l'année, il est donc capital de suivre l'évolution du temps très attentivement quelle que soit la période considérée.

Traverser l'équateur en soi présente peu de difficultés car la zone des calmes équatoriaux dans le Pacifique Ouest est assez étroite et les traversées de la ZCI d'un système de vents à l'autre, sont rapidement effectuées. Les courants dans le Pacifique Ouest obéissent à un modèle très complexe. Le courant Sud-équatorial porte à l'ouest dans une large bande située au sud des latitudes 4°N à 5°N. Au nord de cette bande, il y a une brusque renverse de la direction du courant.

Le contre-courant équatorial porte à l'est et est relativement étroit, il laisse ensuite la place au courant nord-équatorial. Ce dernier porte à l'ouest et en fonction de la saison peut affecter une zone comprise entre les latitudes 7°N ou 8°N et 15° N. Parfois il peut s'étendre aussi nord que 20°N. La force de ces courants est d'environ 1 à 1,5 nœud, il faut donc tenir compte du caractère complexe de ce phénomène lorsque l'on emprunte l'une de ces routes.

PT31 *De Tuvalu à Kiribati*

MEILLEURE PÉRIODE	juin à octobre	
SAISON DES CYCLONES	novembre à avril	
CARTES ROUTIÈRES	BA : 4052	SHOM : 6671
	US : 526	
INSTRUCTIONS NAUTIQUES	BA : 61	SHOM : K11
	US : 126	
GUIDES DE CROISIÈRE	*Landfalls of Paradise.*	
WAYPOINTS		

Départ	*Intermédiaire*	*Atterrissage*	*Destination*	*Distance (M)*
PT311 Funafuti N 8°25'S, 179°07'E	PT312 5°00'S, 176°00'E			
	PT313 0°00', l72°50'E	PT314 Tarawa S 1°24'N, 172°53'E	Betio *1°21'N, 172°55'E*	719

La traversée entre ces deux ex-partenaires de la colonie des îles Gilbert et Ellice peut être effectuée tout au long de l'année, quoique les meilleures conditions de navigation se situent de juin à octobre, lorsque les vents proviennent principalement du secteur est. La saison des pluies se situe de novembre à février avec de fréquents et forts coups de vent d'ouest. C'est aussi la saison des cyclones dans le Pacifique Sud et Tuvalu a déjà été frappé occasionnellement par des cyclones dans le passé. Particulièrement pendant la saison des vents d'ouest, les courants entre les îles sont très irréguliers et leur direction est impossible à prévoir. D'une manière générale, les courants dans les îles Tuvalu et Kiribati se comportent d'une manière erratique tout au long de l'année et ceci doit être présent à l'esprit lorsque l'on navigue dans ces eaux.

La route directe de Funafuti à Tarawa, les capitales de ces deux pays, passe près de diverses îles, et il est possible de faire escale dans certaines. Le lagon le mieux protégé se situe à Nukufetau, l'atoll le plus proche au nord de Funafuti. Une fois quitté le lagon de Funafuti par la passe Te Ava i de Lape située au nord, du WP PT311 à l'extérieur de la passe, les bateaux désireux de rallier Kiribati sans escale doivent mettre le cap vers le WP PT312 pour passer au vent de Nukufetau. De là, le cap sera modifié pour traverser l'équateur au WP PT313. Comme la route directe passe très près de diverses îles et récifs, comme Niutao, de légères modifications de cap sont non seulement inévitables mais essentielles pour tenir compte des forts courants que l'on peut occasionnellement rencontrer dans cette zone. Une fois l'équateur franchi, la route se dirige pratiquement plein nord et passe à l'ouest de Maiana pour atterrir au WP PT314, sur le côté sud-ouest du lagon de Tarawa près de la passe d'entrée. Les bateaux arrivants devront se diriger vers Betio, dans la partie sud-ouest du lagon de Tarawa. La profondeur du chenal d'accès au port intérieur de Betio n'étant que de 1,80 m, les bateaux ayant un tirant d'eau supérieur devront mouiller sur ancre ou s'amarrer au quai commercial. *Tarawa radio* doit être contactée sur le canal 16 avant d'entrer dans le lagon pour donner une heure estimée d'arrivée. Si vous allez mouiller dans le lagon, il faut prendre garde à une épave submergée dont on signale la position GPS : 1°22'03N 172°55'44E.

Les îles Kiribati sont situées sur l'équateur et quoique l'on soit supposé faire les formalités d'entrée à Tarawa, en cas d'urgence on peut toujours s'arrêter brièvement dans l'une des îles plus au sud, les meilleurs mouillages se trouvant dans les lagons de Onotoa, Tabiteua et Abemama. Il faut avoir une permission écrite délivrée par les douanes avant le départ pour visiter toutes les îles après Tarawa. Lorsque l'on approche Tarawa par le sud, on doit faire attention en approchant de l'île de

Maiana car elle est incorrectement représentée sur les cartes et le récif qui s'étend depuis le sud-ouest de l'île est plus étendu qu'il n'est indiqué. En fait, la position indiquée par les cartes pour les îles de cette zone doit être traitée avec suspicion, car la plupart d'entre elles sont entourées de récifs dangereux, avec des positions souvent approximatives, les cartes n'ayant pas été mises à jour depuis très longtemps. Ce danger est aggravé par le fait que la plupart de ces récifs ne sont pas visibles la nuit ou par mauvaise visibilité.

PT32 *De Kiribati à Tuvalu*

Meilleure période	juin à octobre			
Saison des cyclones	novembre à avril			
Cartes routières	BA : 4052	SHOM : 6671		
	US : 526			
Instructions nautiques	BA : 61	SHOM : K11		
	US : 126			
Guides de croisière	*Landfalls of Paradise.*			
Waypoints				
Départ	*Intermédiaire*	*Atterrissage*	*Destination*	*Distance (M)*
PT321 Tarawa SW	PT322			
1°24'N, 172°53'E	0°00', 172°50'E			
	PT323	PT324 Funafuti N	Fongafale	723
	5°00'S, 176°00'E	8°25'S, 179°07'E	*8°31'S, 179°12'E*	

Les instructions pour cette route sont similaires à celles de la route inverse PT31. Si l'on prévoit de faire escale dans l'une des îles au sud de Kiribati, on doit en demander l'autorisation avant de quitter Tarawa. La route au sud de Tarawa passe près de l'île de Maiana, on doit faire attention à ne pas trop s'en approcher car sa position réelle est différente de celle des cartes. Du WP PT321, au sud-ouest du lagon de Tarawa, le cap est établi pour traverser l'équateur au WP PT322. La plupart des îles dans le sud de Kiribati possèdent des lagons bien abrités et une escale en cours de route est fortement recommandée. Les îles de Tuvalu possèdent moins de mouillages bien abrités, à l'exception notable de Nanumea et de Nukufetau. Après avoir atterri au WP PT324, on pénètre dans le lagon de Funafuti par la passe Te Ava i de Lape. Les yachts doivent se diriger vers le quai commercial, sur le côté est du lagon, pour effectuer les formalités. Funafuti est le seul port d'entrée de Tuvalu et les bateaux ne sont pas supposés avoir fait escale à une autre île avant d'avoir effectué les formalités.

La période située entre mi-octobre et fin mars doit être évitée si l'on prévoit un long séjour car la plupart des mouillages sont alors peu sûrs par forts vents d'ouest, fréquents à cette période. Quoique Tuvalu soit normalement considéré comme étant situé à l'extérieur de la zone des cyclones, en de rares occasions des tempêtes tropicales ont frappé les îles. La pire d'entre elles dans l'histoire récente s'est produite en octobre 1952 et a dévasté Funafuti. Des dégâts considérables ont été également occasionnés par le cyclone Ofa en février 1990.

PT33 *De la Nouvelle-Guinée aux Philippines*

Meilleure période	décembre à mars	
Saison des cyclones	avril à décembre (Pacifique Nord)	
Cartes routières	BA : 4507	SHOM : 7021
	US : 524	
Instructions nautiques	BA : 33, 60	
	US : 162,164	
Guides de croisière	*Cruising Guide to Southeast Asia (vol 2).*	

WAYPOINTS

Départ	*Intermédiaire*	*Atterrissage*	*Destination*	*Distance (M)*
PT331 Madang 5°12'S, 145°52'E	PT332 4°10'S, 145°45'E			
	PT333 0°00', 140°00'E	PT334 Surigao 10°30'N, 125°50'E	Cebu City *10°18'N, 123°54'E*	1658

Cette route est empruntée principalement par ceux qui désirent changer de décor et quitter les îles du Pacifique Sud en ayant l'intention de continuer vers Hong-Kong et peut-être le Japon. Cette traversée est normalement effectuée pendant la mousson de nord-ouest, entre novembre et mars, de façon à arriver aux Philippines avant le début de la saison des typhons. Quoique cette saison soit moins bien définie dans le Pacifique Nord-Ouest que dans d'autres parties du monde, les mois les plus dangereux sont les mois d'été, de juillet à octobre, avec une fréquence maxima de typhons en septembre. Les traversées au nord de l'équateur doivent être évitées à cette période.

Les bateaux quittant Rabaul sur l'île de la Nouvelle-Bretagne doivent suivre une route qui passe à l'est des îles de l'Amirauté, tandis que pour ceux partant de Madang, ou d'autres ports de l'île principale de Nouvelle-Guinée, un cap au nord-ouest passant à l'ouest des îles de l'Amirauté est plus logique. Quoique cette route à l'ouest permette aussi de faire escale à l'île Hermit, au plus fort de la mousson de nord-ouest le vent peut souffler fortement du nord dans le couloir situé entre la Nouvelle-Guinée et les îles de l'Amirauté, rendant cette traversée difficile et agitée. La mousson perd de sa force lorsque l'on se rapproche de l'équateur et que l'on pénètre dans la zone des calmes équatoriaux. La largeur de celle-ci varie avec l'époque de l'année mais dépasse rarement 100 milles et peut être traversée rapidement au moteur. Il est de fait recommandé que les yachts traversent cette zone le plus vite possible car les courants suivent un modèle très complexe.

Le courant sud-équatorial porte à l'ouest dans une large bande située au sud de la latitude 4°N à 5°N. Au nord de cette zone, il y a une brusque renverse de la direction du courant. Le Contre-courant équatorial porte à l'est et est relativement étroit, il laisse ensuite la place au courant nord-équatorial. Ce dernier porte à l'ouest et en fonction de la saison peut affecter une zone comprise entre les latitudes 7°N ou 8°N et 15° N. Parfois il peut s'étendre aussi nord que 20°N. La force de ces courants est d'environ 1 à 1,5 nœud, il faut donc tenir compte sur cette route du caractère complexe de ce phénomène.

Au nord de la zone des calmes équatoriaux on aura des vents faibles de nord jusqu'aux environs de la latitude 5°N où l'on devrait accrocher les alizés de nord-est. Pendant les mois d'hiver, de décembre à mars, les alizés sont plus forts et mieux établis dans ces basses latitudes, mais ils ont tendance à faiblir et à devenir variables avec l'approche de l'été. Les prévisions météo transmises par radio depuis Guam couvrent toute cette région et peuvent être très utiles pendant la saison des typhons.

Madang est probablement le meilleur point de départ pour cette traversée. Du WP PT331, on mettra le cap plein nord pour passer à l'ouest de l'île Karkar au WP PT332. Après avoir modifié le cap à ce point, la route se dirige au large vers le nord-ouest, parallèle à la côte nord de la Nouvelle Guinée, passant près de plusieurs îles en chemin pour traverser l'équateur au WP PT333. La route passe ensuite près de l'île Sonsorol et l'atterrissage se fait au WP PT334 d'où l'on empruntera le chenal de Surigao pour atteindre la ville de Cebu, le plus proche port d'entrée aux Philippines.

La plupart des bateaux en route vers les Philippines s'arrêtent aux Palaus. Le port officiel d'entrée dans les Palaus est Malakal (7°20'N, 134°29'E). Les bateaux ne doivent pas faire escale avant Malakal et l'heure estimée d'arrivée du bateau doit être communiquée aux autorités portuaires par radio. Les bateaux qui arrivent sans permis, qui doit être obtenu à l'avance, peuvent parfois n'être autorisés à s'arrêter que 3 jours au maximum.

PT34 *De la Nouvelle-Guinée à la Micronésie*

MEILLEURE PÉRIODE	décembre à mars	
SAISON DES CYCLONES	toute l'année	
CARTES ROUTIÈRES	BA : 4506, 4507	SHOM : 7021
	US : 524	
INSTRUCTIONS NAUTIQUES	BA : 60	
	US : 126, 164	
GUIDES DE CROISIÈRE	*Landfalls of Paradise, Cruising Guide to Southeast Asia (vol 2).*	
WAYPOINTS		

Départ	*Intermédiaire*	*Atterrissage*	*Destination*	*Distance (M)*
Route PT34A				
PT341 Madang	PT342	PT343 Guam W	Apra	1124
5°12'S, 145°52'E	0°00', 145°40'E	13°27'N, 144°35'E	*13°27'N, 144°37'E*	
Route PT34B				
Rabaul	PT344			
4°12'S, 152°11'E	4°50'S, 153°00'E			
	PT345	PT346 Pohnpei	Kolonia	843
	0°00', 155°10'E	7°02'N, 158°10'E	*6°59'N, 158°13'E*	

Compte tenu de la fréquence élevée de typhons qui frappent Guam ou se forment entre les îles et l'équateur, les traversées vers Guam se font en général pendant l'hiver de l'hémisphère Nord. C'est la période de la mousson de nord-ouest, lorsque le temps dans la mer de Bismarck et sur les îles au nord de la Papouasie-Nouvelle-Guinée est moins bien établi que pendant le reste de l'année. Peu de bateaux essayent de faire cette traversée sans escale et il y a de nombreuses îles qui peuvent être visitées en cours de route. Cependant, une série de typhons qui a récemment affecté les îles de la Micronésie pendant les mois supposés sûrs de novembre et décembre, constitue un argument sérieux pour éviter d'arriver dans cette zone avant janvier.

Si la traversée vers le nord est effectuée au changement de mousson, en novembre ou début décembre, on aura de fréquents calmes au sud de l'équateur. A partir du milieu de décembre, des vents de nord-est bien établis prédominent au nord de l'équateur et plutôt que de les affronter tout le long de la route jusqu'à Guam, certains préfèrent relâcher à Truk, où il est possible de se réapprovisionner et de refaire du gazole. Madang est un bon port de départ pour une traversée directe depuis la Nouvelle-Guinée vers Guam. Du WP PT341, à l'extérieur du port de Madang, on mettra le cap plein nord pour passer à l'ouest de l'île Karkar et près de l'est de l'île Kaniet pour traverser l'équateur au WP PT342. La route passe près d'un certain nombre de récifs et d'atolls en Micronésie pour atterrir au large de la côte ouest de Guam au WP PT343, à l'extérieur du port d'Apra. En arrivant, les bateaux doivent contacter *Apra Port Control* par VHF sur le canal 12, 13 ou 16. Habituellement, les bateaux de croisière se rendent au quai commercial pour les formalités d'entrée.

Peu de bateaux effectuent cette traversée sans escale et Truk est un endroit pratique pour relâcher en chemin. Le port principal est Moen dans le lagon de Truk (7°27'N, 151°50'E). On peut aussi faire escale auparavant à Kapingamarangi (1°04'N, 154°45'E), quoiqu'il soit difficile de se ravitailler dans cette communauté isolée. Le passage de Greenwich, situé dans le côté sud de l'atoll, mène dans le grand lagon. Ce passage se divise en deux chenaux séparés par une zone peu profonde. Les courants de marée sont très forts dans la passe qui doit être prise aux environs de l'étale. Il faudra faire très attention en approchant de cet atoll car il se situerait 5 milles plus à l'est que sa position sur les cartes.

Pohnpei, qui est réputé comme l'endroit le plus intéressant pour se réapprovisionner en dehors de Guam, est en général difficile à atteindre à cause des vents d'est constants. Si l'on prévoit de faire escale à Pohnpei, il est probablement préférable de partir pour cette traversée d'un port situé plus à l'est dans la Papouasie-Nouvelle-Guinée, tel que Rabaul. Dans ce cas, le point de départ se situera au sud de l'île de la Nouvelle-Irlande au WP PT344 d'où l'on pourra faire une route directe vers Pohnpei. L'équateur est traversé au WP PT345 et l'atterrissage s'effectue au WP PT346, d'où le passage de Sokehns est utilisé pour rejoindre le port de Pohnpei. Le port d'entrée est Kolonia.

PT35 *De Palau à la Nouvelle Guinée*

MEILLEURE PÉRIODE	octobre à mars
SAISON DES CYCLONES	avril à décembre (Pacifique Nord)
CARTES ROUTIÈRES	BA : 780, 781 SHOM : 7045 US : 524
INSTRUCTIONS NAUTIQUES	BA : 60 US : 126, 164
GUIDES DE CROISIÈRE	*Landfalls of Paradise, Cruising Guide to Southeast Asia (vol 2).*
WAYPOINTS	

Départ	*Intermédiaire*	*Atterrissage*	*Destination*	*Distance (M)*
Route PT35A				
PT351 Palau SE 7°20'N, 134°45'E	PT352 0°00', 140°00'E		Vanimo *2°41'S, 141°18'E*	720
			Wewak *3°35'S, 143°40'E*	848
Route PT35B				
PT351 Palau SE	PT353 0°00', 150°00'E		Lorengau *2°00'S, 147°15'E*	1218
			Kavieng *2°34'S, 150°48'E*	1174

La meilleure époque pour effectuer cette traversée se situe d'octobre à mars, de façon à arriver à proximité de la Nouvelle-Guinée soit après, soit avant la mousson de sud-est (avril à mi-octobre), évitant ainsi les vents contraires et le fort courant qui porte au nord-ouest le long de la côte de la Nouvelle-Guinée. En octobre et novembre, on peut s'attendre à avoir des vents faibles dans la mer de Bismarck pendant la période de transition entre la mousson de sud-est et celle de nord-ouest, on doit donc être prêt à faire du moteur. De décembre à mars on pourra s'attendre à avoir des vents et un courant favorable à proximité de la Nouvelle-Guinée et la traversée ne devrait pas poser de problème.

Après avoir quitté Palau, du WP PT351, au sud-est de l'île Babeltuap, on doit se diriger vers le sud-est pour traverser l'équateur aux environs de la longitude 140°W (WP PT352) si l'on veut faire escale dans les ports de l'île principale de la Nouvelle Guinée (PT35A), ou plus à l'est si l'on se dirige vers les îles de la mer de Bismarck (PT35B). Il faudra faire attention à la complexité des courants dans cette région, ainsi que cela est décrit au début de ce chapitre.

Si la traversée est effectuée en septembre, alors que la mousson de sud-ouest est encore en vigueur au nord de l'équateur, on peut s'attendre à des vents de cette direction entre Palau et la latitude 5°N. A partir de là, les calmes équatoriaux peuvent s'étendre aussi sud que 1°S. Comme les vents de sud-est sont encore forts plus au sud à cette période, on peut attendre le changement de saison (novembre) dans l'une des îles Ninigo ou Hermit, une escale pratique pour les bateaux effectuant cette traversée dans l'une ou l'autre direction.

Si l'on n'a pas d'autre choix que d'effectuer cette traversée après avril et le début de la mousson de sud-est au sud de l'équateur, il est recommandé de gagner autant que possible vers l'est lorsque l'on se trouve au nord de l'équateur, en profitant du Contre-courant équatorial qui porte à l'est. L'équateur doit être traversé aux environs de la longitude 150°E (WP PT353), et l'on doit garder une marge de sécurité pour tenir compte du courant sud-équatorial qui porte à l'ouest, de manière à pénétrer dans la mer de Bismarck à l'est des îles de l'Amirauté.

Pour les bateaux en provenance de cette direction, les ports d'entrée les plus pratiques en Papouasie-Nouvelle-Guinée sont Vanimo et Wewak, tous deux sur la côte nord de la Nouvelle Guinée, Lorengau sur Manus (îles de l'Amirauté) et Kavieng en Nouvelle Irlande.

PT36 *De la Micronésie au sud de la Mélanésie*

Meilleure période	avril, novembre			
Saison des cyclones	décembre à avril			
Cartes routières	BA : 4506, 4604	SHOM : 6836,6671		
	US : 506, 604			
Instructions nautiques	BA : 60, 61			
	US : 126			
Guides de croisière	*Landfalls of Paradise, South Pacific Anchorages.*			
Waypoints				

Départ	*Intermédiaire*	*Atterrissage*	*Destination*	*Distance (M)*
PT360 Betio *1°21'N, 172°55'E*	PT361 Tarawa W 1°18'N, 172°52'E			
	PT362 Banks 13°00'S, 168°00'E			
	PT363 Santo NE 15°00'S, 167°22'E	PT364 Santo 15°33'S, 167°20'E	Luganville *15°31'S, 167°10'E*	1134

En prévoyant d'arriver au sud de l'équateur au début de la bonne saison dans le Pacifique Sud (juin à novembre), on aura des vents favorables de nord-est pratiquement jusqu'à l'équateur. Ceci est spécialement vrai pour ceux qui, partant des îles Marshall ou Kiribati, doivent essayer de traverser l'équateur pas plus à l'ouest que 165°E, de manière à s'assurer un meilleur angle avec les alizés de sud-est. Les bateaux partant des Carolines pourront trouver difficile de gagner suffisamment dans l'est au nord de l'équateur, à moins d'y arriver en réalisant des sauts de puce à travers l'archipel et en partant depuis une île telle que Kapingamarangi.

En se dirigeant vers le sud à travers l'équateur, on a le choix entre différentes destinations dans les Salomon, le Vanuatu et même les Fidji, quoique dans ce dernier cas, compte tenu du risque d'avoir à naviguer contre les alizés de sud-est, il faudra avoir gagné suffisamment à l'est au nord de l'équateur, où le contre-courant nord-équatorial procurera une accélération complémentaire. Dans l'idéal, on doit s'efforcer de débuter cette traversée aussi à l'est que possible et dans ce cas Tarawa à Kiribati est probablement le meilleur choix. Il y a beaucoup d'autres solutions si l'on part des Carolines, et dans ce cas, on peut faire une escale intéressante à Kapingamarangi. Cette île polynésienne isolée est administrée par Pohnpei (Ponape), mais compte tenu de son isolement, les visiteurs y sont toujours chaleureusement accueillis. Le grand lagon constitue un bon abri et l'on y accède par une passe à travers le récif.

Pour les bateaux se dirigeant vers des îles du Pacifique Sud, une destination intéressante est le Vanuatu, le port officiel d'entrée est Luganville sur l'île d'Espiritu Santo (Santo). La route passe à l'est des îles Banks, avant de se diriger vers le côté sud-est de Santo. Luganville offre des services adéquats, et les bateaux de croisière peuvent trouver un corps-mort sûr auprès du complexe touristique Aore, sur l'île voisine du même nom.

PT37 *De la Mélanésie à la Micronésie*

MEILLEURE PÉRIODE	avril, novembre			
SAISON DES CYCLONES	toute l'année			
CARTES ROUTIÈRES	BA : 4506, 4604	SHOM : 6671, 6836		
	US : 506, 604			
INSTRUCTIONS NAUTIQUES	BA : 60, 61			
	US : 126			
GUIDES DE CROISIÈRE	*Landfalls of Paradise, South Pacific Anchorages.*			
WAYPOINTS				

Départ	*Intermédiaire*	*Atterrissage*	*Destination*	*Distance (M)*
PT370 Graciosa Bay	PT371 Duff			
10°44'S, 165°49'E	10°00'S, 167°20'E			
	PT372	PT373 Tarawa S	Betio	870
	0°00', 172°45'E	1°24'N, 172°53'E	*1°21'N, 172°55'E*	
PT370 Graciosa Bay	PT371 Duff			
	PT374 Nauru	PT375 Kosrae	Lelu	1094
	0°31'S, 166°56'E	5°20'N, 163°03'E	*5°20'N, 163°01'E*	

En partant du principe que la majorité de ceux qui traversent l'équateur désire débuter leur visite des îles de la Micronésie aussi à l'est que possible, deux destinations sont privilégiées : Tarawa, la capitale de Kiribati, ou Kosrae, dans la fédération des états de Micronésie. Comme faire route à l'est ne sera pas chose facile, que ce soit au sud ou au nord de l'équateur, il est suggéré que le point de départ le plus éloigné soit Graciosa Bay, un port d'entrée dans les îles de Santa Cruz qui appartiennent aux îles Salomons. Ce petit groupe d'îles, situé à l'est de l'archipel des Salomons, est facilement atteint depuis la plupart des autres archipels du Pacifique Sud.

Une des principales difficultés associées à cette route consiste à combiner les deux saisons des cyclones de chaque côté de l'équateur. Tandis que l'hiver austral (mai à septembre) est la saison sûre en Mélanésie, c'est la pire période pour les typhons au nord de l'équateur. Par conséquent une bonne période pour traverser l'équateur se situe soit au début soit à la fin de la saison des typhons, et le temps doit être suivi très attentivement, spécialement au nord de l'équateur où les tempêtes tropicales peuvent se produire à n'importe quel mois de l'année.

Comme l'on peut s'attendre à avoir des vents de nord-est au nord de l'équateur, on doit gagner autant que possible vers l'est au sud de la ligne, ce qui ne doit pas être trop difficile avec l'aide apportée par le contre-courant équatorial qui porte à l'est. Les bateaux se dirigeant vers Tarawa doivent essayer de traverser l'équateur pratiquement au sud vrai de leur destination. La route passe à l'ouest de l'île de Maiana, qui doit être approchée avec précaution car elle est incorrectement représentée même sur les cartes les plus récentes. Le port de Betio se situe dans la partie sud-ouest du lagon de Tarawa, on y accède par un chenal dragué. La profondeur de ce chenal d'accès n'est que de 1,80 m. Pour plus de détails, voir PT31.

Les bateaux se dirigeant vers Kosrae peuvent être tentés de faire escale à Nauru, une île indépendante autrefois riche de ses phosphates, qui se trouve proche de la route directe. Les installations du port d'Aiwo, le port principal de Nauru, sont prévues pour les grands navires mais les bateaux de croisière peuvent utiliser les coffres de mouillages si ceux-ci sont disponibles. Au nord de l'équateur, on aura des vents de nord-est sur la route vers Kosrae, une île montagneuse entourée par une barrière de corail. L'agglomération principale est sur la côte est et les bateaux trouveront un mouillage protégé à Lelu.

12

VENTS ET COURANTS DANS LE PACIFIQUE SUD

Les alizés de nord-est

La majorité des routes de croisière dans le Pacifique Sud dépendent de ces vents qui soufflent sur une grande partie de cet océan. Les alizés de sud-est soufflent du côté équatorial de la zone de hautes pressions située aux environs de 30°S. A proximité des côtes d'Amérique du Sud, les alizés sont sud à sud-est, mais leur direction devient de plus en plus est vers l'ouest de l'océan. A proximité de l'Australie, les vents redeviennent à nouveau sud-est, spécialement pendant les mois d'hiver. Pendant les mois d'été, de novembre à avril, les alizés sont moins réguliers dans une grande partie de l'océan. A l'ouest de 140°W, on trouve fréquemment des vents d'autres directions, quoique la direction dominante reste toujours comprise entre le nord-est et le sud-est.

La force moyenne des alizés de sud-est est de 15 nœuds, quoique dans certaines zones elle puisse augmenter à 20, voire même 25 nœuds. Les vents les plus forts se trouvent dans la mer de Corail, atteignant parfois 30 nœuds. Cependant, les alizés de sud-est du Pacifique Sud ne sont jamais aussi réguliers et aussi constants que les alizés d'autres océans. Une ceinture continue de vents de sud-est soufflant régulièrement à travers la tota-lité de l'océan n'existe que pendant les mois de juin, juillet et août. Pendant le reste de l'année il existe une zone de 600 milles de large, dans laquelle la force des alizés n'est pas aussi constante. Dans cette large zone, qui s'étend en diagonale à travers la zone des alizés, s'étendant vers le sud-est depuis les îles Phœnix jusqu'à l'île de Pâques en passant par les Tuamotus, la direction du vent change fréquemment en devenant nord-est, avec ensuite une période de calme. Après un moment, les vents reviennent au sud-est en soufflant fortement et sont alors fréquemment accompagnés par de forts grains avec beaucoup de pluie.

Un renforcement des alizés s'accompagne souvent de vents plus forts que ce que l'on prévoyait. Ce phénomène a lieu principalement au sud de 10°S et dépend de la situation et de l'intensité de l'anticyclone du Pacifique Sud. Sur une carte météo, cela se traduira par un resserrement des isobares et aussi par une position plus nord de l'anticyclone. Des vents encore plus forts, provenant en général du sud, sont générés par le passage d'un front. A l'avant d'un tel front, les vents de sud-est faiblissent en passant est puis nord-est. Souvent ils cessent alors que le front passe au sud de la zone. Lorsque le front passe, de forts vents soufflent alors de sud-ouest avant de revenir graduellement au sud puis au sud-est, cette période est en général souvent suivie d'un renforcement du régime des alizés alors que l'anticyclone se rétablit.

La ceinture des alizés se déplace considérablement pendant l'année. La limite sud se déplace d'environ 300 milles, tandis que la limite nord se déplace moins, environ 150 milles, se situant au nord de l'équateur tout au long de l'année, excepté à l'est de l'océan. La limite nord des alizés de sud-est s'incurve, le point le plus au nord atteignant 5°N en janvier et jusqu'à 9°N en juillet. La frontière au sud s'incurve d'une manière identique, avec une limite se situant aux environs de 18°S en juillet, tandis qu'en janvier les alizés peuvent descendre vers la côte d'Amérique du Sud et atteindre un point aussi sud que 30°S.

La Zone de Convergence Intertropicale

La limite nord des alizés de sud-est est déterminée par la position de la Zone de Convergence Intertropicale (ZCI), qui reste au nord de l'équateur pendant toute l'année à l'est de la longitude 160°W.

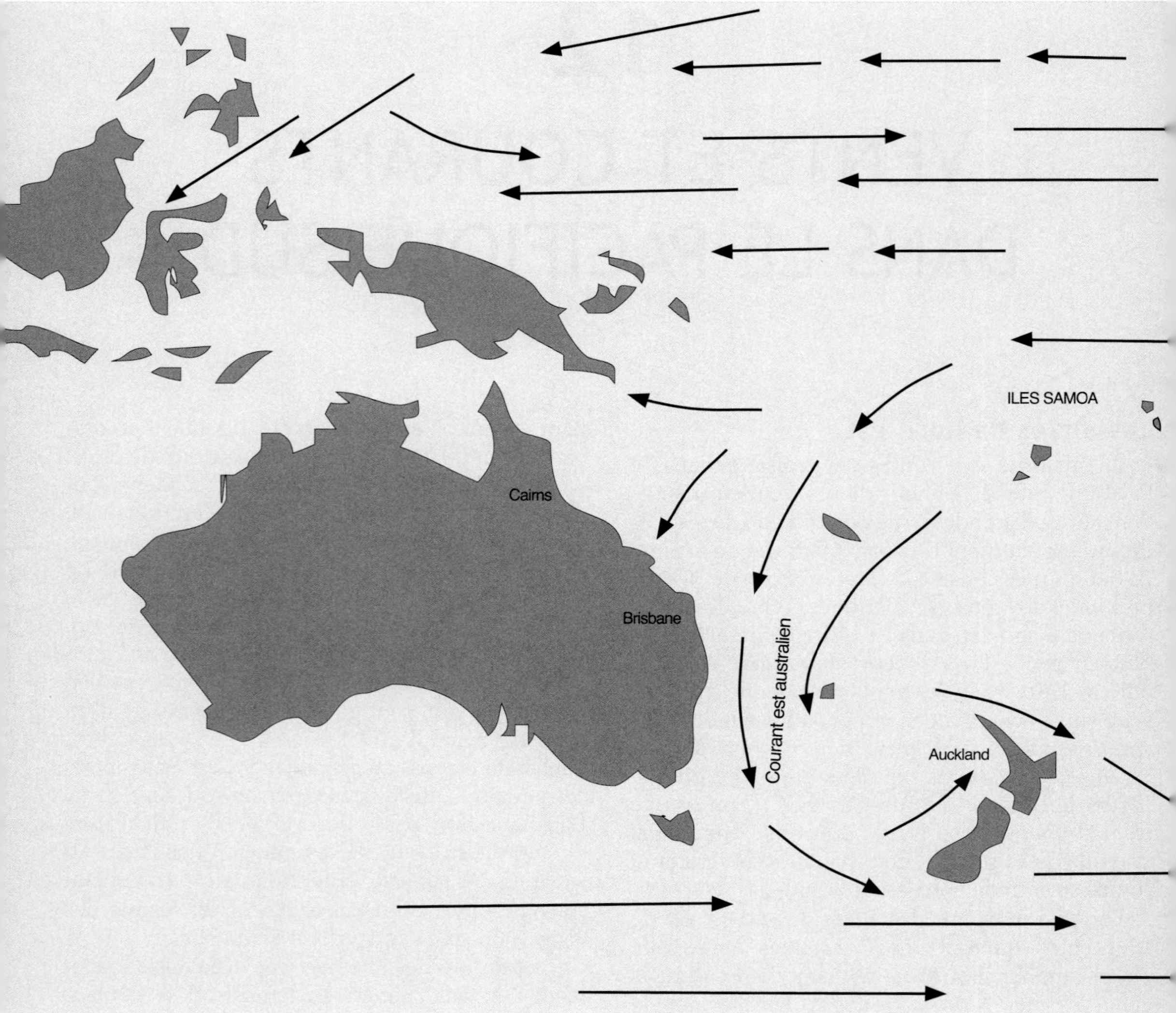

Les courants du Pacifique Sud

Dans la partie ouest de l'océan, elle se déplace vers l'hémisphère Sud entre novembre et avril, étant le plus au sud en février, au cœur de l'été austral. Le mouvement de la ZCI est plus accentué à proximité de l'Australie et de la Papouasie-Nouvelle-Guinée, où la largeur de la zone des calmes équatoriaux peut être la plus grande. En moyenne, elle a une largeur d'environ 150 milles, mais à certains endroits elle peut être deux fois plus large, tandis qu'à d'autres elle peut être complètement inexistante. Les conditions de temps à l'intérieur de cette zone sont typiques des zones de pot au noir, avec des calmes ou des vents faibles et variables qui alternent avec de violentes bourrasques accompagnées de fortes pluies et des orages. Ces conditions sont plus extrêmes dans la zone des calmes équatoriaux du Pacifique Ouest que nulle part ailleurs, compte tenu de l'ouverture de l'angle avec lequel les alizés de sud-est rencontrent la mousson de nord-ouest dans cette zone.

La Zone de Convergence du Pacifique Sud

Une caractéristique du Pacifique Sud est la présence d'une Zone de Convergence du Pacifique Sud (ZCPS), qui se produit pendant l'hiver et s'étend approximativement est sud-est entre 5°S, 155°E et 20°S, 150°W, affectant une zone située entre les

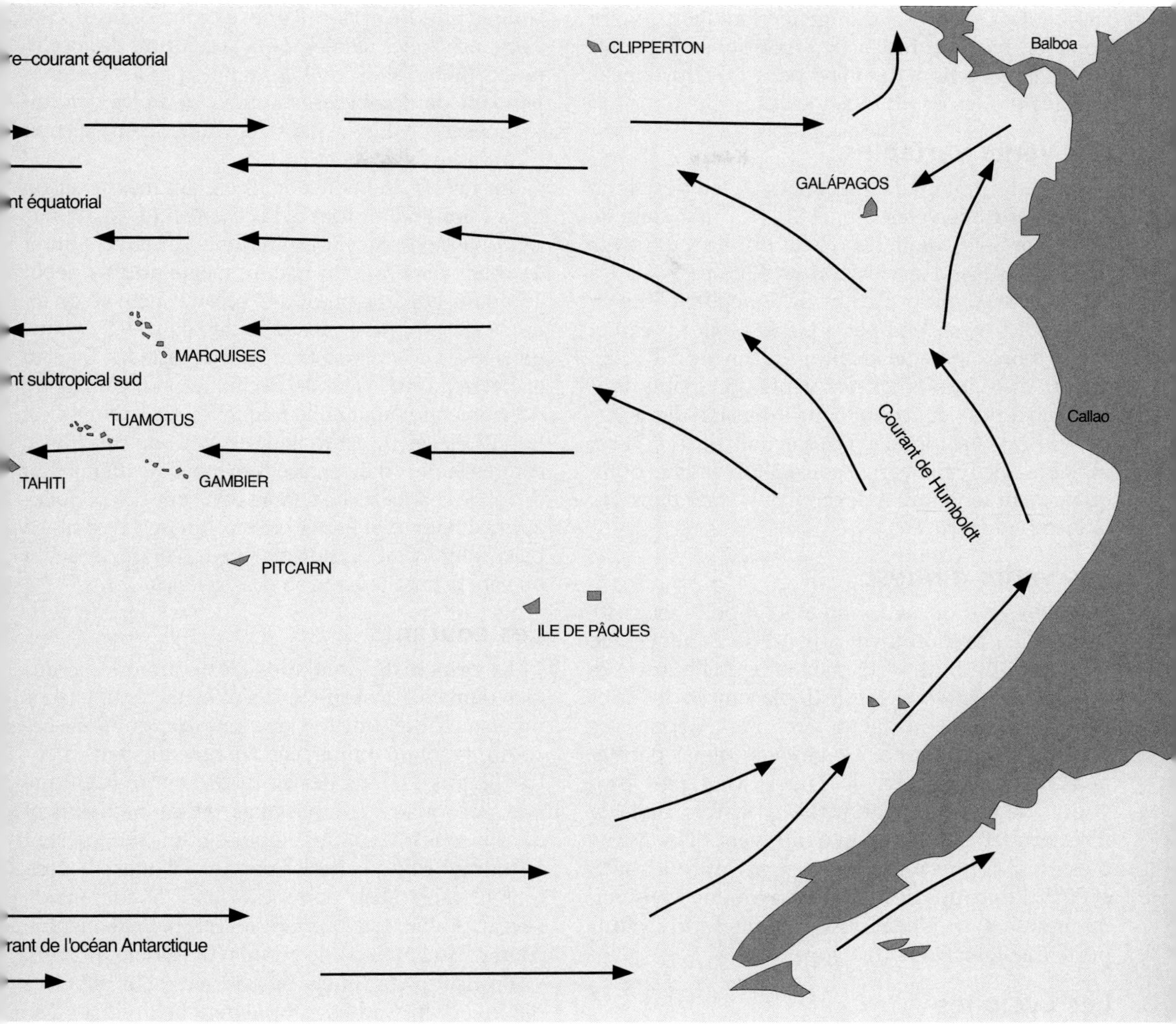

Salomon et Tahiti. La ZCPS, qui ne doit pas être confondue avec la ZCI, se déplace le long de la zone décrite ci-dessus et modifie les conditions de temps lorsqu'elle est active ou lorsqu'un front la traverse. Le vent vire habituellement rapidement du nord-est au sud et peut atteindre la tempête voire la force d'un ouragan. La position de cette zone et son activité est indiquée dans certains bulletins météo locaux.

La mousson de nord-ouest

Pendant les mois d'été, à l'ouest du méridien 180, entre l'équateur et la ZCI qui se situe sur le nord de l'Australie, un vent dominant de nord-ouest souffle sur la partie ouest du Pacifique Sud. La mousson de nord-ouest dure normalement de décembre à mars, mais sa régularité dépend de la latitude de la zone concernée. Les zones les plus affectées par la mousson de nord-ouest sont les îles Salomon, la Papouasie-Nouvelle-Guinée et le nord de l'Australie. Le vent est principalement nord ou nord-est près de l'équateur, devenant nord-ouest voire ouest dans des latitudes plus sud. La mousson de nord-ouest n'est pas très régulière en force ni en direction, cependant, au plus fort de la saison, les vents entre le sud et l'est sont rares. La force de la mousson est faible ou modérée, quoiqu'elle puisse atteindre la force du coup de vent dans les grains, qui sont assez fréquents. Le temps est en général nuageux, voire bouché, avec de fortes précipitations. Près des côtes, la direction du vent peut être fortement affectée par les conditions locales.

Les vents variables

Entre la limite sud des alizés de sud-est et la limite nord des vents d'ouest, il y a une zone de vents variables modérés. Cette ceinture de vents variables s'étend entre 25°S et 40°S pendant les mois d'été et entre 20°S et 30°S pendant l'hiver. Cette zone ne s'étend pas à travers tout l'océan et sa position varie également d'une année à l'autre. A l'est d'environ 85°W, les vents dominants sont sud ou sud-est, étant alors une extension des alizés de sud-est. La force et la direction de ces vents variables peuvent varier considérablement, quoiqu'ils aient tendance à devenir plus forts dans des latitudes plus élevées.

Les vents d'ouest

Les vents d'ouest dominants (appelés aussi 40e rugissants) prédominent au sud de l'anticyclone du Pacifique Sud situé par 30°S. A l'ouest, ces vents sont influencés par le déplacement des anticyclones qui se dirigent vers l'est depuis les abords de l'Australie. Le passage quasi permanent des dépressions de l'ouest vers l'est provoque de grandes variations à la fois dans la direction et dans la force du vent. Les vents d'ouest sont plus réguliers entre les latitudes 40°S et 50°S. Les coups de vent sont fréquents en hiver, quoique l'on puisse avoir des vents forts à n'importe quelle période de l'année.

Les cyclones

Une large zone du Pacifique Sud est affectée par les cyclones entre décembre et avril. La fréquence maxima s'observe de janvier à mars. La zone principalement affectée se situe au sud entre 8°S et 10°S, à l'ouest de 140°W, dans une large bande s'étirant des Marquises jusqu'à l'est du détroit de Torrès. Dans certaines zones, comme la mer de Corail, des cyclones se sont produits en de rares occasions à d'autres périodes que la saison classique des cyclones. Les mois les plus dangereux sont décembre à mars, quand les dépressions tropicales qui se développent dans la mer de Corail ou le golfe de Carpentaria peuvent se transformer en cyclones.

Le nombre de tempêtes tropicales varie grandement d'une année à l'autre ainsi que leurs trajectoires, quoique la zone centrale du Pacifique Sud subisse plus de cyclones que les zones limitrophes. Certaines zones situées dans la ceinture des cyclones, comme Tahiti, sont épargnées par les cyclones pendant de nombreuses années, ce qui a conduit les gens à considérer, à tort, ces zones comme étant à l'abri des cyclones.

En raison du changement climatique, la saison des cyclones dans tout le Pacifique Sud est aujourd'hui considérée comme plus longue, pouvant durer de mi-novembre à fin mai, et même jusqu'à début juin dans la partie ouest de l'océan. L'activité cyclonique s'étend aussi plus près de l'équateur comme dans le cas du cyclone Percy qui dévasta les Tokelau en février 2005. Dans le Pacifique Sud, c'est entre décembre et mars que la fréquence des cyclones est la plus élevée : c'est toujours la période considérée comme la plus dangereuse. Les mois mentionnés au début de chaque route ne sont donc que des périodes approximatives et il faut bien le garder à l'esprit, en particulier avant de prévoir une traversée au début ou vers la fin d'une saison des cyclones.

Les courants

La principale circulation des courants de surface dans le Pacifique Sud s'effectue dans le sens inverse des aiguilles d'une montre, quoique ces courants soient moins bien connus que dans d'autres océans. Le long des bords de l'océan Pacifique Sud, les quatre composantes de ce mouvement dans le sens inverse des aiguilles d'une montre sont le courant sud-équatorial portant à l'ouest, le courant Est australien portant au sud, le courant de l'océan Antarctique portant à l'est, et finalement le courant du Pérou ou de Humboldt portant au nord.

Beaucoup de routes de croisière sont affectées par le courant Sud-équatorial dont la limite nord se situe entre 1°N et 4°N voire 5°N en fonction des saisons et de la longitude. L'axe de ce courant se situe le plus au nord de l'équateur pendant l'été austral et juste au nord de l'équateur en hiver. Le courant Sud-équatorial décroît en force au sud de 6°S, tout en conservant une direction ouest. Entre les latitudes 6°S et 20°S, ce courant plus faible est connu comme le courant subtropical sud.

Dans la partie ouest du Pacifique Sud, la direction du courant varie suivant les saisons. Entre juin et août, le courant suit la côte de Nouvelle-Guinée dans une direction nord-ouest. De septembre à novembre et aussi de mars à mai, il y a une renverse du contre-courant équatorial, qui pendant ces périodes s'écoule le long de la côte de Nouvelle-Guinée vers le sud-est.

Il y a un flux de sud-ouest depuis le courant subtropical sud qui passe par les îles des Tuvalu, des Vanuatu, et de la Nouvelle-Calédonie, mais les courants de cette région peuvent présenter des variations considérables. On peut dire la même chose pour les courants parmi les îles de l'archipel des Tuamotus et aussi entre les Tonga et les Fidji, ainsi que parmi les îles du groupe Lau aux Fidji. Lorsque l'on navigue dans l'une de ces zones on doit prêter la plus grande attention au caractère imprévisible de ces courants locaux.

Les courants dans la mer de Corail sont aussi peu connus, à l'exception de la partie nord où le courant porte fortement vers le détroit de Torrès, tandis que dans sa partie sud le courant porte au sud ou au sud-ouest. Ce courant finit par rejoindre le fort courant Est australien qui s'écoule vers le sud le long de la côte de l'Australie et peut être d'un grand secours pour ceux qui se dirigent vers des ports de la Nouvelle-Galles-du-Sud. Dans la mer de Tasmanie, entre l'Australie et la Nouvelle-Zélande, le courant est souvent variable, quoiqu'il tende à porter vers l'est.

Le courant de l'océan Antarctique porte à l'est et au nord-est dans les latitudes plus élevées. La plus grande partie de ce courant s'écoule dans l'océan Atlantique au sud du cap Horn, mais une partie se dirige vers le nord le long de la côte ouest de l'Amérique du Sud pour devenir le courant du Pérou ou de Humboldt. Ce courant froid se dirige vers le nord en direction de l'équateur pour alimenter en fin de compte le courant sud-équatorial. Le flux du courant de Humboldt est parfois inversé par le contre-courant équatorial, qui s'étend plus au sud pendant l'été de l'hémisphère austral qu'à d'autres périodes. Une branche de ce courant se dirige parfois vers le sud le long de la côte de l'Equateur et en de rares occasions peut atteindre une latitude aussi sud que celle de Callao. Comme ce courant chaud portant au sud apparaît parfois aux alentours de Noël, il a été appelé El Niño (le courant de l'enfant Jésus). Certaines années, lorsqu'il est pleinement établi, ce courant chaud peut grandement influencer les conditions de temps non seulement dans l'est du Pacifique Sud mais dans tout le bassin Pacifique et en fait dans le monde entier. Après les catastrophes provoquées par le Niño de 1982-83, on a étudié attentivement les conditions météo lorsqu'il s'est reproduit en 1997-98. Ce phénomène naturel majeur est maintenant beaucoup mieux compris et certains de ses effets peuvent être prévus (voir Chapitre 3, El Niño).

13
ROUTES DANS LE PACIFIQUE SUD

Aucune autre région du monde n'a exercé une telle fascination, sur les marins comme sur ceux qui ne naviguent pas, que le Pacifique Sud. Depuis les mutins de la Bounty jusqu'à Bernard Moitessier, plus d'un marin a succombé à l'attrait irrésistible des Mers du Sud. Ce phénomène n'est en aucune manière limité au passé, car chaque année d'autres tombent amoureux du Pacifique Sud. Quoique l'avènement des jets et de meilleures communications entre les îles aient amené la plus grande partie du Pacifique Sud à la portée du monde extérieur, il y a encore d'innombrables endroits qui ne peuvent être atteints qu'en bateau. Pour ceux qui voyagent de cette manière, le Pacifique Sud offre un terrain encore vierge, spécialement lorsqu'on s'écarte des sentiers battus. Cette immense étendue d'eau qui couvre le tiers de la surface de la planète est dotée d'une myriade d'îles minuscules sur lesquelles vivent des communautés parmi les plus éloignées et les plus isolées du monde. Les communications entre la plupart de ces îles se font normalement par bateau, bien que les bateaux traditionnels ne soient plus utilisés qu'en de rares endroits. Celui qui voyage avec un petit bateau aura un grand avantage et l'un des plus grands plaisirs que l'on puisse avoir en naviguant dans le Pacifique Sud est l'accueil chaleureux des habitants de ces îles envers ceux qui arrivent de la mer.

Les conditions de navigation dans le Pacifique Sud ne sont malheureusement pas toujours aussi idylliques qu'on le souhaiterait et les caprices du temps doivent être traités avec autant d'attention que partout ailleurs dans le monde. Quoique les saisons soient plutôt bien définies et qu'il y ait peu de tempêtes en dehors des cyclones tropicaux, qui ne se produisent que dans des zones et des mois connus, les systèmes de vents sont moins réguliers que dans d'autres parties du monde. Les alizés de sud-est, qui affectent la plupart des routes de croisière à travers le Pacifique Sud, sont réputés pour leur inconstance et sont souvent déroutants, spécialement pour ceux qui viennent des Caraïbes. Certaines années, les alizés soufflent avec une régularité surprenante, alors que d'autres années, les alizés s'établissent par intermittence, pouvant presque atteindre la force du coup de vent pendant plusieurs semaines d'affilée pour laisser la place à des calmes et à un temps à grains.

Une caractéristique du Pacifique Sud est que beaucoup de personnes ignorent ce qu'est la Zone de Convergence du Pacifique Sud (ZCPS). Ce phénomène inhabituel, qui se produit pendant l'hiver, affecte le temps que l'on soit en traversée ou au mouillage, de telle manière que les bateaux doivent avoir cela présent à l'esprit lorsqu'ils mouillent dans des endroits qui ne sont pas protégés du sud-ouest, cette direction étant celle d'où les vents les plus forts et aussi les plus inattendus peuvent survenir, qu'ils soient générés par le passage d'un front ou par la ZCPS elle-même. La position de cette zone est indiquée dans certains bulletins météo locaux.

Cependant, d'une manière générale, le temps rencontré par la majorité de ceux qui naviguent dans le Pacifique Sud est habituellement agréable et rarement inconfortable voire dangereux. On rencontrera rarement les pires conditions pendant une traversée, mais le plus souvent au port, en général parce que l'on a choisi un mouillage peu sûr ou que l'on a décidé de passer la saison des cyclones sous les tropiques. Ces deux dangers peuvent être évités, car il y a suffisamment de mouillages sûrs disponibles et l'on peut passer cette période en dehors de la zone à risques.

Malheureusement, la météo n'est pas le seul danger affronté par ceux qui naviguent dans le Pacifique Sud et, de fait, une bien plus grande proportion de bateaux sont perdus chaque année pour d'autres raisons. Le danger le plus évident est la présence des récifs coralliens qui s'étendent au vent de petites îles basses, non éclairées, faisant de la navigation à travers le Pacifique

Sud une tâche très difficile. Ce problème est souvent aggravé par la présence de forts courants dans divers groupes d'îles. Chaque année, les récifs causent la perte de plusieurs bateaux de croisière, de même que les cyclones qui balayent certaines de ces mêmes zones. Avec les instruments de navigation modernes, une bonne dose de bon sens, et un minimum de préparation, les risques sont réduits, faisant du Pacifique Sud une zone aussi sûre que n'importe où ailleurs.

La principale route à travers le Pacifique Sud décrit un gigantesque arc de cercle reliant Panama au détroit de Torrès et surnommé avec humour par les Anglo-Saxons, le « Milk Run » (le parcours du laitier). Description judicieuse spécialement pour ceux qui restent dans cette zone et évitent les saisons des cyclones. Les Allemands la surnomment plus prosaïquement « la route des va-nu-pieds », soulignant ainsi l'un de ses plus grands attraits pour ceux qui viennent de climats froids. Il y a un nombre infini de variantes à cette route principale, avec des routes secondaires qui en divergent et la rejoignent ultérieurement. A son extrémité est, la route est alimentée par un flux substantiel de bateaux américains, canadiens et européens, la plupart arrivant directement aux Marquises depuis les USA, la Colombie britannique ou Panama. A son extrémité ouest, la route est rejointe par des bateaux de Nouvelle-Zélande ou d'Australie qui débutent leur voyage autour du monde. Cette route principale, devenue internationale, continue à travers l'océan Indien où elle se sépare en deux branches, l'une vers la mer Rouge et la Méditerranée, l'autre vers le cap de Bonne Espérance et l'océan Atlantique.

La destination principale de tous les bateaux qui arrivent dans le Pacifique Sud est la Polynésie française et son île principale, Tahiti. La plupart des gens empruntent la route directe via les Marquises, surtout ceux qui ont atteint l'océan Pacifique par le canal de Panama ou dont le port d'attache se situe sur la côte ouest de l'Amérique du Nord. Parmi ceux-ci, certains rejoignent Tahiti via Hawaï. Il y a aussi la possibilité d'atteindre la Polynésie par une route plus détournée via l'Amérique du Sud et l'île de Pâques, route qui offre l'opportunité de visiter certaines communautés parmi les plus isolées, Pitcairn étant certainement la plus fameuse d'entre elles. Par cette route sud, on a la possibilité de visiter certaines des îles de la Polynésie française les plus éloignées. Quelques bateaux rejoignent Tahiti depuis la Nouvelle-Zélande, leurs skippers n'étant nullement effrayés par les rudes conditions associées à la navigation dans ces hautes latitudes.

Situé au centre de tout un réseau de routes, Tahiti offre plusieurs possibilités pour la poursuite du voyage, quoique la plupart des gens préfèrent s'en tenir à la route principale par les alizés. Une route secondaire quitte Tahiti en traversant l'équateur vers Hawaï, c'est aussi la route empruntée par certains bateaux qui retournent sur la côte ouest de l'Amérique du Nord. Plusieurs routes secondaires divergent ensuite, les routes vers le nord menant pour la plupart à travers l'équateur vers la Micronésie. Passant par les îles Cook, les Tonga ou les Samoa, la route principale atteint les Fidji, autre centre important de croisière. Les Fidji sont aussi un carrefour de diverses routes, les choix dans le sud-ouest du Pacifique devenant plus complexes. Cette zone offre un grand choix de destinations ayant également l'avantage de plus courtes distances entre elles. Sans aucun doute, l'une des destinations les plus populaires dans le sud-ouest du Pacifique est la Nouvelle-Zélande, où un grand nombre de bateaux de croisière passent la saison des cyclones en toute sécurité dans l'un des ports bien protégés de l'île du nord. En même temps, beaucoup profitent de leur séjour prolongé en Nouvelle-Zélande pour effectuer des travaux de maintenance sur leur bateau en profitant des excellents services disponibles. Une telle escale, que ce soit en Nouvelle-Zélande ou en Australie, où les services sont également bons, doit être incluse dans les projets de tous ceux qui ont l'intention de passer plus d'une année dans le Pacifique Sud.

Beaucoup de gens semblent se trouver à la croisée des chemins pendant leur croisière dans le Pacifique Sud. Il faut faire des choix et ceux-ci ne sont pas toujours évidents. Les bateaux américains et européens sont maintenant en nombre pratiquement égal dans le Pacifique Sud, et lorsqu'il faut retourner à la maison pour les Européens, le choix est relativement simple. La solution évidente est de continuer vers l'ouest autour du monde en profitant des divers systèmes de vents favorables. C'est probablement aussi la solution la plus logique pour ceux dont le port d'attache se situe sur la côte est des USA. Par contre, pour ceux qui viennent de la côte ouest de l'Amérique du Nord et qui désirent restreindre leur croisière au Pacifique, le choix est moins évident. Chaque année, des bateaux arrivent dans l'ouest du Pacifique avec leurs skippers désemparés quant au choix du meilleur chemin pour rentrer à la maison. Certaines de ces solutions sont décrites dans le chapitre 2 et aussi dans la route PS60 depuis la Nouvelle-Zélande.

D'autres aspects doivent également être pris en considération avant de préparer une croisière dans les îles du Pacifique Sud. En plus du vent et du temps, il faut aussi considérer le côté humain. Depuis l'arrivée des premiers européens il y a deux siècles, les insulaires du Pacifique ont souvent été l'objet de traitements cruels par les étrangers, du blackbirding* aux essais et décharges nucléaires. Qu'ils nous reçoivent encore à bras ouverts est la preuve de leur générosité et de leur capacité à pardonner. Le Pacifique Sud continue d'être l'une des zones les plus paisibles et non polluées au monde, il en va de notre intérêt bien compris de contribuer à ce qu'elle le reste.

** N.D.T- blackbirding : pratique en usage au XVIIIe et au début du XIXe siècle consistant à capturer des insulaires des îles du Pacifique pour les emmener travailler de force – tels des esclaves - dans les exploitations de guano situées sur les côtes péruviennes.*

Trous à cyclones

Le cyclone Heta, qui frappa les Samoa américaines et dévasta Niue en janvier 2004, a une fois de plus souligné les risques réels encourus lorsqu'on passe la saison des cyclones sous les tropiques. Pour ceux qui choisissent de rester sous les tropiques pendant la période critique (mi-novembre à mai), il y a un certain nombre d'abris à cyclones bien répartis un peu partout dans le Pacifique Sud. Seuls quelques-uns sont de vrais trous à cyclones. En raison des grandes distances qui séparent les archipels, il n'est pas forcément facile d'en rejoindre un, et de plus il n'y a pas forcément de place quand on y arrive. La meilleure tactique est soit de rester près d'un abri que l'on a choisi, soit de naviguer sur les bords de la ceinture des cyclones, pour pouvoir s'en éloigner en cas de danger (par exemple faire route au nord depuis les Marquises vers l'équateur).

Quand on fait l'inventaire des abris d'est en ouest, on peut déjà écarter les Galápagos et l'île de Pâques car ils ne sont pas affectés par les cyclones. En de rares occasions un cyclone est allé suffisamment vers l'est pour atteindre Pitcairn ou le nord-est des Marquises, mais ces dernières sont très rarement touchées par un véritable cyclone. Les archipels les plus excentrés de la Polynésie française (les Gambiers et les Iles Australes) peuvent être touchés mais les risques sont plus faibles qu'aux Tuamotus, qui sont non seulement plus exposés mais aussi plus mal protégés, leur lagon n'offrant aucun abri. Les îles de la Société sont moins affectées que les archipels plus à l'ouest mais il est quand même conseillé de les éviter pendant la période critique. Les quelques marinas existantes sont déjà pleines de bateaux locaux et de charter. Les seuls abris possibles à Tahiti sont le lagon bien fermé de Port Phaeton, sur la côte sud-ouest, où il y a maintenant une petite marina, ou bien le mouillage derrière le récif au Tahiti Yacht Club à Arue, à l'est de Papeete. Sur l'île de Raiatea, on peut laisser un bateau à terre dans l'un des deux chantiers mais lors d'un cyclone dans les années 90, plusieurs bateaux ont été renversés et il y a eu beaucoup de dégâts.

Une nouvelle marina construite à Rarotonga dans les îles Cook offre un bon abri, mais en ce moment les Cook sont plutôt à éviter. Port Refuge à Neaifu dans le groupe Vava'u aux Tonga est un abri correct, mais la tenue des fonds n'est pas bonne et il faut essayer d'avoir un corps-mort à l'épreuve des cyclones. Mais ce n'est pas forcément facile car il y a beaucoup de bateaux charter basés ici à l'année. La zone de croisière indentée des Vava'u offre quelques recoins protégés et des bateaux ont réchappé d'un cyclone début 2003, entassés dans un mouillage devant l'île de Tamana. Dans les Samoa, le meilleur abri à cyclone est traditionnellement à Pago Pago dans les Samoa américaines, où plusieurs bateaux se sont protégés du cyclone Heta cette année et en sont sortis sans dommage sérieux. On peut trouver des endroits plus sûrs aux Fidji, où plusieurs marinas à l'épreuve des cyclones ont été construites ces dernières années. Sur l'île de Vanua Levu, les deux marinas à Savusavu (Waitui et Copra Shed) ont mis en place un certain nombre de gros corps-morts, qui ont tous tenu lors du passage du cyclone Ami en janvier 2003. A Suva, la capitale, les bateaux locaux s'abritent dans les criques et la mangrove près du mouillage des Tradewinds. Sur la côte ouest de Viti Levu, la marina à Vuda Point offre une bonne protection dans un bassin circulaire qui peut être complètement fermé par une barrière anti-houle. Pour plus de sécurité, les bateaux laissés à terre dans cette marina ont leur quille enterrée dans une tranchée. Un abri à cyclone a aussi été construit dans un bassin bien fermé à Musket Cove sur l'île de Malololailai.

Plus à l'ouest, le port naturel presque totalement fermé à Port Vila au Vanuatu offre une protection correcte, de même que la marina de Port Moselle à Nouméa en Nouvelle-Calédonie. Aux Salomon, le meilleur abri serait à Tugali en face de la capitale Honiara. La liste ci-dessus n'est bien sûr pas exhaustive et il existe de petits abris connus des locaux dans la plupart des archipels.

PS 10 - ROUTES DANS LA PARTIE EST DU PACIFIQUE SUD

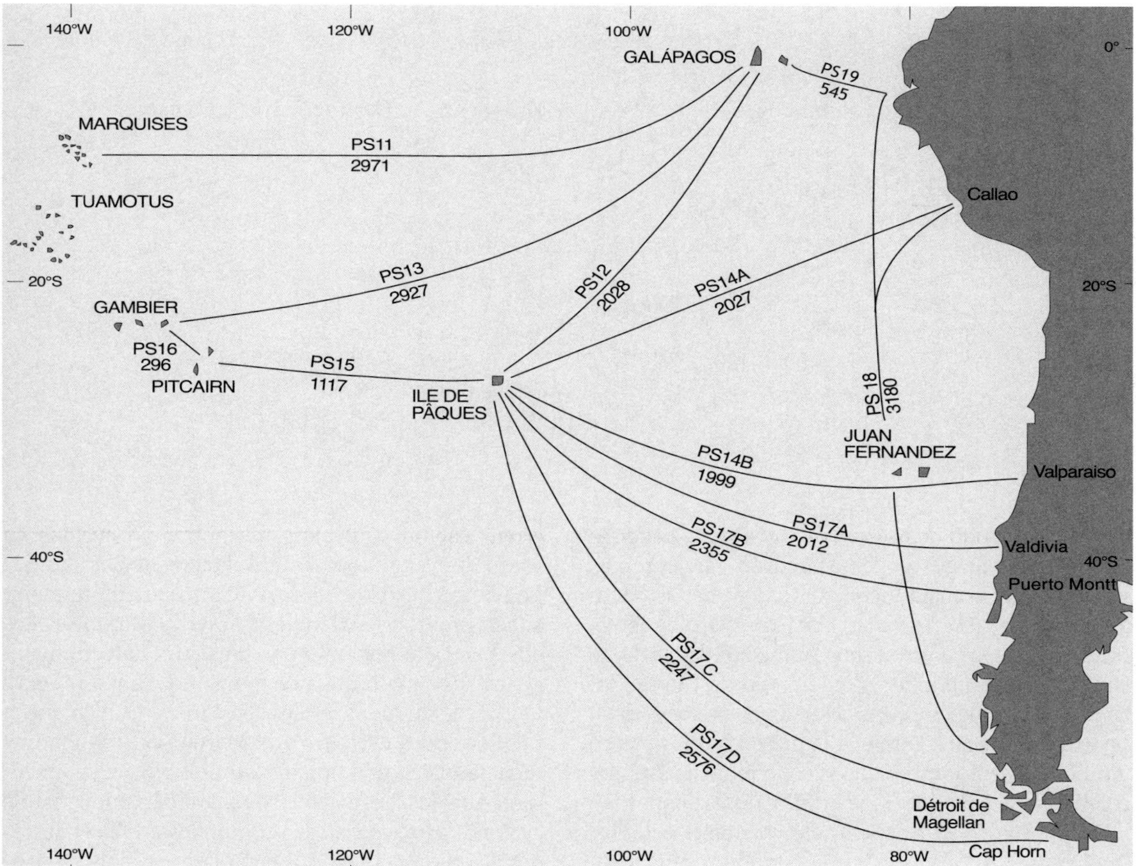

PS10 Routes dans la partie est du Pacifique Sud

La route principale de Panama à Tahiti attire la plupart des bateaux passant à travers cette zone, car peu s'aventurent au sud vers l'Amérique du Sud ou vers des îles comme Pitcairn ou l'île de Pâques. On doit donc décider à Panama ou aux Galápagos si l'on continue sur la route directe vers les Marquises, ou si l'on effectue un détour par le sud. Cette partie à l'est du Pacifique Sud n'est pas affectée par les cyclones, ce qui signifie que l'on peut y naviguer à n'importe quelle époque de l'année. Cependant, cette zone non affectée par les cyclones n'inclut pas les îles de la Polynésie française, qui devront être évitées pendant la saison des cyclones entre décembre et début avril. Une bonne raison pour effectuer un tel détour vers le sud est d'éviter cette période critique et les récompenses d'un tel détour compenseront les traversées plus longues, qui bénéficieront aussi de vents favorables. Une exception notable est le voyage vers la côte de l'Amérique du Sud, où à la fois le vent et le courant seront contraires. Cela ne décourage nullement un petit nombre de bateaux qui descendent le long de la côte ouest de l'Amérique du Sud, attirés par la grandeur du sud du Chili.

PS11 *Des Galápagos aux Marquises*

MEILLEURE PÉRIODE	avril à septembre	
SAISON DES CYCLONES	décembre à mars	
CARTES ROUTIÈRES	BA : 4051 US : 51	SHOM : 7023
INSTRUCTIONS NAUTIQUES	BA : 7, 62 US : 122, 125, 126	SHOM : K11
GUIDES DE CROISIÈRE	*Charlie's Charts of Polynesia, Pacific Crossing Guide, South Pacific Anchorage.*	
WAYPOINTS		

Départ	*Intermédiaire*	*Atterrissage*	*Destination*	*Distance (M)*
PS111 Sta Cruz 0°46.5'S, 90°18'W	PS112 2°00'S, 92°00'W			
	PS113 3°00'S, 100°00'W			
	PS114 5°00'S, 122°00'W			
	PS115 5°00'S, 130°00'W	PS116 Hiva Oa E 9°45'S, 138°45'W	Atuona *9°48'S, 139°02'W*	2971
		PS117 Nuku Hiva 8°55'S, 139°55'W	Taiohae *8°56'S, 140°06'W*	3027

Pour beaucoup de bateaux de croisière, la traversée entre les Galápagos et les Marquises est leur plus grande traversée hauturière, et, s'ils ont de la chance avec le temps, cela peut aussi être l'une des plus agréables. Quoique la zone soit sous l'influence des alizés de sud-est pendant la plus grande partie de l'année, les conditions météo peuvent varier d'une manière drastique d'une année à l'autre et la présence ou l'absence d'un Niño peut exercer une grande influence sur les conditions de temps dans la partie est du Pacifique Sud.

De bonnes traversées ont été effectuées à toutes les époques de l'année, mais la période la plus favorable se situe entre avril et août lorsque les alizés soufflent régulièrement d'est à sud-est et que le courant favorable qui porte à l'ouest est à son maximum (1 à 1,5 nœud). Cependant, certains sont tentés d'effectuer ce passage plus tôt dans l'année de façon à prendre un bon départ pour leur saison de navigation dans le Pacifique Sud en arrivant aux Marquises avant fin mars. Certaines années, ce peut être une erreur car on peut alors rencontrer un cyclone en cours de route ou après être arrivé aux Marquises. En février 1983, le cyclone William a atteint un point situé à environ 1 000 milles à l'est des Marquises, ses effets ont été ressentis par plusieurs bateaux naviguant sur cette route à ce moment-là. On a observé deux cyclones dans les îles cette année-là, bien que la fréquence des cyclones aux Marquises soit relativement faible et qu'il puisse s'écouler plusieurs années sans que les îles soient frappées par un véritable cyclone. Lorsque cela se produit, les arbres et autres débris qui ont été entraînés au large créent des dangers supplémentaires pour les petits bateaux et l'on doit faire particulièrement attention, spécialement la nuit. Cette route passe à travers une zone où des collisions avec des baleines et même des attaques ont été mentionnées, il est donc conseillé d'être prudent avec les baleines en ne les approchant pas et en faisant en sorte qu'elles ne se sentent pas menacées.

En quittant les Galápagos, si les vents sont

favorables, la tactique recommandée est de suivre la route orthodromique jusqu'aux Marquises. S'il n'y a pas de vent, le mieux est de faire route au sud pour retrouver du vent autour de 2°S. Depuis ce point le cap initial doit être pratiquement plein ouest, en essayant d'éviter une zone comprise entre 3°S et 8°S, et 95°W et 108°W, où les conditions météo sont souvent instables. La position de cette zone n'est qu'approximative. Elle semble être une extension du pot au noir, avec des caractéristiques similaires : ciel gris couvert, houle confuse, grains fréquents souvent accompagnés d'éclairs mais rarement de pluie. La meilleure tactique est de traverser cette zone au moteur aussi rapidement que possible. Au début de la traversée, il n'est pas conseillé de faire route trop au sud car l'on trouve de meilleures conditions plus près de l'équateur. Une fois la zone critique passée, on peut faire route vers le WP114. De là, on reste ensuite sur la même latitude jusqu'au WP115, puis on modifie le cap pour faire route vers le port de destination. Ces tactiques ne sont conseillées que dans le cas où il y a assez de vent pour naviguer sous voiles, car si l'on doit faire du moteur, autant suivre la route orthodromique. Les vents sont en général de SE pendant la première moitié de la traversée et seront davantage de secteur E dans la seconde moitié. Les grains rencontrés dans la première partie de la traversée ne sont en général pas très forts, mais peuvent devenir plus violents quand on se rapproche des Marquises. On a plus de chance de bénéficier d'un courant favorable en restant près de l'équateur, tandis que si l'on descend trop tôt en dessous de 5°S on risque de rencontrer des conditions moins propices. En général la météo s'améliore au fur à mesure qu'on avance en saison, et on a plus de chance d'avoir une météo instable entre mars et avril qu'entre mai et juin.

À partir du WP116, à 3 M à l'est du cap Matafenua, à l'extrémité E d'Hiva Oa, on suit la côte sud de l'île jusqu'à la baie de Taaoa, dans la partie NW de laquelle est situé le petit port d'Atuona. Le port est abrité par un brise-lames court, qui ne protège pas beaucoup de la houle du sud. L'entrée dans le port, bien que portant des feux, n'est pas facilement identifiable de nuit, il est donc fortement recommandé d'arriver de jour. Ceux qui prévoient de s'arrêter d'abord à Fatu Hiva doivent savoir que ce n'est pas un port d'entrée et que l'on peut avoir des problèmes avec les autorités si l'on s'y arrête avant d'avoir effectué les formalités d'entrée. Compte tenu des vents dominants et de la disposition des îles, il est préférable de s'arrêter d'abord à Atuona et de visiter ensuite les autres îles.

Les bateaux se dirigeant directement vers Nuku Hiva doivent éviter le banc Clark (8°05'S, 139°35'W), où la mer déferle sur des fonds peu profonds, et se diriger vers le WP PS115, à 5 milles à l'est de Nuku Hiva. On suivra ensuite la côte en contournant le cap Tikapo vers Taiohae, port principal et capitale des Marquises.

La durée moyenne de cette traversée varie entre 15 et 30 jours, les traversées les plus lentes ayant été effectuées par ceux qui n'ont pas fait route au moteur dans les calmes ou les vents faibles. A proximité des Galápagos et des Marquises, les vents peuvent faiblir même au plus fort de la saison des alizés. En moyenne, les passages les plus lents ont été effectués au début de l'année, lorsque des vents faibles et des calmes sont choses commune. Certaines années, l'alizé ne s'établit réellement que courant mai, quoique toute l'année les courants soient favorables. Les vents sont plus forts et mieux établis dans la dernière partie de l'année et pour ceux qui effectuent cette traversée en octobre ou même novembre, il peut être intéressant d'établir une route au nord de la loxodromie, car les vents et le courant seront plus favorables près de l'équateur.

PS12 *Des Galápagos à l'île de Pâques*

Meilleure période	novembre à mars			
Saison des cyclones	aucune			
Cartes routières	BA : 4062	SHOM : 6964		
	US : 62			
Instructions nautiques	BA : 7, 62	SHOM : K11		
	US : 122, 125			
Guides de croisière	*South Pacific Anchorages.*			
Waypoints				
Départ	*Intermédiaire*	*Atterrissage*	*Destination*	*Distance (M)*
PS121 Sta Cruz S 0°46.5'S, 90°18'W	PS122 0°00', 90°00'W	PS123 Pâques N 27°00'S, 109°25'W	Hanga Roa *27°09'S, 109°26'W*	2028

Les rares bateaux qui empruntent cette route vers l'île des statues géantes sont habituellement récompensés par une traversée rapide avec les alizés de sud-est par le travers. La meilleure période se situe entre décembre et mai, lorsque les alizés s'étendent le plus au sud, quoiqu'à certains moments cela puisse prendre plus longtemps pour atteindre les alizés au départ des Galápagos. Ceci doit être mis en balance avec le fait que la météo aux alentours de l'île de Pâques sera plus stable dans les premiers mois de l'année. Si l'on navigue directement vers l'île de Pâques depuis Panama ou d'autres ports d'Amérique Centrale, on suit les d'abord les mêmes instructions que celles données pour rejoindre les Galápagos. Voir aussi les routes PT12 et PT19. Si l'on rencontre des vents de sud ou de sud-ouest au sud des Galápagos, on doit rester tribord amure jusqu'à la latitude 3°S avant de changer de bord. Au sud de cette latitude, on rencontrera rarement des vents de sud-ouest car ils virent graduellement au sud puis au sud-est. Une fois bâbord amure, si l'on trouve que les vents au sud de l'équateur ont une composante sud trop marquée, car au début de l'année ils sont effectivement sud-sud-est, le terrain que l'on pourra perdre vers l'ouest pourra être regagné ultérieurement car les vents deviennent plus est au sud du 20°S. On pourra avoir des vents favorables pendant la plus grande partie du trajet et même la zone des calmes équatoriaux n'est pas trop large à cette période.

Les bateaux partant de Puerto Ayora, sur l'île de Santa Cruz, du WP PS121 à l'est de Punta Estrada, doivent mettre le cap plein sud pour passer à l'est de l'île Floréana. En conservant ce cap, en fonction des conditions de temps existantes, l'équateur sera franchi au WP PS122. Ainsi que mentionné plus tôt, il convient d'éviter une zone qui se situe au sud des Galápagos et est délimitée par les longitudes 90°W et 95°W et les latitudes 3°S et 8°S où plusieurs bateaux ont subi des conditions de temps déplaisantes. La zone semble être une extension du pot au noir avec peu ou pas de vent, des rafales d'orage, et une forte houle qui rend les conditions de navigation très inconfortables. Pour éviter cette zone, si l'on rencontre des vents de sud-ouest en quittant les Galápagos, il est préférable de rester tribord amure et de se maintenir à l'est du méridien 90°W, même si cela implique de s'écarter temporairement de la route directe. En fonction des conditions de temps on peut alors mettre le cap pour l'île de Pâques et atterrir au WP PS123 au nord du cap Nord de l'île.

La côte nord-ouest doit être suivie jusqu'à l'agglomération principale de Hanga Roa. Le petit port de Hanga Piko, au sud de Hanga Roa, a bénéficié d'améliorations récentes et quelques quillards peuvent y trouver refuge. Le capitaine du port doit être contacté par VHF sur le canal 16 pour qu'un pilote local guide le bateau jusqu'à Hanga Piko. Une taxe d'environ 100 dollars est normalement perçue pour cela. Compte tenu des brusques changements de temps, le capitaine du port n'autorise pas que les bateaux restent sans personne à bord au mouillage au large de Hanga Roa. Un pêcheur local offre ses services pour débarquer les équipages à terre car l'atterrissage avec le fort ressac peut être une expérience hasardeuse. Par temps mal établi, on ira mouiller à Anakena, sur la côte nord.

PS13 *Des Galápagos aux îles Gambier*

Meilleure période	avril à octobre	
Saison des cyclones	décembre à mars	
Cartes routières	BA : 4061, 4062	SHOM : 7023, 6607
	US : 62, 621	
Instructions nautiques	BA : 7, 62	SHOM : K11
	US : 122, 125, 126	
Guides de croisière	*Charlie's Charts of Polynesia, South Pacific Anchorage.*	
Waypoints		

Départ	*Intermédiaire*	*Atterrissage*	*Destination*	*Distance (M)*
PS131 Sta Cruz S 0°46.5'S, 90°18'W	PS132 2°00'S, 92°00'W			
	PS133 3°00'S, 94°00'W	PS134 Mangareva 23°20'S, 134°50'W	Rikitea *23°07'S, 134°58'W*	2927

Cette route évite la route plus courue vers les Marquises et permet d'atteindre la Polynésie française par le sud-est plutôt que par le nord-est. Les instructions sont identiques à celles données pour la route entre les Galápagos et l'île de Pâques, avec l'avantage que comme les Gambier se trouvent beaucoup plus à l'ouest, on recevra les alizés de sud-est avec un bien meilleur angle sur cette route qui traverse l'une des zones les plus désertes de la planète. On peut emprunter une route orthodromique dès que l'on aura des alizés de sud-est bien établis. Pendant l'hiver austral (mai à septembre), ils s'étendent souvent aussi nord que les Galápagos.

De façon à éviter une zone avec peu ou pas de vent et une mer confuse qui se situe au sud des Galápagos et est délimitée par les longitudes 90°W et 95°W et les latitudes 3°S et 8°S, les bateaux quittant Puerto Ayora (Academy Bay) depuis le WP PS131 au sud de Punta Estrada, doivent mettre le cap vers le WP PS132 puis vers le WP PS133. De là, on peut emprunter une route orthodromique pour le WP PS134, au sud-est du lagon de Mangareva. Compte tenu des récifs qui s'étendent au vent du côté est de ce vaste lagon, on ne doit pas approcher Mangareva par l'est mais par le sud-est. Du WP PS134, la route se dirige à l'ouest en restant à peu près parallèle à la ligne des récifs et pénètre dans le lagon par la passe du sud-ouest. Les formalités d'entrée aux Gambier peuvent être effectuées à Rikitea, l'agglomération de Mangareva, la principale île du groupe.

Pitcairn (25°04'S, 130°06'W) est une escale tentante en chemin, près de la route recommandée, dont la communauté isolée est toujours heureuse d'accueillir les bateaux de passage.

PS14 *De l'Amérique du Sud à l'île de Pâques*

Meilleure période	novembre à mars			
Saison des cyclones	aucune			
Cartes routières	BA : 4062 US : 62	SHOM : 6964		
Instructions nautiques	BA : 7, 62 US : 122, 125	SHOM : K11		
Guides de croisière	*Landfalls of Paradise, South Pacific Anchorages.*			
Waypoints				

Départ	*Intermédiaire*	*Atterrissage*	*Destination*	*Distance (M)*
Route PS14A				
PS141 Callao 12°00'S, 77°18'W		PS142 Pâques SE 27°08'S, 109°12'W	Hanga Roa *27°09'S, 109°27'W*	2028
Route PS14B				
PS143 Valparaiso *33°01'S, 71°38'W*	PS144 Robinson Crusoe *33°38'S, 78°50'W*	PS145 Pâques SW 27°12'S, 109°27'W	Hanga Roa	1990
PS146 Valdivia *39°48'S, 73°14'W*		PS145 Pâques SW	Hanga Roa	1950

Quel que soit le point de départ choisi, une traversée vers l'île de Pâques depuis l'un des ports de la côte ouest de l'Amérique du Sud ne présente pas de grande difficulté, car l'on peut s'attendre à avoir des vents favorables sur la plus grande partie de la route. Depuis des ports situés au nord de Callao, on peut faire route directe dès que l'on quitte le continent, car des vents favorables prédominent dans cette zone presque toute l'année. Bien que, suivant les pilot charts, l'île de Pâque se situe légèrement en dehors de la zone des alizés de sud-est, les vents entre l'île et le continent ont tendance à souffler d'est à sud la plupart du temps. On peut aussi emprunter une route directe depuis des ports situés plus au sud, mais si l'on a des vents d'ouest, on devra faire route au nord-ouest jusqu'à ce que l'on trouve les alizés de sud-est. Le choix de la route sera dicté par la position de l'anticyclone du Pacifique Sud. Si la route directe passe à travers cet anticyclone, il faut essayer de le contourner dans le sens contraire des aiguilles d'une montre afin d'éviter d'être pris dans les calmes. Cela peut signifier de faire beaucoup de nord pendant la première partie du voyage et passer tout près de l'île Alexander Selkirk, du nom du marin qui a inspiré l'histoire de Robinson Crusoe. Ceux qui naviguent le long de la côte du Chili avec un vent et un courant favorables (route PS18) ne doivent pas faire route vers l'île de Pâques avant d'avoir franchi la latitude de Valparaiso. On doit procéder de même si on a l'intention de s'arrêter d'abord aux îles de Juan Fernandez (Robinson Crusoé, Alexandre Selkirk et Santa Clara). Ces îles dépendent du Chili et l'agglomération principale se situe sur Robinson Crusoé dans la baie de Cumberland. Ceux qui ont navigué au Chili dans les canaux de Patagonie doivent continuer au moins jusqu'à Valdivia avant de gagner le large. Valdivia est aussi un lieu sûr pour laisser le bateau et visiter l'intérieur.

En prenant comme point de départ le port péruvien de Callao, du WP PS141 au nord de l'île de San Lorenzo dans la baie de Callao, on peut emprunter une route orthodromique pour le WP PS142 au large du cap Roggeven, sur la côte sud-est de l'île de Pâques. La côte sud et sud-ouest de l'île doit être suivie jusqu'à l'agglomération principale de Hanga Roa. Le capitaine du port doit être contacté par VHF sur le canal 16 pour qu'un pilote local guide le bateau jusqu'à Hanga Piko, le petit port de Hanga Roa, qui bénéficie d'améliorations récentes et où quelques quillards peuvent trouver refuge. On ne peut entrer ni sortir du port pendant les périodes de forte houle. Les bateaux n'ont pas le droit d'entrer par eux-mêmes dans ce port, il faut donc contacter le *Port Captain* sur le canal 16 pour demander un pilote. Le tarif est d'environ 100 $. En raison des changements rapides de temps, il est interdit de laisser le bateau sans surveillance au mouillage principal de Hanga Roa. Si le temps n'est pas bien établi, on peut aller mouiller à Anakena, sur la côte nord.

PS15 *De l'île de Pâques à Pitcairn*

MEILLEURE PÉRIODE	novembre à mars	
SAISON DES CYCLONES	aucune	
CARTES ROUTIÈRES	BA : 4061 US : 607	SHOM : 6964, 6607
INSTRUCTIONS NAUTIQUES	BA : 62 US : 122, 125, 126	SHOM : K11
GUIDES DE CROISIÈRE	*South Pacific Anchorages.*	
WAYPOINTS		

Départ	*Intermédiaire*	*Atterrissage*	*Destination*	*Distance (M)*
PS151 Pâques W 27°08'S, 109°28'W		PS152 Pitcairn E 25°04'S, 130°04'W	Adamstown *25°04'S, 130°05'5W*	1117

On aura des vents favorables tout le long de cette route pendant la plus grande partie de l'année. Le temps le mieux établi se situe en été, de décembre à mai, quand les alizés de sud-est s'étendent le plus au sud. Cependant, même pendant ces mois, le régime des alizés peut être interrompu par des intervalles de temps à grains, avec de la pluie et des vents variables. La route directe depuis l'île de Pâques vers Pitcairn passe bien au sud des îles Ducie et Henderson, toutes deux inhabitées. Classées réserves naturelles, le débarquement y est interdit.

Du WP PS151, au large de Hanga Roa, le cap sera mis vers le WP PS152, pour approcher Pitcairn par l'est. Le mouillage le plus proche de l'agglomération d'Adamstown, se trouve dans la baie Bounty, sur la côte nord-est de Pitcairn. La petite communauté est en veille VHF sur le canal 16 et un bateau sera envoyé à votre rencontre. Le mouillage principal se situe dans la baie de Bounty, mais n'est praticable que par temps bien établi. Parfois il est aussi possible de mouiller à Tedside, sur le côté ouest de l'île. Par vent de NE les locaux conseillent de mouiller dans la baie située sur la côte SW de l'île, mais elle est pleine de rochers et doit être approchée avec beaucoup de prudence. On doit se méfier de tous les mouillages car plusieurs bateaux ont été perdus à Pitcairn suite à un brusque changement de temps alors que l'équipage était descendu à terre.

PS16 *De Pitcairn aux îles Gambier*

MEILLEURE PÉRIODE	mars à juin	
SAISON DES CYCLONES	décembre à mars	
CARTES ROUTIÈRES	BA : 4061	SHOM : 6607
	US : 607	
INSTRUCTIONS NAUTIQUES	BA : 62	SHOM : K11
	US : 122, 126	
GUIDES DE CROISIÈRE	*Charlie's Charts of Polynesia, South Pacific Anchorages*	

WAYPOINTS

Départ	*Intermédiaire*	*Atterrissage*	*Destination*	*Distance (M)*
PS161 Pitcairn NW 25°03'S, 130°07'W		PS162 Mangareva 23°20'S, 134°50'W	Rikitea *23°07'S, 134°58'W*	296

Cette traversée peut s'effectuer à toute période de l'année car Pitcairn et l'archipel des Gambier sont rarement menacés par des cyclones. Cependant les premiers mois de l'année doivent être évités, de façon à ne pas arriver en Polynésie française pendant la saison des cyclones. On aura les meilleures conditions de navigation au début ou à la fin de l'hiver austral. Comme cette route longe l'extrémité sud des alizés de sud-est, les conditions de temps peuvent être variables pendant les mois d'hiver et des coups de vent d'ouest ne sont pas rares. Les Gambier doivent être approchées avec précaution par temps couvert car elles peuvent être cachées par des nuages bas et les courants dans leurs parages sont parfois forts.

Du WP PS161 au nord-ouest de Pitcairn, on peut mettre le cap vers le WP PS162, au sud-est du lagon de Mangareva. Compte tenu des récifs qui s'étendent au vent de ce vaste lagon, on doit approcher Mangareva avec précaution. Du WP PS162 la route reste à peu près parallèle à la ligne des récifs et pénètre dans le lagon par la passe du sud-ouest. Par mauvaise visibilité il est préférable d'utiliser la passe de l'ouest, entre les îles Taravai et Mangareva, car elle possède le meilleur balisage et est normalement utilisée par les goélettes qui assurent le ravitaillement depuis Tahiti. Par bonne visibilité, on peut gagner plusieurs milles en utilisant la passe du sud-est, qui est aussi balisée et pénètre dans le lagon au sud d'Aukena. A travers le lagon, on doit faire attention aux différents parcs à huîtres perlières et aux bouées de balisage non éclairées. Les formalités d'entrée aux Gambier peuvent être effectuées à Rikitea, l'agglomération de Mangareva, la principale île du groupe.

PS17 *De l'île de Pâques au Chili*

MEILLEURE PÉRIODE	décembre à février	
SAISON DES CYCLONES	aucune	
CARTES ROUTIÈRES	BA : 4062	SHOM : 6964
	US : 62	
INSTRUCTIONS NAUTIQUES	BA : 6, 62	SHOM : K11
	US : 122, 124, 125	
GUIDES DE CROISIÈRE	*Chile.*	

WAYPOINTS

Départ	*Intermédiaire*	*Atterrissage*	*Destination*	*Distance (M)*
Route PS17A				
PS171 Pâques SW 27°13'S 109°27'W	PS172 35°00'S 100°00'W	PS173 Corral 39°47'S 73°32'W	Valdivia *39°48'S 73°14'W*	2012
Route PS17B				
PS171 Pâques SW	PS174 40°00'S 110°00W	PS175 Chacao 41°40'S 74°15'W	Puerto Mont *41°28'S 72°57'W*	2355

Départ	*Intermédiaire*	*Atterrissage*	*Destination*	*Distance (M)*
Route PS17C				
PS171 Pâques SW	PS174	PS177 Pilar 52°40'S 74°50'W		2247
Route PS17D				
PS171 Pâques SW	PS174 PS178 50°00'S 95°00'W	PS179 Cap Horn 56°02'S 67°15'W		2576

Quoique le nombre de bateaux partant de l'île de Pâques pour une traversée vers les tempétueuses mers australes soit relativement faible, la même route sera empruntée sur la plus grande partie de sa longueur par les bateaux qui se dirigent vers le Chili. Tout comme le cap Horn ou le détroit de Magellan, le Chili peut être plus facilement atteint depuis l'île de Pâques avec l'aide des vents d'ouest des latitudes plus élevées. L'objectif principal après avoir quitté l'île de Pâques consiste à atteindre la région des vents d'ouest dominants le plus rapidement possible. En tirant parti de chaque changement de direction du vent, il doit être possible de gagner à l'est avant même d'avoir atteint les 40ᵉ rugissants, d'où l'on aura des vents favorables bien que forts. La proportion de coups de vent est très forte dans les parages de la pointe sud du continent sud-américain, la pire période se situant pendant les mois d'hiver de juin, juillet, et août. Les traversées pendant ces mois doivent être évitées. La période recommandée non seulement bénéficie de meilleurs vents sur cette route, mais permet aussi de rejoindre la Terre de Feu et les canaux de Patagonie à la meilleure période, qui se situe au cœur de l'été austral.

En partant du WP PS171 depuis l'île de Pâques, le cap est mis vers le sud sud-est. Le WP PS172 n'est donné qu'à titre indicatif, car les conditions locales rencontrées seront déterminantes. C'est la position de l'anticyclone du Pacifique Sud qui sera le facteur le plus déterminant. Il est normalement centré sur le 30°S, mais se déplace selon la saison. On rencontrera les vents dominants d'ouest dans sa partie sud, probablement dès le 32°S. Un bon point d'atterrissage sur la côte du Chili est la ville de Valdivia, à 11 milles en amont sur le fleuve du même nom. Un bon point de départ pour une croisière dans les fjords et les canaux du Chili méridional est Puerto Montt. Pour s'y rendre, il faudra faire l'atterrissage au WP PS175 dans les approches du chenal de Chacao. Cet étroit passage au nord de l'île de Chiloe est balayé par de violents courants de marée pouvant atteindre 8 nœuds. Il faut entrer dans le chenal à l'étale et ne jamais arriver de l'océan par vent fort contre la marée descendante car ces conditions peuvent être dangereuses pour un petit bateau. Les heures de marées peuvent être obtenues en appelant le phare de Corona sur le canal 16. La marina de Puerto Montt se trouve à environ 60 milles dans un bras de la grande baie, elle veille sur le canal 71.

Les bateaux se dirigeant vers le détroit de Magellan (route PS17C) doivent mettre le cap vers le WP PS174 dès qu'ils auront atteint la zone des vents d'ouest. L'atterrissage se fera au WP PS177 au large du cap Pilar. Il faut éviter de pénétrer dans le détroit par gros temps, car de forts courants génèrent une mer très dure à l'entrée de ce détroit.

Les bateaux se dirigeant vers le cap Horn (route PS17D) feront la plus grande partie de leur route à l'est avec les vents dominants d'ouest, de manière à ne franchir la latitude 50°S qu'aux environs de la longitude 95°W. Le cap est alors modifié pour le WP PS179 pour passer à proximité du sud du cap Horn. Ces dernières années, la plupart des bateaux empruntant cette route ont fait escale en Terre de Feu, soit en passant par le canal de Beagle immédiatement après avoir doublé le cap Horn, soit en atteignant le cap Horn via les eaux relativement abritées des canaux situés au nord-ouest de celui-ci, voire en choisissant d'atterrir plus au nord comme décrit ci-dessus.

Après avoir contourné le cap Horn, la route peut passer à l'est ou à l'ouest de l'île des Etats. D'autres instructions pour les bateaux se dirigeant vers le nord dans l'océan Atlantique sont données dans les routes AT26, AT27, AS26, etAS35.

PS18 *De l'Equateur et du Pérou au Chili*

Meilleure période	décembre à mars			
Saison des cyclones	aucune			
Cartes routières	BA : 4062 US : 62	SHOM : 6964		
Instructions nautiques	BA : 7 US : 125	SHOM : K11		
Guides de croisière	*Chile, Patagonia & Tierra del Fuego Nautical Guide.*			
Waypoints				
Départ	*Intermédiaire*	*Atterrissage*	*Destination*	*Distance (M)*
PS180 Salinas *2°13'S, 80°55'W*	PS181 Carnera 2°15'S, 80°58'W	PS182 Parinas 4°40'S, 81°25'W	Paita *5°05'S, 81°07'W*	182
PS180 Salinas	PS181 Carnera PS183 Aguja 6°00'S, 81°20'W	PS184 Anson 12°00'S, 72°12'W	Callao *12°03'S, 77°09'W*	883
PS180 Salinas	PS186 Pacifique 35°00'S, 92°00'W	PS187 Crusoe *33°38'S, 78°50'W*	Valdivia *39°48'S, 73°14'W*	3180

Les traversées vers le sud le long de la côte ouest de l'Amérique du sud ne sont jamais faciles, principalement à cause du courant contraire du Pérou ou de Humboldt. Cependant, certaines années, lorsque le fameux courant El Niño provoque des ravages en modifiant les conditions de temps dans tout le Pacifique, les bateaux qui se dirigent vers le sud bénéficient au moins du fait que ce courant portant au nord sera totalement absent voire même remplacé par un faible courant en sens inverse. Lors d'une année normale, cependant, on n'aura guère d'autre choix si l'on se dirige vers des ports péruviens que de lutter pour gagner vers le sud, probablement en appuyant au moteur contre le courant et les faibles vents de sud-est. Les bateaux se dirigeant vers des ports du Chili peuvent suivre le conseil donné aux capitaines des anciens navires à voile, d'effectuer un long bord bâbord amure pour gagner le large dans l'espoir de trouver des vents d'ouest dominants dans des latitudes plus élevées. Une fois ces vents trouvés, on peut ensuite rejoindre la côte avec un vent favorable. Une escale intéressante sur cette route hauturière est l'île de Robinson Crusoé au Chili. De là, on a le choix entre divers ports sur le continent. Cependant, les bateaux se dirigeant vers l'entrée située sur le côté pacifique du détroit de Magellan doivent rester au large pour profiter des vents d'ouest. Les diverses options sont décrites en détail dans la route PS17.

Le meilleur port de départ en Equateur est Puerto Lucia Yacht Club à La Libertad, une station balnéaire au nord de Salinas, en raison des excellents équipements et services proposés par la marina. La route côtière le long de la côte aride du Pérou est monotone, il y a peu de ports et même s'arrêter pour refaire du gazole n'est pas facile. Pour cela, la plupart des bateaux s'arrêtent à Manta, en Equateur et à Paita, au Pérou. Manta est un port de pêche actif avec de bonnes possibilités de réparations. Le premier port péruvien où l'on peut s'arrêter pour refaire du gasoil et se réapprovisionner est Paita, qui ne présente pas d'autre intérêt. Ceux qui ne veulent pas faire escale doivent se diriger vers le port de Callao, qui dessert Lima, la capitale du Pérou, et offre de bons services et un yacht club accueillant. C'est aussi un bon endroit pour laisser le bateau et visiter l'intérieur du Pérou, ce qui est aussi le cas de Salinas pour ceux qui désirent visiter l'Equateur. Voir aussi PT11.

Les suggestions pour les traversées vers le sud depuis Callao sont similaires, mais comme la distance des ports vers le nord du Chili est plus courte, emprunter une route au large n'est pas très intéressant, à moins que l'on ne se dirige vers le sud du Chili, dans ce cas une route hauturière est recommandée. Il y a beaucoup de bons ports le long de la côte chilienne, les services sont adéquats dans la plupart d'entre eux et suivre la côte par petites étapes ne présente pas de problème réel. Cependant, ceux qui préfèrent emprunter une route hauturière sans escale devront se diriger vers 35°S et 92°W pour quitter l'influence des vents de sud-est et pouvoir alors se rapprocher de la côte. Valdivia est un port recommandé, avec une petite marina et de bons services. Plus au sud, Puerto Montt est le meilleur endroit d'où partir explorer les fjords du Chili, il possède une nouvelle marina et offre de multiples services.

PS19 *De l'Equateur aux Galápagos*

MEILLEURE PÉRIODE	janvier à mai			
SAISON DES CYCLONES	aucune			
CARTES ROUTIÈRES	BA : 4811	SHOM : 6936, 6910		
	US : 21036			
INSTRUCTIONS NAUTIQUES	BA : 7			
	US : 125, 153			
GUIDES DE CROISIÈRE	*Pacific Crossing Guide, South Pacific Anchorages.*			
WAYPOINTS				
Départ	*Intermédiaire*	*Atterrissage*	*Destination*	*Distance (M)*
PS190 Salinas *2°12'S, 80°54'5W*	PS191 Elena 2°12'S, 80°56'W	PS192 Negrito 0°58'S, 89°37'W	Baquerizo Moreno *0°53'7S, 89°37'W*	545

Par le passé, les bateaux en route vers le Pacifique Sud rejoignaient souvent directement les Galápagos depuis Panama (voir PT12), alors qu'aujourd'hui beaucoup font un détour par l'Equateur (voir aussi PT11) avant d'aller aux Galápagos. Le meilleur point de départ est la marina de Puerto Lucia à Salinas, qui est une bonne base à la fois pour visiter l'intérieur du pays et pour préparer le bateau pour la traversée. La route ne présente pas de difficulté particulière car pendant la plus grande partie de l'année les vents sont de SE, quoique très faibles, et le courant sud-équatorial favorable a souvent une forte composante vers l'ouest. Le point d'atterrissage le plus pratique est à l'extrémité E de l'archipel à Baquerizo Moreno, sur l'île de Cristobal, où l'on peut faire les formalités d'entrée. A l'heure actuelle, les bateaux étrangers quittant l'Equateur ne peuvent pas obtenir le certificat de départ obligatoire (zarpe) pour les Galápagos car officiellement les bateaux de croisière n'ont le droit d'y faire escale qu'en cas d'urgence, par exemple pour faire du gazole.

Du WP191, au large de Punta Elena, la route directe mène au WP PT192, au sud de Punta Negrito, l'extrémité SW de l'île de San Cristobal. Il faut être prudent lors de l'approche de l'île, car les courants sont forts et la visibilité mauvaise, ce qui rend d'ailleurs l'atterrissage partout difficile aux Galápagos. On doit aussi faire très attention lors de l'approche de Baquerizo Moreno car il y a plusieurs récifs. On peut choisir une autre approche plus facile, quoique plus longue : atterrir sur la côte NE de l'île. Une autre solution est d'aller directement à Puerto Ayora sur Santa Cruz en passant au sud de San Cristobal et de Santa Fe.

PS20 ROUTES DANS L'EST DE LA POLYNÉSIE

Que l'on arrive du Nord (Hawaï), du nord-est (Californie ou Panama), de l'est (Galápagos), du sud-est (île de Pâques ou Pitcairn) ou du sud-ouest (Nouvelle-Zélande), on doit prévoir d'arriver en Polynésie française au plus tôt début avril, quand la saison des cyclones est sur son déclin et que la saison des alizés de sud-est commence. Ce calendrier assurera plusieurs mois de croisière en toute sécurité avant le début de la prochaine saison des cyclones. Ceux qui ne disposent que d'un temps limité peuvent passer environ deux mois en Polynésie française à condition d'y arriver en juin. Si l'on quitte les îles de la Société après les célébrations du 14 juillet, qui constituent un événement que personne ne souhaiterait manquer, la bonne saison de navigation dans le reste des tropiques est déjà bien avancée et il

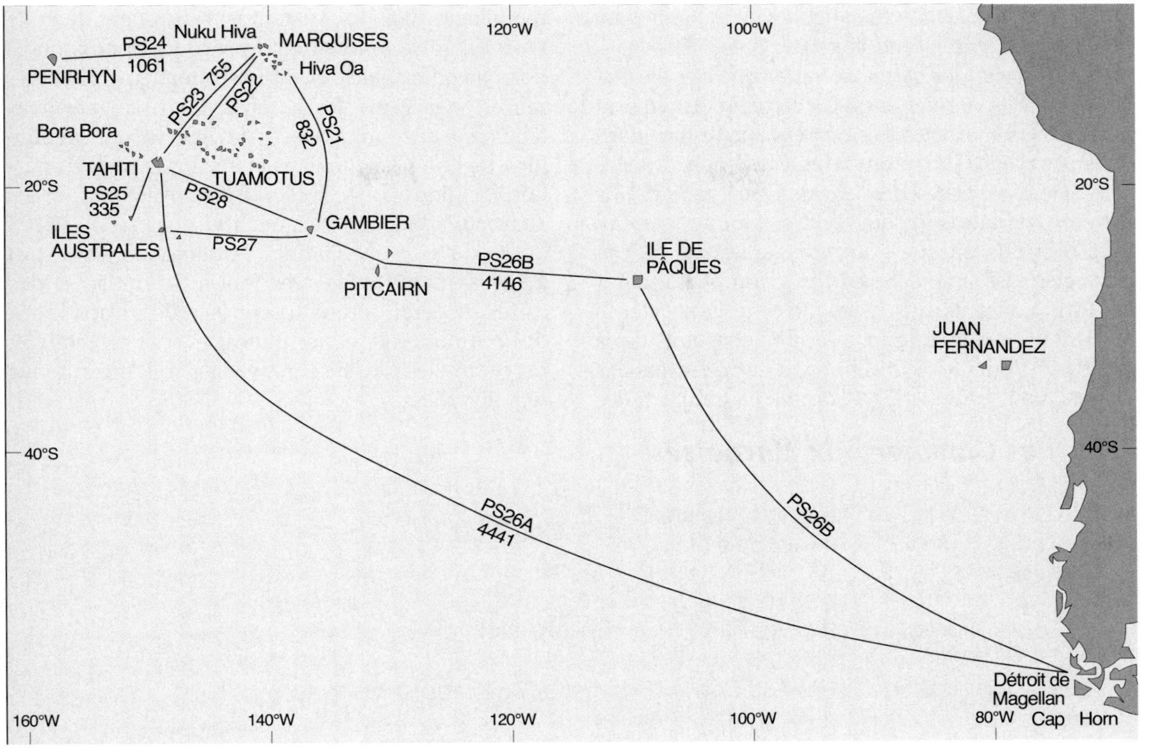

PS20 Routes dans l'est de la Polynésie

faut être prêt à accélérer et à passer probablement la prochaine saison des cyclones en Nouvelle-Zélande, ou dans un autre endroit sûr en dehors des tropiques. L'autre solution consiste à rester sous les tropiques pendant l'été, en restant proche de l'un des ports relativement sûrs situés sous le vent de Tahiti comme Pago Pago (Samoa américaines), Vava'u (Tonga) ou Suva (Fidji). Pour ceux qui décident de rester dans les îles de la Société, il y a plusieurs ports aussi bien dans les îles du Vent que dans les îles sous le Vent, qui sont réputés comme étant sûrs en cas de cyclone, quoique les autorités soient réticentes à autoriser les bateaux de croisière à y rester pendant la saison des cyclones. De fait, beaucoup de navigateurs prévoient d'y passer la saison des cyclones, ne tenant aucun compte des leçons de 1983, où plusieurs cyclones ont balayé la Polynésie française. Il est vrai que plusieurs années peuvent s'écouler sans qu'un cyclone frappe ces îles, mais quand c'est le cas, les dégâts sont souvent considérables. Si l'on est prêt à assumer ce risque et à rester en Polynésie française entre décembre et mars, on doit essayer de rester près des ports recommandés. Il faut signaler, cependant, que ces dernières années, les autorités de Papeete ont parfois interdit aux équipages de rester à bord de leur bateau pendant la saison des cyclones, les bateaux eux-mêmes pouvant être laissés seuls dans un lieu sûr, comme la marina de Raiatea.

Même sans évoquer le danger de cyclones, les étés doivent être évités car le temps est bien moins plaisant qu'en hiver, où, entre mai et octobre, les alizés de sud-est règnent dans ces latitudes, bien qu'occasionnellement ils puissent être interrompus par des grains et de courtes périodes de vents faibles et de calmes. Pendant les mois d'été, de décembre à mars, les vents sont moins prévisibles et le temps peut être chaud et étouffant. On doit éviter les Tuamotus pendant la saison des cyclones car aucun mouillage ne peut y être considéré comme réellement sûr. Compte tenu de la nature tourbillonnaire de ces tempêtes, même un mouillage relativement protégé peut se retrouver dangereusement exposé et le long fetch existant dans la plupart des lagons peut créer des conditions extrêmement dangereuses pour un bateau au mouillage.

La navigation par satellite a sans aucun doute joué un rôle majeur en permettant aux bateaux de croisière d'accéder aux îles les plus lointaines, en particulier les Tuamotus, car la plupart des propriétaires n'auraient jamais osé traverser ces eaux sans GPS.

Quoique la plupart de ces dangers soient maintenant plus faciles à éviter, on doit garder présent à l'esprit que la majorité des cartes de cette zone ont été établies au siècle dernier et qu'un certain nombre sont relativement inexactes. Par conséquent, les positions obtenues par le GPS seront rarement en concordance complète avec celles des cartes. Ceci requiert une extrême vigilance lorsque l'on se trouve à proximité de récifs ou que l'on navigue la nuit ou par mauvaise visibilité. Il ne faut pas non plus ignorer les forts courants qui balayent cette zone et qui rendent nécessaire une actualisation constante de sa position. Pour les conditions d'entrée dans les passes, voir route PS22. Comme la plupart des mouillages dans les Tuamotus se trouvent dans de vastes lagons, le long fetch provoquera des conditions inconfortables, et parfois franchement dangereuses, par vents forts. Finalement, se retrouver tellement dépendant de la navigation par satellite lorsque l'on navigue dans le Pacifique Sud, en particulier dans une zone aussi difficile que les Tuamotus, fait que l'acquisition d'un second GPS de secours, probablement portable, constitue un investissement avisé. Des tables de marée et des cartes de détail seront aussi très utiles. Dans le cas des Tuamotus, les cartes françaises sont préférables, car ce sont les plus récentes et elles sont mises à jour régulièrement.

PS21 *Des Gambier aux Marquises*

MEILLEURE PÉRIODE	avril à septembre	
SAISON DES CYCLONES	décembre à mars	
CARTES ROUTIÈRES	BA : 4607 US : 607	SHOM : 6607
INSTRUCTIONS NAUTIQUES	BA : 62 US : 126	SHOM : K11
GUIDES DE CROISIÈRE	*Charlie's Charts of Polynesia, South Pacific Anchorages.*	
WAYPOINTS		

Départ	*Intermédiaire*	*Atterrissage*	*Destination*	*Distance (M)*
PS211 Mangareva W 23°05'S, 135°05'W	PS212 21°30'S, 135°15'W PS213 20°00'S, 135°30'W	PS214 Fatu Hiva 10°33'S, 138°40'W	Omoa *10°29'9S, 138°40'6W*	786
PS211 Mangareva W	PS212 PS213	PS215 Hiva Oa S 9°51'S, 139°01'W	Atuona *9°48'S, 139°02'W*	832

La route directe entre ces deux groupes d'îles de la Polynésie française longe l'extrémité est des Tuamotus et passe dangereusement près de Marutea sud (21°32'S, 135°28'W) et de Reao (18°32'S, 136°17'W). Ayant quitté Mangareva par la passe de l'ouest, du WP PS211 on doit mettre le cap pour le WP PS212 et ensuite pour le WP PS213 pour passer à l'est de ces deux atolls. Comme l'on a déjà effectué son entrée en Polynésie française, il est possible de faire escale sur l'un de ces atolls ou plus loin à Pukapuka. Si l'on ne s'arrête pas en cours de route, on peut mettre le cap vers Fatu Hiva, l'île la plus sud des Marquises. En approchant les Marquises par le sud, il est effectivement plus pratique de s'arrêter d'abord à Fatu Hiva où l'on peut mouiller à Omoa. La gendarmerie est située dans ce village et on doit y signaler son arrivée. Les bateaux qui n'ont pas déjà fait leur entrée en Polynésie française ne peuvent pas l'effectuer à Fatu Hiva, ils devront effectuer les formalités dans l'un des ports officiels d'entrée comme Atuona. L'un des mouillages les plus spectaculaires se situe dans la baie des Vierges, à Hanavave (10°27'S, 138°39'25W) sur la côte ouest de Fatu Hiva.

Les bateaux qui se dirigent directement vers Atuona, sur Hiva Oa, du WP PS213 doivent mettre le cap vers le WP PS215 à l'entrée de la baie de Taaoa, qui abrite dans sa partie nord-ouest le petit port d'Atuona. L'autre port d'entrée aux Marquises est Taiohae (8°56'S, 140°06'W), sur l'île de Nuku Hiva. Compte tenu des vents dominants et de la disposition des îles, il est préférable de s'arrêter d'abord à Atuona et de visiter les îles voisines, et de quitter les Marquises depuis Taiohae.

PS22 *Des Marquises aux Tuamotus*

Meilleure période	mai à septembre			
Saison des cyclones	décembre à mars			
Cartes routières	BA : 4607	SHOM : 6607		
	US : 607			
Instructions nautiques	BA : 62	SHOM : K11		
	US : 126			
Guides de croisière	*Charlie's Charts of Polynesia, South Pacific Anchorages.*			
Waypoints				
Départ	*Intermédiaire*	*Atterrissage*	*Destination*	*Distance (M)*
Route PS22A				
PS221 Nuku Hiva S		PS222 Takaroa N	Teavaroa	436
9°00'S, 140°10'W		14°20'S, 144°55'W	*14°29'S, 145°02.5W*	
Route PS22B				
PS223 Ua Pou SW		PS224 Makemo NE	PS225 Passe de Makemo	485
9°26'85W 140°05'60S		16°35'W, 143°34'S	*16°37'30W, 143°34'13S*	

Il y a diverses routes qui peuvent être empruntées vers ou à travers les Tuamotus et le choix ne dépend que du nombre d'îles que l'on désire visiter avant de rallier Tahiti. Les atolls de Takaroa et de Manihi constituent la solution la plus facile car la route depuis les Marquises est libre de tout danger. Ayant fait escale dans l'un ou les deux, la route vers Tahiti passe près de Ahe et de Rangiroa. L'autre solution consiste à démarrer plus à l'est comme à Takume ou Raroia et de se faufiler ensuite à travers les îles. L'un des atterrissages les plus faciles se situe sur Takaroa, qui possède une passe libre de tout danger pouvant être facilement empruntée par bonne visibilité. Comme il y a une route libre de tout danger entre Nuku Hiva et Takaroa, ce dernier constitue un bon point de départ pour une croisière dans les Tuamotus. Du WP PS221, au sud de Nuku Hiva, une route directe est établie pour le WP PS222, au nord de Takaroa. La passe Teavaroa qui mène dans le lagon se situe du côté sud-ouest de l'atoll. Une large passe sans aucun obstacle mène aussi à Kauehi qui occupe une position centrale sur la route vers les îles de la Société.

On peut choisir un point de départ plus au sud, le village de Haka Hatau, sur la côte SW de Ua Pou. Si l'on souhaite passer plus de temps dans les Tuamotus, il faut essayer d'atterrir sur l'un des atolls les plus à l'est, comme Pukapuka ou Hao. Ce n'est pas forcément évident par fort vent de SE, on peut dans ce cas choisir d'arriver à Makemo. C'est l'un des atolls les plus développés, avec un village relativement important et plusieurs boutiques. La route passe bien à l'ouest de l'atoll de Taenga avec un atterrissage recommandé au PS224, à environ 2 milles au nord de la passe principale au nord-est de Makemo. Le village principal est assez exposé aux forts vents de SE.

Les difficultés de navigation dans cette région sont aggravées par le fait que certaines cartes, même récentes, ne sont pas exactes et ne correspondent pas aux vraies positions GPS, comme c'est justement le cas pour Makemo. La plupart des passes dans les lagons de Polynésie Française sont balisées, et certaines balises portent des feux.

Etant donné que la marée peut créer de forts courants dans les passes, il est essentiel de prévoir d'arriver à l'étale. Dans la plupart des cas, le meilleur moment pour franchir la passe est juste après l'étale de basse mer. Les marées, de faible amplitude (60 cm) sont en principe de type semi diurne. Il existe bien des annuaires des marées et le site du Shom www.shom.fr donne les prédictions de marée pour divers atolls des Tuamotus. On peut aussi utiliser la vieille méthode : la pleine mer a lieu lorsque la lune est au méridien du lieu, ou à l'anti-méridien : "en haut du mât, ou sous la quille". Mais beaucoup plus que l'heure de la marée, c'est la houle et le vent qui conditionnent le courant, et donc l'accès. Lorsque le vent est fort, la houle générée pousse la mer par-dessus la barrière au vent, et le niveau du lagon monte, c'est le phénomène appelé "ensachage". Ces jours-là, il n'y a pas de basse mer, et le courant est toujours "sortant" ! De plus, même en l'absence de vent, ce phénomène peut se manifester avec l'arrivée de trains de houle de secteur S ou SW venus des hautes latitudes sud, certaines passes pouvant alors devenir infranchissables pendant plusieurs jours. Suivant la taille du lagon, et l'amplitude du phénomène, les courants dans les passes peuvent être plus ou moins violents. Ainsi à Amanu, le courant atteint couramment 8 nœuds, et à Hao il peut parait-il dépasser 20 nœuds ! Un fort courant sortant lève un raz ou mascaret qui peut être impressionnant voire dangereux quand il est contre le vent. Il est donc raisonnable de se présenter au moins la première fois à l'étale du courant, et des échelons dans le mât sont alors bien utiles pour avoir une vue d'ensemble de la passe. Si celle-ci paraît "acceptable", un bon moteur facilitera bien les choses !

On peut traverser la plupart des lagons relativement facilement lorsque l'éclairage est favorable, et ceux des atolls habités sont en général balisés. Une fois à l'intérieur du lagon, il faut suivre quelques règles de base, comme choisir soigneusement un mouillage protégé même si le vent change, et éviter les endroits avec trop de fetch dans le cas où des vents forts ou un front sont annoncés.

PS23 *Des Marquises à Tahiti*

MEILLEURE PÉRIODE	mai à octobre			
SAISON DES CYCLONES	décembre à mars			
CARTES ROUTIÈRES	BA : 4606	SHOM : 6607, 6880		
	US : 607			
INSTRUCTIONS NAUTIQUES	BA : 62	SHOM : K11		
	US : 122, 126			
GUIDES DE CROISIÈRE	*Charlie's Charts of Polynesia, Pacific Crossing Guide, South Pacific Anchorages.*			
WAYPOINTS				
Départ	*Intermédiaire*	*Atterrissage*	*Destination*	*Distance (M)*
Route PS23A				
PS231 Nuku Hiva S	PS232 Ahe			
9°00'S, 140°10'W	14°00'S, 146°10'W			
	PS233 Rangiroa W	PS236 Tahiti	Papeete	755
	15°15'S, 147°05'W	17°30'S, 149°34'W	*17°32'5S, 149°34'5W*	
Route PS23B				
PS231 Nuku Hiva S	PS234 Manihi			
	14°24'S, 145°29'W			
	PS235 Rangiroa E	PS236 Tahiti	Papeete	752
	15°13'S, 147°02'W			

La route directe passe à travers l'archipel des Tuamotus, connu dans le passé comme l'Archipel Dangereux compte tenu de ses récifs, des îles basses et de ses très forts courants. Il y a encore peu, les bateaux préféraient éviter cette zone plutôt que d'affronter ses nombreux dangers. Cependant la navigation par satellite et la généralisation du radar sur les bateaux de croisière ont rendu possible pour la plupart de naviguer parmi ces atolls de rêve. Pour ceux qui n'ont pas l'intention de s'arrêter, il est encore recommandé d'emprunter une route en dehors de tout danger. La pratique recommandée autrefois consistait à attendre la pleine lune pour quitter les Marquises, en ayant une meilleure visibilité de nuit.

La route la plus facile (PS23A) de Nuku Hiva à Tahiti passe près de l'atoll d'Ahe. Du WP PS231, au sud-ouest de Nuku Hiva, on mettra le cap vers le WP PS232, au nord d'Ahe d'où le cap est modifié pour passer à l'ouest de cet atoll. Le prochain changement de cap, vers le WP PS233, mènera à travers le passage de 20 milles de large entre Arutua et Rangiroa. Ce dernier a un puissant phare à son extrémité nord-ouest, qui peut constituer une aide utile, spécialement si l'on emprunte une route plus à l'ouest que celle décrite ci-dessus, pour emprunter le passage de 20 milles de large séparant Mataiva de Tikehau. Ceux qui veulent être absolument sûrs d'éviter tout danger peuvent laisser tout l'archipel des Tuamotus sur bâbord et passer à l'ouest de Mataiva. Cependant, cette dernière route présente l'inconvénient majeur d'être ensuite trop proche du vent pour la traversée vers Tahiti.

Pendant la pleine lune, on peut emprunter la route la plus directe (PS23B) et se faufiler à travers les Tuamotus, probablement entre Takaroa et Manihi (WP PS234) et ensuite passer à l'est de

Rangiroa (WP PS235). En approchant Tahiti par le nord-est, l'atterrissage se fera au nord nord-est de l'entrée de Papeete au WP PS236. La passe à travers le récif se situe par 17°32.18'S, 149°35.1'W. Les bateaux qui arrivent doivent se diriger vers le quai situé au sud du port. Les autorités ne viennent pas en principe à bord des bateaux et le capitaine doit se rendre dans les divers bureaux, situés près du quai des paquebots de croisière, pendant les heures de bureau.

PS24 *Des Marquises aux îles Cook du Nord*

MEILLEURE PÉRIODE	juin à septembre	
SAISON DES CYCLONES	décembre à avril	
CARTES ROUTIÈRES	BA : 4061	SHOM : 6607, 6880
	US : 526	
INSTRUCTIONS NAUTIQUES	BA : 62	SHOM : K11
	US : 122, 126	
GUIDES DE CROISIÈRE	*Charlie's Charts of Polynesia, South Pacific Anchorages.*	

WAYPOINTS

Départ	*Intermédiaire*	*Atterrissage*	*Destination*	*Distance (M)*
PS241 Nuku Hiva S 9°00'S, 140°10'W		PS242 Penrhyn E 9°00'S, 157°53'W	Omoka *9°00'S, 158°04'W*	1061

Pour éviter les formalités à Papeete, et pour ne pas se retrouver dans l'une des villes les plus affairées du Pacifique Sud, certains bateaux évitent à la fois les Tuamotus et les îles de la Société en ralliant directement les Cook du Nord, voire les Samoa depuis les Marquises. D'un point de vue purement théorique, une telle décision est logique car elle simplifie grandement la navigation en empruntant une route restant bien au nord des Tuamotus, à juste titre surnommé l'Archipel Dangereux. Une telle décision est encore plus logique en fin de saison pour les bateaux qui se hâtent d'atteindre une destination lointaine, telle la Nouvelle-Zélande. D'un autre côté, cela signifie aussi rater les îles de la Société, sans aucun doute parmi les plus belles îles non seulement du Pacifique, mais du monde entier.

La route vers Penrhyn, l'île la plus au nord des Cook, passe près des îles du sud de la Ligne, Caroline et Vostok. Du WP PS241, au sud-ouest de Nuku Hiva, on mettra le cap plein ouest vers le WP PS 242 à l'est de Penrhyn. On pénètre dans le lagon par la passe du nord-est. Penrhyn, aussi connue sous le nom de Tongareva, est un port d'entrée officiel pour les îles Cook et l'agglomération principale se situe à Omoka. Les deux autres îles des Cook du Nord, Rakahanga et Manihiki peuvent être visitées ensuite. La route continue alors plein ouest vers Tokelau, l'un des archipels les moins visités du Pacifique Sud. L'île la plus proche est Fakaofo (9°23'S, 171°15'W), qui est la capitale de ce petit groupe d'atolls coralliens administrés par la Nouvelle-Zélande.

PS25 *De Tahiti aux îles Australes*

MEILLEURE PÉRIODE	avril à mai, octobre à novembre	
SAISON DES CYCLONES	décembre à mars	
CARTES ROUTIÈRES	BA : 4061	SHOM : 6880
	US : 607	
INSTRUCTIONS NAUTIQUES	BA : 62	SHOM : K11
	US : 126	
GUIDES DE CROISIÈRE	*Charlie's Charts of Polynesia, South Pacific Anchorages.*	

WAYPOINTS

Départ	*Intermédiaire*	*Atterrissage*	*Destination*	*Distance (M)*
PS251 Tahiti SW 17°47'S, 149°38'W		PS252 Tubuai 23°20'S, 149°31'W	Mataura *23°21'S, 149°29'W*	335

Ce groupe d'îles, dont la plus proche, Rurutu, se situe 300 milles au sud de Tahiti, attire peu de visiteurs chaque année. Pendant les mois d'hiver, de mai à septembre, lorsque les alizés de sud-est soufflent fortement entre Tahiti et ces îles, il est parfois difficile d'atteindre certaines des îles Australes situées le plus au vent. Si les alizés ont une composante sud trop prononcée, il est préférable de s'arrêter d'abord à Tubuai, qui possède un lagon accessible par une passe et de se diriger ensuite vers les autres îles. On entreprendra de préférence cette traversée au début de la saison des alizés de sud-est, en avril, lorsque les alizés ne sont pas encore trop forts. Si l'on peut gagner vers l'est en quittant Tahiti et que l'on a obtenu la permission de faire escale à Rapa, on doit visiter cette île en premier avant de faire escale dans les autres. Cependant, si les vents de sud-est ne le permettent pas, on doit modifier le cap pour Tubuai, qui est situé pratiquement plein sud et devrait être plus facile à atteindre.

Ayant suivi la côte ouest de Tahiti, du WP PS251 le cap est établi pour le WP PS252, au nord de Tubuai. On pénètre dans le lagon de Tubuai par la passe principale, située au nord-ouest. L'agglomération principale est Mataura. Les autres ports d'entrée dans les îles australes sont Moerai, sur Rurutu (22°28'S, 151°20'W) et Rairua, sur Raivavae (23°52'S, 147°44'W). Raivavae et Rapa ont toutes deux de bons mouillages, mais la permission de faire escale à Rapa doit être obtenue avant de quitter Tahiti.

Compte tenu de la difficulté d'atteindre les îles australes depuis Tahiti, ceux qui ont l'intention de naviguer de Nouvelle-Zélande vers Tahiti à un stade ultérieur peuvent visiter les îles australes à cette occasion, car elles se trouvent proches de la route recommandée (PS67 page 408). L'autre solution consiste à atteindre les Australes par l'est, comme depuis les Gambier, avec de bien meilleures conditions, car à la fois le vent et le courant seront favorables. Cette solution doit être envisagée par les bateaux arrivant en Polynésie française par l'est, qui peuvent ainsi visiter les Gambier et les îles australes avant de continuer vers Tahiti.

PS26 *De Tahiti au cap Horn ou au détroit de Magellan*

MEILLEURE PÉRIODE	novembre à décembre	
SAISON DES CYCLONES	décembre à mars	
CARTES ROUTIÈRES	BA : 4061, 4062 US : 607, 621	SHOM : 6607, 6964
INSTRUCTIONS NAUTIQUES	BA : 6, 62 US : 122, 125, 126	SHOM : K11
GUIDES DE CROISIÈRE	*Chile, Patagonia & Tierra del Fuego Nautical Guide.*	
WAYPOINTS		

Départ	*Intermédiaire*	*Atterrissage*	*Destination*	*Distance (M)*
Route PS26A				
PS261 Tahiti SW 17°47'S, 149°38'W	PS262 30°00'S, 150°00'W PS263 40°00'S, 140°00'W PS264 50°00'S, 115°00'W	PS265 Cap Horn S 4441 56°15'S, 67°15'W		
Route PS26B				
Papeete *17°32.5'S, 149°34.5'W*	Mangareva *23°07'S, 134°58'W* Pitcairn *25°04'S, 130°05'5W*	PS266 Pilar 52°40'S, 74°50'W		4146
		PS267 Chacao 41°40'S, 74°15'W		4093

Bernard Moitessier considérait cette route comme la route logique pour un voyage de retour vers l'Europe. Les opinions sont probablement partagées, car la plupart des bateaux de croisière considèrent la poursuite de leur voyage vers l'ouest avec les alizés comme étant la solution la plus attrayante, sinon la plus logique. Bien qu'une traversée à travers les 40e rugissants ne laisse pas espérer des conditions de navigation idéales, ceux qui empruntent cette route ne le font pas juste pour doubler le fameux cap, mais aussi pour atteindre le bassin de croisière de plus en plus populaire que constitue la Patagonie.

La période de départ pour cette traversée est cruciale, il faut atteindre le cap Horn au cœur de l'été austral, qui est la période optimale. La période recommandée pour quitter Tahiti se situe en novembre ou en décembre, car cette date assurera un passage du cap Horn entre janvier et février. Le cap en quittant Tahiti mène au sud à travers les îles australes. En fonction de la direction et de la force des alizés de sud-est, le cap peut avoir un peu d'est dans son sud. Il y a un fort courant portant au sud dans ces zones. Les vents au début de l'été austral (début décembre) sont habituellement faibles avec des calmes fréquents jusqu'à la latitude 50°S. La période recommandée pour l'autre route, qui passe par les îles, se situe à la fin de la saison des alizés, en novembre. Un tel départ évite la saison des cyclones, qui commence en décembre.

Si l'on emprunte la route directe (PS26A), depuis Tahiti et le WP PS261, le cap est d'abord mis pratiquement plein sud et il peut donc être tentant de s'arrêter à Tubuai, ou dans l'une des autres îles Australes, ainsi que décrit dans la route PS25. Que l'on s'arrête dans les Australes ou non, on doit franchir la latitude 30°S aux environs de la longitude 150°W (WP PS262) et la latitude 40°S à la longitude 140°W (WP PS263). Lorsque la zone des vents d'ouest dominants est atteinte, le cap sera infléchi vers l'est, de manière à ne franchir la latitude 50°S qu'aux environs de la longitude 115°W (WP PS264). On met ensuite le cap vers WP PS265 pour passer 12 milles au sud du cap Horn. Cette route est rarement empruntée de nos jours sans faire escale en chemin que ce soit aux Australes, ainsi que mentionné ci-dessus, ou en Terre de Feu. On peut réaliser cette dernière escale en empruntant le canal de Beagle immédiatement après avoir doublé le cap Horn, ou en atteignant le cap Horn via les eaux relativement abritées des canaux situés dans le sud du Chili. Pour la poursuite de cette route dans l'Atlantique Sud, voir AT26 et AT27.

Une variante par rapport à la route hauturière décrite ci-dessus est la route PS26B qui comporte diverses escales. En quittant Tahiti, on se dirige d'abord vers les îles Gambier, d'où l'on rejoint Pitcairn par une courte traversée. L'île de Pâques constitue une autre escale quoique un peu en dehors de la route. Les conditions de temps en chemin sont tellement déterminantes, qu'on ne peut indiquer de waypoints intermédiaires. Les bateaux se dirigeant vers le détroit de Magellan que l'on rejoindra au cap Pilar, doivent se diriger vers le WP PS266. Il faut éviter d'y atterrir par gros temps, car de forts courants génèrent une mer très dure à l'entrée de ce détroit. Ceux qui désirent visiter le sud du Chili et explorer les canaux chiliens en allant vers le détroit de Magellan, doivent prévoir d'atterrir plus au nord à l'entrée du chenal Chacao (WP PS267). La même suggestion que ci-dessus s'applique et l'on ne doit entrer dans ce chenal que par temps bien établi et avec une marée favorable. Pour obtenir les toutes dernières informations sur les heures de marée et la météo, il faut contacter le phare de Corona par VHF sur le canal 16. Voir aussi la route PS17.

PS27 *Des Gambier aux îles Australes*

Meilleure période	avril à juin	
Saison des cyclones	décembre à mars	
Cartes routières	BA : 4607	SHOM : 6880, 7347, 7370
	US : 607	
Instructions nautiques	BA : 62	SHOM : K11
	US : 126	
Guides de croisière	*Charlie's Charts of Polynesia, South Pacific Anchorages, Landfalls of Paradise.*	

WAYPOINTS

Départ	*Intermédiaire*	*Atterrissage*	*Destination*	*Distance (M)*
Route PS27A				
PS271 Mangareva SW 23°10'S 135°00'W	PS272 Rapa E 27°37'S 144°15'W	Rapa *27°37'S 144°20'W*		570
Route PS27B				
PS271 Mangareva SW	PS273 Raivavae NE 23°30'S 147°34'W	PS274 Raivavae NW 23°49'S 147°41'W	Raivavae *23°51'S 147°40'W*	702

En raison de son éloignement, le groupe d'îles le plus au sud de la Polynésie française n'est guère visité que par les rares bateaux de croisière qui vont de Nouvelle-Zélande à Tahiti (voir PS67). Ceux qui projetteraient de faire ce détour trouveront plus facile de les atteindre à partir des Gambier que de Tahiti. Les Australes sont à la limite sud des alizés de SE, et ceux qui vont à Rapa n'auront des vents favorables qu'au début du voyage. Cette petite île volcanique a un climat subtropical et, particulièrement en hiver, les vents d'ouest sont très fréquents. C'est pourquoi il est recommandé de ne pas suivre la route la plus directe et de toujours garder la possibilité de faire de l'ouest au cas où l'on rencontrerait des vents forts de cette direction près de l'île. L'atterrissage sera fait au PS272, à l'est de l'île, d'où part un chenal balisé menant dans la grande baie d'Ahurei, reste d'un cratère englouti. Par temps établi, il est possible de mouiller en eau profonde devant le village principal d'Ahurei, sur la côte sud de la baie, mais par vents forts d'ouest on trouvera un meilleur abri dans la partie NW de la baie, moins profonde. Rapa est parfois désignée sous le nom de Rapa Iti (petite Rapa) pour la distinguer de son homonyme plus connue, Rapa Nui (grande Rapa).

La route pour Raivavae bénéficiera probablement de vents plus favorables. Bien que les deux îles ne soient séparées que par quatre degrés de latitude, elles ont des climats complètement différents et même les cocotiers omniprésents ailleurs sont absents de Rapa. Raivavae est une île haute montagneuse complètement entourée par un récif, la meilleure passe étant située sur la côte nord. On fera donc l'atterrissage au WP PS273, au NE de l'atoll d'où l'on suivra le récif jusqu'au WP PS274. Une passe balisée mène dans le lagon. On peut mouiller ou venir le long du petit quai au SE de la passe au village de Rairua.

PS28 *Des Gambier à Tahiti*

MEILLEURE PÉRIODE	mai à septembre	
SAISON DES CYCLONES	décembre à mars	
CARTES ROUTIÈRES	BA : 4607 US : 607	SHOM : 6692, 6607
INSTRUCTIONS NAUTIQUES	BA : 62 US : 126	SHOM : K11
GUIDES DE CROISIÈRE	*Charlie's Charts of Polynesia, South Pacific Anchorages, Pacific Crossing Guide.*	

WAYPOINTS

Départ	*Intermédiaire*	*Atterrissage*	*Destination*	*Distance (M)*
PS281 Mangareva W 23°05'S 135°06'W	PS282 Mururoa N 21°40'S 138°50'W			
	PS283 Tahiti NE 17°28'S 149°29'W	PS284 Tahiti N 17°31'S 149°34'W	Papeete *17°32'5S 149°34'5W*	902

La route directe de Mangareva à Tahiti longe le sud des Tuamotus, connues autrefois sous le nom d'Archipel Dangereux à cause des dangers de la navigation parmi ces îles basses et ces récifs parcourus de courants imprévisibles. Grâce au progrès des aides à la navigation, on peut maintenant parcourir cette vaste zone avec une sécurité relative, mais il faut encore être très prudent. De nombreux atolls possèdent des passes et l'on peut donc s'y arrêter. En quittant Mangareva par la passe W, l'un des premiers atolls sur la route directe vers Tahiti est Mururoa, qui était il y a peu encore le site des essais nucléaires français. C'est encore un secteur interdit auquel il faut donner un large tour par le nord, par le WP PS282. A éviter également, l'atoll voisin de Fangataufa qui a également été utilisé pour des essais. La route passe ensuite au nord des îles inhabitées du Duc de Gloucester, dont aucune n'offre de mouillage sûr. On laissera la petite île de Mehetia peu avant l'atterrissage au WP PS283, au nord de la pointe Venus sur la côte nord de Tahiti. On rejoindra ensuite le WP PS284, devant la passe principale menant au port de Papeete. La position GPS de la passe serait 17°32'18S 149°35'1W. En arrivant, il faut aller à quai du côté sud du port. Les formalités sont remplies dans un bureau situé à proximité.

PS29 *Des îles Australes à Tahiti*

MEILLEURE PÉRIODE	mai à septembre	
SAISON DES CYCLONES	décembre à mars	
CARTES ROUTIÈRES	BA : 4607	SHOM : 6880
	US : 607	
INSTRUCTIONS NAUTIQUES	BA : 62	SHOM : K11
	US : 126	
GUIDES DE CROISIÈRE	*Charlie's Charts of Polynesia, South Pacific Anchorages, Pacific Crossing Guide.*	
WAYPOINTS		

Départ	*Intermédiaire*	*Atterrissage*	*Destination*	*Distance (M)*
PS291 Raivavae N 23°50'S 135°40'W	PS292 Tahiti W 17°35'S 149°40'W	PS293 Tahiti NW 17°31'S 149°37'W	Papeete *17°32'5S 149°34'5W*	398
PS294 Tubuai 23°21'S 149°33'W	PS292 Tahiti W	PS293 Tahiti NW	Papeete	353

On trouvera des conditions favorables sur cette route pendant les mois d'hiver, quand les vents de SE sont habituellement bien établis. Les conditions météo sont moins prévisibles au début et à la fin de la période, où les Australes, à la limite des Tropiques, sont davantage sous un régime de vents d'ouest. Après avoir quitté le lagon de Raivavae par la passe principale, la route se dirige d'abord vers le NNW. Si l'on part de Tubuai, il faudra faire une route plus nord pour faire l'atterrissage sur la côte SW de Tahiti. On suivra ensuite sa côte W jusqu'au PS293, devant la passe principale menant au port de Papeete. En arrivant, il faut aller à quai du côté sud du port. Les formalités sont remplies dans un bureau situé à proximité.

PS30 ROUTES DANS LA POLYNÉSIE CENTRALE

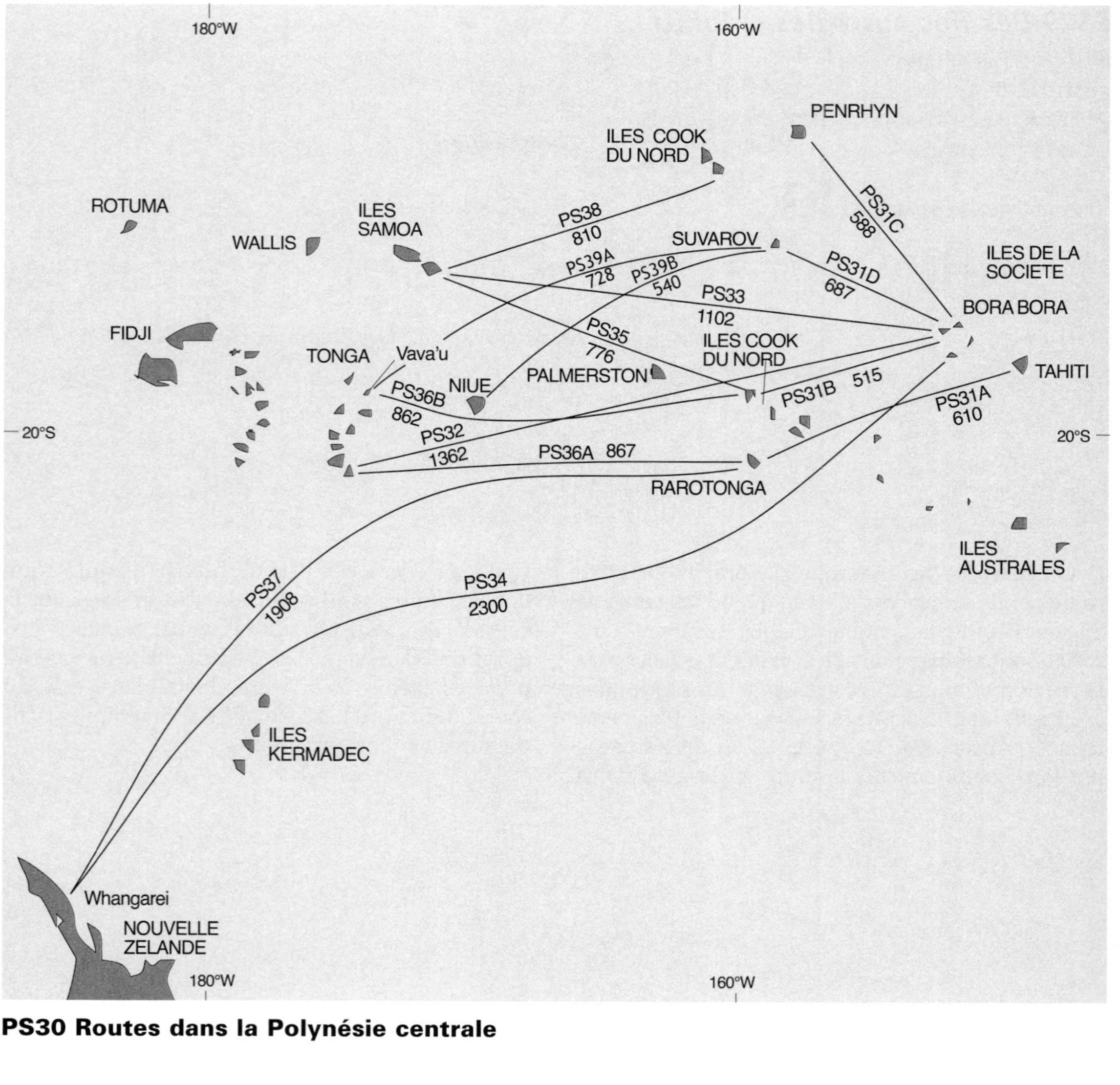

PS30 Routes dans la Polynésie centrale

Tahiti et les îles de la Société sont l'une des destinations de croisière les plus séduisantes au monde et leur popularité permanente est assurée malgré plusieurs imperfections. Les plus évidentes sont la caution obligatoire pour tous les yachts de passage, le coût de la vie relativement élevé et le fait que la plupart des îles de la Polynésie française sont dans la zone des cyclones. Alors que les deux premiers aspects sont inévitables en pratique, on ne peut en dire autant du dernier. La saison des cyclones dans cette partie du monde dure de décembre à mars, les pires mois étant février et mars. Elle coïncide avec l'été austral, lorsque les alizés de sud-est sont absents et que le temps est souvent lourd et couvert et n'encourage personne à rester, alors qu'on pourrait être facilement ailleurs. Ce n'est qu'une question de calendrier et un minimum de préparation préalable permet de profiter de Tahiti aux meilleurs moments et d'éviter les pires.

Bien que plusieurs routes aboutissent à Tahiti, le nombre de routes qui en part est assez limité. Les principales sont les routes PS31 et PS32, empruntant le « chemin du laitier » dont le nom n'est pas tout à fait approprié, car les conditions du régime idéal d'alizés sont rarement présentes sur toute cette route. Bien qu'il soit possible d'entreprendre un voyage vers l'ouest à n'importe quel moment entre avril et octobre, lorsque l'on peut s'attendre à avoir de bonnes conditions, ce serait une erreur de partir sans avoir une quelconque idée de la région où passer la prochaine saison des cyclones. Ceci déterminera à la fois la date de départ de la Polynésie française et aussi le temps que l'on pourra passer à visiter les îles en cours de route. Deux routes principales vers l'ouest divergent à partir de Bora Bora : une route passant par le sud avec comme escales les îles Cook du Sud puis les Tonga, et une route passant par le nord via Suvarov avant de continuer vers les Samoa. Dans la mesure où la majorité de ceux qui choisissent la route nord prévoit aussi de s'arrêter aux Tonga à un moment donné, il est plus logique d'aller d'abord au Vava'u puis ensuite aux Samoa, plutôt que l'inverse, surtout si la destination suivante est les Fidji. Les vents sont en général plus favorables dans le cas de l'option Vava'u-Samoa-Fidji que dans le cas de l'option Samoa-Vava'u-Fidji. De plus, en allant d'abord au Vava'u, puis aux Samoa, on peut aussi faire escale à Wallis sur la route des Fidji. C'est un détour qui en vaut la peine et cela signifie aussi que l'on arrivera aux Fidji par le nord, par la Passe Taveuni.

Parfois, les conditions de temps dans le Pacifique Sud peuvent être très différentes de ce que l'on espérait. On rencontre en général les pires conditions pendant les périodes de El Niño. Celui-ci peut en effet sérieusement modifier les conditions habituelles dans tout le Pacifique. Même pendant les années normales, les vents d'ouest pendant les traversées vers l'ouest depuis les îles de la Société ne sont pas rares. Ils sont générés par le passage d'une dépression et d'un front associé au sud de la zone. Dans ce cas, les vents virent du nord-ouest à l'ouest puis au sud-ouest. Après le passage du front, les vents repassent sud sud-est et finalement sud-est. Après une période de vents de sud-est, d'une durée de deux à cinq jours et parfois plus, ce type de temps peut se répéter.

Ceux pour qui Tahiti constitue la fin du voyage, et qui doivent retourner vers la côte ouest de l'Amérique du Nord, vers l'Europe ou la côte est des Etats-Unis, n'ont qu'un choix limité de routes. La route habituelle empruntée par ceux qui désirent rentrer en Atlantique consiste à continuer vers l'ouest autour du monde en suivant les alizés des trois océans. L'autre solution consiste à emprunter ce que Bernard Moitessier appelait « la route logique » et à atteindre l'Atlantique par le cap Horn (PS26). Bien que cette route soit plus courte que la route des alizés, la route du cap Horn offre la perspective d'un voyage beaucoup plus rude. Une autre possibilité est d'atteindre l'Atlantique par le canal de Panama (PT23). Dans ce cas, la côte de l'Amérique du Sud peut être atteinte depuis Tahiti avec l'aide des vents d'ouest des latitudes plus élevées. De là, les alizés de sud-est et le courant de Humboldt portant au nord devraient faciliter le reste du voyage vers Panama.

Le retour depuis Tahiti vers la côte Pacifique de l'Amérique du Nord est plus rapide. La route la plus commode mène de Tahiti à Hawaii (PT22) et cette route doit aussi être empruntée par ceux qui proviennent d'autres parties du monde et désirent visiter l'Alaska, la Colombie Britannique ou la Californie.

PS31 *Des îles de la Société aux îles Cook*

MEILLEURE PÉRIODE	juin à octobre	
SAISON DES CYCLONES	décembre à avril	
CARTES ROUTIÈRES	BA : 4061	SHOM : 6880
	US : 606	
INSTRUCTIONS NAUTIQUES	BA : 62	SHOM : K11
	US : 122, 126	
GUIDES DE CROISIÈRE	*Charlie's Charts of Polynesia, South Pacific Anchorages.*	
WAYPOINTS		

Départ	*Intermédiaire*	*Atterrissage*	*Destination*	*Distance (M)*
Route PS31A				
PS311 Tahiti W		PS312 Rarotonga N	Avatiu	610
17°35'S, 149°42'W		21°11'S, 159°46'W	*21°11'5S, 159°46'5W*	
Route PS31B				
PS313 Bora Bora		PS314 Aitutaki N	Aratunga	515
16°29.5'S, 151°47'W		18°48'S, 159°45'W	*18°52'S, 159°48'W*	
Route PS31C				
PS313 Bora Bora		PS315 Penrhyn E	Omoka	588
		9°00'S, 157°53'W	*9°00'S, 158°04'W*	
Route PS31D				
PS313 Bora Bora		PS316 sur Suvarov	Suvarov	687
		13°10'S, 163°00'W	*13°14'S, 163°06'W*	

La plupart des bateaux se dirigeant vers l'ouest quittent les îles de la Société à Bora Bora, où l'on peut effectuer les formalités de départ, et récupérer l'argent déposé pour la caution obligatoire, ainsi qu'approvisionner le bateau en prévision de la traversée à venir. Pendant la saison des alizés de sud-est, on aura des conditions favorables pour la plus grande partie de la traversée, quoique, en juillet et août, les alizés soient à leur maximum et que les conditions de navigation puissent être tumultueuses avec une mer bien formée. Pendant les mois d'été, de novembre à fin mars, les vents viennent encore en majorité de sud-est ou d'est, mais des vents d'ouest et de nord-ouest ne sont pas rares et sont habituellement accompagnés d'un temps à grains. C'est aussi la saison des cyclones et il vaut mieux éviter la zone car aucune des îles ne peut être considérée comme entièrement sûre.

Les bateaux se dirigeant vers l'ouest ont le choix entre diverses solutions, car les routes partent en éventail pour visiter les îles dans les Cook du Sud ou les Cook du Nord, les deux groupes étant séparés par 500 milles d'océan. La majorité des bateaux se dirige vers Aitutaki (PS31B) ou la capitale Rarotonga (PS31A), seul un petit nombre effectuant le détour vers Penrhyn dans les Cook du Nord (PS31C), l'un des trois ports d'entrée dans ce pays. Si l'on a l'intention de visiter les Cook du Nord et ensuite de continuer vers l'ouest, il est préférable de faire escale d'abord à Penrhyn et ensuite de naviguer vers les îles voisines de Rakahanga et Manihiki, situées approximativement à 200 milles au sud-ouest. Si l'on a l'intention de visiter les îles Cook du Sud, il vaut mieux rejoindre d'abord la capitale Rarotonga et ensuite Aitutaki car l'on utilisera au mieux les vents dominants.

Sur la route PS31A, une route directe, libre de tout danger, peut être empruntée de Tahiti à Rarotonga. Du WP PS311 au large de la côte ouest de Tahiti, on fera route en passant au sud de Moorea vers le WP PS312 au large de la côte nord de Rarotonga. La route passe près de Mauke, mais comme ce n'est pas un port d'entrée, il n'est pas permis de s'y arrêter. On peut parfois s'arrêter à Atiu (19°59'S, 158°08'W) mais l'on peut avoir à payer le coût de transport des autorités depuis Rarotonga. Le port d'entrée officiel est Avatiu, le port commercial de Rarotonga, où le skipper doit contacter la capitainerie (*Port Captain*) qui veille le canal 16 en VHF pendant les heures de bureau.

Les bateaux ayant l'intention de s'arrêter à Aitutaki, et en tout cas ceux qui se dirigent vers les Cook du Nord, doivent quitter la Polynésie française par l'une des îles les plus à l'ouest, comme Bora Bora. Du WP PS313 à l'extérieur de la passe Te Ava Nui, la route vers Aitutaki (PS31B) passe au sud de Maupiti et atterrit au WP PS314, au nord de Aitutaki. De là, la route suit le côté nord-ouest du lagon vers la passe principale, au large du village d'Aratunga. Cette passe est assez difficile à négocier à cause du fort courant sortant et de la profondeur limitée (1,80 m). Les gros bateaux ou ceux ayant un tirant d'eau plus important doivent mouiller en dehors du récif. Aitutaki est un port d'entrée officiel.

Les bateaux se dirigeant vers Penrhyn, dans les Cook du Nord, doivent aussi partir de Bora Bora au WP PS313. La route directe passe près de Motu Iti, un petit îlot inhabité appartenant à la Polynésie française. L'atterrissage se fera au WP PS315, à l'est de Penrhyn. On pénètre dans le vaste lagon par la passe nord-est et l'on se dirige ensuite vers l'agglomération principale d'Omoka, où les formalités d'entrée sont effectuées.

Beaucoup de bateaux ne s'arrêtent pas aux îles Cook et se dirigent directement vers Suvarov, un atoll qui est proche de la route directe vers les Samoa. Suvarov possède un bon mouillage par temps bien établi, mais qui devient intenable avec un temps à grains, car du fait du vaste fetch, le lagon peut devenir très agité. Des bateaux ont été perdus après avoir rompu leur chaîne d'ancre et s'être échoués sur les récifs, donc si le temps est menaçant il est plus sûr de reprendre la mer immédiatement. La passe pour entrer dans le lagon se situe au nord-est de l'atoll, entre l'île Anchorage et le récif Northeast. Lorsqu'il y a de la houle, l'accès est très difficile.

La route directe de Bora Bora à Suvarov (PS31D) prend aussi son départ au WP PS313, d'où l'on peut faire route directe vers le WP PS316. On contournera l'atoll jusqu'à son côté nord-est, où une passe pénètre dans le lagon entre Northeast Reef et Anchorage Island. L'entrée ne doit pas être tentée s'il y a beaucoup de houle. Le meilleur mouillage se trouve sous le vent de l'île Anchorage. Suvarov a été déclaré parc national par les îles Cook et un gardien y réside maintenant. Les bateaux qui n'ont pas fait leurs formalités d'entrée aux Cook peuvent y passer un temps limité, sans aucune autre formalité que de s'enregistrer auprès du gardien, qui s'assure que les navigateurs ne s'incrustent pas. Suvarov serait situé 1 mille à l'est de sa position sur les cartes.

PS32 *Des îles de la Société aux Tonga*

Meilleure période	juin à octobre			
Saison des cyclones	décembre à avril			
Cartes routières	BA : 4061 US : 606	SHOM : 6880		
Instructions nautiques	BA : 61, 62 US : 122, 126	SHOM : K11		
Guides de croisière	*Cruising Guide to the Vava'u Island Group, South Pacific Anchorages, Pacific Crossing Guide.*			
Waypoints				
Départ	*Intermédiaire*	*Atterrissage*	*Destination*	*Distance (M)*
Route PS32A				
PS321 Bora Bora 16°29.5'S, 151°47'W	PS322 16°44'S, 152°13'W			
	PS323 17°00'S, 153°55'W			
	PS324 18°12'S, 159°48'W			
	PS325 19°37'S, 167°45'W	PS326 Tongatapu E 20°57'S, 175°00'W	Nuku'alofa *21°08'S, 175°11'W*	1362
		PS327 Eua Iki 21°05'S, 174°57'W	Nuku'alofa	1359

Départ	*Intermédiaire*	*Atterrissage*	*Destination*	*Distance (M)*
Route PS32B				
PS321 Bora Bora	Palmerston *18°03'S, 163°13'W*			662
	Niue *19°03'S, 169°55'W*	PS328 Vava'u NE 18°33'S, 173°55'W	Neiafu *18°39'S, 173°59'W*	1284

Peu de bateaux empruntent la route des alizés sans faire escale dans l'une des îles Cook car la route en passe très près. De fait, naviguer près de ces îles sans s'y arrêter n'est pas faire preuve de beaucoup de bon sens, et si on a le temps, on doit y prévoir une escale, dans ce cas la route PS31 doit être consultée en premier. La route directe de Bora Bora à Nuku'alofa, la capitale des Tonga (PS32A), part de l'extérieur de la passe Te Ava Nui, au WP PS321. La route passe à 15 milles au sud de l'île de Maupiti au WP PS322 et aussi au sud de l'île Mopélia (ou Maupihaa) au WP PS323. Ces deux îles ont des lagons dans lesquels on peut rentrer par temps établi. La route passe ensuite 40 milles au nord d'Aitutaki au WP PS324.

Le temps dans la zone entre les Cook et les Tonga est rarement bon en permanence et ceci, combiné avec les divers dangers, requiert une veille attentive. Deux récifs, Beveridge (20°00'S, 167°47'W) et Albert Meyer (20°54'S, 172°18'W), sont proches de la route directe entre Bora Bora et Tongapatu. On trouvera d'autres détails sur ceux-ci et d'autres dangers de la zone dans la route PS36. Pour les éviter, du WP PS324, le cap est modifié pour le WP PS325. De ce point, un nouveau cap est établi pour le WP PS326, à 3 milles plein nord d'Eastern Reef, à l'extérieur du lagon de Tongapatu. De là, la route est libre jusqu'à la bouée n° 1 (21°00'S, 175°10'25W) à l'entrée de la passe Ava Lahi qui est le chenal maritime menant à Nuku'alofa. Ce chenal balisé traverse le lagon vers le petit port de Faua, un mille à l'est de la capitale Nuku'alofa. Les bateaux ayant moins de 2,40 m de tirant d'eau peuvent utiliser ce petit port. Ce chenal n'est pas facile à emprunter de nuit et l'on doit s'efforcer d'arriver de jour. Les bateaux doivent se diriger directement dans le port de Faua, et le capitaine doit se rendre dans les bureaux situés à proximité dans le port de commerce, en débutant par la douane. Tout est fermé le dimanche, on doit éviter d'arriver le week-end.

De jour et par bonne visibilité, il est possible d'utiliser le passage Piha, qui est plus court et plus facile à emprunter et mène directement à Nuku'alofa. Dans ce cas on doit atterrir au WP PS327, 2 milles au nord-est de l'île Eua Iki, d'où l'on emprunte le passage Piha jusqu'au lagon.

La route de Bora Bora vers Vava'u (PS32B) dans le groupe du nord des Tonga, passe près de l'atoll de Palmerston, qui dépend des îles Cook et dont la communauté isolée a toujours chaleureusement accueilli les bateaux de passage. Il y a un mouillage situé au sud-ouest de l'atoll, près d'un certain nombre de passes à travers le récif pour les petites embarcations, mais la plus profonde n'a que 1,20 m. Près de la route directe vers Vava'u se trouve Niue, une petite île-nation. Les bateaux qui y font escale effectuent les formalités à Alofi, l'agglomération principale.

Les bateaux se dirigeant vers le Vava'u doivent atterrir au WP PS328, au nord-est de l'île. On suivra ensuite la côte nord vers la passe Faihava, sur le côté ouest de l'île. Elle mène à Neiafu, situé dans l'une des baies les mieux protégées du Pacifique Sud et qui est considérée comme l'un des rares trous à cyclones de la région.

PS33 *Des îles de la Société aux Samoa*

MEILLEURE PÉRIODE	juin à octobre	
SAISON DES CYCLONES	décembre à avril	
CARTES ROUTIÈRES	BA : 4606	SHOM : 6880
	US : 606	
INSTRUCTIONS NAUTIQUES	BA : 61, 62	SHOM : K11
	US : 122, 126	
GUIDES DE CROISIÈRE	*South Pacific Anchorages, Pacific Crossing Guide.*	

WAYPOINTS

Départ	*Intermédiaire*	*Atterrissage*	*Destination*	*Distance (M)*
Route PS33A				
PS331 Bora Bora	PS332 Maupiti	PS333 Tutuila SE	Pago Pago	1102
16°29.5'S, 151°47'W	16°33'S, 152°15'W	14°20'S, 170°38'W	*14°17'S, 170°41'W*	
Route PS33B				
PS331 Bora Bora	PS332 Maupiti			
	PS334 Tau N	PS335 Upolu N	Apia	1170
	14°00'S, 169°30'W	13°46'S, 171°44'W	*13°48'S, 171°46'W*	

Les conditions de temps sur cette route sont en général meilleures que celles de la route plus au sud vers les Tonga, principalement parce que la zone traversée par cette route est moins affectée par les fronts qui passent dans les latitudes plus élevées. Depuis Bora Bora, la route vers les Samoa américaines (PS33A) passe au sud de Maupiti (WP PS332) d'où elle continue sans interruption jusqu'au WP PS333, au large de la côte sud de Tutuila à l'approche de Pago Pago. La capitale des Samoa américaines est une escale populaire principalement pour les navigateurs américains, qui sont attirés par la possibilité de réapprovisionner leurs bateaux avec des produits US. En arrivant à Pago Pago, les yachts peuvent se diriger directement vers le quai des douanes. Cet excellent port naturel bien abrité, l'un des plus sûrs trous à cyclones du Pacifique Sud, présente peu d'intérêt en dehors de ses supermarchés de type américain.

Les bateaux qui ont l'intention de naviguer sans escale de Bora Bora vers les Samoa occidentales (PS33B) doivent utiliser le même waypoint intermédiaire PS332 pour établir alors le cap vers le WP PS334 pour passer au nord de l'île Tau. De là, le cap sera modifié pour le WP PS335 pour atterrir au nord de l'île Upolu à l'approche d'Apia, la capitale des Samoa occidentales. Les bateaux qui arrivent doivent contacter le *Harbour Control* par VHF sur le canal 16 avant d'entrer dans les eaux territoriales.

Cette route passe ainsi non loin de l'atoll de Suvarov et la plupart des bateaux qui l'empruntent font le détour vers cet endroit idyllique. Suvarov appartient aux îles Cook et un gardien y réside maintenant, s'assurant que les navigateurs ne s'incrustent pas. Le gardien s'occupe des formalités nécessaires, réduites à un simple enregistrement. Plus de détails sont donnés dans la route PS31.

PS34 *Des îles de la Société à la Nouvelle-Zélande*

MEILLEURE PÉRIODE	mi-octobre à mi-novembre	
SAISON DES CYCLONES	décembre à avril	
CARTES ROUTIÈRES	BA : 4061	SHOM : 6880, 6817
	US : 621, 622	
INSTRUCTIONS NAUTIQUES	BA : 51, 62, 126	SHOM : K11
	US : 122, 127	
GUIDES DE CROISIÈRE	*Coastal Cruising Handbook of the Royal Arakana Yacht Club, Pickmere's Atlas of Northland's East Coast, Pacific Crossing Guide.*	

WAYPOINTS

Départ	*Intermédiaire*	*Atterrissage*	*Destination*	*Distance (M)*
PS341 Tahiti W	PS342			
17°35'S, 149°42'W	20°00'S, 160°00'W			
	PS343 Raoul	PS344 Kerikeri	Opua	2279
	30°00'S, 180°00W	35°10'S, 174°10'E	*35°19'S, 174°07'E*	
PS345 Tahiti W	PS342			
	PS343 Raoul	PS345 Bream	Whangarei	2300
		35°50'S, 174°38'E	*35°44'S, 174°20'E*	

La meilleure période pour cette traversée se situe juste avant l'été alors que la menace de cyclones se précise, ce qui constitue la principale raison pour laquelle la plupart des bateaux de croisière quittent les tropiques. Heureusement, c'est aussi le début de la saison de navigation en Nouvelle-Zélande, alors que les pires tempêtes d'hiver sont passées. Si l'on entreprend cette traversée trop tôt en hiver, lorsque les alizés de sud-est soufflent encore fortement sous les tropiques, il est préférable de naviguer vers l'ouest jusqu'à la longitude 165°W avant de modifier le cap pour la Nouvelle-Zélande. La raison de cette tactique est d'avoir gagné suffisamment vers l'ouest au cas où l'on serait pris par un coup de vent de sud-ouest en approchant la Nouvelle-Zélande. Que cette stratégie soit justifiée ou non dépend beaucoup des conditions de temps que l'on rencontrera. Certains pensent que si les conditions de temps sont favorables on peut aussi bien emprunter la route la plus courte vers la Nouvelle-Zélande, en espérant que tout se passera bien.

La route directe depuis Tahiti, qui est recommandée au changement de saison, passe si près de Rarotonga qu'une escale doit y être prévue (voir route PS31). Ceci offre l'opportunité d'obtenir une prévision météo à long terme et de planifier l'étape ultérieure en conséquence. Une caractéristique qui peut sérieusement affecter le temps sur cette traversée est la Zone de Convergence du Pacifique Sud. La ZCPS se déplace vers le sud pendant l'été et constitue la raison principale qui fait que le temps au sud de la latitude 20°S peut être très changeant. L'accès à des informations météo sera donc particulièrement utile dans cette région du monde. La ZCPS est décrite avec plus de détails au début de ce chapitre.

Si une escale à Rarotonga, ou autre part dans les îles Cook, n'est pas envisagée, du WP PS341, à l'ouest de Tahiti, la route passe au sud de Maiao vers le WP PS342. De là, la route passe près du nord de l'île Raoul, dans les îles Kermadec, et va vers l'autre waypoint intermédiaire (PS343) avant de modifier le cap vers le WP PS344 au large du cap Kerikeri, à l'approche de la baie des Iles, où les formalités d'entrée peuvent être effectuées à Opua.

Les bateaux se dirigeant sur Whangarei, plus au sud le long de la côte est de l'île du Nord, doivent établir une route directe du WP PS343 vers le WP PS345 au large de Bream Head, à l'approche de Whangarei. De là, un long chenal correctement balisé remonte la rivière vers le port de Whangarei.

PS35 *Des îles Cook du sud aux Samoa*

MEILLEURE PÉRIODE	mai à septembre	
SAISON DES CYCLONES	décembre à avril	
CARTES ROUTIÈRES	BA : 4061	SHOM : 6880
	US : 541	
INSTRUCTIONS NAUTIQUES	BA : 606	SHOM : K11
	US : 122, 126	
GUIDES DE CROISIÈRE	*Landfalls of Paradise, South Pacific Anchorages, Pacific Crossing Guide.*	
WAYPOINTS		

Départ	*Intermédiaire*	*Atterrissage*	*Destination*	*Distance (M)*
PS351 Aitutaki W 18°52'S, 158°50'W		PS352 Tutuila SE 14°20'S, 170°38'W	Pago Pago *14°17'S, 170°41'W*	776
PS351 Aitutaki W	PS353 Tau S 14°25'S, 169°30'W	PS354 Upolu N 13°46'S, 171°44'W	Apia *13°48'S, 171°46'W*	848

La plupart des bateaux qui se dirigent vers les îles Samoa le font pour se réapprovisionner à Pago Pago, dans les Samoa américaines, où une bonne sélection de produits US est disponible. Pendant la saison des alizés de sud-est, on aura des vents favorables pendant la plus grande partie de cette traversée, quoique par moments les alizés ne soient pas aussi réguliers. Dans la zone entre les îles Cook et Samoa, les alizés obéissent à un modèle cyclique, avec plusieurs jours de vent bien établi suivis par une brève période de calmes et de vents variables, à nouveau suivis par un intervalle de vents d'est ou sud-est bien établis. Certaines années, l'alizé de sud-est ne s'établit que tard en saison et les bateaux qui effectuent cette traversée en avril et même en mai peuvent avoir une combinaison des deux types de temps, avec des calmes la nuit et un temps à grains pendant la journée. Les traversées les plus rapides ont été faites en général en juillet et août, quoique pendant ces mois elles puissent ne pas être au goût de tous, compte tenu des alizés musclés.

Depuis Aitutaki et le WP PS351 on peut faire route directe vers les Samoa, mais comme la route passe près de Palmerston, un atoll typique des mers du sud, on doit envisager d'y faire escale par temps établi. Les bateaux se dirigeant vers les Samoa américaines doivent atterrir au WP PS352, au large de la côte sud de Tutuila à l'approche du port naturel bien abrité de Pago Pago.

Les bateaux se dirigeant sans escale vers les Samoa occidentales doivent mettre le cap vers le WP PS353 pour passer au sud de l'île Tau. De là, le cap sera modifié pour passer au nord de Tutuila et pour atterrir au WP PS354 au nord de l'île Upolu, à l'approche d'Apia, la capitale des Samoa occidentales. Les bateaux arrivants doivent contacter le *Harbour Control* par VHF sur le canal 16 avant d'entrer dans les eaux territoriales.

PS36 *Des îles Cook du sud à Niue et aux Tonga*

Meilleure période	mai à septembre			
Saison des cyclones	décembre à avril			
Cartes routières	BA : 4061 US : 606	SHOM : 6880		
Instructions nautiques	BA : 61, 62 US : 122, 126	SHOM : K11		
Guides de croisière	*Cruising Guide to the Vava'u Island Group, South Pacific Anchorages.*			

Waypoints *Départ*	*Intermédiaire*	*Atterrissage*	*Destination*	*Distance (M)*
Route PS36A				
PS361 Rarotonga W 21°10'S, 159°47'W	PS362 21°20'S, 164°00'W	PS363 Tongatapu E 20°57'S, 175°00'W	Nuku'alofa *21°08'S, 175°11'W*	867
		PS364 Eua Iki 21°05'S, 174°57'W	Nuku'alofa	
Route PS36B				
PS365 Aitutaki W 18°52'S, 159°50'W		PS366 Vava'u N 18°32'S, 173°54'W	Neiafu *18°39'S, 173°59'W*	862
Route PS36C				
PS361 Rarotonga		PS367 Niue 19°08'S 169°55'W	Alofi *19°02'S 169°55'W*	590
Route PS36D				
PS365 Aitutaki	PS368 Palmerston 18°03'S 163°12'W	PS367 Niue	Alofi	583

Il y a plusieurs routes possibles entre les îles Cook et les Tonga, le choix dépendra du temps disponible et de vos futurs plans de croisière. Ceux qui souhaitent aller des Tonga vers la Nouvelle-Zélande avant le début de la saison des cyclones visiteront les Vava'u d'abord et s'arrêteront à Tongatapu sur leur route vers le sud. Plus tôt en saison, il vaut probablement mieux s'arrêter à Tongatapu d'abord car les vents seront alors plus favorables pour aller à Ha'apai et à Vava'u. Bien que les itinéraires décrits ci-dessus donnent l'impression d'être dans la ceinture des alizés, ce n'est pas toujours le cas.

Pendant les mois d'hiver, de juin à août, où la plupart des traversées sont effectuées, la limite sud des alizés de sud-est se situe légèrement au nord de cette zone, et en particulier entre Rarotonga et Tongapatu, on ne peut être sûr d'avoir vraiment un régime d'alizés. Quoique la majorité des vents soufflent encore de secteur est, les périodes de temps établi ne durent jamais longtemps et il est fréquent de rencontrer du mauvais temps en cours de route. Quoique cette route traverse une zone affectée par les cyclones, ceux-ci ne sont pas fréquents et se produisent rarement avant Noël ou après fin mars. Il faut faire particulièrement attention aux cyclones entre janvier et mars, spécialement aux Tonga où la fréquence est beaucoup plus élevée qu'aux Cook.

Un autre type de danger sur cette route est la présence de divers récifs, le plus dangereux étant Beveridge Reef qui a été fatal à plus d'un bateau. Il se situe légèrement au sud de la loxodromie entre Rarotonga et Tongapatu et comme les cartes sont inexactes et que les divers courants de la région sont imprévisibles, il faut donner un large tour à ce récif. Par temps établi, il est possible de s'y arrêter, sa position a été rapportée à 20°00'N 167°47'W, ce qui n'est pas conforme à celle portée sur les cartes. Ce récif ne peut être identifié qu'avec une bonne lumière et ne doit être approché qu'avec une visibilité parfaite. Il entoure un petit lagon dans lequel on peut entrer par une passe située sur le côté W. Le mouillage recommandé est près d'une épave échouée sur le récif au vent. Les brisants signalés depuis 1945 par 21°05'S, 164°05'W doivent être pris au sérieux car un bateau traversant vers les Tonga a été submergé par deux vagues anormalement grosses exactement à cet endroit pendant un coup de vent. La route entre Rarotonga et Tongapatu passe très près de deux autres dangers dont la position est encore douteuse, et qui doivent être largement parés. Le premier se situe par 21°43'S, 167°46'W et aurait causé la perte d'un yacht qui a heurté un objet non identifié la nuit et a coulé presque immédiatement. Son équipage a pu se réfugier dans le radeau de survie mais n'a pu établir précisément le lieu de l'accident. Plusieurs années après, les restes d'un yacht ont été trouvés à proximité de ce récif sans nom par un équipage qui s'était arrêté là pour faire de la plongée. Le second danger est le récif Harrans situé environ 66 milles plus à l'ouest par 21°32'5S, 168°57'W. Enfin, la route passe encore à proximité du récif Albert Meyer (20°54'S, 172°18'W).

La route directe de Rarotonga à Nuku'alofa (PS36A), la capitale des Tonga, passe près des dangers décrits ci-dessus. Du WP PS361, au large d'Avatiu, sur la côte nord de Rarotonga, on mettra le cap vers le WP PS362 pour éviter les brisants mentionnés plus haut (21°05'S, 164°05'W). De là, une route directe est établie vers le WP P363, 3 milles plein nord d'Eastern Reef, à l'extérieur du lagon de Tongapatu. De là, la route est libre jusqu'à la bouée n° 1 (21°00'S, 175°10'25W) à l'entrée de la passe Ava Lahi qui est le chenal maritime menant à Nuku'alofa. Ce chenal balisé traverse le lagon vers le petit port de Faua, un mille à l'est de la capitale Nuku'alofa. Les bateaux ayant moins de 2,40 m de tirant d'eau peuvent utiliser ce petit port.

De jour et par bonne visibilité, il est possible d'utiliser le passage Piha, qui est plus court et plus facile à emprunter et mène directement à Nuku'alofa. Dans ce cas, on doit atterrir au WP PS364, à 2 milles au nord-est de l'île Eua Iki.

Les bateaux en route directe sur les Vava'u mettront le cap sur le WP PS366, au nord-est de l'archipel des Vava'u. On suivra ensuite la côte nord vers la passe Faihava, sur le côté ouest de l'île. Elle mène à Neiafu, situé dans l'une des baies les mieux protégées du Pacifique Sud, et qui est considérée comme l'un des rares trous à cyclones de la région.

Les routes PS36C et PS36D donnent la possibilité de s'arrêter en route dans deux jolies îles. Palmerston appartient aux Cook et comme l'île n'a pas d'aéroport et que peu de cargos s'y arrêtent, il est demandé aux bateaux venant de Rarotonga d'apporter le courrier des insulaires et d'autres fournitures en cas d'urgence. Le mouillage se situe à l'ouest de l'île, il n'y a pas de passe. Un des insulaires viendra en pirogue vous montrer le meilleur endroit pour mouiller et emmener l'équipage à terre.

Niue est une nation indépendante aux liens étroits avec la Nouvelle-Zélande. Il n'y a qu'un mouillage ouvert devant le village principal d'Alofi, mais le yacht club local a mis en place quelques bouées de corps-morts pour éviter de mouiller dans l'eau très profonde. Contactez le yacht club de Niue sur le canal 10 ou 16 pour qu'ils vous indiquent un corps-mort. Le club a également une BLU et ils veillent sur 4125 ou 4417 kHz vers 06 h 00 TU de juin à novembre.

PS37 *Des îles Cook à la Nouvelle-Zélande*

MEILLEURE PÉRIODE	mi-octobre à mi-novembre	
SAISON DES CYCLONES	décembre à avril	
CARTES ROUTIÈRES	BA : 4061	SHOM : 6880, 6817
	US : 622	
INSTRUCTIONS NAUTIQUES	BA : 51, 62	SHOM : K11
	US : 122, 126, 127	
GUIDES DE CROISIÈRE	*Coastal Cruising Handbook of the Royal Arakana Yacht Club, Pickmere's Atlas of Northland's East Coast, Pacific Crossing Guide.*	

Waypoints

Départ	*Intermédiaire*	*Atterrissage*	*Destination*	*Distance (M)*
PS371 Rarotonga W 21°10'S, 159°47'W	PS372 24°00'S, 178°00'W PS373 30°00'S, 175°00'E	PS374 Kerikeri 35°10'S, 174°10'E	Opua *35°19'S, 174°07'E*	1864
PS371 Rarotonga W	PS372 PS373	PS375 Bream 35°50'S, 174°38'E	Whangarei *35°44'S, 174°20'E*	1908

Les instructions pour cette traversée sont très semblables à celles données pour la route PS34, qui doivent être consultées également. Compte tenu du risque de rencontrer un coup de vent d'hiver tardif lorsque l'on approche de la Nouvelle-Zélande, ou du risque d'être pris par un cyclone prématuré, si l'on quitte les tropiques trop tard, la période optimale pour cette traversée est plutôt limitée. Quoique la route directe depuis Rarotonga laisse les îles Kermadec à l'est, si cette traversée est effectuée avant novembre il est judicieux de continuer à faire route à l'ouest alors que l'on est encore sous l'influence des alizés de sud-est, en passant par conséquent au nord et à l'ouest des îles Kermadec. Cela signifie que l'île du Nord de la Nouvelle-Zélande sera approchée par le nord, ce qui est la pratique recommandée à cette époque de l'année pour assurer un meilleur angle dans le cas où l'on aurait un coup de vent en provenance de l'ouest ou du sud-ouest. Cette tactique est normalement utilisée par les bateaux qui naviguent vers la Nouvelle-Zélande depuis les Fidji, lorsque gagner à l'ouest est chose plus facile. Les bateaux partants des îles Cook peuvent trouver trop contraignant de faire une telle route à l'ouest et peuvent être tentés d'emprunter une route directe. Cette option ne doit être prise qu'avec des informations météo fiables. Après début décembre, la probabilité de coups de vent de sud-ouest s'éloigne, ce conseil de faire route à l'ouest peut alors être ignoré et l'on peut emprunter une route plus directe, probablement à l'est des îles Kermadec.

En partant du principe que cette traversée est effectuée à la période recommandée et en gardant à l'esprit les commentaires ci-dessus, si l'on part de Rarotonga on devra mettre le cap vers le WP PS372. Cette route évitera les dangers mentionnés dans la route PS36 et permettra d'approcher la Nouvelle-Zélande par le nord, plutôt que par l'est. Une route directe peut être établie de là vers le port de destination, mais si l'on a l'impression que cela est prématuré, la route peut être modifiée vers le WP PS373 de manière à traverser le méridien 175°W à la latitude 30°S et à approcher l'île du Nord par le nord. Le cap est ensuite établi vers le WP PS374, au large du cap Kerikeri à l'approche de la baie des Iles, où les formalités d'entrée peuvent être effectuées à Opua.

Les bateaux se dirigeant sur Whangarei, plus au sud le long de la côte est de l'île du Nord, doivent établir une route directe du WP PS373 vers le WP PS375, au large de Bream Head, à l'approche de Whangarei. De là, un long chenal correctement balisé remonte la rivière vers le port de Whangarei.

PS38 *Des îles Cook du Nord aux Samoa*

Meilleure période	juin à octobre	
Saison des cyclones	décembre à avril	
Cartes routières	BA : 4606 US : 606	SHOM : 6880
Instructions nautiques	BA : 61 US : 122, 126	SHOM : K11
Guides de croisière	*Landfalls of Paradise, South Pacific Anchorages.*	

Waypoints

Départ	*Intermédiaire*	*Atterrissage*	*Destination*	*Distance (M)*
PS380 Omoka *9°00'S, 158°04'W*	PS381 Mani 10°15'S, 161°00'W	PS382 Tutuila NE 14°16'S, 170°38'W	Pago Pago *14°17'S, 170°41'W*	810
PS380 Omoka	PS381 Mani	PS383 Upolu N 13°46'S, 171°44'W	Apia *13°48'S, 171°46'W*	860

Compte tenu de la grande distance qui sépare les deux groupes constituant les îles Cook, certains navigateurs préfèrent emprunter une route nord depuis les îles de la Société vers le reste de la Polynésie. Cette partie du monde est peu fréquentée et la route vers les Samoa présente l'avantage supplémentaire de bénéficier de vents favorables tout au long de l'hiver austral.

Parmi les trois îles principales des îles Cook du Nord, Penrhyn procure le meilleur abri dans son vaste lagon et est donc recommandé comme point de départ. On passera près des deux autres îles des Cook du Nord, Rakahanga et Manihiki, mais comme elles sont dépourvues de mouillages sûrs, une escale ne doit y être effectuée que par temps bien établi. Suvarov, atoll proche de la route directe vers les Samoa, et qui dépend des îles Cook, est l'escale favorite des bateaux se dirigeant vers l'ouest (voir PS31).

Les bateaux arrivant à Pago Pago doivent se diriger vers le quai des douanes pour effectuer les formalités. Les autorités des Samoa occidentales demandent que les bateaux contactent le *Harbour Control* par VHF sur le canal 16 avant d'entrer dans les eaux territoriales.

PS39 *De Suvarov à Niue et aux Tonga*

Meilleure période	juin à octobre	
Saison des cyclones	décembre à avril	
Cartes routières	BA : 4606	SHOM : 6880
	US : 606	
Instructions nautiques	BA : 61	SHOM : K11
	US : 122, 126	
Guides de croisière	*Landfalls of Paradise, South Pacific Anchorages.*	
Waypoints		

Départ	*Intermédiaire*	*Atterrissage*	*Destination*	*Distance (M)*
Route PS39A				
PS391 Suvarov N		PS392 Vava'u NE	Neiafu	728
13°11'70S, 163°07'60W		18°33'S, 173°55'W	*18°39'S, 173°59'W*	
Route PS39B				
PS391 Suvarov N		PS393 Niue N	Alofi	540
		18°57'S, 169°53'W	*19°03'16S, 169°55'31W*	

L'atoll de Suvarov est une destination très populaire depuis quelques temps. Le gouvernement des îles Cook a classé l'atoll comme réserve naturelle et un gardien y réside, qui en général autorise un séjour de courte durée aux bateaux. La passe pénètre dans le lagon entre Northeast Reef et Anchorage Island, le meilleur mouillage se trouvant sous le vent de l'île Anchorage. L'entrée ne doit pas être tentée s'il y a beaucoup de houle. Suvarov serait situé 1 mille à l'est de sa position sur les cartes.

La route directe vers les Vava'u prévoit un atterrissage au NE de l'île principale au WP PS392 depuis lequel on longe la côte de l'île jusqu'au port bien abrité de Neiafu.

Niue est une escale intermédiaire intéressante et ne requiert pas un grand détour pour les bateaux allant de Suvarov aux Vava'u. Une fois dépassé le point le plus au nord de Suvarov, du WP PS391 suivre une route directe jusqu'au WP PS393 au large de la côte nord de Niue. À partir de là, on suit la côte de l'île jusqu'à une baie sur la côte ouest devant le village principal d'Alofi. C'est le principal port de l'île et il y a plusieurs corps-morts pour les bateaux de passage.

PS40 ROUTES DANS LA POLYNÉSIE OCCIDENTALE

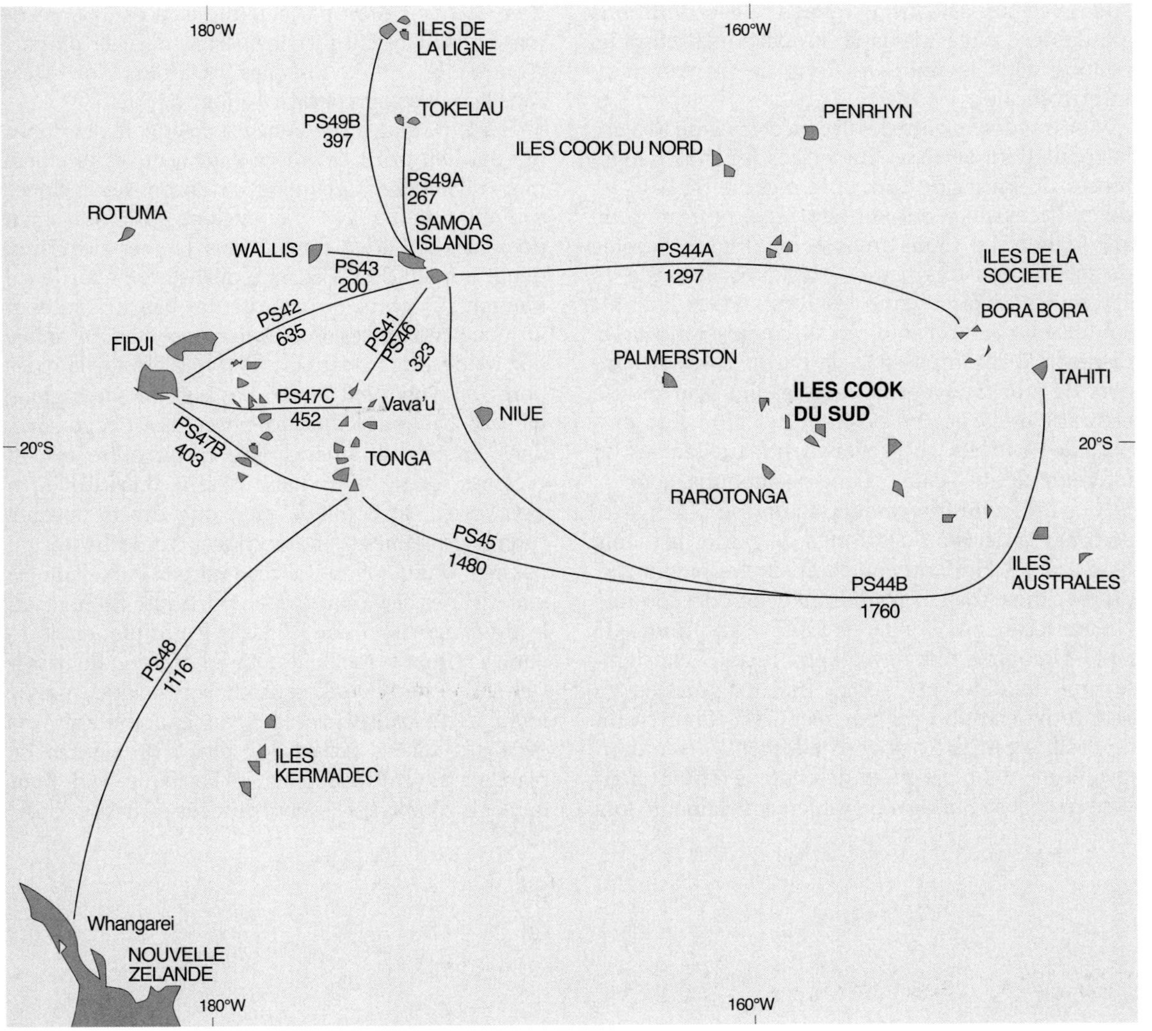

PS40 Routes dans la Polynésie occidentale

Cette région du Pacifique Sud offre l'un des meilleurs bassins de croisière au monde, bien que la navigation parmi les divers archipels puisse être très difficile compte tenu des récifs et des forts courants. L'étendue d'eau comprise entre les Samoa, les Tonga et les Fidji peut être tempétueuse par moments et certains bateaux y ont connu leur pire temps de tout le Pacifique Sud. Quoique cette zone apparaisse en plein dans le chemin des alizés de sud-est, ceux-ci sont parfois absents et on ne peut s'y fier. L'explication de telles conditions, qui diffèrent de celles que l'on s'attend à trouver dans les mers du sud, est due à l'oscillation de la Zone de Convergence du Pacifique Sud qui se déplace vers le nord et le sud avec les saisons et génère des conditions similaires à celles de sa contrepartie équatoriale, connue sous le nom de Zone de Convergence Intertropicale.

Les traversées entre les Tonga et les Fidji avaient la réputation d'être les traversées les plus dangereuses du Pacifique Sud, et le nombre de bateaux de croisière qui y ont fait naufrage confirme cette affirmation. La route traverse une région infestée de récifs, dont très peu sont éclairés. La zone de 180 milles de large entre les Tonga et les Fidji est soumise à de forts courants et compte tenu de la distance, il est impossible de passer tous les dangers de jour. Souvent la zone la plus dangereuse était atteinte avec une position peu sûre et la plupart des bateaux se perdaient habituellement de nuit et toujours à cause d'une position inexacte.

Ces difficultés de navigation ont pu être aggravées par la décision des Tonga de garder la même date que les Fidji, quoiqu'étant situées bien à l'est du méridien 180°. Il résulte de cette décision que l'heure locale aux Tonga est GMT + 13 plutôt que GMT-11 comme cela devrait être le cas. Cela signifie que la date aux Tonga est une journée en avance par rapport au jour réel GMT. En arrivant de l'est, la plupart des gens adoptent le standard local après leur première descente à terre et souvent n'y pensent plus. Le problème réel débute lors de la traversée ultérieure lorsque certains navigateurs oublient de ramener leur temps en arrière de vingt-quatre heures. Effectuer un relevé au sextant en utilisant la mauvaise journée des éphémérides peut induire une erreur suffisante pour avoir de graves conséquences dans cette zone parsemée de récifs, avec des passes entre des îles larges seulement de quelques milles. Tous ces problèmes auraient dû être éliminés avec la navigation par satellite et, bien que virtuellement tous les bateaux naviguant dans cette zone soient équipés de GPS, le nombre de bateaux faisant naufrage sur les récifs n'a que faiblement diminué au cours des 20 dernières années. Cet état de fait plutôt surprenant résulte de la confiance aveugle des navigateurs dans la navigation par satellite et de leur surestimation de l'exactitude des cartes, dont la plupart d'entre elles ont été dressées il y a plus d'un siècle sans jamais avoir été mises à jour depuis.

Surtout, toute cette zone est sujette aux cyclones qui ont lieu principalement dans les trois premiers mois de l'année. Cependant la saison des cyclones s'allonge nettement. Le cyclone Gina l'a bien démontré : il s'est formé dans la mer de Corail début juin 2003 et a ensuite dévasté une partie du Vanuatu. Quoique la majorité des bateaux quittent la zone pendant la saison dangereuse, chaque année bon nombre de bateaux passent l'été près de l'un des ports où l'on peut trouver refuge si un cyclone menace. Un des endroits les plus sûrs est Pago Pago, dans les Samoa américaines, et un autre trou à cyclones réputé se trouve à Neiafu, dans l'archipel des Vava'u, aux Tonga, bien que divers bateaux furent gravement endommagés lors du récent passage d'un cyclone à cet endroit. Aux Fidji, la majorité des bateaux restent à proximité de Suva, où le mouillage des Trade Winds et les criques environnantes offrent le meilleur abri. La décision de passer l'été sous les tropiques est un choix personnel, mais le nombre de bateaux perdus ou endommagés ces dernières années a persuadé plus d'un skipper de planifier sa croisière dans le Pacifique Sud pour quitter la zone avant le début de la saison des cyclones.

PS41 *Des Samoa aux Tonga*

MEILLEURE PÉRIODE	avril à octobre			
SAISON DES CYCLONES	décembre à avril			
CARTES ROUTIÈRES	BA : 1829 US : 83039	SHOM : 6880		
INSTRUCTIONS NAUTIQUES	BA : 61 US : 126	SHOM : K11		
GUIDES DE CROISIÈRE	*Cruising Guide to the Vava'u Island Group, South Pacific Anchorages, Pacific Crossing Guide.*			
WAYPOINTS				
Départ	*Intermédiaire*	*Atterrissage*	*Destination*	*Distance (M)*
Route PS41A				
PS411 Apolima 13°50'S, 172°10'W		PS413 Vava'u NW 18°32'S, 174°05'W	Neiafu *18°39'S, 173°59'W*	312
Route PS41B				
PS412 Tutuila SW 14°25'S, 170°43'W		PS413 Vava'u NW	Neiafu	323

Le temps sur cette route peut être très variable et même au plus fort de la saison des alizés on ne peut jamais être sûr des conditions que l'on aura. On aura parfois des grains violents dans cette zone et aussi de forts orages avec de terribles éclairs en nappe et du tonnerre. Ces conditions peuvent se produire tout au long de l'année. Les traversées pendant la saison des cyclones doivent être évitées car ils traversent parfois cette zone.

Compte tenu de la direction des vents dominants, les bateaux quittant Apia (PS41A) auront intérêt à naviguer vers l'ouest le long de la côte nord d'Upolu et à gagner le large par le détroit d'Apolima entre Upolu et Savai'i. Du WP PS411, au sud-ouest de l'île Apolima, on mettra le cap vers le WP PS413, au large de la côte nord-est de l'île principale de Vava'u. La passe Faihava, sur le côté ouest de l'île, mène à Neiafu, situé dans l'une des baies les mieux protégées du Pacifique Sud, qui est considérée comme l'un des rares trous à cyclones de la région. Neiafu est la capitale de l'archipel du nord des Tonga et port d'entrée officiel dans le royaume.

Les bateaux quittant les Samoa américaines directement vers le Vava'u (PS41B) peuvent mettre le cap du WP PS412, au sud-ouest de Pago vers le même WP PS413, à l'approche de Neiafu. Les bateaux se dirigeant vers le sud peuvent maintenant effectuer les formalités d'entrée aux Tonga à Niuatoputapu (15°58'S, 173°44'W), mais une escale dans cette île, commodément située à mi-chemin entre les Samoa et le Vava'u, ne doit être tentée que temps bien établi. On peut pénétrer dans le lagon bien protégé par une passe située au nord-ouest de l'île. La passe est facile à identifier à marée basse car les récifs sont alors visibles. Un alignement indique la coupure dans le récif. Si le temps est incertain, il est plus prudent de se diriger directement vers Neiafu, sur Vava'u, où l'on peut entrer dans la plupart des conditions de temps.

PS42 *Des Samoa aux Fidji*

MEILLEURE PÉRIODE	juin à octobre	
SAISON DES CYCLONES	décembre à avril	
CARTES ROUTIÈRES	BA : 1829 US : 83039	SHOM : 6817
INSTRUCTIONS NAUTIQUES	BA : 61 US : 126	SHOM : K11
GUIDES DE CROISIÈRE	*Yachtsman's Fiji, Pacific Crossing Guide.*	

WAYPOINTS

Départ	*Intermédiaire*	*Atterrissage*	*Destination*	*Distance (M)*
Route PS42A				
PS421 Tutuila SW 14°25'S, 170°43'W		PS422 Nanuku 16°40'S, 179°05'W	Levuka *17°41'S, 178°52'E*	635
Route PS42B				
PS423 Apolima 13°50'S, 172°10'W		PS422 Nanuku	Levuka	567
Route PS42C				
PS424 Savai'i W 13°28'S, 172°48'W		PS425 Nggelelevu 16°05'S, 179°05'W	Savusavu *16°47'S, 179°21'E*	498

Les bateaux quittant Pago Pago vers les Fidji (PS42A) doivent se diriger vers le sud-ouest de Tutuila et depuis le WP PS421 mettre le cap vers le passage de Nanuku, au nord-est de l'archipel fidjien. La route passe légèrement au sud de l'île Niua Fo'ou (15°36'S, 175°38'W) appartenant aux Tonga. Par beau temps, il est possible de faire une brève escale dans cette haute île volcanique. Il y a un mouillage ouvert, au large de l'agglomération principale d'Angala, au nord de l'île. Que l'on y fasse escale ou pas, la route se dirige ensuite vers le WP PS422, 5 milles au nord du feu de Welangilala, qui balise le côté est du passage Nanuku. Comme seul le côté est de ce passage est balisé par un feu, c'est celui que l'on doit privilégier, car il n'y a aucun feu à l'extrémité sud du récif Nanuku, à l'ouest du passage. On devra faire très attention en approchant de ce passage car les courants dans cette zone peuvent être très forts et le feu de Welangilala ne fonctionne pas toujours.

De Nanuku, la route traverse la mer de Koro, où tous les dangers sont marqués par des feux. Si l'on désire s'arrêter avant la capitale, Suva, il y a un port d'entrée à Levuka sur l'île d'Ovalau. On peut aussi utiliser le port mieux situé de Savusavu, au sud-est de l'île de Vanua Levu qui est maintenant un port d'entrée. Les formalités s'effectuent à Copra Shed Marina.

Les bateaux se dirigeant vers les Fidji depuis les Samoa occidentales peuvent emprunter le détroit d'Apolima, entre les îles Upolu et Savai'i (PS42B), et se diriger ensuite vers le passage de Nanuku, ou naviguer le long de la côte nord de Savai'i et emprunter ensuite le détroit de Somosomo (PS42C). La permission de s'arrêter sur Savai'i après avoir fait les formalités de départ à Apia peut être obtenue auprès du ministère des affaires étrangères à Apia.

Les bateaux quittant Apia en longeant la côte nord de Savai'i et empruntant le détroit d'Apolima pour atteindre le large peuvent établir une route directe depuis le WP PS423, au sud-ouest de l'île Apolima, pour le passage de Nanuku. De là, les instructions ci-dessus s'appliquent.

Les bateaux qui ont navigué le long de la côte nord de Savai'i peuvent atteindre l'archipel fidjien soit par le même passage de Nanuku, ou approcher les îles Fidji par une direction plus nord et atteindre la mer de Koro par le détroit de Somosomo entre les îles de Tavenui et de Vanua Levu. Du WP PS424 au large du cap Mulinuu, à l'extrémité ouest de Savai'i, on peut établir une route directe vers le WP PS425, au large du cap Nggelelevu dans les îles Ringgold, d'où la route serpente vers le sud-ouest vers le détroit de Somosomo et la mer de Koro.

PS43 *Des Samoa à Wallis*

MEILLEURE PÉRIODE	juin à octobre	
SAISON DES CYCLONES	décembre à avril	
CARTES ROUTIÈRES	BA : 1829	SHOM : 6817
	US : 83039	
INSTRUCTIONS NAUTIQUES	BA : 61	SHOM : K11
	US : 126	
GUIDES DE CROISIÈRE	*South Pacific Anchorages.*	

WAYPOINTS

Départ	*Intermédiaire*	*Atterrissage*	*Destination*	*Distance (M)*
PS431 Savai'i W 13°28'S, 172°48'W		PS432 Wallis SE 13°25'S, 176°05'W	Mata Utu *13°17'S, 176°08'W*	200

Cette route se situe dans la zone des alizés de sud-est et, pendant la plus grande partie de l'année, les vents ont tendance à avoir une composante est. Depuis Apia, la route suit la côte nord de Savai'i jusqu'à son extrémité sud-ouest. Du WP PS431, au large du cap Mulinuu, on met le cap vers le WP PS432, au sud-ouest de l'île Faioa, qui marque l'extrémité sud-est du vaste lagon de Wallis. Il faut faire attention lorsque l'on approche Wallis par l'est, car la position de l'île est inexacte sur les cartes, elle se situe environ 2 milles plus à l'est que les positions répertoriées. Ce danger est aggravé par le fait que le récif entourant le lagon est souvent difficile à voir. La passe Honikulu permet d'entrer dans le lagon, et se situe sur le côté sud de celui-ci, sa position GPS est 13°23'5S, 176°13'W. Il y a un fort courant à marée descendante, il est donc préférable d'emprunter la passe à marée montante ou à l'étale, spécialement lorsque la mer est mauvaise. A marée descendante, le courant de jusant peut atteindre 6 nœuds et il y a de dangereux remous où la mer peut briser à l'extérieur de la passe. La passe et les récifs à l'intérieur du lagon sont bien balisés. Les formalités sont effectuées à Mata Utu, l'agglomération principale d'Uvéa. Si ce mouillage est inconfortable, les bateaux de passage sont autorisés à mouiller dans la baie Gahi, dans la partie sud-est de l'île principale d'Uvéa.

Bien que situées à l'est du 180e méridien, Wallis et Futuna ont décidé de garder la même date que la Nouvelle-Calédonie, le territoire français le plus proche. Ceci signifie que Wallis est un jour en avance par rapport aux Samoa.

Attention : vérifiez votre heure GMT et la date avant de quitter Wallis.

PS44 *Des Samoa aux îles de la Société*

MEILLEURE PÉRIODE	novembre, juin	
SAISON DES CYCLONES	décembre à avril	
CARTES ROUTIÈRES	BA : 4606	SHOM : 6880
	US : 526	
INSTRUCTIONS NAUTIQUES	BA : 61, 62	SHOM : K11
	US : 122, 126	
GUIDES DE CROISIÈRE	*Charlie's Charts of Polynesia, South Pacific Anchorages.*	

WAYPOINTS

Départ	*Intermédiaire*	*Atterrissage*	*Destination*	*Distance (M)*
Pago Pago *14°17'S, 170°41'W*	Suvarov *13°14'S, 163°06'W*			
	Aitutaki *18°52'S, 159°48'W*		Bora Bora *16°30'S, 151°46'W*	1297

Seul un petit nombre de bateaux tente d'effectuer cette traversée contre les vents dominants et le meilleur conseil consiste à l'éviter autant que possible. Les seuls mois où il y a une faible chance d'avoir des vents favorables sont les mois d'été, de décembre à début avril. C'est la période où les vents de sud-est sont les plus faibles et les moins réguliers, et l'on a une chance raisonnable d'avoir parfois des vents d'ouest sur la route directe.

Malheureusement, c'est aussi la saison des cyclones, avec février et mars qui sont les mois de fréquence maximale des cyclones. En conséquence, la seule période où cette traversée peut être tentée est au changement de saison, lorsque le risque de cyclones est suffisamment bas pour être acceptable, que ce soit dans la seconde quinzaine de novembre ou dans la première quinzaine de juin. Si l'on peut emprunter une route directe, une escale à Suvarov ou dans une autre des îles Cook comme Aitutaki, qui se trouve près de cette route, peut être envisagée (PS44A).

Le risque de cyclones peut être minimisé en empruntant une route nord et en faisant escale à Penrhyn dans les Cook du Nord. Sur cette route les vents au changement de saison seront faibles, on peut donc être amené à effectuer une partie du trajet au moteur. Une route plus sûre, mais considérablement plus longue, peut être empruntée pendant les mois d'hiver, de mai à octobre (PS44B). Ceci implique de naviguer vers le sud à la recherche de vents d'ouest (voir route PS67) et de gagner vers l'est entre les latitudes 30°S et 35°S, avant de remettre le cap au nord vers Tahiti.

PS45 *Des Tonga aux îles de la Société*

MEILLEURE PÉRIODE	mai			
SAISON DES CYCLONES	décembre à avril			
CARTES ROUTIÈRES	BA : 4606	SHOM : 6880		
	US : 606			
INSTRUCTIONS NAUTIQUES	BA : 61, 62	SHOM : K11		
	US : 122, 126			
GUIDES DE CROISIÈRE	*Charlie's Charts of Polynesia, South Pacific Anchorages.*			
WAYPOINTS				

Départ	*Intermédiaire*	*Atterrissage*	*Destination*	*Distance (M)*
Vava 'u NW *18°32'S, 174°05'W*	Alofi *19°03'S, 169°55'W*		Bora Bora *16°30'S, 151°46'W*	1287

Quoique des bateaux aient essayé d'emprunter cette route le long de la loxodromie en s'arrêtant aux îles Cook, la traversée peut être très difficile même au meilleur moment, qui se situe au changement de saison lorsque les alizés de sud-est ne sont pas encore complètement établis. La faisabilité de cette traversée dépend en grande partie du type de yacht qui la tente car un bateau qui remonte bien au vent pourra probablement l'effectuer sans trop de fatigue. Il est aussi important d'attendre au départ, et aux îles Cook si l'on y fait escale, un créneau météo favorable pour la traversée. Tout au long de l'année, et spécialement aux changements de saison, les vents d'ouest ne sont pas rares dans cette zone. Ils sont habituellement générés par le passage de fronts, qui sont le genre de situation à mettre à profit pour faire route vers l'est.

Si l'on emprunte une route directe depuis le Vava'u, elle passe près de l'île de Niue, où l'on peut faire escale à Alofi. En été, lorsque le risque de cyclone est trop élevé, il est préférable de suivre les mêmes instructions que celles données pour la route PS44 et d'effectuer ce passage dans des latitudes plus élevées avec l'aide des vents d'ouest (voir aussi la route PS67).

PS46 *Des Tonga aux Samoa*

MEILLEURE PÉRIODE	juin à octobre			
SAISON DES CYCLONES	décembre à avril			
CARTES ROUTIÈRES	BA : 1829	SHOM : 6880		
	US : 83039			
INSTRUCTIONS NAUTIQUES	BA : 61	K11		
	US : 126			
GUIDES DE CROISIÈRE	*South Pacific Anchorages.*			
WAYPOINTS				

Départ	*Intermédiaire*	*Atterrissage*	*Destination*	*Distance (M)*
PS461 Vava'u NW 18°32'S, 174°05'W		PS462 Upolu SE 14°05'S, 171°20'W	Apia *13°48'S, 171°46'W*	346
PS461 Vava'u NW		PS463 Tutuila SW 14°25'S, 170°43'W	Pago Pago *14°17'S, 170°41'W*	327

Le temps sur cette route peut être très variable et, même au plus fort de la saison des alizés, on ne peut jamais être sûr des conditions que l'on aura. On aura parfois de violents grains dans cette zone et aussi de forts orages avec de terribles éclairs en nappe et du tonnerre. Ces conditions peuvent se produire tout au long de l'année. Les traversées pendant la saison des cyclones entre décembre et mars doivent être évitées car certains ont déjà traversé cette route, sans que les Tonga ou les Samoa n'aient été atteintes.

La plupart des bateaux quittent les Tonga depuis Vava'u, d'où la route est relativement claire vers les deux Samoa. Après avoir quitté le Vava'u par la passe Faihava, du WP PS461 on peut faire route directe vers le WP PS462, au sud-est d'Upolu. La route recommandée passe à l'est des îles Toku et Fonualei, qui appartiennent aux Tonga. Le même cap mène à l'est de Niuatoputapu et de ses dangers avoisinants. Si l'on se dirige vers Apia, l'île d'Upolu doit être contournée par l'est.

Le port officiel d'entrée est Apia, la capitale des Samoa occidentales. Les bateaux arrivants doivent contacter le *Harbour Control* par VHF sur le canal 16 en entrant dans les eaux territoriales.

Les bateaux se dirigeant vers les Samoa américaines doivent mettre le cap vers le WP PS463, au sud-est de Tutuila, à l'approche de Pago Pago. C'est le seul port officiel d'entrée dans les Samoa américaines, les yachts arrivants doivent aller au quai réservé aux formalités.

PS47 *Des Tonga aux Fidji*

Meilleure période	juin à octobre	
Saison des cyclones	décembre à avril	
Cartes routières	BA : 1829	SHOM : 6817
	US : 83039	
Instructions nautiques	BA : 61	SHOM : K11
	US : 126	
Guides de croisière	*Yachtsman's Fiji, Pacific Crossing Guide, South Pacific Anchorages.*	
Waypoints		

Départ	*Intermédiaire*	*Atterrissage*	*Destination*	*Distance (M)*
Route PS47A				
PS471 Tongatapu W	PS472 Vatua			
21°02'S, 175°18'W	19°30'S, 178°13'W			
	PS473 Totoya	PS474 Ovalau	Levuka	400
	19°06'5S, 179°55'W	17°41'S, 178°52'E	*17°41'S, 178°52'E*	
Route PS47B				
PS471 Tongatapu W	PS472 Vatua			
	PS473 Totoya			
	PS475 Rewa	PS476 Daveta	Suva	403
	18°15'S, 178°35'E	18°12'S, 178°23.5'E	*18°09'S, 178°26'E*	
Route PS47C				
PS477 Vava'u W	PS478 Late			
18°39'S, 174°05'W	18°40'S, 174°40'W			
	PS472 Vatua			
	PS473 Totoya	PS474 Ovalau	Levuka	452
Route PS47D				
PS477 Vava'u W		PS479 Nanuku E	Savusavu	
		16°45'S 179°10'W	*16°47'S 179°21'E*	

Cette traversée entre les deux groupes d'îles voisines peut être effectuée à toute période de l'année, bien que la saison des cyclones doive être évitée, spécialement la période de janvier à mars lorsque les îles et la zone qui les sépare sont affectées par les cyclones. En juillet et août, lorsque les alizés de sud-est sont à leur maximum, la traversée peut être chahutée. Au début et à la fin de la saison d'hiver, les vents sont plus faibles, mais le ciel est souvent bouché, ce qui peut compliquer la navigation à travers cette zone dangereuse.

Compte tenu des risques encourus en passant à travers l'archipel Lau (qui dépend des îles Fidji), les bateaux partant du Vava'u doivent éviter d'emprunter le passage le plus direct d'Oneata et emprunter le passage plus large entre les îles Ongea Levu et Vatua (route PS47C). Ce dernier passage est aussi utilisé par les bateaux partant de Tongapatu. Si l'on utilise le passage Oneata, on doit être conscient du danger de naviguer de nuit à travers la zone à l'ouest d'Oneata, car aucune des îles n'a de feu. Pour les mêmes raisons, le passage de Lakemba doit aussi être emprunté avec précaution.

Le passage du sud, entre Vatua et Ongea Levu, est balisé par des feux, sur l'île de Vatua et à l'extrémité sud de l'île Totoya et est le plus facile à utiliser. Ayant quitté Tongapatu par le chenal Egeria (route PS47A), du WP PS 471 on mettra le cap vers le WP PS472, à 10 milles au nord du feu sur Vatua. De là, le cap est modifié vers le WP PS473, à 5 milles au nord de Totoya. De ce point, on peut faire route directe vers le WP PS474, un mille à l'est du récif Balavu, à l'entrée sud de Levuka, sur l'île d'Ovalau, qui est un port d'entrée officiel aux Fidji.

Les bateaux se dirigeant directement vers Suva (route PS47B), depuis le WP PS 473, au sud de l'île Totoya, pourront mettre le cap vers le WP PS475, à l'approche de Suva. Pendant les derniers milles, la route reste parallèle au récif jusqu'au WP PS476, à l'entrée du passage Daveta Levu, qui mène au port de Suva. L'approche est bien balisée par des bouées lumineuses et des alignements qui permettent d'accéder à ce port de nuit si nécessaire. Les bateaux arrivants doivent se diriger vers le mouillage de quarantaine et attendre la visite de l'officier de santé. Après ces contrôles, ils peuvent se diriger vers King's Wharf pour compléter le reste des formalités d'entrée.

Les bateaux partant du Vava'u et utilisant la même route au sud (PS47C), du WP PS477, à l'extérieur de la passe Faihava, doivent d'abord mettre le cap vers le WP PS478, pour passer au nord de l'île Late. De là, le cap doit être modifié pour le WP PS472, au nord de l'île Vatua, ensuite les mêmes instructions doivent être suivies pour passer à travers les mêmes waypoints recommandés et effectuer les formalités d'entrée à Levuka ou Suva. La route depuis le groupe Ha'apai vers les Fidji passe très près des hauts-fonds Metis (19°11'4S, 174°51'W), où un volcan actif est en éruption et a créé un cône qui s'élève maintenant à plus de 50 m au-dessus de la mer. Quoique spectaculaire, on ne doit approcher cette zone qu'avec précaution.

La route PS47D permet d'approcher les Fidji par le NE en empruntant le Nanuku Passage. Le WP PS479 se trouve à environ 5 milles à l'est du phare de Welangilala, qui marque le côté E de la passe. Il faut favoriser ce côté de la large passe car l'extrémité S du récif de Nanuku, sur le côté NW de la passe, ne porte aucun feu. L'approche du Nanuku Passage requiert de l'attention en raison des forts courants et aussi parce que le phare de Welangilala a été signalé comme ne marchant pas toujours. On peut suivre une route plus directe en utilisant Oneata ou Lakemba Passage, ou même en passant entre les îles plus au nord, ce qui a pour inconvénient de devoir finir par naviguer pendant quelque 150 milles dans la mer de Koro. Le port d'entrée le plus proche est à Savusavu, sur la côte sud de Vanua Levu. L'entrée dans le lagon de Savusavu porte un feu mais l'approche requiert de l'attention car le feu est sur le récif lui-même, qui continue à s'étendre dans la passe : il faut donc bien déborder le feu. Les 5 milles que l'on doit parcourir dans le lagon avant de rejoindre Savusavu ne présentent pas de danger. Appelez la marina Waitui sur canal 80 ou Copra Shed sur canal 16 pour que l'on vous indique une place.

Faire escale ou descendre à terre où que ce soit aux Fidji avant d'avoir effectué les formalités dans l'un des ports d'entrée est strictement interdit. Il faut un permis spécial pour naviguer dans l'archipel Lau qui doit être obtenu à Suva.

Attention : Bien qu'on franchisse la ligne de changement de date au cours de cette traversée, la date officielle aux Tonga est la même qu'aux Fidji.

PS48 *Des Tonga à la Nouvelle-Zélande*

MEILLEURE PÉRIODE	octobre à novembre	
SAISON DES CYCLONES	décembre à mars	
CARTES ROUTIÈRES	BA : 780	SHOM : 6817
	US : 622	
INSTRUCTIONS NAUTIQUES	BA : 51, 61	SHOM : K11
	US : 126, 127	
GUIDES DE CROISIÈRE	*Coastal Cruising Handbook of the Royal Arakana Yacht Club, Pickmere's Atlas of Northland's East Coast, Pacific Crossing Guide.*	

WAYPOINTS

Départ	*Intermédiaire*	*Atterrissage*	*Destination*	*Distance (M)*
PS481 Tongatapu SW 21°05'S, 175°23'W	PS482 24°00'S, 177°30'W PS483 30°00'S, 175°00'E	PS484 Kerikeri 35°10'S, 174°10'E	Opua *35°19'S, 174°07'E*	1071
PS481 Tongatapu SW	PS482 PS483 35°50'S, 174°38'E	PS485 Bream *35°44'S, 174°20'E*	Whangarei	1116

Cette traversée est normalement effectuée juste avant le début de la saison des cyclones, qui démarre officiellement en novembre, quoique des tempêtes tropicales ou des cyclones se soient très rarement produits pendant ce mois. Ceux qui sont tentés d'entreprendre cette traversée trop tôt risquent de rencontrer un temps hivernal plus au sud. La route de Tongapatu passe près du récif Minerva, où l'on peut s'arrêter par temps bien établi. Des bateaux ont mouillé à l'intérieur du récif Nord de Minerva, l'on pénètre dans le lagon par une passe située au NW (23°37'S, 178°57'W). La protection est adéquate, spécialement à marée basse, lorsque le récif découvre et par vent de sud-est établi un bon mouillage se situe par 23°39'40S, 178°54'W. Le lagon du récif Sud de Minerva (23°56'S, 179°07'W) est également accessible mais la navigation y est plus délicate compte tenu des nombreuses têtes de corail disséminées. On peut mouiller dans le lagon à proximité de la passe d'entrée située au NW. Cependant, si l'on ne souhaite pas s'arrêter à Minerva, il faut lui donner un large tour car de nombreux bateaux se sont échoués sur ce dangereux récif tapi en plein océan.

Ayant quitté Tongapatu par le chenal Egeria, du WP PS481, la route passe près de l'ouest de l'île Ata au WP PS482. De là, la route passe bien à l'est du récif Nord de Minerva. En fonction de la direction du vent après avoir passé le récif Minerva, il est judicieux de prendre un cap qui coupera le méridien de l'île du Nord de la Nouvelle-Zélande bien au nord de celle-ci. L'objectif de gagner ainsi vers l'ouest au début de la traversée est de se prémunir contre les effets d'un possible coup de vent de sud-ouest ultérieur. Cette précaution est spécialement valable si cette traversée est effectuée pendant les mois d'hiver (mai à octobre), mais à partir de novembre l'on peut probablement emprunter la route la plus courte vers sa destination. Une solution de compromis consiste à établir un cap vers le WP PS483 de manière à franchir le méridien 175°E à la latitude 30°S et d'approcher l'île du Nord par le nord. Le cap est ensuite mis vers le WP PS484 au large du cap Kerikeri à l'approche de la baie des Iles, où les formalités d'entrée peuvent être effectuées à Opua.

Les bateaux se dirigeant vers Whangarei, plus au sud le long de la côte est de l'île du Nord, doivent établir une route directe du WP PS483 vers le WP PS485, au large de Bream Head, à l'approche de Whangarei. De là, un long chenal correctement balisé remonte la rivière vers le port de Whangarei. En arrivant du large, il faut informer les Douanes et la Santé par radio ou téléphone de votre heure estimée d'arrivée (ETA, *Estimated Time of Arrival*) au moins 12 heures avant l'arrivée. Taupo Maritime Radio maintient une veille radio continue sur 2182, 4125, 6215, 8291 et 16420 kHz. Ils fonctionnent également en VHF le long de la côte et informeront les autorités si vous le leur demandez. Opua Radio fournit des bulletins météo pour le Pacifique Ouest et anime un réseau sur 2480 kHz de 06 h 50 à 07 h 00 et de 20 h 03 à 20 h 15, et sur 4445 kHz de 07 h 00 à 08 h 30 et de 20 h 15 à 20 h 45 GMT. Le canal 16 est veillé de 20 h 00 à 10 h 00. Ils informeront les douanes et l'immigration de votre arrivée si vous les contactez par radio.

PS49 *Routes vers le nord depuis les Samoa*

MEILLEURE PÉRIODE	juin à octobre	
SAISON DES CYCLONES	décembre à avril	
CARTES ROUTIÈRES	BA : 4052	SHOM : 6880, 6847
	US : 505	
INSTRUCTIONS NAUTIQUES	BA : 61	K11
	US : 126	
GUIDES DE CROISIÈRE	*Landfalls of Paradise, South Pacific Anchorages.*	
WAYPOINTS		

Départ	*Intermédiaire*	*Atterrissage*	*Destination*	*Distance (M)*
PS490 Apia *13°48'S, 171°46'W*	PS492 Upolu N 13°45'N, 171°46'W	Fakaofu 9°24'S, 171°25'W	Fenuafala *9°23'S, 171°16'W*	267
PS493 Fakaofu		Phoenix SW 2°52'S, 171°45'W	Canton *2°49'S, 171°43'W*	397

Les Samoa constituent un bon point de départ pour un voyage vers l'un des archipels les moins visités du Pacifique : les Tokelau. Bien que les Tokelau aient un statut spécial et soient administrées par la Nouvelle-Zélande, il y a un bureau des affaires intérieures des Tokelau à Apia, que l'on doit contacter pour obtenir la permission de faire escale dans ces îles isolées. Bien qu'ils soient dépendants de la Nouvelle-Zélande, les chefs locaux ont une autonomie totale concernant leurs affaires internes et ne semblent pas enclins outre mesure à encourager les contacts avec le monde extérieur. Cependant, des bateaux de croisière ont obtenu la permission de s'y arrêter, à condition de respecter la procédure. Les Tokelau ne sont plus considérés comme étant à l'extérieur de la zone des cyclones depuis le passage dévastateur de Percy en février 2005.

Aucune des trois îles - Fakaofu, Nukunonu et Atafu - ne possède de mouillage sûr, bien qu'il existe des mouillages pour la journée sous le vent de chaque atoll et que tous possèdent des passes artificielles dynamitées à travers le corail pour permettre l'accès aux petits bateaux. Il y a aussi une tonne située au SW de Nukunonu, utilisée par le navire ravitailleur. Il y a un mouillage relativement bien abrité sous le vent de l'île Fenuafala, au sud-ouest de l'atoll Fakaofu. C'est également l'agglomération principale où l'on devra effectuer les formalités. Les bateaux arrivant sur zone doivent contacter les autorités locales sur 9088 kHz.

Les Tokelau constituent une escale intéressante sur la route des îles Phœnix, où le meilleur abri pourra être trouvé sur l'île de Canton, autrefois base militaire très active, mais qui abrite maintenant un certain nombre de familles de Kiribati, dont elle dépend. Il y a un mouillage sur le côté ouest de l'île, et un chenal qui mène à l'intérieur du lagon, mais on ne doit tenter de l'emprunter qu'à l'étale car les courants de marée sont très forts. Un petit bassin artificiel a été dynamité dans le récif à l'ouest du lagon. Il n'a qu'une profondeur de 1,80 m.

Il a été rapporté que les contours de l'île diffèrent de la représentation sur les cartes actuelles (BA 1451 et US 83105), et que la position mentionnée sur les cartes serait aussi légèrement inexacte. Canton veille sur 6230 kHz.

PS50 ROUTES DANS LE PACIFIQUE CENTRAL

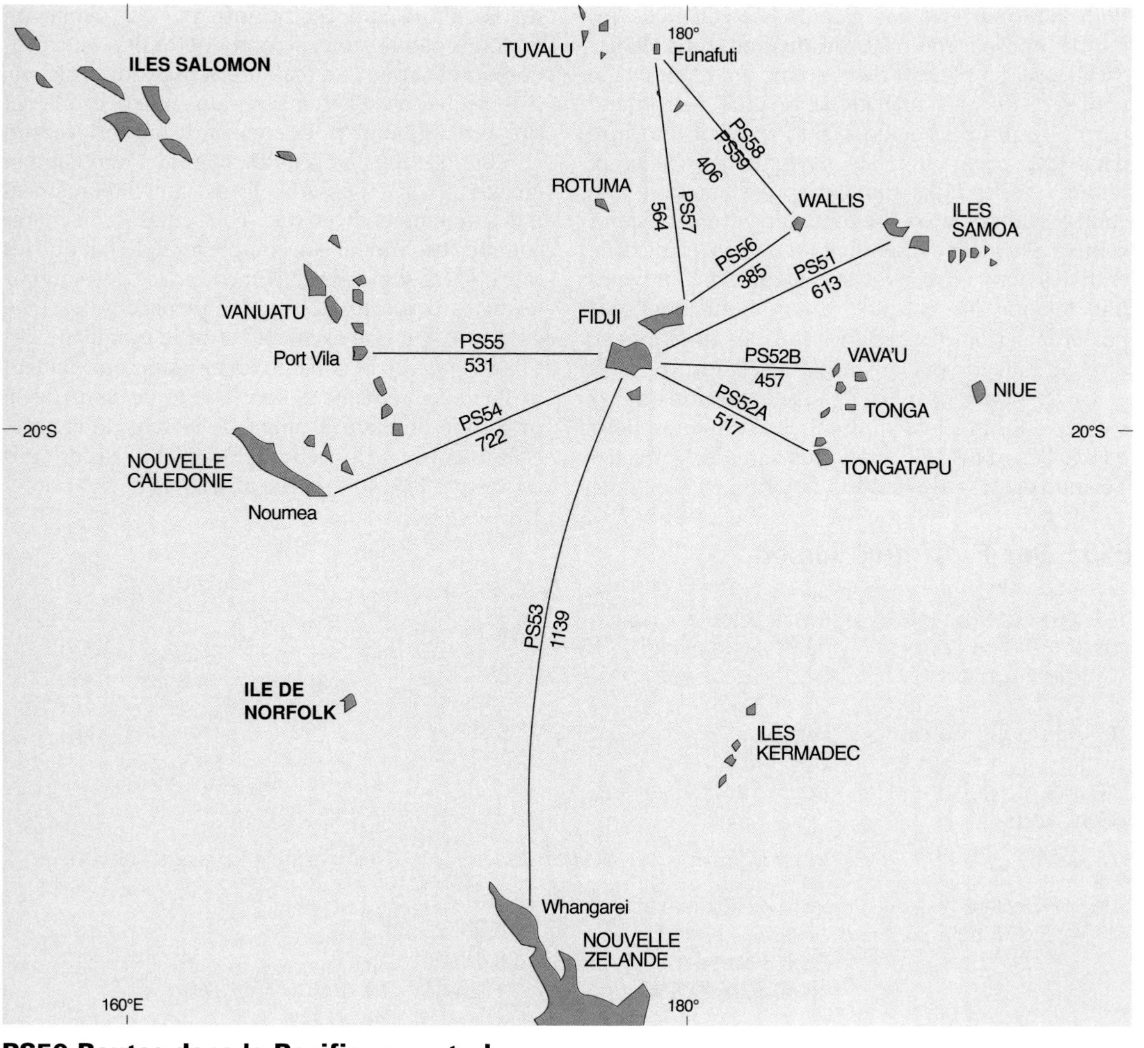

PS50 Routes dans le Pacifique central

Compte tenu de leur position au carrefour des principales routes de navigation du Pacifique Sud, ainsi que de l'intérêt de leur propre bassin de croisière, les Fidji occupent une place à part pour ceux qui naviguent dans cette région. En particulier Suva, la capitale, est l'escale favorite de quiconque passe par cette région, en partie parce que les possibilités de réparations sont meilleures que dans les îles avoisinantes et que son yacht club est l'un des plus accueillants du Pacifique Sud.

A l'exception du Vanuatu qui appartient à la Mélanésie et de la Nouvelle-Calédonie, les îles qui entourent les Fidji sont polynésiennes. Des routes fréquentées relient les Fidji à tous leurs voisins, bien que les routes vers le nord en direction de Wallis, Futuna et les Tuvalu soient moins courues. Pour la plupart des navigateurs néo-zélandais, les Fidji s'imposent comme la destination tropicale par excellence. La plupart d'entre eux, qui n'ont pas le temps d'effectuer une croisière plus importante parmi les îles du Pacifique Sud arrivent à inclure dans leur programme de navigation un aller et retour vers les Fidji, souvent en participant à une course, comme la course annuelle entre Auckland et Suva. Il y a par conséquent un trafic considérable entre les deux pays, avec un maximum en novembre, lorsque les bateaux qui ne souhaitent pas passer la saison des cyclones sous les tropiques se dirigent au sud vers la Nouvelle-Zélande.

Un grand exode a lieu chaque année lorsque les bateaux de croisière quittent les tropiques pour passer l'été dans une zone plus sûre, la Nouvelle-Zélande étant la destination favorite. La meilleure période pour effectuer cette traversée se situe à la veille de la saison des cyclones, fin octobre ou début novembre. Ce calendrier permet un séjour dans les tropiques jusqu'à la fin de la bonne saison et une traversée vers la Nouvelle-Zélande sans trop risquer de rencontrer une tempête hivernale tardive. Ce risque ne semble pas trop préoccuper les skippers des bateaux néo-zélandais qui rentrent chez eux souvent plus tôt que les autres nationalités.

Bien que des traversées vers la Nouvelle-Zélande aient été effectuées à toutes les périodes de l'année, il serait dangereux de partir pendant la saison des cyclones sans prévisions météo fiables, car la trajectoire de certains cyclones qui ont frappé les Fidji dans le passé coïncide pratiquement avec la route vers la Nouvelle-Zélande. La zone centrale du Pacifique Sud est frappée par au moins un cyclone chaque année, ceci doit être pris en considération lorsque l'on établit des plans de croisière, il est préférable d'éviter la région entre décembre et fin avril. Quoiqu'il existe soi-disant un certain nombre de trous à cyclones, comme Pago Pago et Neiafu au Vava'u dans les Tonga, aux Fidji même il n'y a aucun endroit que l'on puisse considérer comme absolument sûr, compte tenu du fait que les rares places sont habituellement prises d'assaut par les bateaux locaux dès qu'une menace de cyclone est émise. Un bon exemple en est le mouillage des *Trade Winds* et la zone aux alentours, qui devient très vite extrêmement bondé compte tenu de la proximité de Suva. Pendant le restant de l'année, en particulier de juin à septembre les alizés de sud-est assurent de bonnes conditions de navigation.

PS51 *Des Fidji aux Samoa*

MEILLEURE PÉRIODE	avril à octobre	
SAISON DES CYCLONES	décembre à avril	
CARTES ROUTIÈRES	BA : 1829	SHOM : 6817
	US : 83039	
INSTRUCTIONS NAUTIQUES	BA : 61	SHOM : K11
	US : 126	
GUIDES DE CROISIÈRE	*South Pacific Anchorages.*	
WAYPOINTS		

Départ	*Intermédiaire*	*Atterrissage*	*Destination*	*Distance (M)*
PS511 Ovalau 17°41'S, 178°52'E	PS512 Thakaumomo 17°43'S, 179°12'E			
	PS513 Nanuku 16°40'S, 179°05'W	PS514 Savai'i W 13°28'S, 172°48'W	Apia *13°49'S, 171°45'5W*	613
			Pago Pago *14°17'S, 170°41'W*	682

Pour cette traversée il est préférable de quitter les îles Fidji par la passe Nanuku. Comme ceci implique de traverser la mer de Koro dans sa totalité, il est judicieux d'effectuer les formalités de sortie à Levuka. Cependant les officiels fidjiens étant moins stricts pour les bateaux qui font escale en cours de route après avoir effectué les formalités de sortie, comparés à ceux qui arrivent aux Fidji, les bateaux peuvent s'arrêter dans les diverses îles situées sur leur route vers le nord-est à travers l'archipel fidjien. La seule zone où les bateaux ne doivent pas faire escale sans autorisation préalable est le groupe Lau. Comme ces îles peu visitées sont proches de la route vers les Samoa, on devra s'efforcer d'obtenir lorsque l'on est encore à Suva la permission officielle obligatoire pour s'y arrêter.Au cœur de la saison des alizés de sud-est, en juillet et août, cette traversée contre le vent sera très dure, et la possibilité de s'arrêter en cours de route sera alors fortement appréciée. Cependant, il y a des périodes où les alizés trahissent leur nom et sont moins réguliers, ce qui procure alors des conditions de navigation plus faciles. Le temps entre les Fidji et les Samoa peut être parfois tempêtueux ainsi qu'indiqué dans les instructions pour la route PS46.

L'endroit le plus pratique pour effectuer les formalités de sortie des Fidji se situe à Levuka, sur l'île d'Ovalau. Du WP PS511, à l'extérieur du récif, on mettra le cap vers le WP PS512 de manière à passer au sud de Wakaya et parer le récif Thakaumomo. De là, la route traverse la mer de Koro vers le WP PS513 et quitte les eaux fidjiennes par le passage de Nanuku. Si l'on se dirige vers Pago Pago dans les Samoa américaines et que l'on ne peut pas rejoindre ce port compte tenu du temps, il est préférable de se diriger alors sous le vent de Savai'i dans les Samoa occidentales, en atterrissant au WP PS514. On peut alors continuer la route vers l'est, protégé par les hautes îles Savai'i et Upolu. Le chenal entre Upolu et Tutuila ne doit être traversé que par beau temps. Par forts vents de sud-est, on peut continuer le long du nord de Tutuila et atteindre Pago Pago par l'est.

Le port officiel d'entrée des Samoa occidentales est Apia, la capitale. Les bateaux arrivants doivent contacter le *Harbour Control* par VHF sur le canal 16 avant d'entrer dans les eaux territoriales. Le seul port officiel d'entrée dans les Samoa américaines est Pago Pago, les yachts arrivants doivent aller au quai réservé pour les formalités.

PS52 *Des Fidji aux Tonga*

Meilleure période	juin, octobre à novembre	
Saison des cyclones	mi-novembre à avril	
Cartes routières	BA : 1829 US : 83039	SHOM : 6817
Instructions nautiques	BA : 61 US : 126	SHOM : K11
Guides de croisière	*Cruising Guide to the Vava'u Island Group, South Pacific Anchorages.*	
Waypoints		

Départ	*Intermédiaire*	*Atterrissage*	*Destination*	*Distance (M)*
Route PS52A				
Suva *18°09'S, 178°26'E*	PS521 Daveta 18°12'S, 178° 23'5E PS522 Rewa 18°15'S, 178°35'E PS523 Totoya 19°06.5'S, 179°55'W PS524 Vatua 19°30'S, 178°13'W	PS525 Tongatapu 21°02'S, 175°18'W	Nuku'alofa *21°08'S, 175°11'W*	517
Route PS52B				
Levuka *17°41'S, 178°51'E*	PS526 Ovalau 17°41'S, 178°52'E PS523 Totoya PS524 Vatua PS527 Late 18°40'S, 174°40'W	PS528 Vava'u W 18°39'S, 174°05'W	Neiafu *18°39'S, 173°59'W*	457

Quelle que soit la direction vers laquelle on se dirige, que ce soit Tongapatu (PS52A), à l'extrémité sud de l'archipel des Tonga, ou Vava'u (PS52B), à son extrémité nord, cette traversée sera effectuée contre le vent. La plupart de ceux qui effectuent cette traversée le font à la fin ou avant le début de la saison des cyclones. Si l'on quitte les Fidji avant le début de la saison des alizés en avril, le risque de rencontrer un cyclone tardif est faible et les conditions de navigation sont moins pénibles que plus tard dans l'année. De même pour un départ fin octobre ou début novembre, lorsque le risque d'un cyclone prématuré est minime. A cette époque, les alizés de sud-est seront aussi plus faibles et moins réguliers qu'auparavant.

Après avoir quitté les Fidji depuis Suva ou Levuka, et à condition d'avoir obtenu le permis obligatoire pour faire escale dans certaines îles en chemin, la route se faufile à travers les îles du groupe Lau avant de se diriger vers la haute mer par les passes Lakemba ou Oneata. Si l'on n'a pas réussi à obtenir l'autorisation nécessaire, ou si les conditions sont défavorables en quittant Suva, il est fortement recommandé d'emprunter la route sud et, en quittant Suva, de mettre le cap au sud-est pour passer entre les îles Matuku et Totoya (PS52A). De Suva la route reste parallèle au récif vers le WP PS522 d'où le cap est modifié pour passer au sud de Totoya au WP PS523. De là, la route se dirige vers le WP PS524 pour emprunter la passe entre les îles de Vatua et d'Ongea Levu. Les bateaux se dirigeant vers Nuku'alofa, la capitale des Tonga, doivent atterrir au WP PS525 et utiliser la passe Egeria pour entrer dans le lagon. Les bateaux ayant moins de 2,40 m de tirant d'eau peuvent utiliser le petit port de Faua. Voir aussi les instructions de la route PS47.

Les bateaux partant de Levuka rejoignent la route ci-dessus au WP PS523, d'où les mêmes instructions s'appliquent. Les bateaux se dirigeant vers Vava'u suivront les mêmes instructions jusqu'au WP PS524. Une fois franchi le passage au nord de l'île Vatua, le cap sera mis vers le WP PS527, au nord de l'île Late, une petite île à l'ouest de Vava'u. De ce point, le cap est modifié vers le WP PS528 pour atteindre le port de Neiafu par la passe Faihava.

Attention : Bien que le 180e méridien soit franchi dans cette traversée, la date officielle aux Tonga est la même qu'aux Fidji.

PS53 *Des Fidji à la Nouvelle-Zélande*

MEILLEURE PÉRIODE	mi-octobre à mi-novembre	
SAISON DES CYCLONES	mi-novembre à avril	
CARTES ROUTIÈRES	BA : 4605 US : 605	SHOM : 6817
INSTRUCTIONS NAUTIQUES	BA : 51, 61 US : 120, 126, 127	SHOM : K11
GUIDES DE CROISIÈRE	*Coastal Cruising Handbook of the Royal Arakana Yacht Club, Pickmere's Atlas of Northland's East Coast.*	

WAYPOINTS

Départ	*Intermédiaire*	*Atterrissage*	*Destination*	*Distance (M)*
Suva *18°09'S, 178°26'E*	PS531 Daveta 18°12'S, 178°23'5E			
	PS532 Kandavu 19°05'S, 177°48'E			
	PS533 30°00'S, 174°00'E	PS534 Kerikeri 35°10'S, 174°10'E	Opua *35°19'S, 174°07'E*	1091
		PS535 Bream 35°50'S, 174°38'E	Whangarei *35°44'S, 174°20'E*	1139
PS536 Navula 17°58'S, 177°08'E	PS533	PS534 Kerikeri	Opua	1120

On aura des vents favorables au moins pendant la première moitié de cette traversée, mais au sud de la latitude 30°S, c'est une question de chance, quelle que soit la période de l'année. Les conditions de temps sur cette route peuvent être extrêmement variables et les rapports de divers yachts qui ont effectué cette traversée ces dernières années montrent que l'on peut s'attendre à tout, entre faire route au moteur par calme plat pendant plusieurs jours ou avoir des coups de vent dans le nez, ou une traversée agréable au portant tout le long du chemin.

En fonction des conditions de temps lorsque l'on quitte Suva, on peut passer d'un côté ou de l'autre du récif de l'Astrolabe et de l'île Kandavu, quoique rester sous son vent soit probablement plus facile en passant entre les îles de Beqa (Mbengga) et Kandavu. Une fois le port de Suva quitté par la passe Daveta, du WP PS531, on peut mettre le cap vers le WP PS532, au large du cap Washington sur l'île de Kandavu, d'où l'on peut faire route directe vers la Nouvelle-Zélande. L'autre solution consiste à mettre le cap au sud-est en quittant Suva et à passer à l'est du Kandavu et de tous ses dangers. Ayant atteint la haute mer, la route passe bien à l'ouest des récifs Minerva, où les yachts traversant vers ou depuis la Nouvelle-Zélande font souvent escale, le mouillage offrant une protection correcte même par vents forts (voir PS 48 pour plus de détail).

Comme le plus grand risque dans cette traversée est de rencontrer un coup de vent de sud-ouest en approchant de la Nouvelle-Zélande, la tactique suggérée est de gagner à l'ouest dès le départ des Fidji, dans ce cas un détour via les récifs Minerva se justifie encore moins. Dans l'idéal le méridien du cap Nord de la Nouvelle-Zélande devrait être franchi environ 500 milles au nord de ce cap et être ensuite suivi vers le sud avant de modifier le cap vers son port de destination. Cette stratégie est particulièrement recommandée si la traversée est effectuée entre juin et septembre, lorsque la probabilité de rencontrer un coup de vent de sud-ouest est beaucoup plus élevée que plus tard dans l'année. Recevoir des informations météo pour la mer de Tasmanie peut être d'une grande utilité, en permettant d'adopter le meilleur cap à suivre. Jusqu'où faire route à l'ouest, et donc la longitude du WP PS533, dépendra des conditions de temps rencontrées, et par conséquent les coordonnées du WP PS533 sont purement indicatives.

En raison de la nécessité de garder la possibilité de pouvoir faire suffisamment d'ouest lors de l'approche de la Nouvelle-Zélande, et des effets du courant portant vers l'est lorsqu'on se rapproche de celle-ci, beaucoup de bateaux préfèrent quitter les Fidji d'un point plus à l'ouest en faisant la sortie à Lautoka et en partant par Navula ou Malolo Passage. Du WP PS536, au NW de Navula Passage, suivre une route qui reste bien à l'ouest de la route orthodromique jusqu'au WP PS533. Il faut éviter une zone à l'approche de la Nouvelle-Zélande, les Three Kings, un groupe de rochers près du NNE desquels se trouve une montagne sous-marine qui provoque des mers agitées particulièrement quand la météo est mauvaise. Du WP PS533, le cap est ensuite établi vers le WP PS534, au large du cap Kerikeri à l'approche de la baie des Iles où les formalités d'entrée en Nouvelle-Zélande peuvent être effectuées à Opua.

Les bateaux se dirigeant sur Whangarei, plus au sud le long de la côte est de l'île du Nord, doivent établir une route directe du WP PS533 vers le WP PS535, au large de Bream Head, à l'approche de Whangarei. De là, un long chenal correctement balisé remonte la rivière vers le port de Whangarei. En arrivant du large, il faut informer les Douanes et la Santé par radio ou téléphone de votre heure estimée d'arrivée (ETA, *Estimated Time of Arrival*) au moins 12 heures avant l'arrivée. *Taupo Maritime Radio* maintient une veille radio continue sur 2182, 4125, 6215, 8291 et 16420 kHz. Ils fonctionnent également en VHF le long de la côte et informeront les autorités si vous le leur demandez. *Opua Radio* fournit des bulletins météo pour le Pacifique Ouest et anime un réseau sur 2480 kHz de 06 h 50 à 07 h 00 et de 20 h 03 à 20 h 15, et sur 4445 kHz de 07 h 00 à 08 h 30 et de 20 h 15 à 20 h 45 GMT. Le canal 16 est veillé de 20 h 00 à 10 h 00. Ils informeront les douanes et l'immigration de votre arrivée si vous les contactez par radio.

PS54 *Des Fidji à la Nouvelle-Calédonie*

Meilleure période	mi-avril à octobre	
Saison des cyclones	mi-novembre à avril	
Cartes routières	BA : 4602	SHOM : 6670
	US : 602	
Instructions nautiques	BA : 61	SHOM : K11. K10
	US : 126	
Guides de croisière	*Cruising in New Caledonia, South Pacific Anchorages, Pacific Crossing Guide.*	

WAYPOINTS

Départ	*Intermédiaire*	*Atterrissage*	*Destination*	*Distance (M)*
Suva *18°09'S, 178°26'E*	PS541 Vatulele W 18°25'S, 177°35'E	PS543 Havannah 22°15'S, 167°10'E	Noumea *22°16'S, 166°26'E*	722
Lautoka *17°36'S, 177°27'E*	PS542 Malolo 17°52'S, 177°11'E	PS543 Havannah	Noumea	686

Pendant la saison des alizés de sud-est, les vents le long de cette route sont en grande partie favorables ainsi que le courant. Les bateaux quittant Suva doivent rester près de la côte sud de Viti Levu et emprunter le chenal de Mbengga pour éviter les récifs entourant cette île (Mbengga ou Beqa). Ayant passé l'île Vatulele, du WP PS541 on mettra le cap vers l'extrémité nord-est de la Nouvelle-Calédonie si l'on a l'intention de rallier directement Nouméa. En partant de Lautoka, il est préférable d'atteindre la pleine mer par le passage Malolo avant d'établir le cap du WP PS542 vers la Nouvelle-Calédonie. La route directe mène au WP PS543, à l'approche de la passe de la Havannah. Cette passe doit être prise au début de la marée montante. Les courants de marée sont très forts dans cette passe, générant de très fortes vagues lorsque le jusant se heurte à un fort alizé de sud-est. Compte tenu de la masse de l'île, les vents de sud-est passent au sud car ils sont déviés à cet endroit.

Nouméa est le principal port d'entrée de la Nouvelle-Calédonie et tous les bateaux doivent y effectuer les formalités. L'approche de Nouméa est difficile de nuit et ne doit pas être tentée. Si l'on arrive de Boulari ou de la passe de la Havannah, et que Nouméa ne puisse être atteint de jour, il est préférable de mouiller pour la nuit et de rejoindre le port le matin suivant. On pénètre dans le port de Nouméa par la Petite Passe. En arrivant, les bateaux doivent contacter Port Moselle sur le canal 67 pour avoir une place au ponton visiteurs. La marina se charge de contacter la douane et l'immigration pour les formalités. Quoique la Nouvelle-Calédonie soit un territoire français, aucune caution n'est demandée aux bateaux de croisière comme c'est le cas en Polynésie française.

En plus de Nouméa, il est désormais possible de faire son entrée dans les ports suivants : Hienghène et Touho (sur la côte Est), Koumac, ainsi qu'à Lifou (Loyauté).

PS55 *Des Fidji au Vanuatu*

MEILLEURE PÉRIODE	mi-avril à octobre	
SAISON DES CYCLONES	mi-novembre à avril	
CARTES ROUTIÈRES	BA : 4602 US : 126	SHOM : 6670
INSTRUCTIONS NAUTIQUES	BA : 61 US : 126	SHOM : K11, K10
GUIDES DE CROISIÈRE	*South Pacific Anchorages, Pacific Crossing Guide.*	

WAYPOINTS

Départ	*Intermédiaire*	*Atterrissage*	*Destination*	*Distance (M)*
Suva *18°09'S, 178°26'E*	PS551 Vatulele N 18°20'S, 177°40'E	PS553 Efate 17°52'S, 168°35'E	Vila *17°44'S, 168°18'E*	582
Lautoka *17°36'S, 177°27'E*	PS552 Malolo 17°52'S, 177°11'E	PS553 Efate	Vila	531
PS552 Malolo		PS553 Tanna E 19°30'5S, 169°30'5E	Port Resolution *19°31'45S, 169°29'80E*	520

La route depuis Suva suit la côte sud de Viti Levu de près pour éviter les récifs entourant l'île de Mbengga (Beqa). Au nord de l'île Vatulele, au WP PS551 le cap est mis pour l'extrémité sud de l'île Efate. Les bateaux partant de Lautoka gagneront la haute mer par la passe Malolo et mettront le cap vers le Vanuatu depuis le WP PS552. Une autre solution consiste à se diriger vers l'ouest depuis Lautoka et à se faufiler à travers les îles et les récifs des îles Mamanuca. La haute mer est alors rejointe à travers l'une des diverses passes dans les Mamanuca.

On peut alors mettre le cap vers le WP PS553, au sud-est d'Efate. De là, la route reste parallèle à la côte sud d'Efate jusqu'à Pango Point avant de se diriger vers la baie Mele et enfin vers la baie de Port Vila.

On aura des vents favorables sur cette route pendant la saison des alizés de sud-est. Le courant dans cette zone porte au sud-ouest et on doit en tenir compte. La visibilité au voisinage d'Efate est parfois très mauvaise, et quoique ce soit une île élevée, elle peut rester masquée jusqu'à ce qu'on se trouve près de la terre. Un événement annuel concernant cette route est la course de Musket Cove à Port Vila, manifestation amusante qui réunit la plupart des bateaux de croisière prévoyant de naviguer vers l'ouest à cette période (septembre). La course part de Musket Cove dans l'île de Malololailai.

En arrivant à Port Vila, les bateaux doivent s'amarrer à la bouée de quarantaine et attendre que les formalités soient effectuées. On doit contacter *Port Vila Radio* par VHF sur le canal 16 pour que les autorités soient prévenues. Etant donné que Tanna est maintenant un port d'entrée officiel, les bateaux qui arrivent au Vanuatu peuvent y faire les formalités. Le meilleur mouillage est à Port Resolution, sur la côte est. On peut rejoindre par voie de terre le port d'entrée officiel Lanakel, sur la côte ouest, pour faire les formalités.

PS56 *De Wallis aux Fidji*

Meilleure période	avril à octobre	
Saison des cyclones	mi-novembre à avril	
Cartes routières	BA : 1829	SHOM : 6817
	US : 83039	
Instructions nautiques	BA : 61	SHOM : K11
	US : 126	
Guides de croisière	*Yachtsman's Fiji, Pacific Crossing Guide, South Pacific Anchorages.*	
Waypoints		

Départ	*Intermédiaire*	*Atterrissage*	*Destination*	*Distance (M)*
Route PS56A				
PS561 Wallis S	Futuna			126
13°24'S, 176°13'W	*14°18'S, 178°10'W*			
	PS562 Nanuku		Savusavu	350
	16°40'S, 179°05'W		*16°47'S, 179°21'E*	
Route PS56B				
PS561 Wallis S	PS563 Nggelelevu		Savusavu	328
	16°05'S, 179°05'W			
Route PS56C				
PS561 Wallis S	PS564 Vatauia		Savusavu	332
	15°55'S, 179°17'W			

On aura probablement des vents favorables sur cette route pendant la saison des alizés de sud-est. La traversée peut être interrompue à Futuna, qui, comme Wallis, est une possession française. Il y a un mouillage dans la baie Singave sur la côte ouest de Futuna. En continuant vers les Fidji, on peut accéder à ces îles par le passage Nanuku, au nord-est de l'archipel ou par le détroit de Somosomo.

Que l'on ait fait escale ou non à Futuna, la route PS56A conduit directement au WP PS562, 5 milles au nord du feu de Welangilala, qui balise le côté est du passage Nanuku. Comme seul le côté est de ce passage est balisé par un feu, on doit le privilégier, car il n'y a aucun feu à l'extrémité sud du récif

Nanuku, à l'ouest du passage. On devra faire très attention lorsque l'on approche de ce passage, car les courants dans cette zone peuvent être très forts et le feu de Welangilala ne fonctionne pas toujours.

Si l'on a l'intention d'atteindre la mer de Koro par le détroit de Somosomo (route PS56B), on peut faire route directe vers le WP PS563, au large de l'atoll Nggelelevu dans les îles Ringgold, d'où la route serpente vers le sud-ouest vers le détroit de Somosomo. Comme il y a un feu à l'extrémité est du récif de Nggelelevu, on doit préférer cette route si l'atterrissage s'effectue de nuit, bien qu'il soit en général fortement recommandé d'essayer d'arriver de jour, car on ne doit pas trop se fier au fait que les feux fonctionnent. Un autre atterrissage de jour (PS56C), d'où il est plus facile d'atteindre le détroit de Somosomo, peut être réalisé en empruntant le chenal Vatauia, à l'ouest de Nggelelevu. Dans ce cas, le cap doit être mis vers le WP PS564, au nord-est de l'île Vatauia. Il y a deux ports d'entrée : Savusavu, sur la côte sud de Vanua Levu et Levuka, sur la côte est d'Ovalau. La nouvelle Copra Shed Marina à Savusavu est probablement la plus commode, particulièrement si l'on arrive du nord.

Toutes les routes ci-dessus mènent dans la mer de Koro, où tous les dangers sont bien balisés et éclairés, et si nécessaire il n'est pas difficile de continuer jusqu'à Suva, même de nuit.

PS57 *Des Tuvalu aux Fidji*

MEILLEURE PÉRIODE	avril à octobre	
SAISON DES CYCLONES	mi-novembre à avril	
CARTES ROUTIÈRES	BA : 780 US : 526	SHOM : 6671
INSTRUCTIONS NAUTIQUES	BA : 61 US : 126	SHOM : K11
GUIDES DE CROISIÈRE	*Yachtsman's Fiji, Landfalls of Paradise.*	
WAYPOINTS		

Départ	*Intermédiaire*	*Atterrissage*	*Destination*	*Distance (M)*
PS571 Funafuti SE 8°40'S, 179°10'E		PS572 Undu 16°00'S, 180°00	Levuka *17°41'S, 178°51'E*	564
PS571 Funafuti SE		PS572 Undu	Savusavu *16°47'S 179°21'E*	503

Pendant la saison des alizés de sud-est, les vents sur cette route seront généralement favorables et les calmes peu fréquents, se produisant parfois la nuit. Au changement de saison, en octobre, les vents d'ouest deviennent plus fréquents et s'accompagnent de grains. Bien que les îles des Tuvalu soient rarement affectées par des cyclones, il y a quelques années un cyclone a dévasté l'île principale de Funafuti en octobre, sa précocité prenant chacun par surprise. Comme les Tuvalu se trouvent proches de la zone où prennent naissance les cyclones, il est peu probable de pouvoir être prévenu à temps si un cyclone se dirige dans cette direction.

Quittant Funafuti par la passe du sud-est, du WP PS571 la route directe passe près de l'ouest de Niurakita, la plus petite des îles des Tuvalu. On doit gagner à l'est au début même si cela implique de passer sur les bancs situés au sud sud-est de l'île Niurakita. Cela est plus facile au début de la traversée, lorsque les vents sont plus est, qu'au voisinage des Fidji, où la probabilité de vents de sud-est est plus grande. La route passe près de l'ouest de l'île Thikombia avant d'atterrir au WP PS572, au nord du cap Undu, à l'extrémité nord-est de Vanua Levu. De là, la mer de Koro est atteinte par le détroit de Somosomo. Les formalités d'entrée peuvent être effectuées à Copra Shed Marina à Savusavu, sur la côte sud de Vanua Levu, ou à Levuka, sur Ovalau.

Une autre route consiste à laisser l'archipel des Fidji à bâbord et à rallier Suva par l'ouest. Chaque solution a ses avantages et ses inconvénients, et le choix final dépendra de la direction du vent, car avec un fort vent de sud-est, il peut s'avérer trop difficile d'atteindre le cap Undu. On doit alors utiliser l'une des passes dans Blight Water à l'ouest de Vanua Levu, telle que le passage de Round Island, et arriver aux Fidji à Lautoka, sur la côte nord-ouest de Viti Levu (17°36'S, 177°26'E). Une solution encore plus radicale est de passer à l'ouest des Yasawa. Cette route évite les récifs à l'ouest de Viti Levu et continue le long de la côte sud vers Suva. L'inconvénient est de rencontrer de forts vents et un courant contraires après avoir passé le sud-ouest de Viti Levu en chemin vers Suva.

PS58 *Des Tuvalu à Wallis*

Meilleure période	octobre, avril	
Saison des cyclones	mi-novembre à avril	
Charts	BA : 780	SHOM : 7283. 6847
	US : 526	
Instructions nautiques	BA : 61	SHOM : K11
	US : 126	
Guides de croisière	*Landfalls of Paradise.*	
Waypoints		

Départ	*Intermédiaire*	*Atterrissage*	*Destination*	*Distance (M)*
PS581 Funafuti SE 8°40'S, 179°10'E	PS582 Nukulaelae E 9°10'S, 180°00	PS583 Wallis SW 13°25'S, 176°16'W	Mata Utu *13°17'S, 176°08'W*	406

Cette traversée est difficile à accomplir pendant la saison des alizés de sud-est entre avril et octobre, quand la probabilité d'avoir des vents forts est très grande. La solution pour éviter de louvoyer tout le long du chemin vers Wallis, avec en plus un courant contraire, est d'effectuer cette traversée au changement de saison, lorsque les vents d'ouest sont plus fréquents. La traversée peut aussi être faite en été, de décembre à mars, bien que le danger de naviguer pendant la saison des cyclones doive être présent à l'esprit lorsque l'on prend cette décision. Si cette traversée est effectuée au plus fort de la saison des alizés, de juin à septembre, les vents à Funafuti sont parfois nord-est. Si c'est le cas, on doit gagner autant que possible vers l'est en quittant Funafuti car les vents auront tendance à devenir plus sud-est plus au sud.

Ayant quitté le lagon de Funafuti par l'une de ses passes au sud-est, du WP PS581 la route directe vers Wallis passe très près de Nukulaelae, qui n'a pas de passe, les bateaux désirant y faire escale mouillent sous le vent du récif. Si l'on ne veut pas faire escale à Nukulaelae, du WP PS581 on met le cap vers le WP PS582, pour passer à l'est de cette île. Le cap est ensuite modifié vers le WP PS583, au sud-ouest de Wallis. La route passe au-dessus d'un certain nombre de bancs peu profonds à l'approche de Wallis, où la passe Honikulu qui permet d'entrer dans le lagon, se situe sur le côté sud de celui-ci, sa position GPS est 13°23'5S, 176°13'W. Il y a un fort courant à marée descendante, il est donc préférable d'emprunter la passe à marée montante ou à l'étale, spécialement lorsque la mer est mauvaise. A marée descendante, le courant de jusant peut atteindre 6 nœuds et il y a de dangereux remous où la mer peut briser à l'extérieur de la passe. La passe et les récifs à l'intérieur du lagon sont bien balisés. Les formalités sont effectuées à Mata Utu, l'agglomération principale d'Uvéa.

Bien que le 180e méridien soit franchi lors de cette traversée, Wallis a décidé de garder la même date que ses voisins à l'ouest. Il faudra faire attention que la position de Wallis indiquée sur les cartes diffère des observations GPS et se situe 2 milles plus à l'est.

PS59 *De Wallis aux Tuvalu*

Meilleure période	juin à septembre	
Saison des cyclones	mi-novembre à avril	
Cartes routières	BA : 780	SHOM : 7283, 6847
	US : 526	
Instructions nautiques	BA : 61	SHOM : K11
	US : 126	
Guides de croisière	*Landfalls of Paradise.*	
Waypoints		

Départ	*Intermédiaire*	*Atterrissage*	*Destination*	*Distance (M)*
PS591 Wallis W 13°25'S, 176°15'W	PS592 Nukulaelae W 9°10'S, 179°45'E	PS593 Funafuti SE 8°40'S, 179°10'E	Fongafale *8°31'S, 179°12'E*	402

Pendant la saison des alizés de sud-est, les vents le long de cette route seront favorables. Wallis et les Tuvalu sont dans la zone des cyclones, et bien que relativement rares, un au moins a dévasté les Tuvalu en octobre. Comme les Tuvalu sont proches de la zone où prennent naissance les cyclones au sud de l'équateur, les alertes sont moins fiables que dans d'autres parties du monde.

La route directe pour Funafuti passe au-dessus de divers bancs, mais ceux-ci ne présentent pas de danger pour les yachts car il y a suffisamment de profondeur. Ils doivent seulement être évités dans le cas de vents très forts quand la mer brise dessus, mais par beau temps cela vaut la peine de passer dessus car la pêche y est excellente. Sur la route directe vers Funafuti, la première île que l'on atteint est Nukulaelae. Elle n'a pas de passe, les bateaux désirant y faire escale par beau temps mouillent sous le vent du récif, devant l'agglomération principale à l'ouest de l'atoll. Cependant, comme on est supposé avoir effectué les formalités à Funafuti avant de visiter d'autres îles, du WP PS591 au large de Wallis, le cap recommandé est mis vers WP PS592, à l'ouest de Nukulaelae. De là, le cap est modifié pour le WP PS593 pour entrer dans le lagon de Funafuti par l'une de ses passes au sud-est.

Le port officiel d'entrée des Tuvalu est Fongafale, l'agglomération principale de Funafuti et la capitale de cette petite nation. Il y a diverses passes pour entrer dans le lagon de Funafuti, mais aucune d'entre elles ne doit être tentée de nuit ou lorsque la visibilité est mauvaise.

PS60 ROUTES DEPUIS LA NOUVELLE-ZÉLANDE

Diverses routes de croisière partent de la Nouvelle-Zélande dans toutes les directions comme les doigts d'une main ouverte. Bien que le nombre de bateaux locaux qui effectuent des croisières dans des eaux étrangères soit impressionnant pour un petit pays, la plupart des bateaux qui naviguent depuis la Nouvelle-Zélande sont des bateaux sous pavillon étranger provenant de pays lointains. Ces dernières années, la Nouvelle-Zélande est devenue une destination de croisière importante et peu de yachts naviguent à travers le Pacifique Sud sans effectuer un détour vers la Nouvelle-Zélande. La majorité vient en Nouvelle-Zélande pour passer la saison des cyclones en sécurité dans les ports protégés de l'île du Nord.

Lors de ce séjour en Nouvelle-Zélande, on est amené à prendre une décision quant à la poursuite du voyage, car les diverses routes partant de Nouvelle-Zélande offrent un vaste choix. Pour ceux qui disposent de temps, le retour vers les tropiques est possible, soit en naviguant vers Tahiti ou en effectuant l'une des traversées plus faciles vers les Tonga ou les Fidji. Ceux pour qui le temps est compté échafaudent des plans quant au moyen le plus agréable de rentrer à la maison. Pour ceux qui viennent d'Europe ou de la côte est d'Amérique du Nord, le choix est assez simple car il est logique de continuer autour du monde et d'atteindre l'Atlantique soit par le cap de Bonne Espérance, soit par la mer Rouge et la Méditerranée. L'autre possibilité est d'utiliser les vents d'ouest dominants des hautes latitudes et d'atteindre l'Atlantique par le cap Horn, une option évitée par la plupart des navigateurs hauturiers, qui ne se sentent pas l'étoffe de cap-horniers.

La décision est plus difficile pour ceux qui viennent de la côte ouest de l'Amérique du Nord, qu'ils soient américains ou canadiens, et qui n'envisagent pas d'effectuer une navigation autour du monde, avec une étape difficile entre Panama et leur port de destination à la fin de celle-ci.

Malheureusement, il n'y a pas de solution facile et la perspective d'un voyage de retour de plusieurs milliers de milles, la plupart du temps contre le vent, est un sujet de grande préoccupation. Il y a diverses routes qui peuvent être empruntées de la Nouvelle-Zélande vers la côte ouest de l'Amérique et probablement la plus simple est la route via

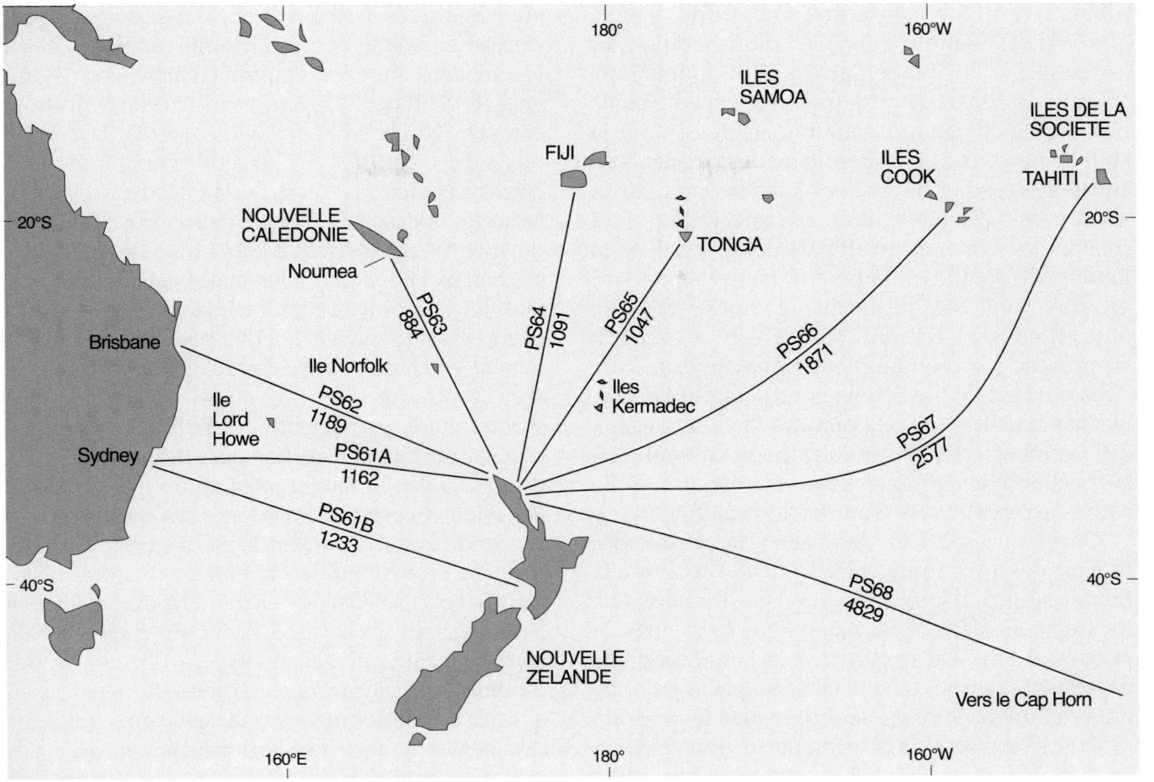

PS60 Routes depuis la Nouvelle-Zélande

Hawaii et Tahiti (PS67, PT22, et PN33). Ceux qui sont pressés peuvent effectuer ce voyage environ en quatre mois, à condition que le bateau remonte raisonnablement bien au vent. La route ressemble à une gigantesque lettre "Z", les 2 barres horizontales représentant les deux trajets parcourus avec le vent d'ouest des hautes latitudes et la diagonale la route suivie à travers les régimes d'alizés de sud-est et de nord-est.

Bien que la route depuis la Nouvelle-Zélande vers Hawaii via Tahiti soit la route logique, il y a d'autres routes utilisant des points intermédiaires différents. Elles prendront toutes probablement plus de temps que la route vers Tahiti, quoiqu'elles offrent, en manière de compensation, la possibilité de visiter des endroits moins fréquentés dans le Pacifique. La première de ces alternatives mène de Nouvelle-Zélande à Rarotonga ou Aitutaki dans les Cook du Sud (PS66). Elle passe ensuite près des îles de la Ligne après avoir touché les Cook du Nord. Cette route vers Hawaii a l'avantage d'avoir moins à gagner contre le vent après avoir quitté la Nouvelle-Zélande, une raison suffisante peut-être pour rater Tahiti. Malheureusement, comme cette route approche Hawaii par le sud, la dernière partie se fera certainement contre les vents dominants de nord-est. On doit aussi se rappeler qu'à la différence de Tahiti, il y a peu de possibilités de réparations ou autres facilités aux Cook, ce qui peut ôter de son attrait à cette escale intermédiaire pour une si longue traversée.

Toutes les autres routes sont plus à l'ouest et, quoiqu'elles puissent rendre la première partie de la traversée de Nouvelle-Zélande vers les tropiques moins fatigante, il faut se rappeler que plus l'on va vers l'ouest plus les vents de nord-est seront contraires sur le chemin du retour vers Hawaii. Enfin, une autre alternative acceptable à la route par Tahiti mène de la Nouvelle-Zélande aux Tonga, aux Samoa et aux îles Phœnix et de là vers les îles de la Ligne et Hawaii. Emprunter une route encore plus à l'ouest via les Fidji, Tuvalu, Kiribati et probablement les Marshall ne peut être recommandé car cela amène la certitude d'effectuer une remontée au près au nord de l'équateur.

Une route très fréquentée mène de la Nouvelle-Zélande à travers la mer de Corail vers le détroit de Torrès et au-delà. En fonction du temps disponible, il faut choisir entre une route par la Nouvelle-Calédonie (PS63) ou une route par l'Australie et la Grande Barrière de Corail (PS62). La date de départ de cette traversée est essentielle non seulement pour le début, mais aussi pour la suite. Pour ceux qui désirent faire des croisières en cours de route et ne veulent pas être pris par la saison des cyclones dans l'océan Indien Sud (novembre à mars), un départ début avril de la Nouvelle-Zélande est impératif. La route plus sud qui traverse la Mer de Tasmanie vers les ports de Nouvelle-Galles-du-Sud (PS61) est en général empruntée par ceux qui veulent naviguer le long de la côte est de l'Australie et ne sont pas concernés par le temps que cela prendra. Il y a aussi ceux qui veulent visiter l'Australie et revenir en Nouvelle-Zélande pour un autre été tranquille avant de repartir vers d'autres destinations.

Quelle que soit leur destination, la plupart des bateaux de croisière quittent la Nouvelle-Zélande à la fin de l'été, quand la saison des cyclones s'achève sous les tropiques dans le Pacifique Sud. C'est aussi la période où, avec l'hiver qui arrive, la bonne saison de navigation s'achève en Nouvelle-Zélande. A partir de fin avril, il est temps de se diriger vers le nord. En général, il est possible d'obtenir une prévision météo à long terme qui assurera des conditions favorables pendant la plus grande partie de la traversée à venir. Il y a toujours bien entendu le risque de mauvais temps et on doit être prêt à affronter cette éventualité. Le souvenir de la tempête de juin 94, qui frappa plusieurs bateaux en traversée de Nouvelle-Zélande vers les tropiques, est encore frais dans les esprits. Selon le météorologue Bob McDavitt, cette tempête a été causée par une dépression tropicale qui s'est rapidement creusée en sortant de la zone des tropiques et en entrant dans une zone d'air froid. La pression dégringola de 15 hPa en 24 h, transformant cette tempête en véritable "bombe" météorologique, comme la tempête du Fastnet en 1979. 16 bateaux durent l'affronter, 7 furent perdus, et 3 morts furent déplorés. De telles tempêtes ont plus de chances de se former au début de la bonne saison (mai à juin) et il peut y en avoir entre deux et quatre chaque année dans le Pacifique Sud. En raison de la rapidité à laquelle elles se forment, elles sont souvent impossibles à prévoir. En examinant les annales météo des 20 dernières années, la seule conclusion que l'on puisse en tirer est que chaque année est différente, et tandis qu'une année il sera sûr de rejoindre les tropiques dès le début avril, d'autres années il faudra attendre fin mai ou même début juin. Cependant le cyclone Gina qui s'est formé en mer de Corail début juin 2003 et a ensuite frappé le Vanuatu prouve que la saison sûre se réduit nettement. Choisir sa date de départ de Nouvelle-Zélande n'est donc pas chose aisée. Beaucoup choisissent de partir pendant un anticyclone, ce qui assure des conditions de navigations agréables au départ, bien que cela ne soit pas forcément la meilleure solution car ces mêmes hautes pressions peuvent générer des vents de plus de 30 nœuds dans la zone perturbée où elles rencontrent les alizés dominants de SE plus près des tropiques, ce qui provoque alors un resserrement des isobares. La meilleure tactique est d'être prêt à partir lorsque les conditions semblent réunies mais si la dernière carte météo indique une dépression ou un front qui menace de traverser la route projetée, la meilleure chose à faire est d'attendre et de la laisser passer.

PS61 *De la Nouvelle-Zélande à la Nouvelle-Galles-du-Sud*

MEILLEURE PÉRIODE	avril à mai	
SAISON DES CYCLONES	décembre à avril	
CARTES ROUTIÈRES	BA : 4601 US : 601	SHOM : 6669
INSTRUCTIONS NAUTIQUES	BA : 14, 15, 51 US : 127	
GUIDES DE CROISIÈRE	*Circumnavigating Australia's Coastline, Pacific Crossing Guide.*	
WAYPOINTS		

Départ	*Intermédiaire*	*Atterrissage*	*Destination*	*Distance (M)*
Route PS61A				
Opua *35°19'S, 174°07'E*	PS611 North Cape 34°20'S, 173°05'E			
	PS612 Kings 34°20'S, 171°50'E	PS615 Jackson 33°50'S, 151°20'E	Sydney *33°50'S, 151°15'E*	1162

Départ	*Intermédiaire*	*Atterrissage*	*Destination*	*Distance (M)*
Opua	PS611 North Cape PS612 Kings Lord Howe 31°32'S, 159°05'E		Coffs Harbour *30°18'S, 153°09'E*	1117
Route PS61B				
Wellington 41°17'S, 174°46'E	PS613 Cook 41°20'S, 174°30'E PS614 Stephens 40°30'S, 174°20'E	PS615 Jackson	Sydney	1233

La plupart des gens préfèrent effectuer cette traversée avant ou après la saison des cyclones, bien que la mer de Tasmanie ne soit que partiellement affectée par ces tempêtes qui proviennent des tropiques. Les conditions rencontrées dans la mer de Tasmanie peuvent être extrêmement variées, du calme plat au violent coup de vent de sud-ouest. De l'avis général, le mois de mai offre les meilleures chances d'avoir un temps assez bon, quoique l'on puisse avoir des périodes de calmes prolongés pendant ce mois. Plusieurs jours de calmes ou de vents faibles et variables se produisent après qu'un coup de vent de sud-ouest ait eu lieu.

On aura de bonnes conditions de navigation lorsqu'un anticyclone est stationnaire sur la partie sud de la mer de Tasmanie et génère des vents d'est plus au nord. De telles conditions peuvent durer pendant une semaine et sont parfois suivies par un autre anticyclone qui prend le relais. Malheureusement ces conditions sont les plus fréquentes en été, qui est aussi la saison des cyclones dans le sud-ouest du Pacifique. Seul un petit nombre de ces cyclones tropicaux arrivent jusqu'en mer de Tasmanie, en général en ayant perdu la plus grande partie de leur énergie. A condition d'avoir obtenu une bonne prévision météo à long terme, il est possible de quitter la Nouvelle-Zélande pendant la saison des cyclones, car les cyclones qui prennent leur origine plus au nord mettront plusieurs jours avant d'atteindre cette route. Pendant les mois d'hiver, les dépressions et les anticyclones se déplacent vers le nord réduisant les chances d'avoir des vents d'est en mer de Tasmanie. Les dépressions sont habituellement accompagnées de très forts vents de sud-ouest et il est extrêmement rare d'effectuer une traversée hivernale sans essuyer au moins un coup de vent.

Lorsque l'on contourne l'extrémité de l'île du Nord, on ne devra pas trop s'approcher du cap Nord et du cap Reinga, non seulement à cause des courants qui s'établissent aux environs de ces deux caps, mais aussi à cause de la zone dangereuse à proximité des Three Kings, un groupe d'îlots rocheux au nord-ouest du cap Reinga. Ayant atteint le cap Nord et le WP PS611, le cap doit être modifié pour le WP PS612, au sud-ouest de ces dangers. C'est un bon point de départ pour les bateaux se dirigeant vers l'ouest, d'où ils peuvent faire route directe à travers la mer de Tasmanie pour Sydney au WP PS615.

Bien que la majorité des bateaux traversant la mer de Tasmanie le fassent à partir du cap Nord, pour ceux qui partent d'un point plus au sud, il peut être plus avantageux d'atteindre la mer de Tasmanie par le détroit de Cook (PS61B). Du WP PS613, à l'entrée sud du détroit de Cook, le cap est mis pour le WP PS614, au nord-est de l'île Stephens. De là, on suivra une route directe vers le WP PS615 à l'approche de Port Jackson et de Sydney.

Certains bateaux interrompent la traversée de la mer de Tasmanie en faisant escale à l'île de Lord Howe (31°32'S, 159°05'E), qui est un port d'entrée officiel en Australie. Le mouillage n'est pas bien protégé et peut devenir dangereux par forts vents d'ouest, spécialement à marée haute. L'île de Lord Howe est située au nord de la route directe vers Sydney, une escale ne présente d'intérêt que pour les bateaux qui se dirigent vers des ports situés au nord de la Nouvelle-Galles-du-Sud, comme Coffs Harbour.

PS62 *De la Nouvelle-Zélande au Queensland*

MEILLEURE PÉRIODE	mai à juin			
SAISON DES CYCLONES	décembre à mars			
CARTES ROUTIÈRES	BA : 4602 US : 602	SHOM : 6670		
INSTRUCTIONS NAUTIQUES	BA : 15, 51 US : 127			
GUIDES DE CROISIÈRE	*Cruising the Coral Coast.*			
WAYPOINTS				
Départ	*Intermédiaire*	*Atterrissage*	*Destination*	*Distance (M)*
Opua *35°19'S, 174°07'E*	PS621 North Cape 34°20'S, 173°05'E PS622 Kings 34°20'S, 171°50'E PS623 Middleton 29°40'S, 159°20'E	PS624 Stradbroke 27°25'S, 153°35'E	Brisbane *27°19'S, 153°10'E*	1189

Comme tous les ports de destination sur cette route se situent dans la zone des cyclones, un départ au début de l'été n'est pas recommandé. La meilleure période pour quitter la Nouvelle-Zélande se situe fin avril ou en mai avant que la fréquence des coups de vent d'hiver n'augmente dans la mer de Tasmanie. Cependant, tous les bateaux qui ont effectué cette traversée ultérieurement n'ont pas eu pour autant des conditions totalement défavorables. Bien que cette route se situe plus au nord que celle qui conduit vers des ports de la Nouvelle-Galles-du-Sud (PS61), le temps jusqu'à la latitude 30°S et même au-delà est influencé par les anticyclones et les dépressions qui se trouvent sur la mer de Tasmanie. Avec une prévision météo favorable, de Nouvelle-Zélande il est possible de prendre un bon départ sur cette route qui offre plusieurs options. On pourra mettre le cap au nord-ouest après avoir quitté la Nouvelle-Zélande et faire escale dans l'île de Norfolk. Une autre solution consiste à prendre une route plus à l'ouest et à faire escale sur l'île de Lord Howe, l'avant poste isolé de l'Australie dans la mer de Tasmanie. Comme les récifs Elizabeth (29°55'S, 159°02'E) et Middleton (29°28'S, 159°04'E) sont pratiquement sur la loxodromie entre le cap Nord et Brisbane, certains ne peuvent résister à l'envie de mouiller derrière un récif au milieu de l'océan. Si le temps est instable, on doit résister à cette tentation et donner un large tour à ces récifs. Les deux récifs possèdent un mouillage, celui sous le vent du récif Elizabeth est situé sur son côté nord-est tandis que l'accès à celui de Middleton, appelé the Sound, se fait par le côté nord-ouest.

Quelle que soit la route choisie à travers la mer de Tasmanie, on ne doit pas rejoindre la côte australienne trop au sud du port désiré compte tenu du fort courant portant vers le sud le long de la côte. Les vents dominants au sud du cap Sandy viennent d'ouest de mai à septembre. D'octobre à avril les vents viennent principalement de nord-est. La zone au nord du cap Sandy est sous l'influence des alizés de sud-est et pendant les mois d'hiver, de mai à octobre, les vents sont sud-est ou est.

Pour les bateaux se dirigeant vers des ports au nord du cap Sandy, il est préférable de les atteindre par l'intérieur de la Grande Barrière. Quoiqu'il existe aussi une route hauturière, pour les petits bateaux la route intérieure est plus pratique. Ceux qui sont pressés d'arriver au détroit de Torrès iront directement de la Nouvelle-Zélande vers la Nouvelle-Calédonie et prendront la route recommandée à travers la mer de Corail (PS75).

Ayant atteint le cap Nord et le WP PS621, le cap doit être modifié pour le WP PS622, au sud-ouest des Three Kings. De là, si l'on se dirige vers Brisbane, la route directe va vers le WP PS623, à l'est des récifs Elizabeth et Middleton. Ce waypoint intermédiaire, et spécialement les récifs dans son ouest, doit être approché avec précaution. De là, on peut mettre le cap pour le WP PS624, au nord-est de l'île Stradbroke, à l'approche de Brisbane, l'un des divers ports d'entrée officiels en Australie. D'une manière générale en Australie, on doit prévenir le port de destination (*Port Authority*) sur 2182 kHz, ou par VHF canal 16, 3 heures avant l'heure estimée d'arrivée. On risque une sévère amende si l'on fait escale où que ce soit avant d'avoir effectué les formalités, et, à l'exception des citoyens néo-zélandais, tous les étrangers doivent arriver avec un visa australien valide.

PS63 *De la Nouvelle-Zélande à la Nouvelle-Calédonie*

MEILLEURE PÉRIODE	mai à juin			
SAISON DES CYCLONES	décembre à avril			
CARTES ROUTIÈRES	BA : 4602	SHOM : 6670		
	US : 602			
INSTRUCTIONS NAUTIQUES	BA : 51, 61	SHOM : K10		
	US : 126, 127			
GUIDES DE CROISIÈRE	*Cruising in New Caledonia, South Pacific Anchorages.*			
WAYPOINTS				
Départ	*Intermédiaire*	*Atterrissage*	*Destination*	*Distance (M)*
Opua	PS631 North Cape			
35°19'S, 174°07'E	34°20'S, 173°05'E			
	PS632 Norfolk E		Kingston	541
	29°00'S, 170°00'E		*29°01'S,167°59'E*	
		PS633 Boulari	Noumea	884
		22°31'S, 166°24'E	*22°16'S, 166°27'E*	

La fin de l'été est la meilleure période pour effectuer cette traversée, lorsque l'on aura des conditions de navigation favorables. Un départ fin avril ou début mai réduit les risques de rencontrer un coup de vent d'hiver dans la première partie du passage, quoiqu'un tel coup de vent ne fasse qu'accélérer la progression vers le nord. La fréquence des coups de vent après juin est plus forte et le temps est plus froid, deux facteurs qui dissuadent la plupart des gens d'effectuer cette traversée trop tard en saison. Pour certains bateaux, la traversée vers la Nouvelle-Calédonie est la première partie d'un voyage plus long vers le détroit de Torrès et au-delà, ce qui nécessite un départ tôt en saison de Nouvelle-Zélande si l'on a l'intention de traverser l'océan Indien pendant la meilleure saison (mai à octobre).

Une fois passé le cap Nord, du WP PS631 on peut mettre le cap directement sur la Nouvelle-Calédonie. La route directe passe par le WP PS632, 100 milles à l'est de l'île Norfolk et certains bateaux effectuent le détour pour faire une brève escale, mais le mouillage au large de Kingston ne procure qu'un abri limité et doit être quitté si du mauvais temps est annoncé. Que ce soit du WP PS632, ou de Norfolk, on doit mettre le cap vers le WP PS633, au large de la passe Boulari (22°30'S, 166°26'E) à l'approche sud de Nouméa, capitale de la Nouvelle-Calédonie et principal port d'entrée. Compte tenu des nombreux récifs, l'approche de Nouméa est difficile de nuit et ne doit pas être tentée. En arrivant, les bateaux doivent contacter Port Moselle sur le canal 67 pour avoir une place au ponton visiteurs. La marina se charge de contacter la douane et l'immigration pour les formalités. Quoique la Nouvelle-Calédonie soit un territoire français, aucune caution n'est demandée aux bateaux de croisière comme c'est le cas en Polynésie française.

En plus de Nouméa, il est désormais possible de faire son entrée dans les ports suivants : Hienghène et Touho (sur la côte Est), Koumac, ainsi qu'à Lifou (Loyauté).

La Nouvelle-Calédonie doit être approchée avec précaution compte tenu des récifs qui s'étendent au sud de l'île principale et des courants que l'on trouve dans cette zone. Si l'on a de forts vents d'ouest au sud de la latitude 25°S, cela n'est pas grave si l'on ne peut faire route qu'au nord. Le terrain perdu pourra être regagné plus tard dans une zone où les vents de sud-est et d'est prédominent, en général au nord de la latitude 25°S.

PS64 *De la Nouvelle-Zélande aux Fidji*

MEILLEURE PÉRIODE	mai à juin	
SAISON DES CYCLONES	décembre à avril	
CARTES ROUTIÈRES	BA : 4605	SHOM : 6817
	US : 605	
INSTRUCTIONS NAUTIQUES	BA : 51, 61	SHOM : K11
	US : 126, 127	
GUIDES DE CROISIÈRE	*Yachtsman's Fiji, Pacific Crossing Guide, South Pacific Anchorages.*	
WAYPOINTS		

Départ	*Intermédiaire*	*Atterrissage*	*Destination*	*Distance (M)*
PS641 Bream *35°50'S, 174°38'E*	PS642 Astrolabe 18°45'S, 178°45'E	PS644 Daveta 18°12'S, 178°23.5'E	Suva *18°09'S,178°26'E*	1091
PS641 Bream	PS643 Kandavu 19°06'S, 177°54'E	PS644 Daveta	Suva	1084
PS641 Bream	PS645 Vatulele SW 18°35'S, 177°10'E	PS646 Navula 17°55'S, 177°10'E	Lautoka *17°36'S, 177°26'E*	1108

Comme pour toutes les autres traversées de la Nouvelle-Zélande vers les tropiques, cette route n'est pas recommandée pendant les mois sujets aux cyclones, de décembre à fin avril. Même fin avril, le temps doit être attentivement suivi, la route directe de la Nouvelle-Zélande vers les Fidji coupant la trajectoire de certains des cyclones tardifs qui ont eu lieu ces dernières années.

La plupart des bateaux effectuent cette traversée fin avril, quand la saison des cyclones touche à sa fin, comme la saison d'été en Nouvelle-Zélande. Pour ceux qui ont passé l'été en Nouvelle-Zélande, ce calendrier est parfait car il offre la perspective d'au moins six mois de croisière sans problème sous les tropiques. Un départ plus tard a l'inconvénient d'un temps plus froid et d'une probabilité plus forte de coups de vent de sud-ouest. Quelle que soit la période de départ, une route directe évite tous les dangers. Si l'on rencontre de forts vents d'ouest au début de la traversée, ce n'est pas un problème si l'on se trouve déporté vers l'est, car l'on pourra regagner le terrain perdu plus tard avec l'aide des alizés de sud-est qui soufflent au nord de la latitude 25°S. Si l'on navigue à l'est de la loxodromie, la route doit éviter de passer trop près des récifs Minerva où de nombreux bateaux ont fait naufrage dans le passé. Ceux qui désirent s'arrêter là peuvent le faire par beau temps, on peut mouiller à l'intérieur du récif Nord de Minerva, en pénétrant dans le lagon par une passe située au NW (23°37'S, 178°57'E). La protection est adéquate, spécialement à marée basse lorsque le récif découvre, et par vent de sud-est établi un bon mouillage se situe par 23°39'40 S, 178°54'W. Le lagon du récif Sud de Minerva (23°56'S, 179°07'W) est également accessible mais la navigation y est plus délicate compte tenu des nombreuses têtes de corail disséminées. On peut mouiller dans le lagon à proximité de la passe d'entrée située au NW.

Les bateaux quittant Whangarei, une fois au large de Bream Head (WP PS641) peuvent mettre le cap directement vers les Fidji. Les bateaux se dirigeant vers Suva doivent approcher le port par le sud en passant à l'est de l'île Kandavu et en donnant un large tour au récif de l'Astrolabe. Le WP PS642 pare tous ces dangers. On peut aussi rejoindre Suva aisément en naviguant sous le vent du Kandavu, dans ce cas on doit atterrir au WP PS643, au large du cap Washington. De là, le cap est mis vers le WP PS644 et la passe Daveta Levu pour rentrer dans le port de Suva. Les bateaux arrivants doivent se diriger vers le mouillage de quarantaine et attendre la visite de l'officier de santé. Après ces contrôles, ils peuvent se diriger vers King's Wharf pour compléter le reste des formalités d'entrée.

Les bateaux désirant se rendre à Lautoka, sur la côte ouest de Viti Levu, doivent mettre le cap vers le WP PS645, au sud-ouest de l'île Vatulele, d'où le cap est modifié pour le WP PS646, à l'extérieur du passage Navula que l'on suit pour atteindre Lautoka. On doit faire attention aux forts courants lorsque l'on navigue à proximité des récifs situés au sud-ouest de la côte de Viti Levu. Les bateaux ne doivent faire escale nulle part dans les eaux fidjiennes avant d'avoir effectué les formalités dans l'un des ports d'entrée.

PS65 *De la Nouvelle-Zélande aux Tonga*

MEILLEURE PÉRIODE	mai à juin	
SAISON DES CYCLONES	décembre à avril	
CARTES ROUTIÈRES	BA : 4605 US : 622	SHOM : 6817
INSTRUCTIONS NAUTIQUES	BA : 51, 61 US : 126, 127	SHOM : K11
GUIDES DE CROISIÈRE	*South Pacific Anchorages, Pacific Crossing Guide.*	
WAYPOINTS		

Départ	*Intermédiaire*	*Atterrissage*	*Destination*	*Distance (M)*
PS651 Bream 35°50'S, 174°38'E	PS652 24°00'S, 178°00'W	PS653 Eua SW 21°20'S, 175°24'W		
		PS654 Tongatapu 21°09'S, 175°00'W	Nuku'alofa *21°08'S, 175°11'W*	1047
PS651 Bream	PS652	PS655 Tongatapu 21°06'S, 175°23'W	Nuku'alofa	1044

A l'exception de la saison des cyclones, cette traversée peut être effectuée à n'importe quel moment. La meilleure période pour quitter la Nouvelle-Zélande se situe entre fin avril et mi-mai lorsque l'hiver n'est pas encore établi dans les latitudes sud et que le danger de rencontrer un cyclone en route ou à l'arrivée est minime. En partant plus tard, on courrait probablement le risque de rencontrer de forts vents d'ouest ou de sud-ouest au début, ainsi qu'un temps plus froid. Quelle que soit la période de l'année à laquelle cette traversée est effectuée, elle s'effectuera en grande partie au près serré. Il est essentiel de quitter la Nouvelle-Zélande avec une prévision météo à long terme correcte pour éviter d'être pris par un front. De manière à avoir un meilleur angle une fois que l'on aura rejoint les alizés de sud-est aux alentours de la latitude 25°S, il est judicieux de gagner vers l'est au début en passant si possible à l'est des îles Kermadec. Plutôt que d'emprunter une route aussi à l'est, certains mettent le cap pour ces îles, qui appartiennent à la Nouvelle-Zélande et où une escale sans permission n'est pas autorisée. En cas d'urgence, cependant, il y a diverses baies qui offrent un abri adéquat, mais compte tenu du caractère exposé de ces îles et des changements de temps rapides, on doit être préparé à reprendre la mer sans préavis.

Si l'on met le cap directement vers les Tonga, du WP PS651, au large de Bream Head à l'approche de Whangarei, on met le cap vers le WP PS652, au nord-ouest des îles Kermadec. Cette route loxodromique de l'île du Nord vers Tongapatu passe bien à l'ouest des îles Kermadec et évite les récifs Minerva avec une marge de sécurité. De fait, c'est la route suivie par ceux qui ont accès aux informations météo, et aussi par ceux qui l'empruntent à la période recommandée, lorsque les forts vents d'est de l'hiver sont rarement complètement établis sous les tropiques. La route directe passe près de l'île Ata, une île élevée située à 90 milles au sud-ouest de Tongapatu, l'île principale du royaume. L'atterrissage se fera au WP PS653, au sud-ouest d'Eua. De là, le cap doit être modifié pour le WP PS654, au sud de l'île Eua Iki, dans le chenal séparant Tongapatu de l'île Eua.

Il y a des passes à l'est et à l'ouest pour pénétrer dans le lagon de Tongapatu. Par forts vents de sud-est il est préférable de rejoindre la zone sous le vent de l'île Eua et de pénétrer dans le lagon par l'est à travers la passe Piha. C'est l'accès le plus direct au lagon, mais comme elle n'a pas de feux, elle ne peut être utilisée que de jour. Autrement, le chenal Egeria, principal chenal maritime, mène dans le lagon par l'ouest et constitue une option plus facile. Pour l'atteindre, on doit atterrir au WP PS655, au sud-ouest du feu situé sur Niu Aunofo, l'extrémité nord-ouest de Tongapatu. De là, on mettra le cap pour passer entre ce dernier et le récif Duff (21°03'9S, 175°22'6W) pour atteindre le chenal Egeria menant à Nuku'alofa. Les bateaux ayant moins de 2,40 m de tirant d'eau peuvent utiliser le petit port de Faua, situé un mille à l'est de Nuku'alofa.

PS66 *De la Nouvelle-Zélande aux îles Cook*

MEILLEURE PÉRIODE	mai à juin	
SAISON DES CYCLONES	décembre à avril	
CARTES ROUTIÈRES	BA : 4061	SHOM : 6880, 6817
	US : 622, 526	
INSTRUCTIONS NAUTIQUES	BA : 51, 62	SHOM : K11
	US : 126, 127	
GUIDES DE CROISIÈRE	*South Pacific Anchorages, Pacific Crossing Guide, Charlie's Charts of Polynesia.*	
WAYPOINTS		

Départ	*Intermédiaire*	*Atterrissage*	*Destination*	*Distance (M)*
PS661 Bream 35°50'S, 174°38'E	PS662 avril 35°00'S, 165°00'W	PS664 Rarotonga 21°12'S, 159°51'W	Avatiu *21°11'S, 159°47'W*	1871
			Aitutaki *18°52'S, 159°48'W*	2014
PS661 Bream	PS663 juin 33°00'S, 170°00'W	PS664 Rarotonga	Avatiu	1673
			Aitutaki	1816

Pour retourner sous les tropiques, cette traversée est plus facile et plus agréable que la route pour Tahiti. Cependant, en aucun cas il ne faudrait envisager cette route comme une première étape vers Tahiti, car l'étape suivante entre les Cook et Tahiti contre le vent en a découragé plus d'un parmi ceux qui ont essayé d'emprunter cette route. Si, pour quelle que raison que ce soit, on doit poursuivre le voyage des îles Cook vers les îles de la Société, le meilleur moyen est de naviguer vers le sud depuis les îles Cook et de rejoindre la zone des vents dominants d'ouest pour incurver ensuite la route vers le nord à travers les îles Australes. Voir aussi la route PS67.

Ceux qui prennent la route directe depuis la Nouvelle-Zélande vers les Cook peuvent effectuer un départ tôt en saison, avec l'avantage d'un temps plus chaud en quittant la Nouvelle-Zélande, ou un départ plus tard lorsque la probabilité de vents d'ouest est plus forte. Si l'on choisit une date tôt en saison, ce ne doit pas être avant la mi-avril car la saison des cyclones n'est pas encore achevée dans les tropiques et il ne serait pas prudent d'arriver dans les îles Cook avant fin avril, ou de préférence début mai. Pour une traversée en avril, on doit gagner vers l'est en restant à la latitude du port de départ et ne mettre le cap au nord qu'après avoir franchi le méridien 165°W. Dans le cas d'un départ ultérieur, en mai voire en juin, on doit gagner vers l'est entre les latitudes 35°S et 30°S. On ne doit pas franchir la latitude 30°S avant d'avoir atteint la longitude de 170°W après laquelle, en fonction du vent, on pourra mettre le cap vers la destination choisie. Les mêmes instructions s'appliquent pour les autres mois d'hiver lorsque la zone des alizés de sud-est se situe plus nord et que l'on peut espérer avoir de meilleurs vents pour parcourir la route nécessaire à l'est, mais le temps en quittant la Nouvelle-Zélande sera alors très froid. Le risque d'un coup de vent d'hiver sera aussi beaucoup plus grand, et c'est un argument suffisant pour effectuer cette traversée avant juin.

Les bateaux partant de Whangarei ou d'Auckland pourront suivre une route le long de leur latitude de départ. En fonction des conditions de temps existantes et aussi de la période de l'année, on se dirigera vers le nord-est après avoir franchi le méridien 165°W. On fera l'atterrissage au WP PS664, au nord-ouest de Rarotonga, d'où la côte nord de l'île est suivie jusqu'au port principal d'Avatiu.

PS67 *De la Nouvelle-Zélande à Tahiti*

MEILLEURE PÉRIODE	mai ou octobre	
SAISON DES CYCLONES	décembre à avril	
CARTES ROUTIÈRES	BA : 4061	SHOM : 7166
	US : 621, 622	
INSTRUCTIONS NAUTIQUES	BA : 51, 62	SHOM : K11
	US : 122, 126, 127	
GUIDES DE CROISIÈRE	*Pacific Crossing Guide, Charlie's Charts of Polynesia, South Pacific Anchorages.*	

Waypoints

Départ	*Intermédiaire*	*Atterrissage*	*Destination*	*Distance (M)*
PS671 Bream 35°50'S, 174°38'E	PS672 35°00'S, 155°00'W			
	PS673 30°00'S, 152°00'W	PS674 Tubuai 23°21'S, 149°33'W	Mataura *23°21'S, 149°29'W*	2240
		PS675 Tahiti W 17°35'S, 149°40'W	Papeete *17°32'S, 149°35'W*	2577

La stratégie recommandée pour cette route est de rester au sud, ou proche, de la latitude 40°S pour tirer pleinement parti des vents d'ouest dominants dans les latitudes plus élevées, bien que cela implique un temps plutôt froid, en particulier si l'on part de Nouvelle-Zélande après avril. La plupart des gens préfèrent effectuer un compromis et essayent de faire route vers l'est entre les latitudes 35°S et 30°S, où le temps est nettement plus chaud. C'est une zone de vents variables qui se situe entre les alizés et les vents d'ouest dominants, bien que les conditions de temps diffèrent chaque année, et que certains hivers on puisse avoir des vents d'ouest bien établis jusqu'à 32°S. Il y a des années où même en restant au sud de la latitude 40°S l'on n'est pas sûr d'avoir des vents d'ouest réguliers. Cette traversée vers Tahiti reste quand même une traversée difficile contre le vent compte tenu de la forte proportion de vents de sud-est. D'après les rapports de ceux qui ont emprunté cette route ces dernières années, chacun a rencontré au moins un coup de vent en cours de route. Ils viennent souvent d'est et la meilleure solution consiste à se mettre à la cape en attendant qu'ils passent. Malgré la tentation de se diriger vers le nord-est au début de la traversée, on ne doit pas le faire avant d'avoir franchi le méridien 155°W. Le méridien 152°W doit être franchi par 30°S, d'où la route sera infléchie pour passer près des îles Australes. En avril on rencontrera normalement les alizés de sud-est aux environs de la latitude 25°S.

Cette traversée peut aussi être effectuée à la fin de l'hiver, en octobre ou novembre, lorsque les vents sont souvent faibles, ce qui rendra la traversée lente. L'inconvénient d'une traversée en été est le risque d'arriver à Tahiti au milieu de la saison des cyclones.

Quelle que soit l'époque choisie pour cette traversée, en aucun cas on ne doit essayer d'atteindre Tahiti depuis Rarotonga, car la dernière étape vers Tahiti, contre les alizés pleinement établis, serait extrêmement pénible.

Certains bateaux font escale dans les îles Australes car elles sont proches de la route recommandée vers Tahiti et offrent un repos pratique. Si l'on a l'intention d'y faire escale, on doit mettre le cap vers le WP PS674, à l'ouest de Tubuai. On entrera dans le lagon de l'île par la passe principale, située au nord-ouest. L'agglomération principale est Mataura. Les autres ports d'entrée dans les îles Australes sont Moerai, sur Rurutu (22°28'S, 151°20'W) et Rairua, sur Raivavae (23°52'S, 147°44'W). Que l'on fasse escale aux Australes ou non, en arrivant du sud ou du sud-ouest on doit atterrir sur la côte ouest de Tahiti au WP PS675, d'où la côte nord-ouest de l'île sera suivie jusqu'à l'entrée du port de Papeete. La passe à travers le récif se situe par 17°32'18S, 149°35'1W. Les bateaux arrivants doivent se diriger vers le quai situé au sud du port. Les autorités ne viennent pas en principe à bord des bateaux et le capitaine doit se rendre dans les divers bureaux, situés près du quai des paquebots de croisière pendant les heures de bureau.

PS68 *De la Nouvelle-Zélande au cap Horn ou au détroit de Magellan*

Meilleure période	janvier à mars	
Saison des cyclones	aucune	
Cartes routières	BA : 4061, 4062	SHOM : 7166, 6964
	US : 621, 625	
Instructions nautiques	BA : 6, 51, 62	
	US : 122, 124, 125, 127	
Guides de croisière	*Chile, Patagonia & Tierra del Fuego Nautical Guide.*	

WAYPOINTS

Départ	*Intermédiaire*	*Atterrissage*	*Destination*	*Distance (M)*
Auckland *36°50'S, 174°47'E*	PS681 48°00'S, 120°00'W	PS682 Horn S 56°15'S, 67°15'W		4829
		PS683 Pilar 52°40'S, 74°50'W		4599
		PS684 Chacao 41°40'S, 74°15'W		4830

Seuls quelques bateaux de croisière prennent cette route classique à travers les mers australes. La plus grande partie de cette traversée s'effectue dans les 40e rugissants où il y a habituellement une forte proportion de vents d'ouest. En quittant la Nouvelle-Zélande, la route se dirige vers le sud-est pour atteindre la zone des vents d'ouest le plus vite possible. Cependant, comme mentionné dans la route PS67, l'on n'est pas sûr de rencontrer des vents d'ouest bien établis même à la latitude 40°S et il pourra donc être nécessaire de continuer vers des latitudes plus élevées. Pendant les mois d'été, lorsque la limite des glaces se situe le plus au sud, la route court entre les latitudes 47°S et 50°S. A partir de la longitude 120°W, la route devient plus sud et passe au sud du cap Horn. La suite de cette route dans l'Atlantique est décrite dans AT26 et AT27.

Une route plus sud est recommandée pendant les mois d'été, de décembre à février, lorsque la traversée doit être faite aux environs de la latitude 55°S. Les vents d'ouest à cette latitude sont plus réguliers, bien que le risque de rencontrer des glaces décourage la plupart des skippers de naviguer dans des latitudes aussi élevées. Mais même à ces hautes latitudes, les vents d'ouest peuvent être absents en été comme ce fut le cas en mars 1986 pendant la course autour du monde de la Whitbread. Cette année-là, même sur la route orthodromique qui plonge jusqu'à 62°S, il y a eu une proportion inhabituelle de vents de nord-est. L'on a vu des icebergs aussi nord que 54°S, démontrant qu'une route aussi sud était risquée et ne se justifiait pas. Ceux qui préfèrent éviter les 40e rugissants peuvent emprunter une route plus facile en restant juste au sud de la limite des alizés de sud-est et en ne descendant pas trop au sud dans la zone des forts vents d'ouest. En suivant le temps attentivement, il est possible de faire la plus grande partie du chemin vers l'est en restant entre les latitudes 35°S et 38°S. Une autre option est de passer par Tahiti, et bien que ce soit une route considérablement plus longue, elle ménage probablement davantage à la fois l'équipage et le matériel.

Cette route est rarement empruntée de nos jours sans faire escale en Terre de Feu. On peut réaliser cette dernière escale en empruntant le canal de Beagle immédiatement après avoir doublé le cap Horn, ou en atteignant le cap Horn via les eaux relativement abritées des canaux situés dans le sud du Chili. Les bateaux se dirigeant vers le détroit de Magellan, que l'on rejoindra au cap Pilar, doivent se diriger vers le WP PS683 final. Il faut éviter d'y atterrir par gros temps, car de forts courants génèrent une mer très dure à l'entrée de ce détroit. Ceux qui sont désireux de visiter le sud du Chili et d'explorer les canaux chiliens en cours de route vers le détroit de Magellan, doivent prévoir d'atterrir plus au nord, à l'entrée du chenal Chacao (WP PS684). La suggestion ci-dessus s'applique, on ne doit entrer dans ce chenal que par temps bien établi et avec une marée favorable. Pour obtenir les toutes dernières informations sur les heures de marée et la météo, il faut contacter le phare de Corona par VHF sur le canal 16. Pour plus de détails sur l'atterrissage, voir PS17.

PS70 ROUTES DEPUIS LA MÉLANÉSIE DU SUD

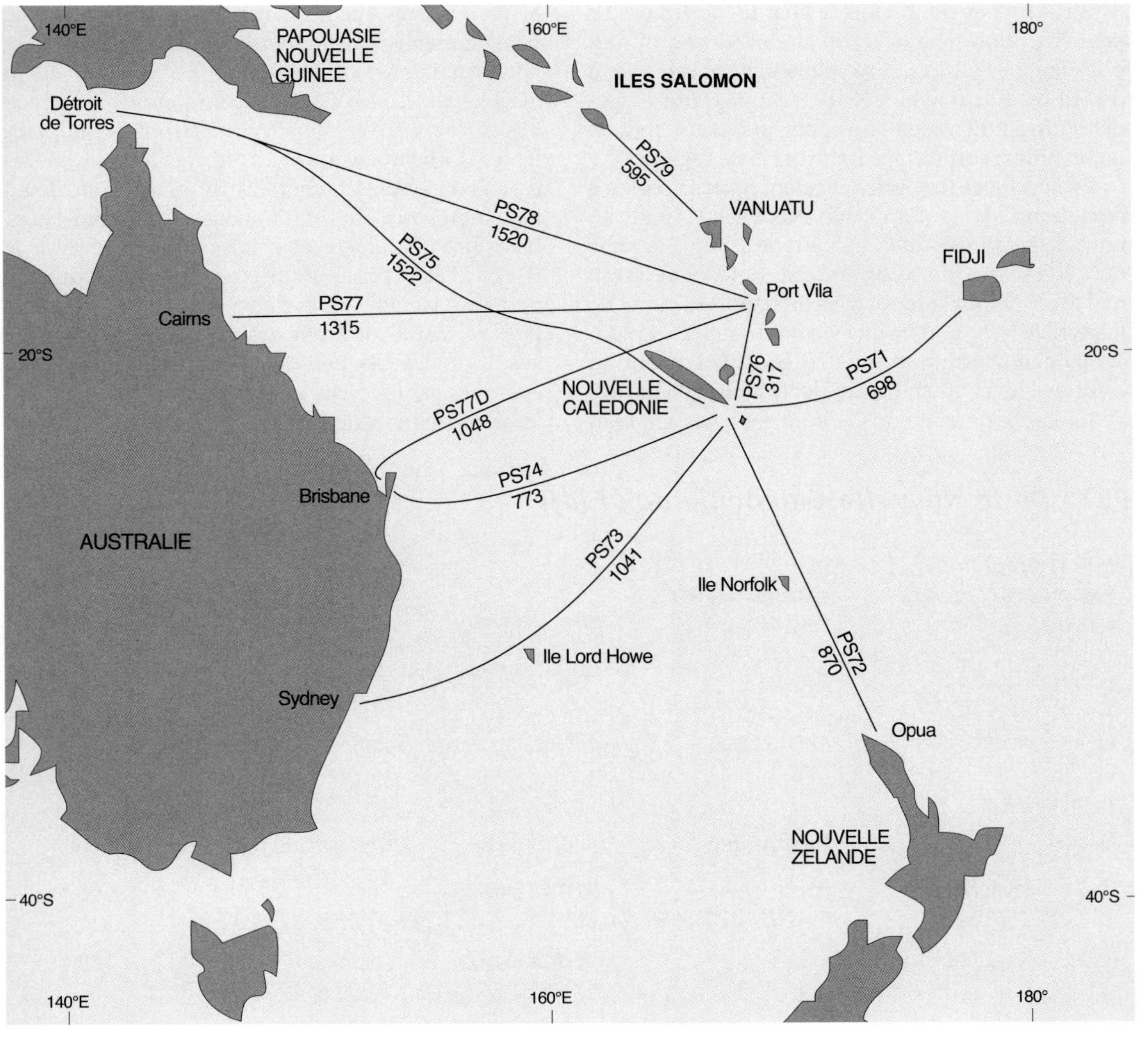

PS70 Routes depuis la Mélanésie du Sud.

Les routes regroupées dans ce chapitre et dans le suivant, PS 80, prennent toutes leur origine dans l'un des quatre pays mélanésiens bordant la mer de Corail. Les routes issues de l'autre pays mélanésien, les Fidji, ont été traitées auparavant. La partie ouest du Pacifique Sud attire un nombre beaucoup plus réduit de bateaux de croisière que sa partie est, bien qu'il y ait autant de choses à voir. L'une des principales raisons est qu'au moment où la plupart des bateaux de croisière arrivent dans cette partie du Pacifique, ils sont pressés d'arriver dans l'océan Indien pour y bénéficier de la saison favorable et par conséquent n'ont que le temps de s'arrêter brièvement dans les principaux ports. Comme dans tant d'autres parties du monde, le charme de ces îles ne peut être apprécié que si l'on atteint les endroits les plus éloignés et les moins fréquentés, et cela prend du temps. Il faut avoir cela présent à l'esprit et garder suffisamment de temps pour une croisière lorsqu'on prévoit un voyage à travers cette région.

Des cyclones tropicaux affectent toute la région à l'exception de la Papouasie-Nouvelle-Guinée au nord de la latitude 10°S. La période critique se situe de décembre à fin avril, lorsque quiconque serait mal avisé de naviguer dans cette région. A partir de fin avril le temps est beau, bien que les alizés de sud-est tendent à être trop forts au goût de certains au cœur de l'hiver austral, en juillet et août, lorsque des vents établis de 25 nœuds ne sont pas rares. Ceci fait qu'il est donc préférable de prévoir de naviguer dans cette zone soit du sud vers le nord, soit de l'est vers l'ouest. Heureusement, cela coïncide avec les projets de la plupart des gens, car les deux routes principales partent de la Nouvelle-Zélande ou des îles Fidji. La route vers le nord depuis la Nouvelle-Zélande est utilisée par ceux qui y ont passé la saison des cyclones, tandis que ceux qui se dirigent vers l'ouest depuis les Fidji naviguent plus tard en saison, en août et septembre, les deux routes convergeant vers le détroit de Torrès et l'océan Indien.

Bien que la majorité des routes se dirigent vers l'ouest, ceux qui ont l'intention de naviguer vers l'est à travers la mer de Corail doivent prévoir de le faire avant ou après que les alizés de sud-est soient pleinement établis, car ils soufflent d'une manière soutenue entre mai et septembre. En général, début avril les alizés ne sont pas encore complètement établis et les traversées vers l'est ne seront pas trop difficiles. Cependant, on aura de meilleures chances d'avoir des vents favorables fin octobre ou début novembre, au début de la mousson de nord-ouest, bien que ceci doive être mis en balance avec le risque d'être pris par un cyclone prématuré. La période à laquelle ces cyclones se produisent dans la mer de Corail doit être traitée avec beaucoup de suspicion car très peu de mois sont complètement épargnés par les cyclones et certains ont eu lieu dans les mois de transition de juin et de novembre.

PS71 *De la Nouvelle-Calédonie aux Fidji*

MEILLEURE PÉRIODE	mai	
SAISON DES CYCLONES	décembre à avril	
CARTES ROUTIÈRES	BA : 4602	SHOM : 6670
	US : 602	
INSTRUCTIONS NAUTIQUES	BA : 61	SHOM : K10, K11
	US : 126	
GUIDES DE CROISIÈRE	*Yachtsman's Fiji, Pacific Crossing Guide, South Pacific Anchorages.*	

WAYPOINTS

Départ	*Intermédiaire*	*Atterrissage*	*Destination*	*Distance (M)*
PS711 Havannah 22°20'S, 167°05'E	PS712 Vatulele N 18°25'S, 177°35'E	PS713 Daveta 18°12'S, 178°23'5E	Suva *18°09'S, 178°26'E*	667
PS711 Havannah		PS714 Navula 17°55'S, 177°10'E	Lautoka *17°36'S, 177°26'E*	698

Compte tenu des vents dominants d'est et de sud-est, cette traversée s'effectue en grande partie contre le vent. Une bonne période pour emprunter cette route est début mai, lorsque le risque d'un cyclone tardif n'est pas grand et que les alizés de sud-est ne sont pas encore complètement établis. En partant depuis l'île principale de la Nouvelle-Calédonie ou depuis l'une des îles Loyauté, on doit s'efforcer de gagner autant que possible à l'est au début de la traversée. Ayant franchi la passe Havannah, du WP PS711, au sud-est de l'île principale de la Nouvelle-Calédonie, la route directe passe entre les îles Maré et le récif Durand. On mettra le cap vers le WP PS712, au nord de l'île Vatulele d'où la route continue vers Suva par le chenal Mbengga, où l'on aura de forts courants contraires, jusqu'au WP PS713. Ayant rejoint le port de Suva par la passe Daveta, les bateaux doivent se diriger vers la bouée de quarantaine pour les formalités.

Si l'on ne peut pas faire cette route directe vers les Fidji compte tenu du vent et que l'on doive gagner à l'est sur une route plus sud, on passera près de divers dangers. Les deux premières îles, Matthew (22°21'S, 171°21'E) et Hunter (22°24'S, 172°05'E), sont faciles à voir car assez élevées. Le récif Theva-i-Ra (21°44'S, 174°38'E), très bas sur l'eau est beaucoup plus dangereux, et l'on doit lui donner un large tour. Il est aussi connu sous le nom de Ceva-i-Ra ou sous son ancien nom, récif Conway.

Les bateaux se dirigeant vers Lautoka, sur la côte ouest de Viti Levu, qui est aussi un port d'entrée, doivent mettre le cap pour le WP PS714, à l'entrée du passage Navula.

PS72 *De la Nouvelle-Calédonie à la Nouvelle-Zélande*

MEILLEURE PÉRIODE	octobre à novembre	
SAISON DES CYCLONES	décembre à avril	
CARTES ROUTIÈRES	BA : 4602 US : 602	SHOM : 6670
INSTRUCTIONS NAUTIQUES	BA : 51, 61 US : 126, 127	SHOM : K10
GUIDES DE CROISIÈRE	*Coastal Cruising Handbook of the Royal Arakana Yacht Club, Pickmere's Atlas of Northland's East Coast.*	

WAYPOINTS

Départ	*Intermédiaire*	*Atterrissage*	*Destination*	*Distance (M)*
PS721 Boulari 22°31' S, 166°24'E	PS722 Norfolk E 29°00'S, 170°00'E	PS723 North Cape 34°20'S, 173°05'E		
		PS724 Kerikeri 34°40'S, 173°30'E	Opua *35°19'S, 174°07'E*	870
		PS 725 Bream 35°50'S, 174°38'E	Whangarei *35°44'S, 174°21'E*	925

Des instructions identiques à celles données pour la route PS53 des Fidji vers la Nouvelle-Zélande s'appliquent à cette route. Les bateaux partant de la Nouvelle-Calédonie devraient avoir de meilleures chances de rencontrer des vents favorables car ils partent d'un point plus à l'ouest. Cependant, les rapports des bateaux ayant effectué cette traversée ces dernières années font état d'une proportion de vents contraires tout aussi élevée, sinon plus, que celle rencontrée par les bateaux partis des Fidji. Bien que cette traversée ait été effectuée à tout moment de l'année, le mois de novembre est considéré comme étant le plus sûr car le risque d'un cyclone précoce ou d'un coup de vent tardif d'hiver n'est pas trop élevé.

Après avoir quitté Nouméa par la passe Boulari, du WP PS721 la route directe passe à 100 milles à l'est de l'île Norfolk (WP PS722). Comme cette route directe pourra rarement être empruntée compte tenu des vents de sud-est que l'on aura vraisemblablement au début de la traversée et qui déporteront probablement le bateau à l'ouest, beaucoup de bateaux s'arrêtent brièvement à Norfolk. Le mouillage au large de Kingston (29°01'S, 167°59'E) n'est sûr que par beau temps et doit être quitté si les conditions se détériorent. A partir de cette latitude, le danger principal est d'être pris par un coup de vent de sud-ouest. Tout le terrain perdu à l'ouest, que l'on se soit arrêté à Norfolk ou que l'on soit resté bâbord amure, peut être regagné près de la Nouvelle-Zélande. L'atterrissage se fera au WP PS723, au large du cap Nord. La route continue le long de la côte vers le WP PS724, au large du cap Kerikeri à l'approche de la baie des Iles. Les formalités d'entrée peuvent être effectuées à Opua, dans la baie des Iles, ou à Whangarei, plus au sud le long de la côte est de l'île du Nord. Pour atteindre ce dernier port, on mettra le cap vers le WP PS725, à l'approche de Whangarei.

En arrivant du large, il faut informer les Douanes et la Santé par radio ou téléphone de votre heure estimée d'arrivée (ETA, *Estimated Time of Arrival*) au moins 12 heures avant l'arrivée. *Taupo Maritime Radio* maintient une veille radio continue sur 2182, 4125, 6215, 8291 et 16420 kHz. Ils fonctionnent également en VHF le long de la côte et informeront les autorités si vous le leur demandez. *Opua Radio* fournit des bulletins météo pour le Pacifique Ouest et anime un réseau sur 2480 kHz de 06 h 50 à 07 h 00 et de 20 h 03 à 20 h 15, et sur 4445 kHz de 07 h 00 à 08 h 30 et de 20 h 15 à 20 h 45 GMT. Le canal 16 est veillé de 20 h 00 à 10 h 00. Ils informeront les douanes et l'immigration de votre arrivée si vous les contactez par radio.

PS73 *De la Nouvelle-Calédonie à la Nouvelle-Galles-du-Sud*

MEILLEURE PÉRIODE	juin, septembre à mi-novembre	
SAISON DES CYCLONES	décembre à avril	
CARTES ROUTIÈRES	BA : 4602	SHOM : 6670
	US : 602	
INSTRUCTIONS NAUTIQUES	BA : 14, 15, 61	SHOM : K10
	US : 126, 127	
GUIDES DE CROISIÈRE	*Circumnavigating Australia's Coastline, Pacific Crossing Guide.*	
WAYPOINTS		

Départ	*Intermédiaire*	*Atterrissage*	*Destination*	*Distance (M)*
WP731 Dumbea 22°22'S, 166°14'E		PS732 Solitary 30°12'S, 153°20'E	Coffs Harbour *30°18'S, 153°09'E*	844

La seule conclusion valable que l'on puisse tirer du grand nombre de gens qui ont effectué cette traversée est que l'on ne peut jamais être sûr du type de temps que l'on aura le long de cette route. On devrait avoir des vents favorables jusqu'à la latitude de 30°S, car la proportion de vents d'est est en général plus forte, spécialement en hiver pendant la saison des alizés de sud-est. Plus au sud, la fréquence des coups de vent de sud-ouest augmente à mesure que l'hiver approche. De ce point de vue, les mois de transition entre l'été et l'hiver sont préférables pour cette traversée.

S'il s'avère impossible de faire route vers le port désiré compte tenu de vents contraires, il est préférable d'essayer de rejoindre la côte australienne par le plus court chemin et d'utiliser le courant portant au sud pour atteindre des ports plus au sud. Au sud du cap Sandy, les vents dominants au large de la côte viennent d'ouest entre mai et septembre et de nord-est d'octobre à avril. Le courant portant au sud atteint en général son intensité maximale aux environs de la ligne de sonde des 200 m.

Ayant quitté Nouméa par la passe Dumbea, du WP PS731 on peut faire route directe vers Coffs Harbour et l'atterrissage se fera au WP PS732, au large de l'île Solitary. Coffs Harbour est le port le plus au nord de la Nouvelles Galles du Sud, et compte tenu du courant favorable qui porte au sud, c'est un endroit pratique pour faire son entrée en Australie. De là, il est facile de rejoindre des ports plus au sud le long de la côte. Les bateaux qui empruntent la route directe de la Nouvelle-Calédonie à Sydney s'arrêtent parfois aux récifs Middleton (29°28'S, 159°04'E) et Elizabeth (29°55'S, 159°02'E). Si le temps est instable, on doit donner un large tour à ces récifs.

PS74 *De la Nouvelle-Calédonie au Queensland*

MEILLEURE PÉRIODE	juillet à octobre	
SAISON DES CYCLONES	décembre à mars	
CARTES ROUTIÈRES	BA : 4602	SHOM : 6670
	US : 602	
INSTRUCTIONS NAUTIQUES	BA : 15, 61	SHOM : K10
	US : 126, 127	
GUIDES DE CROISIÈRE	*Cruising the Coral Coast.*	
WAYPOINTS		

Départ	*Intermédiaire*	*Atterrissage*	*Destination*	*Distance (M)*
PS741 Dumbea 22°22'S, 166°14'E		PS742 Moreton 27°20'S, 153°30'E	Brisbane *27°19'S, 153°10'E*	773
PS741 Dumbea		PS743 Curtis 24°15'S, 153°00'E	Bundaberg *24°46'S, 152°23'E*	784
PS741 Dumbea		PS744 Capricorne 22°50'S, 152°00'E	Mackay *21°06'S, 149°13'E*	977

On aura des vents favorables entre la Nouvelle-Calédonie et la côte du Queensland pendant toute la saison des alizés de sud-est, quoique l'on puisse parfois rencontrer des vents d'ouest sur les routes qui mènent vers des ports au sud du Queensland, principalement en hiver. Si des vents contraires persistent et rendent difficile de rejoindre des ports situés au sud du cap Sandy, il est préférable de rester bâbord amure et d'atterrir plus au nord avant de rejoindre le port souhaité avec l'aide du fort courant portant au sud. Compte tenu du grand nombre de récifs qui parsèment la partie sud de la mer de Corail, pour atteindre des ports au nord du cap Sandy, il est normalement plus facile de naviguer à l'intérieur de la Grande Barrière, où l'on peut pénétrer par différentes passes. Le chenal Curtis doit être utilisé pour les ports de Bundaberg et de Gladstone, tandis que le chenal du Capricorne convient pour les ports situés plus au nord.

Après avoir quitté Nouméa et atteint le large par la passe Dumbea, du WP PS741 on peut faire une route directe vers diverses destinations dans le sud du Queensland. Les bateaux se dirigeant vers Brisbane doivent mettre le cap pour le WP PS742, à l'est de l'île Moreton, à l'approche de la capitale du Queensland. Si l'on se dirige vers Bundaberg, l'atterrissage se fera au WP PS743, au large de l'île de Lady Elliot, tandis que pour des ports que l'on atteint par le chenal du Capricorne, comme Mackay, on devra mettre le cap vers le WP PS744. Pour les routes à destination des ports du nord du Queensland, voir PS 77.

PS75 *De la Nouvelle-Calédonie au détroit de Torrès*

MEILLEURE PÉRIODE	mai à octobre	
SAISON DES CYCLONES	décembre à avril	
CARTES ROUTIÈRES	BA : 780	SHOM : 6670, 6818
	US : 526	
INSTRUCTIONS NAUTIQUES	BA : 15, 61	SHOM : K10
	US : 126, 127, 164	
GUIDES DE CROISIÈRE	*Cruising the Coral Coast.*	
WAYPOINTS		

Départ	*Intermédiaire*	*Atterrissage*	*Destination*	*Distance (M)*
PS751 Dumbea 22°22'S, 166°14'E	PS752 21°40'S, 165°00'E PS753 17°30'S, 160°00'E	PS754 Eastern 9°40'S, 145°50'E	PS755 Bligh 9°15'S, 144°00'E	1522

Cette route à travers la mer de Corail se situe dans la zone des alizés de sud-est et on aura des vents favorables pendant tous les mois d'hiver. Cependant, des cyclones peuvent se produire dans la mer de Corail pendant les mois d'été et en automne, et, quoique la plupart des années cette traversée puisse s'effectuer à n'importe quel moment après mi-avril, il est plus sûr de ne pas l'entreprendre avant mi-juin.

Après avoir quitté Nouméa par la passe Dumbea, du WP PS751 le cap reste parallèle à la côte pour passer entre l'île principale et divers dangers situés à l'ouest de la Nouvelle-Calédonie. Du WP PS752, on modifiera le cap vers le WP PS753 pour parer tous les dangers. Cette route directe vers le détroit de Torrès présente le grand avantage d'éviter tous les dangers connus. La route reste parallèle à la côte de Papouasie jusqu'au WP PS754 pour passer au nord-est d'Eastern Fields, les premiers récifs à l'approche est du détroit de Torrès. Le cap est ensuite modifié pour éviter le récif Goldie et emprunter le grand chenal du nord-est (*Great NE Channel*), qui passe à l'ouest de Bramble Cay. Si l'on atteint le WP PS754 avec une bonne lumière, il est possible d'emprunter le chenal Bligh et de passer au sud de Bramble Cay. Quelle que soit la route suivie, il faut faire très attention à l'approche du détroit de Torrès et dans les chenaux menant à travers celui-ci car les nombreux récifs rendent la navigation extrêmement difficile et dangereuse. Des instructions plus détaillées sur l'approche du détroit de Torrès sont données dans la route PS85. La suite de cette route vers Darwin, dans le nord de l'Australie, est décrite dans IS11.

PS76 *Routes entre le Vanuatu et la Nouvelle-Calédonie*

MEILLEURE PÉRIODE	juin à novembre			
SAISON DES CYCLONES	décembre à mars			
CARTES ROUTIÈRES	BA : 4602	SHOM : 7321		
	US : 602			
INSTRUCTIONS NAUTIQUES	BA : 61	SHOM : K10		
	US : 126			
GUIDES DE CROISIÈRE	*Cruising in New Caledonia, South Pacific Anchorages.*			
WAYPOINTS				

Départ	*Intermédiaire*	*Atterrissage*	*Destination*	*Distance (M)*
PS761 Efate S 17°46'S, 168°12'E	PS762 Lifou 21°00'S, 167°32'E	PS763 Havannah 22°20'S, 167°05'E	Noumea *22°16'S, 166°27'E*	317
PS764 Maré NW 21°22'S, 167°48'E	PS765 Tanna S 19°41'S, 169°27'E	PS766 Tanna SE 19°31'5S, 169°31'E	Port Resolution *19°31'45S, 169°29'80E*	170

La traversée directe entre les deux capitales est rarement effectuée sans escale car ceux qui empruntent cette route essayent de visiter certaines des îles du sud du Vanuatu en chemin. La permission doit être demandée avant de quitter Port Vila. Il est aussi possible de s'arrêter à Lifou dans les îles Loyauté en Nouvelle-Calédonie et d'y faire son entrée avant de continuer vers Nouméa par la passe de la Havannah. Du WP PS761, au sud-ouest d'Efate, la route directe pour la passe de la Havannah, à l'extrémité sud-est de la Nouvelle-Calédonie, passe juste à côté de l'île de Lifou au WP PS762. Si l'on ne s'arrête pas à Lifou, la passe entre Lifou et Maré doit être négociée avec une bonne lumière avant de se diriger vers le WP PS763, à l'approche de la passe de la Havannah. Cette passe doit être empruntée au début de la marée montante. Les courants de marée sont très forts dans cette passe, générant de très fortes vagues lorsque le jusant se heurte à un fort alizé de sud-est.

L'autre solution, consistant à naviguer vers l'ouest depuis Port Vila et à atteindre la Nouvelle-Calédonie par le Grand Passage n'est pas recommandée compte tenu de la quasi certitude de rencontrer de forts vents contraires lorsque l'on naviguera le long de la côte ouest de la Nouvelle-Calédonie. Comme les alizés sont déviés par la grande masse de terre, les vents de sud-est ont tendance à être plus sud du côté ouest de la Nouvelle-Calédonie.

Nouméa est le principal port d'entrée de la Nouvelle-Calédonie et tous les bateaux doivent y effectuer les formalités. L'approche de Nouméa est difficile de nuit et ne doit pas être tentée. Si l'on arrive de Boulari ou de la passe de la Havannah, et que Nouméa ne puisse être atteint de jour, il est préférable de mouiller pour la nuit et de rejoindre le port le matin suivant. On pénètre dans le port de Nouméa par la Petite Passe. En arrivant, les bateaux doivent contacter Port Moselle sur le canal 67 pour avoir une place au ponton visiteurs. La marina se charge de contacter la douane et l'immigration pour les formalités. Quoique la Nouvelle-Calédonie soit un territoire français, aucune caution n'est demandée aux bateaux de croisière comme c'est le cas en Polynésie française.

En plus de Nouméa, il est désormais possible de faire son entrée dans les ports suivants : Hienghène et Touho (sur la côte Est), Koumac, ainsi qu'à Lifou (Loyauté).

Rares sont les bateaux naviguant dans le sens inverse qui essaieront de faire cette route sans escale depuis Nouméa, en particulier maintenant que c'est devenu beaucoup plus facile de s'arrêter dans l'une des îles Loyauté. Une fois que l'on a dépassé ces îles, on peut suivre une route directe vers l'extrémité sud de Tanna et atterrir au WP PS765. A Tanna, le port d'entrée officiel du Vanuatu est Lenakel, sur la côte ouest, mais il n'est pas considéré comme un port sûr et la plupart des bateaux s'arrêtent à Port Resolution, sur la côte est. On peut de là se rendre par voie de terre à Lenakel pour y effectuer les formalités.

PS77 *Du Vanuatu au Queensland*

MEILLEURE PÉRIODE	mai à septembre	
SAISON DES CYCLONES	décembre à avril	
CARTES ROUTIÈRES	BA : 780	SHOM : 6670, 6818
	US : 526	
INSTRUCTIONS NAUTIQUES	BA : 15, 61	SHOM : K10
	US : 126, 127	
GUIDES DE CROISIÈRE	*Cruising the Coral Coast.*	
WAYPOINTS		

Départ	*Intermédiaire*	*Atterrissage*	*Destination*	*Distance (M)*
Route PS77A				
PS771 Efate W 17°46'S, 168°08'E	PS772 Entrecasteaux 17°30'S, 163°00'E PS773 Mellish 18°00'S, 156°00'E PS774 Marion 18°20'S, 152°00'E	PS775 Flinders 18°35'S, 148°20'E	Townsville *19°15'S, 146°50'E*	1229
Route PS77B				
PS771 Efate W	PS776 Sand 15°25'S, 149°38'E	PS777 Grafton 16°38'S, 146°15'E	Cairns *16°56'S, 145°47'E*	1315
Route PS77C				
Luganville *15°31'S, 167°10'E*	PS778 Santo W 15°40'S, 166°45'E PS776 Sand	PS777 Grafton	Cairns	1257
Route PS77D				
PS771 Efate W	PS772 18°10'S 164°30'E PS779 Grand Passage 19°00'S 162°30'E PS7791 Bellona 22°10'S 159°45'E	PS7792 Moreton 27°20'S 153°30'E	Brisbane *27°19'S 153°10'E*	1048

Des vents réguliers et un courant favorable assurent habituellement une traversée rapide de la mer de Corail bien qu'il y ait beaucoup de récifs qui guettent les imprudents. Grâce à la navigation par satellite les traversées sont maintenant beaucoup plus sûres, mais la plus grande attention est toujours de rigueur lorsque l'on navigue dans cette zone.

Une route pratiquement directe peut être empruntée entre Efate et le nord du Queensland (PS77A) en naviguant entre les divers dangers. Du WP PS771, au sud-ouest de l'île d'Efate, la route initiale se dirige vers le WP PS772, au nord des récifs d'Entrecasteaux. Une légère modification de cap est nécessaire pour atteindre le WP PS773 et passer au sud du récif Mellish. La route se dirige ensuite vers le WP PS774 pour passer à mi-chemin entre les récifs Lihou et Marion. Finalement le cap est mis vers le WP PS775 d'où l'on emprunte le Flinders Passage pour atteindre Townsville, qui est le port d'entrée le plus proche en Australie. Cette route est aussi rejointe par des bateaux en provenance de Nouméa et allant vers la côte nord du Queensland.

Les bateaux se dirigeant vers des ports situés plus au nord doivent rester à l'extérieur de la Grande Barrière en adoptant un cap parallèle à celle-ci et en utilisant l'une des autres passes pour atteindre la côte. Compte tenu de sa position pratique au cœur de la Grande Barrière de Corail, Cairns dans le nord du Queensland est une destination favorite des bateaux de croisière. Il existe de nombreux récifs sur la route directe entre Port Vila et Cairns (PS77B) et la route la plus sûre consiste à les laisser tous à bâbord en mettant le cap vers le feu situé sur le récif de Bougainville (15°32'S, 147°08'E). Du WP PS771 au sud-ouest d'Efate, on met le cap vers le WP PS776, 12 milles au nord de Sand Cay sur le banc Diane. De ce point, le cap est modifié vers le WP PS777, 2 milles au nord du feu sur le récif Euston à l'entrée de la passe Grafton. Compte tenu des divers dangers, et aussi des forts courants dans la zone, on ne doit pas modifier la route pour la passe Grafton avant d'être sûr d'avoir dépassé l'extrémité nord des récifs Moore (15°52'S, 149°10'E). La passe Grafton est recommandée car elle est utilisée par le trafic maritime et est bien balisée et éclairée. Cairns est le port d'entrée officiel pour cette zone et propose une bonne gamme de services pour le nautisme.

Une route plus facile à travers la mer de Corail peut être empruntée par ceux qui effectuent leur sortie du Vanuatu à Luganville, sur l'île d'Espiritu Santo, d'où la route directe vers le feu de Bougainville (PS77C) pare tous les dangers. Ayant atteint la haute mer, du WP PS778, au sud-ouest d'Espiritu Santo, le cap est mis vers le WP PS776, au nord de Sand Cay. À partir de là, les instructions ci-dessus s'appliquent pour atteindre la passe Grafton au WP PS777.

La route PS77D est normalement suivie par ceux qui souhaitent quitter les Tropiques pendant la saison des cyclones et préfèrent aller dans le sud du Queensland ou en Nouvelle-Galles du Sud. La route recommandée emprunte le Grand Passage au nord de la Nouvelle-Calédonie avant de changer de cap pour le WP PS7791 au sud du récif de Bellona. Une route plus directe passe en eaux peu profondes près du récif de Chesterfield (19°47'S 158°23'E), que l'on ne peut recommander que par temps très établi. Le lagon du récif de Chesterfield a des passes sur sa côte est et sa côte ouest, mais il ne faut passer en eau peu profonde qu'avec une bonne visibilité et avec une veille attentive. La protection est correcte à l'intérieur du récif, où des bateaux ont mouillé sans problème récemment. Le récif appartient à la France et fait partie administrativement du territoire de la Nouvelle-Calédonie. La route continue ensuite vers la côte australienne où l'atterrissage se fait à l'est de l'île de Moreton dans les approches de Brisbane.

PS78 *Du Vanuatu au détroit de Torrès*

MEILLEURE PÉRIODE	mai à octobre			
SAISON DES CYCLONES	décembre à avril			
CARTES ROUTIÈRES	BA : 780	SHOM : 6670, 6818		
	US : 526			
INSTRUCTIONS NAUTIQUES	BA : 15, 61	SHOM : K10		
	US : 126, 127, 164			
GUIDES DE CROISIÈRE	*Cruising the Coral Coast.*			
WAYPOINTS				
Départ	*Intermédiaire*	*Atterrissage*	*Destination*	*Distance (M)*
PS781 Efate W 17°46'S, 168°08'E	PS782 Papua 11°30'S, 149°00'E			
	PS783 Eastern 9°40'S, 145°50'E	PS784 Bligh 9°15'S, 144°00'E	Thursday Island *10°35'S, 142°13'E*	1130

C'est une longue traversée dans la mer de Corail, mais l'on peut s'attendre à avoir des vents favorables pendant la saison des alizés de sud-est. Pendant les mois d'hiver, les alizés de sud-est soufflent d'une manière constante et forte le long de cette route et des traversées rapides ont été accomplies, spécialement entre juillet et début septembre. Quoique décembre à avril soient les mois de plus forte probabilité de cyclones dans la mer de Corail, il convient d'insister sur le fait qu'ils peuvent se produire jusqu'en juin et ceci doit être présent à l'esprit lorsque l'on prévoit une traversée à travers la mer de Corail.

Du WP PS781, au sud-ouest de Matao Tiupeniu Point, sur l'île d'Efate, le cap est mis vers le WP PS782. De là, la route reste parallèle à la côte de Papouasie vers le WP PS783 pour passer au nord-est d'Eastern Fields, les premiers récifs dangereux à l'approche est du détroit de Torrès. Le cap est ensuite modifié pour éviter le récif Goldie et emprunter le grand chenal du nord-est (Great NE Channel). Si l'on atteint le WP PS783 avec une bonne lumière, il est possible d'emprunter le chenal Bligh et de passer au sud de Bramble Cay. Quelle que soit la route suivie, il faut faire très attention à l'approche du détroit de Torrès et dans les chenaux menant à travers celui-ci car les nombreux récifs rendent la navigation extrêmement difficile et dangereuse. Des instructions plus détaillées sur l'approche du détroit de Torrès sont données dans la route PS85. La suite de cette route vers Darwin, dans le nord de l'Australie, est décrite dans IS11.

PS79 *Du Vanuatu aux îles Salomon*

MEILLEURE PÉRIODE	juillet à octobre	
SAISON DES CYCLONES	décembre à avril	
CARTES ROUTIÈRES	BA : 4604	SHOM : 6670, 6818
	US : 604	
INSTRUCTIONS NAUTIQUES	BA : 60, 61	SHOM : K10
	US : 126	
GUIDES DE CROISIÈRE	*Landfalls of Paradise, Pacific Crossing Guide, Solomon Islands Cruising Guide.*	
WAYPOINTS		

Départ	*Intermédiaire*	*Atterrissage*	*Destination*	*Distance (M)*
Luganville *15°31'S, 167°10'E*	PS791 Santo E 15°33'S, 167°20'E			
	PS792 Santo NE 15°00'S, 167°22'E	PS793 Santa Ana 10°50'S, 162°35'E	Honiara *9°25'S, 159°58'E*	595

Après avoir parcouru la chaîne des îles du Vanuatu, la traversée de 300 milles vers les îles Salomon est directe, spécialement quand les vents sont favorables pendant toute la saison des alizés de sud-est. Entre juillet et août, les alizés soufflent fortement, rendant cette traversée rapide mais chahutée. Au début et à la fin de l'hiver, les alizés sont moins réguliers et les jours avec des calmes ou des vents d'ouest sont fréquents.

De Luganville, la côte sud d'Espiritu Santo est suivie vers le WP PS791. De là, le cap est mis pour le WP PS792. La route se dirige pratiquement plein nord parallèle à la côte avant de modifier le cap pour le WP PS793 et atterrir au sud-est de l'île Santa Ana, une petite île qui se trouve près de l'est de l'île San Cristobal. Pendant les forts vents de sud-est, si l'on se dirige vers Honiara, il est préférable de rester sous le vent de San Cristobal, qui offre un bon abri le long de sa côte nord. Les formalités d'entrée peuvent être effectuées dans la capitale Honiara, sur la côte nord de Guadalcanal.

Un port d'entrée plus pratique pour les Salomon est Graciosa Bay (10°44'S, 165°49'E) sur l'île Ndende, dans l'archipel Santa Cruz qui se situe pratiquement plein nord par rapport au Vanuatu. Maintenant que Sola, sur l'île de Vanua Levu, dans le Vanuatu Nord, est aussi un port officiel, les bateaux peuvent y faire les formalités et quitter l'archipel de ce point de départ plus pratique.

PS80 ROUTES DEPUIS LA MÉLANÉSIE DU NORD

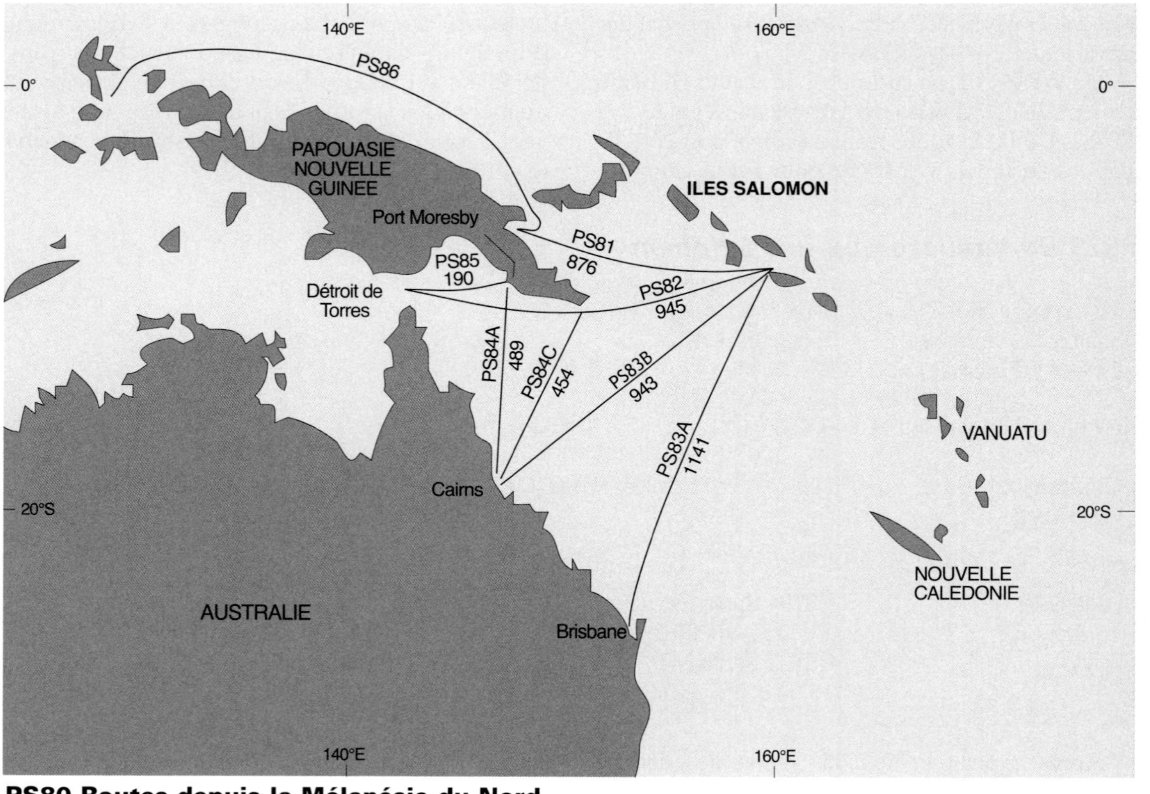

PS80 Routes depuis la Mélanésie du Nord

Toutes les routes décrites dans cette section traversent la mer de Corail, une zone connue pour ses vents violents pendant la saison des vents de SE. C'est aussi une région où il y a beaucoup de récifs, et les routes qui suivent requièrent une grande prudence. Une autre difficulté vient s'ajouter : la saison des cyclones n'est pas bien définie dans cette région, et des dépressions tropicales peuvent se former en-dehors de la saison établie, en juin et même en juillet.

PS81 *Des Salomon à la Papouasie-Nouvelle-Guinée*

Meilleure période	avril à novembre	
Saison des cyclones	décembre à avril	
Cartes routières	BA : 780	SHOM : 6671
	US : 604	
Instructions nautiques	BA : 60	
	US : 126, 164	
Guides de croisière	*Landfalls of Paradise, Cruising Guide to Southeast Asia (vol 2).*	

La saison des cyclones dans les îles Salomon coïncide avec la mousson de nord-ouest qui affecte la plus grande partie de la Papouasie-Nouvelle-Guinée et la moitié nord-ouest des Salomon. La plupart des gens essayent de quitter les Salomon début décembre, non seulement pour éviter la saison des cyclones qui approche, mais aussi compte tenu des vents contraires que l'on aura sur cette route pendant la mousson de nord-ouest. Comme la majorité de ceux qui naviguent entre ces deux pays visite habituellement la chaîne des îles Salomon, la traversée vers la Papouasie-Nouvelle-Guinée ne peut être qualifiée de traversée hauturière. Le meilleur point de départ est Korovou sur l'île Shortland (7°04'S, 155°52'E), où les formalités de départ peuvent être effectuées.

L'île de Bougainville, la plus proche île de Papouasie-Nouvelle-Guinée, est en rébellion contre le gouvernement de Port Moresby et, pendant la durée des hostilités, les bateaux doivent soigneusement éviter cette île. La destination la plus populaire dans la zone est Rabaul (4°12'S, 152°11'E) sur l'île de Nouvelle Bretagne, 260 milles à travers la mer des Salomon. Ce port bien protégé est aussi un port d'entrée pour la Papouasie-Nouvelle-Guinée, son principal désavantage étant d'être situé à proximité d'un volcan actif, qui a récemment fait éruption. L'activité volcanique dans la zone est étroitement surveillée, mais la zone doit être évitée jusqu'au retour à la normale. Les bateaux arrivants doivent se diriger vers le quai principal au nord du port de Simpson pour y effectuer les formalités d'entrée. Les bateaux de croisière mouillent normalement à proximité du yacht club situé dans l'est du port, mais le club a été sévèrement endommagé par la dernière éruption.

D'avril à octobre, les vents dans la mer des Salomon soufflent principalement de sud-est. Pendant la période de transition entre la saison des alizés de sud-est et la mousson de nord-ouest, les vents sont variables et il y a de longues périodes de calmes. Lorsque l'on emprunte le chenal Saint-Georges entre les îles de Nouvelle-Bretagne et de Nouvelle-Irlande, on doit faire attention aux courants, qui portent vers le sud pendant la mousson de nord-ouest et vers le nord pendant la saison des alizés de sud-est.

PS82 *Des Salomon au détroit de Torrès*

MEILLEURE PÉRIODE	mai à septembre	
SAISON DES CYCLONES	décembre à avril	
CARTES ROUTIÈRES	BA : 780	SHOM : 6671, 6818
	US : 526	
INSTRUCTIONS NAUTIQUES	BA : 15, 60	
	US : 126, 164	

WAYPOINTS

Départ	*Intermédiaire*	*Atterrissage*	*Destination*	*Distance (M)*
PS821 Guadalcanal 9°18'S, 159°30'E	PS822 12°00'S, 153°55'E			
	PS823 12°00'S, 150°00'E			
	PS824 Portlock 9°15'S, 145°00'E	PS825 Bligh 9°15'S, 144°00'E	Thursday Island *10°35'S, 142°13'E*	1130

La probabilité d'une traversée rapide vers le détroit de Torrès est optimale quand les alizés de sud-est sont établis. Ce calendrier assurera aussi des vents favorables à l'ouest du détroit. A l'approche de la mousson de nord-ouest, les alizés de sud-est deviennent moins fiables et à partir de la fin septembre, la partie ultérieure de la traversée après le détroit de Torrès aura des vents faibles. Le courant sur cette route porte fortement au nord-ouest et l'on doit en tenir compte si la route passe trop près des récifs au large de la Papouasie-Nouvelle-Guinée.

Les bateaux partant d'Honiara auront une route plus facile et aussi un meilleur angle avec le vent que ceux partant de ports plus à l'ouest. La route depuis Honiara laisse Guadalcanal sur bâbord et du WP PS821 à la pointe nord-ouest de cette île, le cap est mis vers le WP PS822 pour passer bien au large du récif Pockington et de l'île Adele. La route continue ensuite le long de la même latitude au sud des îles Louisiade vers le

WP PS823, d'où un nouveau cap est établi pour le WP PS824 au nord du récif Portlock. Un autre changement de cap est alors effectué pour le WP PS825 à l'entrée de Bligh, 10 milles au sud-est de Bramble Cay. De Bramble Cay, la route pénètre dans le chenal du nord-est. Ce chenal bien balisé se dirige vers le sud-ouest pendant 130 milles jusqu'au chenal du Prince de Galles qui finalement mène à la mer d'Arafura. Des instructions plus détaillées sur l'approche du détroit de Torrès sont données dans la route PS85. La suite de cette route vers Darwin, dans le nord de l'Australie, est décrite dans IS11. L'île Thursday est un port officiel d'entrée en Australie.

PS83 *Des Salomon au Queensland*

MEILLEURE PÉRIODE	mai à septembre	
SAISON DES CYCLONES	décembre à avril	
CARTES ROUTIÈRES	BA : 780	SHOM : 6671, 6818
	US : 526	
INSTRUCTIONS NAUTIQUES	BA : 15, 60	
	US : 126, 127	
GUIDES DE CROISIÈRE	*Cruising the Coral Coast.*	
WAYPOINTS		

Départ	*Intermédiaire*	*Atterrissage*	*Destination*	*Distance (M)*
Route PS83A				
PS831 Guadalcanal	PS832 Mellish			
9°18'S, 159°30'E	17°30'S, 156°45'E			
	PS833 Kenn	PS834 Moreton	Brisbane	1141
	21°20'S, 155°00'E	26°50'S, 153°20'E	*27°19'S, 153°10'E*	
Route PS83B				
PS831 Guadalcanal	PS832 Sand	PS833 Grafton	Cairns	923
	15°25'S 149°38'E	16°38'S 146°15'E	*16°56'S 145°47'E*	

L'approche de la saison des cyclones provoque un exode des bateaux de croisière des Salomon vers le nord de la Papouasie-Nouvelle-Guinée (route PS81) ou vers le sud en direction de l'Australie. Un endroit favori pour passer l'été est Brisbane, la capitale du Queensland. La route à travers la mer de Corail bénéficie de vents favorables jusqu'à fin septembre. Ceux qui partent trop tard peuvent s'attendre à tout, y compris à une éventuelle dépression tropicale, qui pourra ou non se transformer en un véritable cyclone. Des vents extrêmement forts ont été observés dans la mer de Corail en novembre, lorsqu'une dépression traverse la zone.

Du WP PS831 au nord-ouest de l'extrémité de Guadalcanal, on peut mettre le cap vers le WP PS832 pour passer à l'est du récif Mellish. La route se dirige vers le WP PS833 pour passer entre les récifs Saumarez et Wreck. L'atterrissage s'effectue au WP PS834 à l'approche nord de Brisbane. Il y a divers récifs en route où l'on peut être tenté de mouiller par beau temps, le plus grand étant le récif Chesterfield (19°47'S 158°23'E) qui possède divers mouillages où des bateaux ont fait escale dans le passé. Ce récif appartient à la France et fait partie du territoire de la Nouvelle-Calédonie. Il y a une station météo automatique sur l'un des récifs. Diverses passes mènent à travers le récif, la plus large est la passe de l'île Longue, mais elle est ouverte à la houle et soumise à de forts courants de marée avec des remous où la mer peut briser. La passe du Passage est plus étroite mais plus calme et plus facile à négocier. Il y a un mouillage protégé au large de l'îlot Loop dans la partie sud du vaste lagon. Cette zone est une zone de reproduction importante pour les oiseaux et les tortues.

Ceux qui vont à Cairns ont une route libre de tous dangers à travers la mer de Corail jusqu'à un waypoint situé à 12 milles au nord de Sand Cay sur Diane Bank. La route passe au sud du récif de Bougainville et l'atterrissage est à 2 milles au nord du feu du récif d'Euston, à l'entrée de Grafton Passage. En raison des divers récifs et hauts-fonds de ce secteur, ainsi que des forts courants, il ne faut pas faire route sur le Grafton Passage avant d'avoir passé le plus nord des récifs de Moore. Le Grafton Passage, bien balisé, mène à Cairns, port d'entrée officiel offrant de bons équipements pour la plaisance. Une fois remplies les formalités, on trouvera la meilleure marina à Half Moon Bay Marina, à Yorkeys Knob, à 5 milles au nord de Cairns.

PS84 *De la Papouasie-Nouvelle-Guinée au Queensland*

Meilleure période	avril à octobre			
Saison des cyclones	décembre à avril			
Cartes routières	BA : 780	SHOM : 6671, 6818		
	US : 526			
Instructions nautiques	BA : 15, 60			
	US : 127, 164			
Guides de croisière	*Cruising the Coral Coast.*			
Waypoints				
Départ	*Intermédiaire*	*Atterrissage*	*Destination*	*Distance (M)*
Route PS84A				
PS841 Basilisk SE	PS842 Bougainville	PS843 Grafton	Cairns	489
9°34'S, 147°07'E	15°30'S, 147°30'E	16°35'S, 146°25'E	*16°56'S, 145°47'E*	
Route PS84B				
PS841 Basilisk SE		PS844 One Half		301
		14°20'S, 145°30'E		
Route PS84C				
PS845 Brumer				
10°52'S, 150°15'E	PS842 Bougainville	PS843 Grafton	Cairns	454

L'attrait d'une navigation protégée dans les eaux calmes fait que la plupart des gens passent à l'intérieur de la Grande Barrière de Corail dès qu'ils ont franchi la mer de Corail. En venant de Port Moresby, on a le choix entre différentes passes qui mènent à travers les récifs, depuis le passage Flinders au nord jusqu'au passage de Cook dans le sud, sur une distance d'environ 250 milles. En venant d'autres parties de Papouasie-Nouvelle-Guinée, la passe la plus pratique sera le passage Grafton qui mène à Cairns, le port d'entrée le plus proche dans le Queensland du Nord. L'île de Thursday, dans le détroit de Torrès, est aussi un port d'entrée, mais seuls quelques bateaux effectuent ce détour entre Port Moresby et le Queensland.

Les vents dans la mer de Corail soufflent principalement d'est ou de sud-est entre avril et octobre, de sorte qu'un départ situé plus à l'est en Papouasie-Nouvelle-Guinée assure normalement un meilleur angle avec les vents dominants. Entre mai et août, les alizés peuvent être parfois très forts, mais pendant les mois de transition ils sont souvent faibles et l'on peut avoir un temps à grains. Les vents de nord-ouest prédominent en été, qui est aussi la saison des cyclones. Compte tenu du courant portant à l'ouest et des nombreux récifs situés sous le vent, la navigation dans la mer de Corail doit être très précise et trouver les passes à travers la Grande Barrière peut parfois se révéler difficile.

Ayant quitté Port Moresby par la passe Basilisk, du WP PS841 la route hauturière la plus sûre (PS84A) passe à l'est des récifs Osprey et Shark et continue vers le WP PS842 à l'est du récif de Bougainville, qui a un phare puissant et constitue un bon point de repère. Une légère modification de cap est alors effectuée pour se diriger vers le WP PS843 à l'extérieur du passage Grafton. Un chenal bien balisé et éclairé conduit à Cairns.

Une route hauturière légèrement plus courte (PS84B) peut être suivie de Port Moresby vers le WP PS844 d'où on emprunte le One and a Half Mile Opening (14°25'S, 145°26'E) pour atteindre les eaux protégées à l'intérieur de la Grande Barrière vers Cairns, le port d'entrée en Australie le plus proche. Bien que les formalités d'entrée doivent être effectuées à Cairns, les meilleures installations pour les bateaux de passage se trouvent maintenant dans la marina de Halfmoon Bay à Yorkeys Know, une petite station à quelques milles au nord de Cairns.

Pour les bateaux qui ont navigué dans la partie est de la Papouasie-Nouvelle-Guinée, un départ de Samarai par le détroit de Chine présente l'avantage d'un parcours clair de tout danger à travers la mer de Corail (PS84C). Une fois que l'on a passé l'île Brumer et gagné la haute mer, du WP PS845 on peut mettre le cap vers le WP PS842. Le cap peut être alors modifié pour le WP PS843 à l'extérieur du passage Grafton.

D'une manière générale en Australie, on doit prévenir le port de destination (*Port Authority*) sur 2182 kHz, ou par VHF canal 16, 3 heures avant l'heure estimée d'arrivée. On risque une sévère amende si l'on fait escale où que ce soit avant d'avoir effectué les formalités, et, à l'exception des citoyens néo-zélandais, tous les étrangers doivent arriver avec un visa australien en cours de validité.

PS85 *De la Papouasie-Nouvelle-Guinée au détroit de Torrès*

MEILLEURE PÉRIODE	avril à septembre			
SAISON DES CYCLONES	décembre à avril			
CARTES ROUTIÈRES	BA : 1039	SHOM : 6671, 6818		
	US : 603			
INSTRUCTIONS NAUTIQUES	BA : 15, 60			
	US : 164			
GUIDES DE CROISIÈRE	*Cruising the Coral Coast.*			
WAYPOINTS				
Départ	*Intermédiaire*	*Atterrissage*	*Destination*	*Distance (M)*
PS851 Basilisk SW 9°34'S, 147°05'E	PS852 Portlock 9°15'S, 145°00'E	PS853 Bligh 9°15'S, 144°00'E	Thursday Island *10°35'S, 142°13'E*	319

Avant la navigation par satellite, Port Moresby était le port préféré de départ pour la traversée vers le détroit de Torrès. C'était un choix logique, car compte tenu des diverses difficultés associées à la navigation à travers le détroit de Torrès, il était essentiel de prévoir l'arrivée à l'approche est du détroit, de manière à minimiser le risque de passer près de certains récifs de nuit. Quoique la navigation par satellite ait grandement simplifié les choses, partir de Port Moresby permet toujours de planifier plus facilement son heure d'arrivée que si l'on partait d'un port plus lointain.

Le premier danger rencontré est le récif Portlock, à 130 milles de Port Moresby. Le récif Goldie se situe 20 milles au nord nord-ouest de Portlock. Dans l'idéal on doit s'efforcer d'arriver au large du récif Portlock en fin d'après-midi, de manière à passer entre celui-ci et le récif Goldie de jour. On se dirige ensuite à l'ouest vers Bramble Cay, 65 milles plus à l'ouest. La distance entre Portlock et Bramble Cay peut être couverte pendant les heures d'obscurité et comme il y a un phare avec une portée de 14 milles sur Bramble Cay on doit donc l'apercevoir avant l'aube. Avec cet horaire, on aura passé Bramble Cay tôt le matin et la plupart des autres récifs et îlots seront aussi parés dans la journée. L'autre solution, valable pour les bateaux rapides, consiste à arriver au large du récif Portlock le matin de façon à couvrir le reste de la traversée jusqu'à Bramble Cay de jour. L'inconvénient de cette dernière solution est que Portlock n'a pas de feu, ce qui rend une arrivée à proximité très dangereuse de nuit.

En partant de Port Moresby par la passe Basilisk, du WP PS851 le cap est mis vers le WP PS852, au nord du récif Portlock. Le cap est ensuite modifié pour le WP PS853, à l'entrée de Bligh, 10 milles au sud-est de Bramble Cay. De Bramble Cay, la route pénètre dans le chenal du nord-est. Ce chenal bien balisé se dirige vers le sud-ouest pendant 130 milles jusqu'au chenal du Prince de Galles qui finalement mène à la mer d'Arafura. La suite de cette route vers Darwin, dans le nord de l'Australie, est décrite dans IS11 et IS12.

Les vents sur cette traversée viennent principalement de l'est et en juin et août ils sont souvent forts. On observe un courant portant vers l'ouest jusqu'à 1 nœud sur cette route. Les courants passant à travers le détroit portent fortement à l'ouest au cœur de la saison des alizés de sud-est, mais leur vitesse est imprévisible. Les courants sont aussi affectés par les marées et dans le détroit même ils portent à l'ouest-sud-ouest à marée montante et au nord-est à marée descendante. Les courants les plus forts ont été observés dans le chenal du Prince de Galles, des courants de 5 et 6 nœuds sont habituels. Un autre danger en approchant par l'est est la faible profondeur des eaux qui s'étend loin au large, de sorte que le sondeur ne peut donner une indication valable concernant la position du bateau. Enfin, un autre risque de confusion est l'eau trouble que l'on rencontre loin au large, provenant de la rivière Fly. La couleur de l'eau ne renseigne pas sur la profondeur.

Bien que la navigation à travers cette zone parsemée de récifs ne soit pas difficile après Bramble Cay, il est plus facile de naviguer de jour et de passer les nuits à l'ancre derrière l'un des divers îlots. L'on doit insister cependant sur le fait que débarquer sur l'un quelconque de ces îlots n'est pas autorisé, qu'ils appartiennent à l'Australie et que légalement on doit d'abord effectuer son entrée à Thursday. C'est impossible pour les bateaux qui arrivent de l'est, il faut donc tenir compte du conseil précédent et ne mouiller que si c'est absolument nécessaire et ne jamais descendre à terre ou avoir de contact avec un autre bateau. Les hélicoptères des garde-côtes australiens survolent régulièrement cette zone pour s'assurer que cette réglementation est respectée et les contrevenants ont été sévèrement punis.

PS86 *De la Papouasie-Nouvelle-Guinée à l'Indonésie*

Meilleure période	mai à septembre	
Saison des cyclones	aucune	
Cartes routières	BA : 4507	SHOM : 7021
	US : 524	
Instructions nautiques	BA : 35, 60	
	US : 164	
Guides de croisière	*Cruising Guide to Southeast Asia (vol 2).*	

Les difficultés inhérentes à la traversée du détroit de Torrès et le long détour vers Port Moresby persuadent certains de rejoindre l'Indonésie en naviguant le long de la côte nord de Nouvelle Guinée. Cette route nord est utilisée en général par les bateaux qui ont passé la saison des cyclones dans la partie est de la Papouasie-Nouvelle-Guinée ou qui ont navigué dans cette zone et sont donc plus enclins à prendre cette route. Elle offre aussi l'opportunité de visiter les îles Hermit et Ninigo avant de quitter la Papouasie-Nouvelle-Guinée à Vanimo (2°41'S, 141°18'E).

C'est une traversée qui peut être effectuée uniquement pendant la saison des alizés de sud-est, car pendant la mousson de nord-ouest, de novembre à mars, les vents et le courant seront contraires. La période de transition est difficile à définir, car certaines années la mousson de NW s'établit tôt, tandis que d'autres années les alizés de sud-est ne s'établissent pas avant mai. Normalement cette traversée ne doit pas être tentée après la mi-novembre ou avant la mi-avril. Bien que le temps le long de cette route soit dicté par les deux moussons, les vents sont rarement réguliers, à la fois en force et en direction et il y a de nombreux jours où ils sont faibles ou absents. Les calmes sont particulièrement fréquents pendant la période de transition. Les vents de sud-est les plus constants ont lieu en juillet et en août, où il y a aussi un très fort courant portant au nord-ouest, avec une vitesse qui peut dépasser les 2 nœuds.

Jayapura, la capitale de la province indonésienne d'Irian Jaya, est le port officiel d'entrée (2°32'S, 140°43'E). La ville a changé de nom pour s'appeler Sukarnapura, alors que dans le passé colonial elle était connue comme Hollandia. Les bateaux démunis de permis de croisière devront se renseigner à l'ambassade d'Indonésie à Port Moresby pour savoir s'ils seront autorisés à faire escale à Jayapura en cas d'urgence avant de s'engager sur cette route

PS90 ROUTES DEPUIS LA NOUVELLE-GALLES-DU-SUD

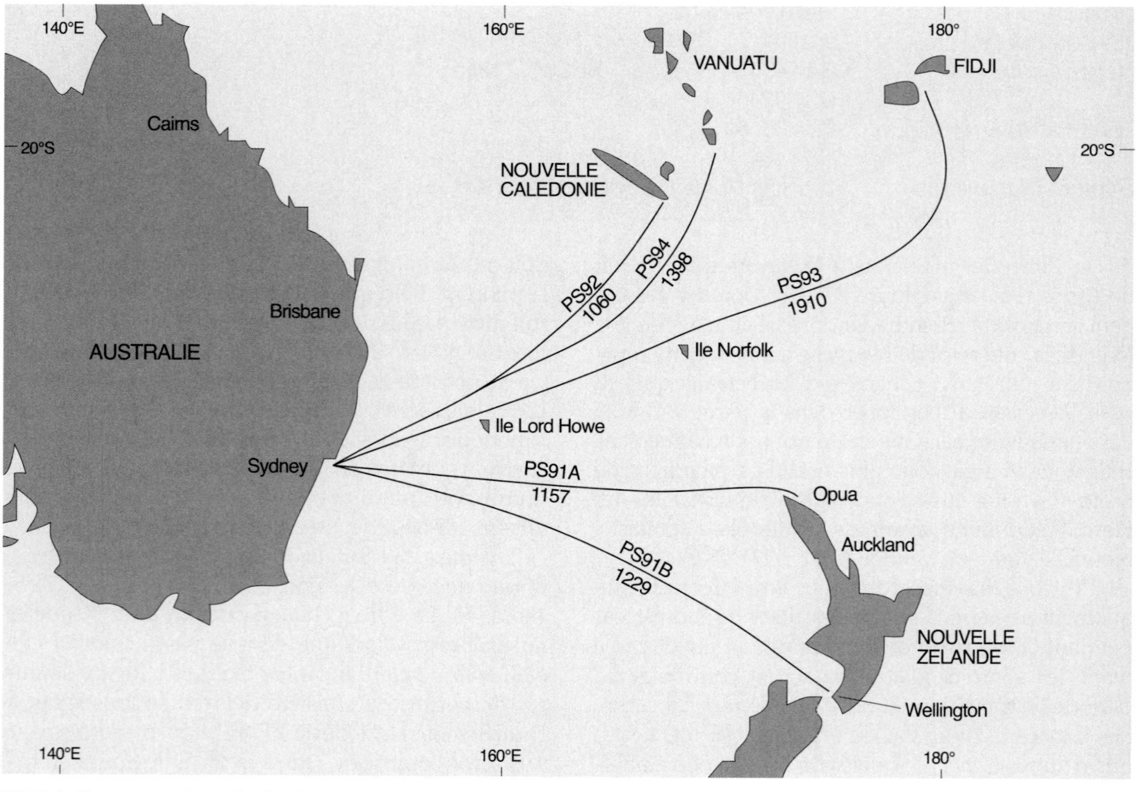

PS90 Routes depuis la Nouvelle-Galles-du-Sud

Les navigateurs australiens ont le Pacifique Sud à leur porte, mais atteindre la plupart des îles du Pacifique est rarement facile, car les vents entre la côte est de l'Australie et les divers archipels à l'est sont en général contraires. Pour cette raison, la plupart des Australiens partant pour un périple autour du monde préfèrent garder le Pacifique Sud pour la fin du voyage pour effectuer la plupart des traversées avec le vent. Pour ceux dont les projets sont moins ambitieux qu'une circumnavigation, la pratique adoptée consiste à gagner d'abord la Nouvelle-Zélande, qui est un bien meilleur point de départ pour une croisière dans les îles des mers du Sud que l'Australie elle-même. Des croisières plus courtes depuis la côte est de l'Australie peuvent mener à travers la mer de Corail, les destinations les plus au sud, comme la Nouvelle-Calédonie, pouvant être atteintes directement, tandis que pour des destinations situées en Papouasie-Nouvelle-Guinée, il est en général préférable de rester en partie à l'intérieur de la Grande Barrière avant de rejoindre une route hauturière. Une route moins fréquentée vers l'ouest, restant au sud de l'Australie, a été utilisée dans ces dernières années par ceux qui souhaitaient rejoindre l'océan Indien Sud par une route plus courte, quoique probablement plus difficile.

PS91 *De la Nouvelle-Galles-du-Sud à la Nouvelle-Zélande*

MEILLEURE PÉRIODE novembre à mars
SAISON DES CYCLONES décembre à mars
CARTES ROUTIÈRES BA : 780, 4061 SHOM : 6669
US : 622
INSTRUCTIONS NAUTIQUES BA : 14, 15, 51
US : 127
GUIDES DE CROISIÈRE *Coastal Cruising Handbook of the Royal Arakana Yacht Club, Pickmere's Atlas of Northland's East Coast.*

WAYPOINTS

Départ	*Intermédiaire*	*Atterrissage*	*Destination*	*Distance (M)*
Route PS91A				
PS911 Jackson	PS912 Kings	PS913 North Cape	Opua	1157
33°50'S, 151°20'E	34°20'S, 171°50'E	34°20'S, 173°05'E	*35°18'S, 174°08'E*	
		PS914 Bream	Whangarei	1213
		35°50'S, 174°38'E	*35°44'S, 174°21'E*	
Route PS91B				
PS911 Jackson	PS915 Stephens	PS916 Cook	Wellington	1229
	40°30'S, 174°20'E	41°20'S, 174°30'E	*41°17'S, 174°46'E*	

Cette traversée à travers la mer de Tasmanie peut parfois rencontrer du très mauvais temps et cela vaut la peine d'attendre une bonne prévision météo avant de partir. Les dépressions se déplaçant à travers la mer de Tasmanie s'accompagnent de forts vents de sud-ouest, atteignant fréquemment le coup de vent, et il est préférable de partir à la fin d'un tel coup de vent, qui en général assurera plusieurs jours de vents favorables. Bien que la proportion de vents d'ouest soit plus forte en hiver, une traversée entre juin et septembre est déconseillée, compte tenu de la probabilité de rencontrer au moins un coup de vent violent. Les meilleurs mois sont janvier et février lorsque le temps est bien établi et que les vents sont faibles. Bien que ces mois coïncident avec la saison des cyclones dans le Pacifique Sud, seul un petit nombre de ces cyclones tropicaux arrivent jusqu'en mer de Tasmanie, en général en ayant perdu la plus grande partie de leur énergie. La mer de Tasmanie est plus affectée par les tempêtes extra tropicales, quoique ces dernières n'affectent que sa partie sud avec une plus forte fréquence en hiver, une autre bonne raison éviter de traverser à ce moment.

La route à partir de ports situés au sud est directe, mais une escale à l'île de Lord Howe peut être envisagée par ceux qui partent de ports situés au nord. Les bateaux quittant Sydney et faisant route directe vers l'île du Nord (route PS91A), du WP PS911 à l'extérieur de Port Jackson mettront le cap vers le WP PS912 au sud des Three Kings, un groupe de rochers au nord-ouest du cap Reinga. Ayant atterri au WP PS913 au large du cap Nord, les ports d'entrée les plus proches sont Opua, dans la baie des Iles, ou Whangarei. En arrivant du large, il faut informer les Douanes et la Santé par radio ou téléphone de votre heure estimée d'arrivée (ETA, *Estimated Time of Arrival*) au moins 12 heures avant l'arrivée. *Taupo Maritime Radio* maintient une veille radio continue sur 2182, 4125, 6215, 8291 et 16420 kHz. Ils fonctionnent également en VHF le long de la côte et informeront les autorités si vous le leur demandez. *Opua Radio* fournit des bulletins météo pour le Pacifique Ouest et anime un réseau sur 2480 kHz de 06 h 50 à 07 h 00 et de 20 h 03 à 20 h 15, et sur 4445 kHz de 07 h 00 à 08 h 30 et de 20 h 15 à 20 h 45 GMT.

Pour les ports situés au sud de Sydney, une route plus directe (PS91B) mène à travers le détroit de Cook vers Wellington, cette route plus sud ayant de meilleures chances de rencontrer des vents d'ouest. Du WP PS911 à l'extérieur de Sydney, on met le cap pour le WP PS915 au large de l'île D'Urville à l'approche du détroit de Cook. De là, le cap est modifié pour le WP PS916 dans le détroit de Cook avant de se diriger vers Wellington. On doit contacter Wellington Radio sur 2182 ou 4125 kHz, ou par VHF sur le canal 16, au moins douze heures avant d'arriver pour préparer les formalités d'entrée.

PS92 *De la Nouvelle-Galles-du-Sud à la Nouvelle-Calédonie*

MEILLEURE PÉRIODE	juin	
SAISON DES CYCLONES	décembre à avril	
CARTES ROUTIÈRES	BA : 4602	SHOM : 6670
	US : 602	
INSTRUCTIONS NAUTIQUES	BA : 15, 61	SHOM : K10
	US : 126, 127	
GUIDES DE CROISIÈRE	*Cruising in New Caledonia.*	
WAYPOINTS		

Départ	*Intermédiaire*	*Atterrissage*	*Destination*	*Distance (M)*
PS921 Jackson 33°50'S, 151°20'E		PS922 Dumbea 22°22'S, 166°14'E	Noumea *22°16'S, 166°26'E*	1060

Compte tenu du risque de cyclones pendant l'été, cette traversée ne doit pas être entreprise avant fin avril. Il y a toujours une forte proportion de vents d'est sur cette route et l'on aura de meilleures conditions pendant la période de transition, début mai, avant que les forts vents d'est d'hiver ne s'établissent.

La route initiale doit gagner le large tout de suite pour traverser rapidement le courant qui porte fortement au sud le long de la côte australienne. Comme une route partant de ports situés dans le sud de la Nouvelle-Galles-du-Sud passe près de l'île de Lord Howe, on peut envisager d'y faire escale. La plupart des routes passent aussi à proximité des récifs Middleton et Elizabeth, qui doivent être évités, quoiqu'il soit possible d'y mouiller par temps bien établi.

Du WP PS921 à l'extérieur de Port Jackson, on pourra mettre le cap pour la Nouvelle-Calédonie où l'atterrissage se fera au WP PS922 à l'extérieur de la passe Dumbea. Nouméa, la capitale de la Nouvelle-Calédonie est le principal port d'entrée. Compte tenu des nombreux récifs, l'approche de Nouméa est difficile de nuit et ne doit pas être tentée. En arrivant, les bateaux doivent contacter Port Moselle sur le canal 67 pour avoir une place au ponton visiteurs. La marina se charge de contacter la douane et l'immigration pour les formalités.

En plus de Nouméa, il est désormais possible de faire son entrée dans les ports suivants : Hienghène et Touho (sur la côte Est), Koumac, ainsi qu'à Lifou (Loyauté).

PS93 *De la Nouvelle-Galles-du-Sud aux Fidji*

MEILLEURE PÉRIODE	mai à juin	
SAISON DES CYCLONES	décembre à avril	
CARTES ROUTIÈRES	BA : 4602	SHOM : 6670
	US : 602	
INSTRUCTIONS NAUTIQUES	BA : 15, 61	
	US : 126, 127	
GUIDES DE CROISIÈRE	*Yachtsman's Fiji, Pacific Crossing Guide, South Pacific Anchorages.*	
WAYPOINTS		

Départ	*Intermédiaire*	*Atterrissage*	*Destination*	*Distance (M)*
Route PS93A				
PS931 Jackson 33°50'S, 151°20'E	PS932 32°00'S, 170°00'E			
	PS934 Vatulele N 18°25'S, 177°35'E	PS936 Daveta 18°12'S, 178°23.5'E	Suva *18°09'S, 178°26'E*	1910
Route PS93B				
PS931 Jackson	PS933 Kune 22°52'S, 167°37'E			
	PS934 Vatulele N	PS936 Daveta	Suva	1752

Départ	*Intermédiaire*	*Atterrissage*	*Destination*	*Distance (M)*
PS931 Jackson	PS933 Kune PS935 Kandavu 19°06'S, 177°54'E	PS936 Daveta	Suva	1764
Route PS39C				
PS931 Jackson	PS933 Kune	PS937 Navula 17°55'S, 177°10'E	Lautoka *17°36'S, 177°26'E*	1718

La quasi certitude de rencontrer des vents contraires sur la route orthodromique interdit toute traversée directe vers les Fidji depuis les ports de Nouvelle-Galles-du-Sud. La route recommandée (PS93A) reste au sud de la latitude 32°S jusqu'à ce que la longitude 170°E soit franchie, d'où elle s'incurve graduellement vers le nord-est de manière à approcher les îles par le sud. Le cap initial doit avoir un peu de nord dans l'est, de manière à passer bien au sud des récifs Middleton et Elizabeth et près de l'île de Norfolk. Une escale dans l'île de Lord Howe ou à Norfolk peut être mise à profit pour attendre éventuellement que de forts vents d'est faiblissent. Le WP PS932 n'est donné qu'à titre indicatif car la route qui sera suivie dépendra du temps rencontré et des performances au près du bateau. En fait, un bateau qui remonte bien au vent devrait être capable d'emprunter une route presque directe (PS93B). Dans ce cas, le cap initial doit être établi pour passer près de l'extrémité sud-est de la Nouvelle-Calédonie, vers le WP PS933. De ce point, au sud-est du l'île Kune, la route directe vers les Fidji passe près d'un certain nombre de dangers. Si l'on ne peut emprunter cette route directe vers les Fidji à cause du vent, et que l'on doive gagner vers l'est sur une route plus au sud, l'on passera près de divers dangers. Les premières îles, Matthew (22°21'S, 171°21'E) et Hunter (22°24'S, 172°05'E), sont faciles à voir car assez élevées. Le récif Theva-i-Ra (21°44'S, 174°38'E), très bas sur l'eau est beaucoup plus dangereux, et l'on doit lui donner un large tour.

Quelle que soit la route suivie, les bateaux se dirigeant vers Suva peuvent mettre le cap vers le WP PS934 au nord de l'île Vatulele, d'où la route continue vers Suva par le chenal Mbengga, où l'on aura de forts courants contraires. Si l'on a pu gagner suffisamment à l'est pour approcher Suva par le sud, l'atterrissage doit être fait au WP PS935, au sud-ouest du Kandavu. Le cap peut alors être modifié pour le WP PS936 pour rentrer dans le port de Suva par la passe Daveta. Les bateaux doivent se diriger vers la bouée de quarantaine pour les formalités.

Les bateaux se dirigeant vers Lautoka (PS93C) sur la côte ouest de Viti Levu, du WP PS933 doivent mettre le cap vers le WP PS937 à l'entrée du passage Navula. De là, la route rejoint Lautoka, un port d'entrée officiel aux Fidji.

Comme une traversée vers les Fidji doit être évitée pendant la saison des cyclones, une autre solution consiste à traverser d'abord vers la Nouvelle-Zélande, ce que l'on peut faire plus tôt dans l'année (voir route PS91) et à continuer vers les Fidji en avril. Ce détour permet de profiter de meilleurs vents sur la traversée vers la Nouvelle-Zélande et d'un meilleur angle à travers les alizés de sud-est pendant la dernière étape vers les Fidji. Voir aussi la route PS64.

PS94 *De la Nouvelle-Galles-du-Sud au Vanuatu*

Meilleure période	juin	
Saison des cyclones	décembre à avril	
Cartes routières	BA : 4602 US : 602	SHOM : 6670
Instructions nautiques	BA : 15, 61 US : 126, 127	SHOM : K10
Guides de croisière	*Landfalls of Paradise, Pacific Crossing Guide, South Pacific Anchorages.*	

WAYPOINTS

Départ	*Intermédiaire*	*Atterrissage*	*Destination*	*Distance (M)*
Route PS94A				
PS941 Jackson 33°50'S, 151°20'E	PS942 Fairway 21°00'S, 162°30'E			
	PS943 Gd Passage 19°00'S, 162°30'E			
	PS944 18°10'S, 164°30'E	PS945 Efate SW 17°46'S, 168°12'E	Vila *17°44'S, 168°18'E*	1436
Route PS94B				
PS941 Jackson	PS946 Kune 22°52'S, 167°37'E			
	PS947 Maré 21°35'S, 168°10'E	PS945 Efate SW	Vila	1398

Comme la Nouvelle-Calédonie se trouve sur la plupart des routes directes vers le Vanuatu, une escale à Nouméa est prévue dans la plupart des projets de traversée. C'est probablement la manière la plus facile d'atteindre le Vanuatu et les instructions sont similaires à celles de la route PS92.

Une route directe depuis Sydney (PS94A), qui évite la Nouvelle-Calédonie, passe à l'ouest de l'île de Lord Howe, des récifs Elizabeth et Middleton. La route se dirige vers la Nouvelle-Calédonie et le WP PS942 pour parer le récif Fairway et éviter les autres dangers à l'ouest de la Nouvelle-Calédonie. La route se dirige ensuite plein nord vers le WP PS943 et passe par le Grand Passage. On l'emprunte en faisant route vers le nord-est en direction du WP PS944 avant de modifier le cap pour Port Vila. Il faut faire très attention en naviguant à l'ouest et au nord de la Nouvelle-Calédonie où la position de certains récifs est douteuse et où d'autres n'ont pas été précisément cartographiés. En approchant de l'île d'Efate par l'ouest, l'atterrissage sera fait au WP PS945 au sud-ouest d'Efate. La route se dirige vers la baie Mele et enfin vers la baie de Port Vila. En arrivant à Port Vila, les bateaux doivent s'amarrer à la bouée de quarantaine et attendre que les formalités soient effectuées. On doit contacter *Port Vila Radio* par VHF sur le canal 16 pour que les autorités soient prévenues.

Compte tenu de la quasi certitude de rencontrer de forts vents d'est entre le Grand Passage et Efate, une autre route (PS94B) peut être envisagée, qui passe au sud de la Nouvelle-Calédonie. Dans ce cas, la route initiale se dirige vers le WP PS946, au sud-est de l'île Kune. De là, le cap est modifié pour passer au vent des îles Loyauté vers le WP PS947 au sud-est de l'île de Maré. De ce point, le cap peut être modifié pour le WP PS945 à l'approche de Port Vila.

PS95 *Routes vers l'ouest autour de l'Australie du Sud*

MEILLEURE PÉRIODE	décembre à février	
CARTES ROUTIÈRES	BA : 4601, 4709 US : 601, 709	SHOM : 6669, 6783, 6782
INSTRUCTIONS NAUTIQUES	BA : 13, 14, 17 US : 127, 175	
GUIDES DE CROISIÈRE	*Australian Cruising Guide.*	

Ceux qui souhaitent rejoindre l'océan Indien Sud par une route plus directe évitant de passer au nord de l'Australie, peuvent choisir de traverser la Grande Baie Australienne. C'est une route très peu fréquentée par les voiliers, et ce pour une bonne raison : les vents dominants d'ouest peuvent se révéler un obstacle presque insurmontable. Cependant, il y a une petite fenêtre météo pendant laquelle les conditions peuvent être meilleures, en plein été, entre décembre et février, où l'on peut avoir des périodes de vents de SE de temps en temps. La route la plus courte passe par le détroit de Bass puis la route à suivre doit être ajustée en fonction des conditions météo que l'on rencontre. On peut faire quelques escales en route, mais si les conditions sont bonnes il vaut mieux ne pas s'arrêter.

L'un des principaux avantages de cette route est qu'une fois que l'on a atteint Fremantle en février ou en mars, à un ou deux mois de la fin de la saison des cyclones, on a alors plus de temps pour explorer les différents archipels de l'océan Indien Sud que ceux qui passent par le Détroit de Torres.

PS100 ROUTES DEPUIS LE QUEENSLAND

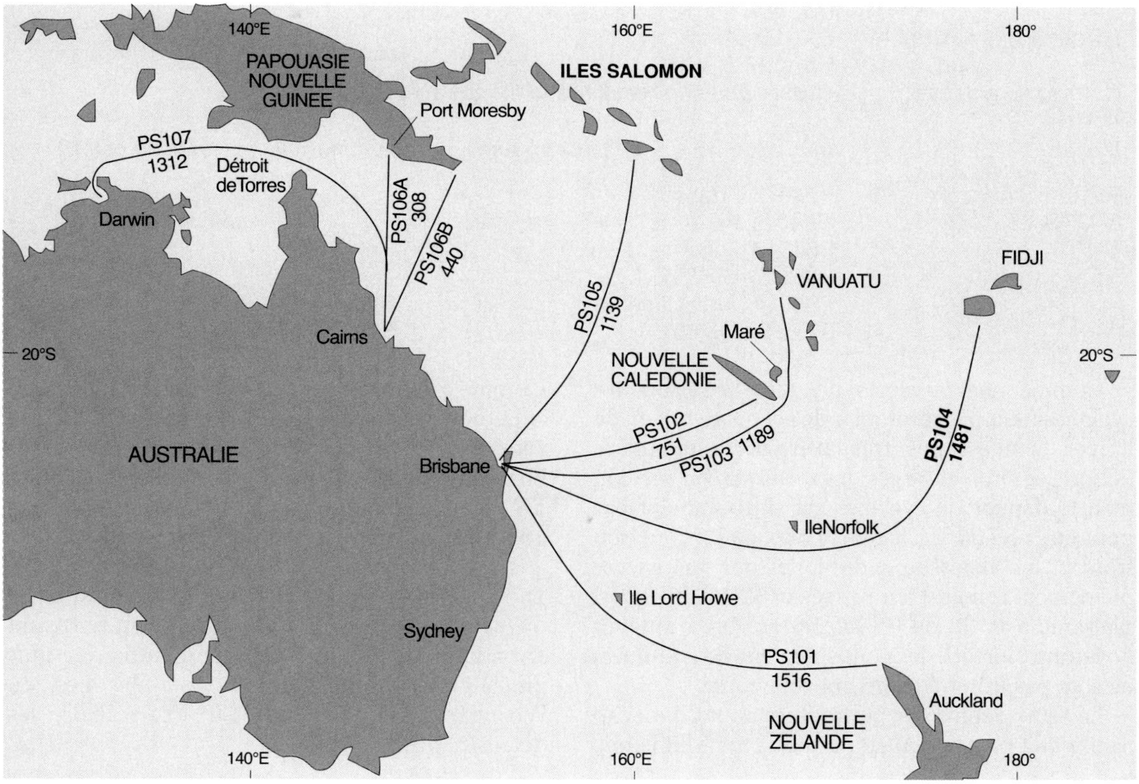

PS100 Routes depuis le Queensland

Un climat tropical, la Grande Barrière de Corail et des destinations de croisière presque illimitées ont fait du Queensland une destination favorite non seulement pour les navigateurs étrangers mais aussi pour les Australiens. L'inconvénient majeur est le danger de cyclones tropicaux qui affectent le Queensland et la région environnante, à l'exception de la Papouasie-Nouvelle-Guinée au nord de la latitude 10°S. La période critique se situe entre décembre et fin avril où la navigation doit être réduite au strict minimum et où l'on doit toujours se trouver à portée d'un port sûr. A partir de mai le temps est beau, avec des alizés de sud-est forts et réguliers. En particulier en juillet et août, les vents peuvent être assez forts et il est recommandé, spécialement en hiver, de naviguer le long de la côte du Queensland du sud vers le nord.

Bien que la majorité des routes se dirigent vers le nord et bénéficient ainsi des vents dominants, ceux qui ont l'intention de naviguer vers l'est à travers la mer de Corail doivent prévoir de le faire avant ou après que les alizés de sud-est soient pleinement établis, ils soufflent d'une manière soutenue entre mai et septembre. En général, début avril les alizés ne sont pas encore complètement établis et les traversées vers l'est ne seront pas trop difficiles. Les traversées après fin octobre doivent être évitées à cause du risque de cyclone prématuré. La période à laquelle ces cyclones se produisent dans la mer de Corail doit être traitée avec beaucoup de suspicion car très peu de mois sont complètement épargnés par les cyclones et certains ont eu lieu dans les mois de transition de juin et de novembre.

PS101 *Du Queensland à la Nouvelle-Zélande*

MEILLEURE PÉRIODE	avril à mai, octobre à novembre			
SAISON DES CYCLONES	décembre à avril			
CARTES ROUTIÈRES	BA : 780	SHOM : 6670		
	US : 602			
INSTRUCTIONS NAUTIQUES	BA : 15, 51			
	US : 127			
GUIDES DE CROISIÈRE	*Coastal Cruising Handbook of the Royal Arakana Yacht Club.*			
WAYPOINTS				
Départ	*Intermédiaire*	*Atterrissage*	*Destination*	*Distance (M)*
PS1011 Stradbroke 27°25'S, 153°35'E	PS1012 Elizabeth 29°40'S, 159°00'E			
	PS1013 Kings 34°20'S, 171°50'E			
	PS1014 North Cape 34°20'S, 173°05'E		Opua *35°19'S, 174°07'E*	1516

Comme une traversée pendant la saison des cyclones n'est pas recommandée et qu'au milieu de l'hiver ce n'est pas très attirant, la meilleure période se situe entre ces deux saisons. En avril ou mai, le danger de cyclones est suffisamment bas pour être acceptable, le temps n'est pas encore trop froid et les alizés de sud-est ne sont pas encore pleinement établis. La traversée peut être tout aussi plaisante à la fin de l'hiver, fin octobre ou début novembre, lorsque les coups de vent de sud-ouest ne sont pas trop fréquents sur cette route.

La route depuis des ports situés au nord du cap Sandy doit passer bien au nord du récif Middleton. La route directe de Brisbane part du WP PS1011, au large de l'île Stradbroke. On mettra ensuite le cap vers le WP PS1012, à mi-chemin entre les récifs Elizabeth (29°28'S, 159°02'E) et Middleton (29°40'S, 159°20'E), qui possèdent tous deux un mouillage utilisé par certains bateaux par beau temps.

La route continue vers le WP PS1013, au sud des Three Kings, un groupe de rochers au nord-ouest du cap Reinga sur la Nouvelle-Zélande. Ayant arrondi le cap Nord, les ports d'entrée les plus proches sont Opua, dans la baie des Iles, ou Whangarei (35°44'S, 174°21'E). Voir PS53, les détails pour l'atterrissage.

PS102 *Du Queensland à la Nouvelle-Calédonie*

MEILLEURE PÉRIODE	avril à mai, mi-septembre à octobre	
SAISON DES CYCLONES	décembre à mars	
CARTES ROUTIÈRES	BA : 4602	SHOM : 6670
	US : 602	
INSTRUCTIONS NAUTIQUES	BA : 15, 61	SHOM : K10
	US : 126, 127	
GUIDES DE CROISIÈRE	*Cruising in New Caledonia, South Pacific Anchorages.*	

Waypoints

Départ	*Intermédiaire*	*Atterrissage*	*Destination*	*Distance (M)*
PS1021 Capricorn 22°50'S, 152°00'E	PS1022 Wreck 22°45'S, 155°00'E	PS1025 Dumbea 22°22'S, 166°14'E	Noumea *22°16'S, 166°26'E*	802
PS1023 Curtis 24°15'S, 153°00'E	PS1024 Cato 23°55'S, 155°00'E	PS1025 Dumbea	Noumea	751

Cette traversée sera vraisemblablement difficile à toute époque, compte tenu de la quasi certitude de rencontrer des vents contraires au moins sur une partie de la route, si ce n'est sur la totalité. Il est par conséquent important d'attendre une prévision de vents d'ouest, ils assureront au moins un départ rapide. Ces vents sont normalement générés par le passage de fronts se déplaçant depuis le sud et le temps qui leur est associé est rarement agréable. Compte tenu de la forte proportion de vents d'est en hiver, il est préférable de prévoir cette traversée pour la saison intermédiaire. De même, compte tenu du risque de cyclones dans la mer de Corail, cette traversée ne doit pas être effectuée après la mi-novembre ou avant fin avril.

Une route hauturière directe peut être empruntée depuis les ports du Queensland du Sud, mais depuis les ports situés au nord du cap Sandy, on utilisera le chenal du Capricorne ou le chenal Curtis pour gagner la pleine mer avant de mettre le cap vers la passe Dumbea, à l'extrémité sud-ouest de la Nouvelle-Calédonie. La route pour les bateaux partant depuis le chenal du Capricorne se dirige vers le WP PS1022, à mi-chemin entre les récifs Wreck et Cato. Les bateaux partant du chenal Curtis doivent rester au sud du récif Cato en mettant le cap vers le WP PS1024. Les deux routes convergent au WP PS1025 à l'extérieur de la passe de Dumbea. Celle-ci mène à Nouméa, capitale de la Nouvelle-Calédonie et principal port d'entrée. Compte tenu des nombreux récifs, l'approche de Nouméa est difficile de nuit et ne doit pas être tentée. En arrivant, les bateaux doivent contacter Port Moselle sur le canal 67 pour avoir une place au ponton visiteurs. La marina se charge de contacter la douane et l'immigration pour les formalités.

En plus de Nouméa, il est désormais possible de faire son entrée dans les ports suivants : Hienghène et Touho (sur la côte Est), Koumac, ainsi qu'à Lifou (Loyauté).

PS103 *Du Queensland au Vanuatu*

Meilleure période	juin, mi-septembre à octobre	
Saison des cyclones	décembre à avril	
Cartes routières	BA : 4602 US : 602	SHOM : 6670
Instructions nautiques	BA : 15, 61 US : 126, 127	SHOM : K10
Guides de croisière	*Pacific Crossing Guide, South Pacific Anchorages.*	

Waypoints

Départ	*Intermédiaire*	*Atterrissage*	*Destination*	*Distance (M)*
PS1031 Capricorn 22°50'S, 152°00'E	PS1032 Wreck 22°45'S, 155°00'E PS1033 23°10'S, 166°50'E PS1034 Kune 22°52'S, 167°37'E PS1035 Maré 21°35'S, 168°10'E	PS1036 Efate SW 17°46'S, 168°12'E	Port Vila *17°44'S, 168°18'E*	1189

Les vents d'est dominants, les courants contraires et les divers dangers qui parsèment la partie sud de la mer de Corail font de cette traversée l'une des plus difficiles du Pacifique Sud. Des traversées directes depuis des ports du Queensland du Nord ne doivent même pas être envisagées et il faut chercher une autre solution pour atteindre les îles du Vanuatu sans avoir à se battre contre les éléments pendant toute la traversée. La meilleure tactique consiste à effectuer un détour par le sud, à l'intérieur de la Grande Barrière de Corail. Ayant gagné la haute mer par le chenal du Capricorne, la route rejoint la route PS94 si l'on a l'intention d'effectuer une traversée sans escale vers le Vanuatu.

Une solution plus facile consiste à rejoindre la route PS102 et à suivre les instructions jusqu'à Nouméa, d'où l'on pourra rejoindre le Vanuatu par l'intermédiaire des îles qui s'étendent entre les deux archipels. Cette approche à l'avantage d'éviter les dangereux récifs dans l'ouest de la Nouvelle-Calédonie et offre la possibilité d'interrompre le voyage dans certaines des îles de la Nouvelle-Calédonie ou du sud du Vanuatu si les vents sont trop forts pour en venir à bout.

La route suggérée quitte l'Australie par le chenal du Capricorne, d'où le cap est mis pour passer au sud des divers récifs et contourner l'île de la Nouvelle-Calédonie par le sud. Depuis un point au sud-est de l'île Kune (WP PS1034), le cap est modifié pour passer au vent des îles Loyauté vers le WP PS1035 au sud-est de l'île de Maré. De ce point, le cap peut être modifié pour le WP PS1036 au sud-ouest d'Efate, à l'approche de Port Vila. La route se dirige vers la baie Mele et enfin vers la baie de Port Vila. En arrivant à Port Vila, les bateaux doivent s'amarrer à la bouée de quarantaine et attendre que les formalités soient effectuées. On doit contacter *Port Vila Radio* par VHF sur le canal 16 pour que les autorités soient prévenues.

Une autre solution consiste à prendre une route qui passe par le Grand Passage, au nord de la Nouvelle-Calédonie, ainsi que décrit dans la route PS94. Sur cette route, un meilleur angle de vent permet de rester tribord amure jusqu'au nord-est du Grand Passage et de naviguer vers l'île d'Espiritu Santo, où il est possible de faire les formalités d'entrée au Vanuatu à Luganville (15°31'S, 167°10'E).

PS104 *Du Queensland aux Fidji*

Meilleure période	juin	
Saison des cyclones	décembre à avril	
Cartes routières	BA : 4602	SHOM : 6670
	US : 602	
Instructions nautiques	BA : 15, 61	SHOM : K10, K11
	US : 126, 127	
Guides de croisière	*Yachtsman's Fiji, Pacific Crossing Guide, South Pacific Anchorages.*	
Waypoints		

Départ	*Intermédiaire*	*Atterrissage*	*Destination*	*Distance (M)*
Route PS104A				
PS1041 Stradbroke	PS1042 Norfolk S	PS1045 Navula	Lautoka	1681
27°25'S, 153°35'E	30°00'S, 168°00'E	17°55'S, 177°10'E	*17°36'S, 177°26'E*	
Route PS104B				
PS1041 Stradbroke	PS1043			
	23°10'S, 166°50'E			
	PS1044 Kune	PS1045 Navula	Lautoka	1447
	22°52'S, 167°37'E			
PS1041 Stradbroke	PS1043			
	PS1044 Kune			
	PS1046 Vatulele N	PS1047 Daveta	Suva	1481
	18°25'S, 177°35'E	18°12'S, 178°23'5E	*18°09'S, 178°26'E*	

Compte tenu des vents et du courant contraires, naviguer à la voile sur une route directe entre le Queensland et les Fidji serait réellement une entreprise très difficile. La façon la plus réaliste d'atteindre les Fidji est d'effectuer un détour par le sud où l'on pourra avoir de meilleurs vents pour gagner à l'est (route PS104A). Bien que la tactique recommandée consiste à naviguer au sud de la latitude 32°S, où les chances de trouver des vents favorables sont plus grandes, une route légèrement plus au nord peut être prise si les vents le permettent. Dans l'idéal on devrait attendre une prévision de vents d'ouest. Même avec des vents favorables, la route doit rester au sud de la latitude de l'île de Norfolk jusqu'à avoir passé celle-ci. Si l'on rencontre des vents contraires persistants alors que l'on se trouve aux environs de Norfolk, on peut y faire escale. Le mouillage à Kingston (29°01'S, 167°59'E) n'est sûr que par beau temps et doit être quitté si les conditions se détériorent.

On doit partir de préférence d'un port du Queensland du Sud. Du WP PS1041 au large de l'île Stradbroke, le cap est mis vers le WP PS1042 au sud de l'île de Norfolk. De là, la route peut commencer à s'infléchir vers le nord-est. Si l'on peut faire une route directe du WP PS1042 vers les Fidji, on doit faire attention au récif Theva-i-Ra, connu également sous le nom de récif Conway (21°44'S, 174°38'E), car la route en passe tout près. Ayant atterri au large du passage Navula au WP PS1045, cette passe permet de franchir le récif et de rejoindre Lautoka, un port d'entrée officiel aux Fidji.

En fonction des conditions de temps et des capacités à remonter au vent du bateau, on peut suivre une route plus directe (PS104B) passant près de la Nouvelle-Calédonie. Bien que plus courte, cette route ne sera pas nécessairement plus facile car il y a une plus forte probabilité de rencontrer des vents contraires sur la dernière partie, entre la Nouvelle-Calédonie et les Fidji. Du WP PS1041, la route se dirigera vers les WP PS1043 et 1044, au sud-est de l'île principale de la Nouvelle-Calédonie. De là, la route passe au sud du récif Durand, près d'un certain nombre de dangers, avant de mettre le cap vers le WP PS1045, si l'on a l'intention de se rendre à Lautoka. L'autre solution, si l'on peut gagner suffisamment à l'est, est de se diriger vers Suva, dans ce cas l'atterrissage sera effectué au WP PS1046, au nord de l'île Vatulele. De ce point, la route continue vers Suva par le chenal Mbengga, entre cette île et Viti Levu. La passe Daveta permet de gagner le port de Suva où les bateaux doivent se diriger vers la bouée de quarantaine pour les formalités.

PS105 *Du Queensland aux îles Salomon*

MEILLEURE PÉRIODE	juin à octobre			
SAISON DES CYCLONES	décembre à avril			
CARTES ROUTIÈRES	BA : 780	SHOM : 6670, 6671		
	US : 622			
INSTRUCTIONS NAUTIQUES	BA : 15, 60			
	US : 126, 127			
GUIDES DE CROISIÈRE	*Solomon Islands Cruising Guide, South Pacific Anchorages.*			
WAYPOINTS				

Départ	*Intermédiaire*	*Atterrissage*	*Destination*	*Distance (M)*
PS1051 Moreton NW 26°50'S, 153°20'E	PS1053 Saumarez 21°20'S, 155°00'E			
	PS1054 Mellish 17°30'S, 156°45'E	PS1055 Guadalcanal 9°18'S, 159°30'E	Honiara *9°25'S, 159°58'E*	1139
PS1052 Capricorn 22°50'S, 152°00'E	PS1053 Saumarez PS1054 Mellish	PS1055 Guadalcanal	Honiara	986

Bien que cette traversée puisse être effectuée n'importe quand en dehors de la saison des cyclones, les mois de juillet et août doivent aussi être évités, car c'est la période à laquelle les alizés du sud-est soufflent au maximum et les conditions de navigation peuvent être assez mauvaises. Compte tenu des nombreux récifs qu'il faut éviter dans la mer de Corail, il y a diverses routes à partir de la côte australienne. Les bateaux quittant Brisbane peuvent mettre le cap vers le WP PS1053 pour passer en sécurité entre les récifs Wreck et Saumarez. La route passe ensuite entre les récifs Kenn et Frederick pour atteindre le WP PS1054, à l'est du récif Mellish.

Les bateaux qui ont gagné le large par le chenal du Capricorne, à partir du WP PS1052 mettront le cap vers le WP PS1053. Le cap peut alors être modifié pour le WP PS1054 pour passer à l'est du récif Mellish. De là, une route claire de tout danger mène au WP PS1055, au large de l'extrémité nord-ouest de Guadalcanal. La capitale Honiara se situe sur le côté ouest de l'île. Les bateaux doivent se diriger vers le mouillage situé à proximité du Point Cruz Yacht Club et contacter *Honiara Radio* par VHF sur le canal 16 pour les formalités d'entrée.

PS106 *Du Queensland à la Papouasie-Nouvelle-Guinée*

MEILLEURE PÉRIODE	juillet à octobre			
SAISON DES CYCLONES	décembre à avril			
CARTES ROUTIÈRES	BA : 780	SHOM : 6671		
	US : 623			
INSTRUCTIONS NAUTIQUES	BA : 15, 60			
	US : 127, 164			
GUIDES DE CROISIÈRE	*Cruising Guide to Southeast Asia (vol 2).*			
WAYPOINTS				

Départ	*Intermédiaire*	*Atterrissage*	*Destination*	*Distance (M)*
Route PS106A				
PS1061 One Half		PS1062 Basilisk SW	Port Moresby	308
14°20'S, 145°30'E		9°33'S, 147°05'E	*9°28'S, 147°09'E*	
Route PS106B				
PS1063 Grafton	PS1064 Bougainville	PS1065 Brumer	Samarai	440
16°35'S, 146°25'E	15°30'S, 147°30'E	10°52'S, 150°15'E	*10°36'S, 150°39'E*	

Il y a deux routes principales qui traversent la mer de Corail du Queensland vers la Papouasie-Nouvelle-Guinée, l'une se dirige directement vers la capitale Port Moresby (PS106A), l'autre vers Samarai (PS106B), une petite île située à l'extrémité sud-est de la Nouvelle Guinée. Cette dernière route est empruntée par ceux qui désirent naviguer dans les îles extérieures avant de rejoindre Port Moresby. Comme Port Moresby se situe sous le vent de toutes les autres destinations possibles, c'est une erreur de s'y rendre en premier car cela peut être très difficile de naviguer contre les alizés tumultueux de sud-est pour rejoindre ensuite les petites îles à l'est de la Nouvelle Guinée. Si la destination est l'une de ces îles, Samarai constitue un port d'entrée qui convient mieux.

Pour une traversée directe vers Port Moresby depuis des ports du Queensland du Nord, il est préférable de rester à l'intérieur de la Grande Barrière jusqu'à se retrouver pratiquement plein sud de Port Moresby. Cairns est le dernier port du Queensland où les formalités de sortie peuvent être effectuées et bien que les bateaux soient autorisés à n'effectuer que des étapes de jour à l'intérieur de la Grande Barrière après avoir effectué leur sortie d'Australie, débarquer le long de la côte ou sur l'une des îles au large est interdit.

De Cairns, on a le choix entre emprunter la route intérieure jusqu'à l'île Lizard et atteindre la haute mer par le One and a Half Mile Opening, ou quitter la Grande Barrière par les passes Grafton ou Trinity. Par bonne lumière, la passe Trinity peut être facilement empruntée et est mieux située que la passe Grafton.

La route depuis le One and a Half Mile Opening (14°25'S, 145°26'E) est libre de tout danger jusqu'à Port Moresby. Du WP PS1061 à l'extérieur de cette passe, on mettra le cap pour le WP PS1062 à l'entrée de la passe Basilisk, qui mène à Port Moresby. Les bateaux doivent se diriger vers le Royal Papua Yacht Club où les bateaux de passage trouvent parfois une place au ponton. Le capitaine doit ensuite se rendre dans les divers bureaux pour effectuer les formalités.

L'autre route vers Samarai peut quitter la Grande Barrière par une multitude de passes, le Passage Grafton juste à l'extérieur de Cairns étant l'un des plus pratiques. Compte tenu de la direction des vents dominants, plus le point de départ de cette traversée se situe au nord, plus l'on devra serrer le vent. Comme les traversées hivernales de la mer de Corail peuvent être assez tumultueuses, cet aspect doit être pris en compte lorsque l'on planifie cette route. Les forts vents associés au courant portant à l'ouest font qu'il est nécessaire de gagner un peu à l'est lorsque le vent le permet.

Ayant quitté Cairns et gagné la haute mer par le passage Grafton, du WP PS1063 à l'extérieur de ce passage, on mettra le cap vers le WP PS1064 à l'est de l'île Bougainville. La route traverse alors la mer de Corail pour atterrir au WP PS1065 au sud-ouest de l'île Brumer, au large de la côte de Papouasie. On doit prévoir un laps de temps suffisant pour couvrir les 30 derniers milles vers Samarai de jour, où les formalités d'entrée en Papouasie-Nouvelle-Guinée pourront être effectuées. Si l'on n'a pas le temps d'atteindre Samarai de jour, il est préférable de mouiller au large de la côte pour la nuit. On peut trouver un bon mouillage derrière l'île Deirina, à proximité du détroit.

PS107 *Du Queensland du Nord à Darwin*

MEILLEURE PÉRIODE	juin à septembre	
SAISON DES CYCLONES	décembre à avril	
CARTES ROUTIÈRES	BA : 4603 US : 603	SHOM : 6818
INSTRUCTIONS NAUTIQUES	BA : 15, 17 US : 127, 175	
GUIDES DE CROISIÈRE	*Cruising the Coral Coast, Northern Territory Coast.*	
WAYPOINTS		

Départ	*Intermédiaire*	*Atterrissage*	*Destination*	*Distance (M)*
PS1071 One Half 14°20'S, 145°30'E	PS1072 Ashmore 10°00'S, 145°08'E			
	PS1073 9°23'S, 145°00'E			
	PS1074 Bligh 9°15'S, 144°00'E			
	PS1075 Thursday *10°34'S, 142°06'5E*			
	PS1076 Arafura 10°30'S, 132°20'E			
	PS1077 Bathurst 11°10'S, 130°00'E		Darwin *12°30'S, 130°51'E*	1312

Il y a deux solutions pour atteindre les Territoires du Nord de l'Australie depuis la côte est, soit par une route côtière proche de la côte en restant à l'intérieur de la Grande Barrière de Corail, soit par une route hauturière qui passe par le détroit de Torrès en utilisant le principal chenal maritime. La route intérieure est bien balisée, elle peut être faite sans escale et la navigation de nuit, bien que difficile, est loin d'y être impossible. Cependant, la plupart des yachts qui empruntent cette route n'effectuent que des étapes journalières, car il y a plein de mouillages ou de petits ports dans lesquels s'arrêter. Ayant passé l'extrémité nord de l'Australie au cap York, la mer d'Arafura est atteinte à travers le dédale du chenal Endeavour.

Ceux qui désirent naviguer au large devront utiliser l'une des passes à travers la Grande Barrière pour gagner la haute mer. La route la plus sûre, mais aussi la plus longue, à travers le détroit de Torrès utilise le principal chenal maritime, qui est bien balisé et éclairé. Pour rejoindre ce chenal, du WP PS1071 à l'extérieur du One and a Half Mile Opening au nord de l'île Lizard la route se dirige pratiquement plein nord vers le WP PS1072 passant à mi-chemin entre les récifs Eastern Fields et Ashmore. En maintenant un cap vers le nord jusqu'au WP PS1073, le cap est ensuite modifié pour le WP PS1074 au sud-est de Bramble Cay, à l'entrée du chenal Bligh, la porte d'entrée du détroit de Torrès. De là, la route rejoint le chenal principal que l'on doit suivre pour rejoindre la mer d'Arafura. Ce chenal bien balisé se dirige vers le sud-ouest pendant 130 milles jusqu'au chenal du Prince de Galles. De là, la route vers Darwin est la même que celle des bateaux qui ont pris la route côtière. Du WP PS1075, à l'ouest de l'île Thursday, une route vers l'ouest jusqu'au WP PS1076 pare tous les dangers. De là, le cap doit être modifié pour emprunter les détroits de Dundas et de Clarence, bien que la route plus longue contournant les îles Melville et Bathurst soit considérée comme plus facile. La route la plus courte, via le Détroit de Clarence, est décrite en détail dans IS11. Du WP PS1077 au nord-ouest de l'île Bathurst, une route vers le sud passe le cap Fourcroy et mène à l'approche de Darwin, d'où un chenal balisé conduit dans le port. Les bateaux arrivants doivent contacter le *Darwin Port Authority* par VHF sur le canal 16 ou par BLU sur 2182 kHz et se diriger vers Fishermen's Wharf pour les formalités d'entrée.

14

VENTS ET COURANTS DANS L'OCÉAN INDIEN NORD

Les vents et le temps dans l'océan Indien tout entier sont régis par les moussons, qui, bien qu'elles affectent en premier lieu la moitié nord de l'océan, ont aussi une répercussion sur les conditions météorologiques de l'océan Indien Sud. La mousson de nord-est souffle lorsque le soleil a une déclinaison sud et la mousson de sud-ouest lorsqu'il a une déclinaison nord.

La mousson de nord-est

Un vent dominant de nord-est souffle pendant les mois d'hiver dans l'océan Indien Nord, le golfe du Bengale et la mer d'Arabie. Le vent est très stable et constant dans la plupart des zones de l'océan Indien Nord, soufflant en moyenne à 10-15 nœuds, faiblissant vers l'équateur. En de rares occasions, la mousson peut atteindre la force du coup de vent, mais la plupart du temps on peut dire que les conditions de navigation sont aussi parfaites que possible. Il y a deux zones dans lesquelles la mousson est moins régulière et où les vents sont plus variables. Dans la mer d'Arabie, au nord de la latitude 20°N, le temps est parfois influencé par le passage de dépressions au nord de la région. L'autre zone est située au sud-est de Sri Lanka, entre la latitude 5°N et l'équateur, où les vents sont moins constants en force et en direction, leur direction normale étant de nord. Plus à l'est, dans le détroit de Malacca, la mousson est moins prononcée qu'ailleurs.

La mousson de nord-est dure de novembre à mars, commençant plus tôt au nord de la région, où elle est bien établie dès la mi-novembre. Vers l'équateur, elle n'atteint pas sa pleine puissance avant décembre. La mousson d'hiver est précédée et suivie d'une période de transition lorsqu'elle est remplacée par la mousson de sud-ouest et vice versa. Cette période de transition coïncide avec le mouvement à travers la région de la Zone de Convergence Intertropicale (ZCI) qui sépare les masses d'air des hémisphères nord et sud. La ZCI est plus active en avril-mai et en octobre-novembre, quand se produisent la plupart des cyclones dans l'océan Indien Nord. Pendant cette période de transition, on a souvent un temps à grains et le vent peut atteindre le coup de vent dans ces grains. A part cela, cette période peut se comparer au pot au noir d'autres océans, avec des vents faibles et des calmes, qui sont graduellement remplacés par la mousson qui arrive. Cette ceinture de calmes équatoriaux n'est pas aussi bien définie que dans les océans Atlantique et Pacifique.

La mousson de sud-ouest

La chaleur de la masse continentale asiatique pendant l'été crée une vaste zone de basses pressions sur la partie nord-ouest du sous-continent indien. Celle-ci attire les alizés de sud-est de l'océan Indien Sud à travers l'équateur, où ils rejoignent la circulation d'air générale qui va dans le sens contraire des aiguilles d'une montre autour de la zone de basses pressions située sur l'Inde. Cela constitue la mousson de sud-ouest qui est ressentie de juin à septembre dans les mêmes régions que sa contrepartie de nord-est. La mousson de sud-ouest est un vent soutenu qui souffle à une moyenne de 20 nœuds pendant de longues périodes et atteint fréquemment le coup de vent. Une zone située à environ 200 milles à l'est de l'île de Socotra a la réputation d'être l'endroit le plus venté de l'océan Indien, avec une fréquence de coups de vent en juillet similaire à celle du cap Horn en été ! Les vents faiblissent graduellement pendant les mois d'août et septembre, ils deviennent moins réguliers à la fois en force et en direction. En octobre et novembre, les vents sont souvent faibles jusqu'à l'arrivée de la mousson de nord-est. Pendant la mousson de sud-ouest, le ciel est couvert et le temps est variable, avec de fortes précipitations.

Les cyclones

Les tempêtes tropicales ou cyclones se produisent en mer d'Arabie et dans le golfe du Bengale. Les deux périodes de l'année où leur fréquence est maximum coïncident avec les périodes de transition entre les deux moussons. La première période d'activité cyclonique se situe au début de la mousson de sud-ouest, de fin mai à mi-juin. La seconde période coïncide avec l'établissement de la mousson de nord-est et dure de fin octobre à la seconde quinzaine de novembre. La plupart de ces tempêtes se forment dans le voisinage de la ZCI lorsqu'elle est située entre les latitudes 5°N et 15°N.

La plupart des cyclones qui se produisent en mai et juin naissent en mer d'Arabie, d'où ils se déplacent soit vers le nord-ouest et l'ouest, soit vers le nord, infléchissant alors leur trajectoire vers le nord-est et la côte. Quelques-uns de ceux qui se forment en octobre et novembre dans le golfe du Bengale vont vers l'ouest en traversant l'Inde du Sud jusqu'en mer d'Arabie. Octobre est le mois de plus grande fréquence des cyclones, à la fois dans le golfe du Bengale et dans la mer d'Arabie. Leur fréquence diminue en novembre et ils deviennent rares en décembre et en janvier, aucun n'ayant été enregistré en février et mars. Après la mi-avril, le risque de cyclones recommence à augmenter.

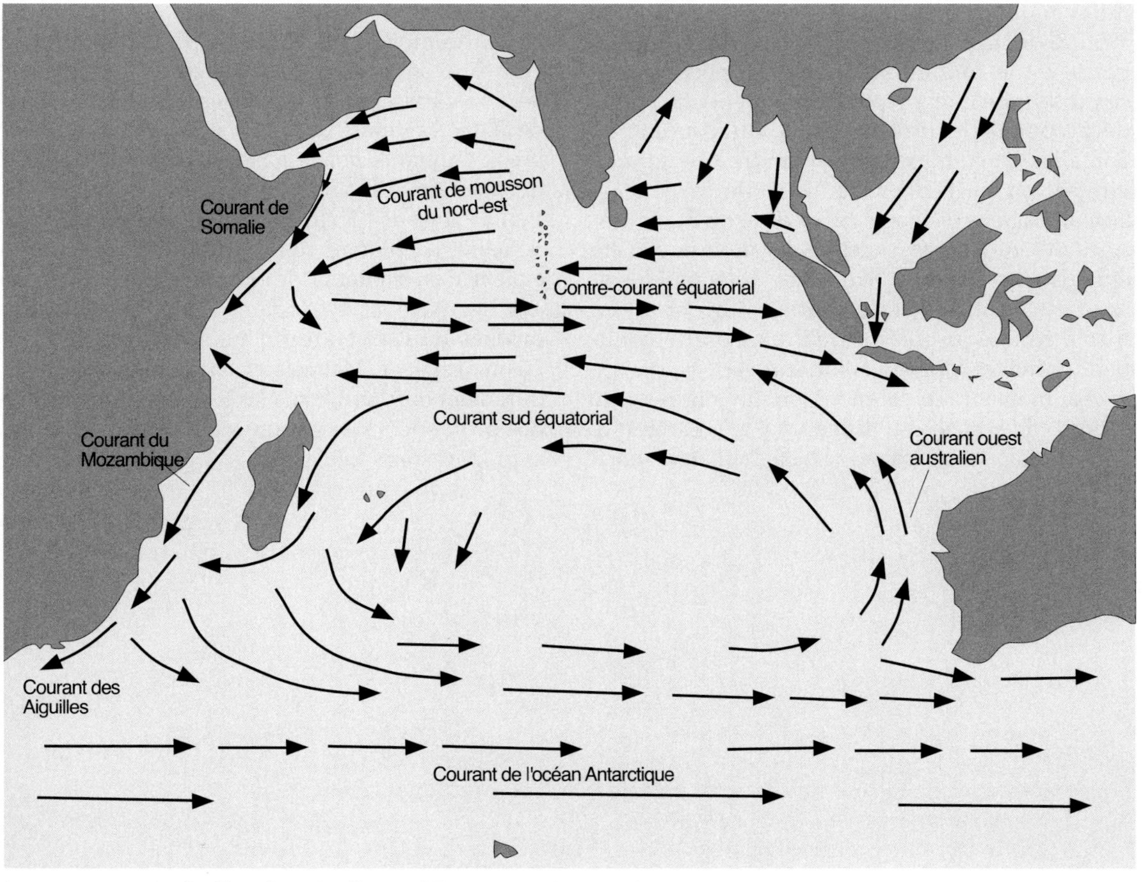

Les courants de l'océan Indien - Mousson de nord-est

Coups de vent locaux

Des coups de vent violents, connus sous le nom de *sumatras*, affectent le détroit de Malacca, du nom de l'île dont ils proviennent. Ils avertissent très peu par rapport à d'autres dépressions dans le monde et de nombreux marins se sont fait surprendre. A peu près une heure avant son arrivée, on voit un nuage bas foncé très caractéristique, du type cumulo-nimbus, au-dessus de l'horizon à l'ouest. Il est suivi de fortes rafales de vent d'ouest d'environ 30-40 nœuds qui disparaissent au bout de 2 heures. Elles sont accompagnées de fortes précipitations et d'éclairs violents vers la fin du coup de vent.

Les courants

Les courants de l'océan Indien Nord suivent un schéma saisonnier à cause des moussons et leur direction se renverse sous leur influence. Le Courant nord-est de mousson se produit pendant la mousson de nord-est et atteint son maximum en février. Il se situe entre l'équateur et la latitude 6°N et se dirige vers l'ouest. Sa contrepartie est le courant sud-ouest de mousson qui se produit de mai à septembre et peut être considéré comme le prolongement du courant de Somalie. Ce courant peut atteindre une grande vitesse, en particulier au large de la côte de Somalie et au voisinage de Socotra, où quelques-unes des plus fortes vitesses au monde ont été enregistrées, jusqu'à 7 nœuds. Bien qu'il soit nord-est à son début, le courant devient est en mer d'Arabie jusqu'à ce qu'il atteigne le continent Indien et tourne vers le sud-est.

Au moment de la mousson de nord-est, le courant de Somalie se dirige vers le sud-ouest le long de la côte africaine jusqu'à l'équateur où il rencontre le courant de la côte d'Afrique de l'Est qui va vers le nord. En décembre et janvier, le courant tourne vers l'est et devient le contre-courant équatorial.

Le contre-courant équatorial est le seul courant de l'océan Indien à ne pas changer de direction avec les moussons. Cependant, il se renforce pendant les périodes de transition entre les deux moussons, avril-mai et octobre-novembre. Il s'écoule vers l'est tout au long de l'année et est situé au nord du courant équatorial, qui va vers l'ouest. Le contre-courant équatorial atteint sa limite la plus sud en février, au maximum de la mousson de nord-est, il s'écoule alors quelquefois très près du courant nord-est de mousson. Cela signifie qu'en se déplaçant légèrement vers le nord ou vers le sud, on peut passer d'un courant allant vers l'est à un courant allant vers l'ouest. La limite sud du contre-courant est toujours située au sud de l'équateur, quelle que soit la saison.

Tsunamis

Les tremblements de terre sous-marins peuvent provoquer d'énormes vagues qui affectent les terres basses et les îles à des milliers de milles de là. Le Pacifique Nord a été dévasté par de nombreux tsunamis par le passé. Le tsunami le plus dévastateur ravagea en décembre 2004 une grande zone de l'océan Indien, de la Thaïlande à la Somalie. La plupart des 200 000 morts déplorés étaient des habitants de Sumatra, de Sri Lanka, des Iles Nicobar et Andaman, les pays les plus proches de l'épicentre du tremblement de terre. Les marinas en Malaisie et en Thaïlande ont été durement touchées, mais les bateaux mouillés par des profondeurs assez importantes en sont pour la plupart sortis intacts.

15

ROUTES DANS L'OCÉAN INDIEN NORD

En comparaison des deux autres grands océans de la planète, l'océan Indien n'est traversé que par un nombre relativement faible de routes de croisière. Seuls quelques voiliers y effectuent une croisière, par rapport à ceux pour lesquels la traversée est une étape d'un tour du monde. Les routes sont commandées par la possibilité de prévoir le temps, les saisons y étant beaucoup mieux définies que nulle part ailleurs. La régularité des moussons était déjà reconnue par les anciens navigateurs qui savaient comment tirer parti de tout le système des vents saisonniers. Cette saisonnalité rend la planification bien à l'avance d'un voyage très facile pour faire une traversée au meilleur moment. Cela s'applique à la fois à la moitié nord de l'océan, qui est dominée par les moussons de nord-est et de sud-ouest, et à la moitié sud, qui est sous l'influence des alizés de sud-est. Le tsunami qui dévasta de nombreuses côtes de l'océan Indien Nord en décembre 2004 ne semble pas avoir eu d'effets à long terme sur la fréquentation de la région par les voiliers. La plupart des équipements sur les côtes ont été rapidement réparés bien qu'il faille encore plusieurs années pour que la situation revienne à la normale. Les conséquences du tsunami et les attaques de pirates dans le golfe d'Aden poussent cependant davantage de bateaux à opter pour la route plus longue par l'Afrique du Sud.

Il y a deux routes principales qui traversent l'océan Indien, elles partent toutes deux du détroit de Torrès. Pour ceux qui veulent aller naviguer en Méditerranée ou qui veulent rejoindre le sud de l'Europe par le chemin le plus court, la route logique passe par l'océan Indien Nord et la mer Rouge. Pour ceux qui vont en Atlantique par le cap de Bonne Espérance, la route directe traverse l'océan Indien Sud jusqu'à l'Afrique du Sud.

La plupart des routes de l'océan Indien sont des variantes de ces deux routes. Pour les bateaux qui naviguent dans l'océan Indien Nord, le port de Galle à Sri Lanka est toujours populaire et ne semble pas avoir été affecté par les troubles politiques qui secouent le pays. La plupart des bateaux arrivent à Galle en venant de Thaïlande ou de Malaisie. Ils vont presque tous en mer Rouge et ont attendu en Asie du Sud-Est la meilleure période pour traverser l'océan Indien Nord.

En dépit des nombreux attraits de l'Inde, la plupart des bateaux continuent à ne pas s'arrêter dans ce grand pays, principalement à cause des formalités compliquées auxquelles les officiels indiens soumettent les bateaux. Cependant la situation s'améliore, ceux-ci s'habituant à avoir affaire aux bateaux de croisière. Pour les mêmes raisons, peu de bateaux s'aventurent dans les états du Golfe.

La saison favorable pour une traversée de l'océan Indien Nord est la mousson de nord-est, quand on peut espérer des conditions de navigation presque parfaites. Cette saison dure de décembre à mars, mais effectuer le passage en janvier et février offre l'avantage de permettre d'arriver en Méditerranée après la période la plus froide de l'hiver, au début de la saison de croisière.

Le golfe du Bengale présente un temps de mousson typique. La mousson de nord-est commence en octobre dans les zones nord et ne s'établit qu'en novembre plus au sud. Elle souffle régulièrement et s'accompagne d'un beau temps sec jusqu'en avril, où le temps devient chaud, sans vent et oppressant. La mousson de sud-ouest ne s'établit que vers la mi-juin mais souffle vite fort, de 20 à 25 nœuds, avec régularité jusqu'en août où elle commence à faiblir, disparaissant en octobre. Les cyclones sont plus nombreux dans le golfe du Bengale que dans n'importe quelle autre région de l'océan Indien, mais ils sont souvent plus courts et moins violents. Ils peuvent se produire d'avril à décembre, étant plus fréquents en juillet et octobre, aux changements de mousson.

Les conditions de temps sont très semblables en mer d'Arabie et ce sont les vents saisonniers de cette mer qui ont donné leur nom aux "moussons", ce qui veut dire "saisons". Comme dans les autres régions de l'océan Indien, c'est la mousson de nord-est qui offre le temps le plus agréable. La saison humide coïncide avec la mousson de sud-ouest, qui commence en mai dans le sud et s'étend à toute la région en juin. Il y a habituellement un temps à grains aux changements de saison. Sur la côte indienne, la mousson de sud-ouest arrive avec un coup de vent soudain d'est, beaucoup de pluie et le tonnerre pendant plusieurs heures avant que le vent de sud-ouest ne prenne le dessus. Cette arrivée brutale de la mousson est précédée d'une semaine d'éclairs éblouissants qui cessent tous les jours au coucher du soleil. Les vents de sud-ouest en mer d'Arabie sont très forts et peuvent souffler à 30 nœuds pendant plusieurs jours. Il y a une très grande fréquence de coups de vent en particulier près de l'île de Socotra pendant le mois de juillet. En septembre, les vents commencent à faiblir et la mousson se désagrège et disparaît en octobre.

Les cyclones se produisent à deux périodes de l'année qui coïncident avec les changements de mousson. L'une va d'avril à juillet, la plus forte fréquence étant en août, tandis que la fréquence maximum est en octobre pour l'autre, les cyclones pouvant se produire de septembre à décembre. La plupart incurvent leur trajectoire vers le nord-ouest et frappent les côtes de la péninsule arabique ou alors continuent à s'incurver vers le nord-est et vont sur l'Inde et le Pakistan.

La mousson de nord-est dure d'octobre à avril, mais les vents sont déviés et soufflent plus d'est dans le golfe d'Aden, de sud-est ou de sud dans le détroit de Bab el Mandeb dans la mer Rouge. De juin à août, la mousson de sud-ouest domine, soufflant le plus fort en juillet, fréquemment à plus de 30 nœuds. Pendant la mousson de sud-ouest, une forte brise de terre locale appelée le kharif souffle à plus de 30 milles au large de la côte africaine. Renforçant le vent de sud-ouest, elle peut atteindre le coup de vent la nuit et est très sèche, pleine de poussière et de sable d'Afrique. De même, un vent fort de nord ou nord-ouest appelé le *belat* souffle au large de la côte d'Arabie de décembre à mars. Ici encore, il se lève la nuit, est chargé de poussière et de sable et peut atteindre 30 nœuds en certains endroits de la côte. Il y a parfois une faible visibilité due à du brouillard ou à de la brume, en particulier le long de la côte d'Arabie pendant la mousson de sud-ouest. Très rarement, des cyclones venant de la mer d'Arabie s'égarent sans grand préavis dans le golfe d'Aden. Les mois dangereux sont juin et octobre.

Avertissement : il faut noter que la position des Maldives sur la carte n'est pas en accord avec les observations GPS, il faut donc approcher ces îles avec précaution. Insistons sur le fait que tous les waypoints ne sont donnés que comme guides et qu'il ne faut pas s'y fier aveuglément pour l'atterrissage.

IN10 ROUTES DEPUIS L'ASIE DU SUD-EST

La principale route de croisière conduit de Singapour au golfe de Bengale en passant par le détroit de Malacca. Elle est principalement empruntée par les bateaux qui font un tour du monde et passent de l'océan Pacifique Sud à l'océan Indien Nord et à la mer Rouge. Ils sont rejoints à Singapour par ceux qui arrivent d'Extrême-Orient, de Hong Kong et des Philippines pour la plupart. Le nombre de bateaux qui vont dans l'autre direction vers l'Asie du Sud-Est est beaucoup plus faible. Les routes depuis Singapour vers le Pacifique sont décrites de PN41 à PN45.

De par sa position proche de l'équateur, Singapour a un climat chaud et humide qui varie peu au cours de l'année, les vents sont faibles et il y a des calmes. La mousson de nord-est commence en novembre mais les vents de nord-est sont déviés et paraissent à cette époque de l'année être une mousson de nord-ouest. En janvier, les vents de nord-est sont établis mais ne sont ni aussi forts ni aussi constants qu'en mer de Chine méridionale. A partir d'avril, les alizés de sud-est pénètrent la zone en venant du sud de l'équateur, avec souvent une composante sud. D'avril à novembre, la région est

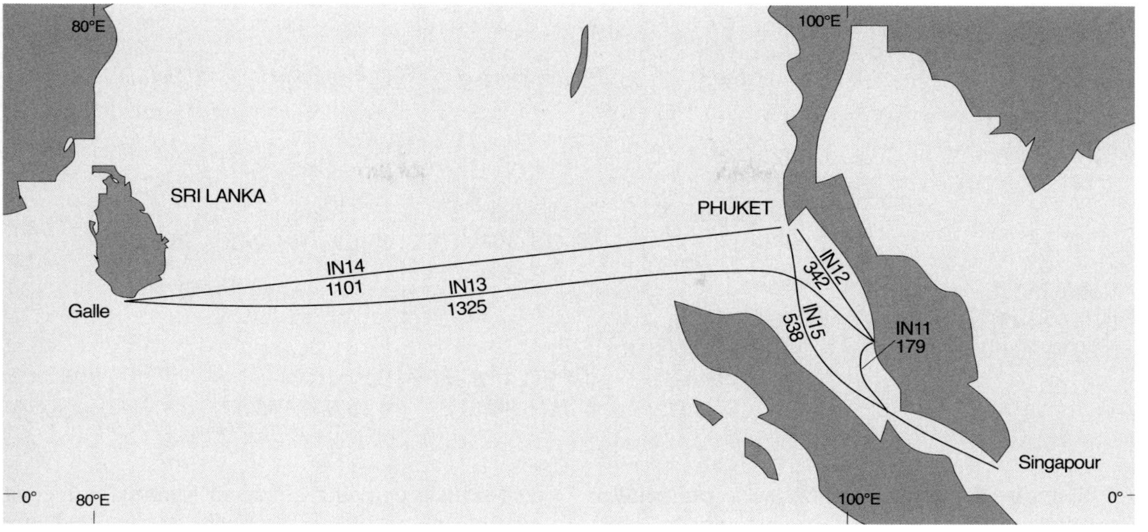

IN10 Routes depuis l'Asie du Sud-Est

affectée par les *sumatras*, des lignes de grains orageux accompagnées de vents violents qui soufflent à travers le détroit et durent plusieurs heures.

Bien que le détroit de Malacca soit situé dans la zone des moussons de l'océan Indien, le temps qui l'affecte est très influencé par les conditions locales, et l'on y trouve tout au long de l'année des vents variables avec des brises de terre et de mer régulières. La mousson de sud-ouest est bloquée par l'île élevée de Sumatra, et la péninsule de Malaisie fait de même pour la mousson de nord-est. La période de janvier à mars a normalement le temps le plus agréable, peu de grains et moins de pluie, car la mousson de nord-est pénètre dans la zone. Même en cette saison, il est possible d'avoir des vents de nord-ouest ou d'ouest pendant quelques jours. Mars et avril ont un temps variable et la mousson de sud-ouest commence début mai, étant à son maximum en juillet et en août. Les vents de sud-ouest sont les plus forts dans la partie nord du détroit de Malacca, sont variables de sud-est à sud-ouest avec des calmes au centre et plus sud-est vers le sud près de Singapour.

Des brises de mer et de terre soufflent des deux côtés du détroit de Malacca jusqu'à 20 milles au large. La brise de terre commence au milieu de la matinée, atteint son maximum en milieu d'après-midi et disparaît au coucher du soleil. Elle peut souffler jusqu'à 20 nœuds si elle se combine à la mousson, ou rester faible ou variable si la mousson souffle dans le sens opposé. Les conditions sont très différentes d'un endroit à l'autre. Sur la côte malaise, la brise de terre de nuit peut être très forte, se levant dans la soirée et soufflant parfois violemment pendant toute la nuit. Plus haut sur la côte vers la Thaïlande, la mousson de sud-ouest est plus régulière et plus forte que dans le détroit de Malacca, hors du bouclier que procurait la grande île de Sumatra. Les vents de sud-ouest sont dominants de mai à septembre, atteignant leur régularité maximum en juillet et août. Par ailleurs, la haute masse de la Thaïlande abrite cette côte de la mousson de nord-est, qui tend à avoir ici une composante plus nord. Très rarement, à peu près une fois en cinquante ans, un cyclone arrive du golfe du Bengale et atteint le golfe du Siam.

IN11 *De Singapour à l'ouest de la Malaisie*

MEILLEURE PÉRIODE	octobre à novembre, avril	
SAISON DES CYCLONES	aucune	
CARTES ROUTIÈRES	BA : 1355	SHOM : 6781
	US : 707	
INSTRUCTIONS NAUTIQUES	BA : 21, 44	
	US : 174	
GUIDES DE CROISIÈRE	*Cruising Guide to Southeast Asia (vol 1).*	

WAYPOINTS

Départ	*Intermédiaire*	*Atterrissage*	*Destination*	*Distance (M)*
Route IN11A				
IN111 Channel W	IN112 Muar			
1°14'N, 103°30'E	1°57'N, 102°30'E			
	IN113 Panjang N	IN114 Klang S	Port Klang	179
	2°09'N, 102°15'E	2°50'N, 101°15'E	*3°00'N, 101°23'E*	
Route IN11B				
IN115 Klang N	IN116 Sembilan			
3°20'N, 101°00'E	4°00'N, 100°27'E			
	IN117 Penang S	IN118 Langkawi S	Bass Harbour	198
	5°09'N, 100°10'E	6°08'N, 99°45'E	*6°18'N, 99°50'E*	

Bien que le détroit de Malacca puisse être emprunté toute l'année, on aura le temps le mieux établi pendant la mousson de nord-est, quand la fréquence des grains est beaucoup plus faible que dans l'autre saison. Les célèbres *sumatras* sont plus fréquents pendant la mousson de sud-ouest et les fortes pluies et les vents violents qui les accompagnent peuvent rendre la navigation difficile, la situation étant encore compliquée par la densité du trafic.

Autre caractéristique de la navigation dans le détroit de Malacca, les forts courants de marée, qui, comme les vents sont normalement faibles, font qu'il est préférable de mouiller entre les marées que d'essayer de lutter contre le courant. C'est facile, car les fonds sont assez peu profonds tout le long de la côte du détroit et il y a assez d'endroits protégés où mouiller quelques heures. On préférera le côté malais si l'on fait de petites étapes. Les vents faibles et les calmes sont plus fréquents pendant la journée, il vaut donc mieux naviguer de nuit, quand les brises sont plus régulières et que le temps est souvent plus agréable. Cependant, il y a de nombreux pièges à poisson qui jalonnent les deux côtés du détroit. A moins d'avoir un radar qui les détectera, il convient de s'éloigner des eaux peu profondes quand on navigue de nuit.

Très peu de traversées le long de la côte ouest de Malaisie, et sans doute aucune, se font sans escale. C'est pourquoi cette route a été divisée en deux, avec un arrêt à Port Klang, où la plupart des bateaux qui vont vers le nord interrompent habituellement leur trajet. Il y a plusieurs ports entre Malacca et Penang, où l'on peut s'arrêter en allant de Singapour vers le nord. Les formalités d'entrée en Malaisie peuvent se faire à Malacca, où il est possible de se mettre à couple d'autres bateaux amarrés le long de la rivière. Partant du WP IN111 à l'entrée du détroit de Malacca, la route est parallèle à la côte malaise jusqu'au WP IN112. On peut faire une première escale à Muar (2°02'N, 102°34'E), qui est un port d'entrée officiel en Malaisie. Sinon, on peut continuer jusqu'au WP IN113 au large de l'île de Panjang, à l'approche de Malacca (2°15'N, 102°35'E). Le WP IN114 vous amène à l'entrée sud du chenal menant dans Port Klang, le port principal de Malaisie, desservant la capitale Kuala Lumpur. Le South Klang Strait conduit à l'intérieur du port, où est situé le Royal Selangor Yacht Club, sur le côté est (3°00.3'N, 101°23.5'E). Les bateaux de passage peuvent utiliser les services du yacht club, qui apportera également son assistance pour les formalités.

Les bateaux qui se dirigent vers le nord quitteront le port par le North Klang Strait et iront prendre la route du large au WP IN115. La route suit la côte malaise jusqu'au WP IN116 à l'ouest des îles Sembilan. Dix milles plus au nord, la petite île de Pangkor masque l'entrée de la rivière Dindings et la petite ville de Lumut. Le Lumut International Yacht Club, sur le fleuve Dinding, a quelques pontons et accueille les visiteurs. Si l'on ne veut pas s'arrêter à Penang, la route continue au large de cette île. Sinon, le WP IN117 marque l'entrée du chenal sud, qui conduit au bras séparant Penang de la côte. Pour faire les formalités à Penang, il faut se rendre au bureau des douanes à Georgetown, tandis que le bureau de l'Immigration est à Butterworth, sur le continent. Pour la plupart des bateaux qui vont vers le nord, la dernière escale sera l'île de Langkawi, dont le principal intérêt est d'être une zone hors-taxes. Le WP IN118 est au large du Tyson Strait menant au port de Bass, parfaitement protégé. Les visiteurs peuvent aller à la nouvelle Rebak Marina (6°18'N 99°42'E) ou utiliser les équipements du Langkawi Yacht Club, près du terminal du ferry.

IN12 *De l'ouest de la Malaisie à la Thaïlande*

MEILLEURE PÉRIODE	octobre à novembre, avril			
SAISON DES CYCLONES	aucune			
CARTES ROUTIÈRES	BA : 4707 US : 707	SHOM : 6781		
INSTRUCTIONS NAUTIQUES	BA : 21, 44 US : 173, 174			
GUIDES DE CROISIÈRE	*Sail Thailand, Cruising Guide to Southeast Asia (vol 1).*			
WAYPOINTS				

Départ	*Intermédiaire*	*Atterrissage*	*Destination*	*Distance (M)*
IN121 Penang N 5°30'N, 100°15'E	IN122 Langkawi SW 6°08'N, 99°45'E		Bass Harbour 6°18'N, 99°50'E	54
IN121 Penang N	IN123 Langkawi W 6°15'N, 99°40'E			
	IN124 Butang 6°34'N, 99°24'E	IN125 Phuket S 7°47'N, 98°25'E	Ao Chalong 7°49'N, 98°21'5E	180

La meilleure saison pour cette route est pendant la mousson de nord-est quand le temps est le mieux établi, bien que les vents ne soient pas toujours favorables sur ce passage vers le nord. Le principal centre d'intérêt sur la côte ouest de la Thaïlande est l'île de Phuket et ses environs.

Les bateaux qui partent de Georgetown, principale ville et port de Penang, prennent le chenal nord pour regagner la pleine mer. La plupart des bateaux qui vont vers le nord interrompant leur chemin vers la Thaïlande à Langkawi, de Penang et du WP IN121, la route mène au WP IN122 au large de Tyson Strait qui conduit au port de Bass. Les visiteurs peuvent aller à la nouvelle Rebak Marina (6°18'N 99°42'E) ou utiliser les équipements du Langkawi Yacht Club, près du terminal du ferry. Que l'on s'arrête à Langkawi ou que l'on aille directement à Phuket, du WP IN123 à l'ouest de Langkawi, on peut faire route vers le WP IN124 à mi-chemin entre les îles Besi et Tenga dans le groupe Butang, qui appartient à la Thaïlande. De là, la route continue vers le nord-ouest en laissant plusieurs îlots et rochers jusqu'au WP IN125 au large de Ao Chalong et de la baie de Phuket. Les bateaux peuvent mouiller dans la baie bien protégée à Ao Chalong, d'où le capitaine doit se débrouiller pour aller à Phuket pour faire les formalités d'entrée. Il est prévu d'ouvrir un bureau local pour les formalités, mais jusqu'à ce qu'il soit opérationnel le capitaine doit se rendre dans la ville de Phuket. On peut aussi se rendre dans la marina voisine de Phuket Boat Lagoon Marina (7°58'N 98°24'E), dont l'accès est soumis à la marée, ou aller 5 milles plus au nord à The Yacht Haven (8°10'N 98°21'E) où il n'y a aucun problème de tirant d'eau.

IN13 *De l'ouest de la Malaisie à Sri Lanka*

MEILLEURE PÉRIODE	janvier à mars	
SAISON DES CYCLONES	mai à juillet, octobre à novembre	
CARTES ROUTIÈRES	BA : 4707 US : 707	SHOM : 6781
INSTRUCTIONS NAUTIQUES	BA : 38, 44 US : 170, 173, 174	
GUIDES DE CROISIÈRE	*Indian Ocean Cruising Guide.*	

Waypoints

Départ	*Intermédiaire*	*Atterrissage*	*Destination*	*Distance (M)*
Route IN13A				
IN131 Penang N	IN133 Rondo			
5°30'N, 100°15'E	6°15'N, 95°10'E			
	IN134 Dondra	IN135 Galle E	Magalle	1210
	5°50'N, 80°35'E	5°59'N, 80°15'E	*6°01'9N, 80°13'7E*	
Route IN13B				
IN132 Langkawi SW	IN133 Rondo			
6°10'N, 99°45'E	IN134 Dondra	IN135 Galle E	Magalle	1177

Les meilleures traversées le long de cette côte se font entre janvier et mars, lorsque la mousson souffle régulièrement sur l'océan Indien Nord. Il ne faut pas entreprendre cette traversée trop tôt, avant que la mousson ait eu le temps de s'établir, car on ne peut être vraiment sûr d'avoir des vents stables avant la mi-décembre. Un départ de Singapour ou de Malaisie en janvier offre les meilleures chances de vents excellents sur les deux étapes de Sri Lanka et de la mer Rouge. On rencontre de bien moins bonnes conditions pendant la période de transition, en avril et en octobre-novembre, quand les vents d'ouest sont très fréquents et que l'on court un très haut risque d'avoir un cyclone dans le golfe du Bengale.

Ce passage n'est pas recommandé pendant la mousson de sud-ouest, à la fois à cause des vents contraires et du danger de cyclones dans le golfe du Bengale. Bien que des bateaux aient tenté d'atteindre Sri Lanka pendant la mousson de sud-ouest en prenant une route sud après avoir passé l'extrémité nord de Sumatra, dans l'espoir de faire de l'ouest une fois au sud de l'équateur, c'est une route extrêmement difficile et on doit l'éviter dans toute la mesure du possible. Une autre option plus logique est d'atteindre l'océan Indien depuis Singapour en passant par le détroit de la Sonde puis de suivre les instructions de la route IT12.

Pendant la mousson de nord-est, les bateaux qui partent de ports situés dans le sud du détroit de Malacca ou même de Singapour doivent longer la côte de Malaisie jusqu'à pouvoir passer le nord de Sumatra en naviguant tribord amure. Il y a deux ports pratiques d'où partent normalement les bateaux pour cette traversée, tous deux situés sur des îles près de la côte de Malaisie. Ceux qui partent de Penang (route IN13A) atteindront la pleine mer par le chenal nord et prendront le départ du WP IN131. Un autre point de départ populaire est Langkawi (route IN13B), on partira dans ce cas du WP IN132 dans Tyson Strait. La route directe vers l'extrémité sud de Sri Lanka passe entre les îles Rondo et Grande Nicobar. De l'un ou l'autre de ces points de départ, on fera route vers le WP IN133. Il est normalement possible de s'arrêter à Sabang, petit port sur l'île de Wé (5°53'N, 95°19'E), au large de la côte nord de Sumatra, où des bateaux ont été autorisés à s'arrêter brièvement sans être en possession du permis de croisière indonésien. Après avoir passé Sumatra, du WP IN133 on peut changer de cap pour le WP IN134, au large du cap Dondra, l'extrémité sud de Sri Lanka. On suit alors la côte sud de l'île jusqu'à Galle, où l'on entre par le chenal est. La ville de Galle est située sur le côté ouest de la grande baie, tandis que le petit port est dans la partie nord-est de la baie dans un quartier de la ville appelé Magalle. Les yachts peuvent se mettre sur l'un des deux pontons du bassin intérieur. Il faut prévoir son arrivée de jour car il est interdit d'entrer dans le port la nuit. Il faut prendre un agent local pour faire les formalités, l'un d'eux viendra normalement à bord peu après l'arrivée.

IN14 *De la Thaïlande à Sri Lanka*

Meilleure période	janvier à mars			
Saison des cyclones	mai à juillet, octobre à novembre			
Cartes routières	BA : 4707	SHOM : 6781		
	US : 707			
Instructions nautiques	BA : 21, 38			
		US : 170, 173		
Guides de croisière	*Indian Ocean Cruising Guide.*			
Waypoints				
Départ	*Intermédiaire*	*Atterrissage*	*Destination*	*Distance (M)*
Route IN14A				
IN141 Phuket SW	IN142 Nicobar			
7°44'N, 98°19'E	6°30'N, 93°50'E			
	IN144 Dondra	IN145 Galle E	Magalle	1101
	5°50'N, 80°35'E	5°59'N, 80°15'E	*6°01'9N, 80°13'7E*	
Route IN14B				
IN141 Phuket SW	IN143 Sombrero			
	7°38'N, 93°35'E			
	IN144 Dondra	IN145 Galle E	Magalle	1096

Au milieu de la mousson de nord-est, entre janvier et mars, les vents sur cette route peuvent être parfaits et certains ont fait là une de leurs plus agréables traversées. Les instructions sont semblables à celles de la route IN13.

En prenant le départ de Phuket au WP IN141 à l'est de Ko Keonoi, on a le choix de passer d'un côté ou de l'autre des îles Nicobar. Le WP IN142 au sud de Grande Nicobar indique la solution la plus facile et est la route recommandée (IN14A). L'autre option (IN14B) est de faire route vers le WP IN143 au nord de Petite Nicobar et de passer par le chenal Sombrero. L'inconvénient de cette solution est qu'il y a plus de dangers à éviter et aussi plus de mouvements de petits bateaux, en particulier la nuit. Les Nicobar appartiennent à l'Inde et depuis peu les bateaux de croisière ont le droit de s'y arrêter brièvement. Les autorités indiennes insistent sur le fait que les bateaux qui s'arrêtent dans les Nicobar ou les Andaman doivent faire les formalités à Port Blair (11°45'N 92°45'E), dans les Andaman du Sud. C'est un très grand détour pour qui ne souhaite faire qu'un bref arrêt dans les Nicobar sur la route de Sri Lanka.

Une fois passé les Nicobar, on peut changer de cap pour le WP IN14 au large de la pointe Dondra, l'extrémité sud de Sri Lanka. De là, la route est parallèle à la côte sud de l'île jusqu'au port de Galle, où l'on pénètre par le chenal de l'est. En approchant Galle par l'est, surtout de nuit, il faut donner un large tour aux rochers Goda Gala, au sud-est du port, et arriver dans la baie par le sud. La ville de Galle est située sur le côté ouest de la grande baie, tandis que le petit port est dans la partie nord-est de la baie dans un quartier de la ville appelé Magalle. Normalement, un agent se présentera, dont les services sont nécessaires pour accomplir les formalités. Les yachts peuvent se mettre sur l'un des deux pontons du bassin intérieur. Il faut prévoir son arrivée de jour car il est interdit d'entrer dans le port la nuit.

IN15 *De la Thaïlande à Singapour*

Meilleure période	décembre à avril		
Saison des cyclones	aucune		
Cartes routières	BA : 1355	US : 707	SHOM : 6781
Instructions nautiques	BA : 21, 44	US : 173, 174	
Guides de croisière	*Cruising Guide to Southeast Asia (vol 2).*		

WAYPOINTS

Départ	*Intermédiaire*	*Atterrissage*	*Destination*	*Distance (M)*
Route IN15A				
IN151 Phuket S	IN152	IN156 Penang N	Georgetown	201
7°47'N, 98°25'E	6°00'N, 99°00'E	5°30'N, 100°15'E	*5°25'N, 100°20.5'E*	
	IN155			
	4°00'N, 100°00'E			
	IN157	IN158 Chenal W	Singapour	538
	2°55'N, 100°55'E	1°14'N, 103°30'E	*1°16'N, 103°50'E*	
Route IN15B				
IN151 Phuket S	IN153 Butang	IN154 Langkawi	Bass Harbour	129
	6°34'N, 99°24'E	6°15'N, 99°40'E	*6°18'N, 99°50'E*	

On peut naviguer toute l'année sur la côte ouest de la Thaïlande au sud de Phuket, car elle n'est pas affectée par les cyclones qui prennent naissance dans le golfe du Bengale, bien qu'on trouve le temps le plus agréable pendant la mousson de nord-est. Pendant la mousson de sud-ouest, la chaleur est étouffante et la fréquence des grains est plus grande. Les conditions de navigation sur la côte malaise et dans le détroit de Malacca sont également meilleures pendant la mousson de nord-est. Dans les deux saisons, le courant principal se dirige vers le nord.

Bien qu'on puisse passer le détroit de Malacca toute l'année, on aura les meilleures conditions météo pendant la mousson de nord-est, quand la fréquence des grains est bien plus faible que pendant la saison opposée. Les célèbres *sumatras* sont également moins fréquents, qui peuvent rendre la navigation très difficile dans ces eaux très fréquentées car les grains s'accompagnent de fortes pluies et de vents violents. Comme on l'a mentionné plus haut, une autre caractéristique du détroit de Malacca est l'existence de forts courants de marée, qui, comme les vents sont normalement faibles, font qu'il est préférable de mouiller entre les marées. C'est facile, car les fonds sont assez peu profonds tout le long de la côte du détroit et il y a assez d'endroits protégés où mouiller quelques heures. On préférera le côté malais si l'on fait de petites étapes. Les vents faibles et les calmes sont plus fréquents pendant la journée, il vaut donc mieux naviguer de nuit, quand les brises sont plus régulières et que le temps est souvent plus agréable. Cependant, il y a de nombreux pièges à poisson qui jalonnent les deux côtés du détroit. A moins d'avoir un radar qui les détectera, il convient de s'éloigner des eaux peu profondes quand on navigue de nuit.

En quittant Phuket, les bateaux qui vont vers le sud ont le choix entre prendre une route côtière (IN15B) et s'arrêter dans un bon nombre de ports commodément situés sur la côte malaise, ou rester au large (IN15A). En partant du WP IN151 au sud de Phuket, la route du large va jusqu'au WP IN152. Si l'on veut s'arrêter à Langkawi, le port d'entrée en Malaisie le plus proche, on prend la route côtière jusqu'au WP IN153 à mi-distance des îles Besi et Tenga dans le groupe Butang. De là, on peut changer de cap vers le WP IN154 au large de la côte ouest de Langkawi. La route au large continue jusqu'au WP IN155, mais ceux qui veulent s'arrêter à Penang feront route vers le WP IN156 à l'entrée du chenal nord menant à Georgetown.

La densité du trafic maritime augmente au fur et à mesure que l'on approche de Singapour et l'on doit s'attendre à rencontrer beaucoup de bateaux avant d'avoir atteint le WP IN157. La route continue jusqu'au WP IN158 à l'entrée du chenal de Singapour. La Raffles Marina, sur la côte ouest de l'île de Singapour, est le meilleur endroit pour séjourner à Singapour, le port le plus actif du monde. Ceux qui arrivent de la côte est de la Thaïlande et du golfe du Siam préféreront peut-être utiliser les équipements du Changi Yacht Club, au NE de l'île de Singapour et accomplir les formalités à partir de là. Ils peuvent aussi se rendre dans la Sabana Cove Marina située sur le fleuve Santi en Malaisie (1°25'N 104°10'E). Toutes les marinas de Singapour veillent sur le canal 77.

Bien que la plupart des bateaux préfèrent les côtes ouest de la Malaisie et de la Thaïlande, quelques-uns se sont récemment aventurés sur les côtes est de ces deux pays, qui bordent la mer de Chine méridionale. Il y a beaucoup de jolis ports de pêche sur la côte qui va de Singapour au golfe de Siam. Cette côte étant exposée aux vents d'est, il vaut mieux y naviguer pendant la mousson de sud-ouest. Pour plus de détails, voir la route PN41.

IN20 ROUTES DEPUIS SRI LANKA ET LES MALDIVES

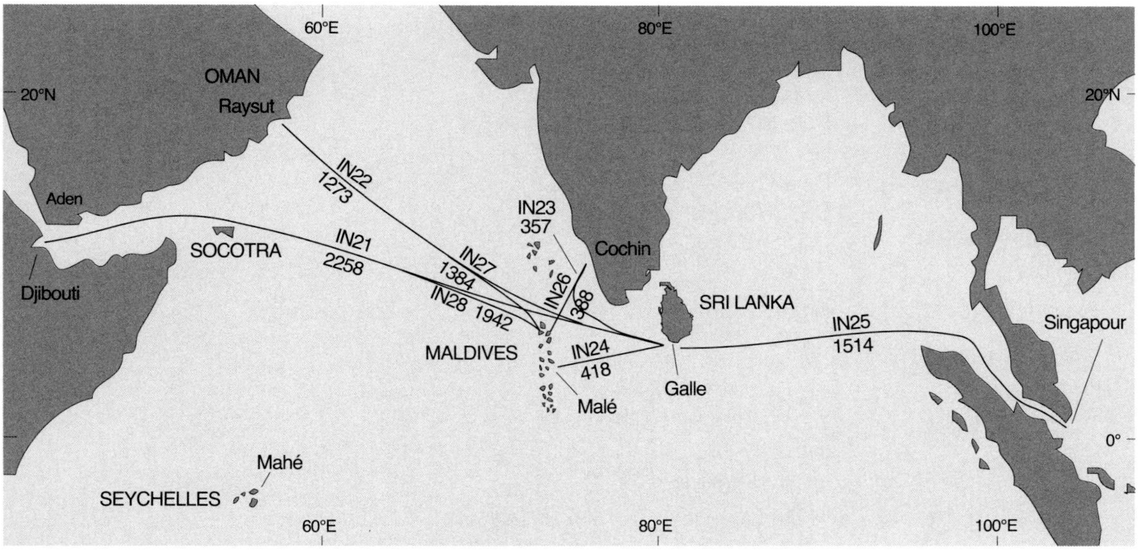

IN20 Routes depuis Sri Lanka et les Maldives

Sri Lanka occupe une position si stratégique au croisement des routes de l'océan Indien Nord que peu de bateaux passent à proximité sans s'y arrêter. La capitale, Colombo, est un port très affairé, aussi tous les bateaux de croisière préfèrent-ils s'arrêter à Galle, à l'extrémité sud de l'île. La période d'arrivée se situe habituellement au milieu de la mousson de nord-est, en janvier et février, et le petit port est alors utilisé à pleine capacité. La plupart des voyageurs autour du monde vont vers l'ouest, vers la mer Rouge ou l'Afrique du Sud, et les traversées vers l'est sont rares, bien que quelques bateaux arrivent à Sri Lanka en venant de la mer Rouge ou de l'Afrique de l'Est. Ceux qui projettent de traverser l'océan Indien Nord vers l'est doivent attendre la mousson de sud-ouest, qui donne d'excellentes conditions de navigation même si, à cette époque, les vents peuvent être trop forts au goût de certains. La plupart des bateaux de passage à Sri Lanka sont en général pressés d'arriver en mer Rouge, mais certains utilisent Sri Lanka comme une base de départ commode pour visiter les îles éparpillées au centre de l'océan Indien. Compte tenu de leur position, les Maldives remplissent encore mieux ce rôle, bien que manquant complètement de services pour les yachts. Une autre destination de plus en plus populaire est l'Inde du Sud, la plupart des bateaux se rendant au port de Cochin pour explorer une partie de cet intéressant pays.

La mousson de nord-est ne s'établit que fin novembre ou même en décembre, arrivant avec des grains et de la pluie. Les vents de nord-est modérés dominent, accompagnés d'un beau temps sec, jusqu'à mars ou avril. La mousson de sud-ouest dure plus longtemps ici qu'ailleurs, commençant en mai et durant jusqu'en décembre. Elle débute souvent par un "coup de mousson", coup de vent d'est accompagné de pluie, de tonnerre et d'éclairs qui arrive après une semaine de gros nuages et d'éclairs éblouissants qui cessent après le coucher du soleil. Les vents de sud-ouest sont très constants en direction, se renforçant à 20-35 nœuds au milieu de la matinée et faiblissant en fin d'après-midi, tombant à 10 nœuds la nuit. De fortes pluies se produisent sur la côte sud-ouest de mai à septembre. La côte sud est exposée à une grosse houle pendant la mousson de sud-ouest. Rarement atteinte par les cyclones de la mer d'Arabie qui se déplacent vers le nord-ouest, Sri Lanka peut être touchée par ceux du golfe du Bengale, le plus souvent en novembre et décembre.

Le problème principal rencontré sur ces routes, cependant, n'est pas la météo mais la piraterie dans le golfe d'Aden, où bateaux de croisière et grands navires ont été abordés par des bateaux provenant de la côte somalie et du Yémen. Les voiliers étant si vulnérables à ce genre d'attaque, il est recommandé de traverser cette zone critique à plusieurs. Reportez-vous au site www.noonsite.com pour avoir les dernières informations sur la situation.

IN21 *De Sri Lanka à la mer Rouge*

MEILLEURE PÉRIODE	janvier à février	
SAISON DES CYCLONES	mai à juillet, octobre à novembre	
CARTES ROUTIÈRES	BA : 4071	SHOM : 6884
	US : 71	
INSTRUCTIONS NAUTIQUES	BA : 38, 64	SHOM : L3, L7
	US : 170, 172, 173	
GUIDES DE CROISIÈRE	*Red Sea Pilot.*	
WAYPOINTS		

Départ	*Intermédiaire*	*Atterrissage*	*Destination*	*Distance (M)*
Route IN21A				
IN211 Galle W	IN212 8e Parallèle			
6°01'N 80°13'E	7°50'N 73°00'E			
	IN213 Golfe E			
	13°30'N 50°30'E			
	IN214 Golfe W	IN215 Tadjoura	Djibouti	2206
	12°00'N 46°00'E	11°40'N 43°13'E	*11°36'5N 43°07'5E*	
Route IN21B				
IN211 Galle W	IN212 8e Parallèle			
	IN213 Golfe E	IN214 Golfe W	Aden	2112
			12°48'N 44°58'E	

Au plus fort de la mousson de nord-est, quand le vent souffle en moyenne entre 10 et 15 nœuds, cette traversée peut être un vrai plaisir. Il y a, de plus, du courant favorable et une fréquence nulle de coups de vent dans l'océan Indien Nord. Les vents deviennent plus faibles vers le mois de mars et, à cette époque, il est préférable de quitter Sri Lanka avec une bonne réserve de gazole. Le seul problème qui puisse se présenter est le gros trafic maritime qui converge vers le golfe d'Aden ou qui entre et sort du golfe Persique.

Après avoir quitté Galle par le chenal ouest, les bateaux qui vont à Djibouti (route IN21A) peuvent faire tout d'abord route du WP IN211 vers le WP IN212 pour passer par le passage du Huitième Parallèle à 20 milles au sud de l'île Minicoy. La route traverse alors la mer d'Arabie jusqu'au WP IN213 au milieu du golfe d'Aden. Ce waypoint a l'avantage d'être à égale distance des côtes somalies et yéménites, dont il faut rester éloigné à cause des attaques de bateaux rapides opérées, suppose-t-on, par des ressortissants yéménites ou somalis. Il faut rester sur l'axe du golfe d'Aden jusqu'au WP IN214 d'où l'on pourra changer de cap pour IN215, dans le golfe de Tadjoura. La route passe au sud des îles Musha puis tourne sud-ouest vers le port de Djibouti en évitant les divers dangers, tous marqués par des bouées. Le mouillage recommandé

(11°36'1N, 43°08'1E) se situe devant le Yacht Club de Djibouti dont les services peuvent être utilisés par les visiteurs. Les diverses autorités se trouvent dans le port de commerce voisin et on doit s'y rendre pour faire les formalités d'entrée.

Les bateaux se rendant à Aden suivront un itinéraire semblable jusqu'au WP IN214 avant de se diriger vers le port d'Aden, en résistant à la tentation de longer trop tôt la côte du Yémen. Un chenal balisé mène à l'intérieur du port, où les yachts mouillent devant le quai des douanes. Normalement une vedette du port vient à la rencontre des bateaux à leur arrivée et les dirige vers le mouillage.

Après la mi-mars, les vents aux abords du golfe d'Aden peuvent virer au NW, il sera alors très difficile de suivre la route recommandée. Jusqu'ici les bateaux passaient entre l'île de Socotra et la côte africaine, mais il ne faut plus l'envisager tant que la situation à proximité de l'île de Socotra et le long de la côte somalie sera considérée comme peu sûre. Normalement, ce passage ne s'entreprend pas pendant la mousson de sud-ouest et on ne doit même pas l'envisager. La seule alternative possible est de traverser l'équateur et de faire de l'ouest avec l'aide des alizés, peut-être jusqu'aux Chagos, avant de retraverser l'équateur. Cette route passant près des Seychelles, les instructions sont les mêmes que celles de la route IT16.

Il arrive que des bateaux faisant route de Sri Lanka vers la mer Rouge s'arrêtent brièvement à Uligamu, l'île la plus au nord des Maldives. Ce n'est pas un port d'entrée officiel, mais il s'y trouve maintenant un poste de douanes qu'il faut contacter sur le canal 16. Des règles strictes s'appliquent aux visites à terre et il y a un couvre-feu pour les visiteurs entre 20 h 00 et 06 h 00.

IN22 *De Sri Lanka à Oman*

Meilleure période	janvier à mars			
Saison des cyclones	mai à juillet, octobre à novembre			
Cartes routières	BA : 4705	SHOM : 6884		
	US : 71			
Instructions nautiques	BA : 38, 64	SHOM : L3, L7		
	US : 170, 172, 173			
Guides de croisière	*Indian Ocean Cruising Guide.*			
Waypoints				
Départ	*Intermédiaire*	*Atterrissage*	*Destination*	*Distance (M)*
PN221 Galle W 6°01'N, 80°13'E	IN222 Sdu 9e parallèle 9°00'N, 73°00'E	IN223 Oman SE 16°52'N, 54°05'E	Raysut *16°56'N, 54°00'E*	1273

Plutôt que de naviguer sans escale jusqu'à la mer Rouge, quelques bateaux interrompent le voyage, et Oman est l'un des rares endroits où c'est possible. Après avoir quitté Galle au WP IN221, on suit la route jusqu'au WP IN222 au sud des îles Laquédives au milieu du passage du Neuvième Parallèle. Quelquefois, des bateaux se sont arrêtés à Sueli Par, un atoll situé sur le côté nord du chenal. On peut alors faire route vers le WP IN223 à 5 milles au sud-est de l'entrée de Port Salalah. Avant d'entrer au port, il faut contacter le *Port Control* sur le canal 16 qui vous indiquera où vous amarrer.

Le temps pendant la mousson de nord-est est très agréable et on a habituellement des vents excellents pendant la traversée depuis Sri Lanka. Il ne faut pas l'entreprendre avant la fin de l'année pour laisser à la mousson le temps de s'établir.

Bien que le sultanat d'Oman n'encourage pas le tourisme, les bateaux de croisière qui se détournent pour s'y arrêter sont traités avec courtoisie. Les bateaux étrangers ne sont autorisés à s'arrêter qu'à Raysut (Port Salalah), port très bien abrité. Ceux qui ont prévu d'arriver avec des visas peuvent visiter le pays librement, les autres doivent observer un couvre-feu et devront rester dans l'enceinte du port pendant la nuit et les week-ends locaux (du jeudi au samedi).

IN23 *De Sri Lanka à l'Inde*

MEILLEURE PÉRIODE	décembre à février	
SAISON DES CYCLONES	mai à juillet, octobre à novembre	
CARTES ROUTIÈRES	BA : 4706	SHOM : 6780
	US : 706	
INSTRUCTIONS NAUTIQUES	BA : 38	SHOM : L3
	US : 173	
GUIDES DE CROISIÈRE	*Indian Ocean Cruising Guide.*	
WAYPOINTS		

Départ	*Intermédiaire*	*Atterrissage*	*Destination*	*Distance (M)*
IN231 Galle W 6°01'N, 80°13'E	IN232 Comorin 7°45'N, 77°20'E			
	IN233 Tangaserri 8°50'N, 76°25'E	IN234 Cochin SW 9°55'N, 76°12'E	Cochin *9°58'N, 76°15'E*	357

Bien que le temps soit plus établi pendant la mousson de nord-est, la forte proportion de vents de nord-ouest rend difficile le trajet vers la plupart des ports de la côte ouest du sous-continent indien pendant cette mousson. La navigation côtière est parfois facilitée entre décembre et février par l'alternance des brises de terre et de mer qui permet de tirer des bords le long de la côte. En longeant la côte de nuit, il est presque impossible d'éviter les nombreux filets de pêche, et les petits bateaux non éclairés sont un trait caractéristique de cette côte. Pendant l'obscurité, il est plus sûr de naviguer à quelques milles au large.

Le passage vers le nord n'est pas plus facile pendant la mousson de sud-ouest, quand le temps est souvent mal établi. Une autre option est d'aller dans le nord-ouest de l'Inde à la fin de la mousson de sud-ouest, en septembre, et de redescendre la côte avec l'aide des vents de nord-ouest et du courant vers le sud qui s'établissent au changement de saisons. Pendant la mousson de nord-est, on aura des vents de nord faibles et constants jusqu'à Cochin. C'est pourquoi peu de bateaux s'aventurent au nord au-delà de Cochin, où il est possible de laisser le bateau avec un gardien et d'aller visiter l'intérieur.

Lorsqu'on a quitté Galle par le chenal ouest, du WP IN231 on peut faire route vers le WP IN232 à 20 milles du cap Comorin, l'extrémité sud de l'Inde. Par vent fort et grosse mer, il faut rester bien au large de cette pointe car la mer est très dure à proximité. La route tourne alors vers le nord parallèlement à la côte vers le WP IN233 au large de la pointe Tangaserri. On change à nouveau de cap pour le WP IN234 au sud-ouest de l'entrée du port de Cochin. On peut entrer de nuit dans ce port bien protégé, bien que plusieurs feux de bouées aient été signalés éteints. Les bateaux qui arrivent doivent contacter le Port Authority sur le canal 16 et mouiller près de l'extrémité nord de l'île de Willingdon, où une vedette des douanes viendra commencer les formalités. Le *Port Authority* sera contacté dès la bouée d'entrée dans le chenal de Cochin, située approximativement par 9°57'7N, 76°10'E. Le mouillage de quarantaine (9°58'2N, 76°15'4E) se trouve devant l'hôtel Malabar.

IN24 *De Sri Lanka aux Maldives*

MEILLEURE PÉRIODE	janvier à mars	
SAISON DES CYCLONES	mai à juillet, octobre à novembre	
CARTES ROUTIÈRES	BA : 4707 US : 707	SHOM : 6780
INSTRUCTIONS NAUTIQUES	BA : 38 US : 173	SHOM : L3
GUIDES DE CROISIÈRE	*Malways : Maldives Islands Directory.*	
WAYPOINTS		

Départ	*Intermédiaire*	*Atterrissage*	*Destination*	*Distance (M)*
IN241 Galle W 6°01'N, 80°13'E	IN242 Malé N 4°18'N, 73°40'E	IN243 Malé E 4°10'N, 73°33'E	Malé *4°10'N, 73°30'E*	418

La meilleure période pour ce passage est pendant la mousson du nord-est, quand les vents sont en majeure partie favorables. Des vents contraires et un fort courant vers l'est sont au menu d'un passage effectué pendant la mousson de sud-ouest, et, même pendant les mois de transition, les vents sont souvent d'ouest. Les cyclones touchent très rarement le nord des Maldives et le danger d'en rencontrer un en chemin est exclu. Les Maldives doivent être approchées avec précaution à la fois parce qu'elles sont très basses et à cause des forts courants.

Du WP IN241 à l'extérieur du port de Galle, on peut faire une route directe vers l'atoll de Malé Nord. Si l'on va directement à Malé, la capitale (le seul port d'entrée), on fera l'atterrissage au WP IN242 au sud de Mirufenfushi et Diffushi, deux îlots qui marquent la pointe la plus est de l'atoll de Malé Nord. On peut alors changer de cap pour le WP IN243 à 2,5 milles à l'est de la passe de Malé qui mène dans le vaste lagon. Contacter les *Coast Guards* sur le canal 16, qui transmettront le signalement du bateau à l'autorité portuaire avant de donner l'autorisation d'entrer. Il est interdit d'entrer à Malé entre 23 h 00 et 06 h 00 sauf si l'on a la permission spéciale des *Coast Guards*.

IN25 *De Sri Lanka à Singapour*

MEILLEURE PÉRIODE	juillet à septembre		
SAISON DES CYCLONES	mai à juillet, octobre à novembre		
CARTES ROUTIÈRES	BA : 4707 US : 707	SHOM : 6781	
INSTRUCTIONS NAUTIQUES	BA : 38, 44 US : 170, 173, 174	SHOM : L31	
GUIDES DE CROISIÈRE	*Cruising Guide to Southeast Asia (vol 2).*		
WAYPOINTS			

Départ	*Intermédiaire*	*Atterrissage*	*Destination*	*Distance (M)*
Route IN25A				
IN251 Galle SE 5°58'N, 80°15'E	IN252 Dondra 5°50'N, 80°35'E IN253 Nicobar 6°15'N, 95°10'E IN254 Malacca N 5°00'N, 99°10'E IN255 2°55'N, 100°55'E	IN256 Chenal W 1°13'N, 103°20'E	Singapour *1°16'N, 103°50'E*	1514
Route IN25B				
IN251 Galle SE	IN252 Dondra IN253 Nicobar	IN257 Penang N 5°30'N, 100°15'E	Georgetown *5°25'N, 100°20'5E*	1206
Route IN25C				
IN251 Galle SE	IN252 Dondra IN253 Nicobar IN254 Malacca N	IN258 Klang N 3°20'N, 101°00'E	Port Klang *3°00'N, 101°24'E*	1323

La période recommandée pour cette traversée est pendant la mousson de sud-ouest, bien que les vents puissent être trop forts lorsqu'elle est à son maximum. Les mois de transition peuvent procurer de meilleures conditions de navigation, mais ils comportent aussi un plus grand risque de cyclones. Bien que la saison des cyclones dans le golfe du Bengale s'étende sur toute la durée de la mousson de sud-ouest, au maximum de la mousson le développement des cyclones est contrarié par la force de la mousson. Les rares cyclones qui se produisent entre juillet et septembre restent normalement bien au nord de la région traversée par cette route.

Dans le détroit de Malacca, la mousson de sud-ouest est généralement bloquée par la masse de Sumatra et l'on trouve donc de meilleurs vents sur la côte de Malaisie. Il n'est en aucun cas recommandé de naviguer sur l'autre côte du détroit car on peut faire son entrée en Malaisie dans de nombreux ports, alors qu'un arrêt à Sumatra nécessite d'être en possession du permis de croisière indonésien obligatoire. La seule exception notable est Sabang, sur Pulau Wé, petite île au large de l'extrémité nord de Sumatra où des bateaux ont été autorisés à s'arrêter brièvement sans même avoir le permis. A cause des forts courants de marée dans le détroit de Malacca, il vaut en général mieux mouiller entre les marées. Les vents sont de sud-ouest et sont les plus forts au nord du détroit de Malacca, ils sont variables de sud-est à sud-ouest au centre, et plus sud-est au sud vers Singapour.

Il y a des brises de terre et de mer sur les deux côtes, jusqu'à 20 milles au large. La brise de mer commence au milieu de la matinée et atteint son maximum dans l'après-midi, disparaissant au coucher du soleil. La force de la brise peut augmenter de 20 nœuds si elle est renforcée par la mousson dominante. Sur la côte malaise, la brise de terre, la nuit, peut être très forte, commençant le soir et soufflant parfois violemment toute la nuit. D'avril à novembre, la zone est sujette aux *sumatras*, lignes de grains orageux accompagnés de vents violents qui soufflent de Sumatra à travers le détroit et durent plusieurs heures.

Après avoir quitté le port de Galle par le chenal est, du WP IN251 la route suit la côte sud de Sri Lanka jusqu'au WP IN252 au large de la pointe Dondra, l'extrémité sud de l'île. On traverse alors le golfe du Bengale jusqu'au WP IN253 au sud de l'île de la Grande Nicobar. Si l'on veut naviguer sans escale jusqu'à Singapour, il faut changer de cap pour le WP IN254 à l'entrée du détroit de Malacca. La route hauturière (IN25A) continue jusqu'aux WP IN255 et IN256 à l'entrée du chenal de Singapour. La nouvelle Raffles Marina, sur la côte ouest de l'île de Singapour, est le meilleur endroit où s'arrêter dans ce port extrêmement affairé.

Ceux qui veulent visiter un peu la Malaisie avant d'arriver à Singapour peuvent faire leur entrée à Penang (IN25B). Du WP IN253, on change de cap pour le WP IN257 à l'entrée du chenal nord conduisant à Georgetown, la principale ville de l'île. Le bureau des douanes est à Georgetown, tandis que le bureau de l'Immigration est sur le continent, à Butterworth. En quittant Penang, les bateaux ne doivent pas passer sous le pont qui relie Penang à la terre ferme sans permission écrite.

Une autre option est d'aller directement à Port Klang (IN25C) en allant du WP IN254 vers le WP IN258 à l'entrée nord du détroit de Klang. Ce dernier mène à Port Klang, le port de Kuala Lumpur, la capitale de la Malaisie. Les bateaux de passage peuvent utiliser les services du Royal Selangor Yacht Club à Port Klang, situé sur la rive est du port.

IN26 *Des Maldives à l'Inde*

MEILLEURE PÉRIODE	décembre avril – mai			
SAISON DES CYCLONES	mai à juillet, octobre à novembre			
CARTES ROUTIÈRES	BA : 4703	SHOM : 6780		
	US : 703			
INSTRUCTIONS NAUTIQUES	BA : 38	SHOM : L3		
	US : 173			
GUIDES DE CROISIÈRE	*Indian Ocean Cruising Guide.*			
WAYPOINTS				
Départ	*Intermédiaire*	*Atterrissage*	*Destination*	*Distance (M)*
IN260 Malé	IN261 Malé E			
4°10'N, 73°30'E	4°10'N, 73°33'E			
	IN262 Malé N	IN262 Cochin SW	Cochin	388
	4°18'N, 73°40'E	9°55'N, 76°12'E	*9°58'N, 76°15'E*	

Bien que les meilleures conditions de navigation dans l'océan Indien Nord coïncident avec la mousson de nord-est, sur cette route les forts vents contraires rendent impératif de naviguer à une période où la mousson n'est pas encore pleinement établie. On trouvera de meilleurs vents pendant la mousson de sud-ouest, mais il faut prendre garde à ne pas naviguer dans la mer d'Arabie pendant la saison des cyclones locale. La solution la plus simple est de choisir un port de départ des Maldives proche de l'Inde.

Comme il n'y en a pas qui soient des ports d'entrée, il faudra faire les formalités de sortie à Malé, la capitale. En partant de cette dernière, il est probablement préférable, pendant la mousson de nord-est, de rester à l'est des îles, pour bénéficier d'un meilleur angle par rapport au vent.

Bien que ce ne soit pas un port d'entrée, des bateaux qui allaient vers le nord ont pu s'arrêter brièvement à l'île de Turakunu (7°06'N, 72°54'E), dans l'atoll de Ihavandiffulu. Les autorités locales demanderont l'autorisation par radio à Malé, ou cela doit être prévu avant de quitter la capitale. En arrivant à Cochin, il faut contacter le Port Authority sur le canal 16 dès la bouée d'entrée du chenal de Cochin, située approximativement par 9°57'7N, 76°10'E. Les bateaux sont dirigés vers le mouillage de quarantaine (9°58'2N, 76°15'4E) devant l'hôtel Malabar, au nord de l'île de Willingdon.

IN27 *Des Maldives à Oman*

MEILLEURE PÉRIODE	janvier à mars	
SAISON DES CYCLONES	mai à juillet, octobre à novembre	
CARTES ROUTIÈRES	BA : 4705	SHOM : 6884
	US : 705	
INSTRUCTIONS NAUTIQUES	BA : 38, 64	SHOM : L3, L7
	US : 172, 173	
GUIDES DE CROISIÈRE	*Indian Ocean Cruising Guide.*	
WAYPOINTS		

Départ	*Intermédiaire*	*Atterrissage*	*Destination*	*Distance (M)*
IN270 Malé *4°10'N, 73°30'E*	IN271 Wadu 4°09'N, 73°20'E			
	IN272 Toddu 4°40'N, 73°00'E			
	IN273 Ari 4°40'N, 72°30'E	IN274 Oman SE 16°52'N, 54°05'E	Raysut *16°56'N, 54°00'E*	1384

On aura d'excellentes conditions météorologiques pendant la mousson d'hiver de nord-est et le seul danger sur cette routevient des très nombreux cargos, en particulier à l'entrée du golfe Persique, là où leurs routes convergent.

Pendant la mousson de nord-est, les bateaux qui partent de Malé passent par le nord des atolls Toddu et Ari. De là, une route claire traverse la mer d'Arabie jusqu'à l'atterrissage au large de la côte d'Oman. Avant d'entrer à Port Salalah, il faut contacter le *Port Control* sur le canal 16 qui vous indiquera où vous amarrer. Les bateaux de passage doivent aller au port de Raysut, très bien abrité. Ceux qui ont prévu d'arriver avec des visas peuvent visiter le pays librement, les autres se verront donner des laissez-passer mais seront confinés dans la zone portuaire pendant la nuit et les week-ends locaux (du jeudi au samedi). Le nombre de yachts locaux étant en augmentation, les possibilités de réparations s'améliorent et grandissent d'année en année.

IN28 *Des Maldives à la mer Rouge*

MEILLEURE PÉRIODE	janvier à février	
SAISON DES CYCLONES	mai à juillet, octobre à novembre	
CARTES ROUTIÈRES	BA : 4703, 4704	SHOM : 6674
	US : 703, 704	
INSTRUCTIONS NAUTIQUES	BA : 38, 64	SHOM : L3, L7
	US : 172, 173	
GUIDES DE CROISIÈRE	*Indian Ocean Cruising Guide, Red Sea Pilot.*	

WAYPOINTS

Départ	*Intermédiaire*	*Atterrissage*	*Destination*	*Distance (M)*
IN270 Malé *4°10'N, 73°30'E*	IN271 Wadu 4°09'N, 73°20'E IN272 Toddu 4°40'N, 73°00'E IN273 Ari 4°40'N, 72°30'E IN274 Golfe E 13°30'N 50°30'E IN275 Golfe W 12°00'N 46°00'E	IN276 Tadjoura 11°40'N 43°13'E	Djibouti *11°36'5N 43°07'5E*	1923
IN270 Malé	IN271 Wadu IN272 Toddu IN273 Ari IN274 Golfe E	IN275 Golfe W	Aden *12°48'N 44°58'E*	1829

Les meilleures conditions de navigation sont pendant les mois d'hiver, quand la mousson de nord-est assure un passage des plus agréables.

Après avoir quitté Malé par la route indiquée, on fait cap sur le WP IN274 au milieu du golfe d'Aden. Ce waypoint a l'avantage d'être à égale distance des côtes somalies et yéménites, dont il faut rester éloigné à cause des attaques de bateaux rapides opérées, suppose-t-on, par des ressortissants yéménites ou somalis. La route continue le long de l'axe du golfe d'Aden jusqu'au WP IN275 d'où l'on se dirige vers le WP IN276 dans le golfe de Tadjoura. La route au sud des îles Musha est balisée et mène au port de Djibouti (voir les détails dans IN21). Les bateaux se rendant à Aden suivront un itinéraire semblable jusqu'au WP IN275 avant de se diriger vers le port d'Aden, en résistant à la tentation de longer trop tôt la côte du Yémen.

La plupart des bateaux de croisière préfèrent actuellement aller à Djibouti pour préparer la remontée de la mer Rouge. Les services de Djibouti sont réellement meilleurs, il y a un yacht club accueillant et les formalités sont plus simples. Djibouti présente aussi l'avantage d'avoir des vols réguliers sur Paris, ce qui facilite les changements d'équipage. Il est aussi possible de s'arrêter à Aden et, bien que les possibilités de réparations soient très rudimentaires, on pourra y faire l'approvisionnement pour la traversée à venir.

IN30 ROUTES DANS LA MER D'ARABIE

La plupart des bateaux de croisière en mer d'Arabie vont vers l'ouest et les routes les plus empruntées sont celles qui utilisent la mousson de nord-est pour atteindre la mer Rouge à partir de Sri Lanka ou des Maldives. Les voyages vers l'est sont bien moins fréquents et, en dehors des mois de janvier et février, les voiliers sont très rares. On rencontre le temps le plus désagréable pendant la mousson de sud-ouest, mais ce n'est pas la seule raison d'éviter l'océan Indien Nord en été. L'autre raison est l'accueil rien moins qu'aimable réservé aux bateaux de croisière dans beaucoup de pays qui bordent la mer d'Arabie.

Les vents saisonniers de cette mer ont donné leur

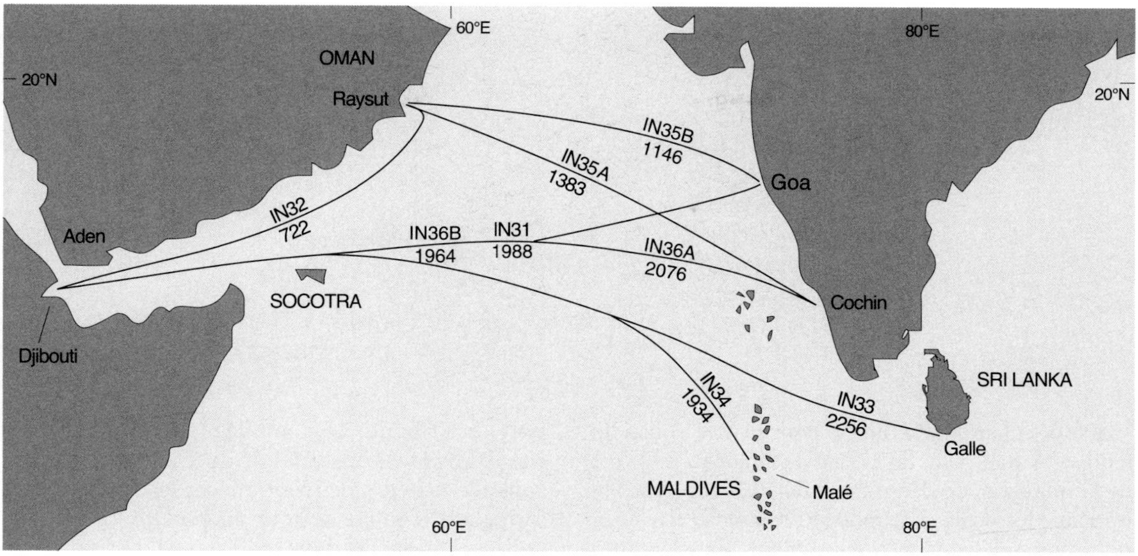

IN30 Routes dans la mer d'Arabie

nom aux "moussons" et les deux moussons, de nord-est et de sud-ouest soufflent aussi puissantes et régulières l'une que l'autre sur cette région. La mousson de nord-est commence en novembre et c'est la belle saison. Au nord de la zone, elle peut être plus nord que nord-est et même nord-ouest. Elle souffle en moyenne à 10-15 nœuds au début de la saison. Le vent augmente à 15-20 nœuds en décembre et peut même être plus fort au nord. La saison humide coïncide avec la mousson de sud-ouest, qui commence en mai dans le sud et s'étend sur toute la zone en juin. Il peut y avoir beaucoup de grains entre les moussons. Sur la côte indienne, la mousson arrive avec un coup de vent soudain d'est, de fortes pluies et du tonnerre qui durent plusieurs heures avant que les vents de sud-ouest ne s'installent. Ce coup de mousson est précédé d'une semaine d'éclairs éblouissants qui cessent le soir au coucher du soleil. Les vents de sud-ouest sont très forts dans la mer d'Arabie et peuvent souffler en coups de vent plusieurs jours de suite. Il y a une forte fréquence de coups de vent près de l'île de Socotra en juillet. En septembre, les vents commencent à faiblir et la mousson se désagrège et disparaît en octobre.

Les cyclones se produisent à deux périodes de l'année qui coïncident avec les changements de mousson. La première période va d'avril à juillet, avec une forte fréquence de cyclones, juin étant le mois où ils sont le plus fréquents. Octobre est le mois de l'autre période qui en compte le plus, mais il peut s'en produire de septembre à décembre. La plupart des cyclones se dirigent vers le nord-ouest pour frapper les côtes de la péninsule arabique ou continuer au nord-est vers l'Inde et le Pakistan.

IN31 *De l'Inde à la mer Rouge*

Meilleure période	décembre à février	
Saison des cyclones	mai à juillet, octobre à novembre	
Cartes routières	BA : 4705	SHOM : 6674
	US : 705	
Instructions nautiques	BA : 38, 64	SHOM : L3, L7
	US : 172, 173	
Guides de croisière	*Red Sea Pilot.*	

WAYPOINTS

Départ	*Intermédiaire*	*Atterrissage*	*Destination*	*Distance (M)*
IN311 Cochin W 9°55'N 76°12'E	IN312 N du 9e Parall. 9°50'N 72°00'E			
	IN313 Golfe E 13°30'N 50°30'E			
	IN314 Golfe W 12°00'N 46°00'E	IN315 Tadjoura 11°40'N 43°13'E	Djibouti *11°36'5N 43°07'5E*	1988
IN311 Cochin W	IN312 N du 9e Parall. IN313 Golfe E	IN314 Golfe W	Aden *12°48'N 44°58'E*	1894

On peut faire route directe pour la mer Rouge de n'importe quel point de la côte de l'Inde au plus fort de la mousson, de décembre à début mars. Après la mi-mars, les vents sont moins constants et il y a un pourcentage de calmes plus élevé dans la mer d'Arabie. Vers la fin de la mousson de nord-est, il est crucial de choisir la meilleure route pour traverser car les chances d'avoir des vents contraires près de Socotra augmentent. En avril, il est judicieux de se diriger vers un point situé à 50 milles au sud de Socotra pour pouvoir passer confortablement la corne de l'Afrique, le courant se dirigeant aussi vers le nord en direction de Socotra à cette époque.

Du WP IN311 à l'extérieur du port de Cochin, la route passe plein ouest par le passage du Neuvième Parallèle en restant au sud de Kalpeni et de Suheli Par. Quelquefois, des bateaux ont pu s'arrêter brièvement sur cette dernière, qui est un atoll au lagon parfaitement protégé. Du WP IN312 on peut faire route vers le WP IN313 au milieu du golfe d'Aden. Ce waypoint a l'avantage d'être à égale distance des côtes somalies et yéménites, dont il faut rester éloigné à cause des attaques de bateaux rapides opérées, suppose-t-on, par des ressortissants yéménites ou somalis. La route continue le long de l'axe du golfe d'Aden jusqu'au WP IN314 d'où l'on se dirige vers le WP IN315 dans le golfe de Tadjoura si l'on veut aller à Djibouti. La route au sud des îles Musha est balisée et mène au port de Djibouti. Le mouillage recommandé est situé devant le Yacht Club de Djibouti dont les bateaux visiteurs peuvent utiliser les services. Les formalités d'entrée se font au port de commerce voisin (voir détails dans IN21).

Du WP IN313, les bateaux qui se rendent à Aden doivent suivre un itinéraire semblable jusqu'au WP IN214 avant de se diriger vers le port d'Aden, en résistant à la tentation de longer trop tôt la côte du Yémen. Un chenal balisé conduit à l'intérieur du port, où les yachts mouillent devant le quai des douanes. Normalement, une vedette du port va au devant des bateaux et les dirige vers le mouillage.

Après la mi-mars, les vents aux abords du golfe d'Aden peuvent virer au NW, il sera alors très difficile de suivre la route recommandée. Jusqu'ici les bateaux passaient entre l'île de Socotra et la côte africaine, mais il ne faut plus l'envisager tant que la situation à proximité de l'île de Socotra et le long de la côte somalie sera considérée comme peu sûre.

Une route directe à travers l'océan Indien Nord est virtuellement impossible pendant la mousson de sud-ouest, de mai à septembre, où la seule alternative est de faire un long détour au sud de l'équateur par l'archipel des Chagos. Cette route passe au nord-est des Seychelles et retraverse l'équateur vers la longitude 53°00'E. Voir aussi la route IT16 Des Seychelles à la mer Rouge.

IN32 *D'Oman à la mer Rouge*

MEILLEURE PÉRIODE	janvier à février	
SAISON DES CYCLONES	mai à juillet, octobre à novembre	
CARTES ROUTIÈRES	BA : 4705	SHOM : 6733
	US : 705	
INSTRUCTIONS NAUTIQUES	BA : 64	SHOM : L7
	US : 172	
GUIDES DE CROISIÈRE	*Red Sea Pilot.*	

WAYPOINTS

Départ	*Intermédiaire*	*Atterrissage*	*Destination*	*Distance (M)*
IN321 Raysut SW 16°53'N, 53°58'E	IN322 Fartak 15°00'N, 52°20'E	IN323 Yemen SE 12°44'N, 45°00'E	Aden *12°48'N, 44°58'E*	611
IN321 Raysut SW	IN322 Fartak	IN324 Tadjoura 11°40'N, 43°13'E	Djibouti *11°36'5N, 43°07'5E*	722

Il y a d'excellentes conditions de navigation pendant la mousson de nord-est, janvier et février étant les meilleurs mois pour naviguer vers la mer Rouge. A cause d'un fort pourcentage de calmes près de la côte, il faut aller au large en quittant Raysut. La proportion de vents de sud-ouest augmente vers la fin mars, au moment où un courant contraire commence aussi à se faire sentir, parallèle à la côte d'Arabie. Il ne faut pas entreprendre ce passage pendant la mousson de sud-ouest, de forts vents contraires rendant presque impossible de rejoindre la mer Rouge par cette route. Pendant la période de transition entre les moussons, la zone est sujette aux cyclones.

Du WP IN321 à 3 milles au sud-ouest de Raysut, on fait d'abord route vers le WP IN322 au sud du Ras Fartak. La route est parallèle à la côte jusqu'à Aden jusqu'au WP IN323 à l'approche d'Aden. Les bateaux qui vont à Djibouti continueront jusqu'au WP IN324 au sud des îles Musha dans le golfe de Tadjoura à l'approche du port de Djibouti. La navigation trop près de la côte du Yémen est à éviter tant que ce secteur sera considéré comme peu sûr. Il est recommandé de rester au large comme dans IN31,qui donne également plus de détails à la fois sur Aden et Djibouti.

IN33 *De la mer Rouge à Sri Lanka*

MEILLEURE PÉRIODE	septembre	
SAISON DES CYCLONES	mai à juillet, octobre à novembre	
CARTES ROUTIÈRES	BA : 4705 US : 71	SHOM : 6884
INSTRUCTIONS NAUTIQUES	BA : 38, 64 US : 172, 173	SHOM : L7, L3
GUIDES DE CROISIÈRE	*Indian Ocean Cruising Guide.*	

WAYPOINTS

Départ	*Intermédiaire*	*Atterrissage*	*Destination*	*Distance (M)*
IN331 Tadjoura 11°40'N, 43°13'E	IN332 Golfe W 12°00'N, 46°00'E IN333 Golfe E 13°30'N, 50°30'E IN334 8e Parallèle 7°50'N, 73°00'E	IN338 Galle W 6°01'N, 80°13'E	Magalle *6°01'9 N, 80°13'7 E*	2201
IN332 Yemen SE 12°44'N, 45°00'E	IN332 Golfe W IN333 Golfe E IN337 Nord du 9e Paral. 9°50'N, 72°00'E	IN338 Galle W	Magalle	2108

Le choix de la route pour cette traversée est un dilemme majeur, les mois en dehors de la période des cyclones, juillet et août, connaissant aussi la plus grande fréquence de coups de vent. De fait, la fréquence des coups de vent en juillet juste à l'est de Socotra est semblable à celle du cap Horn en été. Les traversées de la mer d'Arabie pouvant être extrêmement agitées au maximum de la mousson de sud-ouest, seul septembre permet d'envisager une traversée raisonnablement confortable. Les périodes de transition entre les moussons ne peuvent être recommandées non plus à cause du risque de cyclones, bien qu'un passage en avril ait de bonnes chances de beau temps et un facteur de risque plus faible.

La route, soit de Djibouti, soit d'Aden, passe bien au nord de Socotra pour éviter le fort courant portant vers l'ouest qui longe la côte africaine dans le golfe d'Aden. Du WP IN331 au sud des îles Musha dans le golfe de Tadjoura, on peut faire route vers les WP N331 et IN332 pour rester sur l'axe du golfe d'Aden. Cet itinéraire en mer est plus sûr que de naviguer trop près des côtes somalies ou yéménites. Les bateaux quittant Aden prendront le départ du WP IN332 et iront vers le même waypoint intermédiaire WP IN333 au nord de Socotra. On arrive à Sri Lanka en passant par le passage du Neuvième Parallèle ou par celui du Huitième Parallèle, qui sont séparés par l'île Minicoy. Quel que soit le passage choisi, il faut l'approcher avec précaution, surtout la nuit ou par temps bouché, comme il arrive parfois pendant la mousson de sud-ouest.

L'atterrissage se fera au WP IN338 juste à l'extérieur du port de Galle, d'où le chenal ouest conduit au petit port situé dans la partie nord-est de la baie. On peut se mettre sur l'un des deux pontons du bassin intérieur. Il faut prévoir son arrivée de jour car il est interdit d'entrer dans le port la nuit. Les bateaux arrivant après la tombée de la nuit peuvent mouiller à l'extérieur du port. En général, un agent se rend auprès du bateau, ses services sont nécessaires pour faire les formalités d'entrée.

IN34 *De la mer Rouge aux Maldives*

MEILLEURE PÉRIODE	septembre	
SAISON DES CYCLONES	mai à juillet, octobre à novembre	
CARTES ROUTIÈRES	BA : 4705	SHOM : 6674
	US : 71	
INSTRUCTIONS NAUTIQUES	BA : 38, 64	SHOM : L7, L3
	US : 172, 173	
GUIDES DE CROISIÈRE	*Indian Ocean Cruising Guide. Malways : Maldives Island Directory.*	
WAYPOINTS		

Départ	*Intermédiaire*	*Atterrissage*	*Destination*	*Distance (M)*
IN340 Tadjoura	IN341 Golfe W 12°00'N 46°00'E			
	IN342 Golfe E 13°30'N 50°30'E			
	IN343 Ari 4°40'N, 72°30'E			
	IN344 Toddu 4°40'N, 73°00'E	IN345 Wadu 4°09'N, 73°20'E	Malé *4°10'N, 73°30'E*	1923

Les instructions sont très similaires à celles de la route IN33 et on ne doit faire route pour Malé, capitale et port d'entrée des Maldives, qu'après être passé bien au nord de Socotra. Les îles basses des Maldives doivent être approchées avec beaucoup de précautions à cause d'un fort courant qui porte sur les îles pendant la mousson de sud-ouest. Il est vraiment crucial d'arriver au WP IN344 le matin pour pouvoir parcourir la distance qui reste jusqu'à Malé de jour.

Du WP IN342 au nord de Socotra, la route conduit au WP IN343 au nord de l'atoll Ari. Pour atteindre la capitale Malé, la route continue vers l'est pour passer au nord de l'atoll Toddu. Au WP IN344, elle tourne vers le sud-est en direction du WP IN345 à l'entrée du chenal Wadu. Celui-ci mène à Malé, qu'on atteint par la passe de Malé. Avec une bonne lumière, il est possible d'atteindre Malé en entrant dans l'atoll de Malé Nord par l'une de ses passes ouest. Contacter les *Coast Guards* sur le canal 16, qui transmettront le signalement du bateau à l'autorité portuaire avant de donner l'autorisation d'entrer. Il est interdit d'entrer à Malé entre 23 h 00 et 06 h 00 sauf si l'on a la permission spéciale des *Coast Guards*. Malé étant le seul port d'entrée, les bateaux ne sont pas autorisés à s'arrêter où que ce soit avant d'y avoir fait leur entrée.

IN35 *De l'Inde à Oman*

Meilleure période	janvier à mars			
Saison des cyclones	mai à juillet, octobre à novembre			
Cartes routières	BA : 4705	SHOM : 6884		
	US : 705			
Instructions nautiques	BA : 38, 64	SHOM : L3, L7		
	US : 172, 173			
Guides de croisière	*Indian Ocean Cruising Guide.*			
Waypoints				

Départ	*Intermédiaire*	*Atterrissage*	*Destination*	*Distance (M)*
Route IN35A				
IN350 Cochin	IN351 Cochin W			
9°58'N, 76°15'E	9°58'N, 76°12'E			
	IN352 Suheli	IN353 Oman SE	Raysut	1383
	9°55'N, 72°15'E	6°52'N, 54°05'E	*16°56'N, 54°00'E*	
Route IN35B				
IN354 Mormugao	IN355 Goa NW	IN353 Oman SE	Raysut	1146
15°25'N 73°48'E	5°28'N 73°42'E			

La mousson de nord-est assurant de bonnes conditions de navigation pendant les mois d'hiver, Cochin, ou n'importe quel port de la côte ouest de l'Inde, fera un bon point de départ. La route directe de Cochin passe tout droit au milieu des îles basses aux eaux peu profondes de l'archipel Lakhadweep, si bien que la route recommandée se dirige tout d'abord plein ouest avant de changer de cap vers Raysut, une fois les dangers parés. Mormugao (Goa) est un port de départ plus pratique pendant la mousson de NW car on aura le vent sous un angle plus favorable qu'en partant des ports plus au sud. Du WP IN355 à l'extérieur de Mormugao, on fera une route directe sur IN353 aux abords de Raysut.

En arrivant à Oman, les bateaux de passage doivent aller à Raysut (Port Salalah) pour faire les formalités. Bien que les visas ne soient pas obligatoires lorsqu'on arrive en bateau, ceux qui arrivent sans visa devront rester dans l'enceinte du port pendant la nuit et les week-ends locaux (du jeudi au samedi).

IN36 De la mer Rouge à l'Inde

Meilleure époque	septembre			
Saisons des cyclones	mai à juillet, octobre à novembre			
Cartes routières	BA : 4705		SHOM : 6674	
	US : 704			
Instructions nautiques	BA : 38, 64		SHOM : L3, L7	
	US : 172, 173			
Guides de croisière	*Indian Ocean Cruising Guide.*			
Waypoints				

Départ	*Intermédiaire*	*Atterrissage*	*Destination*	*Distance (M)*
Route IN36A				
IN361 Tadjoura	IN362 Golfe W			
11°40'N 43°13'E	12°00'N 46°00'E			
	IN363 Golfe E			
	13°30'N 50°30'E			
	IN364 Raysut SW	IN365 Cochin NW	Cochin	2076
	16°53'N 53°58'E	10°00'N 76°10'E	*9°58'N, 76°15'E*	

Départ	*Intermédiaire*	*Atterrissage*	*Destination*	*Distance (M)*
IN366 Aden E 11°40'N 43°13'E	IN362 Golfe W IN363 Golfe E IN364 Raysut SW	IN365 Cochin NW	Cochin	1982
Route IN36B				
IN361 Tadjoura	IN362 Golfe W IN363 Golfe E IN364 Raysut SW	IN367 Goa NW 15°28'N 73°42'E	Mormugao *15°25'N 73°48'E*	1964
IN366 Aden E	IN362 Golfe W IN363 Golfe E IN364 Raysut SW	IN367 Goa NW	Mormugao	1870

La plupart des bateaux suivent cette route en septembre ou début octobre, vers la fin de la mousson de SW, mais avant le début de la saison des cyclones. C'est vraiment le meilleur moment pour traverser l'océan Indien Nord d'ouest en est. L'inconvénient principal est que l'on navigue en mer Rouge sans doute à la plus mauvaise période de l'année, car il fait extrêmement chaud dans cette région en été. C'est pourquoi quelques-uns ont essayé de traverser pendant la mousson de NE plus tôt dans l'année. A ce moment-là, la principale difficulté est de sortir du golfe d'Aden, où il faut lutter non seulement contre des vents contraires bien établis mais également contre un fort courant portant à l'ouest. Traditionnellement, on tire des bords le long de la côte du Yémen jusqu'à Oman, ou même plus à l'est, jusqu'à ce que les vents de NE virent progressivement au N et au NW en donnant un meilleur angle. En tirant des bords pour sortir du golfe d'Aden, il ne faudra se rapprocher ni des côtes yéménites ni des côtes somalies en raison des attaques de pirates. Si l'on passe près d'Oman, un arrêt à Raysut est recommandé (voir détails dans IN22). Un port d'atterrissage commode en Inde est le port de Mormugao (anciennement Goa). Le port de commerce étant très actif, il vaut mieux pour les yachts aller faire les formalités d'entrée dans le port plus petit de Panaji (autrefois Panjim), où l'on trouve douanes et immigration. Le mouillage se trouve à côté du bureau du port sur le fleuve Mandovi, tout près du pont. On peut aussi envisager un atterrissage plus au sud et faire son entrée en Inde au port de Cochin, comme décrit dans IN23.

16

ROUTES TRANSÉQUATORIALES DANS L'OCÉAN INDIEN

De l'Indonésie à l'est au Kenya à l'ouest, l'équateur est traversé par une variété de routes que les bateaux empruntent surtout vers le nord. Grâce aux saisons qui s'enchaînent bien entre les deux hémisphères de l'océan Indien, il est possible de naviguer toute l'année en gardant des vents favorables, à condition de planifier soigneusement ses étapes. Depuis des siècles, les *dhows* (bateaux à voile) arabes donnent un exemple parfait d'utilisation au mieux des conditions de vents dominantes. Même si leurs routes de commerce ne coïncident pas toujours avec celles qu'utilisent nos modernes voiliers, les marins d'aujourd'hui ont beaucoup à apprendre de ces marins habiles dont quelques-uns font encore du cabotage sur les côtes d'Arabie et d'Afrique de l'Est.

IT10 ROUTES VERS LE NORD

Pendant des siècles, les *dhows* arabes ont navigué du golfe Persique à l'Afrique de l'Est pour commercer, traversant avec une mousson et revenant avec l'autre, mais de nos jours, c'est devenu un spectacle rare en Tanzanie et au Kenya. Les alizés de sud-est soufflent régulièrement d'avril à octobre, dépassant rarement 20 nœuds. La large bande de courant qui longe la côte en allant vers le nord peut voir sa vitesse augmentée par ces alizés de sud-est jusqu'à atteindre 4 nœuds. C'est pourquoi il est judicieux de faire coïncider un voyage vers le nord avec cette saison. Pendant la mousson de nord-est, quand les vents de nord-est et d'est sont dominants, le courant est plus faible. Le long de la côte tanzanienne, il est possible de prendre une route côtière où l'on peut s'arrêter à l'abri des récifs et des îles qui bordent la côte.

Les bateaux qui veulent traverser l'équateur vers le nord doivent planifier ce passage de façon à tirer parti des moussons des deux côtés de l'équateur. De décembre à mars, quand la ZCI se déplace vers le sud, la mousson de nord-est est défléchie en traversant l'équateur et donne un flux de vent de nord-ouest. Elle souffle le plus fort en janvier et février. Cette période correspond aussi à la saison des cyclones dans l'océan Indien Sud, mais ils se forment normalement au sud des Chagos et s'en vont vers le sud.

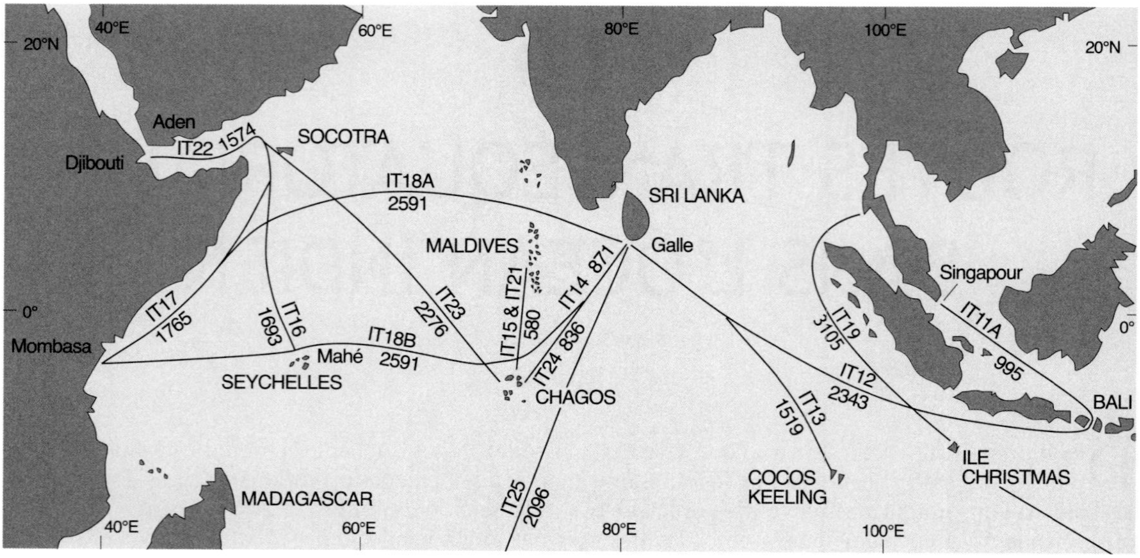

IT10 Routes transéquatoriales dans l'océan Indien

Ils ne traversent très rarement l'équateur vers le nord, cependant les Chagos ont été frappées par au moins un cyclone ces dernières années. Le problème principal rencontré sur ces routes n'est pas la météo mais la piraterie dans le golfe d'Aden et au large de Socotra. La navigation le long de la côte somalie et près de Socotra doit être évitée tant que cette région sera considérée comme peu sûre. Reportez-vous au site www.noonsite.com pour avoir les dernières informations sur la situation.

IT11 *De Bali à Singapour*

MEILLEURE PÉRIODE	mai à septembre	
SAISON DES CYCLONES	aucune	
CARTES ROUTIÈRES	BA : 4508	SHOM : 6837
	US : 508	
INSTRUCTIONS NAUTIQUES	BA : 34, 36, 44	
	US : 163, 174	
GUIDES DE CROISIÈRE	*Cruising Guide to Southeast Asia (vol 1).*	
WAYPOINTS		

Départ	*Intermédiaire*	*Atterrissage*	*Destination*	*Distance (M)*
Route IT11A				
IT110 Bali E	IT111 Lombok			
8°43'S, 115°11.5'E	8°24'S, 115°47'E			
	IT112 Karang			
	7°03'S, 114°53'E			
	IT113 Bawean E			
	5°45'S, 113°00'E			
	IT114 Karimata			
	3°30'S, 109°30'E			
	IT115 Mombarang			
	2°30'S, 109°10'E			
	IT116 Ontario			
	2°07'S, 108°38'E			
	IT117 Lingga			
	0°00', 106°00'E			
	IT118 Mapor	IT119 Chenal S	Singapour	995
	1°00'N, 105°00'E	1°20'N, 104°40'E	*1°16'N, 103°50'E*	
Route IT11B				
IT110 Bali E	IT111 Lombok			
	IT112 Karang			
	IT1110 Bawean SE			
	6°00'S, 112°30'E			
	IT1111 Bangka		Singapour	1010
	3°50'S, 107°00'			

Deux routes principales peuvent être empruntées pour aller de Bali à Singapour, l'une est directe par le détroit de Karimata (IT11A), l'autre par les détroits de Bangka et de Riouw (IT11B). La première est plus rapide et peut être réalisée sans escale car elle reste presque toujours au large, la seconde est plus lente et offre la possibilité de s'arrêter pour la nuit si le vent n'est pas favorable. Cette dernière n'est pas recommandée à ceux qui ne sont pas en possession d'un permis de croisière indonésien. Pour les deux routes, la meilleure période est pendant la mousson de sud-est de l'océan Indien Sud et la mousson de sud-ouest de l'océan Indien Nord, entre mai et septembre. Pendant les mois de transition d'avril, octobre et début novembre, les vents sont plus variables et les calmes fréquents. Pendant ces mois, il y a aussi une forte fréquence de grains accompagnés de pluie, souvent torrentielle, qui rend difficile le mouillage sûr pour la nuit et fait préférer la route du large.

En quittant Benoa, la route va vers le nord-est par le détroit de Lombock où l'on peut trouver des courants très violents. Pendant la mousson de sud-est, la direction principale du courant est sud, bien que parfois un courant favorable s'établisse vers le nord-est le long de la côte est de Bali. Ce courant se produit à peu près au moment du passage de la lune à la méridienne et dure deux ou trois heures, cela vaut alors la peine de prévoir un départ deux heures avant ce passage pour quitter Benoa en morte eau.

Du WP IT110 à l'extérieur du port de Benoa, la route hauturière (IT11A) se dirige vers le nord-est et passe par le Selat Badung (le chenal de Badung) au nord-ouest de Nusa Lembongan, jusqu'au WP IT111 au large de la pointe la plus est de Bali. De là, la route vire au nord-ouest pour traverser la mer de Bali par le large passage entre l'île Goagoa et le récif Karang Takat au WP IT112. Comme aucun de ces dangers n'est éclairé, il faudra essayer de traverser cette mer de jour. Compte tenu des distances en jeu, une bonne façon de procéder est de quitter Benoa vers midi pour passer le WP IT111 avant la nuit, traverser la mer de Bali de nuit et arriver au WP IT112 au matin suivant. Une autre manière d'atteindre la mer de Java, en particulier de nuit, est de passer par le détroit Sapudi à l'est de l'île Madura, lequel est éclairé par des feux situés sur l'île Sapudi même.

Une fois atteinte la mer de Java, la route continue vers le nord-ouest et passe à l'est de l'île Bawean par le WP IT113, jusqu'au WP IT114 à l'entrée du détroit Karimata à l'ouest de Bornéo (Kalimantan), une large étendue d'eau encombrée de nombreux récifs non éclairés. La position de certains d'entre eux ne sera pas nécessairement en accord avec leur position GPS, il faudra alors être très attentif. Des courants de plus de 2 nœuds ont été signalés, leur direction dépendant de la mousson, et portant principalement vers le nord ou le nord-ouest de mai à septembre et vers le sud ou le sud-est de novembre à mars. La route va jusqu'au WP IT115 avant que l'on change de cap pour le WP IT116 à mi-chemin entre les récifs Ontario et Flying Fish. La route continue vers le nord-ouest et coupe l'équateur au WP IT117. On passe l'île Bintan à l'est en allant au WP IT118 avant de changer de cap pour le détroit de Singapour. Il faut passer à l'est et au nord-est de Bintan de jour, car il y a souvent des filets de pêche dans cette zone. La nuit, il est donc souvent préférable de s'éloigner de la côte.

On a le choix des chenaux à l'entrée est du détroit de Singapour. En arrivant du sud-est, le plus commode est le chenal sud, entre la côte nord de Bintan et le récif Horsburgh. Pour y parvenir, du WP IT118, il faut changer de cap pour le WP IT119. De ce point, il est aussi facile de passer par le chenal sud que par le chenal du Milieu.

La route IT11B passe par le détroit de Bangka, entre Sumatra et les îles Bangka. Les instructions pour atteindre la mer de Java sont similaires à celles données ci-dessus. Une fois dans la mer de Java, on peut faire route du WP IT112 jusqu'au WP IT1110 au sud-est de Bawean. La route continue vers le nord-est jusqu'au WP IT1111 à l'approche du détroit de Bangka. La direction du vent dans le détroit est en général parallèle à la côte, mais de forts vents de sud-ouest peuvent se produire vers la fin de la mousson de sud-est. A cause de la nature des courants de marée dans le détroit, il est préférable de rester près de la côte de Sumatra en mousson de sud-est. Compte tenu de la difficulté de naviguer dans le détroit de Bangka la nuit, dans le passé les bateaux mouillaient pour attendre le jour. Cependant, certains bateaux au mouillage ayant été victimes d'intrusions à bord, il est maintenant recommandé pour des raisons de sécurité d'éviter de naviguer ou de mouiller la nuit dans cette zone.

Au nord du détroit de Bangka, il est possible d'aller à Singapour soit directement, soit indirectement. La route directe passe par l'extérieur de l'île Lingga jusqu'au détroit de Riouw qui, aisément navigable, est emprunté par de nombreux bateaux. La route indirecte suit la côte de Sumatra par les détroits de Berhala et de Pengelap et rejoint la route directe pour l'approche finale de Singapour par le sud-ouest en passant par le détroit de Durian et le chenal Phillip.

Les bateaux qui arrivent à Singapour par le sud-est peuvent trouver plus facile de mouiller devant le Changi Yacht Club, au nord-est de l'île de Singapour et d'y faire les formalités d'entrée. Une autre option est d'aller à la nouvelle Raffles Marina (1°20'53N, 103°38'22E), sur la côte ouest de l'île de Singapour. La dernière possibilité est de ne pas aller plus loin que Nongsa Point Marina (1°12'N 104°06'E), à l'extrémité NE de l'île de Batam. Il faut approcher la marina avec prudence car il y a des roches submergées juste au nord du chenal. La marina étant en Indonésie, il faut être en possession d'un permis de croisière pour l'Indonésie. Une autre solution est d'aller à Sabana Cove Marina (1°25'N 104°10'E), sur le fleuve Santi en Malaisie. La marina veille sur le canal 71.

IT12 *De Bali à Sri Lanka*

MEILLEURE PÉRIODE	septembre à mi-octobre			
SAISON DES CYCLONES	mai à juillet, octobre à novembre (golfe de Bengale)			
CARTES ROUTIÈRES	BA : 4071 US : 71	SHOM : 6884		
INSTRUCTIONS NAUTIQUES	BA : 34, 38, 44 US : 163, 173, 174	SHOM : L3		
GUIDES DE CROISIÈRE	*Indian Ocean Cruising Guide.*			
WAYPOINTS				
Départ	*Intermédiaire*	*Atterrissage*	*Destination*	*Distance (M)*
Route IT12A				
IT121 Bali S 8°55'S, 115°12'E	IT122 Java SW 7°30'S, 105°00'E IT123 5°00'S, 95°00'E IT124 0°00'N, 85°00'E	IT125 Galle S 6°00'N, 80°14'E	Magalle *6°01'9N, 80°13'7E*	2358
Route IT12B				
IT121 Bali S	IT122 Java SW IT126 Sumatra SW 4°30'S, 100°00'E IT127 0°00', 96°30'E IT128 Dondra 5°50'N, 80°35'E	IT129 Galle E 5°59'N, 80°15'E	Magalle	2343

C'est une route plus directe pour rejoindre l'océan Indien que la route IT11, elle est surtout empruntée par ceux qui sont en route pour la mer Rouge et souhaitent éviter Singapour et le détroit de Malacca. Si le port de départ est Bali, il vaut mieux gagner directement le large et aller au sud de Java. En septembre ou début octobre, les alizés de sud-est procureront des vents favorables jusqu'à la latitude 5°S, mais, les vents ayant tendance à être moins constants plus au sud, il vaut mieux ne pas faire une route directe pour Sri Lanka avant d'avoir atteint la latitude 95°E, car on peut rencontrer à la fois des vents et des courants contraires plus près de Sumatra. La période de transition entre les moussons de sud-ouest et de nord-est procure les meilleures conditions sur cette route. Si l'on fait ce passage au plus fort de la mousson de sud-ouest, il faudra gagner tout l'ouest nécessaire pendant que l'on est au sud de la latitude 5°S, car les vents d'ouest forts que l'on trouverait sur une route directe rendraient très difficile d'atteindre Sri Lanka. Pendant la mousson de sud-ouest, il faut suivre la route IT12A.

Du WP IT121 au sud du port de Benoa, la route passe au sud de Bali et de Java jusqu'au WP IT122. Si les vents de sud-est persistent, il faut continuer dans la même direction jusqu'au WP IT123. Selon les conditions de temps, on coupera l'équateur le plus loin possible à l'ouest et en aucun cas avant d'avoir atteint le méridien 85°E (WP IT124). De ce point, on peut faire route directe sur Galle et le WP IT125 au sud du port de Galle où l'on entre par le chenal du centre. La ville de Galle est sur le côté ouest de la grande baie, tandis que le petit port, où l'on fait les formalités, est dans la partie nord-est, à Magalle.

Ce passage n'est pas recommandé au plus fort de la mousson de nord-est, quand on peut rencontrer des vents contraires de NW, surtout au sud de l'équateur. Si l'on ne peut éviter d'effectuer cette traversée pendant la mousson de nord-est (route IT12B), il faut faire du nord sous le vent de Sumatra en n'allant pas à plus de 50 milles à l'ouest des îles du large. Du WP IT122 au sud-ouest de Java, il faut changer de cap pour le WP IT126 pour suivre une route parallèle à la côte ouest de Sumatra. On peut continuer la route nord-ouest parallèle à Sumatra après avoir coupé l'équateur au WP IT127. On ne change de cap pour Sri Lanka que lorsqu'on rencontre des conditions favorables au nord de l'équateur. On consultera aussi les instructions de la route IT13 car elles se rapportent à la même région de l'océan Indien.

IT13 *Des Cocos Keeling à Sri Lanka*

MEILLEURE PÉRIODE	septembre			
SAISON DES CYCLONES	mai à juillet, octobre à novembre (golfe du Bengale), décembre à mars (Indien sud)			
CARTES ROUTIÈRES	BA : 4707 US : 707			
INSTRUCTIONS NAUTIQUES	BA : 34, 44 US : 170, 173	SHOM : 6884 SHOM : L3		
GUIDES DE CROISIÈRE	*Indian Ocean Cruising Guide.*			
WAYPOINTS				

Départ	*Intermédiaire*	*Atterrissage*	*Destination*	*Distance (M)*
Route IT13A				
IT131 Keeling 12°04'S, 96°50'E	IT132 4°00'S, 80°00'E			
	IT133 0°00', 80°00'E	IT134 Galle S 6°00'N, 80°14'E	Magalle *6°01'9N, 80°13'7E*	1712
Route IT13B				
IT131 Keeling	IT135 0°00', 90°00'E			
	IT136 Dondra 5°50'N, 80°35'E	IT137 Galle E 5°59'N, 80°15'E	Magalle	1519

Bien qu'on puisse entreprendre ce passage à n'importe qu'elle période de l'année, la plupart de ceux qui l'entreprennent continuent vers la mer Rouge et projettent donc d'arriver à Sri Lanka à la veille de la mousson de nord-est. C'est pourquoi il faut bien calculer les dates de ce passage, parce que plus tard dans l'année, on risque de rencontrer des vents de nord au nord de l'équateur. Il est donc judicieux d'entreprendre cette traversée pendant que la mousson de sud-ouest souffle encore dans l'océan Indien Nord, septembre étant sans doute le meilleur mois. Des bateaux qui sont passés pendant la seconde quinzaine d'octobre ont rencontré des vents variables faibles et des courants erratiques entre la latitude 3°S et l'équateur. Des conditions similaires ont été rencontrées au nord de l'équateur sur tout le trajet jusqu'à Sri Lanka.

La plus grande difficulté de cette route est qu'elle traverse trois courants différents, dont aucun n'est complètement prévisible. La route coupe d'abord le courant sud-équatorial qui va vers l'ouest et dont les effets sont probablement annulés lorsqu'on se rapproche de l'équateur par le contre-courant équatorial qui coule vers l'est. Les courants au nord de l'équateur dépendent de l'état de la mousson, allant vers l'est pendant la mousson de sud-ouest, et vers l'ouest pendant la mousson de nord-est. Cependant, il apparaît que la combinaison de cet ensemble de courants porte habituellement à l'est et tous les bateaux qui ont effectué ce passage se sont retrouvés plus à l'est que prévu. Il faut encore avoir un autre facteur en tête, c'est le fait que cette route traverse la zone de calmes équatoriaux, bien que la ceinture de calmes ou de vents faibles entre les alizés de sud-est et la mousson régnant au nord de l'équateur ne soit pas trop large et que quelquefois, les systèmes de vent se fondent l'un dans l'autre sans rupture. En août et septembre, les alizés de sud-est s'étendent au nord jusqu'à la latitude 5°S. En quittant les Cocos Keeling du Sud au WP IT131, la façon de procéder recommandée à cette période de l'année (route IT13A) est d'aller jusqu'au WP IT132, puis de se diriger vers le nord le long du méridien 80°E jusqu'à couper l'équateur au WP IT133. De ce point, on peut faire route vers le WP IT134 au sud du port de Galle. Il faut prévoir son arrivée de jour car il est interdit d'entrer dans le port la nuit. Les bateaux arrivant après la tombée de la nuit peuvent mouiller à l'extérieur du port.

Bien qu'il soit préférable d'éviter les traversées pendant la saison des cyclones de l'océan Indien Sud, si on tente le voyage pendant la mousson de nord-est, de décembre à mars (route IT13B), on devra faire le plus de nord possible dès le départ des Cocos Keeling pour couper l'équateur vers la longitude 90°E (WP IT135) et approcher Sri Lanka sous un meilleur angle. Après avoir coupé l'équateur, on ne pourra faire route directe pour Sri Lanka qu'après avoir trouvé les vents favorables. Voir aussi la route IT12.

IT14 *Des Chagos à Sri Lanka*

Meilleure période	mai à septembre			
Saison des cyclones	mai à juillet, novembre à décembre			
Cartes routières	BA : 4071	SHOM : 6884		
	US : 71			
Instructions nautiques	BA : 38, 39	SHOM : L3, L9		
	US : 170, 171, 173			
Guides de croisière	*Indian Ocean Cruising Guide.*			
Waypoints				
Départ	*Intermédiaire*	*Atterrissage*	*Destination*	*Distance (M)*
Route IT14A				
IT141 Peros N	IT142	IT143 Galle S	Magalle	871
5°00'S, 72°00'E	0°00', 73°00'E	6°00'N, 80°14'E	*6°01'9N, 80°13'7E*	
Route IT14B				
IT141 Peros N	IT144	IT143 Galle S	Magalle	1047
	0°00', 82°00'E			

La stratégie pour effectuer ce passage dépend entièrement de la direction de la mousson au nord de l'équateur. Pendant la mousson de sud-ouest, de mai à septembre, il est sans doute meilleur d'essayer de faire une route directe sur Sri Lanka en compensant seulement le courant que l'on ressent au nord de l'équateur (route IT14A). Il faut prendre garde aux forts courants que l'on trouve dans la partie nord de l'archipel des Chagos. Bien que l'on puisse s'attendre à des vents faibles au début de cette route, l'influence de la mousson devrait se faire sentir en se rapprochant de l'équateur, les vents virant progressivement du sud au sud-ouest et finalement à l'ouest. Le risque majeur de ce programme est de rencontrer un cyclone vers Sri Lanka, car il arrive que l'île soit touchée en juin et surtout en juillet.

En partant du WP IT141 au nord-est de Peros Banhos, la route reste à l'est des Maldives et coupe l'équateur au WP IT142. On peut alors changer de cap pour le WP IT143 au sud de Galle, d'où on entre au port par le chenal du centre. On peut se mettre sur l'un des deux pontons du bassin intérieur. Il faut prévoir son arrivée de jour car il est interdit d'entrer dans le port la nuit. Les bateaux arrivant après la tombée de la nuit peuvent mouiller à l'extérieur du port.

Pendant la mousson de nord-est (route IT14B), il est essentiel de gagner le plus possible à l'est lorsqu'on est au sud de l'équateur que l'on coupera vers la longitude 82°E (WP IT144), pour approcher Sri Lanka un peu à l'est de sa pointe sud.

IT15 *Des Chagos aux Maldives*

Meilleure période	mai à septembre			
Saison des cyclones	décembre à mars (Indien sud)			
Cartes routières	BA : 4703	SHOM : 6674		
	US : 703			
Instructions nautiques	BA : 38, 39	SHOM : L9, L3		
	US : 171, 173			
Guides de croisière	*Indian Ocean Cruising Guide, Mahrays : Maldives Island Directory.*			
Waypoints				
Départ	*Intermédiaire*	*Atterrissage*	*Destination*	*Distance (M)*
Route IT15A				
IT151 Peros N	IT152			
5°18'S, 72°14'50E	0°00', 74°00'E			
	IT153 Felidhe	IT154 Malé N	Malé	584
	3°30'N, 74°00'E	4°09'N, 73°34'E	*4°10'N, 73°30'E*	

Départ	*Intermédiaire*	*Atterrissage*	*Destination*	*Distance (M)*
Route IT15B				
IT151 Peros N	IT155			
	0°00', 72°30'E			
	IT156 Nilandhe	IT157 Wadu	Malé	567
	3°20'N, 73°20'E	4°09'N, 73°20'E		
Route IT15C				
IT151 Peros N		IT158 Addu	Gan	270
		0°39'S, 73°09'E	*0°41'35S, 73°09'E*	

On rencontre les meilleures conditions de navigation sur cette route pendant la mousson de sud-ouest, quand les vents de sud prédominent au sud de l'équateur. Pendant la période de transition, les vents sont plus faibles et il y a de longues périodes de calmes. Pendant la mousson de nord-est, les vents au sud de l'équateur sont surtout nord-ouest. Les courants peuvent être très forts dans cette région et leur direction est difficile à prévoir, surtout pendant les périodes de transition entre les moussons. Pendant la mousson de sud-ouest, le courant le plus fort est le courant indien de mousson qui s'écoule rapidement vers l'est des deux côtés de l'équateur.

Selon la mousson, la route pour atteindre Malé passe à l'est ou à l'ouest des îles. Les courants portant sur ces îles, il est probablement plus sûr de naviguer sous leur vent, à l'ouest pendant la mousson de nord-est et à l'est pendant la mousson de sud-ouest. Quelle que soit la période, il faudra tenir compte des courants et aussi du fait que leur direction n'est pas nécessairement celle de la mousson.

Pour passer à l'est des îles (route IT15A), il faut couper l'équateur au WP IT152. La route continue plein nord jusqu'au WP IT153 à l'est de l'atoll Felidhe. Elle tourne alors nord-ouest vers le WP IT154 à l'entrée de la passe de Malé qui conduit dans l'atoll de Malé Nord et la capitale.

Pendant la mousson de nord-est, il faut passer les îles sur leur côté ouest (route IT15B) en faisant tout d'abord route pour couper l'équateur au WP IT155. La route tourne ensuite presque plein nord jusqu'au WP IT156 d'où l'on prend le chenal entre les atolls Nilandhe Nord et Ari. La route continue vers le nord-est jusqu'au WP IT157 à l'entrée du chenal Wadu entre les atolls Malé Sud et Malé Nord. La capitale, Malé, est située à l'extrémité sud de l'atoll de Malé Nord et on l'atteint par l'une des passes qui mènent à travers le récif. Depuis que Gan sur l'atoll d'Addu est devenu un port d'entrée officiel où l'on peut faire les formalités, les bateaux qui arrivent du sud s'arrêtent dans ce port le plus au sud des Maldives. Depuis Peros Banhos, la route est presque plein nord jusqu'au point d'atterrissage IT158 juste au sud de l'atoll d'Addu.

IT16 *Des Seychelles à la mer Rouge*

MEILLEURE PÉRIODE	septembre à mi-octobre	
SAISON DES CYCLONES	mai à juillet, octobre à novembre (Indien Nord)	
CARTES ROUTIÈRES	BA : 4071	SHOM : 6674
	US : 71	
INSTRUCTIONS NAUTIQUES	BA : 3, 39, 64	SHOM : L9, L7
	US : 170, 171, 172	
GUIDES DE CROISIÈRE	*Red Sea Pilot.*	

WAYPOINTS

Départ	*Intermédiaire*	*Atterrissage*	*Destination*	*Distance (M)*
Route IT16A				
IT60 Mahé N	IT161			
4°34'S, 55°27'E	0°00', 51°00'E			
	IT162			
	3°30'N, 49°00'E			
	IT163 Hafun			
	10°30'N, 52°00'E			
	IT164 Gardafui			
	12°00'N, 51°50'E			
	IT165	IT166 Tadjoura	Djibouti	1693
	12°30'N, 50°45'E	11°40'N, 43°13'E	*11°36'5N, 43°07'5E*	
		IT167 Yemen S	Aden	1584
		12°44'N, 45°00'E	*12°48'N, 44°58'E*	
Route IT16B				
IT160 Mahé N	IT168			
	0°00', 63°00'E			
	IT169 Socotra NE			
	13°20'N, 54°30'E			
	IT164 Gardafui			
	IT165	IT166 Tadjoura	Djibouti	2153

La meilleure période pour entreprendre cette traversée est vers la fin de la mousson de sud-ouest, en septembre ou début octobre, quand la force des vents commence à décroître dans la partie nord-ouest de l'océan Indien. A cette époque de l'année, les alizés arrivent jusqu'à l'équateur. De là, les vents deviennent graduellement sud-ouest et soufflent avec une force croissante au fur et à mesure que l'on approche l'île de Socotra. Cette région est connue pour sa forte fréquence de coups de vent pendant la mousson de sud-ouest et c'est la raison pour laquelle il n'est pas recommandé d'effectuer cette traversée plus tôt, en juillet ou en août. Même vers la fin de la mousson de sud-ouest, les vents peuvent être violents, et, combinés aux forts courants, produire des mers très dures autour de la corne de l'Afrique.

En partant du WP IT160 au large de la pointe Nord de l'île de Mahé, les bateaux qui naviguent pendant cette période recommandée (route IT16A) doivent se diriger vers le nord-ouest en quittant les Seychelles, de façon à couper l'équateur au WP IT161. Si les conditions le permettent, on fera le plus possible d'ouest lorsqu'on est au sud, avant de couper l'équateur. Ceci évite le fort courant qui porte au sud-est pendant la période de transition entre les moussons. De l'équateur, on peut changer de cap pour le WP IT162 d'où la route est parallèle à la côte africaine. Le long de cette côte, le courant de Somalie porte fortement au nord et peut atteindre jusqu'à 170 milles par jour dans la zone au sud de Socotra. Pendant la période de transition, les alizés de sud-est soufflent jusqu'à l'équateur et on peut conserver des vents favorables jusque dans le golfe d'Aden. En octobre, les vents dans cette région seront sud-ouest ou sud. Cependant, il ne faut pas effectuer ce passage trop tard, car les vents de nord-est commencent à dominer au nord de l'équateur après la deuxième quinzaine d'octobre. Une brume épaisse et une faible visibilité rendent la navigation dangereuse le long de la côte africaine et il faut rester à bonne distance de jour comme de nuit.

Du WP IT162 on peut mettre le cap vers le WP IT163, au large du Ras Hafun. De là, on peut faire route vers le WP IT164 au nord-est du cap Gardafui. Ayant atteint la corne de l'Afrique, la route passe au sud-ouest de Socotra vers le WP IT165 dans le golfe d'Aden. Si l'on a l'intention d'aller à Djibouti, du WP IT165, il faut faire route vers le WP IT166 dans le golfe de Tadjoura. La route passe au sud des îles Musha puis tourne au sud-ouest vers le port de Djibouti en évitant les divers dangers, tous marqués par des bouées. Le mouillage recommandé (11°36.1'N, 43°08.1'E) est situé devant le Yacht Club de Djibouti dont les bateaux visiteurs peuvent utiliser les services. Les formalités d'entrée se font au port de commerce voisin.

Du WP IT165, les bateaux qui se rendent à Aden doivent aller au WP IT167 à l'entrée du port d'Aden. Un chenal balisé conduit à l'intérieur du port, où les yachts mouillent devant le quai des douanes. Normalement, une vedette du port va au-devant des bateaux et les dirige vers le mouillage.

Bien qu'on puisse avoir de meilleures conditions pendant la mousson de sud-ouest, l'époque d'arrivée en mer Rouge peut ne pas coïncider avec les projets de la plupart des navigateurs, à moins d'être prêt à passer l'hiver qui arrive en mer Rouge et n'arriver en Méditerranée qu'au printemps suivant. C'est essentiellement pour cette raison que la plupart des bateaux font ce passage au tout début de l'année (route IT16B). Si on le tente pendant la mousson de nord-est, il faut faire suffisamment d'est lorsque l'on se trouve encore au sud de l'équateur pour pouvoir prendre les vents de nord-est sous un bon angle. Les vents de nord ou nord-ouest étant forts lorsque l'on quitte les Seychelles, on fera une route nord-est de façon à couper l'équateur aussi est que la longitude 66°E ou même 68°E. Le terrain perdu à l'est sera récupéré plus tard quand un meilleur angle de vent permettra d'aller à bonne vitesse une fois sous l'influence de la mousson de nord-est. Toutefois, il n'est pas toujours nécessaire de faire autant d'est au sud de l'équateur et des bateaux qui ont fait ce passage vers la fin de la mousson de nord-est, fin février ou mars, ont pu suivre une route plus nord après avoir quitté les Seychelles et ont coupé l'équateur vers la longitude 63°E (WP IT168). De l'équateur, la route tourne nord-ouest pour passer, si les conditions le permettent, sur le côté au vent de Socotra. Pendant la mousson de nord-est, les vents dans le golfe d'Aden soufflent le plus souvent d'est.

Après avoir coupé l'équateur, et si l'on a fait assez d'est, il devrait être possible de suivre une route qui passe à l'est de Socotra par le WP IT169. Si cela s'avère impossible, ou si cela ne convient pas parce qu'on a coupé l'équateur trop à l'ouest, il faut alors faire route vers le WP IT164 au nord-est du cap Gardafui, pour passer entre Socotra et la côte africaine. De là, les instructions sont les mêmes que celles de la route ci-dessus.

Le problème principal rencontré sur ces routes, cependant, n'est pas la météo mais la piraterie dans le golfe d'Aden et dans la région de Socotra, où bateaux de croisière et grands navires ont été abordés par des bateaux provenant de la côte somalie et du Yémen. Les voiliers étant vulnérables à ce genre d'attaque, il faut éviter de naviguer le long de la côte somalie et près de l'île de Socotra jusqu'à ce que ce secteur soit considéré sûr. Si l'on souhaite faire ce voyage, il est recommandé de suivre l'axe du golfe d'Aden, à une distance sûre des côtes somalies et yéménites, comme décrit dans la route IN21.

IT17 *Du Kenya à la mer Rouge*

MEILLEURE PÉRIODE	avril à mai, septembre	
SAISON DES CYCLONES	juin, octobre	
CARTES ROUTIÈRES	BA : 4071 US : 71	SHOM : 6884
INSTRUCTIONS NAUTIQUES	BA : 3, 64 US : 170, 171, 172	SHOM : L8, L7
GUIDES DE CROISIÈRE	*Red Sea Pilot.*	
WAYPOINTS		

Départ	*Intermédiaire*	*Atterrissage*	*Destination*	*Distance (M)*
IT171 Mombasa 4°00'S, 39°45'E	IT172 0°00', 43°00'E IT173 5°00'N, 49°00'E IT174 Hafun 10°30'N, 52°00'E IT175 Gardafui 12°00'N, 51°50'E IT176 12°30'N, 50°45'E	IT177 Tadjoura 11°40'N, 43°13'E	Djibouti *11°36'5N, 43°07'5E*	1765
		IT178 Yemen S 12°44'N, 45°00'E	Aden *12°48'N, 44°58'E*	1656

Cette route classique des commerçants arabes bénéficie de vents favorables pendant toute la durée de la mousson de sud-ouest, de mai à septembre. Cependant, les vents atteignant souvent la force du coup de vent près de Socotra et de la corne de l'Afrique, le voyage est plus confortable au début ou à la fin de la mousson de sud-ouest. De bons passages sur cette route ont été faits en septembre, lorsque les vents sont favorables au nord comme au sud de l'équateur et que le fort courant de Somalie augmente considérablement les moyennes journalières. La route est parallèle à la côte africaine, mais il faut faire particulièrement attention à la navigation à cause de la brume et de la faible visibilité qui accompagnent la mousson de sud-ouest. La zone la plus dangereuse est celle du Ras Hafun, où plusieurs bateaux se sont perdus pour avoir mal identifié ce cap.

La période de départ est critique, car la transition est très courte et la mousson de nord-est peut parfois arriver avant la mi-octobre et le vent et le courant changer tous deux de direction. Une autre option est d'effectuer ce passage au début de la mousson de sud-ouest, quand les vents peuvent être plus faibles. Si l'on passe en pleine mousson de sud-ouest, en juillet ou en août, il faut être prêt à subir des vents très forts et une mer difficile. Bien que forts, les vents seront favorables jusqu'a la corne de l'Afrique, mais dans le golfe d'Aden, de forts vents d'ouest rendront très difficile la progression vers Bab el Mandeb.

Si l'on fait ce passage pendant la mousson de nord-est, il vaut mieux attendre fin mars, pour arriver à l'équateur au changement de mousson. En quittant Mombasa, il faut faire de l'est lorsqu'on est au sud de l'équateur, que l'on coupera vers la longitude 53°E. On prendra alors la meilleure amure pour faire du nord pour passer entre Socotra et le cap Gardafui.

Les bateaux qui effectuent ce passage à la meilleure période, fin avril ou début mai, en quittant Mombasa au WP IT171, suivent une route parallèle à la côte et coupent l'équateur au WP IT172. Continuant parallèle à la côte, la route passe par le WP IT173 et va jusqu'au WP IT174 au large du cap Hafun. De là, la route tourne presque plein nord vers le WP IT175 au nord-est du cap Gardafui, pour passer entre Socotra et la corne de l'Afrique. Une fois passé ce cap, la route entre dans le golfe d'Aden et se dirige vers le WP IT176. De ce point, les bateaux qui vont à Djibouti font route vers le WP IT177 dans le golfe de Tadjoura. Ceux qui veulent faire escale à Aden changeront de cap pour le WP IT178. Voir la route IT16 pour les précisions sur Djibouti et Aden.

En raison de plusieurs cas de piraterie rapportés au large de la corne de l'Afrique et dans le golfe d'Aden, il faut éviter de naviguer le long de la côte somalie et près de l'île de Socotra jusqu'à ce que ce secteur soit considéré comme sûr. Si l'on souhaite faire ce voyage il est recommandé de faire un détour afin de suivre l'axe du golfe d'Aden et de naviguer à une distance sûre des côtes somalies et yéménites, comme décrit dans la route IN21. Consultez de surcroît le site www.noonsite.com pour avoir les dernières informations sur la situation.

IT18 *Du Kenya à Sri Lanka*

MEILLEURE PÉRIODE	juillet à septembre	
SAISON DES CYCLONES	mai à juillet, octobre à novembre	
CARTES ROUTIÈRES	BA : 4071 US : 71	SHOM : 6884
INSTRUCTIONS NAUTIQUES	BA : 3, 38 US : 171, 173	SHOM : L8, L7
GUIDES DE CROISIÈRE	*Indian Ocean Cruising Guide.*	
WAYPOINTS		

Départ	*Intermédiaire*	*Atterrissage*	*Destination*	*Distance (M)*
Route IT18A				
IT181 Mombasa 4°00'S, 39°45'E	IT182 0°00', 44°00'E			
	IT183 4°00'N, 55°00'E			
	IT184 Maldives 7°30'N, 73°00'E	IT185 Galle W 6°01'N, 80°13'E	Magalle *6°01'9N, 80°13'7E*	2591

Départ	*Intermédiaire*	*Atterrissage*	*Destination*	*Distance (M)*
Route IT18B				
IT181 Mombasa	IT186 Seychelles 2°00'S, 55°00'E			
	IT187 Equateur 0°00', 73°15'E	IT185 Galle W	Magalle	2591

C'est une route qu'on ne doit emprunter qu'avec la mousson de sud-ouest, quand à la fois le vent et le courant sont favorables. En quittant Mombasa au WP IT181, la route reste parallèle à la côte africaine pour profiter pleinement du courant favorable. Après avoir coupé l'équateur au WP IT182, on change de cap pour le WP IT183. De là, on peut faire route vers le WP IT184 au nord de l'atoll Ihavandifullu dans le passage du Huitième Parallèle, au nord des Maldives. Une fois passé le Huitième Parallèle, on peut changer de cap pour le WP IT185 à l'entrée du chenal ouest qui mène au port de Galle. Les yachts peuvent se mettre sur l'un des deux pontons du bassin intérieur. En général, on devra faire appel aux services d'un agent local pour effectuer les formalités. Il faut prévoir son arrivée de jour car il est interdit d'entrer dans le port la nuit.

Une option plus courte, mais pas forcément plus rapide, est de prendre une route plus sud (IT18B) et de rester au sud de l'équateur plus longtemps en passant près du nord des Seychelles. Le contre-courant équatorial vers l'est favorable apportera une accélération bienvenue comprise entre 1/2 et 2 nœuds, bien qu'on ne ressente pas tellement les effets de la mousson de sud-ouest aussi au nord de l'équateur. La route recommandée emprunte le passage de l'Equateur au sud de l'atoll Huvadhoo dans les Maldives, d'où l'on change de cap pour Galle. Un avantage de cette route sud est d'éviter les vents et les mers difficiles qui accompagnent la mousson de sud-ouest. Ces mêmes conditions rendent Galle bien moins confortable que pendant la mousson de nord-est.

Pendant la période recommandée, il n'y a pas de risque de cyclones dans la partie sud de la mer d'Arabie. La route IN25 donne les instructions permettant de poursuivre la route vers la Malaisie et Singapour.

IT19 *De l'Australie à la côte ouest de la Malaisie*

MEILLEURE PÉRIODE	avril
SAISON DES CYCLONES	décembre à mars (Indien Sud), mai à juillet, octobre à novembre (golfe du Bengale)
CARTES ROUTIÈRES	BA : 4707, 4708, 4603 SHOM : 6669, 6783, 6782, 6781 US : 603, 707, 708
INSTRUCTIONS NAUTIQUES	BA : 17, 44 US : 127, 163, 170, 174, 175
GUIDES DE CROISIÈRE	*Indian Ocean Cruising Guide, Cruising Guide to Southeast Asia (vol 2).*
WAYPOINTS	

Départ	*Intermédiaire*	*Atterrissage*	*Destination*	*Distance (M)*
Route IT19A				
IT190 Darwin *12°28'S, 130°51'E*	IT191 Charles 15°21'S, 130°42'E			
	IT192 Christmas *10°25'S, 105°43'E*			
	IT193 Equateur 0°00', 97°00'E			
	IT194 Wé 6°N, 95°00'E			
			IT195 Langkawi *6°18'N, 99°50'E*	3165
			IT196 Phuket *7°55'N, 98°24'E*	3105

Départ	*Intermédiaire*	*Atterrissage*	*Destination*	*Distance (M)*
Route IT19B				
IT197 Fremantle	IT192 Christmas			
32°00'S, 115°45'E	IT193 Equateur			
	IT194 Wé			
			IT195 Langkawi	2910
			IT196 Phuket	2850

Cette route, au départ surtout utilisée par les équipages professionnels convoyant des bateaux de courses ou de charter en Malaisie et en Thaïlande, est aujourd'hui de plus en plus utilisée par les bateaux de croisière qui souhaitent rejoindre les ports d'Asie du Sud-Est sans avoir à naviguer dans l'archipel indonésien. Que la route commence au nord ou à l'ouest de l'Australie, elle contourne ensuite Sumatra par l'ouest. On peut faire escale à Christmas, d'où l'on prend ensuite un cap NNW vers l'équateur. A IT194, on peut modifier le cap pour faire route vers le port de destination. On peut faire escale dans les petites îles à l'ouest de Sumatra, ou au port de Sabang, sur l'île de Wé, tout en haut de Sumatra. Au nord de l'équateur, les conditions seront meilleures au début ou à la fin de la saison de la mousson de SW. Dans ce dernier cas, il faut garder à l'esprit le risque de cyclones se formant dans le golfe de Bengale.

IT20 ROUTES VERS LE SUD

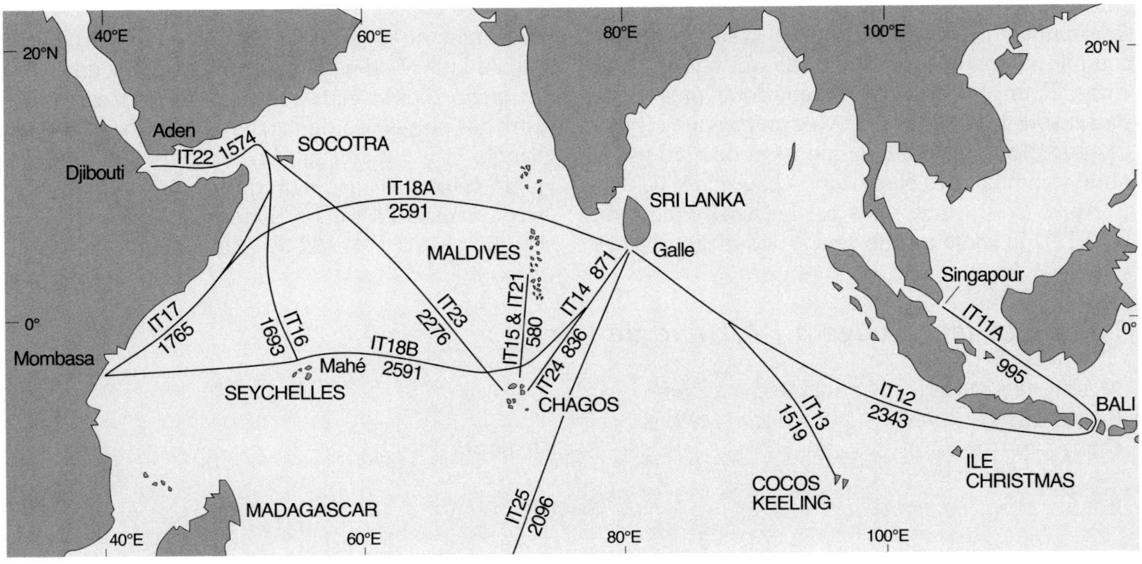

IT20 Routes transéquatoriales dans l'océan Indien

IT21 *Des Maldives aux Chagos*

MEILLEURE PÉRIODE	mai à septembre	
SAISON DES CYCLONES	décembre à mars	
CARTES ROUTIÈRES	BA : 4707 US : 707	SHOM : 6674
INSTRUCTIONS NAUTIQUES	BA : 38, 39 US : 170, 171	SHOM : L3, L9

WAYPOINTS

Départ	*Intermédiaire*	*Atterrissage*	*Destination*	*Distance (M)*
Route IT21A				
IT211 Wadu 4°09'N, 73°20'E	IT212 Nilandhe 3°20'N, 72°20'E			
	IT213 0°00', 72°30'E	IT214 Salomon 5°18'S, 72°14,5'E	Fouquet *5°20'S, 72°16'E*	599
Route IT21B				
IT215 Addu 0°39'S, 73°09'E		IT214 Salomon	Fouquet	282

La meilleure période pour effectuer ce passage est pendant la mousson de nord-est, quand on trouvera des vents favorables à la fois au nord et au sud de l'équateur. De mai à novembre, la direction dominante des vents vient du sud et des bateaux ont eu une forte proportion de vents de sud même pendant la période de transition, donc le seul moment où l'on peut être sûr d'avoir des vents favorables est pendant la mousson de nord-est.

Selon la mousson, on passera à l'ouest ou à l'est des Maldives. Les îles basses et le petit nombre de feux rendent la navigation difficile, la situation étant compliquée par les forts courants qui balaient l'archipel. Pour cette raison, il est sans doute plus sûr de passer sous le vent des îles. Avec un passage vers les Chagos effectué pendant la mousson de nord-est, la route recommandée passe donc à l'ouest des îles.

Après avoir quitté Malé par le chenal Wadu, du WP IT211 la route tourne vers le sud-ouest et passe par le chenal entre les atolls de Nilandhe Nord et Ari. Du WP IT212, la route vire au sud et traverse l'équateur au WP IT213. De là, la route continue presque plein sud vers le WP IT214 au nord de l'atoll de Salomon dans l'archipel des Chagos. Une option plus facile, pour éviter une navigation difficile près des atolls au sud de Malé, consiste à partir de l'atoll d'Addu. Au sud de Gan, on peut mettre le cap sur IT214 à l'entrée du lagon de Salomon. Le meilleur mouillage est dans la partie SE devant l'îlot Fouquet.

Diégo Garcia, l'île principale du groupe, est une base militaire louée aux USA par le gouvernement britannique et on ne peut s'arrêter sur l'île qu'en cas d'urgence. Les bateaux peuvent s'arrêter dans la plupart des autres îles de l'archipel des Chagos, Peros Banhos et Salomon étant les îles les plus commodes pour ceux qui viennent du nord. Le mouillage recommandé à l'atoll de Salomon est devant l'île de Fouquet, sur le côté sud du grand lagon.

IT22 *De la mer Rouge à l'Afrique de l'Est*

MEILLEURE PÉRIODE	novembre à mars	
SAISON DES CYCLONES	mai à juin, octobre	
CARTES ROUTIÈRES	BA : 4071 US : 71	SHOM : 6884
INSTRUCTIONS NAUTIQUES	BA : 3, 64 US : 170, 171, 172	SHOM : L7, L8
GUIDES DE CROISIÈRE	*East Africa Pilot.*	

WAYPOINTS

Départ	*Intermédiaire*	*Atterrissage*	*Destination*	*Distance (M)*
IT221 Mandeb 12°20'N, 43°40'E	IT222 Asir 12°10'N, 50°45'E IT223 Gardafui 12°00'N, 51°30'N IT224 Hafun 10°30'N, 51°50'E IT225 5°00'N, 49°00'E IT226 0°00', 43°45'E	IT227 Kenya N 2°15'S, 41°00'E	Lamu *2°18'S, 40°55'E*	1574

Le Kenya et les autres points de la côte est de l'Afrique étant plus faciles à atteindre pendant la mousson de nord-est, on programmera les traversées vers cette région à cette époque. La principale difficulté arrive en général peu après que l'on ait quitté la mer Rouge, quand des vents d'est soutenus rendent difficile la sortie du golfe d'Aden. Une fois contourné la corne de l'Afrique, les vents et le courant favorables assureront un passage rapide le long de la côte africaine. C'est pourquoi les traversées de la mer Rouge vers le sud doivent se faire en automne, de façon à traverser le golfe d'Aden au changement de saison, fin octobre ou début novembre. Toutefois, arriver trop tôt à la corne de l'Afrique comporte le risque que la mousson de nord-est ne soit pas encore bien établie. Il faut alors choisir entre le désavantage d'avoir des vents contraires dans le golfe d'Aden et l'avantage d'avoir le vent et le courant favorables le long de la côte africaine. Le courant favorable vers le sud a été signalé à 20 milles de la côte. Cependant, en raison de plusieurs cas de piraterie rapportés au large de la corne de l'Afrique et dans le golfe d'Aden, il faut éviter de naviguer le long de la côte somalie et près de l'île de Socotra jusqu'à ce que ce secteur soit considéré comme sûr. Si l'on souhaite faire ce voyage il est recommandé de faire un détour pour naviguer bien au large, à une distance sûre des côtes somalies et de l'île de Socotra.

Après avoir passé Bab el Mandeb, du WP IT221, une route directe conduit au WP IT222 au large de la Corne de l'Afrique que l'on arrondit en mettant le cap sur le WP IT223 au large du cap Gardafui. De là, la route va plein sud vers le WP IT224 au large du Ras Hafun puis devient parallèle à la côte, passant par le WP IT225 et coupant l'équateur au WP IT226. Le premier port d'entrée au Kenya est Lamu. Les deux autres ports d'entrée sont Malindi (3°13'S, 40°07'E) et Mombasa (4°04'S, 39°41'E).

Pendant la mousson de sud-ouest, on ne peut atteindre la côte africaine qu'en faisant un large détour par les Seychelles. Après être passée au nord de Socotra, la route va vers le sud-est et traverse l'équateur aussi à l'ouest que le permet le vent. Lorsqu'on a trouvé les alizés de sud-est, entre les latitudes 2°S et 4°S, on peut infléchir la route pour passer au nord des Seychelles puis aller vers le Kenya. Une autre option est de s'arrêter aux Seychelles et d'aller en Afrique de l'Est plus tard. Voir aussi les routes IS42 et IS43.

IT23 *De la mer Rouge à l'océan Indien Sud*

MEILLEURE PÉRIODE	novembre à décembre	
SAISON DES CYCLONES	mai à juillet, octobre (Indien Nord) novembre à mars (Indien Sud)	
CARTES ROUTIÈRES	BA : 4071 US : 71	SHOM : 6674
INSTRUCTIONS NAUTIQUES	BA : 3, 39, 64 US : 170, 171, 172	SHOM : L7, L9
GUIDES DE CROISIÈRE	*Indian Ocean Cruising Guide, East Africa Pilot.*	

WAYPOINTS

Départ	*Intermédiaire*	*Atterrissage*	*Destination*	*Distance (M)*
Route IT23A				
IT231 Mandeb 12°20'N, 43°40'E	IT232 Asir 12°10'N, 50°45'E			
	IT233 Gardafui 12°00'N, 51°30'N			
	IT234 0°00', 54°15'E			
	IT235 Bird 3°40'S, 55°25'E	IT236 Mahé N 4°32'S, 55°28'E	Victoria *4°36.5'S, 55°28'E*	1487
Route IT23B				
IT231 Mandeb	IT237 Socotra NE 13°20'N, 54°30'E			
	IT238 0°00', 72°00'E	IT239 Salomon 5°18'S, 72°14'5E	Fouquet *5°20'S, 72°16'E*	2224

Bien que la plupart des bateaux traversent la mer Rouge du sud vers le nord, chaque année un bon nombre de bateaux utilisent cette route pour aller d'Europe et de Méditerranée vers leurs diverses destinations dans l'océan Indien.

La description de la route IT22 s'applique à la première partie de cette route jusqu'à la corne de l'Afrique, y compris les avertissements donnés aux bateaux passant près des côtes de Somalie et de l'île de Socotra. Les traversées vers les Seychelles pendant la mousson de nord-est bénéficient de conditions favorables une fois qu'on a dépassé la corne de l'Afrique. Par conséquent, la première partie de la traversée devra coïncider avec la période de transition pour éviter les vents contraires dans le golfe d'Aden. Du WP IT235 au large du cap Gardafui, la route directe coupe l'équateur au WP IT234. Puis le WP IT235 se situe entre les îles Bird et Denis, les îles les plus au nord des Seychelles. De là, on peut faire route vers le WP IT236 à 3 milles au nord de l'entrée de Port Victoria. On doit contacter le *Port Control* sur le canal 16. Les bateaux qui arrivent doivent mouiller à 500 mètres au nord du phare de Victoria.

La mousson de sud-ouest procure de meilleures conditions pour aller vers des groupes d'îles plus lointaines dans l'océan Indien Sud, comme les Chagos. Sur la route de la mer Rouge aux Chagos et à l'île Maurice (route IT23B), il faut faire de l'est pendant qu'on est au nord de l'équateur, que l'on coupe entre les longitudes 70°E et 72°E. L'atterrissage aux Chagos se fait au WP IT239 au nord de l'atoll de Salomon. Ceux qui vont au sud des Chagos suivront les instructions de la route IS36.

Un départ de la mer Rouge en septembre devrait aussi permettre d'avoir de meilleures conditions sur l'étape suivante vers l'île Maurice, à condition qu'elle ait lieu avant le début de la saison des cyclones de l'océan Indien Sud. Pour les bateaux qui atteignent l'océan Indien Sud vers la fin de l'année, l'étape suivante des Seychelles ou des Chagos vers des destinations plus au sud doit être repoussée à la fin de la saison des cyclones de l'Indien Sud. Voir aussi la route IS41.

IT24 *De Sri Lanka aux Chagos*

MEILLEURE PÉRIODE	avril	
SAISON DES CYCLONES	novembre, décembre à mars	
CARTES ROUTIÈRES	BA : 4071	SHOM : 6884
	US : 71	
INSTRUCTIONS NAUTIQUES	BA : 38, 39	SHOM : L3, L9
	US : 173	
GUIDES DE CROISIÈRE	*Indian Ocean Cruising Guide.*	

Waypoints

Départ	*Intermédiaire*	*Atterrissage*	*Destination*	*Distance (M)*
IT240 Magalle *6°01'9N, 80°13'7E*	IT241 Galle S 6°00'N, 80°14'E			
	IT242 Speaker 4°50'S, 72°40'E	IT243 Salomon 5°18'S, 72°14'5E	Fouquet *5°20'S, 72°16'E*	836

La mousson de nord-est assurera les meilleures conditions, au moins jusqu'à l'équateur, mais au sud de la ligne les vents seront moins fiables. Le risque de cyclones est faible, en particulier au sud de l'équateur où les cyclones affectent très rarement les îles de l'archipel des Chagos. Néanmoins, dans la mesure du possible, les périodes d'activité cyclonique doivent être évitées des deux côtés de l'équateur et c'est pourquoi on recommande le mois d'avril, où la saison des cyclones est pratiquement terminée dans l'océan Indien Sud.

Bien que l'archipel des Chagos soit sous administration britannique, Diego Garcia est une zone militaire interdite et l'accès en est interdit aux bateaux de croisière. Leur présence est tolérée dans les îles désertes de l'archipel, comme Peros Banhos, Egmont et Salomon. Le mouillage le plus populaire est le lagon des Salomon, devant l'île de Fouquet.

Après avoir traversé l'équateur, on fera l'atterrissage à l'est du banc Speaker où l'on changera de cap pour passer au nord du récif Blenheim. Le WP IT243 est situé près de la passe nord-ouest d'entrée dans le lagon et le mouillage recommandé se situe sur son côté sud-est.

IT25 *De Sri Lanka à l'île Maurice*

Meilleure période	mai – juin, septembre	
Saison des cyclones	novembre à avril	
Cartes routières	BA : 4071	SHOM : 6884
	US : 71	
Instructions nautiques	BA : 38, 39	SHOM : L3, L9
	US : 173	
Guides de croisière	*Indian Ocean Cruising Guide.*	

Waypoints

Départ	*Intermédiaire*	*Atterrissage*	*Destination*	*Distance (M)*
IT250 Magalle *6°01.9'N, 80°13.7'E*	IT251 Galle S 6°00'N, 80°14'E			
	IT252 Chagos SE 7°00'S, 73°00'E	IT253 Maurice N 19°48'S, 57°37'E	Port Louis *20°09'S, 57°29'E*	2096

Les risques de deux saisons de cyclones, au nord et au sud de l'équateur, devront être pesés avant de choisir l'époque de cette traversée. Le risque de rencontrer un cyclone étant plus élevé dans l'océan Indien Sud, il est recommandé d'éviter cette route après début décembre et avant mi-avril. C'est aussi la période de risque de cyclones faible au nord de l'équateur.

La route recommandée reste à l'est des Maldives et, pendant la saison des alizés (de mai à octobre), doit aussi rester à l'est de l'archipel des Chagos pour bénéficier d'un meilleur angle par rapport au vent jusqu'à l'île Maurice. Comme la route passe tout près des Chagos, il peut être tentant de s'y arrêter (voir IT24). Sur la route recommandée, l'atterrissage sera fait au nord de l'île Maurice, près de l'île du Nord, d'où l'on suivra la côte jusqu'à Port Louis. On contactera le *Port Authority* sur le canal 16 pour obtenir l'autorisation d'entrer au port.

17

VENTS ET COURANTS DANS L'OCÉAN INDIEN SUD

Le temps dans la zone tropicale de l'océan Indien Sud est très influencé par la progression de la mousson de l'Indien Nord au sud de l'équateur pendant l'hiver de l'hémisphère nord et symétriquement par son retrait en été. En dehors des tropiques, le temps suit un schéma normal.

Les alizés de sud-est

Ces vents soufflent sur le versant équatorial de la circulation d'air qui existe autour de la zone de hautes pressions centrée près du 30°S et qui tourne dans le sens contraire des aiguilles d'une montre. Au contraire des autres océans, l'anticyclone de l'Indien Sud est rarement constitué d'une seule cellule et contient souvent une succession de systèmes anticycloniques qui se déplacent vers l'est. Les alizés soufflent sur leur versant nord et forment une large ceinture qui s'étend sur l'océan de l'Australie occidentale à Madagascar et à la côte d'Afrique. De juillet à septembre, cette ceinture s'étend sur une très vaste zone et rejoint les alizés de sud-est du Pacifique Sud. L'ensemble de cette ceinture se déplace du nord au sud pendant l'année, sa limite nord allant de la latitude 2°S en août à la latitude 12°S en janvier.

Le déplacement de la limite sud est moins prononcé, de 24°S en août à 30°S en janvier. Ces alizés soufflent en moyenne à une force de 10 à 15 nœuds en été et de 15 à 20 nœuds en hiver. Au centre de la région, le vent souffle constamment de sud-est à est sud-est, surtout de mai à septembre, au plus fort de la mousson de sud-ouest au nord de l'équateur.

La mousson de nord-ouest

De novembre à mars, lorsque la ZCI est située au sud de l'équateur, la mousson de nord-est de l'océan Indien Nord est attirée dans l'hémisphère Sud. A cause de la rotation de la terre, elle est déviée vers la gauche et devient un vent de nord-ouest dans la partie nord de l'océan Indien Sud. A cette période, les vents sont en général faibles et varient considérablement en force et en direction. Le temps est rarement stable, avec de nombreux grains.

Les moussons de l'archipel indonésien

Le temps de l'archipel indonésien est plus saisonnier que celui des régions voisines, qui sont dominées par les deux moussons. La mousson du sud-est dure généralement d'avril à septembre et est remplacée par une mousson du nord-ouest d'octobre à mars. Ni l'une ni l'autre ne sont très fortes, la mousson du sud-est étant cependant plus constante en force et en direction, en particulier en juillet et en août lorsqu'elle rejoint les alizés de sud-est du Pacifique Sud et de l'océan Indien. Pendant la mousson de nord-ouest, les vents de nord-ouest sont dominants, mais leur force et leur stabilité diminue plus au sud. Au sud de la latitude 4°S, il y a souvent des grains alternant avec des calmes, des vents variables et de la pluie.

Les vents variables

Au sud de la ceinture des alizés se trouve une région de vents variables faibles qui coïncide avec la zone de hautes pressions. L'axe de cette zone est situé vers la latitude 30°S en hiver et se déplace plus au sud, vers la latitude 35°S pendant l'été. Le temps est très variable à l'intérieur de cette zone, qui a des caractéristiques semblables à celles des *Horse latitudes* de l'océan Atlantique.

Les vents d'ouest

Les vents d'ouest sont dominants dans le sud de la zone de hautes pressions de l'océan Indien Sud. Le passage presque ininterrompu des dépressions d'ouest en est rend le vent très variable en direction et en force. Dans les hautes latitudes des quarantièmes rugissants et au-delà, les coups de vent sont fréquents, il fait froid et la mer est grosse.

Les tempêtes tropicales et les cyclones

La saison des cyclones dans l'océan Indien Sud s'étend de novembre à mai, décembre à avril étant les mois considérés comme dangereux, car il y a peu de cyclones en novembre et en mai. A l'île Maurice, qui est en moyenne touchée par un cyclone par an entre fin décembre et fin mars, les mois qui connaissent la plus grande fréquence sont janvier et février. Le cyclone le plus récent enregistré pendant la saison dite sûre était *Phoebe*, qui s'est développé au nord des Cocos Keeling en août 2004.

Les willy-willies qui affectent les côtes ouest et nord-ouest de l'Australie se produisent principalement entre décembre et avril. Ils peuvent se rencontrer jusqu'à Timor et la mer d'Arafura, cette dernière pouvant être également affectée par les cyclones du Pacifique Sud qui atteignent parfois le nord de l'Australie. Leur saison s'étend de décembre à mars.

Les courants

La principale circulation des eaux de surface de l'océan Indien Sud se fait dans le sens contraire des aiguilles d'une montre, mais à cause des moussons de l'océan Indien Nord, il n'y a qu'un courant équatorial. Il s'écoule vers l'ouest et se situe toujours au sud de l'équateur, sa limite nord évoluant entre les latitudes 6°S et 10°S, selon la longitude et la saison. La limite se rapproche de l'équateur pendant la

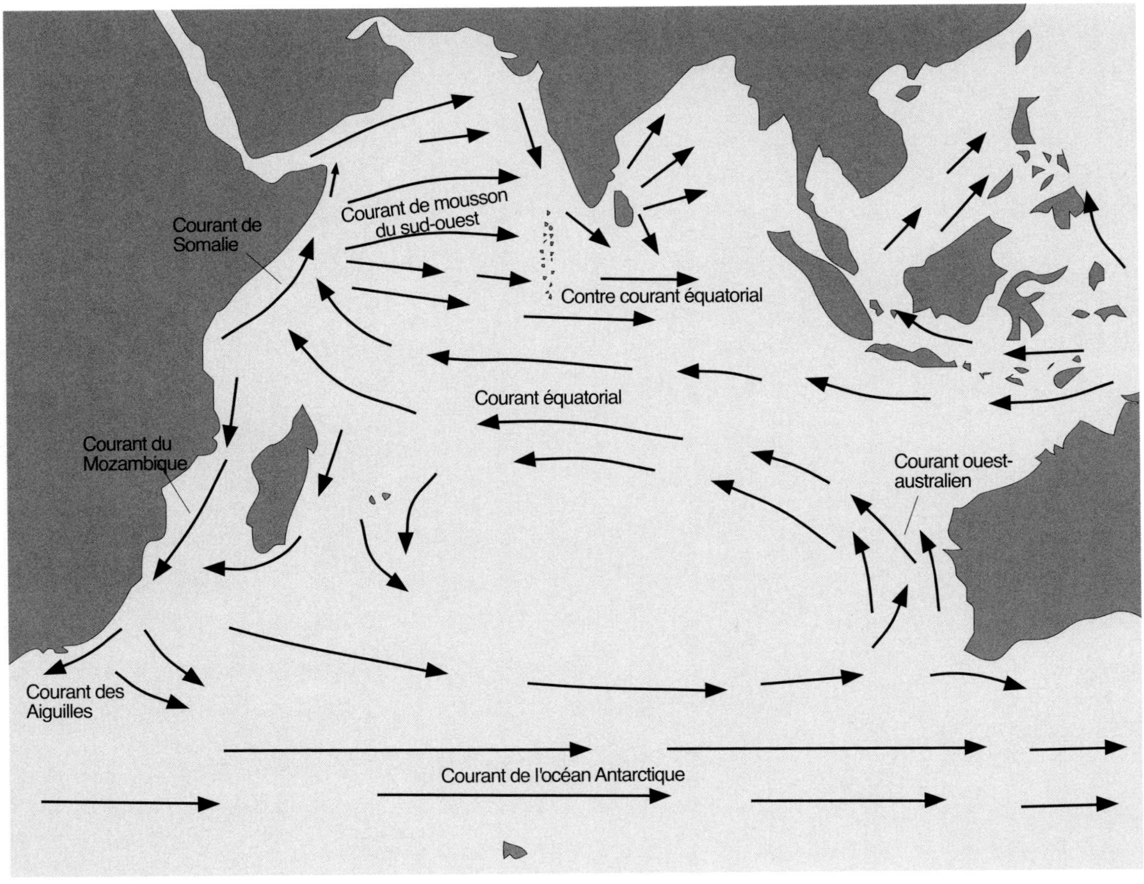

Courants de l'océan Indien - Mousson du sud-ouest

mousson de sud-ouest de l'océan Indien Nord. A l'ouest de l'océan, la partie nord du courant dépasse Madagascar et atteint la côte africaine. Il se sépare en deux, une branche suivant la côte vers le nord, l'autre allant au sud dans le canal du Mozambique, devenant alors le courant du Mozambique, puis, plus au sud, le courant des Aiguilles.

Le courant des Aiguilles n'entraîne pas seulement les eaux du courant du Mozambique, mais aussi celles de la branche sud du courant équatorial. Les deux courants se rencontrent au large de la côte d'Afrique, vers la latitude 28°S, d'où leur résultante se dirige avec force vers le sud-ouest, avant de pénétrer dans l'Atlantique Sud par le cap de Bonne Espérance. Une branche se sépare du courant des Aiguilles pour aller vers le sud-est rejoindre le courant de l'océan Antarctique. Ce dernier forme le côté sud de la circulation principale de l'océan Indien Sud, qui prend une direction est à nord-est. Le côté est de ce mouvement est formé par le courant ouest-australien, qui coule vers le nord-ouest le long de la côte ouest de l'Australie. Il rejoint finalement le courant équatorial, complétant cette boucle géante.

18

ROUTES DANS L'OCÉAN INDIEN SUD

Avant que la mer Rouge ne devienne la façon la plus populaire de terminer un tour du monde, la plupart des bateaux passaient par le cap de Bonne Espérance pour rejoindre l'Atlantique. Maintenant, la majorité prennent la route nord et, en conséquence, le nombre de bateaux de croisière qui naviguent dans l'océan Indien Sud a considérablement diminué. Parfois, des bateaux qui descendent la mer Rouge vont dans l'océan Indien Sud, mais bien peu vont plus loin que le Kenya ou les Seychelles.

Pour ceux qui font le tour du monde et projettent de prendre la route sud, différents facteurs sont à prendre en compte au stade du planning. Le plus important est de passer le cap de Bonne Espérance au meilleur moment, c'est-à-dire en été, de décembre à mars. Cela veut dire qu'il faut traverser l'océan Indien Sud pendant la bonne saison, lorsqu'il n'y a pas de cyclone au sud de l'équateur. La saison des cyclones dans l'océan Indien Sud a lieu de novembre à mai et il faut éviter les traversées à cette période. Bien qu'on ait aussi enregistré des cyclones pendant d'autres mois, on s'accorde en général à penser que juin à octobre est une période sûre pour traverser l'océan Indien Sud. L'Atlantique Sud n'étant en principe jamais affecté par les cyclones – le cyclone Catarina qui s'est formé au large des côtes du Brésil en mars 2004

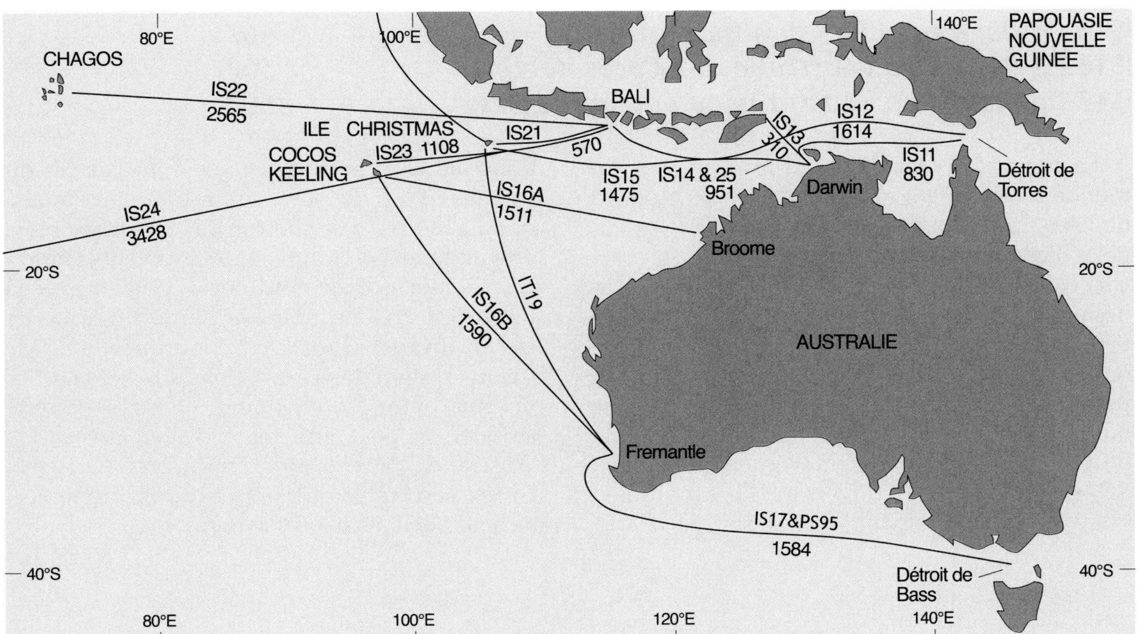

IS10 et IS20 Routes depuis l'Australie et l'Indonésie

constituant à ce jour l'unique exception – le voyage peut repartir du Cap pratiquement à n'importe quelle époque de l'année, décembre à mars (l'été) étant cependant, comme on l'a dit plus haut, les mois où le temps sera le meilleur. La plupart des bateaux naviguant dans l'océan Indien Sud suivent l'une des deux routes principales : ceux qui veulent atteindre l'Afrique du Sud par la route la plus courte choisissent en général de partir des Cocos Keeling vers l'île Maurice puis Richards Bay ; ceux qui souhaitent visiter Madagascar et peut-être les Seychelles suivent en général une route plus au nord via les Chagos. C'est aussi la route que prennent ceux qui souhaitent éviter l'Asie du Sud-Est, souvent parce qu'ils ont quitté Bali trop tard et doivent se dépêcher pour rejoindre la mer Rouge. Compte tenu du risque de cyclone, les bateaux qui choisissent cette route doivent rester proches de l'équateur et le traverser pendant que la mousson de NE est encore en vigueur dans l'océan Indien Nord.

L'étape autour de l'Afrique du Sud mérite un avertissement. Plusieurs circumnavigateurs y ont rencontré les pires conditions de leur voyage, un coup de vent de sud-ouest soudain peut créer des conditions extrêmement dangereuses en soufflant contre le courant des Aiguilles qui s'écoule vers le sud. Des bateaux ont chaviré, sanci et même coulé dans cette zone, il faut bien donc bien examiner les autres solutions avant de se décider pour cette route. Néanmoins, en prenant la météo et en y étant très attentif, tout bateau solide pourra franchir cet obstacle. Des informations utiles sont données dans les sections correspondantes, principalement les routes IS52 et IS63.

La popularité des Chagos a entraîné une augmentation du nombre de bateaux y faisant escale, dont beaucoup y restent longtemps. Dans la mesure où l'endroit le plus proche pour se réapprovisionner est Gan aux Maldives, cette route est maintenant fréquemment utilisée et est décrite dans IT15.

IS10 ROUTES DEPUIS L'AUSTRALIE

La plupart des bateaux qui font un tour du monde ne s'arrêtent que peu de temps au nord de l'Australie avant de continuer sur Bali et au-delà. Bien qu'un permis de croisière (*cruising permit*) soit nécessaire pour visiter l'archipel indonésien, il est en général possible de s'arrêter à Benoa sur l'île de Bali, où les autorités se montrent plus tolérantes, mais quelques-uns ont dû payer une amende pour s'y être arrêtés sans permis. Benoa est donc la destination favorite de la plupart des bateaux qui naviguent vers l'est, qu'ils continuent en traversant l'océan Indien Nord ou qu'ils prennent la route sud par le cap de Bonne Espérance. Les routes qui partent du nord de l'Australie sont soumises à deux moussons. La mousson de sud-est, de mai à septembre, offre un temps plus agréable et des vents favorables. La mousson de nord-ouest coïncide avec la saison des cyclones dans la partie tropicale de l'océan Indien Sud, c'est pourquoi peu de bateaux restent dans les régions affectées par les cyclones entre fin novembre et mars. A cette période, on peut être tenté d'aller au sud de l'Australie, qui est sous l'influence des vents d'ouest pendant la plus grande partie de l'année, mais peu de bateaux s'y aventurent.

IS11 *Du détroit de Torrès à Darwin*

Meilleure période	mai à septembre	
Saison des cyclones	décembre à mai	
Cartes routières	BA : 4603	SHOM : 6818
	US : 603	
Instructions nautiques	BA : 15, 17	
	US : 164, 175	
Guides de croisière	*Northern Territory Coast.*	
Waypoints		

Départ	*Intermédiaire*	*Atterrissage*	*Destination*	*Distance (M)*
IS111 Thursday 10°34'S, 142°06.5'E	IS112 Coburg 10°30'S, 132°20'E	[IS113 Dundas] 11°11'S, 131°38'E		635
	IS114 Bathurst 11°10'S, 130°00'E			
	IS115 Fourcroy 11°55'S, 129°55'E	IS116 Charles 12°21'S, 130°42'E	Darwin *12°28'S, 130°51'E*	830

Pendant la mousson de sud-est, de mi-avril à fin septembre ou début octobre, les vents sont en général favorables sur cette route. Pour aller à Darwin, on peut choisir de couper par le golfe de Van Diemen, ou de contourner l'île de Bathurst. Compte tenu des forts courants de marée dans les détroits de Dundas et de Clarence, et de la navigation difficile à l'approche de Darwin, la route qui fait le tour est souvent plus rapide, bien que plus longue. Ceux qui ont plus de temps pourront préférer couvrir la distance entre le détroit de Torrès et Darwin par étapes de jour car il y a beaucoup de bons mouillages après le cap Arnhem.

Une fois dans la mer d'Arafura, la route pour Darwin est la même que celle des bateaux qui ont pris la route intérieure depuis le North Queensland. Du WP IS111 à l'ouest de l'île Thursday, à l'extrémité ouest du chenal du Prince de Galles (Prince of Wales), on suit une route ouest qui passe près du nord de l'île Booby. En faisant route vers le WP IS112, on évite tous les dangers au large de la côte nord de l'Australie. De ce point, on peut changer de cap pour le WP IS113 pour passer par les détroits de Dundas et de Clarence. A cause des forts courants de marée et de la quasi impossibilité de faire toute la route de jour, cette route nécessite une planification très attentive. Dans l'idéal, il faut essayer d'arriver à Cape Don à l'étale, qui se situe quatre heures après la marée haute à Darwin, ou même un petit peu plus tôt. Il devrait ainsi être possible de couvrir les 64 milles jusqu'au Détroit de Clarence en une marée, pourvu que les vents soient favorables. Le courant portant au SSE débute trois heures avant la PM de Darwin et atteint son maximum une heure avant la PM de Darwin (3,5 nœuds en période de vive-eau). Le courant favorable continue encore pendant une heure après la PM de Darwin. A ce moment-là, il faut avoir atteint le prochain étranglement, Howard Channel dans le Détroit de Clarence, où les courants de marée sont plus forts que dans le North Channel (mais dans la mesure où Howard est le chenal de navigation recommandé, il est mieux éclairé et plus facile). Le courant favorable dans Howard Channel commence quatre heures après la PM de Darwin et s'inverse deux heures avant la PM de Darwin, on a donc huit heures de courant favorable.

C'est la route qui contourne les îles Bathurst et Melville qui, bien que plus longue, est la plus utilisée. Si l'on choisit cette route hauturière, du WP IS112 on fera route vers le WP IS114 au nord-ouest de l'île Bathurst. On change à nouveau de cap pour le WP IS115 au large du cap Fourcroy, puis encore pour le WP IS116 à l'entrée du chenal principal qui mène à Darwin. Si l'on arrive d'un autre pays, il faut avertir au moins trois heures à l'avance en contactant Darwin Port Authority sur le canal 16 ou sur 2182 kHz. Compte tenu du fort marnage, le meilleur endroit pour accoster est Fishermen's Wharf, il faudra le demander en préparant les formalités. On peut aussi être autorisé à se rendre directement à Cullen Bay Marina.

IS12 *Du détroit de Torrès à Bali*

MEILLEURE PÉRIODE	juin à octobre	
SAISON DES CYCLONES	décembre à avril	
CARTES ROUTIÈRES	BA : 4603	SHOM : 6818
	US : 603	
INSTRUCTIONS NAUTIQUES	BA : 15, 34, 35	
	US : 163, 164	
GUIDES DE CROISIÈRE	*Cruising Guide to Southeast Asia (vol 2).*	
WAYPOINTS		

Départ	*Intermédiaire*	*Atterrissage*	*Destination*	*Distance (M)*
IS121 Thursday 10°34'S, 142°06.5'E	IS122 Melville 10°30'S, 130°00'E			
	IS123 Roti 11°15'S, 123°00'E			
	IS124 Dana 11°00'S, 121°20'E	IS125 Bali E 8°50'S, 115°20'E	Benoa *8°45'S, 115°15'E*	1614

Pour la plupart des bateaux, l'époque où ils entreprennent cette traversée est cruciale pour les étapes suivantes du voyage. La majorité de ceux qui vont dans l'océan Indien Sud passe le détroit de Torrès entre juin et août, au moment où les conditions de navigation sont les meilleures sur cette route. Une fois traversée la mer d'Arafura, les mêmes instructions s'appliquent à ceux qui partent de Darwin (route IS14). Si l'on est trop tard en saison, la meilleure façon d'éviter de rencontrer un cyclone en route est de longer la côte nord des îles sud de l'Indonésie, qui ne connaissent pas de cyclones. Les bateaux qui vont à Singapour et vers l'océan Indien Nord ont plus de temps devant eux que ceux qui vont vers le cap de Bonne Espérance, alors ils ont tendance à passer le détroit de Torrès plus tard, en septembre ou même début octobre. Cela signifie qu'ils ratent la meilleure période pour traverser vers Bali et doivent s'attendre à des vents faibles et à des calmes sur cette étape.

La route directe du détroit de Torrès à Bali traverse la mer d'Arafura et la mer de Timor, où le temps dépend des moussons de sud-est et de nord-ouest. Les alizés soufflent fort de mai à août, du sud-est au sud sud-est, avec une mer très formée. En début et en fin de saison, le vent souffle souvent d'est, virant à l'est nord-est. La mousson de sud-est dure jusqu'à fin octobre ou même novembre, bien que les vents de sud-est soient plus faibles et moins réguliers après la mi-septembre. Elle est alors suivie par des vents variables et des calmes. La mousson de sud-ouest coïncidant avec la saison des cyclones, il vaut mieux éviter les traversées pendant cette période. Dans la mer de Timor, les saisons suivent pratiquement le même calendrier. Pendant la mousson de sud-est, l'air est parfois chargé de la poussière provenant du désert australien et la visibilité peut être faible. Au voisinage de la terre, les vents sont généralement influencés par la forme des îles et dans les chenaux entre les îles, le vent souffle souvent avec violence.

L'effet des courants de marée se fait particulièrement sentir dans la zone comprise entre Darwin et le récif Ashmore. Pour les bateaux qui vont à l'ouest, le courant est pour la plupart du temps favorable à l'est comme à l'ouest du récif Ashmore. A l'ouest de ce récif, le courant allant vers l'ouest peut atteindre 2 nœuds. Un contre-courant plus faible, jusqu'à 1/2 nœud, peut s'établir pendant quelques heures par jour. Plus à l'ouest, les courants du détroit de Lombock sont très violents et peuvent engendrer des conditions dangereuses à l'approche du port de Benoa lorsqu'un vent fort souffle contre le courant. Pendant la mousson de sud-est, le courant va principalement vers le sud.

Du WP IS121 à l'ouest de l'île Thursday, à l'extrémité du chenal du Prince de Galles, on peut faire une route à l'ouest qui passe près du nord de l'île Booby. En faisant route vers le WP IS122, on évite tous les dangers de la côte nord de l'Australie. De là, on peut changer de cap pour le WP IS123 à 20 milles au sud de l'île Roti au sud-ouest de Timor. Cette route reste bien au nord d'un champ pétrolifère centré sur 12°00'S, 125°00'E et évite également les récifs Hibernia et Ashmore. Le récif d'Ashmore appartient à l'Australie et les bateaux de croisière sont autorisés à s'y arrêter brièvement. On passera sur les hauts-fonds Karmt (*Karmt Shoals*), mais la zone ne présente pas de dangers connus. Il n'est pas recommandé de faire un détour par le chenal de Roti, entre Roti et Timor car les courants y sont très violents.

Du WP IS123, la route va ensuite au WP IS124 au sud de l'île Dana. On peut alors changer de cap pour le WP IS125 au sud-ouest de Nusa Penida, à l'approche du port de Benoa, le port principal de Bali. Un chenal balisé conduit à travers le récif qui est bien visible de jour. L'entrée de nuit n'est pas recommandée car souvent les feux ne marchent pas et il est préférable de passer la nuit en mer, bien qu'il soit possible, avec beaucoup de précautions, de mouiller pour la nuit près de la bouée d'atterrissage s'il n'y a pas trop de houle.

Bali International Marina a considérablement amélioré l'escale à Benoa. La marina se situe au NE du port. L'espace de mouillage est plutôt limité et restreint à la zone située au sud du quai principal. Les formalités d'entrée se font dans les bureaux qui bordent la digue allant à Denpasar.

IS13 *De Darwin à Dili*

MEILLEURE PÉRIODE	juin à octobre	
SAISON DES CYCLONES	décembre à avril	
CARTES ROUTIÈRES	BA : 4603	SHOM : 6818
	US : 603	
INSTRUCTIONS NAUTIQUES	BA : 17, 35	
	US : 164, 175	
GUIDES DE CROISIÈRE	*Cruising Guide to Southeast Asia (vol 2).*	

WAYPOINTS

Départ	*Intermédiaire*	*Atterrissage*	*Destination*	*Distance (M)*
IS131 Charles 12°21'S, 130°42'E	IS132 Fourcroy 11°55'S, 129°50'E			
	IS133 Timor E 8°26'50S, 127°23'E	Timor N 8°32'S, 125°35	Dili *8°33'S, 125°34'E*	310

Cette nouvelle route remplace celle autrefois plus fréquentée qui allait à Ambon, plusieurs années de conflit ayant entraîné l'annulation de la course annuelle Darwin-Ambon. La situation au Timor oriental indépendant depuis peu se stabilisant, de plus en plus de bateaux de croisière font escale dans son port principal, Dili. La meilleure époque pour naviguer vers le nord est le milieu de la mousson de sud-est, lorsque le temps est bien établi et que l'on peut espérer des vents favorables sur la plus grande partie du trajet.

En partant du WP IS131 au début du principal chenal d'accès à Darwin, on peut faire route vers le WP IS132 au large de la pointe Fourcroy. On se dirige alors vers le WP IS133 près de Pulau Jaco, une petite île devant l'extrémité E de Timor. On suit ensuite une route parallèle à la côte nord de Timor et l'approche de Dili se fait par le NE.

IS14 *De Darwin à Bali*

MEILLEURE PÉRIODE	mai à septembre	
SAISON DES CYCLONES	décembre à avril	
CARTES ROUTIÈRES	BA : 4603	SHOM : 6818
	US : 603	
INSTRUCTIONS NAUTIQUES	BA : 17, 34	
	US : 163, 175	
GUIDES DE CROISIÈRE	*Cruising Guide to Southeast Asia (vol 2).*	

WAYPOINTS

Départ	*Intermédiaire*	*Atterrissage*	*Destination*	*Distance (M)*
Route IS14A				
IS141 Charles 12°21'S, 130°42'E	IS142 Challis 12°15'S, 125°00'E			
	IS143 Hibernia 12°07'S, 123°23'E	IS145 Bali E 8°50'S, 115°20'E	Benoa *8°45'S, 115°15'E*	951
Route IS14B				
IS141 Charles	IS144 11°30'S, 124°30'E	IS145 Bali E	Benoa	939

Cette route passe au sud de toutes les îles indonésiennes. Les seuls dangers sur cette route directe sont les récifs Hibernia et Ashmore au sud de l'île de Timor. On peut interrompre la traversée au récif Ashmore, surtout lorsque les vents sont faibles. C'est une réserve naturelle, sous la juridiction du gouvernement australien. Un gardien y réside normalement et permettra aux bateaux de croisière d'y faire un bref arrêt. Le reflet vert des eaux peu profondes dans le ciel se voit souvent bien avant de voir le récif lui-même. Les courants dans cette zone sont souvent forts (voir aussi la route IS12). Le meilleur mouillage se trouve dans la partie nord-ouest du récif, non loin d'un petit îlot corallien. Par bonne visibilité, il est facile de se frayer un chemin parmi les têtes de corail. Les pêcheurs indonésiens viennent souvent sur le récif.

Du WP IS141à l'extérieur du principal chenal d'accès à Darwin, la route directe (IS14A) mène au WP IS142. Il y a des plates-formes pétrolières dans la zone 12°00'S, 125°00'E, que l'on évitera si possible. On change ensuite de cap pour le WP IS143 pour passer au milieu des récifs Hibernia et Ashmore. Une autre option est de se diriger plus au nord en quittant Darwin pour passer au nord à la fois du champ pétrolier et des deux récifs ci-dessus (route IS14B). Dans ce cas, du WP IS141 on doit faire route vers le WP IS144. Bien que les plates-formes soient bien visibles de jour comme de nuit, il ne faut pas en passer trop près pour ne pas se prendre dans les câbles d'ancrage qui s'étendent loin et ne sont pas bien visibles. De l'un des waypoints ci-dessus, WP IS143 ou IS144, la route est alors directe jusqu'au WP IS145 au sud-ouest de Nusa Penida à l'approche du port de Benoa. Compte tenu des forts courants de marée qui passent par le chenal de Lombok, il vaut mieux éviter de se rapprocher de Lombok, mais plutôt approcher Bali par le SE ou même par le S, plutôt que par l'E.

Pendant la mousson de sud-est, les vents dominants dans la mer d'Arafura comme dans la mer de Timor sont de sud-est ou d'est. La seule difficulté que l'on soit susceptible de rencontrer est le très fort courant du détroit de Lombock à l'approche du port de Benoa. A cause des courants et du chenal d'entrée sinueux, il ne faut entrer à Benoa que de jour. On rencontrera un courant fort au sud-ouest de Lombock, là où le courant général de l'océan le long de la côte de l'île rencontre le courant sortant du chenal de Lombock, qui sépare Lombock et Bali. La mer hachée est pleine de remous qui déferlent et peut devenir tout à fait dangereuse par vent fort, ce qui arrive heureusement rarement. Il faut aussi s'attendre à des indications aberrantes du sondeur, qui indiquera brusquement de faibles profondeurs à cause des différentes couches d'eau.

Les meilleures traversées sur cette route se font entre juillet et août, lorsque les vents de sud-est sont plus réguliers. Au début et surtout à la fin de la mousson de sud-est, les vents deviennent irréguliers, et l'on peut parfois rencontrer des vents de sud sud-ouest dans la mer de Timor en octobre. Il ne faut pas trop se rapprocher des côtes sud des îles indonésiennes avant d'être près de Bali à cause des courants contraires. En avril et aussi en novembre et en décembre, les vents sont faibles et il y a des périodes de calmes prolongées.

De l'extérieur de Benoa, un chenal balisé mène à travers le récif, qui est bien visible de jour. L'entrée au port de nuit n'est pas recommandée car souvent les feux ne marchent pas et on peut confondre les feux d'alignement. A cause des courants forts, il est préférable de passer la nuit en mer, bien qu'il soit possible, avec beaucoup de précautions, de mouiller pour la nuit près de la bouée d'atterrissage s'il n'y a pas trop de houle. Bali International Marina a considérablement amélioré l'escale à Benoa. La marina est située dans la partie nord-est du port. L'espace de mouillage est plutôt limité et restreint à la zone située au sud du quai principal. Les formalités d'entrée se font dans les bureaux qui bordent la digue allant à Denpasar. Le bureau de la marina peut se charger des formalités d'entrée. Un permis de croisière est nécessaire pour tous les bateaux qui souhaitent visiter l'Indonésie. Cependant, il est quelquefois arrivé que des bateaux arrivés sans permis aient été autorisés par le capitaine du port à rester quelques jours pour se réapprovisionner.

IS15 *De Darwin à l'île Christmas*

MEILLEURE PÉRIODE	juin à octobre	
SAISON DES CYCLONES	décembre à avril	
CARTES ROUTIÈRES	BA : 4603, 4070	SHOM : 6818, 6884
	US : 524	
INSTRUCTIONS NAUTIQUES	BA : 17, 34	
	US : 163, 175	

WAYPOINTS

Départ	*Intermédiaire*	*Atterrissage*	*Destination*	*Distance (M)*
IS151 Charles 12°21'S, 130°42'E	IS152 Challis 12°15'S, 125°00'E			
	IS153 Hibernia 12°07'S, 123°23'E	IS154 Christmas 10°28'S, 105°46'E	Flying Fish *10°25'S, 105°43'E*	1475

C'est normalement une traversée rapide avec des vents de 15 à 25 nœuds si on la fait en juillet ou en août. Après la première moitié de septembre, les alizés sont moins réguliers et il y a de plus grandes chances d'avoir des calmes ou des vents variables faibles. Jusqu'au récif Ashmore, on suivra les instructions de la route IS14. Par vent fort ou faible visibilité, il vaudra mieux éviter à la fois les plates-formes pétrolières situées approximativement par 12°00'S, 125°00'E et les deux récifs à leur ouest en prenant une route qui passe bien au sud ou au nord de la zone. Du WP IS153 entre les récifs Ashmore et Hibernia, une route directe pare tous les dangers et mène au WP IS154 deux milles à l'est de l'île Christmas. Le meilleur mouillage est à Flying Fish Cove. En arrivant, les bateaux doivent appeler la police de l'île de Christmas (*Christmas Island Police*) sur le canal 16. Une fois à l'ancre, ils recevront la visite des douanes. Le reste des formalités sera fait à terre. L'île étant territoire australien, les mêmes règles qu'en Australie s'appliquent concernant les visas et les membres de l'équipage arrivant sans visa peuvent ne pas être autorisés à rester. Les sévères règles australiennes sur l'importation de nourriture ne sont pas appliquées aussi strictement ici que sur le continent.

A l'île Christmas, les alizés de sud-est soufflent presque constamment de mai à décembre, mais pendant les premiers mois de l'année, lorsque la mousson de nord-ouest est établie au nord de l'île, on en ressent les effets par de grosses pluies occasionnelles, des vents forts et des orages. En janvier et février, les vents peuvent souffler fort d'ouest ou de nord. L'île est normalement épargnée par les cyclones qui affectent la zone entre elle et le nord-ouest de l'Australie.

Le mouillage à l'île Christmas peut devenir inconfortable lorsque les alizés sont à leur maximum, c'est une bonne incitation à lever l'ancre et à aller aux Cocos Keeling, à 500 milles, qui offrent tout un choix de mouillages beaux et bien abrités.

IS16 *De l'ouest de l'Australie aux Cocos Keeling*

MEILLEURE PÉRIODE	juin à octobre	
SAISON DES CYCLONES	novembre à avril	
CARTES ROUTIÈRES	BA : 4070	SHOM : 6884
	US : 70	
INSTRUCTIONS NAUTIQUES	BA : 17, 44	
	US : 174, 175	

Waypoints

Départ	*Intermédiaire*	*Atterrissage*	*Destination*	*Distance (M)*
IS161 Broome 18°00'S, 122°05'E	IS162 Mermaid 16°45'S, 119°40'E	IS163 Keeling E 12°05'S, 97°00'E	Direction *12°05'S, 96°52'E*	1511
IS164 Fremantle *32°00'S, 115°45'E*	IS165 West 32°00'S, 115°40'E	IS163 Keeling E	Direction	1590

La région traversée par cette route est affectée par les cyclones en été, de mi-novembre à avril, il n'est donc pas recommandé de traverser à cette époque. Les meilleures conditions de navigation se rencontrent en général en mai-juin et septembre-octobre, soit lorsque les alizés de sud-est n'ont pas encore atteint leur force maximum, soit lorsqu'ils commencent à faiblir. Occasionnellement, on peut rencontrer des grains forts sur cette route, avec des vents qui soufflent brusquement à plus de 50 nœuds.

Un bon port pour quitter l'Australie est Broome. En quittant le port, il faut immédiatement aller au large, car les récifs au nord de la pointe Gantheaume sont rapportés comme s'étendant davantage que sur la carte. On trouve de meilleurs services pour les bateaux à Freemantle, d'où l'on peut aussi faire une route directe sur les Cocos Keeling, mais l'on n'est pas aussi sûr d'avoir des vents de sud-est favorables qu'en partant de ports situés plus au nord, comme Broome. Dans ce dernier cas, du WP IS161 on peut faire route vers le WP IS162 au nord du récif Mermaid, en laissant à bâbord tous les dangers situés au sud de ce récif. La route directe mène au WP IS163 à 6 milles à l'est de l'île Direction dans les Cocos du Sud. Le seul phare puissant, celui de l'aéroport, étant situé du côté sud-ouest du lagon, il faut faire très attention en approchant l'atoll de nuit. L'entrée dans le lagon des Cocos du Sud est entre Horsburgh et l'île Direction. Le mouillage recommandé pour les bateaux est au sud de l'île Direction et on l'atteint en laissant l'île Direction 1/4 de mille sur bâbord. Une balise montre le point où virer sur bâbord pour rejoindre la bouée de quarantaine jaune. On appellera les *Flight Services* (l'aéroport) sur le canal 16 et les fonctionnaires des douanes, de l'immigration et de la santé viendront à bord. Les règles strictes sur l'importation de nourriture sont appliquées ici et seuls les produits australiens, étiquetés comme tels, seront autorisés. Il est obligatoire d'avoir un visa australien.

IS17 *De l'ouest de l'Australie au détroit de Bass*

Meilleure période	décembre à mars	
Saison des cyclones	None	
Cartes routières	BA : 4709, 4601	SHOM : 7271
	US : 709, 601	
Instructions nautiques	BA : 13, 14, 17	
	US : 127, 175	
Guides de croisière	*Circumnavigating Australia's Coastline.*	

Waypoints

Départ	*Intermédiaire*	*Atterrissage*	*Destination*	*Distance (M)*
IS171 Garden 32°06'S, 115°38'E	IS172 Naturaliste 33°40'S, 114°35'E			
	IS173 Leeuwin 34°40'S, 115°00'E			
	IS174 35°30'S, 117°00'E	IS175 King 39°25'S, 144°00'E		1584

On peut naviguer le long de la côte australienne soit en une seule longue étape jusqu'au détroit de Bass, soit en une croisière côtière facile en s'arrêtant en divers endroits. La route au large présente l'avantage de vents plus réguliers, alors que la Grande Baie Australienne est renommée pour ses vents erratiques en été. Si l'on a quitté la route transocéanique venant d'Afrique du Sud, pour faire un détour par l'Australie de l'Ouest, il est bon de rejoindre cette route après avoir bien contourné le cap Leeuwin. Il faut être extrêmement attentif en approchant le détroit de Bass par l'ouest, surtout de nuit ou par mauvaise visibilité, à cause des courants forts que l'on y rencontre.

Quittant Freemantle au WP IS171 au nord-ouest de l'île Garden, la route longe la côte ouest de l'Australie vers le sud jusqu'au WP IS172 au large du cap Naturaliste. Le changement de cap suivant, pour le WP IS173, mène au sud du cap Leeuwin. Du WP IS174, on peut faire une route directe à travers la Baie Australienne jusqu'au WP IS175 au nord de l'île King à l'approche ouest du détroit de Bass.

Pour les bateaux qui vont directement à Sydney en venant de l'ouest de l'Australie ou même du Cap, il est recommandé de ne passer par le détroit de Bass qu'en hiver. Pendant l'été, les conditions sont meilleures en passant au sud de la Tasmanie. Après la Tasmanie, il ne faudra virer au nord qu'après avoir dépassé la longitude 155°E, pour éviter le maximum du courant australien qui porte vers le sud, et approcher Sydney par le large là où le courant est beaucoup plus faible et les vents réguliers. La route inverse est décrite dans PS95.

IS20 ROUTES DEPUIS L'INDONÉSIE

Bali occupe une position privilégiée au sein des routes de croisière dans le monde à cause de sa position sur la principale route de circumnavigation. Comme c'est aussi une île très intéressante, qui offre beaucoup à voir et à faire, rares sont ceux qui naviguent dans la région sans s'y arrêter. Il n'y a que trois grandes routes qui partent de Bali, l'une vers les îles de l'océan Indien Sud, une autre directe pour Sri Lanka par le sud de Sumatra et la troisième vers Singapour en traversant l'équateur. La première de ces routes est empruntée par les bateaux qui vont en Afrique du Sud et aussi par ceux qui vont en mer Rouge par une route moins directe via les Seychelles et peut-être l'Afrique de l'Est. Un petit nombre de bateaux partent de Bali pour rejoindre des ports du nord et de l'ouest de l'Australie. Compte tenu des vents dominants, il vaut mieux prendre ces routes aux changements de saisons, en avril ou en octobre. Pour l'instant, la route la plus fréquentée au départ de Bali est la route transéquatoriale vers Singapour IT11.

La région de Bali est soumise à l'influence des moussons du sud-est et du nord-ouest, toutefois les hautes montagnes et les côtes découpées entraînent des variations importantes dans les conditions locales et les îles indonésiennes hautes bloquent souvent complètement les moussons. Les vents forts sont très rares, même s'il peut y avoir quelques grains qui peuvent être dangereux, car très soudains, pour ceux qu'ils frappent sans crier gare. Les cyclones également sont très rares, la seule zone affectée étant la région de Timor et de Florès, avec moins d'un à deux cyclones par an, de janvier à avril.

Bien que les conditions puissent varier localement, dans cet archipel qui s'étend sur une si grande portion d'océan, la mousson de sud-est dure en général d'avril à octobre et la mousson de nord-ouest de novembre à mars. Dans les îles à l'est de Java, y compris Bali, la mousson de sud-est souffle fort de l'est sud-est, atteignant son maximum en juin, juillet et août. La mousson de nord-ouest s'établit en décembre et atteint sa force maximum en janvier. La mousson de nord-ouest est la saison humide, avec le plus de précipitations en décembre et en janvier, quand les grains sont les plus fréquents.

Le long des côtes nord des îles élevées, pendant les deux saisons, les vents sont plus réguliers la nuit, influencés par les brises de terre et de mer. Pour cette raison, la plupart des bateaux à voile indonésiens ont tendance à naviguer la nuit en serrant la côte. Les brises de terre et de mer ont une grande importance pour ceux qui projettent de naviguer dans ces eaux et sont très influentes sur les côtes des grandes îles et moins sur les plus petites. Ces brises sont plus fortes quand les moussons sont faibles. La transition de la brise de terre à la brise de mer se produit au milieu de la matinée, celle de la brise de mer à la brise de terre a lieu juste après le coucher du soleil sur les côtes montagneuses et plus tard dans la nuit sur les côtes basses. La force de la brise décroît avec la distance à la côte, mais on peut la ressentir jusqu'à 20 milles au large. Les brises sont plus fortes près des montagnes qui descendent graduellement vers la mer et aussi pendant les jours sans nuages.

IS21 *De Bali à l'île Christmas*

MEILLEURE PÉRIODE	juin à octobre	
SAISON DES CYCLONES	décembre à avril	
CARTES ROUTIÈRES	BA : 4071	SHOM : 6884
	US : 70	
INSTRUCTIONS NAUTIQUES	BA : 34	
	US : 163, 170	
WAYPOINTS		

Départ	*Intermédiaire*	*Atterrissage*	*Destination*	*Distance (M)*
IS211 Bali S 8°55'S, 115°12'E		IS212 Christmas 10°28'S, 105°46'E	Flying Fish *10°25'S, 105°43'E*	570

En général, on peut s'attendre à des conditions de navigations agréables pendant les mois où la majorité des bateaux entreprennent cette traversée, c'est-à-dire août et septembre. Les alizés soufflent fort en juillet et août, mais certaines années ils ont du mal à s'établir et les vents sont soit très faibles, soit soufflent à la force du coup de vent plusieurs jours de suite. A l'île Christmas, les alizés de sud-est soufflent presque constamment de mai à décembre, mais pendant les premiers mois de l'année, lorsque la mousson de nord-ouest est établie au nord de l'île, on en ressent les effets par de grosses pluies occasionnelles, des vents forts et des orages. En janvier et février, les vents peuvent souffler fort d'ouest ou de nord. L'île est normalement épargnée par les cyclones qui affectent la zone entre elle et le nord-ouest de l'Australie.

Du WP IS211 au sud du port de Benoa, la route directe passe au sud de Java et Sumatra et va au WP IS212 à 2 milles à l'est de l'île Christmas. Le meilleur mouillage est à Flying Fish Cove. Il faut appeler la police de l'île de Christmas (*Christmas Island Police*) sur le canal 16 avant votre arrivée. Une fois à l'ancre, le bateau recevra la visite des douanes. Le reste des formalités sera fait à terre. L'île étant territoire australien, les mêmes règles qu'en Australie s'appliquent concernant les visas et les membres de l'équipage arrivant sans visa peuvent ne pas être autorisés à rester. Les sévères règles australiennes sur l'importation de nourriture peuvent aussi s'appliquer ici.

IS22 *De Bali aux Chagos*

MEILLEURE PÉRIODE	juin à octobre	
SAISON DES CYCLONES	décembre à avril	
CARTES ROUTIÈRES	BA : 4071	SHOM : 6884
	US : 70	
INSTRUCTIONS NAUTIQUES	BA : 34, 39	SHOM : L9
	US : 163, 170, 171	
WAYPOINTS		

Départ	*Intermédiaire*	*Atterrissage*	*Destination*	*Distance (M)*
IS221 Bali S 8°55'S, 115°12'E	IS222 Blenheim 5°20'S, 72°35'E	IS223 Salomon 5°18'S, 72°14'50E	Fouquet *5°20'S, 72°16'E*	2565

Ceux qui ne sont pas tentés par le détour classique par Christmas et les Cocos Keeling préfèrent cette route plus directe. Depuis Bali, la route reste légèrement au nord de la latitude 10°S, où l'on peut espérer de bonnes conditions de navigation pendant la mousson de sud-est et les risques de cyclones sont pratiquement inexistants. Les bateaux qui sont entrés dans l'océan Indien par le détroit de la Sonde rejoignent la route au sud de Sumatra. Bien que depuis Bali, la route soit soumise à l'influence générale des alizés de sud-est, il n'est pas rare d'avoir de forts vents de secteur sud pendant les mois d'hiver, souvent accompagnés d'une grosse houle. Il peut y avoir une mer mauvaise particulièrement près de la longitude 90°S, cette perturbation semblant être causée par une dorsale sous-marine.

Les Chagos jouissent du temps de l'océan Indien Sud, avec les alizés de sud-est d'avril à novembre, mais, les îles étant proches de leur limite nord, ils peuvent être faibles et plus variables. De décembre à mars, lorsque la ZCI se déplace vers le sud, la mousson de nord-est est défléchie au sud de l'équateur pour donner un flux de vent de nord-ouest. La mousson de nord-ouest est moins fiable, apporte de la pluie et souffle le plus fort en janvier et février. La période de la mousson de nord-ouest est aussi la saison des cyclones, mais ces derniers se forment normalement au sud des Chagos et se déplacent vers le sud. Ils ne passent pratiquement jamais au nord de l'équateur. Bien que rarement touché par les cyclones, l'archipel peut être affecté par des grains violents accompagnant un front.

Du WP IS221, au sud du port de Benoa, la route directe passe au sud de Java et Sumatra jusqu'au WP IS222 à 10 milles au sud-est du récif Blenheim. De là, on peut faire route vers le WP IS123 près de la passe nord-ouest menant dans le lagon des îles Salomon. On entre dans le lagon par la passe nord-ouest et le mouillage recommandé est situé devant l'île Takamata, sur le côté est du lagon. Ceux qui souhaitent continuer vers l'ouest, vers les Seychelles ou Madagascar, en quittant les Chagos doivent prévoir de s'arrêter d'abord à Egmont pour éviter plus tard la remontée pénible contre le vent depuis Salomon ou Peros Banhos vers Egmont. A cause des nombreux récifs et de l'absence de feux, sauf à Diego Garcia, il faut approcher cette région avec beaucoup de précautions. Il y a des règles particulières pour les visiteurs de Diego Garcia, qui est une base militaire louée par le Royaume-Uni aux USA. Seuls des arrêts en cas de réelle urgence sont autorisés à Diego Garcia, mais la présence de bateaux de croisière est tolérée dans les autres îles.

IS23 *De Bali aux Cocos Keeling*

MEILLEURE PÉRIODE	mai à octobre			
SAISON DES CYCLONES	novembre à avril			
CARTES ROUTIÈRES	BA : 4071	SHOM : 6884		
	US : 70			
INSTRUCTIONS NAUTIQUES	BA : 34, 44			
	US : 163, 175			
GUIDES DE CROISIÈRE	*Indian Ocean Cruising Guide.*			
WAYPOINTS				
Départ	*Intermédiaire*	*Atterrissage*	*Destination*	*Distance (M)*
IS230 Benoa *8°45'S, 115°15'E*	IS231 Bali S 8°55'S, 115°12'E	IS232 Keeling E 12°05'S, 97°00'E	Direction *12°05'S, 96°52'E*	1108

On trouve normalement les alizés de sud-est dès que l'on a quitté l'influence de l'archipel Indonésien, c'est pourquoi l'on recommande d'aller au large le plus vite possible. Au plus fort de la saison de la mousson de sud-est, les vents peuvent être très forts sur cette route, en particulier plus près des Cocos Keeling. S'ajoutant à la grande houle du sud, cela peut produire des conditions plutôt inconfortables. On trouvera de meilleures conditions au début de l'hiver, en mai et juin.

L'atterrissage se fait à l'est de l'île Direction dans les Cocos du Sud. Contactez la police et la santé sur le canal 20 lorsque vous êtes à 12 milles de l'île. L'entrée dans le vaste lagon bien protégé est à l'ouest de l'île Direction. Pour rejoindre le mouillage on laisse l'île Direction 1/4 de mille sur bâbord. Une balise montre le point où virer sur bâbord pour rejoindre la bouée de quarantaine jaune. Les bateaux qui arrivent doivent mouiller à proximité et attendre de faire les formalités après avoir appelé les *Flight Services* (l'aéroport) sur le canal 16.

Les règles strictes sur l'importation de nourriture sont appliquées ici et tout produit frais peut être confisqué. Les conserves qui ne sont pas australiennes peuvent être saisies aussi. Des visas australiens sont obligatoires pour tout l'équipage, y compris le capitaine. Malgré toutes ces difficultés, l'escale en vaut la peine.

IS24 *De Bali à l'île Maurice*

MEILLEURE PÉRIODE	juin, octobre	
SAISON DES CYCLONES	novembre à avril	
CARTES ROUTIÈRES	BA : 4070	SHOM : 6884
	US : 70	
INSTRUCTIONS NAUTIQUES	BA : 34, 39	SHOM : L9
	US : 163, 170, 171	

WAYPOINTS

Départ	*Intermédiaire*	*Atterrissage*	*Destination*	*Distance (M)*
IS240 Benoa *8°45'S, 115°15'E*	IS241 Bali S 8°55'S, 115°12'E	IS242 Maurice N 19°48'S, 57°37'E	Port Louis *20°09'S, 57°29'E*	3428
IS240 Benoa	IS241 Bali S	IS243 Rodriguez 19°37'S, 63°25'E	Port Mathurin *19°41'S, 63°25'E*	3082

Compte tenu du fait que les conditions de navigations au plus fort de la saison des alizés de sud-est peuvent être très chahutées, c'est la période en dehors de la pleine force des alizés qui est recommandée. De juillet à septembre, les vents soufflent souvent à 25 nœuds, et même plus, et atteignent parfois la force du coup de vent. De plus, il y a souvent une houle croisée qui rend les traversées inconfortables. On aura de meilleures conditions au début et à la fin de l'hiver austral. Les conditions s'améliorent généralement lorsqu'on se rapproche de l'île Maurice, où l'on fera l'atterrissage près de l'île du Nord. Il faut contacter le *Port Control* sur le canal 16 avant d'entrer dans le port. Les services pour les bateaux de plaisance se sont améliorés à Port Louis depuis que c'est une escale du Rally autour du monde.

Quelques bateaux interrompent la traversée à Rodriguez, où l'on fait les formalités à Port Mathurin. Elles ne sont valables que là et doivent être refaites en arrivant à l'île Maurice. Les vents entre les deux îles sœurs sont très forts au maximum des alizés de sud-est, en juillet et en août, où des vents atteignant la force du coup de vent sont courants.

Bien qu'on puisse tout à fait faire une traversée sans escale, on peut s'arrêter facilement aux Cocos Keeling (voir IS23). Un peu à l'écart de la route directe, l'archipel des Chagos procure une autre intéressante diversion.

IS25 *De Bali à Darwin*

MEILLEURE PÉRIODE	début novembre, fin mai	
SAISON DES CYCLONES	décembre à avril	
CARTES ROUTIÈRES	BA : 4603	SHOM : 6818
	US : 603	
INSTRUCTIONS NAUTIQUES	BA : 17, 34	
	US : 163, 175	
GUIDES DE CROISIÈRE	*Cruising Guide to Southeast Asia (vol 2).*	

WAYPOINTS

Départ	*Intermédiaire*	*Atterrissage*	*Destination*	*Distance (M)*
IS250 Benoa *8°45'S, 115°15'E*	IS251 Bali E 8°50'S, 115°20'E			
	IS252 11°30'S, 124°30'E	IS253 Charles 12°21'S, 130°42'E	Darwin *12°28'S, 130°51'E*	956

Il n'y a vraiment que deux options pour celui qui veut aller vers l'est au départ de Bali : faire de petites étapes le long du chapelet des îles indonésiennes, ou prendre la route du large. La première option est faisable à pratiquement toutes les époques de l'année et, en naviguant le long de la côte nord des îles, on pourra profiter de l'alternance des brises de terre et de mer. On ne peut recommander la seconde option qu'au changement de saisons au passage de la mousson de sud-est à celle de nord-ouest. Insistons, de plus, sur le fait qu'il faut avoir terminé cette traversée vers l'est avant l'établissement de la saison des cyclones en décembre ou une fois que le risque est revenu à un niveau acceptable, en mai par exemple.

La route hauturière recommandée reste au sud des îles indonésiennes et pare également un champ de plates-formes pétrolières (12°00'S, 125°00'E) ainsi que les récifs Ashmore et Hibernia. Les courants dans la région située au sud de Timor sont souvent forts, il faut donc l'approcher avec précautions. On peut s'arrêter au récif Ashmore, où se trouve un bon mouillage sous le vent d'un îlot corallien dans la partie nord-ouest du récif. Les pêcheurs indonésiens viennent souvent sur le récif. Un chenal bien balisé mène dans le port de Darwin, où les bateaux pourront aller au Fishermen's Wharf. Il faut contacter trois heures à l'avance *Darwin Port Authority* sur le canal 16 ou sur 2182 kHz pour donner une heure estimée d'arrivée. Toutes les personnes arrivant en Australie doivent être en possession d'un visa en cours de validité. Les services pour les yachts à Darwin sont parmi les meilleurs d'Australie. Il y a une marina à Cullen Golfe, mais l'accès se fait par une écluse en fonction de la marée, il faut donc se renseigner avant d'y aller.

IS30 ROUTES DANS L'OCÉAN INDIEN CENTRAL

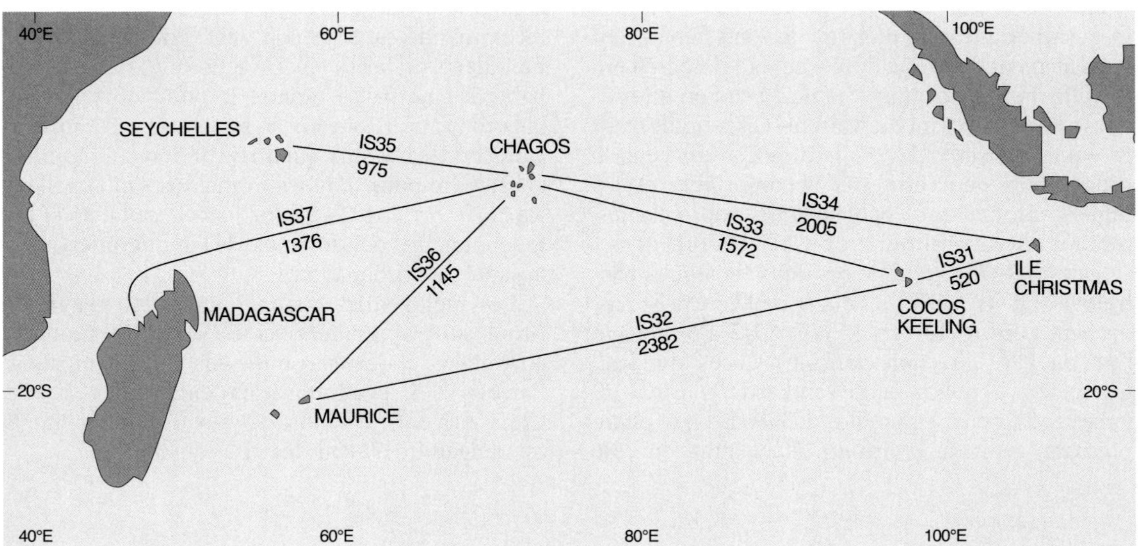

IS30 Routes dans l'océan Indien central

Les îles de l'océan Indien Sud fournissent l'un des plus beaux bassins de croisière du monde, bien que le nombre de bateaux qui le visitent soit faible. Il y a à cela plusieurs raisons : l'éloignement des îles des principales routes de croisière, les restrictions imposées aux mouvements des bateaux dans certaines îles par des autorités civiles ou militaires, et aussi le fait que le temps vient souvent à manquer lorsqu'on arrive enfin dans l'océan Indien.

Les routes qui relient les îles entre elles ou à l'Afrique voisine sont principalement soumises à l'influence des alizés de sud-est, qui soufflent d'avril à novembre. La meilleure saison de croisière se situe pendant l'hiver austral, de juin à septembre. Dans quelques-unes des îles les plus au nord, comme les Chagos ou les Seychelles, les alizés de sud-est peuvent être faibles et plus variables, en particulier en dehors du pic des mois d'hiver. De décembre à mars, au moment où la ZCI se déplace vers le sud, la mousson de nord-est dans l'océan Indien Nord est défléchie au sud de l'équateur et envoie un flux de vent de nord-ouest. Le temps en été est moins agréable, avec une mousson de nord-ouest chaude et humide et un important danger d'un cyclone tropical au sud.

IS31 *De l'île Christmas aux Cocos Keeling*

MEILLEURE PÉRIODE	juin à octobre			
SAISON DES CYCLONES	novembre à avril			
CARTES ROUTIÈRES	BA : 4070	SHOM : 6781		
	US : 70			
INSTRUCTIONS NAUTIQUES	BA : 34, 44			
	US : 163, 174			
WAYPOINTS				
Départ	*Intermédiaire*	*Atterrissage*	*Destination*	*Distance (M)*
IS311 Christmas W 10°25'S, 105°33'E		IS312 Keeling E 12°05'S, 97°00'E	Direction *12°05'5S, 96°52'5E*	520

Pendant la saison des alizés du sud-est, les vents sont presque toujours favorables sur cette route. Parfois les alizés tombent pendant une journée, mais les périodes de calmes ou de vents faibles sont normalement de courte durée. Le seul désagrément de cette route est la grosse houle du sud ou du sud-ouest. Le vent venant du sud-ouest et la houle étant presque perpendiculaire à la direction du vent, la progression peut être très inconfortable et les pilotes automatiques peuvent être trop sollicités, certains ont cassé sur un trop violent effort.

Une route directe relie ces deux territoires australiens. Du WP IS311 à l'ouest de l'île Christmas, on peut faire route vers le WP IS312 à 6 milles à l'est de l'île Direction dans les Cocos du Sud. Contactez la police et la santé sur le canal 20 lorsque vous êtes à 12 milles de l'île. Le seul phare puissant, celui de l'aéroport, étant situé du côté sud-ouest du lagon, il faut faire très attention en approchant l'atoll de nuit. L'entrée dans le vaste lagon est à l'ouest de l'île Direction et le mouillage recommandé est sous son vent. Pour atteindre le mouillage, on laisse l'île Direction 1/4 de mille sur bâbord. Une balise montre le point où virer sur bâbord pour rejoindre la bouée de quarantaine jaune où les bateaux qui arrivent doivent mouiller et attendre pour faire les formalités. On appellera les *Flight Services* (l'aéroport) sur le canal 16 et les fonctionnaires des douanes, de l'immigration et de la santé viendront à bord.

Les règles strictes sur l'importation de nourriture sont appliquées ici et seuls les produits australiens, étiquetés comme tels, seront autorisés. Parfois, des produits frais embarqués à l'île Christmas ont été confisqués aux Cocos Keeling. Il est obligatoire d'avoir des visas australiens.

IS32 *Des Cocos Keeling à l'île Maurice*

Meilleure période	juin, septembre à octobre			
Saison des cyclones	novembre à avril			
Cartes routières	BA : 4070	SHOM : 6884		
	US : 70			
Instructions nautiques	BA : 39, 44	SHOM : L9		
	US : 170, 171, 174			
Waypoints				
Départ	*Intermédiaire*	*Atterrissage*	*Destination*	*Distance (M)*
Route IS32A				
IS321 Keeling W		IS322 Maurice N	Port Louis	2382
12°04'S, 96°49'E		19°48'S, 57°37'E	*20°09'S, 57°29'E*	
Route IS32B				
IS321 Keeling W		IS323 Rodriguez	Port Mathurin	2037
		19°37'S, 63°25'E	*19°41'S, 63°25'E*	

Ce long trajet à travers l'étendue de l'océan Indien Sud bénéficie sur toute sa longueur des alizés de sud-est pendant les mois de l'hiver austral, de mai à octobre. Ces vents soufflent souvent à 20-25 nœuds pendant des journées entières et atteignent parfois la force du coup de vent. Le plaisir d'un passage rapide est souvent gâché par la houle croisée inconfortable qui arrive sans relâche de l'océan Antarctique. Le temps est en général moins bon à proximité des Cocos Keeling et le vent comme la mer se calment généralement une fois passée la première moitié du trajet jusqu'à l'île Maurice. Les alizés continuent à souffler de façon soutenue en octobre, mais les grains se multiplient et les chances de rencontrer des vents de la force du coup de vent sont plus grandes. Bien qu'on ait l'impression qu'en faisant un détour vers le nord on puisse éviter la zone de plus grande fréquence de coups de vents, cela ne semble pas être le cas. Des bateaux arrivant à l'île Maurice après un plus grand détour ont rencontré des conditions aussi pénibles que ceux qui avaient pris une route directe.

Normalement, les bateaux quittent le lagon des Cocos du Sud par la passe nord, bien qu'avec une bonne lumière et s'il n'y a pas trop de houle, il soit possible de se frayer un chemin dans le lagon et de sortir par la passe ouest. Quoi qu'il en soit, la passe nord est plus facile et donc plus sûre. Après avoir laissé l'île Horsburgh à bâbord, du WP IS321 au nord-ouest de cette île, on peut faire une route directe (route IS32A) jusqu'au WP IS322 au sud de l'île Ronde au nord de l'île Maurice. Il faut être très vigilant à partir de ce point, surtout de nuit, car la route passe entre de petites îles et l'île principale. Ensuite, il faut changer de cap pour longer la côte nord-ouest jusqu'à Port Louis, le port principal de l'île. On contactera *Port Authority* sur le canal 16 pour obtenir la permission d'entrer au port. Les bateaux qui arrivent sont généralement dirigés vers le quai des douanes.

Quelques bateaux interrompent la traversée pour l'île Maurice en s'arrêtant à Rodriguez (route IS32B), où les bateaux de croisière sont les bienvenus et où les locaux sortent parfois pour guider les bateaux dans l'entrée. Si l'on veut s'arrêter là, depuis les Cocos Keeling il faut se diriger vers le WP IS323 au large de la pointe nord de l'île. Le port principal est Port Mathurin, où il faut faire les formalités. Bien que l'île appartienne à l'île Maurice, ces formalités ne sont valables que là et il faudra les refaire en arrivant à l'île Maurice. Entre les deux îles, les vents sont souvent très forts, en particulier quand les alizés sont au plus fort, en juillet et août, où des vents de plus de 50 nœuds ont été enregistrés.

IS33 *Des Cocos Keeling aux Chagos*

MEILLEURE PÉRIODE	juin, septembre à octobre	
SAISON DES CYCLONES	novembre à avril	
CARTES ROUTIÈRES	BA : 4070	SHOM : 6781
	US : 70	
INSTRUCTIONS NAUTIQUES	BA : 39, 44	SHOM : L9
	US : 170, 171, 174	

WAYPOINTS

Départ	*Intermédiaire*	*Atterrissage*	*Destination*	*Distance (M)*
IS331 Keeling W 12°04'S, 96°49'E	IS332 Blenheim 5°20'S, 72°35'E	IS333 Salomon 5°18'S, 72°14'50E	Fouquet *5°20'S, 72°16'E*	1514

Pendant la durée de la mousson de sud-est, les vents et le courant sont favorables sur cette route. Parfois, en juillet et en août, les alizés sont très forts au sud de la latitude 10°S, mais ces conditions sont moins fréquentes plus au nord. On a souvent de meilleures conditions au début et à la fin de la mousson de sud-est, septembre étant considéré comme le meilleur mois. Pendant la mousson de nord-est de l'océan Indien Nord, l'influence de cette mousson se fait sentir au sud jusqu'à la latitude 10°S. De janvier à avril les vents sont moins réguliers en direction et ont souvent une composante nord. Le temps pendant la période de transition entre les moussons est souvent mal établi, avec des ciels couverts et des grains chargés de pluie, accompagnés souvent de vents violents.

A cause des restrictions qui s'appliquent aux bateaux arrivant à Diego Garcia, il vaut mieux aller directement vers les îles du nord de l'archipel, comme les Salomon ou Peros Banhos, à moins de pouvoir justifier un arrêt d'urgence à Diego Garcia.

Après avoir quitté le lagon des Cocos Keeling par la passe nord, du WP IS331 au nord-ouest de l'île Horsburgh, on peut faire une route directe pour le WP IS332 à 10 milles au sud-est du récif Blenheim. De là, on peut changer de cap pour le WP IS333 près de la passe nord-ouest menant à l'intérieur du lagon des îles Salomon. Ceux qui souhaitent continuer vers l'ouest, vers les Seychelles ou Madagascar, en quittant les Chagos doivent prévoir de s'arrêter d'abord à Egmont pour éviter plus tard la remontée pénible contre le vent depuis Salomon ou Peros Banhos vers Egmont. A cause de l'étendue des récifs et de l'absence de feux, sauf à Diego Garcia même, il faut approcher cette zone avec beaucoup de précautions.

IS34 *De l'île Christmas aux Chagos*

MEILLEURE PÉRIODE	mai à septembre	
SAISON DES CYCLONES	novembre à avril	
CARTES ROUTIÈRES	BA : 4070	SHOM : 6781
	US : 70	
INSTRUCTIONS NAUTIQUES	BA : 34, 44	SHOM : L9
	US : 163, 170, 171	

WAYPOINTS

Départ	*Intermédiaire*	*Atterrissage*	*Destination*	*Distance (M)*
IS341 Christmas W 10°25'S, 105°33'E	IS342 Blenheim 5°20'S, 72°35'E	IS343 Salomon 5°18'S, 72°14'50E	Fouquet *5°20'S, 72°16'E*	2005

Rares sont les bateaux qui ne s'arrêtent pas aux Cocos Keeling et vont directement de l'île Christmas aux Chagos. Toutefois, lorsque le temps est mal établi, il peut être préférable de suivre une route directe plutôt que de faire un détour vers le sud. Les mois d'hiver, de mai à septembre, procurent à la fois du vent et du courant favorables. Le temps sur cette route est le même que sur les routes IS31 et IS33 auxquelles on se référera. Il faut aussi noter que Diego Garcia est une île militaire interdite et qu'il faut mouiller ailleurs dans l'archipel des Chagos.

Du WP IS341 à l'ouest de l'île Christmas, une route directe conduit au WP IS342 à 10 milles au sud-est du récif Blenheim. De là, on peut changer de cap pour n'importe laquelle des îles et des atolls de cet archipel inhabité. Les îles Salomon, Peros Banhos et les îles Egmont sont toutes populaires auprès des bateaux de voyage. Le meilleur mouillage est le lagon des Salomon. Pour l'atteindre, du WP IS342, il faut changer de cap pour le WP IS343, près de la passe d'entrée dans le lagon. Ceux qui souhaitent continuer vers l'ouest, vers les Seychelles ou Madagascar, en quittant les Chagos doivent prévoir de s'arrêter d'abord à Egmont pour éviter plus tard la remontée pénible contre le vent depuis Salomon ou Peros Banhos vers Egmont.

Bien que rarement touché par des cyclones, l'archipel peut être affecté par des grains violents accompagnant un front.

IS35 *Des Chagos aux Seychelles*

Meilleure période	mai à septembre			
Saison des cyclones	aucune			
Cartes routières	BA : 4702	SHOM : 6673		
	US : 702			
Instructions nautiques	BA : 39	SHOM : L9		
	US : 170, 171			
Guides de croisière	*Guide des Seychelles (A.Rondeau), Indian Ocean Cruising Guide.*			
Waypoints				
Départ	*Intermédiaire*	*Atterrissage*	*Destination*	*Distance (M)*
IS351 Peros W 5°13'S, 71°45'E	IS352 Frégate 4°38'S, 56°00'E	IS353 Mahé E 4°35'S, 55°30'E	Victoria *4°36.6'S, 55°28'E*	975

Il faut préférer la mousson de sud-est pour cette route qui jouit du meilleur temps entre mai et septembre, au moment où les vents et le courant sont favorables. Des bateaux qui ont fait ce passage en mai et en juin ont rencontré des conditions presque parfaites. Plus tard dans l'année, la mousson de nord-est commence à se faire sentir dans l'océan Indien Sud, les mois de transition d'octobre et novembre étant accompagnés de vents faibles, de mers calmes et parfois de grains violents et pluvieux.

Un bon endroit pour quitter les Chagos est Peros Banhos. Quand on a quitté le grand lagon par la passe nord-ouest, du WP IS351 au nord de l'île du Diamant, on fait route plein ouest le long du parallèle 5°S. La route est claire de tout danger, mais il faut approcher les Seychelles avec précaution à cause des rochers et des récifs qui les entourent. L'approche la plus sûre est de faire l'atterrissage à l'île Frégate en faisant route vers le WP IS352 à 5 milles au sud-est de cette île. De là, on peut changer de cap pour le WP IS353 au nord de l'île Ste Anne à l'approche de Victoria, la capitale située sur Mahé, l'île principale de l'archipel. Des balises conduisent à travers les récifs jusqu'à l'intérieur du port. Après avoir contacté le *Port Authority* sur le canal 16, les bateaux qui arrivent doivent mouiller dans la zone de quarantaine au nord du phare de Victoria où les officiels viendront faire les formalités.

IS36 *Des Chagos à l'île Maurice*

Meilleure période	juin, septembre à octobre			
Saison des cyclones	novembre à avril			
Cartes routières	BA : 4702	SHOM : 6673		
	US : 702	SHOM : L9		
Instructions nautiques	BA : 39			
	US : 170, 171			
Waypoints				
Départ	*Intermédiaire*	*Atterrissage*	*Destination*	*Distance (M)*
IS361 Egmont 6°38'S, 71°19'E		IS362 Maurice N 19°51'S, 57°39'E	Port Louis *20°09'S, 57°29'E*	1145

Traversée au près pendant la plus grande partie de la saison des alizés, cette route peut bénéficier de vents plus favorables au début et à la fin de l'hiver, quand les alizés n'ont pas trop de composante sud. On a remarqué que plus les alizés étaient forts, plus ils avaient une composante sud et vice versa. C'est pourquoi il peut être préférable d'attendre une période de vents de SE ou même d'E. Si les vents sont est, il est possible de s'arrêter à l'île Rodriguez avant d'aller à l'île Maurice (voir route IS32).

Il est pratique de partir des îles Egmont, dans la partie sud-est de l'archipel des Chagos. Du WP IS361, on peut faire une route directe vers l'île Maurice. La route passe bien à l'est du récif Cargados Carajos, qui appartient à l'île Maurice. Les bateaux qui n'ont pas encore fait leur entrée à l'île Maurice ne sont pas autorisés à s'y arrêter avant d'en avoir reçu la permission préalable. La route mène au WP IS362 devant l'île Plate, au NW de l'île Maurice. De là, on peut changer de cap pour naviguer le long de la côte jusqu'à Port Louis, le port principal de l'île. On contactera le *Port Authority* sur le canal 16 pour obtenir la permission d'entrer au port. Les bateaux qui arrivent sont généralement dirigés vers le quai des douanes.

IS37 *Des Chagos à Madagascar*

MEILLEURE PÉRIODE	juin, septembre à octobre			
SAISON DES CYCLONES	novembre à avril			
CARTES ROUTIÈRES	BA : 4702	SHOM : 6673		
	US : 702			
INSTRUCTIONS NAUTIQUES	BA : 39	SHOM : L9		
	US : 170, 171			
GUIDES DE CROISIÈRE	*East Africa Pilot.*			
WAYPOINTS				
Départ	*Intermédiaire*	*Atterrissage*	*Destination*	*Distance (M)*
IS371 Peros W 5°13'S, 71°45'E	IS372 Saya 10°00'S, 60°00'E			
	IS373 Malhu 11°30'S, 55°00'E	IS374 Ambre N 11°30'S, 49°15'E	Hell Ville *13°24'S, 48°17'E*	1529

Bien que la plupart des bateaux qui vont en Afrique du Sud continuent à emprunter la route traditionnelle par l'île Maurice, une route qui passe par le canal du Mozambique est de plus en plus populaire, surtout parce qu'elle permet de visiter Madagascar en chemin. Du WP IS371 au nord de Peros Banhos, la route directe vers le cap d'Ambre, la pointe nord de Madagascar, coupe le banc Saya de Malha, une zone de forts courants et remous dus à la marée. Pour en éviter la pire partie, et aussi pour approcher Madagascar sous un meilleur angle, il faut faire d'abord route vers le WP IS372 puis vers le WP IS373. La principale raison d'être de ce dernier waypoint est de permettre de rester pendant presque tout le trajet restant à la latitude du cap d'Ambre. En effet, lorsque les alizés de sud-est butent sur la masse de Madagascar, leur direction devient plus sud, donc approcher l'île par l'est, plutôt que par le nord-est, permet de prendre le vent sous un meilleur angle. Lorsque les alizés sont bien établis leur vitesse peut être accélérée dans la zone critique au nord du cap d'Ambre de 15-20 nœuds et les conditions de mer qui en résultent ont été comparées à un chaudron de sorcière ! Dans de telles conditions, il faut donner un très large tour au cap d'Ambre et éventuellement passer au nord du WP IS374, qui est indiqué pour des conditions normales.

Ayant doublé le cap d'Ambre, le port d'entrée le plus commode se trouve à Hell Ville sur l'île de Nosi Be sur la côte ouest de Madagascar. Pour des instructions plus détaillées entre le WP IS374 et Hell Ville, voir les instructions de la route IS56.

IS40 ROUTES DANS L'OUEST DE L'OCÉAN INDIEN

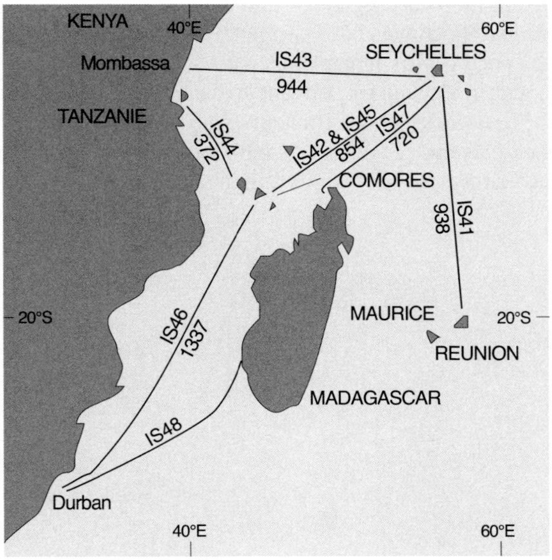

IS40 Routes dans l'ouest de l'océan Indien

Malgré ses nombreux points d'intérêts, peu de bateaux de grande croisière visitent la partie ouest de l'océan Indien Sud. Les deux groupes d'îles, les Seychelles et les Comores, font partie d'une croisière triangulaire entre elles et le continent africain. La région nord de Madagascar est parsemée de récifs et de petites îles, qui sont un paradis pour les plongeurs, mais étaient le cauchemar des navigateurs avant que la navigation par satellite ne supprime la plupart des problèmes. Néanmoins, il faut encore faire très attention en approchant cette zone, car les positions de nombre d'îles et de récifs sont mal cartographiées et donc ne sont pas en accord avec les positions GPS.

Les conditions de temps sont sensiblement les mêmes dans toute la zone. Dans les Seychelles, les alizés de sud-est soufflent de mai à mi-octobre, bien que, certaines années ils ne soient pas établis avant juin et même juillet. La saison de la mousson de sud-est est la période de beau temps, où des vents constants de sud-est soufflent en juillet, août et septembre. En novembre, la transition avec la mousson de nord-ouest est marquée par des grains violents et de la pluie. La mousson de nord-ouest est la saison humide et dure jusqu'en avril. Pendant ces mois, le vent souffle de nord-ouest, d'ouest ou d'ouest sud-ouest. Les cyclones sont pratiquement inconnus et s'ils passent à proxi-mité, c'est en général à 200 milles au sud de Mahé.

Dans les Comores, la mousson de nord-ouest commence à la fin d'octobre ou début novembre et dure jusqu'en avril. C'est la saison chaude et pluvieuse, caractérisée par des vents irréguliers et un temps à grains. Pendant la saison de la mousson de sud-est, les vents sont plus réguliers, mais jamais trop forts, car ils sont cassés par la masse de Madagascar. La transition entre les saisons est marquée par des calmes, des vents variables et un temps à grains. Il arrive que des cyclones atteignent les Comores, les mois où le risque est le plus grand, étant février à avril.

IS41 *Des Seychelles à l'île Maurice*

Meilleure période	juin, octobre		
Saison des cyclones	novembre à avril		
Cartes routières	BA : 4070	US : 702	SHOM : 6673
Instructions nautiques	BA : 39 US : 170, 171		SHOM : L9

Waypoints

Départ	*Intermédiaire*	*Atterrissage*	*Destination*	*Distance (M)*
IS411 Mahé SE 4°40'S, 55°33.5'E	IS412 Agalega 10°00'S, 56°10'E			
	IS413 15°00'S, 56°45'E	IS414 Maurice NW 20°08'S, 57°26'E	Port Louis *20°09'S, 57°29'E*	938

C'est une traversée au près pendant la majeure partie de l'année, le planning de cette route offrant peu d'alternatives car la saison de plus grande fréquence des vents de nord coïncide avec la saison des cyclones. Si l'on entreprend cette traversée pendant la saison des alizés de sud-est, mais en dehors des mois les plus forts, juillet et août, on aura les meilleures conditions en mai et au début juin, ou en octobre, deux périodes où les vents peuvent être davantage d'est.

Avec une bonne lumière, il est possible de prendre le passage du Cerf en quittant Mahé à partir de Victoria. Sinon, il est plus sûr de prendre le chenal principal. Du WP IS411 à la sortie du passage du Cerf, une route directe mène à l'île Maurice en passant près de l'ouest de l'île de Coetivy, que l'on doit approcher avec précautions car elle a été signalée 3 milles plus à l'ouest que sur les cartes. Pour les mêmes raisons, il faudra être attentif en passant à l'ouest de l'île Agalega, qui est également près de la route directe. Pour parer tous ces dangers, en partant du WP IS411, on fera d'abord route sur deux waypoints intermédiaires, IS412 et IS413, pour rester à au moins 20 milles à l'ouest d'Agalega et des dangers qui l'entourent. Du WP IS413, on peut changer de cap pour le WP IS414 à l'approche de Port Louis, capitale et port principal de l'île Maurice. On contactera *Port Authority* sur le canal 16 pour obtenir la permission d'entrer au port. Les bateaux qui arrivent sont généralement dirigés vers le quai des douanes.

Certains bateaux interrompent la traversée en s'arrêtant au récif Cargados Carajos, qui est assez proche de la route directe pour permettre le détour. Ce dernier est encore plus tentant lorsque l'on a de forts vents contraires, ce qui est souvent le cas. Le récif appartient à l'île Maurice et des pêcheurs de cette île y viennent. Les bateaux de plaisance ne sont pas supposés s'y arrêter à moins de s'abriter du mauvais temps.

IS42 *Des Seychelles aux Comores*

MEILLEURE PÉRIODE	juin	
SAISON DES CYCLONES	novembre à avril	
CARTES ROUTIÈRES	BA : 4070 US : 72	SHOM : 6809
INSTRUCTIONS NAUTIQUES	BA : 39 US : 171	SHOM : L9
GUIDES DE CROISIÈRE	*East Africa Pilot.*	
WAYPOINTS		

Départ	*Intermédiaire*	*Atterrissage*	*Destination*	*Distance (M)*
Route IS42A				
IS420 Mahé N 4°32'S, 55°26'E	IS421 Desroches NE 5°38'S, 53°44'E			
	IS422 Desroches SW 5°42'S, 53°37'E			
	IS423 Boudeuse 6°00'S, 52°51'E			
	IS424 Alphonse 6°30'S, 53°00'E			
	IS425 Cosmoledo 10°00'S, 46°45'E	IS426 Comores N 11°25'S, 43°15'E	Moroni *11°42'S, 43°15'E*	854
		IS427 Anjouan NW 12°08'S, 44°25'E	Mutsamudu *12°10'S, 44°24'E*	803
Route IS42B				
IS420 Mahé N	IS421 Desroches NE			
	IS422 Desroches SW			
	IS423 Boudeuse			
	IS428 Astrove 10°00'S, 45°20'E	IS426 Mayotte NE 12°44'S, 45°15'E	Dzaoudzi *12°47'S, 45°15'E*	853

La variété des groupes d'îles et le nombre de récifs rencontrés sur cette route, associés à la probabilité d'avoir de forts vents contraires au plus fort de la mousson de sud-est, alors que le vent vient de plus en plus du sud en approchant des Comores, tout cela explique que la plupart des bateaux fractionnent cette traversée en étapes plus courtes et s'arrêtent sur quelques-unes des îles en route. Compte tenu du fait que des vents de plus de 20 nœuds sont la règle au plus fort de la saison des alizés de sud-est, cette traversée doit être entreprise en début de saison, bien qu'en avril il subsiste encore un faible risque de cyclone tardif.

Après avoir quitté Victoria sur l'île principale de Mahé, on contourne le nord de l'île jusqu'au WP IS420 au nord de la pointe Nord. De là, on peut mettre le cap sur le WP IS421 au nord-est de l'île Desroches, une des îles Amirante, qui offre un mouillage bien abrité sur sa côte ouest, utilisé par les bateaux qui suivent cette route. Du WP IS422 au sud-ouest de l'île Desroches, la route traverse le banc des Amirante jusqu'au WP IS423 au nord de l'îlot Boudeuse. Il faut faire cette portion de route avec une bonne lumière. Sinon, il est plus sûr d'aller au WP IS424 pour passer à l'est de l'île Marie Louise et au nord de l'île Alphonse.

Lorsqu'on a laissé derrière soi la dernière de ces îles appartenant aux Seychelles, on doit choisir entre aller aux Comores ou à Mayotte. Bien que cette dernière fasse géographiquement partie du même groupe, elle est séparée des autres Comores en temps que territoire français. La route directe pour les Comores (IS42A) va du WP IS423 au WP IS425. Elle passe entre le groupe Cosmoledo et l'île Assomption avant de changer de cap pour le WP IS426 au nord de la Grande Comore. On suit alors la côte ouest de cette île jusqu'au port principal de Moroni. Le seul autre port d'entrée officiel est Mutsamudu sur l'île d'Anjouan. Pour y arriver, du WP IS425, il faudra changer de cap pour le WP IS427.

On peut faire une route directe pour Mayotte (IS42B) en faisant route du WP IS423 vers le WP IS428. On peut alors changer de cap pour le WP IS429 à l'approche de Dzaoudzi, le port d'entrée officiel à Mayotte. Il faut contacter la capitainerie du port sur le canal 16 pour recevoir des instructions avant d'entrer dans l'enceinte du récif.

IS43 *Des Seychelles à l'Afrique de l'Est*

MEILLEURE PÉRIODE	mai à septembre	
SAISON DES CYCLONES	aucune	
CARTES ROUTIÈRES	BA : 4071 US : 70	SHOM : 6809
INSTRUCTIONS NAUTIQUES	BA : 3, 39 US : 170, 171	SHOM : L9, L8
GUIDES DE CROISIÈRE	*East Africa Pilot.*	
WAYPOINTS		

Départ	*Intermédiaire*	*Atterrissage*	*Destination*	*Distance (M)*
IS431 Mahé N 4°32'S, 55°26'E	IS432 Amirante N 4°42'S, 53°24'E	IS433 sur Mombasa 4°04'S, 39°45'E	Mombasa *4°04'S, 39°41'E*	944
		IS434 Salaam 6°50'S, 39°24'E	Dar es Salaam *6°49'S, 39°19'E*	973

On peut s'attendre à des vents favorables sur cette route pendant la saison des alizés de sud-est, d'avril à octobre. Les vents les plus réguliers sont entre mai et septembre. A cette période, le courant aussi est favorable, allant vers l'ouest, mais tournant vers le nord avant d'atteindre la côte africaine.

Du WP IS431 au nord de la Pointe Nord de Mahé, la route se dirige plein ouest pour passer au nord des îles Amirante par le WP IS432 10 milles au nord de l'île du Nord. La nuit ou par mauvaise visibilité, il faut passer à bonne distance des îles car elles sont basses et le phare de l'île du Nord est signalé comme étant parfois éteint. Ceux qui souhaitent s'arrêter peuvent le faire en suivant les instructions de la route IS42.

Du WP IS432, les routes se séparent suivant leurs destinations sur la côte africaine. Les bateaux qui vont au Kenya font route vers le WP IS433 à l'approche de Mombasa. Il faut contacter Port Control sur le canal 12 ou 16. Les autres ports d'entrée au Kenya sont Lamu (2°18'S, 40°55'E) et Malindi (3°13'S, 40°07'E).

Ceux qui vont en Tanzanie feront route du WP IS432 au WP IS434 à l'approche de Dar es Salam. En arrivant, les bateaux doivent mouiller à l'intérieur du port et attendre la visite des divers officiels. Les autres ports d'entrée en Tanzanie sont Zanzibar (6°10'S, 39°11'E), Mtwara (10°15'S, 40°12'E), et Tanga (5°04'S, 39°06'E). C'est à Tanga que les formalités semblent les plus faciles et la *Tanga Signal Station* doit être contactée sur le canal 12 avant d'aller au Dow Wharf pour faire les formalités.

IS44 *Des Comores à l'Afrique de l'Est*

Meilleure période	mai à octobre	
Saison des cyclones	novembre à avril	
Cartes routières	BA : 4701	SHOM : 6672
	US : 701	
Instructions nautiques	BA : 3, 39	SHOM : L9, L8
	US : 171	
Guides de croisière	*East Africa Pilot.*	
Waypoints		

Départ	*Intermédiaire*	*Atterrissage*	*Destination*	*Distance (M)*
Route IS44A				
IS441 Mayotte NE 12°44'S, 45°15'E		IS442 sur Mombasa 4°06'S, 39°44'E	Mombasa *4°04'S, 39°41'E*	616
Route IS44B				
IS443 Comores NW 11°40'S, 43°12'E		IS442 sur Mombasa	Mombasa	502

Les vents dominants sont favorables sur cette route pendant la mousson de sud-est et il y a également un courant côtier vers le nord pendant toute l'année, qui peut atteindre jusqu'à 4 nœuds en pleine mousson du sud-est, mais est faible pendant la mousson de nord-est. C'est en juillet et en août que le temps est le plus agréable, lorsque la température est plus fraîche et l'humidité faible.

Qu'ils partent de Mayotte (IS44A) ou de la Grande Comore (IS44B), ceux qui vont au Kenya peuvent faire une route directe au large. Du WP IS441 à l'approche de Dzaoudzi, sur Mayotte, on peut faire route vers le WP IS442 à l'approche de Mombasa. Il faut contacter *Mombasa Port Control* sur le canal 12 ou 16. Les bateaux quittant Moroni, sur la Grande Comore, peuvent partir du WP IS443 et faire route aussi vers le WP IS442.

Les routes hauturières ci-dessus passent en dehors des eaux tanzaniennes. L'autre option est de prendre une route côtière à l'intérieur du récif qui borde la côte tanzanienne. Si l'on veut visiter une grande partie de la côte tanzanienne, il faut faire les formalités d'entrée au sud de la côte dans le port de Mtwara (10°15'S, 40°12'E). Les autres ports d'entrée en Tanzanie sont la capitale Dar es Salam (6°49'S, 39°19'E), Zanzibar (6°10'S, 39°11'E), et Tanga (5°04'S, 39°06'E).

L'île de Pemba a été fermée aux bateaux dans le passé, il faut donc vérifier la situation du moment si l'on veut visiter cette île intéressante. Comme il y a plusieurs zones sensibles en Tanzanie, les skippers doivent vérifier la situation avec les autorités de Dar es Salam pour éviter les problèmes avec les officiels locaux.

IS45 *Des Comores aux Seychelles*

Meilleure période	juin à octobre	
Saison des cyclones	novembre à avril	
Cartes routières	BA : 4070	SHOM : 6809
	US : 72	
Instructions nautiques	BA : 39	SHOM : L9
	US : 171	
Guides de croisière	*Indian Ocean Cruising Guide, Guide des Seychelles (A.Rondeau).*	

Waypoints

Départ	*Intermédiaire*	*Atterrissage*	*Destination*	*Distance (M)*
IS451 Mayotte NE 12°44'S, 45°15'E	IS452 10°00'S, 48°45'E IS453 9°00'S, 50°00'E			
	IS454 Mahé S 4°49'S, 55°33'E	IS455 Mahé SE 4°40'S, 55°33'5E	Victoria *4°36'5S, 55°28'E*	791

La région des Comores étant sujette aux cyclones, il ne faut pas entreprendre ce passage pendant cette saison. De mai à octobre, les vents sur cette route sont surtout sud sud-est ou sud-est et il y a aussi un courant favorable. Plusieurs groupes d'îles au nord de Madagascar se trouvent sur la route des Seychelles et peuvent être visitées, comme les îles Glorieuses ou l'île Providence, et toutes ont des mouillages abrités.

La route directe à partir de Mayotte passe à l'ouest des îles Glorieuses. Du WP IS451 à l'approche de Dzaoudzi, on peut faire une route qui passe par deux waypoints intermédiaires, IS452 et IS 453. La route continue au nord de l'île Alphonse jusqu'au WP IS454 au large de la Pointe Sud de Mahé. Là, on change de cap pour aller plein nord parallèlement à la côte jusqu'au WP IS455 à 1 mille au sud-est du passage du Cerf. Par bonne visibilité, on peut prendre cette passe pour rejoindre Port Victoria, sinon il faudra aller doubler l'île Ste Anne et entrer au port par le chenal normal. Après avoir contacté *Port Authority* sur le canal 16, les yachts doivent mouiller dans la zone de quarantaine au nord du phare de Victoria où les officiels viendront à bord.

IS46 *Des Comores à l'Afrique du Sud*

Meilleure période	octobre	
Saison des cyclones	novembre à avril	
Cartes routières	BA : 4070 US : 72	SHOM : 6809, 6760
Instructions nautiques	BA : 3, 39 US : 171	SHOM : L9, L8
Guides de croisière	*East Africa Pilot, South African Nautical Almanac.*	

Waypoints

Départ	*Intermédiaire*	*Atterrissage*	*Destination*	*Distance (M)*
IS461 Mayotte SE 13°00'S, 45°12'E	IS462 André 16°00'S, 44°00'E IS463 25°00'S, 40°00'E			
	IS464 28°30'S, 34°00'E	IS465 Richards 28°45'S, 32°10'E	Richards Bay *28°48'S, 32°06'E*	1264
		IS466 Natal NE 29°51'S, 31°05'E	Durban *29°52'S, 31°02'E*	1337

La route directe pour Durban, ou d'autres ports d'Afrique du Sud, passe par le canal du Mozambique, où le courant du Mozambique, qui va vers le sud, peut engendrer de très mauvaises conditions de navigation. Bien que les vents qui soufflent entre Madagascar et le continent africain soient souvent favorables, des vents forts contre le courant produisent des mers dures. Il ne faut pas entreprendre ce passage avant mi-septembre, les chances de rencontrer des vents contraires dans le canal du Mozambique avant cette date étant plus fortes que plus tard dans l'année. Si nécessaire, on pourra s'arrêter sur Madagascar et c'est surtout pour cette raison que la route suit la côte est du chenal de Mozambique. Au sud du canal du Mozambique, on se reportera aux instructions de la route IS52, qui décrit aussi les conditions météorologiques en détail.

Du WP IS461 au large de l'extrémité sud-est de Mayotte, la route au large part sud-ouest jusqu'au WP IS462 au large du cap St André. De là, la route est parallèle à la côte ouest de Madagascar en passant entre les îles Chesterfield et Juan de Nova jusqu'au WP IS463, passant aussi à l'est de l'île Europa. Du WP IS463, on change de cap pour le WP IS464. Selon les conditions météorologiques, de ce point on peut serrer la côte d'Afrique du Sud, en particulier si l'on veut s'arrêter d'abord à Richards Bay, et dans ce cas on fera l'atterrissage au WP IS465. Si l'on va à Durban, il faut faire route vers le WP IS466 à l'approche de Durban. On peut appeler *Durban Harbour Radio* avant d'entrer au port, mais ce n'est pas obligatoire. Les yachts doivent aller à la jetée internationale avant de faire les formalités à terre.

Peu de bateaux font ce trajet sans escale alors que la grande île de Madagascar se trouve si commodément près de la route. Si l'on envisage de s'arrêter à Madagascar, le meilleur endroit pour faire son entrée est Hell Ville (13°24'S, 48°17'E). Bien que beaucoup de bateaux visitent maintenant Madagascar, les formalités ne sont pas trop claires, et les tarifs pas trop logiques. Pour les bateaux qui vont vers le sud, un bon port pour les derniers approvisionnements est Majunga ou Mahajanga (15°43'S, 46°19'E). Les bateaux qui se sont arrêtés sur Juan de Nova, administrée par la France, ont été bien reçus.

IS47 Des Seychelles à Madagascar

MEILLEURE ÉPOQUE	juin, octobre	
SAISON DES CYCLONES	novembre à avril	
CARTES ROUTIÈRES	BA : 4702 USA : 702	SHOM : 6809
INSTRUCTIONS NAUTIQUES	BA : 39 USA : 171	SHOM : L9
GUIDES DE CROISIÈRE	*East Africa Pilot.*	
WAYPOINTS		

Départ	*Intermédiaire*	*Atterrissage*	*Destination*	*Distance (M)*
IS470 Mahé 4°32'S 55°26'E	IS471 Desroches NE 5°38'S 53°44'E			
	IS472 Desroches 5°42'S 53°37'E			
	IS473 Alphonse E 6°30'S 53°30'E			
	IS474 Farquhar E 10°00'S 51°30'E			
	IS475 Ambre N 11°30'S 49°15'E			
	IS476 Anambo 12°15'S 48°30'E	IS477 Nosy Be W 13°19'S 48°07'E	Hell Ville *13°24'S 48°17'E*	720

En raison de la popularité croissante de Madagascar, qui devient la première destination de croisière de l'océan Indien Sud, cette route offre une alternative à la route IS42. Les vents dominants de SE tendant à devenir plus S au fur et à mesure que l'on approche de Madagascar, il est recommandé de faire de l'est dans la première partie de ce passage. Il faut aussi sur cette route éviter certains des récifs qui se trouvent sur l'itinéraire direct. En quittant Mahé, on suit la route IS42 mais à partir du WP IS472, la route passe à l'est d'Alphonse et de Farquhar. Ce n'est pas simplement pour éviter ces dangers, mais pour arriver aux abords du cap d'Ambre sous un meilleur angle. En raison des mers mauvaises levées près de ce cap par les alizés, il est recommandé de le laisser à une distance d'au moins 20 milles. Une fois qu'on l'a passé, on change de cap pour le WP IS476 pour éviter des hauts-fonds près de la petite île d'Anambo. De là, la route continue vers l'ouest de l'île de Nosy Be en évitant les hauts-fonds près de la côte. On suit la côte NW de Nosy Bé jusqu'à Hell Ville (Andoany), la ville principale de l'île qui est aussi le port d'entrée.

IS48 De Madagascar à l'Afrique du Sud

MEILLEURE ÉPOQUE	octobre			
SAISON DES CYCLONES	novembre à avril			
CARTES ROUTIÈRES	BA : 4700	SHOM : 6664, 6672		
	US : 700			
INSTRUCTIONS NAUTIQUES	BA : 3, 39	SHOM : L8, L9		
	US : 171			
GUIDES DE CROISIÈRE	*East Africa Pilot, South Africa Nautical Almanac*			
WAYPOINTS				
Départ	*Intermédiaire*	*Atterrissage*	*Destination*	*Distance (M)*
Route IS48A				
IS480 Morondava	IS481 Europa	IS482 Inhaca N	Maputo	
20°17'S 44°16'E	22°12'S 40'15'E	25°55'S 32°50'E	*25°59'S 32°35'E*	
Route IS48B				
IS480 Morondava	IS483 Richards	Richards Bay		
	28°45'S 32°10'E	*28°48'S 32°06'E*		

Pour ceux qui ont visité la côte ouest de Madagascar, ce port actif est un bon point de départ pour le Mozambique ou l'Afrique du Sud. Pour se rendre à Maputo, la route directe passe très près du nord de l'île d'Europa, lointaine possession française. L'atterrissage se fait au nord du cap Inhaca aux abords de la grande baie de Maputo. Le port de Lourenço Marques, maintenant capitale du Mozambique, se trouve sur la rive nord du fleuve Espirito Santo. Deux chenaux mènent au port, le chenal nord étant le plus facile.

Pour aller en Afrique du Sud, on peut faire une route directe jusqu'au WP IS483 dans les approches de Richards Bay. Ce port commodément situé au nord de Durban est un bon endroit pour faire son entrée en Afrique du Sud. Il faut contacter la capitainerie (*Port Captain*) sur le canal 16, qui vous dirigera vers la Tazi Guzi Marina dans le port de plaisance ou vers le Zululand Yacht Club. Voir la route IS52 pour la description des conditions météo dans les eaux sud-africaines.

IS50 ROUTES DEPUIS LES ÎLES MASCAREIGNES

L'île Maurice a toujours été une escale populaire d'où préparer la longue et difficile étape vers l'Afrique du Sud. Ce peut être un rude passage et peu d'endroits au monde ont une aussi mauvaise réputation auprès des navigateurs que la partie sud-ouest de l'océan Indien. Le fort courant des Aiguilles qui se dirige vers le sud peut créer des conditions extrêmement rudes lorsqu'il est associé à un coup de vent de sud-ouest, similaires à celles que l'on rencontre au large du cap Hatteras lorsqu'un vent de nord violent souffle contre le Gulf Stream. Plusieurs bateaux se sont trouvés en sérieuses difficultés sur ce trajet, couchés ou retournés et dématés, entre l'île Maurice et Durban ou pendant l'étape suivante jusqu'au Cap.

Les bateaux qui partent au nord en quittant l'île Maurice vont dans une région bien plus accueillante où il fait presque toujours beau. Bien que la région entière soit sujette aux cyclones, la période réellement dangereuse va de décembre à avril.

D'avril à novembre, les alizés de sud-est soufflent presque continuellement, fraîchissant en général vers le milieu de la matinée et faiblissant dans l'après-midi. Le vent meurt souvent la nuit sous l'influence de la terre, et si l'on n'a pas de calmes la nuit, normalement il soufflera fort le lendemain matin. Les alizés du sud-est sont à leur maximum en juin, juillet et août. Pendant la saison des cyclones, qui est la période la moins clémente de l'année, les vents de sud-est sont encore dominants, mais ils sont plus modérés et peuvent être interrompus par des vents d'ouest ou nord-ouest, ou par des calmes.

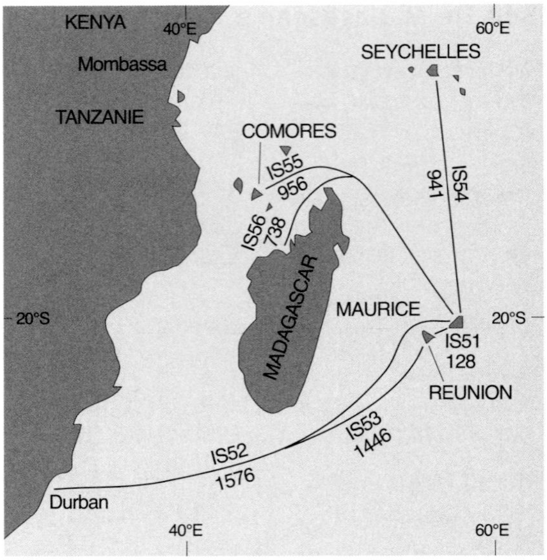

IS50 Routes depuis les îles Mascareignes

IS51 *De l'île Maurice à la Réunion*

MEILLEURE PÉRIODE	octobre			
SAISON DES CYCLONES	novembre à avril			
CARTES ROUTIÈRES	BA : 4070	SHOM : 6673		
	US : 700			
INSTRUCTIONS NAUTIQUES	BA : 39	SHOM : L9		
	US : 170, 171			
WAYPOINTS				
Départ	*Intermédiaire*	*Atterrissage*	*Destination*	*Distance (M)*
IS511 Maurice SW 20°10'S, 57°25'E		IS512 Réunion 20°50'S, 55°23'E	Pointe des Galets *20°55'S, 55°18'E*	128

Ce court passage entre les deux plus grandes des îles Mascareignes peut se faire n'importe quand en dehors de la saison des cyclones. La plupart des bateaux s'arrêtent à la Réunion, territoire français d'outre-mer, en allant en Afrique du Sud, en octobre ou au début de novembre. Beaucoup de ceux qui s'arrêtent le font pour faire un approvisionnement français et obtenir un visa pour l'Afrique du Sud, car il y a un consulat sud-africain à St Denis, la capitale. Bien que ce visa ne soit pas obligatoire pour ceux qui ne quittent pas leur bateau pendant leur séjour en Afrique du Sud, il est recommandé pour ceux qui veulent visiter le pays.

Du WP IS511au large de Port Louis, une route directe passant au nord de la Réunion mène au WP IS512 à l'approche de la Pointe des Galets.

Les formalités d'entrée à la Réunion se font à la Pointe des Galets. Il faut contacter la capitainerie du port sur le canal 16 avant d'aller au quai des pêcheurs. L'autre port d'entrée est Saint Pierre (21°20'S, 55°29'E).

IS52 *De l'île Maurice à l'Afrique du Sud*

MEILLEURE PÉRIODE	octobre			
SAISON DES CYCLONES	novembre à avril			
CARTES ROUTIÈRES	BA : 4070	SHOM : 6664, 6760		
	US : 700			
INSTRUCTIONS NAUTIQUES	BA : 3, 39	SHOM : L9, L8		
	US : 170, 171			
GUIDES DE CROISIÈRE	*East Africa Pilot, South Africa Nautical Almanac.*			
WAYPOINTS				

Départ	*Intermédiaire*	*Atterrissage*	*Destination*	*Distance (M)*
IS521 Maurice SW 20°10'S, 57°25'E	IS522 Réunion E 21°25'S, 56°00'E			
	IS523 26°00'S, 47°50'E			
	IS524 28°00'S, 34°00'E	IS525 Richards 28°45'S, 32°10'E	Richards Bay *28°48'S, 32°06'E*	1502
		IS526 Natal NE 29°51'S, 31°05'E	Durban *29°52'S, 31°02'E*	1576

La meilleure période pour quitter l'île Maurice est début novembre, lorsque les coups de vent vers la latitude 30°S se font moins nombreux et que les risques de cyclones sont écartés. Il est recommandé d'essayer de rester assez loin de l'extrémité sud de Madagascar, car le temps à proximité de l'île est souvent mal établi. Rester à une certaine distance permet aussi de mettre à la cape si un front arrive avec des vents contraires. Cette route évite aussi une zone connue par ses vagues imprévisibles sur le plateau continental qui s'étend loin au large de Madagascar. Une autre raison encore de recommander de rester bien au sud de Madagascar est que le courant sud-équatorial se divise ici, une moitié rejoignant le courant des Aiguilles qui va vers le sud, l'autre allant vers le nord le long de la côte est de Madagascar, résultant en un courant contraire allant jusqu'à 1 nœud. Une mer confuse au large de la pointe de Madagascar a souvent été signalée. Par beau temps, le WP IS523, à environ 80 milles au large, est considéré comme suffisant mais si des vents de plus de 30 nœuds sont prévus, il est préférable de passer bien plus au large de Madagascar avant de modifier le cap vers la côte sud de l'Afrique. On peut espérer des vents favorables jusqu'à ce point, bien que ce ne soit pas nécessairement le régime des alizés comme auparavant.

Le temps de toute la région comprise entre Madagascar et le cap de Bonne Espérance est dominé par le système des fronts générés par les dépressions atlantiques qui se déplacent vers l'est. L'approche d'un front froid est en général annoncée par un changement graduel du ciel, avec des cirrus qui arrivent de l'ouest. Ils sont remplacés par un amoncellement de cumulus, tandis que le vent vire lentement de l'est au nord-ouest par le nord en fraîchissant. Après une brève accalmie, le coup de vent arrive du sud-ouest, sa force et sa durée dépendant de la nature et de l'étendue du front. Pendant le passage d'un front, au moment où le vent vire brusquement de l'est ou du nord-est au sud-ouest, les conditions dans le courant des Aiguilles deviennent dangereuses, en particulier vers la ligne des 200 mètres. Dans ces conditions, il vaut mieux se diriger immédiatement vers la côte car les vagues sont plus petites dans les eaux moins profondes près de la côte. L'autre option est d'essayer de rester bien au large dans des eaux plus profondes et de ne se rapprocher de la côte que tout près de sa destination.

Bien qu'il soit difficile de prédire le temps lorsqu'on serre la côte sud-africaine, il faut garder un œil sur le baromètre. Une méthode locale pour prévoir l'approche d'un coup de vent de sud-ouest est d'observer le baromètre. Au moment où il commence à baisser, les vents seront probablement nord-est. Lorsqu'il a cessé de chuter, les vents deviennent faibles puis tombent tout à fait. Lorsque le baromètre commence à remonter, on a entre une heure et une heure et demie avant l'arrivée du coup de vent de sud-ouest, ce qui peut-être suffisant pour quitter la zone des 200 mètres.

La plupart des bateaux ont rencontré toutes sortes de temps sur cette route, avec des vents couvrant toute la gamme de 0 à 50 nœuds. Cependant très peu ont été épargnés par les coups de vent de sud-ouest qui se produisent au sud de Madagascar et se succèdent à 2 ou 3 jours d'intervalle. Lorsque la région au sud de Madagascar est passée, on peut faire route jusqu'à 200 milles à l'est nord-est de Durban. De là, si le temps et le vent le permettent, on peut faire route directe sur Durban. Une erreur fréquente consiste à trop tenir compte de la dérive en essayant de viser la côte au nord de Durban, pensant être dépalé au sud par le courant. Si un coup de vent de sud arrive quand on est tout près de la côte, on sera poussé encore plus au nord et il faudra alors chercher refuge dans Richards Bay. Ce port est recommandé également si on a fait un atterrissage trop au nord de Durban. Les 90 milles restant à parcourir de Richards Bay à Durban pourront être achevés plus tard avec une prévision météo favorable.

Le premier objectif étant d'éviter de traverser le courant des Aiguilles quand les vents sont de sud-ouest, avoir des bulletins météo à jour est essentiel. Des bulletins utiles sont diffusés à 13 h 03 GMT sur 17 655, 4 376 et 8 740,8 kHz et par VHF sur le canal 26. Ce sont les observations des différents sémaphores de la côte sud-africaine qui donnent en détail la force et la direction du vent, ainsi que la pression barométrique en allant du sud au nord. On peut alors en déduire si une dépression remonte la côte et agir en conséquence.

Bien qu'il ait été conseillé aux bateaux qui vont en Afrique du Sud d'aller directement à Port Elizabeth pour éviter le pire du courant des Aiguilles plutôt que de s'arrêter à Durban ou à Richards Bay, les marins locaux expérimentés mettent fortement en garde contre cette façon de faire. Le courant des Aiguilles atteint sa largeur et sa force maximum près de la latitude de Port Elizabeth, en faisant une zone des plus dangereuses en cas de mauvais temps. De plus, les chances d'être pris au milieu des dépressions qui longent la côte vers l'est sont beaucoup plus fortes sous ces latitudes que si l'on rejoint la côte au nord de Richards Bay, où le courant des Aiguilles est de surcroît plus étroit. Il est donc préférable de faire son atterrissage vers la latitude 28°S et de ne continuer vers le sud qu'avec de bonnes prévisions météo.

Du WP IS521 au large de Port Louis, la route recommandée pour éviter la zone dangereuse située au sud de Madagascar passe à l'est de la Réunion par le WP IS522. De ce point, on peut faire route vers le WP IS523, et de là vers le WP IS524. Un bon port d'entrée est Richards Bay, où le *Port Control* dirige en général les yachts qui arrivent vers la marina Tuzi Gazi. Les bateaux qui vont à Richards Bay feront leur atterrissage au WP IS525. Ceux qui veulent aller directement à Durban feront route vers le WP IS526 à l'approche de Durban. Durban Harbour Radio peut être contactée avant d'entrer au port, mais ce n'est pas obligatoire. Normalement, les yachts sont dirigés vers la jetée internationale et les formalités se font à terre.

IS53 *De la Réunion à l'Afrique du Sud*

MEILLEURE PÉRIODE	octobre	
SAISON DES CYCLONES	novembre à avril	
CARTES ROUTIÈRES	BA : 4070	SHOM : 6664, 6760
	US : 700	
INSTRUCTIONS NAUTIQUES	BA : 3, 39	SHOM : L9, L8
	US : 170, 171	
GUIDES DE CROISIÈRE	*East Africa Pilot, South Africa Nautical Almanac.*	
WAYPOINTS		

Départ	*Intermédiaire*	*Atterrissage*	*Destination*	*Distance (M)*
IS531 Réunion SW 21°20'S, 55°28'E	IS532 27°00'S, 47°00'E			
	IS533 28°30'S, 34°00'E	IS534 Richards 28°45'S, 32°10'E	Richards Bay *28°48'S, 32°06'E*	1373
		IS535 Natal NE 29°51'S, 31°05'E	Durban *29°52'S, 31°02'E*	1446

Les instructions de la route IS52 depuis l'île Maurice s'appliquent ici. Plusieurs de ceux qui ont fait ce passage le décrivent comme l'étape la plus rude de tout leur voyage. Il est essentiel de préparer soigneusement le bateau pour ce trajet.

Le petit port de St Pierre sur la côte sud-ouest de la Réunion est un bon point de départ. Du WP IS531 à l'extérieur de St Pierre, on peut faire d'abord route vers le WP IS532 pour rester bien en dehors de la zone dangereuse au sud de Madagascar, comme décrit dans la route précédente. Du WP IS532, les instructions sont celles décrites dans la route IS52.

IS54 *De l'île Maurice aux Seychelles*

MEILLEURE PÉRIODE	juin à septembre			
SAISON DES CYCLONES	novembre à avril			
CARTES ROUTIÈRES	BA : 4071	SHOM : 6673		
	US : 702			
INSTRUCTIONS NAUTIQUES	BA : 39	SHOM : L9		
	US : 170, 171			
GUIDES DE CROISIÈRE	*Indian Ocean Cruising Guide, Guide des Seychelles (A.Rondeau).*			
WAYPOINTS				
Départ	*Intermédiaire*	*Atterrissage*	*Destination*	*Distance (M)*
IS541 Maurice NW 20°08'S, 57°26'E	IS542 Agalega 15°00'S, 56°45'E			
	IS543 10°00'S, 56°10'E			
	IS544 Mahé S 4°49'S, 55°33'E	IS545 Mahé SE 4°40'S, 55°33'5E	Victoria *4°36'5S, 55°28'E*	941

Les alizés de sud-est procurent de bons vents sur cette route de mai à octobre, bien qu'il puisse y avoir des grains occasionnels. Les cyclones affectent la région de l'île Maurice de la mi-novembre à la fin avril ou même jusqu'à début mai, il vaut mieux alors éviter d'être dans la région. La route passant très près du récif Cargados Carajos, certains en profitent pour s'arrêter sur l'une de ces petites îles. Elles appartiennent à l'île Maurice et il faut demander l'autorisation de s'y arrêter au *Fisheries Department* (Ministère de la Pêche) de l'île Maurice avant de quitter Port Louis.

On peut faire une route directe de bout en bout de l'île Maurice jusqu'à Mahé, l'île principale des Seychelles. En partant du WP IS541 à l'approche de Port Louis, on fait d'abord route vers le WP IS542 pour passer à au moins 20 milles à l'ouest de l'île Agalega et des dangers environnants. La route passe ensuite par le WP IS543 et continue vers Mahé en passant près de l'île Coetivy que l'on doit approcher avec précaution car elle a été signalée 3 milles plus à l'ouest que sa position sur la carte. L'atterrissage se fera au WP IS544 au large de la Pointe Sud de Mahé. On changera alors de cap pour naviguer plein nord parallèlement à la côte jusqu'au WP IS545 à 1 mille du passage du Cerf. Par bonne visibilité, on peut prendre cette passe pour atteindre Port Victoria, sinon il faudra aller doubler l'île Ste Anne et entrer au port principal de l'île par le chenal balisé. Après avoir contacté *Port Authority* sur le canal 16, les yachts qui arrivent doivent mouiller dans la zone de quarantaine au nord du phare de Victoria où les officiels viendront à bord pour les formalités.

IS55 *De l'île Maurice aux Comores*

MEILLEURE PÉRIODE	juin à octobre		
SAISON DES CYCLONES	novembre à avril		
CARTES ROUTIÈRES	BA : 4070	SHOM : 6673, 6672	
	US : 72		
INSTRUCTIONS NAUTIQUES	BA : 39	US : 170, 171	SHOM : L9
GUIDES DE CROISIÈRE	*East Africa Pilot.*		

WAYPOINTS

Départ	*Intermédiaire*	*Atterrissage*	*Destination*	*Distance (M)*
Route IS55A				
IS551 Maurice NW	IS552 Ambre E			
20°08'S, 57°26'E	11°50'S, 50°30'E			
	IS553 Ambre N	IS554 Mayotte NE	Dzaoudzi	964
	11°30'S, 49°15'E	12°44'S, 45°15'E	*12°47'S, 45°15'E*	
Route IS55B				
IS551 Maurice NW	IS552 Ambre E			
	IS553 Ambre N	IS555 Anjouan NE	Mutsamudu	1210
		12°02'S, 44°30'E	*12°10'S, 44°24'E*	
		IS556 Comores SE	Moroni	1078
		12°00'S, 43°45'E	*11°42'S, 43°15'E*	

Pendant la saison des alizés de sud-est, de mai à octobre, c'est une route au portant autour de l'extrémité nord de Madagascar. Les vents favorables devraient continuer pendant tout le trajet jusqu'aux Comores, groupe de petites îles éparpillées entre Madagascar et la côte africaine. Mayotte appartient géographiquement aux Comores, mais c'est un territoire français, séparé des Comores indépendantes.

Du WP IS551 au large de port Louis, une route directe mène au WP IS552 au large du cap d'Ambre, l'extrémité nord de Madagascar. La route passant très près de l'île Tromelin, petite possession française à mi-chemin entre l'île Maurice et l'extrémité nord de Madagascar, on peut s'y arrêter. On passe le cap d'Ambre à bonne distance, au WP IS553, pour éviter la mauvaise mer qu'on trouve à proximité. En effet, lorsque les alizés sont bien établis leur vitesse peut être accélérée dans la zone critique au nord du cap d'Ambre jusqu'à 15-20 nœuds et les conditions de mer qui en résultent ont été comparées à un chaudron de sorcière ! Dans de telles conditions, il faut donner un très large tour au cap d'Ambre et éventuellement passer au nord du WP IS553, qui est indiqué pour des conditions normales. De là, on peut changer de cap pour Mayotte ou pour une des îles des Comores. La route pour Mayotte (IS55A) passe à côté du banc Geyser, qui doit être évité. Du WP IS553 au nord du cap d'Ambre, on change de cap pour le WP IS554 à l'approche de Dzaoudzi, le port d'entrée officiel à Mayotte. Il faut contacter la capitainerie du port sur le canal 16 pour recevoir des instructions avant d'entrer dans le périmètre du récif.

Les bateaux qui vont aux Comores (route IS55B) peuvent s'arrêter aux îles Glorieuses, deux petites îles entourées d'un récif. De là, où, si l'on ne veut pas s'arrêter aux Glorieuses, du WP IS553 au nord du cap d'Ambre, on fera route directe vers la plus proche des Comores, Anjouan. L'atterrissage pour cette île est IS555 au large de sa pointe nord. De ce point, on change de cap pour aller au port de Mutsamudu. Les vents dominants étant de sud, les bateaux qui vont à la Grande Comore approcheront l'île par le sud-est plutôt que par le nord. Pour cela, du WP IS553 on doit faire route vers le WP IS556 au large de la pointe sud-est de la Grande Comore. De là, on suit les côtes sud et ouest jusqu'à Moroni.

IS56 De l'île Maurice à Madagascar

MEILLEURE PÉRIODE	juin à octobre		
SAISON DES CYCLONES	novembre à avril		
CARTES ROUTIÈRES	BA : 4702	US : 702	SHOM : 6673
INSTRUCTIONS NAUTIQUES	BA : 39	US : 171	SHOM : L9
GUIDES DE CROISIÈRE	*East Africa Pilot.*		

WAYPOINTS

Départ	*Intermédiaire*	*Atterrissage*	*Destination*	*Distance (M)*
Route IS56A				
IS561 Ile Maurice NW	IS562 Ambre E			
20°08°'S 57°26'E	11°50'S 50°30'E			
	IS563 Ambre N			
	11°30'S 49°15'E			
	IS564 Anambo	IS565 Nosy Be W	Hell Ville	854
	12°15'S 48°30'E	13°19'S 48°07'E	*13°24'S 48°17'E*	

Départ	*Intermédiaire*	*Atterrissage*	*Destination*	*Distance (M)*
Route IS56B				
IS561 Ile Maurice NW		IS566 Diego 12°13'S 49'25'E	Antseranana *12°16'S 49°18'E*	664

Il y a davantage de bateaux qui visitent cette grande île au large de la côte d'Afrique, qui reçoit de plein fouet les alizés de sud-est qui ont traversé l'océan Indien. Les vents de sud-est sont les plus forts en juillet, en août et en septembre. Madagascar est sous l'influence de ces vents toute l'année, la limite sud des alizés de sud-est remontant la côte vers le nord d'août à novembre. Pendant cette période, il faut s'attendre à des vents variables dans la moitié sud de l'île, la plupart venant cependant d'est ou de nord-est. Des vents de ces directions peuvent être très forts. En mars, quand la ZCI est plus au sud, l'extrémité nord de l'île perd les vents de sud-est pour des vents de nord-est et de nord-ouest. Madagascar se trouve dans la zone des cyclones, bien que ces derniers ne soient pas aussi fréquents que dans la région de l'île Maurice. Le courant sud-équatorial se sépare en deux parties au niveau du milieu de l'île et part au nord et au sud le long de la côte. Le courant le long de la côte va surtout vers le sud.

Les conditions de navigation étant meilleures en passant par le nord de Madagascar lorsqu'on part de l'île Maurice, les instructions jusqu'au cap d'Ambre sont les mêmes que celles de la route IS55. Plutôt que de faire route directement vers le cap d'Ambre, on aura de meilleures conditions si l'on approche l'extrémité nord de Madagascar par l'est. Le cap sera mis vers le WP IS562 d'où la route continue vers le WP IS563 pour donner un large tour au cap d'Ambre et éviter la mer mauvaise qu'on y rencontre. En effet, lorsque les alizés sont bien établis leur vitesse peut être accélérée dans la zone critique au nord du cap d'Ambre jusqu'à 15-20 nœuds et les conditions de mer qui en résultent ont été comparées à un chaudron de sorcière ! Dans de telles conditions, il faut donner un très large tour au cap d'Ambre et éventuellement passer au nord du WP IS553, qui est indiqué pour des conditions normales. Le cap est ensuite modifié pour le WP IS564 à l'ouest de la petite île d'Anambo, et la route continue à l'ouest de Nosi Bé pour éviter les nombreux hauts-fonds qui se trouvent près de la terre. Du WP IS565, on suivra la côte sud-ouest de l'île vers Hell Ville (Andoany), agglomération principale de Nosi Bé et comptoir traditionnel des dhows arabes où l'on peut effectuer les formalités d'entrée.

Si l'on souhaite faire escale à Antsiranana (12°16'S, 49°18'E), avant d'avoir atteint le WP IS562, on infléchira la route vers l'approche de la baie d'Antsiranana (ex Diégo Suarez) en tenant compte du courant qui porte vers le sud. Pour rejoindre la côte ouest de Madagascar depuis Antsiranana et éviter de rallonger la route en donnant un large tour au cap d'Ambre, on peut prévoir de partir tôt le matin afin de longer de très près la côte et raser le cap d'Ambre. On évitera ainsi la zone critique au large de ce cap. Voir aussi les routes IS37 et IS55.

IS60 ROUTES DEPUIS L'AFRIQUE

La disparition progressive des restrictions dans quelques pays africains fait que le nombre de bateaux qui visitent les différents pays de l'Afrique de l'Est a augmenté, même si la plupart d'entre eux en restent toujours aux îles. Quelques-uns atteignent l'Afrique de l'Est en naviguant vers le sud par la mer Rouge et le long de la côte africaine pendant la mousson de nord-est. D'autres arrivent après avoir fait un détour par les îles de l'océan Indien Sud avant de continuer vers la mer Rouge. Les meilleures conditions de temps pour ceux qui partent d'Afrique de l'Est vers le nord se rencontrent pendant la mousson de sud-ouest, en particulier en septembre, au moment où les vents sont moins violents qu'en pleine saison, entre juin et août. Les îles de l'océan

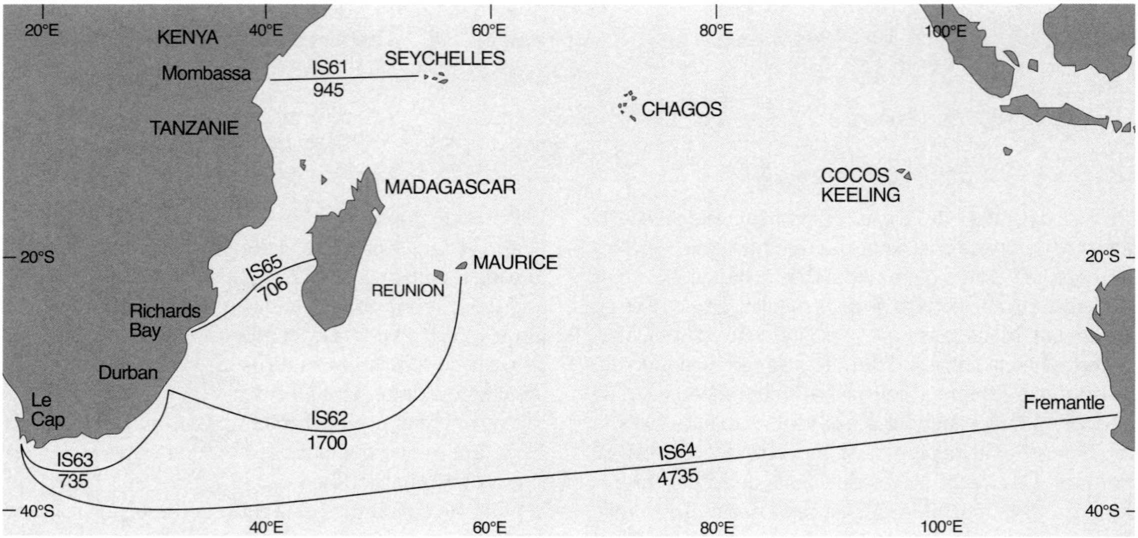

IS60 Routes depuis l'Afrique

Indien Sud sont parfois visitées par des bateaux qui viennent d'Afrique du Sud, ce qui représente un rude voyage contre les vents dominants et le courant. Tout aussi rude est la traversée vers l'Australie par les 40e rugissants, dans une région de forts vents d'ouest qui au moins soufflent dans la bonne direction.

Le long de la côte d'Afrique de l'Est, les alizés de sud-est soufflent régulièrement d'avril à octobre et excèdent rarement 20 nœuds. La large bande de courant allant vers le nord court près de la côte et ces vents de sud-est peuvent en augmenter la vitesse jusqu'à 4 nœuds, ce qui rend difficile sinon impossible de naviguer vers le sud pendant la mauvaise saison. Pour cette raison, les croisières le long de la côte d'Afrique de l'Est doivent commencer au point le plus sud et suivre la côte vers le nord. Pendant la mousson de nord-est, quand les vents de nord-est et d'est dominent, le courant est plus faible. Le long de la côte tanzanienne, il est possible de prendre une route intérieure, qui passe entre les récifs et la côte. L'Afrique de l'Est n'est pas touchée par les cyclones qui se produisent plus au sud et plus à l'est. Les conditions météo autour de l'Afrique du Sud sont décrites dans IS 52.

IS61 *De l'Afrique de l'Est aux Seychelles*

MEILLEURE PÉRIODE	janvier à mars	
SAISON DES CYCLONES	None	
CARTES ROUTIÈRES	BA : 4071 US : 70	SHOM : 6809
INSTRUCTIONS NAUTIQUES	BA : 3, 39 US : 170, 171	SHOM : L8, L9
GUIDES DE CROISIÈRE	*Guide des Seychelles (A.Rondeau), Indian Ocean Cruising Guide.*	
WAYPOINTS		

Départ	*Intermédiaire*	*Atterrissage*	*Destination*	*Distance (M)*
IS611 Mombasa 4°04'S, 39°45'E	IS612 Amirante N 4°42'S, 53°24'E	IS613 Mahé N 4°32'N, 55°26'E	Victoria *4°36.5'S, 55°28'E*	945
IS614 Dar es Salaam 6°50'S, 39°24'E	IS612 Amirante N	IS613 Mahé N	Victoria	973

La mousson de nord-est se fait sentir le long de cette route entre janvier et mars, période où les conditions pour un passage vers l'est sont favorables, même si les vents sont souvent faibles. De décembre à avril, le courant sur cette route est aussi favorable. Bien que ce soit la saison des cyclones dans d'autres parties de l'océan Indien Sud, les cyclones atteignent très rarement la latitude des Seychelles. S'il y avait une menace de cyclone sur cette route, en étant correctement avertis, les bateaux venant d'Afrique pourraient virer vers le nord au premier signe d'arrivée d'une tempête tropicale et se mettre rapidement hors de sa route en allant dans une zone libre de cyclones.

Une route directe mène, à l'extérieur de tout danger, du Kenya à Mahé, l'île principale des Seychelles. Du WP IS611 à l'approche de Mombasa, on peut faire route directe vers le WP IS612 à 10 milles au nord de l'île du Nord, la plus nord des îles Amirante. La nuit ou par mauvaise visibilité, il faut passer à bonnes distances de ces îles, car elles sont basses et le feu de l'île du Nord est quelquefois éteint. On peut alors changer de cap pour le WP IS613 au nord de la Pointe Nord de Mahé, à l'approche de Port Victoria que l'on atteint par le chenal d'accès principal.

Les bateaux qui partent d'un port tanzanien, comme Dar es Salam, suivent une route similaire. Du WP IS614à l'approche de Dar es Salam, on peut faire une route directe vers le WP IS612. Le reste de la route est semblable à la route ci-dessus.

IS62 *De Durban à l'île Maurice*

MEILLEURE PÉRIODE	juin			
SAISON DES CYCLONES	novembre à avril			
CARTES ROUTIÈRES	BA : 4070	SHOM : 6664		
	US : 70, 700			
INSTRUCTIONS NAUTIQUES	BA : 3, 39	SHOM : L8, L9		
	US : 170, 171			
WAYPOINTS				
Départ	*Intermédiaire*	*Atterrissage*	*Destination*	*Distance (M)*
IS621 Natal E	IS622			
29°52'S, 31°05'E	30°00'S, 50°00'E			
	IS623 Brabant	IS624 Maurice S	Port Louis	1700
	20°25'S, 57°15'E	20°12'S, 57°24'E	*20°09'S, 57°29'E*	

Peu de bateaux tentent de suivre une route loxodromique entre ces deux points à cause du fort courant des Aiguilles qui va vers le sud et de la forte probabilité de rencontrer des vents contraires. La tactique recommandée est de faire de l'est avec l'aide des vents dominants d'ouest des hautes latitudes. En quittant Durban, du WP IS621 on fait route vers le sud-est de façon à gagner à l'est entre les latitudes 30°S et 35°S, en fonction des conditions météo. On doit cependant être prêt à aller même plus au sud à la recherche des vents d'ouest, peut-être jusqu'à 40°S. Ce sont des vents d'ouest forts que l'on rencontre sous ces latitudes et souvent aussi des coups de vent. Après avoir parcouru au moins 800 milles vers le sud-est, on aura atteint le point où l'on pourra changer de cap pour faire une route plus directe vers l'île Maurice. La route nord-est conduira tout d'abord à une zone de vents variables et de calmes. On peut parfois rencontrer les alizés de sud-est dès le 30°S, ils assureront alors un passage rapide sur le reste du trajet. Le meilleur mois pour cette traversée est le mois de mai, lorsque la saison des cyclones est terminée dans l'océan Indien Sud et avant que ne commencent les coups de vent d'hiver dans les hautes latitudes.

On approchera l'île Maurice par le sud en suivant une route qui passe à l'est de la Réunion. On fera l'atterrissage au WP IS623 au large du cap Brabant, l'extrémité sud-ouest de l'île Maurice. De là, on peut changer de cap pour le WP IS624 à l'approche de Port Louis.

IS63 *De Durban au Cap*

MEILLEURE PÉRIODE	janvier à mars	
SAISON DES CYCLONES	aucune	
CARTES ROUTIÈRES	BA : 4204	SHOM : 6760
	US : 61003, 61000	
INSTRUCTIONS NAUTIQUES	BA : 2, 3	SHOM : L8
	US : 123, 171	
GUIDES DE CROISIÈRE	*South Africa Nautical Almanac.*	

La meilleure époque pour faire ce passage le long de la côte sud-africaine est entre janvier et mars, au moment où l'on peut espérer les conditions météo les plus clémentes. Peu de bateaux tentent de faire ce trajet en une seule fois sans chercher refuge dans l'un des rares bons ports sur le chemin. En fait, le manque de bons mouillages n'est que l'un des trois facteurs qui rendent cette navigation particulièrement difficile, les deux autres étant le courant des Aiguilles et le temps imprévisible. Le courant des Aiguilles s'écoule dans une direction sud-ouest en suivant la ligne des 100 brasses (environ 200 mètres) qui borde le plateau continental et peut atteindre jusqu'à 6 nœuds par endroits. Le temps à l'extrémité sud du continent africain est très influencé par les systèmes de pression se déplaçant de l'océan Antarctique vers le nord-est. Comme on l'a décrit dans la route IS52, un coup de vent de sud-ouest combiné au fort courant qui se dirige vers le sud-ouest peut générer des vagues géantes de 18 mètres de haut et même davantage.

Il a été établi au cours de recherches sur la formation de ces vagues aberrantes que les vagues dominantes viennent toujours du sud-ouest. Cela coïncide toujours avec une situation météo bien spécifique, quand les zones de basse pression se déplacent le long de la côte vers le nord-est. Il n'est pas rare, dans de telles conditions, que le vent passe brusquement d'un vent frais de nord-est à un vrai coup de vent de sud-ouest, le vent renforçant le système de vagues déjà présentes contre le courant des Aiguilles. Habituellement, les plus grosses vagues se produisent dans une bande bordant le plateau continental sur 20 milles vers le large et c'est pourquoi on conseille de rentrer à l'intérieur de la ligne des 200 mètres dès qu'il y a un signe de l'approche d'un coup de vent de sud-ouest. Il faut souligner que des bateaux sont parvenus à faire la majeure partie de cette traversée en restant bien en dehors de la zone du courant des Aiguilles (à plus de 60 milles en mer). C'est une solution possible par temps bien établi en été, mais il faut bien suivre la météo pour éviter de se faire prendre par une dépression creuse venant de l'océan Antarctique. Les conditions météo autour de l'Afrique du Sud changent tous les trois à cinq jours car les fronts se déplacent de l'océan Antarctique vers le continent. Les fronts sont généralement accompagnés de vents d'WSW qui se renforcent à leur approche et la pression barométrique monte également. La pression atteint un pic au moment du passage du front et quand elle commence à diminuer à nouveau le vent redevient SE, puis E et finalement ENE. Ce cycle peut durer entre un à trois jours avant que l'arrivée du prochain front soit annoncée par une augmentation de la pression barométrique. La situation est aggravée par la présence du courant des Aiguilles qui est grosso modo parallèle à la côte avec une direction d'abord SW puis W et qui peut atteindre entre 3 et 4,5 nœuds. Ce courant atteint son intensité maximale vers la ligne des 200 mètres dans la section entre Durban et Mossel Bay. Il disparaît au niveau du Banc des Aiguilles. Le courant peut aider considérablement lorsqu'on traverse vers l'ouest pourvu que les vents soient d'E, mais des vents de SW ou d'W même de force modérée lèvent rapidement une forte houle avec des vagues qui peuvent atteindre plusieurs mètres. La tactique d'usage est de se rapprocher rapidement de la côte dès que le vent commence à tourner au SW car la houle sera sensiblement moins forte dans les eaux moins profondes. Il est essentiel d'avoir des cartes de détail de la région pour pouvoir s'abriter le cas échéant, ou au moins pouvoir tirer des bords près de la côte en toute sécurité.

De Durban à East London (240 M)

Comme il n'y a absolument aucun abri sûr le long de cette côte, il est essentiel de quitter Durban avec de bonnes prévisions météo. On recommande de quitter Durban à la fin d'un coup de vent de sud-ouest quand le baromètre a atteint plus de 1020 millibars. En partant de Durban, on ira droit jusqu'à la ligne des 200 mètres pour profiter au maximum du fort courant qui porte au sud-ouest. Si le temps se dégrade sans préavis, il faudra immédiatement se rapprocher de la côte pour éviter le pire des vagues.

De East London à Port Elizabeth (150 M)

Les mêmes règles de départ s'appliquent que pour l'étape de Durban vers le sud, en ajoutant que si le temps est encore favorable quand on arrive à la hauteur de East London et que le baromètre n'entame pas une descente vertigineuse, il vaut mieux continuer vers Port Elizabeth que s'arrêter à East London. En cas de détérioration soudaine du temps, il faut employer la même tactique que ci-dessus. Il faut signaler que le courant des Aiguilles est très fort entre ces deux ports et qu'il y a des courants portant à la côte dans certaines baies sur le chemin.

De Port Elizabeth à Mossel Bay (190 M)

Cette étape présente moins de problèmes que les précédentes car il y a plusieurs endroits sur la route où chercher refuge en cas de coup de vent. L'un des premiers de ces ports est Knysna, bien que l'entrée en soit très difficile à cause de forts courants de marée et puisse devenir dangereuse lors d'un coup de vent de sud-ouest quand une grosse houle brise dans l'entrée. Comme c'est l'une des plus belles régions de toute l'Afrique du Sud, il ne faut pas manquer de faire escale à Knysna. On peut demander des conseils sur la façon de négocier cette entrée délicate au *National Sea Rescue Institute* (Institut National de Sauvetage en mer) qui veille sur le canal 16. On peut aussi trouver abri à Mossel Bay, près du cap Seal (cap du Phoque), dans la baie de Plettenberg, et près du cap St Francis, où il faut faire attention à des récifs qui ne sont pas sur la carte. Le mouillage de St Francis doit être évité par coup de vent de sud-ouest car la grosse houle le rend intenable à moins d'être prêt à mouiller en eau profonde. La houle est aussi un problème à l'intérieur du port de Mossel Bay et l'on utilisera alors l'un des corps morts extérieurs.

De Mossel Bay au Cap (210 M)

Il y a plusieurs endroits où mouiller en cas de temps défavorable et on ne doit en aucun cas passer le cap des Aiguilles par mauvais temps. Des courants portent à la côte près de tous les caps de ce passage, qui sont aussi bordés de récifs, ce qui rend la navigation très difficile, en particulier lorsque la visibilité est mauvaise. Le Royal Cape Yacht Club est toujours très accueillant envers les bateaux de passage et offre d'excellents services. On peut aussi trouver de la place au *Victoria and Albert waterfront development* qui est plus près du centre ville.

IS64 *Du Cap à l'ouest de l'Australie*

MEILLEURE PÉRIODE	décembre à février	
SAISON DES CYCLONES	novembre à avril	
CARTES ROUTIÈRES	BA : 4204, 4070	SHOM : 6809
	US : 70, 204	
INSTRUCTIONS NAUTIQUES	BA : 2, 3, 17, 39	SHOM : L8, L9
	US : 123, 170, 175	
GUIDES DE CROISIÈRE	*Circumnavigating Australia's Coastline.*	
WAYPOINTS		

Départ	*Intermédiaire*	*Atterrissage*	*Destination*	*Distance (M)*
IS641 Table S 34°05'S, 18°12'E	IS642 Agulhas 37°00'S, 20°00'E			
	IS643 39°00'S, 30°00'E			
	IS644 39°00'S, 100°00'E	IS645 Garden 32°06'S, 115°38'E	Fremantle *32°00'S, 115°45'E*	4735

La plus grande partie de cette traversée se faisant par les 40e rugissants ou même plus haut, il est recommandé de l'entreprendre pendant l'été austral, quand la fréquence des coups de vent est la plus faible, le temps plus chaud et le risque de rencontrer des icebergs minime. Bien que la période recommandée coïncide avec la saison des cyclones tropicaux, ces derniers atteignent très rarement les hautes latitudes et la seule région où l'on pourra en rencontrer est près de l'ouest de l'Australie.

En quittant Le Cap, du WP IS641, on peut faire une route sud sud-est vers le WP IS642 pour éviter la zone du banc des Aiguilles où il y a une forte fréquence de coups de vent et aussi un courant contraire. Même si la route se révèle être sud sud-ouest à cause des vents de sud-est, le terrain perdu pourra être regagné plus tard lorsqu'on aura atteint la région des vents d'ouest. En octobre et novembre, la limite nord des icebergs s'étend jusqu'à la latitude 39°S dans la zone comprise entre les longitudes 20°E et 30°E, de sorte qu'il faut virer à l'est avant d'atteindre cette région.

Pour les bateaux qui vont en Australie de l'Ouest, la route continue entre les latitudes 39°S et 40°S, où la proportion de vents d'ouest est relativement forte pendant l'été et le temps bien plus chaud que si l'on allait au sud de la latitude 50°S, où la prédominance des vents d'ouest, et des coups de vent, est vraiment plus grande. Il faut remarquer que le refus d'aller assez sud pour chercher les vents d'ouest, en restant vers la latitude 35°S signifie en général plus de vents de sud-est et donc un passage beaucoup moins rapide. On ne changera de cap pour Fremantle ou toue autre destination sur la côte ouest de l'Australie, qu'après avoir traversé le méridien 100°E. En prenant comme référence le WP IS644, les bateaux qui vont à Fremantle peuvent faire route de ce point vers le WP IS645 au nord-ouest de l'île Garden à l'approche de Fremantle. La suite de la route vers le détroit de Bass est décrite dans la route IS17.

IS65 *De l'Afrique du Sud vers le nord*

Meilleure période	juin à octobre			
Saison des cyclones	novembre à avril			
Cartes routières	BA : 4700, 4701 US : 700, 701	SHOM : 6664		
Instructions nautiques	BA : 3 US : 171	SHOM : L8		
Guides de croisière	*East Africa Pilot.*			
Waypoints				

Départ	*Intermédiaire*	*Atterrissage*	*Destination*	*Distance (M)*
AS650 Richards Bay *28°48'S, 32°06'E*	AS651 Richards 28°45'S, 32°10'E	AS652 Inhaca 26°00'S, 33°01'E	Maputo *25°59'S, 32°35'E*	197
AS650 Richards Bay	AS651 Richards	AS653 Augustine 12°30'S, 43°20'E	Toleara *23°22'S, 43°40'E*	706

Malgré le courant défavorable, le manque de services pour les bateaux et d'autres difficultés, les bateaux qui partent d'Afrique du Sud avec l'intention d'aller visiter l'est du continent n'ont d'autre choix que de tirer parti de ce qui existe. Un bon planning aidera à trouver une fenêtre météo avec de bonnes conditions, au moins au départ du passage vers le nord, les forts vents de sud-ouest devant être évités à cause des conditions dangereuses qui se créent lorsqu'ils rencontrent le courant des Aiguilles qui va vers le sud. La route IS52 comporte plus d'information météo.

Les vents dominants sont de sud-est ou sud-ouest jusqu'au canal du Mozambique et, en particulier au voisinage de la terre, sont faibles le matin mais peuvent atteindre le coup de vent dans l'après-midi. Le meilleur moment est une période de vents légers à modérés de sud-est et Richards Bay, au nord de Durban, est un point de départ parfait. L'accueillant Zululand Yacht Club, avec sa petite marina et sa gamme de services, en a fait un des meilleurs centres pour la voile de la côte est d'Afrique et c'est donc un endroit idéal pour attendre de bonnes conditions météo.

La plupart des bateaux qui se dirigent vers le nord vont au-delà du Mozambique voisin, ils ont donc le choix entre rester près de la côte africaine ou traverser vers Madagascar. Ceux qui souhaitent s'arrêter au Mozambique suivront la côte africaine et feront leur atterrissage au large du cap Inhaca à l'entrée de la baie de Maputo. L'ancien port de Lourenço Marques, maintenant capitale du Mozambique, se trouve sur la rive nord de la rivière Espirito Santo et on l'atteint par l'un des deux chenaux, le chenal nord étant recommandé pour ceux qui ne connaissent pas la région, car il est plus simple et peut être emprunté par de plus gros navires. On doit contacter *Port Authority* sur le canal 16 pour savoir où s'amarrer pour faire les formalités.

L'autre option est de naviguer directement vers Madagascar et de faire les formalités d'entrée à Toleara, dans la baie de St Augustin. Plus au nord sur la côte W de Madagascar, le port de Morondava (20°17'S 44°16'E) peut être plus pratique pour faire son entrée dans ce pays. Madagascar, en particulier sa côte nord-ouest, est maintenant la principale destination de croisière de la région.

19

VENTS ET COURANTS EN MER ROUGE

Les vents

La longue forme caractéristique de la mer Rouge, bordée de côtes basses arides avec de hautes montagnes s'élevant à 20 milles à l'intérieur des terres, dicte dans une certaine mesure la direction des vents, qui ont tendance à souffler parallèlement aux côtes, soit du nord-ouest, soit du sud-est. Ces vents sont très différents du sud au nord de la mer Rouge, et dans le sud ils présentent une variation saisonnière due au mouvement de la zone de convergence entre les systèmes de vents des deux hémisphères.

Bien que la mer Rouge soit située bien au nord de l'équateur, la ZCI se déplace dans cette région jusqu'à atteindre sa limite la plus nord en juillet, aux environs de 12°N. A cette époque de l'année, la ZCI marque la frontière entre la mousson de sud-ouest de l'océan Indien et les vents dominants de nord-ouest du nord de la mer Rouge. Pendant ces mois d'été, les vents de nord-ouest balaient toute la longueur de la mer Rouge et rejoignent la mousson de sud-ouest dans le golfe d'Aden.

En hiver, la ZCI est située bien au sud de cette région, mais il existe une autre zone de convergence indépendante de la première qui est située aux environs du 18°N d'octobre à mai et marque la frontière entre les vents de sud-est de la partie sud de la mer Rouge et les vents de nord-ouest de la partie nord. Cette zone de convergence est en général marquée par des ciels nuageux contrastant avec le soleil omniprésent qui règne sur la région tout entière. Cette zone est associée à de la pluie et du crachin.

Les vents de sud-est prédominent d'octobre à janvier dans toutes les zones situées au sud de la zone de convergence. De janvier à mai, ils peuvent ne pas arriver jusqu'à la zone elle-même, mais dominent encore les régions sud et le détroit de Bab el Mandeb. Ces vents sont à leur maximum de novembre à février, en moyenne autour de 20 nœuds, mais des coups de vent à 30 nœuds et plus sont très fréquents. Septembre et mai sont des mois de transition avec des vents plus faibles. Dans le détroit de Bab el Mandeb se produit un effet venturi qui accélère la vitesse du vent à toutes les périodes de l'année, mais en particulier en hiver de novembre à mars, jusqu'à 25 nœuds et plus.

Dans la partie nord de la mer Rouge, à partir d'environ 20°N, les vents de nord à nord-ouest prédominent tout au long de l'année, plus forts en hiver qu'en été. Cependant, très au nord, dans le golfe de Suez, la plus forte fréquence de vents soufflant à plus de 20 nœuds se situe d'avril à octobre, les coups de vent étant les plus nombreux pendant cette période. Le golfe de Suez est la seule région de la mer Rouge à être affectée par les dépressions qui traversent la Méditerranée vers l'est.

Les conditions de vent sont très variables en mer Rouge mais à l'exception de calmes occasionnels, on peut dire que la plupart du temps les vents sont modérés à forts. Dans la partie centrale de la mer Rouge, les vents sont le plus souvent faibles à modérés, mais aux deux extrémités, les calmes et les vents faibles sont rares et de courte durée, et sont habituellement suivis d'une période de vents forts. Aucun cyclone n'a jamais été enregistré dans aucune zone de la mer Rouge. Cependant on y rencontre deux vents forts. Le *haboob* est un coup de vent bref soufflant à plus de 35 nœuds près de la côte du Soudan, de secteur sud à ouest, soulevant des tonnes de sable et de poussière. Les *haboobs* se produisent en particulier dans la région de Port Soudan et sont les plus fréquents de juillet à septembre. L'autre vent est le *khamsin*, un vent sec et fort de sud à sud-est qui souffle de terre en Egypte et engendre des tempêtes de sable. Il est le plus fréquent entre février et mai.

Tous ces vents qui apportent poussière et sable réduisent considérablement la visibilité, souvent à moins de 30 mètres, en particulier près de la côte. Par ailleurs, à cause de conditions de réfractions particulières à la mer Rouge, la terre et les feux sont souvent visibles à de beaucoup plus grandes distances que la normale, à plus de 100 milles. Ce phénomène peut aussi affecter l'horizon, l'élevant ou l'abaissant, ce qui entraîne des erreurs dans les relevés astronomiques, jusqu'à 20' en longitude et 10' en latitude. Ceci peut affecter des observations faites avant et après midi dans un sens ou dans l'autre et peut donner l'impression qu'il existe un courant traversier. On pense que la réfraction est moindre au crépuscule et tôt le matin, c'est pourquoi on recommande de faire des points d'étoiles dans cette région. Une brillante luminescence est parfois observée en mer Rouge, faisant paraître l'eau moins profonde. Tout ceci, ajouté à la présence de récifs non éclairés s'étendant loin des côtes en de nombreux endroits, peut expliquer que tant de bateaux aient eu des accidents dans cette région par le passé. La navigation par satellite a considérablement amélioré la sécurité, mais on doit rester toujours extrêmement attentif à la navigation car la plupart des cartes ne sont pas en accord avec les positions GPS, ce qui rend la position de nombreux dangers approximative.

La région de la mer Rouge est chaude et aride avec de faibles précipitations. La température moyenne est très élevée, environ 30 °C, mais on atteint souvent 40 °C dans la journée et on ne descend pas au-dessous de 32 °C la nuit, ce qui peut facilement entraîner un épuisement extrême chez des personnes non acclimatées. Il faut faire très attention dans cette région, en particulier sur les bateaux métalliques, car la température d'un pont en acier peut facilement monter à 70 °C et le rendre brûlant.

Les courants

La direction générale des courants dans la mer Rouge est sous l'influence des moussons de l'océan Indien. De novembre à avril, pendant la mousson de nord-est, l'eau est poussée dans la mer Rouge et il en résulte un courant principal allant vers de nord à nord-ouest, dans l'axe de la mer Rouge. De mai à octobre, lorsque la mousson de sud-ouest règne sur l'océan Indien, l'eau est aspirée de la mer Rouge et un courant de sud à sud-est s'installe. A cause de l'étroitesse de la mer Rouge, les courants sont très variables et de nombreux courants latéraux divergent ou rejoignent le courant principal, en particulier près des îles et des récifs. Ces courants traversiers se rencontrent toute l'année et sont très variables. Ils ne sont pas aussi forts qu'on l'avait cru tout d'abord, car de nombreux courants traversiers apparents étaient dus en fait à des erreurs de relevés astronomiques, produites par l'effet de réfraction sur l'horizon. On trouve le courant le plus fort dans le détroit de Bab el Mandeb, jusqu'à 2 nœuds pendant la mousson de nord-est. Pendant les mois de transition entre les moussons, avril et mai, ou octobre, il y a peu ou pas de courant.

20

ROUTES EN MER ROUGE

Malgré ses nombreux atouts, bons mouillages, pêche excellente et plongées magnifiques, la mer Rouge présente tout autant de désavantages du point de vue de la croisière et la plupart des gens essayent de la traverser le plus vite possible. Le plus souvent, les problèmes sont de nature politique, les pays comme l'Arabie Saoudite et le Yémen n'encouragent pas la visite des bateaux, tandis que le Soudan et la Jordanie les tolèrent tout juste. L'accueil en Egypte dépend totalement de la situation du moment, qui peut changer d'un jour à l'autre, le transit du canal de Suez lui-même étant cependant normalement assuré avec efficacité.

Si vous en avez le temps, le golfe d'Aqaba est une région qui vaut la peine d'être explorée. Trois des quatre pays qui bordent cette étroite étendue d'eau, l'Egypte, la Jordanie et Israël y ont des ports d'entrée, Sharm el Sheik (27°51'N, 34°17'E), Aquaba (29°31'N, 35°00'E), et Eilat (29°33'N, 34°57'E). L'exception notable est l'Arabie Saoudite qui décourage tout à fait les visites en bateau, non seulement dans le golfe d'Aqaba, mais aussi sur toutes ses côtes. Des bateaux de croisière qui avaient pénétré dans les eaux saoudiennes par le passé ont été fermement reconduits. Tant que durera cette situation, il faudra donc éviter les ports saoudiens.

Un important changement s'est produit en Erythrée, où la signature de la paix après une longue guerre avec l'Ethiopie permet à nouveau d'inclure la région dans ses projets de croisière. Pour toutes les raisons exposées ci-dessus, il faut suivre très attentivement la situation politique des pays frontaliers avant d'arriver en mer Rouge pour savoir s'il faudra éviter l'une ou l'autre région. Comme le Moyen-Orient est l'une des régions les plus instables du monde, il faut surveiller constamment la situation en écoutant régulièrement les bulletins d'informations internationaux de stations de radio fiables, comme RFI ou le service international de la BBC.

Pour ceux qui seraient découragés par trop de paperasserie et de rapports avec les officiels, la seule et unique solution est la traversée sans escale au milieu de la mer Rouge. Malheureusement, cette solution peut se révéler tout aussi désagréable, à cause d'un trafic intense et de vents souvent contraires. Compte tenu de tous ces facteurs, la plupart des voiliers qui traversent la mer Rouge font un compromis en alternant les trajets au large et la croisière côtière en étapes de la journée. La méthode a beaucoup d'avantages dans la mesure où c'est moins fatigant pour l'équipage qu'une traversée non-stop et aussi plus sûr, car on peut éviter de cette façon beaucoup des nombreux dangers de la navigation. Le temps moyen pour parcourir la mer Rouge de cette façon se situe entre trois et quatre semaines.

La croisière côtière n'étant pas l'objet de ce livre, seuls les passages au large seront décrits en détail. Toutefois, quelques-uns des trajets pouvant s'accomplir par étapes plus courtes, il faudra avoir à bord toutes les cartes nécessaires. Les récifs et autres dangers sont bien marqués, en particulier sur les cartes de l'Amirauté Britannique, et la navigation dans les récifs n'est pas difficile par bonne lumière. La navigation à vue n'est pas aussi difficile qu'elle le paraît, et, pourvu que l'heure d'arrivée ait été soigneusement calculée pour avoir une bonne lumière en entrant dans un mouillage dans les récifs, naviguer dans le récif côtier ne devrait pas présenter de gros problème. Lorsqu'on cherche un mouillage pour la nuit, il est judicieux de ne pas arriver trop tard dans l'après-midi, car le soleil bas produit des reflets sur l'eau qui cachent des dangers qui seraient parfaitement visibles autrement.

RN ROUTES VERS LE NORD

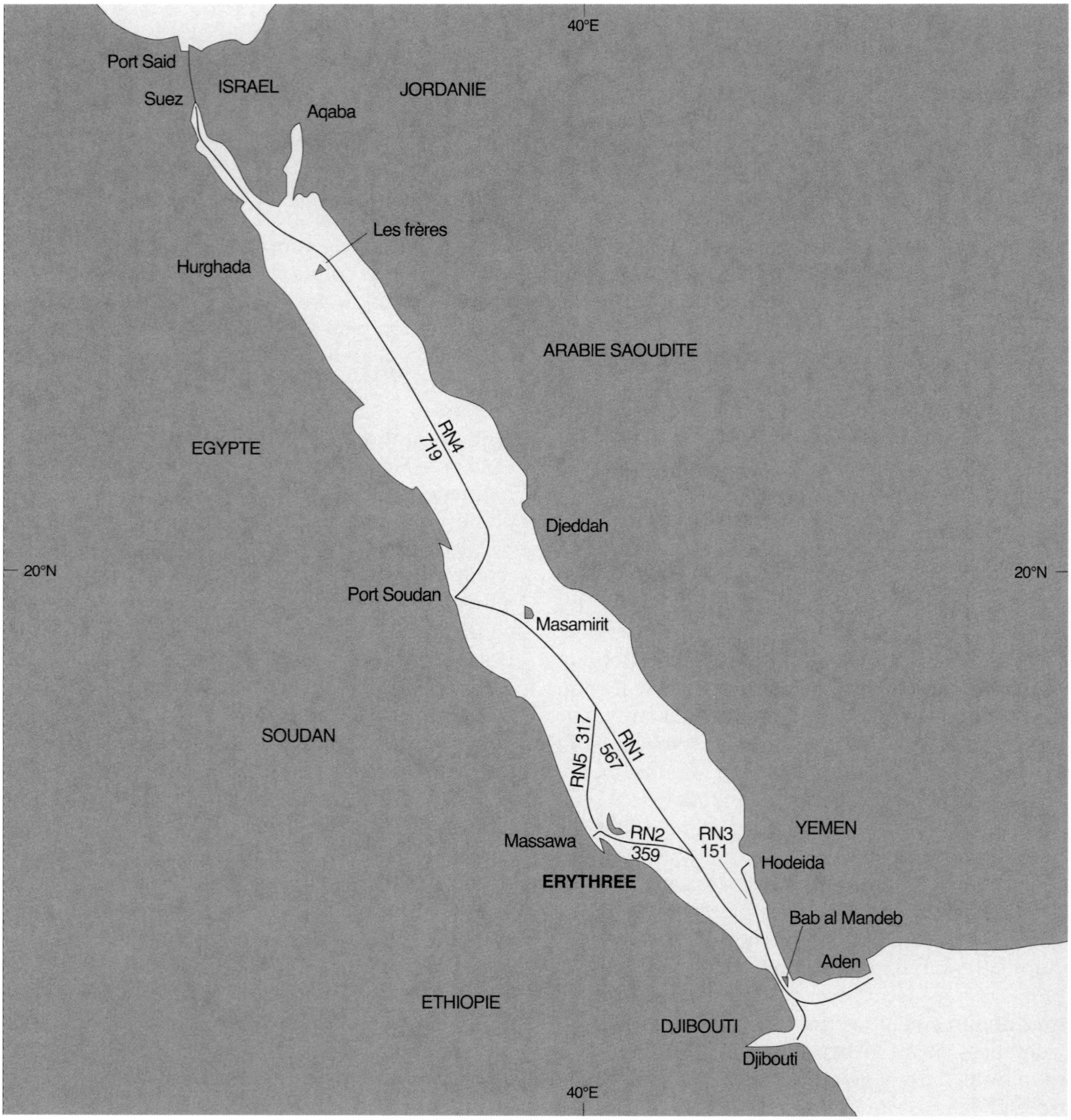

RN Routes vers le nord

Quelle que soit l'époque de l'année, les bateaux qui remontent vers le nord ont en général à lutter contre des vents contraires sur au moins la moitié de la traversée de la mer Rouge. Il est alors difficile de recommander une période de l'année, d'autant plus que la traversée de la mer Rouge est en général le prolongement d'un voyage dont le planning a été déterminé par d'autres facteurs. La plupart des bateaux entreprennent cette remontée vers le nord à la fin de l'hiver, entre février et avril, en général en arrivant d'une traversée de l'océan Indien Nord pendant la mousson de nord-est. Bien que les vents dominants soient de nord-ouest dans la partie nord de la mer Rouge pendant toute l'année, ils ont tendance à être plus faibles au printemps qu'en hiver, faisant d'avril l'un des meilleurs mois pour remonter. Un autre avantage d'un passage fin mars ou avril est qu'on arrive en Méditerranée au moment où le temps se réchauffe et où commence la saison de navigation. Bien que les vents contraires de la mer Rouge soient devenus légendaires parmi les marins, il faut remarquer que les vents ne suivent pas toujours l'axe de la mer et que, même si l'on a toujours à tirer des bords, on peut souvent choisir un bord plus favorable. Une autre observation qu'il faut garder présente en mémoire est que le vent a tendance à changer de direction avec le soleil, étant plus nord nord-est le matin et nord-ouest l'après-midi. Pendant le Rally EUROPA "Autour du Monde" en mars 1992, tous les bateaux de la section course ont réussi à couvrir à la voile toute la distance de Port Soudan à Suez, certains des bateaux qui remontaient bien au vent n'ayant eu à tirer que très peu de bords, utilisant au mieux la rotation du vent et couvrant la distance remarquablement vite. Même quelques-uns des bateaux de la section croisière se sont bien tirés des vents contraires et, autorisés à utiliser leur moteur, ont pu faire le meilleur angle possible en appuyant au moteur et réaliser de bons temps.

Non contents d'avoir à subir un temps peu clément, les bateaux qui vont vers le nord doivent aussi affronter des officiels trop zélés, souvent des militaires. Pour cette raison, il est fortement recommandé de ne s'arrêter dans aucun pays avant d'avoir accompli correctement les formalités d'entrée, d'éviter les zones militaires et, si l'on mouille dans un endroit désert, de le faire en compagnie d'autres bateaux.

Parmi les zones sensibles, il faut éviter les suivantes : le petit détroit sur le côté est de l'île de Perim, de même que le mouillage voisin du côté du Yémen, le mouillage aux îles Zubair et Hanish et enfin la zone frontière entre l'Erythrée et le Soudan, en passant au large à une distance d'au moins 12 milles.

RN1 *De Bab el Mandeb à Port Soudan*

Meilleure période	octobre à janvier			
Cartes routières	BA : 6, 138, 141, 143 US : 62090, 62290, 62270		SHOM : 6987, 7099, 7112	
Instructions nautiques	BA : 64 US : 172		SHOM : L7	
Guides de croisière	*Red Sea Pilot.*			
Waypoints				
Départ	*Intermédiaire*	*Atterrissage*	*Destination*	*Distance (M)*
RN10 Perim W 12°38'N, 43°21'E	RN11 Umari 13°00'N, 43°15'E RN12 Zuqar E 14°00'N, 42°51'E RN13 Zubair SW 15°00'N, 42°00'E RN14 Jabal at Tair 15°30'N, 41°40'E			
	RN15 Farasan 17°00'N, 40°40'E RN16 Masamirit E 18°50'N, 38°55'E	[RN19 Dohrat Abid] 18°15'N, 38°45'E		441
	RN17 Hindi Gider 19°30'N, 38°00'E	RN18 Soudan NE 19°36'N, 37°17'E	Port Soudan *19°37'N, 37°14'E*	567

Parmi les bateaux qui arrivent de l'océan Indien, très peu choisissent de continuer leur voyage par la mer Rouge sans faire escale, et ils ont alors un choix bien étroit entre Aden et Djibouti. La situation d'Aden n'étant pas très sûre et l'éventail de services proposés étant limité, Djibouti est devenu le port d'arrivée le plus populaire. Il offre des possibilités de réparations convenables, un bon approvisionnement et un yacht club actif. Il y a aussi des vols réguliers sur Paris, ce qui en fait un bon port pour les changements d'équipage.

Le temps, à la période recommandée, est en général favorable, avec un courant portant au nord dans le détroit de Bab el Mandeb et des vents de sud qui peuvent aller jusqu'à la latitude de Port Soudan.

Les bateaux qui partent de Djibouti doivent passer à l'est des îles Musha et parer la pointe du Ras Bir en la laissant au moins à 10 milles avant de changer de cap vers le détroit de Bab el Mandeb (la Porte des Lamentations). Il ne faut pas approcher trop près de la côte de Djibouti, ni de la zone en face de Bab el Mandeb, car des navires ont été attaqués par des rebelles au moment de révoltes contre le gouvernement central de Djibouti. Les bateaux qui partent d'Aden ont une route claire jusqu'au détroit. Qu'ils viennent de Djibouti ou d'Aden, les bateaux qui passent le détroit doivent le faire à l'ouest de l'île Perim. Une zone de séparation de trafic est en place dans le détroit et les bateaux qui remontent vers le nord doivent rester sur le côté tribord. L'île Perim ne doit pas être serrée sans nécessité car c'est une zone interdite. Pour la même raison, le Petit Détroit à l'est de l'île Perim ne doit être emprunté qu'en cas d'urgence. Un mouillage utilisé à l'occasion par des bateaux attendant le jour ou des vents favorables pour passer Bab el Mandeb se trouve dans une petite baie sur la côte yéménite, au nord-est de Bab el Mandeb approximativement par 12°43'N, 43°35'E. En principe, le mouillage ne doit être utilisé que par les bateaux qui ont fait leur entrée au Yémen à Aden.

Les 200 milles de Bab el Mandeb à l'île de Jabal at Tair, qui possède un feu puissant, peuvent se faire soit non-stop, soit par étapes plus courtes en mouillant dans l'un des deux groupes d'îles en chemin. Si les vents sont favorables, il est préférable d'en profiter pour aller aussi loin au nord que possible plutôt que de s'arrêter dans les îles. Les îles Hanish et Zubair appartiennent au Yémen, et s'il est en général toléré que les yachts de passage y mouillent, il est interdit de descendre à terre. Par faible visibilité ou par gros temps, il vaut mieux passer à l'est des îles Hanish, où des amers plus clairs permettent de mieux éviter les divers dangers. Par ailleurs, les îles Zubair doivent être passées sur leur côté ouest, où il n'y a pas de dangers au large.

Du WP RN10 à l'ouest de l'île Perim, dans le détroit de Bab el Mandeb, on doit faire route vers le WP RN11, pour rester dans le rail du trafic nord. De ce point, il est plus facile de suivre une route qui reste à l'est des îles Hanish en allant au WP RN12 à l'est de l'île Zuqar. La route passe par le chenal Abu Ail, entre le rocher du même nom et l'île Zuqar, et se dirige vers le WP RN13 à l'ouest sud-ouest de l'île Zuqar. C'est près de ce point que les bateaux qui vont soit à Massawa en Erythrée (route RN2), soit à Hodeida au Yémen (route RN3), quittent la route principale.

Des îles Zubair, cette route principale continue en direction du nord-ouest au-delà de Jabal at Tair, dont le feu puissant est une excellente aide pour négocier une route sûre entre les divers dangers qui bordent les deux rives de la mer Rouge, dont la largeur navigable est de 60 milles à cet endroit. Du WP RN14 à l'ouest de Jabal at Tair, on suit une nouvelle route vers le WP RN15 qui évite à la fois les îles Farasan du côté saoudien et le banc Dahlach au large de la côte de l'Erythrée. Ceux qui ne souhaitent pas prendre la route côtière pour Port Soudan continueront vers le WP RN16 à l'est du phare de l'îlot Masamirit, qu'il faut approcher par le sud-est et passer sur son côté est, à cause de la zone dangereuse située au sud de l'îlot. On peut alors changer de cap pour le WP RN17 au nord du phare de Hindi Gider, de façon à passer à l'extérieur des nombreux récifs qui parsèment l'endroit. On fait alors un dernier changement de cap vers le WP RN18 au sud du récif Wingate, à l'entrée de Port Soudan. Les bateaux qui ne veulent pas s'arrêter à Port Soudan continueront leur route au large en faisant cap du WP RN16 au large du phare de Masamirit, vers le WP RN43. La suite de la route vers Suez est décrite dans RN4.

Avant d'entrer à Port Soudan, il faut contacter *Port Sudan Radio* sur le canal 16 pour leur donner le nom du bateau, la nationalité et l'heure estimée d'arrivée. Une fois dans le port, le bateau doit se rendre au mouillage des yachts dans la partie nord-ouest du port (19°36'5N, 37°13'4E), et attendre la visite des officiels de la santé et de la sécurité. Les autres formalités seront accomplies à East Town, où sont situés les bureaux des autorités portuaires (*Port Authority*).

Pour ceux qui préfèrent parcourir une partie du trajet au sud de Port Soudan par plus petites étapes en naviguant à l'intérieur du récif côtier, il y a deux façons de se rapprocher de la côte soudanaise. La première est d'aller à Khor Nawarat, mouillage très proche de la frontière entre l'Erythrée et le Soudan. A cause du danger représenté par les récifs et les îlots du groupe des Suakin, et des courants imprévisibles, il ne faut approcher Khor Nawarat qu'avec d'extrêmes précautions et seulement si l'on est tout à fait sûr de sa position. Pour atteindre cette zone, on quitte la route principale décrite ci-dessus au WP RN15 d'où l'on fait route vers le WP RN19 au sud de Dohrat Abid, à l'entrée du chenal passant entre les récifs du groupe des Suakin.

L'autre solution pour atteindre la côte soudanaise est de passer près du sud de l'îlot Masamirit et d'aller au port de Trinkitat en se frayant un chemin avec précaution à travers les divers récifs. Un passage à la côte, assez bien balisé, mène de Khor Nawarat et Trinkitat jusqu'à Port Soudan. Une escale intéressante sur ce passage intérieur est la vieille cité de Suakin (19°06'5N 37°20'3E). Un chenal balisé mène aux ruines de la vieille ville. Contacter le *Port Captain* sur le canal 14. Bien que ce ne soit pas un port d'entrée officiel, des bateaux ont pu y accomplir les formalités d'entrée. Ceux qui arrivent sans visa soudanais recevront des laissez-passer.

RN2 *De Bab el Mandeb à Massawa*

Meilleure période	octobre à janvier			
Cartes routières	BA : 6, 141, 171	SHOM : 6987, 7099		
	US : 62090, 62290, 62130			
Instructions nautiques	BA : 64	SHOM : L7		
	US : 172			
Guides de croisière	*Red Sea Pilot.*			
Waypoints				
Départ	*Intermédiaire*	*Atterrissage*	*Destination*	*Distance (M)*
RN20 Perim W	RN21 Umari			
12°38'N, 43°21'E	13°00'N, 43°15'E			
	RN22 Zuqar E			
	14°00'N, 42°51'E			
	RN23 Zuqar N			
	14°06'N, 42°41'E			
	RN24 Midir	RN25 Sahrig	Massawa	359
	15°10'N, 40°35'E	15°00'N, 41°00'E	*15°37'N, 39°29'E*	

Les instructions de la route RN1 s'appliquent jusqu'à l'île Zuqar. Après avoir passé le chenal Abu Ail sur le côté nord-est de Zuqar, on fait d'abord route vers le WP RN24, puis vers le WP RN25 à l'entrée du chenal sud de Massawa. Ce chenal, entre le continent africain et l'île Dahlach mène à Massawa (Mits'iwa), le port principal de l'Erythrée.

Conséquence de la fin des hostilités avec l'Ethiopie et de la déclaration d'indépendance de l'Erythrée, les autorités érythréennes encouragent le tourisme et les bateaux de croisière sont les bienvenus. Ceux qui poursuivent leur route vers le nord pourront regagner le large soit par le même chenal sud, soit en empruntant le chenal nord de Massawa, plus long, qui longe la côte parallèlement vers le nord.

On doit contacter *Massawa Port Control* sur le canal 16 avant d'entrer dans l'avant-port. C'est là que l'on fait les formalités et que l'on paie toutes les taxes en dollars US, avant d'être autorisé à rejoindre un meilleur abri à l'intérieur du port, bien que l'entrée, protégée par un récif, soit difficile. On peut s'y procurer du gazole.

Les bateaux qui vont à Massawa ne doivent pas s'arrêter avant leur entrée officielle. A l'arrivée à Massawa (Mitsiwa), il faut contacter le capitaine du port sur le canal 16. Les bateaux de croisière sont habituellement dirigés vers le quai de commerce pour les formalités. Ceux qui remontent au nord peuvent faire les formalités à Assab (13°00'N, 42°44'E), qui est aussi un port d'entrée.

RN3 *De Bab el Mandeb à Hodeida*

MEILLEURE PÉRIODE	octobre à janvier			
CARTES ROUTIÈRES	BA : 6, 143	SHOM : 6987		
	US : 62090, 62290			
INSTRUCTIONS NAUTIQUES	BA : 64	SHOM : L7		
	US : 172			
GUIDES DE CROISIÈRE	*Red Sea Pilot.*			
WAYPOINTS				
Départ	*Intermédiaire*	*Atterrissage*	*Destination*	*Distance (M)*
RN30 Perim W 12°38'N, 43°21'E	RN31 Umari 13°00'N, 43°15'E			
	RN32 Zuqar E 14°00'N, 42°51'E	RN33 Kathib W 14°53'N, 42°48'E	Hodeida *14°47'N, 42°57'E*	151

Les bateaux qui vont à Hodeida suivront les instructions de la route RN1 jusqu'au niveau de l'île Zuqar. Du WP RN32, on pourra suivre une route qui passe à l'est du rocher Abu Ail. Pour éviter les divers dangers, du WP RN32 on changera de cap vers le WP RN33 de façon à faire son atterrissage au large du Ras Kathib. C'est la pointe nord d'une longue et étroite péninsule qui crée un abri naturel parfait, dont le port de Hodeida occupe l'extrémité sud. Un chenal balisé de 10 milles de long mène à Hodeida, dont il faut contacter le *Port Control* sur le canal 16 pour donner l'heure estimée d'arrivée, le nom du bateau et d'autres détails avant d'être autorisé à entrer au port. On peut aller par voie de terre à Sanaa, la capitale du Yémen.

RN4 *De Port Soudan à Suez*

MEILLEURE PÉRIODE	mars à avril			
CARTES ROUTIÈRES	BA : 8, 63, 138		SHOM : 7112, 7113	
	US : 62250, 62230, 62195			
INSTRUCTIONS NAUTIQUES	BA : 64	US : 172	SHOM : L7	
GUIDES DE CROISIÈRE	*Red Sea Pilot.*			
WAYPOINTS				
Départ	*Intermédiaire*	*Atterrissage*	*Destination*	*Distance (M)*
RN40 Soudan NE 19°36'N, 37°17'E	RN41 Sanganeb 19°45'N, 37°35'E			
	RN42 Abington 21°00'N, 38°00'E			
	RN43 Zabargad 23°40'N, 36°30'E			
	RN44 Dédale 24°55'N, 35°40'E			
	RN45 Les Frères 26°20'N, 35°00'E			
	RN46 Shaker E 27°30'N, 34°15'E			
	RN47 Gubal NE 27°43'N, 33°50'E			
	RN48 Shukeir E 28°10'N, 33°25'E	RN49 Suez S 29°34'N, 32°35'E	Port Suez *29°58'N, 32°33'E*	719

Au nord de Port Soudan, les bateaux qui vont en Egypte et vers le canal de Suez ont le même choix que ci-dessus, soit rester à l'intérieur du récif côtier, soit naviguer au large. La meilleure zone pour naviguer de jour commence immédiatement au nord de Port Soudan, avec plusieurs îlots bien protégés dans le récif. Par rapport à sa moitié sud, la partie nord de la mer Rouge présente moins de dangers au large et l'on peut faire une route directe jusqu'au récif Dédale (24°56'N, 35°52'E). La route recommandée est tout à fait parallèle à l'axe de la mer Rouge, tout en restant du côté soudanais au cas où il faudrait aller vers la côte et chercher un abri temporaire sous l'un des nombreux îlots.

Après avoir quitté Port Soudan, du WP RN40 au sud du récif Wingate, on se dirige d'abord vers le WP RN41 à l'est du récif Sanganeb. On change alors de cap pour le WP RN42 à l'est du récif Abington, où l'on rejoint la route du large venant du feu de Masamirit. Un amer utile sur cette route est le rocher Gezirat Zabargad, îlot rocheux élevé situé au large de Foul Bay (la baie malsaine), zone qu'il vaut mieux éviter, même pour ceux qui sont restés près de la côte jusqu'à ce point. La route passe à l'est de Zabargad.

Au nord de Foul Bay, des étapes au large plus longues deviennent de plus en plus nécessaires car il y a moins de bons mouillages sur la côte égyptienne. Du WP RN44 à l'ouest du récif Dédale, la route continue vers le nord-ouest vers les Frères (brothers), que l'on passe sur leur côté est. Tout près se trouvent les ports de Safaga et d'Hurghada, où l'on peut faire les formalités d'entrée en Egypte. Plusieurs marinas se sont ouvertes dans la région ces dernières années et Hurghada est un arrêt commode pour visiter Luxor et les autres sites du Nil en amont. Depuis Hurghada, on rejoindra le golfe de Suez par le chenal de Tawila qui évite de contourner l'île Shaker et le détroit de Gubal.

Du WP RN45 à l'est des Frères, la route au large se dirige vers le détroit de Gubal, dont l'entrée se situe au WP RN46 à l'est de l'île Shaker. Du WP RN47, la route passe au milieu du golfe de Suez, par le waypoint intermédiaire WP RN48 au large du Ras Shukeir. L'atterrissage final se fait au WP RN49 à l'approche de Suez. La navigation dans l'étroit golfe de Suez peut être éprouvante, à cause des nombreux puits de pétrole, d'un trafic maritime intense et des vents habituellement contraires. Le problème est encore corsé par la présence de nombreuses plates-formes pétrolières désaffectées, dont certaines ne sont pas éclairées. Il y a des rails de navigation sur toute la longueur du golfe de Suez, le trafic montant vers le nord utilisant le rail situé à droite. Les voiliers, surtout s'ils doivent tirer des bords, ou en appuyant au moteur, ont en général intérêt à rester du côté est de ce golfe étroit. Insistons aussi sur le fait que les waypoints donnés pour le golfe de Suez ne sont que des guides.

Il faut contacter *Suez Canal Authority* sur le canal 16 pour donner son heure estimée d'arrivée. Si l'on arrive de nuit dans la baie de Suez, il est recommandé de mouiller soit à l'extérieur du chenal principal, soit dans la zone d'attente de Port Ibrahim et d'attendre le jour avant de traverser le trafic intense pour aller au Suez Canal Yacht Club. Le yacht club étant situé dans la zone du canal, les yachts ne doivent pas y pénétrer sans la permission des autorités du canal. Si l'on ne désire pas aller au yacht club, le mouillage recommandé aux yachts qui veulent passer le canal est situé juste à l'intérieur du brise-lames sud de Port Ibrahim. On peut laisser ce brise-lames soit à l'est, soit à l'ouest et le mouillage est à son extrémité est, près de l'entrée du bassin nord.

Un agent, ou son représentant, arrivera dans sa vedette peu après votre entrée dans la baie de Suez pour vous proposer ses services pour les formalités de passage du canal de Suez. La compétition entre les agences est très grande et l'on conseille aux skippers de ne pas accepter d'offre avant d'être d'accord sur le tarif. Les agents s'occupent normalement de toutes les formalités, aussi bien d'entrée en Egypte que pour le passage du canal. Reportez-vous aussi au chapitre 23 pour ce qui concerne le passage dans le canal de Suez.

RN5 *De Massawa à Port Soudan*

MEILLEURE PÉRIODE	mars à mai	
CARTES ROUTIÈRES	BA : 138, 141 US : 62120, 62270	SHOM : 7099, 7112
INSTRUCTIONS NAUTIQUES	BA : 64 US : 172	SHOM : L7
GUIDES DE CROISIÈRE	*Red Sea Pilot.*	
WAYPOINTS		

Départ	*Intermédiaire*	*Atterrissage*	*Destination*	*Distance (M)*
RN50 Massawa *15°37'N, 39°29'E*	RN51 Nord 15°40'N, 39°30'E			
	RN52 Abu 16°00'N, 39°20.5'E			
	RN53 Harat N 16°15'N, 39°20'E			
	RN54 Difnein 16°38'N, 39°15'E			
	RN55 Au large 18°00'N, 39°30'E			
	RN56 Masamirit E 18°50'N, 38°55'E			
	RN57 Hindi Gider 19°30'N, 38°00'E	RN58 Soudan NE 19°36'N, 37°17'E	Port Soudan *19°36'N, 37°14'E*	317

Avec l'ouverture progressive de l'Erythrée à la croisière, les bateaux sont plus nombreux à s'arrêter à Massawa, sur leur route vers le nord. Bien que la suite du voyage au nord puisse se faire par étapes côtières en restant dans des eaux abritées, on peut aussi rejoindre le large en quittant Massawa par le chenal nord. La route recommandée suit un chenal sans dangers entre le continent et l'île Harat. On passe à l'est de Sheikh el Abu, îlot rocheux muni d'un feu signalé comme ne fonctionnant pas. Un chenal profond conduit au feu suivant, qui ne marche pas non plus, comme la plupart des feux en Erythrée, d'où l'on pourra rejoindre la route au large en étant très attentif. On peut suivre une route côtière jusqu'au Soudan, mais compte tenu des tensions dans la zone frontalière entre les deux pays, il est recommandé de rester dans les eaux internationales et donc de suivre la route du large. La route RN1 donne les détails de cette route au large et de l'approche de Port Soudan, tandis que la route RN4 décrit certaines escales possibles au nord du Soudan.

RS ROUTES VERS LE SUD

La meilleure époque pour traverser la mer Rouge vers le sud dépend d'autant de facteurs que pour aller vers le nord, avec toutefois des conditions météo toujours meilleures. Le moment le plus agréable pour aller vers le sud se situe probablement au printemps, de février à avril, lorsque le temps se réchauffe au nord et qu'il ne fait pas trop chaud au sud. A cette époque, on peut s'attendre à des vents favorables qui dureront au moins jusqu'à la latitude de Port Soudan.

A partir du mois de mai, les vents sont portants sur toute la longueur de la mer Rouge. Le planning du passage dépend en général de la destination à la sortie de la mer Rouge, et il faut tenir compte du temps dans l'océan Indien Nord. Pour le traverser vers l'est, la mousson de sud-ouest qui souffle de mai à octobre, donnera les vents les plus favorables, quoique trop forts au milieu de la période, en juillet-août, qui connaît la plus forte fréquence de coups de vent. Pour cette raison, et aussi à cause de la chaleur insupportable, il vaudra mieux éviter les mois d'été en mer Rouge. Donc, si l'on ne peut entreprendre le voyage vers le sud vers la fin de la mousson de nord-est, l'autre solution sera de le faire pendant la période de transition d'automne. Il faudra alors faire très attention au risque de cyclone dans la mer d'Arabie, leur plus grande fréquence coïncidant avec cette même période de transition. Reportez-vous aux routes IN33, IN34, IT22 et IT23.

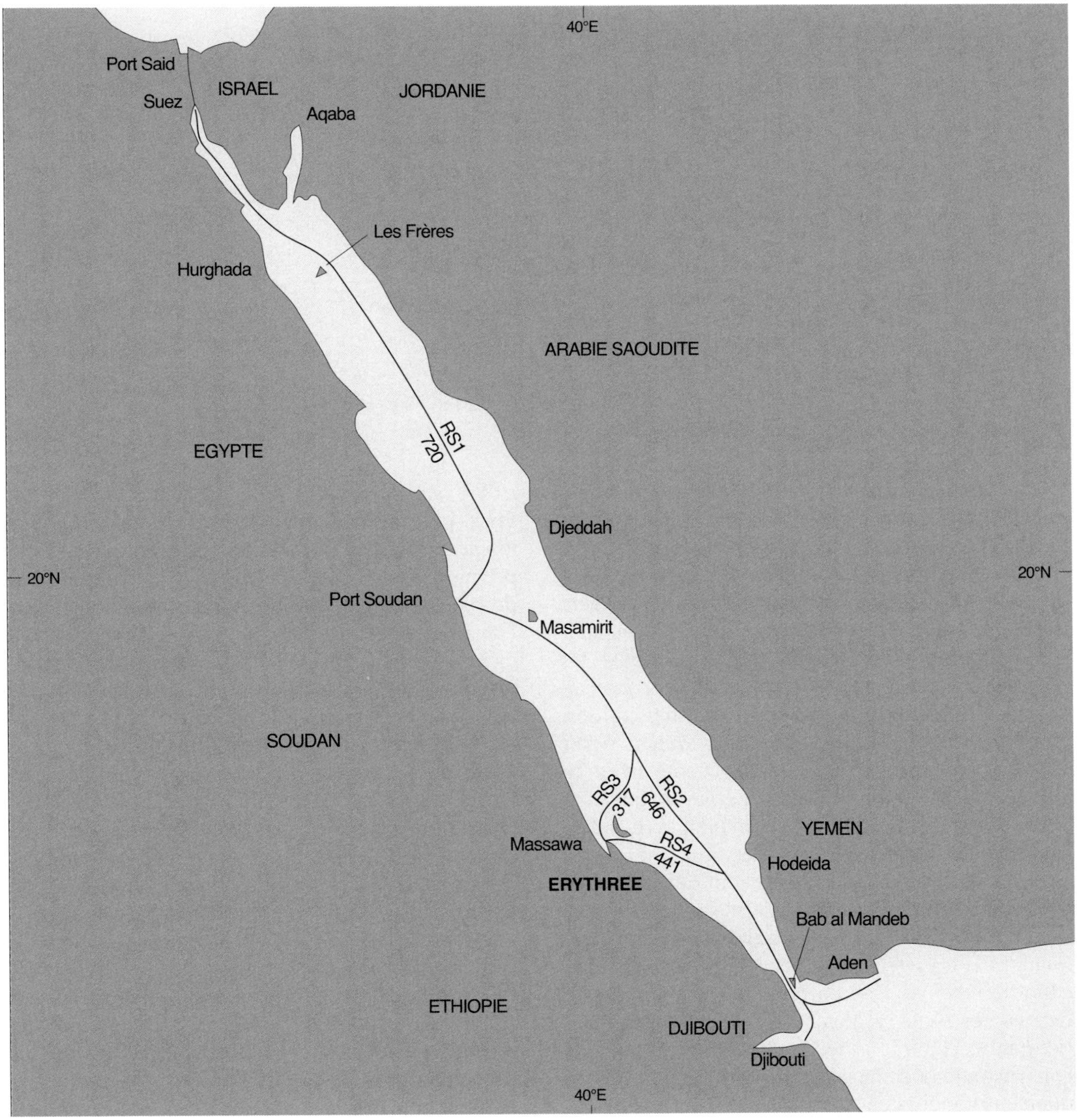

RS Routes vers le sud

RS1 *De Suez à Port Soudan*

MEILLEURE PÉRIODE	février à avril			
CARTES ROUTIÈRES	BA : 8, 63, 138	SHOM : 7112, 7113		
	US : 62195, 62230, 62250			
INSTRUCTIONS NAUTIQUES	BA : 64	SHOM : L7		
	US : 172			
GUIDES DE CROISIÈRE	*Red Sea Pilot.*			
WAYPOINTS				
Départ	*Intermédiaire*	*Atterrissage*	*Destination*	*Distance (M)*
RS10 Suez S 29°34'N, 32°35'E	RS11 Shukeir W 28°10'N, 33°15'E RS12 Gubal NW 27°47'N, 33°44'E RS13 Shaker W 27°28'N, 34°06'E RS14 Les Frères 26°20'N, 35°00'E RS15 Dédale 24°55'N, 35°40'E RS16 Zabargad 23°40'N, 36°30'E RS17 Abington 21°00'N, 38°00'E RS18 Sanganeb 19°45'N, 37°35'E	RS19 Soudan NE 19°36'N, 37°17'E	Port Soudan *19°36'N, 37°14'E*	720

Les vents favorables étant beaucoup plus fréquents dans les traversées vers le sud, la plupart des bateaux parcourent le plus possible de la mer Rouge par de longues étapes au large et la croisière côtière est moins fréquente, au contraire des remontées vers le nord. Compte tenu de l'existence de rails de navigation sur toute la longueur du golfe de Suez, les waypoints intermédiaires listés dans le cadre ci-dessus ne sont donnés que comme guides. Normalement, il vaut mieux pour les voiliers rester en dehors du trafic en passant sur le côté est de ce golfe étroit. A l'extrémité sud du golfe de Suez, on peut s'éviter plusieurs milles en prenant le chenal de Zeit ou le chenal de Tawila, qui mènent à Hurghada. Plusieurs marinas se sont ouvertes dans la région ces dernières années et les services et équipements pour les réparations s'améliorent constamment. Si l'on préfère naviguer à l'intérieur du récif côtier après Foul Bay, un bon endroit pour passer derrière les récifs est Ras Hadarba, près de la frontière entre l'Egypte et le Soudan. On peut ensuite couvrir toute la distance jusqu'à Port Soudan pratiquement toujours en eau abritée où l'on peut trouver facilement de bons mouillages chaque soir.

En partant du WP RS10 au sud de la baie de Suez, la route au large suit l'axe du golfe de Suez jusqu'au WP RS11 au large du Ras Shukeir. Cette première section est la plus difficile, compte tenu du trafic maritime intense et des plates-formes que l'on trouve partout dans le golfe de Suez, nombre d'entre elles, désaffectées, n'étant pas éclairées. Une fois atteint le WP RS12 à l'entrée nord du détroit de Gubal, on change de cap pour le WP RS13 à l'est de l'île Shaker. De ce point, on suit une route qui passe à l'est des Frères, par le WP RS14, et continue jusqu'au WP RS15 à l'ouest du récif Dédale. La route passe alors à la hauteur de Foul Bay où le WP RS16 permet de passer bien à l'ouest de Gezirat Zabargad, un îlot rocheux élevé. Du détroit de Gubal au WP RS16, la route reste près de la rive ouest où l'on peut trouver un mouillage dans de nombreuses baies ou sous les îlots.

Foul Bay dépassée, la route au large se dirige vers le WP RS17 à l'est du récif Abington. De ce point, les bateaux qui vont à Port Soudan quittent la route du large et font cap au sud-ouest. Ceux qui continuent au large non-stop changent de cap vers le WP RS22 à l'est du feu Masamirit (voir la route RS2).

Pour aller à Port Soudan, du WP RS17 on change de cap vers le WP RS18 à l'est du récif Sanganeb, puis vers le WP RS19 au sud du récif Wingate à l'entrée de Port Soudan. Avant d'entrer à Port Soudan, il faut contacter *Port Sudan Radio* sur le canal 16 pour leur donner le nom du bateau, la nationalité et l'heure estimée d'arrivée. Une fois dans le port, le bateau doit se rendre au mouillage des yachts dans la partie nord-ouest du port (19°36.5'N, 37°13.4'E), et attendre la visite des officiels de la santé et de la sécurité. Les autres formalités seront accomplies à East Town, où sont situés les bureaux des autorités portuaires (*Port Authority*).

RS2 *De Port Soudan au golfe d'Aden*

MEILLEURE PÉRIODE	février à avril	
CARTES ROUTIÈRES	BA : 6, 138, 141, 143 US : 62270, 62290, 62090	SHOM : 7112, 7099, 6987
INSTRUCTIONS NAUTIQUES	BA : 64 US : 172	SHOM : L7
GUIDES DE CROISIÈRE	*Red Sea Pilot.*	
WAYPOINTS		

Départ	*Intermédiaire*	*Atterrissage*	*Destination*	*Distance (M)*
RS20 Soudan SE 19°35'N, 37°16'E	RS21 Hindi Gider 19°30'N, 38°00'E RS22 Masamirit E 18°50'N, 38°55'E RS23 Farasan 17°00'N, 40°40'E			
	RS24 Jabal at Tair 15°30'N, 41°40'E	[RS293 Kathib N] [14°58'N, 42°50'E]	[Hodeida] [*14°47'N, 42°57'E*]	452
	RS25 Zubair SW 15°00'N, 42°00'E RS26 Zuqar E 14°00'N, 42°51'E RS27 Umari 13°00'N, 43°15'E RS28 Mandeb W 12°34'N, 43°19'E RS29 Mandeb S 12°25'N, 43°35'E			
	RS290 Ras Bir 12°00'N, 43°32'E	RS291 Musha 11°42'N, 43°18'E	Djibouti *11°36.5'N, 43°07.5'E*	646
		RS292 Yemen W 12°42'N, 44°54'E	Aden *12°48'N, 44°58'E*	673

Les bateaux qui partent de Port Soudan pour Bab el Mandeb et l'océan Indien peuvent suivre une route côtière jusqu'à Trinkitat ou Khor Nawarat. De Trinkitat, on atteint la pleine mer par une passe qui se dirige plein est à travers les récifs et les îlots du groupe des Suakin. De Khor Nawarat, on laisse tous les dangers du groupe des Suakin à bâbord et la route devient sûre dès qu'on atteint la pleine mer. Depuis la fin des hostilités entre l'Erythrée et l'Ethiopie, et la déclaration d'indépendance de l'Erythrée, il est à nouveau possible de naviguer sur les côtes au sud du Soudan. Ceux qui souhaitent continuer par une route côtière prendront le chenal nord de Massawa pour atteindre le port érythréen de Massawa et faire les formalités d'entrée dans ce pays. On rejoint ensuite la pleine mer par le chenal sud, qui part de Massawa vers le sud-est, entre la côte africaine et l'île Dahlach.

Si les vents sont favorables en quittant Port

Soudan, il faudra préférer la route au large. Dans ce cas, du WP RS20 à l'extérieur de Port Soudan, on fera d'abord route vers le WP RS21 pour passer au nord-est du feu de Hindi Gider et des divers dangers situés à son sud-ouest. Puis la route se dirige vers le WP RS22 à l'est du feu de Masamirit et rejoint la route du large au milieu de la mer Rouge. De ce point, on suit l'axe de la mer Rouge en passant par le WP RS23 à mi-chemin entre le banc Dahlach du côté érythréen et les îles Farasan, du côté saoudien. La route continue vers le sud-est en passant par le WP RS24 à l'ouest de Jabal at Tair, île remarquable munie d'un phare puissant qui fournit un bon point de repère. Au sud de cette île, on trouve deux groupes, les îles Zubair et Hanish où l'on peut s'abriter par mauvais temps. Il faut s'approcher avec précaution à cause de dangers environnants. Il vaut mieux passer les îles Zubair sur leur côté ouest, tandis que Jabal Zuqar et les Hanish seront passées à l'est en prenant bien garde aux divers rochers qui les entourent.

Les bateaux qui veulent aller à Hodeida, au Yémen, quitteront la route du large à Jabal at Tair et, du WP RS24, feront route vers le WP RS293 à la bouée de la pointe nord du Ras Kathib. C'est le point le plus nord d'une longue et étroite péninsule qui crée un abri naturel parfait dont le port d'Hodeida occupe l'extrémité sud. Un chenal balisé de 10 milles de long mène à Hodeida, dont il faut contacter le *Port Control* sur le canal 16 pour donner l'heure estimée d'arrivée, le nom du bateau et d'autres détails avant d'être autorisé à entrer au port. D'Hodeida, on peut aller facilement par voie de terre à Sanaa, la capitale du Yémen.

Ceux qui ne souhaitent pas interrompre leur voyage continueront la route au large vers le sud du WP RS24. Du WP RS25 à l'ouest de Zubair, la route passe par le chenal Abu Ail au nord-est de Jabal Zuqar, jusqu'au WP RS26. De ce point, on change de cap pour passer par le WP RS27 et l'on continue jusqu'à l'entrée nord de Bab el Mandeb. A cause de la ligne de séparation de trafic dans le détroit, les bateaux qui vont vers le sud doivent passer du côté ouest et se diriger vers le WP RS28. Une fois passé Bab el Mandeb, la route continue dans le golfe d'Aden jusqu'au WP RS29. De ce point, les bateaux qui vont à Djibouti doivent changer de cap pour le WP RS290, pour passer bien au large du Ras Bir sur la côte africaine. Des forces rebelles ont attaqué des navires dans cette région par le passé, c'est pourquoi il est recommandé de rester bien au large de la côte et de passer à l'est des îles Musha. Un dernier changement de cap permet de passer à l'est des îles Musha et d'approcher le port de Djibouti par le nord-est. Le mouillage recommandé pour les yachts (11°36'5N, 43°07'5E) se trouve devant le Djibouti Yacht Club dont les bateaux de passage peuvent utiliser les services. Les différentes autorités se trouvent dans le port de commerce voisin et il faut s'y rendre pour faire les formalités d'entrée.

Du WP RS290, les bateaux qui vont à Aden doivent changer de cap pour le WP RS292 au sud-ouest de l'entrée du port d'Aden. Un chenal balisé mène à l'intérieur du port, où les yachts mouillent devant le quai des douanes. En général, les bateaux sont rejoints à leur arrivée par une vedette du *Port Control* et dirigés vers le mouillage.

RS3 *De Port Soudan à Massawa*

Meilleure période	mars à mai			
Cartes routières	BA : 138, 141	SHOM : 7099, 7112		
	US : 62120, 62270			
Instructions nautiques	BA : 64	SHOM : L7		
	US : 172			
Guides de croisière	*Red Sea Pilot*			
Waypoints				
Départ	*Intermédiaire*	*Atterrissage*	*Destination*	*Distance (M)*
RS30 Port Soudan *19°37'N, 37°14'E*	RS31 Soudan NE 19°36'N, 37°17'E			
	RS32 Hindi Gider 19°30'N, 38°00'E			
	RS33 Masamirit E 18°50'N, 38°55'E			
	RS34 Au large 18°00'N, 39°30'E			
	RN35 Difnein 16°38'N, 39°15'E			
	RN36 Harat N 16°15'N, 39°20'E			
	RN37 Abu 16°00'N, 39°20.5'E	RN38 Nord 15°40'N, 39°30'E	Massawa *15°37'N, 39°29'E*	317

Le long passage vers Djibouti ou Aden peut maintenant s'interrompre en Erythrée, où les bateaux de croisière sont bien accueillis. Le port principal de Massawa offre des services convenables et les bateaux doivent s'y rendre immédiatement pour faire les formalités. On peut suivre une route côtière protégée depuis Port Soudan, mais comme il est interdit de s'arrêter où que ce soit en Erythrée sans avoir fait les formalités, on préférera la route au large. Une autre raison en faveur de ce choix vient des tensions existant dans cette zone frontière entre les deux pays, où des bateaux ont été importunés pour avoir traversé des zones militaires sensibles.

On arrive à Massawa par le chenal nord, qui se fraye un chemin entre les nombreux récifs et les îles. Une fois quittée la route du large, on se dirige vers l'îlot Difnein qui est balisé par un feu, mais comme la plupart des aides à la navigation dans les eaux érythréennes, il est signalé comme éteint. La route intérieure suit un chenal profond entre le continent et l'île Harat. On passe à l'ouest de l'îlot Sheikh el Abu et l'on peut faire l'atterrissage à l'extérieur du port de Massawa. Les skippers doivent se rappeler de ne s'arrêter nulle part en Erythrée avant d'avoir fait leur entrée à Massawa, donc il faut prévoir de faire la route côtière de jour.

On doit contacter *Massawa Port Control* sur le canal 16 avant d'entrer dans le port. Normalement, les bateaux sont dirigés vers le quai de l'île de Massawa (Mitsiwa) où les divers officiels monteront à bord. L'officier d'immigration fournira l'eau et le gazole. L'approvisionnement et les possibilités de réparations sont acceptables.

RS4 *De Massawa vers le sud*

Meilleure période	février à avril	
Cartes routières	BA : 6, 141, 171	SHOM : 7099, 6987
	US : 62090, 62290, 62130	
Instructions nautiques	BA : 64	SHOM : L7
	US : 172	
Guides de croisière	*Red Sea Pilot.*	
Waypoints		

Départ	*Intermédiaire*	*Atterrissage*	*Destination*	*Distance (M)*
RS40 Massawa *15°37'N, 39°29'E*	RS41 Sharig 15°00'N, 41°00'E			
	RS42 Midir 15°10'N, 40°35'E			
	RS43 Zuqar N 14°06'N, 42°41'E			
	RS44 Zuqar E 14°00'N, 42°51'E			
	RS45 Umari 13°00'N, 43°15'E			
	RS46 Mandeb W 12°34'N, 43°19'E			
	RS47 Mandeb S 12°25'N, 43°35'E			
	RS48 Ras Bir 12°00'N, 43°32'E	RS49 Musha 11°42'N, 43°18'E	Djibouti *11°36'5N, 43°07'5E*	441
		RS491 Yemen W 12°42'N, 44°54'E	Aden *12°48'N, 44°58'E*	504

On quitte le port de Massawa par le chenal sud, que l'on doit prendre avec une bonne lumière car toutes les bouées et tous les feux de balisage sont signalés manquants. On rejoint la route du large près de l'île Jabal Zuqar, d'où la route vers le sud suit le plus près possible l'axe de la mer Rouge jusqu'à Bab el Mandeb. Les deux destinations à partir de Bab el Mandeb sont décrites en détail dans RS2.

21

VENTS ET COURANTS EN MÉDITERRANÉE

Le climat méditerranéen est globalement très agréable, caractérisé par des étés longs et chauds et des hivers doux. La plupart des coups de vent et des pluies se produisent pendant les mois d'hiver, peu de tempêtes interrompant le long été. Les conditions locales varient considérablement, les renforcements de vent et les grains résultant souvent de phénomènes locaux et non de la situation générale. Il n'y a pas de cyclones dans cette région.

La Méditerranée peut se diviser en deux parties, l'est et l'ouest, correspondant à deux bassins profonds séparés par une dorsale qui court de l'Italie, la Sicile et Malte à la côte africaine. L'été, la Méditerranée occidentale est sous l'influence de la zone de hautes pressions centrée sur les Açores tandis que la Méditerranée orientale est influencée par la zone de basses pressions située à l'est de la Méditerranée, qui est une extension de la mousson de l'océan Indien. En règle générale, les systèmes météorologiques se déplacent d'ouest en est à travers la Méditerranée, c'est particulièrement vrai des dépressions pendant les mois d'hiver. Les vents les plus fréquents sur l'ensemble de la zone sont de secteur nord, plutôt nord-ouest dans le bassin occidental, nord en mer Egée et nord-est dans la partie orientale. Les différents vents régionaux, trait caractéristique du temps méditerranéen, sont bien décrits depuis des siècles.

Près de la terre, le temps est très influencé par l'élévation de la côte et les autres caractères topographiques. Les conditions locales varient énormément, le vent dominant étant en général plus faible près de la côte et les brises de terre et de mer ayant une forte influence. Ces dernières sont particulièrement marquées en été et atteignent 20 à 30 nœuds par endroits. La direction du vent change non seulement avec l'heure du jour mais aussi avec la direction de la côte. La direction du vent se renverse généralement entre le début de la matinée et la fin de l'après-midi. Les violentes rafales locales sont plus fréquentes lorsque la côte est montagneuse et le vent est souvent accéléré dans les vallées ou entre les îles. C'est spécialement vrai pour les îles élevées et il faut bien s'en souvenir lorsqu'on mouille sous le vent de ces vallées, en particulier en Grèce pendant la saison du meltem.

Le Mistral

"Magistralis", c'est-à-dire "autoritaire" était le nom donné à l'origine au vent froid et sec de nord-ouest qui, par sa fréquence et sa force, tient la Méditerranée occidentale sous son emprise magistrale. Devenus de nos jours "mistral" ou "maestral", ces vents de nord-ouest se forment lorsque l'air froid descendant sur la France est bloqué par la chaîne des Alpes et est canalisé vers la Méditerranée par la vallée du Rhône. Le mistral est fort dans le golfe du Lion et le golfe de Gênes, et il frappe de toute sa force le delta du Rhône et la région de Marseille près de 100 jours par an. Soufflant en moyenne à 20 nœuds, il est souvent plus fort et peut atteindre 50 à 60 nœuds. Il atteint souvent les Baléares et la Sardaigne et peut aller jusqu'à Malte et la côte d'Afrique du Nord. La Côte d'Azur à l'est de Marseille est abritée par les montagnes et il s'y fait moins sentir.

Le mistral souffle par intervalles tout au long de l'année, il est toutefois plus fréquent en hiver, soufflant le plus souvent de 3 à 6 jours et est caractérisé par un ciel dégagé. Le long de la côte espagnole, ce vent de nord-ouest est appelé tramontane, il est fort, froid et sec avec beaucoup de variantes locales.

Les Vendavales

Ce sont des vents forts de sud-ouest qui soufflent entre la côte d'Afrique du Nord et la côte espagnole, en particulier à la fin de l'automne et au début du printemps. Ces vents, qui ne durent pas longtemps, peuvent atteindre la force du coup de vent et sont associés aux dépressions qui traversent l'Espagne et le sud de la France. Les vendavales s'accompagnent de rafales et d'orages, ils sont moins forts près de la côte africaine et sur la côte nord-est de l'Espagne. Ils sont beaucoup plus forts lorsqu'ils sont canalisés dans le détroit de Gibraltar. Sur la côte ouest de Sardaigne et dans le golfe de Gênes, ils sont forts et s'appellent libeccio en italien.

Le Sirocco

De façon générale, ce terme désigne n'importe quel vent du sud qui apporte de l'air chaud du continent africain. A cause des dépressions qui traversent le désert du Sahara vers l'est, le sirocco souffle de la côte africaine vers le large, vent très chaud et très sec, souvent chargé de sable et de poussière et réduisant la visibilité. En passant au-dessus de la mer, ces vents se chargent de quelque humidité, et ainsi arrivent en Espagne, à Malte, en Sicile, en Sardaigne et dans le sud de l'Italie avec une température plus basse et plus chargés d'humidité que près de la côte africaine. A ces endroits, c'est un vent chaud associé à de la brume et à une couche continue de nuages bas. La pluie tombant à travers la poussière charriée par ces vents peut être parfois rouge ou brune.

Un vent semblable souffle de la péninsule d'Arabie Saoudite et affecte Israël, le Liban, Chypre, la Crète et d'autres îles au sud de la Méditerranée orientale, en particulier pendant les périodes de transition entre les saisons, d'avril à juin et de septembre à octobre. En Egypte, le sirocco s'appelle le khamsin, qui signifie "cinquante" en arabe, parce qu'il se produit le plus souvent dans les 50 jours qui suivent la Pâque copte. Il souffle généralement en coup de vent pendant une journée et est le plus fréquent entre février et avril. Plus tard en mai et juin, le khamsin est moins fréquent mais peu durer plus longtemps.

Le Levante

Ces vents de nord-est soufflent près de la côte espagnole, atteignant le coup de vent au printemps (de février à mai) et en automne (d'octobre à décembre). Pendant les mois d'été, de juin à septembre, le levante souffle moins longtemps et moins fort. Il se forme lorsqu'une dépression est située entre les Baléares et l'Afrique du Nord, habituellement quand il y a une zone de hautes pressions sur le continent européen au nord.

Le levante est le plus fréquent au milieu de la côte espagnole et peut se prolonger dans le détroit de Gibraltar, où il est canalisé et souffle d'est, prenant alors le nom de levanter. Le levante apporte un rafraîchissement de la température et de la pluie, souvent forte près de la côte, tandis que le fetch important produit une grosse mer.

Le Gregale

Ces vents forts viennent également du nord-est et se produisent en Méditerranée centrale, sur les côtes de Sicile et de Malte et surtout dans la mer Ionienne. Ils soufflent des hautes pressions centrées sur les Balkans et sont fréquents en hiver, spécialement en février. Ces vents soufflent en général en coup de vent, sont froids et génèrent une grosse houle. La côte nord-est de Malte est particulièrement vulnérable car les principaux ports sont ouverts au nord-est. C'est un gregale qui a fait faire naufrage à Saint Paul sur la côte maltaise au premier siècle après. J.-C.

Le Meltem

Ce vent est plus connu sous son nom turc de meltemi ou meltem que sous le nom de vent étésien, tiré du mot grec signifiant "annuel". Il souffle régulièrement et constamment pendant tout l'été sur le bassin oriental de la Méditerranée, commençant en mai ou début juin et allant jusqu'en septembre ou même octobre. Il est le plus fort et le plus constant en juillet et août. Même lorsqu'il ne souffle pas, ou bien pendant qu'il s'établit en début de saison, il est rare d'avoir des vents d'une autre direction à ce moment. Des périodes de calmes peuvent cependant se produire en début de saison. Le meltem présente une grande similitude avec un vent de mousson et on peut le considérer comme un prolongement de la mousson de l'océan Indien provoqué par les basses pressions situées à l'est de la Méditerranée.

Le meltem souffle du nord sur la mer Egée centrale, il tend à être plus nord-est au nord de cette mer et plus nord-ouest dans les régions situées plus au sud et s'étend au bassin oriental tout entier mais meurt toutefois avant d'atteindre les rives sud. C'est un vent frais qui souffle en moyenne entre 15 et 20 nœuds et est associé à un beau temps dégagé. Il monte souvent à 30 nœuds, en particulier dans l'après-midi et atteint occasionnellement 40 nœuds. Il est moins fort tout au nord de la région et atteint sa plus grande force au sud et au sud-ouest de la mer Egée. Il tend à faiblir la nuit.

La Méditerranée occidentale

Les étés sont beaux, avec peu de tempêtes. Des coups de vent peuvent se produire mais ils sont souvent générés par des dépressions locales dans des zones limitées. C'est pourquoi ils sont difficiles à prévoir et on est très peu prévenu avant qu'ils ne surviennent car un coup de vent imminent est rarement précédé d'un changement significatif de la pression atmosphérique. Des vents forts comme les vendavales, le sirocco ou le levante sont plus fréquents pendant les mois de transition au printemps et en automne. Il arrive que le mistral souffle en été mais c'est beaucoup moins fréquent que pendant le reste de l'année. Le plus souvent, les vents de cette région viennent du nord-ouest, sauf dans les zones les plus au sud près de la côte africaine, où les vents d'est et de nord-est sont les plus fréquents. Il peut y avoir des périodes de calmes pendant plusieurs jours de suite. Il y a peu de pluie en été, sauf au cours de rares orages près de certaines côtes.

En hiver, les vents sont beaucoup plus variables et les coups de vent sont plus fréquents. Des dépressions arrivent de l'Atlantique par l'ouest, venant de France ou d'Espagne ou par le détroit de Gibraltar. Des dépressions locales se forment également sur le golfe du Lion ou le golfe de Gênes et se dirigent vers le sud, accompagnées de vents forts et d'un temps à grains. Les coups de mistral sont plus fréquents en hiver et les vents de nord-ouest prédominent dans cette région. Les vendavales et le libeccio soufflent surtout à la fin de l'automne et au début du printemps. Malgré la fréquence accrue des coups de vent en hiver, il y a aussi des périodes calmes. Bien que la plus grande partie de la pluie tombe en hiver sous forme d'averses, la température est douce et les journées ensoleillées sont nombreuses.

La Méditerranée orientale

Les étés sont dominés par les vents saisonniers de secteur nord qui soufflent avec force mais sont associés à un ciel dégagé et du beau temps. Les pluies sont insuffisantes et presque absentes sur les rivages sud. Le climat du bassin oriental est un peu plus continental que celui de la partie centrale ou occidentale, ce qui signifie moins de fronts, de pluie et une humidité plus faible. Les étés sont longs et les hivers courts. La plus grande partie de la pluie tombe en hiver.

En hiver, les dépressions se déplacent vers l'est, soit sud-est vers Chypre, soit nord-est vers la mer Noire. Bien que de faible étendue, ces dépressions peuvent être très violentes car elles se développent rapidement avec peu de signes d'avertissement. Quelques violentes tempêtes dans cette zone peuvent être dangereuses car très locales et arrivant vite alors que le ciel est clair. Bien que les vents de secteur nord soient les plus fréquents en hiver aussi, les vents peuvent provenir de toutes les directions et l'on peut avoir de violents coups de vent provenant en particulier du sud. Les vents de sud ou de nord soufflent plus longuement que les vents d'est ou d'ouest. Novembre à février est la pire période, avec des vents violents de nord à nord-est froids et secs et des coups de vent chauds et humides de sud-est à sud-ouest qui apportent de la poussière. Au passage d'une dépression, le vent peut passer du sud au nord en quelques heures.

Les courants

La Méditerranée perd plus d'eau par évaporation qu'elle n'en reçoit des fleuves qui s'y jettent, mais il y a un flot constant qui entre en provenance de l'océan Atlantique tout au long de l'année. Ce courant qui va vers l'est a son intensité maximum dans le détroit de Gibraltar et le long de la côte d'Afrique du Nord, où sa vitesse moyenne est de 2 nœuds. Après le passage entre la Sicile et la Tunisie, il perd graduellement de la force en s'éloignant vers l'est. Il existe une faible circulation dans le sens contraire des aiguilles d'une montre dans les deux bassins de la Méditerranée, reliés par un courant allant vers l'est dans le chenal de Malte entre les deux zones. Dans le bassin occidental, le courant longe vers le nord la côte ouest de l'Italie. Il tourne vers l'ouest le long de la côte sud de la France et continue vers le sud en longeant la côte espagnole. Dans le bassin oriental, le courant allant vers l'est tourne vers le nord le long de la côte d'Israël et du Liban, vers l'ouest le long de la côte turque et termine la boucle le long de la côte nord de la Crète. Une branche circule dans le sens contraire des aiguilles d'une montre dans la mer Egée, rejointe dans son mouvement vers le sud par le flot sortant de la mer Noire vers la Méditerranée par le Bosphore et les Dardanelles. Une autre branche circule dans le sens contraire des aiguilles d'une montre en mer Adriatique.

A l'exception du courant constant le long de la côte d'Afrique du Nord, les courants sont très variables et sont très affectés par la force et la direction du vent et les conditions locales. Par exemple, lorsque souffle le meltem, un courant allant dans une direction sud à sud-ouest prédomine en mer Egée centrale et occidentale. Les courants les plus forts sont observés dans le détroit de Gibraltar, le Bosphore et les Dardanelles. D'autres détroits, comme le détroit de Messine, sont fortement influencés par les courants de marée.

22

ROUTES EN MÉDITERRANÉE

Les conditions de navigation à la voile en Méditerranée ont été décriées et caricaturées par les marins modernes plus que dans n'importe quelle autre partie du monde et ce qu'on entend le plus, c'est : "En Méditerranée, ou il y a trop de vent, ou il n'y en a pas du tout, et quand il y en a, c'est dans le nez". Heureusement, ce n'est pas toujours vrai et bien que les vents que l'on rencontre dans cette mer fermée n'aient pas les caractéristiques constantes des alizés des Caraïbes ou de l'océan Indien, on peut effectuer la plupart des traversées à la voile. La Méditerranée a été sillonnée depuis des siècles par toutes sortes d'embarcations propulsées par le vent et quelques-uns des voyages en mer de l'Antiquité sont devenus des légendes. Au fait des vents capricieux de la Méditerranée, les bateaux étaient munis d'avirons robustes et bien que les esclaves soient passés de mode, les moteurs peuvent les remplacer avantageusement.

A cause de sa longue histoire maritime, les conditions météorologiques de la Méditerranée sont bien connues et cela simplifie la tâche de ceux qui souhaitent établir un planning. Comme la saison de navigation s'étend sur près de neuf mois, de début mars à fin novembre, on peut parcourir pas mal de milles si l'on part tôt. C'est particulièrement vrai pour ceux qui souhaitent aller d'ouest en est, car les vents d'ouest sont plus fréquents au début du printemps et à la fin de l'automne. Cependant, les conditions météorologiques en Méditerranée sont moins nettement définies que dans d'autres parties du monde, et l'on ne peut indiquer aussi précisément qu'ailleurs "le meilleur moment" pour effectuer telle ou telle traversée. A de rares exceptions près, le temps peut rarement être considéré comme dangereux en Méditerranée et les tempêtes les plus violentes surviennent en hiver, janvier et février étant les plus mauvais mois.

La Méditerranée est quadrillée d'innombrables routes maritimes, bien trop nombreuses pour être toutes décrites dans ce livre. De plus, la plupart de ces routes incluent des croisières côtières et ne peuvent pas vraiment être considérées comme des routes au large. Enfin, la multitude de bons ports tout autour de la Méditerranée, associée à la richesse et à la variété incomparables des endroits à visiter à terre implique que la plupart des gens préfèrent la croisière côtière. C'est pourquoi ce chapitre traitera essentiellement des routes au large les plus fréquentées.

En Méditerranée plus qu'ailleurs, un planning est d'une importance cruciale et comme ce livre est en premier lieu destiné aux navigateurs hauturiers, les routes et les suggestions sont conçues pour ceux qui ne sont pas normalement basés en Méditerranée et pour qui la Méditerranée n'est qu'une partie d'un plus long périple.

Il y a deux entrées principales en Méditerranée, Gibraltar, qui est utilisée par ceux qui arrivent d'Europe et d'Amérique du Nord, et Port Said qui accueille ceux qui atteignent la Méditerranée par la mer Rouge et le canal de Suez. Ces derniers peuvent être des Européens qui rentrent chez eux, terminant un tour du monde, ou des marins d'autres continents, d'Amérique du Nord, d'Australie, de Nouvelle-Zélande ou d'Extrême-Orient au milieu de leur circumnavigation. La plupart de ceux-ci arrivent en Méditerranée bien décidés à voir et faire le maximum dans le minimum de temps, ce qui n'est pas aussi facile qu'il paraît au premier abord. On a décrit la Méditerranée comme "le berceau de la civilisation", et, que l'on soit d'accord ou non avec cette définition, il n'y a certainement aucune autre région au monde qui offre autant à voir en si peu d'espace, des sites archéologiques aux villes historiques, aux îles superbes et aux paysages magnifiques. Alors le risque principal est de vouloir trop en faire en une saison et de finalement en voir bien moins que prévu. Et puis, la Méditerranée n'est pas le petit lac qu'elle semble être, et la distance entre Gibraltar et le canal de Suez est deux fois celle de Miami au canal de Panama !

Comme beaucoup de navigateurs arrivent en Méditerranée en prévoyant de n'y passer qu'une saison, les suggestions qui suivent leur sont destinées. Ceux qui arrivent par Gibraltar, en particulier s'ils ont dû traverser l'Atlantique pour arriver là, sont désavantagés car la bonne saison sera déjà bien entamée lorsqu'ils seront à pied d'œuvre. Pour ces retardataires, il est important de rejoindre le point le plus éloigné le plus vite possible. Comme on ne peut jamais être certain des vents que l'on va rencontrer, il est prudent de parcourir le plus de milles possible dès le début, afin de conserver du temps pour la fin de la croisière. Cette tactique s'applique surtout si l'on veut naviguer en Méditerranée orientale, auquel cas on doit essayer de rejoindre le plus vite possible le nord de la Grèce avant que les vents forts de nord de l'été ne s'établissent. Ces vents assureront alors des conditions de navigation favorables lorsqu'on explorera les délices de la mer Égée, que ce soit dans les îles grecques ou sur la côte turque.

Gibraltar est un excellent port pour préparer une traversée vers l'est, et quoique le courant soit toujours favorable, cela vaut la peine d'attendre une période de vents d'ouest avant de partir. La Méditerranée orientale peut être atteinte en passant au nord ou au sud de la Sicile. Si la destination finale est la mer Ionienne ou des régions de Grèce qui peuvent être plus facilement atteintes en passant par le canal de Corinthe, il est préférable de passer par le nord de la Sicile et le détroit de Messine. Sinon, si la destination finale est la Crète, Chypre ou Port Saïd, on optera pour une route sud, avec une escale possible à Malte. Une décision logique consiste à commencer une croisière dans le nord de la mer Egée à la fin du printemps ou au début de l'été et de la poursuivre pendant l'été en explorant la Méditerranée orientale. A partir d'août, il faut songer à mettre le cap à l'ouest et si l'on n'a pas déjà fait escale à Malte et aux Baléares, cela peut aisément se faire sur le chemin du retour vers Gibraltar.

En Méditerranée orientale, des vents favorables de nord sont habituels en été, mais au début de l'automne, ils deviennent plus variables, les calmes plats prolongés sont fréquents, spécialement lors des traversées vers Malte. Les traversées vers l'ouest bénéficiant alors de conditions moins favorables que dans la direction opposée, il convient de prévoir plus de temps pour les effectuer et il faudra utiliser le moteur pour traverser les incontournables zones de calmes. Une escale à Malte n'est recommandée que pour les bateaux provenant de Port Saïd, Chypre ou la Crète. Ceux venant de Turquie ou des îles grecques ont intérêt à emprunter le détroit de Messine et à passer au nord de la Sicile.

Ceux qui prévoient de continuer à travers l'Atlantique doivent s'efforcer de rallier Gibraltar guère plus tard que fin septembre, pour avoir assez de temps pour la traversée vers les Canaries. Ceux désirant rallier l'Europe du Nord découvriront vite que les conditions météo en automne sont rarement favorables, et plutôt que de combattre les éléments, il est plus sage de prévoir d'hiverner en Méditerranée. Il y a en fait plein de bons ports et de marinas où cela peut être fait à un prix compétitif. De même, les navigateurs américains devraient sérieusement envisager de laisser leur bateau en Méditerranée entre deux saisons de navigation, traversant l'Atlantique pendant l'été, puis hivernant dans un endroit adéquat. Cela leur laisse alors la possibilité de reprendre très tôt leur croisière, dès avril. Ils ont alors pratiquement six mois devant eux pour naviguer en Méditerranée avant de rentrer via les Canaries et les Caraïbes.

La plupart des bateaux arrivant en Méditerranée par le détroit de Gibraltar la quittent par le même chemin, une route quasi circulaire présente donc des avantages certains. Il reste à décider si on la fait dans le sens des aiguilles d'une montre ou dans le sens contraire, la première solution étant la plus fréquente. On se rendra tout d'abord dans les ports du sud de l'Espagne. L'escale suivante sera les Baléares, toutes proches de la Côte d'Azur française. Puis on visitera la Corse et la Sardaigne, et sans doute une partie de la côte de la botte italienne, avant d'emprunter le détroit de Messine. On passera ensuite quelque temps à explorer la Sicile avant de traverser la mer Ionienne vers la Grèce. On peut envisager ici un détour vers l'Adriatique, où la Croatie offre quelques-uns des plus beaux bassins de croisière de la Méditerranée. Les vents dominants en été en Grèce soufflant de nord, il est préférable d'emprunter le canal de Corinthe pour rejoindre la mer Egée. On peut aussi passer par le sud du Péloponnèse. La mer Egée est si riche, tant par les îles et la côte continentale grecques, que par la côte turque d'Asie Mineure, qu'on peut facilement y passer une saison entière. Un second détour peut aussi s'envisager dans la mer de Marmara, le Bosphore et la mer Noire. Ceux qui souhaitent aller vers l'est exploreront la côte sud de la Turquie, ainsi que Chypre et Israël, et même le Liban et la Syrie où l'amélioration de la situation politique a permis le retour des bateaux de croisière. L'Egypte offre peu de possibilités de croisière et seuls s'y rendent les bateaux qui passent le canal de Suez vers la mer Rouge. Nous revenons maintenant vers l'ouest et il faut absolument s'arrêter en Crète. On visitera ensuite Malte, puis la Tunisie, qui est la meilleure destination en Afrique du Nord. La situation en Algérie tend a redevenir normale, mais renseignez-vous. La côte méditerranéenne du Maroc présentant ensuite peu d'attraits pour la croisière, on a le choix soit d'aller directement de Tunisie à Gibraltar, soit de faire un détour par la Costa del Sol espagnole. Tout cet itinéraire peut également s'envisager dans l'autre sens, par exemple si l'on préfère atteindre rapidement la Méditerranée orientale et visiter les pays du bassin occidental sur le chemin du retour.

Les navigateurs atteignant la Méditerranée par la mer Rouge bénéficient de bien meilleures conditions car ils franchissent en général le canal de Suez en mars ou avril, arrivant ainsi en Méditerranée orientale à la meilleure époque possible. Ils peuvent ainsi visiter Chypre et l'est de la Turquie, et même Israël, avant de suivre les suggestions cidessus et se diriger en juin vers le nord de la mer Egée. De là, ils rejoindront le même itinéraire que les bateaux venant de l'Atlantique.

Avec un peu plus de temps, en fait avec une année supplémentaire, à moins de se déplacer très rapidement, d'autres régions de la Méditerranée peuvent être explorées, de la Côte d'Azur à l'Afrique du Nord, ou la mer Noire de plus en plus populaire, où la levée progressive des restrictions dans les ex-pays communistes a ouvert un nouveau bassin de croisière à ceux qui sont assez ambitieux pour y aller.

La mer Adriatique

Guides de croisière : *Mer Adriatique.*

Les conflits récents entre les pays de l'ex-Yougoslavie ont surtout affecté le continent. Heureusement les hostilités ont épargné la majeure partie des îles et du littoral voisin, un des plus beaux bassins de croisière d'Europe. La petite partie de côte de la Slovénie a été en grande partie épargnée par la guerre que se sont livrée ses voisins, et la Croatie fait des efforts certains pour attirer à nouveau les bateaux de plaisance sur ses belles côtes. La situation sur la côte croate est redevenue normale et les bateaux étrangers sont de retour, aussi nombreux qu'avant les hostilités. L'Albanie a également ouvert ses portes à la plaisance, mais la situation y est moins stable car les troubles continuent parmi les minorités albanaises des pays voisins. En comparaison de la diversité de la Croatie, la côte est de l'Italie n'a que peu à offrir et il n'y a qu'un nombre limité de bons ports sur toute la côte.

A cause de son étroitesse et d'autres facteurs qui lui sont spécifiques, l'Adriatique présente des conditions météorologiques très localisées. Le vent le plus dangereux est la bora, un vent violent du nord qui souffle surtout en hiver. Il y a un courant portant au nord le long de la côte est qui peut être avantageusement utilisé lorsque l'on remonte vers le nord. Il est généralement judicieux de se tenir du côté est quelle que soit la direction dans laquelle on va, à cause de ses mouillages abrités.

La mer Egée

Guides de croisière : *Grèce – Mer Egée, Grèce – Mer Ionienne, Turquie et Chypre.*

Les îles de l'archipel grec et la côte turque d'Asie Mineure offrent une grande variété de possibilités de croisières et cela se reflète dans le grand nombre de voiliers qui sillonnent la mer Egée chaque été. Il y a rarement de problème de navigation, les bons ports et les bons mouillages sont innombrables, tous les dangers sont clairement marqués sur les cartes et même la traditionnelle rivalité entre la Grèce et la Turquie affecte peu les navigateurs de passage.

Idéalement, les croisières en mer Egée devraient s'effectuer du nord au sud, et ce à cause des vents dominants de nord en été, il est recommandé d'arriver dans le nord de la mer Egée avant la fin mai pour bénéficier d'un vent favorable les trois mois suivants. La popularité toujours croissante de ces bassins de croisière fait que la plupart des ports sont très encombrés pendant les deux mois de pointe, juillet et août, où il faut rechercher des mouillages moins courus. Comme la bonne saison de croisière s'étend de mars à novembre, on peut visiter la plupart des ports avant ou après la grande invasion d'été. On peut aussi en profiter pour visiter des régions proches, comme Istanbul ou la mer Noire.

Lorsque le meltem est fort, de violentes rafales se

produisent souvent sous les reliefs élevés. Accélérées par la pente, elles peuvent produire brusquement des vents de 40 à 50 nœuds dans des zones jusque-là calmes. Cela affecte particulièrement les côtes sud abruptes, aussi bien des îles que du continent. Le meltem est aussi canalisé dans les détroits, les vallées et entre les îles. Lorsque l'on s'abrite sous une côte sud pendant un coup de vent de nord, il faut prendre garde à cet effet de rabattants.

La mer de Marmara et la mer Noire

Guides de croisière : *Black Sea Cruising Guide.*

La plupart des bateaux arrivent dans cette région par le sud-ouest, traversant la mer Egée d'île en île, bien que quelques-uns arrivent en mer Noire par le Danube. La traversée de la mer Egée doit se faire au printemps, avant l'établissement du meltem, lorsque les vents sont légers ou inexistants et qu'on doit être prêt à faire du moteur. A cause du fort courant sortant du détroit des Dardanelles, tirer des bords contre un vent de nord-est est presque impossible, la tâche étant rendue encore plus difficile par la densité du trafic des cargos. Il y a généralement un faible contre-courant du côté européen du détroit, que l'on privilégiera jusqu'à Chanakkale, où il faudra traverser vers le côté asiatique pour faire les formalités d'entrée en Turquie. Le reste des Dardanelles et la traversée de la mer de Marmara se font de préférence par étapes de jour, tant à cause du nombre de cargos que de l'absence fréquente de vent la nuit.

Traverser le Bosphore ne doit se faire que de jour, le long du côté européen du détroit, où l'on trouvera un faible contre-courant. Il y a souvent une brume épaisse le matin en été, ce qui, ajouté au grand nombre de cargos, rend la navigation dans le détroit très difficile.

Il n'y a pas si longtemps, les croisières en mer Noire se limitaient à quelques ports turcs et aux ports d'entrée des autres pays : Bulgarie, Roumanie et Union Soviétique. La chute du communisme a certainement amené une ouverture de tous ces pays. La Bulgarie et la Roumanie se sont ouvertes aux navires de plaisance mais en Russie et en Ukraine les yachts étrangers ne sont supposés arriver que sur invitation d'un yacht club ou d'un représentant de compagnie maritime. Pour tous ces pays chaque membre d'équipage doit être muni d'un visa délivré à l'avance. L'un des pays les plus séduisants de la mer Noire est la Géorgie, mais jusqu'à ce que la situation soit entièrement stabilisée, on ne doit se rendre dans ce pays que s'il est considéré comme sûr.

La mer Noire jouit en été d'un climat très proche de celui de la Méditerranée, principalement beau et ensoleillé, avec des vents dominants de nord-ouest ou ouest engendrés par les mêmes conditions météo qui produisent le meltem. En hiver, le temps est beaucoup plus froid, en particulier dans la partie nord où l'on peut trouver de la glace. Les conditions sont très variables pendant les mois de transition, avril-mai et septembre-octobre, les vents changeant brusquement à la fois en force et en direction. Les phénomènes locaux ainsi que les brises de terre ou de mer sont nettement marqués. Dans les Dardanelles et le Bosphore, les vents de nord-est sont les plus fréquents car un flux d'air s'écoule de la mer Noire à la mer Egée. Si le vent ne souffle pas de nord-est dans ces détroits, il souffle généralement de la direction opposée, le sud-ouest.

M10 ROUTES EN MÉDITERRANÉE DEPUIS GIBRALTAR

Une fois franchi le détroit de Gibraltar, les bateaux qui se dirigent vers l'est ont la tâche beaucoup plus facile en quittant Gibraltar que ceux qui vont dans la direction opposée. Le seul moment où il ne faut pas quitter Gibraltar est lorsque soufflent de forts vents d'est. En général, le vent est canalisé soit vers l'est, soit vers l'ouest dans le détroit. A Gibraltar, les vents dominants sont d'ouest en hiver et d'est en été. Les *levanters* (vents d'est) sont plus fréquents de juillet à octobre et peuvent souffler pendant 15 jours d'affilée, bien que pas toujours très fort, en moyenne autour de 15 nœuds. En hiver, le *levanters* souffle moins longtemps mais plus fort, apportant de la pluie, des nuages et du brouillard. Les *vendavales* soufflent également le plus souvent en hiver de novembre à mars. A courte distance de part et d'autre du Rocher, le vent crée de forts revolins (vents tourbillonnants).

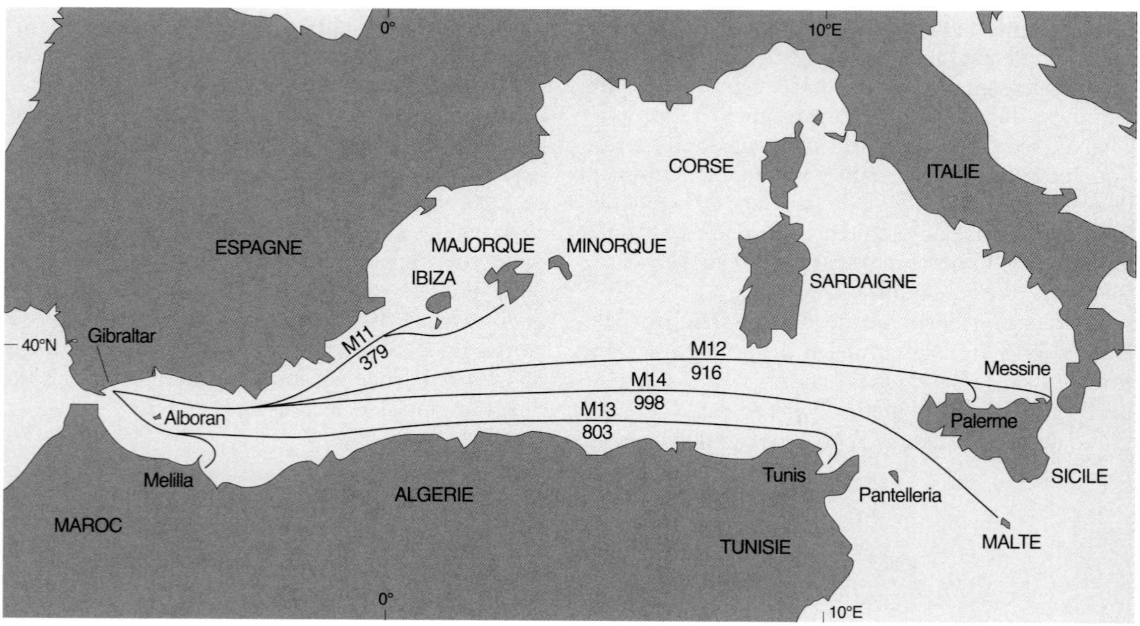

M10 Routes en Méditerranée depuis Gibraltar

M11 *De Gibraltar aux Baléares*

MEILLEURE PÉRIODE	mai à juin			
CARTES ROUTIÈRES	BA : 2717 US : 301	SHOM : 7015		
INSTRUCTIONS NAUTIQUES	BA : 45 US : 130, 131	SHOM : D1		
GUIDES DE CROISIÈRE	*Baléares.*			
WAYPOINTS				
Départ	*Intermédiaire*	*Atterrissage*	*Destination*	*Distance (M)*
M111 Europa 36°04'N, 5°20'W	M112 Gata S 36°35'N, 2°10'W			
	M113 Palos 37°35'N, 0°30'W	M114 Espalmador 38°48'N, 1°25'E	Ibiza *38°54'N, 1°28'E*	379
M111 Europa	M112 Gata S M113 Palos			
	M115 Formentera E 38°40'N, 1°40'E	M116 Ibiza S 38°51'N, 1°28'E	Ibiza	395
		M117 Majorque SW 39°28'N, 2°37'E	Palma *39°33'N, 2°38'E*	454

De toutes les marinas ou mouillages à proximité de l'aéroport de Gibraltar, les bateaux peuvent faire route vers Europa Point et le WP M111 au sud de cet amer remarquable. A partir de ce point, les routes recommandées sont parallèles à la côte espagnole à au moins 20 milles pour trouver des vents bien établis. On trouvera le long de toute la côte espagnole plusieurs bons ports où trouver refuge en cas de mauvais temps. Un courant favorable portant à l'est se fait sentir au moins jusqu'au cap Gata que l'on passe à environ 10 milles au sud par le WP M112. De là, la route devient nord-est en passant près du Cap Palos par le WP M113. A partir de là, les bateaux qui remontent vers les ports de la côte espagnole doivent continuer une route parallèle à la côte et ceux qui vont aux Baléares doivent aller au large vers le WP M114, s'ils souhaitent atterrir à Ibiza, auquel cas la route recommandée passe à l'ouest de Formentera. Le WP M114 est à 5 milles à l'ouest de l'îlot Espalmador et plusieurs chenaux profonds relient l'extrémité sud d'Ibiza à l'îlot Espalmador. Les courants sont forts dans les chenaux et s'établissent souvent contre le vent dominant, ce qui peut lever une grosse mer par vent fort. Il est alors préférable de passer à l'est de Formentera, ce qui est aussi recommandé si l'on va directement à Palma de Majorque. Dans ce cas, du WP M113 on fera route vers le WP M115 au large de la pointe sud-est de Formentera. De là, les bateaux se dirigeant vers Ibiza devront faire route vers le WP 116 au large du port d'Ibiza, tandis que ceux qui vont vers Majorque feront route vers le WP M117 dans la baie de Palma, à l'approche de Palma de Majorque.

Il y a plusieurs marinas à Palma, la plus pratique et la plus proche du centre ville est celle du Real Club Nautico dans la darse San Pedro dans la partie est du port. Le club veille en permanence sur le canal 9. En arrivant, les yachts doivent aller au quai des visiteurs pour se faire indiquer une place. La marina Club de Mar, située à l'intérieur de Porto Pi dans la partie ouest du port est beaucoup plus grande mais plus loin de la ville.

M12 *De Gibraltar à la Sicile*

Meilleure période	mai à juin			
Cartes routières	BA : 4301	SHOM : 6757		
	US : 301			
Instructions nautiques	BA : 45	SHOM : D1, D3		
	US : 130, 131			
Guides de croisière	*Italie.*			
Waypoints				
Départ	*Intermédiaire*	*Atterrissage*	*Destination*	*Distance (M)*
M121 Europa	M122 Gata S			
36°04'N, 5°20'W	36°35'N, 2°10'W			
	M123 Sardaigne S	M124 Gallo	Palerme	916
	38°30'N, 8°00'E	38°17'N, 13°20'E	*38°07'N, 13°22'E*	
M121 Europa	M122 Gata S			
	M123 Sardaigne S			
	M125 Vulcano	M126 Peloro		1016
	38°20'N, 15°00'E	38°19'N, 15°39'E		

On suivra la même route et les mêmes indications que pour la route M11 jusqu'au Cap Gata. Puis on continuera vers l'est jusqu'au WP M123, à environ 35 milles au sud-ouest de la Sardaigne. A partir de là, les bateaux se dirigeant vers la capitale de la Sicile changeront de route pour le WP M124 au large du cap Gallo, à l'approche de Palerme. Ceux qui vont vers le détroit de Messine continueront presque plein est vers le WP M125, pour passer au sud de l'île de Vulcano, et faire leur atterrissage au WP M126 au large du cap Peloro, au nord du détroit de Messine.

Arrivés dans le légendaire détroit qui sépare la Sicile de la péninsule italienne, ceux qui souhaitent s'arrêter ont le choix des ports sur la côte est de Sicile, en évitant cependant le port actif de Messine à cause du trafic ininterrompu des ferries.

Dans le détroit de Messine les vents soufflent soit vers le nord soit vers le sud, dans l'axe du détroit. Quelquefois, le vent sera nord-est le long de la côte est, nord-ouest sur la côte ouest et très faible au milieu. Il peut aussi être sud à sud-est à l'entrée sud du détroit, virant brusquement au nord-ouest à l'extrémité nord, ce qui lève une grosse mer. De violentes rafales dévalent les reliefs élevés, qui, conjuguées à de forts courants et à un grand nombre de tourbillons, contribuent à pérenniser la réputation des Charybde et Scylla de l'époque de l'Odyssée. Une ligne de mascarets appelées *tagli* peut se produire au changement de marée. C'est pourquoi il est indispensable de prévoir son passage du détroit avec une marée favorable. Le courant de marée porte au sud au reflux et au nord au flux. Ceux qui se dirigent vers le sud doivent donc prévoir leur arrivée à Peloro, à l'extrémité nord du détroit, à la pleine mer.

M13 *De Gibraltar à l'Afrique du Nord*

Meilleure période	mai à octobre			
Cartes routières	BA : 4301	SHOM : 6757		
	US : 301			
Instructions nautiques	BA : 45	SHOM : D6		
	US : 131			
Guides de croisière	*North Africa.*			
Waypoints				
Départ	*Intermédiaire*	*Atterrissage*	*Destination*	*Distance (M)*
M130 Europa 36°04'N, 5°20'W	M131 Forcas 35°33'N, 3°00'W		Melilla *35°17'N, 2°56'W*	135
			Sidi Ferruch *36°46'N, 2°51'W*	192
M130 Europa	M132 Alboran S 35°50'N, 3°00'W			
	M133 Tenes 36°45'N, 1°20'E			
	M134 Bengut 37°20'N, 4°00'E			
	M135 Bougaroni 37°20'N, 6°25'E			
	M136 Sorelles 37°20'N, 8°35'E			
	M137 Enghela 37°30'N, 9°45'E		Bizerte *37°16'N, 9°53'E*	755
	M138 Plane 37°12'N, 10°23'E	M139 Carthage 36°53'N, 10°23'E	Sidi bou Said *36°52'N, 10°21'E*	803

Il y a un grand choix de destinations sur la côte d'Afrique du Nord, depuis les petites possessions espagnoles de Ceuta et Mellila jusqu'à la côte est de Tunisie. Cette dernière est devenue la destination favorite sur la côte d'Afrique du Nord, principalement à cause de l'ouverture de nombre de bonnes marinas. Peu de bateaux s'arrêtent en Algérie, où les services pour les bateaux sont toujours très rudimentaires.

Depuis le WP M130, au sud de la pointe Europa, la route passe au sud de l'île Alboran et reste proche de la côte d'Afrique du Nord pour bénéficier du courant favorable qui porte à l'est. Si l'on a l'intention de s'arrêter à Melilla ou à Sidi Ferruch en Algérie, la route devra être infléchie vers le WP M131, au large du cap Tres Forcas, d'où l'on pourra faire route vers son port de destination. Sidi Ferruch possède une marina et offre les meilleurs services possibles en Algérie.

Les bateaux se dirigeant vers un port plus à l'est sur la côte algérienne ou vers la Tunisie doivent aussi emprunter une route qui passe au sud de l'île Alboran. Le premier WP sera M132, environ 10 milles au sud de cette île, on mettra ensuite le cap vers le WP M133, au large du cap Ténès. De ce point, la route suit de près la côte pour tirer parti du courant favorable, passant par un certain nombre de WP intermédiaires, qui tous évitent de pénétrer dans les eaux territoriales. Rester à une distance suffisante de la côte est judicieux également pour éviter les zones fréquentées par les bateaux de pêche locaux, spécialement la nuit, car quelques petits bateaux naviguent sans feux. L'un des dangers à éviter sur cette route est les roches Sorelles, au sud-ouest de l'île Galite. Du WP M136, au sud de ces roches, le cap est mis sur le WP M137 au nord du cap Enghela. Ayant atteint ce point, les bateaux se dirigeant vers Bizerte doivent faire route vers la côte, ceux se dirigeant vers Tunis doivent mettre le cap au sud-est vers le WP M138 pour passer au sud-est de l'île Cani. Du WP M138 à l'est de l'île Plane, la route se dirige vers le sud pour atterrir au WP M139 au large du cap Carthage, à l'approche de la capitale tunisienne. La marina la plus proche est Sidi Bou Saïd où les bateaux doivent se diriger pour effectuer les formalités d'entrée.

M14 *De Gibraltar à Malte*

MEILLEURE PÉRIODE	mai à juin, novembre			
CARTES ROUTIÈRES	BA : 4301 US : 301	SHOM : 6757		
INSTRUCTIONS NAUTIQUES	BA : 45 US : 130, 131	SHOM : D6.D3		
GUIDES DE CROISIÈRE	*Italie, North Africa.*			
WAYPOINTS				

Départ	*Intermédiaire*	*Atterrissage*	*Destination*	*Distance (M)*
M141 Europa 36°04'N, 5°20'W	M142 Gata SE 36°25'N, 2°00'W M143 Sentinelle S 38°00'N, 9°40'E M144 Pantelleria 36°55'N, 12°00'E M145 Gozo 36°05'N, 14°27'E	Malte NE 35°56'N, 14°32'E	La Vallette *35°54'N, 14°31'E*	998

Une route plus au large que la M13 peut être empruntée par les bateaux se dirigeant vers Malte, à moins de vouloir profiter du courant favorable portant à l'est le long de la côte africaine, dans ce cas les mêmes recommandations s'appliquent jusqu'au WP M137, à l'entrée du chenal de Skerki, à l'extrémité nord-est de la Tunisie.

Pendant les mois d'été, de mai à septembre, la route recommandée ne suit pas la côte africaine d'aussi près et passe au nord de l'île d'Alboran car les avantages de cette route côtière sont annulés par ses désavantages. Le long de toute la côte d'Afrique du Nord, les bateaux doivent rester à l'extérieur des eaux territoriales et faire attention aux bateaux de pêche locaux, spécialement la nuit car la plupart naviguent sans feux. On aura des vents d'ouest sur cette route surtout d'octobre à avril et cette traversée doit donc être de préférence effectuée au début ou à la fin de la saison. Pendant l'été, si l'on a des vents d'est établis, il est alors préférable d'effectuer la traversée en plusieurs étapes, en s'arrêtant en Espagne et aux Baléares ou le long de la côte africaine. La côte africaine doit être évitée en hiver lorsque de forts coups de vent de nord la transforment en dangereuse côte sous le vent. Si des vents d'est persistent après avoir quitté Gibraltar, que ce soit en été ou en hiver, il conviendra de rester plus près de la côte espagnole que de celle d'Afrique du Nord pour trouver de meilleures conditions de navigation. Cette route continue alors vers l'est jusqu'au sud de la Sardaigne avant de remonter le passage entre le cap Bon et la Sicile.

La route directe part du WP M141 au sud de la pointe Europa, puis se dirige vers le WP M142 à 20 milles au sud-est du cap Gata. De là, une longue étape au large conduit au WP M143 en passant à égale distance de l'Afrique du Nord et de la Sardaigne. Puis la route se dirige vers le sud-est et passe par le chenal Skerki pour passer près du nord de l'île de Pantelleria. On continue ensuite pratiquement dans la même direction vers le WP M145 à l'est de Gozo. On se dirige ensuite vers le WP M146 pour atterrir au nord de la capitale maltaise. Les bateaux doivent contacter le *Valleta Port Contro*l par VHF canal 12 ou 16, avant de se diriger vers le ponton visiteurs de la marina Msida dans l'anse Lazaretto. Le *Yachting Centre* qui gère la marina peut être contacté sur le canal 9 pour avoir des informations sur les emplacements.

M20 ROUTES DEPUIS LES ÎLES BALÉARES

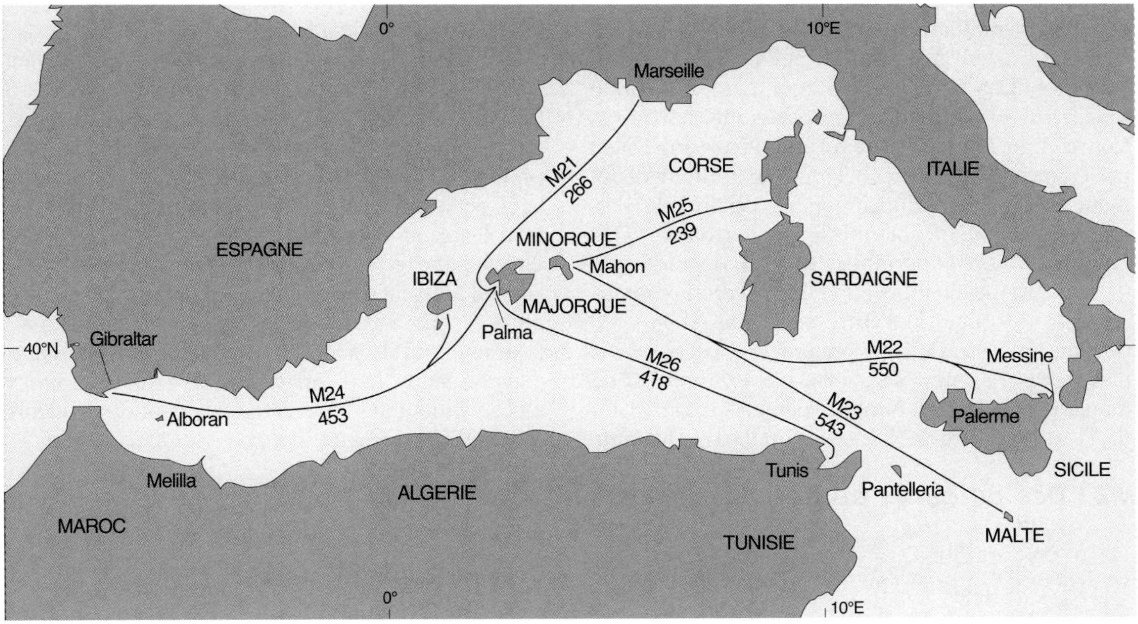

M20 Routes depuis les îles Baléares

Les îles Baléares, et spécialement Majorque, sont devenues un des grands centres du yachting au monde, les infrastructures d'accueil et les chantiers sont au top niveau. Très peu de bateaux de croisière visitant la Méditerranée ratent l'escale des Baléares et de fait, ces îles sont réellement intéressantes à explorer et constituent une bonne base pour préparer un bateau avant une longue traversée. Ceci peut être en particulier le cas de ceux qui prévoient de traverser l'Atlantique vers les Caraïbes et, dans ce cas, une escale aux Baléares à la fin de l'été sera d'un grand intérêt. Les étés sont chauds, mais les hivers sont doux, l'une des principales raisons qui fait que les Baléares sont l'un des principaux centres touristiques de la Méditerranée. Les vents de nord prédominent en été et les coups de vent ne se produisent qu'en hiver.

M21 Des Baléares à la Côte d'Azur

MEILLEURE PÉRIODE	mai à octobre	
CARTES ROUTIÈRES	BA : 4301	SHOM : 6757
	US : 301	
INSTRUCTIONS NAUTIQUES	BA : 45, 46	SHOM : D1,.D22
	US : 131	
GUIDES DE CROISIÈRE	*Mer Méditerranée, Corse Sardaigne et îles toscanes.*	

Waypoints

Départ	*Intermédiaire*	*Atterrissage*	*Destination*	*Distance (M)*
M211 Dragonera 39°35'N, 2°17'E		M212 Pomègues 43°10'N, 5°20'E	Marseille *43°21'N, 5°19'E*	266

Pendant l'été, les vents dominants sur cette route sont nord-ouest. Le pire que puisse rencontrer un bateau se dirigeant vers les côtes françaises, c'est le mistral, qui peut être très violent dans le golfe du Lion. Le mistral affecte surtout la partie ouest de la Côte d'Azur, les ports à l'est de St Raphaël étant plus épargnés. Des Baléares, on peut faire une route directe sur pratiquement n'importe quel port de la Côte d'Azur. Si un coup de mistral est annoncé, il est préférable de se rapprocher de la côte immédiatement et, là, de continuer vers sa destination première à l'abri de la côte ou de trouver refuge dans l'un des nombreux ports si le temps se dégrade.

Selon sa destination, on pourra commencer sa croisière de l'une ou l'autre extrémité de la Côte d'Azur. En général, il est préférable d'atterrir dans l'un des ports ouest, Marseille par exemple, et de longer la côte jusqu'à Nice ou même plus loin avant de la quitter pour la Corse ou l'Italie. Cette route conviendra aussi à ceux qui souhaitent retourner aux Baléares, puisque l'on peut décrire une boucle en allant de la Côte d'Azur à la Corse et de là retourner aux Baléares. Cette route a aussi l'avantage de profiter des vents dominants.

Les bateaux quittant Palma de Majorque doivent attendre d'être au large pour faire route vers un port français. A cause des vents dominants en été, il est préférable de partir de l'ouest de Majorque en se dirigeant vers l'île Dragonera, la petite île qui se trouve au large de l'extrémité ouest de Majorque. Du WP M211, les bateaux qui vont vers Marseille peuvent faire route directe pour le WP M212 dans la partie sud-est de la baie de Marseille, au sud de l'île de Pomègues. Il y a plusieurs marinas à Marseille ou aux alentours, mais pour une courte visite, la plus pratique est celle située dans le Vieux Port, au centre de Marseille. On y accède entre deux anciens forts, le quai des visiteurs est immédiatement à tribord.

M22 *Des Baléares au détroit de Messine*

Meilleure période	avril à octobre	
Cartes routières	BA : 4301	SHOM : 6757
	US : 301	
Instructions nautiques	BA : 45	SHOM : D1, D3
	US : 131	
Guides de croisière	*Italie.*	

Waypoints

Départ	*Intermédiaire*	*Atterrissage*	*Destination*	*Distance (M)*
M221 Minorque 39°52'N, 4°19'E	M222 Sardaigne S 38°30'N, 8°00'E	M223 Gallo 38°17'N, 13°20'E	Palerme *38°07'N, 13°22'E*	451
	M224 Vulcano 38°20'N, 15°00'E	M225 Peloro 38°19'N, 15°39'E		550

La route depuis Minorque ou depuis Majorque passe si près de la Sardaigne que tous les bateaux font un petit détour pour visiter au moins le sud de l'île. Etant situé à l'extrémité sud-est des Baléares, le port de Mahon sur Minorque est un bon point de départ. Du WP M221 à l'extérieur de Mahon, on ira d'abord au WP M222 au sud-ouest de la Sardaigne. Les bateaux qui souhaitent s'arrêter à Palerme doivent changer de cap pour le WP M223 au large du cap Gallo, proche de la capitale sicilienne. Ceux qui vont directement vers le détroit de Messine continueront presque plein est du WP M223 jusqu'au WP M224 au sud de l'île de Vulcano et feront leur atterrissage au WP M225 au large du cap Peloro, à l'entrée du détroit de Messine.

Une fois arrivés à ce détroit séparant la Sicile de la péninsule italienne, ceux qui souhaitent s'arrêter ont le choix des ports sur la côte est de la Sicile. A éviter, le port de Messine à cause de l'incessant trafic de ferries. Pour plus de détails sur les conditions météorologiques dans le détroit de Messine, voir la route M12. Les bateaux qui vont en Méditerranée orientale et souhaitent éviter le détroit de Messine passeront au sud de la Sicile et pourront s'arrêter à Malte (voir la route M23). Un port commode sur la rive est du détroit de Messine est Reggio di Calabria, qui offre une marina avec carburant et autre approvisionnement.

M23 *Des Baléares à Malte*

Meilleure période	avril à octobre			
Cartes routières	BA : 4301	SHOM : 6757		
	US : 301			
Instructions nautiques	BA : 45	SHOM : D1, D3		
	US : 131			
Guides de croisière	*Italie.*			
Waypoints				
Départ	*Intermédiaire*	*Atterrissage*	*Destination*	*Distance (M)*
M231 Minorque 39°52'N, 4°19'E	M232 Sentinelle E 38°00'N, 9°20'E			
	M233 Pantelleria 36°55'N, 12°00'E			
	M234 Gozo 36°05'N, 14°27'E	M235 Malte NE 35°56'N, 14°32'E	La Vallette *35°54'N, 14°31'E*	543

Mêmes indications que celles de la route M22 pour cette route, jusqu'au sud de la Sardaigne. Au WP M232 entre l'Afrique du Nord et la Sardaigne, on continue vers le sud-est en passant par le chenal Skerki jusqu'au WP M233 au nord-est de l'île Pantelleria, puis jusqu'au WP M234 à l'est de Gozo. Là, on peut modifier la route pour aller au WP M235, pour atterrir au nord de la capitale maltaise. On contactera *Valleta Port Control* à l'arrivée sur le canal 12 ou 16 avant d'aller à l'un des quais visiteurs de la Marina Msida ou de l'anse Lazaretto. On peut demander des informations sur les emplacements aux pontons en contactant le *Yachting Centre*, qui gère toutes les marinas de la capitale maltaise, sur le canal 9.

M24 *Des Baléares à Gibraltar*

Meilleure période	mai à septembre			
Cartes routières	BA : 2717	SHOM : 7015		
	US : 301			
Instructions nautiques	BA : 45	SHOM : D1		
	US : 130, 131			
Guides de croisière	*Baléares, Straits Sailing Handbook.*			
Waypoints				
Départ	*Intermédiaire*	*Atterrissage*	*Destination*	*Distance (M)*
Route M24A				
M241 Majorque SW 39°28'N, 2°37'E	M243 Formentera E 38°40'N, 1°40'E			
	M244 Gata SE 36°25'N, 2°00'W	M245 Europa 36°04'N, 5°20'W	Gibraltar *36°08'N, 5°21'W*	453

Départ	*Intermédiaire*	*Atterrissage*	*Destination*	*Distance (M)*
Route M24B				
M242 Ibiza S	M243 Formentera E			
38°51'N, 1°28'E	M244 Gata SE	M245 Europa	Gibraltar	402

On trouvera des vents favorables sur cette route au moins jusqu'au cap Gata. C'est là qu'un courant contraire portant à l'est devient tout à fait sensible, c'est pourquoi on ne devra pas se rapprocher trop tôt du continent. Les bateaux quittant Palma de Majorque depuis le WP M241 doivent d'abord passer au sud d'Ibiza et à l'est de Formentera. Du WP M243, le cap est mis vers le WP M244, bien au sud du cap Gata. On ne doit se rapprocher de la côte espagnole qu'après avoir bien débordé le cap Gata, car c'est à son voisinage que le courant portant à l'est est à son maximum. La route serre alors la côte espagnole de près, afin d'éviter le fort courant contraire au large. Si, à l'approche de Gibraltar, on rencontre de forts vents d'ouest, il vaut mieux s'abriter dans l'un des ports de la Costa del Sol et attendre un changement du temps plutôt que de s'obstiner à faire route contre un vent et un courant contraires. Se référer à la route AN16 pour plus de détails sur les conditions météo dans le détroit de Gibraltar et les recommandations pour négocier ce passage.

Ayant atterri au sud du phare de la pointe Europa, les bateaux doivent aller au quai des douanes, dans Marina Bay, au sud de la piste d'atterrissage, pour effectuer les formalités d'entrée. Toutes les marinas de Gibraltar veillent sur le canal 71.

M25 *Des Baléares à la Corse*

MEILLEURE PÉRIODE	mai à octobre	
CARTES ROUTIÈRES	BA : 4301	SHOM : 7014
	US : 301	
INSTRUCTIONS NAUTIQUES	BA : 45, 46	SHOM : D1, D23
	US : 131	
GUIDES DE CROISIÈRE	*Baleares, Corse-Sardaigne.*	
WAYPOINTS		

Départ	*Intermédiaire*	*Atterrissage*	*Destination*	*Distance (M)*
M250 Mahon	M251 Minorque E			
39°52'N, 4°19'E	39°52'N, 4°22'E			
	M252 Scorno	M253 Corse S	Bonifacio	242
	41°12'N, 8°15'E	41°20'N, 9°05'E	*41°23'N, 9°08'8E*	

Le pittoresque port de Mahon, sur Minorque, est le meilleur point de départ pour cette traversée et peut être utilisé comme étape intermédiaire même si l'on part d'une autre île des Baléares. Partant du large du cap Negro, à l'approche de Mahon, la route directe vers la Corse passe près de la petite île d'Asinara, située au large de l'extrémité nord-ouest de la Sardaigne. Un port corse aussi pratique qu'attrayant est Bonifacio, à l'extrémité sud de l'île. Ayant atterri au large du cap Pertusato, un goulet, tel un fjord, mène au port de Bonifacio, parfaitement abrité. Celui-ci a été identifié comme étant la cité des Lestrigoniens de l'Odyssée et on ne pourra s'empêcher de se rappeler la description d'Homère en suivant les traces d'Ulysse dans ce sublime port naturel.

M26 *Des Baléares à la Tunisie*

Meilleure période	mai à octobre			
Cartes routières	BA : 4301	SHOM : 7014, 7292		
	US : 301			
Instructions nautiques	BA : 45	SHOM : D1, D6		
	US : 131			
Guides de croisière	*Baleares, North Africa.*			
Waypoints				
Départ	*Intermédiaire*	*Atterrissage*	*Destination*	*Distance (M)*
M260 Palma	M261 Majorque S			
39°33'N, 2°38'E	39°26'N, 2°40'E			
	M262 Cabrera			
	39°15'N, 3°02'E			
	M263 Cani			
	37°23'N, 10°05'E			
	M264 Plane	M265 Carthage	Sidi bou Saïd	418
	37°12'N, 10°23'E	36°53'N, 10°23'E	*36°52'N, 10°21'E*	
M266 Mahon	M267 Minorque SE			
39°52'N, 4°19'E	39°50'N, 4°21'E			
	M263 Cani			
	M264 Plane	M265 Carthage	Sidi Bou-Saïd	348

Que l'on parte de Majorque ou de Minorque, cela vaut la peine d'attendre que le vent vire au nord pour entreprendre cette traversée. Les bateaux qui partent de Palma doivent suivre une route parallèle à la côte sud-ouest de Majorque pour prendre le passage de Cabrera. Après avoir doublé le cap Salinas, une route directe mènera aux îles Cani, un groupe d'îlots rocheux proches de la côte nord de la Tunisie. Si l'on part de Majorque, l'atterrissage se fera également près du phare de Cani. De là, la route vire au sud en direction du cap Carthage et des approches de Tunis. Bien que quelques-unes des meilleures marinas soient sur la côte est de la Tunisie, Sidi Bou Saïd a l'avantage d'être proche à la fois de la capitale Tunis et son aéroport, et des ruines de Carthage, la principale attraction touristique de la Tunisie. Sidi Bou-Saïd offre les meilleurs services de la région.

M30 ROUTES DEPUIS LA CÔTE FRANÇAISE DE LA MÉDITERRANÉE

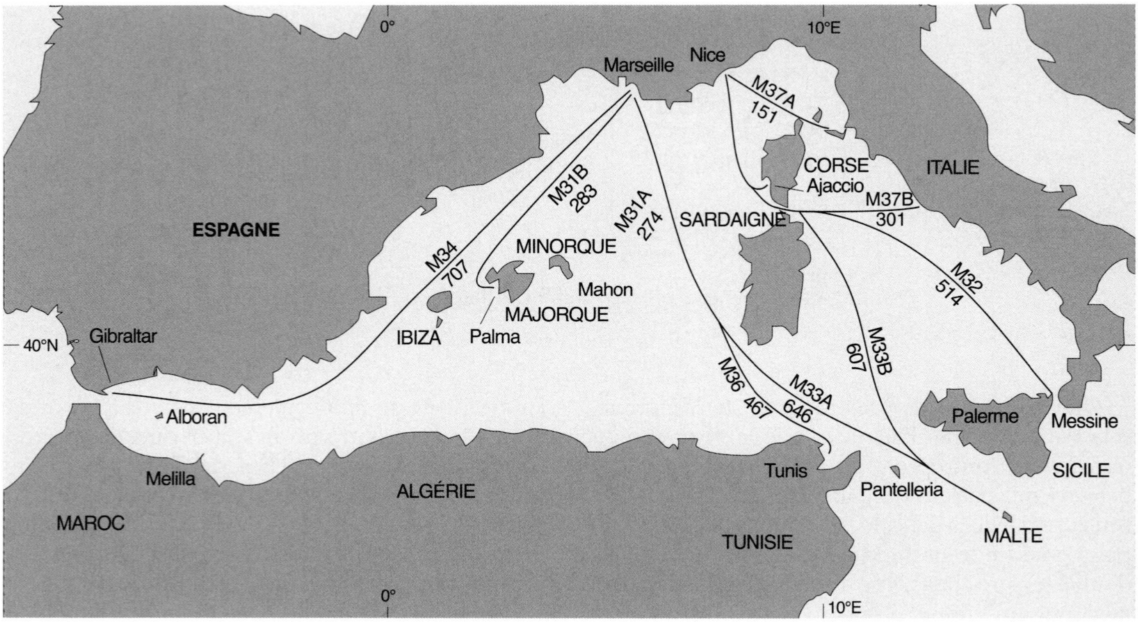

M30 Routes depuis la côte française de la Méditerranée

La Côte d'Azur, de Marseille à la frontière italienne, a l'une des plus fortes concentrations de marinas au monde. Comme on peut s'y attendre, les services sont d'un excellent niveau. Les marins qui viennent d'autres régions du monde sont quelquefois perdus lorsqu'ils doivent prendre une décision. Une suggestion importante : éviter d'arriver au plus fort de l'été, en juillet et août, lorsque tous les ports et les marinas sont pleins et que presque partout il est impossible de trouver une place. La fin du printemps ou le début de l'automne sont de bien meilleures périodes où le temps est agréable et ni les ports ni les hôtels ne sont bondés.

Le temps est agréable pendant presque toute l'année, bien que les étés aient tendance à être chauds. Le golfe du Lion est particulièrement renommé pour ses changements soudains de vent et de temps, avec des conditions très différentes dans des endroits très proches. Le vent le plus fort est le mistral, qui peut amener des conditions désagréables. Après le mistral, le vent le plus fréquent est le marin, chaud et humide, soufflant du large entre le sud-est et le sud-ouest, et bien que moins violent que le mistral, il lève une grosse mer.

M31 *De la Côte d'Azur aux Baléares*

MEILLEURE PÉRIODE	avril à octobre			
CARTES ROUTIÈRES	BA : 4301	SHOM : 7014		
	US : 301			
INSTRUCTIONS NAUTIQUES	BA : 45, 46	SHOM : D22, D1		
	US : 131			
GUIDES DE CROISIÈRE	*Baleares.*			
WAYPOINTS				

Départ	*Intermédiaire*	*Atterrissage*	*Destination*	*Distance (M)*
Route M31A				
M311 Menton		M312 Minorque E	Mahon	274
43°45'N, 7°30'E		39°52'N, 4°22'E	*39°52'N, 4°19'E*	
Route M31B				
Marseille	M313 Pomègues	M314 Dragonera	Palma	283
43°21'N, 5°19'E	43°10'N, 5°20'E	39°35'N, 2°17'E	*39°33'N, 2°38'E*	

Marseille, ou l'un des ports voisins, est un bon point de départ pour les bateaux qui ont longé la Côte d'Azur d'est en ouest. Ceux qui l'ont fait dans la direction opposée pourront partir d'un port plus à l'est, jusqu'à Menton, près de la frontière italienne. Pour ceux qui partent ainsi d'un point très à l'est, un détour par la Corse présente un intérêt certain. Pour ceux qui ne s'arrêtent pas, un bon port d'arrivée aux Baléares est Mahon, sur Minorque (voir route M31A). L'atterrissage se fait au WP M312 au large du cap Negro, d'où l'on suit l'étroit chenal jusqu'au port de Mahon.

Les bateaux quittant la Côte d'Azur plus à l'ouest (route M31B), par exemple de Marseille, doivent partir du WP M313 à l'est de la petite île de Pomègues, au sud-est de la baie de Marseille. De là, on pourra faire une route directe sur Majorque. Les bateaux qui vont à Palma de Majorque doivent faire leur atterrissage sur la côte nord-ouest de l'île, puis suivre la côte ouest de Majorque jusqu'à Palma. Il y a beaucoup de marinas dans la baie de Palma. A Palma même, la plus pratique, car la plus près du centre ville, est la marina du Real Club Nautico, situé dans la darse San Pedro, dans la partie est du port. Le club veille en permanence sur le canal 9. En arrivant, les yachts doivent aller au quai des visiteurs pour qu'on leur désigne un emplacement.

M32 *De la Côte d'Azur au détroit de Messine*

MEILLEURE PÉRIODE	mai à octobre			
CARTES ROUTIÈRES	BA : 4301	SHOM : 6757		
	US : 301			
INSTRUCTIONS NAUTIQUES	BA : 45, 46	SHOM : D22, D23, D3		
	US : 130, 131			
GUIDES DE CROISIÈRE	*Italie.*			
WAYPOINTS				

Départ	*Intermédiaire*	*Atterrissage*	*Destination*	*Distance (M)*
M321 Cap Ferrat	M322 Sanguinaires		Ajaccio	127
43°40'N, 7°17'E	41°54'N, 8°35'E		*41°55'N, 8°44'E*	
	Bonifacio			
	41°23'N, 9°06'E			
	M323 Maddalena NE			
	41°16'N, 9°27'E			
	M324 Panaréa	M325 Peloro		514
	38°35'N, 15°00'E	38°19'N, 15°39'E		

La plupart des bateaux allant vers le détroit de Messine et au-delà s'arrêteront probablement en Corse car l'île se trouve sur la route directe vers le sud. La côte ouest étant plus belle et ayant de nombreux bons ports, la plupart des bateaux quittant la Riviera vont directement à Calvi ou à Ajaccio. On peut s'attendre à des vents favorables pendant l'été et même le mistral souffle dans la bonne direction, bien que souvent associé à une mer difficile. Du WP M321, au large du cap Ferrat près du port de Nice, on peut établir une route directe jusqu'au WP M322 au large d'Ajaccio. Une première suggestion d'escale est ce joli port corse.

D'Ajaccio, la route continue le long de la côte sud-ouest de la Corse et arrive en mer Tyrrhénienne en passant par les Bouches de Bonifacio. Autre suggestion d'escale, le petit port de Bonifacio, sur la côte nord du détroit. Ce détroit, qui sépare la Corse de la Sardaigne, est une voie parsemée de rochers et d'îlots, bien que la navigation dans le chenal qui le traverse ne soit pas trop difficile. Bien que la navigation dans le chenal principal soit plus facile, par forts vents la mer se lève rapidement et il est alors préférable d'utiliser le chenal S. Ce chenal bien balisé et éclairé passe entre la Maddalena et la Sardaigne, et il est utilisé par certains ferries locaux. Une fois que l'on a passé le détroit et regagné la pleine mer, du WP M323 au nord-est de l'île italienne de Maddalena, on peut établir une route directe vers le WP M324 entre Panaréa et Salina, dans les îles Éoliennes. Un léger changement de cap est nécessaire pour atteindre le WP M325 au large du cap Peloro, au nord du détroit de Messine.

On doit calculer son horaire de passage du détroit séparant la Sicile de la péninsule italienne en tenant compte des marées. Les courants dans le détroit de Messine dépendent des marées et peuvent atteindre 4 nœuds à mi-marée. Le courant allant vers le sud dure plus longtemps et peut être encore renforcé par un vent de nord. Chaque renverse de marée s'accompagne d'un ou plusieurs mascarets. Ces vagues ne sont dangereuses que pour les petites embarcations si un vent fort souffle contre le courant de marée. Le courant de marée porte au sud au reflux et au nord au flux. Ceux qui se dirigent vers le sud doivent donc prévoir leur arrivée à Peloro, à l'extrémité nord du détroit, à la pleine mer.

M33 *De la Côte d'Azur à Malte*

MEILLEURE PÉRIODE	mai à septembre	
CARTES ROUTIÈRES	BA : 4301	SHOM : 6757
	US : 301	
INSTRUCTIONS NAUTIQUES	BA : 45, 46	SHOM : D22, D23, D3
	US : 130, 131	
GUIDES DE CROISIÈRE	*Italie.*	
WAYPOINTS		

Départ	*Intermédiaire*	*Atterrissage*	*Destination*	*Distance (M)*
Route M33A				
M331 Pomègues	M332 Toro			
43°10'N, 5°20'E	38°50'N, 8°10'E			
	M333 Pantelleria			
	36°55'N, 12°00'E			
	M334 Gozo	M335 Malte NE	La Vallette	646
	36°05'N, 14°27'E	35°56'N, 14°32'E	*35°54'N, 14°31'E*	
Route M33B				
M336 Cap Ferrat	M337 Sanguinaires		Ajaccio	127
43°40'N, 7°17'E	41°54'N, 8°35'E		*41°55'N, 8°44'E*	
	Bonifacio			
	41°23'N, 9°06'E			
	M338 Maddalena E			
	41°15'N, 9°36'E			
	M333 Pantelleria			
	M334 Gozo	M335 Malte NE	La Vallette	607

On peut s'attendre à des vents favorables sur la plus grande partie du passage pendant l'été. Selon le port de départ on a le choix de la route, pouvant passer à droite ou à gauche de la Corse. La route la plus directe (M33A) reste à la fois à l'ouest de la Corse et de la Sardaigne, et est particulièrement recommandée à ceux qui partent de l'un des ports les plus à l'ouest de la Côte d'Azur. Si l'on part d'un port tel que Marseille, du WP M331 à l'est de la petite île de Pomègues, dans le sud-est de la baie de Marseille, on fera une route directe sur le WP M332 à la pointe sud-ouest de la Sardaigne. De là, la route passe par le chenal Skerki et va jusqu'au WP M333 au nord de l'île de Pantelleria.

Les bateaux qui partent de l'un des ports les plus à l'est, tel que Nice, peuvent choisir d'aller d'abord en Corse, puis de prendre une route moins directe (M33B) en passant par les Bouches de Bonifacio puis par l'est de la Sardaigne. Sur cette route, du WP M338 à l'est de Maddalena, on peut établir une route directe vers le WP M333 au nord de Pantelleria. C'est là que se rejoignent les deux routes et l'on continue jusqu'au WP M334 au large de Gozo, avant de changer de cap pour le WP M335 au nord de La Vallette.

A l'arrivée, on contactera le *Valleta Port Control* sur le canal 12 ou 16 avant d'aller à l'un des quais visiteurs de la marina Msida ou de Lazaretto Creek. On peut contacter le *Yachting Centre* sur le canal 9 pour demander un emplacement.

M34 *De la Côte d'Azur à Gibraltar*

MEILLEURE PÉRIODE	avril à mai, octobre			
CARTES ROUTIÈRES	BA : 4301	SHOM : 6757		
	US : 301			
INSTRUCTIONS NAUTIQUES	BA : 45, 46	SHOM : D22, D1		
	US : 130, 131			
GUIDES DE CROISIÈRE	*Straits Sailing Handbook, Mediterranean Spain.*			
WAYPOINTS				
Départ	***Intermédiaire***	***Atterrissage***	***Destination***	***Distance (M)***
Marseille	M341 Pomègues			
43°21'N, 5°19'E	43°10'N, 5°20'E			
	M342 Antonio			
	38°50'N, 0°40'E			
	M343 Palos			
	37°35'N, 0°30'W			
	M344 Gata SE	M345 Europa	Gibraltar	707
	36°25'N, 2°00'W	36°04'N, 5°20'W	*36°08'N, 5°21'W*	

Très peu de bateaux font toute cette route sans s'arrêter, en particulier aux Baléares qui sont sur la route directe et constituent un arrêt très tentant. Les bateaux qui partent des ports situés à l'est de la côte française peuvent faire une route passant à l'est des Baléares. La route directe depuis les ports les plus à l'ouest, tels que Marseille, passe à l'ouest des Baléares et reste à proximité de la côte espagnole sur sa plus grande partie.

Jusqu'aux Baléares, on peut s'attendre à des vents favorables en été. Les probabilités de vents d'est dans la seconde partie de la traversée sont plus fortes à la fin du printemps et de l'automne. Il y a aussi une plus forte probabilité de vents d'est le long de la côte d'Afrique du Nord, il peut alors être payant de suivre une route qui passe plus près de cette côte, mais pas assez pour rencontrer le courant qui porte vers l'est.

Les bateaux quittant Marseille au WP M341 à l'est de la petite île de Pomègues, dans la partie sud-est de la baie de Marseille, doivent d'abord établir une route vers le WP M342, pour passer à mi-distance entre Ibiza et le cap San Antonio sur la côte espagnole. La route continue parallèlement à la côte espagnole jusqu'au WP M343 au cap Palos, avant de changer de cap pour le WP M344 pour passer bien au sud du cap de Gata et éviter le fort courant qui porte à l'est autour du cap. On ne doit se rapprocher de la côte espagnole qu'après avoir doublé le cap de Gata, car le courant vers l'est est plus fort à proximité du cap. La route suit ensuite la côte espagnole de près afin d'éviter le courant qui est plus fort au large. L'autre possibilité, exposée ci-dessus, est de rechercher des vents plus favorables près de la côte africaine.

Après l'atterrissage au sud du phare de la pointe Europa, les bateaux qui souhaitent s'arrêter à Gibraltar iront au quai des douanes, dans Marina Bay, pour faire les formalités. Le quai est situé au sud de la piste d'atterrissage et on l'atteint en dépassant le mole nord. Toutes les marinas de Gibraltar veillent sur le canal 71.

Ceux qui continuent vers l'Atlantique sans s'arrêter se reporteront à la route AN16 pour les conditions météorologiques détaillées dans le détroit de Gibraltar et les indications pour négocier le passage du détroit.

M35 *De la Côte d'Azur à la Corse*

MEILLEURE PÉRIODE	avril à octobre			
CARTES ROUTIÈRES	BA : 1780	SHOM : 7014		
	US : 53100			
INSTRUCTIONS NAUTIQUES	BA : 46	SHOM : D22, D23		
	US : 131			
GUIDES DE CROISIÈRE	*Mer Méditerranée, Corse-Sardaigne.*			
WAYPOINTS				
Départ	*Intermédiaire*	*Atterrissage*	*Destination*	*Distance (M)*
M350 Nice	M351 Cap Ferrat	M352 Corse W	Ajaccio	126
43°42'N, 7°17'E	43°40'N, 7°17'E	41°56'N, 8°39'E	*41°55'N, 8°44'E*	
M350 Nice	M351 Cap Ferrat	M353 Corse N		
		43°03'N, 9°28'E		
		M354 Corse E	Bastia	127
		42°43'N, 9°29'E	*42°42'N, 9°27'E*	

Cette destination de croisière est la préférée des yachts basés sur la Côte d'Azur et devient très encombrée pendant la période des vacances françaises (du 15 juillet au 15 août). Il est souvent impossible de trouver une place au ponton. Il faudra donc visiter la Corse au début ou à la fin de l'été, lorsque le temps est parfait et que le trafic des bateaux est encore à un niveau acceptable. Dans cette zone, les conditions météorologiques les plus mauvaises sont créées par un fort mistral, et bien que les vents de nord-ouest soient d'une direction favorable, il faut éviter de naviguer par fort mistral, moins à cause de la force du vent que de la mer qu'il crée. En cas de menace de mistral, il vaut mieux se diriger vers un port de la côte est de la Corse, comme la marina de Macinaggio, juste au sud du cap Corse, à l'extrémité NE de l'île. La destination favorite de la côte ouest est Ajaccio, qui offre également les meilleurs services de l'île pour les bateaux. La vieille ville de Calvi, au nord d'Ajaccio, constitue une autre destination attrayante. Le port le mieux protégé de l'île est Bonifacio, près du détroit du même nom.

M36 *De la Côte d'Azur à la Tunisie*

MEILLEURE PÉRIODE	mai à octobre			
CARTES ROUTIÈRES	BA : 4301	SHOM : 7014, 7292		
	US : 301			
INSTRUCTIONS NAUTIQUES	BA : 45	SHOM : D22, D3, D6		
	US : 131			
GUIDES DE CROISIÈRE	*Mer Méditerranée, North Africa.*			
WAYPOINTS				
Départ	*Intermédiaire*	*Atterrissage*	*Destination*	*Distance (M)*
M360 Marseille	M361 Pomègues			
43°21'N, 5°19'E	43°10'N, 5°20'E			
	M362 Sardaigne SW			
	39°00'N, 7°55'E			
	M363 Cani			
	37°23'N, 10°05'E			
	M364 Plane	M365 Carthage	Sidi Bou-Saïd	467
	37°12'N, 10°23'E	36°53'N, 10°23'E	*36°52'N, 10°21'E*	

La région de Marseille est sujette à des coups de mistral toute l'année et bien que ce vent de nord-ouest souffle dans une direction favorable, on n'entreprendra pas cette traversée en cas de prévision de mistral car il lève une mer difficile qui crée des conditions de navigation extrêmement pénibles. La route directe passe par la Sardaigne, où l'on pourra trouver refuge en cas de mauvais temps. L'atterrissage se fera au nord du phare des îles Cani, un groupe d'îlots rocheux proche de la côte d'Afrique du Nord. A partir de ce point, la route devient sud vers la vaste baie de Tunis, où la marina de Sidi Bou-Saïd offre les meilleurs services de la région tout en étant un port d'entrée officiel. Elle est également très bien située, proche des ruines de Carthage et de l'aéroport international.

M37 *De la Côte d'Azur à l'Italie*

Meilleure époque	mai à septembre			
Cartes routière	BA : 1780	SHOM : 6757		
	US : 301			
Instructions nautiques	BA : 46	SHOM : D22, D23		
	US : 131			
Guides de croisière	Mer Méditerranée, Corse-Sardaigne, Italie.			
Waypoints				

Départ	*Intermédiaire*	*Atterrissage*	*Destination*	*Distance (M)*
Route M37A				
M370 Antibes	M371 Corse N	M372 Elbe	Portoferraio	151
43°35'N 7°09'E	43°03'N 9°28'E	42°51'N 10°18'E	*42°49'N 10°20'E*	
		M373 Civitavecchia	S Riva di Traiano	232
		42°04'N 11°47'E	*42°04'N 11°48'6E*	
Route M37B	M374 Sanguinaires			
M370 Antibes	41°54'N, 8°35'E			
	M375 Bonifacio W		Anzio	301
	41°20'N 9°03'E		*41°27'N 12°38'E*	
			Naples	381
			40°51'N 14°16'E	

La plupart des ports de la Riviera italienne et de la mer Ligurienne peuvent être atteints à partir de la Côte d'Azur par des étapes côtières relativement courtes. Cependant, si l'on souhaite se rendre dans certains ports de la mer Tyrrhénienne, les routes directes passent si près de la Corse qu'un arrêt y est presque inévitable. L'île d'Elbe et les ports proches de Rome se rejoignent plus facilement en passant par le nord de la Corse, comme le décrit la route M37A. Il y a une zone d'accélération des vents bien connue à proximité de cap Corse, où la force du vent peut augmenter soudainement. Si les conditions météo ne sont pas favorables, il est possible de s'arrêter avant le cap Corse à Calvi, sur la côte NW. Après le cap Corse, on trouve la marina de Macinaggio commodément située sur la côte NE immédiatement au sud du cap. Macinaggio est un bon point de départ pour la suite du voyage vers l'île d'Elbe et son port principal - Portoferraio, situé sur la côte nord.

La côte continentale de l'Italie peut se rejoindre en passant l'île d'Elbe d'un côté ou de l'autre. Marina Riva di Traiano, immédiatement au sud de Civitavecchia, est le port le plus commode pour visiter Rome.

On rejoint les ports de la partie sud de la mer Tyrrhénienne en laissant la Corse à bâbord et en passant par les Bouches de Bonifacio. Le joli port du même nom se trouve juste au nord du détroit, qui est encombré de roches et d'îlots mais qui n'est pas difficile à négocier si l'on fait attention. Une fois en pleine mer, on peut faire une route directe jusqu'au port de destination. Si l'on envisage un arrêt sur la côte est de la Sardaigne, il faut prendre le chenal sud des Bouches de Bonifacio. Les vents dominants en mer Tyrrhénienne soufflent de SE, en particulier près du continent, où ils tendent à suivre la côte. Voir aussi les routes MS32 et MS35.

M40 ROUTES DEPUIS LA SICILE

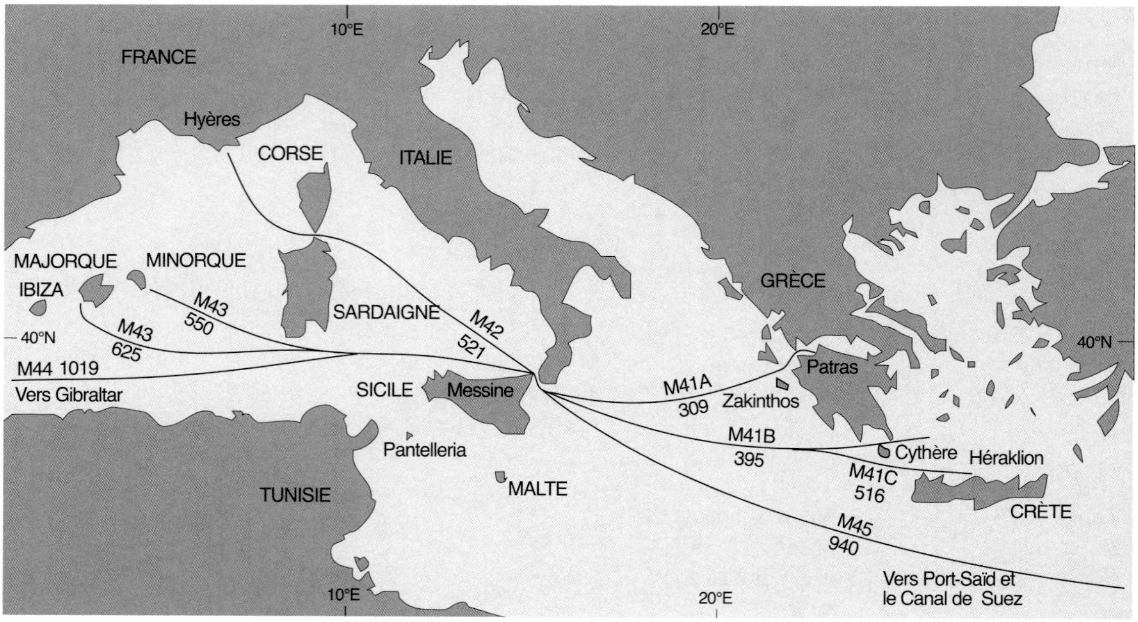

M40 Routes depuis la Sicile

La plupart des bateaux qui traversent la Méditerranée relâchent dans un port sicilien ou au moins traversent le détroit de Messine. Située au carrefour de plusieurs routes maritimes, la Sicile a de nombreux bons ports dans lesquels s'arrêter plus ou moins longuement. Pour les bateaux qui préparent une traversée vers la Grèce ou au-delà, il y a plusieurs ports au sud du détroit de Messine. Le petit port de Taormine a l'avantage non seulement d'être proche du détroit mais aussi de permettre une excursion vers l'Etna. Un port commode sur la rive est du détroit de Messine est Reggio di Calabria, qui offre une marina avec carburant et autre approvisionnement.

En été, une forte brise de mer souffle sur les côtes de Sicile pendant la journée, de nord-est à Palerme, de nord-est à sud à Syracuse, et de sud à sud-ouest à Agrigente, sur la côte sud. Dans le détroit de Messine, le vent a tendance à souffler de nord ou de sud dans l'axe du détroit, selon les conditions dominantes. Quelquefois, le vent sera nord-est sur la côte est, nord-ouest sur la côte ouest, et très faible au milieu. Une autre possibilité est qu'il soit sud à sud-est à l'entrée sud du détroit, virant d'un seul coup au nord-ouest à l'entrée nord, ce qui crée une grosse mer. De violentes rafales dévalent les reliefs élevés, ce qui, allié à de forts courants de marée et à de nombreux tourbillons et veines de courants, contribue à perpétrer la réputation des Charybde et Scylla de l'Odyssée. Des mirages de toutes sortes se produisent parfois dans le détroit. Les courants dans le détroit de Messine dépendent de la marée et peuvent atteindre plus de 4 nœuds. Le courant portant au sud dure plus longtemps et peut être renforcé par un vent de nord. Chaque changement de marée s'accompagne de plusieurs mascarets. Ces vagues ne sont dangereuses que pour les petites embarcations lorsqu'un vent fort souffle contre le courant de marée. On choisira le bon moment de la marée pour passer le détroit avec un courant favorable. Le courant de marée porte au sud au reflux et au nord au flux. Ceux qui se dirigent vers le sud doivent donc prévoir leur arrivée à Peloro, à l'extrémité nord du détroit, à la pleine mer.

M41 *De la Sicile à la Grèce*

Meilleure période	mai à octobre			
Cartes routières	BA : 1439	SHOM : 7016		
	US : 302			
Instructions nautiques	BA : 45, 47, 48	SHOM : D3, D5		
	US : 131, 132			
Guides de croisière	*Grèce-Mer Égée, Grèce-Mer Ionienne.*			
Waypoints				
Départ	*Intermédiaire*	*Atterrissage*	*Destination*	*Distance (M)*
Route M41A				
M410 Messine	M411 Armi			
38°11'N, 15°37'E	37°54'N, 15°37'E			
	M412 Spartivento	M413 Zante	Patras	309
	37°55'N, 16°06'E	38°00'N, 20°30'E	*38°15'N, 21°44'E*	
Route M41B				
M410 Messine	M411 Armi		Pilos	316
			36°55'N 21°42'E	
Route M41C				
M410 Messine	M411 Armi			
	M414 Sapientza			
	36°45'N, 21°35'E			
	M415 Tainaron			
	36°22'N, 22°30'E			
	M416 Cythère	M417 Malea		395
	36°26'N, 22°56'E	36°23'N, 23°12'E		
Route M41D				
M410 Messine	M411 Armi			
	M414 Sapientza			
	M415 Tainaron			
	M418 Anticythère	M419 Dhia	Héraklion	516
	35°49'N, 23°20'E	35°30'N, 25°08'E	*35°16'N, 25°09'E*	
Route M41E				
M110 Messine	M411 Armi			
	M4111 Spartivento	M4112 Kerkira	Corfou	297
	37°45'N 16°05'E	39°20'N 20°05'E	*39°37'N 19°57'E*	

Après avoir passé le détroit de Messine, les bateaux qui vont en mer Egée peuvent le faire soit en empruntant le canal de Corinthe (route M41A), soit en contournant l'extrémité du Péloponnèse (route M41C). La route nord a l'avantage d'atteindre les ports du golfe de Salonique et les îles du centre de la mer Egée plus directement. Ceci est important en été, lorsque le meltem souffle fort et que des vents contraires peuvent rendre très difficile la route vers ces mêmes îles si l'on arrive par le sud-ouest. Au printemps et en automne, la route sud est une alternative acceptable. On la préférera également si l'on va en Crète, à Rhodes ou plus à l'est.

Une fois passé le détroit, du WP M410 au large du port de Messine, la route va tout d'abord plein sud jusqu'au WP M411 au large du cap dell'Armi.

Les bateaux prenant la route nord changeront de cap pour le WP M412, au sud du cap Spartivento. De là, on fera une route directe à travers la mer Ionienne jusqu'au WP M413 au nord de l'île de Zakinthos, aux abords du golfe de Patras. Ceux qui souhaitent faire les formalités d'entrée en Grèce peuvent le faire au port de Zakinthos, sur la côte est de l'île du même nom. Ceux qui préfèrent continuer vers le canal de Corinthe peuvent faire les formalités d'entrée en Grèce plus à l'est, par exemple au port de Patras, près de l'entrée ouest du canal. Pilos, la destination finale de la route M41B, est un port commode d'entrée sur la côte SW du Péloponnèse. Ce joli port est situé dans une baie bien abritée qui fut le théâtre de plusieurs batailles au cours de l'histoire, et constitue un excellent point de départ pour une croisière en Grèce.

Du WP M411 au sud du détroit de Messine, les bateaux prenant la route sud peuvent faire route directe sur le WP M414, au sud-ouest de l'île Sapienza. De là, la route contourne les trois doigts du Péloponnèse en passant par les WP M415 et M416 jusqu'au WP M417 final. Le dernier WP, au cap Malea, est à l'extrémité sud-ouest de la mer Egée, avec ses multiples destinations.

Les bateaux qui vont en Crète (route M41C) quitteront la route ci-dessus au WP M415 et établiront une nouvelle route vers le WP M418 au sud de l'île d'Anticythère. De là, la route est parallèle à la côte nord de la Crète jusqu'au WP M419 à l'ouest de l'île Dhia, aux abords d'Héraklion, port principal et capitale de la Crète. Les bateaux entrent dans le vieux port vénitien où se trouvent de nombreux pontons. S'il n'y a pas de place, on peut aller au quai situé immédiatement à l'est du port réservé aux petits bateaux.

Pour aller à Corfou, on suit la route M41E qui passe au sud du cap Spartivento avant de traverser la mer Ionienne vers les côtes grecques. Le temps à proximité de la côte continentale italienne peut changer brusquement, engendrant une mer confuse. La route mène au WP M4112 aux abords de l'extrémité méridionale de l'île de Kerkira (Corfou), puis on suit sa côte E jusqu'au port principal du même nom.

M42 *De la Sicile à la Côte d'Azur*

MEILLEURE PÉRIODE	mai à juin, septembre, octobre	
CARTES ROUTIÈRES	BA : 4301	SHOM : 6757
	US : 301	
INSTRUCTIONS NAUTIQUES	BA : 45, 46	SHOM : D3, D22
	US : 130, 131	
GUIDES DE CROISIÈRE	*Mer Méditerranée, Corse-Sardaigne.*	
WAYPOINTS		

Départ	*Intermédiaire*	*Atterrissage*	*Destination*	*Distance (M)*
M421 Peloro 38°19'N, 15°39'E	M422 Panaréa 38°35'N, 15°00'E M423 Maddalena NE 41°16'N, 9°27'E M424 Pertusato *41°20'N, 9°05'E*	M425 Porquerolles 43°00'N, 6°20'E	Hyères *43°05'N, 6°10'E*	521

La route directe du détroit de Messine à la Corse passe par les îles Eoliennes et traverse la mer Tyrrhénienne vers les Bouches de Bonifacio. Il existe plusieurs chenaux à travers ce détroit, le passage principal (Boca Grande) étant le plus facile. Cette route est souvent empruntée par les bateaux qui vont vers le canal du Midi, à la fin de leur traversée de la Méditerranée. Avec des vents persistants de nord-ouest il est préférable d'aller de Corse au port le plus proche de la côte française et de continuer vers l'ouest en naviguant le long de la côte. C'est aussi la méthode recommandée pour éviter un fort mistral, lorsque les conditions peuvent devenir très difficiles dans le golfe du Lion et qu'il vaut mieux attendre une amélioration dans l'un des nombreux ports de la côte.

Après avoir négocié le détroit de Messine, à partir du WP M421 au nord du détroit, on fait une route initiale vers le WP M422 à l'ouest de l'île de Panaréa. De là, la route continue vers le WP M423 près de l'île de Maddalena, aux abords des Bouches de Bonifacio. Ce détroit qui sépare la Corse et la Sardaigne est parsemé de rochers et d'îlots, cependant les chenaux sont clairement marqués et sa traversée n'est pas difficile. Si l'on ne souhaite pas s'arrêter en Corse, lorsqu'on a gagné la pleine mer, à partir du WP M424 à l'ouest du cap Pertusato, on peut faire route directe vers la côte continentale française et le WP M425. Un bon atterrissage se trouve à l'est de l'île de Porquerolles à l'entrée de la baie d'Hyères. On peut faire une première escale à Porquerolles, où se trouve un petit port (43°00'N, 6°12'E). Hyères a une grande marina et est l'un des plus grands centres pour la voile de la Côte d'Azur.

Une autre possibilité pour ceux qui souhaitent visiter les ports de l'est de la Côte d'Azur est de rester à l'est de la Corse et de traverser vers le continent depuis son extrémité nord. Sur cette route, on prendra les vents d'été de nord-ouest sous un meilleur angle et on pourra aussi éviter le plus gros d'un coup de mistral.

A cause des difficultés d'un passage par le détroit de Messine du sud vers le nord, une autre possibilité pour les bateaux qui vont de Grèce en Corse ou au sud de la France est de passer au sud de la Sicile et ainsi d'éviter le détroit de Messine.

M43 *De la Sicile aux Baléares*

Meilleure période	mai à juin, septembre à octobre	
Cartes routières	BA : 165, 2717	SHOM : 6757
	US : 301	
Instructions nautiques	BA : 45	SHOM : D3, D1
	US : 131	
Guides de croisière	*Baléares.*	
Waypoints		

Départ	*Intermédiaire*	*Atterrissage*	*Destination*	*Distance (M)*
M431 Peloro	M432 Vulcano			
38°19'N, 15°39'E	38°20'N, 15°00'E			
	M433 Sardaigne S	M434 Minorque E	Mahon	550
	38°30'N, 8°00'E	39°52'N, 4°22'E	*39°52'N, 4°19'E*	
	M435 Salinas	M436 Majorque S	Palma	625
	39°13'N, 3°05'E	39°26'N, 2°40'E	*39°33'N, 2°38'E*	

La plupart des bateaux allant de Sicile aux Baléares partent du détroit de Messine. Du WP M431 au nord du détroit, la route est ouest, parallèle à la côte nord de la Sicile, jusqu'au WP M432 au sud de l'île de Vulcano. La route change alors de cap vers le WP M433 au sud de la Sardaigne. De ce point, les bateaux se dirigeant vers Minorque peuvent faire route vers le WP M434 au large du cap Negro, d'où l'on emprunte l'étroit chenal qui mène au port de Mahon.

Les bateaux qui vont à Palma de Majorque feront route du WP M433 au WP M435 au large du cap Salinas, à l'extrémité sud-est de Majorque. De là, on change de cap vers le WP M436 dans la baie de Palma. Il y a plusieurs marinas dans la baie de Palma, mais la plus pratique, car la plus proche du centre ville, est la marina du Real Club Nautico, située dans la Darse San Pedro, dans la partie est du port. Le club veille en permanence sur le canal 9. A leur arrivée, les yachts doivent se rendre au quai visiteurs pour obtenir un emplacement.

M44 *De la Sicile à Gibraltar*

Meilleure période	mai à juin, octobre	
Cartes routières	BA : 4301	SHOM : 6757
	US : 301	
Instructions nautiques	BA : 45	SHOM : D3, D6
	US : 130, 131	
Guides de croisière	*Straits Sailing Handbook, Baléares.*	

WAYPOINTS

Départ	*Intermédiaire*	*Atterrissage*	*Destination*	*Distance (M)*
M441 Peloro 38°19'N, 15°39'E	M442 Vulcano 38°20'N, 15°00'E			
	M443 Sardaigne S 38°30'N, 8°00'E			
	M444 Gata SE 36°25'N, 2°00'W	M445 Europa 36°04'N, 5°20'W	Gibraltar *36°08'N, 5°21'W*	1019

Les bateaux qui ont passé le détroit de Messine suivront une route parallèle à la côte nord de la Sicile. Du WP M441 au large du cap Peloro, au nord du détroit de Messine, on suit une première route vers le WP M442 au sud de l'île de Vulcano. La route continue presque plein ouest jusqu'au WP M443 au sud de la Sardaigne. On fait alors une longue étape au large vers le WP M444 positionné bien au sud du cap Gata, pour éviter le fort courant portant à l'est autour du cap. On peut quitter la route du large après le cap Gata pour se rapprocher de la côte espagnole et éviter le courant qui est plus fort au large.

Les probabilités de vent d'est sur cette route sont plus fortes à la fin du printemps et de l'automne. La proportion de vents d'est est supérieure le long de la côte d'Afrique du Nord, c'est pourquoi, si l'on a accès à des prévisions météorologiques, il peut être préférable de suivre une route plus proche de cette côte, mais pas trop cependant pour ne pas rencontrer le courant qui porte à l'est.

Après l'atterrissage au WP M445 au sud du phare de la pointe Europa, les bateaux doivent aller au quai des douanes, dans Marina Bay, pour faire les formalités d'entrée. Le quai est situé au sud de la piste d'atterrissage, on l'atteint après le môle Nord. Toutes les marinas de Gibraltar veillent sur le canal 71.

Ceux qui continuent vers l'Atlantique sans s'arrêter se reporteront à la route AN16 pour les précisions sur les conditions météorologiques dans le détroit de Gibraltar et sur la manière de négocier le détroit.

M45 *De la Sicile à Port-Saïd*

MEILLEURE PÉRIODE	juin à août	
CARTES ROUTIÈRES	BA : 4302 US : 302	SHOM : 7016
INSTRUCTIONS NAUTIQUES	BA : 45, 49 US : 130, 131, 132	SHOM : D5, D6
GUIDES DE CROISIÈRE	*Mediterranean Cruising Handbook, Red Sea Pilot.*	

WAYPOINTS

Départ	*Intermédiaire*	*Atterrissage*	*Destination*	*Distance (M)*
M451 Messine 38°11'N, 15°37'E	M452 Armi 37°54'N, 15°37'E			
	M453 Damiette 32°00'N, 31°50'E	M454 Saïd 31°25'N, 32°18'E	Port-Saïd *31°15'N, 32°18'E*	940

On peut s'attendre à des vents favorables sur cette route pendant la plus grande partie de l'année. A cause du courant qui porte normalement vers l'est le long de la côte égyptienne, renforcé par les eaux du Nil, en particulier lorsque le fleuve est en crue, on fera l'atterrissage à l'ouest de Port-Saïd. Les fonds étant peu profonds dans toute cette zone, on ne se rapprochera pas de la côte au-delà de la ligne des 20 brasses et l'on suivra cette ligne jusqu'à Damiette. Les bateaux qui font cette traversée vont généralement en mer Rouge et ne font leur entrée en Egypte que pour passer le canal de Suez. Ceux qui souhaitent s'arrêter dans un port égyptien avant Port-Saïd peuvent aller à Alexandrie.

Cependant les services pour les bateaux de passage sont limités dans ce port, les seuls possibles sont à l'Alexandria Yacht Club, qui est l'un des clubs les moins accueillants du monde. Ceux qui souhaitent visiter l'intérieur de l'Égypte auront alors intérêt à le faire depuis Port-Saïd ou Suez, dont les yachts clubs sont beaucoup plus amicaux.

Après avoir passé le détroit de Messine, on fait d'abord route du WP M451 jusqu'au WP M452 au large du cap dell'Armi. De là, on peut faire une route directe vers le WP M453 au large du bras de Damiette du Nil. De là, on change de cap pour le WP M454 aux abords nord de Port-Saïd et du canal de Suez. La côte égyptienne étant basse, sans repère, et les fonds étant peu profonds jusqu'à plusieurs milles au large, il est difficile d'être sûr de la position de Port-Saïd, si l'atterrissage est fait trop à l'est ou trop à l'ouest. La situation est encore compliquée par de forts courants occasionnels, qui peuvent être influencés par l'état des eaux du Nil.

Le groupe de cargos à l'ancre est en général la meilleure indication que l'on approche de Port-Saïd. Le chenal d'entrée à Port-Saïd s'étend à plusieurs milles au nord et est bien balisé par des bouées. On doit le prendre à son extrémité nord sans prendre de raccourci car un grand nombre d'épaves gisent en dehors du chenal. Les petits navires sont autorisés à entrer dans le port sans pilote et toutes les formalités peuvent être accomplies lorsque le bateau est au Fouad Yacht Club. Ce dernier est situé du côté est du port. Voir page M75 les précisions concernant le passage du canal de Suez.

M50 ROUTES DEPUIS MALTE

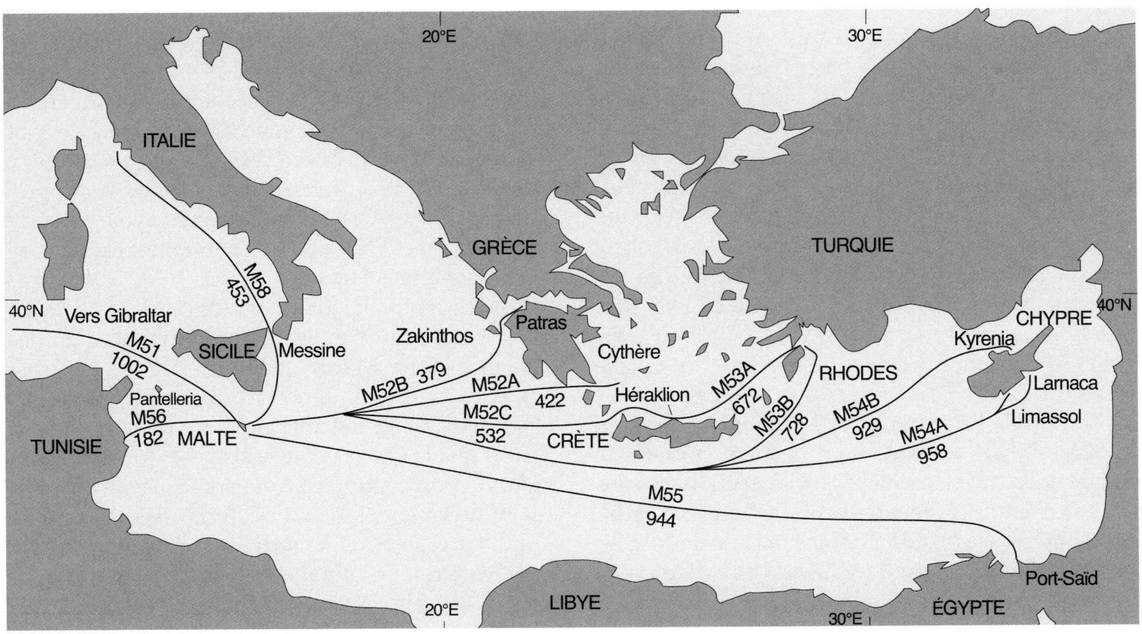

M50 Routes au départ de Malte

La position de Malte au centre de la Méditerranée en fait un point de départ idéal pour l'est comme pour l'ouest. Les services sont parmi les meilleurs que l'on puisse trouver en Méditerranée car Malte était un important centre de yachting bien avant que les Baléares, la Costa del Sol, la Grèce et la Turquie ne deviennent des destinations de croisière aussi fréquentées. Sa situation, ses excellents ateliers de réparation et son climat agréable en font un bon lieu d'hivernage.

Il fait chaud en été et doux en hiver. On est si proche de la côte africaine que le temps est largement influencé par ce vaste continent. Le sirocco peut y souffler fort et on observe aussi une rotation des vents dans la journée due à de fortes brises de terre et de mer.

M51 *De Malte à Gibraltar*

MEILLEURE PÉRIODE	avril à mai, octobre	
CARTES ROUTIÈRES	BA : 4301	SHOM : 6757
	US : 301	
INSTRUCTIONS NAUTIQUES	BA : 45	SHOM : D3, D6
	US : 130, 131	
GUIDES DE CROISIÈRE	*Straits Sailing Handbook.*	
WAYPOINTS		

Départ	*Intermédiaire*	*Atterrissage*	*Destination*	*Distance (M)*
M511 Malte NE 35°56'N, 14°32'E	M512 Gozo 36°05'N, 14°27'E			
	M513 Pantelleria 36°55'N, 12°00'E			
	M514 Sentinelle S 38°00'N, 9°40'E			
	M515 Gata SE 36°25'N, 2°00'W	M516 Europa 36°04'N, 5°20'W	Gibraltar *36°08'N, 5°21'W*	1002

La plupart des passages sur cette route se font en automne, lorsque les bateaux qui ont passé l'été en Méditerranée orientale se hâtent vers l'ouest pour se joindre à l'exode annuel vers les Caraïbes. Selon la direction du vent, après Malte, la route peut passer au nord ou au sud de l'île de Pantelleria. Si l'on rencontre de forts vents de nord-ouest au sud-ouest de la Sicile on pourra se réfugier sous le vent de Pantelleria. Avec des vents contraires persistants, il vaudra mieux partir de Malte vers la Tunisie en restant près de la côte tunisienne jusqu'au cap Bon. Après le cap Bon, la route restera au large pour éviter le courant portant à l'est le long de la côte d'Afrique.

A la fin de l'été, au début de l'automne, on peut s'attendre à des vents de nord pendant la première moitié de la traversée, alors que la seconde moitié a plus de chances d'avoir des vents favorables d'est au printemps et à la fin de l'automne. A la fin de l'été, les périodes de calmes sont fréquentes sur cette route, particulièrement à proximité de Malte.

A moins de disposer de prévisions météorologiques fiables, on prendra la route la plus courte. Du WP M511, à l'extérieur du port de La Vallette, on fera d'abord route en passant à l'est de Gozo. De ce point (M512), la route vire au nord et passe au nord de Pantelleria par le WP M513 et continue jusqu'au WP M514, au sud de la Sardaigne. De là, la route devient ouest et passe bien au sud du cap Gata, à l'extrémité sud-est de la péninsule ibérique. On ne se rapprochera de la côte espagnole qu'après avoir passé ce cap, à cause du fort courant portant à l'est dans sa proximité immédiate.

Après avoir fait leur atterrissage au sud du phare de la pointe Europa, les bateaux iront au quai des douanes dans Marina Bay, au sud de la piste d'atterrissage, pour faire les formalités d'entrée. Les deux plus anciennes marinas sont dans cette baie, tandis que la Queensway Marina se trouve à l'intérieur du port commercial, devant lequel on passe en allant au quai des douanes. Toutes les marinas de Gibraltar veillent sur le canal 71.Les bateaux qui passent le détroit de Gibraltar sans s'arrêter se reporteront à la route AN16 pour les précisions sur les conditions météorologiques dans le détroit de Gibraltar et la façon de négocier le détroit.

M52 *De Malte à la Grèce*

Meilleure période	avril à mai, octobre			
Cartes routières	BA : 1439	SHOM : 7016		
	US : 302			
Instructions nautiques	BA : 45, 47, 48	SHOM : D3, D5		
	US : 130, 131, 132			
Guides de croisière	*Grèce-Mer Égée, Grèce-Mer Ionienne.*			
Waypoints				
Départ	*Intermédiaire*	*Atterrissage*	*Destination*	*Distance (M)*
Route M52A				
M521 Malte E	M522 Tainaron			
35°54'5N, 14°31'5E	36°20'N, 22°28'E			
	M523 Cythère	M524 Malea		422
	36°26'N, 22°56'E	36°23'N, 23°12'E		
Route M52B		M525 Zante S	Patras	379
M521 Malte E		37°32'N, 20°50'E	*38°15'N, 21°44'E*	
Route M52C				
M521 Malte E	M526 Gramvousa			
	35°45'N, 23°35'E			
	M527 Spathi	M528 Dhia	Héraklion	532
	35°46'N, 23°45'E	35°30'N, 25°08'E	*35°16'N, 25°09'E*	

Sur cette route qui traverse la mer Ionienne vers l'est, les vents sont variables tout au long de l'année, avec une fréquence plus grande de vents d'ouest en hiver. Les vents de nord sont prédominants en été, et les vents légers et les calmes sont plus courants au début et à la fin de l'été. La route la plus directe vers la mer Egée (M52A) passe au sud du Péloponnèse et arrive aux Cyclades par le sud-ouest. On peut prendre l'un ou l'autre des trois passages qui séparent le cap Malea de la Crète, toutefois c'est le passage Elafonisos, le plus au nord, entre l'île de Cythère et le cap Malea, qui est généralement emprunté car il est le plus protégé des vents dominants. Les bateaux qui prennent cette route directe vers la mer Egée peuvent faire route du WP M521, au large du port de La Valette, vers le WP M522, au large du cap Tainaron, sur le doigt du milieu du Péloponnèse. On change alors de cap vers le WP M523 pour bien déborder l'extrémité nord de l'île de Cythère. On arrive en mer Egée au dernier WP (M524), au large du cap Malea, d'où l'on a le choix d'une multitude de destinations. Ceux qui souhaitent ne pas aller directement en mer Egée et visiter quelques ports sur la côte du Péloponnèse en chemin doivent faire leur atterrissage à Pilos (36°55'N 21°42'E). Ce joli port est situé dans une baie bien abritée qui fut le théâtre de plusieurs batailles au cours de l'histoire, et constitue un excellent point de départ pour une croisière en Grèce.

A cause de la constance des vents de nord en mer Egée pendant l'été, il est préférable, de la mi-juin à la fin août, d'arriver aux Cyclades par le nord-ouest plutôt que par le sud-ouest, comme décrit ci-dessus, et donc c'est la route M52B qui est recommandée en été. En prenant le WP M521 comme point de départ de Malte, on peut faire route directe sur le WP M525, au sud de Zakinthos. On contourne la côte sud de cette île pour suivre le chenal qui la sépare de la côte du Péloponnèse. Ceux qui souhaitent faire les formalités d'entrée en Grèce dès que possible peuvent les faire au port de Zakinthos. Pour ceux qui ne veulent pas s'arrêter, la route continue de Zakinthos vers les golfes de Patras et de Corinthe et arrive en mer Egée par le canal de Corinthe.

Les bateaux qui vont en Crète (M52C) doivent prendre une route plus sud que la M52A et emprunter le chenal d'Anticythère, au sud de la petite île du même nom, puis continuer parallèlement à la côte nord de la Crète. L'atterrissage peut être fait au WP M526, au cap Gramvousa, à l'extrémité nord de la Crète. De là, on fait cap vers le WP M527 pour passer au nord du cap Spathi. Les bateaux qui vont à Héraklion doivent continuer jusqu'au WP M528, à l'ouest de l'île Dhia, aux abords de la capitale de la Crète. Les bateaux pénètrent dans le vieux port vénitien, où se trouvent de nombreux pontons. S'il n'y a pas de place, les bateaux de croisière peuvent utiliser le quai situé immédiatement à l'est du port des petits bateaux.

M53 *De Malte à Rhodes*

Meilleure période	juin à août			
Cartes routières	BA : 1439	SHOM : 7016		
	US : 302			
Instructions nautiques	BA : 45, 48	SHOM : D3, D5		
	US : 130, 131, 132			
Guides de croisière	*Grèce-Mer Ionienne, Grèce-Mer Égée.*			
Waypoints				

Départ	*Intermédiaire*	*Atterrissage*	*Destination*	*Distance (M)*
Route M53A				
M531 Malte E	M532 Crete NW	M533 Rhodes NW	Mandraki	672
35°54'5N, 14°31'5E	35°45'N, 23°30'E	36°25'N, 28°12'E	*36°27'N, 28°14'E*	
Route M53B				
M531 Malte E	M534 Crete S			
	34°45'N, 24°07'E			
	M535 Koufonisi			
	34°45'N, 26°10'E			
	M536 Rhodes E	M537 Rhodes NE	Mandraki	728
	36°00'N, 28°10'E	36°26'N, 28°16'E		

L'île de Rhodes est un point de départ utile pour les croisières vers l'est de la Turquie et cette traversée au départ de Malte s'effectue généralement au début de l'été lorsque les vents sont variables sur cette route. On trouve les meilleurs vents en été lorsque les vents de nord sont dominants sur la plus grande partie du chemin. Il existe deux routes pour aller de Malte à Rhodes, et chacune a son intérêt. La route qui contourne la côte nord de la Crète (M53A) plaira à ceux qui préfèrent faire quelques arrêts en chemin. Du WP M531, au large du port de La Vallette, on fait route directe vers le WP M532, dans le chenal d'Anticythère, entre l'île du même nom et la côte nord-ouest de la Crète. De là, la route coupe par le sud de la mer Egée vers le WP M533, au nord-ouest du port de Mandraki, sur la côte nord-ouest de Rhodes. La route pare les dangers au nord de la Crète, qui sont tous balisés par des feux.

Ceux qui souhaitent aller à Rhodes en faisant une route au large, qui reste au sud de la Crète (M53B), pourront trouver de meilleures conditions sur cette route qui est un peu plus longue. Elle évite la houle que l'on rencontre dans le sud de la mer Egée en été, mais l'on peut se retrouver déventé sous le vent de la Crète. Lorsqu'on navigue sous le vent de cette île, surtout en juillet et en août, lorsque le meltem souffle fort en mer Egée, de violentes rafales dévalent parfois les pentes abruptes de la côte sud de la Crète.

Les bateaux prenant la route M53B, depuis le WP M531, au large de La Valette doivent mettre le cap vers le WP M534, au sud de l'île de Gavdhos. Depuis ce point la route continue plein est, parallèle à la côte sud de la Crète, jusqu'au WP M535. A ce point, la route s'incurve vers le nord-est vers le WP M536, au large de l'extrémité sud-est de Rhodes, avant de se diriger vers le WP M537, aux abords est du port de Mandraki. Le port est atteint en contournant l'extrémité nord du port de Rhodes. Mandraki (Limin Rhodou) est toujours bondé et les bateaux de passage y trouveront difficilement une place. Une extension du port a eu lieu en 1994.

M54 *De Malte à Chypre*

MEILLEURE PÉRIODE	juin à août			
CARTES ROUTIÈRES	BA : 1439 US : 302		SHOM : 7016	
INSTRUCTIONS NAUTIQUES	BA : 45, 49 US : 130, 131, 132		SHOM : D3, D6	
GUIDES DE CROISIÈRE	*Turquie et Chypre.*			
WAYPOINTS				
Départ	*Intermédiaire*	*Atterrissage*	*Destination*	*Distance (M)*
Route M54A				
M541 Malte E 35°54.5'N, 14°31.5'E	M542 Crete S 34°45'N, 24°07'E			
	M543 Zevgari 34°33'N, 32°55'E			
	M544 Akrotiri SW 34°34'N, 33°03'E	M545 Akrotiri NW 34°39'N, 33°03'E	Limassol *34°39'N, 33°03'E*	923
	M546 Kiti 34°47'N, 33°39'E	M547 Dades 34°52'N, 33°39'E	Larnaca *34°55'N, 33°38'E*	958
Route M54B				
M541 Malte E	M542 Crete S			
	M548 Chypre NW 35°26'N, 32°55'E	M549 Snake 35°22'N, 33°15'E	Kyrenia *35°20'N, 33°19'E*	929

La route pour Chypre passe immédiatement au sud de la Crète et, en cas de fort vent de nord, il est possible de serrer la côte pour profiter de l'abri procuré par cette île élevée. Il faut cependant, en naviguant près de la côte, prendre garde aux fortes rafales qui descendent par endroits avec violence les pentes escarpées des montagnes jusqu'à la mer.

A cause de la déclaration d'indépendance de la partie turque de Chypre et du désaccord toujours en cours sur la partition, les autorités de la partie grecque refusent parfois d'accueillir les bateaux qui sont allés au nord avant de visiter le sud. C'est pourquoi ceux qui souhaitent aller au nord de Chypre doivent le faire après avoir visité le sud. Le nord de Chypre, et en particulier le joli port de Kyrenia, est un bon point de départ pour visiter la côte sud voisine de la Turquie.

Les bateaux allant dans la partie sud de Chypre (route M54A), feront tout d'abord route du WP M541, à l'extérieur du port de La Vallette, vers le WP M542, au sud de l'île de Gavdhos, petite île située au large de l'extrémité sud-ouest de la Crète. La route continue alors parallèlement à la Crète et traverse jusqu'au WP M543, au sud-ouest du cap Zevgari, sur la côte sud de Chypre. On continue ensuite jusqu'au WP M544, au large du cap Gata, d'où les bateaux qui vont à Limassol changeront de cap pour le WP M545, à l'angle nord-ouest de la baie Akrotiri. On peut jeter l'ancre dans le port de commerce ou dans le port de pêche tout proche. La marina de Limassol est à 6 milles au nord-est (34°42'5N, 33°09'5E). La marina utilise comme indicatif Sheraton Harbour et veille sur les canaux 9 et 16.

Les bateaux se rendant à Larnaca traverseront la baie Akrotiri jusqu'au WP M546, au large du cap Kiti. Puis ils changeront de cap pour le WP M547, au large du cap Dadès, au sud du port de Larnaca. La marina de Larnaca veille sur le canal 16. On pourra vous demander de mouiller à l'extérieur du port pendant qu'on vous cherche un emplacement.

Les bateaux qui suivent la route M54B pour le nord de Chypre emprunteront la même route jusqu'au WP M542, au sud-ouest de la Crète. La route passe alors tout près de Gaidhouronisi, une autre petite île située au large de la Crète et continue jusqu'au WP M548, au cap Kormakiti, à l'extrémité nord-ouest de Chypre. On change alors de cap pour le WP M549, au large de l'île Snake, à l'ouest de Kyrenia (Gyrne). La capitale de la partie nord de Chypre a un petit port et des services beaucoup plus limités que ceux que l'on trouve au sud. En général, les yachts vont dans le port intérieur de Kyrenia, qui est très joli mais aussi très petit. Il n'y a pas de feux aux abords de ce vieux port, il faut donc éviter les arrivées de nuit. Le nouveau port de commerce est situé au nord-est de la ville.

M55 *De Malte à Port-Saïd*

Meilleure période	juin à août			
Cartes routières	BA : 4302	SHOM : 7016		
	US : 302			
Instructions nautiques	BA : 45, 49	SHOM : D3, D6		
	US : 130, 131, 132			
Guides de croisière	*Mediterranean Cruising Handbook, Red Sea Pilot.*			
Waypoints				
Départ	*Intermédiaire*	*Atterrissage*	*Destination*	*Distance (M)*
M551 Malte E 35°54.5'N, 14°31.5'E	M552 Damiette 32°00'N, 31°50'E	M553 Saïd 31°25'N, 32°18'E	Port-Saïd *31°15'N, 32°18'E*	944

Les vents de nord favorables sont dominants sur cette route en été. Si l'on fait cette traversée en hiver ou avec de forts vents de nord, il peut être judicieux de serrer la côte de la Crête, car il y a plusieurs ports sur sa côte sud où trouver refuge en cas de mauvais temps. Cependant, en naviguant près de la Crète, il faut prendre garde aux fortes rafales qui dévalent par endroits avec violence les pentes escarpées des montagnes jusqu'à la mer.

Les bateaux qui entreprennent cette traversée vont en général en mer Rouge et ne font les formalités d'entrée en Égypte que pour le canal de Suez. Ceux qui souhaitent s'arrêter dans un port égyptien avant Port-Saïd peuvent le faire à Alexandrie. Mais les services pour les bateaux de passage sont limités dans ce port et les seuls disponibles sont ceux de l'Alexandria Yacht Club, qui est l'un des clubs les moins accueillants du monde. Ceux qui souhaitent visiter l'Égypte préféreront le faire de Port-Saïd ou de Suez, dont les yachts clubs sont beaucoup plus accueillants.

On pourra faire route directe depuis Malte et le WP M551 jusqu'au WP M552, au nord de l'embouchure du bras de Damiette du Nil, aux abords de Port-Saïd. A ce point, on changera de cap pour le WP M553, au nord de Port-Saïd, à l'entrée du chenal menant au canal de Suez. La côte basse et sans amer ainsi que les fonds peu profonds qui s'étendent à plusieurs milles au large, font qu'il est très difficile de s'assurer de la position de Port-Saïd si l'atterrissage a été fait trop à l'est ou à l'ouest. La situation est encore compliquée par les forts courants qui peuvent se produire dans cette zone et qui sont influencés par l'état des eaux du Nil.

Le groupe de cargos au mouillage est en général le premier signe que l'on approche Port-Saïd. Le chenal d'approche à Port-Saïd s'étend loin au large et il ne faut pas prendre de raccourci, car de nombreuses épaves gisent en dehors du chenal. Les petits navires sont autorisés à entrer dans le port sans pilote et l'on peut faire toutes les formalités après s'être mis au ponton au Fouad Yacht Club. Ce dernier est situé sur le côté est du port. Reportez-vous au chapitre 23 pour tous les détails sur le passage du canal de Suez.

M56 *De Malte à la Tunisie*

Meilleure période	mai à octobre			
Cartes routières	BA : 165	SHOM : 6606		
	US : 301			
Instructions nautiques	BA : 45	SHOM : D3, D6.		
	US : 131			
Guides de croisière	*North Africa.*			
Waypoints				
Départ	*Intermédiaire*	*Atterrissage*	*Destination*	*Distance (M)*
M560 La Vallette *35°54'N, 14°31'E*	M561 Comino 36°00'N, 14°18'E			
	M562 Linosa 35°55'N, 12°53'E	M563 Kuriate 35°50'N, 11°04'E	Monastir *35°46'N, 10°50'E*	182

Départ	*Intermédiaire*	*Atterrissage*	*Destination*	*Distance (M)*
M560 La Vallette	M564 Malte NE 35°56'N, 14°32'E M565 Gozo 36°05'N, 14°27'E M566 Pantelleria 36°55'N, 12°00'E M567 Cap Bon 37°08'N, 11°03'E	M568 Carthage 36°53'N, 10°23'E	Sidi bou Said *36°52'N, 10°21'E*	225

Il y a deux options lorsqu'on quitte Malte, le choix se fera selon la croisière que l'on souhaite faire ensuite. Si l'on recherche simplement une escale intermédiaire pour couper une longue traversée vers Gibraltar, les Baléares ou même la Côte d'Azur, un arrêt dans l'une des marinas proches de Tunis est probablement la meilleure solution. Sinon, l'une des marinas de la côte est, par exemple Monastir, est préférable. Dans ce dernier cas, en quittant La Valette, selon les conditions de vent, on peut laisser l'île principale de Malte à bâbord ou à tribord. Si l'on décide de passer par le détroit qui sépare Malte de Gozo, le point de départ sera près de la petite île de Comino. La route passe alors tout près du nord de Linosa et l'on atterrit au nord du phare de Kuriate.

La route qui passe plus au nord laisse Malte et Gozo à bâbord et arrive à proximité du cap Bon. De là, la route vire au sud-ouest vers le cap de Carthage et les abords de la capitale tunisienne, où la marina de Sidi Bou-Saïd offre les meilleurs services.

M57 *De Malte aux Baléares*

MEILLEURE PÉRIODE	mai à octobre		
CARTES ROUTIÈRES	BA : 4301	SHOM : 6757	
	US : 301		
INSTRUCTIONS NAUTIQUES		BA : 45	SHOM : D3, D1
	US : 131		
GUIDES DE CROISIÈRE		*Baléares.*	

WAYPOINTS

Départ	*Intermédiaire*	*Atterrissage*	*Destination*	*Distance (M)*
M570 La Vallette *35°54'N, 14°31'E*	M571 Malte NE 35°56'N, 14°32'E M572 Gozo 36°05'N, 14°27'E M573 Pantelleria 36°55'N, 12°00'E M574 Cabrera 39°15'N, 3°02'E	M575 Majorque S 39°26'N, 2°40'E	Palma *39°33'N, 2°38'E*	625

Laissant Malte et Gozo à bâbord, la route conseillée fait cap au nord-ouest et passe près de l'île de Pantelleria, que l'on pourra visiter par temps établi. De forts vents de nord produisent une mer courte et hachée dans le passage entre la Sicile et l'Afrique. Même en cas de vents de nord modérés, on passera par le chenal Skerki et on évitera le banc Skerki, dont les fonds peu profonds produisent une mer difficile. On fera l'atterrissage au large du cap Salinas, à l'extrémité sud-est de Majorque. La route passe par le passage de Cabrera, entre l'île du même nom et Majorque, pour continuer ensuite parallèlement à la côte sud-ouest et atteindre Palma de Majorque. Il y a de nombreuses marinas dans la baie bien abritée de Palma et la mieux située est celle du Real Club

Nautico, dans la partie est du port. Le club veille sur le canal 9. Le Club de Mar, situé à l'intérieur du Puerto Pi, dans la partie ouest du port, offre également de bons services mais est plus loin de la ville.

M58 *De Malte à l'Italie*

MEILLEURE PÉRIODE	avril à octobre			
CARTES ROUTIÈRES	BA : 4301 US : 301	SHOM : 7292		
INSTRUCTIONS NAUTIQUES	BA : 45, 46 US : 131	SHOM : D3		
GUIDES DE CROISIÈRE	*Italie.*			
WAYPOINTS				

Départ	*Intermédiaire*	*Atterrissage*	*Destination*	*Distance (M)*
M580 La Vallette *35°54'N, 14°31'E*	M581 Malte NE 35°56'N, 14°32'E M582 Passero 36°37'N, 15°20'E M583 Armi 37°54'N, 15°37'E M584 Messine 38°11'N, 15°37'E M585 Peloro 38°19'N, 15°39'E M586 Pontine 40°50'N, 12°40'E	PN587 Linaro 42°00'N, 11°50'E	Riva di Traiano *42°04'N, 11°48'E*	453
M580 La Vallette	M588 Gozo 36°05'N, 14°27'E M589 Egadi 37°55'N, 12°08'E	M589 Elia 39°00'N, 9°30'E	Marina del Poetto *39°11'6N, 9°09'8E*	328

Avec l'obstacle de la Sicile sur n'importe quelle route directe vers les ports de la côte ouest de l'Italie, on peut choisir de passer par le détroit de Messine pour aller vers les ports de la côte sud, comme Naples, ou de passer à l'ouest de la Sicile si l'on va vers les ports de la côte nord de la péninsule ou n'importe quel port de Sardaigne.

La route classique par Messine demande une navigation et un horaire précis pour passer le détroit au moment le plus favorable. En quittant la capitale maltaise, une route directe mène à la pointe sud-est de la Sicile, où l'ancien port de Syracuse est une escale intéressante. On peut aussi choisir de s'arrêter à Taormine, qui est assez proche du détroit de Messine pour permettre le meilleur horaire de passage. Une fois passé le détroit, on passe à l'ouest de Stromboli et des îles Pontines. Il y a de nombreuses opportunités d'arrêt sur cette route, mais si l'on va à Rome, la marina la plus pratique sera Riva di Traiano à Civitavecchia.

Les bateaux qui vont en Sardaigne, ou même vers la côte nord de la péninsule, prendront une route qui passe à l'ouest de la Sicile, plus facile et plus courte. De Gozo, elle passe entre les îles Egadi. Marina Piccola del Poetto, le but d'une jolie excursion que l'on peut faire à pied à partir de Cagliari, est située du côté nord, bien abrité, d'une petite péninsule au nord-est de Cagliari.

M60 ROUTES DEPUIS LA GRÈCE

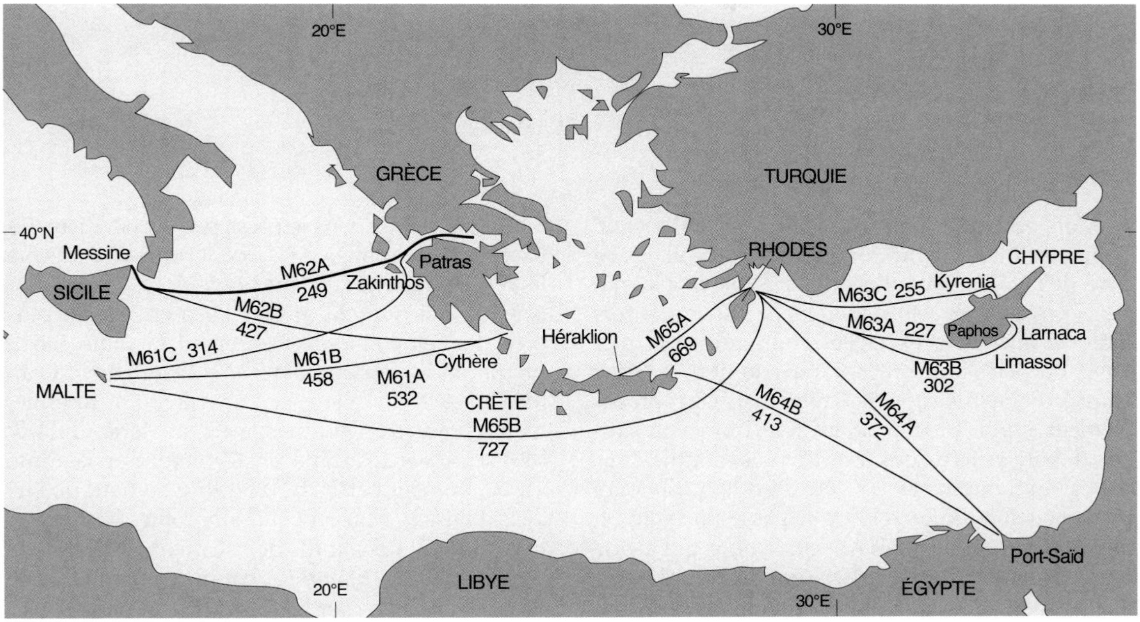

M60 Routes depuis la Grèce

Les îles grecques continuent d'être l'un des bassins de croisière les plus fréquentés du monde et très peu de bateaux de croisière au long cours traversent la Méditerranée sans les visiter. La principale caractéristique de la mer Egée, d'où partent toutes les routes citées ci-dessus, est ses forts vents de nord en été. Ces vents règnent de juin à août et il faut en tenir compte pour tous les projets de croisière dans cette partie du monde. La meilleure stratégie consiste à essayer d'arriver dans le nord de la mer Egée vers la fin du mois de mai puis de descendre progressivement vers le sud poussé par le meltem. A la fin de l'été, on est alors prêt à prendre une des routes suivantes.

M61 De la Grèce à Malte

MEILLEURE PÉRIODE	juin à août	
CARTES ROUTIÈRES	BA : 1439	SHOM : 7016
	US : 302	
INSTRUCTIONS NAUTIQUES	BA : 45, 47, 48	SHOM : D5, D3
	US : 130, 131, 132	
GUIDES DE CROISIÈRE	*Italie.*	

WAYPOINTS

Départ	*Intermédiaire*	*Atterrissage*	*Destination*	*Distance (M)*
Route M61A				
M611 Crete NW		M612 Malte E	La Vallette	438
35°45'N, 23°30'E		35°54.5'N, 14°31.5'E		*35°54'N, 14°30.5'E*
Route M61B				
M613 Malea	M614 Tainaron			
36°20'N, 22°28'E	36°23'N, 23°12'E			
	M615 Cythère	M612 Malte E	La Vallette	458
	36°26'N, 22°56'E			
Route M61C				
M616 Zante N		M612 Malte E	La Vallette	314
38°00'N, 20°30'E				

Alors que les bateaux qui vont dans la direction opposée doivent tenir compte des forts vents de nord de l'été, et donc choisir leur route vers la mer Egée, ces mêmes vents rendent la traversée vers Malte beaucoup plus facile. Pour quitter la mer Egée, on peut emprunter n'importe quel passage entre le Péloponnèse et la Crète, mais c'est probablement le plus proche de la Crète, qui va au sud-est d'Anticythère, qui est le plus simple. Les bateaux qui ont inclus la Crète dans leur itinéraire peuvent rejoindre la route qui passe au large au même point (route M61A). Une route qui passe près du cap Malea (M61B) profite de l'abri du Péloponnèse en restant plus longtemps sous le vent de la terre avant d'atteindre la haute mer. Les bateaux qui sont passés par le canal de Corinthe, ou qui sont partis d'une des îles ioniennes, prendront la route M61C.

Du WP M611, dans le passage d'Anticythère, les bateaux de la route M61A feront route directe vers le WP M612, au large du port de La Valette. Les bateaux qui quittent la mer Egée en restant plus près du Péloponnèse et prennent la route M61B prendront le départ du WP M613, au large du cap Malea. La route passe par un waypoint intermédiaire avant d'aller directement à Malte, du WP M615, au nord de l'île de Cythère. Sur la route M61C, on peut partir du WP M616 au nord de l'île de Zakinthos, d'où on peut faire route directe vers le WP M612, aux abords de la capitale maltaise.

A l'arrivée à Malte, les bateaux contacteront le *Valleta Port Control* sur le canal 12 ou 16 avant d'aller à l'un des quais visiteurs de la marina Msida ou de Lazaretto Creek. On peut contacter le *Yachting Center* sur le canal 9 pour s'informer sur les emplacements.

M62 *De la Grèce au détroit de Messine*

MEILLEURE PÉRIODE	mai à août	
CARTES ROUTIÈRES	BA : 1439	SHOM : 7016
	US : 302	
INSTRUCTIONS NAUTIQUES	BA : 45, 48, 49	SHOM : D5, D3
	US : 130, 131, 132	
GUIDES DE CROISIÈRE	*Italie.*	

WAYPOINTS

Départ	*Intermédiaire*	*Atterrissage*	*Destination*	*Distance (M)*
Route M62A				
M621 Zante N	M622 Spartivento			
38°00'N, 20°30'E	37°55'N, 16°06'E			
	M623 Armi	M624 Messine		249
	37°54'N, 15°37'E	38°11'N, 15°37'E		

Départ	*Intermédiaire*	*Atterrissage*	*Destination*	*Distance (M)*
Route M62B				
M625 Malea 36°20'N, 22°28'E	M626 Tainaron 36°23'N, 23°12'E			
	M627 Cythère 36°26'N, 22°56'E			
	M628 Sapientza 36°45'N, 21°35'E			
	M623 Armi	M624 Messine		427

Deux routes principales vont au détroit de Messine à partir de la Grèce. Les bateaux partant du centre de la mer Egée pourront choisir de passer par le canal de Corinthe et passer au nord du Péloponnèse (route M62A), tandis que ceux qui sont au sud de la mer Egée prendront la route M62B.

La route M62A part de Grèce au WP M621, dans le passage entre les îles de Céphalonie et Zakinthos. Elle traverse la mer Ionienne jusqu'au WP M622, au large du cap Spartivento, à la pointe de la botte italienne. On arrondit le cap suivant et on atteint le WP M623 pour arriver à Messine par le sud.

Les bateaux qui prennent la route plus sud partiront du WP M625, au large du cap Malea. On contournera les trois doigts du Péloponnèse jusqu'au WP M628, situé au large de l'île de Sapienza, d'où on fera route directe vers le WP M623, au large du cap dell'Armi, aux abords sud du détroit de Messine.

Le passage étroit qui sépare la péninsule italienne de la Sicile a ses conditions météorologiques propres. En général, le vent a tendance à souffler de nord ou de sud dans l'axe du détroit. Quelquefois, il sera nord-est sur le côté est, nord-ouest sur le côté ouest, et très faible au milieu. Il peut aussi être sud à sud-est aux abords sud, virant brusquement au nord-ouest aux abords nord, ce qui engendre une grosse mer. De violentes rafales descendent des reliefs élevés, ce qui, ajouté aux forts courants de marée et à de nombreux petits tourbillons et remous, vous rappelle pourquoi l'on suppose que c'est là que se situent les Charybde et Scylla de l'Odyssée. Une ligne de mascarets appelés *tagli* peut se produire au changement de marées. C'est pourquoi il est indispensable de passer le détroit avec une marée favorable.

M63 *De Rhodes à Chypre*

MEILLEURE PÉRIODE	avril à octobre	
CARTES ROUTIÈRES	BA : 183 US : 302	SHOM : 7016
INSTRUCTIONS NAUTIQUES	BA : 48, 49 US : 130, 132	SHOM : D5, D6
GUIDES DE CROISIÈRE	*Turquie et Chypre.*	
WAYPOINTS		

Départ	*Intermédiaire*	*Atterrissage*	*Destination*	*Distance (M)*
Route M63A				
M630 Rhodes NE 36°26'N, 28°16'E		M631 Paphos W 34°45'N, 32°22'E	Paphos *34°45'N, 32°25'E*	227
Route M63B				
M630 Rhodes NE	M632 Chypre W 34°40'N, 32°20'E			
	M633 Zevgari 34°33'N, 32°55'E			
	M634 Akrotiri SW 34°34'N, 33°03'E	M635 Akrotiri NW 34°39'N, 33°03'E	Limassol *34°39'N, 33°03'E*	267
	M636 Kiti 34°47'N, 33°39'E	M637 Dades 34°52'N, 33°39'E	Larnaca *34°55'N, 33°38'E*	302

Départ	*Intermédiaire*	*Atterrissage*	*Destination*	*Distance (M)*
Route M63C				
M630 Rhodes NE	M638 Strongili 36°05'N, 29°37'E			
	M639 Chypre NW 35°26'N, 32°55'E	M6310 Snake 35°22'N, 33°15'E	Kyrenia *35°20'N, 33°19'E*	255

La route la plus directe à partir de Rhodes (M63A) conduit à Paphos, un petit port sur la côte sud-ouest de la côte de Chypre, d'où il est facile d'atteindre les deux grands ports du sud de Chypre, Limassol et Larnaca. A cause des dissensions toujours en cours entre les deux parties de l'île, dues à la déclaration d'indépendance de la partie turque, on n'empruntera la route M63C que si l'on a l'intention de visiter le nord de Chypre. Les autorités de la partie grecque de Chypre voient d'un mauvais œil les bateaux qui s'arrêtent d'abord au nord, c'est pourquoi il est pour l'instant préférable de visiter le sud avant le nord. Il y a un courant qui porte à l'est le long de la côte de Chypre, et pour en tenir compte, on approchera avec précaution le cap Andreas, à la pointe nord-est de l'île.

Les bateaux qui vont dans la partie sud de l'île (route M63A) et souhaitent s'arrêter d'abord à Paphos, qui est un port d'entrée officiel, feront route directe du WP M630, au large du port de Mandraki, jusqu'au WP M631, à l'ouest du cap Paphos. On atteint le petit port en passant au sud de ce cap.

Les bateaux qui vont à Limassol ou Larnaca (route M63B) feront route du WP M630 jusqu'au WP M632, au sud-ouest de Chypre. De là, le cap change pour le WP M633, au sud-ouest du cap Zevgari, sur la côte sud de Chypre. On continue jusqu'au WP M634, au large du cap Gata, d'où les bateaux allant à Limassol changeront de cap pour le WP M635, dans l'angle nord-ouest de la baie Akrotiri. Les yachts mouillent soit dans le port de commerce près de la ville de Limassol, soit dans le port de pêche voisin. La marina de Limassol est à 6 milles au nord-est (34°42'5N, 33°09'5E). La marina utilise comme indicatif *Sheraton Harbour* et veille sur les canaux 9 et 16. Les bateaux allant à Larnaca traverseront la baie Akrotiri jusqu'au WP M636, au large du cap Kiti. Le cap change alors pour le WP M637, au large du cap Dadès, au sud du port de Larnaca. La marina de Larnaca veille sur le canal 16 et vous indiquera votre emplacement. Parfois, les yachts doivent mouiller dans l'avant-port en attendant qu'on leur trouve un emplacement.

Les bateaux qui suivent la route M63C vers le nord de Chypre passeront près de la côte sud de la Turquie. A partir du WP M630, au large de la pointe nord-est de Rhodes, on fera route vers le WP M638, au large de l'île Strongili. Puis on changera de cap pour atterrir au WP M639, au large du cap Kormakiti, à l'extrémité nord-ouest de Chypre. La route se dirige alors vers le WP M6310, au large de l'île Snake, à l'ouest de Kyrenia, la capitale de la partie nord de Chypre.

M64 *De la Grèce à Port-Saïd*

MEILLEURE PÉRIODE	avril à octobre	
CARTES ROUTIÈRES	BA : 183 US : 302	SHOM : 7016
INSTRUCTIONS NAUTIQUES	BA : 48, 49 US : 130, 132	SHOM : D5, D6
GUIDES DE CROISIÈRE	*Mediterranean Cruising Handbook, Red Sea Pilot.*	
WAYPOINTS		

Départ	*Intermédiaire*	*Atterrissage*	*Destination*	*Distance (M)*
Route M64A				
M641 Rhodes NE 36°26'N, 28°16'E	M642 Damiette 32°00'N, 31°50'E	M643 Saïd 31°25'N, 32°18'E	Port-Saïd *31°15'N, 32°18'E*	372
Route M64B				
M644 Agios E	M645 Sidheros 35°20'N 26°21'E			
	M642 Damiette	M643 Saïd	Port-Saïd	413

On peut s'attendre à des vents favorables sur cette route pendant la plus grande partie de l'année. Le courant portant normalement à l'est le long de la côte égyptienne, et étant renforcé par les eaux du Nil, surtout lorsqu'il est en crue, on fera l'atterrissage à l'ouest de Port-Saïd. Les fonds étant peu profonds dans toute la zone, il ne faut pas se rapprocher de la côte au-delà de la ligne des 20 brasses, que l'on peut suivre jusqu'à Damiette.

On fera route directe du WP M641, au large de la pointe nord-est de Rhodes, jusqu'au WP M642, au large de l'embouchure du bras de Damiette du Nil. De ce point, on change de cap pour le WP M643, aux abords nord de Port-Saïd et du canal de Suez.

Agios Nikolaos, sur la côte nord de la Crète, est un point de départ plus commode pour ceux qui partent de la mer Egée Centrale. La route passe près du cap Sidheros, l'extrémité NE de l'île, d'où l'on fait route sur le WP642. A l'arrivée à Port-Saïd, les bateaux sont normalement interceptés par une vedette de pilote et dirigés vers le Fouad Yacht Club sur le côté est du port. On se reportera au chapitre 23 pour les instructions détaillées sur le passage du canal de Suez.

M65 *De Rhodes à Malte*

MEILLEURE PÉRIODE	juin à août			
CARTES ROUTIÈRES	BA : 1439	SHOM : 7016		
	US : 302			
INSTRUCTIONS NAUTIQUES	BA : 45, 48	SHOM : D5, D3		
	US : 130, 131, 132			
GUIDES DE CROISIÈRE	*Italie.*			
WAYPOINTS				

Départ	*Intermédiaire*	*Atterrissage*	*Destination*	*Distance (M)*
Route M65A				
M651 Rhodes NW	M652 Crete NW	M653 Malte E	La Vallette	669
36°25'N, 28°12'E	35°45'N, 23°30'E	35°54'5N, 14°31'5E	*35°54'N, 14°30'5E*	
Route M65B				
M654 Rhodes NE	M655 Rhodes E			
36°26'N, 28°16'E	36°00'N, 28°10'E			
	M656 Koufonisi			
	34°45'N, 26°10'E			
	M657 Crete S	M653 Malte E	La Vallette	727
	34°45'N, 24°07'E			

Deux routes sont possibles pour aller à Malte, l'une passant au nord de la Crète, l'autre passant au sud. La route nord conviendra à ceux qui souhaitent s'arrêter en route car il y a plusieurs ports pratiques sur la côte nord de la Crète. Les deux routes peuvent se faire sans escale et les waypoints ci-dessus correspondent à des passages directs. La route nord, bien que légèrement plus courte, a l'inconvénient d'être soumise à des vents et à une houle plus forts pendant les mois où le meltem souffle en force dans la mer Egée. A cette période, on préférera la route sud, bien que plus longue.

Les bateaux qui empruntent la route nord (M65A) prendront le départ du WP M651, à l'ouest de Mandraki, d'où ils feront route directe vers le WP M652, dans le passage d'Anticythère, au nord-ouest de la Crète. Cette route passe à proximité de dangers, comme les rochers Sofrana, qui sont bien signalés par des feux. Du WP M652, on fera route directe vers le WP M653, à l'est de La Vallette.

Les bateaux qui prennent la route sud (M65B) prendront le départ du WP M654, au nord-est de Rhodes, d'où ils feront tout d'abord route vers le WP M655, au large de la côte est de l'île. De là, on mettra le cap sur le WP M656, au large de l'île de Koufonisi, au sud-est de la Crète. La route est alors parallèle à la côte sud de la Crète jusqu'au WP M657, au sud de l'île Gavdhos. De là on fait route directe sur le WP M653, au large de la capitale maltaise. A leur arrivée, les yachts contacteront le *Valleta Port Control* sur le canal 12 ou 16 avant d'aller à l'un des pontons visiteurs dans la marina Msida ou à Lazaretto Creek. Le *Yachting Center*, qui gère toutes les marinas de la capitale maltaise, peut être contacté sur le canal 9 pour obtenir des informations sur les emplacements.

M70 ROUTES DEPUIS PORT-SAÏD

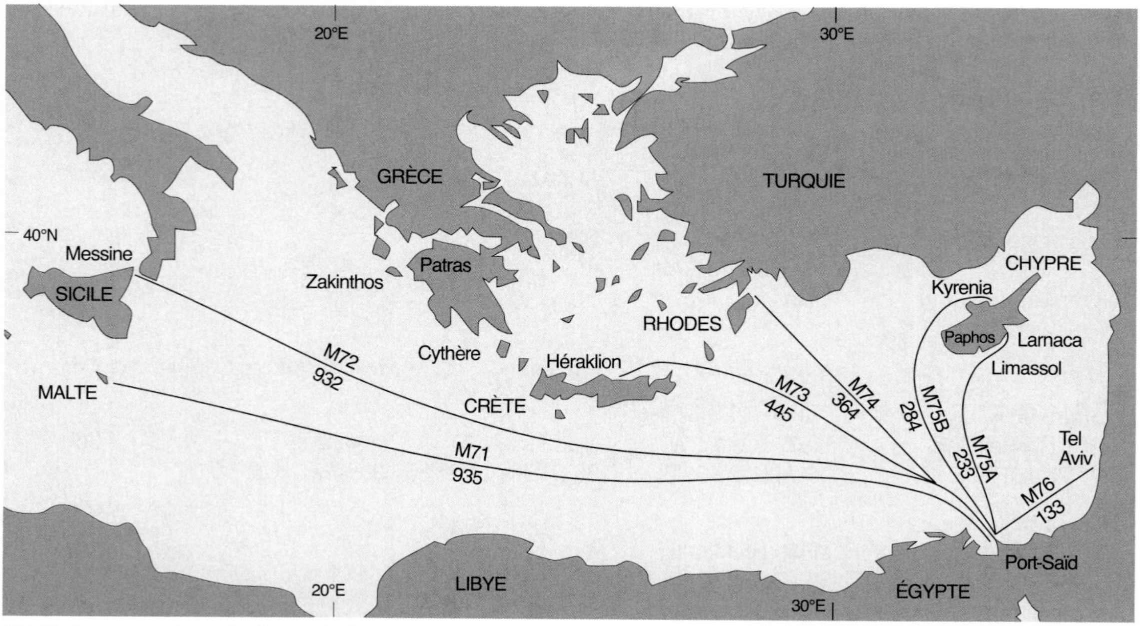

M70 Routes depuis Port-Saïd

Lorsque vous avez passé le canal de Suez et êtes arrivés à Port-Saïd, la Méditerranée toute entière est soudain devant vous. Les routes au départ de Port-Saïd se déploient en éventail dans toutes les directions et la plupart des destinations sont d'un accès aisé. Seules les routes allant vers le nord-ouest font exception, car on peut y rencontrer des vents contraires, surtout en été. C'est une bonne raison pour prévoir d'arriver à Port-Saïd au début du printemps si l'on souhaite aller dans cette direction.

M71 *De Port-Saïd à Malte*

MEILLEURE PÉRIODE	avril à mai, septembre à octobre	
CARTES ROUTIÈRES	BA : 4302	SHOM : 7016
	US : 302	
INSTRUCTIONS NAUTIQUES	BA : 45, 49	SHOM : D6, D3
	US : 130, 131, 132	
GUIDES DE CROISIÈRE	*Italie.*	
WAYPOINTS		

Départ	*Intermédiaire*	*Atterrissage*	*Destination*	*Distance (M)*
M711 Saïd 31°25'N, 32°18'E	M712 Damiette 32°00'N, 31°50'E	M713 Malte E 35°54'5N, 14°31'5E	La Vallette *35°54'N, 14°30'5E*	935

En quittant Port-Saïd, on peut tout d'abord faire route vers le WP M712, au nord de l'embouchure du bras de Damiette du Nil, pour rejoindre l'eau profonde. De ce point on fera route directe sur le WP M713, juste au large de la capitale maltaise. Les vents contraires sont prédominants sur cette route et il faut profiter de tout virement du vent. Il faut prendre une bonne réserve de gazole à Port-Saïd pour pouvoir passer au moteur les calmes et les zones de vents faibles. On passera de préférence assez près de la côte sud de la Crète, où l'on trouvera abri en cas de forts vents d'ouest ou de nord-ouest. En cherchant abri sous le vent de la Crète, ou en passant près de l'île, il faut prendre garde aux fortes rafales qui dévalent les pentes escarpées des montagnes.

A leur arrivée à Malte, les bateaux contacteront le *Valleta Port Control* sur le canal 12 ou 16 avant d'aller aux pontons visiteurs de la marina Msida ou de Lazaretto Creek. Le *Yachting Center* sera contacté sur le canal 9 pour obtenir des informations sur les emplacements.

M72 *De Port-Saïd au détroit de Messine*

MEILLEURE PÉRIODE	avril à mai, septembre à octobre			
CARTES ROUTIÈRES	BA : 4302	SHOM : 7016		
	US : 302			
INSTRUCTIONS NAUTIQUES	BA : 45, 49	SHOM : D6, D3		
	US : 130, 131, 132			
GUIDES DE CROISIÈRE	*Italie.*			
WAYPOINTS				
Départ	*Intermédiaire*	*Atterrissage*	*Destination*	*Distance (M)*
M721 Saïd 31°25'N, 32°18'E	M722 Damiette 32°00'N, 31°50'E			
	M723 Crete SW 34°40'N, 24°00'E			
	M724 Armi 37°54'N, 15°37'E	M725 Messine 38°11'N, 15°37'E		932

La route recommandée pour le détroit de Messine passe près de la Crète, où un waypoint (M723) a été placé au sud-ouest de l'île de Gavdhos. Si nécessaire, on peut changer de cap plus tôt, et passer entre la Crète et Gavdhos. Du WP M723, on fera route directe vers le WP M724, au large du cap dell'Armi, aux abords sud du détroit de Messine.

L'étroit passage qui sépare la péninsule italienne de la Sicile a des conditions météorologiques qui lui sont propres. En général, le vent a tendance à souffler soit du nord, soit du sud, dans l'axe du détroit. Parfois, le vent pourra être de nord-est sur le côté est, de nord-ouest sur le côté ouest et être très faible au milieu. Il peut aussi être sud à sud-est aux abords sud, virant brusquement au nord-ouest aux abords nord, ce qui engendre une grosse mer. De violentes rafales descendent des reliefs élevés, ce qui, ajouté aux forts courants de marée et à de nombreux petits tourbillons et remous, vous rappelle pourquoi l'on suppose que c'est là que se situent les Charybde et Scylla de l'Odyssée. Une ligne de mascarets appelés *tagli* peut se produire au changement de marées. C'est pourquoi il est indispensable de passer le détroit avec une marée favorable.

M73 *De Port-Saïd à la Crète*

MEILLEURE PÉRIODE	avril à mai, septembre à octobre	
CARTES ROUTIÈRES	BA : 183	SHOM : 7306
	US : 302	
INSTRUCTIONS NAUTIQUES	BA : 49	SHOM : D6, D5
	US : 132	
GUIDES DE CROISIÈRE	*Grèce-Mer Ionienne.*	

WAYPOINTS

Départ	*Intermédiaire*	*Atterrissage*	*Destination*	*Distance (M)*
M731 Saïd 31°25'N, 32°18'E	M732 Damiette 32°00'N, 31°50'E M733 Sidheros 35°20'N, 26°21'E M734 Crete NE 35°25'N, 26°10'E	M735 Crete N 35°23'N, 25°20'E	Héraklion *35°16'N, 25°09'E*	445
M731 Saïd	M732 Damiette M733 Sidheros	M736 Agios E 35°12'N 25°48'E	Agios Nikolaos *35°11'N 25°44'E*	413

De forts vents de nord rendent difficile ce passage en été, mais les conditions sont normalement meilleures au printemps ou en automne, au moment où la plupart des bateaux prennent cette route. Les bateaux qui veulent aller dans les îles de la mer Egée feront mieux de prendre la route M74 et d'entrer dans la mer Egée par le sud-est. Il est difficile de faire route à la voile au nord en quittant la Crète pendant tout l'été, c'est pourquoi il vaut mieux garder cette escale pour la fin d'une croisière en mer Egée plutôt que de la faire au début.

Du WP M732 au nord de l'embouchure du bras de Damiette du Nil, on peut faire route vers le WP M733 à l'est du cap Sidheros, l'extrémité nord-est de la Crète. Il y a plusieurs jolis ports sur la côte nord de la Crète et on peut les rejoindre en arrondissant le cap Sidheros et en restant près de la côte. Les bateaux qui vont à Héraklion changeront de route pour le WP M734. De là, la route est parallèle à la côte nord de la Crète jusqu'au WP M735 au nord-est d'Héraklion. Les bateaux pénètrent dans le vieux port vénitien, où se trouvent de nombreux pontons. S'il n'y a pas de place, les bateaux de croisière peuvent utiliser le quai situé immédiatement à l'est du port des petits bateaux. Agios Nikolaos est une escale plus commode et plus proche sur la côte NE de Crète, que l'on atteint en changeant de cap à partir de M733 pour passer au sud d'un groupe d'îles dont la plus sud est Gianissada. La route mène à M736 sur la côte SW de la grande baie de Mirambelo. Agios Nikolaos est une station touristique très fréquentée avec une petite marina où trouver une place est rarement un problème, au contraire de Héraklion qui est toujours plein.

M74 *De Port-Saïd à Rhodes*

MEILLEURE PÉRIODE	avril à mai, septembre à octobre	
CARTES ROUTIÈRES	BA : 183 US : 302	SHOM : 7306
INSTRUCTIONS NAUTIQUES	BA : 48, 49 US : 130, 132	SHOM : D6, D5
GUIDES DE CROISIÈRE	*Grèce-Mer Égée.*	

WAYPOINTS

Départ	*Intermédiaire*	*Atterrissage*	*Destination*	*Distance (M)*
M741 Saïd 31°25'N, 32°18'E	M742 Damiette 32°00'N, 31°50'E	M743 Rhodes NE 36°26'N, 28°16'E	Mandraki *36°27'N, 28°14'E*	364

Une fois quittés Port-Saïd et ses abords encombrés, du WP M742 au nord de l'embouchure du bras de Damiette du Nil, on fera route vers l'extrémité nord-est de Rhodes et le WP M743. On atteint le port de Mandraki en arrondissant l'extrémité nord-est de l'île. Mandraki (Limin Rhodou), port principal de Rhodes, est toujours plein et les bateaux de croisière y trouveront difficilement une place, surtout en été.

A cause de la prépondérance des vents contraires sur cette route, il pourra être nécessaire de faire du moteur par vent faible ou nul. Si un vent fort de nord-ouest perdure lorsqu'on est à Port-Saïd, il vaudra mieux faire le détour par Chypre et suivre les instructions de la route M83.

M75 *De Port-Saïd à Chypre*

Meilleure période	avril à octobre			
Cartes routières	BA : 183	SHOM : 7306		
	US : 302			
Instructions nautiques	BA : 49	SHOM : D6		
	US : 132			
Guides de croisière	*Turquie et Chypre.*			
Waypoints				
Départ	*Intermédiaire*	*Atterrissage*	*Destination*	*Distance (M)*
Route M75A				
M751 Saïd	M752 Akrotiri SW	M753 Akrotiri NW	Limassol	198
31°25'N, 32°18'E	34°34'N, 33°03'E	34°39'N, 33°03'E	*34°40'N, 33°03'E*	
	M754 Kiti	M755 Dades	Larnaca	233
	34°47'N, 33°39'E	34°52'N, 33°39'E	*34°55'N, 33°38'E*	
Route M75B				
M751 Saïd	M756 Chypre SW		Paphos	202
	34°40'N, 32°20'E		*34°45'N, 32°25'E*	
	M757 Arnauti			
	35°07'N, 32°12'E			
	M758 Chypre NW	M759 Snake	Kyrenia	284
	35°26'N, 32°55'E	35°22'N, 33°15'E	*35°20'N, 33°19'E*	

Chypre est une destination populaire auprès des bateaux qui sortent du canal de Suez car elle constitue un bon tremplin pour visiter les pays voisins du Moyen Orient. Malheureusement le désaccord persistant entre les deux parties de Chypre rend difficile une croisière entre le nord et le sud. Comme les autorités de la partie nord ne se formalisent pas si les bateaux sont d'abord allés dans la partie sud, c'est par cette dernière qu'il faudra commencer. Le petit port de Paphos, sur la côte sud-ouest de Chypre, est un point de départ pratique pour ceux qui vont à Rhodes ou au sud de la Turquie et peut aussi être un bon abri si le temps se détériore brusquement.

On peut faire route directe sur n'importe quel port de la côte sud de Chypre dès qu'on a laissé derrière soi le long chenal d'approche de Port-Saïd. Ceux qui vont à Limassol feront route vers le WP M752 au large du cap Gata d'où on change de cap vers le WP M753 à l'extrémité nord-ouest de la baie d'Akrotiri. La marina de Larnaca, dans la baie de Larnaca, est l'endroit favori des bateaux de grande croisière qui veulent réparer ou hiverner. Pour la rejoindre, la route ira d'abord vers le WP M754 au large du cap Kiti, d'où elle part vers le nord et entre dans la baie de Larnaca.

Les bateaux qui vont vers la partie nord de Chypre (route M75B) auront intérêt à contourner Chypre par l'ouest, car un fort courant portant à l'est rend difficile le passage du cap Andreas, l'extrémité nord-est de l'île. Sur cette route, qui laisse Chypre sur tribord, le premier waypoint recommandé (M756) est au large de Paphos. On peut alors faire un petit détour pour aller dans ce port d'entrée officiel à Chypre ou continuer vers le WP M757 au large du cap Arnauti, à l'extrémité nord-ouest de Chypre. De là, on peut changer de cap vers le WP M758 au large du cap Kormatiki et finalement atterrir au WP M759 près de l'île Snake, à l'approche de Kyrenia (Gyrne), la capitale de la partie nord de Chypre. Les bateaux de croisière vont habituellement dans le port intérieur qui est très petit. Les approches de ce vieux port ne sont pas éclairées, les arrivées de nuit sont donc à éviter. Un nouveau port de commerce se trouve au nord-est de la ville.

M76 *De Port-Saïd à Israël*

MEILLEURE PÉRIODE	avril à octobre			
CARTES ROUTIÈRES	BA : 183	SHOM : 7306		
	US : 302			
INSTRUCTIONS NAUTIQUES	BA : 49	SHOM : D6		
	US : 132			
GUIDES DE CROISIÈRE	*Red Sea Pilot, Mediterranean Cruising Handbook*			
WAYPOINTS				
Départ	*Intermédiaire*	*Atterrissage*	*Destination*	*Distance (M)*
M761 Saïd 31°25'N, 32°18'E		M762 Aviv S 32°04'N, 34°43'E	Tel Aviv *32°05'N, 34°46'E*	133

Cette route est empruntée par ceux qui désirent commencer leur croisière en Méditerranée très à l'est. De Port-Saïd, les bateaux qui vont à Tel Aviv peuvent faire une route directe vers le WP M762 au large de la marina de Tel Aviv. Une grande houle se fait sentir dans l'est de la Méditerranée pendant toute l'année et la mer qui déferle dans les eaux peu profondes le long de la côte israélienne peut parfois rendre difficile l'entrée de certains ports. Un bateau approchant la côte israélienne doit contacter les autorités dès qu'il est à 40 milles de la côte pour donner les informations concernant le bateau et l'heure d'arrivée prévue. En se rapprochant, le bateau est rejoint et quelquefois abordé par un garde-côte qui l'accompagne jusqu'au port d'entrée. La marina de Tel Aviv (*Tel Aviv Marina*) veille sur la VHF canal 16, mais la difficulté de l'entrée doit faire éviter les arrivées de nuit. Il y a une meilleure marina à Ashkelon (31°40'N, 34°32'E), au sud de Tel Aviv, qui est un port d'entrée et que l'on recommande donc.

M80 ROUTES DEPUIS CHYPRE

La position stratégique de Chypre dans l'est de la Méditerranée en fait un excellent point de départ vers toutes les destinations. Le problème majeur est le désaccord entre les autorités de cette île partagée en deux, celles de la partie sud refusant parfois d'accueillir les yachts qui sont d'abord allés dans la partie nord d'expression turque. Il est en effet arrivé que des bateaux qui s'étaient arrêtés d'abord au nord se voient refuser l'accès d'un port de la partie sud. Les autorités du nord ne semblent pas aussi sourcilleuses vis à vis des bateaux qui sont allés d'abord au sud. Si cette situation persiste, il faudra en tenir compte au moment de planifier sa croisière dans cette partie du monde.

Le temps est en général agréable, avec des vents dominants de nord en été, surtout sur la côte nord. Des vents variables sont plus fréquents sur la côte sud, où les brises thermiques compliquent la situation. Un courant portant à l'est longe la côte nord, particulièrement sensible au voisinage du cap Andreas, l'extrémité nord-est de l'île.

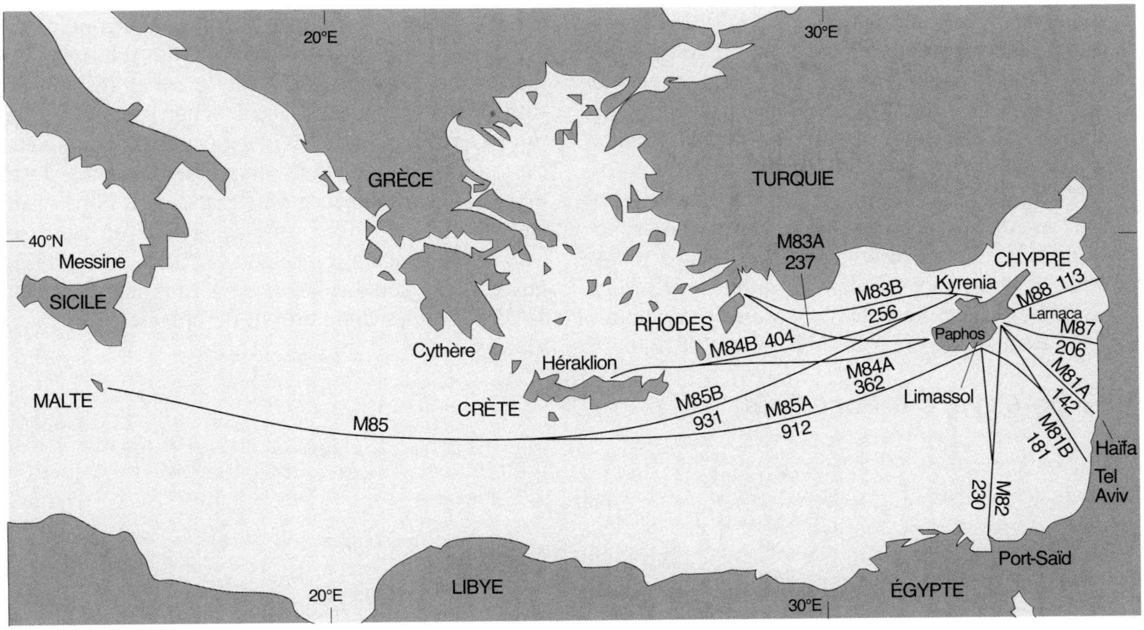

M80 Routes depuis Chypre

M81 *De Chypre à Israël*

MEILLEURE PÉRIODE	avril à octobre	
CARTES ROUTIÈRES	BA : 183	SHOM : 7306
	US : 302	
INSTRUCTIONS NAUTIQUES	BA : 49	SHOM : D6
	US : 132	
GUIDES DE CROISIÈRE	*Mediterranean Cruising Handbook, Red Sea Pilot*	
WAYPOINTS		

Départ	*Intermédiaire*	*Atterrissage*	*Destination*	*Distance (M)*
Route M81A				
M811 Baie de Larnaca 34°54'N, 33°39'E		M813 Akko 32°52'N, 34°56'E	Haifa *32°49'N, 35°00'E*	142
M812 Akrotiri W 34°39'N, 33°04'E		M813 Akko	Haifa	147
Route M81B				
M811 Baie de Larnaca		M814 Aviv N 32°06'N, 34°44'E	Tel Aviv *32°05'N, 34°46'E*	181
M812 Akrotiri W		M814 Aviv	Tel Aviv	178

Le meilleur point de départ pour cette courte traversée vers Israël est Larnaca, où l'on pourra obtenir de la part des autorités portuaires des informations à jour sur les régions sensibles à éviter. On a le choix des destinations sur la côte israélienne, la plupart des bateaux allant à Haïfa ou Tel Aviv. Le premier est un port commercial actif présentant peu d'attrait pour un bateau de croisière. Tel Aviv a une bonne marina et c'est aussi un meilleur endroit d'où partir visiter l'intérieur du pays, Jérusalem par exemple. Un bateau approchant la côte israélienne doit contacter les autorités dès qu'il est à 40 milles de la côte pour donner les informations concernant le bateau et l'heure d'arrivée prévue. En se rapprochant, le bateau est rejoint et quelquefois abordé par un garde-côte qui l'accompagne jusqu'au port d'entrée.

Que l'on parte de Larnaca et du WP M811 dans la baie de Larnaca, ou de Limassol et du WP M812 dans la baie d'Akrotiri, on peut faire route directe vers le WP M813 au nord-ouest du cap Carmel, à l'approche d'Haïfa, avant de changer de cap vers le port d'Haïfa. Il faudra éviter le récif Spartan, dans la partie nord-ouest de la baie d'Akko (Acre), normalement la houle brise dessus. Il y a une petite marina à Acre, au nord d'Haifa, et on projette d'accroître sa capacité. A Haifa, le Carmel Yacht Club a, à l'embouchure de la rivière Kishon, parfois de la place pour des visiteurs.

Les bateaux qui vont à Tel Aviv (route M81B) partiront des mêmes points de départ et mettront le cap sur le WP M814 au nord-ouest de Tel Aviv. La marina de Tel Aviv veille sur le canal 16 mais la difficulté de l'entrée doit faire éviter les arrivées de nuit. La marina de Tel Aviv est en général complète c'est pourquoi on ne la recommande plus, mais il y a deux nouvelles marinas plus grandes au nord et au sud de Tel Aviv. Tout près de la ville au nord se trouve la marina Herzliya (32°10'N, 34°47'6E), tandis qu'au sud Ashkelon est à 20 milles (31°40'N, 34°32'E). Toutes deux offrent de bons services mais seul Ashkelon est un port d'entrée.

M82 *De Chypre à Port-Saïd*

MEILLEURE PÉRIODE	avril à octobre	
CARTES ROUTIÈRES	BA : 183	SHOM : 7306
	US : 302	
INSTRUCTIONS NAUTIQUES	BA : 49	SHOM : D6
	US : 132	
GUIDES DE CROISIÈRE	*Mediterranean Cruising Handbook, Red Sea Pilot.*	
WAYPOINTS		

Départ	*Intermédiaire*	*Atterrissage*	*Destination*	*Distance (M)*
M821 Baie de Larnaca 34°54'N, 33°39'E	M822 Kiti 34°47'N, 33°39'E	M825 Saïd 31°25'N, 32°18'E	Port-Saïd *31°15'N, 32°18'E*	230
M823 Akrotiri W 34°39'N, 33°04'E	M834 Akrotiri SW 34°34'N, 33°03'E	M825 Saïd	Port-Saïd	224

Cette route bénéficie de vents favorables pendant la plus grande partie de l'été. De la plupart des ports de la côte sud de Chypre, la route est claire jusqu'à un point situé 10 milles au nord de l'entrée de Port-Saïd, qui est le mouillage recommandé aux cargos en attente pour le transit du canal de Suez. A cause de la côte basse, sans amer remarquable et des fonds peu profonds qui s'étendent à plusieurs milles de la côte, la position de Port-Saïd est difficile à préciser si l'on a atterri trop à l'est ou à l'ouest. La situation est encore compliquée par des courants imprévisibles, de surcroît influencés par l'état des eaux du Nil. Le groupe de cargos à l'ancre est souvent le meilleur indice que l'on approche de Port-Saïd.

Les bateaux qui partent de Larnaca et du WP M821 doivent faire d'abord route vers le WP M822, pour parer le cap Kiti. Du WP M822, on peut faire route directe vers le WP M825 à l'entrée nord du chenal de Port-Saïd. Ceux qui partent de Limassol dans la partie nord-ouest de la baie d'Akrotiri feront d'abord route du WP M823 vers le WP M824 au large du cap Gata. De là, on peut faire route directe vers le WP M825 au large de Port-Saïd.

Le chenal d'approche de Port-Saïd s'étend loin au large et est bien marqué par des bouées. On doit le prendre dès son extrémité nord sans faire de raccourcis à cause des nombreuses épaves de part et d'autre du chenal. Les petits bateaux sont autorisés à entrer dans le port sans pilote et on doit accomplir toutes les formalités une fois le bateau amarré au Fouad Yacht Club. Ce dernier est situé du côté est du port.

M83 *De Chypre à Rhodes*

MEILLEURE PÉRIODE	avril à mai, septembre à octobre	
CARTES ROUTIÈRES	BA : 183	SHOM : 7306
	US : 302	
INSTRUCTIONS NAUTIQUES	BA : 48, 49	SHOM : D6, D5
	US : 130, 132	
GUIDES DE CROISIÈRE	*Grèce-Mer Égée.*	

Waypoints

Départ	*Intermédiaire*	*Atterrissage*	*Destination*	*Distance (M)*
Route M83A				
M831 Paphos W 34°45'N, 32°22'E		M835 Rhodes NE 36°26'N, 28°16'E	Mandraki *36°27'N, 28°14'E*	237
Route M83B				
M832 Kyrenia N 35°21'N, 33°18'E	M833 Chypre NW 35°26'N, 32°55'E			
	M834 Strongili 36°05'N, 29°37'E	M835 Rhodes NE	Mandraki	256

On recommande en général d'attendre un créneau de vents d'est ou de sud-est pour faire cette traversée, qui peut être gênée par de forts vents de nord en été. Si l'on rencontre de forts vents d'ouest ou de nord-ouest persistants une fois parti, il vaudra mieux aller bâbord amure sur la côte turque où l'on pourra attendre un changement de temps ou tirer des bords plus courts le long de la côte.

Un port pratique pour attendre des conditions favorables pour la route M83A est Paphos, sur la côte sud-ouest de Chypre. Les bateaux qui arrivent des ports de la côte sud de l'île peuvent rejoindre la route au large à cet endroit. Du WP M831 à l'extérieur du port de Paphos, on fera route directe vers le WP M835 situé à la pointe nord-est de Rhodes.

Les bateaux qui partent de Kyrenia dans la partie nord de Chypre (route M83B) feront d'abord route du WP M832 vers le WP M833 au large du cap Kormakiti. L'étape suivante passe près d'un groupe d'îles au large de la côte turque. Ceux qui le souhaitent peuvent faire leur entrée en Grèce à Kastellorizo. Sinon, du WP M834 au large de la petite île de Strongili, on change de cap pour le WP M835 à l'approche de Mandraki, le port principal de l'île de Rhodes. Mandraki (Limin Rhodou) est toujours bondé et les bateaux de croisière peuvent avoir des difficultés à trouver une place. Des agrandissements ont été effectués en 1994.

M84 *De Chypre à la Crète*

Meilleure période	avril à mai, septembre à octobre	
Cartes routières	BA : 1439	SHOM : 7306
	US : 302	
Instructions nautiques	BA : 48, 49	SHOM : D6, D5
	US : 132	
Guides de croisière	*Grèce-Mer Ionienne.*	

Waypoints

Départ	*Intermédiaire*	*Atterrissage*	*Destination*	*Distance (M)*
Route M84A				
M841 Paphos W 34°45'N, 32°22'E	M842 Sidheros 35°20'N, 26°21'E			
	M843 Crete NE 35°25'N, 26°10'E	M844 Crete N 35°23'N, 25°20'E	Héraklion *35°16'N, 25°09'E*	362
M841 Paphos W	M842 Sidheros	M848 Agios E 35°12'N 25°48'E	Agios Nikolaos *35°11'N 25°44'E*	330
Route M84B				
M845 Kyrenia N 35°21'N, 33°18'E	M846 Chypre NW 35°26'N, 32°55'E			
	M847 Kasos 35°18'N, 26°52'E			
	M843 Crete NE	M844 Crete N	Héraklion	404
M845 Kyrenia N	M846 Chypre NW			
	M847 Kasos			
	M842 Sidheros	M848 Agios E	Agios Nikolaos	372

Les instructions sont les mêmes que celles de la route M83, avec l'avantage que l'on prendra sous un meilleur angle les vents de nord qui sont dominants en été. Pourtant, les bateaux qui veulent se rendre dans les îles de la mer Egée feront mieux d'aller à Rhodes, comme indiqué dans la route M83, et d'entrer en mer Egée par le sud-est. A cause de la force du meltem, il est difficile pendant tout l'été de faire voile vers le nord en quittant la Crète, c'est pourquoi il vaut mieux prévoir de visiter d'abord les îles situées au nord de la Crète et laisser la Crète pour plus tard.

Que l'on quitte Chypre par le nord ou le sud, les routes vers la côte nord de la Crète convergent à Dhiavlos Kasou, le chenal séparant la Crète de l'île de Kasos. Les bateaux qui quittent la partie sud de Chypre (route M84A) auront un point de départ pratique à Paphos sur la côte sud-ouest de l'île. Du WP M841, on peut faire une route directe vers le WP M842 à l'est du cap Sidheros, à l'extrémité nord-est de la Crète.

Les bateaux qui partent de la partie nord de Chypre par la route M84B devront parer le cap Kormakiti, l'extrémité nord-ouest de Chypre, avant de pouvoir faire route vers le WP M847 au sud de l'île Kasos. A ce point, on change de cap pour le WP M843 au nord-est de la Crète et l'on rejoint la route qui vient de la partie sud de Chypre. La route pour Héraklion est parallèle à la côte nord de la Crète jusqu'au WP M844 au nord-est de la capitale crétoise. Les bateaux pénètrent dans le vieux port vénitien, dans la partie sud-ouest du grand port commercial. S'il n'y a pas de place aux pontons, les bateaux de croisière peuvent utiliser le quai situé immédiatement à l'est du port des petits bateaux. Agios Nikolaos est une escale plus commode et plus proche sur la côte NE de Crète, que l'on atteint en changeant de cap à partir de M842 pour passer au sud d'un groupe d'îles situées au NE du cap Sidheros dont la plus sud est Gianissada. La route mène à M848 sur la côte SW de la grande baie de Mirambelo. Agios Nikolaos est une station touristique très fréquentée avec une petite marina où trouver une place est rarement un problème, au contraire de Héraklion qui est toujours plein.

M85 *De Chypre à Malte*

Meilleure période	juin à août			
Cartes routières	BA : 4302	SHOM : 7016		
	US : 302			
Instructions nautiques	BA : 45, 49	SHOM : D6, D3		
	US : 130, 131, 132			
Guides de croisière	*Italie.*			
Waypoints				
Départ	*Intermédiaire*	*Atterrissage*	*Destination*	*Distance (M)*
Route M85A				
M851 Chypre S 34°33'N, 32°55'E	M852 Crete S 34°45'N, 24°07'E	M853 Malte E 35°54.5'N, 14°31.5'E	La Vallette *35°54'N, 14°30.5'E*	912
Route M85B				
M854 Kyrenia N 35°21'N, 33°18'E	M855 Chypre NW 35°26'N, 32°55'E			
	M852 Crete S	M853 Malte E	La Vallette	931

On peut s'attendre à des conditions raisonnables sur cette route pendant tout l'été, les chances d'avoir des vents favorables étant plus grandes de mi-juin à mi-août. Les calmes deviennent plus fréquents à l'approche de l'automne.

Les bateaux qui partent de l'un des ports de la partie sud de Chypre, comme Larnaca ou Limassol, prendront le départ du WP M851 au sud-ouest du cap Zevgari (route M85A). De là, la route passe au sud de la Crète par le WP M852 au sud de l'île de Gavdhos. De ce point, on peut faire une route directe vers le WP M853 à l'entrée du port de Marsamxett.

Ceux qui prennent la route M85B à partir de Kyrenia, au nord de Chypre, doivent quitter l'île au WP M855 au large du cap Kormakiti, d'où ils peuvent faire route pour passer au sud de la Crète par le WP M852 jusqu'au WP M853 à l'approche de la capitale maltaise. A leur arrivée à Malte, les bateaux contacteront le *Valleta Port Control* sur le canal 12 ou 16 avant d'aller aux pontons visiteurs de la marina Msida ou de Lazaretto Creek. Le *Yachting Center* sera contacté sur le canal 9 pour obtenir des informations sur les emplacements.

M86 *De Chypre au sud de la Turquie*

MEILLEURE PÉRIODE	avril à mai, septembre à octobre			
CARTES ROUTIÈRES	BA : 183	SHOM : 7306		
	US : 302			
INSTRUCTIONS NAUTIQUES	BA : 49	SHOM : D6		
	US : 132			
GUIDES DE CROISIÈRE	*Turquie et Chypre.*			
WAYPOINTS				

Départ	*Intermédiaire*	*Atterrissage*	*Destination*	*Distance (M)*
Route M86A				
M861 Kyrenia N 35°21'N, 33°18'E	M862 Dildarde 36°20'N, 32°07'E	M863 Alanya S 36°30'N, 32°02'E	Alanya *36°32'N, 32°01'E*	96
Route M86B				
M864 Paphos W 34°45'N, 32°22'E	M865 Yeranisou 35°00'N, 32°12'E	M863 Alanya S	Alanya	110

La partie nord de Chypre, en particulier le port de Kyrenia, est un point de départ parfait pour la côte sud de la Turquie. Les bateaux venant de la partie sud de Chypre (route M86B) auront avantage à partir d'un port situé à l'ouest, comme Paphos. Il n'est pas recommandé de contourner Chypre par l'est à cause du courant qui porte vers l'est le long de la côte nord et autour du cap Andreas.

En partant de Kyrenia, les bateaux qui prennent la route M86A ont le choix des destinations, d'Anamur sur la côte est du golfe d'Antalya, à Antalya elle-même ou Finike plus à l'ouest. Si l'on veut faire une croisière d'est en ouest le long de la côte turque, il est judicieux d'aller d'abord à Alanya, qui est le port d'entrée le plus proche en arrivant de cette direction et d'y faire les formalités. Du WP M861, au nord de Kyrenia, on fait route vers le WP M862. Là, on change de cap vers le WP M863 au sud d'Alanya. Le petit port étant toujours bondé de bateaux locaux, les yachts de passage mouillent habituellement au nord du quai, où l'on est bien protégé des vents dominants.

Les bateaux qui partent de l'un des ports de la partie sud de Chypre (route M86B), comme Paphos, font d'abord route vers le WP M865. Là, ils changent de cap vers le WP M863, au sud du port d'Alanya.

M87 *De Chypre au Liban*

MEILLEURE PÉRIODE	mai à octobre			
CARTES ROUTIÈRES	BA : 183	SHOM : 7306		
	US : 54440, 54480			
INSTRUCTIONS NAUTIQUES	BA : 49	SHOM : D6		
	US : 132			
GUIDES DE CROISIÈRE	*Mediterranean Cruising Handbook, Turquie et Chypre.*			
WAYPOINTS				

Départ	*Intermédiaire*	*Atterrissage*	*Destination*	*Distance (M)*
M870 Larnaca *34°55'N, 33°38'E*	M871 Chypre E 34°55'N, 33°40'E	M872 Tair 33°59'N, 35°33'E	Jounieh *33°59'N, 35°39'E*	206
M873 Kyrenia *35°20'N, 33°19'E*	M874 Chypre N 35°25'N, 33°21'E			
	M875 Kidhes 35°45'N, 34°37'E	M876 Ramkin 34°30'N, 35°42'E	Tripoli *34°28'N, 35°50'E*	163

Jounieh est le meilleur port d'arrivée au Liban pour les bateaux qui partent d'un port, quel qu'il soit, de la partie sud de Chypre. C'est là que se trouve la seule marina du Liban et les services y sont d'un bon niveau. Il faut contacter la Marine libanaise (*Lebanese Navy*) lorsqu'on est encore dans les eaux internationales. L'indicatif d'appel pour Jounieh et Beyrouth est Oscar Charlie, pour Tripoli c'est Oscar November et pour Sidon et Tyr, Oscar Sierra. Les quatre autres ports sont tous des ports de commerce, c'est pourquoi on recommande Jounieh. Les mouvements des bateaux entre les ports sont soumis à de sévères restrictions, il faudra donc éviter la navigation côtière autant que possible.

Ceux qui partent de la partie nord de Chypre peuvent également aller directement à Jounieh, mais s'ils veulent visiter d'autres ports du Liban, ils feront leur atterrissage à Tripoli pour naviguer ensuite vers le sud. De l'extrémité nord-est de Chypre au cap Andreas, on peut faire une route directe pour atterrir au large du phare Ramkin à l'approche de Tripoli. Il faut contacter la Marine libanaise (indicatif Oscar November) sur le canal 16 lorsqu'on est encore en dehors de la limite des 12 milles pour demander la libre pratique.

M88 *De Chypre à la Syrie*

MEILLEURE PÉRIODE	mai à octobre	
CARTES ROUTIÈRES	BA : 183	SHOM : 7306
	US : 54440, 54480	
INSTRUCTIONS NAUTIQUES	BA : 49	SHOM : D6
	US : 132	
GUIDES DE CROISIÈRE	*Mediterranean Cruising Handbook.*	
WAYPOINTS		

Départ	*Intermédiaire*	*Atterrissage*	*Destination*	*Distance (M)*
M880 Larnaca *34°55'N, 33°38'E*	M881 Chypre E 34°55'N, 33°40'E			
	M882 Greco 34°55'N, 34°05'E	M883 Syrie SW 35°30'N, 35°43'E	Latakia *35°31'N, 35°46'E*	113
M884 Kyrenia *35°20'N, 33°19'E*	M885 Chypre N 35°25'N, 33°21'E			
	M886 Kidhes 35°45'N, 34°37'E	M887 Syrie W 35°32'N, 35°43'E	Latakia	129

Que l'on quitte Chypre d'un port de la partie nord ou du sud, le meilleur endroit où arriver en Syrie est Latakia. Pour les bateaux qui partent de Larnaka, la route est claire une fois passé le cap Greco. De même pour ceux qui partent de Kyrenia et doivent parer les îlots Kidhes au large du cap Andreas à l'extrémité nord-est de l'île.

Si l'on va à Latakia, il faut contacter le Port Control à la limite des 12 milles et demander l'autorisation d'aller dans le bassin sud pour faire les formalités d'entrée. Il est possible que l'on vous demande de prendre un pilote à l'entrée du port. Le prix du pilote est compris dans la taxe globale de port. Ceux qui arrivent sans visas reçoivent des laissez-passer. La navigation côtière est déconseillée et soumise à restrictions. Si l'on se rend dans l'un des deux autres ports ouverts aux pavillons étrangers, Banias (35°14'N, 35°56'E) et Tartous (35°54'N, 35°52'E), il faudra refaire les formalités d'entrée et de sortie.

M90 ROUTES DEPUIS ISRAËL

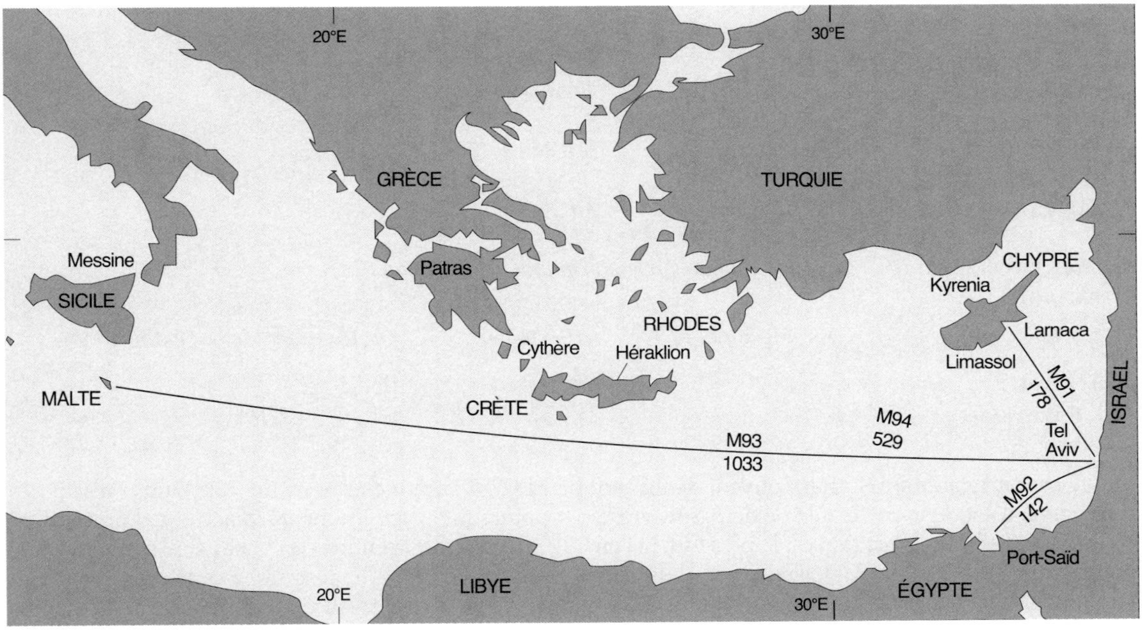

M90 Routes depuis Israël

Seules quelques routes partent de l'extrême est de la Méditerranée et la plupart des bateaux qui les suivent font une première escale à Chypre. La plupart des côtes sont de la Méditerranée étant dépourvues de ports naturels, les destinations se limitent à quelques ports. Les services aux bateaux en Israël se sont considérablement améliorés et il y a maintenant plusieurs marinas à distance convenable les unes des autres, les deux plus grandes, offrant également les meilleurs services, étant Herzliya, au nord de Tel Aviv, et Ashkelon au sud.

M91 *D'Israël à Chypre*

MEILLEURE PÉRIODE	avril à juin, septembre à octobre	
Cartes routières	BA : 183 US : 302	SHOM : 7306
INSTRUCTIONS NAUTIQUES	BA : 49 US : 132	SHOM : D6
GUIDES DE CROISIÈRE	*Turquie et Chypre.*	
WAYPOINTS		

Départ	*Intermédiaire*	*Atterrissage*	*Destination*	*Distance (M)*
M911 Akko 32°52'N, 34°56'E		M913 34°54'N, 33°39'E	Larnaca *34°55'N, 33°38'E*	139
M912 Aviv N 32°06' N, 34°44'E		M913	Larnaca	178

Les vents contraires sont fréquents sur cette route, c'est pourquoi il est recommandé de partir d'un port situé au nord, comme Haifa. La plupart des bateaux qui prennent cette route vont à Larnaca avant de continuer en passant au nord ou au sud de Chypre. La marina de Larnaca (34°55'N, 33°38'5E) veille sur la VHF, canal 16. Il peut arriver que l'on demande aux yachts de mouiller dans l'avant-port pendant qu'on leur cherche une place.

Les bateaux qui partent de Haïfa font route, une fois passé le récif Spartan au nord du cap Carmel, jusqu'au WP M911, d'où une route directe les mène au WP M913 dans la baie de Larnaca. Ceux qui partent de Tel Aviv et du WP M912 peuvent faire route vers ce même WP M913.

M92 *D'Israël à Port-Saïd*

MEILLEURE PÉRIODE	avril à octobre	
CARTES ROUTIÈRES	BA : 183	SHOM : 7306
	US : 302	
INSTRUCTIONS NAUTIQUES	BA : 49	SHOM : D6
	US : 132	
GUIDES DE CROISIÈRE	*Mediterranean Cruising Handbook, Red Sea Pilot*	
WAYPOINTS		

Départ	*Intermédiaire*	*Atterrissage*	*Destination*	*Distance (M)*
M921 Aviv S 32°04'N, 34°45'E		M922 Saïd 31°25'N, 32°18'E	Port-Saïd *31°15'N, 32°18'E*	142

Un courant contraire se fait souvent sentir sur cette route, il est donc préférable de ne pas suivre la côte de trop près, où le courant est le plus fort. Si l'on atterrit trop à l'est de Port-Saïd, il est souvent difficile de trouver un amer sur la côte et l'approche de Port-Saïd ne sera indiquée que par le grand nombre de cargos au mouillage dans la zone d'attente.

Du WP M921, à l'extérieur de la marina de Tel Aviv, on peut faire une route directe vers le WP M922 à l'approche nord de Port-Saïd. C'est de ce point que part le chenal d'accès à Port-Saïd. Il convient de prendre ce chenal dès son extrémité nord sans faire de raccourci à cause des nombreuses épaves de part et d'autre du chenal. Les petits bateaux sont autorisés à entrer dans le port sans pilote et on doit accomplir toutes les formalités une fois le bateau amarré au Fouad Yacht Club. Ce dernier est situé du côté est du port.

M93 *D'Israël à Malte*

MEILLEURE PÉRIODE	juin à septembre	
CARTES ROUTIÈRES	BA : 4302	SHOM : 7016
	US : 302	
INSTRUCTIONS NAUTIQUES	BA : 45, 49	SHOM : D6, D3
	US : 131, 132	
GUIDES DE CROISIÈRE	*Italie.*	
WAYPOINTS		

Départ	*Intermédiaire*	*Atterrissage*	*Destination*	*Distance (M)*
M931 Aviv N 32°06'N, 34°44'E	M932 Crete S 34°45'N, 24°07'E	M933 Malte E 35°54'5N, 14°31'5E	La Vallette *35°54'N, 14°30'5E*	1033

On peut entreprendre cette traversée à n'importe quel moment de l'été, lorsque les vents du nord prédominent. Du WP M931, à l'extérieur de la marina de Tel Aviv, on peut faire une route directe vers le WP M932 pour passer au sud de la Crète et de l'île Gavdhos. De ce point, on change de cap vers le WP M933 à l'est de l'entrée du port de Marsamxett. A leur arrivée à Malte, les bateaux contacteront le *Valleta Port Control* sur les canaux 12 ou 16 avant d'aller aux pontons visiteurs de la marina Msida ou de Lazaretto Creek. Le *Yachting Center* sera contacté sur le canal 9 pour obtenir des informations sur les emplacements.

M94 D'Israël à la Crète

Meilleure période mai à octobre
Cartes routières BA : 183 — SHOM : 7306
US : 302
Instructions nautiques BA : 48, 49 — SHOM : D6, D5
US : 132
Guides de croisière *Grèce-Mer Ionienne.*
Waypoints

Départ	*Intermédiaire*	*Atterrissage*	*Destination*	*Distance (M)*
M940 Ashkelon *31°40'N, 34°32'E*	M941 Crete NE 35°25'N, 26°10'E	M942 Crete N 35°23'N, 25°20'E	Héraklion *35°16'N, 25°09'E*	529
M940 Ashkelon	M943 Sidheros 35°20'N 26°21'E	M944 Agios E 35°12'N 25°48'E	Agios Nikolao *35°11'N 25°44'E*	497

Cette route directe constitue une étape sans escale du Millenium Odyssey. Les bateaux qui la prennent ont le choix des marinas à proximité de Tel Aviv d'où quitter Israël. Proche de Tel Aviv au nord, se trouve la marina bien équipée de Herzliya, tandis qu'au sud on a celle d'Ashkelon que l'on recommande comme point de départ d'Israël car c'est aussi un port d'entrée officiel.

La route directe mène à un point situé au large du cap Sidheros, l'extrémité nord-est de la Crète. Bien qu'il y ait de nombreux ports sur la côte nord de la Crète, celui qui offre les meilleurs services est Héraklion. La route recommandée est parallèle à la côte jusqu'à l'atterrissage à l'entrée du port de commerce. Le vieux port vénitien est l'endroit où s'amarrent normalement les bateaux de croisière, mais s'il n'y a pas de place, on ira se mettre au quai situé immédiatement à l'est du port des petits bateaux, près du Héraklion Sailing Club.

Plutôt que d'aller jusqu'à Héraklion où il est toujours difficile de trouver de la place, il vaut mieux s'arrêter à Agios Nikolaos, sur la côte NE de la Crète. On atteint ce port en changeant de cap à partir de M943 pour passer au sud d'un groupe d'îles situées au NE du cap Sidheros, dont Gianissada est l'île la plus au sud. La route mène à M944 sur la côte SW de la grande baie de Mirambelo. Agios Nikolaos est une station touristique fréquentée avec une petite marina.

23

LES CANAUX DE PANAMA ET DE SUEZ

Le canal de Panama

La remise du canal de Panama aux autorités panaméennes par les Etats-Unis le 31 décembre 1999 ne semble pas avoir affecté le fonctionnement du canal. Toutefois l'autorité du canal de Panama souhaiterait que les bateaux de plaisance se voient appliquer un tarif plus réaliste que l'actuel, qui ne couvre qu'une fraction du coût effectif de l'opération. Une augmentation du coût du transit est donc à prévoir. En outre, les petits bateaux ne sont maintenant que très peu prioritaires, de sorte que lorsqu'il y a beaucoup de trafic, on peut devoir attendre plusieurs jours pour passer. Le temps d'attente est rendu plus désagréable par la dégradation des équipements à l'une ou l'autre extrémité du canal, où peu a été fait pour fournir des installations décentes aux yachts.

Côté Atlantique

Vous devez contacter la station du sémaphore de Cristobal sur la VHF canal 12 lorsque vous êtes à trois milles du port, et à nouveau en passant entre les brise-lames. Des feux règlent les mouvements des gros navires entre les brise-lames, mais les petits yachts peuvent entrer à tout moment, en restant sur les côtés. Une fois dans le vaste port, les yachts doivent se diriger vers le sud vers le mouillage recommandé, situé à l'est de la bouée de chenal n° 4 et au sud du mole Cristobal. Le mouillage des yachts, les Flats, est délimité par des bouées rouges et ocre. On peut aussi demander l'autorisation d'aller directement au Panama Canal Y.C., que l'on peut contacter sur le canal VHF 64. On peut demander les instructions pour les formalités d'entrée sur le canal 16. A Cristobal comme à Balboa, du côté Pacifique, un officier panaméen pourra monter à bord. Ses fonctions sont multiples et il accomplira les formalités de douane, de santé et d'immigration. Ceux qui préfèrent rester à l'ancre peuvent venir au club en annexe et en utiliser les services, s'ils en ont obtenu l'autorisation préalablement.

Côté Pacifique

Les yachts arrivant du côté Pacifique du canal doivent contacter par VHF le sémaphore Flamenco sur le canal 12 où on leur dira soit de mouiller devant le Balboa Yacht Club, soit de prendre un de ses corps morts. Le bureau du club est ouvert toute la journée du lundi au vendredi et jusqu'à midi le samedi, et veille sur le canal 6. On peut faire les formalités d'entrée au club.

Une fois terminées ces formalités, les autorités du port vous donneront un permis de croisière (*cruising permit*) dont vous aurez besoin, que vous passiez le canal ou non. Cela s'applique également à ceux qui souhaitent se rendre aux îles San Blas en Atlantique, pour lesquelles il faut demander un permis à Porvenir où tous les bateaux doivent s'arrêter et s'enregistrer avant d'aller dans l'archipel.

Ceux qui souhaitent passer le canal doivent suivre les étapes suivantes, une fois accomplies les formalités d'entrée :

1. Du côté Pacifique, le capitaine doit appeler *Flamenco Signal Station* sur le canal 12 ou par téléphone au 272 4571, ou, du côté Atlantique, *Cristobal Signal Station* ou téléphoner au 443 2293 pour prendre rendez-vous pour l'inspection du bateau. L'inspecteur qui viendra mesurer le bateau vous demandera comment vous voulez transiter, mais la décision finale sera prise par le *course advisor* (pilote), car cela dépendra de la situation à l'heure du passage. Le tarif du passage dépend de la longueur

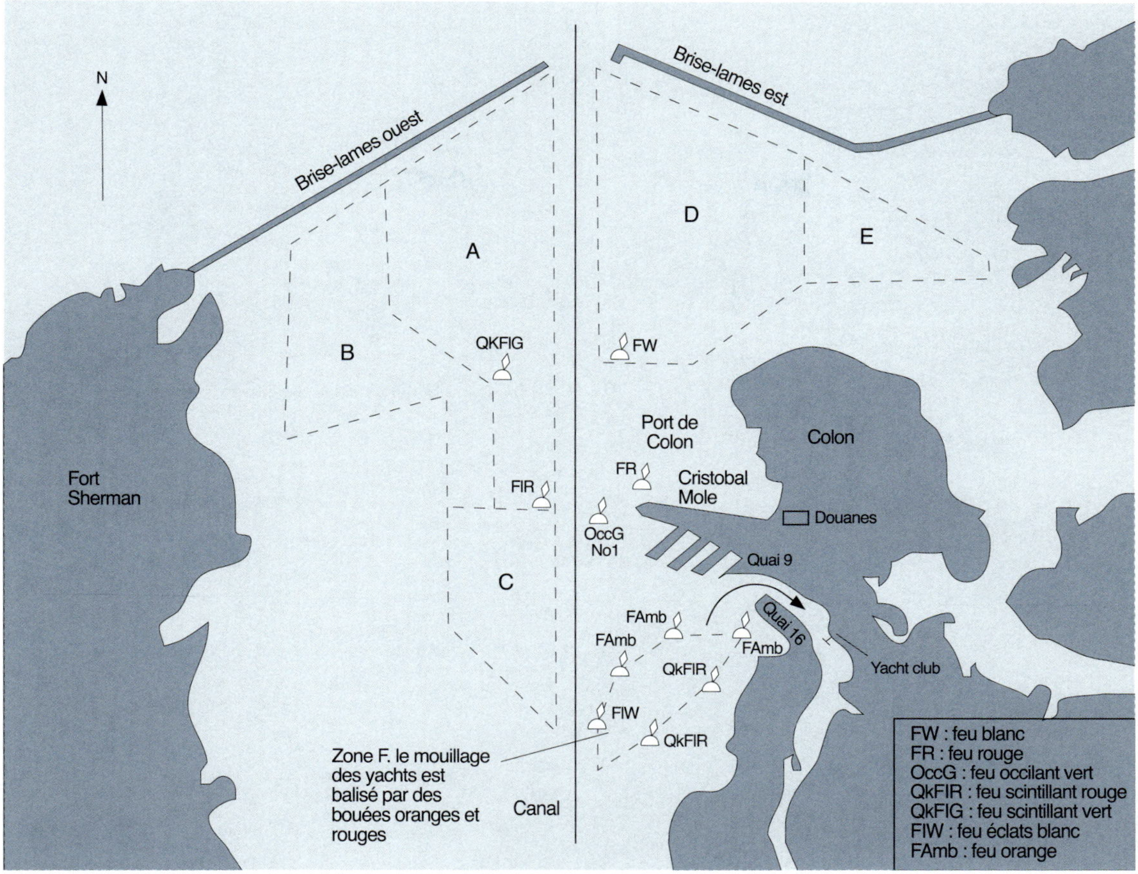

Canal de Panama - Entrée par l'océan Atlantique

hors-tout et fin 2005 était de 500 $ US pour un bateau jusqu'à 50 pieds (15,24 m), 750 $ entre 50 et 80 pieds, 1000 $ entre 80 et 100 pieds, 1500 $ jusqu'à 125 pieds. A ces coûts, il faut ajouter 50 $ pour les frais de jaugeage, 50 $ pour des frais dits de "sécurité", 50 $ pour la nuit passée au mouillage de Gamboa. Si vous ne vous présentez pas le jour prévu, une pénalité de 440 $ s'appliquera. Il faut enfin prévoir une caution de 850 $, prévue pour couvrir tous frais imprévus, qui est habituellement remboursée dans un délai de six semaines. Les droits ne sont plus à payer à l'autorité du canal de Panama mais uniquement à la Citibank à Cristobal ou Balboa. Le paiement peut s'effectuer en liquide ou par virement bancaire.

2. Une fois les formalités effectuées, le skipper doit se rendre au Bureau de Contrôle du Trafic Maritime (*Maritime Traffic Control Office*, bâtiment 1105, deuxième étage, à Cristobal ou bâtiment 910, à la Bola côté Pacifique). Un fonctionnaire vous indiquera ce dont vous aurez besoin pour le passage, comme 4 aussières d'au moins 30 mètres (100 pieds) et d'un diamètre minimum de 22 millimètres, quatre équipiers en plus du barreur et des pare-battages convenables. Le bateau doit pouvoir maintenir une vitesse de 5 nœuds par lui-même. Vérifiez toutes les aussières pour vous assurer qu'elles sont en bon état car elles peuvent être mises à rude épreuve au cours du passage.

3. Puis on vous donnera une heure prévisionnelle de départ, que vous devez vous faire confirmer auparavant en téléphonant au Contrôle du Trafic Maritime 272 4292 ou par VHF canal 12 après 12 h 00 le jour précédant le passage prévu. Il y a des passages pour les yachts tous les jours de la semaine, qui dépendent des mouvements des cargos, mais en moyenne, les yachts doivent attendre trois jours avant de passer. Le passage se fait normalement en deux jours, en passant la nuit au mouillage de Gamboa. Le pilote arrive tôt le matin et part le soir, revenant le matin suivant pour achever le passage. Les yachts qui ne peuvent

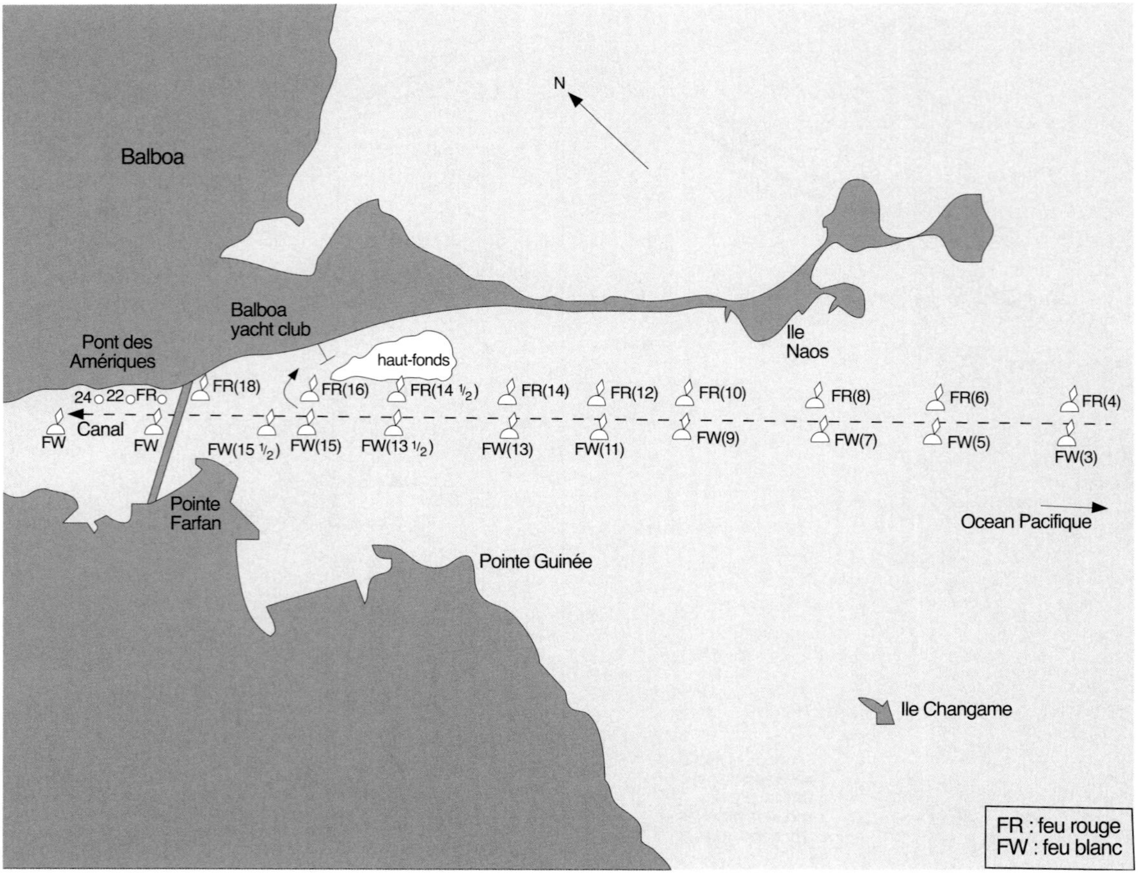

Canal de Panama — Entrée par l'océan Pacifique

maintenir une vitesse de 5 nœuds devront changer de pilote à Gamboa, à mi-parcours du canal. En tout état de cause, si vous avez indiqué que vous pouviez maintenir une vitesse de 5 nœuds et n'avez pu le réaliser, le bateau attendra à Gamboa qu'un autre pilote soit disponible le lendemain. Tous les coûts supplémentaires sont à la charge du propriétaire. Les yachts qui ne peuvent aller à plus de 4 nœuds doivent être remorqués par une vedette de la Commission, à leur frais. Les bateaux arrivant à Balboa à la fin du passage doivent contacter le Balboa Yacht Club sur le canal 6 lorsqu'ils sont à environ 2 milles du club pour retenir un corps-mort. Du côté Atlantique, les bateaux se rendent habituellement au Panama Yacht Club à Cristobal ou mouillent dans la zone indiquée dans les Flats.

Il y a 3 façons de passer les écluses pour les yachts de moins de 38 mètres : au centre de l'écluse, amarrés sur un côté de l'écluse ou à couple d'un remorqueur. C'est le Contrôle du Trafic qui décide le type d'éclusage pour chaque bateau. A cause des parois rugueuses et des remous créés par le remplissage des écluses, les yachts passent en général au centre ou à couple d'un remorqueur, mais chacun doit être capable de passer au centre.

Le passage au centre : le bateau est maintenu au centre de l'écluse par 2 aussières à l'avant et 2 à l'arrière. Les bateaux sont quelquefois amarrés à couple et dans ce cas, seuls ceux qui sont à l'extérieur auront 2 aussières chacun.

Le passage amarré aux parois : seules 2 aussières de 30 m sont nécessaires, mais il faut beaucoup de pare-battages car les parois sont en béton rugueux. Il faut veiller aux haubans et aux barres de flèche qui peuvent toucher les parois lorsque l'eau baisse dans l'écluse. Ce type d'éclusage n'est pas recommandé pour des yachts de moins de 20 mètres.

A couple d'un remorqueur : 2 aussières de 15 m sont nécessaires, ainsi que 2 amortisseurs et des pare-battages. C'est le meilleur type d'éclusage pour de petits yachts et c'est le préféré des pilotes.

Le canal de Suez

Le canal de Suez, long de 87,5 milles, relie la Méditerranée à la mer Rouge par plusieurs lacs, sans écluse. Son inauguration en 1869 a eu un formidable impact sur les transports maritimes en divisant par 2 la distance entre l'Europe et l'Extrême-Orient. Au cours de sa longue histoire, le canal a été fermé 2 fois pour cause de guerres, pendant un an en 1956 et pour 7 ans en 1967. Actuellement, il est régulièrement utilisé par près de 100 navires par jour et de récents travaux l'ont rendu accessible aux cargos de plus de 200 000 tonnes.

Les navires de moins de 300 tonnes peuvent emprunter le canal gratuitement, à l'exception de quelques taxes additionnelles obligatoires pour tous y compris le plus petit yacht. Les capitaines de petits

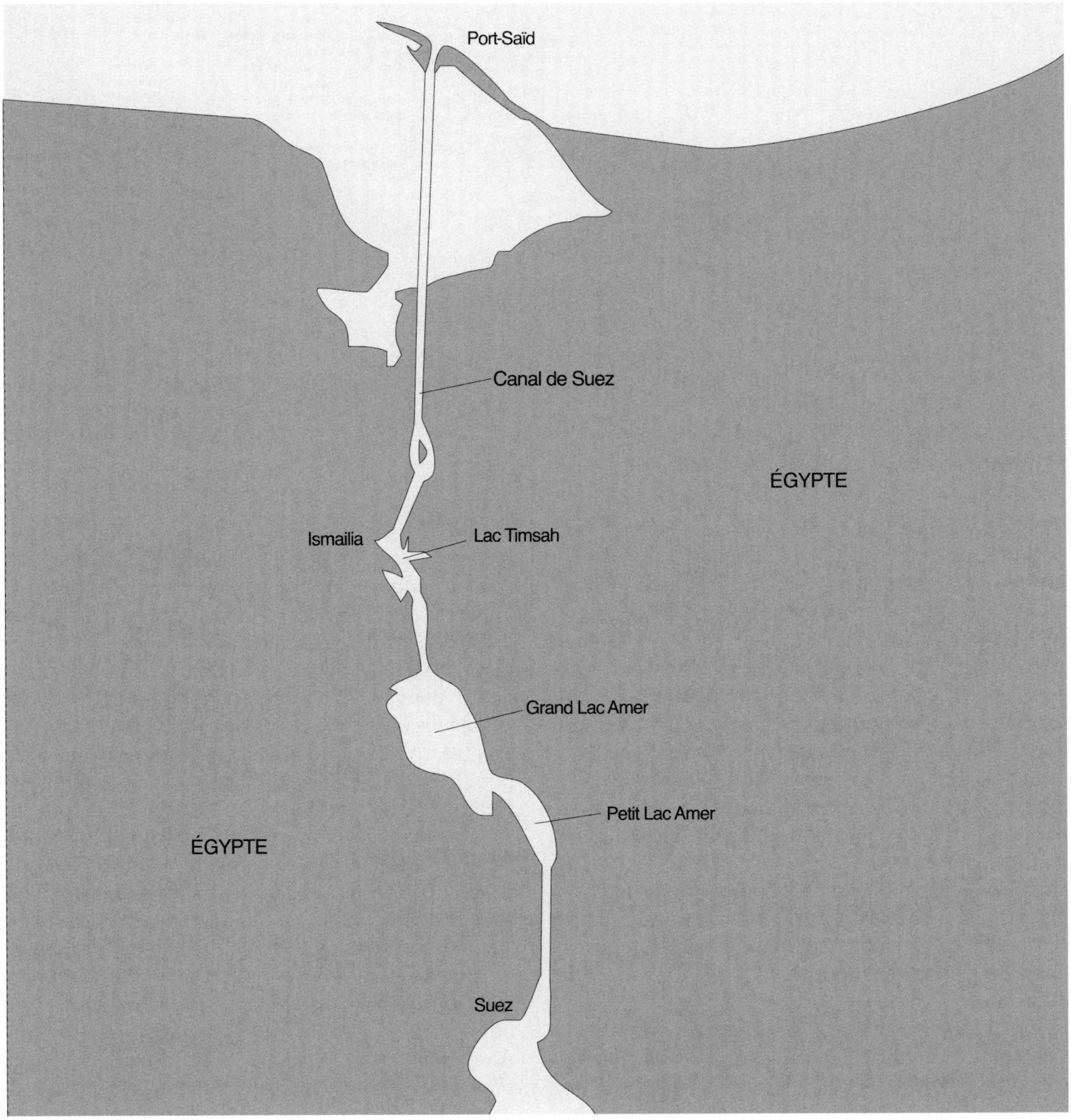

Canal de Suez

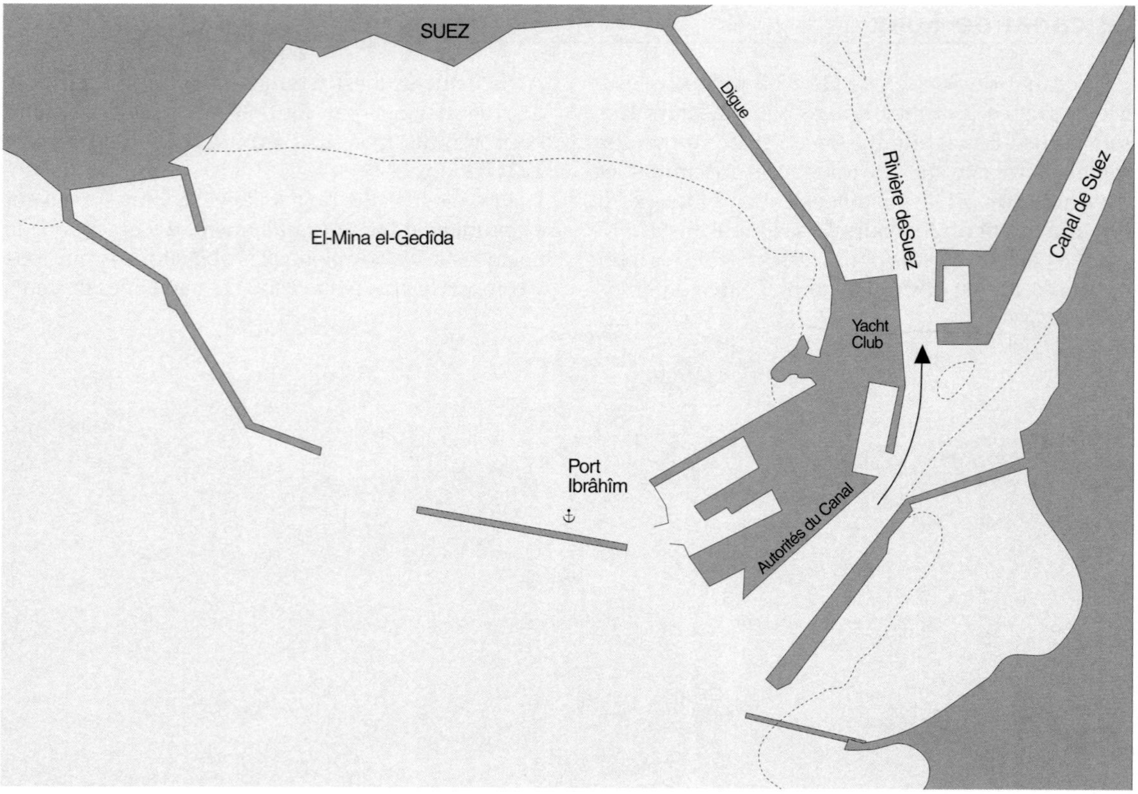

Canal de Suez – L'approche par Suez

bateaux souhaitant passer le canal sont autorisés par les autorités du canal de Suez à accomplir les formalités eux-mêmes, mais elles sont très compliquées et passer par un agent est fortement recommandé. A Port-Saïd comme à Suez se trouvent des sociétés spécialisées dans le passage des petits bateaux et vous trouverez en général leurs représentants en veille sur la VHF en approchant le canal, proposant leurs services, quelquefois de manière insistante. Si vous utilisez les services d'un agent local, faites-vous bien préciser tous les coûts additionnels et mettez vous d'accord sur le tarif à l'avance. L'agent et les coûts de passage doivent être payés en dollars US, et il est donc souhaitable d'avoir des espèces, dont une partie en petites coupures. Les droits de passage pour les petits bateaux ont été récemment augmentés, mais sont encore inférieurs à ceux du canal de Panama.

Ceux qui ne souhaitent pas se retarder à la fin du passage du canal peuvent accomplir les formalités de sortie à Port-Saïd ou à Suez en même temps que les formalités de passage. Ils peuvent alors continuer leur chemin dès qu'ils ont déposé le pilote à la sortie du canal. Ceux qui souhaitent visiter l'intérieur de l'Égypte avant ou après le canal doivent avoir un visa de tourisme, que l'on peut obtenir en arrivant. Pendant votre voyage à terre, le bateau doit être laissé dans l'un des yacht-clubs.

Compte tenu de la longueur du canal, très peu de yachts peuvent effectuer le passage en un jour. Les petits bateaux n'ont pas le droit d'emprunter le canal de nuit, c'est pourquoi il est nécessaire de mouiller pour la nuit à Ismaïlia, au nord-ouest du lac Timsah. L'équipage est normalement autorisé à utiliser les services du yacht club local, mais ne doit pas quitter son enceinte. En général, c'est le même pilote qui rejoint le navire à l'aube pour achever le passage. Les yachts doivent pouvoir maintenir une vitesse de 5 nœuds au moteur. La vitesse limite dans le canal est de 9 nœuds. On n'a pas le droit de mettre à la voile dans le canal, bien qu'avec la permission du pilote on puisse hisser la grand-voile pour traverser les lacs Amer si le temps le permet. Si le bateau est retardé pour une raison quelconque, et ne peut arriver à Ismaïlia avant la nuit, le capitaine peut se voir désigner pour la nuit un mouillage qui ne gêne pas le passage de plus gros navires. La procédure de passage est la suivante :

Vers le sud

Les petits bateaux qui arrivent par la Méditerranée à l'entrée du canal à Port-Saïd doivent s'arrêter au Fouad Yacht Club, situé du côté est du port. A cause de la densité du trafic et de la difficulté de l'approche, l'entrée à Port-Saïd ne doit pas se faire de nuit. Le matin du passage, un pilote viendra à bord du bateau à un endroit désigné en accord avec l'agent. Le pilote prendra en charge le bateau jusqu'à Ismaïlia, où l'on passera la nuit à l'ancre dans le lac Timsah. Une vedette viendra chercher le pilote. Le même pilote ou son remplaçant rejoindra le bateau le matin suivant pour terminer le transit. A l'arrivée à Suez, les bateaux prennent en général un corps-mort au Suez yacht-club, situé dans un cours d'eau sur la rive ouest, tout près de l'extrémité du canal. Le pilote donnera les instructions pour rejoindre le yacht-club et on pourra le déposer là.

Vers le nord

Les bateaux arrivant au canal par la mer Rouge doivent ancrer à Port Ibrahim, au nord-est de la baie de Suez, près du nord de l'entrée du canal. Lorsque les formalités sont accomplies, le bateau peut aller au SuezYacht Club ou bien rester à l'ancre. Que vous accomplissiez les formalités vous-même ou par l'intermédiaire d'un agent, un pilote de l'autorité du canal vous rejoindra le matin du jour fixé, soit au yacht-club, soit plus vraisemblablement au quai des douanes près de l'entrée du canal, du côté ouest du port. Les yachts transitent normalement juste après que le convoi du matin ait quitté Suez, entre 9 h et 11 h. En général, le 1er jour du passage, les yacht

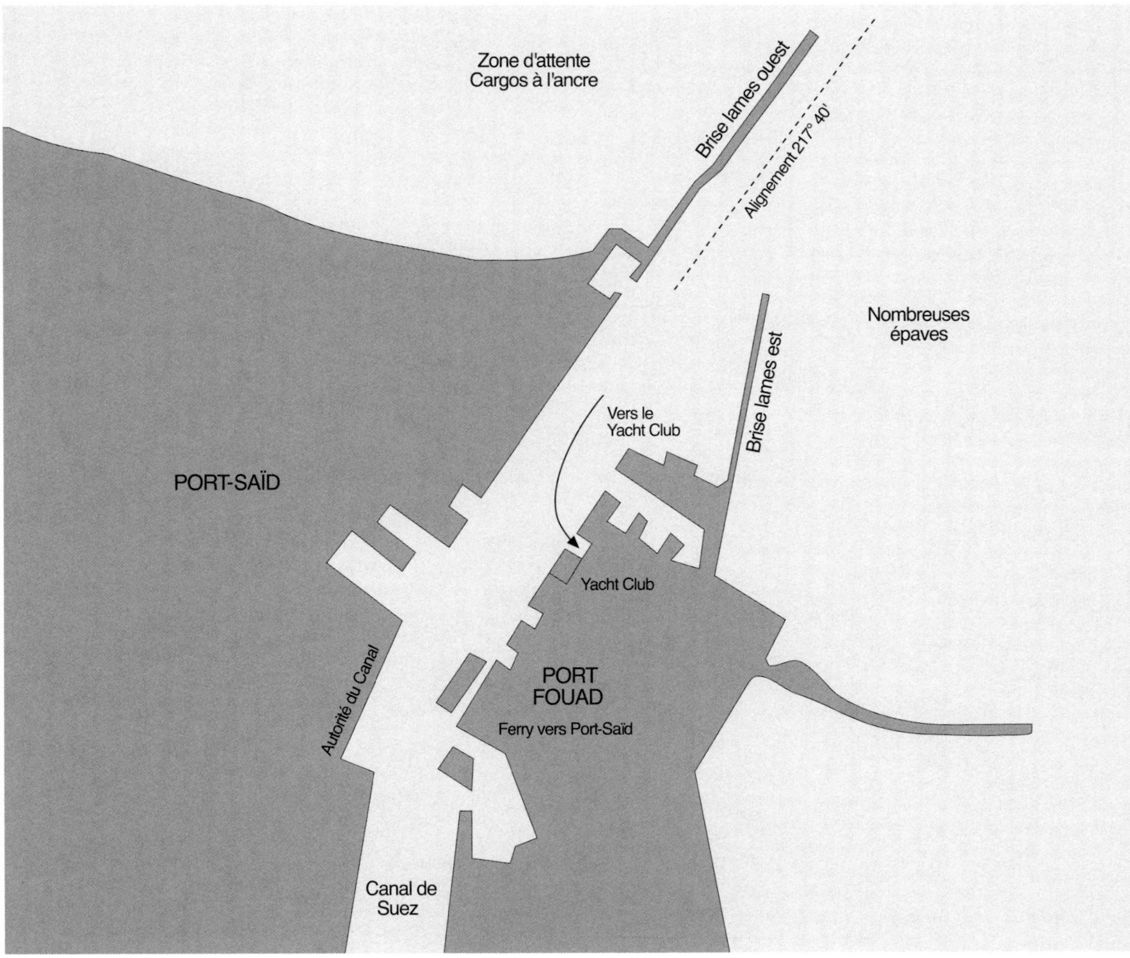

Canal de Suez – L'approche par Port-Saïd

arrivent juste à atteindre Ismaïlia, où ils passent la nuit à l'ancre dans le lac Timsah. Une vedette viendra chercher le pilote. Le même pilote ou son remplaçant rejoindra le bateau le matin suivant pour terminer le transit. Parfois, lorsque le convoi du matin est retardé au départ de Port-Saïd, le bateau quitte Ismaïlia plus tard et pourra passer une 2e nuit dans le canal. A l'arrivée à Port-Saïd, une vedette viendra chercher le pilote et le bateau peut continuer son chemin. Ceux qui ont fait les formalités de sortie peuvent partir en mer. Ceux qui souhaitent rester doivent aller au Fouad Yacht Club, du côté est du port.

LISTE DES GUIDES DE CROISIÈRE

Guides en Français

Charlie's Charts La Polynésie ; Charles E. Wood

Guide des Antilles ; J. Patuelli, *Atoll*

Les îles Seychelles ; A. Rondeau, *Praxis Diffusion*

Grèce, Mer Egée ; Rod Heikell, *Editions Loisirs Nautiques*

Grèce, Mer Ionienne ; Rod Heikell, *Editions Loisirs Nautiques*

Italie, de San Remo à Brindisi, Sicile et Malte ; Rod Heikell, *Editions Loisirs Nautiques*

Côte Atlantique, de Brest à Hendaye ; Mike & Gill Barron, John Lawson, *Les Editions du Plaisancier*

Corse, Sardaigne et îles toscanes ; Rod Heikell, *Les Editions du Plaisancier*

Guide de navigation et de tourisme des Antilles Nord ; Luc Anthoons

Croisière en Nouvelle-Calédonie ; Joël Marc, Marc Rambeau, Ross Blackman, *Savannah Editions*

Manche ; *Les Editions du Plaisancier*

Côte Méditerranéenne (France) ; *Les Editions du Plaisancier*

Mer Adriatique ; T & D Thomson, *Les Editions du Plaisancier*

Objectif Grande Croisière ; Jimmy Cornell, *Editions Loisirs Nautiques*

Routes de Grande Croisière ; Jimmy Cornell, *Editions Loisirs Nautiques*

Iles de l'Atlantique ; Anne Hammick, *Les Editions du Plaisancier*

Espagne et Portugal ; Oz Robinson, Anne Hammick, *Les Editions du Plaisancier*

Turquie - Chypre ; Rod Heikell, *Editions Loisirs Nautiques*

Iles Baléares ; Robin Brandon & Anne Hammick, *Editions Loisirs Nautiques*

Iles Scilly ; Robin Brandon, John & Fay Garey, *Editions Loisirs Nautiques*

Cuba ; Nigel Calder, *Editions Loisirs Nautiques*

Guide de navigation et de tourisme de la Polynésie française Bonnette, *Editions Barthélémy*

Guide de navigation et de tourisme de la Corse ; Fernand Brunel, *Editions Barthélémy*

Pilote Côtier Antilles ; A. Rondeau, *Praxis Diffusion*

Pilote Côtier Marseille Gènes ; A. Rondeau, *Praxis Diffusion*

Pilote Côtier Corse - Sardaigne ; A. Rondeau, *Praxis Diffusion*

Pilote Côtier Les Iles Baléares ; A. Rondeau, *Praxis Diffusion*

Guides en Anglais

Abaco Cruising Guide, Stephen Pavlidis, *Seaworthy Publications*

Arctic Pilot for Svalbard & Jan Mayen

Atlantic Crossing Guide, Anne Hammick, Adlard Coles Nautical, London

Atlantic Pilot Atlas, Adlard Coles Nautical, London

Australian Cruising Guide, Alan Lucas, Imray, Huntingdon

Bahamas Cruising Guide, Matthew Wilson, International Marine

The Baltic Sea, Barry Sheffield, Imray

Baltic Southwest Pilot, Mark Brackenbury, Adlard Coles Nautical, London

Bermuda Yachting Guide, Bermuda Maritime Museum

Biscay Spain, Robin Brandon, Imray

Black Sea Cruising Guide, Rick and Sheila Nelson, Imray

Blue Guide Greece, A & C Black, London

Blue Guide Israel, A & C Black, London

Boating Guide to Mexico, West Coast Edition, John Rains, Point Loma Publishing, San Diego

The Bridge and Galley Guide to Tunisia, Hans von Rijn & Graham Hutt

Brittany and Channel Islands Cruising Guide, David Jefferson, Adlard Coles Nautical, London

Brownie's Beacon to Beacon Directory, Ken Brown

Canary Islands Cruising Guide, World Cruising Publications

Captain's Guide to Transiting Panama Canal, David Wilson, Vanity Press

The Central & Southern Bahamas, Stephen Pavlidis

Channel Harbours and Anchorages, Adlard Coles Nautical, London

Channel Islands Pilot, Malcolm Robson, Adlard Coles Nautical, London

The Channel Islands, Nick Heath, Imray,

Charlie's Charts North to Alaska, Charles Wood, Surrey, British Columbia

Charlie's Charts of Costa Rica, Margo Wood, Surrey, British Columbia

Charlie's Charts of Hawaii, Charles Wood, Surrey, British Columbia

Charlie's Charts of Polynesia, Charles Wood, Surrey, British Columbia

Charlie's Charts of the US East Coast, Charles Wood, Surrey, British Columbia

Charlie's Charts of the US Pacific Coast, Charles Wood, Surrey, British Columbia

Charlie's Charts, Western Coast of Mexico, Charles Wood, Surrey, British Columbia
Clyde Cruising Club : Sailing Directories for Scotland, Hebrides, Orkney and Shetland Islands (en plusieurs volumes)
Coastal Cruising Handbook of New Zealand, Royal Akarana Yacht Club, New Zealand
Combing The Coral Carpet, Bruce Curran, www.combingthecoralcarpet.com
The Croatian Coast, Zagreb Navigational Institute
The Cruising Almanac http://www.thecruisingalmanac.com/
Cruise the Black Sea, Doreen and Archie Annan, publié par Atakoy Marina, Istanbul
Cruising Association Handbook, Cruising Association, London
Cruising French Waterways, Hugh McKnight, Adlard Coles Nautical, London
Cruising Guide to Abaco, Steve Dodge, Cruising Guide Publications.
Cruising Guide to Belize and Mexico's Caribbean Coast, Freya Rauscher, Westcott Cove Publishing
Cruising Guide to Chile, RCC Pilotage Foundation
Cruising Guide to Cuba, Simon Charles, Cruising Guide Publications
Cruising Guide to Germany and Denmark, Brian Navin, Imray,
Cruising Guide to Labrador, ed. Sandy Weld, Puffin Press, Weston, MA, USA
Cruising Guide to Maine, 2 vols, Don Johnson, Westcott Cove Publishing
Cruising to New South Wales, Alan Lucas, Horwitz Grahame, Cammeray, Australia
Cruising Guide to Newfoundland, ed. Sandy Weld, Puffin Press, Weston, MA, USA
Cruising Guide to Northwest England and Wales, George Griffiths, Imray
Cruising Guide to Panama including San Blas, Lars Akerholm
Cruising Guide to Puget Sound, Migeal Scherer, Int. Marine
Cruising Guide to Southeast Asia, Stephen Davies and Elaine Morgan, Imray
Vol. I : The South China Sea, Philippines, Gulf of Thailand to Singapore
Vol. II : Papua New Guinea, Indonesia, Singapore, Malacca Strait to Phuket
Cruising Guide to Trinidad and Tobago, Chris Doyle, Cruising Guide Publications
Cruising Guide to the Abacos and Northern Bahamas, D Wyatt, Westcott Cove Publishing Co., Stamford, Connecticut
Cruising Guide to the Caribbean, Michael Marshall, Adlard Coles Nautical, London
Cruising Guide to the Caribbean, William Stone and Ann Hays
Cruising Guide to the Chesapeake, Blanchard & Hays Stone, Putnam's, New York
Cruising Guide to the Florida Keys, Frank Papy, Ridgeland, South Carolina
Cruising Guide to the Kingdom of Tonga in Vava'u, The Moorings, Cruising Guide Publications, Florida
Cruising Guide to the Leeward Islands, Chris Doyle, Cruising Guide Publications, Florida
Cruising Guide to the Maine Coast, Hank & Jan Taft, International Marine
Cruising Guide to the Netherlands, Brian Navin, Imray
Cruising Guide to the New England Coast, Duncan & Ware, W.W. Norton, New York
Cruising Guide to the Northern Gulf Coast, Claiborne Young, Pelican, USA
Cruising Guide to the Northern Territory Coast, J. Knight
Cruising Guide to the Northwest Caribbean, Nigel Calder, International Marine
Cruising Guide to the Nova Scotia Coast, J. McKelvy, Pilot Press
Cruising Guide to the Rio Dulce, Frank Schooley
Cruising Guide to the Sea of Cortez, ed. Nancy Scott, Cruising Guide Publications
Cruising Guide to the Virgin Islands, Nancy and Simon Scott, Cruising Guide Publications
Cruising Guide to Venezuela & Bonaire, Chris Doyle and Jeff Fisher, Cruising Guide Publications
Cruising Guide to West Africa, Steven Jones, Imray
Cruising in Norwegian Waters, Norwegian Tourist Board
Cruising Ports, California to Florida via Panama, John Rains, Point Loma Publishing, San Diego
Cruising the coast of Brasil, Marçal Ceccon
Cruising the Coral Coast, Alan Lucas, Horwitz Grahame, Cammeray, Australia
Cruising the San Juan Islands, B. Calhouan, Norton, New York
The Danube, A River Guide, Rod Heikell, Imray
Destination New Zealand, G. Brice and Ch. Carey
Dive Maldives : A Guide to the Maldives Archipelago, Tim Godfrey, Atoll Editions
East Africa Pilot, Delwyn McPhun, Imray
East and North Coasts of Ireland Sailing Directions, Irish Cruising Club, Imray
East Coast Pilot Guide from the Wash to Ramsgate, Derek Bowskill, Imray

East Spain Pilot, Robin Brandon, Imray
Embassy Complete Boating Guide to Florida's East Coast, Embassy Marine Publishing, USA
Embassy Guide to the Atlantic Coast, Embassy Guides
Embassy Guide to the Bahamas, Embassy Guides
Embassy Guide to Maine, Embassy Guides
The Exuma Guide, Stephen Pavlidis, Seaworthy Publications
Exploring North British Columbia, D. Douglass
Exploring South British Columbia, D. Douglass
Exploring the Inside Passage to Alaska, D. Douglass, Find Edge Productions
Faeroes, Iceland and Greenland, Imray
Falkland Island Shores, Ewen Southby-Tailyour, Adlard Coles Nautical, London
Fiji Cruising Notes, Phil Cregeen, Migrant
Fiji Islands Handbook, David Stanley, Moon Publications
Firth of Clyde, Clyde Cruising Club
Frisian Pilot, Mark Brackenbury, Stanford Marine
Foreign Port Forms, Imray
The Forgotten Middle : Pacific Coast of Central America, Roy and Carol Roberts
French Inland Waterways, Cruising Association, London
The Gentleman's Guide to Passages South, Bruce Van Sant, Cruising Guide Publications, Clearwater, Florida
The Greek Islands, Ernle Bradford, Collins, London
Grid Chart of the Bay of Islands, Kerikeri Radio, PO Box 131 Kerikeri, New Zealand
Guida Mar da Costa Brasileira, Aloysio Gomez Cameiro
Havens & Anchorages covering the East Coast of South America, Tom Morgan, Imray
Honduras & Bay Islands Mariners Guide, Rick Rhodes.
IJsselmeer Harbours, Hilary Keatinge, Barnacle Marine
Imray Mediterranean Almanac, ed. Rod Heikell, Imray
Indian Ocean Cruising Guide, Rod Heikell, Imray
Indonesia Handbook, Moon Publications
Inland Waterways of France, Imray
Inland waterways of Germany, Barry Sheffield
The Intracoastal Waterway, Jan & Bill Moeller, International Marine
Intracoastal Waterway Facilities Guide, Robert & Barbara Smith, Paradox Publishing, USA
Ionian, Rod Heikell, Tetra Sailing Guides
Japan Handbook, Moon Publications
Käyntisatamat Besökshamnar A Suomen Rannikot : Päijätmark ky **http://www.finncoast.com/satamat**
Landfalls of Paradise, Earl Hinz, Marine Enterprises, Marina del Rey, California
Leeward Island Anchorages, Chris Doyle, Cruising Guide Publications
Lundy & Irish Sea Pilot, David Taylor, Imray
Marine Atlas of the Hawaiian Islands, A. P. Balder, Uni. Hawaii Press
Malways : Maldives Island Directory, Tim Godfrey, Atoll Editions
Marine Life of the Maldives, Tim Godfrey, Atoll Editions.
Mediterranean Almanac, ed. Rod Heikell, Imray
Mediterranean Cruising Handbook, Rod Heikell, Imray
Mediterranean Spain, Costas del Sol and Blanca, Robin Brandon, Imray
Mediterranean Spain, Costas del Azahar, Dorada and Brava, Robin Brandon, Imray
Micronesia Cruising Notes, Phil Cregeen, Migrant
Mull of Kintyre to Arnamurchan, Clyde Cruising Club
Nicaraguan Handbook, David Stanley
New Zealand Marine Radio Handbook, John Allen **www.marine-radio.co.nz**
Normandy and Channel Islands Pilot, Mark Brackenbury, Adlard Coles Nautical, London
North Africa, Hans van Rijn, Imray
North and East Coast of Ireland Sailing Directions, Irish Cruising Club, Imray
North and East Coast of Scotland, Clyde Cruising Club
North Biscay Pilot, Adlard Coles Nautical, London
North Brittany & the Channel Islands, John Lawson
North Biscay Cruising Guide, Nick Heath, Imray
North Brittany Pilot, Adlard Coles, revised by Nicholas Heath, Adlard Coles Nautical, London
North France Pilot, T. & D Thompson, Imray
North Sea Passage Pilot, Brian Navin, Imray
Northern Territory Coast, A Cruising Guide, John Knight, 81 Alawa Crescent, Casuarina, NT 5792 Australia
Norwegian Cruising Guide, John Armitage and Mark Brackenbury, Adlard Coles Nautical, London
Ocean Passages & Landfalls, Cruising routes and landfalls of the world, Rod Heikell & Andrew O'Grady, Imray
On and Off the Beaten Path, Stephen Pavlidis, Seaworthy Publications
Orkney Islands, Clyde Cruising Club
Outer Hebrides, Clyde Cruising

Club
Pacific Crossing Guide, Michael Pocock, Adlard Coles Nautical, London
Pagine Azzurre (Il Portolano dei Mari d'Italia)
http://www.pagineazzurre.com
Panama Guide, Tom et Nancy Zydler, Seaworthy Publications
The Panama Cruising Guide, Eric Bauhaus
Patagonia & Tierra del Fuego Nautical Guide, Mariolina Rolfo et Giorgio Ardrizzi, Bolina
Pilote Côtier, Vols 1 & 14 (Marseille à Gênes & Gênes à Rome), Alain Rondeau
Pickmere's Atlas of Northland's East Coast, Transpacific Marine, Auckland
Red Sea Pilot, E. Morgan and S. Davies, Imray
Reed's Caribbean Almanac, ed. Catherine Degnon, Thomas Reed
Rough Guide to West Africa, Jim Hudgens
Sail Thailand, Collin Piprell
Sailors Guide to the Windward Islands, Chris Doyle, Cruising Guide Publications, Florida
St Helena including Ascension Island and Tristan da Cunha, Tony Cross, David & Charles, Newton Abbot
The Shell Channel Pilot, Tom Cuncliffe, Imray
Shetland Islands, Clyde Cruising Club
Solomon Islands Cruising Guide, Dirk Sieling, Island Cruising Co
South Africa Nautical Almanac, Tom Morgan
South and West Coast of Ireland Sailing Directions, Irish Cruising Club, Imray
South Atlantic Circuit, Tom Morgan, RCC Pilotage Foundation
South Biscay Pilot, Robin Brandon, Adlard Coles Nautical, London
South Coast Cruising, Mark Fishwick, Yachting Monthly, London.
South Pacific Anchorages, Warwick Clay, Imray
Straits Sailing Handbook, Colin Thomas, Sheppards & Co, Gibraltar
Superyacht Guide to New Zealand, Jill Malcolm
Through the German Waterways, Philip Bristow
Traveller's Guide to East Africa and the Indian Ocean, IC Publications Ltd, London
Traveller's Guide to North Africa, IC Publications Ltd, London
Traveller's Guide to West Africa, IC Publications Ltd, London
Turkey and the Dodecanese Cruising Pilot, Robin Petherbridge, Adlard Coles Nautical, London
Turks & Caicos Guide, Stephen Pavlidis, Seaworthy Publications
Turks & Caicos Handbook and Yachtsman's Guide, J. Blake
Vetus Marina Guides : Havengids Nederland, and Marina Guide Mediterranée, Vetus den Ouden, Netherlands
Virgin Anchorages, N. and S. Scott, Cruising Guide Publications
Waggoners Cruising Guide to the North-West, Bob Hale
Welcome to Durban, Tony Herrick, The Point Yacht Club. Peut être téléchargé gratuitement sur :
http://www.cruiser.co.za/tony10.asp
Western Aegean, Rod Heikell, Imray
The Whitsunday Islands : 100 Magic Miles of the Great Barrier Reef, David Colfedt
With Pleasure Boat to Finland, Finnish Maritime Administration
http://www.fma.fi/e/leisure/boating/
West Country Cruising, Mark Fishwick, Yachting Monthly, London
Yachting Guide to the South Shore of Nova Scotia, Arthur Dechman, USA
A Yachtsman's Fiji, Michael Calder, The Cruising Classroom, Forestville, Australia
Yachtsman's Guide to the Bahamas, Tropic Isle Publishers Inc, Florida
Yachting Guide to the ABC-Islands, G. van Erp, Yachting Guides
Yachtsman's Directory to Spain and Portugal, Richard Ashton, Publi-Nautic
The Yachtsman's Guide to Jamaica, John Lethbridge, Imray
Yachtsman's Guide to the Virgin Islands, Tropic Isle Publishers Inc, Florida
Yachtsman's Pilot to the West Coast of Scotland *(plusieurs volumes)*, Martin Lawrence, Imray

Guides touristiques

Il y a bien sûr un très grand nombre de guides dont vous pouvez obtenir la liste en consultant par exemple le site internet de la FNAC : www.fnac.com, en cliquant sur la rubrique "Livres".
Nous citons ci-dessous des guides en anglais dont nous avons apprécié le côté très "pragmatique" et fonctionnel, et qui ont en outre l'avantage d'être parfois les seuls à couvrir certaines régions.

Guides Lonely Planet
Ces guides qui s'adressent aux voyageurs indépendants voulant visiter les endroits un peu à l'écart, avec un budget limité, sont très appropriés aux navigateurs au long cours. Ils couvrent beaucoup d'endroits ignorés par le tourisme de masse. Les guides en anglais de la collection Shoestring couvrent de grandes régions,

parfois même un continent entier. Les guides de la série Travel Survival Kit se concentrent sur un pays, le traitant plus en détail. Vous pouvez consulter le site : www.lonelyplanet.com
Un certain nombre d'ouvrages sont maintenant disponibles en français, vous pouvez en avoir la liste complète en consultant le site Internet français : www.lonelyplanet.fr

Guides Moon

Parmi ces guides pratiques (rien à voir avec la secte du même nom !) nous recommandons tout particulièrement la série des guides couvrant le Pacifique, écrits par David Stanley : Micronesia Handbook, South Pacific Handbook, Tahiti-French Polynesia Handbook, Tonga-Samoa Handbook. Outre les informations pratiques classiques, vous y trouverez l'histoire détaillée de ces pays et pour les amateurs des suggestions d'itinéraires très bien détaillés pour des balades à pied inoubliables. www.moon.com

Autres guides

Dans le même esprit que les guides Lonely Planet et Moon, les guides Bradt et Rough sont aussi très réputés, on trouvera sur leurs sites Internet respectifs la liste complète de leurs ouvrages :
www.bradttravel.com
www.roughguides.com
On peut acheter tous ces guides en ligne sur www.amazon.com, qui propose même des ouvrages d'occasion récents à des prix défiant toute concurrence.

Sites Internet

Les sites suivants correspondent à des boutiques ou éditeurs vendant des cartes et/ou des publications nautiques tels que des guides de croisière. Ces ouvrages peuvent être commandés directement en ligne, sur leur propre site internet.

www.adlardcoles.co.uk
(Adlard Coles Nautical)
www.pbg.mcgraw-hill.com/im/im-home.html
(International Marine Publishers, USA)
www.motorbuch.de
(Pietsch Verlage, Allemagne)
www.librairie-outremer.com
www.loisirsnautiques.com
(Loisirs Nautiques, France)
www.imray.com
(Imray, Laurie, Norie & Wilson, UK)
www.cruisingguides.com
(Caribbean Cruising Guides)
www.bookharbour.com
(Kelvin Hughes, UK)
www.bluewaterweb.net/
(Bluewater Books and Charts, Fort Lauderdale
www.seabooks.com/
(Armchair Sailor, Newport)
www.armchairsailorseattle.com
(Armchair Sailor, Seattle)

Cartes et documents nautiques

La liste complète des 163 agents commissionnés par le SHOM pour la France métropolitaine est disponible sur le site Internet www.shom.fr

LISTE DES ROUTES (PAR ODRE ALPHABÉTIQUE)

ABC (des îles) et du Venezuela à la Colombie **AN105**
ABC (des îles) et du Venezuela à Panama **AN104**
ABC (des îles) et du Venezuela aux Petites Antilles **AN101**
ABC (des îles) et du Venezuela aux Iles Vierges **AN102**
Açores (des) à Gibraltar **AN134**
Açores (des) à la Manche **AN132**
Açores (des) à l'Irlande **AN131**
Açores (des) à Madère **AN135**
Açores (des) au Canada **AN139**
Açores (des) au Portugal **AN133**
Açores (des) aux Bermudes **AN137**
Açores (des) aux Canaries **AN136**
Açores (des) aux USA **AN138**
Afrique de l'Est (de l') aux Seychelles **IS61**
Afrique de l'Ouest (de l') au Brésil **AT16**
Afrique de l'Ouest (de l') au nord du Brésil et à la Guyane **AN65**
Afrique de l'Ouest (de l') aux Açores **AN63**
Afrique de l'Ouest (de l') aux Petites Antilles **AN64**
Afrique du Sud (de l') à Gibraltar **AT28**
Afrique du Sud (de l') à l'Amérique du Nord **AT25**
Afrique du Sud (de l') aux Açores **AT23**
Afrique du Sud (de l') aux Petites Antilles **AT24**
Alaska (de l') à la Colombie Britannique **PN15**
Amérique Centrale (de l') à l'Ile de Pâques **PT19**
Amérique Centrale (de l') et du Mexique à Hawaii **PN26**
Amérique Centrale (de l') et du Mexique à la Californie et à la côte Pacifique Nord-Ouest **PN22**
Amérique Centrale (de l') et du Mexique à Panama **PN27**
Amérique Centrale (de l') et du Mexique aux Galápagos **PT12**
Amérique du Nord (de l') à l'Europe du Nord **AN141**
Amérique du Nord (de l') à la Méditerranée **AN142**
Amérique du Nord (de l') à l'Afrique du Sud **AT13**
Amérique du Nord (de l') à l'est des Caraïbes **AN145**
Amérique du Nord (de l') à l'ouest des Caraïbes **AN148**
Amérique du Nord (de l') à Panama **AN147**
Amérique du Nord (de l') aux Açores **AN144**
Amérique du Nord (de l') aux Bahamas **AN146**
Amérique du Nord (de l') aux Bermudes **AN143**
Amérique du Sud (de l') à la Terre de Feu **AS25**
Amérique du Sud (de l') à l'Afrique du Sud **AS21**
Amérique du Sud (de l') à l'Ile de Pâques **PS14**
Amérique du Sud (de l') aux Malouines **AS24**
Angleterre (d') en Scandinavie **AN152**
Antarctique (de l') aux Malouines **AS38**
Antarctique (de l') à la Terre de Feu **AS37**
Australes (des îles) à Tahiti **PS29**
Australie (de l') vers l'ouest de la Malaisie **IT19**
Australie (de l'ouest de l') au détroit de Bass **IS17**
Australie (de l'ouest de l') aux Cocos Keeling **IS16**
Australie (vers l'ouest depuis le sud de l') **PS95**
Bab el Mandeb (de) à Hodeida **RN3**
Bab el Mandeb (de) à Massawa **RN2**
Bab el Mandeb (de) à Port-Soudan **RN1**
Bahamas (des) à l'est des Caraïbes **AN113**
Bahamas (des) à Panama **AN114**
Bahamas (des) aux Bermudes **AN112**
Bahamas du Sud (des) à l'ouest des Caraïbes **AN118**
Baléares (des) à Gibraltar **M24 567**
Baléares (des) à la Corse **M25**
Baléares (des) à la Côte d'Azur **M21**
Baléares (des) à la Tunisie **M26**
Baléares (des) à Malte **M23**
Baléares (des) au détroit de Messine **M22**
Bali (de) à Darwin **IS25**
Bali (de) à l'île Christmas **IS21**
Bali (de) à Singapour **IT11**
Bali (de) à Sri Lanka **IT12**
Bali (de) aux Chagos **IS22**
Bali (de) aux Cocos Keeling **IS23**
Bermudes (des) à Gibraltar **AN124**
Bermudes (des) à l'Europe du Nord **AN123**
Bermudes (des) au Canada **AN122**
Bermudes (des) aux Açores **AN125**
Bermudes (des) aux Iles Vierges **AN127**
Bermudes (des) aux Petites Antilles **AN126**
Bermudes (des) aux USA **AN121**
Brésil (du) à l'Europe **AT22**
Brésil (du) à Tristan da Cunha **AS22**
Brésil (du) aux Petites Antilles **AT21**
Bretagne (de la) à la Méditerranée **AN16**
Bretagne (de la) à Madère **AN17**
Bretagne (de la) au Portugal **AN15**
Bretagne (de la) aux Açores **AN19**
Bretagne (de la) aux Canaries **AN18**
Californie (de la) à Hawaii **PN11**
Californie (de la) à la côte Pacifique Nord-Ouest et à la Colombie Britannique **PN14**
Californie (de la) à l'Alaska **PN18**
Californie (de la) à Tahiti **PT16**
Californie (de la) aux Marquises **PT15**
Californie (de la) et du Mexique aux Galápagos **PT14**
Canaries (des) à Gibraltar **AN58**
Canaries (des) à l'Afrique de l'Ouest **AN53**
Canaries (des) à l'Afrique du Sud **AT12**
Canaries (des) à Madère **AN57**
Canaries (des) au Brésil **AT14**

Routes de grande croisière - 3e édition
Imprimé en CE
Dépôt légal : mai 2006
ISBN 2-85725-524-1

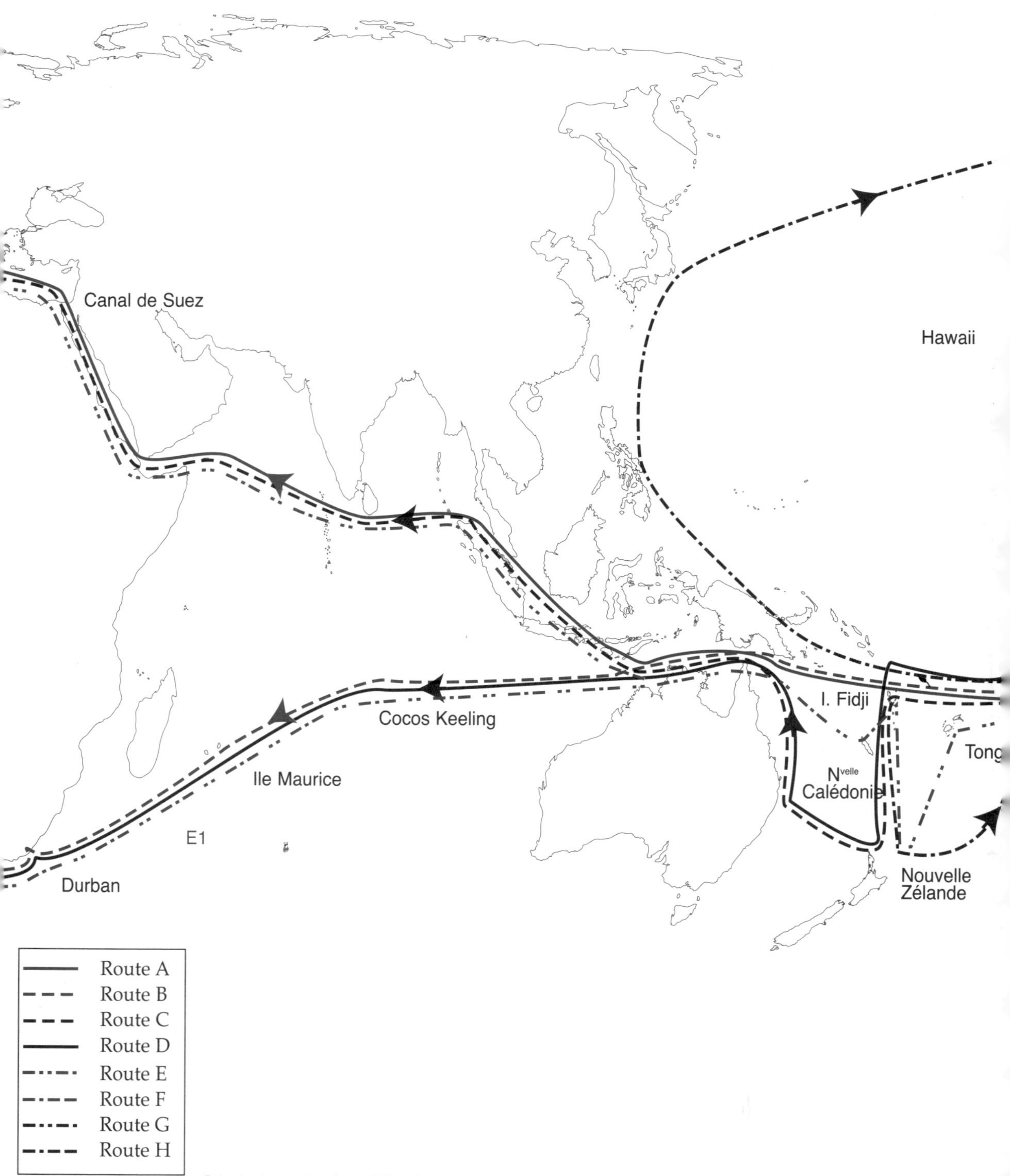

Principales routes de croisière (voir pages 7 à 22)